新曲綫 New Curves | 用心雕刻每一本......
http://site.douban.com/110283/
http://weibo.com/nccpub

用心字里行间　雕刻名著经典

Biological Psychology

10e

Author

James W. Kalat

Translators

Yanjie Su et al.

生物心理学

（第10版）

［美］詹姆斯·卡拉特　著

苏彦捷　等译

人民邮电出版社

北　京

图书在版编目（CIP）数据

生物心理学（第 10 版）/（美）卡拉特（Kalat，J. W.）著；苏彦捷 等译 .
- 北京：人民邮电出版社，2012.7（2021.10 重印）
ISBN 978-7-115-28625-3
Ⅰ . ①生…　Ⅱ . ①卡… ②苏…　Ⅲ . ①生理心理学　Ⅳ . ① B845
中国版本图书馆 CIP 数据核字（2012）第 123988 号

James W. Kalat
Biological Psychology, 10th Edition
ISBN 978-0-495-60311-5

生物心理学（第 10 版）

◆ 著　　[美] 詹姆斯 · 卡拉特
译　　苏彦捷 等
策　划　刘 力 陆 瑜
责任编辑　常玉轩
装帧设计　陶建胜

◆ 人民邮电出版社出版发行　北京市丰台区成寿寺路 11 号
邮编　100164　电子邮件　315@ptpress.com.cn
网址　http://www.ptpress.com.cn
电话　（编辑部）010-84931398　（市场部）010-84937152
三河市少明印务有限公司印刷
新华书店经销

◆ 开本：850×1092　1/16
印张：33.75　插页：20
字数：900 千字　2012 年 7 月第 1 版　2021 年 10 月第 7 次印刷

ISBN 978-7-115-28625-3/F

定价：88.00 元

本书如有印装质量问题，请与本社联系　电话：（010）84937152

内容提要

生物心理学是研究行为生物基础的一门科学，它试图从生物学和演化学的角度对感知觉、认知和行为进行解释。

本书取材广泛，综合了比较心理学、生理心理学、心理药物学、神经心理学以及认知神经科学等诸多学科的最新研究成果，详细探讨了大脑与神经系统的解剖、感知觉加工、运动控制、动机情绪、精神障碍、学习与记忆、语言和认知等方面的理论及观点，着重解释了行为及心理现象背后的神经过程和神经机制。

全书内容有趣、文字浅显易懂；书中的插图色彩鲜艳，大小适中，标识清晰。本书适合心理学、生物学、认知神经科学等学科的广大师生和研究者使用。

关于作者

James W. Kalat 是北卡罗来纳州立大学心理系教授，讲授心理学导论和生物心理学课程。他生于1946年，于1968年以最优等成绩（summa cum laude）获得杜克大学本科学位，并于1971年从宾夕法尼亚大学获得博士学位。他是《心理学导论》（*Introduction to Psychology*，8e）的作者，并与Michelle Shiota合著《情绪》（*Emotion*）一书。除了撰写教科书，他还在期刊上发表了关于味觉厌恶学习、心理学教学等主题的文章。他在前妻过世后再婚，现在膝下有亲生子女三人、继子女两人和孙子女三人。

关于译者

本书由国内生物心理学领域14位教授及专家联袂翻译（按姓氏笔画排序）
苏彦捷教授统校

方　方	教授	北京大学心理学系
王玮文	副研究员	中科院心理研究所
刘　岩	博士	辽宁师范大学心理学系
李　晟	教授	北京大学心理学系
李新旺	教授	首都师范大学心理学系
李新影	副研究员	中科院心理研究所
汪萌芽	教授	皖南医学院细胞电生理研究室
张　明	教授	东北师范大学心理学系
邵　枫	副教授	北京大学心理学系
苏彦捷	教授	北京大学心理学系
何淑嫦	副教授	北京大学心理学系
黄敏儿	教授	中山大学心理学系
舒　丹	博士	温州医学院心理学系
薛朝霞	博士	首都师范大学心理学系

译者序

在出版这本书第 8 版影印版的时候，我曾经写过推荐语。两年后，出版社一再希望我能够组织翻译，我以版本旧为由推托，却留了一句让自己之后没有退路的话：要是新版我就做。没有想到出版社很快拿下了新版，我只好兑现承诺。

接触这本书的早期版本是差不多十多年前了。在密歇根大学心理学系访学的时候，听过几次 Kent Berridge 教授讲“脑与行为”的课程。熟悉成瘾研究的学者可能知道，Berridge 教授是这个领域的权威。当时很喜欢他在课上把生理心理学和比较心理学的内容结合起来讲授的方式，后来发现许多以生物心理学为题目的教材基本上是这种风格。于是当我准备讲授生理心理学这门课程的时候，我便咨询 Berridge 有没有这方面的合适教材推荐给我。他向我推荐了 4 本教材，其中就有 Kalat 教授的《生物心理学》，他说自己用这本教材很多年了，教材的特点是叙述条理清晰，对许多重大问题的本质理解提供了非常好的观点和视角。

从学科的界定来看，生物心理学是关于行为的生物学基础的科学研究，即对知觉、认知和行为的生物学和演化角度的解释。有时也被冠以生理心理学、心理生物学、行为生物学或行为神经科学等名称。尽管研究行为的生物学已经有很长的历史，但直到 20 世纪才成为神经科学和心理学的主要分支学科。生物心理学本身又是一个交叉和综合性的学科，研究对象有人类和非人被试；研究方法可能是实验研究，也可能是非实验研究；研究的性质既有基础的也有应用的。广义的生物心理学包括生理心理学、心理药理学、神经心理学、心理生理学、认知神经科学以及比较心理学。生物心理学的研究课题非常广泛，包括脑与行为的演化；脑的解剖与发展以及和行为的关系；感觉加工、运动控制、动机行为、情绪、精神障碍、学习与记忆、语言和认知等心理现象和行为的神经过程和神经机制。正如 Kalat 教授在本书的前言中所说的，写这类教材最大的挑战在于把什么内容包括进来，把什么内容省略不讲。不同的教科书冠以不同的书名，通常也反映了作者对相关学科体系的观点和相关研究成果的取舍。

这本教材涉及的内容广泛，复杂程度适中，比较浅显易懂，这对大多数将来不一定从事生物心理学专业研究的学生来说是比较合适的，也与作者希望吸引读者兴趣的初衷吻合。同时内容选择上还体现了作者对学科前沿热点的关注和及时吸收。而教材各种细节上的人性化安排给选择本书的教师和学生提供了方便，如每章的内容按照几个小的模块来组织，对教师授课时的选择，以及学生阅读参考时的取舍、选择和安排都提供了方便。参考文献后面括号中表明该文被引用章节的标示也省去读者不少查找之苦。当然我通常喜欢用外文原版教材的一个原因就是其中的彩图。本书中的图示色彩鲜艳，大小适中，标识清晰。据说出版社在中译本中会保留彩图，希望大家和我一样喜欢。

就一些翻译的术语，我想作一点说明。有些名词术语在不同章节中，甚至在同一章节中出现两种译法，如果不影响理解的话，我在校对的时候可能就保留了，如基底神经核与基底神经节，英语按字面翻译是基底神经节，但有些学者认为“ganglia”（神经节）是一命名错误。ganglia 一词本义指外周神经系统的神经元胞体的聚集部，但实际上基底核位于中枢神经系统。中枢神经系统的神经元胞体聚集应成为“核”（“nucleus”，例如红核：red nucleus）。这个英文的错误命名一直沿用至今，成为了习惯。而中文译为“基底基底核”可以纠正这个错误。我在神经解剖的课程讲授中为了区分神经核和神经节，也更愿意用基底神经核，但是不同老师的训练背景不同，这两种译法都有，基本上不影响理解。另外激素和荷尔蒙都是 hormone 一词的中文翻译，荷尔蒙是这个词的音译。对此我也是这样处理的，不影响理解，读着顺畅就保留原译者的翻译表达。类似的还有颉颃与拮抗，大脑皮层和大脑皮质等的翻译。但到最后交给出版社的版本还留有一个疑问，即图 4.16 中 nucleus basalis 的翻译，我查了一些资料，有的书翻译为“Meynert 基底核”，有些书直接翻译成基底核，但有的文献把基底神经核有时也称基底核。就我的理解，两个不是一个结构，可没有找到能够更好区分的翻译，请大家留意，如果您有更确切的解释和翻译，请不吝赐教。

就翻译的过程来说，每个拿到这本书的老师和同学都说，这本书挺好的。但翻译的工作却不那么简单。由于出版时间计划比较紧张，而生物心理学各章的专业性又都比较强，涉及心理学、生理学、神经科学等专业词汇比较多，找到合适的老师并说服大家参与还是费了些周折。但每个接受翻译工作的老师和他们的学生们都付出了很多时间和精力，反复修改润色。这些老师都是相关专业领域有丰富研究和教学经验的专家，拿出的译稿总体上质量挺好，使我的校对工作就相对轻松很多，谢谢大家！参与工作的老师和各章节分工情况如下：北京大学心理学系苏彦捷教授（第 1 章、第 4 章、第 11 章 11.1 和第 15 章的部分内容以及全书校对）、何淑嫦副教授（第 3 章）、方方教授（第 6 章）、李晟教授（第 7 章）、邵枫副教授（第 12 章）；东北师范大学心理学系张明教授（第 2 章、第 11 章 11.2）；中科院心理研究所李新影副研究员（第 5 章、第 9 章）、王玮文副研究员（第 10 章）；皖南医学院细胞电生理研究室汪萌芽教授（第 8 章）；中山大学心理学系黄敏儿教授（第 12 章）；首都师范大学心理学系的薛朝霞博士和李新旺教授（第 13 章）；辽宁师范大学心理学系刘岩博士（第 14 章）；温州医学院心理学系舒丹博士（第 15 章）。北京大学心理学系的王皓（附录 A）、陶若婷（附录 B）、杨斐曈（序言、作者简介）和金曍、陈曦、尚思源、吴洋、武云路、安淡明、陶纯、梁晨、狄爽、简妮、彭沁等同学也参与了部分章节的初译和审读工作。新曲线公司的刘力总经理和常玉轩编辑为本书的顺利出版做了大量的努力和细致的事务性工作，在此一并致谢。

由于统校过程和时间紧张，如果有些地方有误译或印刷错误，请读者及时反馈给我们（yjsu@pku.edu.cn），以便有机会的话及时修正。

北京大学苏彦捷

简要目录

目录

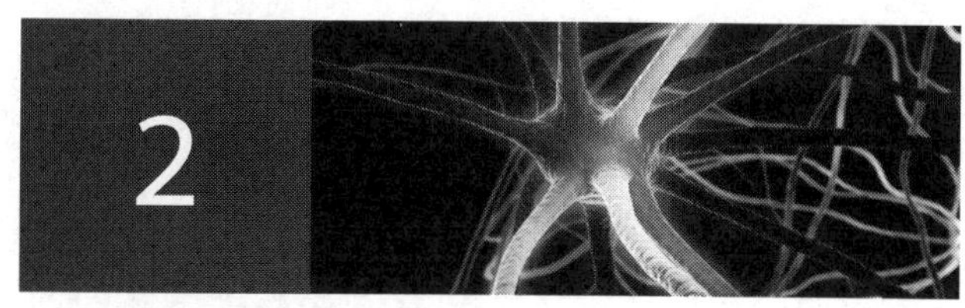

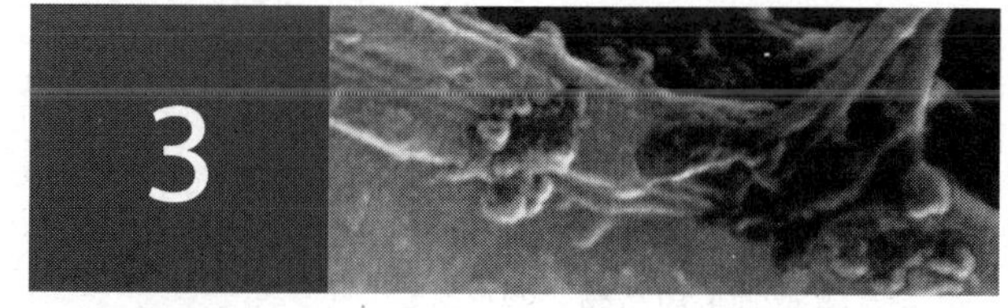

4

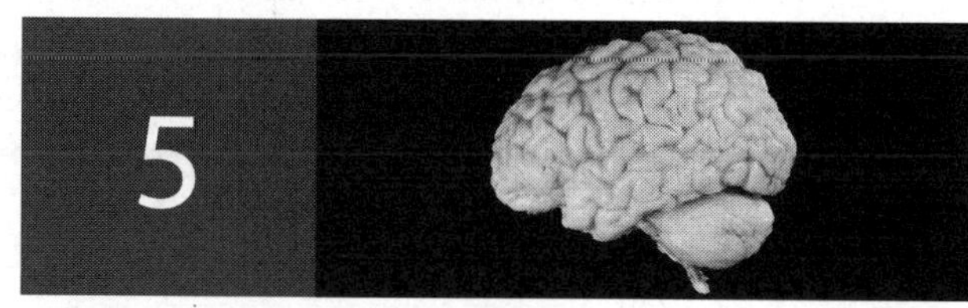

脑发育与可塑性 128

视 觉 158

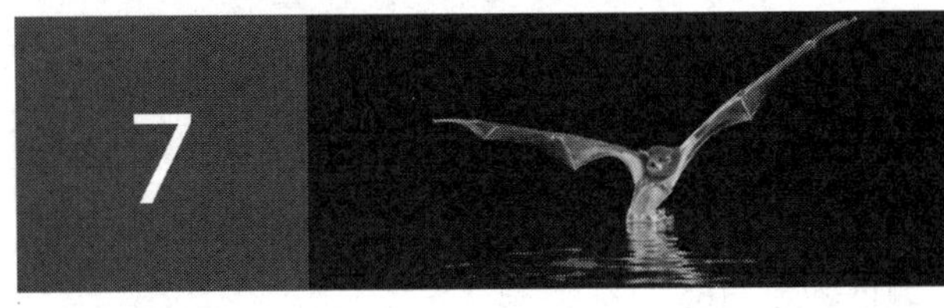
7

8

睡眠与觉醒 274

内调节 306

11

12
1809

学习与记忆生物学 400

认知功能 434

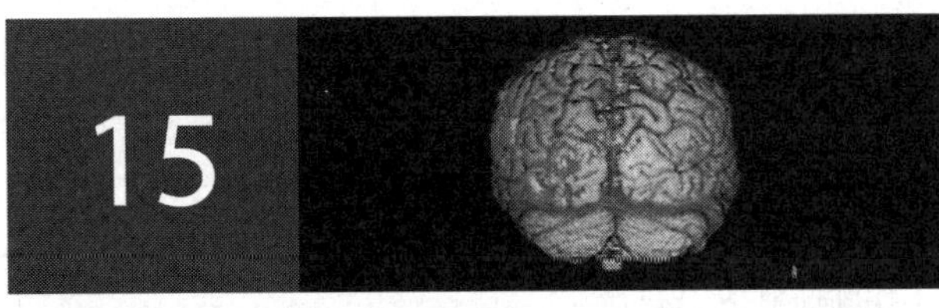

前　言

在1981年本书的第一版中，我曾经写道："我真的希望这本教材是用一种可以逐渐淡去的墨水印制的，并设计好程序可以让墨水在出版后的十年之内褪去。这样我将不会因为从未来的角度看起来很原始粗糙的论述而感到尴尬。"现在我还是想说同样的话，不同的是我希望墨水褪去得更快些。生物心理学进展飞快，很多论述很快就变得过时了。

写一本教材最大的挑战就是选择哪些，忽略哪些。我写作这本教材每个版本的重要目的一直都是展示神经科学、遗传学、进化论对心理学的重要性，而不仅仅是生物学。我的重点是语言、学习、性行为、焦虑、攻击、意识、注意、异常行为以及心－身关系这些主题的生物学机制。我希望，在读完这本书之后，读者将能清楚地看到对于大脑的研究如何与"真正的心理学"有关，并且有兴趣学习更多的知识。

每一章节分了不同的模块；每一个模块都有其独立的序言和总结。这种结构使得教师能容易地每天安排一部分内容，而不是每周安排一个整章。不同的模块也可以用不同的顺序教学。当然，所有的章节也可以使用不同顺序来讲授。

我假定读者已经有了一些心理学和生物学的基本背景，并且能了解一些基本术语，比如经典条件反射、强化、脊椎动物、哺乳动物、基因、染色体、细胞和线粒体。我同样假设读者学过高中化学课程。那些化学背景薄弱或记忆模糊的同学可以查询附录 A。

这一版的变化

本版包括很多内容上的变化，以反映快速发展的生物心理学。此书包括 500 多篇新的参考文献，它们大多数是 2006 年或之后的。这里是一些我想强调的变化：

概　论

- **模块末学习资源的新形式**
  每一个模块的学习资源现在"结语"下。这些新的、易用的小节开始于我的总结评论，随后是模块知识点的列表。紧随知识点之后，关键术语现在罗列在此小节中（之前它们出现在每章的结尾），出现在结语模块的思考题之前。
- **很多新的和改进的插图和照片**
  贯穿全书，新的和改进的插图和照片进一步强化了本书可视化地帮助学生学习的能力。除了这些全新的照片和修订的插图，这一版还有著名生物心理学家的照片和他们的名言（之前出现在书的最后一页和封底），这些内容被整合进章节，从而有更好的上下文背景和可视性。
- **"停下来检查一下"答案的新位置**
  在印刷版的文本中，"停下来检查一下"的答案现在出现在模块的最后。新的位置将使得学生更容易地找到答案，因此，更可能让他们试着去回答"停下来检查一下"中的问题。
- **全新活力，更加面向学生的内文和版面设计**
  新的设计更加多彩、有活力，且贴近学生，并且把各个部分更清晰地分开，以帮助读者更容易地浏览全书。

第 1 章

- 缩短了对遗传学的讨论，把大多数关于意识的材料移到了第 14 章。

第 2 章

- 特别提到哺乳动物轴突的动作电位之间的变化超过研究者之前研究乌贼轴突所得出的结论。
- 增加了一个新的图示来展示跳跃式传导。

第 3 章

- 更新了有关神经肽的讨论，从广泛扩散更新为大部分或主要由树突释放。
- 将关于物质滥用与成瘾的讨论移到了关于突触、药物及成瘾的模块 3.3。
- 增加了三个新的图示来展示兴奋性突触后电位、神经递质释放和亲代谢受体。

第 4 章

- 更新和修订了大脑大小与智商的讨论，增加了关于男性与女性大脑差异的一节。

第 5 章

- 重新组织了主题呈现的顺序，添加了“皮层的分化”一节，并将雪貂实验和其他材料移到了第一个模块的后半部分。
- 更新了关于大脑中新的神经元形成的讨论。

第 6 章

- 更加强调编码。
- 将视觉意识的材料移到了第 14 章。
- 更新了关于“自主眼动时抑制视觉意识”的材料。
- 增加了一个新的图示展示侧抑制。

第 7 章

- 扩充了音调失聪和绝对音高的讨论。
- 增加了女性趋向于避开闻起来太像她们自己的情侣的讨论，大概是一种减少近亲繁殖的方法。
- 整合了新的研究和有趣的图片，展示出人类趴下来手脚着地就可以追踪嗅觉踪迹。
- 增加了新的关于联觉的信息，包括单词本身“还在舌尖”时，人已经对单词产生联觉，感觉到味道。

第 8 章

- 扩充了镜像神经元在行为中的作用。
- 增加了关于治疗亨廷顿氏病可能方法的讨论。
- 增加了两个新的图示，标题为“触觉和运动控制通路”和“小脑中的细胞和连接”。

第 9 章

- 增加了关于夏时制的转换是如何损害白天表现的研究。
- 增加的一个研究，表明在德国东部的人比西部的人醒来早半小时，大概是由于东部地区太阳升起得早一些。
- 澄清了睡眠、昏迷、植物人状态、微意识状态和脑死亡之间的差别。
- 增加了一个新的图示，标题为“控制睡眠和觉醒的通路”。

第 10 章

- 更新了关于肥胖的材料。
- 对减肥手段一节进行了较大的修改。

第 11 章

- 增加了新的关于催产素在繁殖行为中的作用一节。
- 修订和更新了双性人和性取向的小节。
- 增加了关于“有哥哥的人成为男同性恋的概率会增加这一生物学影响新证据”的讨论。

第 12 章

- 恢复了第 8 版中有但没有在第 9 版中出现的关于道德两难问题的讨论。
- 详述了 Caspi 关于遗传和环境对攻击行为影响的研究
- 增加了有关压力控制的小节。

第 13 章

- 增加了关于前额叶皮层储存临时记忆这一假设的讨论。
- 进一步讨论了海马在情景学习中的重要性。
- 增加了海马外的其他区域对学习和记忆作用的一个小节。
- 增加了新的图示展示在经典条件反射时大脑变化的定位。

第 14 章

- 合并了关于双语与音乐的小节。
- 修订了关于阅读障碍的讨论。
- 对意识和注意的模块作了较大的修订，合并了之前在第 1 章和第 6 章的内容。
- 增加了两个新的图示展示“有意义的刺激的注意”和“phi 现象”。

第 15 章

- 更新了关于抑郁的遗传学的讨论。
- 增加了新的小节讨论抗抑郁药的（低）效力。
- 大幅度修改了有关遗传和精神分裂的小节，增加了新的假设，认为很多精神分裂症源于控制大脑发育的几百个基因中发生的变异。

致 谢

让我来告诉你一些关于本领域研究者的事情：一般说来，他们与教材作者合作得很好。我的很多同事给了我评论、想法、文章和图片。我尤其感谢如下几位：

- Allen Azizian, *University of California-Los Angeles*
- Danny Benbassat, *Ohio Northern University*
- Charles Evans, *LaGrange College*
- Jeannie Loeb, *University of North Carolina*

我收到了来自学生的大量信件和 E-mail 信息，其中很多提出了有帮助的建议；一些人看到并设法纠正其他人忽略了的错误或者不一致。我特别感谢 Nathan Badera 和 Carol Johnson。

我感谢提供帮助的以下评论者：

- John Agnew, *University of Colorado at Boulder*
- Susan Barron, *University of Kentucky*
- Bruce Bridgeman, *University of California-Santa Cruz*
- Nick Davenport, *University of Minnesota*
- Nakia Gordon, *University of North Carolina at Charlotte*
- Ralf Greenwald, *University of Texas at Dallas*
- Mary Ann Hooten, *Troy University*
- Skirmantas Janusonis, *University of California – Santa Barbara*
- Donald Katz, *Brandeis University*
- Mike Kisley, *University of Colorado at Colorado Springs*
- Inah Lee, *University of Iowa*
- Hoi-Chung Leung, *State University of New York – Stony Brook*
- Ben Newkirk, *Grossmont College*
- Katrina E. Nicholas, *University of Arizona*
- Claire Novosad, *Southern Connecticut State University*
- Jaime Olvarria, *University of Washington*
- Amy R. Pearce, *Arkansas State University*
- Christine M. Porter, *William and Mary*
- Amanda Price, *Elizabethtown College*
- Thomas Van Cantfort, *Fayetteville State University*
- Soni Verma, *Sierra College*
- Richard Wilmarth, *Central Alabama Community College*

在准备本书时，我与三名策划编辑 一同工作，他们是 Erick Evans、Michele Sordi 和 Jane Potter。我的责任编辑 Renee Deljon 从全书的整个计划到图例和字体等细节做了很多协调工作。Nancy Shammas 监督了本书制作。作为美术编辑，Lisa Torri 的艺术技能弥补了我的不足。Bob Kauser 主管本书的发行。John Hill 是图片管理员，而 Martha Hall 是图片研究员。我希望你能像我一样享受本书的新图片。Rebecca Rosenberg 监督了补充材料的开发，比如教师手册和测试文件。我感谢 Lisa Buckley 对于文本的设计，以及 Do Mi Stauber 对索引的设计。我荣幸地再次得到 Frank Hubert 作为我的版权编辑。他和我一起进行了好几个版本的工作。所有这些人都是极好的同事，我深深地感谢他们。

我感谢我的妻子 Jo Ellen 能让我保持昂扬的精神。我感谢我的系主任 Douglas Gillan 给了我支持和鼓励。我特别感谢我的儿子 Sam 跟我讨论，带来很多具有洞察力的思想。Sam 拥有生物化学和计算机科学的背景，对大脑功能有很多独具洞见的观点。

我欢迎来自学生和老师的来信，请写信至：James W. Kalat, Department of Psychology, Box 7650, North Carolina State University, Raleigh, NC 27695-7801, USA。E-mail: james_kalat@ncsu.edu

James W. Kalat

Renee Lymn/PhotoLibrary

主要问题 1

本章大纲

（左图图释）“走进动物的内心，与它们感同身受”——这一想法引人入胜。生物心理学家试图在生理、发展、演化和功能方面对行为作出解释。

主要内容

1. 行为的生物学解释有很多种，包括生理学的、发展的、演化的和功能方面的解释。
2. 现在几乎所有的哲学家和神经科学家都反对心理独立于大脑而存在的观点，可是，他们却解释不清大脑活动为什么并且怎样与意识相连。
3. 特定基因的作用依赖于环境及基因之间的相互作用。
4. 通过非人动物的研究，我们可获得重要信息，但是这样有时会给动物强加痛苦，是否去进行这些实验，是一个很难解决的伦理问题。

> 人们常说人类在动物中是独一无二的。我们最好在讨论相关的主题前，看看“独一无二”的意思。“独一无二”在本文背景下有稍微不同的两种意思。在第一种情况下，它可能解释为：人类有显著的不同——人类与任何动物都不相同，这个观点当然是正确的。但是对于其他动物也是这样：任何种类，甚至是任何个体在这种意义下都是独一无二的。在第二种更绝对的情景下，这个词指的是人类非常与众不同，这种“本质的不同”意味着人类与动物之间的差异鸿沟不可能逾越——人类是一种全新的物种。如果在这种绝对情景下，“独一无二”这个词就失去了科学上的意义了。而且在这种用法中，该词展现并有可能增强自负感，而且还会导致自满和失败主义，因为它会得出“在动物的起源上研究无效”的臆断。这是对“独一无二”理解的偏差。
>
> ——*Niko Tinbergen (1973, p. 161)*

生物心理学家从遗传学和生理学角度，研究与行动和经验有关的“行为的动物起源”这个问题。在本章中，我们考虑三个主要问题：心理和脑的关系、先天和后天的作用以及研究中的伦理问题。我们也对未来的研究进行简单的展望。

模块 1.1

心理和脑的关系

生物心理学（biological psychology）是研究行为和经验的生理、演化和发展机制的学科。它与生物心理学（biopsychology）、心理生物学（psychobiology）、生理心理学（physiological psychology）和行为神经科学（behavioral neuroscience）大致相似。生物心理学强调研究此学科的目标在于把生物学和心理问题联系起来。而神经科学研究许多与行为有关的问题，但更加侧重于解剖学和化学方面的细节内容。

生物心理学不仅仅是一个研究领域，而且是一种研究视角。生物心理学从行为怎样演化以及从大脑和其他器官如何对行为控制的角度去理解行为。我们所想和所表现的与我们所做的一样，因为我们有某种大脑机制。我们演化了这些脑机制，原因在于，拥有这样脑机制的古代动物存活了下来，并且比拥有其他脑机制的动物繁衍得更好。

生物心理学的许多研究关注大脑的功能。图 1.1 为我们展示了一个大脑俯视图（解剖学中叫做背侧观）和大脑仰视图（腹侧观）。标签指出一些重要的区域，在阅读正文的过程中你会更加熟悉这些词。

对大脑的区域进行检查，展示出清楚的次级区域。在显微镜的水平下，我们发现了两种细胞：神经元（图 1.2）和神经胶质细胞。神经元把信息传给另一个神经元或者传递给肌肉或腺体。神经元的大小、形状和功能都有所不同。神经胶质细胞一般来说要比神经元小，并且有很多功能，但是不能远距离地传递信息。神经元和神经胶质细胞以某种方式产生出大量的行为和经验。这本书就是关于研究者如何去详述这个"某种方式"的。

生物心理学是世界上最有趣的课题。毫无疑问，每个教授或教科书的作者都会对自己研究的领域情有独钟，不过，生物心理学的确是最有趣的研究课题。

当我和学生这样说的时候，他们笑我。但是当我和生物心理学家或神经科学家陈述这个观点时，他们点头表示赞同。不过，我不是说记住脑区的名字和功能是异

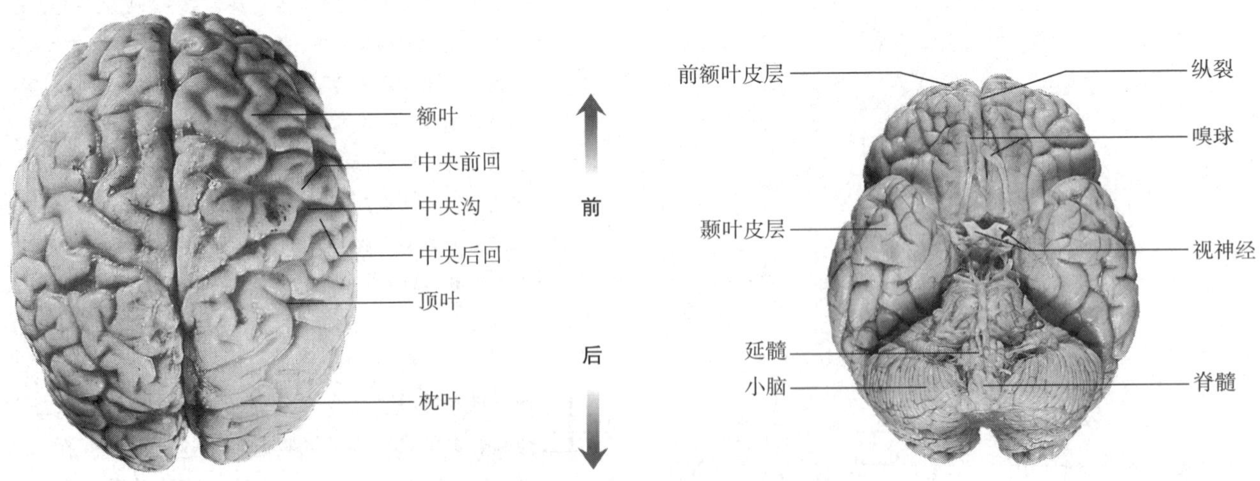

图 1.1　人类大脑的背侧观（从上面看）和腹侧观（从下面看）

大脑有许多次级区域；标签标注了大脑表面一些重要的次级区域的名称。（见彩插）

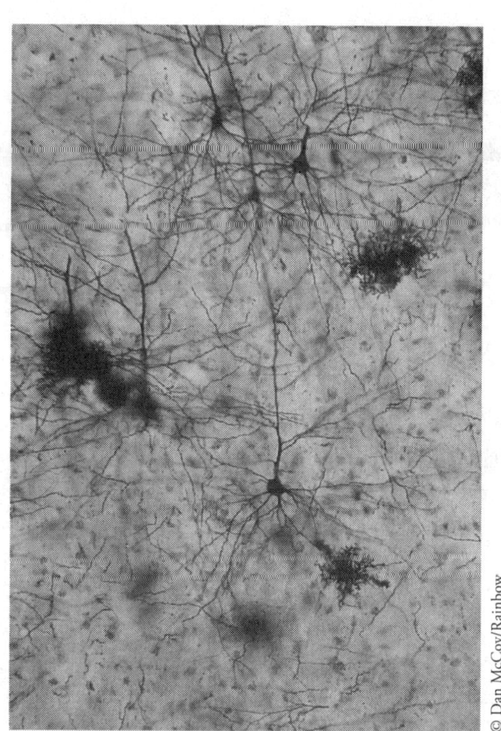

图 1.2　放大的神经元
脑是由神经元和神经胶质细胞组成的。

研究者一直在争论打哈欠的真正益处是什么。打哈欠是人类也有的一种行为，但是我们都不知道它的真正目的。

与其他鸟类不同，鸽子可以低着头喝水。（其他的鸟类把水填满嘴后，会抬起头。）一种生理学解释将此现象归结为鸽子与其他鸟类不同的神经模式和喉部肌肉。演化学上的解释则声称所有的鸽子都有这种行为能力，因为它们从共同的祖先那里继承了某些基因。

乎寻常地有趣，我是说这门学科会提出很多很吸引人的问题，它会使对自然好奇的任何人兴奋不已。

事实上，我应该退一步说，生物心理学和宇宙学结合时才成为最有趣的主题。宇宙学是物理学的一个分支，它探究为什么宇宙会存在：为什么存在这个而不是那个？存在的是一种什么样的东西？生物心理学家则探究：在给定的由物质和能量组成的宇宙的条件下，为什么会存在意识？意识是脑的必然功能还是纯属偶然？它提供了一些特殊功能吗？一些大脑活动怎样且为什么会转变成意识的？

研究也会探讨一些具体的问题，比如：什么基因、何种胎内环境及哪些生物学因素使人易患心理障碍？我们怎样在脑损伤后恢复？以及是什么使人们能够这么容易地学会语言？

行为的生物学解释

对行为的常识解释经常强调其意图或目的，比如，

“他做这些因为他试图……”或者“她做这些因为她想要……”。但是我们经常没有理性地去做出假设。一只四个月大的鸟第一次向南部迁徙，它自己大概不知道为什么。下一个春天，当它产下一个蛋时，它坐在蛋的上面，保护它免受食肉动物的伤害，它也不知道是为什么。甚至人类也不全部了解他们自身行为的原因。打哈欠和笑就是两个例子。你做了它们，但是你却不能解释它们达到了什么目的。

与常识的解释相反，行为的生物学解释有四种：生理的、个体发育的、演化的和功能的（Tinbergen, 1951）。行为的**生理学解释**（physiological explanation）把行为与脑和其他器官的活动联系起来。生物因素决定身体的运行——比如，能够使激素影响脑活动的化学反应以及大脑活动通过哪些途径来控制肌肉收缩。

个体发育这个词源于希腊语的词根语，是生命的起源（或创生）的意思。**个体发育的解释**（ontogenetic explanation）描述一种结构或一种行为是怎样发展的，其中包括基因、营养、经验和它们之间的相互作用。例如，抑制冲动的能力从婴儿期开始发展直到青少年期，反映出大脑额叶的逐渐成熟。

演化的解释（evolutionary explanation）重建一个结构或行为的演化历史。例如，人害怕时就会起鸡皮疙瘩——毛发直竖，特别是胳膊和肩膀上的汗毛。鸡皮疙瘩对人类没有什么用处，因为胳膊和肩膀上的汗毛太短了。但是对于其他哺乳动物来说，一个害怕的动物会看起来更大，更具恐吓性（图1.3）。演化解释观点认为，人类起鸡皮疙瘩的行为是从远古的祖先那里演化而来的，后来的人继承了这个机制。

图1.3 一只因惊恐而竖起毛发的猫

功能的解释认为，在害怕时竖起毛发让动物看起来更大，更具有恐吓性。演化的观点认为，人类从祖先那里继承了这种反应，但是由于没有足够的毛发，这个行为就显得不是很有用。

功能的解释（functional explanation）描述了为什么一个结构或一种行为是这样演变的。在一个小范围且孤立的人口群体中，基因可以通过遗传漂移，即偶然的扩

疙瘩 JERRY SCOTT AND JIM BORGMAN 作

图 1.4 海龙是澳大利亚的一种鱼，与海马有亲缘关系，生活在海带植物中，形似海带，并且经常缓慢、漫无目的地漂移，行动与海带相似。

功能解释的观点认为，潜在的捕食者会忽略一只在外形上与物相似的鱼。而演化解释则认为，遗传修饰扩大了鱼类祖先身上小小的特性。

散过程进行传播。例如，一个有地位的男人有很多子孙，他由此扩散了自己所有的基因，包括中性的和有害的基因。然而，一个在大的群体中广布的基因可能会提供一些益处——至少过去这样认为，虽然在今天未必如此。功能解释就能够识别这种益处。例如，许多物种有与它们生活的背景相匹配的外形（图 1.4）。功能解释的观点认为，这些动物伪装的外表可以使它们不容易被食肉动物发现。有些物种可利用它们的行为做一些伪装。例如，生活在墨西哥和美国西南部的带尾鹰，它们在秃鹫群中飞翔，并且保持它们翅膀的姿势和秃鹫一样。小的哺乳动物和鸟类在看到鹰时，会躲避起来，但是它们不大会注意秃鹫，因为秃鹫对于一个健康的动物来说不会有威胁。由于带尾鹰在外形和飞行姿势上都与秃鹫相似，猎物们忽视了这些捕猎者，所以它们的觅食就容易了（W. S. Clark，2004）。

人类行为的功能解释经常存在争议，因为许多被归结为演化遗产的行为也可能是学习的结果。我们在第 11 章将检验其中一个争论。

对比这四种类型的生物学解释，考虑它们怎样解释同一个例子——鸟鸣（Catchpole & Slater，1995）：

解释的类型	鸟鸣的例子
生理的	鸟的大脑中的一个特殊区域是在睾酮的影响下发育的，因此，繁殖期雄性鸟的这个区域要比雌鸟或未成熟鸟大。这个脑区使成熟雄鸟唱歌。
个体发育的	在很多物种中，年幼雄鸟通过听成年雄鸟的叫声学习自己的鸣唱。鸣唱的发展需要一组特定的基因，在生命早期的关键期，幼鸟必须有机会听到其他鸟类鸣唱。
演化的	某些种类的鸟有相似的叫声。例如，滨鹬和阔嘴鹬这两种海岸鸟，不像其他的海岸鸟那样，它们用特定的频率呼叫。这种相似说明它们来自同一个祖先。
功能的	在大多数鸟类中，只有雄鸟鸣唱。它只在繁殖期，而且只在它的领地上鸣唱。这种叫声的功能是吸引雌鸟，并且警告其他雄鸟。一般说来，雄鸟只在它能捍卫的区域大声鸣唱。简言之，鸟类已经演化了鸣唱的功能，用以增加自己交配的机会。

我们尽可能将这些解释结合起来促进我们对于行为的理解。例如，对于行为功能的理解可以帮助解释它的演化。有时，对行为发展的理解可对生理机制的研究有所启示。我们想让研究更完美，所以我们从尽可能多的角度理解行为。

停下来检查一下

1. 演化解释和功能解释有怎样的不同？

脑与意识经验

用激素、脑活动和进化选择来解释鸟鸣好像与你无关，但是你觉得哪种解释适用于你自己呢？假如你说：“我看到了一个拿枪的人，所以我感到害怕。”那么一个神经科学家会说：“你感到害怕，是由你大脑中央杏仁核电化学活动增加导致的。”是否一种解释正确，而另一种解释

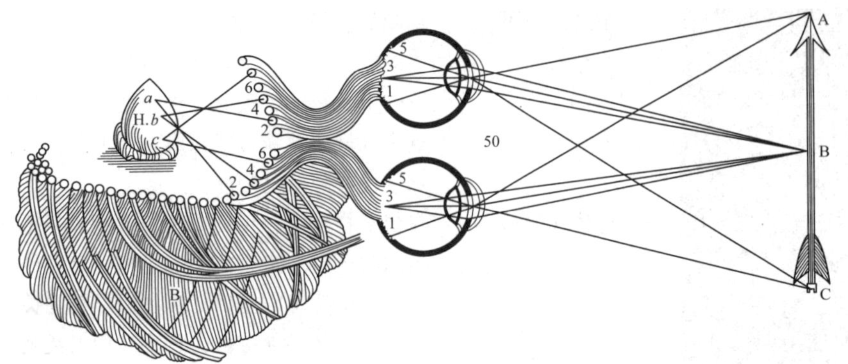

图 1.5 笛卡尔的大脑与意识的概念
笛卡尔解释由客体（图中箭头）发出的光是怎样到达眼睛后部的视网膜的。字母和数字代表他想象的从视网膜到松果体的通路，松果体是脑中一个小的不成对的器官。（他猜想的那些通路是错误的）（*From Descartes' Treaties on Man.*）

错误？或者如果它们都是正确的，那么它们之间有什么联系呢？

行为的生物学解释提出了**心身问题**（mind-body problem）或**心脑问题**（mind-brain problem）：心和脑的关系是什么？在非科学家中最广泛的观点毫无疑问就是**二元论**（dualism），该理论认为心理和身体是两种不同的物质，它们是独立存在的。法国哲学家勒内·笛卡尔拥护二元论，但是他承认有一个很伤脑筋的问题，那就是一个不由物质组成的心理怎样影响一个物质的脑。他提出心理和脑在空间的单点上互动，他认为这个点是松果体，因为这是他能找到的大脑中最小的不成对的结构（图 1.5）。

虽然我们确信笛卡尔是第一个明确拥护二元论的人，但是他也难以找出这个想法的起源。我们的经验使我们理所当然地把脑和心理看成不同的东西。然而，几乎现代所有的哲学家和神经科学家都反对二元论。决定性的反对意见在于，二元论与物理学的一个基本定律有所冲突，这正是物质与能量守恒定律：据我们目前知道的，在大爆炸以后，产生了物质和能量，并且它们在宇宙中是混合在一起的。物质可以转换为能量，能量也可以转换为物质，但是物质或能量不会无故产生或消亡。因为物质的运动需要能量，而心理不是由物质或者能量构成的，所以它不能引起任何事情发生，包括肌肉的运动。

代替二元论的是**一元论**（monism）。一元论认为宇宙只是由一种物质构成。有各种形式的一元论，下面是它的分类：

- **唯物主义**（materialism）：它的观点是所有存在的事物都是物质的、有形的。根据这种观点的一个版本“消除性唯物论”，精神事件根本是不存在的，那些以意识和精神为基础的大众心理学根本就是错误的。然而，大多数人都不能接受“我们的想法是由我们的想象虚构出来的”这一观点。一个更加似是而非的观点认为，我们最终要寻找一个方法，去通过纯粹的物理术语来解释心理经验。
- **唯心主义**（mentalism）：它认为心理才是真正存在的东西，如果没有心理去感知，那么物理世界将不会存在。验证这个观点并不简单——来吧，试试！——但是很少有哲学家或科学家认真地对待这个观点。
- **同一性观点**（identity position）：这个观点认为，心理过程和某些大脑活动过程是一样的，不过用不同的术语表达。换句话说，宇宙只有一种物质，但是包括物质和心理两个方面。打个比方，你可以说《蒙娜丽莎》是一件非凡的绘画作品，或者你也可以列出画上每个点的确切颜色和亮度。虽然这两种描述非常不同，但是它们却指代同一对象。根据同一性观点，虽然思想的描述和大脑活动的描述听起来很不一样，但是所有的心理经验都是一种大脑活动。

注意定义同一性观点时所使用的措辞。不是说心理就是大脑，心理是脑的*活动*。就好像火不是一个“东西”，但它是发生在某件事情上的东西，心理活动是在大脑中发生的。

我们能肯定一元论是正确的吗？不能。然而我们把它当做最合理的工作假设。那就是，我们在一元论的假设下开展研究，并且看一看我们能取得多少进步。你会发现本书中的内容始终都是经验和大脑活动一起出现。任何大脑区域的刺激都会引发经验，并且任何经验都会激起脑的活动。就我们现在所知而言，如果没有大脑活动就不会有心理活动。如果你能分清心理和心理活动都是指大脑活动，那么你仍可以继续使用像*心理*、*心理活动*

这些术语。然而，如果你误用心理，用其指代一些既不是物质也不是能量的诡异的东西，如果你低估科学和哲学的论证，它们会联合起来对你发难（Dennett，1991）。

（一元论难道降低了我们对心理的评价？可能没有。可能我们正在提升关于物质世界的概念。）

即使我们接受了一元论的观点，我们也只是重申了心脑问题。问题仍存：为什么意识是大脑活动的产物？它很重要或者只是一个偶然，就像机器发出的噪音一样？哪种大脑活动产生意识呢？它怎样产生意识？本书的一些章节偶尔涉及这些问题，特别是第 8 章和第 14 章的相关研究，我们会重点讲解。

哦……顺便问一下，什么是意识？你可能会注意到少了一个定义。很难对意识下一个清楚的定义。和很多其他的术语一样，我们知道如何使用，但是不知道怎么定义。比如，你知道时间是什么意思，但是你能定义它吗？

停下来检查一下

2. 几乎所有的科学家和哲学家都反对二元论，其主要原因是什么？

意识的功能并不明显。一些心理学家认为一些非人物种也有意识，它们的行为太复杂了，以至于我们不假设它们有意识就无法进行解释（例如，Griffin，2001）。另一些人认为即使其他动物有意识，它们的意识也不能解释任何事情。意识可能不是一个有用的科学概念（Wynne，2004）。

的确，因为我们观察不到意识，所以我们甚至不能确定其他人，更别说其他物种了，是有意识的。根据**唯我主义**（solipsism，在拉丁文“*solus*”和“*ipse*”的基础上形成的，分别是“单独”和“自我”的意思。）的立场，我单独存在，只有我有意识。其他人不是机器人就是梦中人。（唯我论者没有组织机构，因为他们坚信其他的唯我论者都是错误的。）虽然只有很少人认真对待唯我主义，但是很难找到证据去反驳它。了解其他人（或动物）有没有意识经验的困难被称为**他心问题**（problem of other minds）。

David Chalmers（1995）区分了他所谓的意识的简单问题和困难问题。**简单问题**（easy problem）与我们称之为意识的现象有关，比如觉醒和睡眠的区别，什么机制使我们集中注意。这些问题都是科学问题而非哲学问题。相反，**困难问题**（hard problem）关注大脑活动为什么或怎样与意识相关联。如 Chalmers（1995）所说：“为什么所有的这些信息处理过程不在‘隐秘之处’进行，且不产生任何内在感觉呢？”（p. 203）为什么大脑活动感觉像任何的东西呢？许多科学家（Crick & Koch，2004）和哲学家（Chalmers，2004）承认我们现在回答不了这个问题，至少现在不能。我们甚至都没有一个可以去检验的清晰的假设。我们可以做的最好的事就是确定什么脑活动对意识的产生是必要的。在这么做之后，我们可能会找到一种方法去解释为什么大脑活动与意识相联，或者也许我们找不到这个方法。

（注意措辞是“与意识相联”而不是“产生意识”，根据同一性观点，脑活动不产生意识，意识也不产生脑活动，它们是相同的。）

为什么我们大多数人都不是唯我论者？也就是说，你为什么（我假设）认为别人有意识？我们通过类比来解释：“其他人的长相和行为都与我相像，所以他们的内部经验也与我相似。”我们能把这个类比扩展到多远？黑猩猩的样子和行为都与人类有些相似。我们中的大多数，但不是全部，都倾向于假设黑猩猩是有意识的。如果黑猩猩有意识，那狗呢？大鼠呢？鱼呢？昆虫呢？树呢？石头呢？我们在哪儿划这条分界线？人类发展中也有类似的问题：从受精卵到幼儿期，一个人在什么时候变得有意识了呢？而且我们怎么才能知道呢？

电脑和机器人有意识吗？它们正变得更加复杂。如果人们制造了一个可以走路、可以说话、可以智能地交谈、对笑话发笑、描述自己害怕变老和需要修理的机器人，它有意识吗？如果真有这样的机器人，在什么时候，我们会认定机器人是有意识的呢？

你可能回答：“永远不能。一个机器人就是一部机器，按照所编的程序去做让它做的事情。”对，但是人脑也是一部机器。（机器是任何一类把一种能量转化为另一种能量的装置。）我们也一样被我们的基因和经验设定了程序。（我们并非由自己创造。）意识具有碳化合物（像众所周知的生命一样）的属性吗？还是一种可以排除硅基的机械？（Searle，1992）或者它是以特定方式组织起来的任何复杂系统？你可以设想一些可以想象的证据去说服你自己承认机器人是有意识的吗？如果你对我的回答感兴趣，你会在这个模块末尾找到答案。不过你要先自己想一想。

停下来检查一下

3. "困难问题"指的是什么？

职业机会

如果你想选择一个与生物心理学有关的职业，你会有很多的选择。相关的职业可以分为两类：研究与治疗。表 1.1 描述了一些主要的领域。

表 1.1 专业领域

专业	描述
研究领域	**研究职位一般需要博士学位，研究者受聘于大学、医院、制药公司和研究机构。**
神经科学家	研究解剖学、生物化学或者是神经系统生理学。（这个宽泛的术语包括下面五个中的任何一个，还有其他一些没有列出的专业。）
行为神经科学家（同义词：心理生物学家，生物心理学家或生理心理学家）。	探讨大脑和其他器官的功能怎样影响行为。
认知神经科学家	用大脑实验，比如扫描大脑的解剖结构或活动，去分析和探究人们的知识、思维和问题解决。
神经心理学家	用行为测试测量不同脑损伤病人的能力与障碍，以及他们的状况随时间的变化。大多数神经心理学家都受过心理和医学的综合训练，他们在医院或诊所工作。
心理生理学家	测量心率、呼吸频率、脑电波和其他身体过程，并且研究人与人之间的个体差异和不同情况之间的差异。
神经化学家	研究大脑中的化学反应。
比较心理学家（同义词：习性学家、动物行为学家）	比较不同物种的行为并且把行为与其栖息地和生活方式联系起来。
进化心理学家（同义词：社会生物学家）	把行为（特别是社会行为，包括人类的行为）与行为所产生的功能相联系，并假定选择的压力使其得以演化。
心理学的实践领域	**在大多数情况下，他们的工作不与神经科学直接相关。然而他们经常需要和来访者的医生交流，了解足够多的情况。**
临床心理学家	需要哲学博士学位或心理学博士学位，受聘于医院、诊所、私人或大学。帮助人们解决情绪问题。
咨询心理学家	需要哲学博士学位或心理学博士学位，受聘于医院、诊所、私人或大学。帮助人们作出教育、职业等方面的决定。
学校心理学家	需要硕士或博士学位，大都被学校系统聘用。识别学生的教学需要，制订计划满足其需要，帮助老师实施计划。
医疗领域	**从医需要医学博士学位及额外的四年专业机构中的学习和实践，医生受聘于医院、诊所、医学院和私人。有些医生既出诊还作研究。**
神经病学家	治疗脑损伤或脑部疾病。
神经外科医生	施行脑部外科手术。
精神病专家	帮助人们解决情绪困扰，有时使用药物或其他医疗手段。
专职医疗领域	**这个领域需要硕士学位或更高学位。心理医生受聘于医院、诊所、私人或医学院。**
物理治疗师	提供训练或其他治疗方法，对人们的肌肉或神经问题、疼痛以及运动障碍等提供帮助。
职业治疗师	帮助人们提高他们的日常生活表现能力，比如在中风以后。
社会工作者	帮助人们处理个人和家庭问题。一个临床社会工作者的活动与临床心理学家有所重叠。

研究职位一般需要心理学、生物学、神经科学或其他相关领域的博士学位。如果有硕士或本科学位，可以在研究实验室工作，但是不能指导实验。许多拥有博士学位的人在高校就职，在那里他们可以把研究和教学结合起来。有些人纯粹是研究职务，在政府、医药公司以及其他企业开办的实验室中工作。

治疗领域包括临床心理学、咨询心理学、学校心理学和一些医学专业，以及专职医疗实践，如物理治疗。这些领域包括神经学家（他们专门处理大脑功能障碍）、社会工作者和临床心理学家（他们需要区分适应性问题和大脑功能障碍的可能症状）。

任何想追求研究生涯的人，需要通过参加会议、咨询同行、阅读研究期刊来了解研究的最新发展动态，这些研究期刊包括《神经科学杂志》(Journal of Neuroscience)、《神经病学》(Neurology)、《行为神经科学》(Behavioral Neuroscience)、《脑研究》(Brain Research)、《自然神经科学》(Nature Neuroscience)、《普通神经病学档案》(Archives of General Psychiatry)等。如果你进入了一个神经科学的边缘领域，比如临床心理学、学校心理学、社会工作或者物理治疗怎么办？在这种情况下，你不想涉猎技术性期刊的文章，但是你确实想与当今的主要发展保持同步，你至少要明智地经常和其他医学同事交流沟通。你可以在《科学美国人心理》(Scientific American Mind)杂志上，或者在诸如http://www.dana.org这样的网站上找到更多的信息。

模块 1.1 结语

你的大脑和经验

心脑问题是一个令人兴奋而具有挑战性的问题，如果我们不去探讨神经系统的工作原理，我们的研究就无法深入。这个模块的目标就是预览一下研究者希望回答的各类问题，并且激发你在以后的章节中所需要的训练有素的学习。

生物心理学家是有抱负的，他们希望在大脑过程、基因等方面去尽可能对心理学作出解释。指导假设就是，当你看到一只兔子，在你大脑中发生的活动模式就是你对一只兔子的知觉。当你感到恐惧时，发生的模式就是你的恐惧。这并不是说“大脑的生理机能控制你”，同样也不应说“你控制你的大脑”。而是，你的大脑*就是*你！这本书接下来的部分探索了在这种假设的指导下，我们可以走多远。

总 结

1. 生物心理学家试图回答关于任何给定行为的四种类型的问题。生理的：它与脑和其他器官的生理机能是怎样发生联系的？个体发育的：它在个体中是怎样发展的？演化的：这种行为的能力是怎样演化的？功能的：这种行为的能力为什么会演化？（也就是说，它提供了什么功能？）
2. 行为的生物学解释并不一定就会认为个体理解其行为的目的或功能。
3. 哲学家和科学家一直致力于心－脑和心－身关系的问题。二元论的观点认为心理与大脑分离，各自独立存在。这种观点与“只有物质和能量可以影响其他的物质和能量”这个原则相悖。
4. 几乎所有致力于心－脑问题的哲学家和科学家都喜欢一元论的描述，该观点认为，宇宙只由一种物质构成。
5. 还没有人可以回答“为什么大脑活动与心理经验有关”这一困难问题。然而，在下面的章节中，我们将讨论“什么类型的脑活动对意识的产生是必要的”这个问题及其他相关研究成果。

关键术语

生物心理学 4	心身问题（心脑问题） 8	同一性观点 8
生理学解释 6	二元论 8	唯我主义 9
个体发育的解释 6	一元论 8	他心问题 9
演化的解释 6	唯物主义 8	困难问题 9
功能的解释 6	唯心主义 8	简单问题 9

思考题

这些思考题有意激起思想火花和讨论。本书没有直接回答它们，但是却暗示了一些可能性。在许多情况下，几种答案都是可能的。

1. 你会怎么说或怎么做，以说服一个唯我论者认为你是有意识的？
2. 现在假设一个机器人所说所做都像问题 1 中的你一样，这个机器人会说服你，让你相信它有意识吗？

作者关于机器意识的回答（第9页）

这里有一个与 J. R. Searle（1992）的假说可能相似的方案。假设某人损伤了大脑视觉皮层的一部分并且对于那部分的视野看不到了，工程师们设计了一个人工脑电路来取代受损的细胞。神经冲动从眼睛送至这个设备，这个设备再把信息和电冲动传到可以获得信息的健康部位。当这个设备安装上以后，这个人看到了原本看不见的视野，并说："噢，我可以看到它了，我看到了形状、颜色和运动——全部的东西都像我原来看到的一样。"显然，这个机器使视知觉变成了有意识的。然后，这个人遭受了更多的大脑损伤，工程师用人工电路替换了更多的视觉皮层。这个人再次承认他看到的所有东西都与原来一样。接下来，工程师安装了一个机器替代损伤的听觉皮层，那个人报告听力正常。一个接一个更多的大脑皮层损伤，并且被机器所替代。在每一种情况下，行为都恢复正常并且这个人报告体验到正常的经历。一块一块，工程师替换了整个大脑，而这个人看上去与原来完全一样。在这点上，我们可以说机器自己产生了意识。

我们要注意这些讨论的假设是这些人工大脑电路和移植是可能的，并且它们可以扩展到整个脑部。这是一个非常大胆的假设。这个观点只是提供一些证据，以使我们相信机器可以具备意识。

停下来检查一下答案

1. 演化解释说明什么演化成什么。例如，人类从早期灵长类动物演化至今，从祖先那里继承了某些功能，即使那些功能在现今已经没有什么用了。功能解释表明为什么某些东西有优势并因此受到进化的选择。
2. 二元论与物质能量守恒定律相悖。根据这条定律，影响物质或能量的唯一方法（包括影响你自己的身体）就是用其他的物质或能量去作用于它。
3. "困难问题"是指为什么心理存在于物理世界中，意识因何存在，它和大脑活动有什么关系。

模块 1.2 行为的遗传学

你所做的一切都取决于你的基因和你所在的环境。考虑一下面部表情，环境的贡献是显而易见的：当世界对你特别好时，你笑得更多；当事情不顺利时，你会皱眉。遗传影响你的面部表情吗？研究者检查了先天失明的人，这些人不能通过模仿来学习面部表情。先天失明的人的表情与其具备正常视力的亲属非常相似，如图1.6（Peleg et al., 2006）。这些结果表明，遗传与环境一样，对表情有重要的作用。

当我们进一步概括说遗传和环境都很重要时，争议迅速出现了。例如，智力的个体差异主要是由遗传差异决定的还是由环境影响的，或者是两者同等重要？类似的争议也在性取向、酗酒、心理障碍、体重增加等方面出现。这个模块不处理这些争议，但是它可以帮助你在后文或其他文章中理解这些问题。

我们先回顾一下遗传学基础。如果你早就熟悉了这些概念，你可以跳过或略读第1部分。

孟德尔遗传学

在19世纪的一个名叫孟德尔的修道士的工作之前，科学家认为遗传是一个融合的过程，在这个过程中，精子和卵子的属性简单地进行混合，就像涂料的两种颜色一样。

孟德尔表明遗传通过**基因**（genes）发生，遗传单元保留了从一代到另一代的结构同一性。一般说来，基因成对出现，因为它们是沿成对出现的**染色体**（chromosomes）（基因链）排列的。（这个规则有一个例外，那就是雄性哺乳动物是携带不同基因的X和Y染色体配对。）根据经典的定义，基因是染色体的一部分，它是由双链分子的**脱氧核糖核酸**（deoxyribonucleic acid，DNA）组成的。随着我们学习了更多的遗传学知识，基因这个概念变得

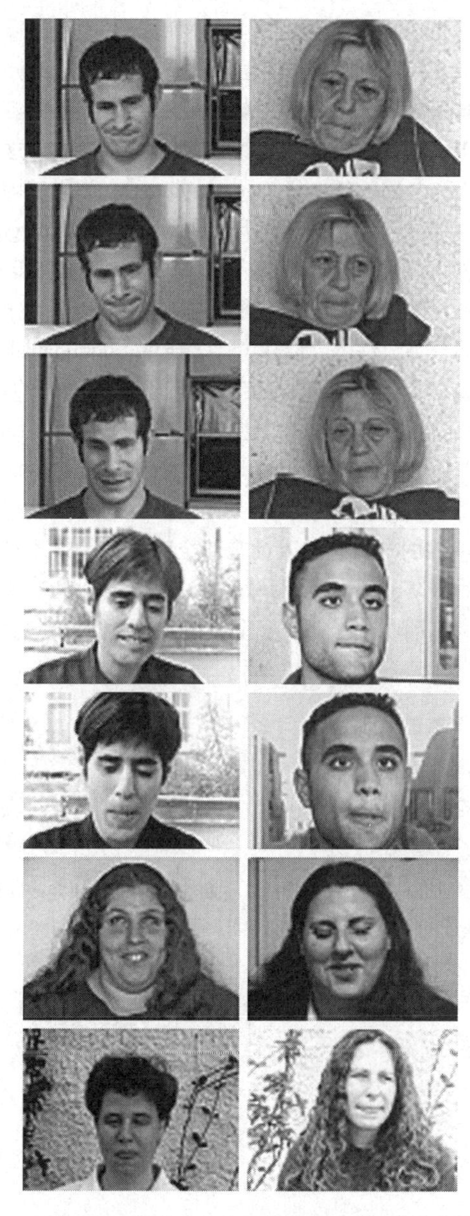
Proceedings of the National Academy of Sciences

图1.6 先天失明的人（左）及其具备正常视力的亲属（右）
明显的相似性暗示了遗传对面部表情的作用

模糊了（Bird，2007）。有时，一些基因重叠在一个伸展的染色体上。有时，遗传的结果取决于两个或两个以上的染色体。在许多情况下，部分染色体不编码自己的蛋白质，但是它改变了其他基因的表达。

一个 DNA 链是**核糖核酸**（ribonucleic acid，RNA）分子合成的模板。RNA 是单链化学物质。一种类型的 RNA 分子是蛋白质分子合成的模板。图 1.7 总结了从 DNA 通过 RNA 到蛋白质这个信息转译过程中的主要步骤，随后蛋白质便会决定机体的发展。一些蛋白质形成身体结构的某些部分。其他蛋白质作为**酶**（enzymes），即调节体内化学反应的生物催化剂。

如果个体两条染色体上的基因对完全相同，这样的个体称为该基因的**纯合子**（homozygous）。如果基因对不匹配，这样的个体称为该基因的**杂合子**（heterozygous）。比如，你可能在一条染色体上有一个蓝眼睛的基因，而另一条染色体上有一个棕色眼睛的基因。

基因分为显性、隐性和中性。**显性**（dominant）基因无论在纯合子还是杂合子条件下，都会显示强烈的效应。**隐性**（recessive）基因只在纯合子条件下起作用。例如，苯（基）硫脲（PTC：一种用于人类遗传学研究的味觉试验的结晶物质）尝味能力的基因是显性的，低敏感度的基因是隐性的。只有某人携带两个隐性基因，才对尝味有所困难（Wooding et al.，2004）。图 1.8 说明了苯硫脲品尝能力基因的两个杂合子个体结合后可能出现的结果。因为他们每个人都有一个在尝味方面高度敏感的基因，让我们简称它为“T”，这个类型可以品尝到苯硫脲（PTC）的苦味。然而，父母双方都可能传给孩子一个高敏感度的基因（T）或低敏感度的基因（t）。因此，这个家庭的孩子有 25% 的机会获得 2 个 T 基因，有 50% 的机会成为 Tt 杂合子，还有 25% 的机会成为 t 基因的纯合子。

停下来检查一下

4. 假设你对于苯硫脲的品尝有高敏感性，你的母亲也能很容易品尝出它，那么，你能预测一下你父亲对其的感受性吗？
5. 假设你对于苯硫脲的品尝有高敏感性，你的母亲对它有低敏感性，那么，你能预测一下你父亲对其的感受性吗？

伴性基因和限性基因

位于性染色体上的基因称为**伴性基因**（sex-linked genes）。其他的染色体都是常染色体，它们的基因称为**常染色体基因**（autosomal genes）。

在哺乳动物中，两种性染色体被指定为 X 和 Y：雌性哺乳动物有两个 X 染色体，雄性哺乳动物有一个 X 染色体和一个 Y 染色体。在繁殖中，雌性必然贡献一个 X 染色体；雄性可能贡献一个 X 染色体，也可能贡献一个 Y 染色体。如他贡献一个 X 染色体，下一代则为雌性；

图 1.7　基因怎样控制机体的发育
DNA 链的碱基序列决定了 RNA 链的碱基顺序；RNA 控制蛋白质分子的氨基酸序列。（见彩插）

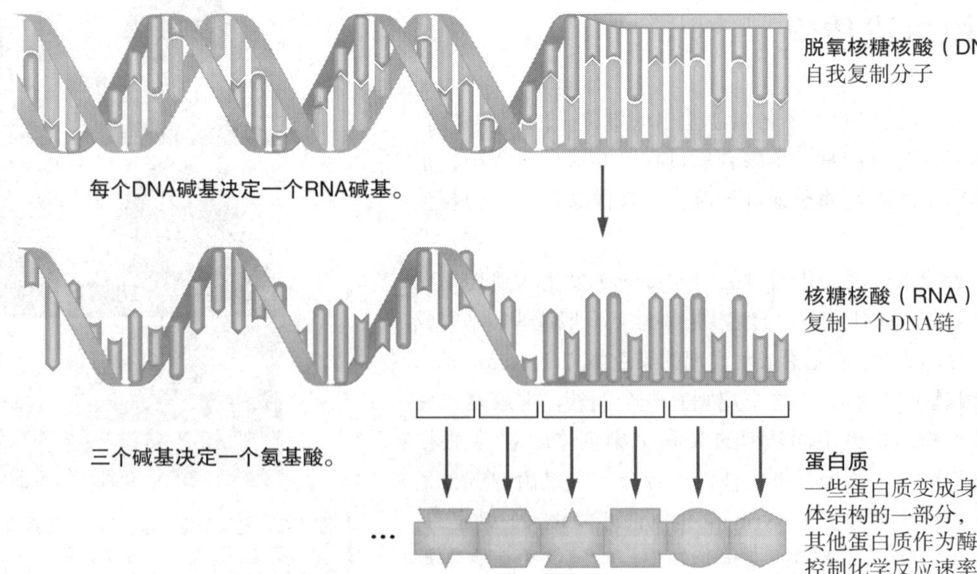

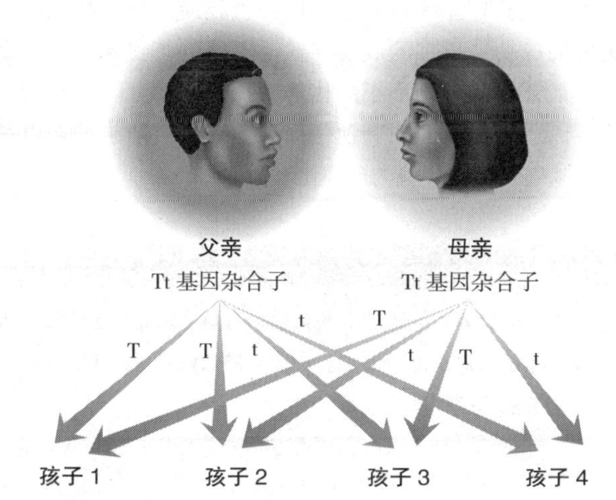

图 1.8 父母都是一个特定基因的杂合子，结合之后四种机会均等的结果。

这个家庭的孩子有 25% 的可能成为显性基因（TT）的纯合子，25% 的可能成为隐性基因（tt）的纯合子，50% 的机会成为 Tt 杂合子。

当他贡献一个 Y 染色体时，下一代则为雄性。

Y 染色体很小。人类 Y 染色体上的基因只编码 27 个蛋白质，远少于其他染色体。然而，Y 染色体有很多可以影响其他染色体上基因的位点。如前所述，一个基因的概念不像原来看上去那样简单。X 染色体上有大约 1500 个蛋白质的基因（Arnold，2004）。因此，当生物学家说伴性基因时，他们通常指的是伴 -X 基因。

人类伴性基因的一个例子是，红 – 绿颜色视觉缺陷的隐性基因。任何在 X 染色体上存在这种基因的男性，就会产生红 – 绿颜色视觉缺陷，因为他没有其他的 X 染色体。而当两个 X 染色体上都有这种颜色视觉缺陷的隐性基因时，女性才会色盲。所以，举一个例子，如果 8% 的人类 X 染色体上包含视觉缺陷基因，那么 8% 的男性会是色盲，而只有不到 1% 的女性会成为色盲（0.08×0.08）。

有别于伴性基因的是**限性基因**（sex-limited genes）。这种基因在两性都有，一般存在于常染色体上，但主要影响或只影响某一性别。包括控制如下一些特征的基因：男性胸毛多少、女性乳房大小、公鸡打鸣的量、母鸡产蛋的速率等。两种性别都有这种基因，但是需要性激素来激活它们，因此它们的作用依赖于雄激素或雌激素。

停下来检查一下

6. 怎样区别伴性基因和限性基因？

遗传与环境

与 PTC 敏感性和色觉缺陷不同，多数行为的变异取决于基因和环境的综合影响。你可能偶尔会听到针对某一个行为的问题：“遗传和环境哪一个更重要？”上述问题是没有意义的。每一个行为既需要遗传也需要环境。拿走任何一个，一切都不可能了。

然而，我们可以改述这个问题，使它变得有意义：观察到的个体差异更多是由不同的遗传决定，还是由不同的环境决定？例如，你唱歌比我唱得好，原因可能是不同的基因或更好的训练，或者两者都有。

研究者依靠两种主要的证据确定遗传和环境的作用。首先他们比较了**同卵双生子**（monozygotic）（来自 1 个卵子）和**异卵双生子**（dizygotic）（来自 2 个卵子）。人们经常称同卵双生子为“完全相同的”双胞胎。但是这个词有误导作用，因为双胞胎可能在重要的方面有所不同（一些是互为镜像的），尽管如此，他们具有相同的基因。与异卵双生子相比，同卵双生子之间更显著的相似性表明了遗传所起的作用。

第二类证据是对收养儿童的研究。收养儿童身上任何与亲生父母相似的倾向都说明了遗传的作用。如果某些特征的变化在很大程度上取决于遗传差异，那么这些特性就具有较高的**遗传性**（heritability）。

新的生化方法使第三种证据成为可能。在一些情况下，研究者已经发现特殊的基因与某些行为障碍有关。例如，在抑郁症人群当中，某些基因比平均水平更常见。识别这些基因导致进一步的问题：基因和这些问题的关联有多大？基因是怎样产生影响的？什么环境条件会调节它的影响？我们能找到消除有害基因的方法吗？

研究者已经发现，在已经完成的测试中遗传对几乎所有行为都有重要影响（Bouchard & McGue，2003）。包括孤独（McGuire & Clifford，2000）、神经质（Lake，Eaves，Maes，Heath，& Martin，2000）、爱看电视（Plomin，

Corley, DeFries, & Fulker, 1990）和社会态度（Posner, Baker, Heath, & Martin, 1996）等。测试中惟一没有表现出遗传作用的行为是宗教信仰——例如犹太教教徒、新教徒、天主教徒或佛教徒（Eaves, Martin, & Heath, 1990）。

问题的复杂化

人类是很难被研究的动物。研究者无法控制人的遗传或环境，而且，测试遗传影响的最好的方法都很容易出错（Bouchard & McGue, 2003；Rutter, Pickles, Murray, & Eaves, 2001）。

例如，有时很难区分遗传和产前影响。研究显示，如果孩子的亲生父母有犯罪记录，即使他们被很优秀的父母收养，也可能出现类似的问题。有犯罪记录的父母给了子女基因，也给了子女犯罪的产前环境。他们中的许多人在怀孕期间摄取不良的饮食，医疗保险很差。他们中许多人吸烟、饮酒和吸毒，影响了胎儿的大脑发育。所以，产前环境的影响像基因影响一样被反映出来。

还有一个复杂的问题：有时，一个甲基（CH_3）附着到一个基因上，使基因失活（Tsankova, Renthal, Kumar, & Nestler, 2007）。在某些情况下，如早期经验中的营养不良或严重的压力通过与一个甲基相连使基因失活，然后个体把失活的基因传递给下一代。实验表明，基于祖辈和父辈的经验，大白鼠的行为会发生改变（Harper, 2005）。这样的结果模糊了遗传和环境影响之间的区别。

基因也能通过改变环境间接地影响行为。例如，假设你的基因导致你经常发脾气，其他人（包括你的父母）强硬地回应，使你更加有理由感觉到敌意。Dickens 和 Flynn（2001）把这种倾向叫作**乘数效应**（multiplier effect）：如果基因或产前环境产生影响，导致某些活动出现哪怕很少量的增加，这个早期改变会通过扩大这种趋势的方式改变环境，发生下列的连锁效应：

基因或产前（环境）影响 ⟶ 增加一些趋势 ⟶ 促使环境变化 ⟶ 增加一些趋势

拿运动举一个例子，一个孩子出生时携带比平均高度、平均跑步速度、平均协调性好的基因。这个孩子早期在篮球上表现出成功，于是父母和朋友鼓励孩子越来越多地打篮球。练习的增加增长了技能，增长技能取得更多的成功，更多的成功导致了更多的练习和辅导。这就使最开始的一个小小的优势变得越来越大。同样的过程可以适用于学业或其他任何努力。这个结果最初以遗传为基础，但是环境的反馈把它放大了。

停下来检查一下

7. 被领养的儿童，如果他们的亲生父母是酗酒者，就会使儿童成为酗酒者的可能性增加。一个可能的解释是遗传，那么第二个可能的解释是什么呢？

环境的作用

即使是一个高遗传力的特性，通过环境干预也可以使其发生改变。在以后的章节中，我们会讨论到如下问题：一个特定的基因可以使经受过许多压力的个体更容易产生抑郁症，另一个特定的基因使童年时期受过严重虐待的个体更容易产生攻击行为。基因的影响取决于个体的环境。

再考虑一下**苯丙酮尿症**（phenylketonuria, PKU）。它是一种遗传性疾病，可使机体不能代谢苯丙氨酸这种氨基酸。如果不对苯丙酮尿症进行治疗，当苯丙氨酸积累到有毒水平，便会损害儿童大脑发育，导致弱智、坐立不安、烦躁。大约 1% 的欧洲人携带一个隐性 PKU 基因；亚洲人携带这种基因的比较少；几乎没有非洲人携带这种基因（T. Wang et al., 1989）。

虽然 PKU 是由遗传因素导致的，但是环境干预措施可以将其改变。许多国家的医生按照惯例，检验婴儿血液或尿液中的苯丙氨酸或其代谢物的含量。如果一个婴儿此物质的含量水平较高，就暗示其可能患有苯丙酮尿症，医生建议家长严格让婴儿摄取低苯丙氨酸的饮食，以减少对婴儿大脑的损伤（Waisbren, Brown, de Sonneville, & Levy, 1994）。我们能够防止 PKU 发生，这个例子强有力地证明了遗传并不意味着不可改变。

一些关于 PKU 的说明：要想使病人完全遵照饮食要求也是很困难的。必须避免肉、蛋、乳制品、谷物，特别是苯丙氨酸含量达 50% 的阿斯巴甜（NutraSweet）的摄入。作为替代，他们必须吃一种昂贵的包含所有其他氨基酸的东西。医生长久以来认为，患苯丙酮尿症的儿童在几年以后可以正常饮食。后期的经验证明，高苯丙氨酸水平会对青少年和成年人的大脑造成损伤。一个患有苯丙酮尿症的妇女在怀孕和哺乳期要特别注意。即使基因正常的婴儿，也不能应对母体通过胎盘传递的大量苯丙氨酸。

停下来检查一下

8. 什么例子可以说明，即使一些特性的遗传力很强，但是环境的改变还是可以对其发挥作用的？

基因如何影响行为

生物学家说“一个棕色眼睛的基因”不是指这个基因直接产生棕色的眼睛。在正常的健康和营养水平下，是该基因产生一种蛋白质，使眼睛变成棕色。如果我们谈论“酗酒基因”，我们不应该设想是基因本身导致的酒精中毒，相反，它是在某些情况下产生一种蛋白质，从而增加了酗酒的可能性。重要的是，我们要尽可能具体地说明这些环境条件。

一个基因究竟如何使一个特定行为发生的可能性增加，这是一个复杂的问题。在以后的章节中，我们会遇到基因控制大脑化学物质的例子。然而，基因也间接地影响行为——例如，通过改变其他人对待你的方式（Kendler，2001）。假设你的基因使你看起来非常有吸引力，因此，陌生人对着你微笑，很多人想了解你。他们对你外貌的反应可能会改变你的性格，如果是这样，基因就会通过改变你的环境影响你的行为。

因此，我们对“任何行为都与遗传有关”这样的报告不应该感到惊讶。一个基因几乎会影响你身体中的任何事情，也会影响你的活动以及其他人以什么方式对待你。

行为的演化

演化（evolution）是指在一人群中，一代与一代之间，各种基因在频次上所发生的变化。请注意，根据这个定义，演化包括基因频次的任何变化，无论从长期来看是否有利于物种的生存。

我们区分两个关于演化的问题：*物种过去如何演化*和*物种如何演化*。询问一个物种过去如何演化就是询问物种从何演化过来，立足于对化石的推论和与现今物种的比较来回答这些问题。例如，生物学家发现，与其他物种相比，人类与黑猩猩更加相似，因此推断出他们有一个共同的祖先。生物学家们建造的“演化树”显示出不同物种之间的关系（图 1.9）。随着新的证据不断出现，生物学家会改变他们对任何两个物种关联程度的看法。

物种*如何*演化这个问题是指演化这个过程是怎样进行的，而且这个过程，从基本框架上说，是一个合乎逻辑的必然，那就是，就我们所了解的繁殖，演化必然发生。原因如下：

- 后代一般都与父母相像，这是因为遗传。
- 基因突变偶尔会产生新的遗传变异，增加或减少个体生存和繁殖的机会。
- 某些个体比其他个体更成功地繁殖，因此把它们的基因传递给了下一代。一直与成功繁殖相连的基因在后代中会变得更为普遍。也就是说，当代的任何物种与过去成功繁殖的个体相似。

由于植物栽培者和动物的饲养者早就知道这个原则，他们选择具有所需特性的个体，并让它们产生后代。这个过程称为**人工选育**（artificial selection），经过了许多代以后，饲养者获得了优等的赛马、上百种的狗、产蛋量极高的鸡等。查尔斯·达尔文（1859 年）洞察到自然也会进行选择。如果某些个体能够比其他个体更成功地寻找食物、逃避敌人、吸引配偶或保护它们的后代，那么它们的基因将在后代变得更普遍。

关于演化的常见误解

让我们针对一些误解阐明演化的原则。

- *行为或结构的使用或废弃会导致某种特征在演化上增加或减少吗？*您可能会听到有人这样说：“因为我们很少用我们的小脚趾，所以它们在我们的后代中变得越来越小。”这种看法源于生物学家让·拉马克（Jean Lamarck）的演化理论，即获得性遗传，被称为**拉马克进化**（Lamarckian evolution）。根据这一看法，如果你锻炼你的手臂肌肉，你的孩子天生就会

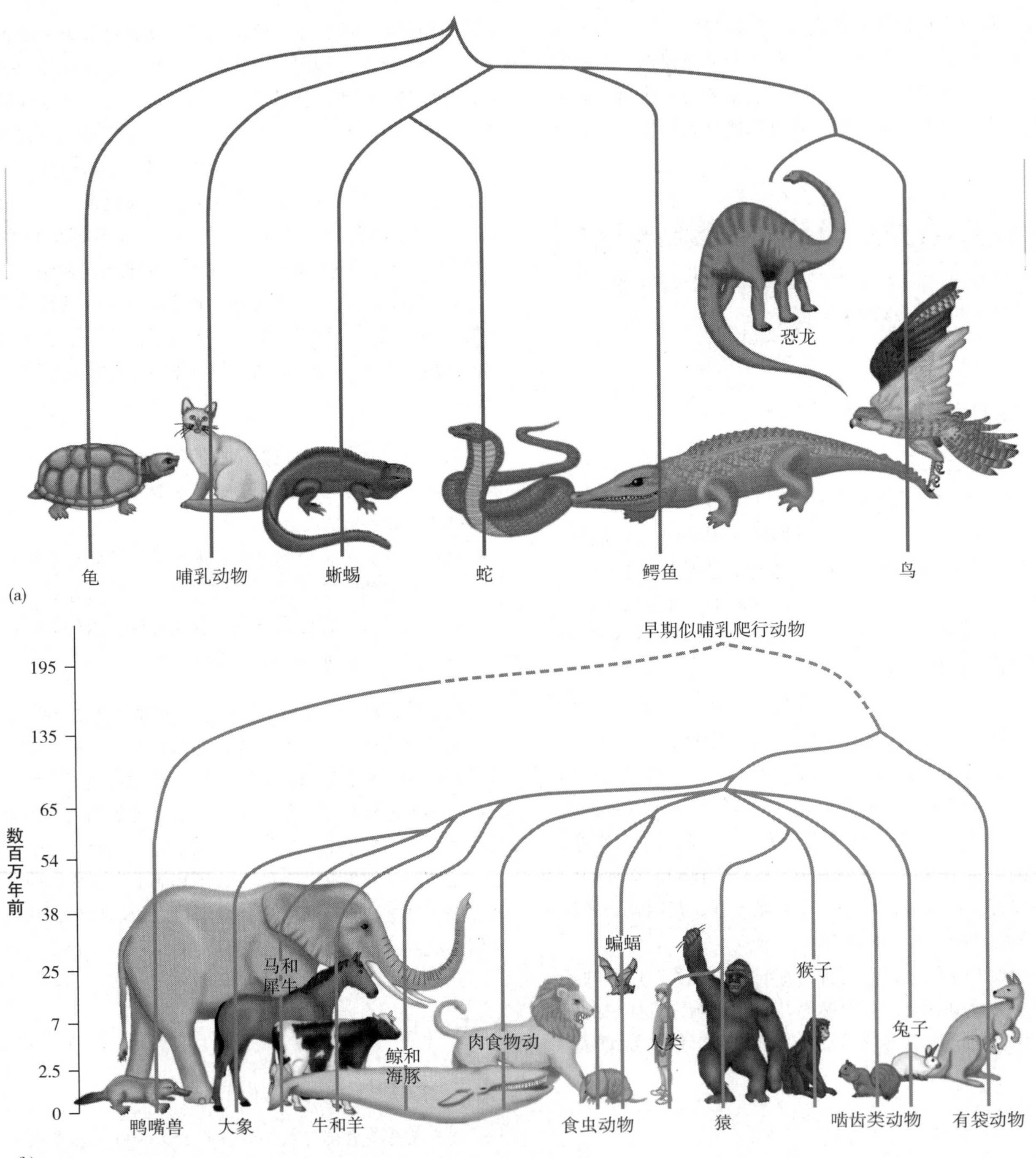

图 1.9 演化树

（a）哺乳动物、鸟类和一些爬行动物之间的演化关系。（b）各种哺乳动物之间的演化关系。

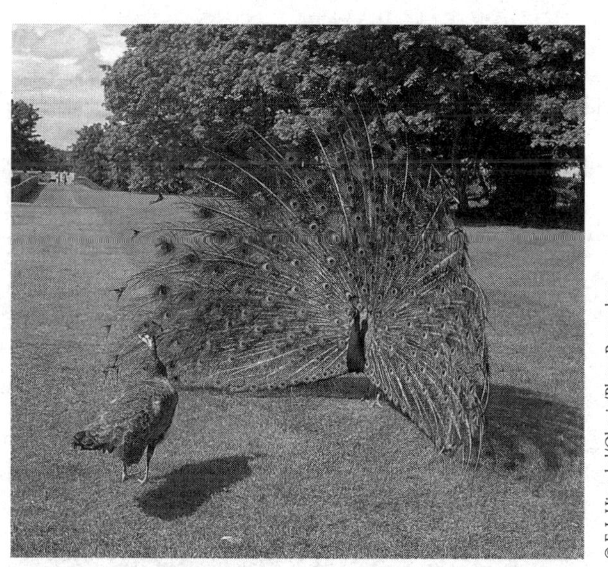

有时候，某些与性相关的展示，如孔雀张开它尾部的羽毛，可以提高繁殖的成功率并传播相关的基因。在一个变化的环境中，这种基因可能变为适应不良。例如，如果喜欢鲜艳颜色的捕食者进入了孔雀的领地，彩色的羽毛可能会导致孔雀死亡。

有更好的手臂肌肉，如果你不使用你的小脚趾，你孩子的小脚趾将比你的还小。然而，生物学家没有发现拉马克进化发生的机制，也没有证据表明它存在。使用或不使用某些身体结构是不会改变基因的。

（未来演化中，人类的小脚趾有收缩的可能性，但是只有在具有更小的小脚趾的人比其他人有生存优势，并且能够遗传这种优势时，这种情况才会发生。）

- *人类停止进化了吗？*由于现代医学可以使几乎任何人都活着，而且由于富裕的国家几乎给每个人提供了生活必需品及福利计划，一些人断言，人类不再受制于“适者生存”的原则。因此，这种论点认为，人类的进化已经放慢或者停止。

  这个论点的缺陷是，进化的关键不是生存，而是繁殖。如果拥有某些基因的人生出比平均数量多的孩子，她们的基因就会在人口中扩散。
- *“演化”是否意味着“改善”？*这取决于你对“改善”的定义。根据定义，演化提高种群的平均**适应度**（fitness），其操作定义为，*基因被后代所承继和复制的数量*。举个例子，如果你的孩子比平均数量多，根据定义，无论你在其他方面是否取得成功，你都是演化适应的。你还通过支持你的兄弟、姐妹、侄子、侄女或其他任何人来增加你的适应度，他们都和你有许多相同的基因。根据定义，任何得到传播的基因都是适应的。然而，在一个时间和地方增加适应度的基因，可能在一次环境变化后变得不利。例如，雄孔雀五彩缤纷的尾羽可以吸引雌性，但是在一种对亮颜色起反应的新的捕食者在场的情况下，它会变得很不利。换句话说，当代基因的演化是因为它们对前一代是适应的。但在将来它们也许适应也许不适应。
- *演化有益于个体还是物种？*都不是：它有利于基因。从某种意义上说，不是你用你自己的基因复制你自己，相反，是你的基因用你来复制它们自己（Dawkins，1989）。想象一下，有一个基因会让你舍命保护你的孩子，如果该基因使你的孩子更多地幸存下来，则随后该基因会在人群中更加普遍。

停下来检查一下

9. 许多人认为人类的阑尾没有用处，它会在每一代都变得越来越小吗？

演化心理学

演化心理学（evolutionary psychology）解决行为怎样演化的问题，特别是社会行为，重点是在演化和功能的解释上面，如前面定义一样。也就是说，假定我们祖先的基因和自然选择有利于促进某些行为。这个假设是，一个物种的任何行为特性必须通过自然选择产生，并且一定能够提供某些优势。虽然，这一假设可能有例外，但是它至少有助于指导我们的研究工作，如：

- 有些动物比其他物种具有更好的颜色视觉，而有些有较好的立体视觉。据推测，物种根据其生活方式的需要进化出相应的视觉类型。（见第 7 章）
- 哺乳动物和鸟类使用更多的能量来保持它们的体温。如果这没有给我们带来重大的好处，我们是不会演化出这样一个“昂贵”的机制的。（见第 10 章）
- 熊吃掉一切它们能找到的食物，小鸟只吃掉可以满足它们迫切需要量的食物。饮食习惯与不同物种的

需求有关。（见第 11 章）

另一方面，物种的某些特性与自然选择存在更加有争议的关系。考虑两个例子：

- 人们变老和死亡，在有利的情况下，平均存活时间约为 70 年至 80 年。我们的衰老原因是否是因为，我们的基因要求我们死亡和离去，以避免与自己的子孙后代产生竞争？
- 更多的男性享受与多个性伴的性行为。理论家把这种倾向与这样的事实联系起来：男性可以通过使许多妇女怀孕的方法传播他的基因，而一个女人不能通过拥有更多的性伴侣增加她孩子的数量（Buss，1994）。男性和女性天生就有不同的性行为吗？正如我们在第 11 章探讨的那样，答案是有争议的。

为了进一步说明演化心理学，让我们考虑**利他行为**（altruistic behavior）的有趣理论，这是一种使其他个体而非其本人受益的行为。一个鼓励利他行为的基因，可以帮助其他个体生存并且传播其基因。如果是这样，那么利他主义的基因是怎样传播的呢？

让我们从利他主义是否普遍存在开始思索。利他主义在人类中肯定是存在的：我们为慈善事业作贡献；我们试图帮助身处困境的人；一个学生给同一门课上有成绩竞争的同学讲解。除人类以外，尽管动物会殚精竭虑并冒着生命危险保护它们的幼崽，但是非亲属关系的利他行为在大多数物种中是很少的。在一项研究中，一只黑猩猩可以拉动一条绳子，把食物拉到自己的笼子中；也可以选择拉动另一条绳子，这样，它在把食物拉到自己笼子的同时，可以把另一些食物拉到与自己熟悉的、但是无亲缘关系的隔壁黑猩猩的笼子中。大多数情况下，黑猩猩拉动正好出现在自己右侧的绳子，无论它只能给自己带来食物，还是给自己和其他黑猩猩都能带来食物。即使同伴做出祈求的姿势，所有被测试的黑猩猩也没有表现出想帮助其他同伴（的行为）（Silk et al.，2005）。

即使动物确实表现出利他行为，它们也往往有自私的动机。例如，当一个乌鸦发现地上的食物时，它大声地鸣叫，吸引其他的乌鸦来分享食物。利他？实际上不是。一只地上的鸟很容易受到猫或者其他动物的攻击。有其他的鸟在周围意味着有更多的眼睛去注意危险。

与其相似，我们思考一下狐蒙（猫鼬的一种）的例子，狐蒙群体中的某个成员定期站起来，如果发现危险，就会发出警告声（图 1.10），提醒别的狐蒙（包括它们的亲戚）。但是，最容易逃脱的正是那只第一个看到危险并且发出警报的个体（Clutton-Brock et al.，1999）。

为了更好地说明这一道理，让我们假设（没有证据）一些基因增加了利他行为。它可能在种群中扩散吗？一个普遍的回答就是多数利他行为代价很小。没错，但几乎无害不等于足够好。只有当携带某基因的个体比没携带该基因的个体繁殖得更多时，一个基因才会传播。另一个普遍的说法是利他行为使物种受益。没错，但反过来讲也是成立的。一个基因使物种受益，但不能帮助这个个体本身，

图 1.10　哨兵的行为：是否利他？

像许多其他物种一样，狐蒙有时表现出放哨行为，它们查看危险并且向其他同类发出警报。然而发出警报的狐蒙应该是最容易逃脱的。

于是该基因也会与那个个体一起消亡。

一个更具争议性的假设是*群体选择*。根据这个观点，利他群体比其他不合作群体能更好地生存（Bowles，2006）。想象合作群体中包括一个基因突变的人，导致了竞争和“欺骗”行为。如果不合作的个体生存下来，并且比这个群体中的其他人繁殖得更多，那么不合作的基因就会扩散。如果本群体有办法惩罚或驱逐不合作的成员，群体选择才可能发生。

一种更好的解释是**互惠利他**（reciprocal altruism），该观点认为，个体帮助会回报恩惠的个体。研究者发现，个体不仅很容易帮助那些帮助过他们的人，也倾向于帮助那些他们观察到的帮助别人的人（Nowak & Sigmund，2005）。这不仅是“你帮我，所以我就帮你”，而是“你帮别人，所以我帮你”。通过帮助他人，建立一个乐于助人的声誉，其他人都愿意与你合作。但是，只有当个体彼此认识时，这种体系才能运转。然而，对一个不合作的人，接受别人恩惠和成功是很简单的，而且他们从不偿还。换句话说，互惠利他需要有良好的感官和卓越的记忆，尤其是对面孔的卓越记忆或拥有某些识别其他个体的方法。也许我们现在才明白，为什么利他行为在人类中比在其他物种中更加普遍。

另一种解释是**亲缘选择**（kin selection）。选择有利于个体亲属的基因。如果一种基因使你舍命保护你的孩子，它可能会扩散，你的孩子分享了你许多基因，也许包括利他主义的基因。如果对其他亲属（如堂兄弟、侄子、侄女）的利益大于你的成本，自然选择也有利于把利他主义指向他们（Dawkins，1989；Hamilton，1964；Trivers，1985）。在人类和非人类中，合作和利他行为在亲属中的发生均比在无关个体中的发生更加普遍（Bowles & Posel，2005；Krakauer，2005）。

演化心理学可以引发我们去做一些研究，以更好地帮助我们理解行为。功能解释指导着研究者探究物种的不同栖息地和不同的生活方式，直到我们理解它们为何有不同的行为模式为止。有的时候这种方法受到一些批评，有人会认为研究者没有检验就作出解释（Schlinger，1996）。

停下来检查一下

10. 利他基因在种群中传播的两种似乎可信的解释是什么？

模块 1.2 结 语

基因与行为

在行为的控制中，基因既不是特别重要，也不是无关紧要。某些行为，如品尝 PTC 的能力，具有高的遗传性。许多其他的行为既受基因的影响，但很大程度上也受经验的影响。我们的基因和演化使我们人类成为今天这个样子，它也可以使我们按照情况的需要灵活地改变我们的行为。

了解人类行为的遗传学是特别重要的，但也是特别困难的。将遗传与环境的作用进行区分总是很困难，特别是对人类而言，因为研究者对于环境的控制有限。推断人类的演化过程也很难，部分是因为我们对远古祖先的生活了解不够。最后，我们应该记住，事物存在的本质并不一定与它应有的本质一定相同。例如，即使我们的基因促使我们以特定的方式行为，但是，如果它们不适合现代生活的需要，我们仍然可以决定去设法克服这些行为。

总 结

1. 基因是一种化学物质，它维持从一代到另一代的完整性，并且影响个体的发展。一个显性基因总会影响个体的发展，无论一个人有一对该基因或每个细胞上只有一个单独的复制品。隐性基因只有在显性基因缺失的情况下才会影响发展。
2. 大多数行为变异反映了基因和环境因素的综合影响。遗传力是对遗传变异，而非环境变化，造成的变化量的估计。
3. 研究人员通过比较同卵与异卵双胞胎、收养儿童与他们的养父母和亲生父母等方法对人类遗传力状况进行估计。在某些情况下，他们对特定基因进行识别，这种基因在有某类行为的人中比在其他人中更加普遍。
4. 这些结果有时高估人类的遗传性。多数对收养儿童的研究无法区分基因和产前环境的影响。此外，在基因产生一些早期行为倾向后，这种行为可能会导致环境的变化，环境会放大这种趋势。
5. 即使某些行为在特定人群中显示出高遗传力，环境中的变化也可能大大改变行为的结果。
6. 基因通过改变大脑化学物质直接影响行为，通过影响身体的其他方面，影响其他人对我们的反应，从而间接地影响行为。
7. 通过自然选择实现的演化过程是一个逻辑上的必然：有时会发生基因突变，拥有某些基因组的个体比其他人更能成功繁殖。
8. 演化使繁殖最多的人的基因得以扩散。因此，如果一些特征在一个人群中分布广泛，那么去寻找这个特征是或已经是适应性的做法是合理的。但是，我们不能想当然地认为，所有常见的行为都是我们基因的产物。我们需要把遗传影响从学习中区分出来。

关键术语

基　因　13	伴性基因　14	人工选育　17
染色体　13	常染色体基因　14	拉马克进化　17
脱氧核糖核酸（DNA）13	限性基因　15	适应度　19
核糖核酸（RNA）14	同卵双生子　15	演化心理学　20
酶　14	异卵双生子　15	利他行为　20
纯合子　14	遗传性　15	互惠利他　20
杂合子　14	乘数效应　16	亲缘选择　21
显　性　14	苯丙酮尿症（PKU）16	
隐　性　14	演　化　17	

思考题

1. 你是否能够确信，人类的哪种行为的遗传力会非常低？
2. 遗传基因在一定程度上能够解释为什么有的人老得慢且长寿而有的人老得快且早亡。假设控制年老的基因在人停止要小孩之后较长时间才开始发挥作用，那么进化将会为此基因带来何种影响？

停下来检查一下答案

4. 如果你的母亲对苯硫脲的品尝有高敏感性，我们不能预测你父亲的感受性。你可能从母亲那里继承了一个高敏感性基因，而且因为这个基因是显性的，只复制一个品尝苯硫脲基因就够了。
5. 你的母亲对它有低敏感性，那么你一定已经从你父亲那里继承了一个高敏感性的基因，所以你的父亲必须是高敏感性的。
6. 伴性基因存在于性染色体上（通常在X染色体上）。限性基因可以出现在任何染色体上，但因为它是被性激素激活的，所以它只是在某一性别中发生作用。
7. 如果母亲在产前喝了很多的酒，产前环境会驱使儿童未来成为一个酗酒者。
8. 控制一个携带PKU基因的孩子严格摄入低苯丙氨酸的食物，可以防止通常由该基因引起的精神发育迟滞。一般的观点认为，有时，一个较强的遗传条件可以被环境所改变。
9. 不会。不使用或不需要一个结构不能使它在下一代变小。除非携带小阑尾基因的人比其他人更加成功地繁殖时，阑尾才会缩小。
10. 利他基因可以扩散，因为它可以促使亲属受益，或者可以促进与其他个体的互惠（互惠的利他行为）。群体选择在某些条件下也会出现，特别当合作群体有办法惩罚或驱逐不合作的成员时。

模块 1.3 研究中的动物实验

某些伦理争论很难达成统一。一个是人工流产；另一个是在研究中使用动物。在这两种情况下，争议双方中的好心者都坚持自己的立场是恰当的和道德的。这个争论不是关于好人和坏人的争论，这是关于两种观点哪个更好的争论。

动物福利的争议对于生物心理学至关重要。就像本书中所讲述的知识和发现所表明的，我们所知道的大量关于脑和行为的知识只是源于用动物所做的研究。这些研究范围很广，有单纯的观察和无痛实验，也有那些如果让动物自己选择的话，它们绝对不会去充当志愿者的实验。一方面，我们想要更多的知识，另一方面，我们希望尽量减少动物的痛苦，我们应如何处理这个事实？

动物研究的理由

鉴于大多数生物心理学家和神经科学家主要对人的大脑和行为感兴趣，为什么他们要进行非人类的动物研究？这里有四方面的理由。

1. *行为背后的机制有跨物种的相似性，并且有时在非人类物种上进行研究更容易。*如果你想了解一个复杂的机器，你可能会从检查一个简单的机器开始。我们也从简单情况开始了解脑与行为的关系。非人类脊椎动物的大脑和行为在化学和解剖学中与人类相似（图 1.11）。即使是无脊椎动物的神经也遵循着与我们人类的神经相同的基本原则。许多研究已在乌贼神经上进行了，乌贼的神经比人的神经粗，因此更容易进行研究。
2. *我们感兴趣的是动物本身。*人类天生是好奇的。我们很想了解生命，如果在宇宙的其他地方有生命的话，我们也会投入大量的财力和精力去进行研究。同样，我们想了解蝙蝠怎样追逐昆虫、候鸟怎样在不熟悉的领域找到自己的路，以及鱼群怎样能做到集体游泳。
3. *我们对动物的研究有助于揭示人类的演化过程。*我们怎样成为现在这个样子的？什么使我们不同于黑猩猩和其他灵长类动物？为什么灵长类动物比其他动物演化出更大的头呢？我们通过研究其他物种来

© Explorer/Photo Researchers, Inc.

© David M. Barron/Animals Animals/Earth Scenes

在许多研究中使用动物被试，一些涉及行为，一些涉及神经系统的功能。

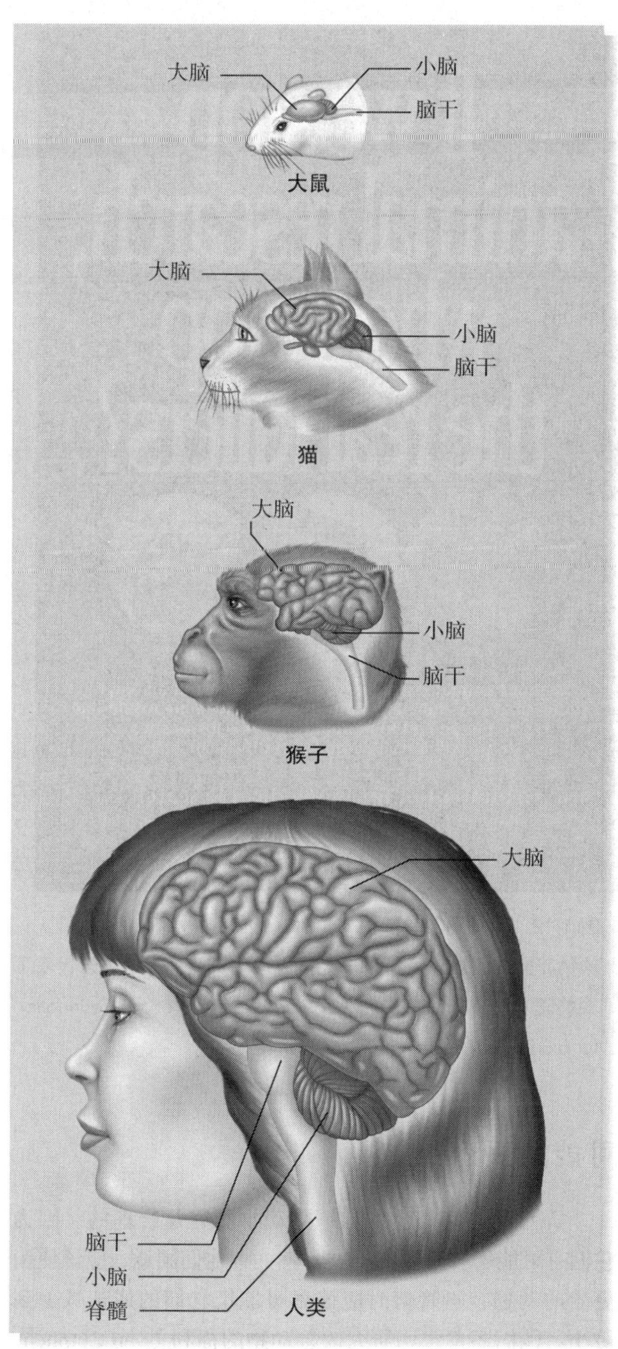

图 1.11　一些物种的大脑

所有哺乳动物脑的总体规划和组织都是相似的，虽然不同物种脑的尺寸有所不同。

回答这些问题。

4. 因为法律和伦理的限制，某些实验不能使用人类被试。例如，研究者把电极插入老鼠和其他动物的脑细胞中以确定行为和大脑活动之间的关系。研究人员不能以任何其他方式回答这类问题，其中包括一些对医学的进步来说很关键的问题。这种做法引发了一个伦理问题：如果这类研究对人类来说是无法接受的，难道我们就有理由拿人类以外的被试做实验吗？

停下来检查一下

11. 阐述生物心理学家进行非人类动物研究的理由。

伦理的争论

在某些情况下，研究人员只是观察自然中的动物，在一天中不同的时间，在一年中不同的季节，观察食谱中的变化等。这些程序甚至没有让动物感到不便，也不会发生伦理问题。然而还有一些其他实验，包括在本书中讨论的许多实验，如使动物的大脑受到损伤、植入电极、注射药物或激素，等等。许多人认为这些是虐待动物的实验，并采取和平示威、威胁甚至暴力手段来对抗这类研究。其中的例子包括轰炸实验室、在某教授的汽车下放置炸弹、在门廊上放置炸弹（是针对研究人员的，却意外放置在了邻居的门廊外）、夜间敲打研究人员子女的窗户以及通过窗户用水管向房子里灌水（G. Miller, 2007a）。有人（Michael Conn & James Parker，2008，p. 186）引用一个动物保卫联盟发言人的话，内容如下：“我不认为你们必须杀死……屠杀……太多（参与动物测试的医生）……我认为杀死 5 个、10 个、15 个人，我们就可以挽救 100 万、200 万、1000 万动物的生命。”

一方面，许多实验室的动物固然不是为了自己的利益，去经历痛苦的或使它衰弱的过程。有良知的人（包括科学家）都会被这个事实所困扰。另一方面，动物实验对医学研究至关重要。此类实验可以帮助人们找出防止或治疗小儿麻痹症、糖尿病、麻疹、天花、大规模烧伤、心脏疾病以及其他严重状况的方法。大多数在生理学或医学领域获得诺贝尔奖的科学家都对非人类动物进行过研究。寻找治疗或预防艾滋病和各种脑疾病（如阿尔茨海默氏症）方法的希望在很大程度上取决于动物研究。如果没有动物，生物心理学中的许多研究是无法取得进展的，而其他领域的进展也会非常缓慢。

反对的程度

反对动物研究的行为有不同程度的表现。“最低限要求者”可以忍受在一定程度下做动物实验。他们可以接受某些类型的研究，但其反对程度取决于研究的可能价值、动物的痛苦程度和动物的类型（举个例子，很少有人对伤害昆虫有严重的疑虑）。他们支持关于研究的严格限制。

“废奴派”采取更加极端的立场，认为没有妥协的余地。废奴主义者认为，所有的动物与人类有相同的权利。他们把杀害动物看做是谋杀，无论其意图是吃它、使用它的皮毛或者获得科学知识。在他们看来，只要把动物饲养在笼子里（即使是一个宠物）就是奴役。因为动物不能表达是否愿意参加实验，废奴主义者坚持认为不管什么情况、用任何方式使用动物都是错误的。根据一个动物实验的反对者所说：“我们没有任何道德的选择，只能停止这种研究，完全停止……我们不会满足，直到每一个笼子都是空的”（Regan，1986，pp. 39-40）。这种观点声称，大多数动物研究是痛苦的，而且它永远不会产生重要的成果。然而，对于一个真正的废奴主义者，这些观点并不真正重要。他们道义上的关键点在于，人们没有权利使用动物，即使研究是有用的或者是无痛的。

废奴主义者和动物研究人员之间的分歧是两个伦理立场的争议：“决不伤害无辜”和“有时候一点点的伤害产出更大的利益。”一方面，研究会造成不可否认的疼痛或痛苦的后果。另一方面，禁止使用动物为人类的目的服务，在医学研究上会造成很大的倒退，也会将那些动物器官移植给人类的活动终止（例如：利用猪心脏瓣膜帮助心脏病人）（图 1.12）。

在争论中经常表现出强烈和极端的特征，使研究者很难表达中立或细致入微的观点，至少在公众场合不能。许多研究者坦率地承认，并非所有的研究都是有价值的。许多人说他们确实很关心动物，尽管它们使用动物进行实验。一些神经科学家甚至是素食者（Marris，2006）。

几乎所有人都在某个地方画一条线，并且说：“我不会做这种实验。我可能获得的知识不值得动物那么痛苦。”可以肯定的是，不同的研究者在不同的地方画线。

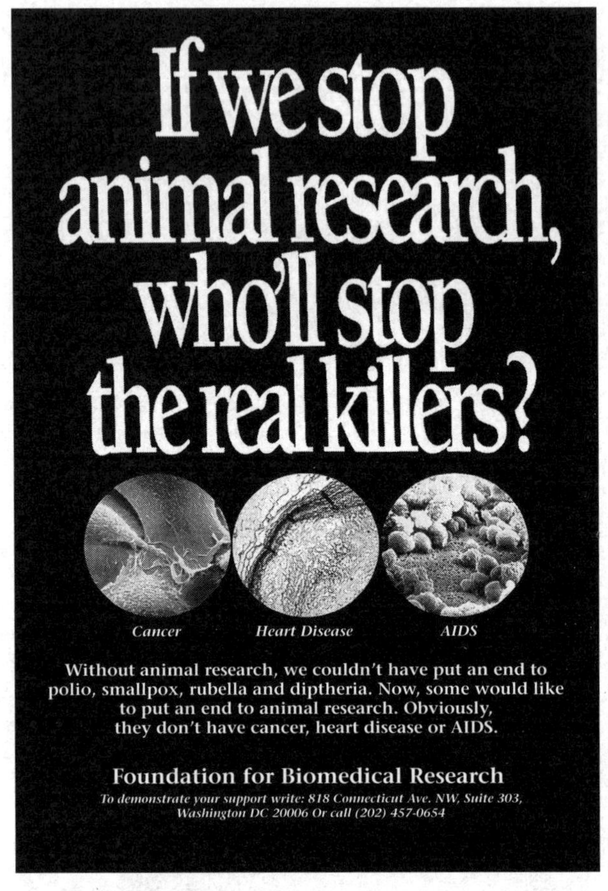

图 1.12　为动物实验辩护

动物研究的反对者多年来一直抗议动物实验。这个广告代表了支持这类研究者的答复。（*Source: Courtesy of the Foundation for Biomedical Research*）

可能的妥协

研究者坚信，至少有一些动物研究是合理的，因为它们有可能回答重要的问题。然而，他们同意，应该使用更少的动物，不管何时应该尽可能把它们的痛苦减少到最小。他们还主张用研究改善动物的福利（van Zutphen，2001）。

法律标准强调“三 R”：*减少*（reduction）动物的数量（少用动物）；*代替*（replacement）（如果可能的话，使用计算机模型或其他的替代品代替动物）；*改善*（refinement）（修改实验程序，以减轻疼痛和不适）。在美国，每个获得政府科研经费的学院或其他机构需要设置一个动物看护机构和一个动物使用委员会（Institutional Animal Care and Use Committee）。这些机构由兽医、社区代表和科学家组成，用以评估拟定中的实验，决定实验是否可以接受，并且指定程序，旨在最大限度地减少疼痛和不适。类似的法规和委员会也管理人类被试的实验。此外，所有的实验室必须遵守国家法律的规定，达到清洁和动物保健的标准。类似的法律也适用于其他国家，并且科学期刊需要研究人员声明他们在研究中遵守了所有的法律和法规。专业组织，例如美国神经科学学会公布了在研究中动物的使用指南（见附录 B）。下列网站是由国家健康研究所的动物保健和使用办公室所表述的美国动物保健法规和建议：http：//oacu.od.nih.gov/index.htm

停下来检查一下

12. “最低限要求者”与“废奴派”的立场有怎样的不同？

模块 1.3 结 语

人与动物

我们以诺贝尔奖获得者——生物学家 Niko Tinbergen 的一段话作为本章的开头，他认为人类与其他动物没有根本性的区别。因为我们与其他物种在许多方面都有相似性，所以我们从动物研究中更多地了解自己。也因为这种相似，我们认为动物与我们人类相同，我们希望不要伤害它们。作为一项规则，神经科学研究人员不轻易决定进行动物实验。他们希望尽量减少对动物的伤害，但他们也想增加知识。他们认为在控制条件下造成有限的痛苦比无知和放任疾病造成的更大痛苦要好。但是在某些情况下，这是一个困难的决定。

总 结

1. 研究人员进行动物实验是因为，有时在非人类物种上探究行为机制更加容易；他们对动物感兴趣；他们想了解人类的演化；某些种类的实验研究很难或者不可能在人类被试上进行。
2. 在研究中使用动物的伦理问题存在争议。一些研究给动物强加压力或痛苦，然而，许多问题只有通过动物实验才能进行研究。
3. 现今的动物研究是在法律和伦理的控制下进行的，以尽量减少动物的痛苦。

停下来检查一下答案

11. 有时，在非人类物种上进行行为机制的研究更加简单。我们对动物本身感兴趣。我们对动物的研究有助于揭示人类的演化过程。对人类被试来说，某些获取重要知识的程序是非法和违背伦理的。

12. “最低限要求者”希望限制动物研究，应该采用那些仅会造成少量不适、有较多潜在价值的实验研究。“废奴派”希望消除所有动物实验研究，不管怎样对待动物或研究可能产生多大价值。

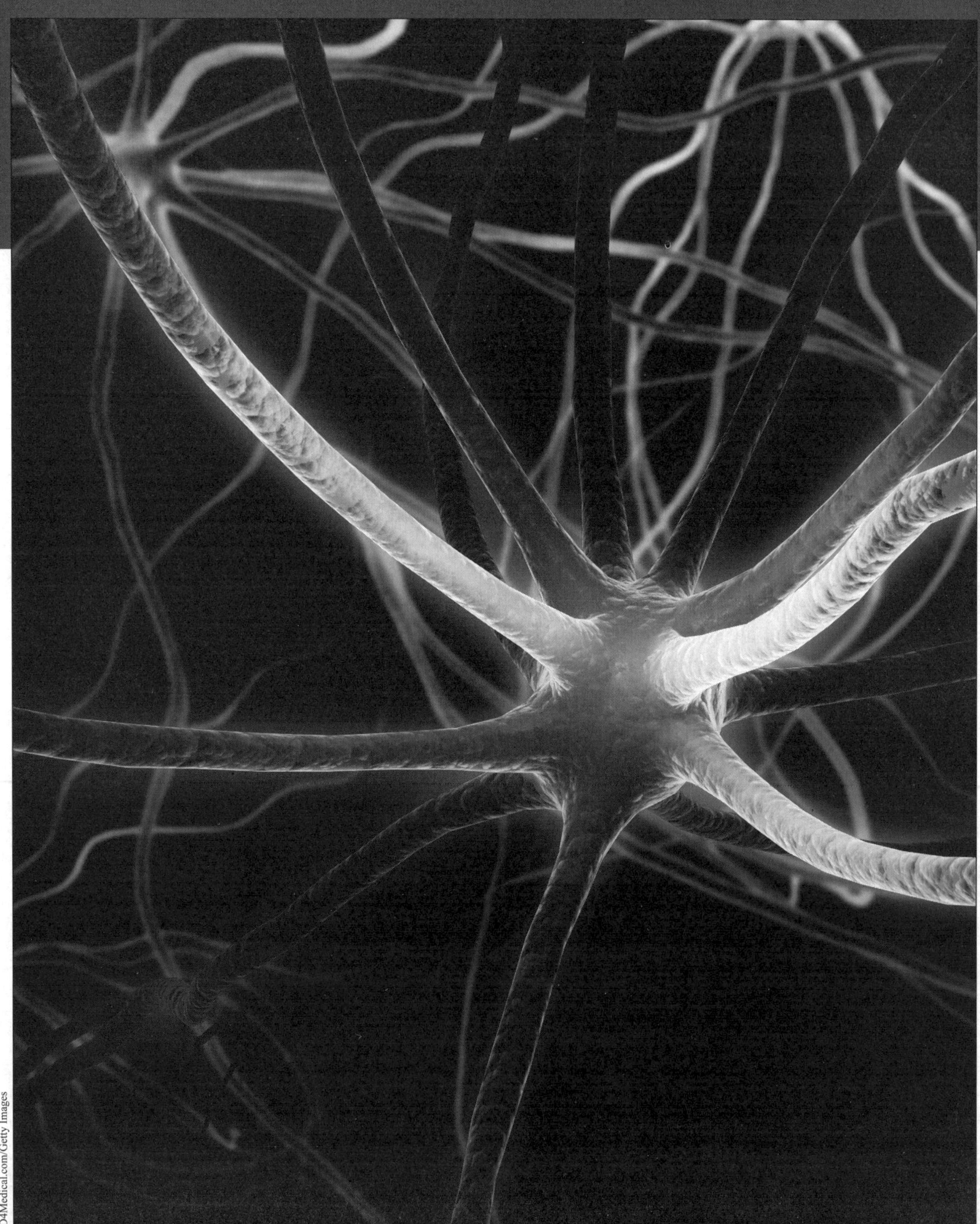

神经细胞和神经冲动 2

本章大纲

模块 2.1 神经细胞

神经元和神经胶质细胞的解剖

血脑屏障

脊椎动物神经元的营养

结语：神经元

模块 2.2 神经冲动

神经元的静息电位

动作电位

动作电位的传导

髓鞘和跳跃式传导

局部神经元

结语：神经信息

（左图图释）这是一幅在电子显微镜下放大了上万倍的神经元照片。图中的色彩是人工加上的。这么小的物体用自然光无法形成图像，需要用电子射线才能形成，但没有颜色。

主要内容

1. 神经系统由两种细胞组成：神经元和神经胶质细胞。其中，神经元可以传导神经冲动。
2. 较大的神经元具有分支，分别是轴突和树突，这些分支可以随着经验、年龄以及化学物质的影响发生变化。
3. 血液中的很多分子可以进入人体器官，但无法进入大脑。
4. 动作电位，即穿过神经元细胞膜的一种全或无的电位变化，是由钠离子的突然进入细胞和钾离子的突然流出引起的。
5. 局部神经元很小且没有轴突和动作电位，它们通过级量电位向周围的神经元传递信息。

无数细胞组成的系统就像是一个充满了各种人的社会：每一个人是一个独立的个体，但是所有人的能力加起来要远大于单独的个体。我们通过学习单个的细胞来开始神经系统的学习；然后，我们将进一步学习神经细胞是如何工作的。

建议：本章以及下一章的内容是建立在你已经了解了一些基本化学概念的前提下进行编写的，如果你需要一点时间来激活你的记忆，请阅读附录 A。

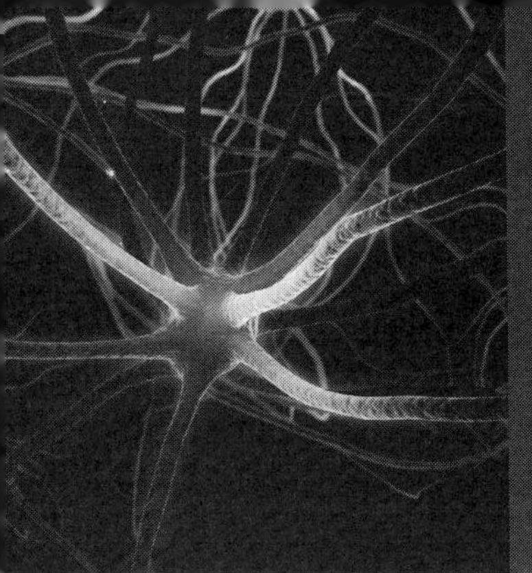

模块 2.1 神经细胞

无论是走路、心率的改变，还是解决复杂的问题，神经系统控制着你的一切行为。要想理解神经系统是如何工作的，我们要先从它的最基本单位——细胞开始。

神经元和神经胶质细胞的解剖

神经系统包含两种细胞，即神经元和神经胶质细胞。**神经元**（neurons）接受信息并将之传递给其他细胞。神经胶质细胞具有很多功能，在这里就不一一列举了，具体内容将会在这一章的后半部分介绍。据一项估计，成人的大脑中包含大约1000亿个神经元（R.W. Williams & Herrup，1988）（图2.1），但也存在着个体差异。

大脑是由无数个细胞组成的，我们对这一事实非常熟悉，以至于我们经常忽视这一点。然而，大脑由细胞组成的观点在20世纪早期之前是被质疑的，直到有研究者在显微镜下观察到大脑的组织。他们发现了神经元胞体之间的细长纤维，但是他们并不了解这些纤维是进入了其他的细胞还是在进入之前就终止了（Albright，Jessell，Kandel，& Posner，2001）。19世纪后期，Santiago Ramón y Cajal用染色法观察到一个间隙将一个神经元纤维的末端同另一个神经元的表面分隔开来。从此认为，大脑与身体的其他器官一样，是由细胞组成的。

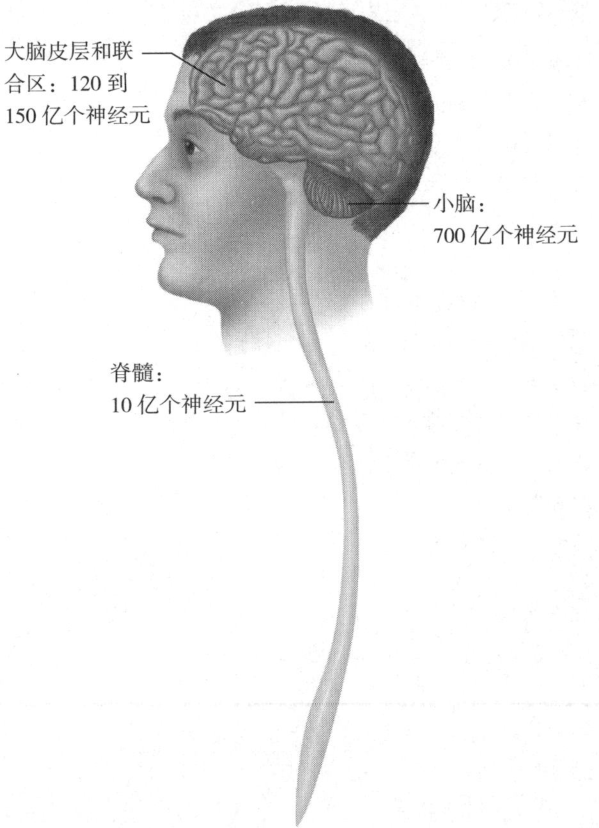

图2.1　人类神经元的估计值

由于细胞体积微小以及在大脑中分布密度的不均，很难精确测算出大脑神经元的数量。（*Source: R.W. Williams & Herrup, 1998*）

应用和扩展

Santiago Ramón y Cajal——神经科学的先驱者

有两个人被认为是神经科学的奠基人：第一位是Charles Sherrington，我们将在第3章详细介绍他。第二位是西班牙的科学家Santiago Ramón y Cajal（1852~1934），Cajal的童年生活很艰难，在他10岁那年，由于没能在拉丁课上注意听讲，他被关进了小黑屋，每天只能吃一顿饭，而且每天都要在众人面前接受鞭打（Cajal，1901~1917/1937）（这样你还认为你的老师严格吗？）。

Cajal想要学习艺术，但是他的父亲希望他能够学医，因为学医更容易谋生。而他，则是将这两门学科结合起来，成为了一名杰出的解剖学家和插画家。他画出的神经系统细节图在今天还被视为权威。

在 19 世纪后期之前，显微镜只能观察到神经系统的很少细节。随后，意大利的科学家 Camillo Golgi 发现了一种用银盐将细胞染色的方法。运用这种方法，可以在不影响其他结构的情况下观察单个细胞的结构。Cajal 运用 Golgi 的细胞染色法观察了婴儿的大脑。婴儿的脑细胞比较小，因此比较容易在载玻片上对其进行观察。Cajal 的研究证明了神经细胞是独立的，并未与其他细胞相结合。

从哲学角度来看，我们总是认为神经元应该是相结合的，因为我们通常从整体的角度来描述自己的经验，而不是将各个单独的部分加在一起。所以我们会认为大脑中的细胞应该是联合在一个单元中的。那么，单独的细胞是如何联合起来工作的呢？这对我们来说依然是一个复杂而且神秘的过程。

Santiago Ramón y Cajal
(1852~1934)

许多事实由于大家已经习以为常，而没能转化为有意义的发现！……很奇怪，我们的民众总是相信那些鬼神的故事和不寻常的神秘事件，却不屑于探索他们生活的这个世界。事实上他们所认为的这个单调乏味、毫无神秘感的世界，充满了神秘与惊奇。

动物细胞的结构

图 2.2 是一只小鼠的小脑中的神经元细胞（放大了无数倍）。除了在形状上的不同，其余部分与人类很相似。

细胞的表面是**细胞膜**（membrane）（或者是质膜），

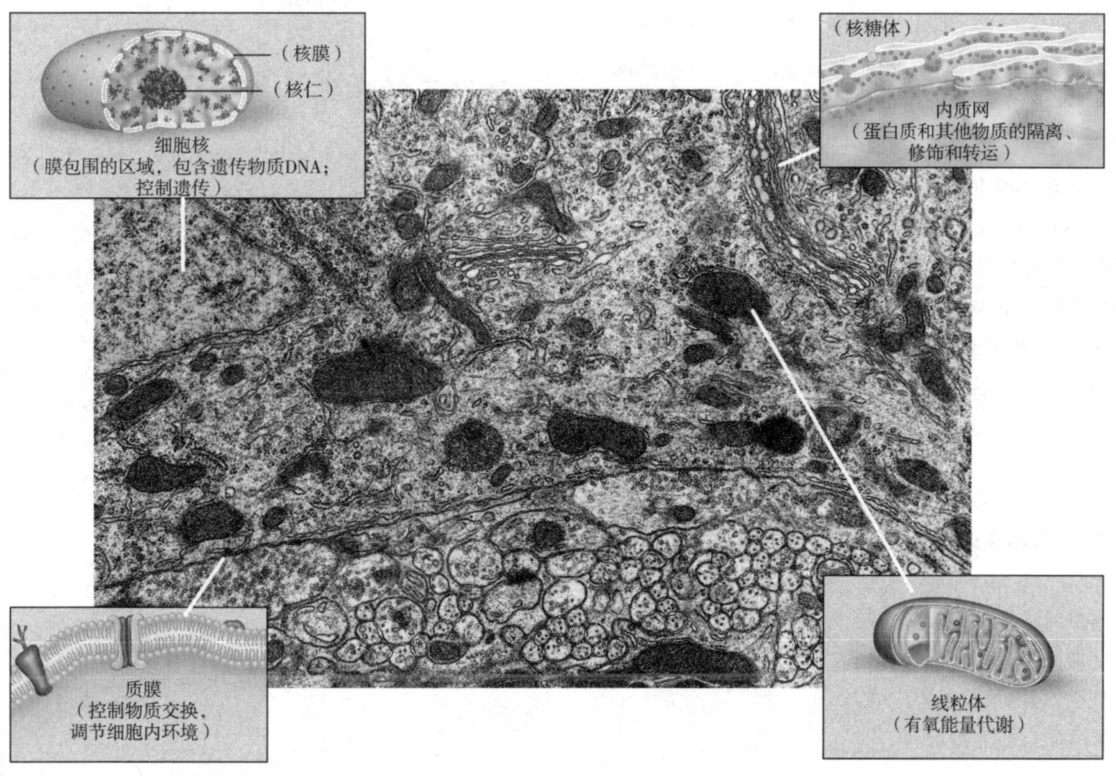

图 2.2 电子显微镜下的小鼠的小脑神经元

细胞核、细胞膜和其他结构是大多数动物细胞的特征。质膜是神经元的边界。上图放大了近 20 000 倍。（*Source: Micrograph courtesy of Dennis M.D. Landis*）

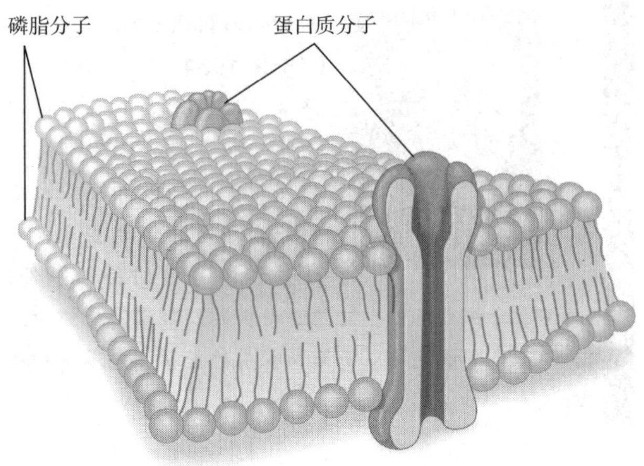

图 2.3　神经元细胞膜
镶嵌在细胞膜中的是蛋白质通道，它允许特定离子以一定速率通过。

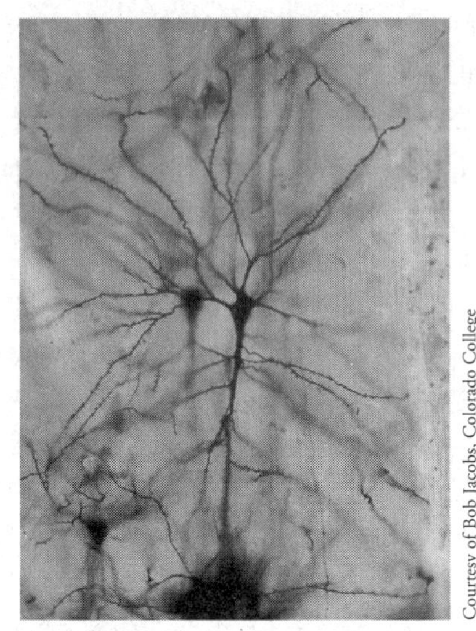

图 2.4　染色后的神经元
注意树突上细小绒毛状的棘突。

这层细胞膜将细胞内部与外界环境相分离。如图 2.3 所示，细胞膜由两层可以自由流动的脂质分子组成，大多数化学物质无法穿过这层膜，但是细胞膜上特殊的蛋白质通道允许一定量的下列物质通行，它们是水、氧气、钠离子、钾离子、钙离子、氯化物和其他重要的化学物质。

除哺乳动物细胞的血红细胞外，所有动物的细胞都含有**细胞核**（nucleus），细胞核中含有染色体。**线粒体**（mitochondrion）是进行新陈代谢的结构，为细胞提供各种活动所需的能量。线粒体需要养料和氧气才能进行工作。**核糖体**（ribosomes）是细胞合成新的蛋白质分子的场所。蛋白质是建构细胞的材料，并参与广泛的化学反应。一些核糖体在细胞中自由地流动，一些则固定在**内质网**（endoplasmic reticulum）周围。内质网是将新合成的蛋白质运送到其他地方的网状结构。

神经元的结构

神经元在形状上与其他细胞相区别（如图 2.4）。大的神经元包含以下几个部分：胞体、树突、轴突和突触前终末（微小的神经元没有轴突，一些没有明确的树突）。比较一下图 2.5 中的运动神经元和图 2.6 中的感觉神经元，我们发现，**运动神经元**（motor neuron）的胞体在脊髓中，它通过树突接收来自其他神经元的兴奋，并将这种冲动沿着轴突传到肌肉。而**感觉神经元**（sensory neuron）的末梢特化成对某一种刺激敏感的结构，比如光线、声音

图 2.5　脊椎动物运动神经元的组成
运动神经元位于脊髓内。图中的各个部分并不是按照实际比例呈现的；事实上，轴突比胞体要大得多。（见彩插）

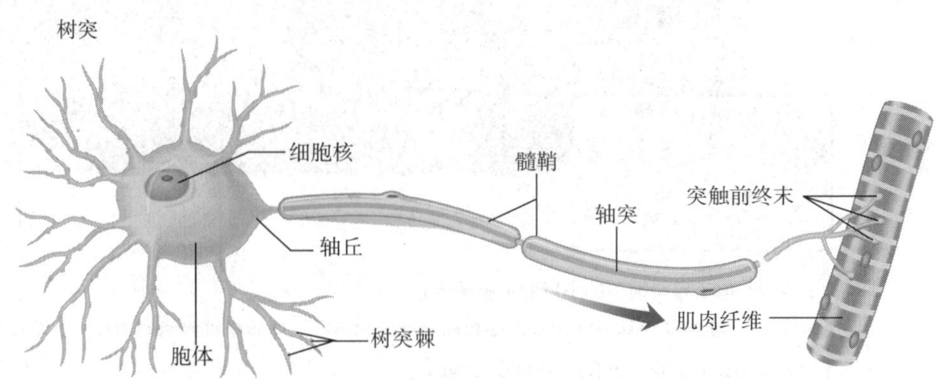

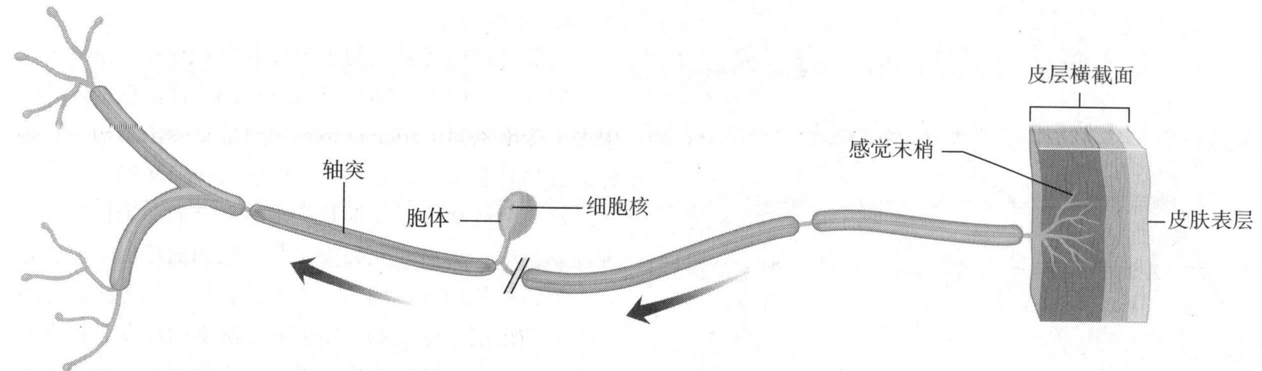

图 2.6　脊椎动物的感觉神经元

胞体位于轴突之上的地方（与图 2.5 一样，没有按照实际比例绘图）（见彩插）

或者触觉。图 2.6 所示的感觉神经元正在将来自皮肤的触觉信息传递给脊髓。细小的分支从感受器一直延伸到轴突，胞体位于整个主体的稍中间的位置。

树突（dendrites）是在末端逐渐变小的分支纤维（树突“dendrite”这个单词来源于希腊词根，原意为“树”；树突的形状像一棵树）。树突表面排列着突触受体，使得树突可以接收来自其他神经元的信息（第 3 章将详细介绍突触）。树突的表面积越大，能够接收的信息就越多。一些树突还包括**树突棘**（dendritic spines），这些纤维增大了树突的表面积（图 2.7）。树突的形状因神经元的不同而异，不同时期内，同一个神经元的形状也会有所不同。树突的形状决定了它以什么方式接收不同的信息（Häusser，Spruston，& Stuart，2000）。

细胞体（cell body），或者**胞体**（soma）（希腊语中身体的意思）包括细胞核、核糖体、线粒体以及大多数细胞中含有的其他结构，神经元主要的新陈代谢活动发生在这个部分。神经元的胞体直径从哺乳动物的 0.005mm~0.1mm 到某些无脊椎动物的将近 1mm 不等。像树突一样，一些神经元的胞体表面覆盖着突触。

轴突（axon）是一个有着固定直径的微细纤维，通常情况下比树突长（轴突一词来源于希腊语“轴”）。轴突是神经元的信息传递者，能够将冲动传递给其他神经元、器官或肌肉组织。许多脊椎动物的轴突表面覆盖着一种叫做**髓鞘**（myelin sheath）的绝缘物质，两段髓鞘之间是无髓鞘的部分，称为**郎飞氏结**（nodes of Ranvier）。无脊椎动物的轴突没有髓鞘。每一个轴突都有很多分支，

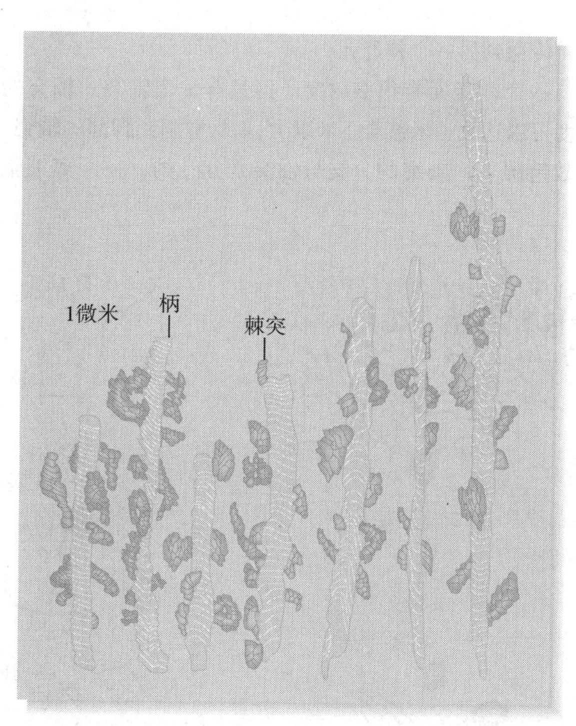

图 2.7　树突棘

某些神经元的树突上排列有棘突，它们能够接收特定的信息。在学习和记忆过程中，这些纤维能够促使神经元形成长期的改变。

这些分支在末端逐渐膨大，形成**突触前末梢**（presynaptic terminal），也被称为终球体或终纽（法语“纽扣”的意思）。这是轴突释放化学物质的地方，使得化学物质从一个神

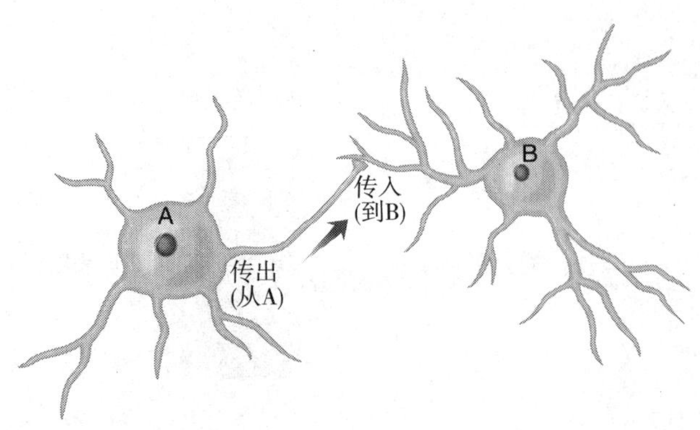

图 2.8 细胞结构和轴突

图中从 A 到 B 的轴突既是 A 的传出神经，又是 B 的传入神经。正如从华盛顿到纽约的火车，是从华盛顿离开，去往纽约。

经元传递到另一个神经元。

一个神经元有很多树突，但只有一个轴突。轴突的长度可以达到 1 米甚至 1 米以上，如从脊髓到脚部的轴突。多数情况下，轴突的分支与轴突是分开的，在距离细胞体比较远的终端。

其他与神经元有关的术语还有传入神经、传出神经和中间神经。**传入轴突**（afferent axon）将信息传到结构中去；**传出轴突**（efferent axon）将信息带出结构。对神经系统的其余部分来说，每一个感觉神经元都是一个传入，每一个运动神经元都是从神经系统的一个传出。在神经系统中，某神经元如果是一个结构的传出，那也是另一个结构的传入。例如，一个轴突从丘脑传出，然后传入大脑皮层（图 2.8）。如果一个细胞的树突和轴突全部包含在一个单独结构中，那么这个细胞就是**中间神经元**（interneuron）或者是**内在神经元**（intrinsic neuron）。例如丘脑的中间神经元的所有树突和轴突都在丘脑中。

停下来检查一下

1. 神经元上的分支结构叫什么？将信息从一个细胞传递到另一个细胞的细长结构叫什么？

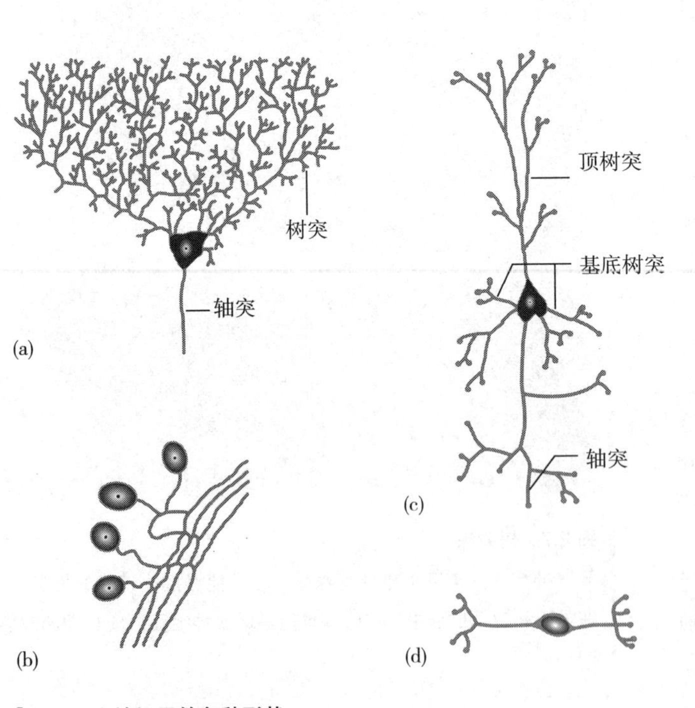

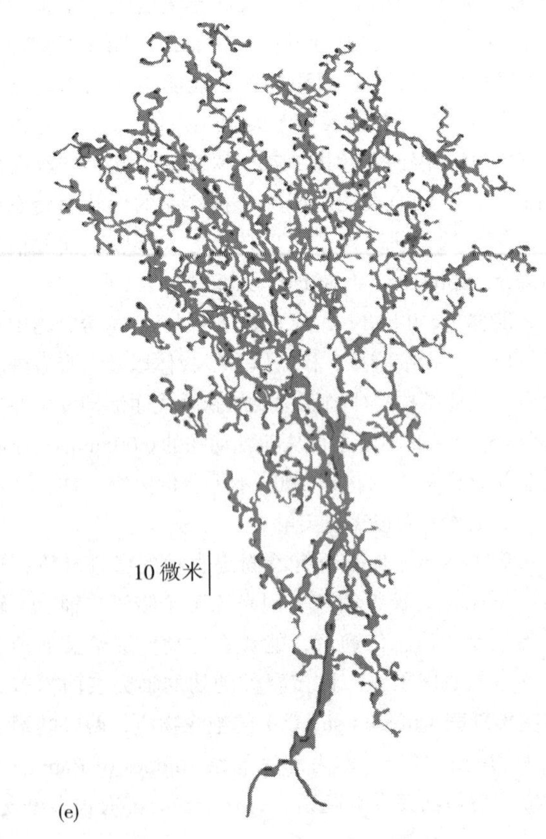

图 2.9 神经元的各种形状

（a）浦肯野细胞，只在小脑中存在；（b）从皮肤到脊髓的感觉神经元；（c）大脑皮层运动区的锥体细胞；（d）视网膜中的双极细胞；（e）蜜蜂的凯尼恩细胞。

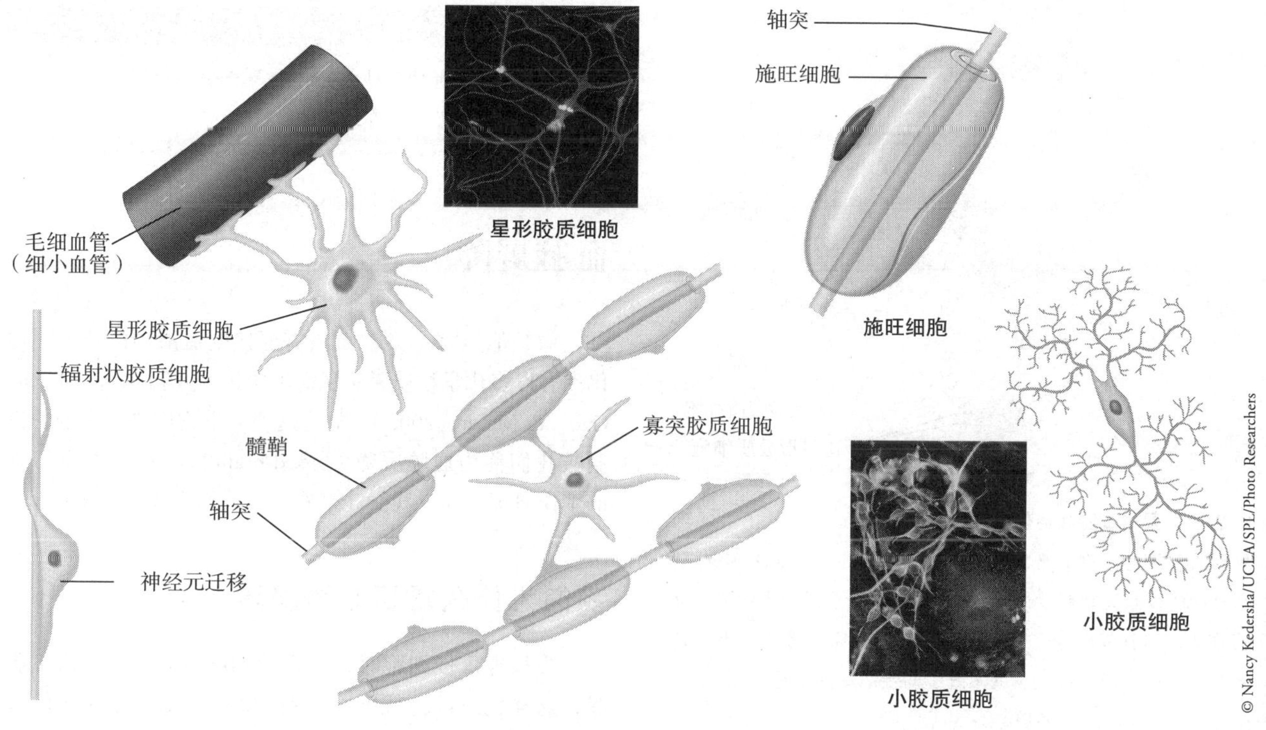

图 2.10　胶质细胞的形状

寡突胶质细胞形成脊椎动物中枢神经系统中轴突的髓鞘，起绝缘作用；周围神经系统的施旺细胞有相似的功能。上图中的寡突胶质细胞为两个轴突形成了髓鞘片段；事实上，每一个寡突胶质细胞可以为 30 到 50 个轴突形成髓鞘。星形胶质细胞在神经元之间和神经元与血液之间传递化学物质。小神经胶质细胞可以使破坏的脑区增殖，移除有毒物质。辐射状胶质细胞（没有在图中显示）可以指导胚胎发育阶段神经元的迁移。神经胶质细胞还有其他功能。（见彩插）

神经元的差异

不同神经元在大小、形状和功能上存在着巨大的差异。一个神经元的形状决定了它与其他神经元的连接方式，因此决定了它的功能。神经元的分支越多，就越能与更多的神经元建立联系。

神经元的功能与它的形状有关（如图 2.9）。例如，小脑中的浦肯野细胞有很多树突，使它能够接收更多来自轴突的信息（图 2.9a）。与之相反，视网膜中的细胞（图 2.9b）只有很短的树突，因此只能够接收较少的信息。

神经胶质细胞

神经胶质细胞（glia，或者胶质细胞）是神经系统的另外一个重要组成部分，它不能像神经元那样进行长距离的信息传递，但它们可以与邻近的神经元进行化学物质的交换。在某些情况下，这种物质的交换会引起神经元的同步活动（Nadkarni & Jung，2003）。神经胶质细胞一词来源于希腊语，意思是“胶水”，正如之前的探索者发现的那样，胶质细胞就像胶水一样将神经元粘合在一起（Somjen，1988）。虽然这种解释概念已经过时了，但这个术语依然存在至今。胶质细胞比神经元小，但在数量上比神经元多。总体看来，两者所占体积基本相同（如图 2.10）。

大脑中有各种不同功能的胶质细胞（Haydon，2001）。**星形胶质细胞**（astrocytes）由一组具有相关功能的轴突所环绕，如图 2.11 所示。星形胶质细胞接收轴突释放的化学物质，然后将化学物质再释放给轴突，使这些轴突的活动同步起来，将信息以波的形式传播（Angulo，

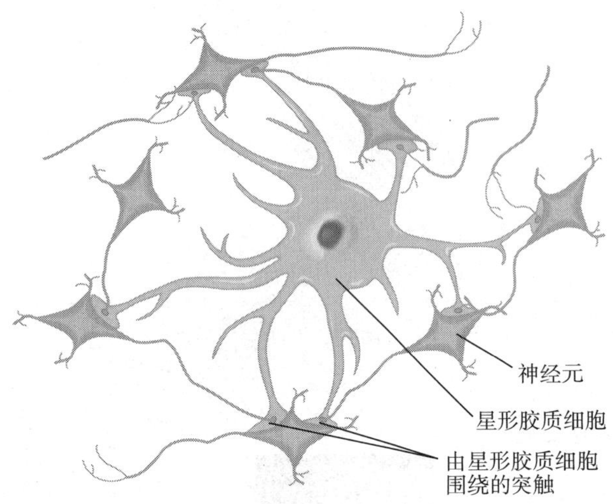

图 2.11 星形细胞如何使轴突同步活动

星形胶质细胞（中心）的分支由相互关联的突轴前末端围绕。当其中的少数突轴释放化学物质时，星形胶质细胞立刻吸收这些物质，这样就阻断了少数轴突对周围轴突的影响。当这种阻断结束时，所有的轴突就做好了同步活动的准备。（*Source: Based on Antanitus, 1998*）

Kozlov，Charpak & Audinat，2004；Antanitus，1998）。星形胶质细胞帮助移除死亡细胞产生的废弃物质，同时控制流向大脑的血流量（Mulligan & MacVicar，2004）。星形胶质细胞的另一个功能是提高脑激活区的血流量，为活动中的脑区提供更多的养料（Filosa et al.，2006；Takano ct al.，2006）。此外，星形胶质细胞释放化学物质，调节相邻神经元的活动。（Perea & Araque，2007）。总之，星形胶质细胞不仅能够支持神经元的活动，还对信息加工过程有重要影响。

小胶质细胞（microglia），一种十分微小的细胞，可以帮助移除废弃物质以及病毒、真菌和其他微生物。实际上，它的功能有些类似于免疫系统（Davalos et al.，2005）。大脑和脊髓中的**寡突胶质细胞**（oligodendrocytes）和周围神经系统的**施旺细胞**（Schwann cells）是特殊的胶质细胞，它们能够建构某些脊椎动物轴突外的髓鞘，并与某些轴突隔离。**辐射状胶质细胞**（radial glia）负责胚胎发育阶段神经元的迁移以及轴突和树突的生长。胚胎发育结束时，大多数辐射状胶质细胞分化成为神经元，少数辐射状胶质细胞分化为星形胶质细胞和寡突胶质细胞（Pinto & Götz，2007）。

停下来检查一下

2. 区分构成神经元的四种主要结构。
3. 哪一种胶质细胞环绕在轴突的突触末端？

血脑屏障

像其他器官一样，大脑需要接受血液中的营养，但仍然有许多化学物质无法从血液中进入大脑（Hagenbuch，Gao，& Meier，2002）。阻止这些化学物质进入大脑的机制被我们称为**血脑屏障**（blood-brain barrier）。在学习它的工作原理之前，我们先来看一下我们为什么需要它。

我们为什么需要血脑屏障

当病毒入侵细胞时，我们的细胞将病毒驱逐出细胞膜，这样免疫系统就可以找到病毒。然后免疫系统的细胞杀掉这个病毒，但同时免疫细胞自身也被感染了病毒，这时，免疫细胞就会对免疫系统说，“我被感染了病毒，杀掉我吧，以免感染其他的免疫细胞。”

如果上述过程发生在皮肤细胞或者血细胞中，这个机制能够很好地运行，因为这些细胞更新得很快。然而，脊椎动物的大脑却是一个例外，由于大脑不能替换受损的神经元，因此，为了降低对大脑的不可逆转的破坏，我们的身体在大脑的血管周围建构起一座屏障，这座屏障可以阻挡大多数的病毒、细菌和有害物质，但同时也阻挡了很多的营养物质。

你可能会问，“如果病毒入侵神经系统会怎样”？我们的回答是，如果是某些特殊的病毒，如狂犬病病毒，可以导致死亡。如果是其他病毒进入神经系统，小胶质细胞和其他相应结构就会攻击这些病毒并减慢它们的增殖速度（Binder & Griffin，2001）。然而，进入神经系统的病毒很有可能会伴随你的一生。举个例子，引起水痘和带状疱疹的病毒进入脊髓当中后，无论免疫系统的细胞如何攻击它们，它们都会一直存在于脊髓中数十年。生殖器疱疹病毒与之相同。

停下来检查一下

4. 说出一项血脑屏障的优点和一项血脑屏障的缺点。

血脑屏障的工作机能

血脑屏障（图 2.12）的功能依赖于形成毛细血管壁的内皮细胞的排列方式（Bundgaard，1986；Ropoport & Robinson，1986）。在大脑外部，这些内皮细胞之间有很小的间隙，但是在大脑中，它们紧密地连接在一起，以至于没有物质可以穿过它们。

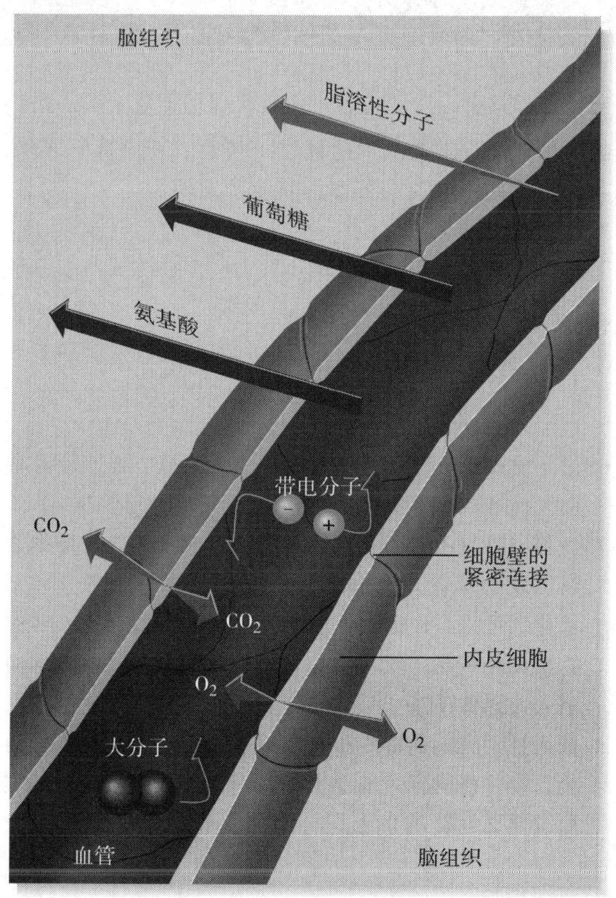

图 2.12 血脑屏障

多数大分子和带电分子无法从血液进入大脑。一小部分不带电的小分子，如氧气和二氧化碳，可以轻易地穿过，某些特殊的脂溶性分子也可以穿过。主动运输系统使葡萄糖和氨基酸也能穿过细胞膜。（见彩插）

也许你会问，“如果血脑屏障是这样好的一个保卫者，为什么其他器官没有这种屏障呢？”答案是这个保卫者在阻挡有害物质的同时也阻碍了有用的物质。

大脑有一些允许特定物质穿过内皮细胞的特定通道。首先，小的不带电分子，包括氧气和二氧化碳都可以轻易地穿过内皮细胞（Amiry-Moghaddam & Otterson，2003）。水分子通过内皮细胞上的特殊蛋白质通道进入。其次，脂溶性分子可以被动地穿过细胞膜，例如维生素 A 和维生素 D。

对于另外一些必要的化学物质，我们的大脑采用**主动运输**（active transport）的方式，这种方式以蛋白质为媒介，通过消耗能量将物质从血液运送到大脑。通过主动运输进入大脑的物质包括葡萄糖（大脑的主要供能物质）、氨基酸（蛋白质的组成物质）、嘌呤、胆碱、少量维生素、铁离子和某些激素（Abbott，Rönnback，& Hansson，2006；A. R. Jones & Shusta，2007）。

血脑屏障与我们的健康息息相关。阿尔兹海默症患者的血脑屏障的内皮细胞松动了，有害物质就进入到他们的大脑中（Zipser et al.，2006）。

然而，血脑屏障给医疗也带来了相应的困难，那就是药物很难进入大脑中。例如，脑癌很难治疗就是因为药物很难穿过血脑屏障进入脑中。

停下来检查一下

5. 哪些物质被动地穿过血脑屏障？

6. 哪些物质通过主动运输穿过血脑屏障？

脊椎动物神经元的营养

大多数细胞依赖碳水化合物和脂肪提供营养，但脊椎动物的神经元依赖**葡萄糖**（glucose）（一种单糖）提供营养。（癌细胞和产生精子的睾丸细胞也主要依赖葡萄糖。）消耗葡萄糖进行的新陈代谢需要氧气，因此，与其他器官的细胞相比，大脑中的神经元消耗了更多的氧气（Wong-Riley，1989）。

为什么神经元如此依赖于葡萄糖？虽然神经元中含有代谢脂肪和糖类的酶，但葡萄糖是能够穿过血脑屏障的唯一营养物质。这其中有一个例外，那就是酮类（脂肪的一种），但酮类物质一般很少（Duelli & Kuschinsky, 2001）。大量的酮类物质会引起心脏病、肝炎和糖尿病。

虽然神经元需要大量的葡萄糖，但葡萄糖却不会缺乏。因为葡萄糖可以由各种碳水化合物、氨基酸和甘油（脂肪的分解产物）转化而来。然而，不能利用葡萄糖却成为一个问题。许多长期酗酒者的饮食中缺少**维生素 B_1**（thiamine），它是利用葡萄糖的必要物质。长期缺乏维生素 B_1 可能使神经元死亡并导致科萨科夫综合症，使得记忆功能遭受严重损坏（第 13 章）。

模块 2.1 结 语

神经元

学习有关神经元的知识对我们理解行为有什么启发？可能最重要的发现是，人类的经验和行为并不是由某一个神经元决定的。正如一名化学家通过认识原子来理解化合物，生物心理学家或者神经科学家通过认识细胞来理解神经系统。然而，神经系统并不是所有神经元的简单相加，就像水不是氧原子和氢原子的简单结合。我们的行为来源于神经元之间的交流互动。

总 结

1. 神经元接收信息并将信息传递给其他神经元，神经系统还包括神经胶质细胞。
2. 19 世纪后期，Santiago Ramón y Cajal 运用染色法观察到神经系统是由独立的细胞，即神经元组成的。
3. 神经元与其他细胞的结构相同。
4. 神经元主要由四部分组成：胞体、树突、轴突和突触末梢。它们的形状因功能以及它们与周围细胞的连接而异。
5. 神经胶质细胞不能进行远距离的信息传递，但它们在许多方面帮助神经元行使功能。
6. 由于血脑屏障，许多分子无法进入大脑。血脑屏障帮助大脑阻挡了许多有害的病毒和危险的化学物质。
7. 血脑屏障是由覆盖在大脑和脊髓血管上的内皮细胞紧密组成的围墙。少量不带电的小分子如水、氧气和二氧化碳可以自由通过。脂溶性分子也可以通过。其他物质如葡萄糖、氨基酸等化学物质可以通过主动运输进入大脑和脊髓中。
8. 成人神经元的营养在很大程度上依赖于葡萄糖，葡萄糖是唯一能够穿过血脑屏障的营养物质。葡萄糖的利用需要维生素 B_1 的参与。

关键术语

神经元 30	细胞体（胞体） 33	星形胶质细胞 35
细胞膜 31	轴 突 33	小胶质细胞 36
细胞核 32	髓 鞘 33	寡突胶质细胞 36
线粒体 32	郎飞氏结 33	施旺细胞 36
核糖体 32	突触前末梢 33	辐射状胶质细胞 36
内质网 32	传入轴突 34	血脑屏障 36
运动神经元 32	传出轴突 34	主动运输 37
感觉神经元 32	中间神经元 34	葡萄糖 37
树 突 33	内在神经元 34	维生素 B_1 38
树突棘 33	神经胶质细胞 35	

思考题

影响我们行为的药物肯定都能够透过血脑屏障。那么，我们是否可以推断出这些药物的本质呢？

停下来检查一下答案

1. 神经元上的分支结构叫树突，将信息从一个细胞传递到另一个细胞的细长结构叫轴突。
2. 树突、胞体、轴突和突触末梢。
3. 星形胶质细胞。
4. 血脑屏障阻挡了大多数的病毒（优点）和营养（缺点）。
5. 小的不带电的分子如氧气和二氧化碳被动地穿过血脑屏障，脂溶性分子也能被动地穿过血脑屏障。
6. 葡萄糖、氨基酸、嘌呤、胆碱、少量维生素、铁离子和某些激素。

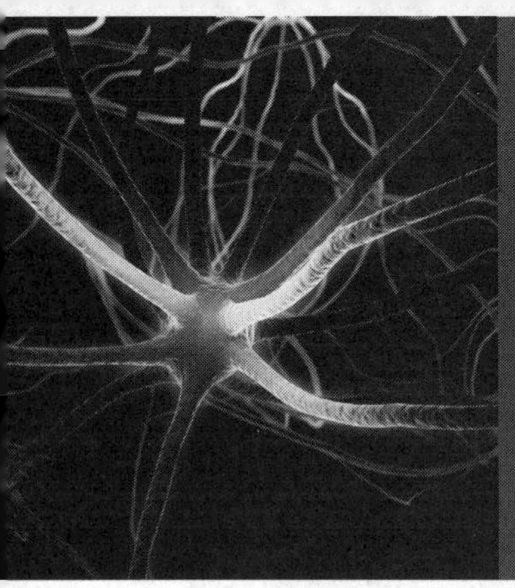

模块 2.2

神经冲动

想一想那些能够将信息从你脚部的触觉感受器传达到脊髓和大脑的轴突，如果轴突使用电传导，那么它们可以以光速来传递信息。然而，你的身体是由碳化合物而不是铜导线构成，神经冲动在向脊髓和大脑传导的过程中其强度会迅速衰减。如果真是这样的话，触碰肩膀比触碰腹部感觉到的强度要大；矮个子的人比高个子的人感觉到脚趾受到更大的压力。

轴突的实际工作方式避免了这些问题，轴突不是简单地传导一个电冲动，而是能够在每一个点上重新产生一个新的冲动。想象有一群人手拉手站成一长排，第一个人捏一下第二个人的手，第二个人捏一下第三个人的手，依次照做下去。因为每个人都重新产生一个动作，沿着这条线路传导下去的冲动就不会变弱。

尽管轴突传导冲动的方式不会让触碰肩膀比触碰脚趾时感觉强度大，但它又产生了另一个问题：轴突以一种中等的速度传导冲动（从小于 1m/s 到 100m/s 左右），那么触碰肩膀比触碰脚趾产生的神经冲动将更快到达大脑。如果有人同时触碰你的肩膀和脚趾，你的大脑并不会同时接收到这两个刺激信息。而实际上，如果有人先触碰你的一只手，然后再触碰另一只，除非两个刺激的间隔超过 70ms（S. Yamamoto & Kitazawa，2001），否则你并不能确定先触碰的是哪只手。你的大脑中并没有用来记录触觉信息到达的时间差别的装置。毕竟，为什么一定要有这样的装置呢？你永远也不需要知道你身体一个部位所产生的触觉是否先于或后于另一个部位的触觉。

然而，在视觉方面，大脑却有必要知道一个刺激是否先于或后于另一个刺激。在你的视网膜上有邻近的两个点，A 和 B，几乎同时传递冲动，而极细微的时间差别便会显示出光的闪烁是由 A 到 B 还是由 B 到 A。为了尽可能精确地觉察运动，你的视觉系统会对视网膜上某些部位比其他部位距离大脑更近起到补偿作用。如果没有这种补偿，到达你的视网膜的两个点的光刺激将在不同时间到达大脑，那么你会知觉到光由一个点移向另一个点。而轴突的特性能很好地防止这种错觉的产生，视网膜上距离大脑较远部位的轴突传递冲动的速度要比距离大脑较近部位的轴突快。

总之，轴突中冲动传导的性质很好地满足了神经系统信息传递的需要。下面让我们来具体地了解神经冲动传导的机制。

神经元的静息电位

神经元细胞膜内外存在**电位差**（electrical gradient）。神经元的细胞膜厚度约为 8nm（小于 0.00001mm），由两层磷脂分子（包括脂肪酸链和磷酸盐族）构成，磷脂双分子层中嵌有圆柱形的蛋白分子（图 2.3）。细胞膜的这种结构很好地结合了灵活性和稳定性，并且能够调节细胞内外的化学物质进出。

在没有任何外界刺激干扰时，细胞膜保持一种**极化**（polarization）状态，也就是在细胞膜内外存在电位差。由于细胞内带负电的蛋白质，神经元呈现膜内负电位、膜外正电位。神经元静息状态下存在的这种电位差被称为**静息电位**（resting potential）。静息电位的形成主要依赖于细胞内带负电的蛋白质。

研究者可以通过将很细的微电极插入细胞内来测量静息电位，如图 2.13 所示。微电极的直径必须足够小，这样才能既进入细胞而又不引起任何损伤。目前，最常用的微电极是一种充满了盐溶液的、尖端直径为 0.0005mm 或更小的精细的玻璃管。插入神经元内的微电极与一个记录仪器相连，参考电极则放在细胞膜外表面，构成一个回路。将电极与伏特计相连，发现神经元内部带负电、外部带正电，普遍水平是 –70mV，但对不同的神经元来说这个水平会略有变动。

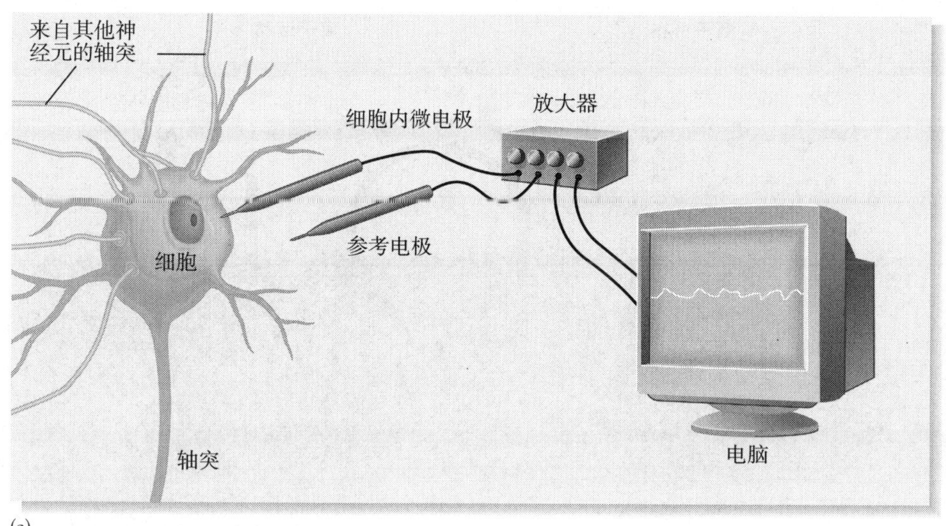

(a)

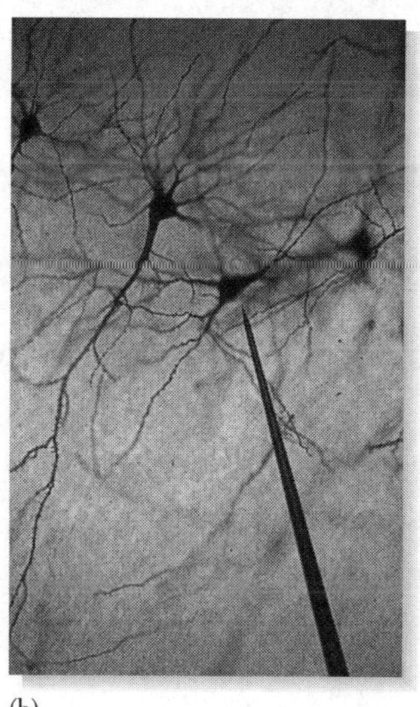
(b)

图 2.13 记录神经元活动的方法

（a）仪器与样本记录图解；（b）微电极和经光学显微镜放大 100 倍的着色神经元

钠离子、钾离子运动与驱动力

如果带电离子能够自由跨越细胞膜，那么细胞膜将立刻去极化。然而细胞膜是具有**选择通透性**（selectively permeable）的，也就是说一些化学物质比其他的化学物质能够更容易穿透细胞膜（这种选择性和血脑屏障相类似，但也并不完全一样）。大部分较大的或带电的离子和分子根本不能穿透细胞膜。氧气、二氧化碳、尿素和水能够自由通过那些永久开放的通道。一些具有生物学意义的离子，如钠离子、钾离子、钙离子、氯离子经由那些时开时闭的通道穿透细胞膜。当细胞膜处于静息状态时，钠离子通道是关闭的，阻止一切钠离子的通过。这些通道可以参见图 2.14。正如我们将要在第 3 章中看到的那样，一些特定的刺激能够使钠离子通道打开。静息状态下，钾离子通道没有完全关闭，因此钾离子可以缓慢地穿透细胞膜。

钠钾泵（sodium-potassium pump），是一种蛋白质复合物，它重复不断地将三个钠离子泵出细胞，同时将两个钾离子泵入细胞内。钠钾泵是一种需要消耗能量的活动载体。很多毒素都可以阻断它，就像中断血液的流动。钠钾泵使得细胞膜外的钠离子浓度比细胞膜内的钠离子浓度高 10 倍，细胞膜内的钾离子浓度高于细胞膜外钾离子的浓度。

钠钾泵之所以很有效正是因为细胞膜具有的选择通透性阻止了已被泵出神经元的钠离子的回流。然而，一些被泵入神经元的带有正电的钾离子却会再渗出细胞体。这种回流增加了细胞膜内外的电位差，如图 2.15 所示。

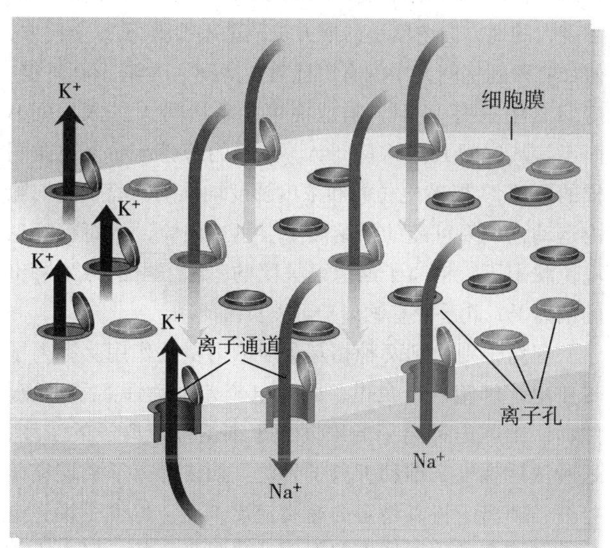

图 2.14 神经元细胞膜上的离子通道

通道打开时，特定种类的离子可以通过细胞膜；通道关闭时，离子不能通过通道进出细胞膜。（见彩插）

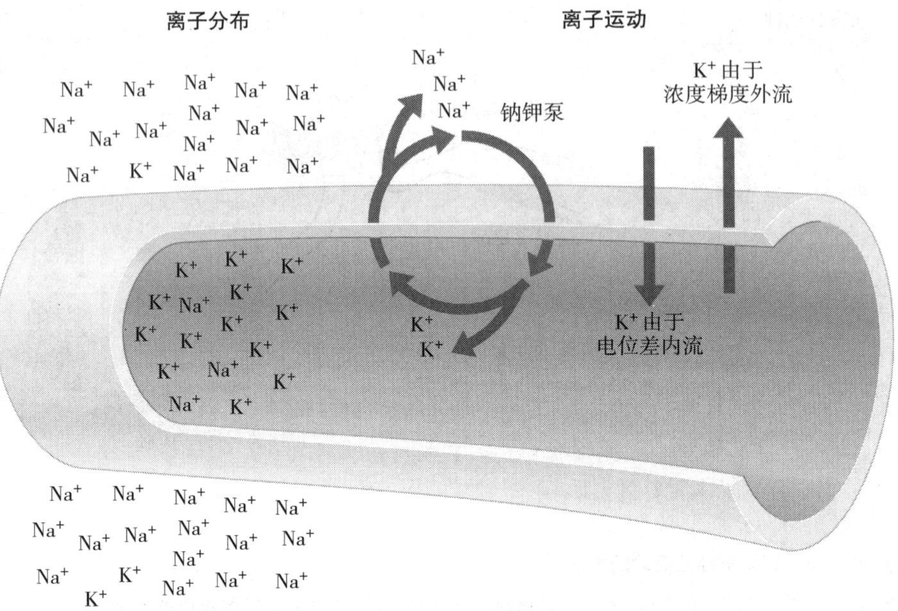

图 2.15 细胞膜静息状态时钠离子和钾离子的浓度梯度

钠离子富集在神经元细胞外；钾离子富集在神经元细胞内。蛋白质和带负电的氯离子（图中未显示）位于细胞内。静息状态下，只有很少的钠离子通过钠钾泵穿越细胞膜。钾离子因为细胞膜内外存在电位差而内流，细胞膜内外的浓度梯度则使钾离子外流。

当神经元处于静息状态时，有两个力量作用于钠离子使其向细胞内运动。第一个是电位差。钠离子带正电，细胞内带负电，正负电相互吸引，因此电位差推动钠离子内流。第二个就是**浓度梯度**（concentration gradient），也就是膜内外的离子分布。细胞膜外钠离子的浓度大于细胞膜内钠离子的浓度，因此依照概率原则，钠离子从浓度大的地方向浓度小的地方扩散进入细胞。（打个比方，假如有两间房间，中间有门连着，房间 A 中有 100 只猫，房间 B 中只有 10 只，猫就更可能从房间 A 进入房间 B 而不是从房间 B 进入房间 A。离子的跨膜运动也遵循同样的原理。）既然电位差和浓度梯度均推动钠离子向细胞内运动，如果可能的话钠离子会迅速内流，然而在静息电位状态下，钠离子通道是关闭的，除了由钠钾泵泵出的钠离子，几乎没有钠离子可以自由流动。

钾离子则受到两种相互竞争的力量的作用。钾离子带正电，细胞内带负电，因此电位差推动钾离子内流。然而，细胞内钾离子的浓度大于细胞外钾离子的浓度，这种浓度梯度又推动钾离子外流。如果钾离子通道完全打开，钾离子将以稳定的速度流出细胞。也就是说，电位差和钾离子浓度梯度的作用几乎是平衡的。但由于钠钾泵持续不断地泵入钾离子，因此这两种力量并不能完全平衡。

细胞中也有带负电的离子。细胞内带负电的蛋白质分子在细胞膜极化过程中起到很大作用。带负电的氯离子主要集中在细胞外。在多数神经元中，浓度梯度和电位差能够达到平衡，这样在膜静息状态时打开的氯离子通道几乎起不到什么作用。然而，氯离子的流动在细胞膜的极化状态发生变化时将起到重要作用，我们将在本章的第 3 节探讨这个问题。

停下来检查一下

7. 细胞膜处于静息状态时，钠离子在细胞内外的哪一侧聚集？钾离子呢？
8. 细胞膜处于静息状态时，是什么力量驱动钾离子外流？又是什么力量驱动钾离子内流？

静息电位形成机制

维持静息状态的钠钾泵的运转需要消耗大量的能量。为什么它值得耗费这么多的能量呢？因为静息状态使神经元能够反应迅速。正如我们将在下一部分看到的，神经元兴奋时打开通道，钠离子迅速流入细胞。因为细胞膜通过保持钠离子的浓度梯度提前做好准备工作，细胞才能迅速有力地对刺激做出反应。

神经元的静息电位可以和一张保持平衡的弓箭相类

比：射手提前拉好弓，等待恰当的时机一出现就可以立刻射击。进化使得神经元具备了这种策略。

动作电位

直到神经元受到外界刺激，否则细胞膜一直维持在静息电位状态。通常情况下，神经元在突触部位接收到刺激，我们将在第 3 章探讨这一问题。在实验室环境中，可以通过向神经元内插入电极注入电流来施加刺激。

我们可以使用微电极来测量神经元的电位，如图 2.13b 所示。当轴突膜处于静息状态时，记录到轴突内呈负电。如果现在我们用另一个电极注入负电，能够进一步增大神经元细胞内的负电位。这种变化叫做**超极化**（hyperpolarization），就是在极化的基础上进一步扩大电位差。人工刺激一解除，电位就会恢复到原来静息状态时的水平。记录显示如下：

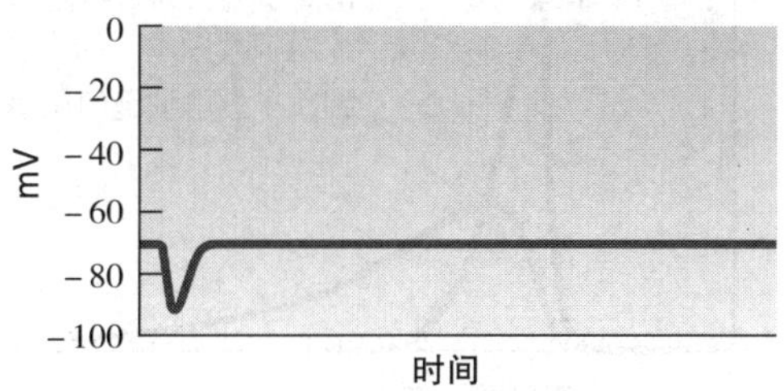

现在我们注入电流来使神经元**去极化**（depolarize），也就是将其极化状态减小至 0。如果我们施加了一个很小的去极化电流，可以得到这样的结果：

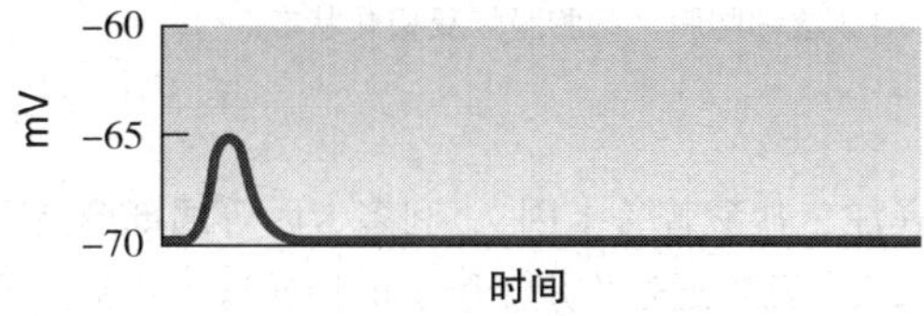

施加一个再强一些的去极化电流，电位将上升得更高一些但刺激一解除又会立刻恢复到静息状态的水平：

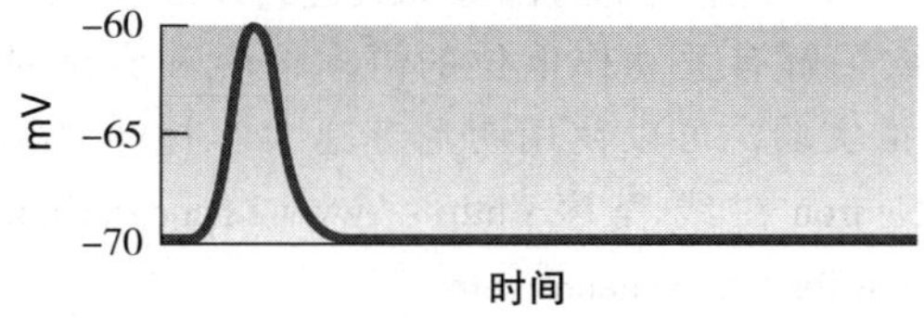

现在让我们再施加一个更强的电流：超过**兴奋阈限**（threshold of excitation）的刺激使细胞膜产生了较大程度的去极化。当电位达到阈限值时，细胞膜打开钠离子通道使离子迅速穿过细胞膜。电位迅速上升并远远超出刺激的强度：

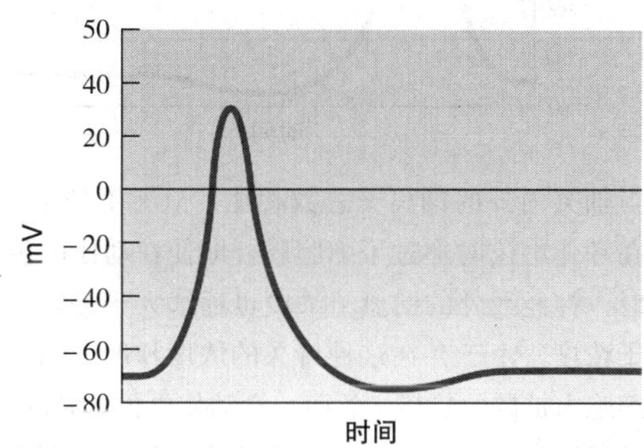

任何一个阈下刺激产生的反应都是与电流强度成一定比例的。任何一个超过阈限值的刺激，无论超出多少，都产生与图中呈现的同样模式的反应。那种迅速去极化并与正常极化状态有一点反转的反应被称为**动作电位**（action potential）。动作电位的峰值，如图中显示的为 +30mV，对于不同的轴突来说略有变动，但同一个轴突的动作电位峰值是稳定不变的。

停下来检查一下

9. 超极化与去极化有什么区别？
10. 阈限值和动作电位的关系是什么？

动作电位的分子基础

电位差和浓度梯度均驱动钠离子内流。如果钠离子能够自由跨越细胞膜，那么钠离子将迅速进入膜内。

控制钠离子流动的膜蛋白叫做**电压门控通道**（voltage-gated channels），它根据跨膜电压的不同来决定是否允许离子通过。静息电位时，这些通道是关闭的。随着膜的去极化，钠离子通道打开，钠离子能够比较自由地流动。如果去极化未达到阈限值，钠离子只能少量穿透膜。当跨膜电压达到阈限值时，钠离子通道进一步打开，钠离子迅速进入神经元内直到跨膜电压变为 0 甚至是极化反转状态，正如下面的图形所显示的：

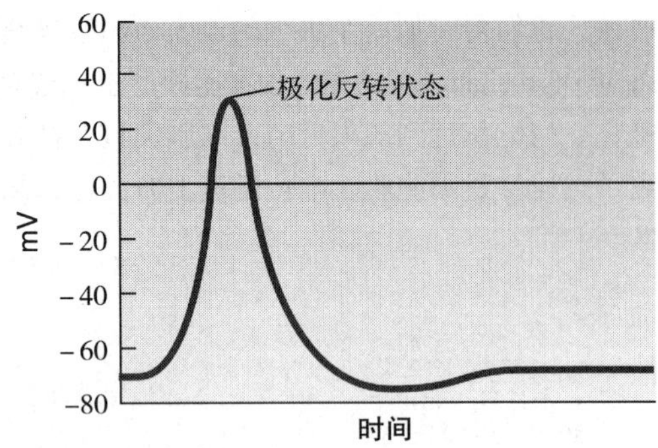

与轴突内外的钠离子总数相比，只有不到 1% 的钠离子在动作电位时穿过了细胞膜。即使在动作电位达到峰值时，神经元外的钠离子浓度也远远大于神经元内的钠离子浓度。由于存在这种持久的浓度梯度，钠离子仍有向细胞内扩散的趋势。然而，在动作电位达到峰值时，钠离子通道迅速关闭，在接下来的几毫秒内也不会再度打开。

动作电位达到峰值后，是什么使细胞膜恢复到原来的极化状态呢？答案并不是钠钾泵，因为钠钾泵反应较慢。当动作电位形成后，电压门控钾通道打开，由于膜内的钾离子浓度远大于膜外的浓度，带正电的钾离子外流。由于钾通道打开程度较大且持续时间较长，钠通道关闭时钾通道仍然保持开放状态，因此有足够的钾离子流到膜外使细胞膜的电位超出正常的静息电位，达到一个短暂的超极化状态。同时，聚集在膜外的带负电的氯离子不再受到细胞内负电的排斥，能够流入细胞内。图 2.16 总结了动作电位产生时离子的运动。

在这一过程将要结束时，膜恢复到静息电位，但神经元内部的钠离子比以往多了一些，钾离子少了一些。最后，钠钾泵还需要用一定时间来恢复离子分布。实际上，在一系列异常迅速的动作电位之后，钠钾泵并不能立刻发挥作用，钠离子会在轴突内聚集。而钠离子的过度积累会对细胞产生损伤。（然而只有在异常情况下才会出现过度的刺激，如中风或使用一些药物的情况下。不用担心，思考太多也不会让你的脑细胞爆炸！）

为了让神经元能够正常运转，钠离子和钾离子必须以适当的速度跨越细胞膜。蝎毒通过强制打开钠通道关闭钾通道来攻击神经系统（Pappon & Cahalan，1987；Strichartz，Rando，& Wang，1987），结果细胞会长时间处于去极化状态，并积累大量有害的钠离子。奴佛卡因（译注：盐酸普鲁卡因）、利多卡因等**局部麻醉**（local anesthetic）药物通过作用于膜上的钠通道阻止钠离子进入膜内（Ragsdale，McPhee，Scheuer，& Catterall，1994），以此来阻断动作电位。当麻醉剂被作用于传递痛感的感觉神经时，疼痛的感觉就不会被传递到大脑。

欲了解有关动作电位的更多内容和尝试对膜进行虚拟实验，可以使用明尼苏达大学神经科学系的 MetaNeuron 在线程序：http：//www2.neuroscience.umn.edu/eanwebsite/metaneuron.htm

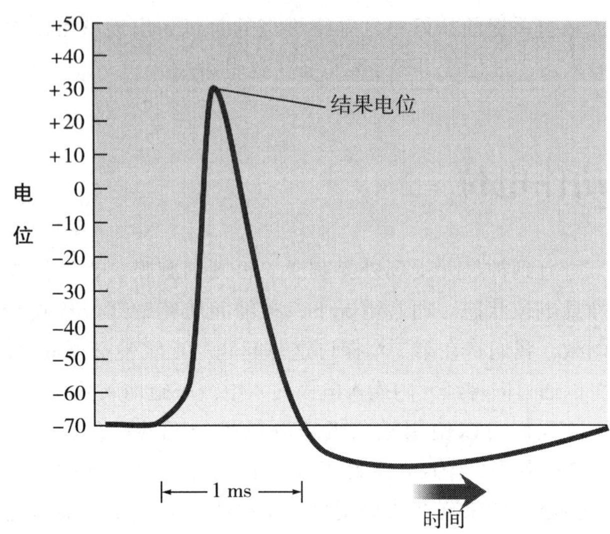

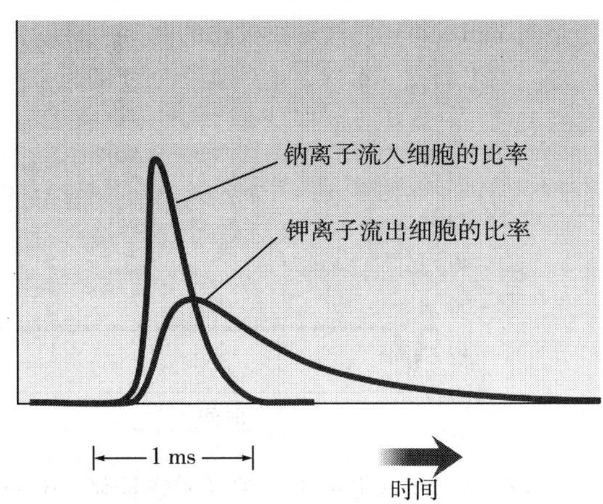

图 2.16 动作电位产生时钠离子和钾离子的运动
钠离子在动作电位达到峰值时穿透细胞膜，之后钾离子向相反的方向穿透细胞膜，细胞膜恢复极化状态。

停下来检查一下

11. 动作电位形成过程中，钠离子内流还是外流？为什么？
12. 细胞膜达到动作电位峰值时，哪种离子的运动使电位恢复到静息状态？

全或无法则

动作电位只产生于轴突和细胞体内。当轴突膜的跨膜电压达到去极化的一个特定水平（阈限值）时，电压门控钠通道打开，钠离子迅速内流，进入膜内的钠离子使膜进一步去极化。树突也能去极化，但树突没有电压门控钠通道，所以不能让大量的钠离子通过打开的通道进入膜内。因此，树突不能产生动作电位。假如树突能使细胞去极化并达到一定的阈限值，那么它的轴突也能产生动作电位。

对于一个特定的神经元来说，它在正常情况下产生的所有动作电位的变化幅度（强度）和速率都是近似一致的。这就是**全或无法则**（all-or-none law）：动作电位的变化幅度和速率与激活它的刺激强度无关。打个比方，想象一下冲马桶的情形：你必须用一定强度的力（阈限值）按压马桶，但用更大的力按压也不能让马桶冲得更快更有力。

尽管对于一个神经元来说，动作电位的变化幅度、速率和波形具有跨时间的一致性，但不同的神经元之间则是有差别的。最早的研究采用的是枪乌贼的轴突，因为枪乌贼的轴突比较粗，便于研究。最近一些关于哺乳动物的研究发现蛋白通道有多种形式，由此也使动作电位具有了更大的变化性（Bean，2007）。

全或无法则限制了轴突传递信息的方式。轴突不能通过传递更大的动作电位或更快地传递动作电位来区分微弱的刺激和强烈的刺激。它可以改变的只有时间。打个比方，假如你同意用开关灯的方式来和一个能够看到你的窗户的人交换密码信息。比如你们两个约定灯闪烁的频率代表某种危险（闪烁次数越多，越危险）。大脑的多数信号都遵循这一原则，动作电位越频繁表示刺激强度越大。

你可以通过节奏来传递信息。

闪烁 – 闪烁……长时间停顿……闪烁 – 闪烁

可能就和下面这种模式代表不同的意义

闪烁……停顿……闪烁……停顿……闪烁……停顿……闪烁。

在一些情况下，神经系统也使用这种编码方式（Ikegaya et al.，2004；Oswald，Chacron，Doiron，Bastian，& Maler，2004）。比如，轴突对甜味的反应和对苦味的反应可能就会呈现出不同的节律（Di Lorenzo，Hallock，& Kennedy，2003）。

不应期

在膜电位由峰值恢复到静息水平过程中，电位仍处于阈限值之上。在这期间，为什么细胞没有产生另外的动作电位？动作电位之后，细胞处于不再产生动作电位的**不应期**（refractory period）。这个时期的第一阶段是**绝对不应期**（absolute refractory period），在这一阶段，无论刺激强度有多大，细胞膜均不再产生动作电位。在第二阶段，**相对不应期**（relative refractory period），刺激强度大于一般刺激便可以产生动作电位。不应期的形成需要两个机制：钠通道关闭，钾离子以比正常速度要快的速度外流。

大多数的神经元都有一个持续大约 1ms 的绝对不应期和一个 2~4ms 的相对不应期（回到抽水马桶的比喻，在你刚冲完马桶的短时间里你不可能再让它冲一次，这一时期对应着绝对不应期。之后在它恢复到常态之前的一段时间，再冲一次马桶是有可能的但比较困难，这一时期对应着相对不应期）。

停下来检查一下

13. 描述全或无法则。
14. 全或无法则适用于树突吗？为什么？
15. 假设研究者们发现轴突A每秒能产生1000个动作电位（刺激强度很大，简短的动作电位），而轴突B每秒只能产生100个动作电位（无论刺激强度大小）。关于这两个轴突的不应期我们可以得出什么结论？

动作电位的传导

到目前为止，我们已经了解了动作电位在轴突的一个点上是如何产生的。现在让我们来看看动作电位如何沿着轴突向下传导。要记住的是，对轴突来说非常重要的是，随着距离的增加其传导的冲动不会减弱。

运动神经元中动作电位从**轴丘**（axon hillock）部位产生，也就是神经元胞体发出轴突的那部分（见图 2.5）。沿着膜的每一个点都会用最初产生动作电位一样的方式重新产生一个动作电位。动作电位状态，钠离子流入轴突的这个位置与邻近部位相比带正电，如图 2.17 显示的那样，带正电的离子沿着轴突运动并穿越膜。在其他条件等同的情况下，轴突的直径越大离子流动的速度越快（因为阻力较小）。膜内的正电位逐渐使邻近部位的膜去极化，邻近部位的膜去极化达到阈值打开电压门控钠通道，这样，在这一点上又产生了一个动作电位。以这种方式，动作电位像波浪一样沿着轴突传导下去。

“**动作电位传导**”（propagation of the action potential）一词描述的是动作电位沿着轴突传输。这个词如果用于动物物种，指的就是物种的生殖繁衍，在这个意义上，也可以说动作电位沿着轴突的每一个点再生出了一个新的动作电位。以这种方式，动作电位的强度可以从轴突开始到轴突末端保持不变。动作电位传导比电传导要慢，这是因为它需要钠离子沿着轴突不断地扩散。

让我们再来看一下图 2.17。有什么可以阻止带电离子向动作电位传导的相反方向运动？没有。实际上，带电离子可以向两个方向自由流动。这种情况下，是什么阻止了位于轴突中间位置的动作电位反过来又干扰刚刚经过的位置？答案就是，动作电位刚刚经过的位置正处于不应期。

我们来回顾一下有关动作电位的内容：

- 由于受到电刺激（实验室情景中）或者突触传入（自然情景下），钠离子通道打开，轴突膜去极化达到阈限值。
- 钠离子内流，使膜进一步去极化。
- 带正电的离子沿着轴突向下流动，即将到达的部位的电压门控钠通道打开。
- 动作电位达到峰值时，钠通道迅速关闭，并在接下来的几毫秒时间里保持关闭状态，直至膜开始去极化。
- 膜处于去极化状态，电压门控钾通道打开。
- 钾离子外流，膜电位逐渐恢复最初状态。
- 膜恢复到最初的极化状态后，电压门控钾通道关闭。

看起来有很多东西需要记忆，其实不然。从细胞膜去极化时电压门控钠通道和电压门控钾通道打开，到动作电位峰值时钠离子通道关闭，一切都是遵循着一定的逻辑规则的。

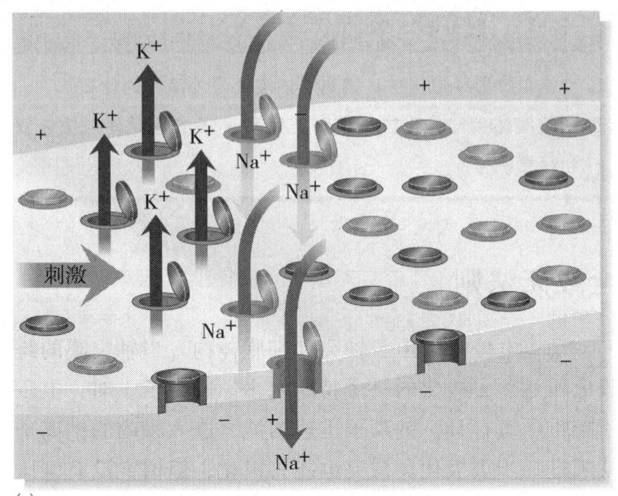

(a)

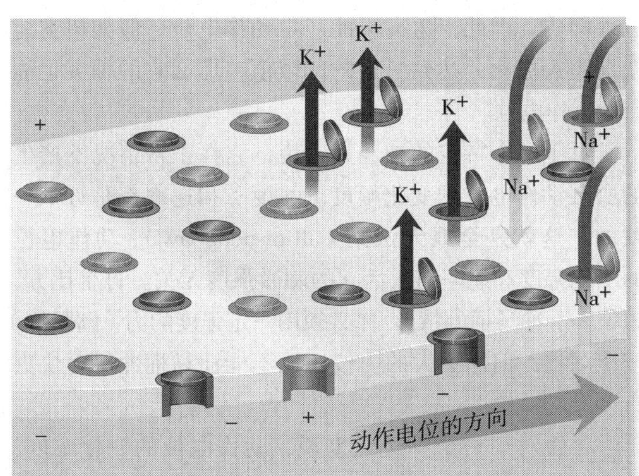

(b)

图 2.17 动作电位的传导

动作电位期间进入轴突的电流会沿着轴突流动，使邻近部位的膜去极化。电流在较粗的轴突内流动更快。在同一部位，钠离子内流后，钾离子外流。

髓鞘和跳跃式传导

在最细的轴突中，动作电位以小于 1m/s 的速度传导。随着轴突直径的增加，传导速度可以达到大约 10m/s。照这种速度，冲动从长颈鹿的脚开始传导到大脑大概需要半秒的时间。脊椎动物的轴突有一种特殊的机制能将轴突中电传导的速度提高到 100m/s：即通过**髓鞘**（myelin），一种由脂质和蛋白质构成的绝缘物质。

看一下下面的比喻。假如我的工作是在不使用任何机械工具的条件下将信件送到 3km 以外的地方。带上信件跑着去，就像动作电位沿着无髓轴突传导一样，可靠但是太慢。如果我把每一封信和一个球绑在一起，然后把它扔出去，这样我可以提高速度，但是我扔一次也就只能完成 3km 的一小部分。理想的状态是沿着这 3km 的道路每隔一定的距离安置一人，和信件绑在一起的球就可以从一个人扔到另一个人直到抵达目的地。

有髓轴突（myelinated axons）的原理是一样的。只有脊椎动物具有由脂质和蛋白质覆盖着的有髓轴突。髓鞘每隔一段距离就会被郎飞氏结隔断，如图 2.18 所示。每个结点大概只有 1mm 的宽度。多数情况下，动作电位从轴丘开始，但在一些特殊情况下动作电位从第一个郎飞氏结处开始（Kuba，Ishii，& Ohmari，2006）。

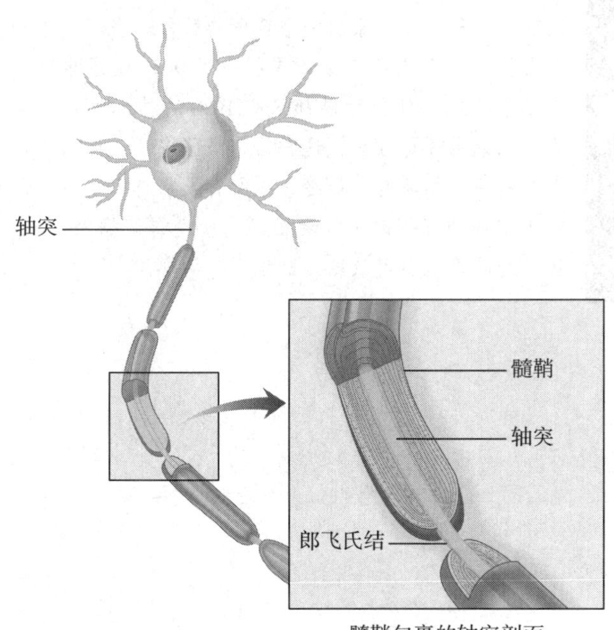

图 2.18　有髓鞘包裹和郎飞氏结隔断的轴突

插图显示了一个轴突及其髓鞘的截图，放大倍数接近 30 000 倍。为了能够显示出多个结点，解剖图比例与真实比例有所不同，实际上结点之间的距离至少是结点本身长度的 100 倍。

假设有一个动作电位从轴丘开始，沿着轴突传导直到第一个髓鞘片断。由于结点之间不存在钠离子通道，因而不能沿着膜产生新的动作电位（Catterall，1984）。动作电位在一个结点产生后，钠离子进入轴突内扩散，排斥已有的正离子并推动正离子到下一个结点的位置，在那里产生新的动作电位（图 2.19）。离子的这种流动比沿着轴突的每一个点产生新的动作电位的速度要快很多。动作电位从一个结点到另一个结点的跳跃叫做**跳跃式传导**（saltatory conduction），来自拉丁文“saltare”意为“跳跃”（“somersault”（跟斗）中也有同样的词根）。除了能够快速传导冲动，跳跃式传导还节省能量：不用在轴突的每个点上让钠离子流入后再通过钠钾泵将其泵出，有髓轴突只需要在结点处让钠离子流入。

多发性硬化症是一种去髓鞘疾病，是由于免疫系统攻击髓鞘导致的。没有髓鞘的轴突可以以较慢的速度传导冲动，而失去髓鞘的有髓轴突则不同。当髓鞘沿着轴突形成时，髓鞘覆盖下方的钠离子通道便丧失了（Waxman & Ritchie，1985）。如果有髓轴突失去了髓鞘，它曾经被

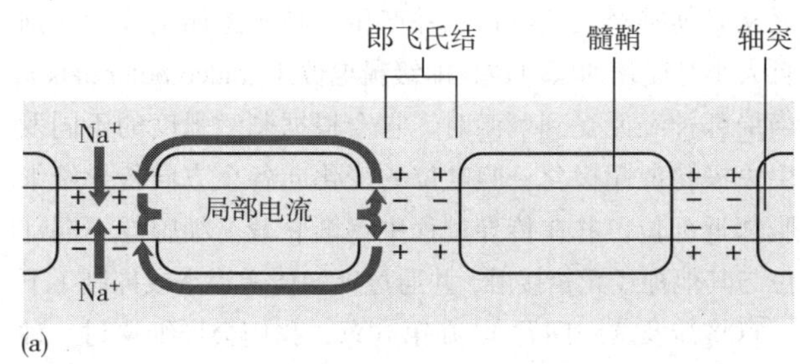

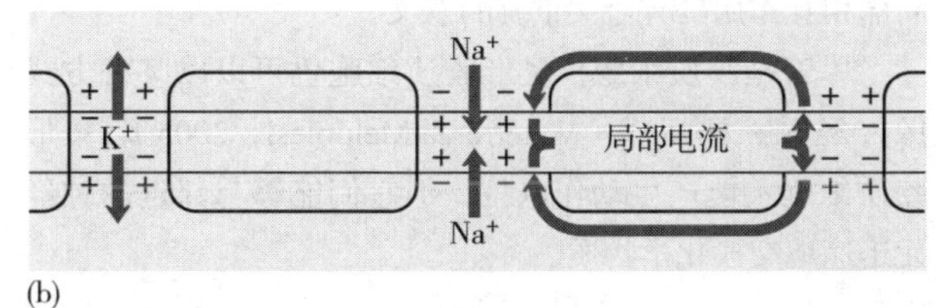

图 2.19　有髓轴突中的跳跃式传导

结点处的动作电位激活下一个结点处的电流，并在下一结点处再产生新的动作电位。

髓鞘覆盖过的部位的钠离子通道也不再存在，那么动作电位就会在结点之间消失。患有多发性硬化症的病人要承受多种损伤，包括视力受损和肌肉协调性差。

想要进一步了解动作电位相关的更多内容，请访问位于西雅图的华盛顿大学的 Eric Chudler 开设的网站（Website Neuroscience for Kids）：http：//faculty.washington.edu/chudler/ap.html

停下来检查一下

16. 在有髓轴突中，如果结点距离太近将会对动作电位产生怎样的影响？如果结点距离太远又会产生怎样的影响？

局部神经元

轴突产生动作电位，然而，有些神经元没有轴突，这些神经元个体较小但很重要。

级量电位

没有轴突的神经元只能与它们邻近的神经元交换信息，因此被称为**局部神经元**（local neurons）。局部神经元从其他神经元接收信息并产生一种不遵循全或无法则且大小有变化的膜电位，即**级量电位**（graded potentials）。当局部神经元受到刺激时，它会根据刺激强度的不同发生去极化或超极化。膜电位的变化向各个方向传导给细胞邻近部位，并在传导过程中逐渐衰减。细胞的不同部位与其他神经元相接触，并通过突触传递兴奋或抑制（下一章将涉及这一问题）。在第 6 章，我们会详细探讨一种特定的局部神经元——水平细胞，它对眼睛视网膜内的局部相互作用具有至关重要的意义。

尽管是胶质细胞，星形胶质细胞仍可以以某种方式像神经元一样运作（Volterra & Meldolesi，2005）。星形胶质细胞不能产生动作电位，但它们能够与邻近的神经元迅速地交换化学物质。

应用和扩展

小神经元和大的错误观念

局部神经元很难研究，因为将一个微电极插入极小的细胞而不引起任何损伤几乎是不可能的。因此，我们关于神经元的大部分知识来自个体较大的神经元，而研究方法的这种偏差可能带来持久的错误观念。

很多年前，在科学家还不能够研究局部神经元时，他们所知道的关于局部神经元的一切就是局部神经元很小。考虑到他们了解到的神经系统就是建立在大神经元基础上的，他们认为小神经元是不重要的。很多科学家认为小神经元是未成熟的神经元，正如一本教科书的作者对它的定义："这些神经元中的大部分都很小，显然没有成熟，好像一个还未参与个体大脑活动的储存库"（Woodworth，1934，p. 194）。换句话说，这些小细胞只有在成熟后才能为人类的行为作出贡献。

也许这种错误的理解正是那种广泛传播的"我们只使用了我们大脑的 10%"这一荒谬信念的根源。很难为这种信念想象出一个合理的解释。当然，不会有人认为一个人的大脑如果损失了 90% 他还能够行为正常，或者任何时候都只有 10% 的神经元是活动的。无论来源是什么，这种信念很普遍，也许只是因为人们想去相信它。最终，在所有人都忘记了他们最初所掌握的证据时（或者压根儿就没有证据），人们就只是简单地引用从别人那里听来的观点。

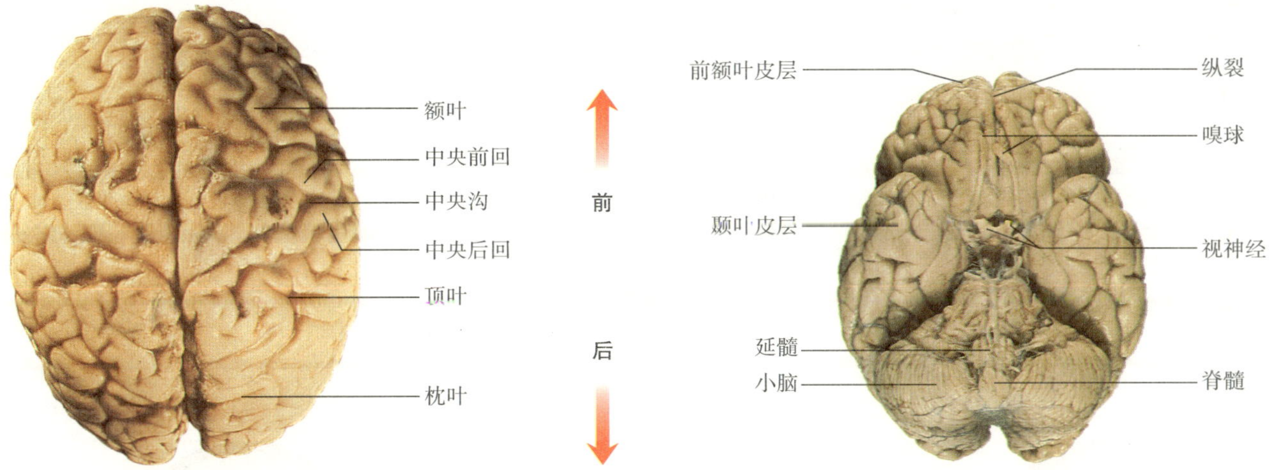

图 1.1　人类大脑的背侧观（从上面看）和腹侧观（从下面看）

大脑有许多次级区域；标签标注了大脑表面一些重要的次级区域的名称。（正文 p.4）

图 1.7　基因怎样控制机体的发育

DNA 链的碱基序列决定了 RNA 链的碱基顺序；RNA 控制蛋白质分子的氨基酸序列。（正文 p.14）

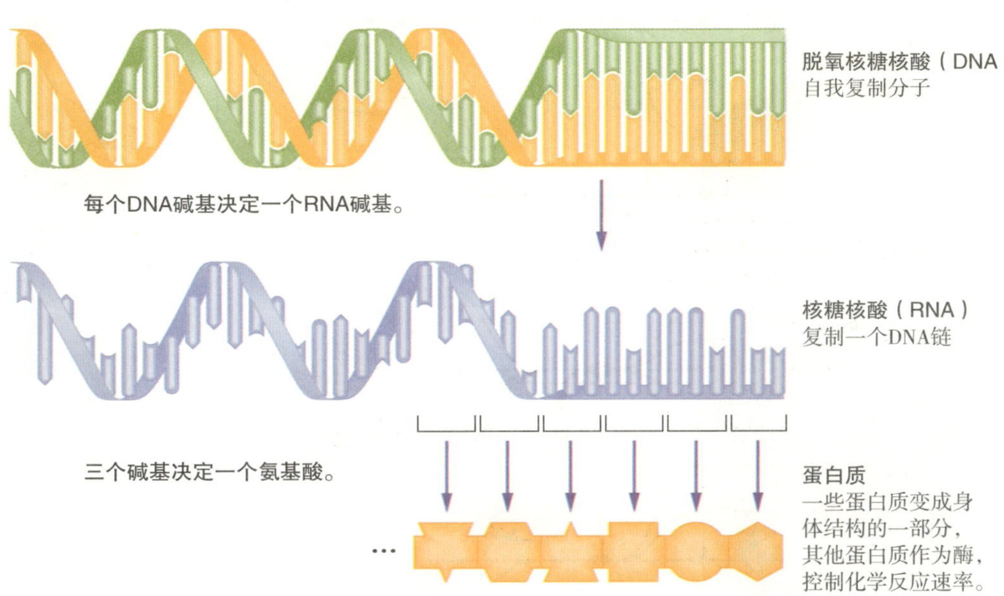

图 2.5　脊椎动物运动神经元的组成

运动神经元位于脊髓内。图中的各个部分并不是按照实际比例呈现的；事实上，轴突比胞体要大得多。（正文 p.32）

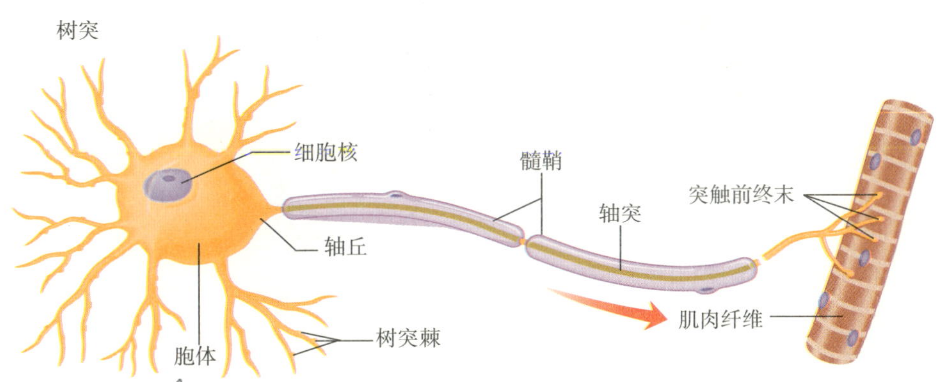

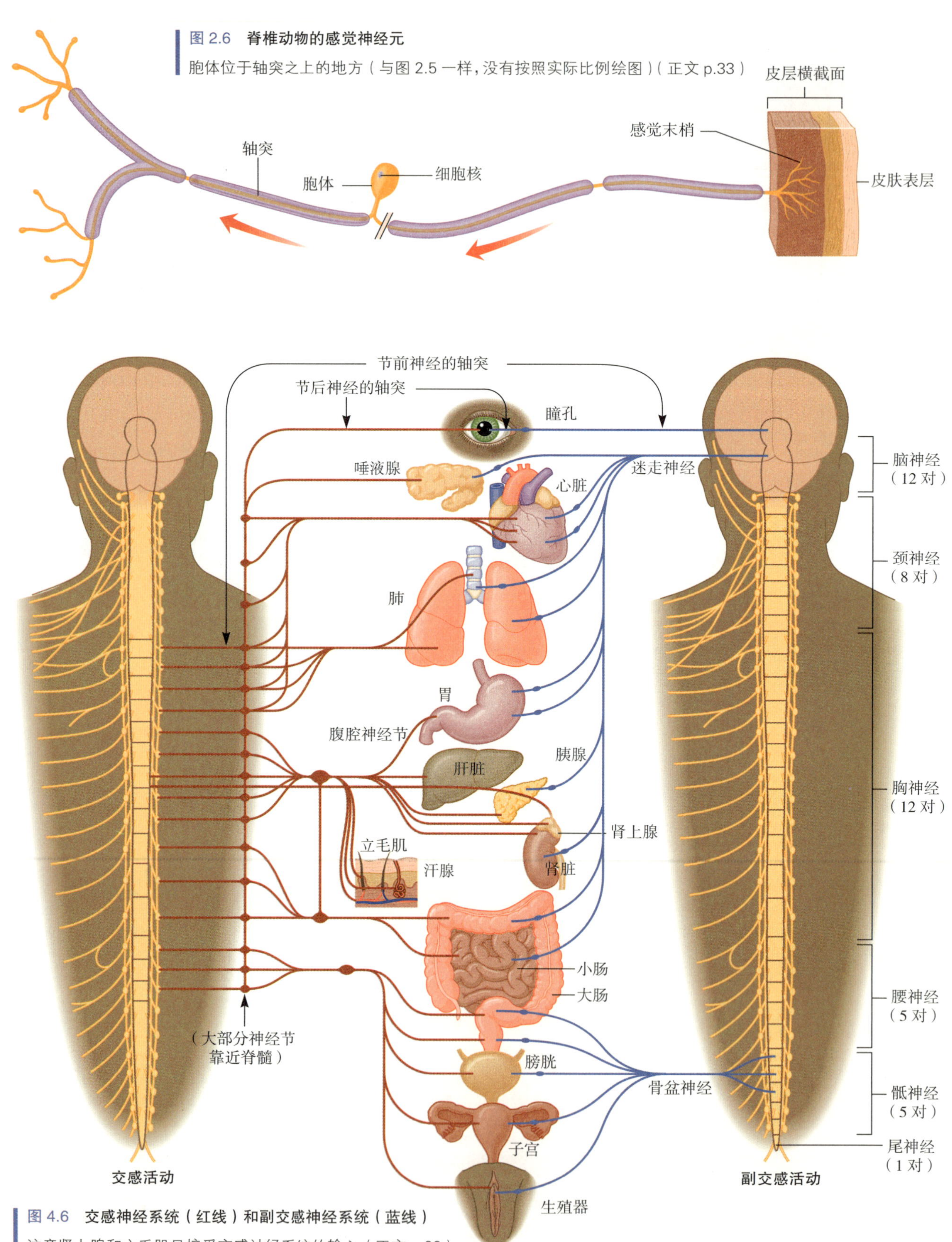

图 2.6　脊椎动物的感觉神经元

胞体位于轴突之上的地方（与图 2.5 一样，没有按照实际比例绘图）（正文 p.33）

图 4.6　交感神经系统（红线）和副交感神经系统（蓝线）

注意肾上腺和立毛肌只接受交感神经系统的输入（正文 p.92）

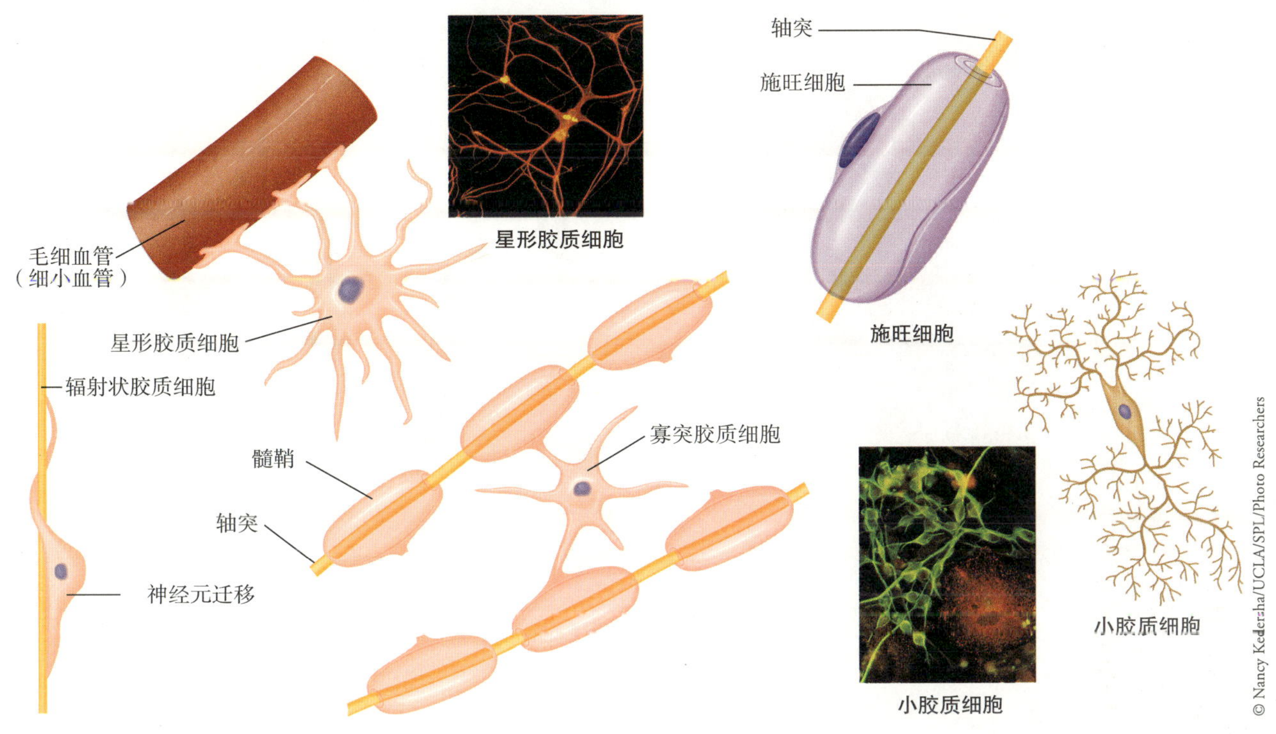

图 2.10　胶质细胞的形状

寡突胶质细胞形成脊椎动物中枢神经系统中轴突的髓鞘，起绝缘作用；周围神经系统的施旺细胞有相似的功能。上图中的寡突胶质细胞为两个轴突形成了髓鞘片段；事实上，每一个寡突胶质细胞可以为 30 到 50 个轴突形成髓鞘。星形胶质细胞在神经元之间和神经元与血液之间传递化学物质。小神经胶质细胞可以使破坏的脑区增殖，移除有毒物质。辐射状胶质细胞（没有在图中显示）可以指导胚胎发育阶段神经元的迁移。神经胶质细胞还有其他功能。（正文 p.35）

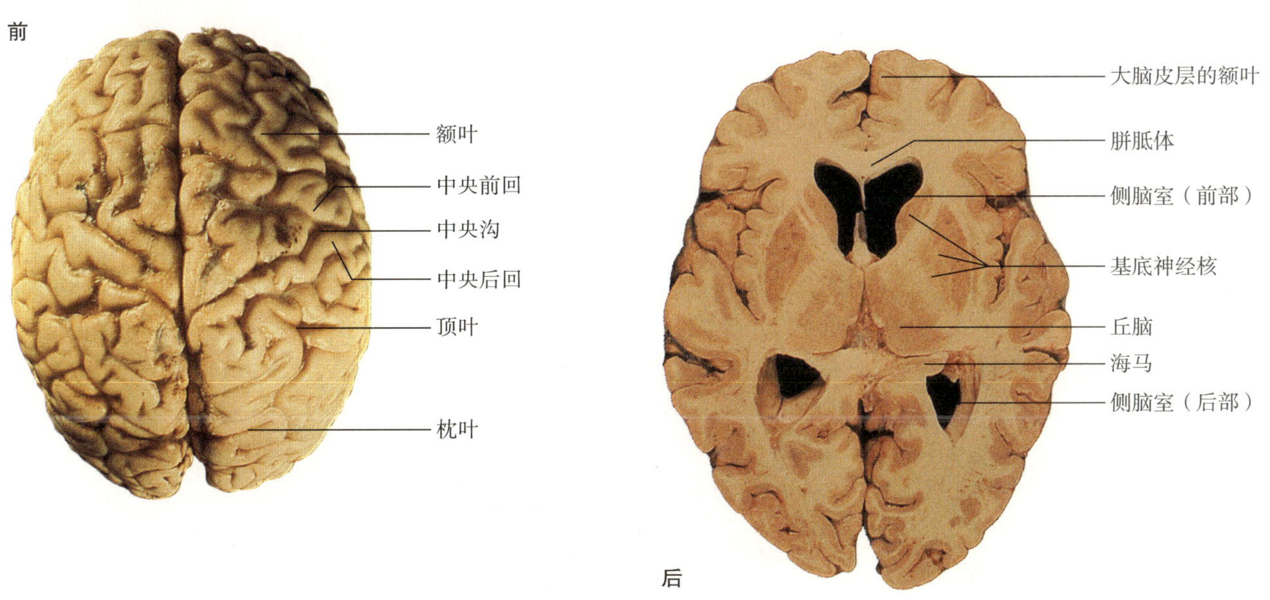

图 4.11　大脑背侧面和大脑横切面（正文 p.97）

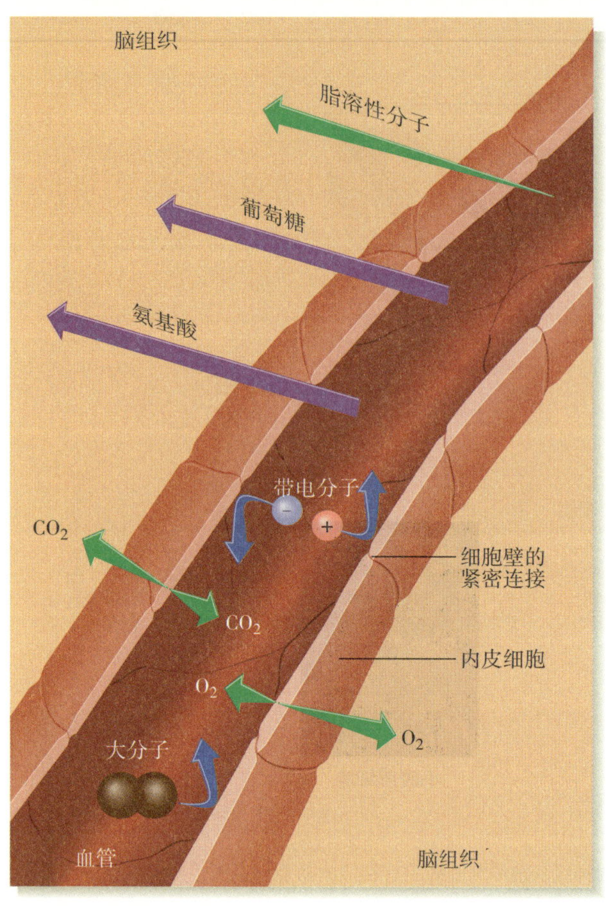

图 2.12　血脑屏障

多数大分子和带电分子无法从血液进入大脑。一小部分不带电的小分子，如氧气和二氧化碳，可以轻易地穿过，某些特殊的脂溶性分子也可以穿过。主动运输系统使葡萄糖和氨基酸也能穿过细胞膜。（正文 p.37）

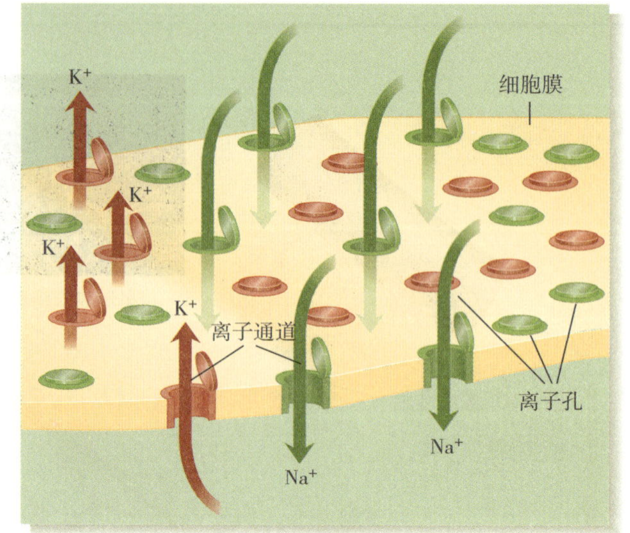

图 2.14　神经元细胞膜上的离子通道

通道打开时，特定种类的离子可以通过细胞膜；通道关闭时，离子不能通过通道进出细胞膜。（正文 p.41）

图 4.2　神经系统的解剖学方向术语

对于四足动物，背侧和腹侧相对于头部和身体的其他部分指的是同样的方向。然而，人类直立行走使得头部倾斜一定角度，所以头部的背侧和腹侧方向就不和脊髓的这两个方向平行了。（正文 p.89）

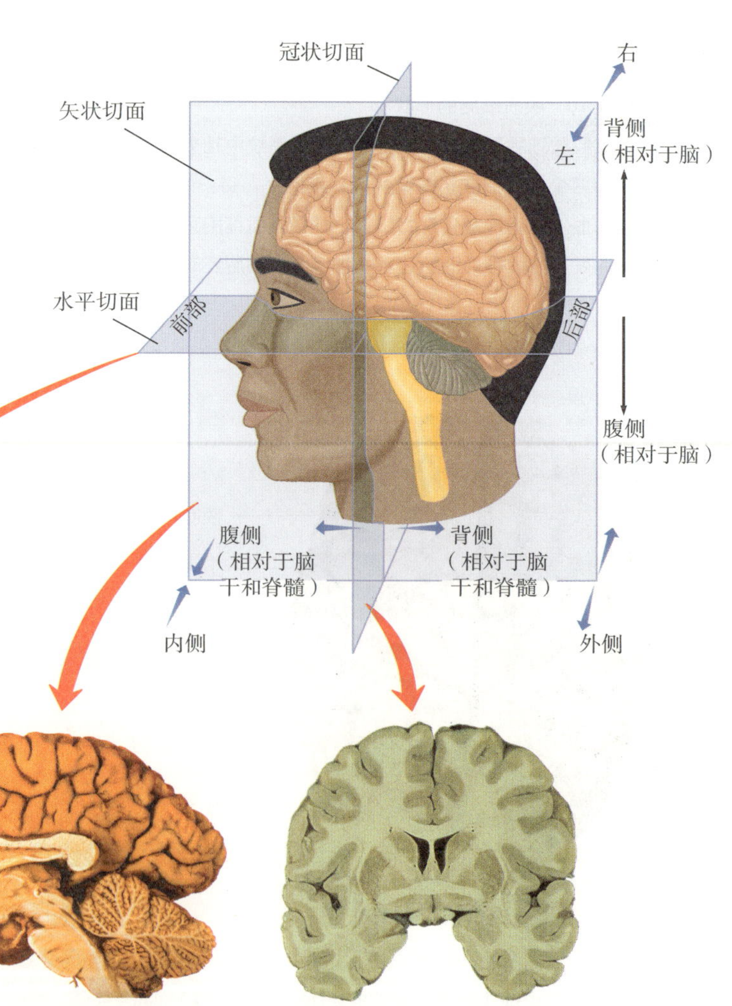

模块 2.2 结 语

神经信息

在本章中，我们考察了单个神经元，似乎每个神经元都是独立工作的，事实当然不是这样，正如我们将要在下一章中提到的，神经元所有的功能都依赖于它和其他神经元间的联系。神经信息的传递确实是令人惊异的。和人类的交流沟通不同，人类的交流沟通多是一个演讲者向一群听众呈现复杂的信息，而神经元只需要传递一个动作电位，仅仅是“激活或停止”的信息，传递给那些与这个神经元的轴突相连的一定数量的神经元。不同的神经元接收到“激活”信息会产生兴奋或抑制。我们所有的行为和经验都是建立在这个有限的系统之上。

总 结

1. 动作电位传导的信息强度不随着距离的增加而减弱。但从接受刺激开始到传达至大脑需要一段时间。
2. 静息状态的神经元内部带负电，外部带正电。钠离子被泵出神经元，钾离子被泵入神经元。细胞膜处于静息状态时，钾离子可以缓慢地穿透神经元细胞膜，而钠离子不能。
3. 细胞膜处于静息状态时，电位差和浓度梯度驱动钾离子向不同的方向运动，但最终达到平衡；电位差和浓度梯度均驱动钠离子向细胞膜内运动。
4. 随着膜电位减小，钠离子能够更自由地穿透细胞膜。当膜电位减小到能够激活神经元的阈值时，钠离子迅速内流，使膜内由负电位变为正电位。这一过程就是动作电位的形成机制。
5. 动作电位达到峰值后，由于钾离子外流，细胞膜恢复其极化状态。
6. 全或无法则：对于任何超过阈限值的刺激，动作电位的变化幅度和速率与激发它的刺激大小无关。
7. 一个动作电位产生后，细胞膜进入不应期，在这期间不会再产生新的动作电位。
8. 动作电位的再产生依赖于钠离子沿着轴突流动并在连续的部位穿透细胞膜。动作电位在沿着轴突传递过程中保持其强度不变。
9. 动作电位的产生遵循以下程序：细胞膜去极化，打开电压门控钠通道和电压门控钾通道，钠通道在动作电位达到峰值时迅速关闭。
10. 在有髓轴突中动作电位只能从分离的髓鞘结点部位产生。有髓轴突比无髓轴突传导信息要快得多。

关键术语

电位差 40
极 化 40
静息电位 40
选择通透性 41
钠钾泵 41
浓度梯度 42
超极化 43
去极化 43
兴奋阈限 43
动作电位 43
电压门控通道 43
局部麻醉 44
全或无法则 45
不应期 45
绝对不应期 45
相对不应期 45
轴 丘 46
动作电位传导 46
髓 鞘 47
有髓轴突 47
跳跃式传导 47
局部神经元 48
级量电位 48

思考题

1. 假如神经元产生动作电位的阈限值与静息电位相同，将会出现什么情况？细胞产生动作电位的频率又将是怎样的？
2. 在实验室中，研究者们可以使用电刺激方法刺激轴突的任意部位，使动作电位可以从刺激部位向两端传导。正常情况下从轴丘开始传导的动作电位，称作顺向传导；从其他位置向轴丘传导的动作电位称为逆向传导。如果我们人为地从轴丘位置开始一个顺向的动作电位，在轴突末端开始一个逆向的动作电位，那么当它们在中间相遇时会出现什么情况呢？为什么会出现这种情况？可以利用逆向的神经冲动来做些什么研究？
3. 如果用药物阻断了细胞膜上的钾离子通道，将对动作电位产生怎样的影响？

停下来检查一下答案

7. 钠离子聚集于细胞外部；钾离子聚集于细胞内部。
8. 细胞膜处于静息状态时，浓度梯度驱动钾离子外流；电位差和钠钾泵驱动钾离子内流。
9. 超极化是细胞内负电量进一步增加的过程。去极化是细胞内负电量减少的过程。
10. 去极化超过一定的阈限值会产生动作电位，未超过阈限值不能产生动作电位。
11. 动作电位形成过程中，钠离子内流。钠离子受到电位差和浓度梯度的双重影响，通过打开的电压门控钠通道自由移动进入细胞内。
12. 动作电位达到峰值后，钾离子从细胞内流出，使细胞膜恢复静息电位状态（在这里起作用的不是钠钾泵，钠钾泵要更慢一些）。
13. 根据全或无法则，动作电位的大小、形状和激发动作电位的刺激强度无关。也就是说，对于特定的一个轴突来说，每个超过兴奋阈的去极化过程都可以产生同样幅度和速率的动作电位。
14. 全或无法则不适用于树突，因为树突不能产生动作电位。
15. 轴突 A 的绝对不应期更短，可能是 1ms 左右；而轴突 B 的绝对不应期更长，可能是 10ms 左右。
16. 如果结点距离太近，动作电位传导速度会较慢。如果结点距离太远，电流可能不能在从一个结点扩散到下一个结点的同时仍然保持在阈限值之上，从而动作电位很可能中断，无法继续传导。

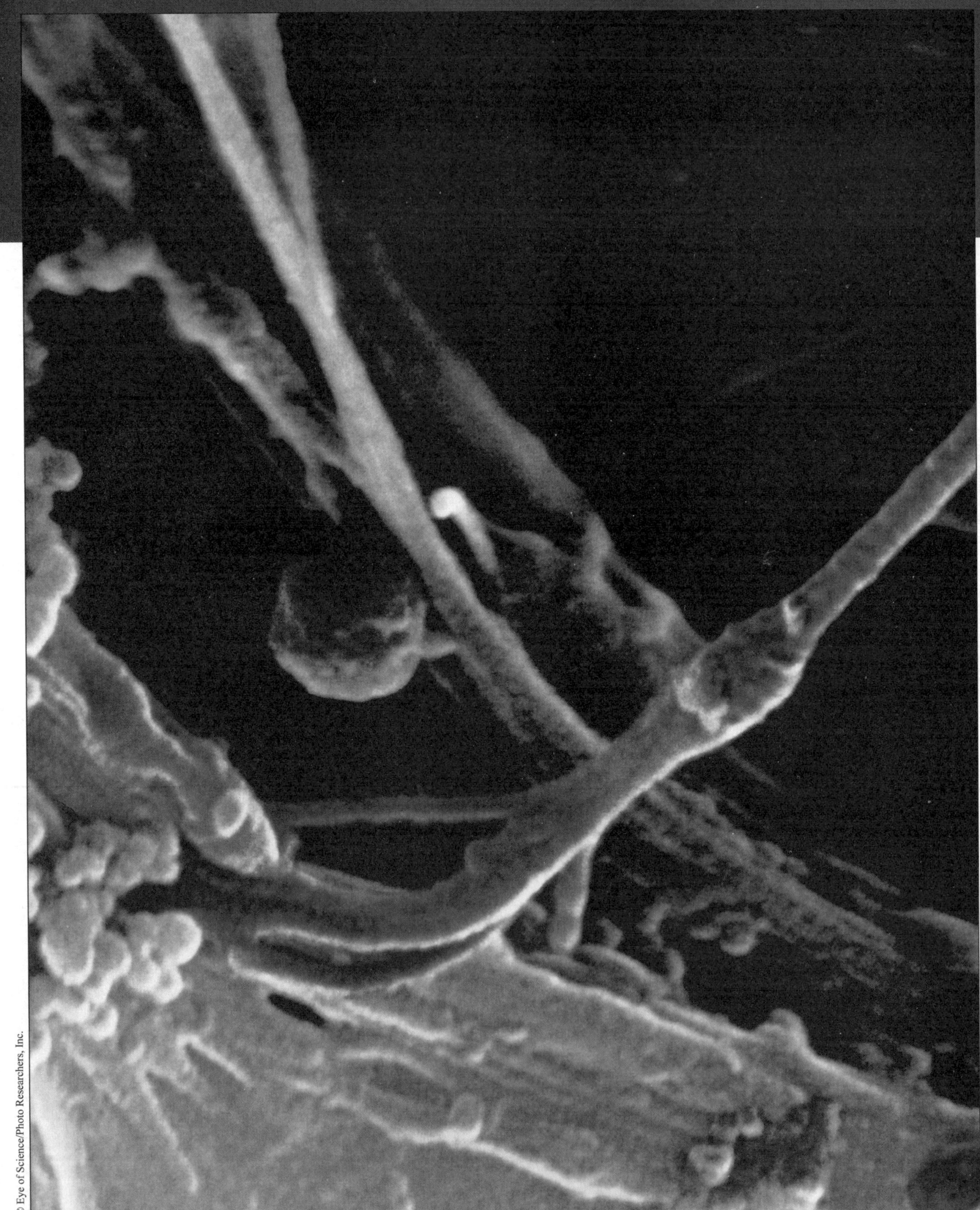

神经突触 3

本章大纲

模块 3.1　突触的概念

突触的性质

兴奋性突触后电位、抑制性突触后电位和动作电位之间的关系

结语：作为决策者的神经元

模块 3.2　突触中发生的化学事件

突触中化学递质的发现

突触中化学事件的结果

结语：神经递质和行为

模块 3.3　突触、药物和成瘾

作用机制的类型

滥用药物的共同特点

关于滥用药物的调查

酒精和酒精依赖

成瘾性

对抗物质滥用的药物

结语：药物和行为

主要内容

1. 在一个神经突触中，神经元释放神经递质，该递质可以激发或抑制另一个神经元或者改变该神经元对其他刺激的反应。
2. 在许多情形下，单个的神经递质只能在受体细胞上产生一个阈下反应。该反应和其他的阈下反应加总从而决定该细胞是否产生动作电位。
3. 突触中的递质要经过许多步骤，这些递质对任何一个步骤的干预，都会影响反应的最终结果。
4. 几乎所有影响行为或者感受的药物都是通过神经突触起作用的。
5. 几乎所有成瘾性药物都会增加大脑特定区域多巴胺的释放。
6. 成瘾性会改变一些大脑区域，增加寻找成瘾性物质的倾向并减少对其他强化物的反应。

如果你需要与人交流，而对方却不会讲话，你将怎么做？有如下方法：你的首选应该是视觉编码，比如写字或用手势；你的第二个选择可能是触觉编码或者电脉冲系统。你可能不会想到用化学物质传递信号。然而，化学信号交流却是神经元相互沟通的主要方式。通过传递化学物质进行神经交流的特殊结合点被称为突触。

（左图图释）这幅经人工上色的电子显微镜照片，显示出轴突末端与另外一个细胞有连接，形成的这个连接即为突触。

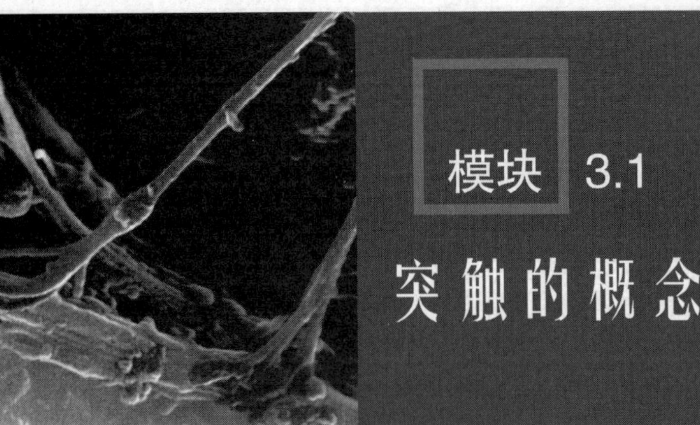

模块 3.1 突触的概念

十九世纪末期，Ramón y Cajal 通过解剖方法用窄缝来分离一个个神经元。在 1906 年，Charles Scott Sherrington 通过生理学的方法展示了神经元之间的交流方式与沿着单个神经轴突上的交流是不同的。他推断出神经元之间有一个专门的间隙，并采用**突触**（synapse）一词来描述它。Cajal 和 Sherrington 被认为是现代神经科学的伟大先驱，他们几乎同时产生的发现互相支持，即：如果一个神经元与另一个神经元之间的交流有特殊之处，那么毫无疑问，这些神经元在解剖上是相互分离的。早在研究人员拥有直接测量突触性质这项技术的半个世纪以前，Sherrington 就使用行为观察的方法推导出了突触的主要性质，他的发现是科学推理史上的一个惊人业绩。

突触的性质

Sherrington 通过**反射**（reflexes）（肌肉对于刺激的自发反应）来实施他的研究。在腿弯曲反射中，一个感觉神经元激发下一个神经元，接着，刚被激发的神经元又激发了一个运动神经元，然后该运动神经元激发一个相应的肌肉运动，如图 3.1 所示。从感觉神经元到肌肉反应的循环被称为**反射弧**（reflex arc）。正像 Cajal 所发现的，如果一个神经元与另一个神经元相分离，那么要完成一次反射就需要神经元之间的相互交流，因此，对反射的测量或许会揭示出这种交流的一些特殊性质。

Sherrington 用约束带把一只狗束缚住，悬在空中，然后掐一下它的一只脚。在短暂的延迟之后——短于 1 秒但足以测量——这只狗屈曲（举起）了被掐的腿并伸展了其它的腿。在切断了脊髓和大脑的联系后，Sherrington 观察到了相同的反射活动；显而易见，脊髓在控制着屈曲和伸展反射。实际上，在他把脊髓和大脑分离开后，反射活动更加连贯了。（在未受损的动物体中，从大脑传递下来的信号会抑制或改变反射活动。）

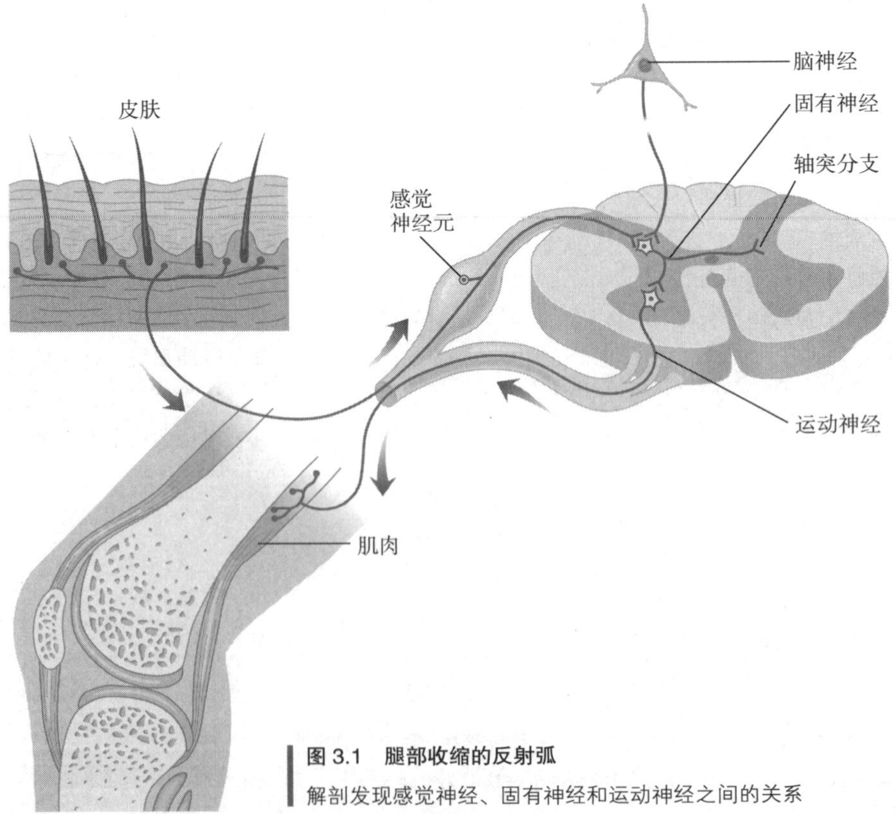

图 3.1　腿部收缩的反射弧

解剖发现感觉神经、固有神经和运动神经之间的关系

Sherrington 观察到神经反射的一些性质，揭示出神经元的结合点存在一些特殊的反应过程：(a) 反射活动比沿神经轴的传导要慢；(b) 稍微不同时间点或位置的几个微弱刺激产生的反射活动比单个刺激强；(c) 当一组肌肉变得兴奋时，另一组不同的肌肉变得放松。让我们一一思考这些观点和它们的含义。

反射活动的速度和突触中被抑制的递质

当 Sherrington 刺激狗的一只脚后，经过短暂的间歇，这只狗屈曲了受伤的腿。在这个间歇中，电脉冲沿着神经轴从皮肤感受器传导到脊髓，接着从脊髓传导下来的脉冲到达腿部并作用于肌肉。根据已知的间歇长短和对电脉冲从皮肤感受器到脊髓之间传导的总距离的测量，Sherrington 计算出了电脉冲引发反应所需的传导速度。他发现反射弧上的传导速度是不同的，但不会多于 15m/s。相比之下，以前的研究测量得出动作电位沿感觉或运动神经传导的速率约为 40m/s。由此 Sherrington 得出，在电脉冲沿反射弧的传导中出现了一些特殊过程，传导的延迟就是发生在一个神经元与另一个神经元交流过程中（图 3.2）。由于确立了突触的存在，这一论点具有至关重要的意义。实际上，正是 Sherrington 提出了“突触”这一术语。

停下来检查一下

1. 是什么证据使Sherrington得出突触处的传导与轴突上传导不同?

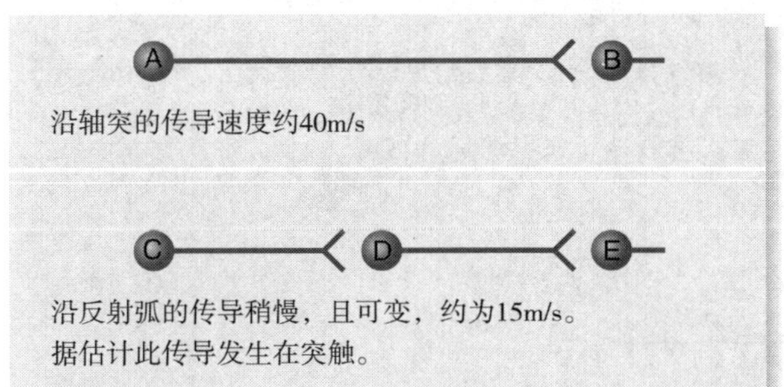

图 3.2　Sherrington 发现突触延迟的证据
沿突触传递的刺激比沿轴突传递慢

短暂积聚（时间上的叠加效应）

Sherrington 发现，发生在短时间内的重复刺激会有累加效应。他把这种现象称为**短暂积聚**（temporal summation）（通过时间发生积聚）。轻轻地掐一下狗的脚并不会引起反射，但迅速而重复掐几下就会使反射发生。Sherrington 认为，单个刺激产生的突触传导电位低于接受该刺激的**突触后神经元**（postsynaptic neuron）的阈值［释放突触传导的神经元被称为**突触前神经元**（presynaptic neuron）］。Sherrington 指出这种阈下兴奋一旦产生便开始衰减，但它可以与紧随其后的第二个兴奋相结合。一系列连续的刺激在前一个的基础上逐渐累加直到超过突触后神经元的阈限，产生一个动作电位。

数十年之后，John Eccles（1964）使用微电极来刺激突触前神经元上的轴突，同时收集来自突触后神经元的信号。例如，在给予一根轴突短暂刺激后，Eccles 记录到了发生在突触后膜上的轻微去极化现象（见图 3.3 第一点处）。

需要注意的是，这种部分去极化是一种级量电位。与总是引起去极化反应的动作电位不同，该级量电位要么去极化（兴奋）、要么超极化（抑制）。有一种级量电位被称为**兴奋性突触后电位**（excitatory postsynaptic potential，EPSP）。就像我们第 2 章中讨论的动作电位一样，当钠离子进入细胞时便引发了 EPSP。如果 EPSP 没有达到细胞的阈值，那么它所引发的去极化便很快消退了。

Eccles 给予一根轴突两次紧邻的刺激后，在突触后细胞上记录到了两次连续的 EPSP。如果两次 EPSP 的间隔足够短便会发生短暂积聚效应。这就是说第二个 EPSP 与第一个 EPSP 衰减后剩余的部分发生了叠加（见图 3.3 第二点处）。在图 3.3 的第三点处我们可以看到：三个连续出现的 EPSP 发生叠加并超过阈值，从而引发了一个动作电位。

间隙积聚（空间上的叠加效应）

Sherrington 对反射弧的研究同时也表明了突触具有**间隙积聚**（spatial summation）的性质（通过空间发生积聚）：来自不同位置的突触信号在同一神经元上联合发生作用。Sherrington 再次使用强度太弱以至于无法引起一次反射的掐刺激做了实验。有所不同的是，这次他在两

图 3.3 突触兴奋中后神经的记录

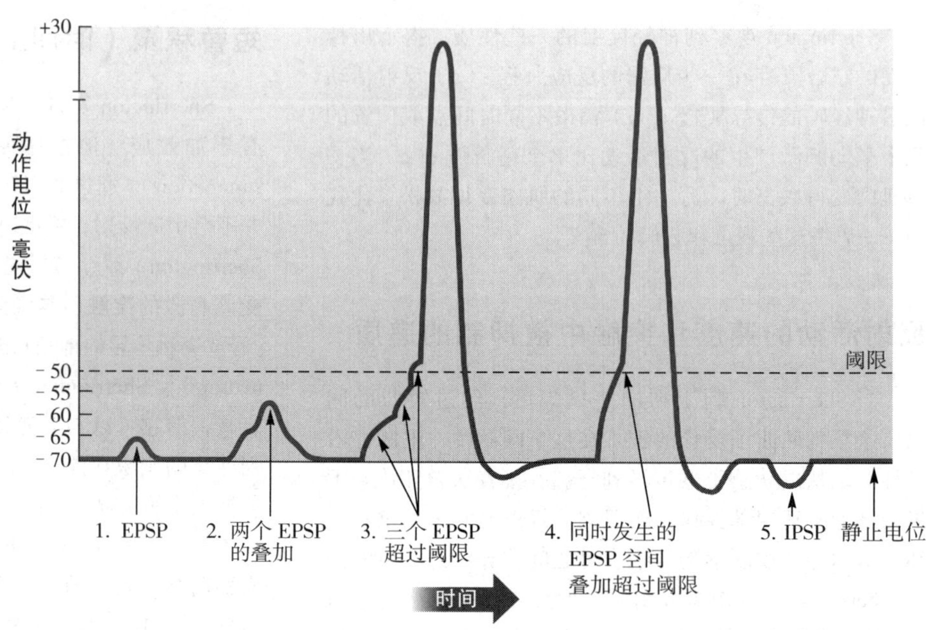

个位置分别掐了一次，而非在同一位置掐两次。尽管每次的单独刺激都不能引起反射活动，但两次联合起来便能达到效果。由此 Sherrington 得出结论：掐两个地方分别刺激了两个神经元，这两个神经元的轴突汇聚在脊髓中同一神经元上。来自任何一个轴突的兴奋都可以引起脊髓神经元的兴奋，但都不足以达到阈值。这些兴奋的联合体超过了阈值并引发动作电位（见图 3.3 第四点处）。Eccles 通过展示来自不同轴突的 EPSP 共同作用于一个突触后细胞上的图片，进一步证实了 Sherrington 的推论（见图 3.4）。

间隙积聚对于大脑功能至关重要。感觉信号输入大脑到达不同的突触，分别产生较弱的效应。但是每一个

图 3.4 时间与空间叠加

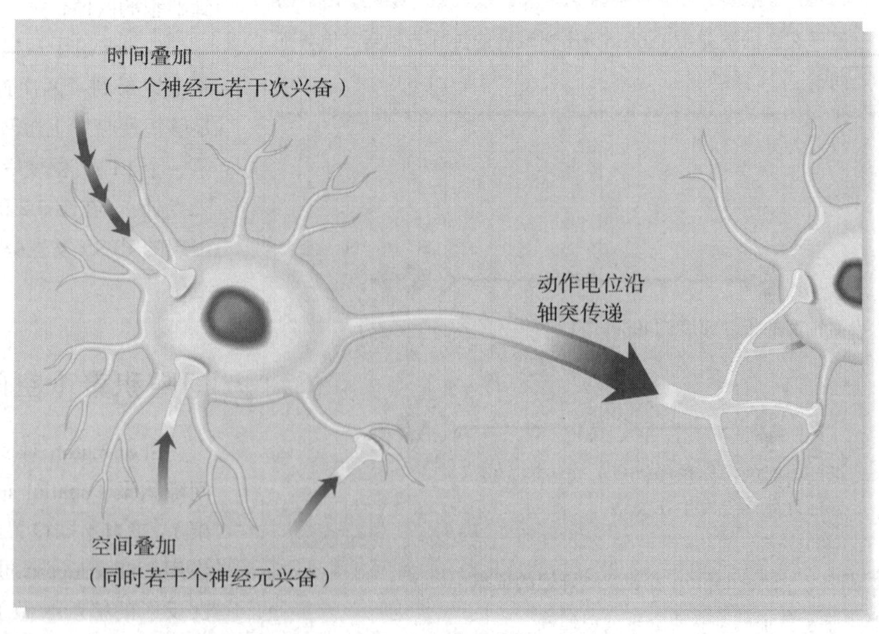

神经元都与许多轴突相连，这些轴突将接收到的感觉信号同时作用于该神经元（Bruno & Sakmann，2006）。间隙积聚保证了单个的感觉刺激足可以激活皮层细胞。

停下来检查一下

2. 短暂积聚和间隙积聚有什么不同？

抑制性突触

当 Sherrington 掐了狗的脚之后，受刺激的腿屈肌收缩，另外三条腿的伸肌也收缩（见图 3.5）。与此同时，这只狗放松了受刺激腿的伸肌和另外三条腿的屈肌。Sherrington 对上述现象的解释是：假定脊髓中存在特定的连接，作用于狗脚上的掐刺激信号沿着感觉神经元传导到脊髓的中间神经元（一种起中介作用的神经元），然后中间神经元受刺激后发出的信号进一步传导到与腿部屈肌相连的运动神经元（见图 3.6）。Sherrington 猜测，中间神经元还发出了信号去阻止狗受刺激腿伸肌和另外三条腿屈肌的运动神经元的活动。

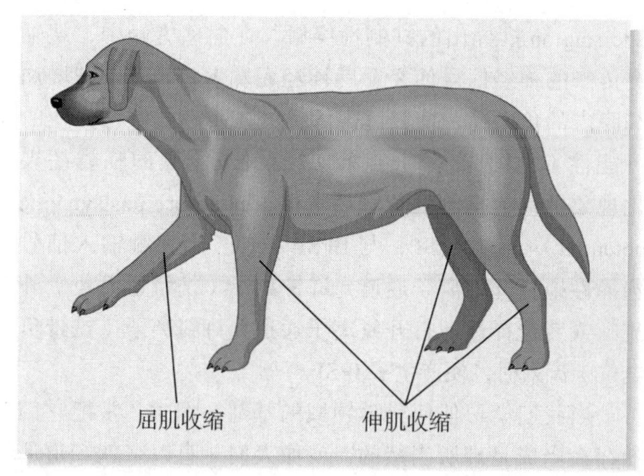

图 3.5　对抗性肌肉
屈肌向体躯移动而伸肌远离体躯移动

Eccles 以及后来的研究人员用生理学的方法证实了

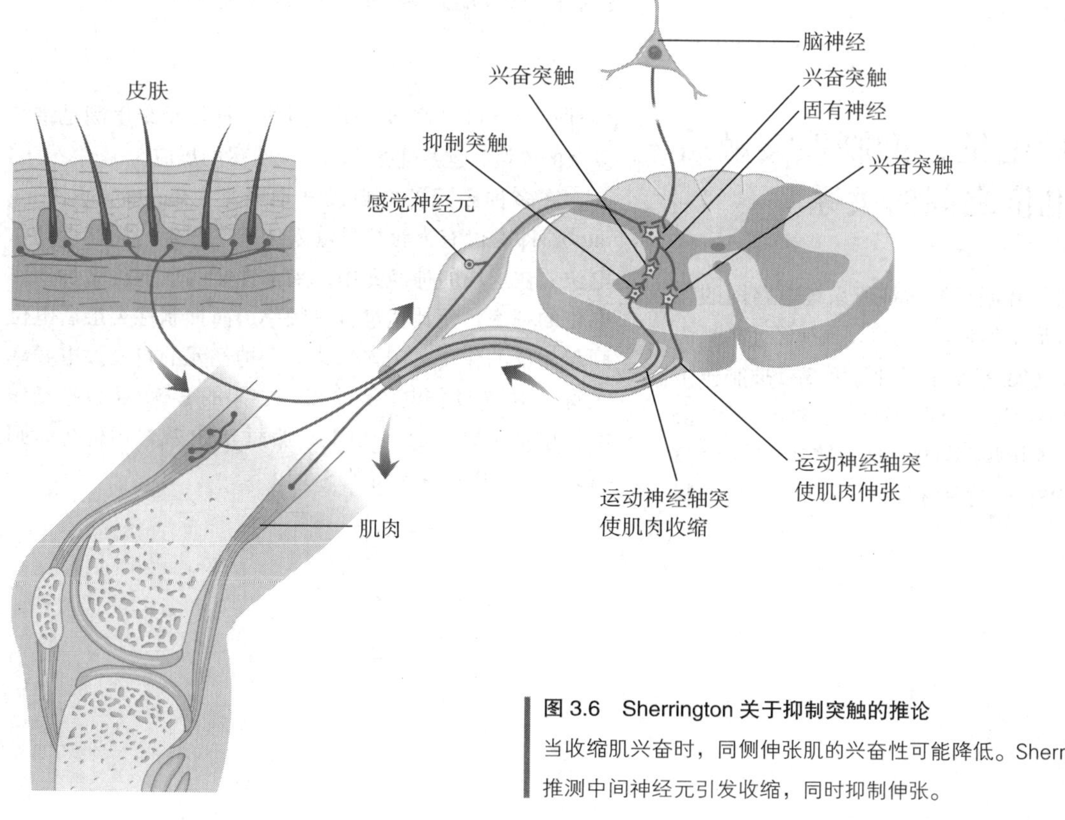

图 3.6　Sherrington 关于抑制突触的推论
当收缩肌兴奋时，同侧伸张肌的兴奋性可能降低。Sherrington 推测中间神经元引发收缩，同时抑制伸张。

Sherrington 推导出的抑制性突触。在这些突触中，从轴突传来的神经信号使突触后神经元发生超极化。即增加细胞内的负电荷，使其远离阈值并减少动作电位产生的可能性（见图 3.3 第五点处）。这种细胞膜的临时超极化现象被称为**抑制性突触后电位**（inhibitory postsynaptic potential），或者 IPSP，与 EPSP 类似。当突触输入信号选择性地打开钾离子通道允许钾离子（携带正电位）外流，或者选择性地打开氯离子通道允许氯离子（携带负电位）流入时，便产生了 IPSP。

当我们学习任何科学领域的基础知识时，常把它们的存在当成是理所当然的，就像人们一直以来就知道那些知识一样。例如，今天我们认为"抑制"这个概念是理所当然的，但在 Sherrington 的时代，因为没有人可以想象一个机制来完成抑制，故这种想法是具有挑战性的。

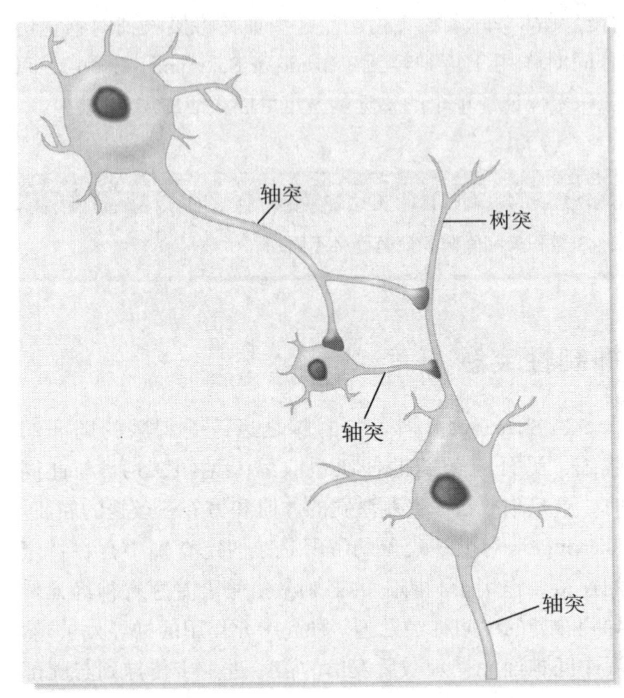

图 3.7

兴奋突轴为绿色，抑制突轴为红色，一般来说，产生抑制的神经元较小。（*Based on Kullmann & Lamsa, 2007*）

停下来检查一下

3. Sherrington认为神经系统中有抑制现象的证据是什么？
4. 发生兴奋性突触后电位时细胞膜上哪种离子通道会开放？发生抑制性突触后电位时哪种离子通道会开放？
5. 抑制性信息能够沿轴突传递吗？

兴奋性突触后电位、抑制性突触后电位和动作电位之间的关系

Sherrington 的工作开创了探索神经系统电路图的先河。例如，就图 3.7 所示的神经元而言，当神经元 1 兴奋了神经元 3 的同时，它也兴奋了对神经元 3 有抑制作用的神经元 2。由于只需经过一个突触而不是两个，故兴奋性信息到达神经元 3 要快些。信息传递的结果是神经元 3 发生短暂的兴奋（EPSP）。这样你便明白了非常小的抑制性神经元是可以控制动作时间的。神经系统里满是错综复杂的连接，这些连接产生了无穷尽的反应。

许多神经元都有**自发放电频率**（spontaneous firing rate），即在没有突触信号输入情况下产生的周期性动作电位。在这样的神经元中，兴奋性突触后电位增加动作电位的频率，使其超过自发频率，而抑制性突触后电位则起相反的作用。例如，若一个神经元的自发放电频率是每秒 10 个动作电位，那么一连串的 EPSP 可以把动作电位增加至每秒 15 个以上，然而 IPSP 数量占优势时则可以把动作电位降至每秒 5 个以下。

模块 3.1 结 语

作为决策者的神经元

突触才是决策发生的地方。沿轴突的传导仅仅是将信息从一处传到另一处。突触则决定了是否发送信息。兴奋性突触后电位和抑制性突触后电位在特定的时间到达同一神经元，彼此之间相互竞争，竞争的结果是复杂的，并不完全是它们的代数和。鉴于 EPSP 和 IPSP 的加总决定了是否在突触后细胞上激发动作电位，我们把它们的和称为一次“决议”。然而，不要妄想单个神经元就可以决定你早餐吃什么。复杂的行为建立在巨大的神经元网络之上。

总 结

1. 突触是两个神经元的交流点。Charles S. Sherrington 对反射活动的观察使他推导出了突触的性质。
2. 由于沿反射弧的传导要慢于同等长度轴突上的传导，因此 Sherrington 得出结论，认为发生在突触中的一些过程阻碍了传导活动。
3. 级量电位（EPSP 和 IPSP）将它们的效应加总。来自不同时间的刺激的级量电位的加总被称为短暂积聚。来自不同位置的刺激的级量电位的加总被称为间隙积聚。
4. 抑制并不仅仅是没有兴奋，它压制兴奋的活动“闸门”。在神经系统中，抑制和兴奋一样重要。突触处的刺激在突触后细胞上激发一个短暂的级量电位，其中兴奋性级量电位（去极化）是兴奋性突触后电位，抑制性级量电位（超极化）是抑制性突触后电位。当细胞膜上的闸门开放，允许钠离子进入细胞时便产生了兴奋性突触后电位，当细胞膜上的闸门开放，允许钾离子流出或氯离子流入时便产生了抑制性突触后电位。
5. 同一个神经元上的 EPSP 和 IPSP 相互竞争，这两者平衡的结果会使神经元上的动作电位频率降低或增加。

关键术语

突 触 54
反 射 54
反射弧 54
短暂积聚 55
突触前神经元 55
突触后神经元 55
兴奋性突触后电位（EPSP） 55
间隙积聚 55
抑制性突触后电位（IPSP） 58
自发放电频率 58

思考题

1. 当 Sherrington 测量一次反射的反应时间时（如刺激和反射之间的延迟），他发现强刺激后发生的反应要比弱刺激后快。你能解释这个发现吗？记住所有的动作电位——不管是强或弱刺激产生的——在同一轴突上的传导速度都是相同的。
2. 掐一下动物的右后脚将激发一个感觉神经元，随后中间神经元被激发，接着是与同侧腿屈肌相连的运动神经元被激发。中间神经元同时抑制了与该侧腿伸肌相连的运动神经元。另外，中间神经元还向与左后腿伸肌相连的运动神经元发出了神经冲动。你预计中间神经元将兴奋还是抑制该运动神经元？（提示：神经连接是适应性的。当动物举起一条腿时，它必须把重量放到其它腿上以保持平衡。）
3. 假设神经元 X 上有一个突触与神经元 Y 相联系，神经元 Y 上有一个突触与神经元 Z 相联系。假定目前没有其它的神经元和突触。一位实验人员发现刺激神经元 X 后，经过短暂的延迟，可以在神经元 Z 上引发动作电位。然而，她可以肯定连接神经元 X 与神经元 Y 之间的突触是抑制性的。解释一下 X 发出的刺激是怎样使 Z 兴奋的。

停下来检查一下答案

1. Sherrington 发现反射弧上的传导速率要显著慢于动作电位沿神经轴的传导速率。因此，传导延迟应该就发生在神经元的结合处。
2. 短暂积聚是指作用于单个突触的快速而重复的刺激的联合效应。而间隙积聚是指作用于同一神经元的几个突触上几乎同时发生的刺激的联合效应。
3. Sherrington 发现反射活动在刺激屈肌的同时发出信号以抑制同侧肢体中的伸肌神经。
4. 在 EPSP 时，钠离子通道会开放。在 IPSP 时，钾离子或氯离子通道会开放。
5. 不能。只有动作电位可以沿轴突传递。EPSP 和 IPSP 会随着传递时间与距离而逐渐消退。它们的功能决定了轴突是否将发送一个动作电位。

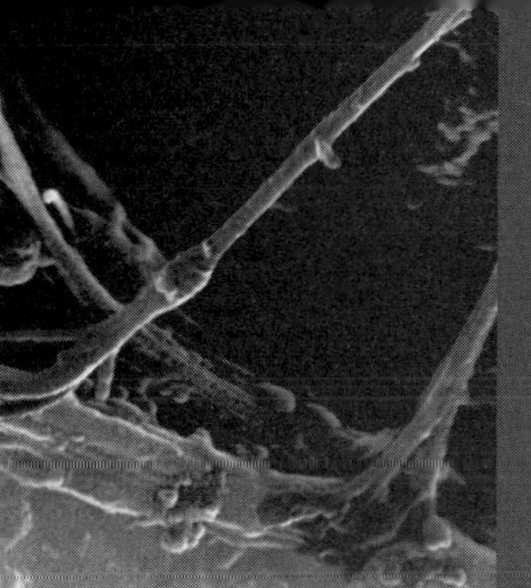

模块 3.2

突触中发生的化学事件

尽管 Charles Sherrington 准确地推导出突触的许多性质，但在很重要的一点上，他还是犯了错误：尽管他知道突触中的传导要比轴突上的传导慢，但他认为这种传导对于化学过程来说还是太快了，故得出电传导的结论。现在我们知道绝大多数的突触是依靠化学过程的，这种过程比 Sherrington 以及他那个时代的任何一个人所能想象的都更加快捷和多样。

突触中化学递质的发现

由一组神经组成的交感神经系统可以加快心跳、放松胃部肌肉、扩张瞳孔及调节其他器官。T.R.Elliott，一位年轻的英国科学家，在 1905 年报告说将肾上腺素直接作用于心脏、胃和瞳孔表面可产生出与交感神经系统类似的作用。因此 Elliott 认为交感神经系统通过释放肾上腺素或者类似的化学物质来刺激肌肉。

然而，Elliott 的证据并不是那么确凿。或许肾上腺素仅仅是模仿了自然界中普通的放电效应。在那个时候，Sherrington 的声望是很大的，以至于大部分科学家都忽略了 Elliott 的结果，一直认为突触是传递电脉冲的。Otto Loewi，一位德国生理学家，赞同化学突触的想法，但他不知道怎么进一步去证明。后来到了 1920 年的一个夜晚，他被一个突如其来的想法惊醒。他给自己写了个备忘条然后继续去睡。很不幸，第二天早上他看不懂自己昨晚所写的东西了。当天晚上，他在凌晨 3 点钟被同样的想法惊醒，便奔向实验室，完成了实验。

Loewi 重复刺激青蛙的迷走神经以使其心率下降。然后他从该青蛙心脏中收集液体并转移到第二只青蛙的心脏中，便发现第二只青蛙的心率也下降了（图 3.8 展示了该研究过程）。随后，Loewi 刺激了第一只青蛙心脏的加速神经从而增加了其心率。当他从该青蛙心脏中收集液体并转移到第二只青蛙心脏中后，第二只青蛙的心率加快了。这就是说，刺激一种神经可释放降低心率的物质，而刺激一种不同的神经则可释放增加心率的物质。他知道自己是在收集和转移化学物质，而不是在释放电脉冲。因此，Loewi 得出结论：神经通过释放化学物质来传递信息。

Loewi 后来提到，如果上述实验是他在白天想出来的，那他可能不会去尝试去做（Loewi，1960）。在白天的推理方式下，即使突触真的是在释放化学物质，他也会认为化学物质或许释放得不多。幸运的是，在意识到实验不可能进行时，他已经做完了，并在后来因此而获得了诺贝尔奖。

尽管有了 Loewi 所做的工作，但在接下来的 30 年中，

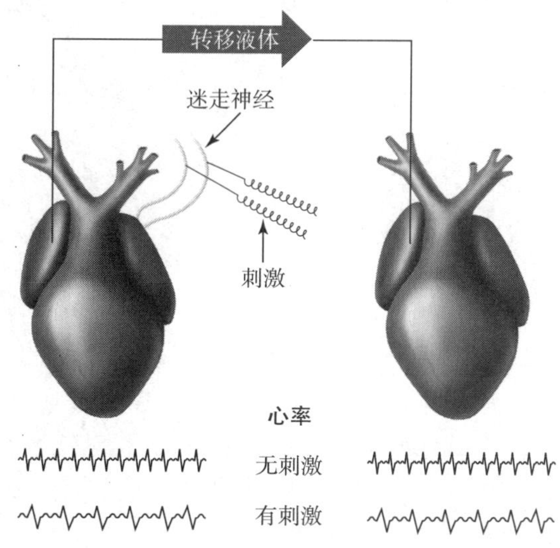

图 3.8　Loewi 的实验证明神经通过释放化学物质来传递信息

Loewi 刺激青蛙的迷走神经以使其心率下降。然后他从该青蛙心脏中收集液体并转移到第二只青蛙的心脏中，便发现第二只青蛙的心率也下降了。

大多数研究人员仍然认为大部分突触是电性的，只有个别的是化学性突触。在20世纪50年代，研究者们最终确立化学传递是神经系统中交流的主要形式。这个发现彻底改变了我们的理解并推进了新型精神病药物的研制与发展。

停下来检查一下

6. Loewi认为神经传导依靠化学物质释放的证据是什么？

突触中化学事件的结果

理解突触中的化学事件对生物心理学来说是最基本的。研究人员每一年都会发现越来越多有关突触的细节：它们的结构以及这些结构和功能是怎样联系起来的。这方面的重大事件有：

1. 神经元可以合成作为神经递质的化学物质。它在轴突终末合成较小的神经递质，在细胞体中合成神经肽。
2. 神经元将在细胞体中合成的神经肽传递到轴突终末或树突。（神经肽可以从细胞的多个部位释放出来。）
3. 动作电位沿轴突传递。在前突触终末，动作电位可以使钙离子进入细胞。钙在终末处释放神经递质进入突触间隙，即突触前神经元和突触后神经元之间的空隙。
4. 释放出来的分子在间隙中扩散，到达受体，并改变突触后神经元的活性。
5. 神经递质分子与它们各自的受体相分离。根据自身的不同，神经递质或许可能被转化成失活的化学物质。
6. 神经递质分子可以被突触前神经元再摄取以重复利用或者扩散掉。在一些情况下，空的突触小泡被重吸收，并与细胞体相融合。

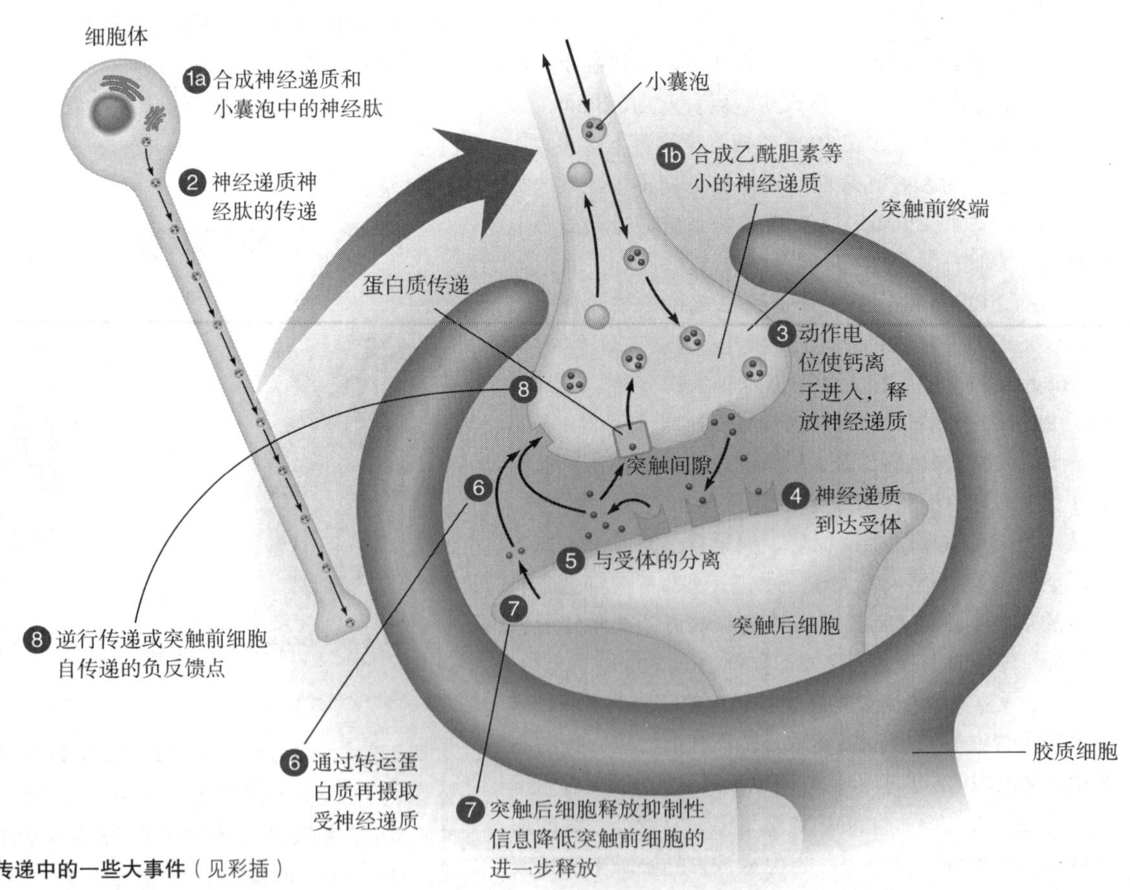

图3.9 突触传递中的一些大事件（见彩插）

7. 一些突触后细胞释放抑制性信息以控制突触前细胞对神经递质的进一步释放。

图 3.9 总结了这些步骤。现在，让我们更加细致地思考每一步。

神经递质的类型

在突触中，一个神经元释放化学物质以作用于下一个神经元，这些化学物质被称为**神经递质**（neurotransmitters）。科学研究逐渐鉴别出一百多种确定或疑似神经递质的化学物质，如表 3.1 所示（Borodinsky et al., 2004）。主要分类如下：

氨基酸类（amino acids）：包含一个氨基（NH_2）的酸类物质

神经肽类（neuropeptides）：由氨基酸组成的链

乙酰胆碱（acetylcholine）：（一个单成员"家族"）与氨基酸类似的化学物质，不同之处在于以 $-N(CH_3)_3$ 代替了氨基

一元胺类（monoamines）：包含一个氨基（NH_2）的神经递质，该氨基是某些特定氨基酸的代谢产物

嘌呤类（purines）：一类包含腺苷及其衍生物的化学物质

表 3.1　神经递质

氨基酸类	谷氨酸、GABA、甘氨酸、天冬氨酸，其他
修正氨基酸	乙酰胆碱 吲哚胺：5-羟色胺
一元胺类（也是氨基酸修正后的产物）	儿茶酚胺：多巴胺 去甲肾上腺素、肾上腺素
肽类（氨基酸链）	内啡肽、P 物质、神经肽 Y，及许多其他物质
嘌呤类	ATP、腺苷，其他
气体递质	NO（一氧化氮），其他

气体递质（gases）：一氧化氮及其他

其中神经肽和一氧化氮有着特殊的功能，我们将稍后在本单元中探讨。

除少数例外，所有神经递质都是氨基酸、氨基酸衍生物或者氨基酸链。最令人感到惊奇的特例是一种由许多小的局部神经元释放的气体**一氧化氮**（nitric oxide）（化学式为 NO）。（不要将一氧化氮 NO 与通常所说的"笑气"一氧化二氮 N_2O 相混淆）。一氧化氮在量大时具有毒性并且很难在实验室中合成。然而，很多神经元含有一种酶，使得它们能够有效地利用 NO。NO 的特殊功能之一与血流有关：当大脑某区域变得高度活跃时，该区域的血流增加。血液是怎样知道大脑中某区域变得更加活跃的呢？情报来自一氧化氮。许多神经元受刺激后可释放一氧化氮。除了影响其他神经元，NO 还可扩张其附近的血管，因而增加了相应脑区的血流（Dawson，Gonzalez-Zulueta，Kusel，& Dawson，1998）。

停下来检查一下

7. 在大多数情况下，高度激活的脑区是怎样增加它的血液供应的？

递质的合成

正如体内的其他细胞一样，神经元从食物中获取原材料合成其所需要的化学物质。图 3.10 展示了合成乙酰胆碱、5- 羟色胺、多巴胺、肾上腺素和去甲肾上腺素的化学步骤。请注意肾上腺素、去甲肾上腺素和多巴胺之间的关系——这三个高度相关的化合物因共同拥有一个儿茶酚基和一个氨基而被归为**儿茶酚胺类**（catecholamines），如下所示：

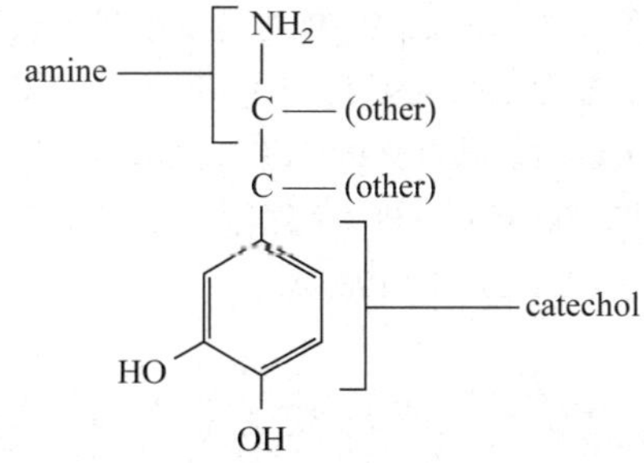

图 3.10 中的每一步都是从来自食物中的物质开始的。

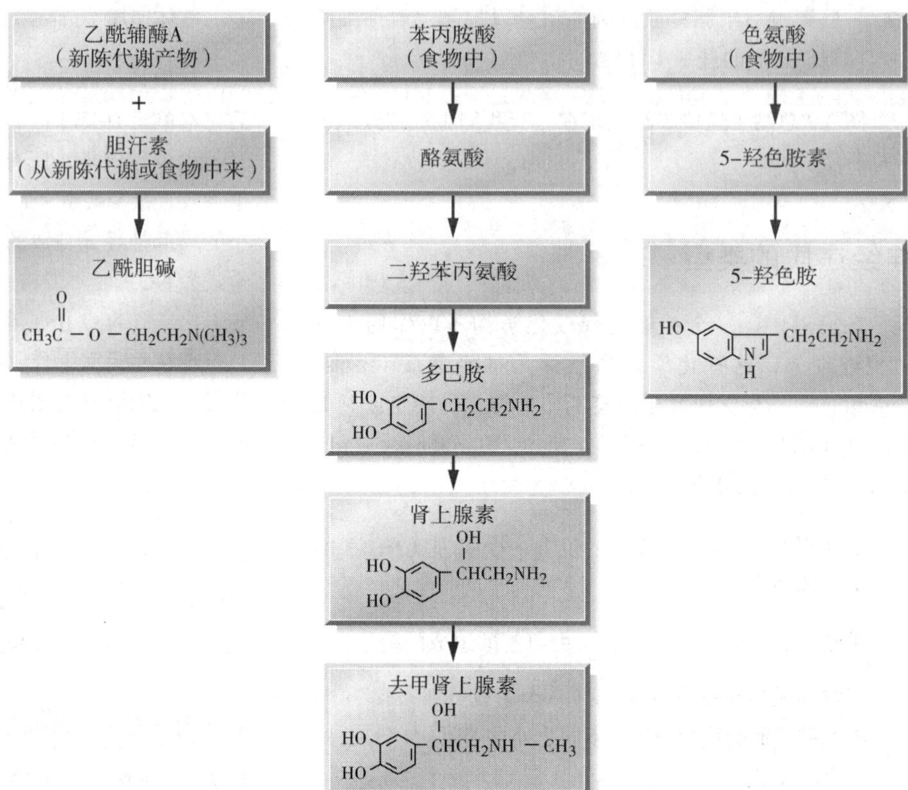

图 3.10 合成乙酰胆碱、5-羟色胺、多巴胺、肾上腺素和去甲肾上腺素的化学步骤

箭头代表了化学反应

比如，乙酰胆碱就是由奶、蛋和花生中富含的胆碱合成的。实际上在任何一种蛋白质中都能找到的苯基丙氨酸和络氨酸是多巴胺、去甲肾上腺素和肾上腺素的前体细胞。

5-羟色胺的前体细胞色氨酸可以通过与其它大型氨基酸共用的运输系统跨过血脑屏障。食物中色氨酸的量控制了脑中5-羟色胺的含量（Fadda，2000），所以你的血清素水平在你吃了富含色氨酸的食物（如大豆）之后会升高，而在你吃了色氨酸含量较少的食物（如美国玉米）之后会下降。然而，色氨酸必须得和众多其他大型氨基酸相互竞争，如苯丙氨酸。促进色氨酸进入大脑的一种方法是减少苯丙氨酸的摄入。另一种方法是多吃糖类物质。糖类可以增加胰岛素的分泌，该激素可以将竞争性的氨基酸带出血流使其进入细胞体内，从而降低了与色氨酸的竞争（Wurtman，1985）。

停下来检查一下

8. 说出三种儿茶酚胺类神经递质。

递质的运输和储存

大多数的神经递质是在突触前末端合成的，即接近释放点处。但神经肽类是在细胞体中合成的，然后被运往轴突或树突。（与其他递质不同，神经肽类是从细胞的多个部位释放出来的。）传输的速度不等：较细的轴突中仅仅1mm/天，较粗的轴突每天100mm以上。

突触前终端在形似球形口袋的**突触小泡**（vesicles）中储存了高浓度的神经递质分子（图3.11）。（我们之前提到的气态神经递质一氧化氮是个例外。神经元在合成NO后立马将其释放出来而没有储存。）另外突触前末端也在小泡外储存了大量的神经递质。

在有些情况下，神经元中的某个神经递质明显储存过量。能够释放5-羟色胺、多巴胺或者去甲肾上腺素的神经元都含有一种酶叫做**单胺氧化酶**（monoamine oxidase，MAO），该酶可以将这些神经递质分解成失活的化学物质。神经元有时会产生过多的某种神经递质，随后又将多余部分破坏，这点比较令人困惑。由于一些抗

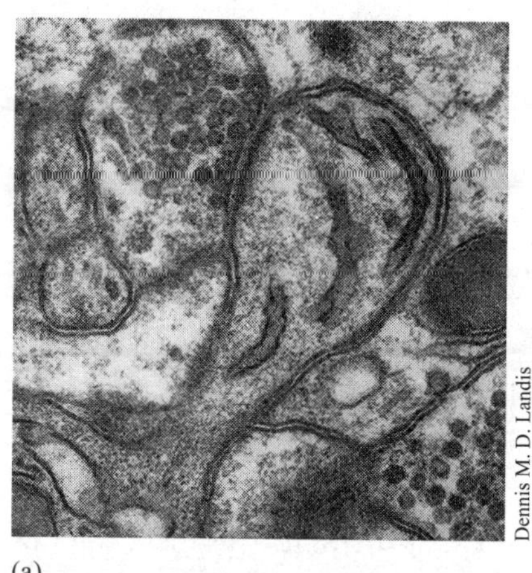

(a)

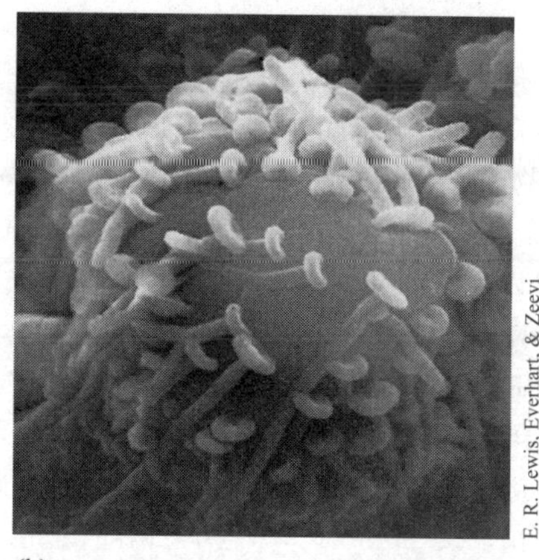

(b)

图 3.11　突触的示意

（a）大鼠小脑的电子显微镜照片，显示出突触。小的圆形结构是突触小泡。（b）电子显微照片显示出神经体细胞上的轴突终扣。（*From "Studying neural organization and aplysia with the scanning electron micrograph," by E. R. Lewis, et al., Science 1969, 165:1142. Copyright 1969 by the AAAS. Reprinted with permission of AAAS and E. R. Lewis.*）

抑郁药物可以抑制 MAO 的活性，在讨论抑郁症时我们将再次提及 MAO。

递质的释放和扩散

当一个动作电位到达突触末端时，该电位自身并不能释放神经递质，而是通过去极化打开突触前终扣上的钙离子通道。在钙离子进入突触前终扣 1-2ms 内，它会引发**胞吐**（exocytosis）——从突触前神经元将神经递质释放到突触间隙中，该间隙将突触前、后神经元分离开来。动作电位常常不引发任何神经递质释放，即使有，在递质的量上也差别很大（Craig & Boudin，2001）。

神经递质从突触前细胞上释放出来后，经突触间隙到达突触后膜并与其上的受体相结合。神经递质花费不超过 0.01ms 的功夫便可通过仅 20~30nm 宽的突触间隙。记得，Sherrington 是不相信化学反应足够快以至于可以解释突触处的活动的。很显然，他没有想到突触间隙如此狭窄以至于化学物质能很快扩散过去。

作为一个整体，尽管大脑需要用到许多神经递质，但没有任何一个单独的神经元可以释放全部的递质。多年来，研究者一直认为每一个神经元仅能释放一种神经递质，但后来研究人员又发现，大多数的神经元可以释放两种以上的神经递质（Hökfelt，Johansson，& Goldstein，1984）。再往后，研究人员发现至少有一种神经元可以从突触的不同分支释放不同的神经递质：脊髓中的运动神经元有一条分支与肌肉相连，并在那里释放乙酰胆碱；另一条分支与脊髓中的其他神经元相连，并释放乙酰胆碱和谷氨酸酯（Nishimaru，Restrepo，Ryge，Yanagawa，& Kiehn，2005）。既然存在一种神经元可以在不同的分支处释放不同递质，那么或许还有其他的神经元可以做到。

为什么单个神经元可以释放不同的神经递质而不仅仅是一个递质呢？大概是这种递质的组合使得神经信号的传递更加复杂，如短暂的兴奋之后跟随轻微但持久的抑制（P.Jonas，Bischofberger，& Sandkühler，1998）。

尽管一个神经元仅能释放有限的神经递质，但它可在不同突触处接受很多神经递质并做出反应。例如，在膜的不同部位，神经突触或许分别有接受谷氨酸、5- 羟色胺、乙酰胆碱及其他物质的受体。

停下来检查一下

9. 当动作电位到达突触前终扣时，哪种离子必须进入突触前终扣以激发神经递质的释放？

突触后细胞上受体的激活

突触是一个复杂的地方，许多蛋白质将突触前神经元和突触后神经元联系在一起。这些支架蛋白如果出现异常，则生物体会有焦虑、睡眠紊乱及其他行为问题（Welch et al.，2007）。它们可以使神经元结合在一起并指导神经递质分子与受体结合。

在英语中，"蕨类"（fern）是一种植物。在德语中，"fern" 表示"遥远"。在法语中，这个单词没有意义。任何词语的含义取决于它的听众。类似地，神经递质的意义与它的受体有关。我们都知道，经过仔细研究发现，每一个神经递质都与几种不同的受体相联系，有着不同的功能。因此，对一种受体有影响的药物或基因突变可能以一种特殊的方式影响行为。例如，有一种5-羟色胺受体可以调节呕吐，而药物昂丹司琼可以阻断该受体，帮助癌症病人在减少呕吐的情况下完成治疗。

一个神经递质受体就是一个镶嵌在细胞膜中的蛋白质。当神经递质与受体有活性的一面结合时，该受体可直接打开一个通道——产生促离子型效应——或者它也可以产生慢却持久的效应——亲代谢性效应。

促离子型效应 一些神经递质在突触后神经元上产生**促离子型效应**（ionotropic effects）：当神经递质与细胞膜上的受体相结合时，它将打开针对某种离子的通道。轴突上的钠、钾通道是电压门控型的。突触处的通道是**递质门控**（transmitter-gated）或**配体门控**（ligand-gated）的。（配体是一种可以与其他化学物结合的化学物质）。促离子型效应开始得很快，有时小于1ms（Lisman，Raghavachari，& Tsien，2007），而且它们仅仅持续20ms左右（North，1989；Westbrook & Jahr，1989）。

大部分的大脑兴奋性促离子型突触使用谷氨酸这种神经递质。大部分的抑制性促离子型突触使用GABA（γ-氨基丁酸）这种神经递质，该递质可以开启氯离子通道，使得氯离子及其负电荷以快于平常的速度跨过细胞膜进入细胞内。甘氨酸是另一种常见的抑制性递质（Moss & Smart，2001）。乙酰胆碱也是一种在许多促离子型突触处的递质，主要起兴奋作用并已经被广泛研究。图3.12a展示了一个乙酰胆碱受体的横断面，就像从突触间隙处观察到的一样。它的外部（红色）镶嵌在神经元的细胞膜内；内部（蓝色）环绕着钠离子通道。在静息状态下（没有被刺激时），该受体的内部结合得足够紧密以阻止钠离子通过。当有乙酰胆碱附着时，该受体向外折叠，以扩大钠离子通道。图3.12b展示了这种受体与乙酰胆碱结合后的侧面图（Miyazawa，Fujiyoshi，& Unwin，2003）。

促代谢型效应和第二信使系统 在其他突触处，神经递质通过激起一系列的、比促离子型效应慢而持续长久的代谢反应，此类反应叫**促代谢型效应**（metabotropic effects）（Greengard，2001）。亲代谢性效应在递质释放后

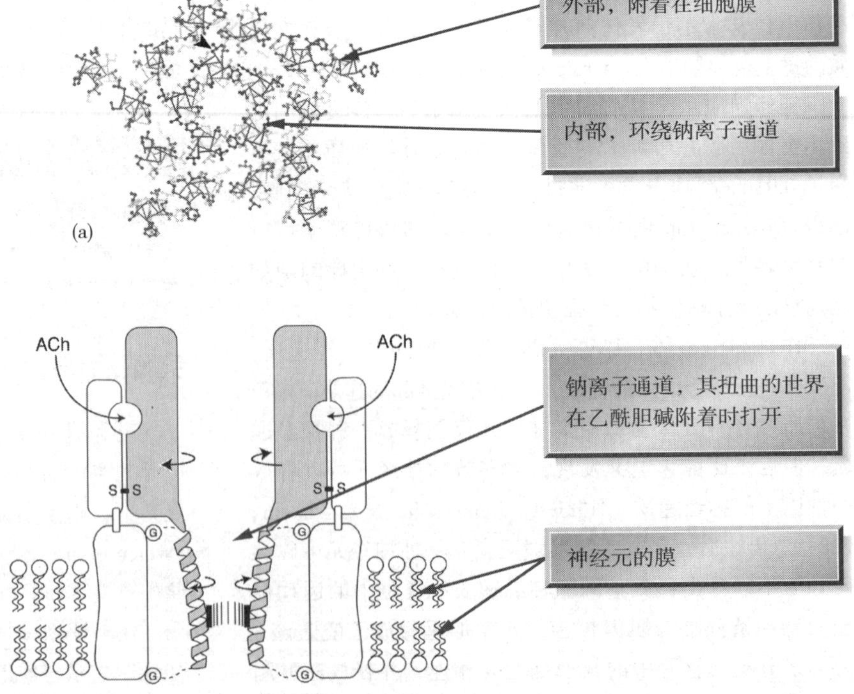

图3.12 乙酰胆碱受体

（a）横切面，从突触裂缝的视图，由膜所环绕。（b）受体的侧视图，膜在其左右侧。其外部附着在神经元膜上，内部环绕钠离子通道。受体静息时，通道太窄不会让钠离子通过。当乙酰胆碱接近时，通道打开让钠离子通过。（*From A. Miyazawa, et al., "Structure and gating mechanism of the acetylcholine receptor pore," Nature, 423, 949–955. © 2003 Nature Publishing Group. Reprinted with permission of Macmillan Publishing Ltd.*）

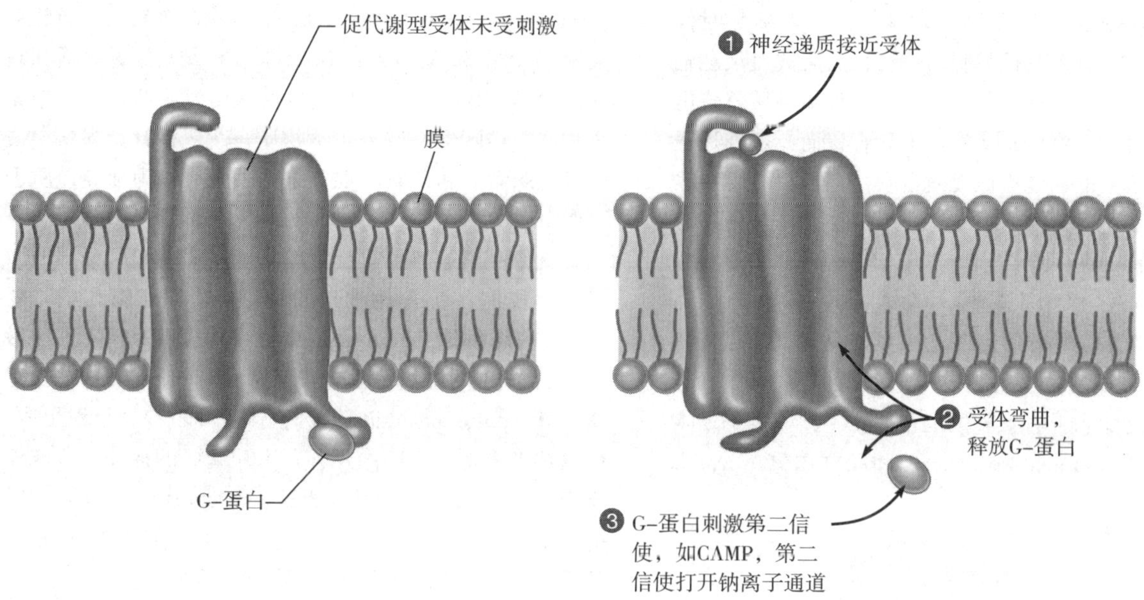

图 3.13 促代谢型受体作用示意，其引发突触后神经元的第二信使

30ms 或更久以后出现（North，1989），持续数秒、数分钟或更长。大部分促离子型效应要么依赖于谷氨酸要么依赖于 GABA，而促代谢型突触则要用到许多种递质。

当神经递质与促代谢型受体相结合时，它将控制受体蛋白，使该蛋白位于神经元内的部分与其他分子发生反应，如图 3.13 所示（Levitzki，1988；O'Dowd，Lefkowitz，& Caron，1989）。位于神经元内的蛋白激发 **G–蛋白**（G-protein）——与能量储存分子鸟苷三磷酸（GTP）相匹配的蛋白。被激活后的 G– 蛋白反过来又可增加细胞内第二信使的含量，如环腺苷一磷酸（cAMP）。就像"第一信使"（神经递质）将信息传递到突触后细胞一样，**第二信使**（second messenger）可以与细胞内的区域相交流。第二信使可以打开或关闭细胞膜中的离子通道、激活染色体中的蛋白。注意以下区别：一个促离子型突触在细胞膜上的某点处产生效应，而一个促代谢型突触通过它的第二信使，影响许多或者整个细胞的活动且持续的时间较长。

促离子型和促代谢型突触分别对行为的不同方面作出了贡献。就视觉和听觉而言，大脑需要迅速变化的信息，促离子型突触可以带来该种信息。相反，饥饿、口渴、恐惧和愤怒可能是行为的长期改变。促代谢型突触比较适合上述功能。促代谢型突触还可以调节至少部分的嗅觉（Huang et al.，2005）和痛觉输入（Levine，Fields，& Basbaum，1993），这些是比视觉或听觉更慢、更持久的体验。

由于神经肽类有一些区别于其他神经递质的性质，研究人员常常将它们描述为**神经调质**（neuromodulators）（Ludwig & Leng，2006）。其他神经递质主要在轴突终扣处释放，而神经肽类主要在细胞体、树突和轴突侧面被释放。单个的动作电位便可释放其他神经递质，而神经肽的释放往往需要重复的刺激。然而，在一些树突释放了神经肽以后，这些被释放出来的化学物质又可刺激其他树突释放相同的神经肽，甚至不需要去极化。那就是说，含有神经肽的神经元并不经常释放它们，而一旦释放，便是大量的。此外，与其他神经递质不同，神经肽并不是被释放在受体附近。它们广泛扩散，通过促代谢型受体影响大脑神经元的许多功能。我们将在后面的几章中，尤其是在饥饿那个单元，再次遇到神经肽。

停下来检查一下

10. 促离子型和促代谢型突触在速度和效应持久性上的差别在哪里?
11. 什么是第二信使，哪类突触依赖于它们?

激素　**激素**（hormone）是一种化学物质，大多数时候由腺体分泌，有时由其他细胞所分泌，然后被血液运输到其他器官，并影响这些器官的活动。神经递质就像电话线上的信号：它将信息从发送者处直接而专门地运送到接收者。激素的功能类似无线电台：它们将信息传输给刚好匹配的接收者。图 3.14 展示了主要的**内分泌腺**（endocrine glands）（其产生激素）。表 3.2 列出了一些重要激素和它们的主要作用。

激素对调节身体多个部位的长期变化尤其有用。例如，准备迁徙的鸟类会分泌激素以改变它们的饮食和消化，为长途旅行储存额外的能量。在不同种类的激素中，**蛋白激素**（protein hormones）和**肽类激素**（peptide hormones）是由氨基酸链组成的。（蛋白链较长，而肽链较短。）蛋白和肽类激素与细胞膜受体结合，并激活细胞内的第二信使——与亲代谢性突触中发生的过程几乎完全相同。实际上，许多化学物质——包括肾上腺素、去甲肾上腺素、胰岛素和催产素——既可作为神经递质也可作为激素。

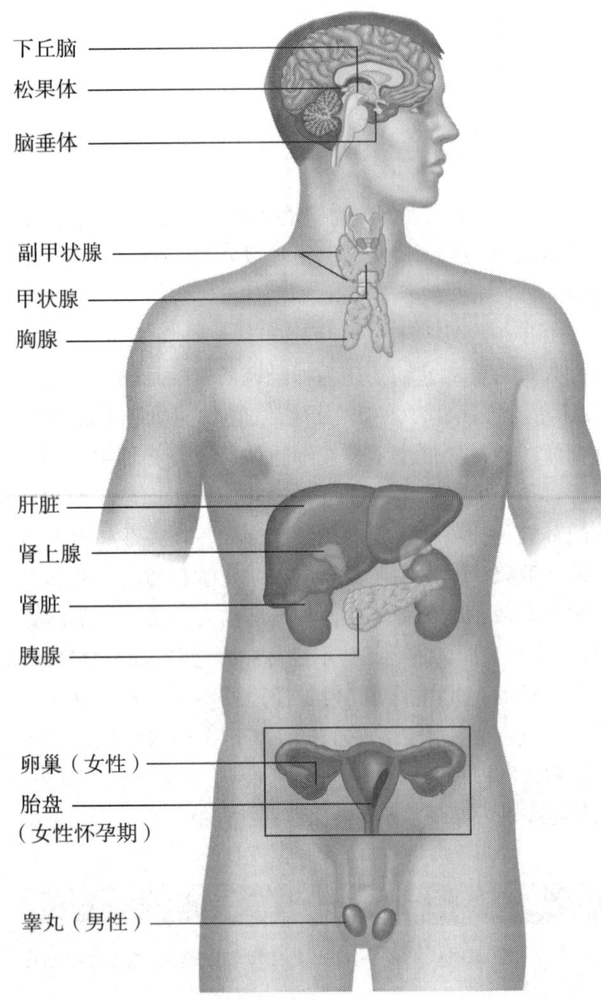

图 3.14　主要的内分泌腺
（*Source: Starr & Taggart, 1989*）

就像激素循环可改变大脑活动一样，大脑分泌的激素可以控制许多其他激素的分泌。附属于下丘脑（图 3.15）的**脑垂体**（pituitary gland）包括两种释放不同激素（表 3.2）的腺体，**垂体前叶**（anterior pituitary）和**垂体后叶**（posterior pituitary）。垂体后叶由神经组织组成，可以被当成是下丘脑的延伸。下丘脑中的神经元合成**催产素**（oxytocin）和**后叶加压素**（vasopressin）（又被称做抗利尿激素），并沿轴突转移到垂体后叶，如图 3.16 所示。随后，垂体后叶将这些激素释放到血液中。

垂体前叶由腺性组织组成，可以合成六种激素，但这些激素的释放受下丘脑的控制（参考图 3.16）。下丘脑可分泌**释放激素**（releasing hormones），并沿血液运输到垂体前叶。在那里它们兴奋或抑制如下激素的释放：

促肾上腺皮质激素（ACTH）	控制肾上腺皮质的分泌
促甲状腺激素（TSH）	控制甲状腺的分泌
催乳素	控制乳腺的分泌
生长激素（GH）	促进整个身体的生长
促性腺激素	控制性腺分泌
促卵泡素（FSH）	
促黄体素（LH）	

下丘脑通过负反馈系统来维持部分激素的持续循环水平。例如，当甲状腺素下降时，下丘脑会释放促甲状腺激素释放激素以刺激垂体前叶释放促甲状腺素，从而使得甲状腺分泌更多的甲状腺激素（图 3.17）。总之，要想获得更多关于激素的信息，请访问内分泌协会网站：http：//www.endo-society.org/

停下来检查一下

12. 垂体的哪部分——前叶还是后叶——是神经组织，类似于下丘脑？哪部分是腺性组织并且产生激素控制其他内分泌器官的分泌活动？
13. 神经肽是怎样在其他神经递质和激素之间起到媒介作用的？

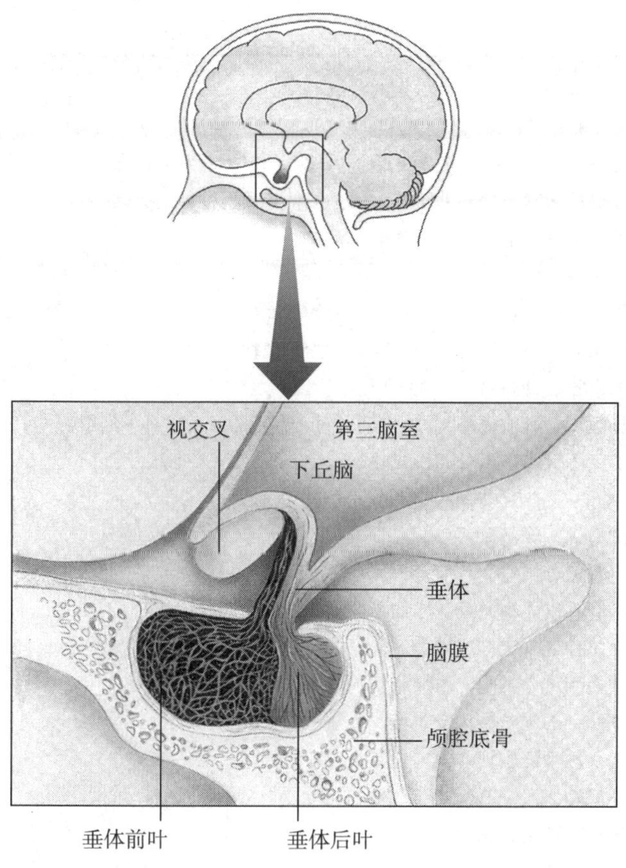

图 3.15　下丘脑和脑垂体的位置

（*Source: Starr & Taggart, 1989*）

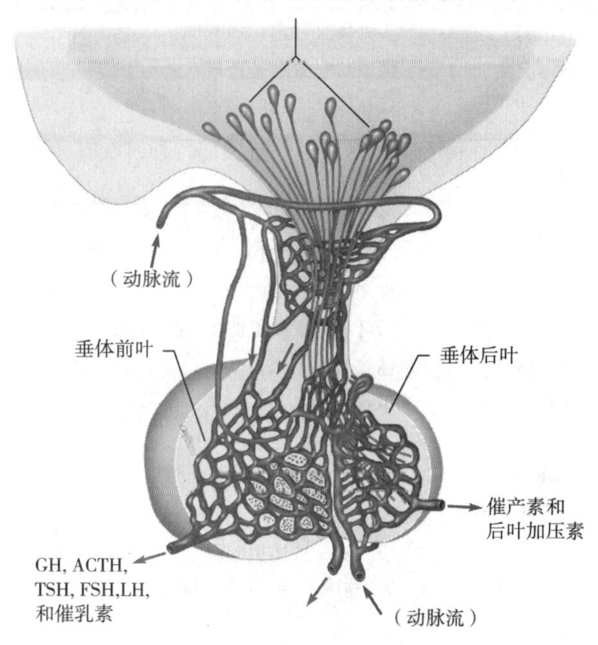

图 3.16　垂体激素

下丘脑产生催产素和后叶加压素，这些激素进入垂体后叶（实际为下丘脑的延伸）。垂体后叶根据神经信号释放这些激素。下丘脑也产生促进及抑制激素，这些激素进入垂体前叶，在那里控制另外六种激素的合成。

神经递质的失活与再摄取

神经递质并不是一直在突触后膜处徘徊。如果真是这样的话，它将使受体持续兴奋或抑制。不同的神经递质失活的方式不同。

乙酰胆碱激活受体之后，便被**乙酰胆碱酯酶**（acetylcholinesterase）分解成两部分：乙酸和胆碱。胆碱又扩散回突触前神经元，被重吸收并与细胞内已有的醋酸盐再次结合形成乙酰胆碱。尽管这个循环过程是高效率的，但仍需要花费一定时间，而且突触前神经元并不能重吸收它释放的每一个分子。在任何突触处，一系列足够快的动作电位能够以比突触前细胞补充递质快得多的速度将递质消耗掉，从而降低或者干扰传导过程（G.Liu & Tsien，1995）。

在没有乙酰胆碱酯酶时，乙酰胆碱将保留下来并持

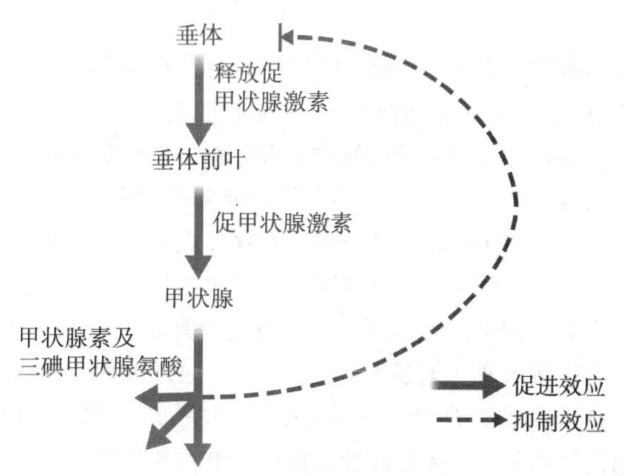

图 3.17　甲状腺激素的负反馈及控制

丘脑释放激素使垂体前叶释放 TSH，TSH 刺激甲状腺释放其激素。这些激素反作用于丘脑，使其降低释放。

表 3.2 部分内分泌腺列表

下丘脑	多种释放激素	促进或抑制垂体中多种激素的释放
垂体前叶	促甲状腺激素（TSH）	刺激甲状腺
	促黄体素（LH）	增加黄体酮（女性）或睾丸酮（男性）的产生；刺激排卵
	促卵泡素（FSH）	增加雌性激素产生和卵子（女性）或精子（男性）的成熟
	ACTH	增加肾上腺分泌类固醇类激素
	催乳素	增加乳汁产生
	生长激素（GH）	增加身体的生长，其中包括青春期的快速生长
垂体后叶	催产素	控制子宫收缩、泌乳、部分哺育行为和性快感
	后叶加压素（也被叫做抗利尿激素）	收缩血管、升高血压、减少尿量
松果体	褪黑激素	增加睡眠、影响睡眠–觉醒周期，对青春期的发动也有一定影响
甲状腺	甲状腺素	增加新陈代谢、生长和性成熟
	三碘甲状腺氨酸	
甲状旁腺	甲状旁腺素	增加血钙、降低血钾
肾上腺皮质	醛固酮	减少肾盐分泌
	皮质醇、皮质类固醇	刺激肝脏以提高血糖，增加蛋白和脂肪的代谢
肾上腺髓质	肾上腺素、去甲肾上腺素	与交感神经系统作用类似
胰腺	胰岛素	增加血糖进入细胞、增加脂肪的储存
	胰高血糖素	增加储存的脂肪转化成血糖
卵巢	雌激素	促进女性性征出现
	黄体酮	维持妊娠
睾丸	雄性激素	促进精子产生、阴毛生长和男性性征
肝脏	生长调节素	刺激生长
肾脏	肾素	将一种血液蛋白转化成可以调节血压和低血容量性口渴的血管生成素
胸腺	胸腺素（及其他）	支持免疫反应
脂肪细胞	瘦素	降低食欲、增加活动性、青春期发动所必需

续刺激它的受体。胆碱酯酶阻断药可以帮助那些患有乙酰胆碱传导受损疾病的人，比如重症肌无力。

5-羟色胺和儿茶酚胺类（多巴胺、去甲肾上腺素和肾上腺素）并没有在突触后膜处被分解成失活的碎片，而仅仅是简单地与受体分离。在这一点上，接下来的环节就各有不同了。在某些脑区，突触前神经元会将释放出去的大部分神经递质分子完整地重吸收并再次利用。这个过程被称为**再摄取**（reuptake），通过被称为膜蛋白的特殊的**转运蛋白**（transporters）来完成。例如，在大脑的尾状核区，多巴胺转运蛋白能够快速地将几乎全部的已释放出来的多巴胺再摄取。（正如我们要在第 15 章探讨的一样，许多抗抑郁药物可以阻断再摄取从而延长神经递质对它们受体的作用时间。）然而，在其他脑区，转运蛋白比较少，再摄取也比较慢。如果多巴胺在那种脑区被快速释放出来，便开始大量积聚，接着一种叫做**儿茶酚氧位甲基转移酶**（catechol-o-methyltransferase，COMT）的酶将多余的多巴胺分解成不能刺激多巴胺受体的失活化学物质。这些被分解掉的物质逐渐流失，最终出现在血液和尿里。在一个被称为前额叶皮质的脑区，COMT 将被释放出来的大约半数的多巴胺分解掉（Yavich，Forsberg，Karayiorgou，Gogos，& Mannisto，2007）。一个可能的推论是：当释放了大量的多巴胺以后，那个区域的神经元将减少多巴胺的供应，并且它们不能长时间地快速释放多巴胺。

神经肽类既不是被失活也不是被再摄取。它们只是简单地扩散掉。由于这些大型分子合成较慢，所以神经元可以暂时消耗掉它的供应。

停下来检查一下

14. 乙酰胆碱在刺激了突触后受体之后发生了什么变化？
15. 5-羟色胺和儿茶酚胺类在刺激了突触后受体之后发生了什么变化？

来自突触后细胞的负反馈

假定某人有这样一种习惯：给你发 E-mail，并且一遍遍地发，总是担心你还没有收到邮件。为了防止你的收件箱一团糟，你应该使用对每一条信息自动应答的系统："是的，我收到你的信息了；不要再发送了。"

神经系统中有两种机制可以起到上述功能。首先，很多突触前终扣拥有对它们释放的相同递质敏感的受体。这些受体被称为**自身受体**（autoreceptors）——可以探测已释放的递质量，并在递质达到一定水平后抑制递质进一步合成和释放。也就是说，它们提供了负反馈（Kubista & Boehm，2006）。

其次，一些突触后神经元通过释放特殊的化学物质对刺激做出反馈，这些化学物可以到达突触前终扣，抑制递质的进一步释放。一氧化氮就是一种那样的递质。另外两种是内源性大麻素样物质和 2-AG（sn-2 花生四烯酸甘油酯），它们是与相同受体结合的大麻提取物。在研究药物机制的下一单元中，我们将继续讨论它们。目前的关键点是突触后神经元拥有控制或限制它们自身输入的方法。

模块 3.2　结　语

神经递质和行为

在本章的第一模块，你已经阅读了 Charles Sherrington 是怎样通过观察狗开始对突触的研究的。在本单元，你读到了建立在对各种各样其他物种研究基础上的细胞的、分子的过程。从一个物种到另一物种，突触的总体原则是相同的。在人体中发现的神经递质与其他物种内的相同，只有少数例外。在一些化学物质被证实可以作为神经递质后，新进化出来的物种将继续使用那些相同的化学物质，只是在受体的量和结构上有所差别。我们所看到的行为的丰富变化仅仅是一些恒定原则基础上的量变。

总　结

1. 绝大多数的突触通过从突触前膜向突触后膜传递神经递质来发挥作用。Otto Loewi 使用电刺激青蛙心脏，并将收集到的液体转移到另一只青蛙心脏中，证明了上述观点。
2. 很多化学物质被用作神经递质。大部分是氨基酸或来自于氨基酸的化学物质。
3. 一个给定的神经元可以释放一种或多种神经递质。
4. 在促离子型突触中，神经递质与受体相结合，打开通道使特定的离子，如钠离子，更容易地通过细胞膜。在促代谢型突触中，神经递质激活突触后细胞内的第二信使，产生缓慢但持续的变化。神经肽类可以广泛扩散，影响许多神经元。
5. 激素被释放到血液中，然后影响分散在全身各处的受体。它们的效应机制与促代谢型突触类似。
6. 在神经递质（而非神经肽）激活了它的受体之后，许多神经递质分子通过细胞膜上的转运蛋白再次进入突触前细胞。这个被称做再摄取的过程使得突触前细胞可以循环利用它的递质。在一些脑区，许多释放出来的多巴胺分解成失活的化学物质而不是被再吸收。

7. 突触后神经元具有减慢突触前神经元进一步释放神经递质的作用。

关键术语

神经递质 63
氨基酸类 63
神经肽类 63
乙酰胆碱 63
一元胺类 63
嘌呤类 63
气体递质 63
一氧化氮 63
儿茶酚胺类 63
突触小泡 64
单胺氧化酶 64
胞 吐 65
促离子型效应 66
配体门控 66
递质门控 66
促代谢型效应 66
G-蛋白 67
第二信使 67
神经调质 67
激 素 68
内分泌腺 68
蛋白激素 68
肽类激素 68
脑垂体 68
垂体前叶 68
垂体后叶 68
催产素 68
抗利尿激素（后叶加压素） 68
释放激素 68
乙酰胆碱酯酶 69
再摄取 70
转运蛋白 70
儿茶酚胺氧位甲基转移酶 70
自身受体 71

思考题

假设轴突A进入一个神经节中（一簇神经元），而轴突B在神经节的另一面。一个实验者刺激轴突A不久之后记录到了沿轴突B传导的电脉冲。我们想知道B是否仅仅是轴突A的延伸，或者A是神经节中某一神经元的兴奋性突触而B刚好是该神经元的轴突。实验者将怎样得到答案？你应该能够想到一种以上的好方法。假定神经节的解剖结构十分复杂，以至于你不能简单地追寻其中的一个轴突。

停下来检查一下答案

6. 当Loewi刺激一条可以增加或降低青蛙心率的神经时，他可以从心脏周围提取一些液体并将这些液体转移到另外一只青蛙心脏中，从而相应地增加或降低该青蛙的心率。
7. 在一个高度激活的脑区中，许多神经元被刺激后释放一氧化氮，该物质可以使周围的血管扩张，从而增加血流量。
8. 肾上腺素、去甲肾上腺素和多巴胺。
9. 钙离子。
10. 促离子型突触反应地更快、更简短。
11. 在促代谢型突触上，神经递质与受体相结合从而在突触后细胞内部释放一种化学物质（第二信使），该信使可以改变突触后细胞的新陈代谢或基因表达。
12. 垂体后叶是类似于下丘脑的神经组织。垂体前叶是腺性组织并且产生激素以控制一些其他内分泌器官。
13. 大部分神经递质少量释放于它们的受体附近。神经肽类要么一点不释放，要么大量释放于脑区域中。一旦释放，它们便广泛扩散。激素被释放到血液中，并随之运往全身各处。
14. 乙酰胆碱酯酶将乙酰胆碱分子分解成两个较小的分子，乙酸和胆碱，之后它们便被突触后终扣重吸收掉了。
15. 大部分的5-羟色胺和儿茶酚胺分子被突触后终扣重吸收。一些分子被分解成失活的化学物质，随后便消散掉了。

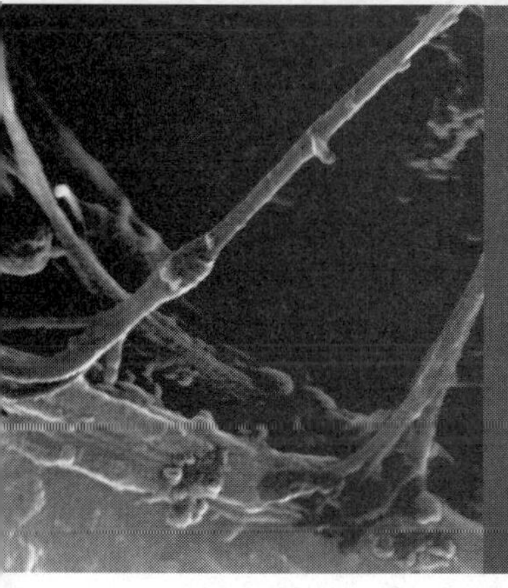

模块 3.3

突触、药物和成瘾

你是否知道自己的大脑在不停地制造类似麻醉药的化学物质？其实大脑也会自己生产大麻类化学物质，而且含有能对可卡因和 LSD（迷幻药）做出反应的受体。几乎每一种有心理效应的药物都作用在突触处。（普鲁卡因和其他相关麻醉药是例外，它们阻碍细胞膜上的钠离子通道而不在突触处发生作用。）通过对药效的学习，我们对药物以及突触有了更多的了解。本模块主要涉及滥用药物；后面的章节将涉及抗抑郁、抗精神病药物，以及镇静剂和其他精神科药物。

常见的滥用药物大多数来自于植物。例如，尼古丁来自烟草、鸦片制剂来自罂粟花，而可卡因来自古柯草。我们或许不能理解为什么我们的大脑能够对植物性化学物质产生反应。如果我们换一种阐述方式或许答案就显而易见了：为什么植物能产生对我们的大脑有影响的化学物质？人体与其他物种相比，几乎所有的神经递质和激素都是相同的（Cravchik & Goldman，2000）。故若植物能够产生一种化学物以吸引蜜蜂或击退毛毛虫，那么该化学物可能也会对人类产生影响。

作用机制的类型

药物可以促进或抑制突触中的递质。阻碍神经递质效应的药物被称为**拮抗剂**（antagonist）；模拟或增加神经递质效应的药物被称为**兴奋剂**（agonist）。（术语“agonist”来自希腊单词，表示“竞争者”。术语“agony”与前者的词根相同。一个拮抗剂就是一个“兴奋剂的反面”，或敌对组的成员。）兴奋剂－拮抗剂的混合物对于一些神经递质的效应是兴奋剂，对另一些是拮抗剂；或者在某些剂量下是兴奋剂，在其他剂量下则是拮抗剂。

药物以多种方式影响突触的活动。如图 3.18 所展示的一个多巴胺突触，药物可以增加或减少神经递质的合成，使神经递质离开小泡，增加释放，减少再摄取，阻碍递质分解成失活的化学物质或者作用于突触后受体。

研究发现，一旦药物与受体结合，两者之间便有一定的**亲和性**（affinity），就像钥匙插到锁里那样。这种亲和性的强弱不同。**药效**（efficacy）是药物能在多大程度上激活受体。能够与受体结合但没能激活受体的药物有较高的亲和性和较低的药效。

药物的作用效果和副作用因人而异。这是为什么呢？大多数药物影响几种受体。人们在每种受体的数量上有差别。例如，有人可能多巴胺 D_4 类受体相对较多，而 D_1 和 D_2 类受体相对较少，而有些人的情况可能刚好相反（Cravchik & Goldman，2000）。

停下来检查一下

16. 有高亲和性与低药效的药物是兴奋剂还是拮抗剂？

滥用药物的共同特点

滥用药物在许多方面有差别，但它们与多巴胺和去甲肾上腺素突触的一些作用相同。关于药物滥用脑机制的研究与发现的故事开始于一对试图解决此难题的年轻心理学家。

James Olds 和 Peter Milner（1954）想要测试一下刺激某些脑区是否可以引起大鼠转向。当植入电极时，他们弄错了最初的目的地而将电极接触到了脑隔膜上。令他们惊讶的是，当大鼠接受到这个刺激时，立马站立起来，四处张望并吸气，仿佛在对一个舒适刺激做反应。Olds 和 Milner 随后将大鼠放到箱子里，在那里大鼠按压杠杆可以对**大脑自我刺激**（self-stimulation of the brain）（图 3.19）。在隔膜和其他区域有电极时，大鼠有时可以以每小时

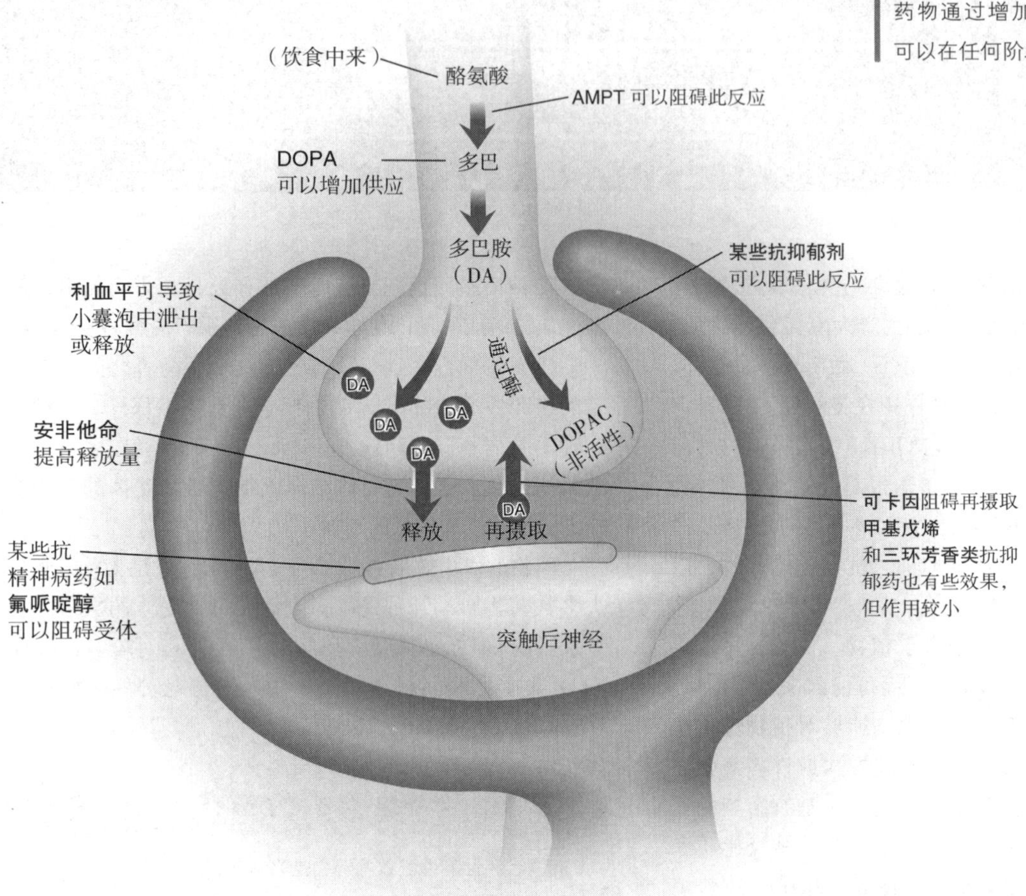

图 3.18 一些药物对多巴胺突触的作用
药物通过增加或减少神经递质的合成，可以在任何阶段改变突触。

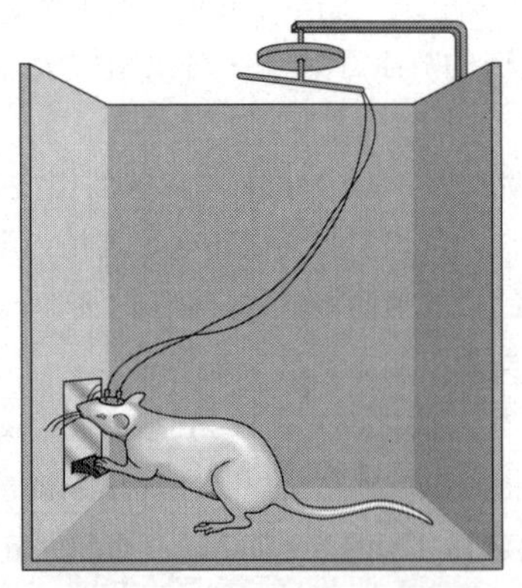

图 3.19 大鼠按压电压开关自己刺激大脑

2000 次的频率按压杠杆（Olds，1958）。

后来研究者们发现，很多脑区可以让大鼠产生兴奋。所有这些区域都可以直接或间接增加**尾状核**（nucleus accumbens）中多巴胺的释放，如图 3.20 所示（Wise，1996）。如果持续下去，快速的脑刺激将消耗掉多巴胺的供应，随后脑刺激的强度也就减弱了（Hernandez et al.，2006）。

许多其他的强化体验也可以刺激尾状核中多巴胺的释放，包括性冲动（Damsma，Pfaus，Wenkstern，Phillips，& Fibiger，1992；Lorrain，Riolo，Matuszewich，& Hull，1999）、赌博（Breiter，Aharon，Kahneman，Dale，& Shizgal，2001）和电子游戏，尤其在游戏爱好者中这种效应更明显（Koepp et al.，1998）。另外，几乎所有的滥用药物都可增加多巴胺和去甲肾上腺素的释放（Weinshenker & Schroeder，2007）。尽管大多数小鼠会有效吸收可卡因

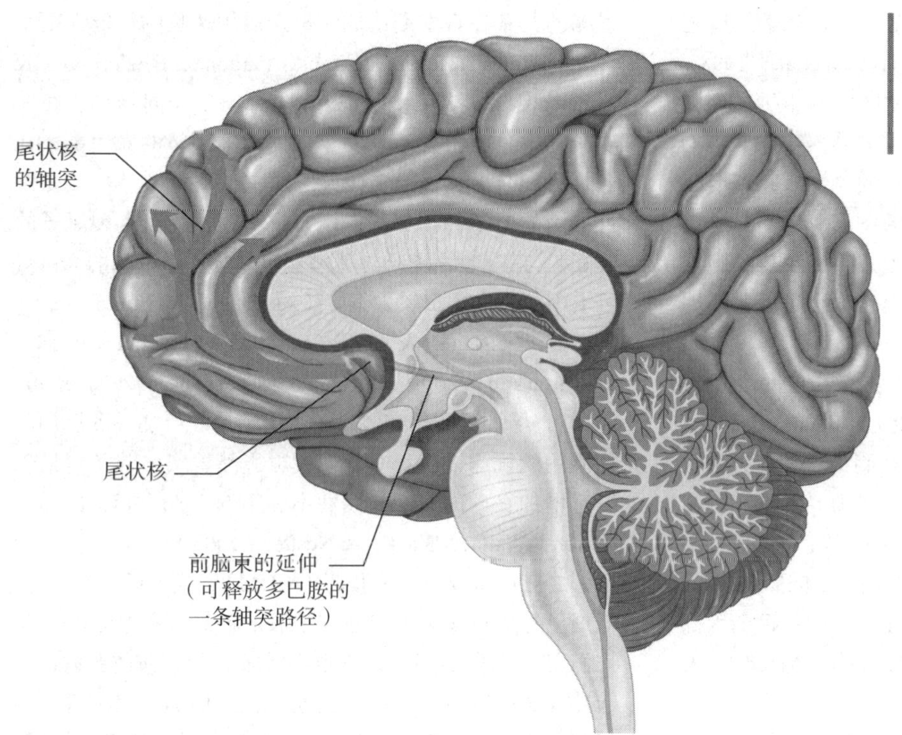

图 3.20　大脑中尾状核的位置

几乎所有的药物滥用，以及大量其他的强化或上瘾行为，都可以增加尾状核的多巴胺释放。

及类似药物，但缺乏多巴胺受体的小鼠一般不能做到这一点（Caine et al.，2007）。

在尾状核中释放多巴胺便可产生快感或许看起来很自然。然而，并不是我们为之工作的每一件事都可以提供快乐的。例如，你或许需要为了薪水而努力工作，但当你拿到钱时却并没有感觉到十分高兴。很多药物成瘾者表示，即使他们还继续强迫自己获取药物，但服药并不再给他们带来更多的快感。

根据 Kent Berridge 和 Terry Robinson（1998）的理论，尾状核中的多巴胺与你多大程度上想要某种东西有关，而与你多喜欢该东西关系不大。你想要的东西垄断了你的注意力。成瘾性药物有极大的能力去吸引使用者的注意和渴望，即使用药体验不再像原来那样快乐（Berridge & Robinson，1995）。

停下来检查一下

17. 服药、性、赌博和电子游戏的共同点是什么？

关于滥用药物的调查

下面，让我们来考虑一些常见的滥用药物。在这个过程中，我们将学习到药物和突触的知识。

兴奋性药物

兴奋性药物（stimulant drugs）可以增加兴奋、警觉度以及活动性，与此同时可使情绪高涨、减少疲劳。**苯丙胺**（amphetamine）通过增加多巴胺从突触前终扣的释放来刺激多巴胺突触。通常情况下突触前终扣可以通过**多巴胺转运蛋白**（dopamine transporter）将释放出去的多巴胺重吸收。苯丙胺可以逆转这种转运蛋白的功能，从而促进细胞释放多巴胺而不是重吸收（Giros，Jaber，Jones，Wightman，& Caron，1996）。苯丙胺的作用不是专一性的，因为它还可以增加 5- 羟色胺、去甲肾上腺素和一些其他递质的释放。

可卡因（cocaine）阻碍多巴胺、去甲肾上腺素和 5-

羟色胺的再摄取，从而延长它们的效应。行为学效应主要依赖于多巴胺，其次是5-羟色胺（Rocha et al.，1998；Volkow，Wang，Fischman，et al.，1997）。可卡因的许多效应与苯丙胺类似。

通过增加多巴胺的释放或减少它的再摄取，可卡因和苯丙胺增加了突触间隙中多巴胺的积聚。然而，过量的多巴胺从突触中流失的速度要远远快于突触前细胞重吸收的速度。在服用苯丙胺或可卡因几个小时后，使用者会“闯进”一个更加抑郁的状态。

兴奋性药物会产生很多行为学效应。它们会损害实验动物及人类的注意力和学习能力（Stalnaker et al.，2007）。兴奋性与“冲动性”相似，在测量时表现为喜欢小而及时的奖励，而不是大却延迟的奖励。由于缺少多巴胺受体，有遗传性冲动倾向的大鼠跟其它大鼠相比，更倾向于通过按压杠杆自助给予大剂量的可卡因（Dalley et al.，2007）。另外，给任何一只大鼠重复注射可卡因都会逐渐使它更加具有冲动性（N.W.Simon，Mendez，& Setlow，2007）。

针对一对人类双胞胎（其中一人滥用可卡因或苯丙胺，另一个没有）的研究发现，滥用兴奋性药物的那个人表现出了注意力问题，在戒断药物一年以后才消失（Toomey et al.，2003）。通过改变血流，可卡因还可以增加中风和癫痫的危险（Strickland，Miller，Kowell，& Stein，1998）。

哌甲酯（methylphenidate）（利他灵），另一种兴奋剂，是一种常常给注意缺陷症（ADD）患者开具的药物，该症状以好冲动和注意控制缺陷为主要临床特征。哌甲酯和可卡因在大脑相同受体处以相同的方式阻碍多巴胺的再摄取。两者的区别在剂量和时间缓急上。人在服用哌甲酯片剂之后的一个小时内会经历一个血药浓度逐渐增加的过程，随后又缓慢下降。若使用定时释放胶囊，血药浓度的升降将更加缓慢。与此相反，吸入或注射可卡因将产生一个快速的升降过程（Volkow，Wang，& Fowler，1997；Volkow，Wang，Fowler，et al.，1998）。因此，哌甲酯并不像常见于可卡因的那样产生突然的兴奋、渴望或成瘾症状。在大剂量或者注射使用时，哌甲酯的作用与可卡因类似，包括成瘾性。

许多人担心在幼年时期长期使用哌甲酯是否会使人在以后更倾向于滥用药物。尽管关于这个问题的研究不广泛，但大多数研究已发现，与其他人相比，服用过哌甲酯的儿童在青春期或成年早期滥用药物的可能性更小（Katusic et al.，2005；Wilens，Faraone，Biederman，& Gunawardene，2003）。大鼠实验得出了相同结论。在一项研究中，实验者给予幼年大鼠中等剂量的哌甲酯，几个月后，给予它们可卡因并测试它们对曾在其中接受过可卡因的屋子和相邻的但没有在其中接受可卡因屋子的偏好。与其它大鼠相比，那些早期暴露于哌甲酯的大鼠对可卡因刺激表现出较少偏好（Andersen，Arvanitogiannis，Pliakas，LeBlanc，& Carlezon，2002；Carlezon，Mague，& Andersen，2003；Mague，Andersen，& Carlezon，2005）。尽管这些研究驳斥了哌甲酯治疗可能导致后期药物滥用的忧虑，但长时间使用哌甲酯着实引起了包括恐惧感增加在内的其他长期性不利影响（Bolaños，Barrot，Berton，Wallace-Black，& Nestler，2003）。

二亚甲基双氧苯丙胺药（MDMA，或“摇头丸”）在低剂量时是兴奋剂,可增加多巴胺的释放。在高剂量时(与人们用于娱乐时相比)，它也可增加5-羟色胺的释放，引起感知觉的改变。这些改变通常包括抑郁和焦虑情绪的减弱。很多人在舞会上使用MDMA以增加能量和快感。然而，在这些作用消退后，他们会感到嗜睡和抑郁。

众多关于啮齿动物和猴子的研究已经表明，重复注射大剂量的MDMA会损坏含有5-羟色胺的神经元。原因之一是大剂量的MDMA会增加体温，而高体温会损坏神经元。另一种机制是：当过量的5-羟色胺从小泡中释放出来时，细胞的线粒体将多余的分子氧化，分解产物之一是过氧化氢（H_2O_2）。大脑可以很轻易地容忍正常的小剂量MDMA，但高剂量的MDMA会以充足的H_2O_2冲击神经元，破坏线粒体，因此会损坏并且有时可能杀死神经元（Alves et al.，2007）。

MDMA对人类使用者的危害并不是完全清楚的。大多数研究使用的剂量大于人们在娱乐时服用的量。并且，研究者对一场舞会中的27人进行了测试，发现其中6人的血MDMA水平处于能在实验室中产生破坏的范围内（Irvine et al.，2006）。对大鼠和小鼠产生破坏的药物水平是否同样对人类有害？我们不得而知。使用了大脑扫描技术（将在下一章介绍）的人类研究报告说，重复大剂量使用的人表现为含5-羟色胺的神经元的缺失，截断之后将在几个月内逐渐恢复（Buchert et al.，2003；Cowan，2006；Reneman，de Win，van den Brink，Booij，& den Heeten，2006）。然而，这方面的研究是有限的，并且大部分重度 MDMA 使用者还同时滥用其它药物。另一问题就是摇头丸作为一种非法药物，常常不是纯净的 MDMA 制剂。研究者们还不能确定 MDMA 带给人类的危害程度以及日后人们怎样完全康复。

停下来检查一下

18. 苯丙胺是怎样影响多巴胺突触的?
19. 可卡因是怎样影响多巴胺突触的?
20. 为什么尽管作用机制相似，而与可卡因相比，哌甲酯一般对行为的损害较小?

尼古丁

尼古丁（nicotine），烟草里的一种化合物，很久以来就被了解可以刺激一种乙酰胆碱受体，该受体又被顺口称为尼古丁受体，可在中央神经系统和神经－肌肉接头处发生反应。尼古丁受体在尾状核中可以释放多巴胺的神经元上分布较多，故尼古丁增加了多巴胺在那里的释放（Levin & Rose，1995；Pontieti，Tanda，Orzi，& DiChiara，1996）。实际上，尼古丁促进尾状核细胞释放多巴胺，几乎与可卡因的作用完全相同（Pich et al.，1997）。对尼古丁受体的刺激与新环境下生物体的高活动性和对新异刺激的高度反应有关（Fagen，Mitchum，Vezina，& McGehee，2007）。

重复暴露于尼古丁之下的后果之一，就像大鼠实验所展示的那样，在使用尼古丁后，起强化作用的尾状核反应性变得不如从前了（Epping-Jordan，Watkins，Koob，& Markou，1998）。那就是说，并不仅仅是尼古丁本身，许多事件的强化性都不如原来了。

停下来检查一下

21. 尼古丁是怎么影响多巴胺突触的?

麻醉剂

麻醉药（opiate drugs）是从罂粟中提炼出来的（或者说是与从罂粟中提炼出来的物质在化学性质上类似）。比较熟悉的麻醉药包括吗啡、海洛因和美沙酮。由于海洛因进入脑的速度比吗啡快，所以它能引起较大的快感和较强的成瘾性。麻醉剂可以使人们放松，减少对现实世界问题的注意和对痛觉的敏感。尽管麻醉剂常引起成瘾，但当人们在医学监督下将它们作为镇痛剂使用时几乎不会成瘾。成瘾性取决于个体、服药原因、剂量和社会背景。

几个世纪以来，人们一直在使用吗啡和其他麻醉剂，却不知道这些药物对大脑的影响。后来，Candace Pert 和 Solomon Snyder 发现麻醉剂可与大脑中的特殊受体结合（Pert & Snyder，1973）。一种安全的猜测认为，脊椎动物还没有进化出使我们药物成瘾的受体；大脑自身需要产生化学物质与这些受体结合。不久研究人员发现，大脑可以产生被称为内啡肽的神经肽——内源性吗啡肽的缩写。这个发现十分重要，因为它表明了麻醉剂是通过作用于大脑中的受体来缓解疼痛的，而不是作用于人们感觉到疼痛的皮肤或器官。该发现也为进一步研究其它调节情绪和动机的神经肽类铺平了道路。

内啡肽间接刺激多巴胺的释放。内啡肽突触抑制腹侧被盖区神经元，而后者释放 GABA（在中脑），GABA 是一种抑制多巴胺神经元激活的神经递质（North，1992）。通过抑制这种抑制剂，剩下的净作用就是增加多巴胺的释放了。然而，内啡肽不借助多巴胺也可产生强化作用。研究人员成功造出尾状核中的多巴胺完全缺失的小鼠模型。这些小鼠倾向于待在它们接受吗啡的地方（Hnasko，Sotak，& Palmiter，2005）。

停下来检查一下

22. 麻醉剂是怎样影响多巴胺突触的?

大　麻

大麻叶含有 **Δ^9－四氢大麻酚**（Δ^9-tetrahydrocannabinol，Δ^9-THC）和其它**大麻类化学物**（cannabinoids）（与 Δ^9-THC 有关的化学物质）。大麻类化学物质在医学上常被用于缓解疼痛或呕吐、对抗青光眼（一种眼部疾病）及增加食欲。尽管大麻本身还没有被批准——除了在美国的州法律和联邦法律相冲突的加利福尼亚州，但提纯的 THC（被称为卓那比诺）已经在美国被批准用于医疗。

大麻常见的心理效应包括主观体验的强化和时间变慢的幻觉。已有研究报告了对于记忆和认知的严重损害，特别是在新使用者和重度使用者中。（中度使用者产生了部分耐受性。）在重度使用者中观察到记忆损害，这要么是大麻损害了记忆，要么是记忆损害的人更喜欢吸食大麻。然而，前者在戒断药物 4 周后恢复了正常记忆力（Pope，Gruber，Hudson，Huestis，& Yurgelun-Todd，2001）。这个恢复意味着大麻可以损害记忆力。

直到 1988 年最终发现了大脑中的大麻素类受体，研究人员才能够解释大麻对大脑的作用（Devane，Dysarz，Johnson，Melvin，& Howlett，1988）。在控制呼吸和心率的髓质之外，大麻素类受体是哺乳动物脑中数量较多的受体之一（Herkenham，1992；Herkenham，Lynn，de Costa，& Richfield，1991）。因而，即便是大剂量的大麻也不能使呼吸与心跳停止。与此相反，麻醉剂对髓质有很强的作用，过量时会危及生命。

正如大脑中麻醉剂受体的发现引起了脑内源性麻醉剂的发现一样，研究者鉴别出两种可与大麻素类受体结合的脑化学物质——**内源性大麻素**（anandamide）（来自于梵文单词 ananda，表示“极乐”）（Calignano，LaRana，Giuffrida，& Piomelli，1998；DiMarzo et al.，1994）和含量更高的 sn-2 花生四烯酸甘油酯，简写为 **2-AG**（Stella，Schweitzer，& Piomelli，1997）。

大麻素类受体特别地位于突触前神经元上。当一些神经元被去极化时，它们释放内源性大麻素或 2-AG 作为逆向递质，该类递质返回轴突，抑制递质进一步释放。在有些情况下，它们抑制谷氨酸酯（一种兴奋性递质）的释放（Kreitzer & Regehr，2001；R.I.Wilson & Nicoll，2002）。在另一些情况下，它们抑制 GABA（一种抑制性递质）的释放（Földy，Neu，Jones，& Soltesz，2006；Oliet，Baimoukhametova，Piet，& Bains，2007）。简而言之，逆向递质改变了许多神经元的信号输入。

由于大麻类似这些逆向递质，故最终结果是在一些突触中引起兴奋作用而在另一些中引起抑制作用。更复杂的还有，抑制作用的短暂下降有时会导致随后产生的抑制性输入效应更大（Oliet et al.，2007）。

为什么大麻的作用——至少其中一些是——令人愉快和成瘾呢？实际上所有滥用药物都会增加尾状核中多巴胺的释放。大麻类间接地这么做。它们抑制 GABA 释放的地方之一位于中脑腹侧被盖区，尾状核中释放多巴胺的轴突的主要来源地。当大麻类抑制那里的 GABA 时，它们也就减轻了对尾状核中释放多巴胺的神经元的抑制（因而增加活动性）（Cheer，Wassum，Heien，Phillips，& Wightman，2004）。

研究者们还努力去解释大麻的一些其他效应。大麻类通过抑制对呕吐有重要作用的 5- 羟色胺 3 类突触（5-HT_3）来缓解呕吐（Fan，1995）。大麻类受体在对进食有影响的下丘脑中含量很高，缺少该类受体的小鼠在一些情况下表现为食欲下降（DiMarzo et al.，2001）。相反，就像许多大麻吸食者报告的那样，额外的大麻活动会引起食欲的额外增加。

在大麻影响下做出的“时间变慢”的报告比较难解释，但是不管原因是什么，我们都可以利用大鼠进行展现：想象一只已经学会了固定间隔通过按压杠杆取得食物的大鼠，在那里只有每 30 秒内的第一次按压才有食物出现。通过练习，大鼠学会了在每次按压后等待一会再按压。在大麻的影响下，大鼠在每次食物强化后按压得更快了。例如，大鼠仅仅等待 10 或 15 秒就再次按压，而不是 20 秒。很显然，它们感觉到这 10 或 15 秒就跟 20 秒似的；时间流逝得慢了（Han & Robinson，2001）。

停下来检查一下

23. 大麻类化学物对神经元的作用是什么？

致幻药

使感觉失真的药被称为**致幻药**（hallucinogenic drugs）。许多致幻药，如麦角酸酰二乙氨（LSD），化学性质类似于 5- 羟色胺（图 3.21）并且可在不恰当的时间

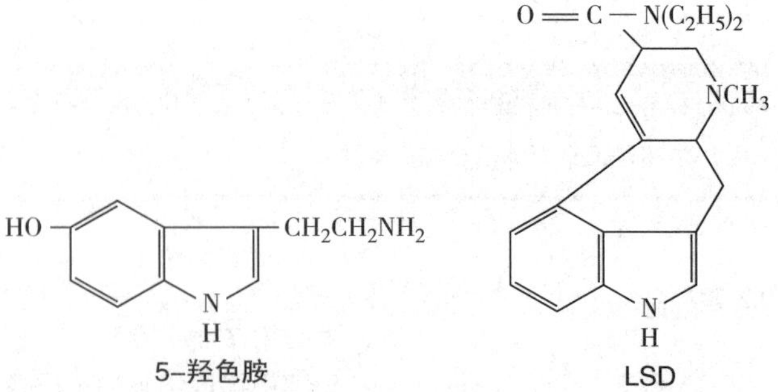

图 3.21 5- 羟色胺与 LSD（一种致幻药）在神经递质上的相似性

表 3.3　一些药物及其作用的总结

苯丙胺	兴奋、警醒、改善心情、减少疲劳	增加多巴胺和一些其他递质的释放
可卡因	兴奋、警醒、改善心情、减少疲劳	阻碍多巴胺和一些其他递质的再摄取
哌甲酯（利他林）	增加注意力	阻碍多巴胺和其他递质的再摄取，但作用缓慢
MDMA（"摇头丸"）	低剂量：兴奋	释放多巴胺
	高剂量：感觉扭曲	释放5-羟色胺，破坏含5-羟色胺的轴突
尼古丁	主要是兴奋作用	兴奋尼古丁型乙酰胆碱受体，该受体（与其他作用一起）可增加尾状核中多巴胺的释放
麻醉药（如海洛因、吗啡）	放松、退缩、减轻疼痛	刺激内啡肽受体
大麻类（大麻）	改变感觉体验、减缓疼痛和呕吐、增加食欲	兴奋突触后细胞上的负反馈受体；这些受体一般对内源性大麻素和2-AG做反应
致幻剂（如LSD）	扭曲感觉	刺激5-羟色胺2A类受体（$5\text{-}HT_{2A}$）

或持续较久地刺激 5- 羟色胺 2A 类（$5\text{-}HT_{2A}$）受体。表 3.3 总结了一些常见滥用药物的作用。

停下来检查一下

24. 如果输入5-羟色胺的轴突被破坏了，LSD的功能仍会保持完好。然而，如果输入多巴胺的轴突被破坏了，苯丙胺和可卡因将会丧失它们的功能。解释这其中的差异。

酒精和酒精依赖

我们将酒精区别对待是因为酒精是最常见的滥用药物，并且对它的研究也是最广泛的。有史以来，酒精已被世界各地广泛使用。在中等剂量时，它帮助人们放松，并且一些种类的葡萄酒还可显著阻止老年人心脏病发作（Corder et al.，2006）。在较大剂量时，它损坏肝脏和其他器官、破坏判断力和毁掉生命。**酗酒**（alcoholism）或**酒精依赖**（alcohol dependence）表现为人们不计临床或社会危害而继续使用酒精，甚至在决定戒掉或减少饮用量之后。

酒精以多种方式影响神经元。它能促进 $GABA_A$ 受体处的反应，即脑的主要抑制性场所，我们将在第 12 章中讨论更多有关细节。它并不直接刺激受体，但可以联合 GABA，产生比单独的 GABA 作用更长的效应。酒精还可阻断谷氨酸受体处的活动，即脑的主要兴奋性场所（Tsai et al.，1998）。GABA 效应和谷氨酸效应都可导致大脑活动的下降。从行为学的观点来看，虽然人们有时将酒精描述成兴奋剂，但那只是因为酒精使负责抑制危险行为的一些脑区活动下降了（Tu et al.，2007）。此外，酒精可以增加对多巴胺和麻醉剂受体的刺激，包括那些在尾状核里的（Gilman，Ramchandani，Davis，Bjork，& Hommer，2008）。有了这么多样的作用，毫无疑问酒精以如此多的方式影响着行为。

遗　传

与其他相比，遗传性在一些酒精依赖的案例中有着更强的作用。研究者们将酒精依赖分为两种类型，尽管没有一个人刚好符合一种或另一种。**Ⅰ型（或 A 型）酒精依赖**（Type I alcoholism）是逐渐形成的，通常在 25 岁之后，且常常没有滥用酒精的亲属。**Ⅱ型（或 B 型）酒精依赖**（Type II alcoholism）开始得较早，常在 25 岁之前。大多数为男性，且大都伴有关系较近的亲属有酒精问题（J. Brown，Babor，Litt，& Kranzler，1994；Devor，Abell，Hoffman，Tabakoff，& Cloninger，1994）。

基因以多种方式影响酒精依赖，但大多数方式都不是专门针对酒精的。例如，很多影响酒精的基因对尼古丁摄入也有相似的作用（Lè et al.，2006）。有种基因已被确定控制多巴胺 4 型受体，五种已知的多巴胺受体之一。

带有“长”版该类基因的人在一次饮酒后报告对再次饮酒的较强渴望（Hutchison，McGeary，Smolen，& Bryan，2002）。较长链的该基因导致受体更不敏感。研究人员认为，在受体更不敏感的情况下，人们会摄入更多酒精以弥补其它体验带来的小于正常水平的强化。

另一种重要基因控制着 COMT，一种在多巴胺释放后可将其分解的酶。有些人拥有可将蛋氨酸在某一点插入 COMT 蛋白的基因，而另一些人拥有缬氨酸。基因的缬氨酸片段更加活跃，分解更多的多巴胺，因而倾向于降低强化程度。有缬氨酸基因的人，平均而言，更加冲动——倾向于选择立即奖励而不是更大的延迟奖励。该基因在冲动型酒精依赖者中间很普遍（Boettiger et al.，2007）。其他基因通过它们对冒险行为（Fils-Aime et al.，1996；Virkkunen et al.，1994）和对压力反应（Choi et al.，2004；Kreek，Nielsen，Butelman，& LaForge，2005）的作用来影响酒精使用。

胎内环境也是日后酒精依赖的威胁因素。一项研究发现，个人酒精依赖的可能性与其母亲在怀孕时的饮酒量密切相关，而与其母生完孩子后的饮酒量无关（Baer，Sampson，Barr，Connor，& Stteissguth，2003）。

停下来检查一下

25. 哪种类型的酒精依赖者有较强的基因基础？哪种类型出现的较早？
26. 至少说出基因影响酒精依赖的两种方式。

危险因素

一些人是否比另一些人更倾向于产生严重的酒精依赖问题呢？如果真是这样并且我们可以识别出来，那么或许心理学家可以早期干预以抑制酒精依赖。我们并不知道早期干预是否有用，但它值得一试。

一个理想的研究要求历时数年对大量人群进行调查：尽可能多地测量一组儿童或青少年的因素，数年以后判断他们中的哪些人产生了酒精问题，然后判断哪些早期因素预测了酒精依赖行为的产生。该类研究发现，酒精依赖更可能出现在那些儿童时期爱冲动、冒险行为、容易厌烦、寻找刺激和外向的人身上（Dick，Johnson，Viken，& Rose，2000；Legrand，Iacono，& McGue，2005）。

其他研究遵循如下设计：首先，鉴别出还没有饮酒问题的年轻人。然后将那些其父亲有酒精依赖习惯的人和那些其亲属没有酒精依赖的人相对比。由于酒精依赖有较强的家族倾向性，研究者预计很多酒精依赖者的儿子在将来也会酒精依赖。[由于几乎所有的 II 型酒精依赖都是男性，所以研究者只关注男性而不是女性。他们研究有酒精依赖习惯的父亲（而不是母亲）的儿子是为了增加找到遗传影响的几率，而非胎儿期的影响。]这个想法是想发现那些酒精依赖者的儿子中任何一个比较普遍的行为是否可能成为其将来酒精依赖的预测源（如图 3.22）。

这里有一些发现：

- 酒精依赖者的儿子在饮用中等量酒之后表现为小于平均水平的醉酒。他们报告较少的喝醉情况，表现较少的身体不平衡，并记录到较少的脑电波改变（Schuckit & Smith，1996；Volavka et al.，1996）。有可能是，有些人在酒过两巡已经开始感到醉，而有人仍“坚持自己的酒量很好”继续喝，或许这时他们的判断力足以被损坏了。一项跟踪研究发现，那些在中度饮酒后报告低醉酒状态的酒精依赖者的儿子有大于 60% 的可能性发展为酒精依赖（Schuckit & Smith，1997）。
- 对于大多数人来说酒精可以减轻压力，但在酒精依赖者儿子身上减轻得更多（Levenson，Oyama，& Meek，1987）。
- 酒精依赖者的儿子有一些大脑特质，包括在右半球中有一个小于正常大小的杏仁核（Hill et al.，2001）。这些年轻人还不是酒精滥用者，故大脑的异常表示有酒精依赖的易感性，而不是酒精依赖的结果。

停下来检查一下

27. 一般而言，酒精依赖者的儿子和非酒精依赖者儿子的两种区别是什么？

成瘾性

当有人越来越多地使用一种物质时，该行为就变成

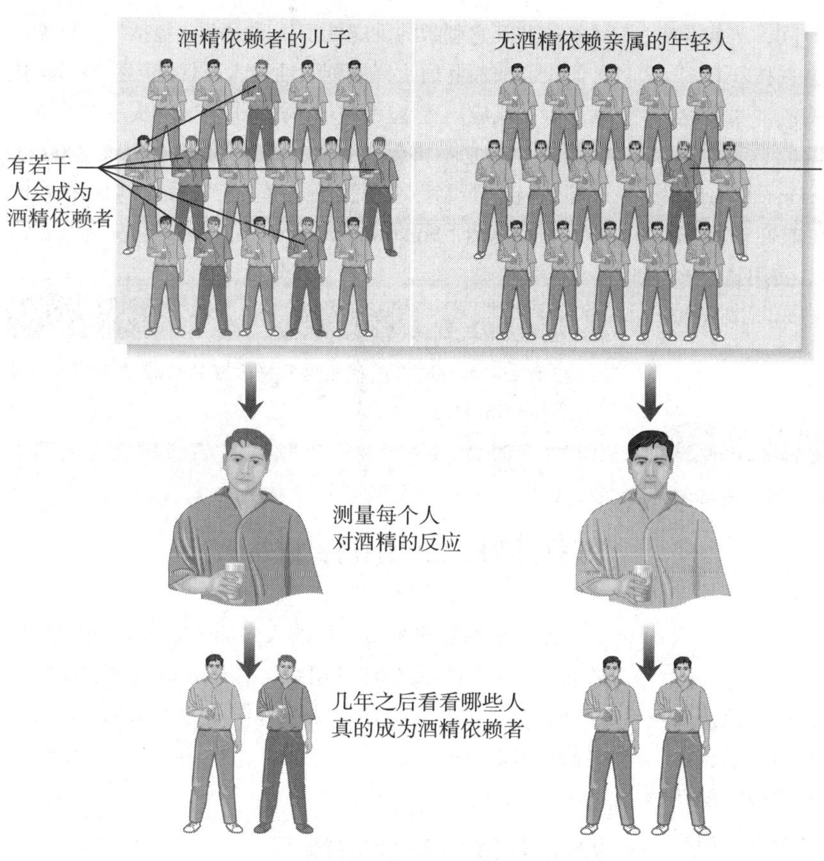

图 3.22 研究酗酒倾向的设计 饮酒者的儿子与其他同龄相同饮用习惯的人相比，前一组别中常见的行为可能是其日后成为酗酒的预测因素。

了强迫行为或成瘾。想一下靠按压杠杆获得可卡因的大鼠。刚开始时，如果杠杆还是产生疼痛性的电击，它便停止。然而，在大量使用可卡因后，大鼠会以跟没有电击时同样快的速度持续按压杠杆（Vanderschuren & Everitt, 2004）。相似地，尽管对健康、财富和人际关系有明显损害，很多人还是继续使用酒精和其他药物。研究者已经提出一些关于成瘾性的解释。

寻找愉快和避免不愉快

物质的使用刚开始是为了获得一个愉快的体验，但在重复使用之后，这种快感就减少了，产生了耐受性。当对药效产生耐受性时，个体对其他类型强化的反应也减弱。在一项研究中，大鼠每天都有机会通过按压杠杆获得海洛因和对脑的自我刺激。在 23 天中，他们摄入了大量的海洛因。当自我刺激大脑时，它们逐渐变得对低度电流不反应，仅在高度电流时才按压杠杆。显而易见，它们对于一般强化物的反应变得减弱了（Kenny，Chen，Kitamura，Markou，& Koob，2006）。

甚至在药物使用带来的快感下降后，回避不愉快的动机依然存在。那些频繁使用海洛因或其他麻醉剂的人在戒断后经历了断除症状，包括焦虑、出汗、呕吐和腹泻。酒精的断除症状包括易怒、疲倦、颤抖、出汗和恶心。更严重的情况下，酒精断除会发展成幻觉、惊厥、高烧和心血管问题。尼古丁断除会导致易怒、疲倦、失眠、头痛和注意力难以集中。药物戒断会导致一些可能与沮丧感有关的脑区活动增加（Z. Wang et al.，2007）。甚至电脑游戏的过度痴迷者（指那些平均每天玩超过 4 小时的人）在一段时间的戒除后，也表现出了断除症状。在某种程度上，成瘾性可以被试图减少断除症状的动机所维持。

然而，人们常在断除症状消失后很长一段时间还对该物质有渴望。一种解释是，人们认识到在严重的压力下物质可能会有强烈的加强作用。研究人员给大鼠一次通过按压杠杆给自己注射海洛因的机会。然后他们让部分大鼠在戒断期间自己注射海洛因，与此同时另一部分大鼠也经历戒断但没有海洛因。过了一段时间，当大鼠第二次经历戒断时，所有大鼠都有一次机会去按压杠杆以试图获得海洛因，但这时杠杆是没有作用的。尽管两组大鼠都按压了杠杆，但那些在早期戒断阶段自我注射海洛因的大鼠按压频率要高得多（Hutcheson，Everitt，Robbins，& Dickinson，2001）。很显然，在戒断时期接受成瘾性药物是一个强有力的体验。实际上，使用者——大鼠或人类——都认识到药物可以缓解药物戒断带来的沮丧感，并在那时产生强化作用。

停下来检查一下

28. 强烈建议第一次戒断成瘾性物质的人不要再次服用那些物质。这是为什么呢？

对线索表现出渴望

另一种假设是，用药者学会了将各种各样与该药有关的线索联系起来。后来，即使在戒除较长时间后，暴露于那些线索都可触发新的渴望。在压力时期或该药的任何提示之后，已经戒断该药的人类和大鼠都会表现出对该药强烈的寻求（即渴望）（Ciccocioppo，Martin-Fardon，& Weiss，2004；Ghitza，Fabbricatore，Prokopenko，Pawlak，& West，2003；Kruzich，Congleton，& See，2001）。例如，看到一支点燃的香烟会在吸烟者中引发渴望（Hutchison，LaChance，Niaura，Bryan，& Smolen，2002），使用可卡因的视频会在可卡因使用者中引发渴望（Volkow et al.，2006），以及看到一个流行的电脑游戏会引发一个习惯性过度沉迷于电脑游戏的玩家的渴望（Thalemann et al.，2007）。

大脑重组

尽管从戒除症状中逃脱和对线索的条件反射是重要的，但它们看起来不足以解释成瘾性物质是怎样完全统治着有些人的生活。一定程度上可以说，成瘾性物质劫持了人的动机。

药物成瘾重塑了尾状核。重复使用可卡因增加了它在尾状核中释放多巴胺的能力以及个体寻求药物的倾向性（Robinson & Berridge，2001；Volkow et al.，2005）。与此同时，尾状核对其它刺激的反应低于正常水平，包括性。根据一种假设，前额叶通常释放刺激性输入来促进尾状核对强化性体验的反应。重复使用药物增加了前额叶皮层中的背景抑制以至于它不再促进强化反应（Volkow et al.，2007）。成瘾性药物还继续刺激尾状核，但是其他的一切都被过滤掉了（Kalivas，Volkow，& Seamans，2005）。

停下来检查一下

29. 当产生成瘾性时，尾状核是怎样改变它对成瘾性活动和其它强化物的反应的？

对抗物质滥用的药物

很多试图克服物质滥用的人参加了匿名戒酒互助社、匿名戒毒互助社或相似的组织，另外一些人去看精神治疗师。对于那些对上述方法不起作用的人来说，还有一些药物可以使用。

对抗酒精滥用的药物

当有人把乙醇喝下去之后，肝脏内的酶会将它代谢成乙醛，一种有毒物质，然后乙醛脱氢酶将乙醛转化成乙酸，一种被机体用作能量的化学物：

$$\text{乙醇} \longrightarrow \text{乙醛} \xrightarrow{\text{乙醛脱氢酶}} \text{乙酸}$$

基因中乙醛脱氢酶较弱的人代谢乙醛的速度慢得多。如果他们喝了大量的酒，他们体内就会积聚乙醛，该物质使脸部发红、增加心率、恶心、头痛、腹痛、呼吸受损和组织损害。在中国和日本，超过三分之一的人群有减慢乙醛代谢的基因。可能就是由于这个原因，在那些国家酒精滥用有史以来就不普遍（Luczak，Glatt，& Wall，2006）（图 3.23）。

药物戒酒硫，商品名为**安塔布司**®（Antabuse®），通过与乙醛脱氢酶的铜离子相结合来对抗它的作用。戒酒硫的作用是被偶然发现的。某一橡胶生产厂的工人们发现，当他们把戒酒硫弄到皮肤上时，就会起皮疹（L. Schwartz

图 3.23　Robin Kalat（作者女儿，当时才是个年轻人）1998 年在东京看到自动售酒机

在一些国家中，人们不能快速代谢乙醛，因此只能喝少量酒，所以这些国家传统上对酒类销售的限制并不严。然而，从 2000 年开始，日本禁止公开自动售酒。

& Tulipan，1933）。如果他们吸入该物质，他们一喝酒就会吐。不久治疗师们试着把戒酒硫用作药物，希望酗酒者能把酒精与疾病联系起来并停止饮酒。

大多数研究发现安塔布司是比较有效的（Hughes & Cook，1997）。当发挥作用时，它会使酒精依赖者自身停止饮酒。通过每天服用该药和想象饮酒后可能出现的疾病，酒精依赖者再次坚定了戒酒的决心。在那种情况下，药片是否真正含有安塔布司并不重要，因为从不饮酒的人不会得病（Fuller & Roth，1979）。那些饮酒的人尽管吃药了也会得病，但他们常常放弃吃药而非饮酒。如果有朋友在旁边确保这个人每天服药，安塔布司治疗将会更加有效（Azrin，Sisson，Meyers，& Godley，1982）。

另一种药物是烯丙吗啡（商品名是 Revia），可阻断麻醉剂受体。通过减少酒精带来的快感，它降低了人们使用酒精的渴望。与安塔布司类似，烯丙吗啡也是比较有效的。它在有强烈戒酒动机的人身上作用效果最好，并且对 II 型酒精依赖者（有酗酒家族史）比 I 型酒精依赖者更有效（Krishnan-Sarin，Krystal，Shi，Pittman，& O'Malley，2007）。

第三种针对酒精滥用的药物是阿坎酸（商品名是 Campral）。阿坎酸并不帮助人们戒除酒精，但它可帮助那些已经戒除的人度过戒除期。酒精戒除是一个长期的过程，大脑活动过度兴奋为特点。阿坎酸对抗大脑的主要兴奋性递质，后者为谷氨酸的受体。而且，该药物也是比较有效的，并对有强烈戒酒动机的人效果最好（Mason，Goodman，Chabac，& Lehert，2006；Scott，Figgitt，Keam，& Waugh，2005）。你会注意到这个模式：药物可以帮助那些想戒酒的人，但它们并不能代替那个愿望。

停下来检查一下

30. 谁将喝更多的酒——那些将乙醛代谢成乙酸较快的人还是较慢的人？
31. 安塔布司是怎么发挥作用的？

对抗麻醉剂滥用的药物

海洛因是一种人工合成物质，在 1800 年代被发明出来作为试图戒除吗啡（一种麻醉药）的人的“安全”替代品。在那时，一些内科医师建议人们用海洛因代替酒精（S. Siegel，1987）。当他们发现海洛因是多么具有成瘾性时，便放弃了这个想法。

有一个观点仍然在坚持：那些不能戒断麻醉剂的人应该转向伤害性更小的药物。**美沙酮**（methadone）与海洛因类和吗啡类似，但好处是它可以口服。（如果海洛因或吗啡被口服，胃酸将分解其大部分。）被口服的美沙酮逐渐进入血液和大脑，故它的作用增加缓慢，避免了“突然产生快感”的体验。由于它的代谢缓慢，断除症状也是平缓的。而且，使用者避开了使用注射器感染的危险。

与美沙酮类似的其他药物丁丙诺啡和左醋美沙朵（LAAM）也被用于治疗麻醉剂成瘾。LAAM 的好处是可以产生长久的作用，以便人们可以每星期去诊所三次而不是每天都去。与海洛因或吗啡使用者相比，使用任何一种上述药物的人活得更长、更健康，并且把握一份工作的可能性更大（Vocci，Acri，& Elkashef，2005）。然而，这些药物有各种各样的副作用，且它们并没有使成瘾性彻底终结。停药后的人又会再次产生体验的渴望。

停下来检查一下

32. 试图注射海洛因的美沙酮使用者体验到很少的海洛因作用。这是为什么？

模块 3.3 结 语

药物和行为

在学习药物作用的过程中，研究者们获得了对抗药物滥用的线索。他们还对突触有了很多了解。例如，对可卡因的研究唤起了对再摄取转运蛋白重要性的注意，并且对大麻类的研究增加了对从突触后细胞传导到突触前细胞的逆行信号的理解。

然而，从理解行为的生理基础的出发点来看，很多东西还有待研究。比如，研究已经表明，尾状核中多巴胺的活动是强化作用和成瘾性的核心，但是……为什么那个位置的多巴胺活动有强化作用呢？刺激 5-HT_{2A} 受体可产生幻觉，但我们再次问到“这是为什么呢？”在神经科学或生物心理学中，解答一个问题会引发新的问题，且最深处的问题通常是最难的。

总 结

1. 增加突触处活动的药物是兴奋剂；降低活动的是拮抗剂。药物以多种方式发挥作用，它们在亲和性（与受体结合的倾向性）和药效（激活受体的倾向性）上有所不同。
2. 脑刺激的强化、经验的强化和自我给药增加了尾状核中释放多巴胺的轴突的活性。
3. 尾状核的活动并不等同于快感或奖励。根据某一假设，它与“需要”的关系大于“喜好”，且成瘾性代表了需要程度的增加。
4. 苯丙胺增加了多巴胺的释放。可卡因和哌甲酯通过阻断转运蛋白再摄取而发挥作用，因而减少了多巴胺和 5- 羟色胺在释放后的再摄取。
5. 尼古丁可兴奋乙酰胆碱受体，包括那些位于尾状核中释放多巴胺的轴突终扣上的。
6. 麻醉药兴奋内啡肽受体，该受体抑制 GABA 的释放，而另外 GABA 抑制多巴胺的释放。因此，麻醉剂的净作用是增加了多巴胺的释放。
7. 在许多脑区的部分突触上，谷氨酸酯兴奋突触后细胞之后，细胞做出反应释放内源性大麻素，该物质可抑制周围的神经元进一步释放谷氨酸酯和 GABA。大麻里的化学物模仿那些内源性大麻素的作用。
8. 致幻剂通过兴奋一些类别的 5- 羟色胺受体发挥作用。
9. 与 I 型酒精依赖相比，II 型酒精依赖开始的比较早，常比较严重，且对男性的影响比对女性大。基因以多种方式影响酒精依赖，包括对冲动和压力反应的影响。
10. 酒精依赖的危险因素，除了家族史外，还包括在中度饮酒后感觉只喝了很少和在饮酒后体验到很多压力缓解。
11. 成瘾性行为形成阶段最重要的体验是在戒断期试图使用药物。使用者认识到这是一个有力的体验，并学着把药物当成应对沮丧的途径。
12. 成瘾与尾状核的敏感性相关联，故对成瘾性活动的反应较强烈，而对其他强化的反应较弱。
13. 乙醇被代谢成乙醛，该物质又被代谢成乙酸。那些由于遗传因素而在第二个反应上有缺陷的人，在喝酒后倾向于生病，因此他们不可能喝得太多。
14. 安塔布司是一种有时用来治疗酒精滥用的药物，它可阻碍乙醛到乙酸的转化。
15. 美沙酮及类似药物有时被用作麻醉剂的替代药。这些替代药的好处是如果被口服，它们可在不严重干扰日常生活的前提下满足使用者的渴望。

关键术语

拮抗剂　73
兴奋剂　73
亲和性　73
药　效　73
大脑自我刺激　73
尾状核　74
兴奋性药物　75
苯丙胺　75
多巴胺转运蛋白　75
可卡因　75
哌甲酯（利他灵）　76
尼古丁　77
麻醉药　77
Δ^9-四氢大麻酚（Δ^9-THC）　77
大麻类化学物　77
内源性大麻素　78
2-AG　78
致幻药　78
酗酒（酒精依赖）　79
I 型（A 型）酒精依赖　79
II 型（B 型）酒精依赖　79
安塔布司　82
美沙酮　83

思考题

1. 那些服用哌甲酯（利他林）以控制注意缺陷的人报告说，尽管该药暂时增加了他们的觉醒度，但几个小时后他们便感觉到警觉和觉醒度下降了。试解释。
2. 对尾状核敏感性的研究关注的是成瘾性药物，主要为可卡因。你会不会预计赌瘾有相似的作用呢？人们将怎么检测这种可能性？

停下来检查一下答案

16. 该类药物属于拮抗剂。因为它通过与受体结合，将神经递质阻拦在外面了。
17. 它们都可以增加尾状核中多巴胺的释放。
18. 苯丙胺使多巴胺转运蛋白释放多巴胺而不是重吸收它。
19. 可卡因干扰对已释放的多巴胺的再摄取。
20. 哌甲酯片剂在脑中发挥作用和消退比可卡因慢得多。
21. 尼古丁兴奋可以释放多巴胺的神经元的乙酰胆碱受体，从而增加多巴胺的释放。
22. 麻醉剂刺激内啡肽突触，该突触可抑制对多巴胺释放有抑制作用的神经元。通过抑制这种神经元，麻醉剂增加了多巴胺的释放。
23. 由突触后神经元释放出的大麻类化学物质与突触前神经元上的受体结合，在那里它们抑制谷氨酸酯和 GABA 的进一步释放。
24. 苯丙胺和可卡因通过增加多巴胺和其它递质的净释放而发挥作用。如果那些神经元被破坏了，苯丙胺和可卡因就会失效。相反，LSD 则直接刺激突触后膜上的受体。
25. 两种类型都是。II 型。
26. 基因可通过产生敏感性较小的多巴胺受体、使用 COMT 酶快速分解多巴胺、更多的冒险行为和改变对压力的反应来影响酒精依赖行为。当然，还有这部分没有提到的其他可能性。
27. 在中度饮酒后，酒精依赖者的儿子表现出较少的醉酒症状，包括较少的身体不平衡。他们还在饮酒后表现为对更多的压力释放。
28. 在戒除阶段服用成瘾性药物有强烈的强化作用，并可能导致长期使用。
29. 尾状核变得选择性敏感了，增加对成瘾性活动的反应并减弱了对其它强化活动的反应。
30. 乙醛代谢较快的人更有可能饮酒，因为他们体验到较少的不舒服。
31. 安塔布司阻断可将乙醛转化成乙酸的酶，因此使得人们饮酒时产生呕吐。它可能会使人们产生对酒精的厌恶，但更常见的是，它以使人们每天都远离酒精的方式发挥作用。
32. 由于美沙酮已经占据了内啡肽受体，故海洛因不能给予它们太多刺激。

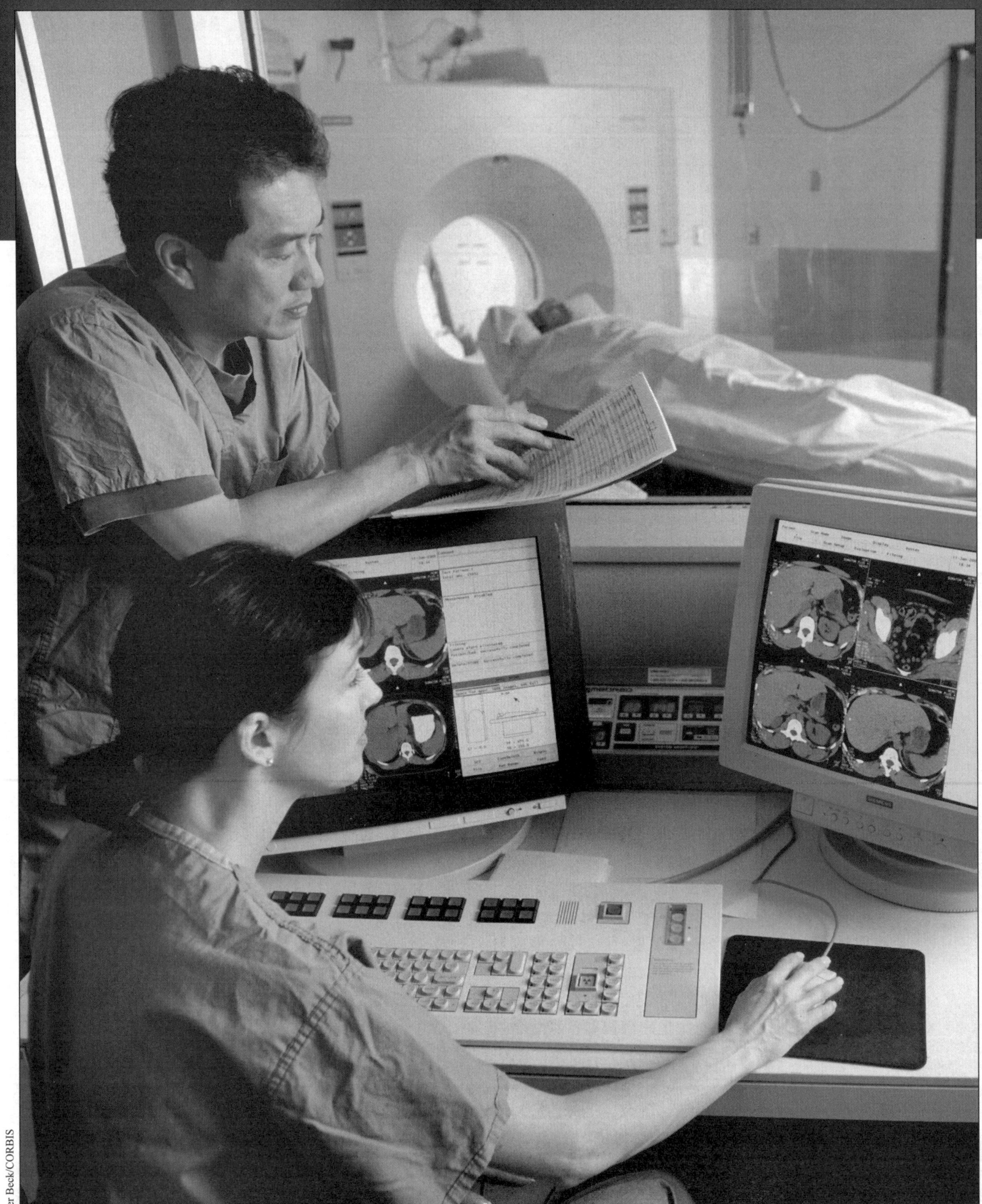

Peter Beck/CORBIS

神经系统解剖

4

本章大纲

模块 4.1 脊椎动物神经系统的结构

描述神经系统的术语
脊 髓
自主神经系统
后 脑
中 脑
前 脑
脑 室
结语：学习神经解剖

模块 4.2 大脑皮层

大脑皮层的结构
枕 叶
顶 叶
颞 叶
额 叶
不同区域如何协同工作
结语：大脑皮层的功能

模块 4.3 研究方法

将脑解剖和行为联系起来
记录大脑活动
脑损伤的影响
脑刺激的影响
脑大小和脑结构的差异
结语：研究方法及其局限

（左图图释）新的方法可以使研究者检查活体大脑。

主要内容

1. 神经系统的每个部分都有特定的功能，各部分共同作用产生行为，不同区域的损伤会导致不同的行为缺陷。
2. 大脑皮层作为哺乳动物脑中最大的一部分，可以准确地处理感觉信息，并精密地控制运动。
3. 研究确定了不同脑区的不同功能，但一个新的问题浮现出来，即各脑区如何共同作用来产生统一的体验和行为呢？
4. 研究神经系统的功能是十分困难的，需要运用多种方法和仔细的行为测量才可以得出结论。

想从一本书里学习**神经解剖**（neuroanatomy）（神经系统的解剖）就像从一份地图上学地理。一份地图可以告诉你某个城市在另一城市的北部 40 公里。同样地，一本书可以告诉你老鼠的大脑里缰核距离脚间核大约 4.6mm（在人类大脑中要稍微远一些）。除非你关心某个城市或者大脑的那个区域，否则这些微小的信息将看起来神秘莫测，难以理解。

这一章没有提供一幅神经系统的详细地图。它更像是一个地球仪，只描述大的、基本的结构（类似于大洲）和它们的一些与众不同的特点。

第一个模块介绍了神经解剖的关键术语和神经系统的大体结构。第二个模块关注大脑皮层的构造与功能，大脑皮层是哺乳动物中枢神经系统中最大的组成部分。第三个模块涉及研究者用什么方法来研究大脑不同区域具备什么功能。

准备好吧，本章包含了相当多的新的术语。你不应该期望一次就把他们全都记住，而应该反复温习这一章。

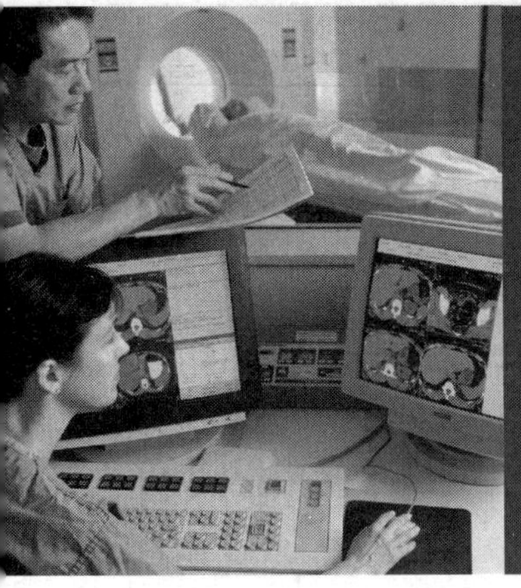

模块 4.1

脊椎动物神经系统的结构

你的神经系统包含很多亚结构，他们中的每一个都包含很多神经元，这些神经元能够接受和形成许多神经突触。那么这些微小的部分怎么整合形成一个行为单元呢？是每一个神经元有一个独立的功能，比如一个细胞负责辨认你的祖母，另外一个控制你对披萨的欲望，还有一个让你对小孩子微笑吗？或者是大脑作为一个一致的整体运作，每一部分都和其他部分一样，做一些同样的事情？

答案是“介于这些极端说法之间”。各个独立的神经元有专门的功能，但是单独一个细胞的活动是没有意义的，就如同一个字母 b 脱离了上下文一样。

描述神经系统的术语

对于脊椎动物，我们将中枢神经系统和周围神经系统区分开（图 4.1）。这种区分是武断的，但是在很多情况下是有用的。**中枢神经系统**（central nervous system，CNS）包括大脑和脊髓。**周围神经系统**（peripheral nervous system，PNS）是在大脑和脊髓之外的神经。PNS 的一部分叫做**躯体神经系统**（somatic nervous system），其轴突将信息从感受器传输到 CNS，并将信息从 CNS 传输到效应器。从 CNS 到效应器的轴突是脊髓中细胞体

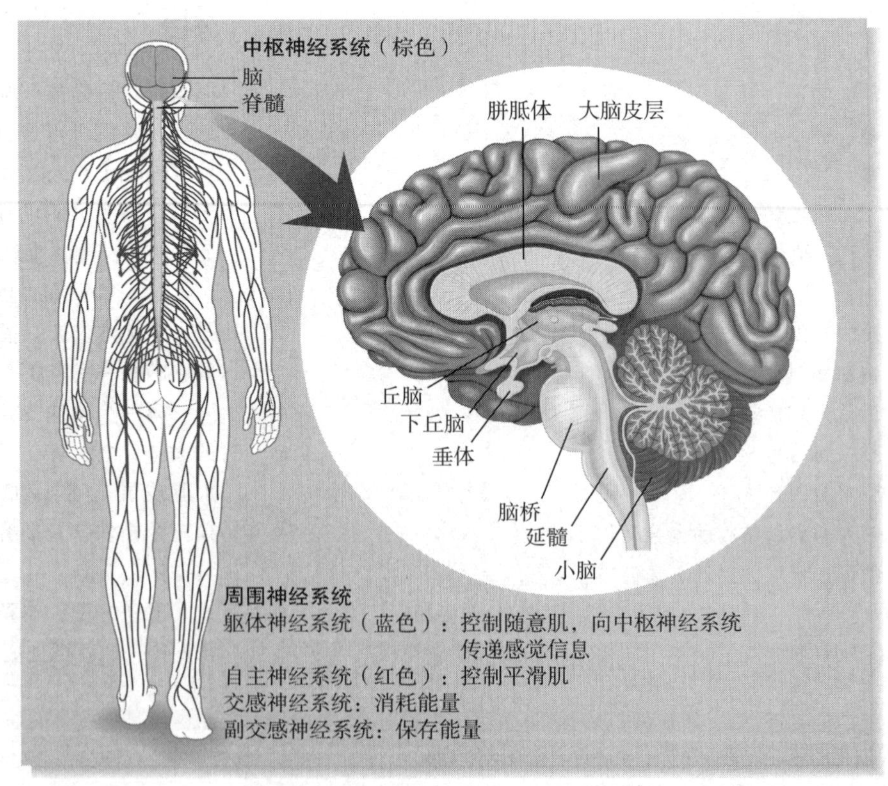

图 4.1 人类神经系统
中枢神经系统和周围神经系统都有一些重要的结构。图中大脑的特写展示了大脑的右半球。（*From Bruce F. Pennington, et al. "A Twin MRI Study of Size Variations in the Human Brain", Journal of Cognitive Neuroscience, 12:1 (January, 2000), p. 223–232. © 2000 by the Massachusetts Institute of Technology. Reprinted by permission.*）

表 4.1　关于方向的解剖学术语

术 语	定 义	术 语	定 义
背侧	朝向背部，远离腹侧（腹部）。大脑的顶端被认为是背侧，因为在四足动物中它是那样的位置	内侧	朝向中线，远离边缘
		近端	位于接近起点或连接点的
		远端	位于远离起点或连接点的
腹侧	朝向腹部，远离背部	同侧	在身体的同侧（比如同在左边或同在右边的两部分）
前部	朝向前端		
后部	朝向背端	对侧	在身体的对侧（比如一个在左一个在右）
上	在另一部分以上	冠状切面	一个从前方看显示大脑结构的面（额平面）
下	在另一部分以下	矢状切面	从侧面看显示大脑结构的面
外侧	朝向边缘，远离中轴	水平切面	从上部看显示大脑结构的面（横切面）

图 4.2　神经系统的解剖学方向术语

对于四足动物，背侧和腹侧相对于头部和身体的其他部分指的是同样的方向。然而，人类直立行走使得头部倾斜一定角度，所以头部的背侧和腹侧方向就不和脊髓的这两个方向平行了。（见彩插）

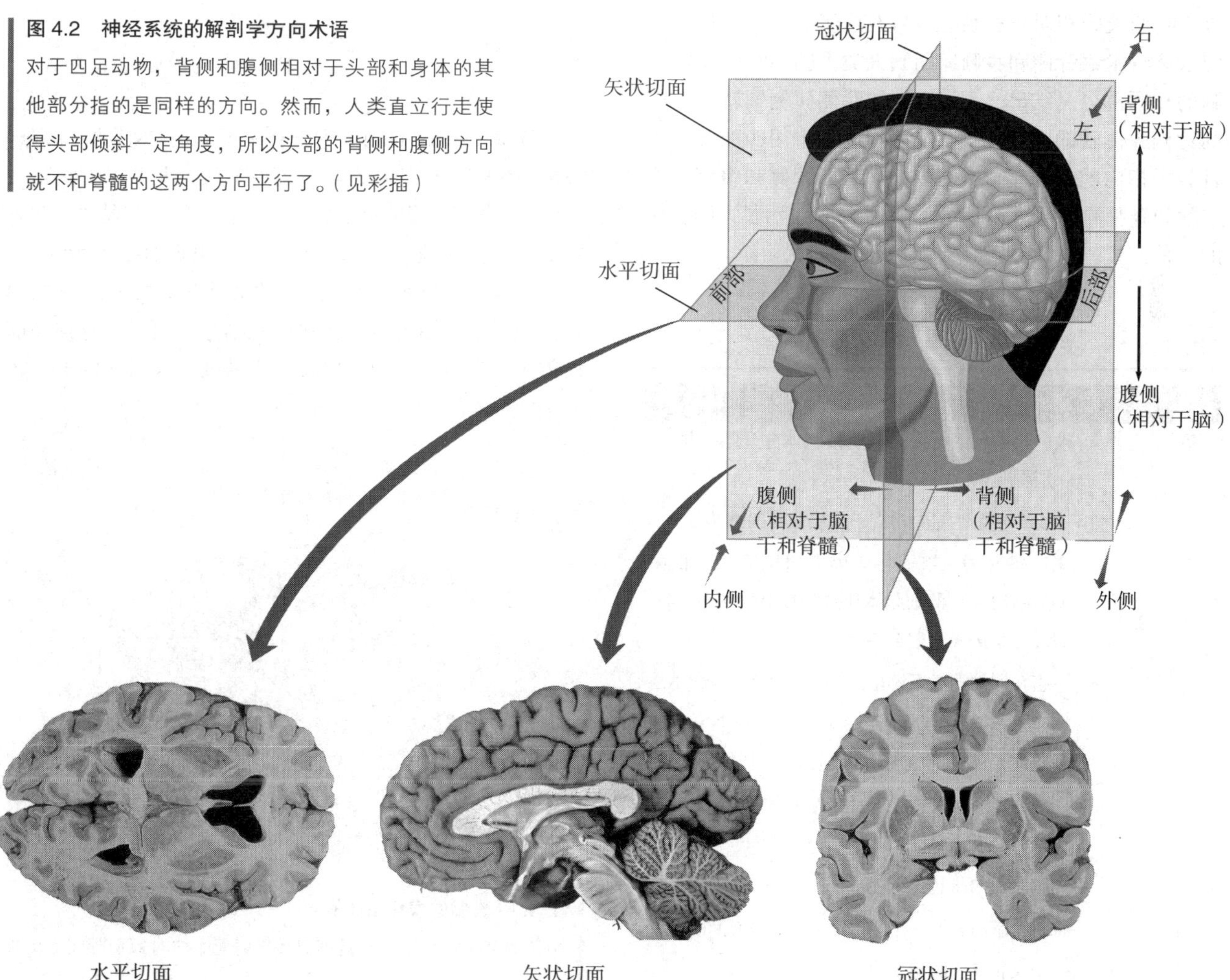

的延伸，所以每个细胞都是一部分包含在 CNS 中，一部分包含在 PNS 中。这一点也说明区分 CNS 和 PNS 是很武断的。PNS 的另一部分，自主神经系统，控制着心脏、内脏和其他器官。**自主神经系统**（autonomic nervous system）的一些细胞体存在于大脑和脊髓中，一些在沿脊髓两边的脊神经节中。

要读懂地图，你必须知道东西南北。因为神经系统是三维的，我们需要更多的术语来描述它。如表 4.1 中和图 4.2 所示，**背侧**（dorsal）指朝着背后的，**腹侧**（ventral）指朝着腹部的。（记住这些术语的一个方法是想象一下口技表演者（*ventriloquist*）从字面上看是一个"腹部讲话的人（stomach talker）"。）对于一个四条腿的动物来说，大脑的顶部是背侧（和动物的背部是同一个方位），大脑的底部是腹侧（和腹部一个方位）。当人类进化成直立姿势，我们大脑相对于脊髓的位置改变了。为了方便，我们依然将术语背侧和腹侧运用到人类大脑和脊椎动物大脑的相同部分。结果，人类大脑的背侧腹侧轴就在脊髓的背侧腹侧轴的直角位置。如果你画一个用四肢着地并且鼻子指向前方的爬行式的人，大脑的背侧和腹侧的位置就和脊髓的这些位置平行了。图 4.2 还展示了大脑切片的三种方式，即水平切面、矢状切面和冠状切面。

表 4.2　关于神经系统中一些结构的术语

术　语	定　义
板	被一层轴突或树突与其他细胞体分开的一排或一层细胞体
柱	一组有相似性能的垂直于皮层表面的细胞
束	在 CNS 中的一组轴突，也叫"投射"，如果轴突从结构 A 中的细胞体延伸到 B 上的突触，我们说纤维从 A 投射到 B 上
神经	一组在周围神经系统中的轴突，或者是从 CNS 到一块肌肉或腺体或者从感觉器官到 CNS
核	一簇在 CNS 中的神经元细胞体
神经节	一组一般在 CNS 之外的神经元细胞体（如在交感神经系统中的）
回	大脑表面的凸起
沟	将一个脑回和另一个脑回分开的折叠或凹槽
裂	一个又长又深的沟

表 4.2 介绍了一些值得学习的其他术语。表 4.1 和 4.2 需要仔细学习和复习。在你认为你已经掌握了这些术语后，用以下题目检查一下自己。

停下来检查一下

1. 背侧是什么意思？与之相对的什么？
2. 哪个术语的意思是"朝向边缘，远离中线"？与之相对的是什么？
3. 如果两个结构都位于身体的左半边，那么他们位于各自的______；如果一个位于身体左半边另一个位于身体右半边，那么他们位于各自的______。
4. 大脑皮层中的凸起叫______。大脑皮层间的凹陷叫______。

脊　髓

脊髓（spinal cord）位于脊柱中，是 CNS 的一部分。脊髓与头部以外的所有感觉器官和肌肉相联系。它是一个分段的结构，像图 4.3 显示的那样，每一节段的两侧分别都有一个感觉神经和运动神经。根据 **Bell–Magendie 法则**（这是关于神经系统功能的最早发现之一），进入的脊神经后根（轴突束）传送感觉信息，出来的脊神经前根传送运动信息。到达以及从皮肤或肌肉出来的轴突属

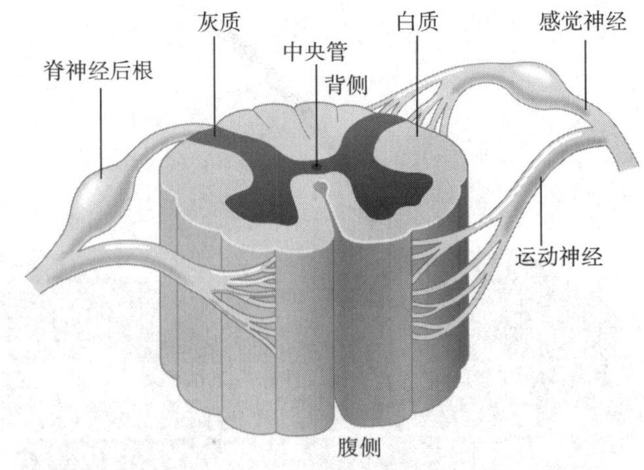

图 4.3　脊髓的横切面图解

两侧的脊神经后根将感觉信息传至脊髓，脊神经前根将运动指令传至肌肉。

于周围神经系统。感觉神经元的细胞体在脊髓之外集成一束，称为**后根神经节**（dorsal root ganglia）。（ganglia 是 ganglion 的复数，是一簇神经元。在大多数情况下，在 CNS 之外的神经元簇叫做神经节，在 CNS 之内的簇叫做神经核。）运动神经元的细胞体位于脊髓之内。

在图 4.4 和图 4.5 中显示的通过脊髓的横切面中，脊髓中心的 H 形**灰质**（gray matter）中充满了密集的胞体和树突。脊髓中的**白质**（white matter）主要是由髓鞘包含的轴突，许多神经元从灰质发出轴突经过白质，到大脑或者脊髓的其他部分。

脊髓中的每个节段发送感觉信息到大脑，并从大脑接收运动指令。所有的这些信息都是沿着脊髓中的轴突路径传送的。如果脊髓在某一节段被切断，大脑就失去了那个节段及以下的感觉。大脑也失去了对那段及以下脊髓节段所支配的身体运动的控制。

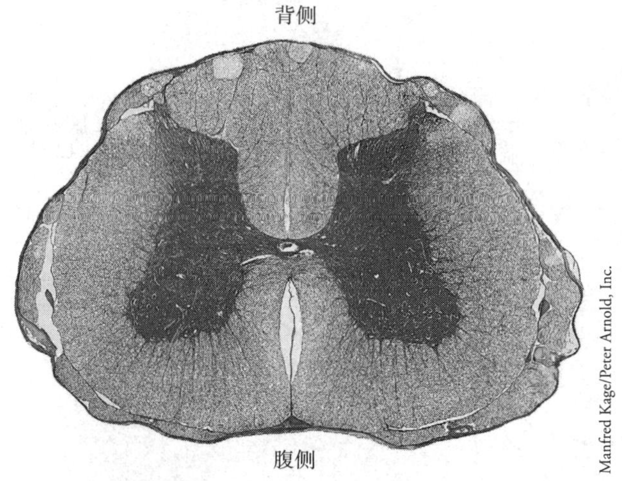

图 4.4　脊髓的横切面照片

中央 H 形状的结构是灰质，主要由胞体构成。周围的白质包含的是细胞轴突。轴突成束地组织起来，一些将大脑和脊髓较上部的信息向下传递，另一些将较下方的信息向上传递。

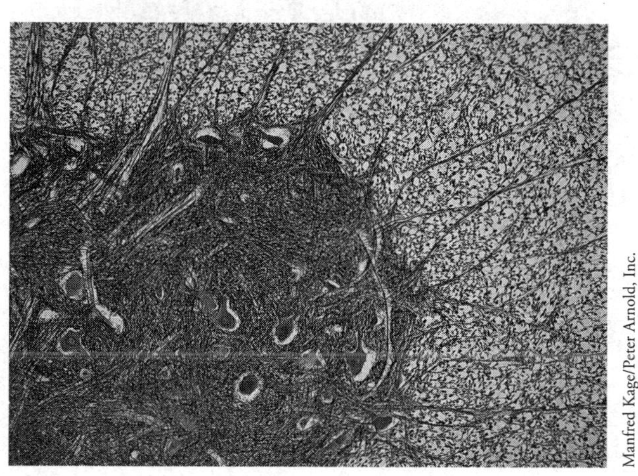

图 4.5　脊髓灰质（左下角）和周围白质的切面

胞体和树突全部属于灰质。

白质中的轴突从灰质的一个区域传到另一个区域。

自主神经系统

自主神经系统由一些神经元组成，这些神经元从心脏、内脏和其它器官处获取信息，并向这些器官传达指令。这个系统包括两个部分：交感神经系统和副交感神经系统（图 4.6）。**交感神经系统**（sympathetic nervous system）是一个使器官为积极活动做好准备的神经网络，包含一系列连接到脊髓中段（胸髓和腰髓处）的左侧或右侧的神经节。这些神经节由轴突与脊髓相连。交感神经系统的轴突使器官做好“战斗或逃跑”的准备，主要体现在提高呼吸和心跳频率，减少消化活动。尽管不同情境更多地激活某一部分，但由于交感神经节紧密联系，它们通常像一个单一系统那样活动。汗腺、肾上腺、收缩血管的肌肉以及立毛肌只接受交感神经系统的输入，不接受副交感神经系统的输入。

应用和扩展

鸡皮疙瘩

汗毛竖立，也就是通常说的“鸡皮疙瘩”或“鸡皮”，通常在我们感到冷的时候出现。这与交感神经系统“战斗或逃跑”的功能有什么关系呢？一种解释是我们在受惊吓的时候同样也会起鸡皮疙瘩。你应该听过这样的说法：“我吓得头发都竖起来了。”你可能也见过一只受惊的猫，它的毛都竖了起来。人类的体毛很短，以至于竖起来并不能实现什么，但一只竖起毛的猫看起来会更大。一只受惊的豪猪会竖起满身的刺——这种刺也就是其改良的体毛（Richter & Langworthy，1933）。作为恐惧的反应，竖起的刺变得更有用，从进化的角度上讲，这一反应的形成甚至早于刺的出现。

副交感神经系统（parasympathetic nervous system）促进器官生长性的以及不紧急的反应。术语“para”意思是“在旁边”或“与……相关”，是指副交感神经活动与交感神经活动相关，而这种相关通常是相反的。比如，交感神经系统增加心率，而副交感神经系统则降低心率。副交感神经系统增加消化活动，而交感神经系统减少消化活动。尽管交感和副交感神经系统活动正好相反，但两者都持续保持不同程度的激活，并且很多刺激都能够同时激活这两个系统。

副交感神经系统也称头骶系统（craniosacral system），因为它由脑神经和骶髓发出的神经组成（图 4.6）。与交感神经系统中的神经节不同，副交感神经节并不是在脊

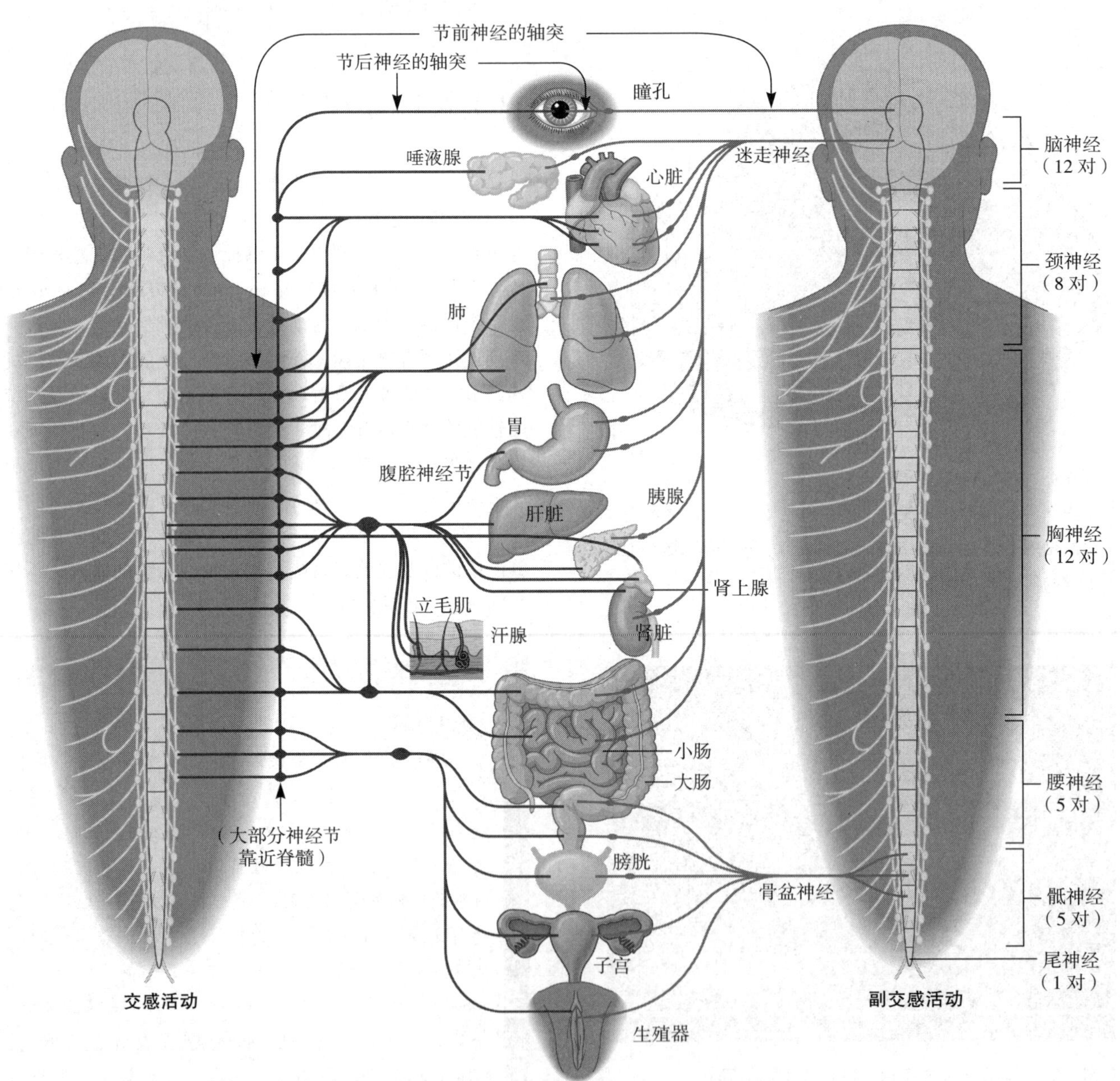

图 4.6 交感神经系统（红线）和副交感神经系统（蓝线）（见彩插）

注意肾上腺和立毛肌只接受交感神经系统的输入（*Starr & Taggart, 1989*）

髓附近以链状结构排列的。长的节前纤维从脊髓延伸到每个内脏器官附近的副交感神经节；短些的节后纤维则从副交感神经节进入各个器官。由于副交感神经节没有彼此连接，相比于交感神经节，它们的活动更加独立。副交感神经的活动可以降低心率，增加消化速度，通常储存能量。

副交感神经系统的节后神经轴突释放的神经递质是乙酰胆碱。大部分交感神经系统的节后神经突触释放的神经递质是去甲肾上腺素，也有少部分轴突，如控制汗腺的节后神经突触，释放的神经递质是乙酰胆碱。由于两个系统使用不同的递质，特定的药物能够兴奋或抑制其中一个系统或另一个。比如，非处方感冒药的主要作用是阻碍副交感神经系统活动，或促进交感神经系统活动。由于流鼻涕是副交感神经系统的反应，阻碍副交感神经系统的药物抑制流鼻涕。感冒药物的副作用来自于它们使交感神经系统兴奋并使副交感神经系统抑制：它们抑制了唾液分泌和消化，同时使心率加快。

停下来检查一下

5. 感觉神经传入脊髓的哪一侧，背侧还是腹侧？
6. 哪些功能是由交感神经系统控制的？哪些是由副交感神经系统控制的？

后　脑

大脑分为三个主要部分：后脑（hindbrain）、中脑（midbrain）和前脑（forebrain）（图 4.7 和表 4.3）。大脑的

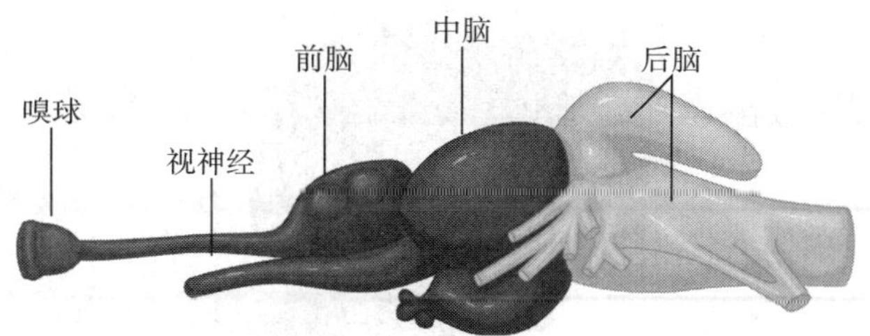

图 4.7　脊椎动物的脑的三个主要分区

在鱼的脑中，如图所示，前脑、中脑和后脑是分离的凸起，能够清晰地看出来。而在成年的哺乳动物的脑中，前脑扩展并包围了整个中脑和一部分的后脑。

研究者们使用了很多同义词来描述这个分类。比如，一些人喜欢使用以希腊语词根结尾的单词：rhombencephalon（后脑），mesencephalon（中脑），prosencephalon（前脑）。在另一些阅读材料中，你可能会遇到这些词。

后脑（hindbrain），大脑靠后的部分，包括延髓，脑桥和小脑。延髓、脑桥、中脑和前脑中央的一部分结构组成了**脑干**（brainstem）（图 4.8）。

延髓（medulla），位于脊髓上方，可以看做是脊髓在颅骨中的扩大和延伸。延髓通过那些控制头面部感觉、肌肉运动和许多副交感神经活动输出的**脑神经**（cranial nerves），控制着一些极其重要的反射——包括呼吸、心率、呕吐、唾液分泌、咳嗽和打喷嚏。这些脑神经中，有一些既包含感觉成分，又包含运动成分，另一些只包含感觉或运动一种成分。延髓的损伤经常是致命的，大剂量的鸦片威胁生命就是因为他们抑制了延髓的活动。

就像身体下半部分通过感觉和运动神经与脊髓相连一样，头面部和器官的感受器、肌肉通过 12 对脑神经与

表 4.3　脊椎动物大脑的主要分区

区域	又称为	主要结构
前脑	Prosencephalon（前脑）	
	Diencephalon（间脑）	丘脑，下丘脑
	Telencephalon（端脑）	大脑皮层，海马，基底神经核
中脑	Mesencephalon（中脑）	顶盖，被盖，上丘，下丘，黑质
后脑	Rhombencephalon（字面意思，菱脑）	延髓，脑桥，小脑
	Metencephalon（后脑）	脑桥，小脑
	Myelencephalon（末脑）	延髓

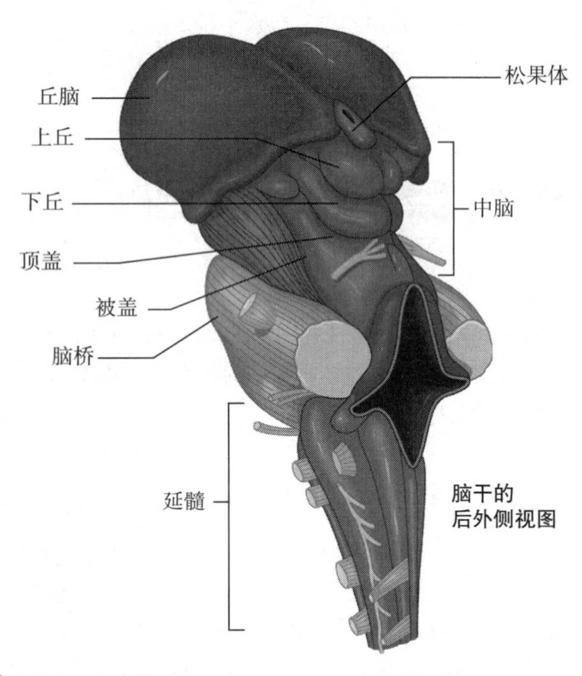

图 4.8 人类的脑干

这个组合结构从脊髓的顶端开始延伸到前脑的中央。脑桥、松果体和上下丘通常被大脑皮层包裹。

大脑联系（每对神经中一条在左侧，另一条在右侧），如表 4.4 所示。每对脑神经从一个神经核（一团神经元）出发，这些神经元整合感觉信息或调节运动输出，或者兼具这两种功能。脑神经 V 至 XII 的神经核位于延髓和脑桥处，I 至 IV 的神经核则位于中脑和前脑中（图 4.9）。

脑桥（pons）位于延髓的腹前侧，和延髓一样，它含有一些脑神经核。Pons 在拉丁文中就是桥的意思；这个名字反映了这样一个事实，即脑桥中的许多轴突从大脑的一边交叉到另一边。实际上，这里就是从大脑一侧来的轴突交叉到对侧脊髓的地方，这样左半球就可以控制右侧身体，同时右半球控制左侧身体。

延髓和脑桥中还存在着网状结构和中缝系统。**网状结构**（reticular formation）有上行和下行部分。下行部分是控制脊髓运动区域的几个脑区之一。上行部分输出信号到大部分大脑皮层，选择性地提高某一区域内的唤醒和注意水平（Guillery，Feig，& Lozsádi，1998）。**中缝系统**（raphe system）也发送轴突到大部分前脑区域，以使大脑对刺激做出反应准备。

小脑（cerebellum）是一个有很多深褶的、较大的后

表 4.4 脑神经

编号和名字	主要功能
Ⅰ. 嗅神经	嗅觉
Ⅱ. 视神经	视觉
Ⅲ. 动眼神经	控制眼部运动，瞳孔收缩
Ⅳ. 滑车神经	控制眼部运动
Ⅴ. 三叉神经	面部皮肤感觉，控制颚肌用以咀嚼和吞咽
Ⅵ. 外展神经	控制眼部运动
Ⅶ. 面神经	前三分之二舌头的味觉，控制面部表情、哭泣、唾液分泌和头部血管的扩张
Ⅷ. 前庭神经	听觉，平衡
Ⅸ. 舌咽神经	咽喉和后三分之一舌头的味觉和其他感觉，控制吞咽、唾液分泌、说话时的咽喉运动
Ⅹ. 迷走神经	胸颈部的感觉，控制咽喉、食道和喉部，通向胃、肠道和其他器官的副交感神经
Ⅺ. 副神经	控制肩颈运动
Ⅻ. 舌下神经	控制舌头的肌肉

第 III、IV 和 VI 对脑神经被标注为红色，以强调它们的相似处：控制眼部运动。第 VII、IX 和 XII 对脑神经被标注为绿色，以强调它们的相似处：味觉和舌咽部的运动控制。其中第 VII 对脑神经还具有其他重要功能。第 X 对脑神经（没有标出颜色）同样对咽部运动有贡献，但主要是一些其他的功能。

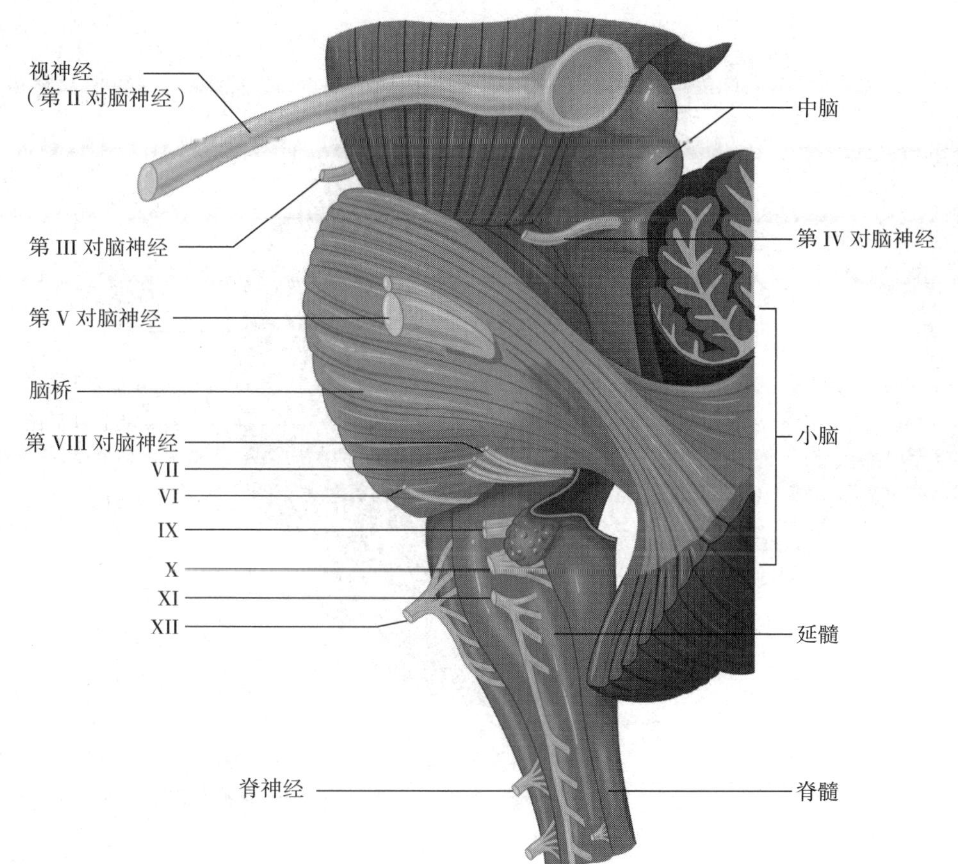

图 4.9　第 II 至 XII 对脑神经

第 I 对脑神经，即嗅神经，直接连接到前脑的嗅球。（*Based on Braus, 1960*）

脑结构。它很早就因为在运动控制方面的作用（见第 8 章）而被人们了解，并且许多较早的课本说它对“平衡和协调”很重要。确实，小脑损伤的人动作笨拙并且丧失平衡感，但小脑的功能远不止保持“平衡和协调”。小脑损伤的人很难在听觉和视觉刺激间转换注意（Courchesne et al.，1994）。他们在计时方面有困难，包括感觉计时。比如说，他们在判断两个节奏哪个更快的任务中成绩很差。

中　脑

就像其名称暗示的那样，**中脑**（midbrain）位于大脑中部，尽管在成年哺乳动物脑内它变得比较小并且被前脑包围。在鸟类、爬行类、两栖类和鱼类的脑中，中脑是一个比较突出的结构。它的顶部叫**顶盖**（tectum）。（tectum 在拉丁语中的意思就是顶部。同样的词根还出现在地理名词“板块构造论”中。）顶盖上左右两边的凸起是**上丘**（superior colliculus）和**下丘**（inferior colliculus）（见图 4.8 和 4.10）。它们在感觉加工中很重要——下丘加工听觉信息，上丘主要加工视觉信息。

顶盖下面是**被盖**（tegmentum），即中脑的中间层。（在拉丁语中，tegmentum 有“覆盖”的意思，比如地板上的小地毯。被盖覆盖了其他几个中脑结构，尽管它又被顶盖覆盖。）被盖包括了第三和第四脑神经的核团、部分网状结构，以及前脑与脊髓或后脑间通路的延伸。中脑的另一个结构是**黑质**（substantia nigra），它能够激活多巴胺的通路，后者有助于为运动做好准备（见第 8 章）。

前　脑

前脑（forebrain）是哺乳动物大脑中最靠前、最显著的部分。它由两个半球组成，一左一右（图 4.11）。通过

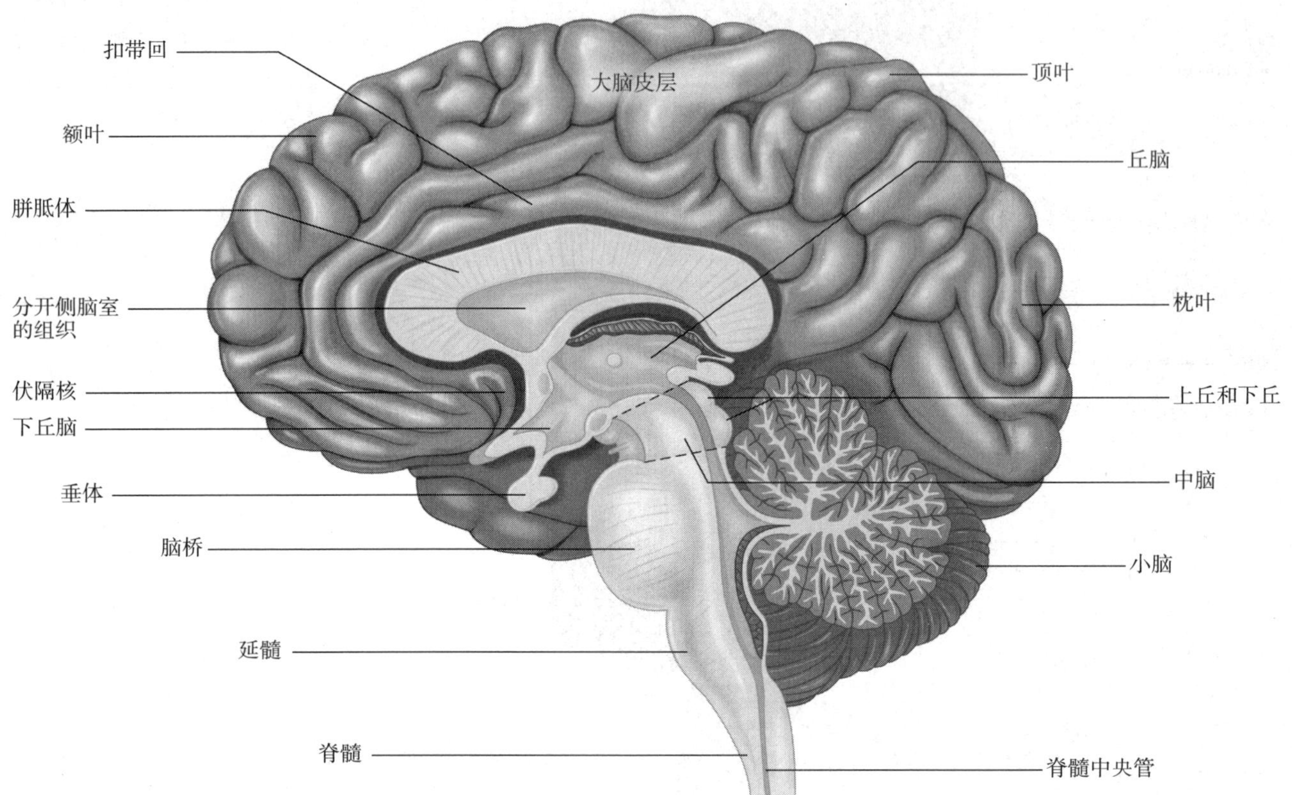

图 4.10 人类大脑的一个矢状切面（见彩插）
（*After Nieuwenhuys, Voogd, & vanHuijzen, 1988*）

连向脊髓和脑神经核团的轴突，每个半球主要接收来自对侧的感觉信息，并主要控制对侧的肌肉运动。

靠外的部分是大脑皮层。（Cerebrum 是一个拉丁语词，意思是 brain（脑）。cortex 也是一个拉丁语词，意思是树皮或壳。）大脑皮层下面有其他结构，包括丘脑，它是大脑皮层主要的信息输入来源。此外，一组叫做基底神经核的结构在运动的某些方面起着非常重要的作用。一些相互连接的叫做**边缘系统**（limbic system）的结构形成了一个围绕脑干的边缘（limbus 在拉丁语中，意思为边缘）。这些结构对于动机和情绪极其重要，比如摄食、饮水、性活动、焦虑和攻击性。边缘系统包括嗅球、下丘脑、海马、杏仁核和大脑皮层的扣带回。图 4.12 显示了这些结构在三维空间中的位置。图 4.10 和 4.13 显示了人类大脑的冠状切面（从前面看）和矢状切面（从侧面看）。图 4.13 还包括了一张大脑底面的图。

在描述前脑时，我们先从皮层下区域开始，下个模块再集中讨论大脑皮层。在下一章中，我们将回到这两个区域看它们之间的联系。

丘 脑

丘脑和下丘脑组成了间脑，它是前脑中除去端脑外的剩余部分。**丘脑**（thalamus）是一对位于前脑中央的结构（左右各一）。“丘脑”这个术语来自一个希腊语词，意思是接待室、内室或婚床。它看起来像是两个侧面连在一起的酪梨，一个在左半球一个在右半球。大部分感觉信息首先进入丘脑。丘脑加工这些信息，并输出到大脑皮层。而嗅觉信息是一个例外，它由嗅觉感受器传给嗅球再直接传给大脑皮层。

丘脑中的很多核团从某个感觉系统，比如视觉系统接收传入信息，然后把这些信息传送到大脑皮层的单一区域，如图 4.14 所示。皮层又反向向丘脑传送信息，拉

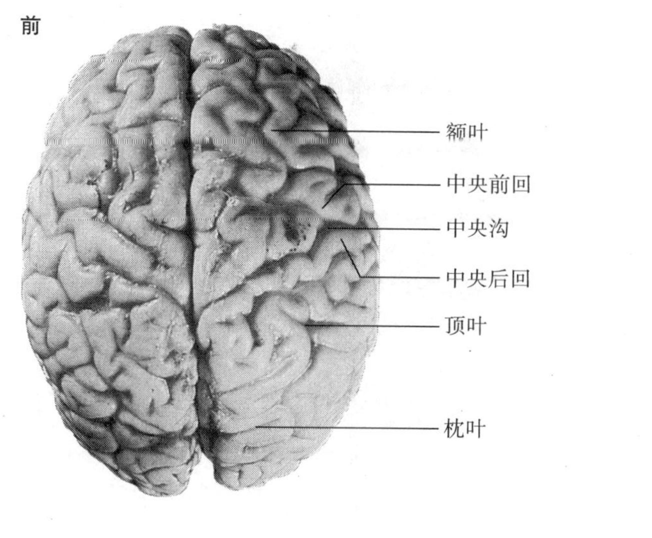

图 4.11　大脑背侧面和大脑横切面（见彩插）

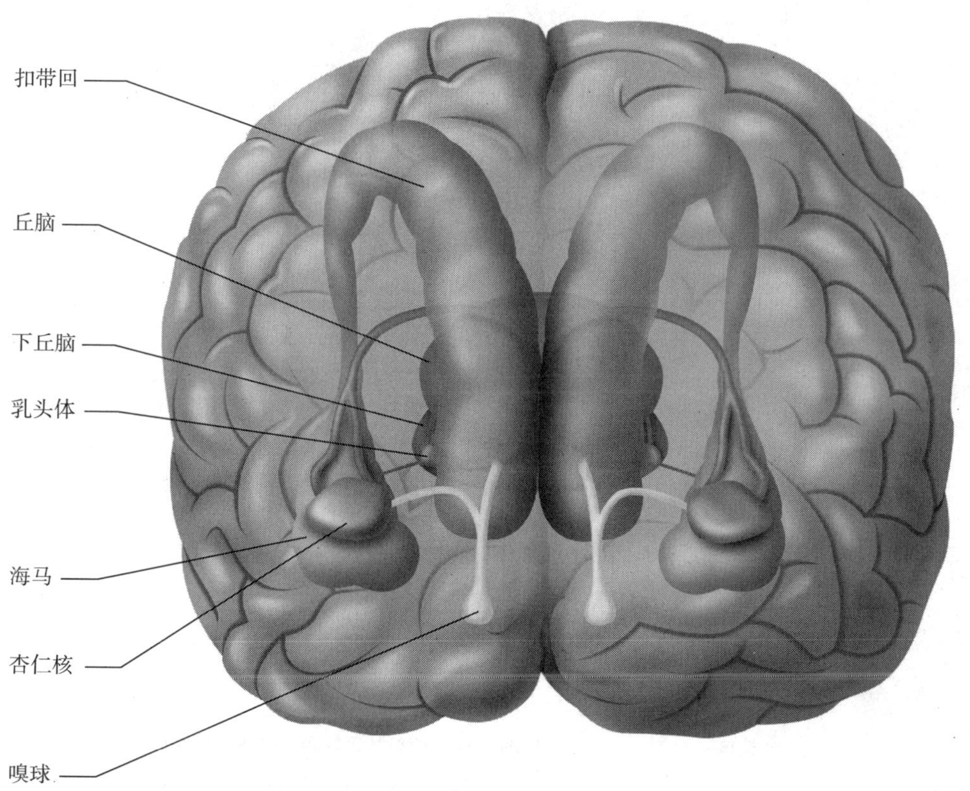

图 4.12　边缘系统是一组围绕脑干边缘的皮层下结构

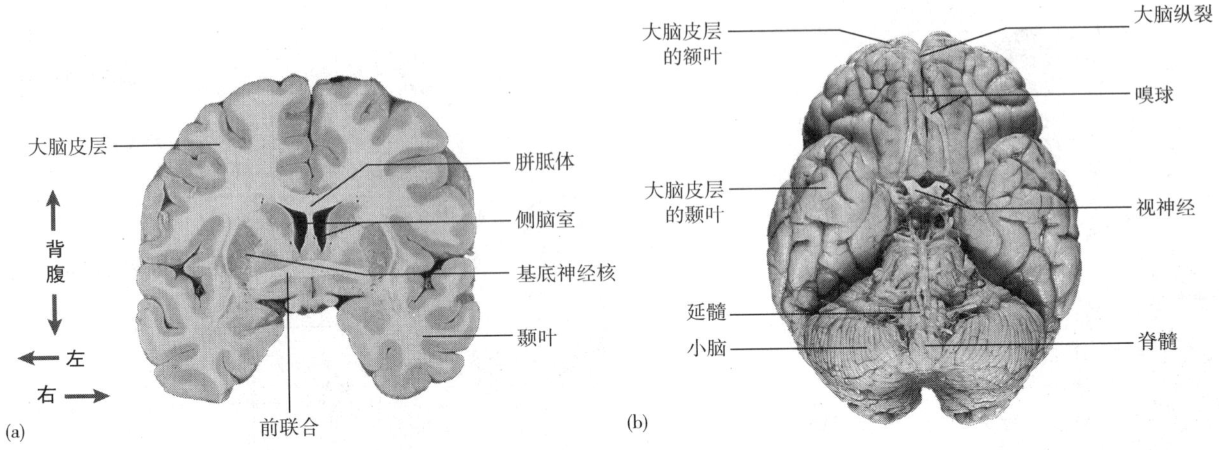

图 4.13 人类大脑的两个视图

(a) 冠状切面。注意胼胝体和前联合如何连通左右半球。(b) 腹侧面。视神经 (在这里被切断了) 从眼睛延伸向大脑。

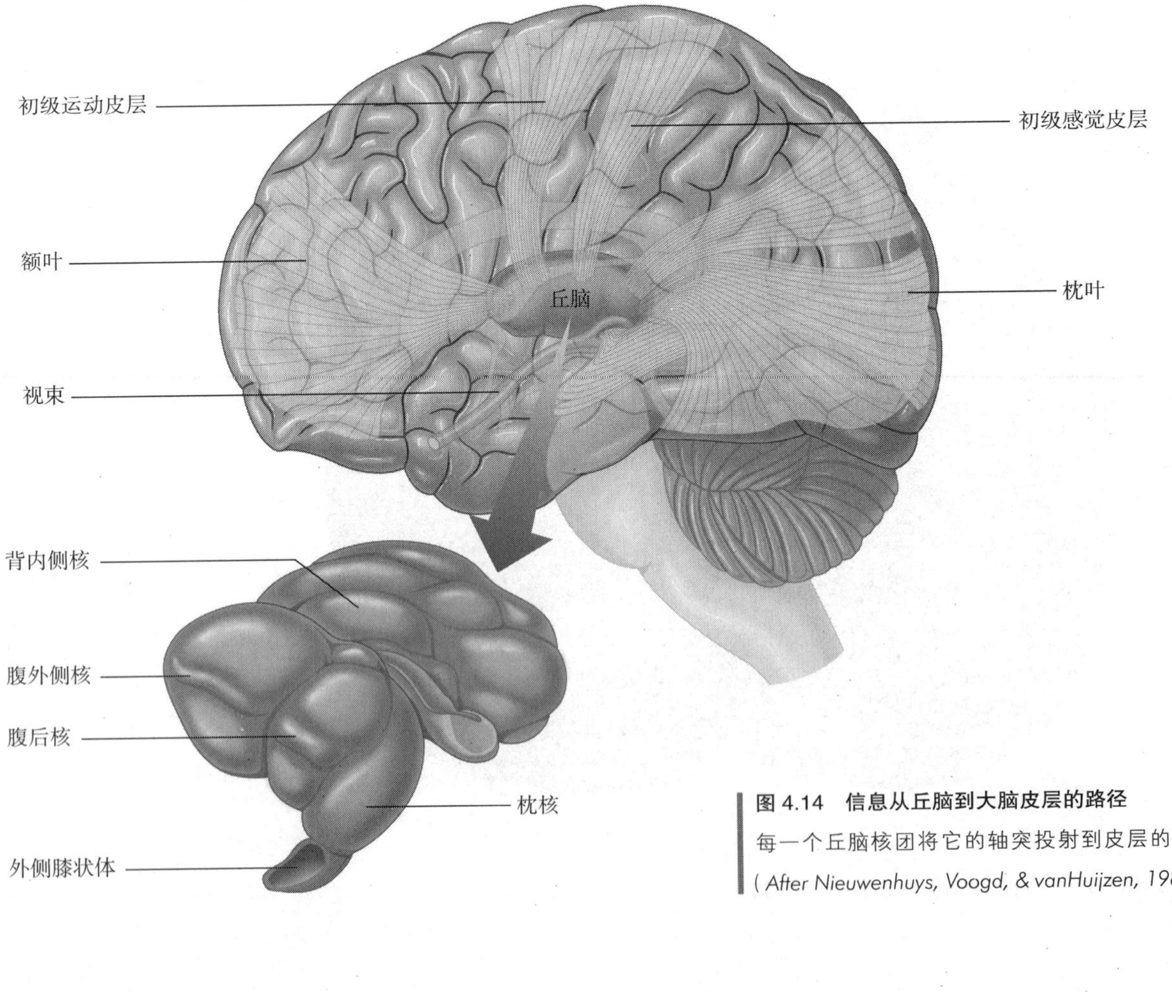

图 4.14 信息从丘脑到大脑皮层的路径

每一个丘脑核团将它的轴突投射到皮层的不同位置。

(*After Nieuwenhuys, Voogd, & vanHuijzen, 1988*)

长和增强一些传入信息，同时减弱其他传入信息，从而将注意集中于特定刺激（Komura et al.，2001）。

下丘脑

下丘脑（hypothalamus）是一个靠近大脑底部、位于丘脑腹侧的小区域（见图 4.10 和 4.12）。它和前脑其他部分以及中脑间有丰富的连接。下丘脑中有很多不同的核团，我们会在第 10 和 11 章探讨。下丘脑通过神经和下丘脑激素，将信息传递给垂体，调整激素的释放。任何下丘脑核团的损伤都会引起动机行为的异常，比如摄食、饮水、体温调节、性行为、打斗或活动水平。因为对行为的重要影响，小小的下丘脑吸引了很多研究者的注意。

垂　体

垂体（pituitary gland）是一个内分泌（产生激素）腺体。它由一个含有神经、血管和结缔组织的柄连在下丘脑底部（见图 4.10）。在来自下丘脑信息的作用下，垂体合成和释放激素到血流中，由血液将其运输到其他器官。

基底神经核

基底神经核（basal ganglia）是位于丘脑外侧的皮层下结构。它由三大部分组成：尾状核、壳核和苍白球（图 4.15）。一些研究者还纳入了其他结构。基底神经核在进化中保存下来。在哺乳类和两栖类脑中，基底神经核的基本结构大致相同（Marin，Smeets，& González，1998）。

基底神经核有更细的结构和大脑皮层的不同区域交换信息。其中和皮层的额叶区域联系最丰富。额叶负责计划行为序列和记忆与情绪表达的特定方面（Graybiel，Aosaki，Flaherty，& Kimura，1994）。在基底神经核受损的帕金森氏症和亨廷顿氏症案例中，最显著的症状是运动能力受损，但患者也表现出抑郁以及记忆、推理和注意上的缺陷。

基底前脑

位于前脑腹侧的结构之一为**基底核**（nucleus basalis）。基底核接收下丘脑和基底神经核的神经输入，并发出轴突释放乙酰胆碱到大脑皮层的广泛区域（图 4.16）。如第 9 章中将讨论的，基底核是大脑系统控制觉醒、警觉和注意的关键部位。帕金森病人和阿尔兹海默症病人有注意和智力损伤，这是由他们基底核不活跃或退化导致的。

海　马

海马（hippocampus，来源于拉丁文，意思是海马，因酷似海马的形状而得名）是位于丘脑本部和大脑皮层

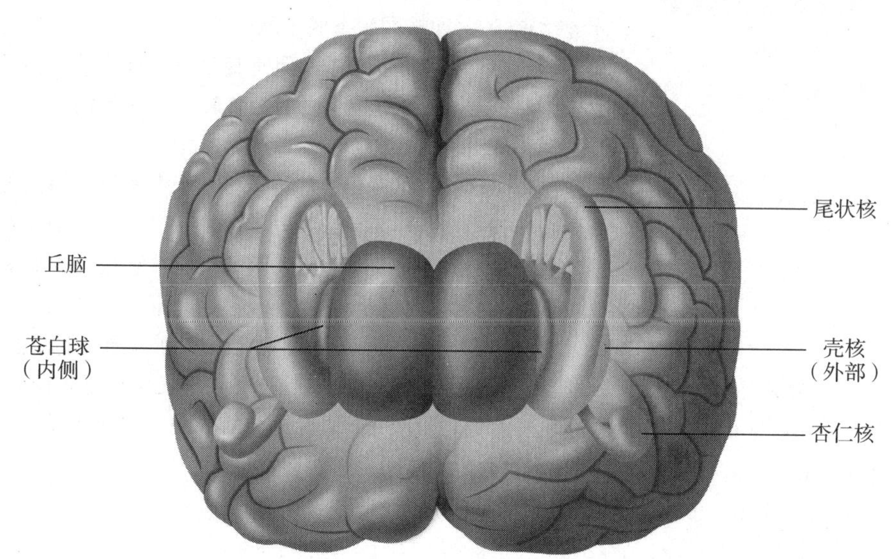

图 4.15　基底神经核

位于中央位置的是丘脑，基底神经核在丘脑的外部，而大脑皮层包裹在最外面。（*After Nieuwenhuys, Voogd, & vanHuijzen, 1988*）

图 4.16 基底前脑

基底核和该区域的其他结构发出轴突贯穿皮层区域，通过释放神经递质乙酰胆碱增强醒觉程度。(*After Woolf, 1991*)

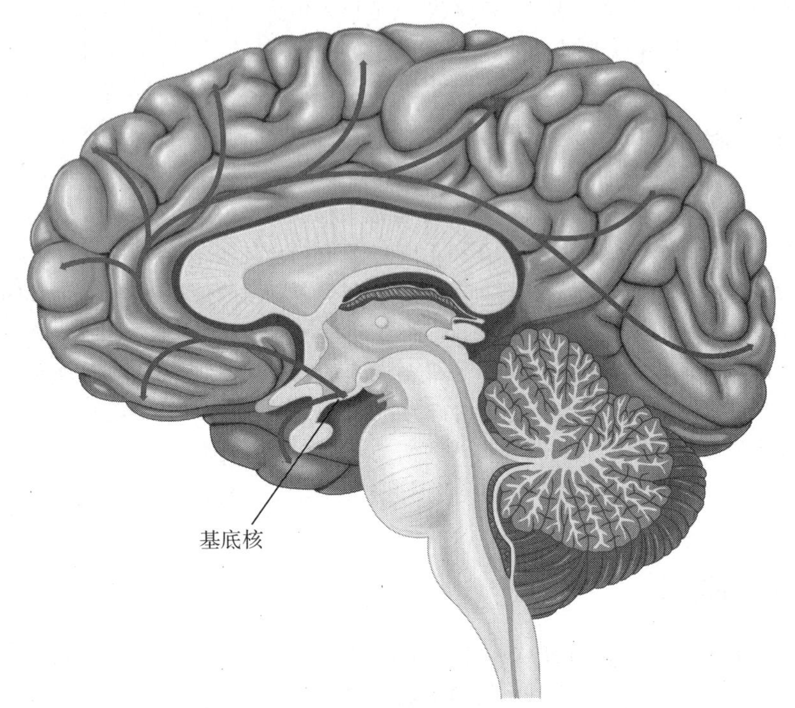

之间一个很大的结构，主要朝向前脑的后部，如图 4.12 所示。我们在第 12 章将更详细地讨论海马的结构。讨论的要点为海马对于存储特定种类的记忆具有重要作用。海马损伤病人无法存储新的记忆，但是他们没有失去海马损伤前已经具有的记忆。

停下来检查一下

7. 指出下列哪些结构位于后脑，哪些位于中脑，哪些位于前脑：基底神经核、小脑、海马、下丘脑、延髓、垂体、脑桥、黑质、上丘、下丘、顶盖、被盖和丘脑？
8. 那个区域是大脑皮层的主要输入源？

脑 室

神经系统从一个供液体流通的神经管开始，这个管腔后来发展成为位于脊髓中央充满液体的**中央管**（central canal）和大脑中充满液体的四个**脑室**（ventricles）。每个半球包含一个大的侧脑室（图 4.17）。其后部连接位于中线的第三脑室，将左侧丘脑和右侧丘脑分开。第三脑室与位于延脑中央的第四脑室连接。

脑室内的脉络丛细胞产生**脑脊液**（cerebrospinal fluid, CSF），一种类似于血浆的透明液体。脑脊液在脑室中，从侧脑室流向第三、第四脑室。然后，一部分流入脊髓的中央管,但是更多的脑脊液流入大脑与**脑膜**（meninges，即包裹着大脑和脊髓的膜）之间的狭小空隙。在其中一个狭小空隙，即蛛网膜下腔，脑脊液逐渐被血液重吸收。尽管大脑没有疼痛感受器，但是脑膜有。脑膜炎（脑膜发炎）是相当痛的。脑膜内的血管肿胀是偏头痛的一个起因（Hargreaves，2007）。

脑脊液保护大脑不受大脑移动时产生的机械撞击的影响。同时它也能够提供浮力。正如一个人在水中比在陆地上轻，脑脊液帮助支持大脑的重量。它也为大脑和脊髓提供荷尔蒙和营养。

有时，脑脊液的流动被阻塞，在脑室或蛛网膜下存积，对脑产生越来越大的压力。当这种情况发生在婴儿身上，颅骨会增大，产生一个长得过大的脑袋。这种情况称为脑积水，通常会与心理迟滞有关。

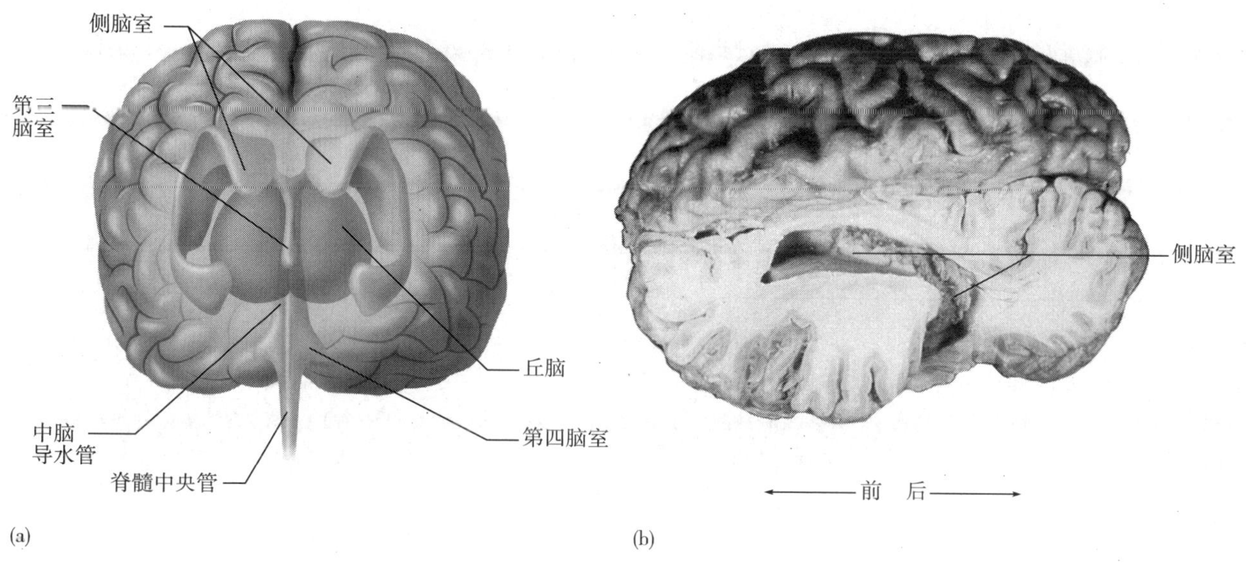

图 4.17　脑室

（a）四个脑室的位置图。（b）从上方看的人类大脑图片，横切一个半球以显示侧脑室的位置。注意这幅图的两部分分别是从不同角度观察的结果。

模块 4.1　结　语

学习神经解剖

大脑是一个复杂的结构。这个模块介绍了很多术语和知识；如果你不能记住它们也不要灰心。就像你不可能瞬间学会世界地理的所有知识一样。在之后的章节中你还会遇到这些结构，这会帮助你复习这一单元中的解剖学知识。慢慢地，这些知识会变得越来越熟悉。

检索下面这个网站：The Whole Brain Atlas，这里包含了很多正常的以及异常的人类大脑图片。会帮助我们从不同的视角来看我们的大脑：http：//www.med.harvard.edu/AANLIB/home.html.

总　结

1. 脊椎动物神经系统主要分为中枢神经系统和周围神经系统。
2. 每段脊髓的两侧都有一根感觉神经和一根运动神经。脊髓向大脑传递信息。
3. 交感神经系统（两种自主神经系统之一）使机体内部器官为激烈活动做好准备。副交感神经系统（另一种自主神经系统）促进消化和其他非紧急过程。
4. 中枢神经系统由脊髓、后脑、中脑和前脑组成。

5. 后脑由延髓、脑桥和小脑组成。延髓和脑桥通过脑神经控制呼吸、心率和其他重要功能。小脑调节运动和短间隔（timing short intervals）时间的计时。
6. 大脑皮层接收来自丘脑的除嗅觉以外的感觉信息。
7. 前脑的皮层下区域包括丘脑、下丘脑、垂体、基底神经核和海马。

关键术语

思考题

苯肾上腺素有时会被开给患有血压突然降低或其他类似症状的病人。它通过刺激去甲肾上腺素突触及使血管收缩起疗效。这种药物的一个常见副作用是服用后起鸡皮疙瘩。请解释其原因。还可能有什么副作用?

停下来检查一下答案

1. 背侧是指朝向背部，远离腹侧。与之相对的是腹侧。
2. 外侧、内侧。
3. 同侧、对侧。
4. 回、沟。
5. 背侧
6. 交感神经系统使器官做好“战斗或逃跑”的准备。副交感神经系统增加生长性的反应，比如消化。
7. 后脑：小脑、延髓和脑桥。中脑：黑质、四叠体、顶盖和被盖。前脑：基底神经核、海马、下丘脑、垂体和丘脑。
8. 丘脑。

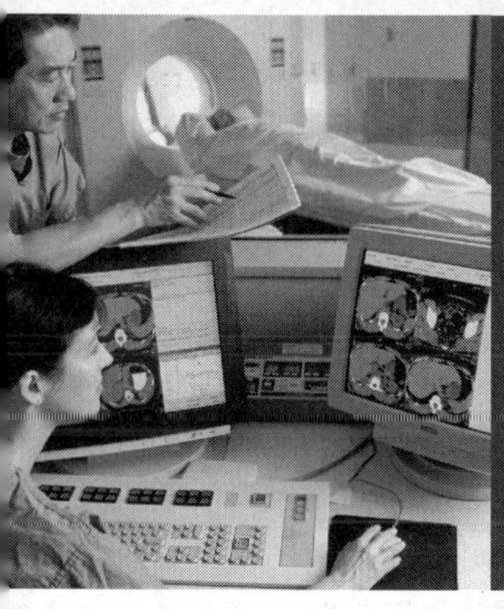

模块 4.2 大脑皮层

哺乳动物大脑最重要的部分是**大脑皮层**（cerebral cortex），它由大脑半球外表面的细胞层构成。大脑皮层细胞是灰质，其延伸到内部的轴突组成白质（见图 4.13）。每个半球的神经元与另一个半球的对应部位通过两束神经轴突传递信息，分别为**胼胝体**（corpus callosum）（见图 4.10，4.11 和 4.13）和**前连合**（anterior commissure）（见图 4.13）。其他几个连合（穿过中线的通道）连结皮层下结构。

如果我们比较不同种类的哺乳动物，会发现它们在大脑皮层大小和折叠程度上存在差异（见图 4.18）。**灵长类动物**（primates）（猴、猿和人类）的大脑皮层占整个大脑的比例比其他物种高。图 4.19 显示了这类动物大脑皮层与其他食虫动物和另两种灵长亚目动物的大脑皮层在大小方面的比较（Barton & Harvey，2000）。图 4.20 从另一种途径进行了物种间比较（D. A. Clark，Mitra，& Wang，2001）。研究者根据前脑（端脑）占整个大脑的比例，从左到右排列了食虫类和灵长类动物的大脑。他们还在食虫类和灵长类动物中间加入了三种介于这两类之间的鼩鼱类动物。随着前脑所占比例的增加，中脑和延脑所占比例相对降低。有趣的是，小脑占有一个相对固定的比例——约为哺乳动物大脑的 13%（D. A. Clark et al.，2001）。（为什么会这样？尚无人知道。）

大脑皮层的结构

大脑皮层中不同区域细胞的微观结构明显不同。不同的结构对应不同的功能。已经有很多关于结构与功能关系的研究。

在人类和大多数哺乳动物中，大脑皮层总共分为**六层**（laminae），胞体层平行于皮层表面，并由纤维层分开（图 4.21）。每一层的厚度和作用都不同，并且，某一层可能在某一区域缺失。皮层 V 发出长轴突到脊髓和其他远距离区域，在运动皮层中是最厚的，并且对肌肉有着最强的控制力。皮层 IV 接收从丘脑的感觉核发出的各种轴突，在所有初级感觉区域（视觉，听觉，以及躯体

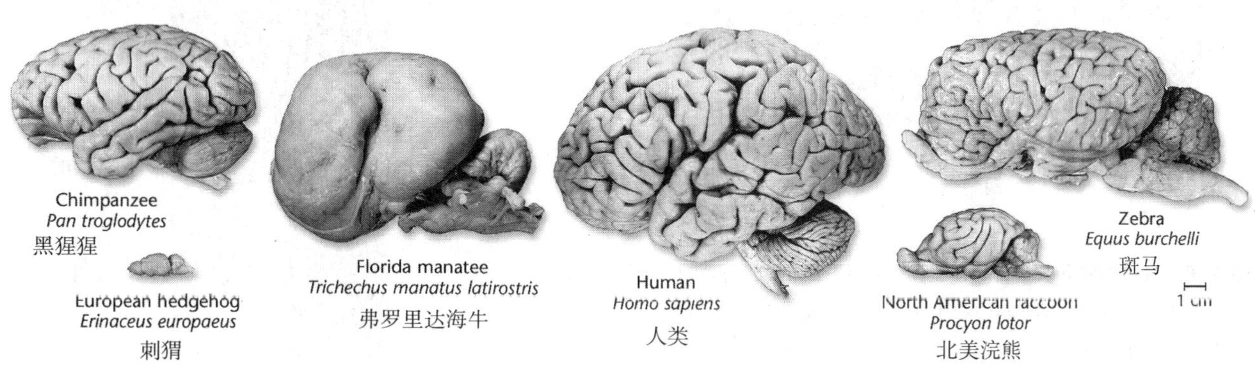

图 4.18 哺乳动物大脑的比较

人类大脑在这些当中是最大的，尽管鲸鱼、海豚和大象有更大的大脑。所有哺乳动物在相同区域有相同的大脑分区。（*From the University of Wisconsin—Madison Comparative Mammalian Brain Collection, Wally Welker, Curator. Project supported by the Natural Science Foundation.*）

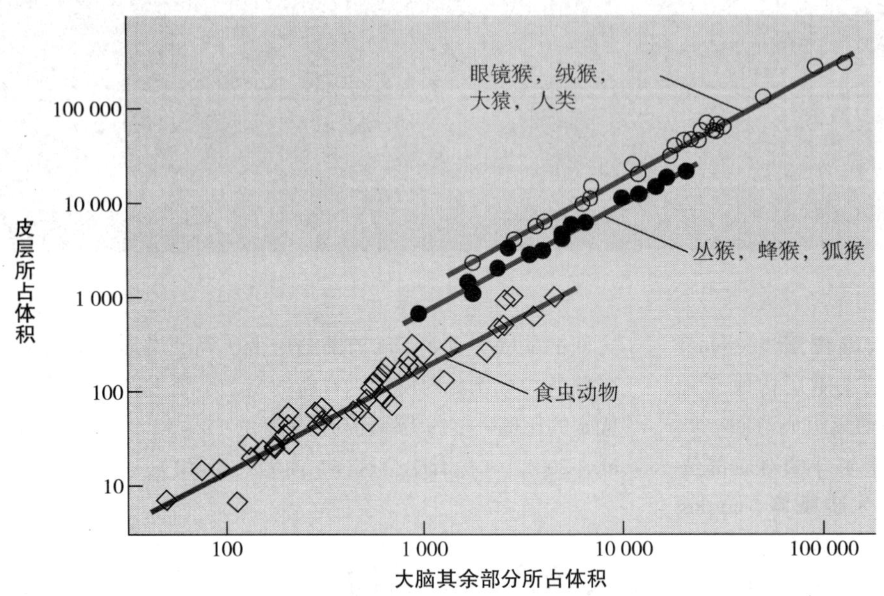

图 4.19 皮层体积与大脑其他部分体积的关系
对于三组之中的每一个来说，皮层体积随着大脑其他部分体积的增加而增加。同时，代表两组灵长目动物的线位置较高。(*Fig. 1, p. 1055 in R. A. Barton & R. H. Harvey, "Mosaic evolution of brain structure in mammals." Nature, 405, p. 1055–1058. Reprinted with permission from Nature. Copyright © 2000 Macmillan Magazine Limited.*)

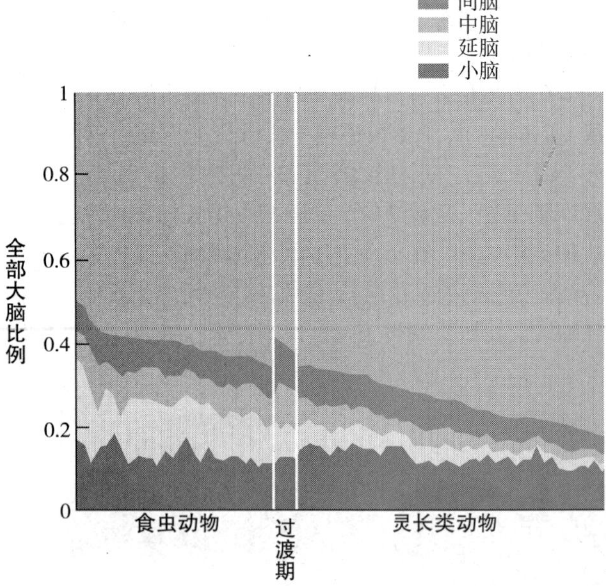

图 4.20 食虫动物和灵长目动物五种大脑成分的相对大小
灵长目动物的前脑在全部脑组织中所占的比例大于食虫动物的前脑比例。值得注意的是小脑所占的比例在两类动物之间是稳定的。(*Fig. 1, p. 189 in D. A. Clark, P. P. Mitra, & S. S-H. Wong, "Scalable architecture in mammalian brains." Nature, 411, pp. 189–193. Reprinted with permission from Nature. Copyright © 2001 Macmillan Magazine Limited.*)

感觉）中占有重要地位，但是在运动皮层中不存在。

皮层中的细胞同样被组织成一些垂直于大脑皮层各分层的**柱**（columns）状结构。图 4.22 示意了这些细胞柱，实际上在自然情况下它们并不像这样完全垂直。在一个特定细胞柱内的细胞具有类似的性质。例如，如果一个

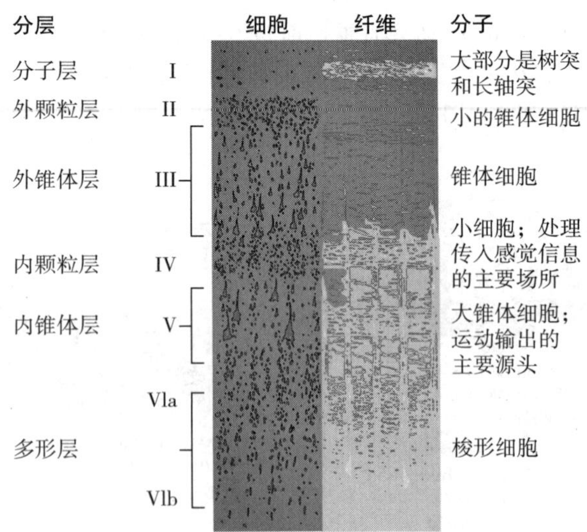

图 4.21 大脑皮质的六层结构
(*From S. W. Ranson & S. L. Clark, The Anatomy of the Nervous System, 1959. Copyright © 1959 W. B. Saunders Co. Reprinted by permission.*)

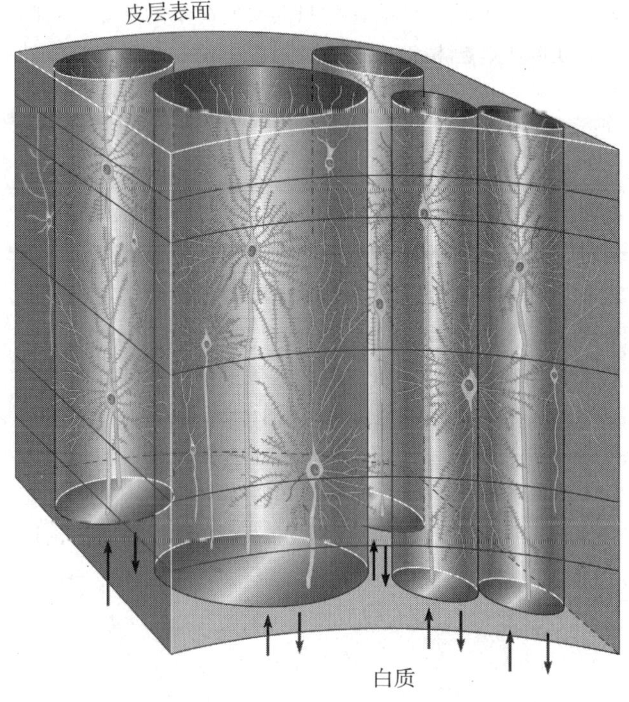

图 4.21 大脑皮层中的细胞柱

每个细胞柱都垂直延伸存在于几个皮质分层内。一个特定细胞柱中的神经元细胞具有相似的性质。例如，在躯体感觉皮层中，一个特定细胞柱内的所有细胞都会对同一区域的皮肤刺激作出反应。

细胞柱内的一个细胞会对左手手掌的触摸产生反应，那么在这个细胞柱内的其他细胞也会对这一刺激反应。如果有一个细胞对在特定区域内的水平光照模式反应，那么位于同一细胞柱内其他的细胞也会对这一区域周围的相同光照模式反应。

现在我们来看看皮层中的某些特定区域。研究者根据细胞的结构和功能，不断地对大脑皮层的区域做出日趋精细的划分。为了方便理解，我们将这些区域划分为四个脑叶，根据它们在颅骨下所居的位置，分别命名为：枕叶、顶叶、颞叶、额叶。

停下来检查一下

9. 如果视觉皮层的一些神经元在视网膜上呈现水平光线时发生最强烈的反应，那么这些神经元可能同时存在于同一个________。

枕 叶

枕叶（occipital lobe），位于大脑皮层的后部（尾端）（图 4.23），是视觉信息传导的主要目的地。枕叶末端的枕极被称为*初级视觉皮层*，或者*纹状皮层*，因为这部分脑区的横截面呈现条纹状的外观。损毁纹状皮层的任何区域都会导致相关视野的*皮质盲*。例如，右半球纹状区的大面积损毁会导致左侧视野的视盲（病人视角的左半侧视野）。一个枕叶皮层盲的病人有着正常的眼睛、正常的瞳孔反射，还有一些眼动能力，但是没有模式知觉或者视觉表象能力。而那些因为眼睛受伤而失明的人，如果他们的枕叶皮层和先前视觉经验没有同时受到损害，他们就可以想象视觉场景并能做有视觉的梦（Sabo & Kirtley, 1982）。

顶 叶

顶叶（parietal lobe）位于枕叶和**中央沟**（central sulcus）之间。中央沟是大脑皮层表面最深的沟裂之一（见图 4.23）。**中央后回**（postcentral gyrus），即初级躯体感觉皮层，恰好位于中央沟的后侧，是触觉信息和来自肌肉牵张感受器及关节感受器的信息的主要目的地。有时大脑手术仅使用局部麻醉（对头皮实施麻醉，但使患者保持意识清醒），如果在这个过程中轻轻刺激患者中央后回，他们会报告在对侧身体上出现刺痛感。中央后回包括四组细胞，与中央沟平行。沿着每组细胞，不同的区域接收身体不同部位发出的信号，如图 4.24a 所示（Nicolelis et al., 1998）。其中两组细胞主要接收轻触信息，一组接收深压信息，还有一组负责接收两种信息的混合（Kaas, Nelson, Sur, Lin, & Merzenich, 1979）。事实上，中央后回对躯体感觉需要进行四次表征。

触觉和身体位置的信息很重要，不仅仅在于这些信息本身，还因为人需要利用这些信息解释视觉和听觉信息。例如，如果你看见一样东西位于视野左上位置，你的大脑需要知道你的眼睛此刻转向什么方位、头的位置、身体倾斜的角度等等，这样才能确定你所看见的物体的确切位置，再进一步确定你该如何拿到或者躲避这个物体。顶叶对眼睛、头和身体的位置的全部信息进行监控，然后将这些信息继续传递到负责运动控制的部位（Gross & Graziano，1995）。这不仅对于空间信息很重要，对于数量的信息也很重要（Hubbard，Piazza，Pinel，& Dehaene，2005）。当你想到空间和数量联系的方式时，这种功能上的重合无疑很有道理：从最开始用手指数数，到几何学，再到对各种各样图表的认知。

颞　叶

颞叶（temporal lobe）是两个大脑半球最外侧的部分，位于靠近鬓角的位置（见图 4.23）。颞叶是处理听觉信息的主要皮层区域。人类颞叶——在大多数情况下指左侧颞叶——是理解口头言语的关键。颞叶同样负责处理复杂的视觉过程，包括对于运动的知觉和对于人类面孔的识别。颞叶出现肿瘤可能会导致听觉和视觉上出现复杂的幻觉，而枕叶肿瘤通常只会引发简单的感觉，如闪光。实际上，当精神疾病患者报告出现幻觉时，对他们进行大脑扫描，会检测到颞叶的过度活动（Dierks et al.，1999）。

颞叶在情感和动机行为中也起着重要的作用。颞叶受损会导致一系列行为（障碍），统称为 **Klüver-Bucy 综合征**（Klüver-Bucy syndrome，以第一发现者命名）。之前表现出狂躁和侵略性行为的猴子颞叶损伤后，它们不能表现出正常的恐惧和焦虑（Klüver & Bucy，1939）。这些猴子会把找到的一切东西都塞进嘴里，或者试着抓蛇和点燃的火柴（这些都是正常的猴子会回避的物体）。这种行为很难被解释，比如，一只猴子去抓蛇，可能是因为它不再害怕蛇（情绪的改变），也可能是因为不能识别蛇是什么（认知的改变）。我们会在第 12 章里继续讨论这个问题。

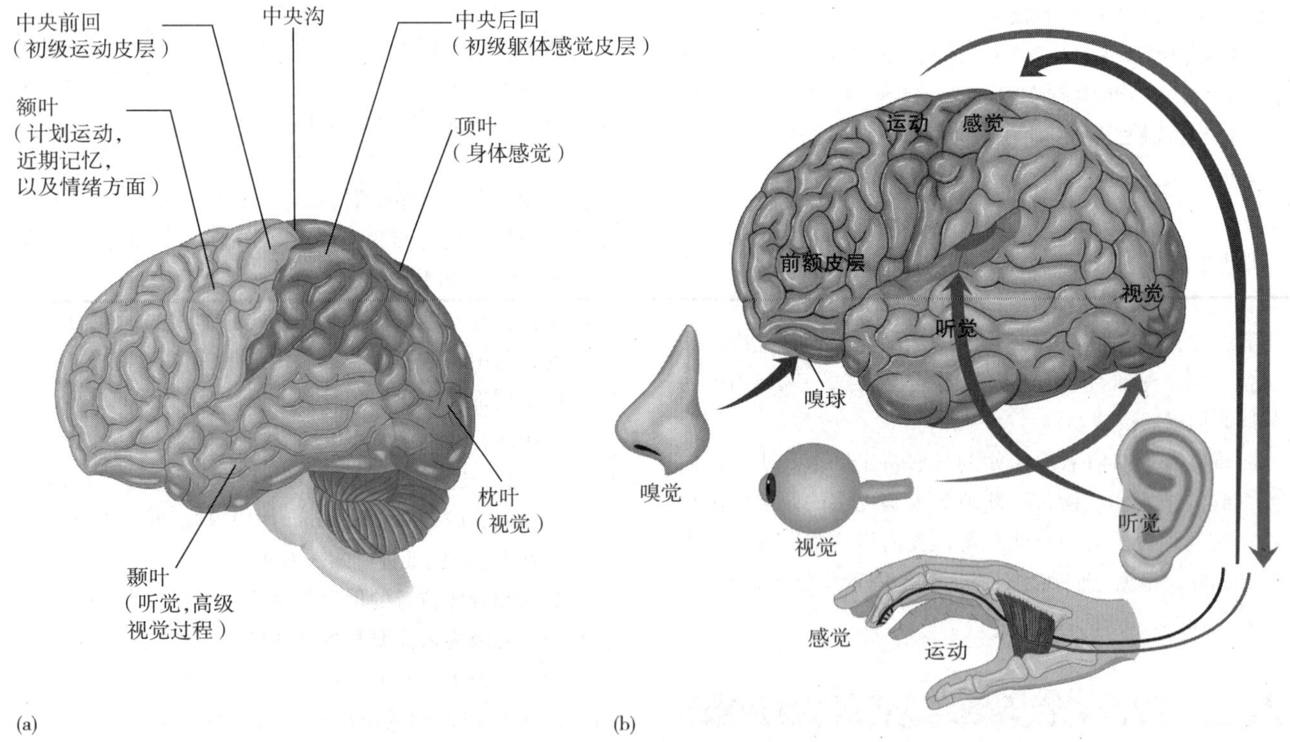

图 4.23　人类大脑皮层分区

（a）四个脑叶：枕叶，顶叶，颞叶，额叶。（b）负责视觉、听觉、身体感觉的初级感觉皮层；初级运动皮层；以及嗅球，嗅球是非皮层结构，负责嗅觉。（*Part b: T. W. Deacon, 1990*）（见彩插）

额 叶

额叶（frontal lobe）包括初级运动皮层和前额叶皮层，从中央沟一直延续到大脑的最前端（见图 4.23）。额叶的后部是**中央前回**（precentral gyrus），恰好位于中央沟之前，负责精细运动的控制，例如一次移动一根手指。中央前回内不同的区域负责身体的不同部分，大部分负责控制对侧躯体，但也有一小部分负责同侧躯体。图 4.24b 展示了传统上对于中央前回的功能定位，中央前回通常也被称为初级运动区。这个定位只是大致的对应。例如，在手臂区域，并不存在任何脑细胞与特定肌肉的一一对应关系（Graziano，Taylor，& Moore，2002）。

额叶的最前端部分是**前额叶皮层**（prefrontal cortex）。总的说来，一个物种的端脑皮层越大，它的前额叶皮层在脑组织中所占的比例也就越大（图 4.25）。例如，人类和所有大猿的前额叶在全部脑组织所占的比例要高于其他的物种（Semendeferi，Lu，Schenker，& Damasio，2002）。前额叶不是任何感觉系统的初级投射区域，但是前额叶皮层的不同部位会接受所有感觉信息的传入。前额叶中的树突数量大约是大脑其他部位神经元树突的 16 倍（见图 2.7）（Elston，2000），因此，前额叶皮层承担了大量信息的整合任务。

停下来检查一下

10. 大脑皮层的哪个脑叶包括了初级听觉皮层？
11. 大脑皮层的哪个脑叶包括了初级躯体感觉皮层？
12. 大脑皮层的哪个脑叶包括了初级视觉皮层？
13. 大脑皮层的哪个脑叶包括了初级运动皮层？

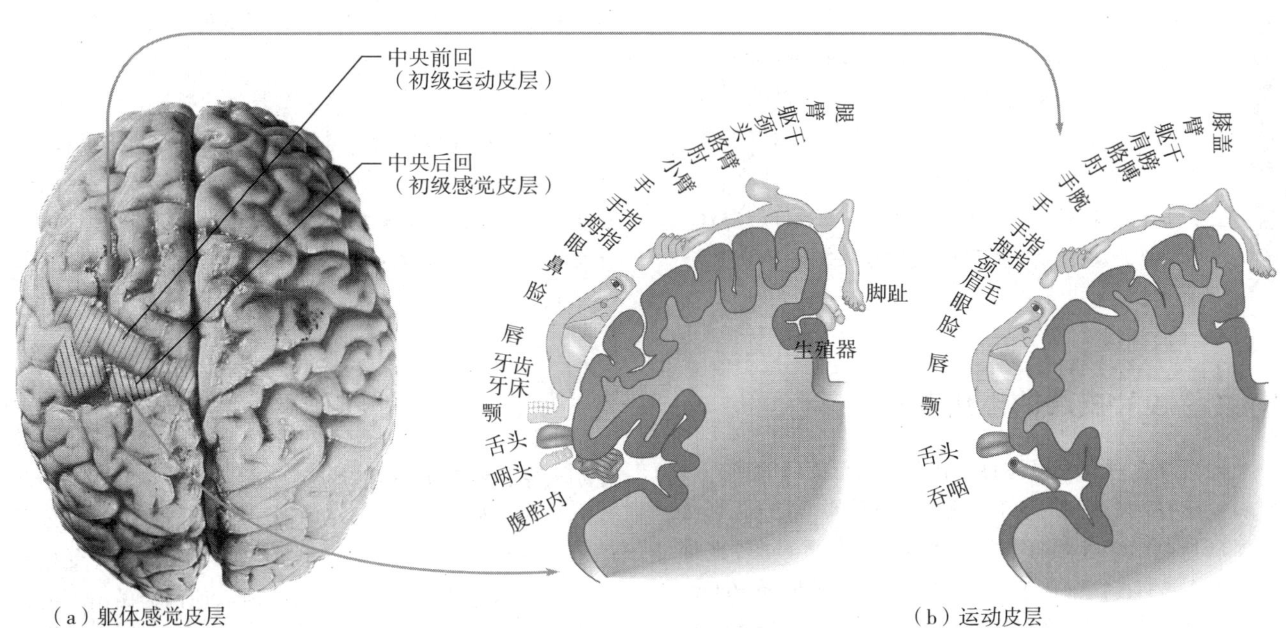

图 4.24 感觉和运动信息在皮层上的大体表征

（a）躯体感觉皮层的每个位置表征身体不同部位的感觉信息。（b）运动皮层的每个位置调控身体不同部位的运动。（*After Penfield & Rasmussen, 1950*）

应用和扩展

前额叶切除术的兴起与衰落

你也许曾听说过臭名昭著的**前额叶切除术**（prefrontal lobotomy），即将前额叶皮层与大脑其余部分手术分离。该手术由毁坏前额叶皮层或者切除其与其余皮层的联系组成。由于有报告称毁坏实验室灵长类的前额叶皮层会使得他们变得更加温顺，而且并没有显著损伤他们的感觉或者协调性，前额叶切除术应运而生。一些医师（并非严谨地）推论，类似的手术也许有助于治疗那些严重的难以治疗的精神障碍。

20 世纪 40 年代末到 50 年代初，美国实施了大约 40000 例前额叶切除术（Shutts，1982），其中许多都是由一个并未受过手术训练的医师 Walter Freeman 完成的。他在手术中使用像电钻和金属凿子这样的工具，即使按照当时的标准，这种技术也是非常粗糙的。许多手术是他在他的办公室以及其他非医院场所实施的。[Freeman 把手术器材放在自己的车上，并美其名曰“切除车”（lobotomobile）。]

最初，Freeman 和其他人将手术范围限制在有严重精神分裂症的人群，因为当时并没有对其有效的治疗手段。切除术确实缓和了某些个体的症状，但是手术效果经常令人失望。之后，Freeman 对那些不那么严重的心理障碍的人群也实施了切除术，

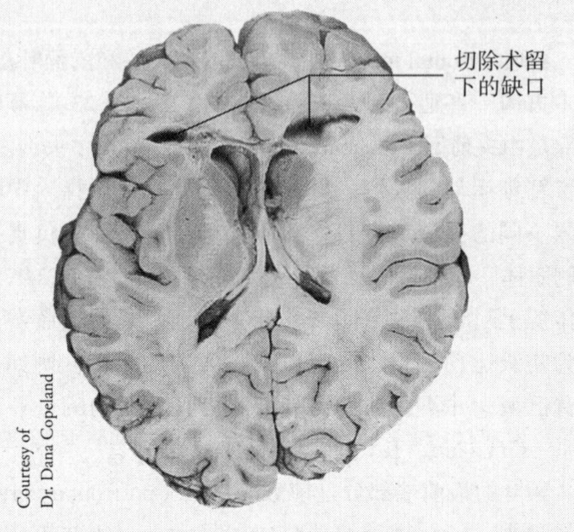

一个许多年前做过前额叶切除术的人的大脑的水平切面。前额叶上的两个洞便是手术的结果。

甚至包括一些根据我们现在的标准可以认为是正常的个体。当 20 世纪 50 年代中期药物疗法变得可行的时候，切除术迅速退出了历史舞台。

前额叶切除术的一些常见后果包括冷漠、缺失计划和采取行动的能力、记忆障碍、注意涣散以及情绪表达缺失（Stuss & Benson，1984）。前额叶损伤的患者失去社会抑制能力，缺乏礼貌和文明行为。他们不能准确估计自己行为的可能后果，因此经常有冲动的举止。

有关前额叶皮层的当代观点

此后，在对大脑损伤的人和猴子进行的研究中，研究者发现前额叶皮层对于工作记忆十分重要。工作记忆是记录新近刺激和事件的能力，例如你今天把车子停在哪里或者在被打断之前你正在讨论的话题（Goldman-Rakic，1988）。前额叶皮层对于**延迟反应任务**（delayed-response task）尤其重要。这个任务中刺激出现的时间很短，在短暂的延迟之后，被试必须对记住的刺激做出反应。

神经科学家们对于前额叶皮层的功能提出了另外一些假说。其中一个假说认为它对于依赖于情境的行为至关重要（E. Miller，2000）。例如当电话铃响起，你是否去接电话。如果你在自己家里答案是肯定的；然而如果在别人家，答案则很可能是否定的。如果你看到一个好朋友站在远处，你是否会向他大声打招呼？如果在公园中答案是肯定的，但在图书馆中则不然。前额叶受损的人群经常不能适应具体的情境，所以他们会做出不适合或者冲动的行为。

停下来检查一下

14. 前额叶皮层的功能是什么？

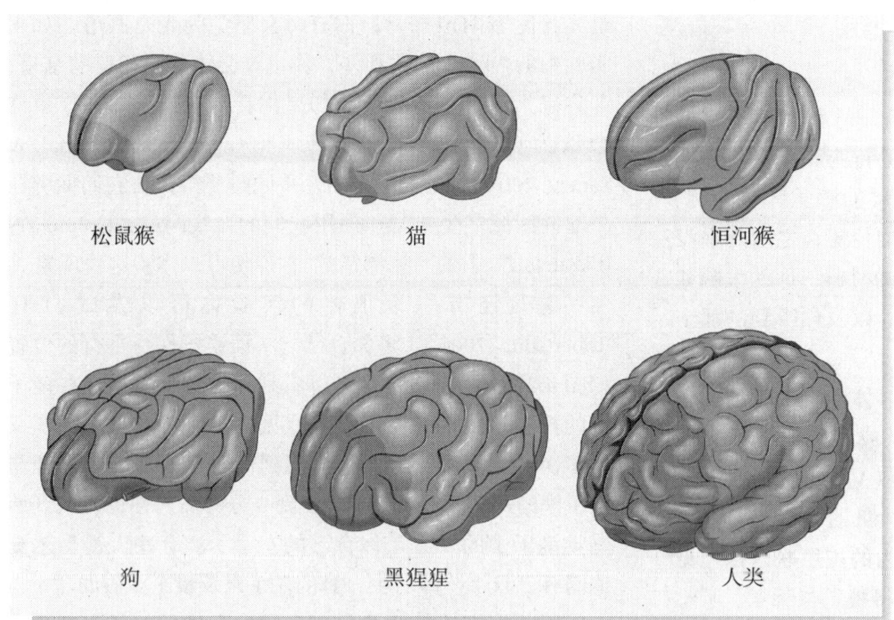

图 4.25 前额叶皮层的物种间区别

注意前额叶皮层（蓝色区域）在人类大脑中所占的比例要大于其他物种。（*After Fuster, 1989*）

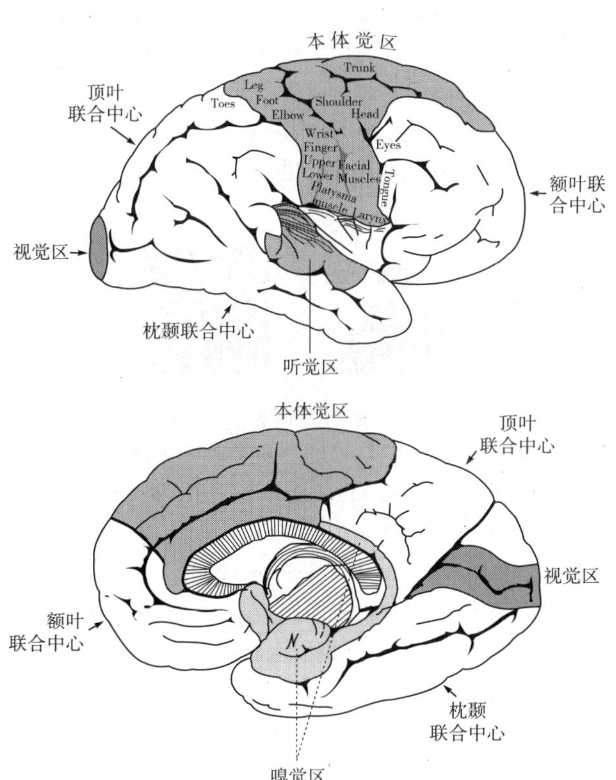

图 4.26 某个对于大脑皮层的过时且具有一定误导性的认识

注意图中的称呼“联合中心”来自一本过时的心理学教科书（Hunter，1923）。如今的研究者更倾向于认为这些区域属于“附加感觉区”（additonal sensory areas）

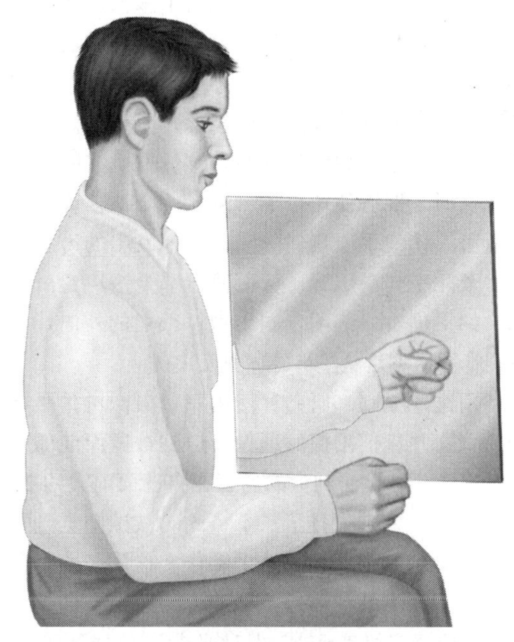

图 4.27 一种可以示范捆绑效应的错觉

将两只手握紧和松开，并同时看着你的右手和其在镜子中的投影。让你的左手无法看见。在几分钟之后，你也许开始感到镜子中的手就是你自己的左手。

不同区域如何协同工作

我们刚才考察了不同的脑区，每一个脑区都有自己的功能。它们如何在一起产生整体的行为和单个个体的自我体验？特别是，我们以大脑皮层的感觉区域为例。视觉区、听觉区和本体觉区在不同的位置，之间几乎没有联系。当你拿着收音机或者 iPod 的时候，你的大脑如何知道你看到的物体便是你感觉到的以及你听到的那个呢？

关于大脑不同区域如何对单个客体产生知觉的问题被称为**捆绑难题**（binding problem）或者大尺度整合难题（large-scale integration problem）（Vareka，Lachaux，Rodriguex，& Martinerie，2001）。早期的研究者认为，不同种类的感觉信息合并到他们称为的皮层联合区（见图 4.26）。这种假说认为这些联合区将视觉与听觉、听觉与触觉或者当下的感觉与此前经历的记忆“联合”。但是此后的研究发现这些联合区对视觉或者听觉的某一特定感觉系统进行高级加工，而其中几乎没有细胞将不同的感觉合并到一起。抛弃这种将不同感觉合并在一起“联合区”的观点，使得捆绑问题吸引了人们的注意。如果不同感觉不合并，我们如何知道我们看到的也是我们听到或者感觉到的呢？

尽管不能充分解释捆绑的概念，但是我们知道它产生的必要条件：当你感知到两种感觉发生在同一时间和同一地点时，捆绑便产生了。例如一个技艺高超的口技表演者可以使他手上玩偶的嘴巴与他发出的声音保持同步，以及几乎同一位置，从而使你感觉这声音来自那个玩偶。如果你看一部配音同步做得很烂的外语片，你会觉得配音的话不是从演员的嘴里发出的。

利用这些原则，研究者使用一台摄像机拍摄某个被试的后背，并且把拍摄的影像发送到被试面前的一台三维显示屏上。被试看到他的后背在自己面前大约 2 米处。然后被试的后背被人打了一下，此时被试知觉到了击打并同时在显示器中看到了这个动作。这样一段时间后被试便产生了真实的“体外”体验，即感受自己的身体在自己真正位置前的 2 米处。当对被试说“请回到你的座位”时，被试真的走向一个远离他实际座位的位置，好像他真的感觉到自己被向前移动了（Lenggenhager，Tadi，Metzinger，& Blanke，2007）。

下面是一个你自己可以尝试的实验：如果你看到一道光伴随着两声蜂鸣，你有时会感觉闪光是两道。如果实验中的声音音调柔和些，你也许会体验到相反的结果，即你以为只有一声蜂鸣。如果你看到三道闪光，你也许会认为自己听到了三声蜂鸣（Andersen，Tiippana，& Sams，2004）。光和声音的几乎同时使得你将它们捆绑在一起并因此产生错觉。使用我们的在线网站“Online Try It Yourself”中的“捆绑错觉”，你便可以体验这种现象。

这儿还有一个很棒的实验你可以尝试（I. H. Robertson，2005）。将你自己与一面镜子保持平行的位置如图 4.27 所示，使得你可以看到你的右手以及它在镜子中的投影。让你的左手无法看见。然后将两只手同步反复多次的握紧和松开。你会感到你左手的握紧和松开与镜子中的那只手是同步的。2 到 3 分钟后，你也许就开始感觉镜子中的手就是你自己的左手了。有些人甚至感觉他们有三只手，即右手、真的左手以及镜子中假的左手。

因此捆绑依赖于几乎来自同一个位置的某个刺激的两个或更多属性的感受。顶叶损伤的病人在空间中定位客体时存在障碍，即他们无法确切知道东西在何处，并且他们经常不能将物体合并在一起。例如他们在一堆绿色的 X 字母和红色的 O 字母中很难找到唯一的一个红色的 X 字母（L. C. Robertson，2003）。如果他们看到屏幕中显示如下图案：

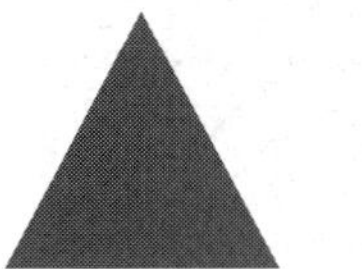

他们可能会报告看到一个绿色的三角形和一个红色的正方形而不是一个红色的三角形和一个绿色的正方形（L. Robertson，Treisman，Friedman-Hill，& Grabowecky，1997；Treisman，1999；R. Ward，Danziger，Owen，& Rafal，2002；Wheeler & Treisman，2002）。

当屏幕中的图片出现时间十分短暂或者分心时，甚至拥有正常大脑的人们有时也会犯这样的错误（Holcombe & Cavanagh，2001；Lehky，2000）。使用我们的在线网站“Online Try It Yourself”中的“无法进行捆绑”，你便可以体验这种现象。

停下来检查一下

15. 捆绑难题是指什么，可以解释它的假说是什么？

模块 4.2　结　语

大脑皮层的功能

人类的大脑皮层是如此之大，使得我们很容易就将其想象为整个大脑。事实上，只有哺乳动物才有真正的大脑皮层，很多动物在没有大脑皮层的情况下也做出了许多令人印象深刻的复杂行为。

那么什么才是大脑皮层的功能？它的最基本功能似乎是对感觉材料进行整合和精细加工。鱼没有大脑皮层，也能够看和听，但它们无法如哺乳动物一样识别和记住感觉刺激的所有复杂属性。某个电视广告中一家公司宣传自己并不制造任何产品，但他们使得许多（别的公司的）产品变得更好。大脑皮层也是相同的情况。

总　结

1. 尽管不同种类哺乳动物的大脑尺寸有差异，但总体的构造是相似的。
2. 大脑皮层包括六层神经元。皮层的特定位置也许不存在某层神经元。皮层是由相对于这些分层垂直的细胞柱构成的。
3. 枕叶主要承担视觉功能。枕叶的部分受损会导致视野的部分失明。
4. 顶叶加工身体知觉。中央后回包括四个分离的身体表征。
5. 颞叶对听觉、视觉的复杂属性以及情绪信息的处理有贡献。
6. 额叶包括控制精细运动的中央前回。它也包括前额叶皮层，这块区域对于当下和新近刺激的记忆、动作的计划以及情绪表达的控制有贡献。
7. 前额叶皮层对于工作记忆以及依赖于情境的计划动作很重要。
8. 捆绑难题是关于我们如何把不同脑区的活动，例如视觉和听觉，连接在一起的问题。不同脑区并不是把它们的信息都传输到一个中央处理器中。
9. 捆绑要求在空间中定位客体。

关键术语

大脑皮层　103
胼胝体　103
前连合　103
灵长类动物　103
层　103
柱　104
枕　叶　105
顶　叶　105
中央沟　105
中央后回　105
颞　叶　106
Klüver-Bucy 综合征　106
额　叶　107
中央前回　107
前额叶皮层　107
前额叶切除术　108
延迟反应任务　108
捆绑难题　110

思考题

当有 Klüver-Bucy 综合征的猴子拿起点燃的火柴和蛇时，我们不知道他们是否是情绪缺失还是无法识别客体。什么样的研究方法可以回答这个问题？

停下来检查一下答案

9. 细胞柱
10. 颞叶
11. 顶叶
12. 枕叶
13. 额叶
14. 前额叶皮层对于工作记忆（对正在发生事情的记忆）和依赖于情境的计划行动尤其重要。
15. 捆绑难题是关于大脑如何把不同脑区的活动合并在一起，产生统一感觉和协调行动的问题。其中的一个假说是，捆绑要求对一个物体的位置进行识别。当光和声音看起来来自同一位置时，我们就把它们合并为一个单独的体验。

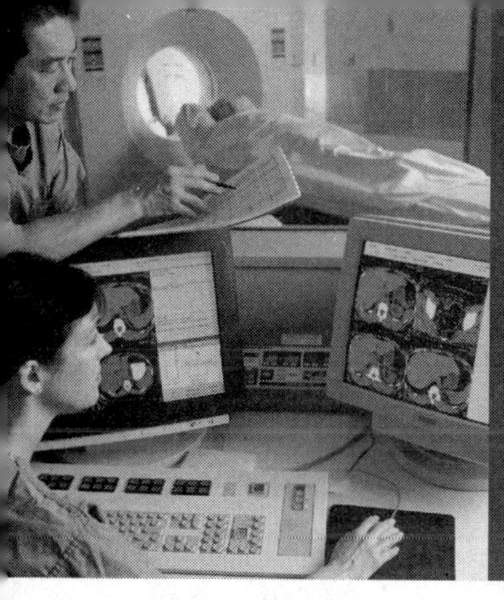

模块 4.3

研究方法

想象你试图去理解一个大的、复杂的机器。你可以从描述它的外表和描述零件的位置开始。这个任务可能很困难，但总比发现每个部分的功能容易。

与此相似，虽然描述脑的结构已经够困难了，但真正的挑战是发现它如何工作。下文中，我们将考虑许多彼此关联的研究方法。不过，多数方法都可以归纳到几个分类当中。在这一部分中，我们将思考这些分类及分类背后的逻辑，并且分析将在以后各章中不断重现的一些常见研究手段。

研究脑功能的手段主要可分为以下几类：

1. *将脑解剖与行为联系起来*。那些做出非同寻常行为的人是否也有非同寻常的大脑？如果是的话，他们的脑在哪些方面不同寻常？
2. *记录行为过程中的脑部活动*。例如，我们可以记录在争斗、睡眠、觅食、问题解决等过程中脑部活动的变化。
3. *分析脑损伤的后果*。在脑损伤或暂时失活之后，行为的哪些方面会被削弱？
4. *分析刺激某些脑区的结果*。理论上，如果损伤某些脑区会削弱某一行为，那么刺激这一脑区应该加强这一行为。

将脑解剖与行为联系起来

探索脑功能的方法听上去很简单：找一个行为不同寻常的人，看看他的大脑有什么特殊的特征。在十九世纪初，Franz Gall 观察到了一些语言记忆能力非常突出的人，他们都长着凸出的眼睛。于是，他推论语言记忆依赖于眼睛后面的脑区，对于语言记忆能力突出的人，这一脑区会将他们的眼睛向前顶起来。之后，Gall 又检查了其他有某些天赋或性格的人的颅骨。他假设颅骨的凸出和凹陷是与脑区的大小相对应的。这种将颅骨形状与行为联系起来的过程，叫做**颅相学**（phrenology）。他的一个追随者制作了颅相学地图（如图 4.28 所示）。

颅相学家的问题在于他们不加鉴别地使用数据。在某些情况下，他们只检查一个行为古怪者，就确定可能造成这种行为的脑区。另一个问题在于颅骨的形态与脑解剖学几乎没有关系。颅骨的不同部位厚度不同，而且不同人的颅骨厚度也不一样。

19 和 20 世纪的另外一些研究者拒绝接受研究颅骨的想法，但保留了脑的解剖结构与行为相关的思路。一项研究计划是在人死后取出大脑并检查杰出人物的大脑有什么特殊之处。一些协会也成立了，它们的成员同意在死后捐献大脑以供研究。但这些研究都没有得出结论。杰出人物的大脑形态各异，那些不太杰出的人也是如此。即使脑解剖与智力有关，这种相关也是不显著的（Burrell, 2004）。在这一部分的结尾，我们将回到脑解剖结构与智力的问题上来。现代研究方法使我们能够更系统地探索这一问题，虽然结论仍然暧昧不清。

如果我们忽略脑的总体大小或形状与什么东西有关这一问题，某个特别脑区的大小也可能和特定行为有关。现在的研究者可以采用的被试数量足够进行统计分析，从而可以检查活人的脑解剖结构的细节。例如，下顶叶灰质含量与青春期的词汇量有显著相关（H. Lee et al, 2007）。下文中我们还会看到更多的例子。

一种检验脑解剖结构的方法是**计算机辅助断层扫描技术**（computerized axial tomography），通常称为 CT 或者 CAT 扫描（Andreasen, 1988）。一位医生先向受检者的血液中注入造影剂（以增强图像对比度），然后让他将头部放在如图 4.29a 所示的 CT 扫描仪中。X 射线穿过头部，并被另一侧的探测器记录下来。CT 扫描仪缓慢旋转，测量 180 度内每个角度的数据。通过这些测量，可以在计

图 4.28 颅相学家的“大脑地图”

现在的神经科学家也试图定位脑功能，但他们使用更严谨的方法，而且他们研究视觉、听觉等功能，而不是“诡秘”或“非凡”（*Spurzheim, 1908*）。

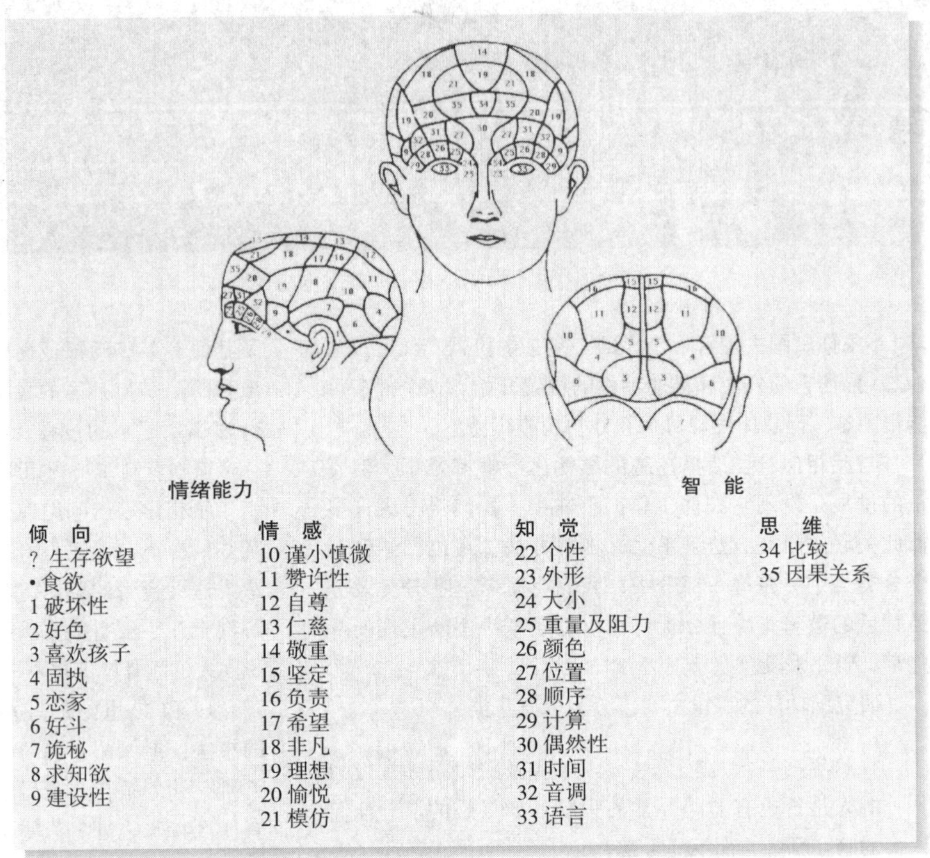

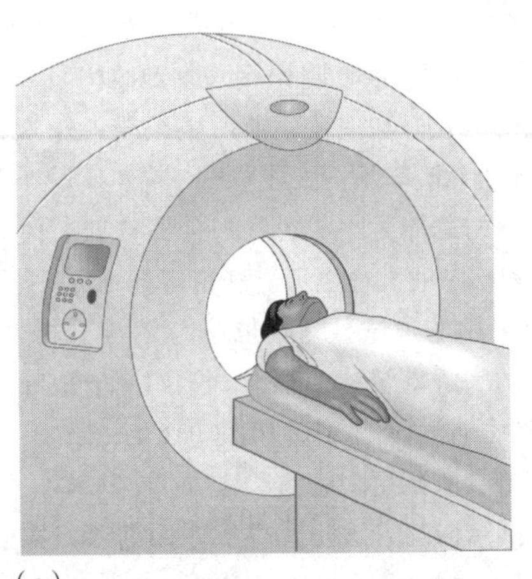

（a）

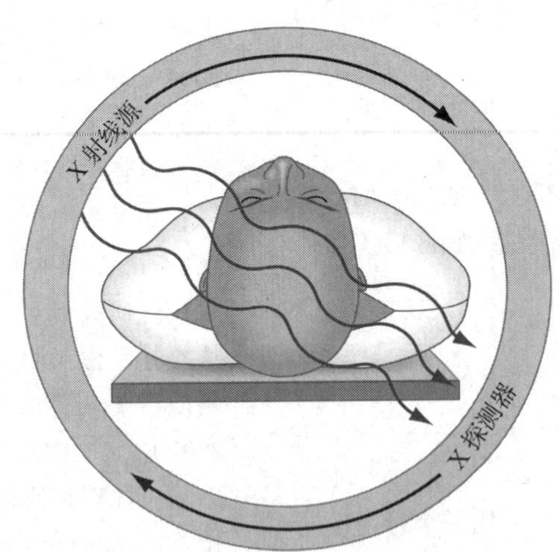

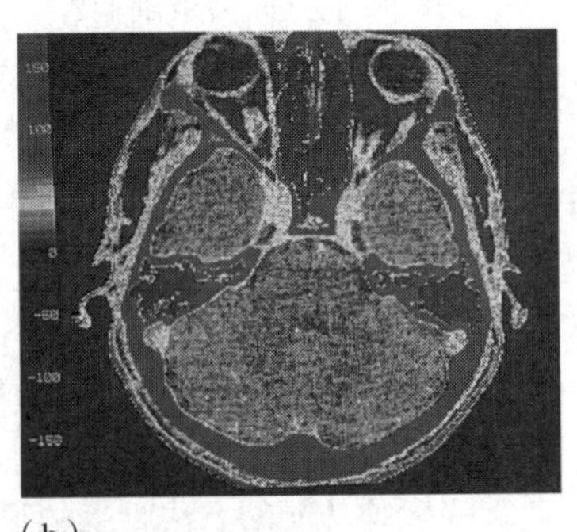

（b）

图 4.29 CT 扫描仪

（a）一个人的头部在仪器中，来自一个快速旋转装置的 X 光穿过头颅后，另一侧的探测器会产生图像。之后，电脑会合成大脑的图像。（b）通过电子计算机 X 射线断层扫描技术（CT 扫描）生成的正常人脑图像。

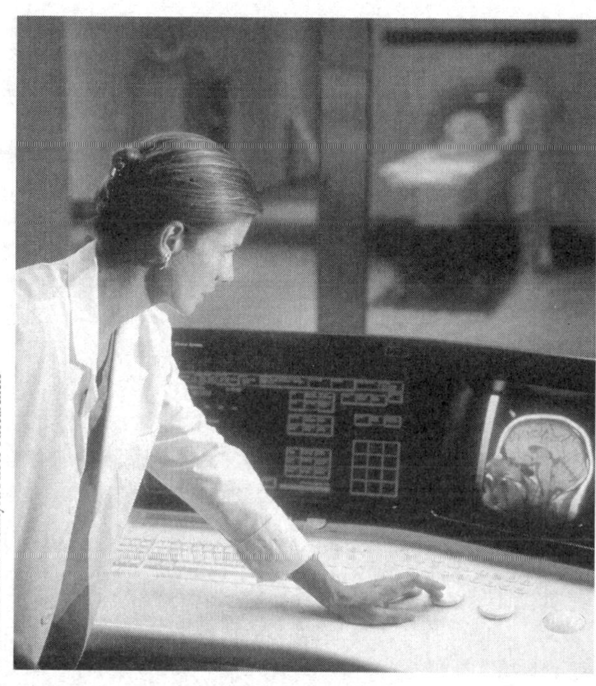

图 4.30　磁共振成像生成的大脑图像

任何相对原子质量为奇数的原子（如氢原子）都会自旋。外加磁场可以使自旋轴规律排列。之后，叠加的射频场可以让原子像小陀螺那样移动。当射频场撤去时，原子核将恢复之前的自旋轴并释放出电磁能量。通过测量释放出的能量，我们可以不损伤大脑就得到它的结构像。

算机上生成大脑结构像（如图 4.29b 所示）。CT 扫描能够检测肿瘤和其他结构异常。

另一种方法是**磁共振成像**（magnetic resonance imaging，MRI）（Warach，1995），它的理论基础是这样的：任何相对原子质量为奇数的原子（如氢原子），都有一个自旋轴。MRI 设备会产生强大的磁场（大约是地磁场的 25000 倍），使自旋轴规律排列，并叠加射频场使自旋轴倾斜。当射频场撤去时，原子核将恢复它们之前的自旋轴并释放出电磁能量。通过测量释放出的能量，MRI 设备可以生成大脑图像（如图 4.30 所示）。MRI 生成的图像可以精确到直径为毫米的解剖细节。缺点在于，受检者必须一动不动地躺在一个狭窄且噪声很大的仪器里面，这样的步骤通常不适合儿童或幽闭恐惧症患者。

停下来检查一下

16. 现在的研究者有时也将行为差异与脑解剖上的差异联系起来，他们的方法跟颅相学家有什么区别？

记录大脑活动

当你看日落，感到恐惧，或者做一道数学题时，哪些脑区的活动发生了改变？研究者通过在实验动物脑部插入电极来记录它们的脑部活动。他们也使用化学药品来标记神经元活动增强时产生的某些蛋白质。但研究人脑时要采用非侵入式的方法，也就是说，不必向人脑中加入任何东西的方法。

脑电图仪（electroencephalograph，EEG）通过在头皮上附着的几个到一百多个不等的电极来记录脑电活动（图 4.31）。贴在头皮上的电极测量电极下的一群细胞任何时刻的平均活动，其结果被放大并记录下来。脑电图仪可以记录自发的脑部活动，也可以记录回应刺激的脑部活动，在后一种情况下我们把结果叫做**诱发电位**（evoked potentials）或**诱发反应**（evoked responses）。以一个研究为例，研究者记录了成人在观看男性和女性的裸体照片

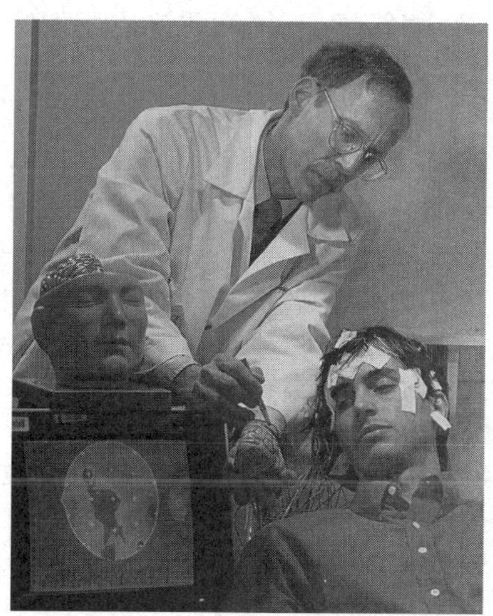

图 4.31　脑电图仪

脑电图仪测量贴在头皮上的电极下的一群细胞的整体活动。

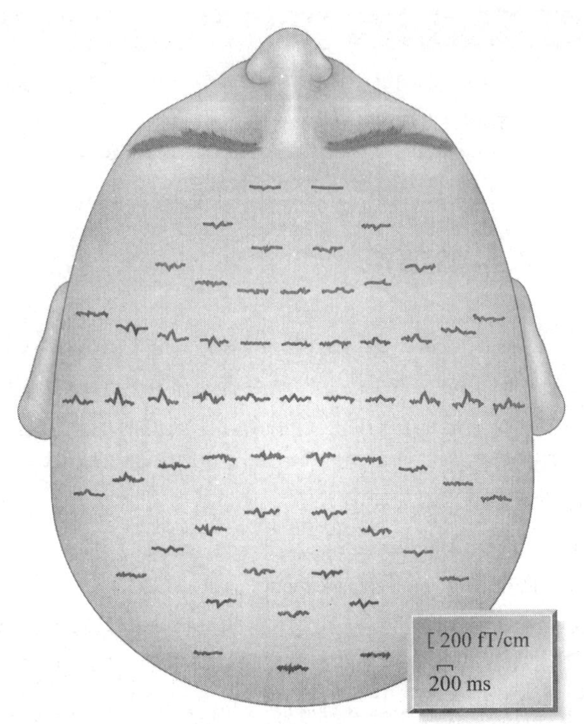

图 4.32 一份脑磁图结果，显示了大脑对右耳听到的一个音调的反应

鼻子在图的顶端。对于图上的每个点，这一示意图显示了声音出现后几百毫秒内大脑不断变化的反应（测量尺寸见右下角）。这一音调诱发了许多脑区的反应，最大的反应来自颞叶，尤其是左侧颞叶。（*Reprinted from Neuroscience: From the Molecular to the Cognitive, by R. Hari, 1994, p. 165, with kind permission from Elsevier Science—NL, Sara Burgerhartstraat 25, 1055 KV Amsterdam, The Netherlands.*）

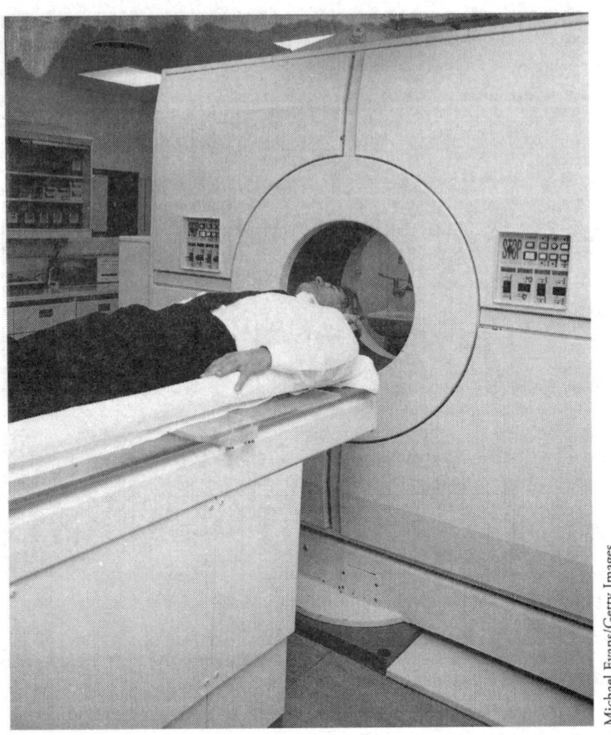

图 4.33 PET 扫描

此机器可记录下从事某些认知活动的人的哪个脑区被激活以及激活的程度。

时的诱发电位。男性被试报告自己对女性裸体照片有高度反应，女性被试却报告对男性和女性裸照只有中性反应，但是男性和女性的脑部都对异性裸体产生了强烈的诱发电位（Costa, Braun, & Birbaumer, 2003）。这意味着，诱发电位有时会揭示自我报告中发现不了的信息。

脑磁图（magnetoencephalograph, MEG）也是类似的，但它不是记录脑部的电活动，而是测量脑部活动产生的微弱磁场（Hari，1994）。和 EEG 一样，MEG 的记录可以将脑部活动的位置精确到大约一厘米。但是，MEG 在时间分辨率上表现卓越，可以显示出 1 毫秒内的改变。

图 4.32 展示了一份 MEG 记录，它显示了大脑对右耳听到的一个简单音调的反应。这一示意图表示从上往下看的头部，鼻子在最上面（Hari，1994）。研究者可以通过 MEG 确定各种脑区的反应时间，因而可以从源头开始追踪某一脑部活动如何传导到其他脑区（Salmelin，Hari，Lounasmaa，& Sams，1994）。

另一种研究方法，即**正电子断层扫描**（positron-emission tomography，PET），通过记录注射入脑部的放射性物质的辐射来生成高清晰度的脑活动图像。首先，受检者被注射葡萄糖或其他含有放射性元素的药品。当放射性原子衰变时，它会释放正电子，正电子会立刻与附近的电子发生碰撞，向完全相反的两个方向释放两束 γ 射线。受检者的头部被 γ 射线探测器（图 4.33）包围着，当两个探测器同时检测到 γ 射线时，就可以确定这两个探测器的中点是 γ 射线的来源。电脑用这些信息确定大脑中每个点释放了多少 γ 射线，从而推断出每个区域含有多少放射性物质（Phelps & Mazziotta，1985）。

放射性最大的区域也是血流量最大的区域，因此可

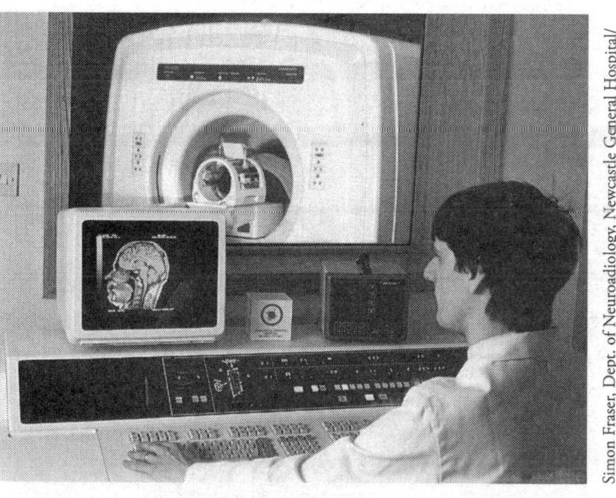

Simon Fraser, Dept. of Neuroradiology, Newcastle General Hospital/ Science Photo Library/ Photo Researchers

图 4.34　对人脑进行 fMRI 扫描

fMRI 以大约每秒 1 帧的速度生成详细的图像（*Wagner et al., 1998*）。

能是最活跃的脑区。PET 研究的例子可以见第 9 章中如何用 PET 确定某一睡眠阶段中活跃的脑区等相关内容。

通常而言，PET 扫描使用半衰期很短的放射性物质，这些物质是通过回旋加速器筛选出来的。由于回旋加速器又大又昂贵，PET 扫描只在研究型的医院中才能用到。此外，PET 还要求将大脑暴露在辐射之下。多数情况下，PET 已经被更便宜、风险更小的**功能性磁共振成像**（functional magnetic resonance imaging，fMRI）所取代。标准的 MRI 扫描记录水分子在去掉外加磁场后释放的能量，它的结果可以详细地显示脑部结构。功能性磁共振成像（fMRI）是 MRI 的一个改进版本，它以血红蛋白（血液中结合氧的蛋白）为基础（Detre & Floyd，2001）。含氧血红蛋白和脱氧血红蛋白对磁场的反应不同。由于脑活动增加时氧气消耗增加（Mukamel et al.，2005），研究者用 fMRI 仪器检测血氧含量，它与到达每一个脑区的突触输入量一致（Viswanathan & Freeman，2007）。fMRI 成像的空间分辨率在 1~2 毫米左右（几乎和标准 MRI 一样好），时间分辨率为大约 1 秒（图 4.34）。fMRI 在确定记忆和注意测验中激活的脑区上非常有价值。

然而，如果没有跟其他情况的比较，测量你做一件事情（比方说，阅读）时的脑活动就是毫无意义的。所以研究者会分别记录你阅读时的脑活动和完成对照任务时的脑活动，之后减去你在对照任务中的脑活动，以确定阅读中出现的额外脑活动。作为对照任务，比方说，研究者可以让你去看一篇用你不认识的语言写成的文章。这个任务和阅读任务一样会激活视觉区，但是理论上它不会激活大脑的语言区。图 4.35 阐释了这个研究思路。

然而，阅读仍然需要注意、记忆、语言理解和其他功能的共同作用，因此还需要更多深入的研究来区分，究竟哪些脑区完成了哪些功能。这个任务对于任何一个实验室来说都是无法独立完成的，但是研究者们可以通过一个 fMRI 网络实验室来分享他们的研究结果（Van Horn，Grafton，Rockmore，& Gazzaniga，2004）。

解释这些研究的结果也是一项复杂的任务。假设一些人收集了你在完成两个任务时的 fMRI 成像结果。如果结果显示，在你完成任务更好的时候会有更高的脑区激活水平，那么解释有可能是，因为你有更多的激活因此才能更好地完成任务。但是如果结果发现，在你完成任务水平较差的时候脑区激活更强，解释就有可能是，你必须激活更多的脑区去完成一个更复杂的任务（Gigi，Babai，Katzav，Atkins，& Hendler，2007；Pexman，Hargreaves，Edwards，Henry，& Goodyear，2007）。

尽管结果十分复杂，fMRI 研究的结果还是为我们提供了很多重要的信息。例如，一些研究者对人们在“思想游荡（mind wander）”的时候哪些脑区的激活会增强进行了研究。结果发现，包括后扣带皮层（posterior cingulate cortex）在内的一些脑区在人们没有进行特定任务的时候会出现持续的激活增强（M. F. Mason et al.，2007）。而在之后的另一个研究中，关注被试在完成一些需要持续注意的实验任务时的表现，研究者们发现，当后扣带皮层和其他涉及思想游荡的脑区激活增强时，人们的实验任务完成水平就会随之降低（Weissman，Roberts，Visscher，& Woldorff，2006）。显然，这些结果说明，与任务不相关的脑区激活是与因警觉而产生的大脑活动相互冲突的。

在另一个研究中，研究者使用 fMRI 技术去记录人们在观看 1750 张照片时的视觉皮层激活情况。之后研究者向被试出示 120 张新的照片，这些新的照片与之前看过的照片中的一张或者几张有相似之处，用电脑对记录的 fMRI 结果进行对比分析。在大多数情况下，研究者们可以根据脑成像的结果猜测被试看到的新照片是哪一张。这也就是说，某种程度上而言，研究者们已经能够“读心”了（Kay，Naselaris，Prenger，& Gallant，2008）。

再举一个非常有趣的研究作为例子。研究者们使用 fMRI 技术，记录一名因车祸而脑损伤后长期处于植物

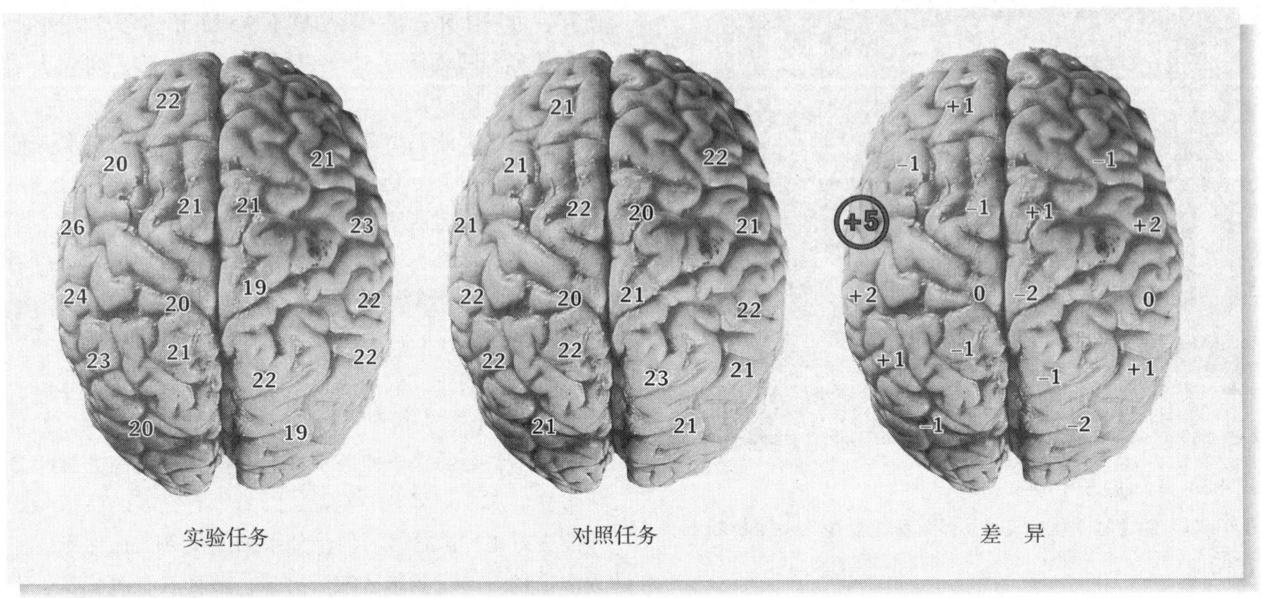

图 4.35 脑扫描的相减结果

左侧大脑上标注的数字代表完成某些任务时理论上的激活水平，测量单位值是任意的。中间的大脑图片表示在完成对照任务时，相同脑区的激活水平。右侧的大脑表示了二者之间的激活水平差异。差异最大的区域用高亮显示。在实际的数据中，激活增加的最大程度约为 10%~20%。

人状态的年轻女性的大脑活动情况。被试无法说话，也不能做出任何其他有目的的动作。然而，当研究者要求她想象打网球的情景时，脑成像结果发现该病人在运动皮层区出现了激活，与健康被试的结果十分相似。当要求被试想象她走过自己家房子的时候，一组不同脑区同时出现激活，反应模式同样与健康人类似（Owen et al., 2006）。后续的研究中发现了另外一名植物人被试也对他人指示出现了与正常人相似的脑区激活反应，但是绝大多数其他的植物人不存在这种反应（K. Smith，2007）。这些研究的结果是否能说明某些处于植物人状态的病人实际上仍然存在意识呢？或者至少能够说明某些病人相比之下会更有可能在未来恢复意识？目前，神经科学家们的意见并不统一，但是这种可能性确实存在。

脑损伤的影响

1861 年，法国神经学家 Paul Broca 发现一名失去语言能力的病人在左侧额叶某处存在脑损伤，这个区域现在被称为布洛卡区。之后的研究发现，更多的失语症患者存在这一区域或者周围区域的损伤。在此之前，有很多神经学家对特定脑区与功能之间的联结持怀疑态度，布洛卡区的发现为这一认识带来了革命性的变化。

从那时起，研究者们完成了无数个对于脑区损伤后行为功能损害情况的报告，我们将会在以后的章节里讨论这些结果。脑损伤会导致病人无法识别面孔，无法知觉运动，只能注意右半侧的身体和世界，以及另外一些特定的功能损害。

然而从研究的角度来评价，这些报告缺乏对于其他变量的控制。大部分人的脑损伤并不存在于一个单独的区域，而很可能包括其他的区域；并且没有两个病人的损伤位置完全一致。

对于实验室动物来说，研究者可以有目的地损伤它们的某个特定脑区。**损毁**（lesion）是指对于某个脑区的损伤；**切除**（ablation）是指手术移除某一个脑区。研究者们通常使用**立体定位仪**（stereotaxic instrument），即一种可以将电极在脑内精确定位的仪器，来损伤位于大脑内部的结构（图 4.36）。通过查阅某种动物的脑解剖图，

图 4.36 用于小型动物脑区定位的立体定位仪

使用这一装置，研究者可以将电极插入动物脑内，进行刺激、记录或者损毁。

研究者可以通过在颅骨上作一些标记将电极定位于所需损毁的脑区位置。之后研究者将动物麻醉，在它的颅骨上钻出一个小洞，插入电极（除了电极尖端以外，其他部分都是绝缘的），深入到目标位置，然后通过一个足够大的电流刺激，将这部分脑区损伤。例如，研究者可以损毁部分下丘脑，研究其对于进食和饮水行为的影响。在进行实验后，研究者将动物处死，并把动物的大脑切片、染色，检查实际损伤的位置（因为有可能与实验的目标区域不一致）。

假设一名研究者进行了某处损毁并报告了一些行为功能损伤。你可能会问，“等等，我们怎么能知道这些行为损伤不是由于麻醉、颅骨钻孔，或者插入电极造成的？”为了排除这种可能性，研究者会对控制组的被试进行**假损毁**（sham lesion）处理，也就是对另一组动物进行与实验组完全相同的处理，只是插入的电极不通过电流对脑区进行损伤。在这种情况下，两组动物间出现的行为表现上的任何差异一定是由于脑区的损伤而不是其他原因导致的。

除了损毁以外，其他的一些处理方法也可以造成特定大脑结构和系统的失活。**基因敲除方法**（gene-knockout approach）中，研究者们通过生物化学手段，引发某个对于特定类型细胞、递质或者受体有重要作用的基因变异（Joyner & Guillemot，1994）。我们已经在第 3 章中遇见了一个使用这种研究方法的例子：可卡因无法对缺乏多巴胺 I 型受体的小白鼠发挥正常的强化物作用，通过这个结果，研究者证明了多巴胺系统在药物滥用中的重要影响（Caine et al.，2007）。

经颅磁刺激（transcranial magnetic stimulation，TMS）是将一个强磁场加于头皮的某部分，令磁场下的神经元活动暂时失活的一种方法（Walsh & Cowey，2000）。这种方法使得研究者可以研究某一个体在大脑区域的激活、不激活、再次激活时的行为。图 4.37 即为这一程序的装置。例如，在第 6 章中讨论的一项研究发现，即使在经颅磁刺激非常短暂的压制视觉皮层时，人们也能够控制他们

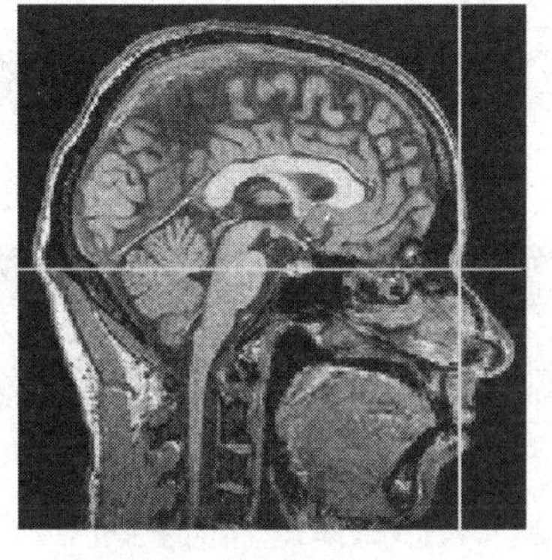
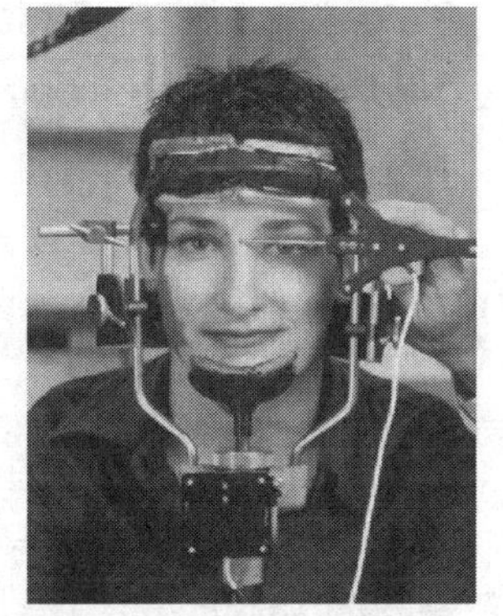
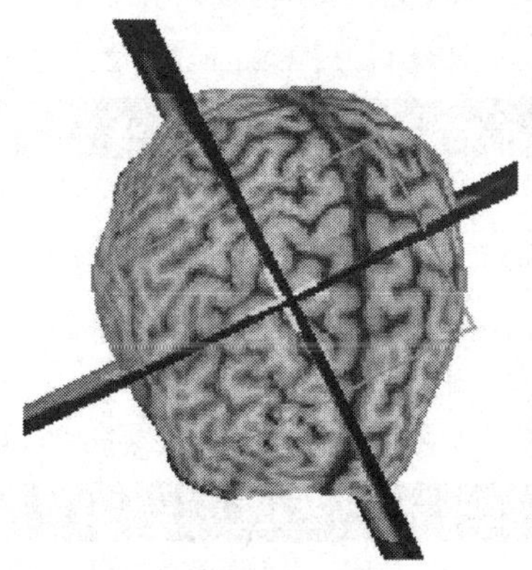
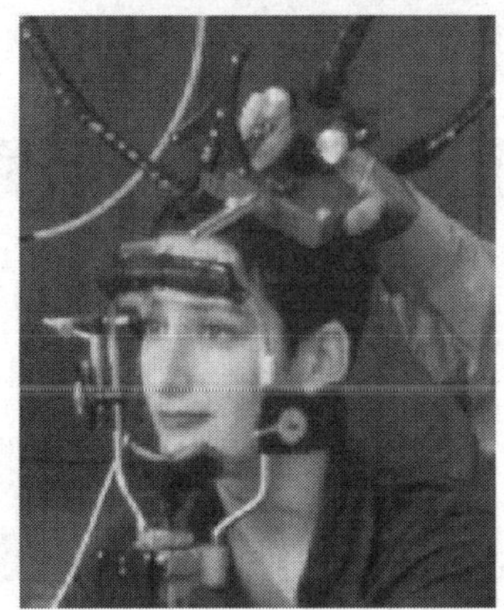

图 4.37 人类大脑的磁刺激装置

这一方法被称为经颅磁刺激，即 TMS。

的眼动朝向一个灯光。这一结果提示我们，大脑的其他部分也可以对灯光产生一个动作反应，即使他们并没有产生一个有意识的视觉。

在运用上述这些方法时，一个大的问题是确定特定行为的缺失。这就好比你剪断了电视机里的一根电线，然后图画就消失了。你就可以知道这条线对图像是必需的，但是你还是不知道其中的缘由。相似地，如果你损坏了一个大脑区域而动物停止了进食，你将不会知道这一区域怎样对进食提供帮助。损坏的研究是一个很好的开始，但它也只是一个开始。

脑刺激的影响

如果大脑损伤损害了一些行为，刺激可能会引起这些行为。研究者可以在实验室动物身上插入电极来刺激大脑区域。在人类身上，他们使用了一个不太损伤（和较小精确性）的方法。研究者在头皮上应用了一个磁场，然后激活了头皮下的脑区（Fitzgerald，Brown，&Daskalakis，2002）。强烈的经颅磁刺激使某些区域不活跃，与此相反，一个短暂的、温和的刺激反而可以激活这个区域。

任何脑刺激的研究都存在一个限制，即复杂的行为和经验依赖很多脑区而非一个，所以一个人为的刺激只会产生一个人为的反应。例如，对大脑初级视觉皮层的一次电或磁的刺激会使被试报告看到了快速闪动的光点，而不会报告看到一个面孔或者其他可识别的客体。发现大脑某区域如何产生一个有意义的图像很困难，与此不同的是,发现哪个脑区负责视觉（或运动或其他诸如此类）会更为简单。

表 4.5 总结了研究大脑 – 行为关系的多种方法。

表 4.5　大脑–行为研究方法

将脑解剖与行为联系起来	
计算机辅助断层扫描（CAT）	绘制大脑区域图，但需要使用 X 射线
磁共振成像（MRI）	使用磁场绘制大脑区域的细节图
记录行为过程中的脑部活动	
来自插入大脑中的电极	有伤害性；用于实验室动物，人类被试很少使用
脑电图仪（EEG）	来自头皮的记录；测量可精确到毫秒，但难解决信号定位
诱发电位	类似于脑电图，但要对刺激物进行反应
脑磁图（MEG）	类似于脑电图，但测量脑电活动的磁场变化
正电子发射断层扫描技术（PET）	测量时间和位置的变化，需要将大脑暴露于辐射下
功能性磁共振成像（fMRI）	测量 1s 内，1~2mm 范围之内的变化，不需要辐射
脑损伤研究	
对中风等患者的研究	用于人类；每名被试患有不同的损伤
损毁	对实验室动物进行控制性的损伤
切除	切除一部分脑区
基因敲除	基因起作用的地方（例如，一个受体）
经颅磁刺激	强烈刺激使大脑某一区域暂时不活动
刺激某一脑区的实验	
刺激电极	侵害性的；用于实验室动物，很少用于人类
经颅磁刺激	短暂、温和地激活皮层下的某一脑区

停下来检查一下

17. 短暂、温和的磁刺激与持续时间长、强度大的刺激有何不同?
18. 为什么电或磁刺激很少产生复杂、有意义的感觉或运动?

脑大小和脑结构的差异

尽管不同物种间大脑的组织是相同的，但是大小却是变化的，甚至在同一物种内也存在着这种大小上的变化。例如，有些人从眼睛到大脑的轴突数量就是其他人的两到三倍。同样他们在视觉皮层上也有更多的细胞（Andrews，Halpern，& Purves，1997；Stevens，2001；Sur & Leamey，2001），因此他们也有更好的能力去探测简短、模糊、快速变化的视觉刺激（Halpern，Andrews，& Purves，1999）。

整体大脑的大小也有不同。大脑的大小对智力是否有影响呢？这个让你可能很好奇的问题，有助于让我们理解新的方法怎样促进了研究。

正如这部分开头所提到的，很多研究者比较了杰出（大概是智力方面）人物与其他人士的大脑，但并没找到任何显著的不同。之后的神经科学家检查了著名科学家爱因斯坦的大脑，再次希望找到不同寻常之处。爱因斯坦的大脑大小仅为平均值。但他一个脑区内的神经胶质细胞与神经元的比例大于平均值（M. C. Diamond，Scheibel，Murphy，& Harvey，1985）。另一项研究考察了爱因斯坦大脑的顶叶皮层的扩张范围，如图 4.38 所示（Witelson，Kigar，& Harvey，1999）。然而，当研究者检查了特定大脑的很多方面并找出了一堆不寻常的特征时，我们并不知道这些特征是有意义的还是并不相关的。

尽管缺乏好的证据，这一想法依旧存在：大脑的大小不应该与智力有一些关系么？即使这一想法不完全正确，它就完全错了么？

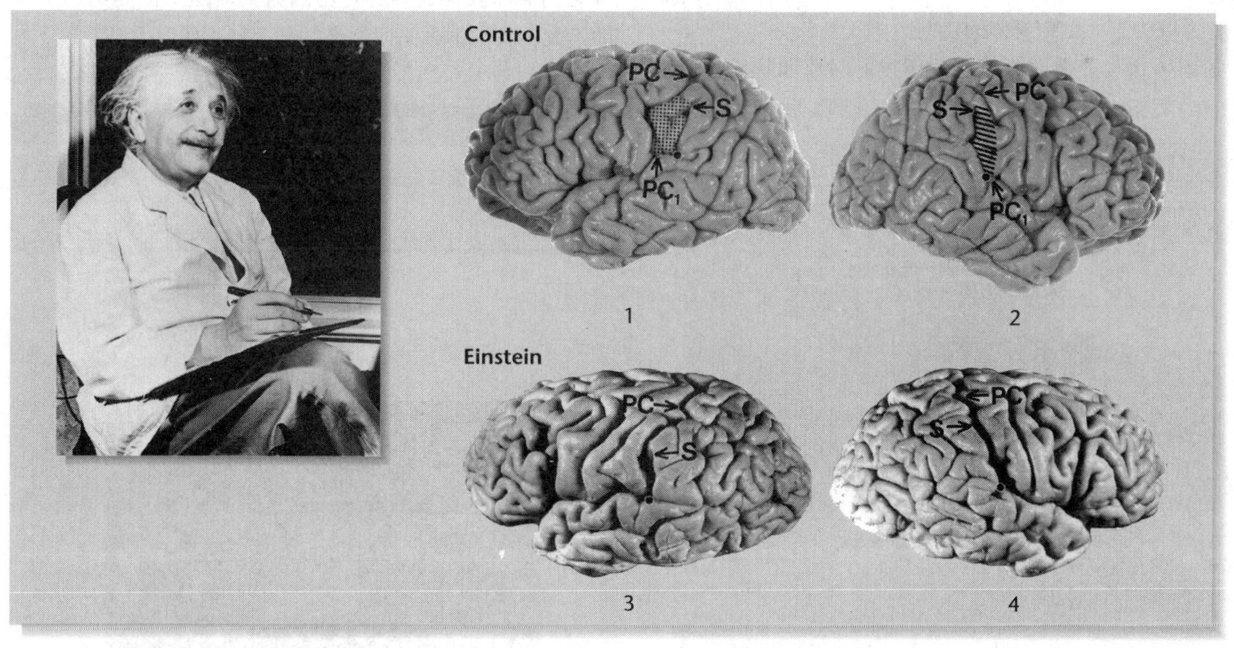

图 4.38 爱因斯坦的大脑

1 和 2 展示了一个普通大脑的左右半球；左侧点画和右侧阴影线部分的脑区被称为顶岛盖。3、4 展示了爱因斯坦的大脑；由于下项叶延伸超过了它正常的边界，占据了通常为顶岛盖的位置，顶岛盖缺失了。（*Brain images reprinted from The Lancet, 353/9170, Witelson, S. R., Kigar, D. L., & Harvey, T., "The exceptional brain of Albert Einstein," p. 2151, 1999, with permission from Elsevier.*）

物种间的比较

所有哺乳类动物的大脑都有相同的组织。即视觉皮层、听觉皮层及其他组成部分均处在相同的位置。另外，脑内各个脑区的大小也是成比例的，嗅球是个例外，例如狗的嗅球较大而人的嗅球却比较小（Finlay & Darlington，1995）。

然而哺乳类动物脑的大小却极大地不同。最大的哺乳类动物其大脑是最小动物的10万倍。在一些物种中，如啮齿类动物，大的大脑拥有更大的神经元。而在灵长类动物中，大脑变大是通过增加神经元的数量实现的（Herculano-Houzel，Collins，Wong，& Kaas，2007）。你可以在Comparative Mammalian Brain Collections网站上检查各种哺乳类动物的大脑：http：//www.brainmuseum.org/sections/index.html.

脑的大小与动物智力有关么？我们人类喜欢把我们看作是最聪明的动物——由此我们定义智力的意思。然而，人类并没有最大的大脑。抹香鲸的大脑是人类的八倍之大，大象的大脑则是人类的四倍之大。有人提出，也许智力取决于大脑与身体的比例。

图4.39说明了各种脊椎动物体重的对数和脑重的对数之间的关系（Jerison，1985）。可以看到，我们认为最聪明的物种（比如我们人类）相对于我们认为不太聪明的物种（比如蛙类），拥有更大的脑－身体比例。

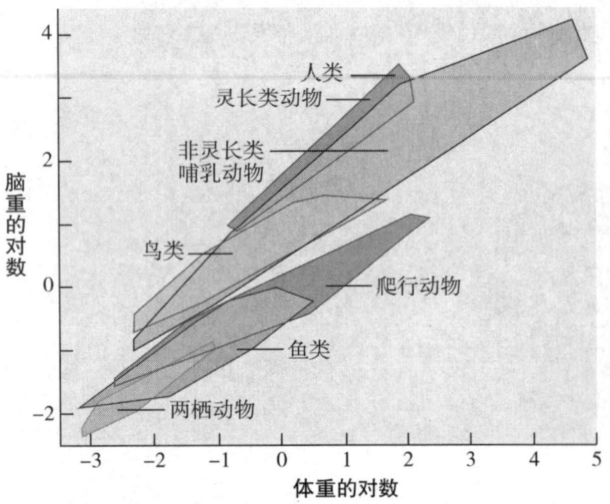

图4.39 物种间脑重与体重的关系

图中每一物种都对应着多边形内的一点。总体来说，体重对数是脑重对数的很好预测指标。从图中可看出，灵长类动物和人类拥有更大的脑－体比例（*Adapted from Jerison, 1985*）。

然而，脑－体比例也不是完美的预测指标：吉娃娃犬拥有犬类中最高的脑－体比例，并不是因为它们是最聪明的犬类，而是因为它们体格格外娇小（Deacon，1997）。松鼠猴也是一种体格袖珍的动物，拥有比人类更大的脑－体比例。（并且随着人类肥胖症的流行，我们的脑－体比例正在变小！）观赏鱼类中的象鼻鱼（elephant-nose fish）（图4.40）的脑－体比例高达3%，而人类仅有2%（Nilsson，1999）。因此，无论是脑重还是脑－体比例，人类都不能够笑傲群雄。

我们可以寻找一些同时考虑到脑的大小和脑－体比例的，更加复杂的指标。但在我们计算这些指标的数值之前，必须对动物智力做出明确的定义，可是毫不夸张地说，这个概念是神秘莫测，莫衷一是的（Macphail，1985）。更糟糕的是，准确地对脑的质量进行称重并不像说的那么简单（Healy & Rowe，2007）。（从打开头盖骨移出脑的那一刻起，湿润的脑就开始死亡并且减轻重量。）考虑到对非人类的脑和行为的研究对这一问题的回答帮助不大，我们不再关注这类尝试，转而研究人类。

停下来检查一下

19. 为什么脑容量（脑的大小）和脑–体比例都不是评价动物智力的理想指标？

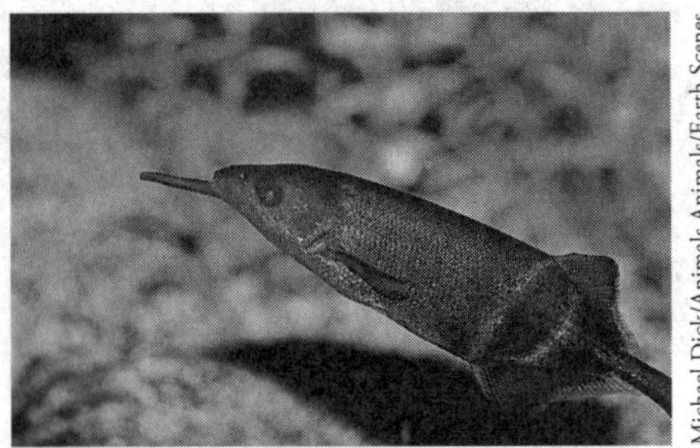

图4.40 象鼻鱼

这种外形奇特的鱼的脑重0.3g，是其体重的3%，其比例超过普通鱼，甚至超过人类。为什么它有这么重的大脑？我们还不清楚其原因，但有可能与这种鱼探测电场的特殊能力有关。

人类中的比较

多年来，对人类脑容量和智力的研究发现，两者间的相关仅仅略大于零。然而，低相关可能意味着两者的确毫无关系，也可能意味着他们没有得到有效的测量。智力的测量（通过 IQ 测验）显然是不完善的，而对脑容量的测量更是不尽如人意（传统的测量用头骨的容量代替脑容量）。随着技术的发展，现在 MRI 扫描可以测量健康活体的脑容量。研究发现脑容量和 IQ 得分存在中等相关，一般在 0.3 左右（McDaniel，2005）。

另一种方法是测量 IQ 得分与特定脑区之间的相关。在一项研究中，研究者用 MRI 测量了来自一所大学的 23 名青年被试和另一所大学的 24 名中年以上被试的灰质和白质区域的大小。在图 4.41 中，红色高亮的区域表示与 IQ 得分在统计上显著相关，黄色高亮的区域表示相关更大。研究发现：第一，IQ 得分与很多脑区的大小相关。第二，相关结果存在样本间差异（Haier，Jung，Yeo Head，& Alkire，2004）。之后的一项研究支持一般智力与皮层上灰质的厚度存在相关（Colom，Jung，& Haier，2006）。

存在相关并不意味着存在因果关系。比如，一个人手里能握多少只铅笔与手的大小相关，也与他的脚的大小相关，仅仅因为通常人手大脚也大。类似的，某一脑区的大小与其他脑区的大小也存在相关，因此，即使智力只依赖于某一特定脑区，我们也可能测量出它与其他脑区的大小有相关。

控制脑容量的基因同时也影响 IQ 么？研究发现，同卵双生子的脑容量和 IQ 得分之间的相关性大于异卵双生子（Pennington et al.，2000；Posthuma et ak.，2002）（图 4.42）。有两项研究进一步发现，同卵双生子中一位的脑容量与另一位的 IQ 得分存在高相关（Pennington et al.，2000；Pol et al.，2006）。这些研究提示，控制脑容量的基因同时也与 IQ 相关。研究者已经辨识出一些貌似同时影响智力表现和一些脑区大小的基因（Peper，Brouwer，Boomsma，Kahn，& Hulshoff，2007）。然而，至今没有任何单一的基因被认为具有很大的效力。显然，脑的大小和 IQ 依赖于许多因素的影响。

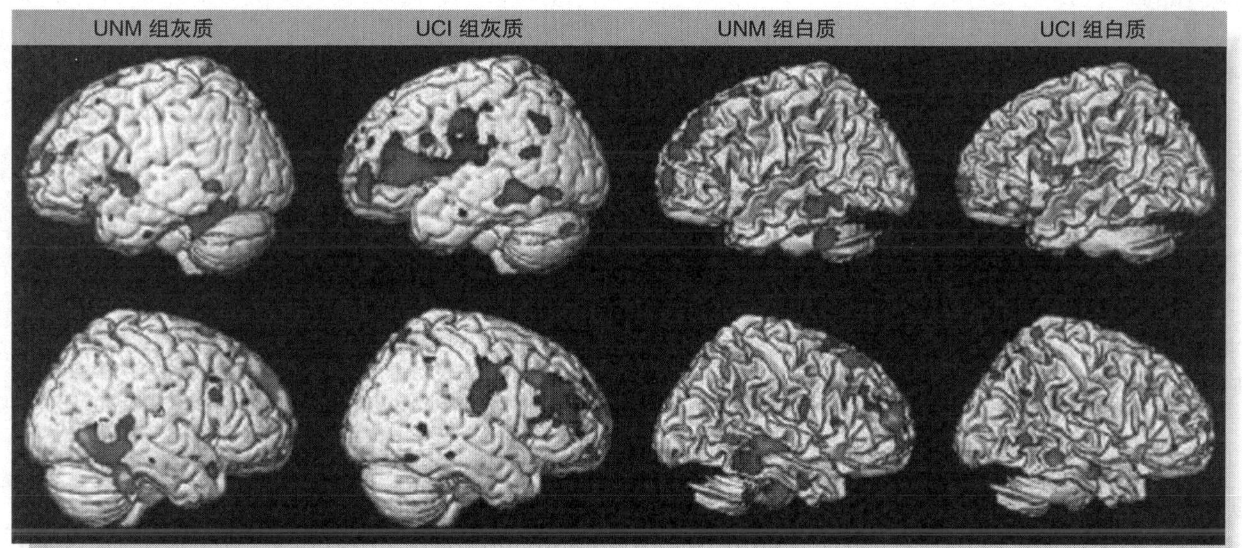

图 4.41 与 IQ 得分相关的脑区

第一行显示左半球，第二行显示右半球。每一列显示两所大学的数据（新墨西哥大学（UNW）和加利福利亚大学欧文分校（UCI））。大小与 IQ 分数显著相关的脑区用红色显示，高度相关的脑区用黄色显示。（*From Haier et al., 2004*）

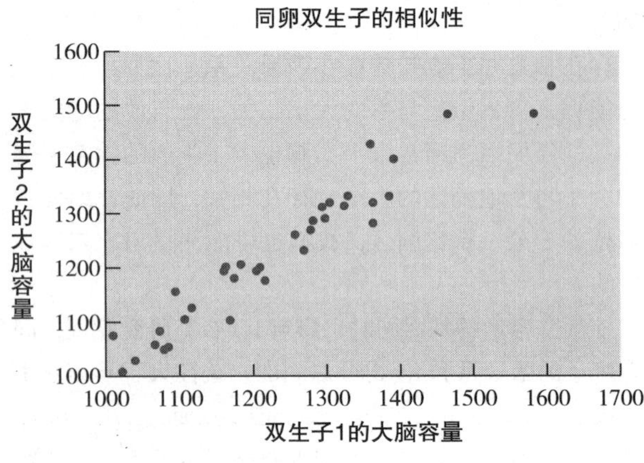

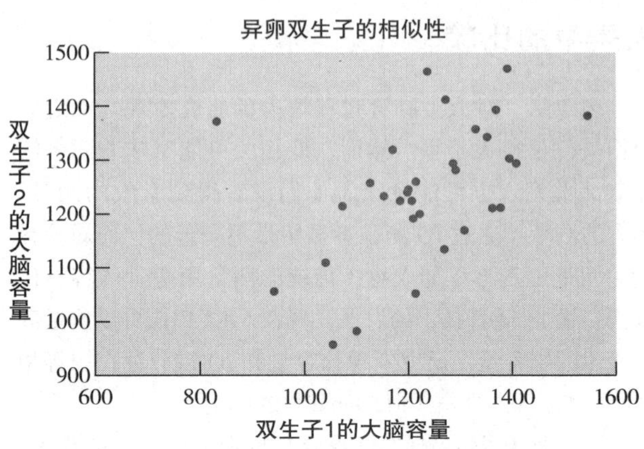

图 4.42 双生子中脑大小的相关

散点图中的每一点代表一对双生子。其对应的 x 轴数值代表双生子中的一位的大脑容量，y 轴数值代表另一位的大脑容量。可以看出，两类双生子都显示出相似性，但是同卵双生子显示出更大的相关（*From B. F. Pennington et al., "A twin MRI study of size variations in the human brain," Journal of Cognitive Neuroscience, 12, pp. 223–232., Figures 1, 2. © 2000 by the Massachusetts Institute of Technology. Reprinted with permission.*）

停下来检查一下

20. 为什么近期的研究比以往的研究显示出脑的大小和IQ存在更强的相关?
21. 什么证据提示控制人类脑容量的基因同时影响了IQ?

性别差异

现在来考察最令人困惑的部分：分别计算 IQ 与男性 / 女性脑大小的相关都能得到显著结果，但是男性却与女性的 IQ 得分毫无差异，尽管男性的平均脑容量高于女性（Gilmore et al.，2007；Willerman，Schultz，Rutledge，& Bigler，1991）。哪怕我们考虑到体重的差异，男性还是拥有更大的脑（Ankney，1992）。

实际上，男性和女性脑之间的差异之多肯定超出你的想象；然而行为间的差异在精确测量之后，却常常比人们预想的要小，如图 4.43 所示（Cahill，2006；J. M. Goldstein et al.，2001）。例如，平均而言，女性的颞叶神经元的密度高于男性（Witelson，Glezer，& Kigar，1995）。而人群中左侧颞叶皮层的面积大于右侧的个体以男性居多（Good et al.，2001）。女性的海马更大，而男性的杏仁核更大（Cahill，2006）。男性与女性的视皮层也有许多不同（Amunts et al.，2007）。由于各个脑区的成熟时间和速率不同，可能有些个体拥有“典型男性”的脑，而另一些个体则拥有“典型女性”的脑（Woodson & Gorski，2000）。

与此同时，我们却常常高估了性别间的行为差异（Hyde，2005）。例如，大部分人相信女性比男性更爱喋

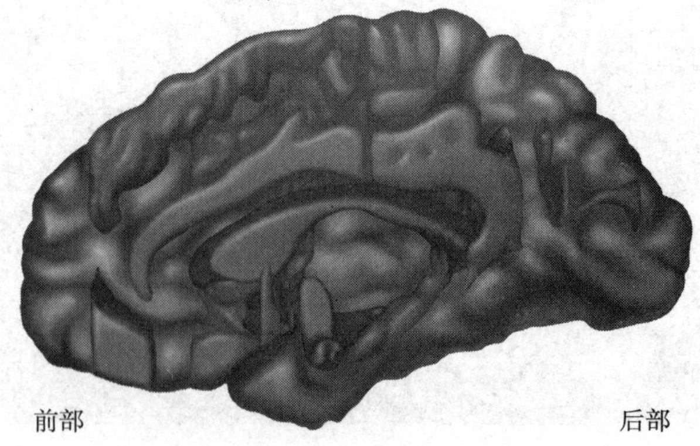

图 4.43 男性与女性的脑

平均而言，在粉色区域大小与全脑重量的比例上，女性大于男性。在蓝色区域大小与全脑重量的比例上，男性大于女性。（*Nature Reviews Neuroscience, 7, 477–484, from Cahill, L. (2006). Reprinted by permission of Macmillan Publishing Ltd.*）

喋不休。可能这在一些人群中的确如此，但是总体而言并不是这样。一项研究中，一所大学中的男性与女性被试都佩戴不定期开关的录音装置，这些装置会在他们不知道的情况下记录他们的言语。从实验得到的数据，研究者推测女性平均每日会说 16 215 个词，而男性则是 15 669 个——这在统计上毫无差异。两性的组内差异都很显著（Mehl，Vazire，Ramirez-Esparza，Slatcher，& Pennebaker，2007），另一例子，大众认为男孩比女孩更多成为国际象棋高手。可是，一项对男孩和女孩国际象棋初学者的研究却发现，起步水平相同的男性和女性的进步速率毫无差异。造成顶尖国际象棋高手中男性远比女性多的主要原因是，有更多男孩而不是女孩去学习国际象棋（Chabris & Glickman，2006）。这一差异主要是由于兴趣而不是能力的不同导致的。

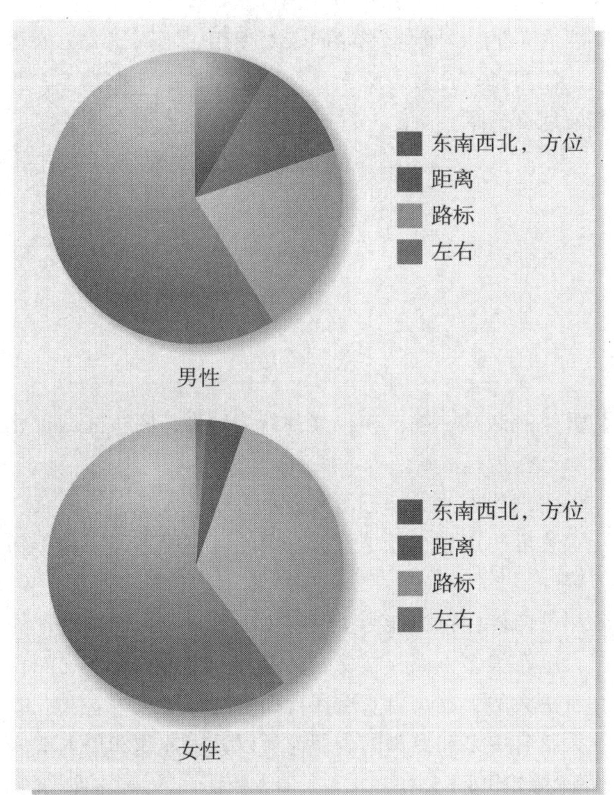

图 4.44 男性与女性方位指示方法的比较

女性比男性更多使用路标进行指路。男性更喜欢使用方位指示词和距离。（*Based on data of Rahman, Andersson, & Govier, 2005*）

不过，两性间的确也存在一些认知差异。在指路时，男性更多运用“东南西北”来定位，而女性更多会描述地标，如图 4.44 所示（Rahman，Andersson，& Govier，2005）。还有，平均而言，女孩在大部分科目上的成绩比男孩好，尤其是阅读（Halpern，2004）。图 4.45 中可以看到，男孩在心理旋转任务和类似任务上比女孩表现更好。但是，让女孩玩十小时的动作游戏就可以缩小这种差距（Feng，Spence，& Pratt，2007）。这一差异再一次表明两性差异更多的是在兴趣方面而非能力方面。

我们怎么解释两性在智力测验中差异极小甚至毫无差异，但是大脑却如此不同呢？一个可能的相关因素可能是灰质和白质的相对量。平均而言，女性的皮层，尤其是额叶和顶叶皮层表面的沟裂更多更深（Luders et al.，2004）。

因此，男性和女性的皮层表面积基本一样。而皮层表面布满着神经元（灰质），所以，两性在控制了脑容量差异之后，拥有几乎相等数量的神经元（Allen，Damasio，Gravowski，Bruss，& Zhang，2003）。因为 IQ 似乎更与灰质而非白质相关（Narr et al.，2007），这可能可以解释为什么两性 IQ 得分毫无差异。此外，两性间脑的结构的差异也可能十分重要。

尽管脑的大小和智力之间的关系让人满怀好奇，同时此类研究确实也说明我们可以采用现代技术接近困难问题，但是这类问题的重要性却是值得质疑的。心理学和神经科学的发展需要对问题进行更精细的区分。

左图的方块进行旋转后，可以和右图重合么？

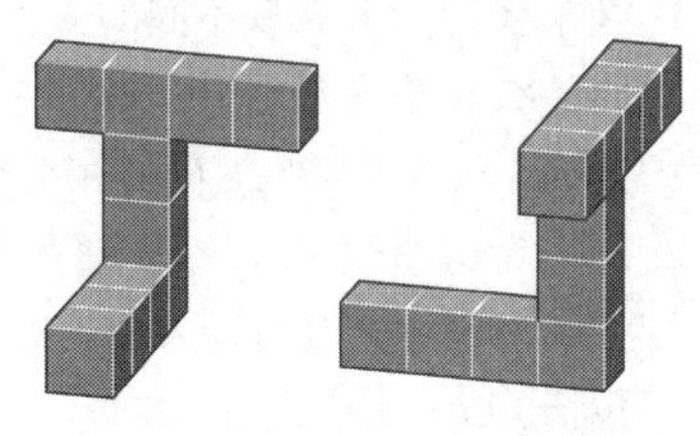

左图中哪一条线与右图的方向相同？

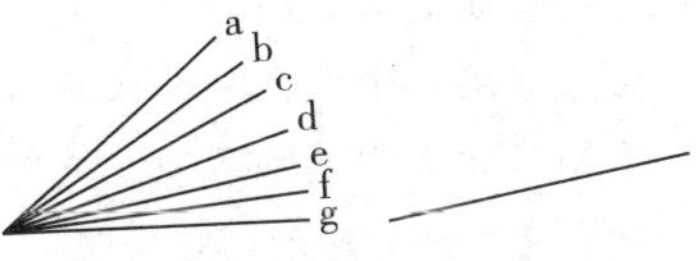

图 4.45 一项空间旋转任务

向被试呈现多组图对，要求其回答图对中的一个是否能够通过旋转和另一个重合，上图的答案是不能。下图线 – 角度问题中，答案是 e。

特定脑区的解剖学、化学和其他特征是如何与特定行为联系的呢？在本书的其他章节，我们会仔细探讨这个问题。

停下来检查一下

22. 平均而言，尽管男性比女性脑容量更大，但是两性的IQ得分毫无差异。可能的解释是什么？

模块 4.3 结 语

研究方法及其局限

对于科学史的描述有时会强调某个研究建立了某一理论。但这种情况很少。更经常的是，研究者们渐渐积累了指示某一理论方向的的证据，直到最后那种观点占据主流。即使在那种单独的研究似乎起决定性作用的情况中，也常常是在许多额外的研究确认了其发现后，研究者才在回顾中确认其关键地位。

我们之所以需要这么多研究，是因为几乎任何研究都有局限之处。有时在程序上看起来非常小的差别会在结果上产生非常大的差异。即使使用相同方法的几个研究得出相似的结果，这种方法也可能有潜在的破绽。因此，只要有可能，科学家都倾向于对使用了不同研究方法得出的结果进行比较。指向一个既定结论的证据越多，我们就越有把握。

总 结

1. 在某些行为上表现不同的人，有时大脑解剖结构也不同。MRI 是一种现代方法，对活体的大脑进行成像。然而，行为和解剖之间的相关需要谨慎地评估。
2. 研究者试图通过记录某个行为发生时各个脑区不同的活动来理解大脑与行为的关系。现在有很多方法可用，包括 EEG，MEG 和 fMRI。
3. 另一种研究大脑与行为关系的方法是分析脑损伤的后果。如果一个人在某种脑损伤后丧失了一种能力，那么与那块受损的脑区多少是有关系的，尽管我们还需要更多的研究来确定它是如何与该能力有关。
4. 如果刺激某一脑区使得某种行为增加，则该区域可能对该行为有贡献。
5. 使用现代方法的新近研究显示大脑的大小和智力有中等程度的正相关，尽管这之中还存在很多谜团和不确定性。
6. 尽管两性在行为能力上没有太大差异，男性和女性的大脑在很多方面存在稳定的差异。尽管男人平均而言有更大的大脑，男女性在智商平均分上相等。女人的大脑有更多和更深的沟裂，所以其表面积和男人的大脑大致相等。

关键术语

颅相学 113	诱发电位或诱发反应 115	切 除 118
计算机辅助断层扫描（CT，CAT）113	脑磁图（MEG） 116	立体定位仪 118
磁共振成像（MRI） 115	正电子断层扫描（PET） 116	假损毁 119
脑电图仪（EEG） 115	功能性磁共振成像（fMRI） 117	基因敲除方法 119
	损 毁 118	经颅磁刺激 119

思考题

从爱因斯坦的大脑中观测到某些不寻常的结构特点。一种解释是，他生来就具有的某些特征促成了他的科学才能与智力。另一种解释是什么？

停下来检查一下答案

16. 颅相学家只从一个或几个行为或表现特殊的人身上的数据就得出结论。而现在的研究者采用统计手段比较组间差异。而且，现在的研究者直接研究大脑本身，而不是颅骨。
17. 在大脑皮层上短暂、温和的磁刺激会增加脑皮层下区域的活动，而更长、更强的刺激则会阻断这种活动。
18. 有意义的感觉和运动需要大量细胞的某种精确活动模式，并非在一个区域内整体活动弥散性地迸发。
19. 如果我们认为人类是最聪明的物种，那么在这个前提下，我们会发现我们既不拥有最大的脑；也不拥有最高的脑－体比例，脑－体比例依赖于脑容量和体重。另外，动物智力这个概念没有明确的定义和理想的测量指标，所以我们甚至无法计算这些指标与动物智力的相关。
20. MRI 技术的应用改进了对脑大小的测量。
21. 同卵双生子中一位的脑大小与另一位（以及他自己）的 IQ 得分显著相关。因此，任何增大脑容量的基因同时提高了 IQ。
22. 女性皮层上的沟裂更多且深，因此拥有和男性相同的表面积和神经元数量。

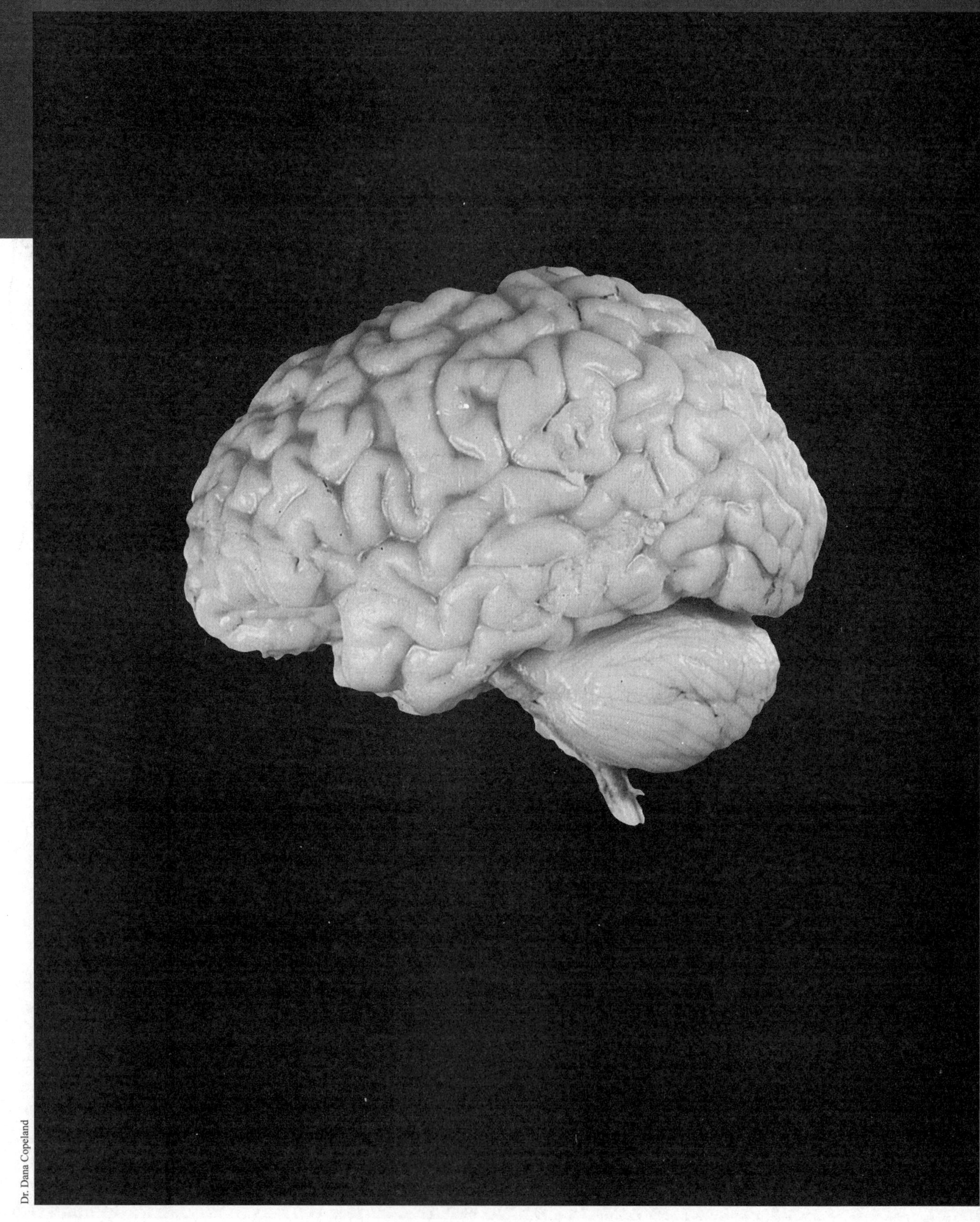

Dr. Dana Copeland

脑发育与可塑性

5

本章大纲

（左图图释）在婴儿1岁大的时候，其大脑已经产生了无数的生长、发育和变化。

主要内容

1. 神经元迁移到适当的位置并长出轴突。随后，轴突沿着化学通路延伸到正确的目标。
2. 神经系统最初形成远远多于它所需要的神经元，然后逐渐淘汰那些没有建立起适当连接、或没有得到足够输入信息的神经元。最初形成的突触也是过量的，不活跃的突触逐渐被淘汰。
3. 经验，特别是生命早期的经历，能够影响大脑的解剖结构。
4. 许多机制有助于脑损伤的恢复，其中包括未损伤神经元的替代作用、轴突的再生长、已存活突触的再调整以及行为调整等。

“需要进行组装”——不知你有没有买到过一些东西，包装上写着这样让人沮丧的话？有时候你所要做的只是将几个部分拼接起来，但有时你不得不面对一张又一张艰涩难懂的说明书。我曾经组装过女儿的自行车，那时我就在想，为什么看起来很简单的东西实际上却那么复杂。

人类的神经系统需要大量的组装，其组装说明书与自行车的不同。后者常常是“把这一部分放在这里，那一部分放在那里”。而前者则是“将轴突放在这里，树突放在那里，然后等等看会发生什么。保存工作状态好的连接，其他的淘汰掉。周期性地产生新连接，但只保存有用的”。

因此，我们说脑的解剖结构具有可塑性。也就是说，我们的脑在一定限度内不断地变化着。在个体发展的早期阶段，脑变化的速度非常快。在人生的其他阶段，脑同样在不断地自我更新着。

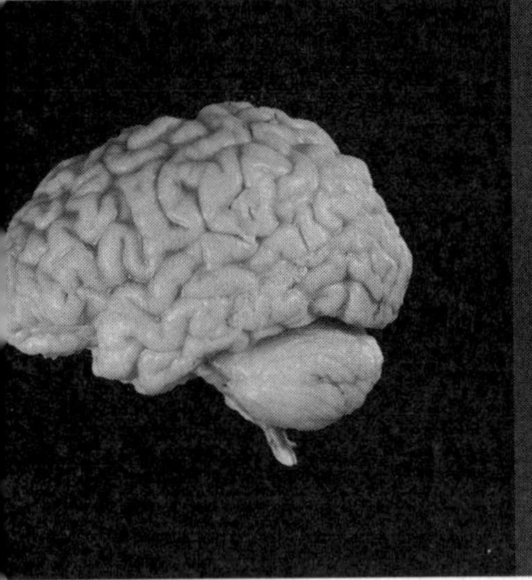

模块 5.1

脑的发育

想想最近几年你学会了多少事——分析数据、阅读外文读物、对复杂的问题发表精辟的见解等。这些新技能是脑生长的结果吗？的确，你的树突长出了许多新的分支，但是脑作为一个整体却没有生长。

再想想一岁左右的婴儿，他们获得了很多初生婴儿所不具备的能力。这是脑生长的结果吗？在很大程度上来说，的确是这样。但这种新能力的获得同样也依赖于经验。接下来我们会谈到，脑发育的诸多过程都依赖于经验。经验作用于脑发育的机制是相当复杂的，以至于难以明确地划分学习和自然成熟之间的界限。在这一章节，我们将探讨神经元是如何生成和生长的、轴突是如何相互连接的，以及经验是如何调节脑发育的。

脊椎动物脑成熟的过程

人类中枢神经系统的发育开始于胚胎形成后的 2 周左右。此时，胚胎背侧增厚，随后两侧长而薄的唇形结构向中央卷起并融合，形成神经管，其间包绕着一个充满液体的腔隙（如图 5.1 所示）。随着神经管下降至表皮之下，它的前端膨大并分化成为后脑、中脑和前脑（见图 5.2）。其余部分发育成脊髓。神经管内含液体的腔隙逐渐发育成为脊髓的中央管和脑的四个脑室，其间充满了脑脊液（cerebrospinal fluid，CSF）。新生儿平均脑重 350 克。满 1 周岁时，平均脑重达到 1000g，已接近于成人的脑重（1200~1400g）。

神经元的生长和发育

神经科学家将神经元的生长发育划分为以下几个阶段：增殖、迁移、分化、髓鞘化和突触形成。**增殖**（proliferation）指产生新的细胞。在神经系统发育的早期，脑室内壁的细胞开始分裂。一些细胞（如干细胞）继续保持在原来的位置，并不断分裂。其他的细胞则变

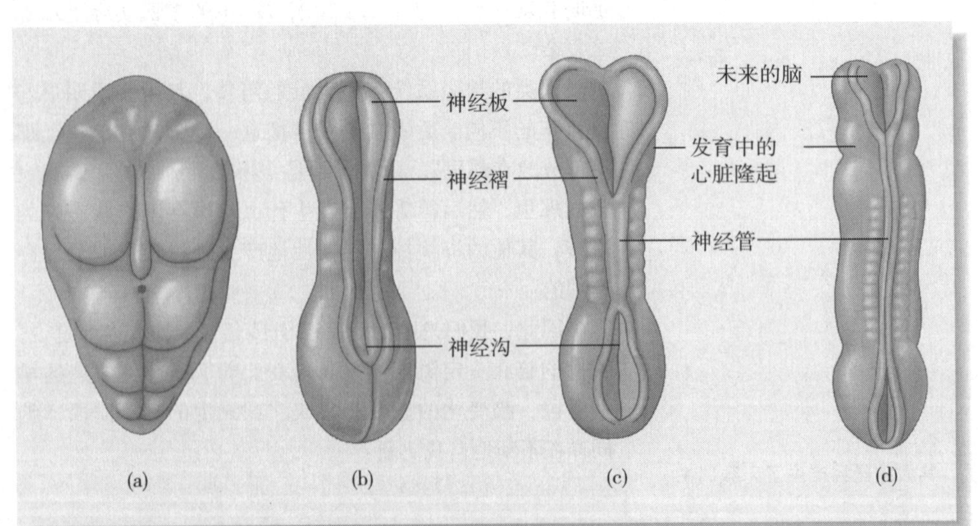

图 5.1 人类中枢神经系统的早期发育
脑和脊髓起始于唇形结构的折叠，其间包裹着一个充满液体的管道。图中所示的阶段发生在胚胎发育的 2~3 周。

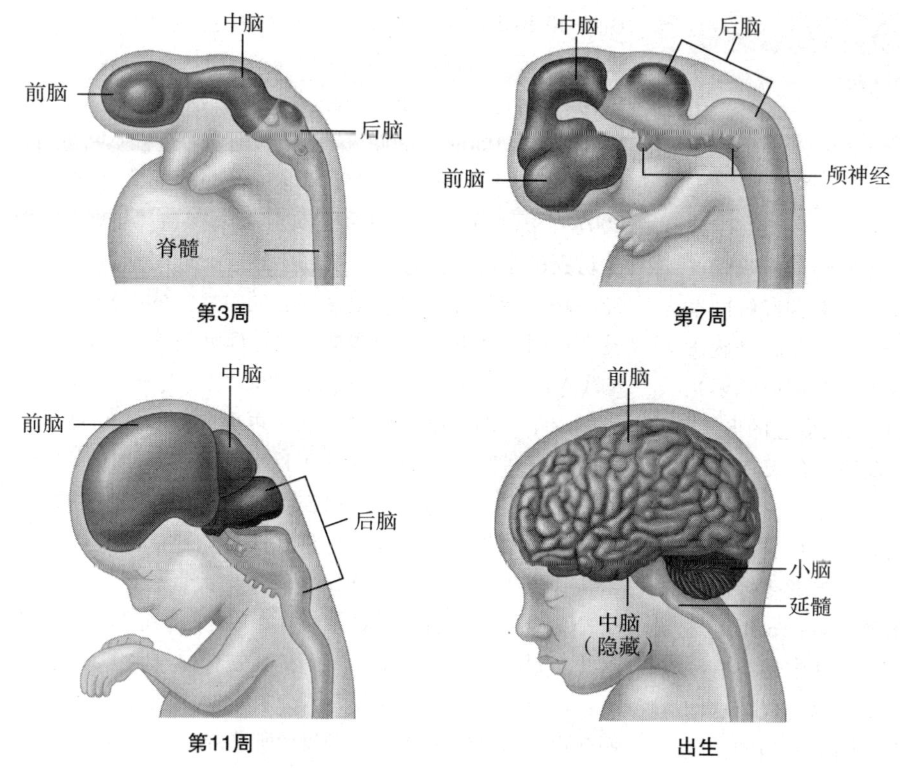

图 5.2 人脑发育的四个阶段

早在与外部世界接触之前，大脑已经在化学物质的引导下发育到令人惊讶的程度。复杂而精细的发展变化将纵贯一生。

成原始神经元和神经节细胞，并向别处移动。脊椎动物细胞增殖的过程都是类似的，只是在细胞分裂的数目上存在差异。例如，人脑和黑猩猩脑的主要区别在于，人脑神经细胞的增殖过程更久一些（Rakic，1998；Vrba，1998）。人脑和黑猩猩脑的区别有可能反映了一小部分基因的差异。

当细胞分化成为神经元或者神经节细胞后，它们便开始**迁移**（migrate）。有的神经细胞移动速度快，而有的则要慢些，最慢的神经元直到人成年后才到达目的地（Ghashghaei，Lai，& Anton，2007）。一些神经元沿放射线方向从深部移动到脑表面；另外一些则沿着脑表面做切线方向移动；还有一些先沿脑表面做切线方向移动，再沿放射线方向移动（Nadarajah & Parnavelas，2002）。免疫球蛋白（immunoglobulin）和趋化因子（chemokines）引导着神经元的移动。缺乏这些化学物质将影响神经元的迁移，导致脑体积较小、轴突生长不良、智力发育迟滞等后果（Berger-Sweeney & Hohmann，1997；Crossin & Krushel，2000；Tran & Miller，2003）。而在另一个极端，过量的免疫球蛋白可能与精神分裂症有关（Crossin & Krushel，2000；Poltorak et al.，1997）。脑内有多种免疫球蛋白和趋化因子，这反映了脑发育的复杂性。从坏的方面看，这么多化学物质的存在暗示着大脑的发育可能在许多环节出错。从好的方面看，一种化学物质的缺乏可以由其他的化学物质补偿。

起初，原始神经元看起来与其他身体部位的细胞并没有太大差别。但逐渐地，这些细胞开始**分化**（differentiates），形成了各自的轴突和树突。最先长出来的是轴突。某些情况下，神经元拖着它的轴突移动，就像拖着一条尾巴（Gilmour，Knaut，Maischein，& Nüsslein-Volhard，2004），这使得它的末梢能保持在目标附近。而在另外一些时候，轴突需要通过自己的生长，在其他神经细胞和神经纤维构成的丛林中开辟出一条道路，以到达目标位置。轴突抵达目的地后，树突便开始生长。

髓鞘化（myelination）是神经元发展过程中一个较晚、较缓慢的阶段。在这个阶段中，神经节细胞制造出绝缘的脂质鞘，从而加快了许多脊椎动物神经传导的速度。髓鞘化开始于脊髓，然后是后脑、中脑和前脑。与神经元的增殖和迁移不同，髓鞘化的速度较慢，甚至可以持续数十年（Benes，Turtle，Khan，& Farol，1994）。

最后一个阶段是**突触形成**（synaptogenesis）。尽管这一过程在出生前就开始了，但随着神经元不断形成新的突触、淘汰旧的突触，这个过程其实是一个持续一生的任务。然而，这个过程在绝大多数老年人中速度变缓，正如树突分支的形成那样（Buell & Coleman，1981；Jacobs & Scheibel，1993）。

停下来检查一下

1. 神经元的哪一部分发育在先，轴突还是树突？

后形成的新神经元

成年脊椎动物的脑能产生新的神经元吗？传统观点认为不能。追溯到19世纪晚期，也就是著名神经解剖学家Cajal从事他经典研究工作的那个时候，人们仍然认为脊椎动物脑内所有神经元都是在胚胎发育期或者婴儿期形成的。过了这个时间点，神经元可以改变它的形状，但不再有新的神经元产生。然而，与此不符的反例在后来的研究中逐渐被发现。

最先被人类发现的是嗅觉受体细胞。由于暴露于外界环境以及环境中的有毒化学物质中，嗅觉受体细胞的半衰期只有90天。鼻子中的**干细胞**（stem cells）终生都不会完全成熟。它们周期性地分裂，其中始终有一个细胞保持在未成熟状态，其余的则生长以替代凋亡的嗅觉受体细胞，并将轴突反向投射至大脑中适当的位置（Gogos，Osborne，Nemes，Mendelsohn，& Axel，2000；Graziadei & deHan，1973）。此后，研究者们又在大脑内发现了一群类似的干细胞。这些干细胞不时地分裂形成子细胞，随后子细胞移动至嗅球，并转化成为神经节细胞或者神经元（Gage，2000）。

后来研究者们又发现了一些其他类似的神经元。例如，在鸣禽脑中，有一个区域是鸟儿发出鸣叫所必需的。在这个区域内，衰老细胞一旦凋亡，就会有新的细胞来补充（Nottebohm，2002）。再如，北美有一种叫黑顶山雀的小鸟，它们会在夏末秋初将觅得的种子埋藏起来，待到冬季再挖出来。与这种行为相对应的是，在夏末，它们的海马（对空间记忆很重要的脑区）长出新的神经元（Smulders，Shiflett，Sperling，& De Voogd，2000）。

在成年哺乳动物的海马中，干细胞也会分化出新的神经元（Song，Stevens，& Gage，2002；van Praag et al.，2002）。这些新生神经元未必是记忆所必需的，但却有助于记忆的形成（Meshi et al.，2006）。总的来说，动物年轻时最容易学习新东西。随着年纪的增长，神经元的可变性越来越小。新形成的海马神经元也会像年幼动物的神经元那样，经历一个高度可变的时期（Ge，Yang，Hsu，Ming，& Song，2007；Schmidt-Hieber，Jonas，& Bischofberger，2004）。在这个时期内，它们整合到代表着新记忆的神经环路中（Kee，Teixeira，Wang，& Frankland，2007；Ramirez-Amaya，Marrone，Gage，Worley，& Barnes，2006）。随着新的学习过程不断进行，更多的新生神经元得以保存（Tashiro，Makino，& Gage，2007）。源源不断的新生神经元使海马保持“年轻”，以应付新的学习任务。将一群新生神经元同时纳入某个神经环路可能是标定多个记忆内容同时发生的一种时间标签。正因为如此，我们能够回忆起哪些事件是同时发生的（Aimone，Wiles，& Gage，2006）。

成年人的大脑皮层中可能不再形成新的神经元。研究者用一种巧妙的方法证明了这个观点——使用放射性碳同位素^{14}C。与其他碳同位素相比，^{14}C在空气中的浓度一直相对恒定。然而，这种状况在核弹试验盛行的那个年代发生了变化。核弹试验释放出大量放射线，空气中^{14}C浓度逐渐升高。^{14}C浓度在1963年达到顶峰。随着禁止核试验条约的签订，^{14}C浓度在1963年之后开始下降。研究者们检测了各种人体细胞DNA中的碳含量。我们知道，每个细胞从诞生到凋亡所携带的DNA都不发生变化。研究者发现，表皮细胞DNA的^{14}C浓度与检测时环境中的^{14}C浓度一致。这说明表皮细胞更新速度快，几乎所有表皮细胞的存活期不超过一年。骨骼肌细胞DNA中^{14}C的浓度与15年前环境中的^{14}C的浓度相类似。这意味着骨骼肌的更新速度慢，平均周期为15年左右。检查大脑皮层时，研究者发现，DNA中的^{14}C的浓度与这个人出生时环境中的^{14}C浓度相近。显然，人出生后大脑皮层只产生少量，或几乎不再产生新的神经元（Spalding，Bhardwaj，Buchholz，Druid，& Frisen，2005）。

停下来检查一下

2. 哪个脑区在成年后还会产生新的神经元？
3. 有什么证据显示成人的大脑皮层产生少量，或几乎不产生新神经元？

轴突的路径寻找

如果你请人帮忙在房间里的两张桌子间拉一根电视线或网线，这似乎不是件难事。但如果请人帮忙从你住的地方向另一个遥远的城市拉一根电缆，你恐怕就得给他详细的指导了，比如怎样找到那个城市、怎样找到那栋建筑物和那个桌子。发育中的神经系统面临着同样的挑战，因为神经元要将轴突延伸到很远的部位。它们是怎样找到正确路径的呢?

轴突的化学路径

著名生物学家 Paul Weiss（1924）做过一个实验，他给蝾螈嫁接了一条腿，然后等待神经元的轴突生长到嫁接的新腿中。（与哺乳动物不同，蝾螈等两栖类动物能够接受嫁接的肢体，并为新的肢体生成新的轴突分支。做研究时，研究者需要根据实际情况选择合适的实验动物。）当轴突到达新肢体的肌肉时，这条腿便能与它旁边的正常腿同步运动了。

Weiss 不认同轴突在新肢体中直接找到正确肌肉的观点。相反，他认为神经纤维随机地连接在肌肉上，并传送各种各样的信息给肌肉，每一个信息能够调动不同的肌肉。肌肉就像是可接收不同频率的收音机：每块肌肉接收到很多信号，但只对其中一个作出反应。

轴突连接的特异性

事实上，Weiss 错了。后来有许多研究证据都支持他所摒弃的观点：蝾螈的新腿之所以能与旁边的腿同步运动，是因为每一个轴突都准确地找到了正确的肌肉。

让我们看看感觉神经元轴突是怎样找到它们的目标的（这个问题与运动神经元轴突找到正确的肌肉是一样的）。在一项研究中，Weiss 以前的学生 Roger Sperry 切断了蝾螈的视神经。受损的神经元向脑内生长，并与顶盖相连。顶盖是鱼、两栖类动物、爬行类动物和鸟类脑中掌管视觉的主要区域（图 5.3）。当新的突触形成后，蝾螈又重新获得了视觉。

Roger W. Sperry（1913~1994）

当主观价值产生了客观的结果……它们就成为科学的一部分了……科学终将成为评判对与错的决定性因素，科学是人脑可获得的、探寻人们赖以为生的至上公理和纲领性信条的最佳和最权威的来源，也是让人们洞悉控制宇宙及创造人类的自然之力并与之和谐共存的最佳、最权威的来源。

Sperry（1943）切断了蝾螈的视神经，然后将眼球旋转了 180 度。当视神经轴突再次生长到顶盖时，它们会连接哪些目标呢？结果是，原本在视网膜背侧的神经元（现在在腹侧）发出的轴突依然连接到顶盖中掌管视网膜背侧的区域。而原本在视网膜腹侧的神经元（现在在背侧）发出的轴突也依然连接到原来的目标。所以，现在这只

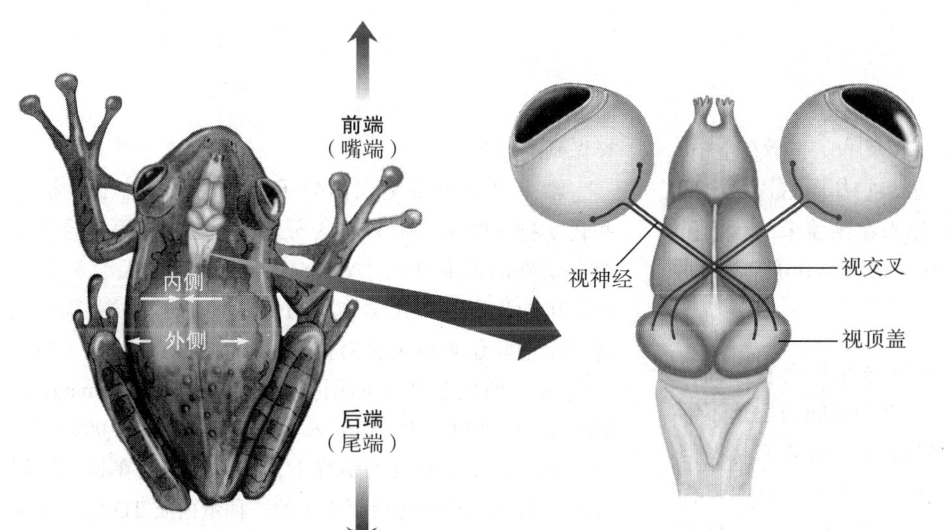

图 5.3 青蛙脑与眼之间的神经连接
视顶盖是鱼类、两栖类、爬行类和鸟类神经系统中一个大的结构。它的位置相当于哺乳动物中脑的位置，但它的功能更加复杂，类似于哺乳动物的大脑皮层。注意：人类脑与眼之间的连接方式与此不同，请参见第 14 章。（*After Romer, 1962*）

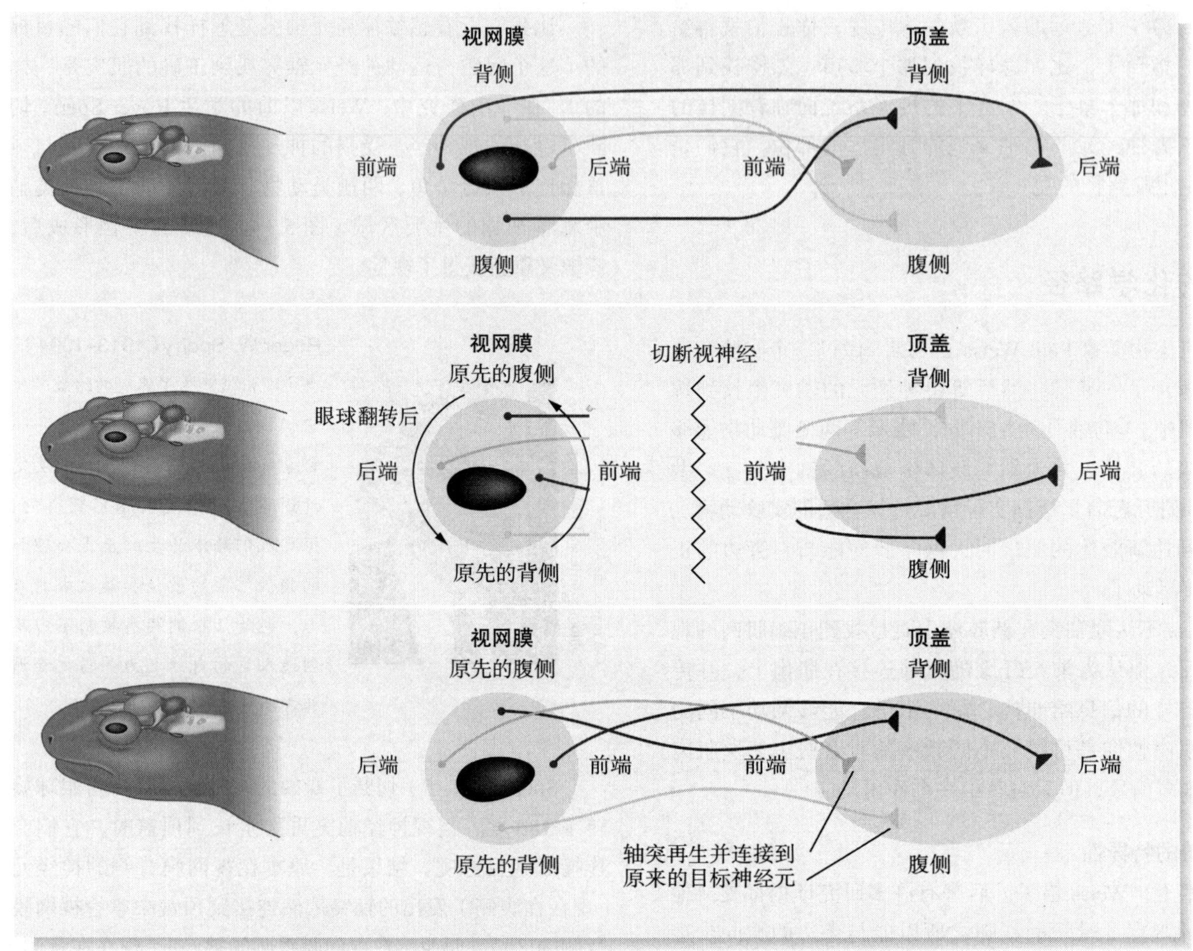

图 5.4　Sperry 进行的蝾螈神经连接实验概览

Sperry 切断了视神经，并将眼球翻转后，视神经轴突生长到原来的目标位置，而不是与眼球当前位置相对应的目标。

蝾螈看到的世界是上下颠倒、左右相反的。刺激在空中，它却向地面做出反应；刺激在左边，它却向右边做出反应（图 5.4）。每一个轴突都与它原来在顶盖中的目标重新建立了连接，这可能是受到了化学物质的引导。

化学梯度

下一个问题是：轴突目标的特异性程度有多高？目前估计人类有大约 3 万个基因，其编码能力远远不够为大脑中数十亿神经元量身订制各自的特异性目标。但事实上，轴突以异乎寻常的准确性找到了各自的目标（Kozloski，Hamzei-Sichani，& Yuste，2001）。它们是怎样做到的呢？

轴突沿着由细胞表面分子形成的路径生长，被一些化学物质吸引，被另一些所排斥。这个过程引导着轴突向正确的方向伸展（Yu & Bargmann，2001）。一些神经元可能先在某种化学物质的引导下行进一段路程，到达某个中间位置后失去对这种化学物质的敏感性，转而接受另一种化学物质的引导（Shirasaki，Katsumata，& Murakami，1998；H. Wang & Tessier-Lavigne，1999）。最终，轴突在化学梯度的引导下，有序地排列在目标区域表面。例如，两栖动物顶盖区的一种蛋白质 TOP_{DV}（TOP

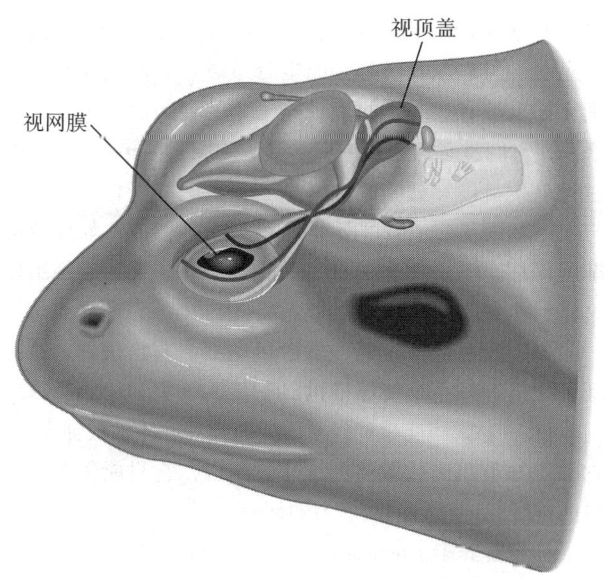

图 5.5　视网膜神经元的轴突在两种化学梯度的引导下与顶盖中的神经元进行匹配

TOP_{DV} 蛋白主要在视网膜背侧和顶盖腹侧聚集。富含 TOP_{DV} 的轴突与同样富含这种化学物质的顶盖神经元相联系。类似地，另一种蛋白质引导视网膜后端的轴突生长到顶盖的前端。

代表 topography；DV 代表 dorsoventral）就是这样的化学物质。视网膜背侧神经元轴突中这种蛋白质的浓度比腹侧神经元轴突中高 30 倍，腹侧顶盖区中的浓度比背侧顶盖区高 10 倍。当视网膜轴突向顶盖生长时，TOP_{DV} 浓度最高的轴突与 TOP_{DV} 浓度最高的顶盖细胞相连，TOP_{DV} 浓度最低的轴突与 TOP_{DV} 浓度最低的顶盖细胞相连。类似的，另一种蛋白质的梯度引导轴突沿着前—后轴方向排列（J.R.Sanes，1993）（图 5.5）。类比一下，你可以想象一队男生和一队女生，分别按身高从高到矮的顺序排列，然后男生和女生两两配对，高个男生与高个女生牵手，矮个男生与矮个女生牵手。

停下来检查一下

4. Sperry依据什么证据说轴突特异地生长至自己的目标，而非随机连接？
5. 如果两栖动物顶盖中的所有神经元产生的TOP_{DV}一样多，那么连接到顶盖的轴突会受到什么样的影响？

轴突竞争是普遍原则

通过上述实验，你可能会猜到，当轴突刚到达目的地时，它会在大概正确的位置与许多细胞形成突触，每个目标细胞也会与多个轴突形成突触。起初，轴突与许多突触后细胞建立试探性的连接，其中一些会被突触后细胞强化，而另一些则被淘汰（Hua & Smith，2004）。即使在神经系统发育的最早阶段，这种精细调节也依赖于传入轴突的信号模式（Catalano & Shatz，1998）。例如，丘脑的某个区域接收许多视网膜神经元轴突的信号输入。胚胎发育时，早在视网膜首次暴露于光线之前，便有一波又一波的自发活动从视网膜的一端扫向另一端。于是，来自于视网膜相邻区域的轴突几乎同时向丘脑发送信息。每一个丘脑神经元选择一组同时激活的轴突。丘脑神经元正是通过这种方式找到了来自视网膜上相邻区域的光感受器（Meister，Wong，Baylor，& Shatz，1991）。然后，来自视网膜其他区域的突触会遭到该丘脑神经元的拒绝。

Carla J. Shatz

脑的正常运转依赖于其神经环路的组成模式和精细程度。这个令人惊叹的“计算机”是如何在发育过程中组装起来的呢？生物学的答案远比人们想象的要精彩！成人表现出的精细是在早期粗糙模式的基础上逐渐雕琢而来的，这需要神经元本身的活动对神经连接进行修正。因此，发育中的脑不是成人脑的微缩模型。此外，脑不断地进行自我连接，而不是像电脑一样，先组装好，然后通过按一个按钮启动。这种令人振奋的科学发现为我们认识世界打开了一片新天地，创造出更多可能性，让科学事业充满无限乐趣和魅力。

对于某些理论家，上述研究结果意味着一个普遍原则，即神经达尔文主义（Edelman，1987）。在神经系统的发育过程中，最初形成的神经元和突触都比实际上保留下来的要多。突触的形成比较随意，但其后的选择过程让其中一部分保留下来，另一部分被淘汰。存活下来的轴突和神经连接是成功者，其他的是失败者。也许在这里用达尔文进化论做类比并不十分恰当，但轴突竞争原则无疑是一个非常重要的理论。基因突变是随机事件，然而，新的轴突分支和突触却是在神经营养素的引导下向正确方向发展的。

停下来检查一下

6. 在胚胎发育的早期阶段，如果阻止视网膜神经元的自发活动，可能会对外侧膝状体的发育产生什么影响?

决定神经元存活的因素

要使神经系统的每一部分都得到准确数量的神经元并不像看起来那么简单。例如，交感神经系统向肌肉和腺体投射轴突。每一个神经节都有足够的轴突提供给所辖区域内的肌肉和腺体，但没有冗余。这种匹配为什么会如此精确呢? 很早以前人们认为，肌肉向交感神经神经节释放化学信号，告诉它要形成多少神经元。这种观点遭到了 Rita Levi-Montalcini 的有力驳斥。

Rita Levi-Montalcini

多年后，我常常问自己：当德国军队横扫欧洲大陆、涂炭生灵并肆意摧毁西方文明的时候，我们怎么还能以满腔热情去研究这样一个小小的神经胚胎发育问题呢? 答案可能是，人类有着某种迫切但意识不到的需求去逃避残酷的现实，因为对现实的清醒认识完全能招致一个人的自我毁灭。

Levi-Montalcini 早年的生活环境极不利于她的科学生涯。她是个生活在纳粹时代的意大利籍犹太人。第二次世界大战几乎摧毁了意大利的经济，社会也不鼓励女性从事科学或医药事业。在战争期间，她躲藏了好几年。此外，正如她在自传中描述的，像她这样年轻的医学院毕业生，想要得到研究项目几乎是不可能的（Levi-Montalcini，1988）。然而，她却对研究情有独钟，并最终发现，肌肉不决定有多少轴突形成，而是决定有多少轴突存活。

最初，交感神经系统形成的神经元数目比实际需要的多。当一个神经元在肌肉上形成突触后，肌肉就释放一种被称为**神经生长因子**（nerve growth factor，NGF）的蛋白质，以促进轴突的存活和生长（Levi-Montalcini，1987）。没有接收到 NGF 的轴突逐渐退化，其胞体最终走向死亡。也就是说，神经元的生命开始于一个“自杀程序”：轴突如果没有在一定时间内与恰当的突触后细胞建立起联系，它们就必须通过一个名为**细胞凋亡**（apoptosis）的过程杀死自己。细胞凋亡是细胞死亡的程序化机制，它与细胞坏死（necrosis）不同，后者指外伤或毒物导致的细胞死亡。NGF 中止了细胞凋亡的程序，突触后细胞以这样一种方式告诉轴突:“我就是你的同伴，请不要自杀”。

先产生过量神经元，然后启动细胞凋亡机制，这保证了中枢神经系统能够准确匹配传入轴突和突触后细胞的数目。例如，当交感神经系统向肌肉和腺体发放轴突时，它并不知道肌肉或腺体的大小。所以，它只能生产出过量的神经元，然后淘汰多余的部分。

神经营养素（neurotrophin）是一种促进神经元存活、提高神经元活性的化学物质（trophin 来源于希腊语中的“营养”）。NGF 就是一种神经营养素。除了 NGF 以外，神经系统也对脑源性营养因子（brain-derived neurotrophic factor，BDNF）等其他神经营养素做出反应（Airaksinen & Saarma，2002）。BDNF 是成人大脑皮层中含量最丰富的一种神经营养素。请记住这个知识点，因为在第 15 章中，讨论抑郁症和精神分裂症时，BDNF 将再次显示出它的重要性。

未成熟的神经元若要躲过细胞凋亡并存活下来，它不仅需要从目标细胞那里获得神经营养素，也要从其传入轴突中得到神经营养素。在一项研究中，研究者检验了一种因基因缺陷而不能释放神经递质的小鼠。开始时，大脑的解剖构造还算正常，但很快地，神经元便开始迅速凋亡（Verhage et al.，2000）。神经元释放神经递质，同时也释放神经营养素。不能接收神经递质的神经元同样不能接收神经营养素，所以它们就凋亡了（Poo，2001）。

神经系统的所有区域内，最初产生的神经元都比成年后存活的要多。每个脑区都会经历一段神经元大量凋亡的时期，期间被已经死亡或将要死亡的细胞充斥着（图 5.6）。这种细胞的丢失是神经系统发育的一个自然阶段（Finlay & Pallas，1989）。事实上，某个脑区细胞的丢失能够作为该脑区发育和成熟的指标。例如，青少年在十多岁时，其前额叶皮层的某些区域会显示出一定程度的细胞丢失。与此同时，这些区域的神经活动增强（Sowell，Thompson，Holmes，Jernigan，& Toga，1999），而且与这些脑区有关的记忆水平也明显提高（D. A. Lewis，

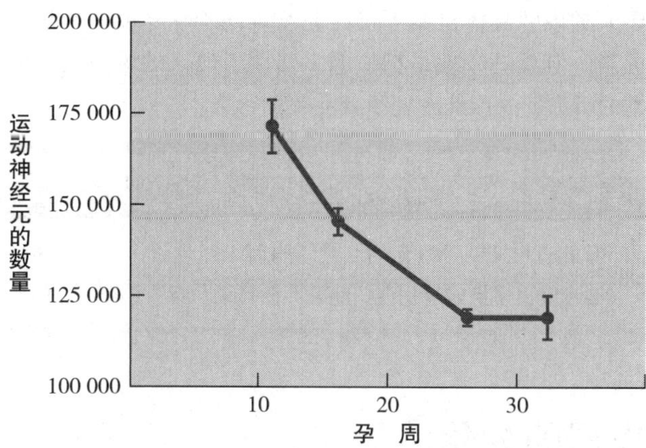

图 5.6 神经系统发育过程中细胞的损失

图中显示了人类胎儿脊髓腹侧运动神经元的数量。运动神经元的数量在 11 周时最多，然后稳步下降，到第 25 周运动神经元与肌肉形成突触时达到稳定水平。未能形成突触的轴突就消失了。（*From N. G. Forger and S. M. Breedlove, Motoneuronal death in the human fetus. Journal of Comparative Neurology, 264, 1987, 118–122. Copyright © 1987 Alan R. Liss, Inc. Reprinted by permission of N. G. Forger.*）

1997）。显然，成功细胞的成熟与不成功细胞的凋亡是并存的。

神经系统成熟后，细胞凋亡机制便进入休眠状态，只有在经历创伤（比如中风）时，才会重新启动（Benn & Woolf，2004；G. S. Walsh，Orike，Kaplan，& Miller，2004）。尽管成人不再需要神经营养素来维持神经元的存活，神经营养素仍会发挥其他作用，比如促进轴突和树突分支的形成（Baquet，Gorski，& Jones，2004；Kesslak，So，Choi，Cotman，& Gomez-Pinilla，1998；Kolb，Cote，Ribeiro-da-Sliva，& Cuello，1997）。神经营养素缺乏将导致皮层神经元及其树突萎缩（J. A. Gorski，Zeiler，Tamowski，& Jones，2003）。

停下来检查一下

7. 什么样的机制保证脊髓发出准确数目的轴突来支配所有的肌细胞？
8. 哪一种化学物质可阻止细胞凋亡？
9. 人在哪一个年龄阶段拥有最多的神经元——出生前、童年、青春期还是成年？

发育中的大脑易受伤害

根据 Lewis Wolpert（1991）的观点："你一生中最重要的时期，不是出生、结婚或死亡，而是原肠胚形成期（gastrulation）。"（原肠胚形成期是胚胎发育早期的一个阶段。）Wolpert 认为，如果你在发育的早期出了问题，此后就会麻烦不断。事实上，如果你在原肠胚形成阶段出了问题，你的生命就终结了。

脑发育的早期阶段至关重要。发育中的脑很容易受到营养不良、有毒化学物质以及病毒的侵害。而这些不良因素在后来的发育阶段中，可能只是造成轻微的影响。例如，甲状腺功能缺损导致成人精神不振，但却会导致婴儿智力发育迟滞。（缺碘造成的甲状腺素缺乏在过去十分常见。现在由于食盐中添加了碘，这种情况已经比较少见了。）发烧只是给成人带来一些麻烦，却可能影响胎儿神经元的增殖（Laburn，1996）。低血糖使成人感到虚弱，但会损害胎儿大脑的发育（C. A. Nelson et al.，2000）。

婴儿的脑极易受到酒精的损害。母亲在怀孕期间酗酒，孩子通常会患上**胎儿酒精综合症**（fetal alcohol syndrome）。这是一种以多动、易冲动、难以维持注意、不同程度的智力发育迟滞、运动障碍、心脏缺陷和面部畸形为主要特征的障碍（图 5.7）。患者脑内的大多数树突短而少分支。

患有胎儿酒精综合征的儿童在成年后更可能出现酗酒、药物依赖、抑郁和其他精神疾患（Famy，Streissguth，& Unis，1998）。即便是受损程度较轻的个案，也会在学习、记忆、语言和注意等方面出现缺陷（Kodituwakku，2007）。胎儿酒精综合征的病理机制可能与细胞凋亡有关：前文提到，为了阻止细胞凋亡，神经元必须从传入轴突和其自身轴突的受体细胞处获得神经营养素。酒精抑制谷氨酸的释放，增强 GABA 的活性。谷氨酸是大脑的主要兴奋性神经递质，而 GABA 是大脑的主要抑制性神经递质。因此，许多神经元接收到的兴奋作用和神经营养素水平低于正常，继而走向凋亡（Ikonomidou et al.，2000）。

除酒精外，生产前暴露于其他一些物质也可能带来危险。一般来说，母亲在怀孕期间使用可卡因，孩子会表现出语言技能较差、IQ 分数略低以及听力损害等（P. A. Fried，Watkinson，& Gray，2003；Lester，LaGasse，

Bill Roth/AP Photo

图 5.7 患胎儿酒精综合症的孩子

注意面部特征。出生前暴露于少量酒精的孩子长大后也表现出一些行为缺陷，但缺乏特征性面容。

& Seifer，1998）。母亲在怀孕期间吸烟会增加孩子患注意缺陷、攻击行为、记忆和智力损害的几率（Huizink & Mulder，2005）。然而，由于这些结果都是基于相关研究得到的，因果关系往往难以确定。吸烟或使用其他精神活性物质的母亲往往有着较低的社会经济地位、教育水平等，所以吸烟的影响可能并不像研究结果表现的那么大（Thapar et al.，2003）。然而，以老鼠为被试的控制实验表明，生命早期暴露于尼古丁会对情绪产生长期的影响（Huang，Liu，Griffith，& Winzer-Serhan，2007）。

最后，尚未发育成熟的脑对来自母亲的影响有着高度的反应性。如果母鼠暴露于应激环境中，它会变得很恐惧，舔小鼠和给小鼠理毛的时间也相应地减少。它的后代持续地在各种情境下表现出恐惧（Cameron et al.，2005）。人类也有类似的情况，如果母亲贫穷或遭受虐待，孩子往往在学业和社会生活诸方面表现出更多的问题。在人类中的具体机制不可能完全等同于在老鼠中的具体机制，但总的原理是相似的：作用于母亲的应激改变了她的行为，并由此改变了其后代的行为。

停下来检查一下

10. 麻醉药物抑制神经元的活性，阻断大部分动作电位。为什么我们说使用麻醉剂会给胎儿大脑带来危害？

皮层的分化

不同脑区的神经元在结构和化学成份上各不相同。一个神经元是在什么时候、以什么样的方式“决定”要成为某种神经元的呢？这个决定过程不是突然发生的。在正在发育的皮层中，如果将未成熟的神经元从一处移植到另一处，该神经元会发展出一些新位置所特有的性质（S. K. McConnell，1992）。然而，如果移植的时间较晚，神经元在发展新特征的同时也会保留一些原来的特征（Cohen-Tannoudji，Babinet，& Wassef，1994）。这和移民孩子的情况很相似：年纪小时就来到某个国家，往往能掌握正确的发音，但假如年纪稍大时才移民进来，则会保留一些家乡的口音。

在一项有趣的实验中，研究者想知道如果未成熟的听觉皮层接收的是来自眼睛（而不是耳朵）的传入信息，会发生什么情况？雪貂（一种鼬科哺乳动物）在出生时发育得十分不成熟，其视神经（由眼睛发出）还没有到达丘脑。研究者损毁了雪貂一侧枕叶皮层和中脑上丘，此二者都是视神经的主要目标。同侧中脑下丘也被毁损，下丘是听觉信息的主要来源。于是，不能连接到正常目标位置的视神经与接收不到正常听觉传入的丘脑听觉区域发生了联系。结果，原本接收来自耳朵的信息的丘脑和皮层区域，现在只接收来自眼睛的信息。你猜会发生什么呢？视觉信息引发听觉，还是听觉皮层转变为视觉皮层？

结果出人意料：本应是听觉丘脑和听觉皮层的部分，发展出一些（不是所有）视觉皮层的特征（Sharma，Angelucci，& Sur，2000）。但我们怎么知道动物是不是把神经活动当作视觉来对待呢？还记得吗，研究者只是对一侧脑进行了操作，另一侧是完好无损的。研究者先向正常

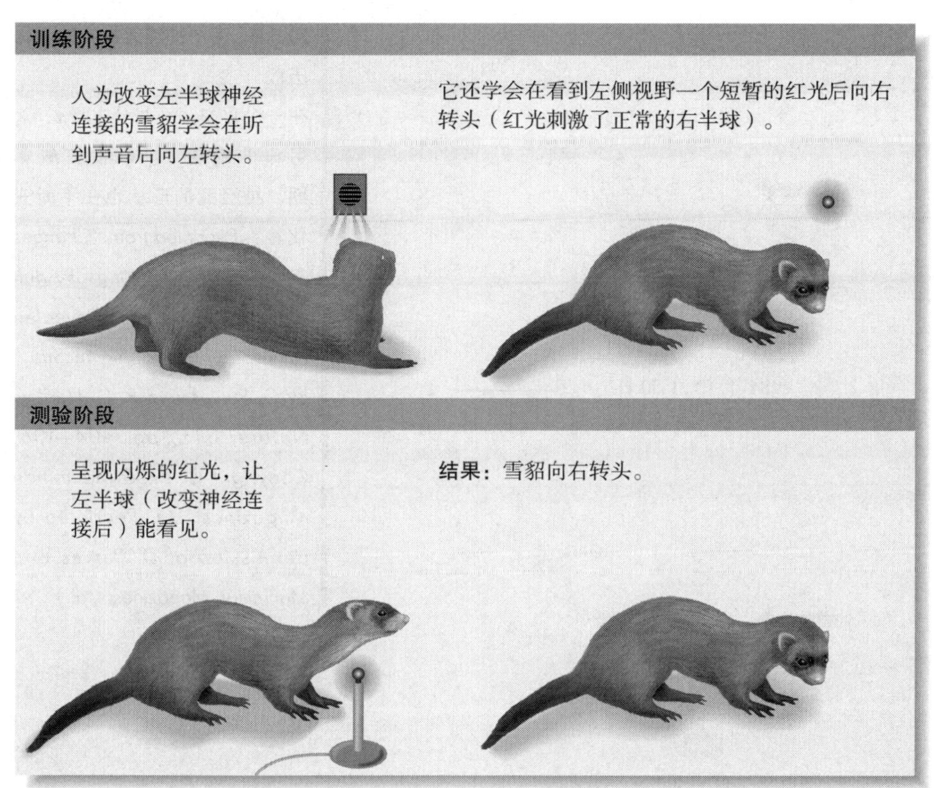

图 5.8 颞叶皮层的神经连接被人为处理后的雪貂的行为

首先，训练雪貂正常的半球（右侧）对红光作反应，即向右转头。然后，在测试阶段，向改变连接的半球（左侧）呈现红光，雪貂向右侧转头，说明它把刺激当做光，而不是声音。

的一侧大脑呈现刺激，并训练雪貂在听到某声音时向一边转头，看到某种光线时向另一边转头（如图 5.8）。雪貂学会后，研究者向处理过的一侧大脑呈现一束光。结果是：雪貂转向了受训时看见光线应转向的方向。简而言之：经过改造的颞叶皮层接收的是来自于视神经的输入，产生的是视觉反应（von Melchner，Pallas，& Sur，2000）。

停下来检查一下

11. 在雪貂的研究中，研究者如何确定传入到听觉皮层的视觉输入引发了视觉？

经验的精细调节作用

一座房子的图纸决定了房屋的总体构造，但是由于建筑师不可能预先考虑到所有的细节，建筑工人有时需要临时自我发挥一下。我们的神经系统更是如此。由于生活的不可预见性，我们的大脑已经演化出根据经验改造自我的能力（在一定限度内）（Shatz，1992）。

经验与树突分支

几十年前，研究者不知道成人的神经元能否改变形状。现在我们已经知道，轴突和树突在人的一生中都在不停地改变着它们的结构。Dale Purves 和 R. D. Hadley（1985）发明了一种将染料注入到神经元内部的方法，这样研究者就能在几天或几个星期后观察活体神经元结构的变化了。他们发现，有的树突分支在两次观察之间变长了，而有的却缩短甚至消失了（图 5.9）。约 6% 的树突棘在一个月内出现或者消失（Xu，Pan，Yang，& Gan，2007）。树突棘的出现或消失意味着突触的增加或减少，这种变化可能与学习有关。随着动物年龄的增长，神经元结构依然在发生着改变，但变化的速度会放慢（Gan，Kwon，Feng，Sanes，& Lichtman，2003；Grutzendler，Kasthuri，& Gan，2002）。

经验引导着神经元的变化。让我们从一个简单的例子开始。几十年前，实验室老鼠一般都生活灰暗的小笼子

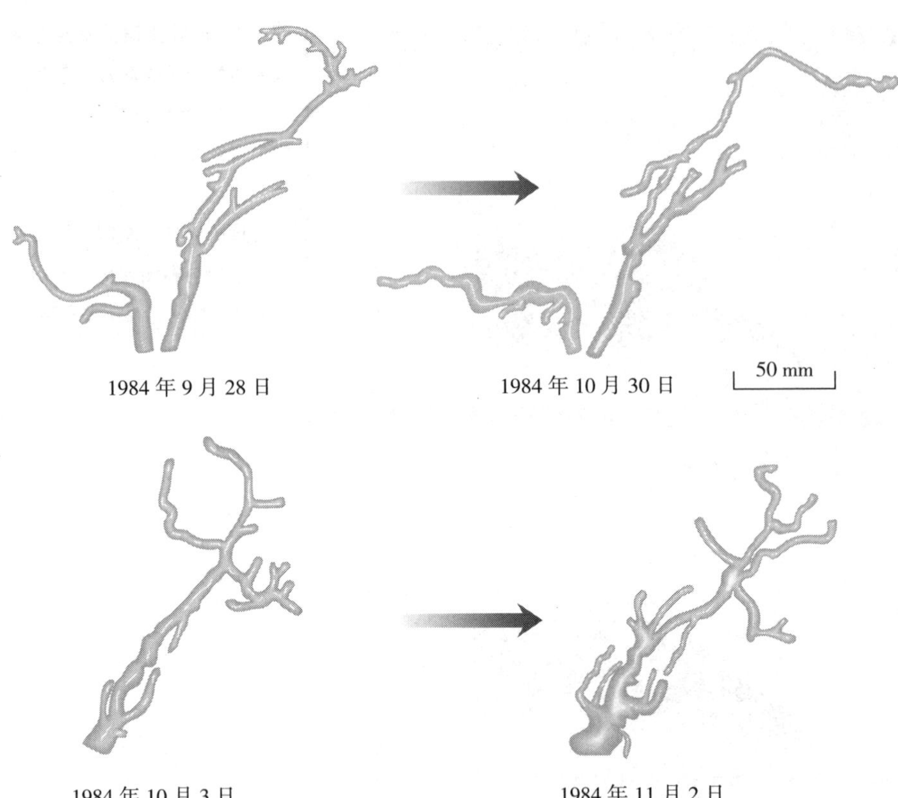

图 5.9　两个神经元树突的变化历程

在一个月内，一些分支增长了，另一些缩短了。即使在成年期，神经元的形状也在不断变化着。(*Reprinted from "Changes in Dendritic Branching of Adult Mammalian Neurons Revealed by Repeated Imaging in Situ," by D. Purves and R. D. Hadley, Nature, 315, pp. 404–406. Copyright © 1985 Macmillan Magazines, Ltd. Reprinted by permission of D. Purves and Macmillan Magazines, Ltd.*)

里。与之相反的一种情况是，10 只老鼠生活在一个较大的笼子里，并有一些旧物可供探索。研究者将后一种环境称为丰富环境。当然，这种丰富只是相对于传统老鼠笼的贫乏环境而言的。丰富环境提供了更多的环境刺激，生活在其中的老鼠有着更厚的皮层和更多的树突分支，学习能力也更强一些（Greenough，1975；Rosenzweig & Bennett，1996）。神经元的分工也得到了更加精细的调节，许多神经元只对某个小范围内的刺激作出反应（Polley，Kvasnák，& Frostig，2004）。在其他物种中，丰富环境同样起到促进轴突和树突分支的作用（Coss，Brandon，& Globus，1980）（见图 5.10）。（基于这项研究的结果，如今实验室老鼠大多被饲养在较丰富的环境中。）

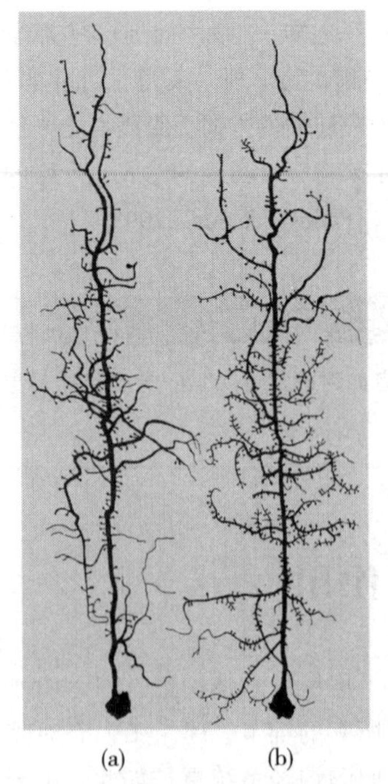

图 5.10　刺激丰富的环境对神经元分支的影响

（a）单独饲养的宝石鱼有较少的神经元分支。（b）与其他鱼一起饲养的鱼有更多的神经元分支。

你可能认为，在丰富环境中，是新奇而有趣的经验促进了神经元的生长。事实上，部分神经元的生长的确与此有关。例如，老鼠接受了针对某项技能的训练后，与该技能有关的神经连接得到扩增，其他的神经连接则趋于萎缩。然而，丰富环境导致大部分（尽管不是全部）神经元增长的原因是，生活在群体中的老鼠更加活跃。使用转轮也会促进树突和轴突的生长，即便是对于独自生活的老鼠也如此（Pietropaolo，Feldon，Alleva，Cirulli，& Yee，2006；Rhodes et al.，2003；van Praag，Kempermann，& Gage，1999）。此外，运动能促进学习和记忆（Van der Borght，Havekes，Bos，Eggen，& Van der Zee，2007）。在人类中，像玩球这样的日常体育锻炼就足以引发神经元的变化（Draganski et al.，2004）。

老年人更应该多进行体育锻炼以保护大脑。一般来说，随着年纪的增大，大脑皮层会逐渐变薄。这个过程平均开始于 30 岁左右，在晚年时速度加剧（Sowell et al.，2003）。老年人神经元活力的下降在某种程度上是血液供应减少引起的（Vaidya，Paradiso，Ponto，McCormick，& Robinson，2007）。然而，脑容量和神经活性的下降在那些经常动脑的人中相对轻一些（Schoolers，2007），在经常锻炼身体的人中要轻许多（Colcombe et al.，2003）。在一项研究中，一些 60 岁以上的老年人被随机地分配到有氧运动组中，6 个月的有氧运动使他们的大脑皮层显著增厚，特别是在额叶（Colcombe et al.，2006）。

停下来检查一下

12. 丰富环境促进轴突和树突的生长。这种效应的一个已知重要原因是什么？

特殊经验的作用

神经元对既往发生的重要或有意义的刺激有着更强、更精确的反应（e.g.，Fritz，Shamma，Elhilali，& Klein，2003；L. I. Zhang，Bao，& Merzenich，2001）。那么，对于异乎寻常的经验，神经元到底有多大可塑性呢？

婴儿期失明者脑的变化

同样的问题可以以另一种方式提出：如果某一感觉系统受到损伤，大脑会发生怎样的改变？回想一下之前介绍过的雪貂实验，视神经轴突没有连接到正常的目标上，反而是连接到了原本应加工听觉的脑区，并将这些脑区转变成为尚算合格的视觉区域。那些先天失明或失聪的人会出现类似的状况吗？

人们常说，盲人的触觉和听觉比一般人敏感，聋哑人的触觉和视觉比一般人好。这些说法在某种程度上是正确的。但是我们必须进行更细致的分析。失去一种感觉并不会影响其他感觉器官的感受器。比如，失明不会改变手指上的触觉感受器。然而，一种感觉的消失的确会增加人对其他感觉的注意。最终，人脑适应了这种注意。

在几项研究中，实验者要求正常人和婴儿期失明的盲人来触摸盲文或其他物体，并判断两个物体是否相同。不出所料，盲人的平均成绩比正常人好。但令人惊奇的是，PET 和 fMRI 扫描显示，盲人在做这些任务的时候，枕叶出现了明显的激活（Burton et al.，2002；Sadato et al.，1996，1998）。显然，触觉信息侵入了一般情况下只负责视觉的脑区。

为了检查这个结论，研究者要求盲人和正常人在枕叶暂时失活的情况下做同样的任务。第 4 章曾提到，颅外强烈的磁刺激能使磁场下的神经元暂时失活。将这种技术应用到盲人的枕叶会影响其识别盲文的能力和区分不同触觉刺激的能力。但同样的操作不影响正常人的触觉。简而言之，盲人与正常人不同，他们用枕叶“摸”，而不是用枕叶“看”（L. G. Cohen et al.，1997）。

一般来说，盲人在多项言语技能上均优于正常人。（如果看不见，你会花更多的时间关注你所听到的东西，包括文字。）例如这样一个任务：“当你听到一个物体的名字（如‘苹果’）时，尽可能快地说出与这个物体有关的动作（如‘吃’）。”这个任务也激活了盲人的枕叶，但不激活正常人的枕叶。此外，枕叶的激活程度（对盲人来说）与任务的成绩呈正相关（Amedi，Raz，Pianka，Malach，& Zohary，2003）。强烈的经颅磁刺激所致的枕叶失活影响盲人在言语任务中的表现，但不影响正常人（Amedi，Floel，Knecht，Zohary，& Cohen，2004）。所以，盲人的枕叶除了服务于触觉外，还服务于言语技能。

倘若枕叶对言语刺激和触觉刺激的反应性增加，它对视觉刺激的反应性会降低吗？对枕叶施加短暂的经颅磁刺激（足以引起反应，但不会导致失活）后，正常被试会报告看见闪光。如果被试为失明 10 年以上的盲人，多数人都报告没看见任何东西，或者只看到少数几处闪光（Gothe et al.，2002）。请注意，这个实验的被试都是因后天性原因失明的盲人，因为研究者希望被试报告自己的视觉体验。一出生就失明的盲人可能根本不理解研究者的要求。

停下来检查一下

13. 列举两项证据，说明先天性失明者的手指触觉信息为什么能够进入到枕叶?

音乐训练的影响

大量的练习使人专精于某项技能（如国际象棋）（Ericsson & Charness，1994）。目前已有一些研究人员开始关注与此有关的脑机制。其中，对音乐家的研究非常流行。职业音乐家和勤奋的音乐系学生每天要花 4 个小时以上时间练习。大量练习导致了脑结构和功能的明显变化。

一项研究使用脑磁图（MEG，在第 4 章介绍）记录听觉皮层对纯音的反应。结果显示，音乐家的反应强度是普通人的两倍。MRI 扫描发现，音乐家大脑右半球颞叶的一个区域比正常人大 30%（Musacchia，Sams，Skoe，& Kraus，2007）。另外，皮层下结构的变化能帮助音乐家识别带声调的语言的关键音（attend to key sounds in tonal language）。例如，在中文中，nian（升调）表示"年"，nian（降调）是指"念"。音乐家在学习区分音调时比正常人要快（Wong，Skoe，Russo，Dees，& Kraus，2007）。

另一项研究使用 MRI 比较了专业键盘乐手、业余键盘乐手和一般人的脑结构。如图 5.11 所示，许多脑区的灰质厚度表现出差异：专业键盘乐手厚于业余键盘乐手，业余键盘乐手又厚于一般人（Gaser & Schlaug，2003）。差异最大的脑区是那些与控制手或视觉有关的脑区（视觉对读乐谱很重要）。一项类似的研究发现，在弦乐手的右半球中央后回中，负责控制琴弦的左手手指的表征区比一般人要大（Elbert，Pantev，Wienbruch，Rockstroth，& Taub，1995）。左手手指的表征区在从小接受音乐训练（所以训练总时长最长）的人中最大。

上述结果提示，技能训练使脑结构发生重组，从而最大程度地提高这项技能。然而，另一种可能的解释是，具有某种认知技能和大脑特征的人比其他人更容易成为音乐家。解决这个问题的途径之一是进行纵向研究。有研究者调查了 39 名刚刚开始学习钢琴或弦乐器的 5~7 岁的孩子，以及 31 名没有上音乐课的孩子。两组孩子无论是在大脑扫描中，还是在认知测验中，都没有表现出显著差异（Norton et al.，2005）。研究者希望在接下来的几年中对这些孩子进行重复测量，观察接受音乐训练的孩子是否会逐渐发展出音乐家所具备的认知能力和脑特征。

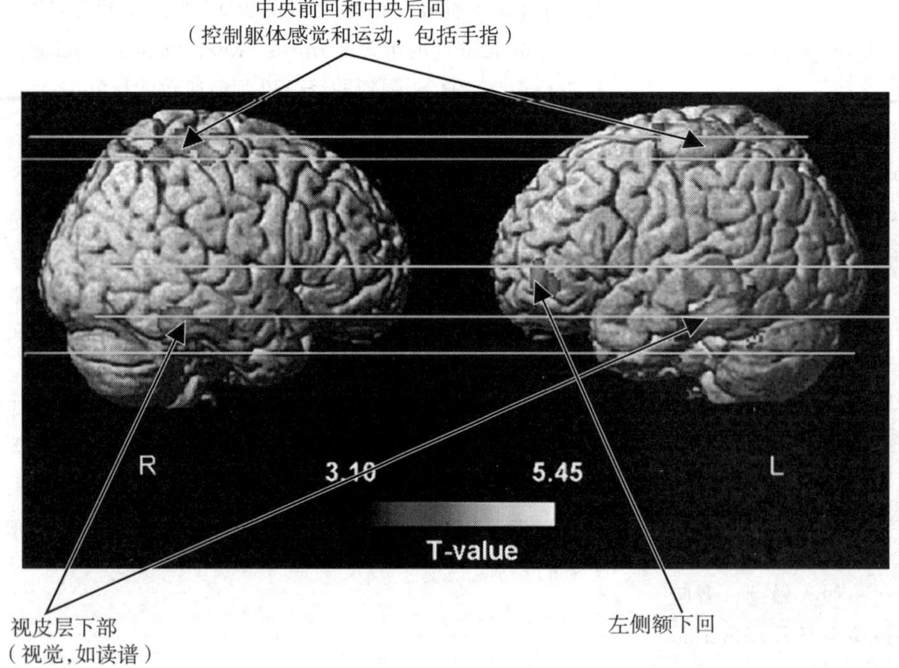

图 5.11 与音乐练习有关的脑区
在红色标示的区域，专业键盘乐手的灰质比业余键盘乐手的厚，业余键盘乐手的灰质又比一般人的厚。在黄色标示的区域，这种差异更大。（见彩插）

另外一个问题是，早点让孩子接受音乐训练（此时大脑的可塑性强），是否能产生更大的效应。数项研究已经发现，儿童期便开始接受音乐训练的人与青少年期才开始接受音乐训练的人有很大差异。但是这些研究无法分离训练开始时间与训练总时长的混淆。后来有一项研究，比较了 7 岁之前就开始接受音乐训练的人和一些开始时间较晚、但训练了相同年限的人，结果显示，训练开始时间早的人会在多项任务上存在优势（Watanabe，Savion-Lemieux，& Penhune，2007）。

停下来检查一下

14. 对于从小练习弦乐器、并坚持了很多年的人来说，哪一个脑区表现出左手表征区的扩大？

大脑的过度重组

一般来说，对个体有重要意义的信息在皮层上的表征区扩大是一件有益的事。然而，在极端情况下，这种重组会带来问题。上文提及，如果一个人几年如一日地练习弦乐器，躯体感觉皮层中左手的表征区就会扩大。类似的情况同样发生在练习钢琴等其他乐器的人身上。

请回想体感皮层中正常的手指表征区：

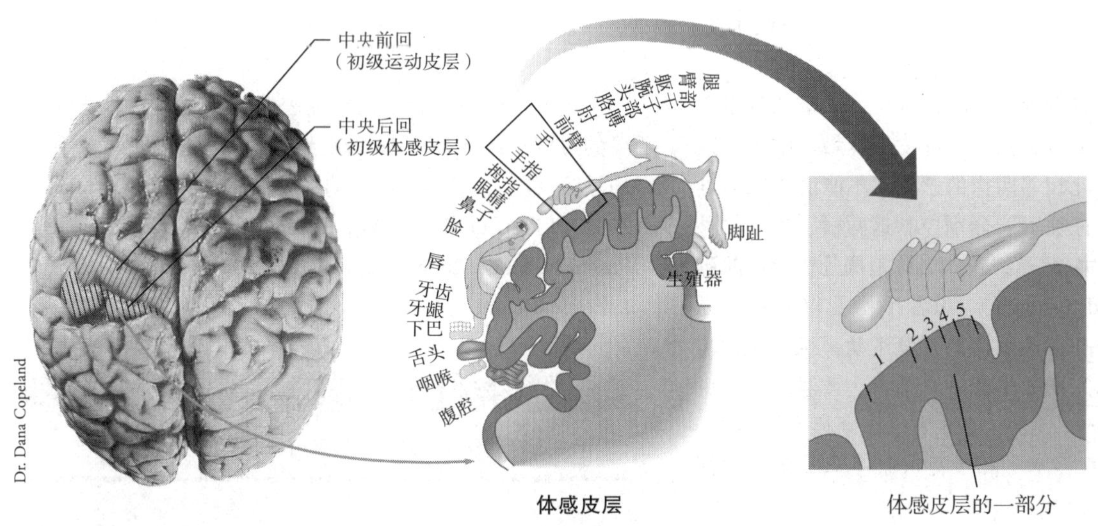

大量的乐器练习后，手指在皮层上的表征区扩张如下：

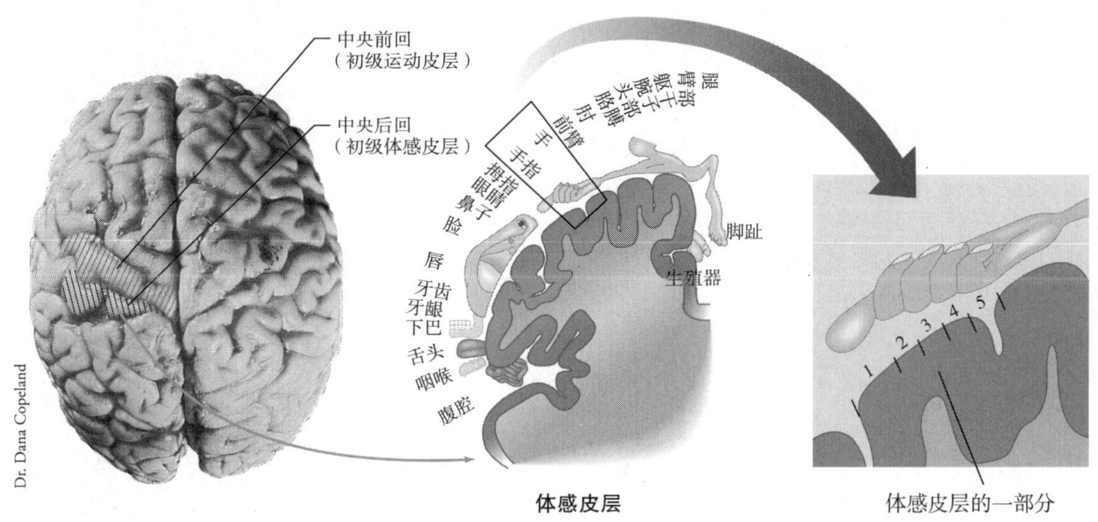

或者，所有手指的表征区同时扩张，但并不延伸出去，这样相邻手指的表征区便重叠了。

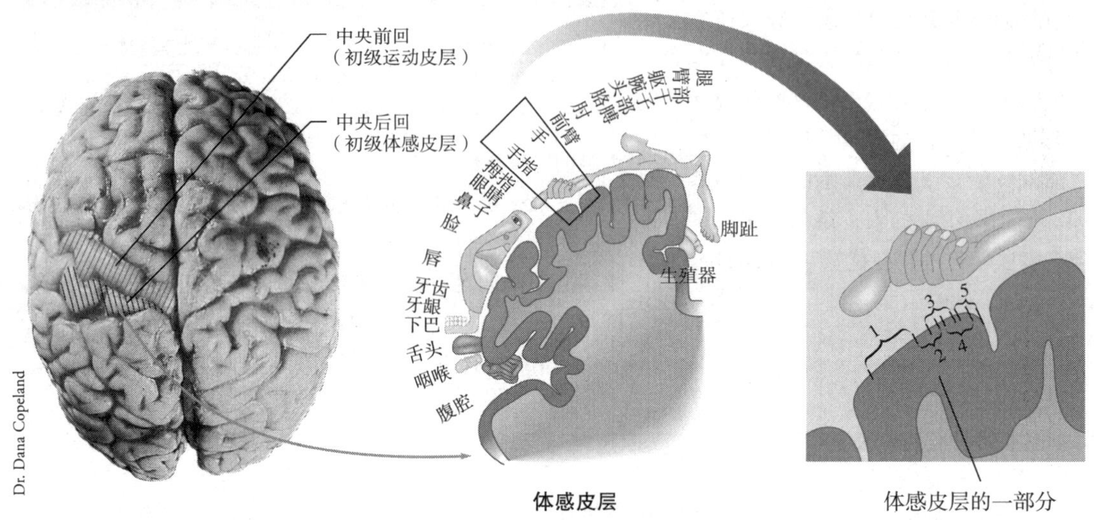

后一种情况时有发生。这时，对某根手指的刺激会激活另一根手指的部分、甚至全部皮层区域。结果，这个人无法区分来自此相邻两指的感觉。不能清晰感受到相邻手指差异的人往往不能分别控制这两根手指。这种状况被称为“音乐家痉挛”，正式名称是**局灶性手部肌张力异常**（focal hand dystonia）。患者手指变得笨拙、易疲劳，进行中的任务常被手指的自发运动干扰。这种慢性障碍被视为音乐家职业生涯的终结者。类似的障碍也见于某些勤奋的作家，这时被称为“作家痉挛”。过去医生们认为，“作家痉挛”和“音乐家痉挛”是手部损伤引起的。然而，后来的研究表明，感觉丘脑和感觉皮层的过度重组才是病因所在。脑的过度重组使两根手指的触觉反应发生了重叠（Byl，McKenzie，& Nagarajan，2000；Elbert et al.，1998；Lenz & Byk，1999；Sanger，Pascual-Leone，Tarsy，& Schlaug，2001；Sanger，Tarsy，& Pascual-leone，2001）。

停下来检查一下

15. 脑中怎样的变化导致了音乐家痉挛？

细胞体
1a 合成神经递质和小囊泡中的神经肽
2 神经递质神经肽的传递
小囊泡
1b 合成乙酰胆素等小的神经递质
突触前终端
蛋白质传递
3 动作电位使钙离子进入，释放神经递质
8
突触间隙
6
4 神经递质到达受体
5 与受体的分离
7
突触后细胞
8 逆行传递或突触前细胞自传递的负反馈点
胶质细胞
6 通过转运蛋白质再摄取受神经递质
7 突触后细胞释放抑制性信息降低突触前细胞的进一步释放

图 3.9 突触传递中的一些大事件（正文 p.62）

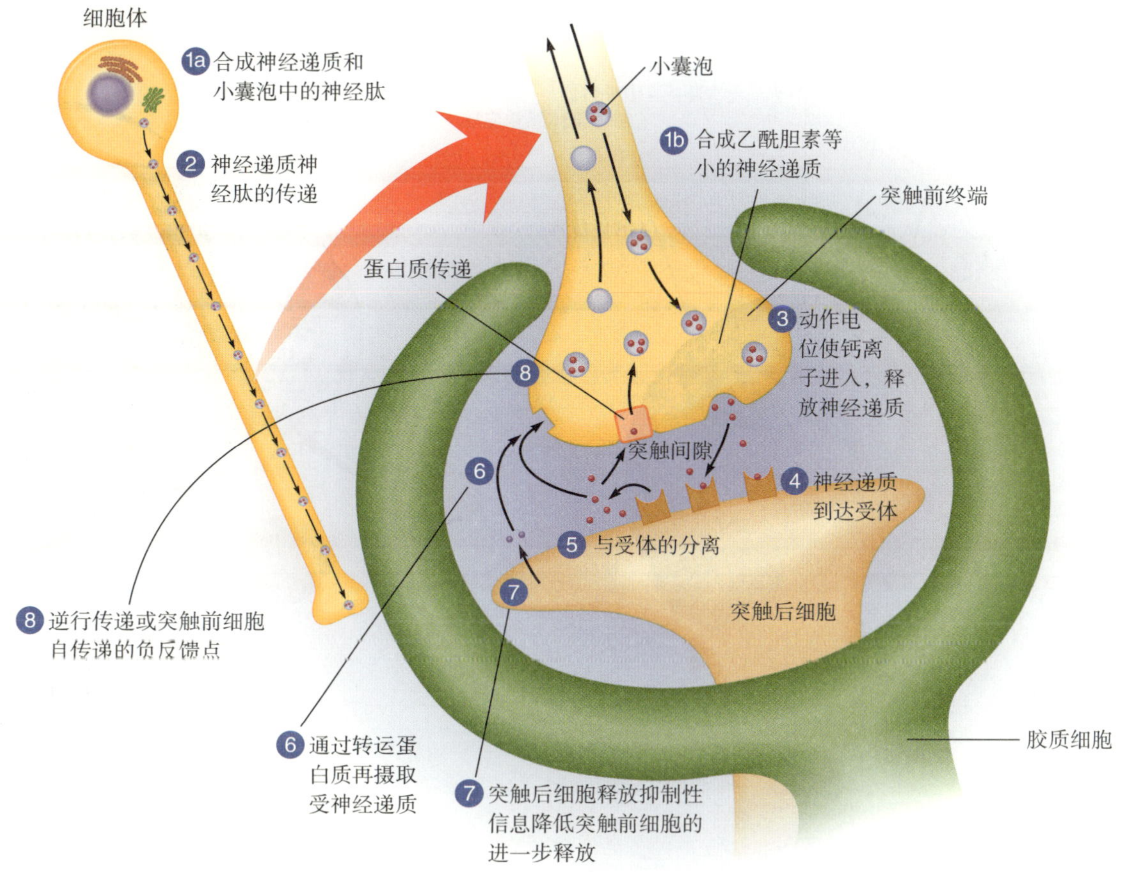

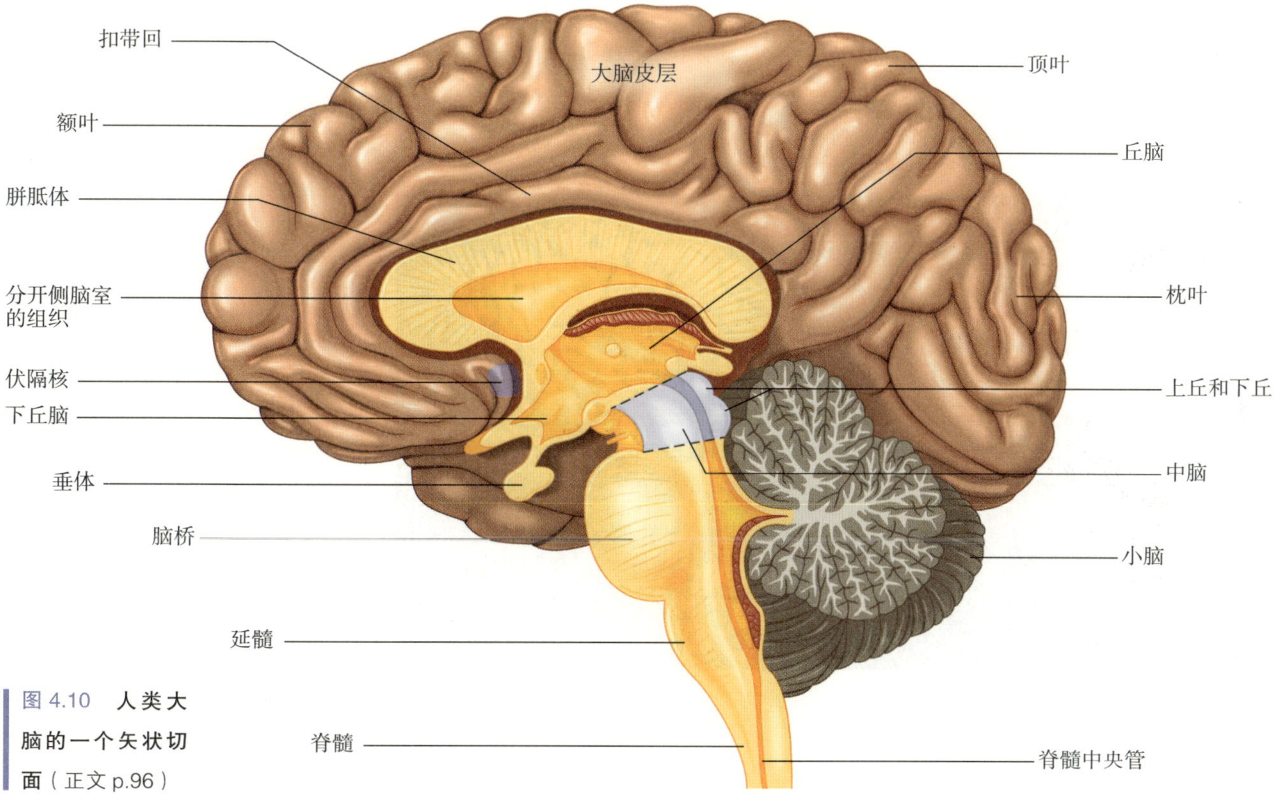

扣带回
大脑皮层
顶叶
额叶
丘脑
胼胝体
分开侧脑室的组织
枕叶
伏隔核
上丘和下丘
下丘脑
中脑
垂体
脑桥
小脑
延髓
脊髓
脊髓中央管

图 4.10 人类大脑的一个矢状切面（正文 p.96）

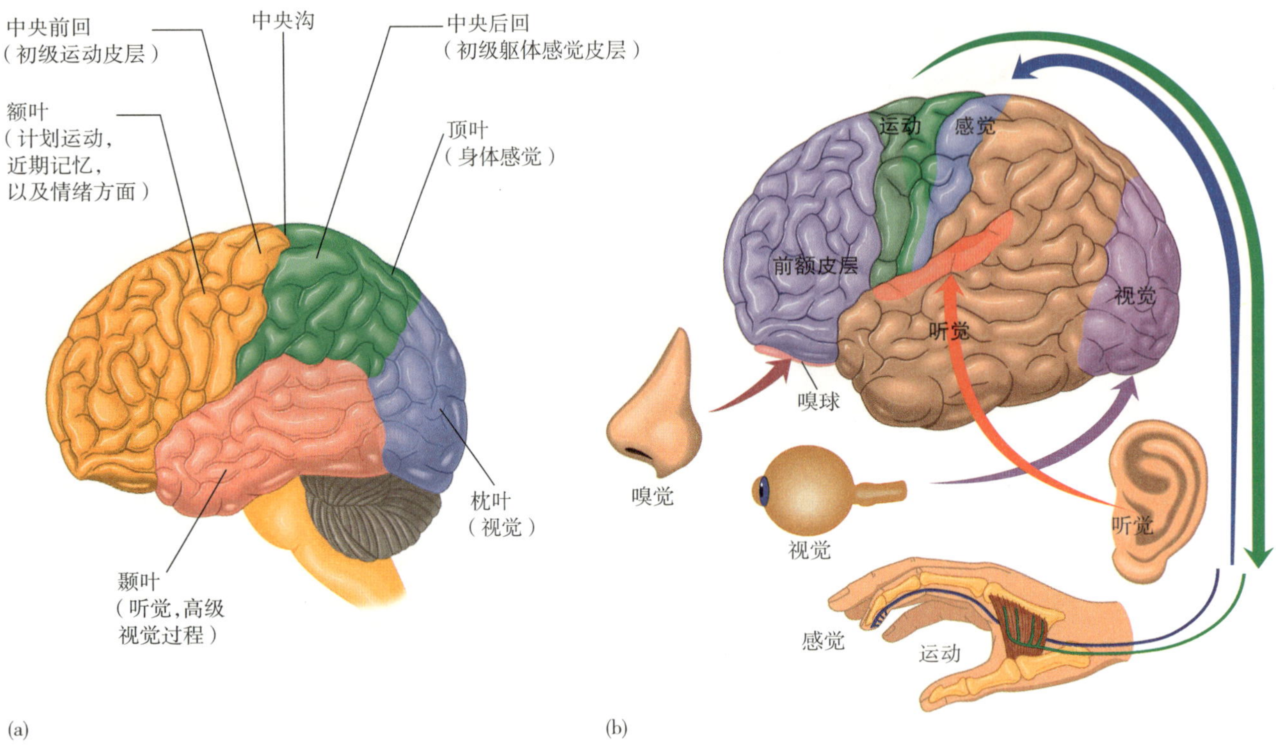

图 4.23 **人类大脑皮层分区**

（a）四个脑叶：枕叶，顶叶，颞叶，额叶。（b）负责视觉、听觉、身体感觉的初级感觉皮层；初级运动皮层；以及嗅球，嗅球是非皮层结构，负责嗅觉。（正文 p.106）

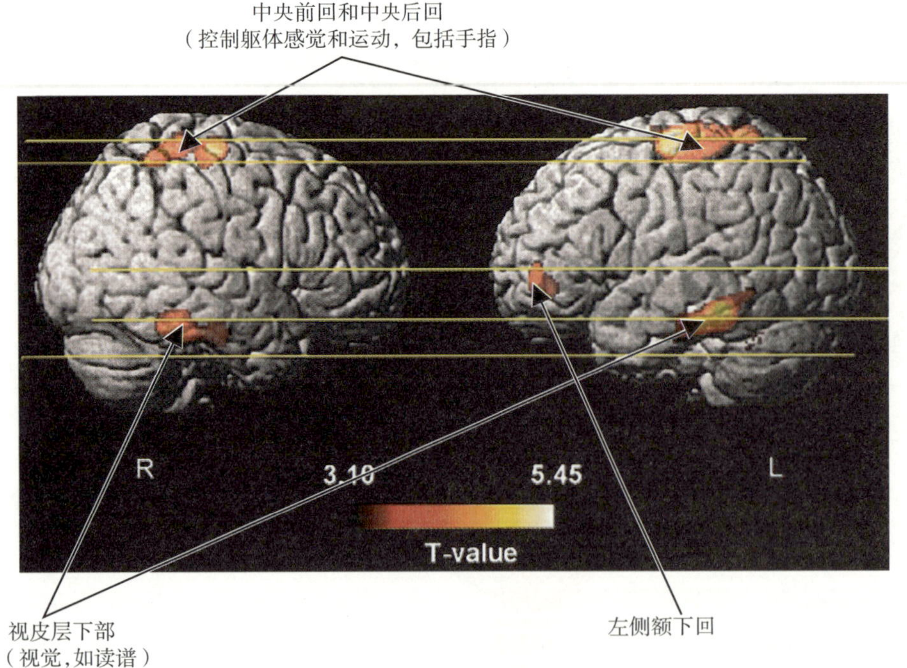

图 5.11 **与音乐练习有关的脑区**

在红色标示的区域，专业键盘乐手的灰质比业余键盘乐手的厚，业余键盘乐手的灰质又比一般人的厚。在黄色标示的区域，这种差异更大。（正文 p.142）

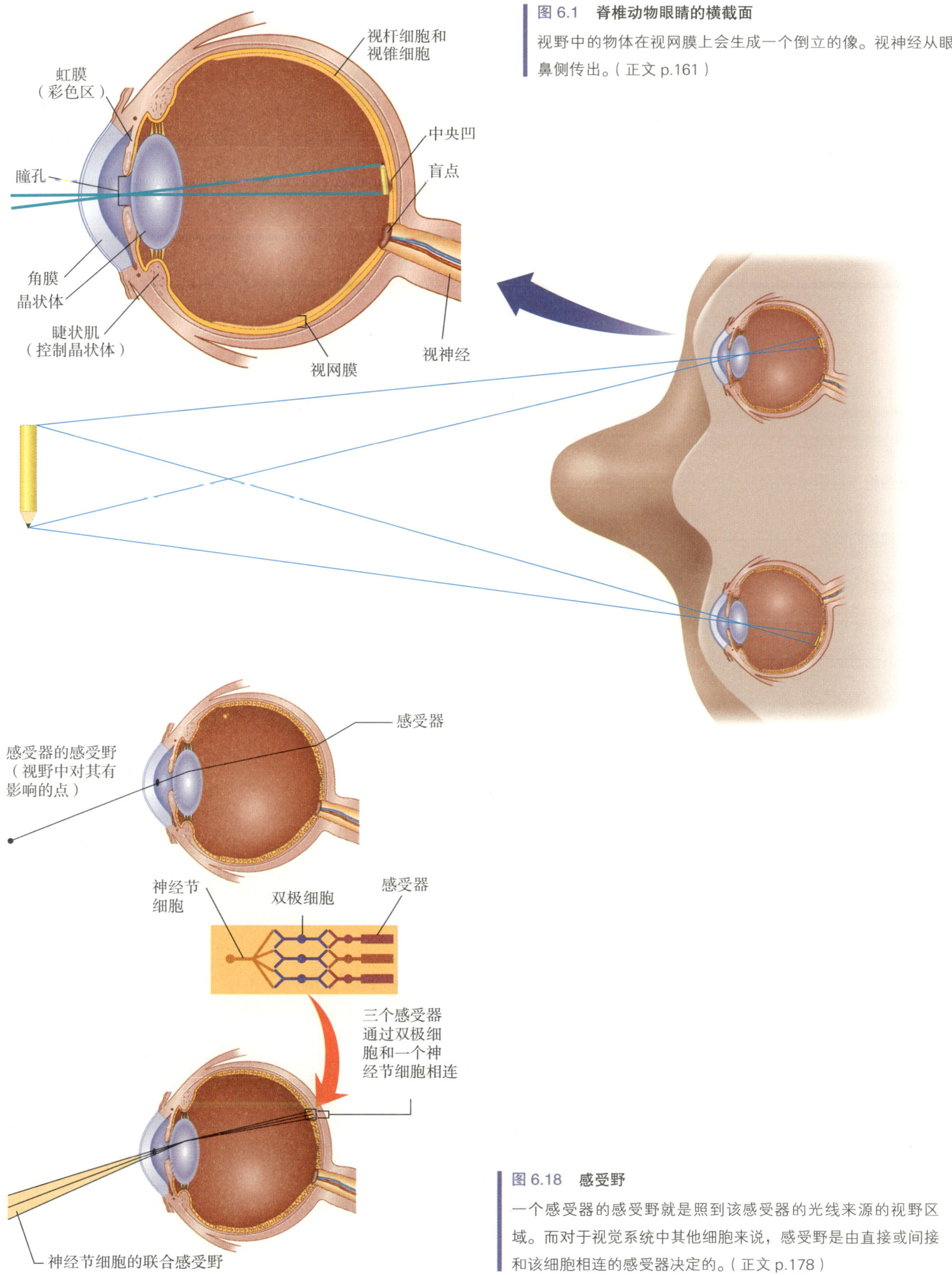

图 6.1　脊椎动物眼睛的横截面

视野中的物体在视网膜上会生成一个倒立的像。视神经从眼球鼻侧传出。（正文 p.161）

图 6.18　感受野

一个感受器的感受野就是照到该感受器的光线来源的视野区域。而对于视觉系统中其他细胞来说，感受野是由直接或间接和该细胞相连的感受器决定的。（正文 p.178）

图 6.2　眼睛中的视觉通路

感受器将信息传送到双极细胞和水平细胞，然后再传送到无长突细胞和神经节细胞。神经节细胞的轴突绕成一束从眼睛盲点传出，形成视神经并传至大脑。（正文 p.162）

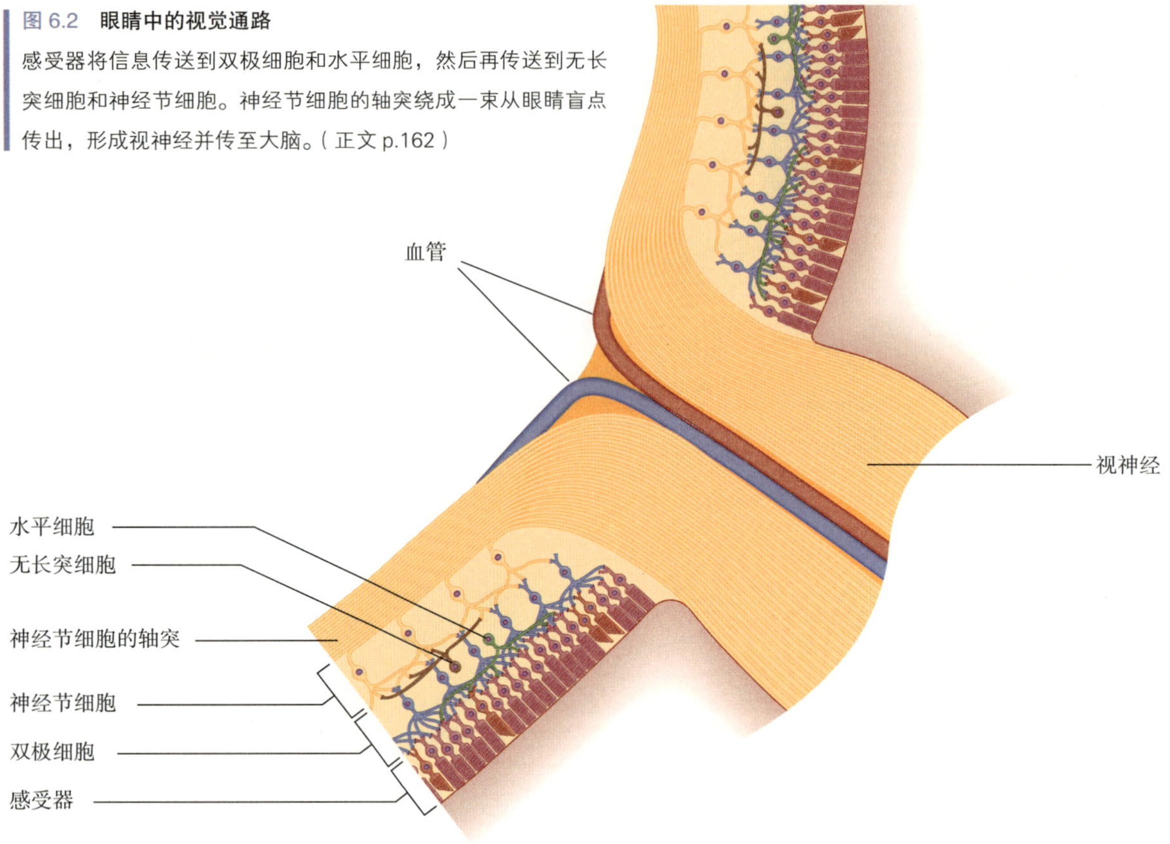

血管

视神经

水平细胞

无长突细胞

神经节细胞的轴突

神经节细胞

双极细胞

感受器

图 6.8　视杆细胞和三种视锥细胞对不同波长光的反应

注意，每种细胞都对较宽的波长范围反应，但是只对一个特定范围内的波长反应最高。（正文p.166）

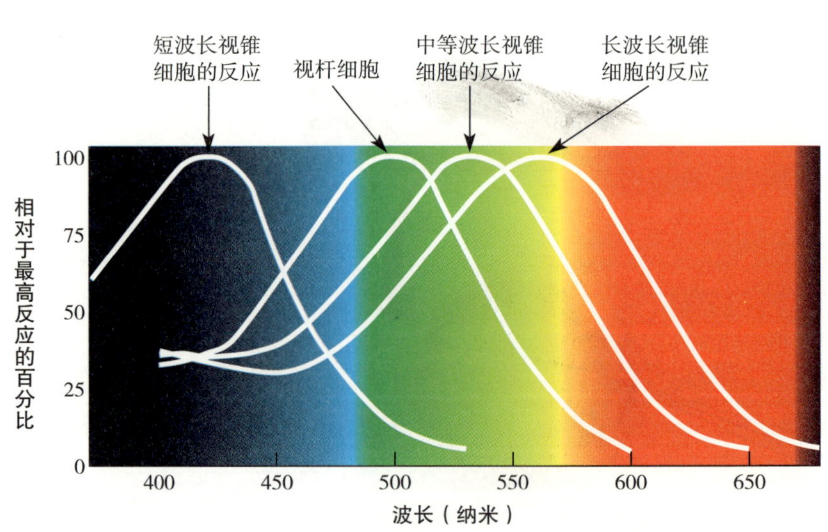

模块 5.1　结　语

脑的发育

太多因素能影响我们的脑发育了。不必说层出不穷、千变万化的不利经验，单只是想一想有多少种影响脑发育的遗传因素和化学物质，就不能不感叹，我们能正常长大真是个奇迹！显然，生命系统已经为错误留下余地，即使我们的神经连接不那么尽善尽美，我们依然表现如常。出错的方式很多，但生命系统总是在努力设法正常工作。

总　结

1. 在脊椎动物的胚胎期，中枢神经系统起源于神经管，其间包被着一个充满液体的腔隙。发育中的神经元增殖、迁移、分化、髓鞘化，最后长出突触。在不同物种间，神经元增殖的差异主要体现在细胞分裂数目上。迁移过程依赖于大量化学物质，在它们的引导下，不成熟的神经元移动到各自的目的地。
2. 即使到了成年，新的神经元也会在嗅觉系统、海马以及一些鸟类掌管鸣叫的脑区中产生。
3. 发育中的神经元在化学物质的引导下找到通往目的地的通路。然后在目标地区域依照化学梯度的引导排列。
4. 当轴突在化学梯度的引导下到达目标后，突触后神经元根据经验对神经连接进行精细调节，接受一些轴突连接，淘汰其余的。这种轴突间的竞争会持续一生。
5. 最初，神经系统会生长出超过实际需要的神经元。轴突与那些向它们释放神经生长因子等神经营养素的神经元建立起连接。接收到了神经营养素的神经元存活下来，其他的通过细胞凋亡过程被淘汰。
6. 发育中的大脑易受化学物质的侵扰。一些只会对成人造成轻微或短暂影响的化学物质能够对早期的脑发育产生永久性损害。
7. 在个体发育的早期，大脑皮层的可塑性很强。视觉信息能够导致原本应发展为听觉皮层的区域发展出新的特性，并对视觉信息做出反应。
8. 丰富环境使树突和轴突的分支增多，部分原因是生活在丰富环境中的动物比生活在贫乏环境中的动物更活跃。
9. 特异性的经验能够影响脑发展，特别是在生命的早期阶段。例如，先天失明的盲人，其触觉和语言的表征区会侵入到原本为视觉保留的脑区。
10. 过度练习某种技能使脑中与该技能有关的感觉和运动区增大。例如，经常练习乐器的人，其手指在大脑中的表征区增大。

关键术语

增 殖 130
迁 移 131
分 化 131
髓鞘化 131
突触形成 131
干细胞 132
神经生长因子（NGF） 136
细胞凋亡 136
神经营养素 136
胎儿酒精综合症 137
局灶性手部肌张力异常 144

思考题

1. 生物学家能够制造出抗神经生长因子的抗体（也就是使神经生长因子失活的分子）。向发育中的神经系统注射这样的抗体将导致什么样的结果？
2. 几十年前，教育家提倡教授拉丁文和古希腊文。他们认为，学习这两种语言能够促进智力和大脑的整体发育。现在，又有人提倡学习微积分。参考有关专业化和脑发育的现代研究，你认为这些观点正确吗？

停下来检查一下答案

1. 轴突先形成。
2. 嗅觉受体细胞、海马神经元以及某些鸟类掌管鸣叫的脑区的神经元。
3. 大脑皮层神经元 DNA 中的 ^{14}C 的浓度与这个人出生时的水平相一致，说明几乎所有的神经元都和这个人的年纪一样大。
4. Sperry 发现，如果切断蝾螈的视神经，并将眼球翻转，轴突依然与顶盖中原来的目标连接，即使这样不符合眼球现在的位置。
5. 轴突会随意地与顶盖神经元连接，而不会按照它们在视网膜上的背腹侧关系排列。
6. 虽然轴突可以在化学梯度的引导下进行连接，但不能依靠经验进行精细调节。因此，轴突连接会不那么精确。
7. 神经系统产生出远远多于其实际需要的神经元，然后通过细胞凋亡机制淘汰那些没有建立持久突触的神经元。
8. 神经营养素，例如神经生长因子。
9. 出生前神经元的数目是最多的。
10. 长时间使用麻醉剂会导致与胎儿酒精综合症类似的效应。胎儿酒精综合症的发生是因为酒精增加了抑制性，因而使发育中的神经元更易发生凋亡。
11. 他们先训练雪貂正常一侧的大脑对刺激作出反应，听到声音转向一边，看到光线转向另一边。然后向改造过的一侧大脑呈现光线，发现雪貂的反应与正常一侧大脑看到光线的反应是一样的。
12. 生活在丰富环境中的动物更加活跃，运动促进了树突和轴突的生长。
13. 首先，脑成像研究表明，盲人完成触觉任务（如触摸两个物体，并判断它们的异同）时，枕叶的活动增加。第二，枕叶的暂时失活影响了盲人在该任务上的成绩，但不影响正常人。
14. 右半球的中央后回。
15. 过度练习小提琴、钢琴或者其他乐器导致手指在体感皮层中的表征区过度扩张。有时，某根手指的表征区侵入到其他手指的表征区中。如果两根手指的表征区重叠太多，人就不能感觉到两者的差别，这时就发生了“音乐家痉挛”。

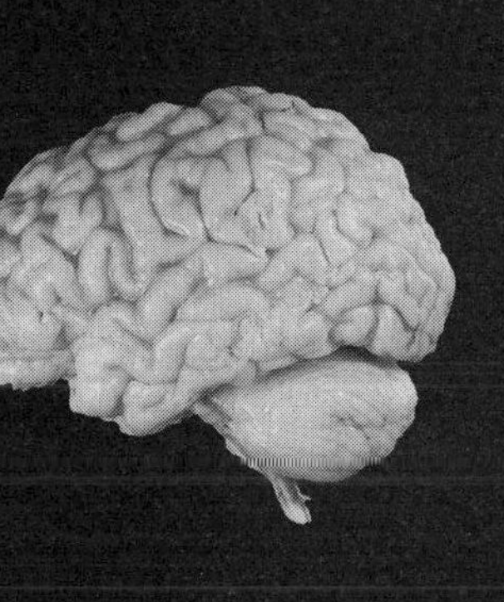

模块 5.2

脑损伤后的可塑性

一位美国军人在朝鲜战争中左脑受伤。起初他完全不能说话，三个月后，他逐渐能说一些只言片语。让他念信笺抬头“纽约大学医学院”时，他回答“医生——小医生”。8 年后，再次让他念这个信笺抬头，他回答说：“要我呢？这个写的是‘纽约大学医学院’”（Eidelberg & Stein，1974）。

几乎所有脑损伤后的幸存者都表现出部分的行为恢复。在一些个案中，这种恢复是相当显著的。轴突和树突长出新的分支是脑损伤后恢复的部分机制，这与第一节中讨论的脑发育机制非常相似。理解脑损伤后的恢复过程不但能帮助我们更好地治疗脑损伤患者，也有助于我们更好地理解正常大脑的功能。

脑损伤和短期内恢复

造成脑损伤的原因主要包括肿瘤、感染、放射线或有毒物质，以及帕金森氏症和阿尔兹海默症等退行性病变。在年轻人中，最常见的原因是**闭合性颅外伤**（closed head injury）。这是一种由事故、暴力等不穿入到脑内的急剧冲击对头部造成的外伤。闭合性颅外伤较常见，轻者症状不明显，损伤持续的时间也不长。如果确实发生了明显的损伤，原因之一可能是旋转力使脑组织与颅骨发生碰撞。另外，也可能是因为流向大脑的血流被血栓阻塞（Kirkpatrick，Smielewski，Czosnyka，Menon，& Pickard，1995）。

应用和扩展

啄木鸟是怎样避免脑震荡的

谈到脑血流，你是否曾经想过啄木鸟是怎样避免脑震荡的吗？如果换作你，连续不断地以每秒 6~7 米的速度撞击一棵树，你肯定会受伤。

使用慢动作摄影技术，研究者发现，啄木鸟在啄木之前，先快速地、试探性地敲击木头几下，就像木匠在钉钉子前试探性地舞两下锤子。然后，啄木鸟沿直线方向大力敲击树木，同时保持脖子僵硬。通过这种方式，他们几乎完全避免了旋转力和头部的猛摆（May，Fuster，Haber，& Hirschman，1979）。

研究者建议，在设计橄榄球运动员或摩托车赛车手所佩戴的头盔时，如果将头盔延伸到肩膀，就能防止旋转力和头部的猛摆，因此可能给运动员带来更多的保护。他们还建议，当你遇到事故，碰撞已不可避免时，一定要用下巴抵住胸部，并尽量使颈部肌肉保持紧张。

减少中风造成的伤害

在老年人中，脑损伤的常见原因之一是**中风**（stroke）造成的部分脑区的暂时性缺血（很偶尔的情况下也见于年轻人）。中风也被称为**脑血管意外**（cerebrovascular accident），分为**缺血性**（ischemia）中风和**出血性**（hemorrhage）中风两大类。前者较为常见，其原因是血栓或其他阻碍物堵住了血管。后者较为少见，是血管破

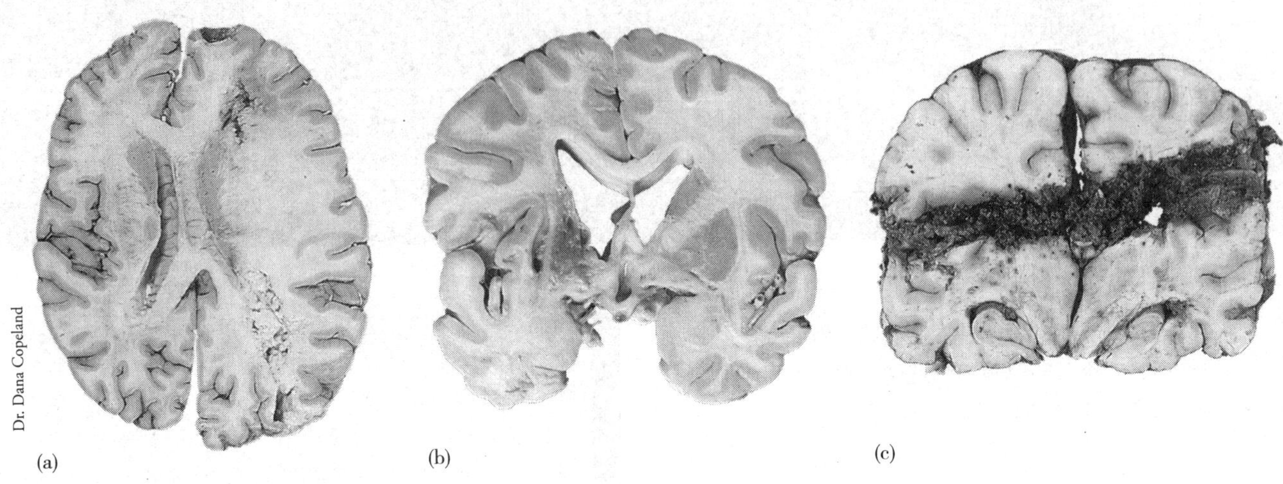

图 5.12 三位脑损伤患者的大脑

（a）中风后立即死亡的人的大脑。注意右侧肿胀的部分。（b）中风后依然活了很久的人的大脑，注意左侧的空腔，这里丢失了许多神经元。（c）枪伤后立即死亡的人的大脑。

裂造成的。中风的严重程度不一，从几乎看不出症状到立即致命都有。图 5.12 显示了三个人的大脑：其中一人中风之后立即死亡；另一人中风后还活了很久；还有一个受到枪击立即死亡。如果想了解更多关于中风的信息，请访问美国国家中风联合会（National Stroke Association）的网页：http：//www.stroke.org/。

发生缺血性中风时，神经元接触不到血液，于是失去了大部分氧和葡萄糖的供应。发生出血性中风时，神经元被大量血液、氧、钙或其他化学物质淹没。脑缺血和脑出血会导致许多相同的问题，比如**水肿**（edema）（指液体的聚集）。水肿使颅内压增高并提高再次发生中风的几率（Unterberg，Stover，Kress，& Kiening，2004）。脑缺血和脑出血都会损害钠－钾泵（sodium-potassium pump），导致钠在神经元内积聚。脑水肿和过量钠的组合使神经元释放出过量的谷氨酸盐（Rossi，Oshima，& Attwell，2000）。其结果是神经元受到了过度刺激，钠和其他离子过快地进入神经元，以至于钠－钾泵的运转来不及清除细胞中过量的离子。过量的阳离子阻断了线粒体的代谢，最终杀死神经元（Stout，Raphael，Kanterewicz，Klann，& Reynolds，1998）。神经元死亡后，小胶质细胞增殖，清除死亡神经元的遗留物质，并为存活下来的神经元提供神经生长因子（Lalancette-Hébert，Gowing，Simard，Weng，& Kriz，2007）。

即刻治疗

就算是在医学已经比较发达的 20 世纪 80 年代，医院对脑中风仍然束手无策。而到了现在，如果医治及时，缺血性脑中风患者的结局还是不错的（出血性脑中风较为少见，治疗效果不佳）。一种被称为**组织纤溶酶原激活剂**（tissue plasminogen activator，tPA）的药物能够溶解血栓（Barinage，1996）。为了获得更好的疗效，患者最好在中风后三个小时内接受 tPA 治疗，虽然晚几个小时使用也可能有点用。实际上往往做不到这点，中风患者被送到医院时，常常是发病很久之后了（Keskin，Kalemoglu，& Ulusoy，2005；Stahl，Furie，Gleason，& Gazelle，2003）。另外，tPA 有很强的副作用，包括引发脑出血。研究者们正在努力寻找减小 tPA 副作用的方法（Armstead.，2006）。

有时很难判断患者是缺血性中风还是出血性中风。由于 tPA 对缺血性中风有效，但会使出血性中风恶化，医生该如何决策呢？在搞不清楚时，常见的做法是使用 tPA。因为出血性中风少见，且往往很致命，因此相对于拯救缺血性中风者来说，出血性中风这个小险还是值得一冒的。

中风发作几小时后

当 tPA 已来不及挽救濒死的细胞时，**半影区**

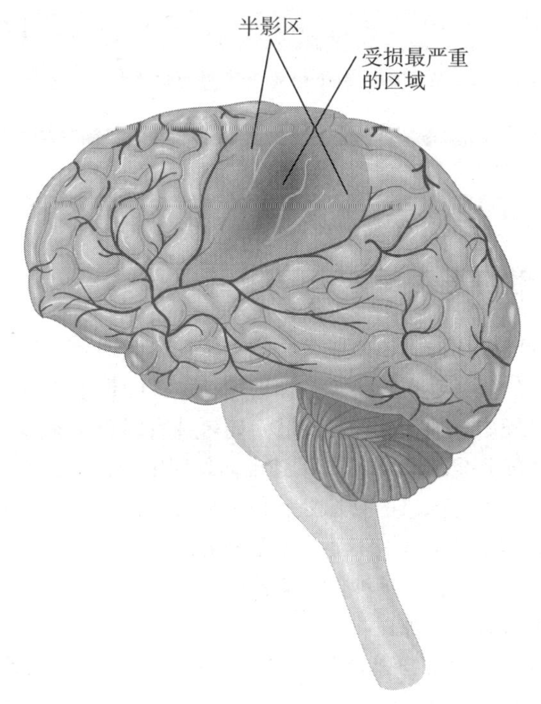

图 5.13　中风的半影区

中风杀死了直接受损脑区的神经元，但是周边区域（即半影区）的神经元至少暂时存活了下来。治疗可以侧重于促进半影区细胞的恢复。（见彩插）

（penumbra，来自拉丁语，意指“几近阴影”）中的细胞或许还有存活的希望。半影区指环绕在直接受损害部位的周边区域（Hsu，Sik，Gallyas，Horváth，& Buzsáki，1994；Jonas，1995）（图 5.13）。一种解救半影区细胞的方法是，通过阻断谷氨酸突触来防止神经元的过度刺激。然而，这种方法的效果并不令人满意（Hoyte，barber，Buchan，& Hill，2004）。为了避免强烈的副作用，医生往往只使用小剂量的药物，这样，能到达病灶的药物量就非常少了（Rossi，Brady，& Mohr，2007）。

到目前为止，实验室研究发现的最有效的预防中风后脑损伤的办法是给动物的大脑降温，尽管其具体机制尚不明确。出于安全角度考虑，不能把人类的体温降到实验室老鼠那么低，但在中风后头三天内将患者的体温降至 33~36 ℃常常是有益的（Steiner，Ringleb，& Hacker，2001）。这种方法有悖于人们面对中风患者的第一反应——要让病人保暖舒适。尽管有用，但如果长时间处于低温状态，低温本身也会带来一些健康问题。

另一种有趣的方法也能降低中风对实验动物的危害——使用一种名为大麻素（cannabinoid）的药物（Nagayama et al.，1999）。大麻素能减少中风后细胞的丢失，以及闭合性脑外伤等脑损伤带来的伤害（Van der Stelt et al.，2002）。这显然是得益于大麻素的抗氧化作用或抗炎症作用（Lastres-Becker，Molina-Holgado，Ramos，Mechoulam，& Fernandez-Ruiz，2005）。

还有一种可能的方法是注射 omega-3 脂肪酸，也就是类似于鱼油中的那种 omega-3 脂肪酸。这种方法已经用于实验动物，但还未应用于人类。omega-3 脂肪酸是细胞膜的重要组成成分，它对阻止细胞凋亡和其他神经性损伤有一定效果（V. R. King et al.，2006）。

停下来检查一下

16. 中风分为哪两类，起因分别是什么？
17. 为什么tPA对出血性中风没有帮助？
18. 如果你的家人突发中风，有位好心人提供了一条毛毯，你应该怎么做？

长期恢复的机制

脑损伤发生的头几天过后，许多幸存的脑区开始增加或重组它们的活动（Nishimura et al.，2007）。受损区域的功能并没有被完全取代，而是通过各种方式得到了补偿。

增加脑刺激

脑损伤后出现的行为缺陷反映的不只是病灶部位细胞功能的破坏。任何脑区的活动都会刺激其他脑区，因此任何一个脑区的损伤都或多或少地剥夺了脑区的正常刺激，从而干扰了其他脑区的正常运转。例如，左侧额叶的某些区域受损后，颞叶等其他脑区的活动也会减少（Price，Warburton，Moore，Frackowiak，& Friston，2001）。**神经联系失能**（diaschisis，来源于希腊语，意指“全面冲击”）这个术语指的是，一些神经元损伤后，幸存神经元的活动性减少。

如果神经联系失能对脑损伤后的行为缺陷有贡献，那么增加对脑的刺激很可能有助于康复。研究者们研究了一位6年来一直处于“最小意识状态”的患者，他几乎不做任何活动，也不对刺激做出反应。电刺激他的中央丘脑，可使他的多项能力得到明显改善，比如进食自理和讲话（Schiff et al.，2007）。

兴奋性药物也能促进康复。在一系列实验中，D. M. Feeney及其同事测量了老鼠和猫的皮层损伤对行为的影响。根据损伤部位的不同，动物或者出现运动障碍，或者出现深度知觉障碍。注射安非他命（amphetamine）显著地改善了此两种障碍。另外，在安非他命的影响下接受训练的老鼠表现出长期的获益。注射阻断多巴胺突触的药物会阻碍行为的恢复（Feeney & Sutton，1988；Feeney，Sutton，Boyeson，Hovda，& Dail，1985；Hovda & Feeney，1989；Sutton，Hovda，& Feeney，1989）。

使用安非他命治疗人类患者具有很大风险，但其他种类的兴奋性药物有着相当不错的应用前景。使用兴奋剂治疗中风可能有悖于人们给中风患者使用镇静剂的习惯。其实，镇静剂减少多巴胺的释放，不利于脑损伤的康复（L. B. Goldstein，1993）。

停下来检查一下

19. 使用兴奋性药物治疗中风患者，应该将药物直接给予到受损伤的神经元处（在操作上可行的前提下），还是给予到其他神经元处？

轴突的再生长

已破坏的胞体不能被替代，但受损的轴突在某些情况下的确能够再长出来。外周神经系统的神经元胞体位于脊髓中，轴突延伸到四肢。如果轴突因挤压受伤，退化的部分会以每天1mm的速度向外周生长，在髓鞘的引导下生长到原来的目标处。如果轴突是被切断的，切口两端的髓鞘可能对不齐，于是轴突的生长没有正确路径可循。有时，运动神经元连接到了错误的肌肉上，正如图5.14所示的那样。

在成熟哺乳动物的脑或脊髓中，受损伤的轴突再生不明显。即便有再生，最多也只会生长出1~2毫米（Schwab，1998）。因此，脊髓损伤导致的瘫痪将是终生的。然而，某些鱼类的轴突能再生出相当长的一段，基本足以恢复正常的功能了（Berstein & Gelderd，1970；

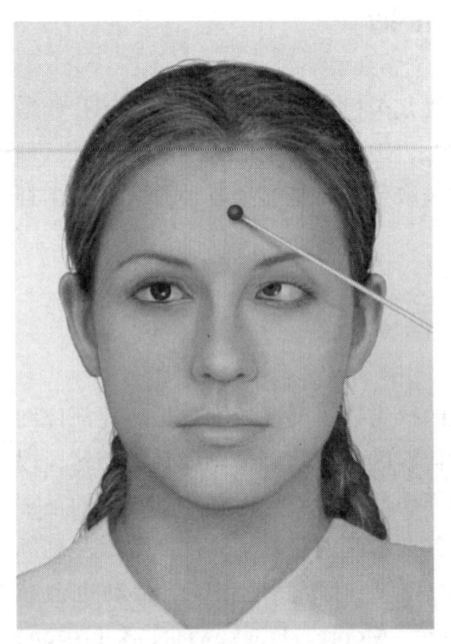
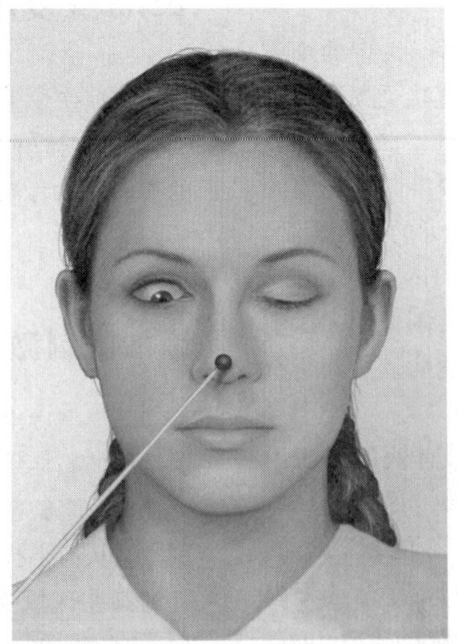
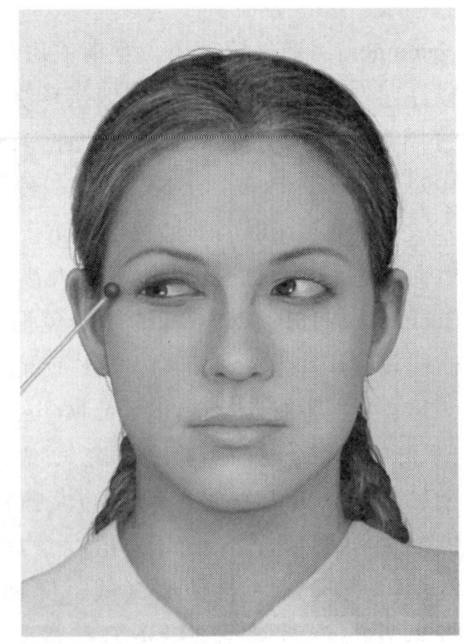

图5.14 如果受损的轴突再生到错误的肌肉上会发生什么

支配患者右眼肌的神经轴突受损后再生，但连接到了错误的肌肉上。当她向下看时，她的右眼睁大，而不是像左眼一样落下眼睑。她的眼动常常出错，右眼不能向上或者向左转。

Rovainen，1976；Scherer，1986；Selzer，1978）。为什么鱼类中枢神经系统轴突的再生能力远远好于哺乳动物呢？能找出什么办法提高哺乳动物轴突的再生能力吗？

许多问题限制了哺乳动物轴突的再生长。首先，神经系统的切割伤导致疤痕形成（哺乳动物的疤痕较鱼类厚），从而制造了一个机械屏障。其次，切口两侧的神经元被拉开了。第三，当中枢神经系统的节细胞对损伤做出反应时，它们会释放出抑制轴突生长的化学物质（Yiu & He，2006）。

这些困难都难以克服，但希望还是有的。研究者们已经想出办法来建立起一个蛋白质桥，借此为轴突创造一条道路，以跨越充满了疤痕的间隙。当把这种技术应用到仓鼠时，被切断的视神经轴突能够再长出来，并建立起突触，这使得大部分仓鼠重新获得了部分视觉（Ellis-Behnke et al.，2006）。

出　芽

脑不断地产生新的树突和轴突，同时消灭一些旧的树突和轴突。脑损伤加速了这个过程。如图 5.15 所示，一些轴突死去后，那些失去了神经支配的细胞通过释放神经营养素来诱导其他轴突形成新的分支，或通过**旁出芽**（collateral sprouts）的方式连接到已经空了的突触位置（Ramirez,2001）。损伤后两周内,受损部位附近的区域中，新突触的形成速度是正常情况下的 8 倍，损伤后六周内突触的生成速度都是快于正常情况的（C. E. Brown，Li，Boyd，Delaney，& Murphy，2007）。

大多数研究都关注海马。已知海马中有两种类型的出芽。其一，轴突的损伤引发相似轴突的出芽。例如，海马接收了邻近的*内嗅皮层*（entorhinal cortex）的信息传入，一侧内嗅皮层发出的轴突受损会引发对侧内嗅皮层轴突的出芽。出芽的过程持续数周，并伴有记忆任务成绩的提高。多种证据表明，轴突出芽是提高任务成绩所必需的（Ramirez，Bulsara，Moore，Ruch，& Abrams，1999；Ramirez，McQuilkin，Carrigan，MacDonald，& Kelley，1996）。

其二，损伤有时会诱发无关轴突的出芽。例如，双侧内嗅皮层损伤后，其他脑区的轴突会出芽，填补海马中空了的突触位置。它们所带来的信息输入当然不会与损伤的轴突一样。这种出芽可能是有利的，也可以是中性的，甚至是有害的（Ramirez，2001）。

去神经超敏化

被剥夺了大部分传入信息的突触后细胞对还能接收到的神经递质表现出更高的敏感性。例如，正常的肌肉细胞仅对神经肌接头处的神经递质乙酰胆碱做出反应。但神经轴突因切割等原因失活数天后，肌肉细胞会形成更多的受体，并对其表面上广泛区域内的乙酰胆碱变得敏感（Johns & Thesleff，1961；Levitt-Gilmour & Salpeter，1986）。同样的过程也发生在神经元中。传入轴突被破坏后对神经递质的敏感性升高被称为**去神经超敏化**（denervation supersensitivity）（Glick，1974）。传入轴突的失活引起的对神经递质的敏感性升高被称为**废用性**

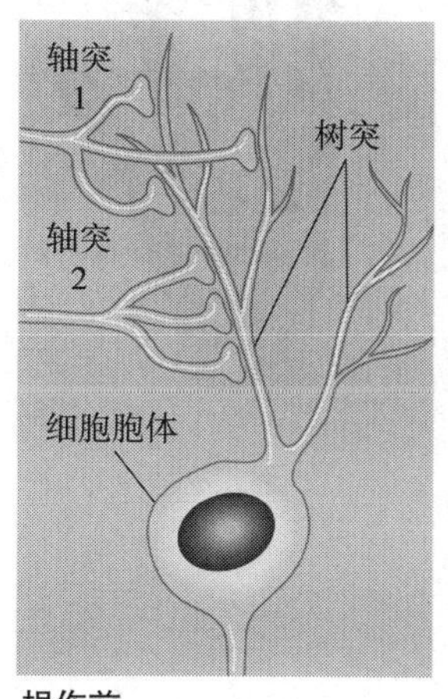

损伤前

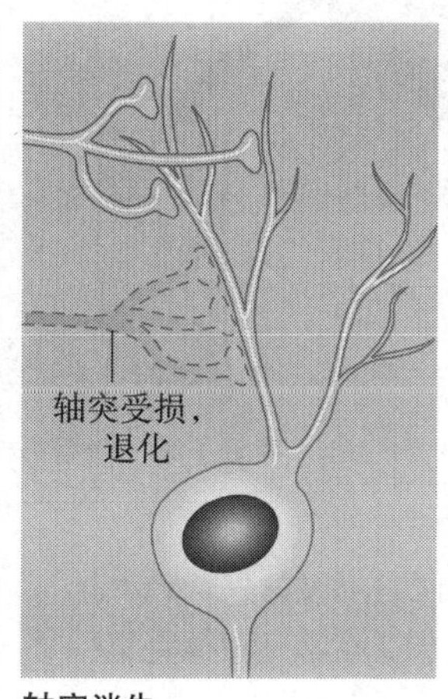

轴突消失

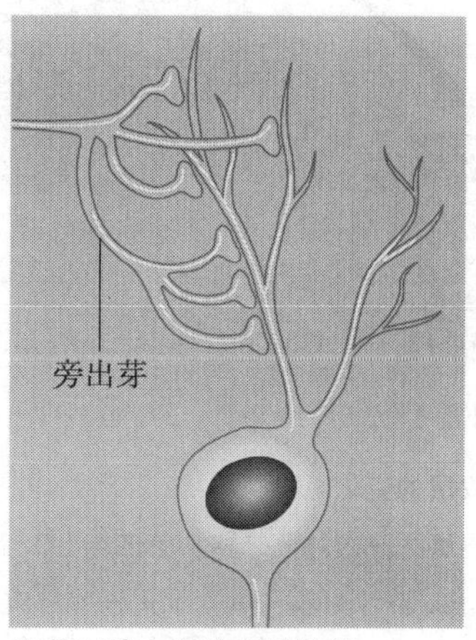

出芽以填充空的突触位置

图 5.15 旁出芽
幸存的轴突生长出新的分支去填补因受损轴突消失造成的空的突触位置。

超敏化（disuse supersensitivity）。超敏化源于受体数目的增加，以及受体效率的增加（Kostrzewa，1995）。这种受体工作效率的增加可能由第二信使系统变化引起的。

去神经超敏化有助于补偿减少了的神经输入。在某些个案中，患者即使失去了某些通路上的大部分轴突，去神经超敏化也能使他们维持基本正常的行为（Sabel，1997）。然而，它也会产生令人不快的后果，比如慢性疼痛。由于脊髓损伤破坏了许多轴突，突触后神经元对剩下的轴突表现出了过高的敏感性。因此，即便是正常的刺激也能导致过度的反应（Hains，Everhart，Fullwood，& Hulsebosch，2002）。

停下来检查一下

20. 旁出芽是树突受体的变化还是轴突受体的变化？

21. 去神经超敏化是树突受体的变化还是轴突受体的变化？

感觉表征的重组与幻肢

正如本章第一节讲到的，经验能够调节大脑皮层内的神经连接以增加其对重要信息的表征。回想一下音乐家的例子，一个人练习了几年弦乐器后，体感皮层中左手手指的表征区会扩大。这种变化既可能反映了轴突的旁出芽，也可能反映了突触后神经元受体敏感性的增加。类似的过程也发生在神经系统损伤之后。

设想一下，假如中风损伤了传递左上视野输入信息的轴突，而视觉皮层保持完好，会发生什么呢？视皮层中与左下视野相对应的脑区依旧接收到正常的信息输入。逐渐地，表征左下视野的轴突会出芽，填补原来表征左上视野的空白突触部位。这个过程发生后，左图中的刺激看起来就像是右图所示那样了（Dilks，Serences，Rosenau，Yantis，& McCloskey，2007）：

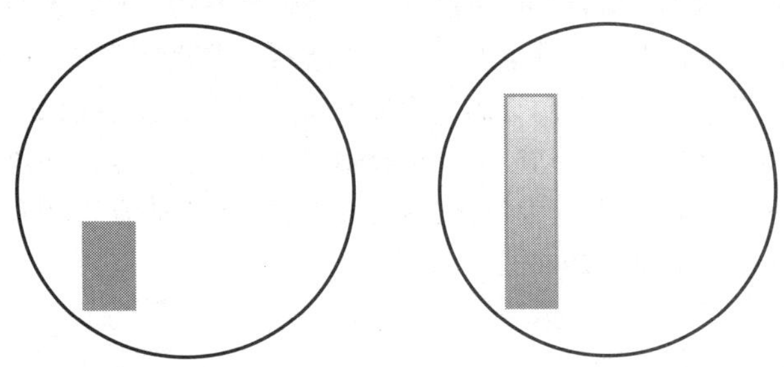

再设想一下，截肢术后脑皮层会怎样重组？请翻到前面看图 4.24：体感皮层的每一部分分别从身体的不同部位接收信息传入。细看图中标示为“手指”的区域，你会发现，每一个亚区都主要对应于某一根手指。图 5.16 显示的是猴脑手指表征区的排列。在一项研究中，实验者切除了一只猴的中指。之前对这只手指做出反应的皮层

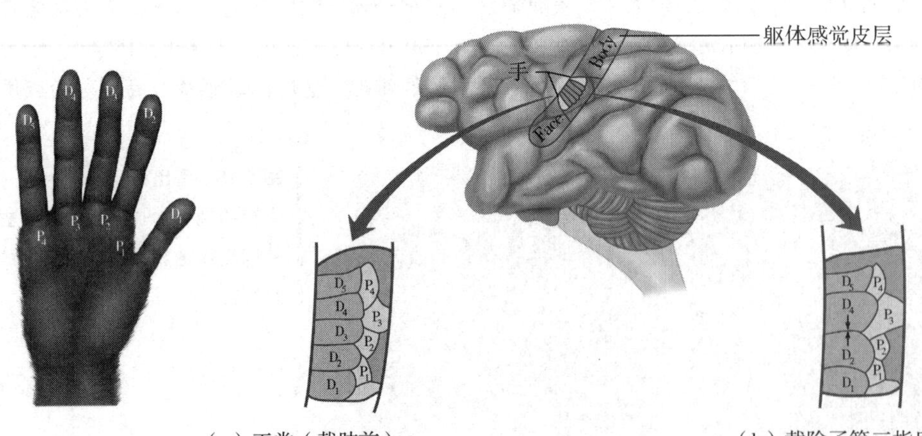

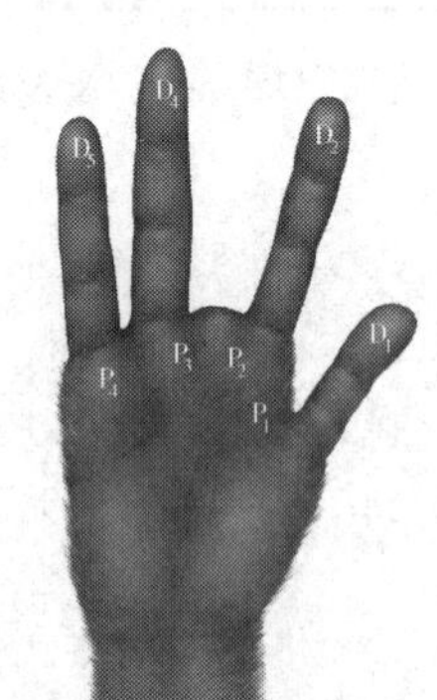

（a）正常（截肢前）　　（b）截除了第三指后

图 5.16　截除一只手指后，猴子体感皮层的变化

请注意，原来对第三指（D_3）做反应的皮层区开始对第二指和第四指（D_2 和 D_4），以及部分手掌（P_3）作反应。（*Redrawn from the Annual Review of Neuroscience, Vol. 6, © 1983, by Annual Reviews, Inc. Reprinted by permission of Annual Reviews, Inc. and Jon H. Kaas.*）

细胞失去了传入信息。但很快地，该区域对第二指和第四指，以及部分手掌传入信息的反应性增强，直到皮层的反应模式变成图 5.16b 所示的样子（Kaas，Merzenich，& Killackey，1983；Merzenich et al.，1984）。

如果截去整条手臂会怎样呢？多年来，神经科学家一直认为，与这条手臂相对应的皮层将永远保持沉默，因为其他皮层区域的轴突没有办法跨越遥远的距离，出芽生长到这条手臂的表征区。然而，事实却出乎意料。研究者们记录了一只猴子大脑皮层的信号。这只猴子的前臂感觉神经在 12 年前被切断了，他们发现，一块以前对前臂做出反应的皮层现在对面部做反应（Pons et al.，1991）。失去来自前臂的传入信息后，表征前臂的轴突就退化了。于是，在中枢神经系统内的不同水平上都出现了空着的突触位置。表征面部的轴突出芽至脊髓、脑干和丘脑，来填补空白（Florence & Kaas，1995；E. G. Jones & Pons，1998）。（另一种可能性是，来自面部的轴突早已存在在那里，去神经超敏化作用增强了突触连接。）

脑成像研究证实，同样的过程也发生在人类身上。现在请设想，当一个重组皮层内的细胞活动时会发生什么？过去，这些神经元对手臂的刺激作出反应，现在他们接收来自面部的信息。那么对于这个人来讲，他觉得刺激是来自面部呢，还是来自手臂？

答案是：刺激像是来自手臂（K. D. Davis et al.，1998）。医生们很早就发现，许多截肢患者有**幻肢**（phantom limb）的体验，即依然感觉到被截去的肢体的存在。轻者仅有偶发的麻刺感，重者不得不忍受剧烈的疼痛。手、脚，或者任何被截去的身体部分都可能引发幻肢。这种幻觉可在几天或几个星期后消退，但有时却能持续一生（Ramachandran & Hirstein，1998）。

在 20 世纪 90 年代之前，没有人知道幻肢是怎样产生的。多数人认为，幻肢的感觉来自于截肢后遗留下来的残肢。有些医生甚至对残肢进行截肢术，企图通过再多切除一些的办法消除幻肢。现代的方法已经证明，只要体感皮层中与该肢体的相关的区域发生重组，并对来自于身体其他部位的刺激做出反应，就会产生幻肢（Flor et al.，1995）。例如，手被截去后，来自面部的轴突投射可以取而代之，激活原来负责这只手的皮层区域。一旦面部受到刺激，这个人在感觉到面部刺激的同时，还会对幻手产生感觉。完全有可能绘制出一张图，表示面部哪个区域的感觉与幻肢上哪个部位的感觉相对应，就像图 5.17 所示的那样（Agloiti，Samnia，Atzei，& Berlucchi，1997）。

请注意，在 107 页的图 4.24 中，对脚做出反应的皮层与对生殖器作出反应的皮层相邻。两位足部截肢的患者报告，在性兴奋的时候感觉到了幻足！其中一位报告，幻足和生殖器都感受到了高潮，这让他十分享受（Ramachandran & Blakeslee，1998）。显然，生殖器的皮层表征区伸展到了负责足部感觉的皮层。

有没有办法能缓解幻肢的疼痛呢？在某些情况下，答案是“有的”。一些截肢患者在学会使用假肢后，报告说幻肢感逐渐消失了（Lotze et al.，1999）。他们认为感觉属于假肢，于是来自于面部的异常神经连接被逐渐取代。类似地，一位患者在截去了手之后，原本对手做出反应的皮层部分地转为负责面部感觉，但当他接受了手

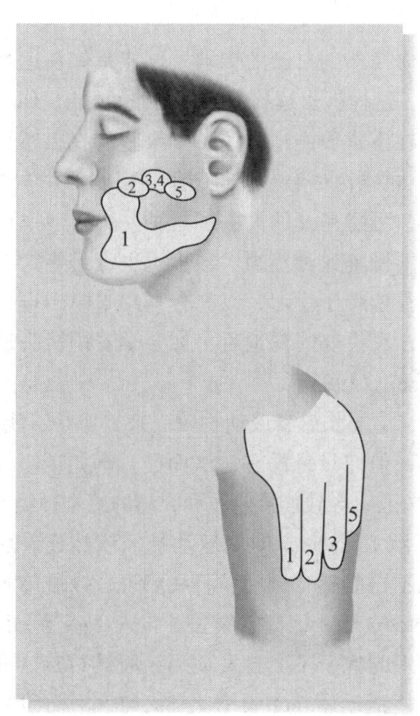

图 5.17　幻肢的来源

对于图上这个人，面颊上标示区域内的刺激诱发了第 1（拇指）、2、4、5 指的幻肢感。肩部的刺激也能诱发第 1、2、3、5 指的幻肢感。（*Fig. 5.29 from Phantoms in the Brain by V. S. Ramachandran, M.D., Ph.D. and Sandra Blakeslee. Copyright © 1998 by V. S. Ramachandran and Sandra Blakeslee. Reprinted by permission of HarperCollins Publishers and authors.*）

移植术后，这些皮层又逐渐转回到负责手部感觉（Giraux，Sirigu，Schneider，& Dubernard，2001）。

这些研究传递给我们一个重要信息：脑内的神经连接终生都保有可塑性。当然，是在一定限度内可塑，但这个限度不像神经科学家们一度认为的那么窄。

停下来检查一下

22. 脑的重组有时是有利的，有时是有害的。为这两种情况各举一例。

行为的习得性调节

到目前为止，讨论的主要内容集中在解剖结构的变化上。事实上，脑损伤的康复大多是建立在学习的基础上的。

如果你找不到自己的钥匙，可能是你在远足时掉在树林里了（这样就永远找不到了），也可能是你心不在焉地将它放在不常放的地方了（如果坚持找，还是有希望找到的）。同样，对于那些经历了脑损伤，并失去了某种能力的人，可能是真的失去了这种能力，但也可能在不断的努力下恢复这种能力。很多（也许是绝大部分）脑损伤的康复依赖于学习，以充分利用平时用得很少的功能。例如，失去外周视觉后，你会学着用转头来进行补偿（Marshall，1985）.

有时，脑损伤患者或动物看起来好像是不能做某事，但事实上，他们只是没有尝试而已。例如，假设一只动物遭受了外伤，导致连接前肢和脊髓的感觉神经受损（如图 5.18 所示）。这时，即使运动神经依然连着肌肉，这个动物也不再能感觉到前肢。我们说，该肢体被**去传入**（deafferented）了，因为它失去了传入（感觉）信息。肢体被去传入的猴子不会自发地用该肢体行走、取物或进行其他自主活动（Taub & Berman，1968）。研究者最初认为，猴子不能使用一个感觉不到的肢体。然而，在接下来的实验中，当他们切断了双侧前肢的传入神经后，尽管损伤程度更大，猴子却依然使用去传入的肢体行走、攀爬铁笼子或抓取葡萄干。显然，猴子不使用那只去传入的前肢，只是因为用剩下的三个肢体行走很容易。当它们别无选择时，只能使用去传入的肢体了。

在另一个例子中，老鼠的视皮层受到了损伤。损伤前，

Andy Manis/AP Photo

使用假肢后，原来有幻肢感的截肢患者会逐渐失去对幻肢的感觉。

老鼠已学会在黑、白两张卡片中选择白色的那张来获得食物。但是损伤后，老鼠的选择几乎是随机的。它完全忘记了两者的区别吗？显然不是，因为重新训练它选择白色卡片比训练它选择黑色卡片更容易（T. E. LeVere & Morlock，1973）（图 5.19）。Thomas LeVere（1975）推测，视皮层的损伤并没有破坏记忆线索，而仅仅是破坏了老鼠提取线索的能力。随着老鼠的康复，记忆也将被重拾。

同样，许多脑损伤患者尝试着在不依赖于受损能力的情况下完成日常生活涉及的各种任务。例如，语言能力受损的人可以通过他们的配偶来完成对话，失去面孔识别能力的人学着通过辨识人声来认人。对脑损伤患者

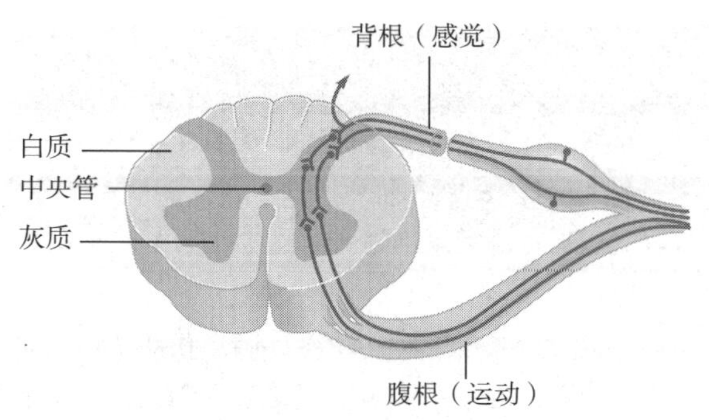

图 5.18　脊髓横断面

切断背根（如图所示）剥夺了动物部分躯体的触觉，但是运动神经元保持完好。

的康复治疗主要侧重于鼓励他们练习受损但未完全丧失的能力。

治疗之前，要仔细评估患者的能力水平和缺陷程度。这种评估是神经心理学家的专长，他们开发出了一些工具能准确地测出患者的问题（参见第 1 章中的表 1.1）。比如，不能很好地遵从指导语可能是听力问题造成的，但也可能是记忆、语言、肌肉控制或者注意力的问题造成的。神经心理学家能够鉴别出问题所在，然后向患者推荐一位医生或者职业治疗师，由他们来帮助患者训练受损的技能。中风后，越早治疗效果越好。动物研究者也发现了同样的规律。在一项实验中，单侧顶叶受损的老鼠表现出对侧前爪的不协调。这些老鼠接受了康复训练。其中，损伤后 5 天开始训练的老鼠比损伤后 14 天开始训练的老鼠恢复得好，损伤后 14 天开始训练的老鼠又比损伤后 30 天才开始训练的老鼠恢复得好（Biernaskie, Chernenko, & Corbett, 2004）。其他证据也表明，在损伤后的头几天里脑的可塑性最大。

一个重要的结论是，脑损伤后的行为恢复需要付出大量努力，而恢复的效果也不太稳定。脑损伤患者能像正常人一样做各种事情，但做起来一定比正常人费力。已恢复的行为很容易在饮酒、疲劳等压力性情境的作用下退化，而相对来说，这些情况不会对正常人造成那么大的影响（Fleet & Heilman, 1986）。这种退化在老年人中更加突出（Corkin, Rosen, Sullivan, & Clegg, 1989）。

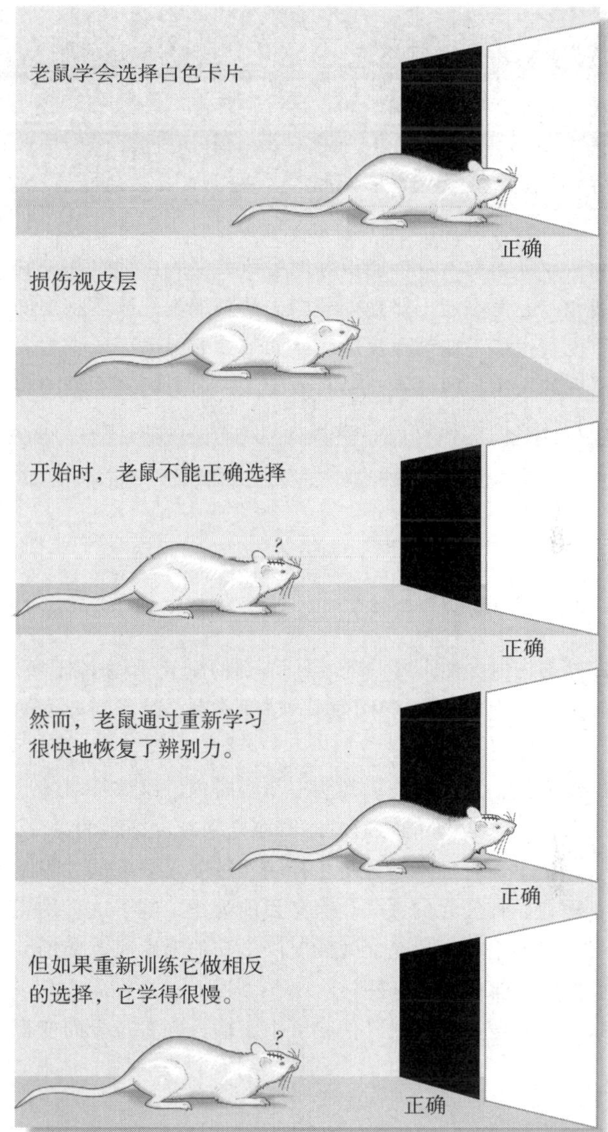

图 5.19　皮层毁坏后的记忆损伤

脑损伤阻碍了记忆的提取，但没有完全破坏记忆。（*Based on T. E. LeVere & Morlock, 1973*）

停下来检查一下

23. 假设一个人脊髓受损，完全失去了左臂的感觉。现在他只使用右手。下面哪一个是最有希望的治疗方法：电刺激左臂的皮肤、将这个人的右手绑在他背后，还是蒙住他的眼睛？

模块 5.2 结 语

脑损伤与恢复

哺乳动物的身体能很好地更新丢失的血细胞和皮肤细胞，但是不能很好地处理失去的脑细胞。虽然脑损伤后也发生了一些修复反应，比如轴突的旁出芽或感觉表征区的重组，但并不总是有效的。一个听起来不错的解释是，我们之所以没有进化出许多恢复脑损伤的机制，是因为在人类漫长的演化历史中，脑损伤的个体很难存活到完全康复。现在，许多脑损伤或脊髓损伤患者能存活好多年。所以我们还需要继续努力来寻找提高其生活质量的方法。

总 结

1. 脑损伤由多种原因引起，包括头部的撞击、脑血流阻塞，或者脑血管破裂。中风时，过度兴奋是神经元死亡的主要原因。
2. 缺血性脑中风发作后的头三个小时内，组织纤溶酶原激活剂（tPA）能够通过溶解血栓来减少细胞的丢失。理论上，它也能通过防止神经元过度兴奋来最大程度地减少神经元的丢失。但到目前为止，基于这个构想开发的治疗手段是无效的。降低脑的温度或者使用大麻素也能减少细胞丢失。
3. 一个脑区损伤后，其他脑区由于输入刺激减少而变得不如以往活跃。兴奋性药物能够帮助这些没有受损的脑区维系正常功能。
4. 中枢神经系统的某个区域失去了正常的信息传入后，其他轴突可以通过出芽或者去神经超敏化的方式使其产生兴奋。在某些情况下，这种不正常的信息传入会造成奇异的感觉，如幻肢。
5. 脑损伤的康复大多依赖于学习，以充分利用平时用得很少的功能。脑损伤患者能做的事情也许比他们显示出来的要多，因为他们在避免使用受损的技能。

关键术语

闭合性颅外伤 147
中 风 147
脑血管意外 147
缺 血 147
出 血 147
水 肿 148
组织纤溶酶原激活剂（tPA） 148
半影区 148
神经联系失能 149
旁出芽 151
去神经超敏化 151
废用性超敏化 152
幻 肢 153
去传入 154

思考题

1. 一般来说，中晚期帕金森氏症（释放多巴胺的轴突受损）患者行动非常缓慢。然而，在紧急情况下（如，着火），他们的行动可以是迅速而有力的。请给出一个可能的解释。

2. 阻断多巴胺突触的药物会损害或减缓肢体的运动。然而，长期服用这种药物后，一些人会出现非自主的肌肉抽搐和颤动。根据本章的材料，提出一个可能的解释。

停下来检查一下答案

16. 分为缺血性中风和出血性中风。前者更为常见，是血管阻塞引起的。后者是血管破裂引发的。
17. tPA 的作用是溶解血栓，但是脑出血的起因是血管破裂，不是血栓阻塞。
18. 谢绝他的毛毯，因为在中风后的头三天里，最好能保持低温。
19. 最好将安非他命给予到那些从受损神经元那里接收输入的细胞。因为据推测，正是传入刺激的缺失导致了神经联系失能。
20. 轴突。
21. 树突受体。
22. 小范围的重组能扩大小提琴家和盲文阅读者的手指表征区，这是有益的。截肢后大范围的重组是有害的。
23. 将右手绑在背后能迫使他使用受损的左手。刺激左臂的皮肤不能取得任何效果，因为感觉受体已不能向中枢神经系统发送信息。蒙住眼睛是无关的，甚至是有害的措施（它减少了左手运动的视觉反馈）。

视　觉

6

本章大纲

（左图图释）读完本章你就会知道，为什么这只草原猎鹰要歪着头。

主要内容

1. 每个感觉神经元传递一种特定类型的体验。例如，任何刺激视神经的东西都会被知觉为光。
2. 脊椎动物的视觉以两种感受器为基础：对颜色视觉有贡献的视锥细胞，以及对颜色视觉没有贡献的视杆细胞。
3. 视觉系统中的每个细胞都有一个感受野，感受野中的视觉刺激可以兴奋或抑制该细胞。
4. 视觉信息到达大脑以后，并行的通路会同时分析刺激的不同方面，如形状、颜色和运动。
5. 视觉系统的神经元之间通过出生前就已经存在的化学物质分布梯度基本确立了正确的联系和特性。然而，视觉经验可以精细调节或改变这些特性，特别是在人生早期。

数十年前，一个心理学博士研究生在毕业口试中遇到一个问题："蚂蚁能看多远？"他的脸一下子就白了，因为他不知道答案。但是显然考官认为他应该知道答案。于是他试着回忆关于昆虫视觉的所有知识。最终，他放弃了，并且承认自己不知道答案。

教授咧嘴笑着告诉他："理论上，一只蚂蚁能看到9千3百万英里——地球到太阳的距离。"是的，这是一个玩笑。然而，它指出了一个重点：一只蚂蚁能看多远，或者你或我能看多远，是取决于光能传播多远。我们能看见东西是因为光进入了我们的眼睛，而我们的眼睛并不能发射出"视线"。这一原则和我们的直觉有一定距离。实际上直到阿拉伯哲学家 Ibn al-Haythem（965-1040）指出："光线被物体朝各个方向反射，我们只能看见那些直射到我们视网膜的光线。"之后，我们才知道这一原则（Gross，1999）。即使在今天，令人难过的是，仍有大量的大学生相信，他们看见物体的时候有视线从眼睛中发射出来（Winer，Cottrell，Gregg，Fournier，& Bica，2002）。看来感觉系统和我们的常识观念并不相符。

模块 6.1

视觉编码

请想象自己是一块铁。正当你像平常一样一动不动地坐着时，有一滴水滴了下来。你对水的知觉将会是怎样的呢？是的，我知道一块铁没有大脑，它不会有任何知觉。但是，让我们抛开这些事实，想象一下如果一块铁可以感受到水，会发生什么事情？

从铁的角度来说，水无非就是让铁生锈的东西。现在回到一个人类的视角来看，你知道让铁生锈并非水本身真正的属性，而是它和铁发生化学反应的结果。

同样的事实在人类知觉中也成立。例如，你看见了绿色的小草。但是绿色作为小草的属性，就像生锈作为铁的属性一样。绿色是光线从小草反射出来并与你大脑的神经元相互作用后的一种体验。绿色这种属性只存在于我们本身——就像生锈这种属性存在于一块铁本身一样。

知觉的一般原则

每个动物都被一个存在着各种物体的世界包围着。你通过物体传播的能量而感受到它，物体产生或反射出能刺激你视觉和听觉感受器的光和声音。当你接触它们的时候，你皮肤中的感受器能感受到压力。某些物体还会带有可使你闻到或尝到的化学物质。

在信息到达你的神经系统之后，你就要对它们进行编码。你并不是通过在大脑中闪现光波和产生回声这种方式来存储光和声的信息，而是通过神经元的反应模式来存储：如有哪些神经元反应、反应的数量和时间。

编码的一个方面是有哪些神经元活动了，例如一类神经元的发放表示光，而另一类神经元的发放则表示声音。1838 年，Johannes Müller 描述了这一想法，并称其为**特殊神经能量定理**（law of specific nerve energies）。Müller 认为，使特定神经反应的刺激是一种对应于该神经的能量。用现代的语言来说，就是特定神经的活动总是给大脑传递同一种信息。大脑以某种方式将听觉神经中的动作电位解释为声音，将嗅觉神经中的动作电位解释为气味，等等。当然，“某种方式”这个词中隐藏着一个很深的谜题。

你可以试验一下：如果你揉自己的眼睛，即使待在一个完全黑暗的房间里，你也会看到很多小点或闪光。施加的机械按压会刺激眼睛中的视觉感受器，而任何刺激那些感受器的事物都会被知觉为光。（如果你想尝试这个实验，请先摘掉隐形眼镜，闭上眼睛轻轻按压。）

停下来检查一下

1. 如果某人使用电刺激你耳朵的听觉感受器，你会感受到什么？

光会刺激一群感受器，声音会刺激另一群，依此类推。刺激的强度决定了感受器细胞的去极化和超极化的程度。感受器反应的幅值（量）决定了下一群神经元会发送多少动作电位及动作电位发放的时间。很多感觉的编码是以发放的频率为基础的。例如，当痛觉的轴突每秒发放很多动作电位时，你就会感觉到强烈的痛楚。发放较少动作电位则会产生较轻的痛楚。某些感觉的编码也以发放的相对频率为基础。如果一个细胞比另一个细胞发放得多，你就会看见红色的话；而如果后者比前者发放得多时你就会看到绿色。我们在这一章和下一章会遇到很多编码的例子。

从神经元活动到知觉

大脑以某种方式解读被编码信息的意义。研究者的挑战就是去揭示出大脑是怎样解读编码信息的。首先让我们考虑一下怎样的答案不正确。17 世纪的哲学家笛卡尔相信，大脑对刺激的表征就是和刺激本身类似的东西。也就是说，眼睛发送出的神经会投射出像正立的照片一样排列的发放模式。事实上，神经发放并不会以类似原始场景的样子到达大脑。即使看起来像原始场景，除非我们假设有一个小人儿在脑袋里看这些图片，否则也毫无作用。那么，这个小人儿又是怎么感知图片的呢？（难道会有一个更小的人站在这个小人儿头里？）其实如果从嗅觉开始进行研究的话，那么早期的科学家和哲学家可能可以避开这个问题，因为我们几乎不会试图去想象在大脑中创造一朵花然后让一个小人儿去闻它。

你的大脑活动并不会复制你看到的东西。当你看见一张桌子的时候，桌面的表征并不一定会在你大脑的顶部，就像电脑并不会把一张图片的上部存于内存的上沿一样。

停下来检查一下

2. 在不破坏感觉器官或肌肉的任何连接的情况下，如果将你的整个大脑颠倒过来，你会对所看到的和听到的事物形成怎样的知觉？

眼睛及其与大脑的连接

光线从虹膜中央开的一个小孔进入眼睛，小孔的名称叫**瞳孔**（pupil）（图 6.1）。光线被晶状体（可调节）和角膜（不可调节）聚焦，投射到**视网膜**（retina）上。视网膜位于眼睛的后表面，布满了视觉感受器。从左边来的光线会到达视网膜右半边，反之亦然。从上面来的光线会到达视网膜的底部，从下面来的光线会到达视网膜的顶部。这种图像的翻转没有给神经系统造成什么麻烦。记住，视觉系统并不是在复制图像，而是将它编码成各种各样的神经元活动。

视网膜内的线路

如果让我或者你来设计眼睛，我们可能会直接将感

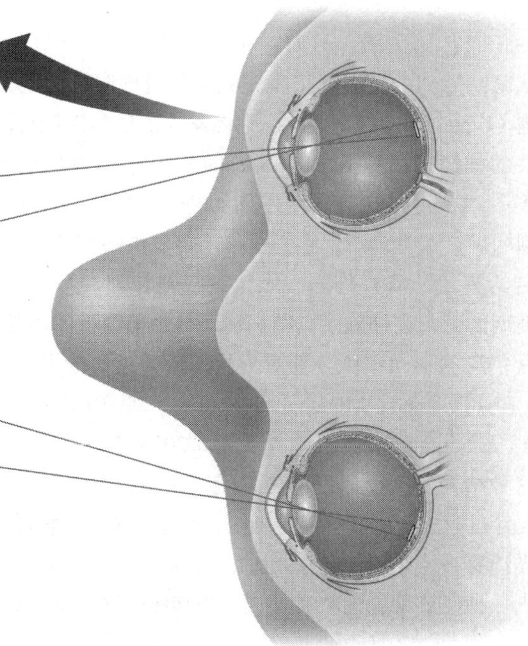

图 6.1 脊椎动物眼睛的横截面

视野中的物体在视网膜上会生成一个倒立的像。视神经从眼球鼻侧传出。（见彩插）

图 6.2 眼睛中的视觉通路

感受器将信息传送到双极细胞和水平细胞，然后再传送到无长突细胞和神经节细胞。神经节细胞的轴突绕成一束从眼睛盲点传出，形成视神经并传至大脑。（见彩插）

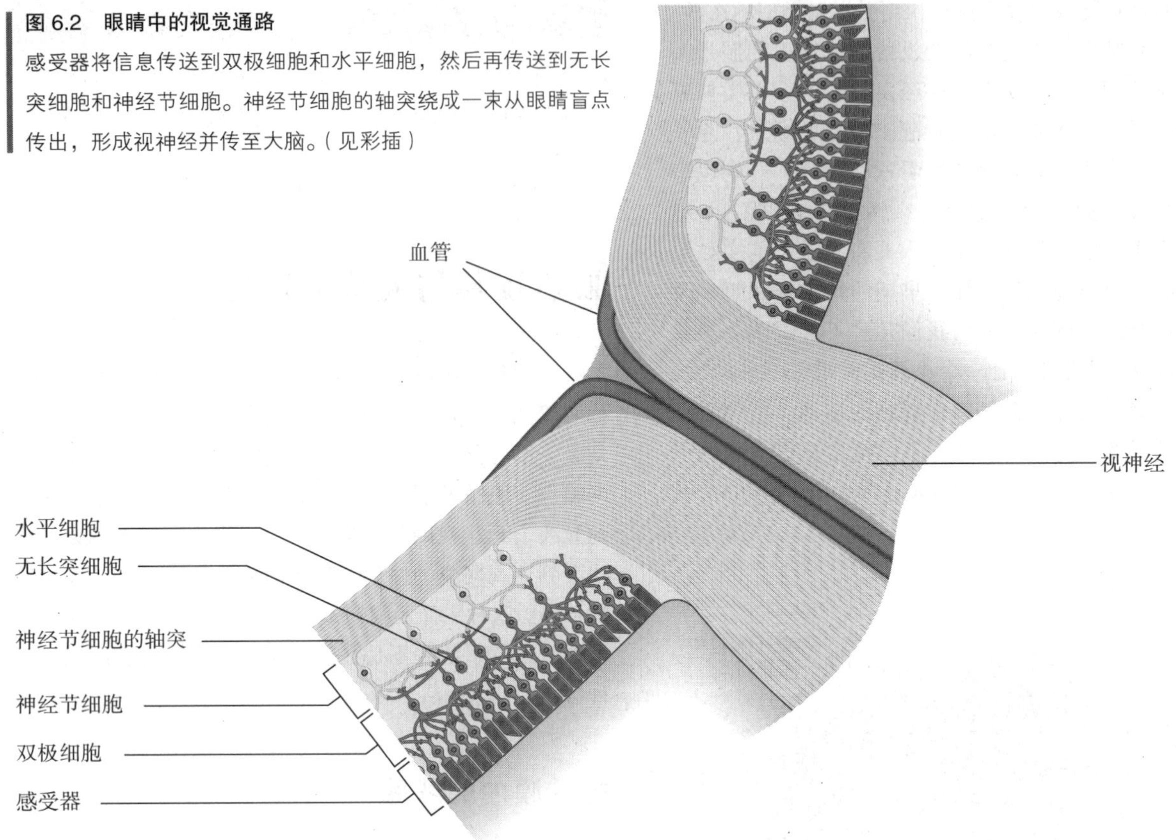

受器的信息传给大脑。然而，在脊椎动物的视网膜上，信息从眼睛后部的感受器出发先到了靠近眼睛中央的**双极细胞**（bipolar cells）。双极细胞再发送信息到更接近眼睛中央的**神经节细胞**（ganglion cells）。神经节细胞的轴突聚到一块，再传送到大脑（图 6.2 和图 6.3）。另外有种细胞叫做*无长突细胞*，它们收集来自双极细胞的信息，然后传给其他的双极细胞、无长突细胞和神经节细胞。各种类型的无长突细胞可以精炼输入神经节细胞的信息，使接受信息的不同细胞分别对形状、运动或其他视觉特征反应（S. Fried，Münch，& Werblin，2002；Sinclair，Jacobs，& Nirenberg，2004；Wässle，2004）。

这种结构的一个后果就是，光线在到达感受器的途中需要穿过双极细胞和神经节细胞。不过这些细胞是透明的，光线穿过它们并不会被扭曲。而更重要的一个后果是*盲点*。神经节细胞的轴突形成了**视神经**（optic nerve），

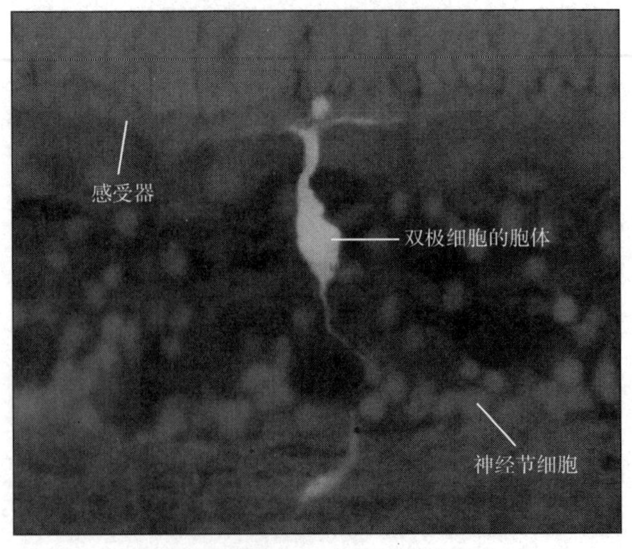

图 6.3 鲤鱼视网膜的双极细胞，经普施安黄染色。

双极细胞得名于它连接感受器和神经节细胞。

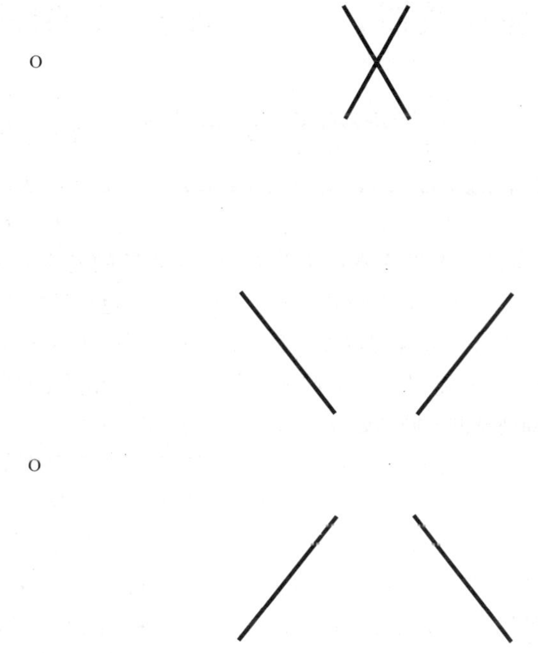

图 6.4 视网膜上盲点的两个示例

闭上你的左眼，右眼盯住上面的 o。前后移动书本，注意 x 的变化。在距离约为 25 厘米的时候，x 会消失。对下面的图也进行同样的操作。在同一距离，你看到了什么？

视神经从眼睛的后部穿出。它离开眼睛的地方（也是血管进出的地方）就是**盲点**（blind pot），因为这一点上没有任何感受器。你可以参照图 6.4 找出自己的盲点。闭上你的左眼，右眼盯住顶部的 o，然后将图前后移动。当图的距离大概为 25cm（10 英寸）的时候，x 就消失了，因为它此时正处于盲点上。

现在用同样的方法看图 6.4 的下部。当图的距离为 25cm 左右时，你看到了什么？那条缝消失了！原因是当盲点使得一条直线或其他正常的图形被截断时，你的大脑会将断的部分给自动填上。

停下来检查一下

3. 视网膜上的盲点看不见东西是因为什么造成的？

视网膜的中央凹和外周

当你看一些细节如这页书上的文字时，你需要用视网膜的中央位置特别是**中央凹**（fovea）去盯住它们。中央凹是一个很小的区域，专门用作完成精细的视觉（见图 6.1）。因为中央凹周围几乎没有血管和神经节细胞的轴突，所以这一块区域的视觉几乎没有障碍。而且这块区域具有密集排列的感受器，也对精细的知觉起到帮助作用。

更重要的是，中央凹处的每一个感受器都和一个单独的双极细胞相连，而这个*双极细胞*又是和一个单独的*神经节细胞*相连，这个神经节细胞的轴突再传入大脑。人类和其他灵长类动物中央凹区域的神经节细胞又被称为**侏儒节细胞**（midgct ganglion cclls），因为每个细胞都很小，并且只对一个视锥细胞起反应。这样的结果导致中央凹区域的每个视锥细胞都有一条直接到大脑的通路，这条通路给大脑提供了输入的精确位置。

越往外周，汇聚到双极细胞和神经节细胞的感受器越多。这样的结果就是，大脑不能探测到外周光源的准确位置或形状。然而，输入的这种累加使外周视野可以探测到更昏暗的光线。总而言之，中央凹视觉有更好的*准确性*（对细节敏感），而外周视觉对昏暗的光线有更好的敏感性。

你应该听说过“鹰一样的眼”这种表达。许多鸟类的眼睛占据了头部的很大一部分，相比较而言人类眼睛只占了头部的 5%。而且，许多鸟类每只眼睛有两个中央凹，一个朝着前方，另一个朝着外侧（Wallman & Pettigrew，1985）。多出来的一个中央凹就使得鸟类能知觉到外周视野的细节。

鹰和其他掠食性鸟类视网膜的上半部分（用来看下面）比下半部分（用来看上面）有着密度更高的视觉感受器。这一排列有其适应性，因为这些鸟类在一天中绝大多数时间是飞在高空中看着地下的。不过如果它们要向上看的话，就得将头倒过来，像图 6.5 一样（Waldvogel，1990）。

反之，很多被捕食的动物如老鼠等都在视网膜的下半部分有着更多的感受器（Lund，Lund，& Wise，1974）。结果就是它们能更清楚地看到上面。

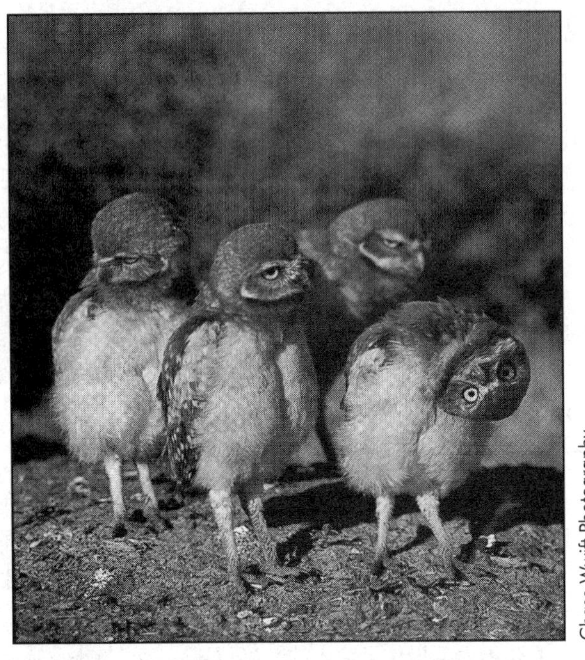

图 6.5 感受器在视网膜上的特殊排列方式所造成的行为后果 一只幼年猫头鹰为了看头上的东西几乎将整个头部都倒了过来。捕食性鸟类的视网膜顶部感受器密度很高，从而使它们在飞行时可以清楚地看见地下的东西。但是它们很难看清上面的东西，除非将头倒过来。看一看本章开头的那只草原鹰。那不是一只单眼鸟类，而是一只鸟歪着头。你现在明白为什么了吗？

视觉感受器：视杆细胞和视锥细胞

脊椎动物的视网膜包含了两类感受器：视杆细胞和视锥细胞（图 6.6）。**视杆细胞**（rods）大量分布在人类视网膜的外周，对昏暗的光线起反应，但是在白天的用处不大，因为明亮的光线会使它们失去活性。**视锥细胞**（cones）大量分布在中央凹周围，在昏暗的光线下几乎不活动，而在明亮的光线下更有用，是颜色视觉的关键。因为视杆细胞和视锥细胞具有这样的分布，中央凹就具有良好的颜色视觉而外周不具有。表 6.1 总结了中央凹和外周视觉的不同之处。

虽然在人类视网膜上视杆细胞与视锥细胞的比是 20:1，视锥细胞却提供给大脑将近 90% 的输入信息（Masland，2001）。回忆一下侏儒节细胞：在中央凹（都是视锥细胞），每一个感受器都有自己到大脑的通路。而在外周（大多是视杆细胞），每个感受器都和其他数十或数百个感受器共享一条通路。总的来说，平均每个人有 1 亿 2 千万视杆细胞和 6 百万视锥细胞会聚成 1 百万条视神经中的轴突。

视杆细胞与视锥细胞 20:1 的比例听起来很高，但是在夜间活动的物种身上这一比例要高得多。南美油鸱住

图 6.6 视杆细胞和视锥细胞的结构

（a）视杆细胞和视锥细胞示意图。（b）视杆细胞和视锥细胞在扫描电子显微镜下的照片。放大 7000 倍。

（*Reprinted from Brain Research, 15(2), E. R. Lewis, Y. Y. Zeevi and F. S. Werblin, "Scanning electron microscopy of vertebrate visual receptors", 1969, with permission from Elsevier.*）

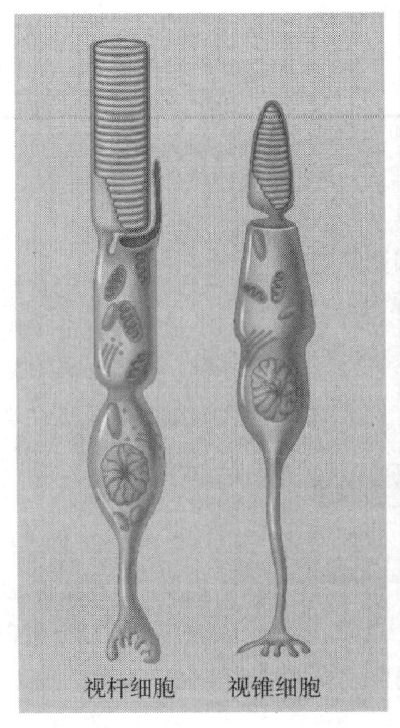

（a）

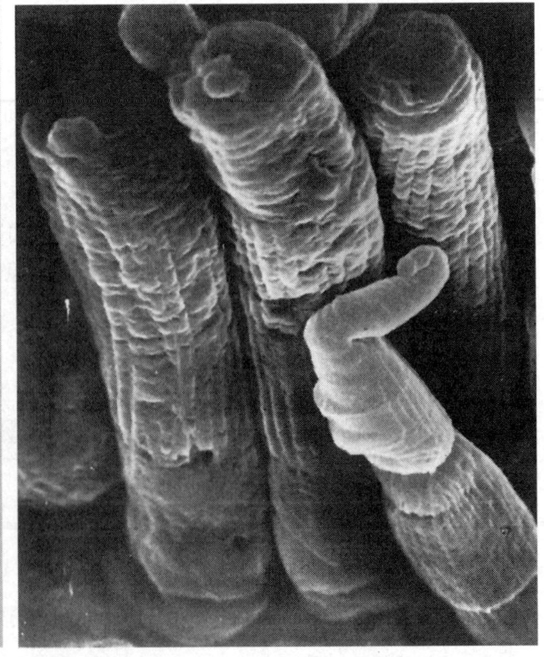

（b）

表 6.1 人类中央凹视觉和外周视觉

特 性	中央凹视觉	外周视觉
感受器	在中央凹只有视锥细胞；周围的区域混合有视锥细胞和视杆细胞	视杆细胞越往外周比例越高；最外周只有视杆细胞
感受器的会聚	每个突触后细胞只接受少数几个感受器的输入	越往外周每个突触后细胞接受越多感受器的输入
亮度敏感性	用于分辨明亮光线；昏暗光线下反应微弱	对昏暗光线反应良好；在明亮光线下用处较小
细节敏感性	因为一个突触后细胞接受较少感受器的输入，所以细节视觉很好	因为同一个突触后细胞接受如此多感受器的输入，所以细节视觉较差
颜色视觉	好（视锥细胞多）	差（视锥细胞少）

在洞穴中，只在晚上出来，其视杆细胞和视锥细胞的比例是 15000:1。为了更进一步适应昏暗的光线，它们的视杆细胞还在视网膜中分成三层排列（G.Martin，Rojas，Ramirez，& McNeil，2004）。

视杆细胞和视锥细胞都含有**感光色素**（photopigments），一种在光照时会释放能量的化学物质。感光色素由与视蛋白结合的 11- 顺式视黄醛（维生素 A 的衍生物）组成，视蛋白可以调节感光色素对不同波长光的敏感性。光照使得 11- 顺式视黄醛转化为全反式视黄醛，释放能量，并使细胞内的第二信使激活（Q.Wang, Schoenlein, Peteanu, Mathies, & Shank, 1994）。（光在这一过程中被吸收，并不会在眼睛中继续反射。）

停下来检查一下

4. 有时候你会发现，在暗夜之中，当你稍微看向星星的旁边而不是正对着它看时，更能看清一颗昏暗的星星。这是为什么?
5. 如果你发现一个物种，视锥细胞相对视杆细胞的比例很高，你觉得它的生活方式是怎样的呢?

颜色视觉

在人类视觉系统中，最短的可见光波长大约是 350nm（纳米，$1nm=10^{-9}m$），其知觉为紫色；更长波长的光依次知觉为蓝色、黄色、橙色和红色，近 700nm（图 6.7）。“可见”的波长取决于物种的感受器。例如，许多鸟类、鱼类和昆虫类可以看见紫外波长，而我们看不见（Stevens & Cuthill，2007）。某些鸟类的雄性和雌性在我们看起来长得一样，而在鸟类看起来却不一样，因为雄性会反射更多的紫外光。

三原色（杨 – 赫尔姆霍茨）理论

人类可以区分红色、绿色、黄色、蓝色、橙色、粉色、紫色、青色等。我们针对每一种颜色不可能都有一种单独的感受器，那么我们实际上有多少种感受器呢?

第一个卓有成效地解决这一问题的人是一位非常多产的人，叫做 Thomas Young（1773-1829）。杨是第一个开始解读罗塞塔石碑的人。他还建立了近代光的波动理论，用现代的方式定义了能量，建立了年金的计算方式，引入了弹性系数，发现了眼睛的很多解剖结构，另外在很多其他领域都做出了重要贡献（Martindale，2001）。以前的科学家认为他们可以通过理解光的物理属性来解释颜色。杨认识到颜色需要一种生物学上的解释。他提出，我们是通过比较几类感受器的活动来知觉到颜色的，每种感受器对不同范围的光波长敏感。

这一理论，后来被 Hermann von Helmholtz 进行了改进，被称为**三原色理论**（trichromatic theory），或者称为**杨 – 赫尔姆霍茨**（Young-Helmholtz）理论。根据这一理论，我们是通过三种视锥细胞的相对反应频率来感知颜色的，每种视锥细胞都对光的不同波长有最大的敏感性。赫尔姆霍茨怎么决定颜色为三种的呢? 他发现，人们可以把三种波长的光以一定比例混合来匹配任何的颜色。因此，他得出结论，只要三种感受器——现在称之为视

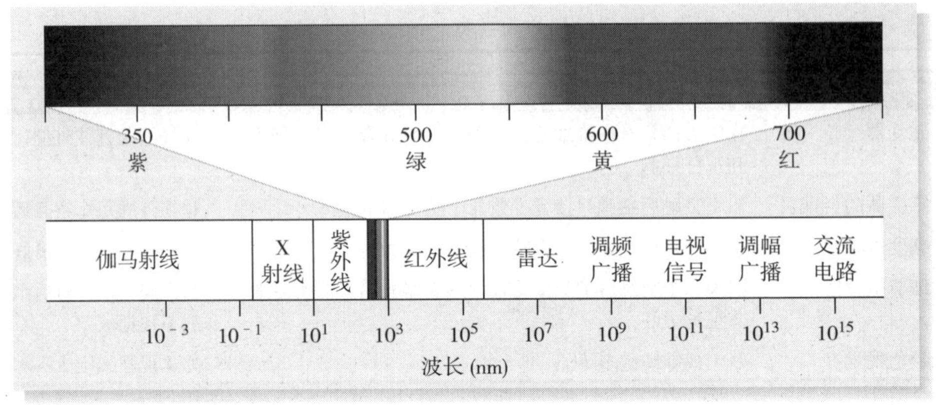

图 6.7 将一束光根据波长进行分离
虽然波长是连续的变化，但是我们知觉到的是一些独立的颜色。

锥细胞——就足以解释人类的颜色视觉了。

图 6.8 示意了短波长、中等波长和长波长视锥细胞的波长 - 敏感性函数。每种视锥细胞对较大范围内的波长反应，但是在这个范围内会比其他细胞反应更高。

根据三原色理论可知，我们是通过三种视锥细胞活动的比率来区分不同波长的光。例如，550nm 的光使中等波长和长波长感受器的活动大致相等，而短波长感受器几乎没有活动。三者之间的这一比例便决定了知觉应为黄绿色。更强的光只会使三种视锥细胞的活动都增强，而不会改变他们的比例。即光会看起来更明亮，但是颜色还是一样的。当三种视锥细胞的反应相等时，我们看到的是白色或灰色。想想看这种编码的例子：知觉取决于神经元发放的频率，不过是取决于一个细胞相对于另一个细胞的发放频率。

只看一个视锥细胞的反应，结果是不确定的。例如，中等波长视锥细胞的低反应可能是由于低强度的 540nm 的光，或者稍亮的 500nm 的光，或者更亮的 460nm 的光造成的。而一个高反应则可能是因为 540nm 的明亮的光造成的，或者是一个明亮的白光造成的，它也包含了 540nm 的成分。神经系统是通过比较不同视锥细胞的反应来决定光的颜色和亮度的。（所以，像老鼠这种只有一种视锥细胞的动物是色盲。）

考虑到我们希望在所有的位置看到所有的颜色，我们可能会假定三种视锥细胞数量相等并且均匀分布。事实上却不是这样的。长波长和中等波长视锥细胞比短波长（蓝色）视锥细胞要多得多。所以相对于蓝点，我们能更容

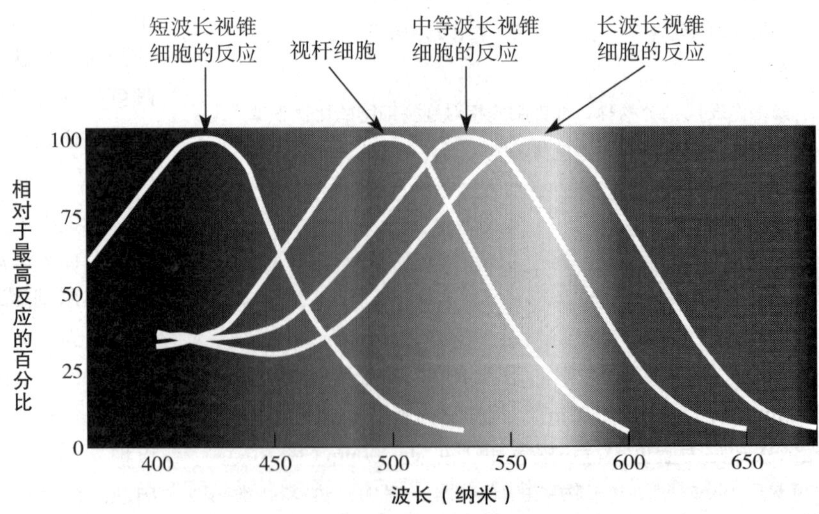

图 6.8 视杆细胞和三种视锥细胞对不同波长光的反应
注意，每种细胞都对较宽的波长范围反应，但是只对一个特定范围内的波长反应最高。（*Adapted from Bowmaker & Dartnall, 1980*）（见彩插）

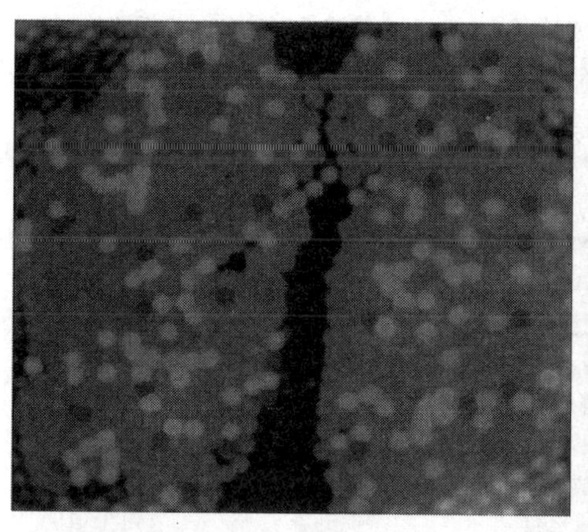

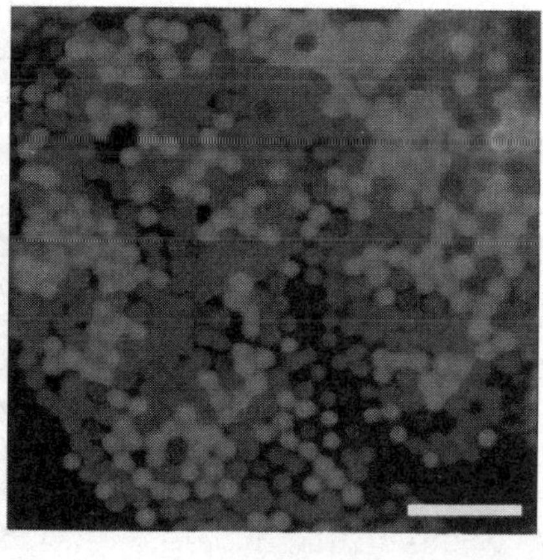

图 6.9 在两个人的视网膜上视锥细胞的分布

研究者给这两张视网膜上的视锥细胞进行了上色，用蓝色表示短波长视锥细胞，绿色表示中等波长视锥细胞，红色表示长波长视锥细胞。注意人类个体之间的差异，短波长视锥细胞的稀少，以及分布的块状结构。（*Reprinted by permission from Macmillan Publishers Ltd: Nature, "The arrangement of the three cone classes in the living human eye," Roorda & Williams, 1999.*）

易地看到细微的红点、黄点或绿点（Roorda & Williams，1999）。试试看这个示例：看着下图的点，首先靠近看，然后离很远看。你很有可能会注意到，在离得近的时候蓝点看起来是蓝色的，离得远的时候就变成了黑色的。而其他的颜色在蓝色看不见的时候仍然是可见的。

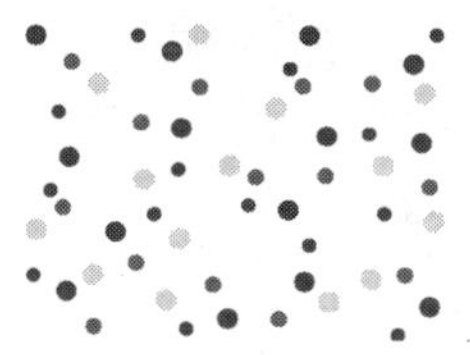

虽然短波长（蓝色）视锥细胞在视网膜上是大致均匀分布的，其他两种细胞则是杂乱分布的，个体间差异很大（Solomon & Lennie，2007）。图 6.9 示意了短波长、中等波长和长波长视锥细胞在两个人视网膜上的分布，上面的颜色是为了区分它们而人为加上去的。注意，某些区域全是中等波长或全是长波长视锥细胞组成的。某些人比另一些人的某种细胞要多 10 倍。令人吃惊的是，这些差异只使人类颜色知觉产生了微小的不同（Solomon & Lennie，2007）。

在视网膜的外周，视锥细胞数量十分稀少，以至于没有有效的颜色知觉（Diller et al.，2004；P.R.Martin, Lee, White, Solomon & Rütiger, 2001）。试试看这个例子：让某人在你手指上涂上一种颜色，只需涂上一个小点就好，但是不告诉你是什么颜色。保持你的眼睛盯住前方，缓慢地将你的手指从你头后渐渐向着中央凹位置移动到你的视野中。在哪个时刻你可以看到手指上的颜色？点越小，你识别出颜色之前需要将手指移动到**视野**（visual field）中的距离就越长。

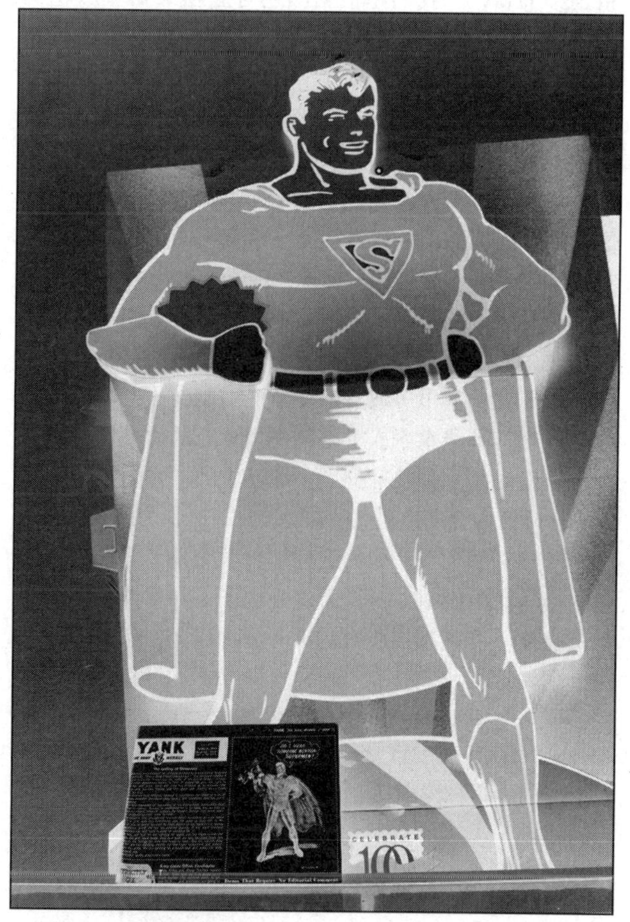

图 6.10 颜色负后像的示意图

在明亮的灯光下盯住面孔任意一点一分钟左右，然后看白色的平面。你就会看到一个负后像。

对立过程理论

三原色理论作为一个颜色视觉的理论是不完整的。试一试下面这个例子：选取图 6.10 上部的一点——如鼻尖——在亮光下眼睛一动不动的盯住它一分钟。（光线越亮，盯的时间越久，效果越强。）然后看一个白色的平面，比如墙面或白纸，保持眼睛不动。你会看到一个**颜色负后像**（negative color afterimage），就是你原来看的红色会被替换为绿色，绿色替换为红色，黄色和蓝色互相替换，黑色和白色互相替换。

为了解释这个现象和其他相关的现象，19 世纪的一位生理学家 Ewald Hering 提出了**对立过程理论**（opponent-process theory）：我们是根据颜色对立物来知觉颜色的（Hurvich & Jameson，1957）。意思是说，大脑中的机制是在三个连续体上知觉颜色，一个连续体是从红色到绿色，另一个是从黄色到蓝色，还有一个是从白色到黑色。

一个假设的机制是：图 6.11 所示的双极细胞被短波长（蓝）光激活并且受到长波长和中等波长光的抑制。这个双极细胞活动的增强就会产生蓝色的体验，活动减弱就会产生黄色的体验。如果短波长（蓝）光刺激这个细胞的时间足够长，这个细胞就会变得疲劳。如果我们现在撤去这个短波长的光，短波长感受器的兴奋作用就会小于长波长和中等波长感受器的抑制作用，它的反应就会低于其基线水平，于是就产生黄色的体验了。这一例子是编码的一种特殊类别，即反应的增强会产生某种知觉，降低则会产生另一种知觉。

虽然对颜色负后像的这种解释很简单，但是它还不是这个理论的全貌。试试看这个例子：在你能找到的最强的亮度下盯住下图中央的 x 一分钟以上，然后看一张白纸。

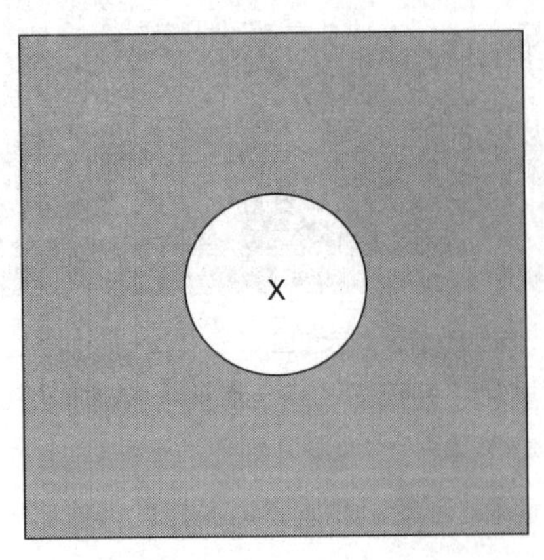

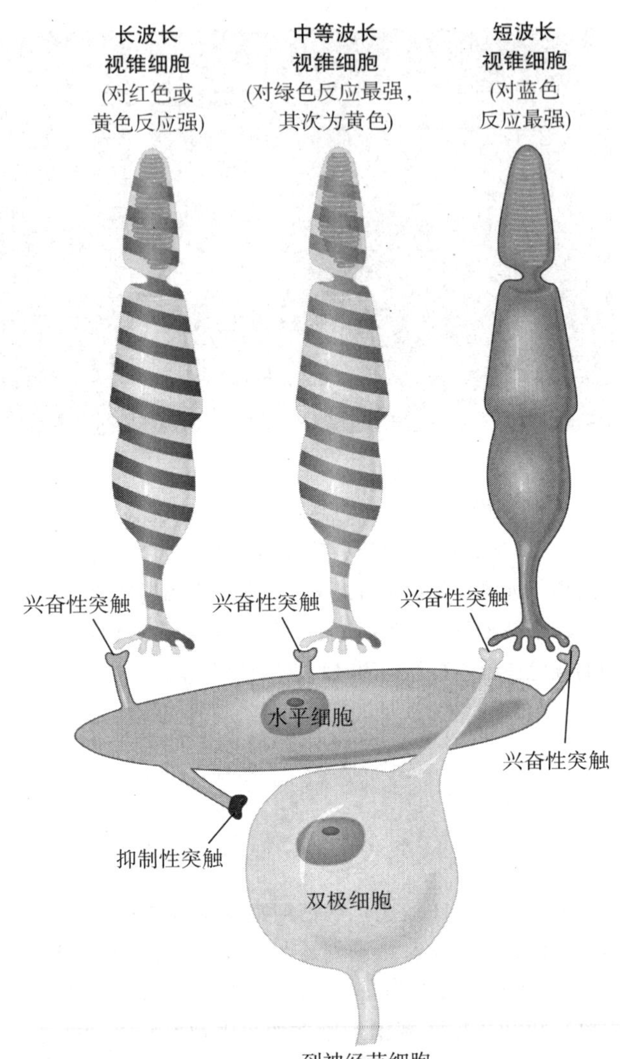

图 6.11 一个双极细胞可能的接线图
短波长的光（看起来是蓝色的）会兴奋双极细胞并且同时也会（通过水平细胞的中介）抑制该双极细胞。然而，兴奋占主导地位，因此蓝色的光产生净的兴奋。红色、绿色和黄色的光抑制该双极细胞，因为它们会（通过水平细胞）产生抑制作用。最强的抑制来自黄色的光，它同时刺激了长波长和中等波长的视锥细胞。因此，我们可以将这个双极细胞描述为受到蓝色的兴奋和黄色的抑制。

对于外围正方形的后像，你会像理论预期的一样看到红色。但是里面的圆是怎样的呢？理论上，你应该看到一个灰色的或黑色的后像（白色的对立色），但是实际上，如果你周围光线足够强，你会看到一个绿色的后像。

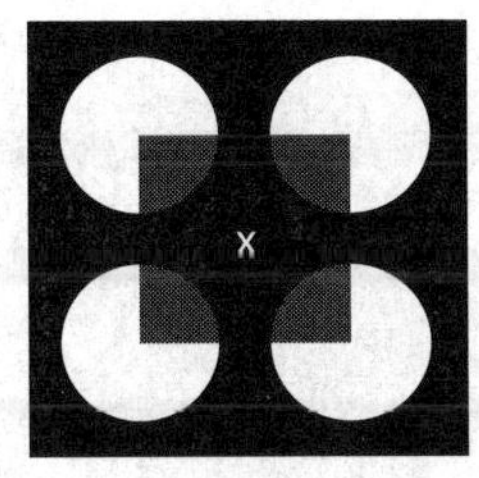

图 6.12 用视网膜机制难以解释的后像

在亮光下盯住中央的小 x 至少一分钟，然后看一个白色的平面。许多人报告会看到两个后像交替出现，其中一个是基于红色方块的错觉。（*Reprinted with permission from "Afterimage of perceptually filled-in surface." Fig. 1A, p.1678 (left hand) by S. Shimojo, Y. Kamitani, and S. Nishida in Science, 293, 1677-1680. Copyright 2001 American Association for the Advancement of Science.*）

还有一个示例：首先，看着图 6.12。注意，虽然是四个红色的四分之一圆，你会产生一个红色完整方块的错觉。（仔细看看你就会明白那是错觉。）现在，在明亮的光线下盯着图 6.12 中间的 x 至少一分钟。然后看向一个白色的平面。人们通常会报告后像在不停变换。某些时刻，他们会看到四个绿色的四分之一圆：

有时候，他们又会看到一个完整的绿色方块（Shimojo，Kamitani，& Nishida，2001）：

这个完整的绿色方块是错觉的后像！你所“看见”的红色方块实际上并不存在。这一例子表明了后像也以整个背景，而不仅仅是单个的感受器上的光线为基础。从而说明后像的产生很有可能是大脑皮层的作用，而不是双极细胞或神经节细胞。

停下来检查一下

6. 假设一个双极细胞接受来自中等波长视锥细胞的兴奋性输入，并且接受来自所有三种视锥细胞的抑制性输入。当它高度兴奋时，人们会看到什么颜色？当它受到抑制时，结果是什么颜色知觉？

视网膜皮层理论

三原色理论和对立过程理论并不容易解释**颜色恒常性**（color constancy），即在光照变化时识别颜色的能力（Kennard，Lawden，Morland，& Ruddock，1995；Zeki，1980，1983）。如果你戴上绿色眼镜或将灯泡换成绿色的，你仍然会认为香蕉是黄色的，纸是白色的，等等。你的大脑会把某件物体的颜色和其他物体的颜色作比较，将一个固定的绿色成分从每件物体中减去。

为了说明这个问题，看看图 6.13a（Purves & Lotto，2003）。虽然不同颜色的光线照在两幅场景中，但是你可以很容易地看出哪些小方块是红色的，哪些是黄色的，哪些是蓝色的，等等。注意看把背景移除的结果。最下面的图是那些在最上面的图中看起来是红色的方块。如果没有了提示黄光或蓝光的背景，那么左边的看起来就是橙色，而右边的看起来就是紫色。（因为这个原因，我们应该避免谈论某种波长光的“颜色”。一种特定波长的光线可以被看成数种不同的颜色，这取决于背景环境。）

相似的，我们对物体亮度的知觉也需要和其他物体的比较。看看图 6.14（Purves，Shimpi，& Lotto，1999），你可以看到一个上灰下白的东西。现在把上下交界处用手指遮住，你会发现这个物体的上半部和下半部的亮度是一模一样的！如果想知道更多这样的例子，可以访问杜克大学认知神经科学中心 Dale Purves 的网站：http://www.purveslab.net。

为了解释颜色和亮度恒常性，Edwin Land 提出了**视网膜皮层理论**（retinex theory，由视网膜 retina 和皮层 cortex 两个单词组合而成）：皮层会比较来自视网膜不同位置的信息以决定每个区域的亮度和颜色（Land，Hubel，Livingstone，Perry，& Burns，1983）。

Dale Purves 及其同事用更一般化的语言表达了相似的思想：我们在任何时候看任何的物体，其实都在进行推论。例如，当你看到图 6.13 和 6.14 中的物体时，你会问自己：“在我以前见到类似的物体时，它实际上是个什么东西？”在知觉形状、运动或其他任何事物时，你都经历了这一相同的过程（Lotto & Purves，2002；Purves & Lotto，2003）。也就是说，视知觉的形成需要一个推理过程，而不仅仅是视网膜的刺激。

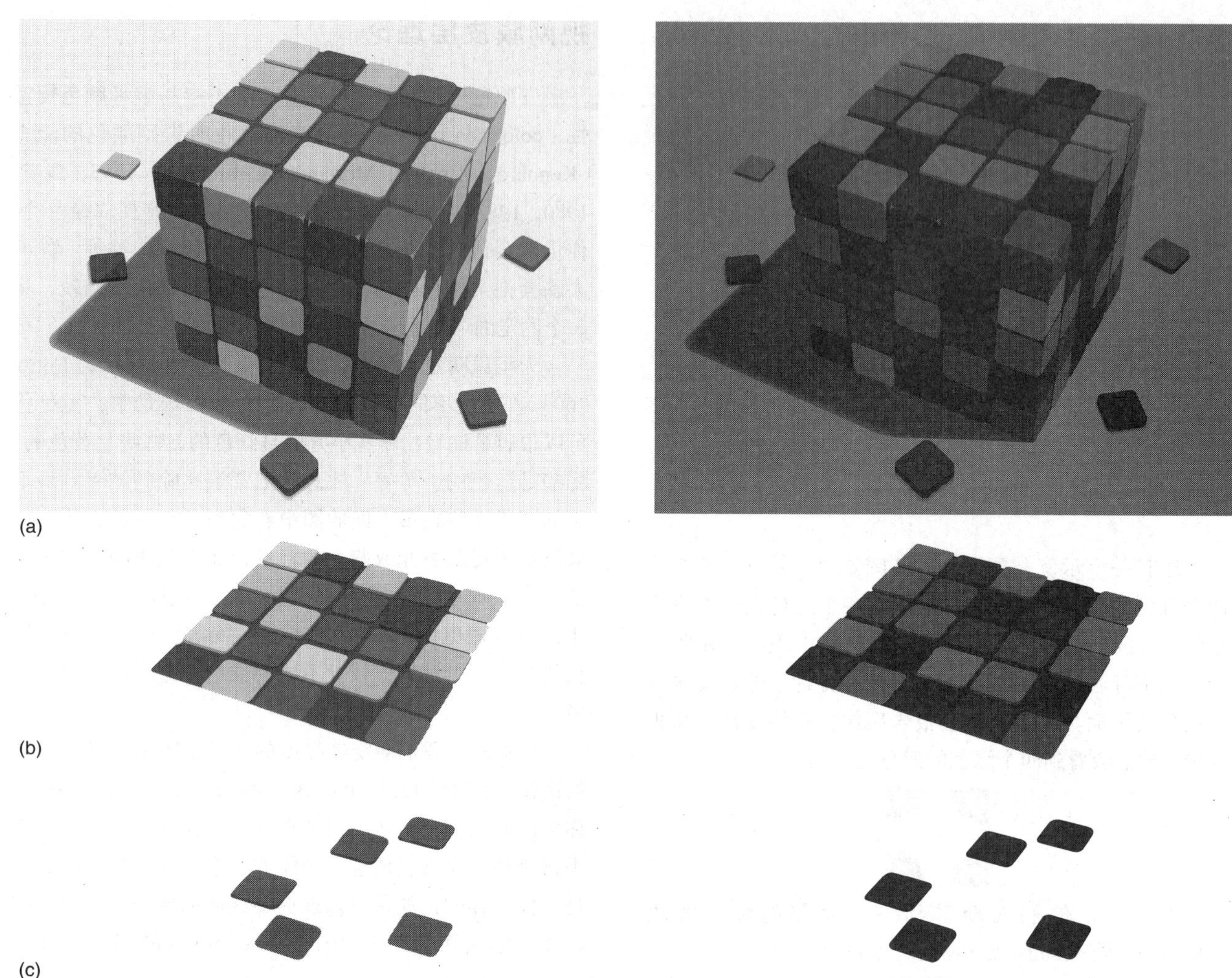

(a)

(b)

(c)

图 6.13 背景在颜色知觉中的效应

在每个立方体中，我们认为某些瓷砖看起来是红色的。然而，移除背景之后，左边的那些看起来是红色的瓷砖现在看起来是橙色的了；而右边的那些则变成了紫色。(*Why We See What We Do, by D. Purves and R. B. Lotto, figure 6.10, p.134. Copyright 2003 Sinauer Associates, Inc. Reprinted by permission.*)

停下来检查一下

7. 当电视机关上的时候，它的屏幕看起来是灰色的。当你看电视节目的时候，屏幕的一部分看起来是黑色的。而实际上相对于关机而言，这时有更多的光照在这部分屏幕上面。怎样解释这种黑色的知觉呢？
8. 图6.8将480nm的光标示为蓝色，570nm的光标示为黄色。为什么我们仍然不能把它们称之为"蓝光"和"黄光"呢？

颜色视觉缺陷

百科全书上描述了天文学、生物学、化学和物理学上的许多发现，但心理学家的发现是什么呢？最早的发现之一就是色盲，更准确的说法是**颜色视觉缺陷**（color vision deficiency）。（完全的色盲只能知觉到黑色和白色，十分少见。）在1600年代颜色视觉缺陷被发现之前，人们猜测视觉就是复制我们所看到的物体（Fletcher &

图 6.14 亮度恒常性的一个有力示例 在这张图的中间，你能看见一个灰色的方块在上而白色的方块在下吗？用一根手指挡住它们中间的边界，然后再比比看它们俩。(*From"An Empirical Explanation of Cornswoot Effect," by D. Purves, A. Shimpi, & R. B. Lotto, in Journal of Neuroscience, 19, 8542-8551. Copyright © 1999 by the Society of Neuroscience.*)

Vokc，1985）。根据这一理论，每个人看到的东西都是一样的。研究者发现，在看不见颜色的情况下视觉也可能是令人满意的。也就是说，颜色只取决于我们的大脑对进来的光做了什么，而不是光本身的一个属性。

因为基因关系，有些人缺少一种或两种视锥细胞。有些人有三种视锥细胞，但是其中一种是不正常的（Nathans et al.，1989）。最常见的颜色视觉缺陷的形式是，人们不能区分红色和绿色，因为在他们的长波长和中等波长视锥细胞中感光色素是相同的。导致这一缺陷的基因在 X 染色体上。相对于女性只有不到 1% 的红绿颜色缺陷来说，大约 8% 的男性有这种缺陷（Bowmaker，1998）。

应用和扩展

有四种视锥细胞的人

有人的视锥细胞会多于三种吗？一些女性可能有。她们体内控制长波长（LW）视锥细胞的基因发生突变，导致使该细胞产生最大反应的波长有细微的改变（Stockman & Sharpe，1998）。控制这一感受器的基因位于 X 染色体上，由于男性只有一条 X 染色体，因此男性只有一种 LW 感受器。而对于女性来说，每个细胞中随机有一条 X 染色体是有活性的，另一条是受到抑制的。（每个细胞中有一条 X 染色体失活是有道理的。如果女性的两条 X 染色体都是有活性的话，那么不是女性会产生过多的 X 染色体相关蛋白质，就是男性会缺少这些蛋白质。）具有两种长波长（红）感受器基因的女性会在不同的视锥细胞中产生稍有差异的感受器（Neitz，Kraft，& Neitz，1998）。如果大脑得到了这一额外的信息，它知道怎么处理吗？可能知道。通常老鼠只有一种视锥细胞，这使得它们能看见亮度而不是颜色的差异。研究者通过基因工程让一些老鼠具有一种额外的视锥细胞。之后这些老鼠表现出了有颜色视觉的行为（Jacobs，Williams，Cahill，& Nathans，2007）。显然大脑能适应着去使用它接收到的信息。

有几个研究已经发现，具有两种长波长感受器的女性比其他人可以区分出稍微更精细一点的颜色差别。即她们能看见两个对其他人来说是一样的物体之间颜色上的差异（Jameson，Highnote，& Wasserman，2001）。这一效应很小，只能通过细致的检测才能发现。

如果想知道有关视网膜和视觉的更多信息，犹他大学 John Moran 眼科学中心的视觉网站是一个很好的选择：http://www.webvision.med.utah.edu。

停下来检查一下

9. 大多数人可以通过三种颜色不同比例的匹配看到任意颜色。哪些人是例外？他们需要多少种颜色？

模块 6.1 结 语

视觉感受器

我记得曾经给我十多岁的儿子解释一项关于视觉系统新发现的细节时，他只回答了我一句：“我没有意识到有这么复杂。我以为光进入你的眼睛然后就能看见它了。”你现在应该开始意识到——如果没有，那么下一节会使你相信——视觉需要复杂的加工。如果想要给一个机器人装备上视觉，你会很快发现只将光线射入它的眼睛不解决任何问题，除非它的视觉探测器和识别有用信息的装置连在一起，并且用它来选择合适的反应。在我们的大脑里有这样的装置，虽然我们仍然远远没有完全了解它们。

总 结

1. 根据特殊神经能量定理，大脑会将特定感觉神经元的任何活动解释为该神经元所调节的感觉信息的表征。
2. 感觉信息需要编码以使得大脑能够处理它。编码后的信息及其描述的刺激不具有物理相似性。
3. 光线穿过脊椎动物眼睛的瞳孔，然后刺激位于眼睛后部视网膜上排列的感受器。
4. 来自视网膜的轴突缠绕着形成视神经，从眼睛的一个叫盲点的地方穿出。
5. 视敏度在位于视网膜中央区域的中央凹处最高。因为在外周，大量感受器的信息会聚到一个双极细胞上，所以我们的外周视觉对昏暗的光线很敏感，而对细节信息不敏感。
6. 视网膜上有两种感受器：视杆细胞和视锥细胞。视杆细胞对昏暗的光线敏感；视锥细胞在明亮的光线下更有用。视杆细胞在眼睛外周更多，视锥细胞在中央凹处更多。
7. 光线通过触发化学分子11-顺式视黄醛的变化，释放能量，激活细胞内第二信使的方式来刺激感受器。
8. 根据颜色视觉的三原色（或者Young-Helmholtz）理论，颜色知觉开始于一定波长的光刺激三种类型的视锥细胞，使之产生特定比例的反应。
9. 根据颜色视觉的对立过程理论，视觉系统神经元，而非感受器，其反应增强代表一种颜色，减弱代表相对立的颜色。三对对立的颜色是红-绿、黄-蓝和白-黑。
10. 根据视网膜皮层理论，大脑会对表征视网膜不同部分的皮层反应进行比较，来决定每一块区域的亮度和颜色。
11. 因为基因的关系，某些人不能把某种颜色和其他颜色区分开来。红绿颜色缺陷是最普遍的类型。

关键术语

特殊神经能量定理 160
瞳 孔 161
视网膜 161
双极细胞 162
神经节细胞 162
视神经 162
盲 点 163
中央凹 163
侏儒节细胞 163
视杆细胞 164
视锥细胞 164
感光色素 165
三原色理论（或 Young-Helmholtz 理论）165
视 野 167
颜色负后像 168
对立过程理论 168
颜色恒常性 169
视网膜皮层理论 169
颜色视觉缺陷 170

思考题

你怎样才能对一只蜜蜂的颜色视觉进行测试呢？检测视网膜是没有任何作用的，因为无脊椎动物的感受器不是与视杆细胞和视锥细胞类似的细胞。你可以训练蜜蜂趋近某个视觉刺激而不趋近另一个。然而，在你训练蜜蜂趋近黄色的卡片而非绿色的卡片时，你并不知道它们是通过颜色还是通过亮度来解决这个问题的。因为亮度和物理强度不同，你不能假定，对于人类来说亮度一样的两个颜色对于蜜蜂来说亮度也是一样的。你会怎样解决亮度的问题，来测试蜜蜂的颜色视觉呢？

停下来检查一下答案

1. 根据特殊神经能量定理，你会感受到声音，而不是电击。（当然，如果电击强度足够强，它会扩散到较远的地方并刺激到痛觉感受器。）
2. 你的知觉不会改变。视觉和听觉信息在大脑中的编码方式不是以大脑中的物理位置为基础的。看见某个物体“在上边”或“在左边”是以哪些神经元反应来决定的，而不是以这些神经元的物理位置为基础的。
3. 因为盲点被传出的轴突和血管占据，所以没有感受器。
4. 如果你看向旁边，光线就会落到视网膜上视杆细胞较多且有更多信息会聚到一起的区域。
5. 我们应该预期这一物种在白天高度活跃而夜间几乎不活动。
6. 正常情况下，这个细胞的兴奋会产生绿色的知觉，抑制则会产生相反的感觉，即红色。
7. 黑色的感觉来源于和其他更亮地方的对比。这一对比发生在大脑皮层中，就像颜色视觉的视网膜皮层理论所说的那样。
8. 颜色知觉不仅仅取决于给定区域的光的波长，还取决于该区域周围的光。正如图6.13所示，背景可以改变颜色知觉。
9. 红绿颜色缺陷的人只需要两种颜色。有四种视锥细胞的女性可能需要四种颜色。

模块 6.2

视知觉的神经基础

很久以前，人们认为每个人看东西的时候方式都是一样的。色盲现象的发现在当时非常令人吃惊。即使在今天，你也会为运动盲这种现象感到吃惊——就像20世纪晚期的心理学家们一样。运动盲患者在其他视觉方面非常良好，但是却不能看见物体的运动。“怎么可能只看见物体而看不见它在运动呢？”你可能会问。这个问题和1600年代提出的一个问题没有很大区别：“怎么可能只看见物体而看不见它的颜色呢？”

我们要习惯于视觉的一个基本事实：我们并没有一个中央处理器来同时观察视觉刺激的每一个方面。不同皮层加工视觉的不同方面，这就使得有可能在某些方面视觉丧失的同时，其他方面的视觉仍然保持完好。

哺乳动物视觉系统概述

让我们从哺乳动物视觉系统解剖结构的总体轮廓入手，再逐步考察每一阶段的加工细节。视网膜的视杆细胞和视锥细胞与**水平细胞**（horizontal cells）及双极细胞形成突触连接（见图6.2和6.15）。水平细胞对双极细胞形成抑制性连接，接下来双极细胞又与无长突细胞和神经节细胞形成突触连接。所有这些细胞都在眼球之内。

神经节细胞的轴突形成视神经，离开视网膜并在大脑下表面穿行。两只眼睛的视神经在视交叉处会合（图6.16a）。在人类视交叉处，每只眼睛有一半的轴突交换到对侧的大脑。如图6.16b所示，来自每只眼睛鼻侧的信息会交换到对侧的半球，而颞侧（朝向颞叶的一侧）的信息会传到同侧的半球。交换的比例在每个物种之间会有差异，这取决于眼睛的位置。在眼睛位于头部相隔很远的两侧的物种如兔子和天竺鼠中，几乎所有轴突都交换到了对侧。

大多数神经节细胞的轴突都传到了丘脑中的**外侧膝状体**（lateral geniculate nucleus）。（膝状 *geniculate* 这个词来自拉丁语词根 *genu*，意思是膝盖。*Genuflect* 的意思是屈膝。如果发挥一下想象的话，外侧膝状体看起来有点像膝盖的样子。）一小部分的轴突则传到了上丘和其他地方，包括下丘脑控制觉醒－睡眠的一部分（见第9章）。不管怎样，大多数的视神经是到了外侧膝状体，并且接下来传到了丘脑其他部分和枕叶皮层。皮层也向丘脑返回了很多轴突，因此丘脑和皮层之间不断有信息往返传递（Guillery，Feig，& van Lieshout，2001）。

停下来检查一下

10. 视神经从哪里开始到哪里结束？

视网膜上的加工

在任何时刻，到达视网膜的信息量都是十分巨大的。你需要从中抽取出有用的模式，如物体的边缘等。一些固定的线路可以使眼睛和大脑中的细胞识别出重要的模式。为了理解这一想法，让我们仔细分析一个例子：发生在视网膜上的侧抑制。

侧抑制是视网膜增强对比度以突出物体边界的方法。让我们从视杆细胞和视锥细胞开始。它们有自发水平的活动，光线的照射使得它们的输出减小。它们又和双极细胞有抑制性突触连接，结果就是光照减小了这一抑制性输出。为了避免这种双重抑制的问题，我们可以把它们的输出当成对双极细胞的兴奋。在中央凹，每个视锥细胞仅和一个双极细胞相连。中央凹以外，每个双极细胞都有大量视锥细胞和其相连，如图6.2所示。我们仅考虑在中央凹处与一个双极细胞相连的视锥细胞的例子。

在下图中，绿色的箭头表示兴奋。突出标记的8号

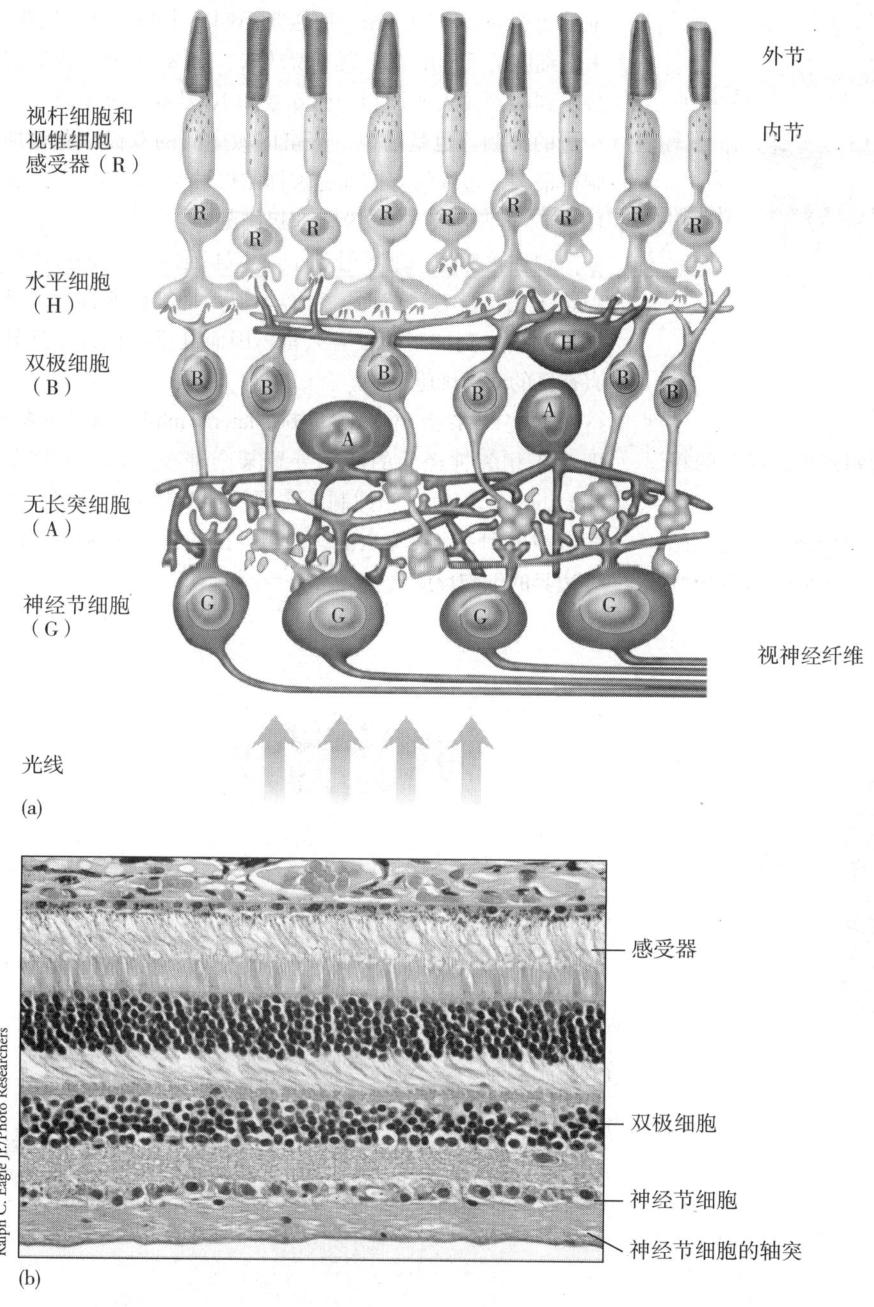

图 6.15 脊椎动物视网膜

(a) 视网膜上神经元的示意图。图的顶部是视网膜的后部。所有视神经纤维组成一束然后转身从视网膜后部“盲点”部位传出。(*Based on "Organization of the Primate Retina," by J. E. Dowling and B. B. Boycott, Proceedings of the Royal Society of London, B, 1966, 166, pp. 80-111. Used by permission of the Royal Society of London and John Dowling.*) (b) 视网膜横截面图。这个横截面截取的是视网膜外周部分，神经节细胞相对较少。更靠近中央凹的部分神经节细胞密度会更大。(见彩插)

感受器对 8 号双极细胞的兴奋作用增强，用粗的绿色箭头表示。它同时还使一个水平细胞兴奋，该水平细胞会抑制双极细胞，如红色箭头所示。因为水平细胞扩散范围较大，所以一个感受器的兴奋会抑制许多双极细胞。又由于水平细胞是一种*局部细胞*，没有轴突和动作电位，因此它的去极化会随着距离增加而衰减。该水平细胞强烈地抑制了 7 号和 9 号双极细胞，对 6 号和 10 号双极细胞抑制较少，依此类推。8 号双极细胞表现出净的兴奋，因为其兴奋性突触连接比水平细胞的抑制效应要强。然而，两侧的双极细胞没有受到兴奋而只受到水平细胞的抑制，因此 7 号和 9 号双极细胞被强烈抑制，它们的活动降到了自发水平以下。6 号和 10 号双极细胞较少被抑制，

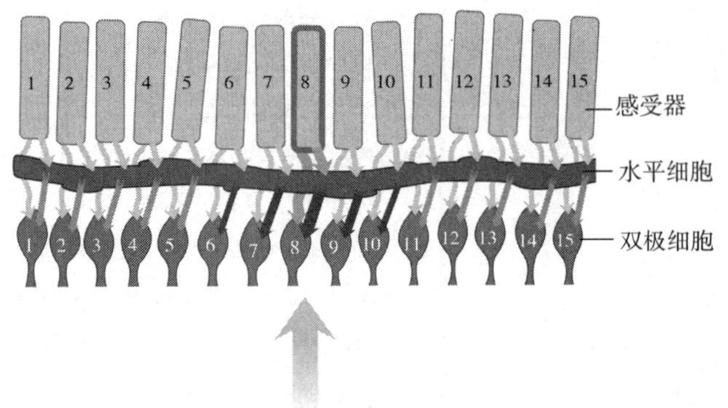

所以它们的活动只降了一点点。在这幅图里，箭头的粗细代表了兴奋或抑制量的大小。

现在想象一下光刺激 6-10 号感受器的情况。这些感受器使 6-10 号双极细胞和水平细胞兴奋。6-10 号双极细胞接受相同大小的兴奋，而接受不同大小的抑制。记住，水平细胞的反应随着距离不断衰减。7、8、9 号双极细胞接受到两侧输入的抑制，而 6 号和 10 号双极细胞只接受一边的抑制。也就是说，兴奋区域中间的双极细胞被抑制得最多，边缘的双极细胞被抑制得最少。因此，6 号和 10 号双极细胞反应比 7-9 号双极细胞强。

现在再考虑一下 5 号和 11 号双极细胞。它们接收到兴奋了吗？没有。然而，它们却被水平细胞所抑制。结果就是接收到抑制而没有兴奋，因而其反应比处于远处兴奋区的双极细胞更少。

这些结果指出了**侧抑制**（lateral inhibition）现象，即由于相邻神经元的活动导致某个神经元活动的降低（Hartline，1949）。侧抑制的主要功能是提高对比度。当光线照射到一个物体表面，内边界上的双极细胞最兴奋，外边界的细胞反应最少。

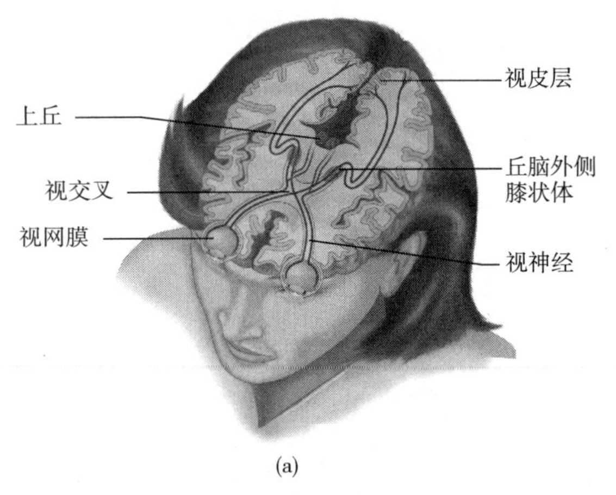

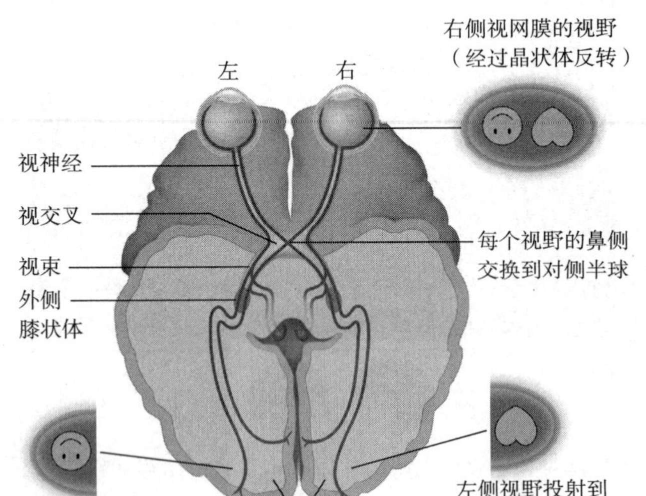

图 6.16 大脑视觉系统的主要连接

（a）视觉输入的一部分传到了丘脑，并从丘脑传到视皮层；另一部分传到了上丘。（b）来自视网膜的轴突从视网膜到外侧膝状体再到皮层的传递过程中一直保持着它们之间位置的相对关系——称之为视网膜拓扑组织。

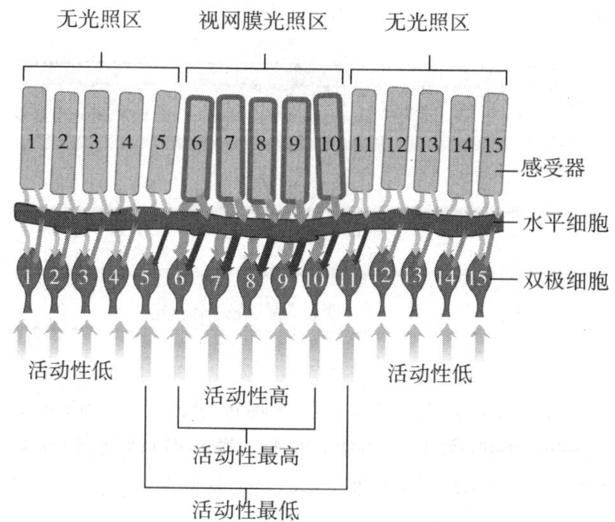

图 6.17　侧抑制造成的错觉

你能看见"十字路口"上的黑点吗?

停下来检查一下

11. 当光线到达感受器的时候，感受器是兴奋还是抑制双极细胞？感受器对水平细胞的作用是怎样的？水平细胞对双极细胞的作用又是怎样的？
12. 如果光线只刺激一个感受器，它对直接和该感受器相连的双极细胞的净效应（兴奋或抑制）是什么？对相邻的双极细胞的效应是什么？是什么导致了这种效应？
13. 看一看图6.17，你会看见黑色方块的中间有一些灰色的菱形。请解释一下为什么。

到外侧膝状体及其以上结构的通路

假设某个时刻，你看到有个人从你身边走过。虽然你的知觉看起来是一个整体，但是你大脑的不同部分正在分析不同的方面。一群神经元正在识别这个人的外形，另一群则关心颜色，另一群负责运动的速度和方向（Livingstone，1988；Livingstone & Hubel，1988；Zeki & Shipp，1988）。

大脑视觉系统中的每一个细胞都有一个所谓的**感受野**（receptive field），即使得该细胞兴奋或抑制的视野区域。感受器的感受野就是刺激该细胞的光线所源自的空间中的那个点。其他视觉细胞的感受野则由它们接受的兴奋性和抑制性连接模式形成。例如，一个神经节细胞是和一群双极细胞连在一起的，双极细胞又和感受器相连。神经节细胞的感受野就是这些感受器感受野的总和，如图 6.18 所示。而神经节细胞的感受野又会聚形成下一级细胞的感受野，依此类推。

为了找到感受野，研究者们在记录神经元反应的同时将光照向各个位置。如果来自一个特定位置的光激活了神经元，那么这个位置就是该神经元兴奋性感受野的一部分。如果这个光抑制了神经元的活动，那么这个位置就在抑制性感受野中。

神经节细胞的感受野可以描述为一个圆形的中心加上外周环状的拮抗区。也就是说，在感受野中央的光线是兴奋性的，外周是抑制性的，或者相反。

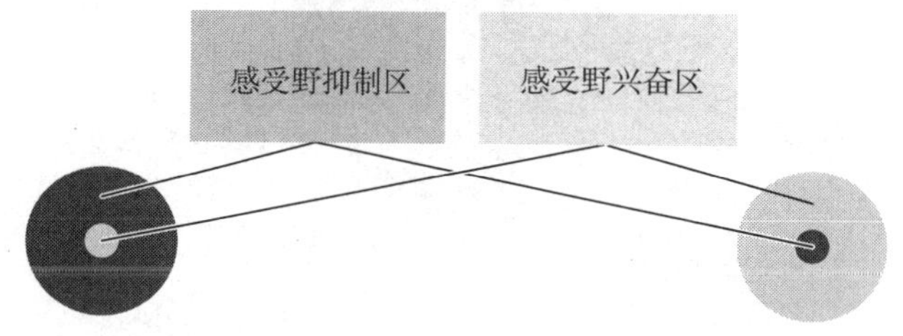

灵长类的神经节细胞不外乎三类：小细胞、大细胞和尘细胞（Shapley，1995）。**小细胞神经元**（parvocellular neurons）的细胞体和感受野很小，大部分在中央凹及周围。

表 6.2 三种灵长类的神经节细胞

	小细胞神经元	大细胞神经元	尘细胞神经元
细胞体	较小	较大	小
感受野	较小	较大	大多数很小；可变
视网膜位置	中央凹内或附近	整个视网膜	整个视网膜
颜色敏感性	有	无	一部分有
反应性	静态物体的细节分析	运动和形状的粗略轮廓	可变且没有被完全确定

（小细胞 parvocellular 来自拉丁语词根 *parv*，意思是小。）**大细胞神经元**（magnocellular neurons）的细胞体和感受野较大，在视网膜上均匀分布。（大细胞 magnocellular 来自拉丁语词根 *magn*，意思是大。同样的词根还出现在放大 magnify 这个词中。）**尘细胞神经元**（koniocellular neurons）细胞体很小，像小细胞一样，但是它们却存在于整个视网膜中。（尘细胞 koniocellular 来自意思是"灰尘"的希腊语词根。尘细胞因为其颗粒状的外表而获此名。）

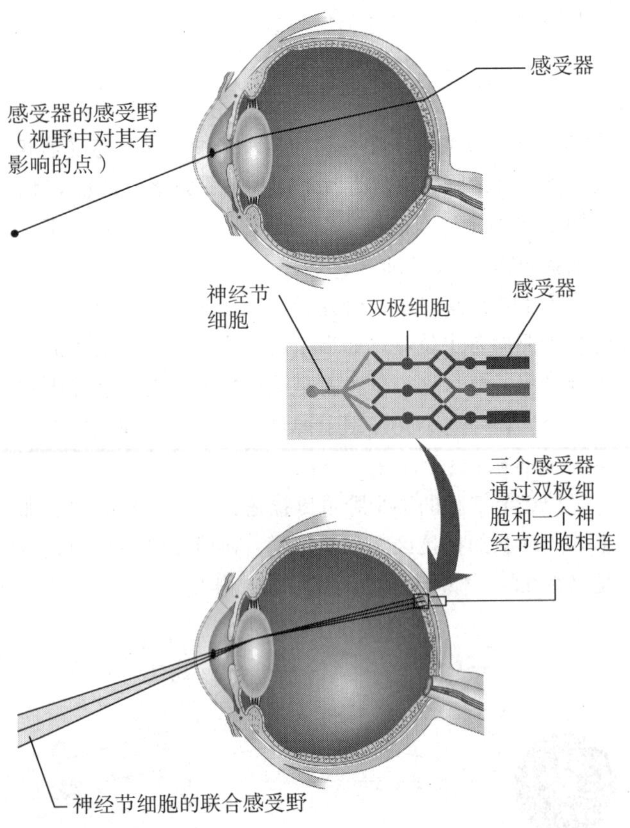

图 6.18 感受野

一个感受器的感受野就是照到该感受器的光线来源的视野区域。而对于视觉系统中其他细胞来说，感受野是由直接或间接和该细胞相连的感受器决定的。（见彩插）

小细胞神经元有着小的感受野，很适于探测视觉刺激的细节。它们也对颜色起反应，即每个神经元受某些波长光的兴奋，受其他波长光的抑制。对细节和颜色信息的高度敏感性反映了小细胞大多数位于中央凹及其周围，也是视锥细胞密集的地方。反之，大细胞神经元有着大的感受野，对颜色也不敏感。它们对运动刺激和大范围模式的信息而非细节信息反应强烈。大细胞神经元主要存在于整个视网膜，包括对运动而非颜色和细节信息敏感的外周区域。尘细胞神经元具有多种功能，它们的轴突也在多个地方终止（Hendry & Reid，2000）。如此多种类神经节细胞的存在表明视觉系统在一开始就通过不同的方式来分析信息。表 6.2 总结了灵长类动物这三种神经节细胞的特性。

神经节细胞的轴突形成视神经，传到视交叉后。（在人类中）有一半的轴突交换到对侧半球。大多数的轴突传到丘脑外侧膝状体。外侧膝状体细胞具有和神经节细胞类似的感受野——兴奋或抑制性的中央区加上外周环状的对立效应区。当信息达到大脑皮层之后，感受野就变得更复杂了。

停下来检查一下

14. 在视觉系统中从双极细胞到神经节细胞再到更往后的细胞，它们的感受野一般会更大、更小还是保持不变？为什么？
15. 大细胞系统和小细胞系统的区别是什么？

大脑皮层中的模式识别

来自丘脑外侧膝状体的信息大多数传到了枕叶的**初级视皮层**（primary visual cortex），或者又称为 **V1 区**（area V1）或者又因其成条状而称为纹状皮层。如果你闭上眼睛，想象一个视觉场景，V1 区的活动就会增加（Kosslyn & Thompson，2003）。虽然我们还不清楚有意识的视知觉是否发生在 V1 区，但是显然 V1 区对意识而言是必要的。V1 区受损的病人不能报告有意识的视觉、视觉表象以及梦境中的视觉表象（Herovitz，Dunn，Domhoff，& Fiss，1999）。

尽管如此，某些 V1 区受损的病人却能表现出一种令人吃惊的现象——**盲视**（blindsight），即能够对自己看不见的视觉信息做出反应的能力。如果在病人报告无视觉体验的区域闪过一道光，尽管他们坚称自己什么也没看见，但是仍然可以指向这个刺激或将眼睛转向这个刺激（Bridgeman & Staggs，1982；Weiskrantz，Warrington，Sanders，& Marshall，1974）。

对这个现象的解释仍然充满争议。V1 区受损后，视神经的其他分支仍然可以将视觉信息传递到上丘和其他区域，包括部分大脑皮层（见图 6.16a）。有可能是这些区域在控制盲视反应（Cowey & Stoerig，1995；Moore，Rodman，Repp，& Gross，1995）。然而，许多 V1 区受损的人并没表现出盲视行为，或者只在视野中特定区域才表现出盲视行为（Schärli，Harman，& Hogben，1999；Wessinger，Fendrich，& Gazzaniga，1997）。因此对盲视现象的另外一种解释是，在受损的视觉皮层中残留有一块很小的健康组织，这块组织没有大到足以提供有意识的知觉，但是仍然足以形成盲视（Fendrich，Wessinger，& Gazzaniga，1992）。

这两种假设都有可能是对的。在某些病人中，盲视的同时伴随着少量可记录的 V1 区的活动，这支持了“残留功能”的解释（Wüst，Kasten，& Sabel，2002）。而在另一些病人中，则没有显著的 V1 区的活动（Morland，Lê，Carroll，Hoffmann，& Pambakian，2004）。在一项研究中，实验者们使用穿颅磁刺激的手段暂时性抑制了正常被试的视皮层（第 4 章有描述）。虽然人们在受抑制的时期觉察不到屏幕上闪过的光点，光点却影响到了他们的眼动（Ro，Shelton，Lee，& Chang，2004）。这一结果也表明 V1 区以外的活动可以产生视觉导向行为。

所有这些盲视反应都是在意识状态之外发生的。因此仍然可以下结论，有意识的视知觉需要 V1 区的活动。

停下来检查一下

16. 如果你处于一个黑暗的房间中，研究者想要“读取你的思想”来了解你是否有视觉想象，他们应该怎么做？
17. “无意识”视觉导向行为的一个例子是什么？

视皮层中的通路

初级视皮层将信息传送到**次级视皮层**（secondary visual cortex）（V2 区）。V2 区进一步加工信息并将其传递到其他区域，如图 6.19 所示。视皮层中的连接是相互的。例如，V1 传递信息给 V2，V2 又把信息反馈给 V1。

在大脑皮层中，主要接受小细胞输入的通路对形状的细节敏感。另一条主要接受大细胞输入的通路则对运动起反应。还有一条通路，其输入是混合的，主要对亮度和颜色敏感（E. N. Johnson，Hawken，& Shapley，2001）。

值得注意的是，在图 6.19 中，形状、运动和颜色 / 亮度通路都通向颞叶皮层。到顶叶皮层的通路是将运动整合到视觉中，大多是大细胞的输入。研究者们一致将颞叶皮层的视觉通路称为**腹侧通路**（ventral stream），或是“what”通路，因为它是专门负责辨认和识别物体的。顶叶皮层的通路被称为**背侧通路**（dorsal stream），或是“where”或“how”通路，因为它是帮助运动系统发现和使用物体的。请勿把这想象成一个 100% 的责任分工，因为两条通路中的细胞有相互重叠的属性（Denys et al.，2004）。

腹侧通路（颞叶）受损的病人不能完整的描述出他们看见的东西。他们的视觉想象和记忆——如试着回忆乔治·华盛顿是否长胡子——也同时受损（Kosslyn，Ganis，& Thompson，2001）。然而，他们仍然可以去抓物体或绕着物体走（Fang & He，2005）。他们可以看见“where”，却看不见“what”。

与之相反，背侧通路（顶叶）受损的病人不能伸出手准确地抓住物体，即使他们能描述出物体的大小、形状和颜色（Goodale，1996；Goodale，Milner，Jakobson，& Carey，1991）。虽然他们能回忆出他们的家具长什么

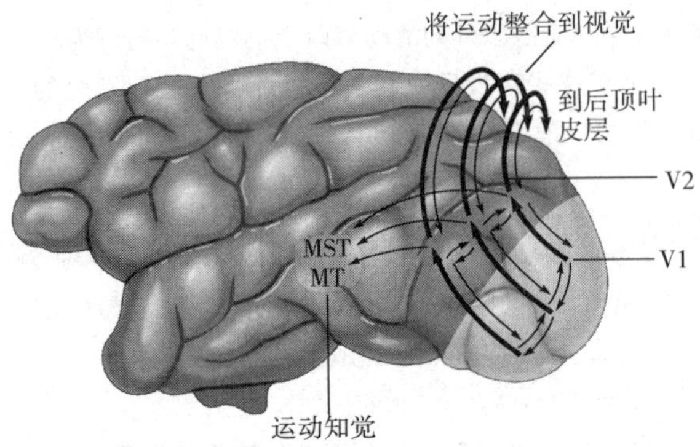

(a) 主要是大细胞的通路

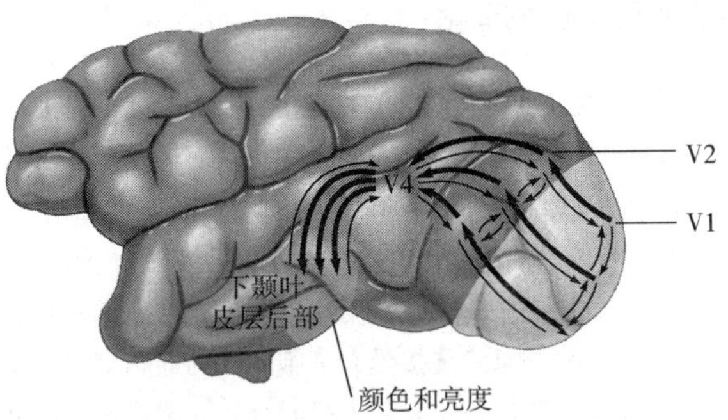

(b) 大细胞/小细胞混合通路

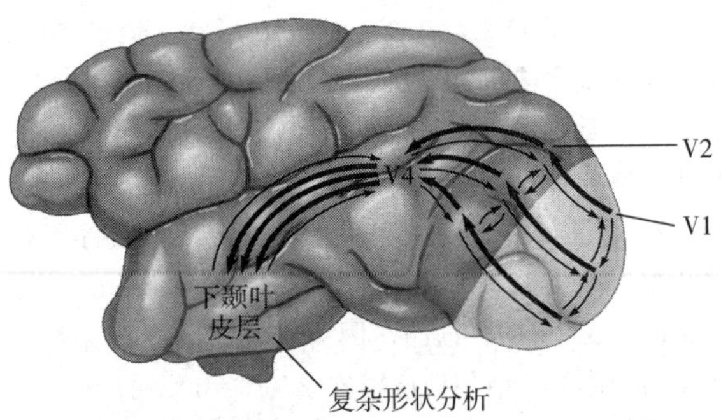

(c) 主要是小细胞的通路

图 6.19 猴子皮层中的三条视觉通路

（a）主要起源于大细胞神经元的通路。（b）大细胞 / 小细胞混合通路。（c）主要是小细胞的通路。一个通路的神经元只和其他通路的神经元有稀少的连接。（*Based on DeYoe, Felleman, Van Essen, & McClendon, 1994; Ts'o & Roe, 1995; Van Essen & DeYoe, 1995*）

样，但是却回忆不出它在房间里是怎样摆放的（Kosslyn et al.，2001）。而且，他们描述身体看不见部位位置的能力受损，如在桌子下面的手的位置（Schenk，2006）。

停下来检查一下

18. 假设某人可以描述某物体的细节，但是当试着走过去把它拾起来时却表现得十分笨拙，这有可能是背侧通路还是腹侧通路受损？

形状通路

在 1950 年代，David Hubel 和 Torsten Wiesel（1959）两人在给猫和猴子视网膜上照射亮光的同时记录它们大脑中细胞的反应（方法 6.1）。起初，他们只用幻灯机和屏幕呈现光点，结果发现皮层细胞几乎没反应。第一次发现较大反应的时候是，他们正在将一块载玻片运动到预定位置。他们很快意识到细胞是对载玻片的边缘反应，并且具有条状感受野（Hubel & Wiesel，1998）。这项使他们获得诺贝尔奖的研究，因为给予了如此多后续研究以灵感，常常被称为“启动了一千个微电极的研究”。到现在，约一百万个微电极已经被植入许多实验动物大脑中实施电生理研究。

Hubel 和 Wiesel 分辨出了视皮层中的数种细胞。图 6.20 示意了一个**简单细胞**（simple cell）的感受野。简单细胞具有一个固定兴奋和抑制区域的感受野。越多的光线照射在兴奋性区域中，细胞的反应就越多。越多光线照射

David Hubel

因为某些原因，脑科学非常困难和棘手。因此，人们只有在一个结果（自己的或其他人的）被前人数据和后人数据证明，或者该结果和一个如此系统和广泛使用以至于不可能错的框架相符合时，才能相信它。

Torsten Wiesel

神经连接可以在出生后个体发展的关键期受到环境影响的调节……神经系统的这种对经验的敏感性可能反映了成长和发展过程中有机体适应环境的基本机制。

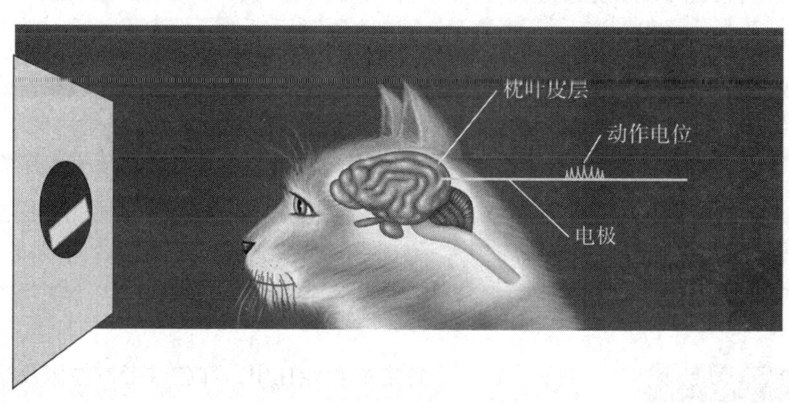

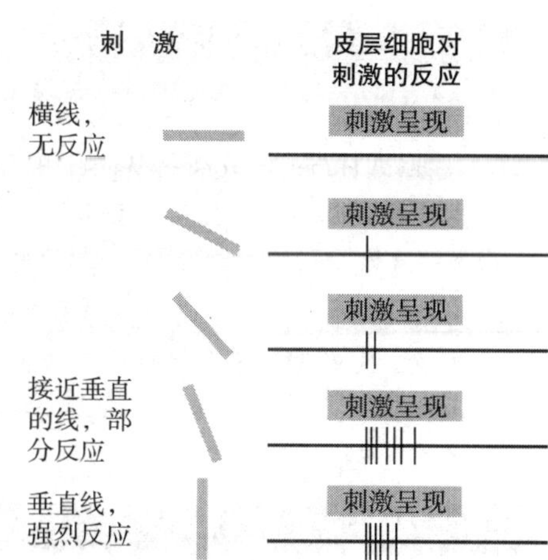

图 6.20 猫的简单细胞对不同角度棒状刺激的反应

短横线表示有光的地方。（*Right, from D. H. Hubel and T. N. Wiesel, "Receptive fields of single neurons in the cat's striate cortex," Journal of Physiology, 148, 1959, 574-591. Copyright © 1959 Cambridge University Press. Reprinted by permission.*）

在抑制性区域中，细胞的反应就越少。在图 6.20 中，感受野呈垂直的棒状。稍微倾斜棒状刺激会使得细胞的反应减少，因为光线也会照在抑制性区域上。同时，棒状刺激上下左右的运动也会减小或消除反应。大多数简单细胞具有棒状或边缘状感受野，其中对水平或垂直朝向反应的简单细胞比对倾斜朝向反应的细胞数量要多。考虑到在我们的世界中水平和垂直物体的重要性，这一差异也是合理的（Coppola，Purves，McCoy，& Purves，1998）。

复杂细胞（complex cells）和简单细胞不同，它们位于 V1 和 V2 区，并不对刺激的精确位置起反应。一个复杂细胞会对其巨大感受野中任意位置的特定朝向模式（如垂直的棒）的光线起反应（图 6.21）。它对沿轴垂直方向运动的刺激反应最强——例如，水平方向运动的垂直棒。区分简单细胞和复杂细胞的最好的方法是运动这个刺激。只对某一位置的刺激反应的细胞就是简单细胞，对较大范围中各个位置的刺激反应一样强的细胞就是复杂细胞。

端点细胞（end-stopped）或**超复杂细胞**（hypercomplex）和复杂细胞类似，只有一个地方不同：端点细胞在棒状感受野的一端有一个强烈的抑制性区域。这种细胞只有当刺激没有超出某个点时，才对其巨大感受野中任意位置的棒状模式的光起反应（图 6.22）。表 6.3 总结了简单细胞、复杂细胞和端点细胞的性质。

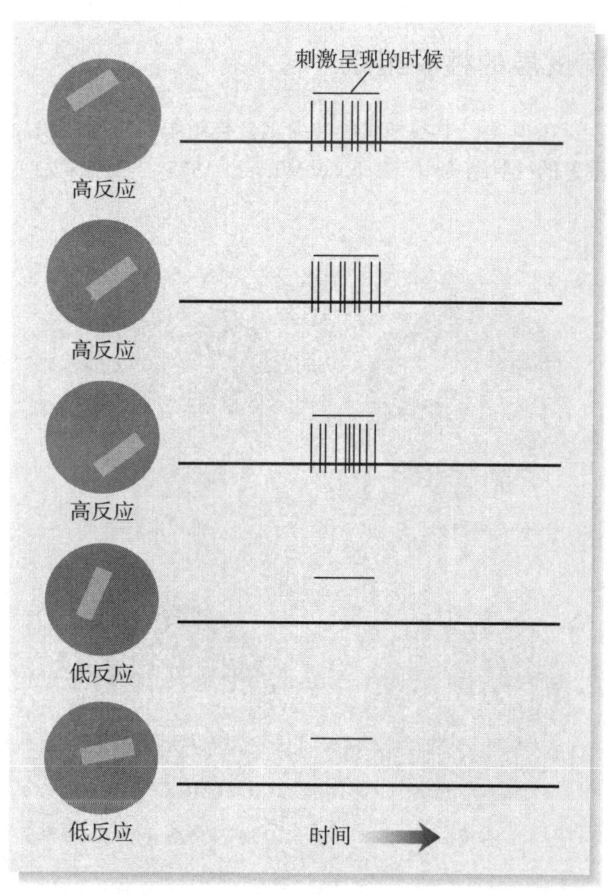

图 6.21 视皮层中复杂细胞的感受野

像简单细胞一样，复杂细胞的反应也取决于光棒的朝向角度。然而，复杂细胞对感受野中任意位置的棒反应都一样强。

方 法 6.1

微电极记录

David Hubel和Torsten Wiesel是用微电极记录来研究皮层中单个神经元性质的先驱。在使用这种方法时，研究者先把动物麻醉并在颅骨上钻孔。然后他们插入一个细小的电极——或者是一根尖端以外包着绝缘体的细金属线，或者是一根含有盐溶液和金属线的细玻璃管。他们将电极插到靠近单细胞的地方或是插入该细胞，然后在呈现各种刺激，如各种模式的光时，记录它的反应。研究者用这些结果来决定什么样刺激可以使该细胞反应或不反应。

停下来检查一下

19. 研究者们怎么确定视皮层中的一个神经元是简单细胞还是复杂细胞？

视皮层的柱状组织

在视皮层中各种属性的细胞会被组织在与皮层表面垂直的柱状结构中（Hubel & Wiesel，1977）（见图4.22）。例如，在一个特定的功能柱中，细胞或者对左眼反应，或者对右眼反应，或者对两眼都反应。同时，在一个功能柱中的细胞都对某一朝向的线条反应最强。

图6.23说的是研究者将电极插到视皮层并记录其碰到的每个细胞的情况。每条红线代表一个神经元及其感受野朝向的角度。在电极A的路径上，第一群细胞在一个功能柱内，其朝向偏好相同。然而在穿过白质后，A路径的末尾侵入了具有不同朝向偏好的两个功能柱。电极B的路径和皮层表面不垂直，穿过了三个功能柱，碰到了不同属性的细胞。总之，一个特定功能柱内的细胞

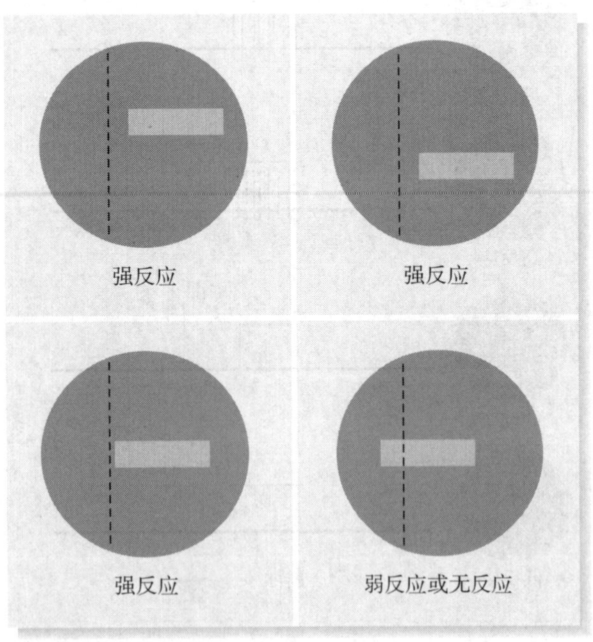

图6.22　端点细胞的感受野

端点细胞对位于感受野中任意位置的特定朝向（在这个例子中是水平朝向）的棒反应，前提是棒没有伸到强抑制性区域中。

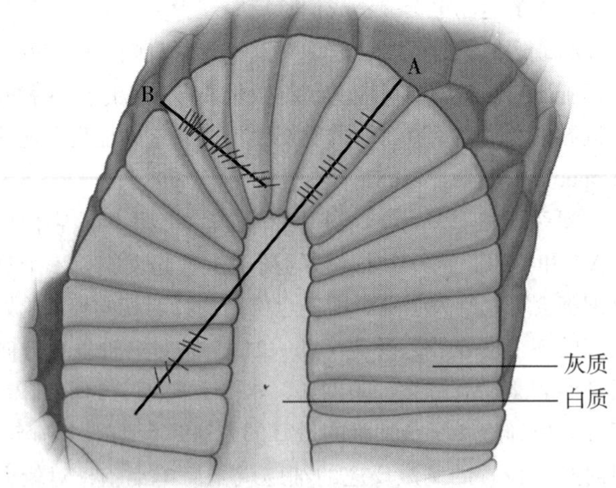

图6.23　视皮层中神经元组成的柱状结构

当电极沿皮层表面垂直插入时（A的前半部分），它会遇到一列对相同朝向刺激反应的神经元。（线段颜色表示每个神经元偏好的刺激朝向。）当电极穿过不同的柱时（B，或A的后半部分），它会遇到对不同朝向反应的神经元。在这里画出柱的边界是起强调作用；在真实的皮层中并没有这些可见的边界。（*Hubel, 1963*）

表 6.3 对初级视皮层中细胞的总结

特性	简单细胞	复杂细胞	端点细胞
位置	V1	V1和V2	V1和V2
双眼输入	是	是	是
感受野大小	最小	中等	最大
感受野	棒状或边缘状，有固定的兴奋性和抑制性区域	棒状或边缘状，无固定的兴奋性和抑制性区域；对感受野中任意位置的刺激应，特别是沿轴垂直方向运动的刺激做出反应	和复杂细胞相同，但是在一头有强烈抑制性区域

加工相似的信息。

视皮层的细胞是特征觉察器吗

既然 V1 区神经元对棒状或者边缘状的模式反应强烈，我们会很自然地假设这种细胞的活动就是（或至少）对棒、线条或边缘的知觉。也就是说，这些细胞可能是**特征觉察器**（feature detectors）——其反应表示特定特征出现。视觉皮层后部的神经元对更复杂的形状反应，它们有可能是方形探测器、圆形探测器等。

支持特征觉察器概念的一个事实是，对一个视觉特征的持续呈现会减小机体对该特征的敏感性，就像是相关觉察器疲劳了一样。例如，如果你盯着瀑布看一分钟以上，然后转向其他方向，瀑布旁的岩石和树木看起来就像往上走一样。这种瀑布错觉表明探测向下运动的神经元已经疲劳，使得探测相反运动的觉察器没有拮抗。

然而，后来研究者们发现对一根棒或一条线反应的皮层细胞

同时也对棒状或线条状的正弦光栅反应，甚至反应更强：

皮层的许多神经元只对一特定空间频率的刺激反应最强，而对其他空间频率几乎不反应（DeValois, Albrecht, & Thorell, 1982）。大多数视觉研究者因此相信 V1 区的神经元探测的是空间频率而非棒或边缘。我们是怎样把一系列的空间频率转换成知觉的呢？从数学的角度上看，正弦波的频率最易于操作。一个称作傅立叶分析的数学分支指出，正弦波的组合可以产生无穷多种其他模式。例如，下图顶部的图形是下面五个正弦波的总和。

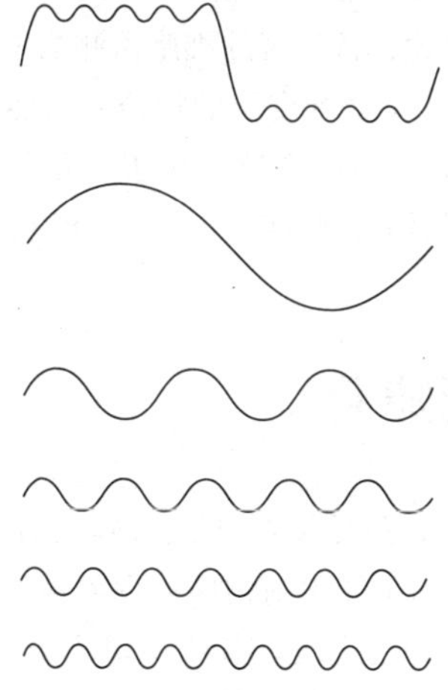

因此，一系列空间频率觉察器——有的对水平模式敏感有的对垂直模式敏感——可以表征任何可能的图形。

不过，我们仍然会将周围的世界知觉成物体，而非正弦波。V1 区和 V2 区的活动只是视知觉的起始阶段(Lennie，1998)。

停下来检查一下

20. 特征觉察器是什么?

V1 区之上的形状分析

随着视觉信息从简单细胞到复杂细胞再到其他脑区，感受野变得越来越专业化。例如，在 V2 区（V1 区边上），许多细胞仍然对线条、边缘和正弦光栅反应最强，不过有些细胞会选择性地对圆、以一定角度相交的线或其他复杂模式反应（Hegde & Van Essen，2000）。

在**下颞叶皮层**（inferior temporal cortex）中，反应模式甚至更复杂（见图 6.19）。例如，某些细胞对白底黑方块、黑底白方块以及在静止点的背景中由运动的点构成的方块状图形的反应一样强（Sary，Vogels，& Orban，1993）。另一方面，对 和 反应一样强的细胞对 几乎不反应（Vogels，Biederman，Bar，& Lorincz，2001）。

看一看图 6.24。研究者测量了猴子下颞叶神经元对几种图像的反应。对特定图形反应的神经元对其负像或镜像反应几乎相等，而对物理上相似、但一开始的“图形”变成“背景”之后的刺激不反应（Baylis & Driver，2001）。也就是说，该脑区的细胞探测物体而不是视网膜上的明暗程度。下颞叶皮层的神经元可能在**形状恒常性**（shape constancy）——在物体位置、角度、亮度等变化的情况下识别物体形状的能力——中起重要作用。

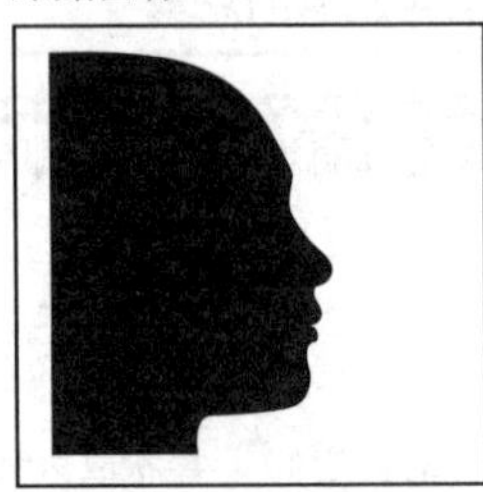

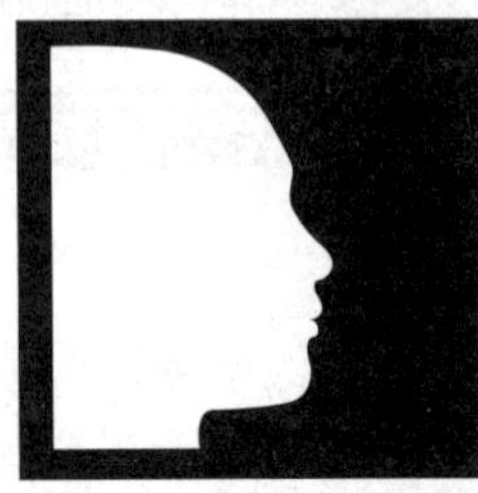

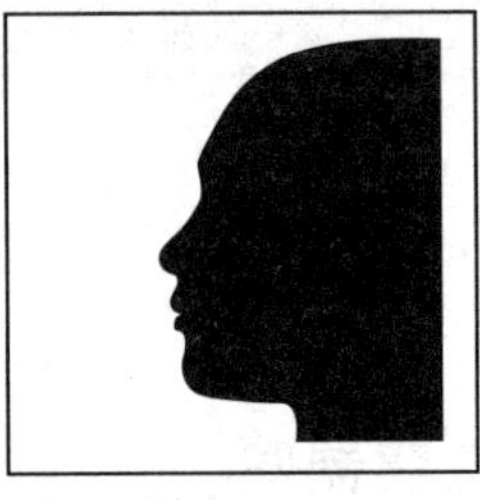

图 6.24 对一张原始图像的三种变换
在下颞叶皮层中，对原始图像反应强烈的细胞也对对比度反转和镜像图像的反应一样强，但是对图形－背景反转的图像不反应。注意，图形－背景反转图像在光暗模式上和原始图像是非常相似的；然而它却不能被知觉为同一物体。(*Based on Baylis & Driver, 2001*)

物体识别障碍

皮层形状通路受损会导致特殊的知觉缺陷。视觉其他方面完好却不能识别物体的现象被称为**视觉失认症**（visual agnosia）（意思是“视觉知识的缺失”）。它通常由颞叶受损引起。某些人可能可以指向视觉物体并且慢慢描述出它们，但是却不能识别它们是什么或有什么意义。例如，有一个病人，当给他看一把钥匙时，他说：“我不知道这是什么，可能是某类文件或工具。”当给他看一个听诊器时，他说这是一个“头上戴着一个圆东西的长带子”。当他没有认出烟斗时，实验者告诉了他这是什么。他回答道：“对，我现在能看到它了。”并且能指出烟斗的斗柄和斗钵。然后实验者问道：“假设我告诉你刚才的物体不是一个真正的烟斗呢？”病人答道：“我会相信你的话。这可能不是一个真正的烟斗”（Rubens & Benson，1971）。

失认症的一个特殊的种类是**面孔失认症**（prosopagnosia）——不能识别面孔。面孔失认症的病人可以阅读，因此他们的视敏度没有问题。他们能分辨出人们的声音，因此记忆也没有问题（Farah，Wilson，Drain，& Tanaka，1998）。不过，如果让他们去摸陶土模型的面孔然后判断两个陶土模型面孔是否相同时，他们在这方面的表现比其他人要差（Kilgour，de Gelder，& Lederman，2004）。这说明他们的问题只特定地和面孔有关。

当面孔失认症的病人看一张脸的时候，他们可以描

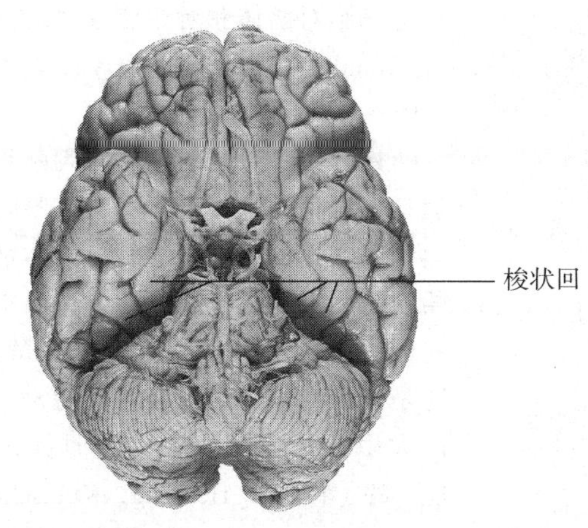

图 6.25　梭状回
这里的许多细胞在识别面孔的时候异常活跃。

述出这个人是年老还是年轻，男人还是女人，却不能识别出这个人。（如果给你看一张快速呈现的倒立的脸，你的表现大致和此相同。）一个实验中，给某病人看 34 张名人照片，并给每张照片两个身份选择。他的几率水平应该是 17 个正确选择；事实上他选对了 18 个。他说自己不喜欢看电影或电视节目，因为他在辨认演员方面有问题。说来也怪，他最喜欢的电影是《蝙蝠侠》，不过里面的主人公大多数时间却都戴着面具（Laeng & Caviness，2001）。

面孔失认症通常发生在下颞叶皮层梭状回受损后，特别是右侧半球梭状回受损（图 6.25）。根据 fMRI 扫描结果，对面孔的识别取决于梭状回和部分前额叶皮层活动（McCarthy，Puce，Gore，& Allison，1997；O Scalaidhe，Wilson，& Goldman-Rakic，1997）。梭状回在人们看狗的面孔时（Blonder et al.，2004），或者身体上部应该是脸的位置放一个模糊的图像时（Cox，Meyers，& Sinha，2004）活动也会增强。也就是说，梭状回对关于面孔的想法会做出反应。

梭状回有一个识别面孔的内置模块吗？考虑到面孔的重要性，这一想法是可能的。另一种可能是梭状回其实是和所有种类的视觉专家化有关。当人们识别车的品牌、鸟的种类或花的种类变得越来越专家化时，看到这些物体就会激活梭状回，并且专家化程度越高的人激活越强（Tarr & Gauthier，2000）。梭状回受损的病人识别车辆、鸟类等的能力也受损（Farah，1990）。然而，即使是高度专家化的人，梭状回中的许多细胞对面孔的反应比对其他物体的反应都要有力得多（Grill-Spector，Knouf，& Kanwisher，2004；Kanwisher，2000）。在猴子身上，相应的脑区也有许多细胞对面孔反应强烈而对其他物体只有轻微反应（Tsao，Freiwald，Tootell，& Livingstone，2006）。因此面孔识别确实有可能是特殊的。我们为这个目的而进化出一个专门的大脑机制，这难道不是一件有趣的事吗？

停下来检查一下

21. 面孔失认症是什么？它的存在告诉我们有关视皮层中独立的形状识别系统是怎样的？

颜色、运动和深度通路

颜色知觉是以小细胞和尘细胞通路为基础的，如图 6.19b 所示。V4 区在颜色恒常性中起十分重要的作用（Hadjikhani，Liu，Dale，Cavanagh，& Tootell，1998；Zeki，McKeefry，Bartels，& Frackowiak，1998）。回忆一下在关于视网膜皮层理论的讨论中，我们知道了颜色恒常性是在光照变化的情况下识别物体颜色的能力。V4 区的细胞对光和周围背景的对比进行反应（Kusunoki，Moutoussis，& Zeki，2006）。这些细胞在不同的光照下仍然会将物体识别成本来的颜色。猴子和人类 V4 区受损后仍然有颜色视觉，但是却丧失了颜色恒常性。例如，如果训练猴子去抓一个黄色的物体，当头上的灯从白色变成蓝色后，他们就找不到这个物体了（Rüttiger et al.，1999；Wild，Butler，Carden，& Kulikowski，1985）。

除了在颜色视觉中的作用外，V4 区还含有对视觉注意有贡献的细胞（Leopold & Logothetis，1996）。当人们有意识地将注意从屏幕上一点转移到另一点时，V4 区会变得活跃起来（Hanson，Kay，& Gallant，2007）。

运动知觉

运动的物体会吸引注意是有很好的理由的。一个运动的物体可能是一个潜在的猎物、捕食者或敌人。因此有数个脑区来专门探测运动。

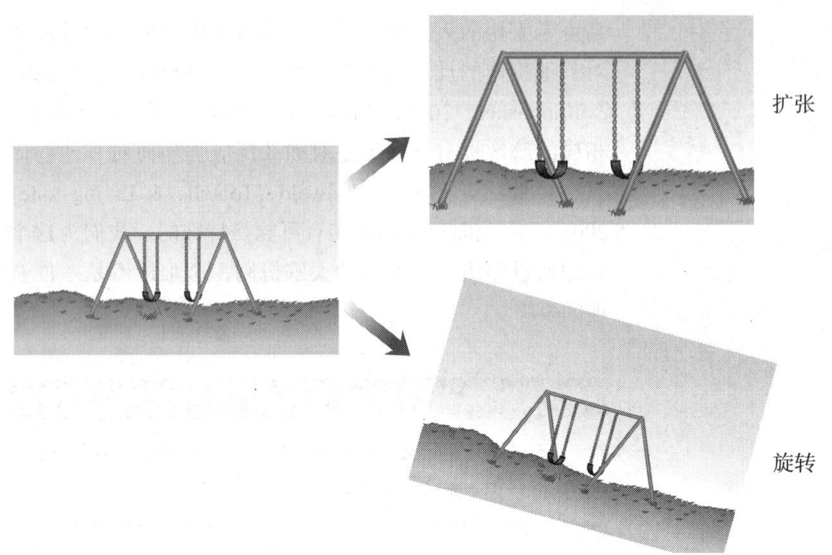

图 6.26 使背侧 MST 区兴奋的刺激
这个区域的细胞对整体场景的扩张、收缩或旋转反应。也就是说，这些细胞在观察者前后运动或偏转头部的时候反应。

观察一个复杂的运动模式会激活遍及所有四个脑叶中的许多脑区（Sunaert，Van Hecke，Marchal，& Orban，1999；Vanduffel et al.，2001）。有两个被运动激活的特殊脑区是 **MT** 区（中颞叶皮层）或称为 **V5** 区，和一个相邻的脑区 **MST** 区（内侧上颞叶皮层）（见图 6.19）。MT 区和 MST 区接受的输入大多数来自于大细胞通路（Nassi & Callaway，2006）。大细胞通路探测整体模式，包括视野中大范围的运动。MT 区中大多数细胞选择性地对以一定速度朝一定方向运动的刺激反应（Perrone & Thiele，2001）。除了绝对速度之外，它们也会探测加速度和减速度（Schlack，Krekelberg，& Albright，2007）。它们很明显在做某些复杂的加工，因为它们可以根据眼睛的位置对运动进行校正，并且只对在真实世界中运动而非视网膜上运动的物体反应（d'Avossa et al.，2007）。MT 区也会对示意运动的照片反应，如人在跑步的照片（Kourtzi & Kanwisher，2000）。

MST 区背侧部分的细胞对更复杂的刺激反应，例如扩张、收缩或旋转一个大的视觉场景，如图 6.26 所示。这些体验会在你前后运动或偏头时发生。这两种细胞——记录单个物体运动的细胞和记录整个背景运动的细胞——将它们的信息汇聚到MST区腹侧部分的神经元，这些细胞对物体相对于背景的运动反应（K.Tanaka，Sugita，Moriya，& Saito，1993）（图 6.27）。

具有这些性质的细胞对判断物体的运动来说很关键。当你将头或眼睛从左运动到右，你视野中的所有物体都在你的视网膜上运动，就像整个世界本身从右运动到左。然而世界看起来是静止的，这是因为物体之间没有相互运动。MST 区大多数神经元在眼动的时候是不反应的（Thiele，Henning，Kubischik，& Hoffmann，2002）。但当物体相对背景运动时它们反应很强烈。总之，MST 区的神经元使你可以区分是眼动还是物体在运动。

其他的几个脑区在运动知觉中也有专门的作用。例如，大脑很善于探测生物运动——由人或动物产生的运动。如果将夜光点贴在人的肘部、膝盖、臀部、肩部和其他几个部位，然后让他在黑暗的房间中运动，即使实际上只看到一些运动的光点，你也会知觉到一个运动的人。知觉生物运动会激活 MT 区附近的一个脑区（Grossman & Blake，2001；Grossman et al.，2000）。你可以在 Bio Motion Lab 的网站上看到很好的示例：http://www.biomotionlab.ca/Demos/BMLwalker.html。

图 6.27 使腹侧 MST 区兴奋的刺激
这个区域的神经元对物体相对背景有运动反应，因此它们会在物体运动时或物体静止而背景运动时反应。

应用和扩展

眼动中受抑制的视觉

如果将摄像机不停地左右摇晃，拍出来的影片就是模糊的。然而，如果你将自己的眼睛转来转去，你并不会看到一团模糊。为什么呢？

试试看这个示例：看着镜子中的自己并盯住你的左眼。然后转动眼睛盯住你的右眼。（请现在试试看。）你看见你的眼睛动了吗？没有。（我说过请你试试看。但是我打赌你并没去试。如果你不去尝试这些例子的话这一小节就没什么意义了！）

为什么你看不见眼睛的运动呢？你的第一反应可能就是说这个运动太小或太快。错！试试看让另一个人的眼睛从盯住你的左眼运动到盯住你的右眼。你能看到他们眼睛的转动，所以这种眼动既不小也不快。

之所以看不见自己眼睛的运动，是因为有几个视觉脑区在自发眼动时，或称为眼睛**扫视**（saccades）时，其活动会降低。（在你的眼睛随着运动物体而运动的时候这些细胞活动不会降低。）事实上，探测眼睛扫视行为的脑区告诉视皮层："我们将要运动眼部肌肉，在下个瞬间休息一下吧。"视皮层中的神经活动和血流在眼动前 75 毫秒开始下降，并且在眼动中保持受抑制状态（Burr，Morrone，& Ross，1994；Paus，Marrett，Worsley，& Evans，1995；Vallines & Greenlee，2006）。在负责探测视觉运动的脑区，抑制效果尤为强烈（Kleiser，Seitz，& Krekelberg，2004）。

虽然视觉反应性降到正常状态的约十分之一，但它并没有完全停止，因此你可以在扫视中探测到一道突然的闪光（García-Pérez & Peli，2001）。尽管如此，在扫视中视皮层的加工仍然减弱了（Irwin & Brockmole，2004）。如果在扫视中屏幕上闪过相隔 100ms 的两个刺激，相对于不在扫视中的两个相同刺激，其间隔会看起来更短（Morrone，Ross，& Burr，2005）。总之，自发眼动时的视觉意识会减弱。

停下来检查一下

22. 当你将眼睛转来转去的时候，你为什么不会看到一团模糊？

运动盲

MT 区受损的病人被称为**运动盲**（motion blind），他们可以看见物体但是不能看见物体是否运动，即使能看见运动，也看不见运动的方向和快慢（Marcar，Zihl，& Cowey，1997）。他们对运动并不是完全不敏感。例如，有一个病人，她报告不出运动物体的运动方向，却仍可以伸手抓住一个运动的物体——如果这个物体运动较慢且她有机会能观察这个物体足够长的时间（Schenk，Mai，Ditterich，& Zihl，2000）。她能在无法口头描述的情况下对信息作出反应，这一点十分有意思。

然而，运动知觉缺失是一个十分严重的缺陷。某运动盲患者报告说人们在她身边走动令她感到十分不舒服，因为人们看起来"突然出现在这里或那里，但是我却看不见他们在运动"。在没有人帮助的情况下她过不了马路："当我一开始看见一辆车的时候，它还在远处。但是当我想穿过马路的时候，这辆车突然就出现在我边上了。"倒咖啡也变成了一件难事，流动的液体看起来就像凝固了一样，因此在溢出来之前她都不会停止往杯子里倒咖啡（Zihl，von Cramon，& Mai，1983）。许多老年痴呆病人有较轻的运动知觉缺陷，表现为寻路困难（Duffy，Tetewsky，& O'Brien，2000）。

你可能想知道运动盲的感觉是怎样的。当你试着去看镜子里自己眼睛的运动时，你能在一个很小的尺度上体验到运动盲。你看见自己的眼睛从一个位置到了另一个位置，但是你却意识不到两个位置之间的运动。在这一瞬间，你也变成了运动盲。

与运动盲相反的事情也会发生：有一些人除了能探测到运动的方向之外什么也看不到。人们怎么可能在看不到物体的情况下却能看到它的运动呢？MT 区接受到一些直接从丘脑外侧膝状体传来的输入。因此，即使 V1 区大面积损伤（足以造成失明），MT 区仍然有足以探测运动的输入（Sincich，Park，Wohlgemuth，& Horton，2004）。与运动盲一样，我们也想知道这些病人有怎样的体验。能看见运动但看不见运动的物体到底是怎样的感觉？相通的一点是，大脑不同的区域加工不同的视觉信息，这样就有可能形成各种视觉缺陷。

停下来检查一下

23. MT区损伤，或者MT完好而V1区受损会出现什么情况？

模块 6.2 结 语

从单个细胞到视觉

在本节中，我们了解了对形状、运动和视觉其他方面反应的单个细胞。是否单个细胞能识别你看见的事物？

几十年前，早期的计算机经常崩溃。计算机科学的先驱者们对此十分困惑。他们认识到，大脑中的单个神经元肯定不比单个计算机芯片更可靠。单独的细胞总是在犯错误，但是大脑作为一个整体却表现得很好。它可能做出一些愚蠢的决定，却不会“崩溃”。为什么呢？计算机科学家们正确地猜测到，大脑有足够的冗余，使得即使在单个单元失误的时候整个系统仍可以很好地工作。视觉系统为这一观点提供了很多例子。例如，在MT区中，没有一个神经元总是能探测到感受野中的运动点，但是一群细胞却几乎总能在十分之一秒内就探测到运动（Osborne，Bialek，& Lisberger，2004）。总之，每个单独的神经元对视觉都有贡献，但没有一个是不可或缺的。视觉来源于众多细胞的同时活动。

总 结

1. 两眼的视神经在视交叉处会合，来自每只眼睛的一半轴突交换到对侧大脑。大多数的轴突传到和视皮层相通的丘脑外侧膝状体。
2. 侧抑制是这样一种机制：视网膜上任意区域的刺激会抑制相邻区域的反应，从而使得明暗边界的对比增强。脊椎动物的视网膜之所以会有侧抑制的发生，是因为感受器刺激双极细胞的同时也会刺激更多的水平细胞，而水平细胞会抑制被刺激的双极细胞及其周围的细胞。
3. 视觉系统中的每个神经元都有自己的感受野，即和神经元相连的视野区。感受野中的光可以兴奋或抑制神经元，取决于其所在的位置、波长、运动等。
4. 哺乳动物的视觉系统具有一定的责任分工。一般来说，小细胞系统专门负责颜色和细节的知觉；大细胞系统专门负责深度、运动和总体模式的知觉。
5. V1区受损后，人们会报告视觉丧失，即使是在梦中也没有视觉。然而，即使有意识知觉缺失，对光的某些反应（盲视）仍然可以发生。
6. 皮层中的腹侧通路对形状知觉（what）很重要，而背侧通路专门负责定位视知觉以及将其与动作进行整合（where）。
7. 在初级视皮层中，神经科学家区分出了简单细胞和复杂细胞。前者具有固定的兴奋性和抑制性区域，后者只对特定形状的图形反应而不管其精确位置在哪。
8. 对形状或其他视觉特征敏感的神经元既可能是也可能不是特征探测器。尤其是V1区的细胞，对空间频率的反应性很高，虽然我们在视知觉中并不能主观觉察到刺激的空间频率。
9. 特殊的视觉缺陷可能是由于脑损伤造成的。例如，颞叶梭状回损伤之后，人们就辨认不出面孔了。
10. 视皮层有专门探测视觉运动和区分头动的脑区。视皮层在快速眼动期间反应性变低。

关键术语

思考题

一个感受器细胞受到刺激后，接受其输入的双极细胞立即产生一个很强的反应。转眼之后，虽然来自感受器细胞的刺激保持不变，双极细胞的反应却下降了。怎么解释这一现象？（提示：水平细胞的功能是什么？）

停下来检查一下答案

10. 从视网膜上的神经节细胞开始，大多数轴突到达丘脑外侧膝状体，其他的到达下丘脑、上丘和其他地方。
11. 感受器既兴奋双极细胞，也兴奋水平细胞。水平细胞既抑制受到兴奋的那个双极细胞，也抑制周围的双极细胞。
12. 它会对最近的双极细胞产生更多的兴奋。对于周围的双极细胞，它只会产生抑制。原因是感受器兴奋了水平细胞，而水平细胞会对该区域所有双极细胞产生抑制。
13. 在白色长臂部分投射到的视网膜上，每个神经元受到来自两侧（或者上下，或者左右）输入的最大的抑制。而在白色交叉处，每个细胞受到来自四侧输入的最大的抑制。因此，交叉处的反应比臂上的反应低。
14. 它们会变得更大，因为每个细胞的感受野是由早期细胞的输入汇聚而成的。
15. 小细胞系统的神经元有着小的细胞体和小的感受野，分布在中央凹及其周围，专门负责细节和颜色视觉。大细胞系统的神经元有着大的细胞体和大的感受野，分布于视网膜所有位置，专门负责对大范围模式和运动的知觉。
16. 研究者应该使用fMRI、EEG或者其他记录手段来看你视皮层的活动是不是很强。
17. 在盲视现象中，某人可以指向一个物体或将眼睛转向这个物体，尽管他或她坚持认为什么都没有看见。
18. 不能基于视觉引导运动，表明背侧通路损伤。
19. 首先找到使细胞激活的刺激，如一条水平线。如果细胞只对一个位置的刺激反应，就是简单细胞。如果它对多个位置的刺激都反应，就是复杂细胞。
20. 特征觉察器是用来探测物体特定方面特征如形状或运动方向的神经元。
21. 面孔失认症就是不能识别面孔。它的存在暗示了识别面孔的皮层机制和识别其他复杂刺激的皮层机制是不同的。
22. 在眼动过程中，大多数视皮层的反应性降低。
23. MT区的损伤可以导致运动盲。MT区完好而V1区损伤，病人可以报告运动方向但不能有意识地识别出运动的物体。

模块 6.3 视觉发展

假设你的生活一直处于黑暗之中。而今天你第一次见到光线，你能理解周围的事物吗？

除非你天生就是盲人，否则你肯定有过这种体验——在你出生的时候！最初，你可能不知道看见的是什么。数个月后，你开始可以认出面孔，爬向喜爱的玩具。你是怎么学会及搞清所见到东西的意义的呢？

人类婴儿的视觉

当漫画家画一个婴儿的形象时，他们画的眼睛相对于头的比例来说很大。婴儿的眼睛比头部其他部分更快长到正常大小。即使是新生儿也具有功能良好的视觉，虽然还有很多功能有待继续发展。

对面孔的注意及面孔识别

人类新生儿来到世上的时候就有某些倾向，即相对于其它刺激来说，更注意某些刺激。即使是在最初的两天，婴儿就已经会花更多的时间看面孔而非其他静止图形（图6.28）。这一倾向支持了内置面孔识别模块的思想。然而，婴儿的“面孔”概念和成人不太一样。实验者记录了婴儿盯一张面孔和其他图形的时间，如图6.29所示。新生儿对正立面孔的喜好远大于倒立面孔，不管这张面孔是真实的（左侧）还是扭曲的（中间）。当遇到两张都是正立面孔时（右侧），他们对真实面孔和扭曲面孔的偏好没有显著差异（Cassia，Turati，& Simion，2004）。显然，新生儿的“面孔”概念只需要眼睛在上，而面孔不一定要是真实的。

人们识别面孔的能力一直到青春期都在逐渐发展（Mondloch，Maurer，& Ahola，2006），其精确性在熟悉面孔及与熟悉面孔相似的面孔上最高。例如，大多数成人很难认出猴子的面孔，而给6到9个月大的婴儿频繁呈现猴子的面孔后，他们就会建立起对猴子面孔更好的分辨能力（Pascalis et al.,2005）。这一熟悉效应的机制是，下颞叶皮层的细胞发展出对一张“平均”脸的认识，然后这些神经元会去探测距这张平均脸微小的偏离。

早期经验和视觉发展

为了更细致地研究视觉的发展，研究者们转向动物实验。这一领域的研究拓展了我们对大脑发育的认识，并且促进了对发育障碍更有效的治疗。对于一个新生的哺乳动物而言，即使视网膜损伤（Rakic & Lidow，1995；Shatz，1996）或是在黑暗中饲养（Lein & Shatz，2001；White，Coppola，& Fitzpatrick，2001），视觉系统的许多典型特征仍然在最初的时候发育正常。然而，大脑需要视觉经验来保持和精细化它的连接。

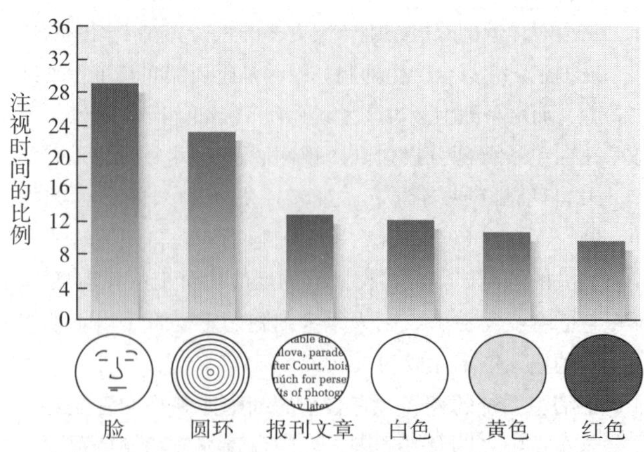

图 6.28 婴儿看不同图像的时间

即使是在出生两天以内，婴儿看脸的时间就比看其他刺激的时间要长。（*Based on Fantz, 1963*）

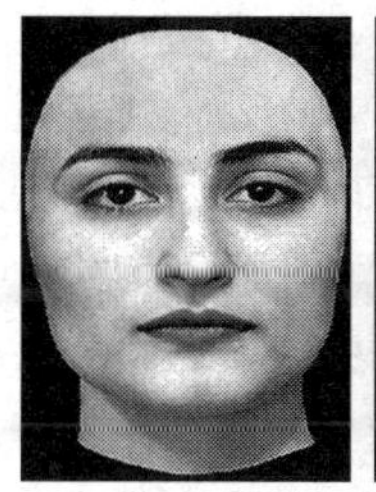
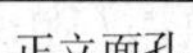
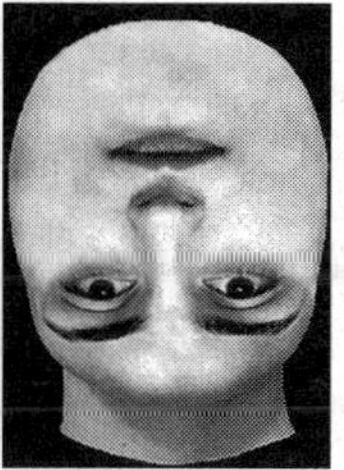
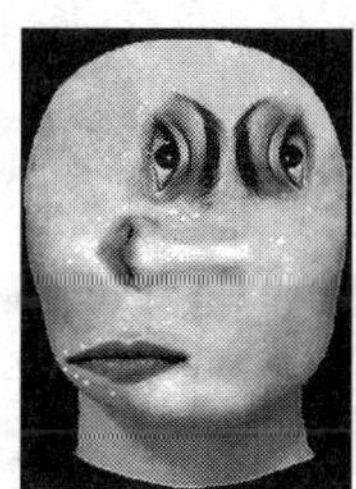
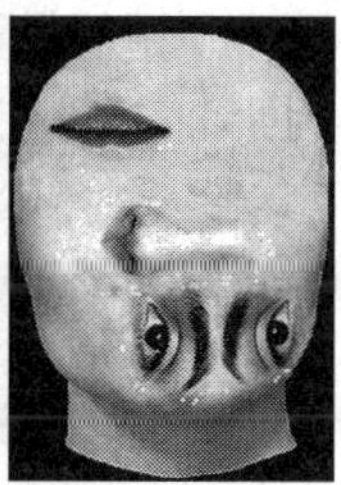
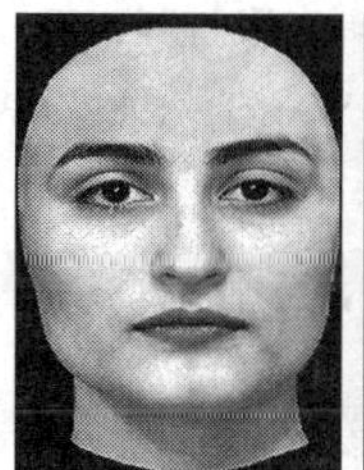
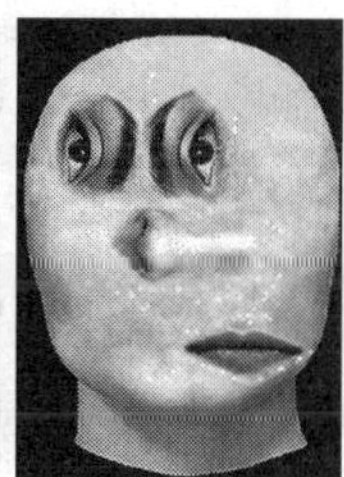

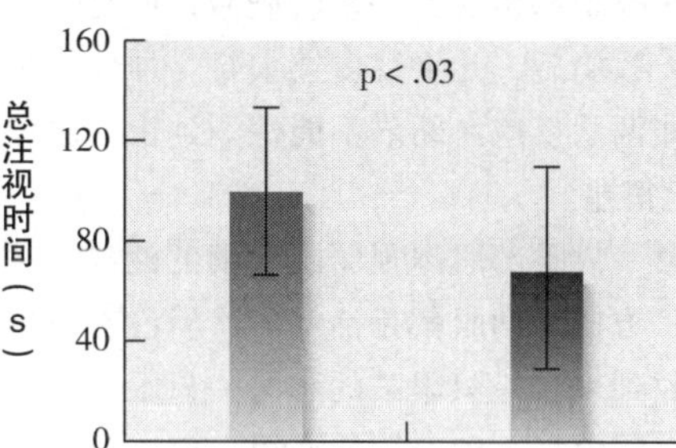

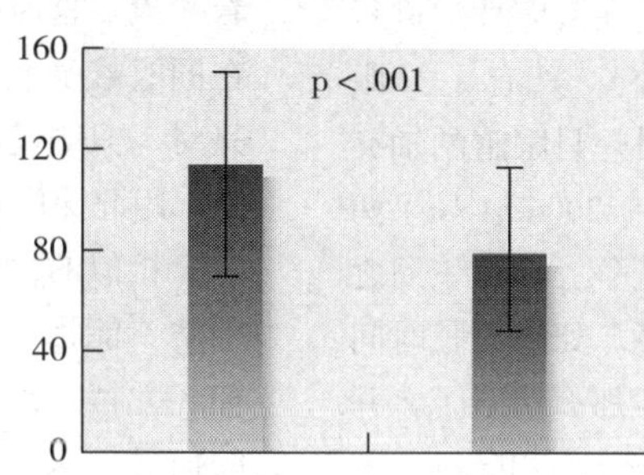

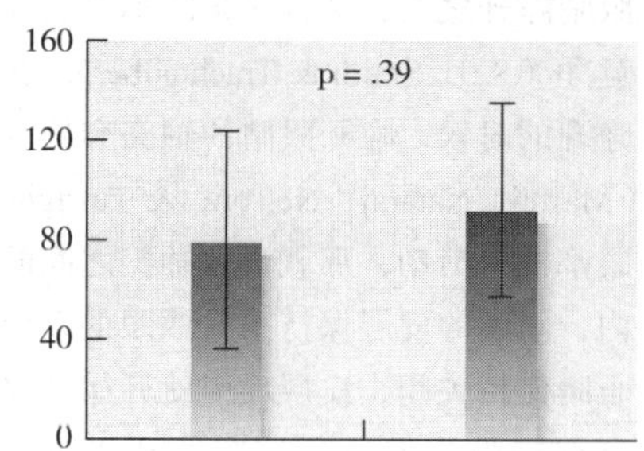

图 6.29 婴儿是怎样在两张面孔之间分配注意的

一张正立的面孔会比倒立面孔吸引更多的注意，不管面孔是真实的（左侧的一对）还是扭曲的（中间的一对）。尽管一张面孔是真实的而另一张面孔是扭曲的，婴儿分配到两张正立面孔（右侧的一对）上的注意几乎相等。（*From "Can a nonspecific bias toward top-heavy patterns explain newborn's face preference?" by V. M. Cassia, C. Turati, & F. Simon, 2004.* Psychological Science, 15, *379-383.*）

单眼经验的剥夺

如果一个幼年动物只有一只眼睛能看见东西会怎么样？对于猫和灵长类来说——它们都是两只眼睛朝着同一方向——视皮层中大多数神经元接受**双眼输入**（binocular input）。当一只约 9 天大的幼猫睁开它的眼睛时，每个神经元都对两个视网膜上聚焦于空间近似相同点的区域反应（图 6.30）。然而，天生的机制并不能使连接变得恰好正确，因为两眼间的精确距离在每只幼猫中都不一样（并且随着年龄增长也会发生变化）。因此，经验对于精细调节是必要的。

如果实验者将幼猫的眼睑在其 4 至 6 周大的时候缝合，视皮层中的突触对来自被剥夺眼睛的输入的反应会逐渐减弱（Rittenhouse，Shouval，Paradiso，& Bear，

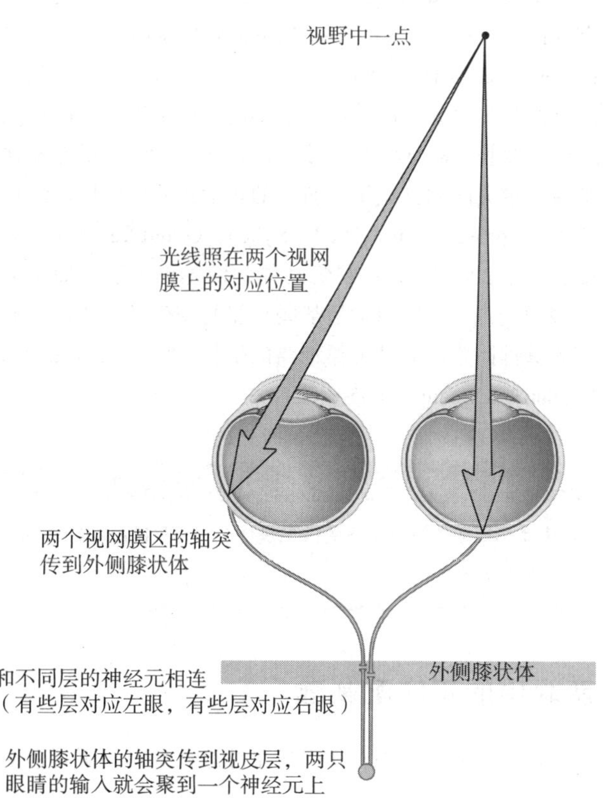

图 6.30 猫和灵长类双眼视觉的解剖基础

来自视野中一点的光会照到每个视网膜的一点上。视网膜上这两个区域将它们的轴突传到外侧膝状体不同的层，然后再传到视皮层中的同一个细胞。这个细胞就（通过外侧膝状体）和两个视网膜上的对应区域相连。

1999）。在把被剥夺眼打开之后，幼猫对这只眼睛的刺激也没有反应了（Wiesel，1982；Wiesel & Hubel，1963）。

双眼经验剥夺

如果在最初的几周内幼猫的双眼都闭着，我们可能会预期这两只眼睛都会失明，但事实不是这样的。从眼睛睁开之后，来自两眼的轴突就开始在反应性上进行竞争（S. L. Smith & Trachtenberg，2007）。只有一只眼睁开的时候，睁开眼睛的轴突会抑制另一只眼睛的轴突（Maffei，Nataraj，Nelson，& Turrigiano，2006）。如果两眼都没有活动，那就没有轴突之间的竞争。至少三周之内，幼猫的皮层保持了对两眼的反应性。如果更长时间眼睛保持关闭，皮层反应就开始变得不那么活跃了，并且会丧失它们清晰可辨的感受野（Crair，Gillespie，& Stryker，1998）。它们可以对视觉刺激反应，但是对一个朝向的反应不会比对另一个朝向的反应强。同时，就像第5章里提到的，如果某人是天生的盲人，视皮层就会开始对听觉和触觉刺激反应。

对于视觉经验的每一个方面，研究者们都识别出了一个**敏感期**（sensitive period）。在敏感期内，感觉经验有着特别强烈和持久的影响（Crair & Malenka，1995；T. L. Lewis & Maurer，2005）。在完全视觉剥夺时——如在完全黑暗中养起来的幼猫，敏感期会比呈现受限的视觉经验时要长（Kirwood，Lee，& Bear，1995）。敏感期在某些稳定突触和抑制轴突萌发的化学物质生成后就终止了（Pizzorusso et al.，2002；Syken，GrandPre，Kanold，& Shatz，2006）。某些视觉功能的敏感期长于或短于另一些功能，一个原因就是某些功能的变化只需要轴突局部的重排而不需要轴突长距离的生长（Tagaua，Kanold，Majdan，& Shalg，2005）。

停下来检查一下

24. 生命早期闭上一只眼睛的结果是什么？两只眼睛都闭上的结果是什么？

两眼中的不匹配刺激

在人类视皮层中，几乎每个神经元都对两眼近似对应的区域反应。（例外：少数皮层神经元只对左眼见到的极左侧刺激或右眼见到的极右侧刺激反应。）通过比较两眼输入的细微差异，我们就可以获得立体深度知觉。

立体深度知觉需要大脑能探测到**视网膜像差**（retinal disparity），即左右眼所见图像的差异。经验可以精细调节双眼视觉，而不正常的经验则会打断这一过程。假设实验者遮住猫的一只眼睛，使得它只能左眼看一天右眼看一天。这时两只眼睛都接受到等量的刺激，但是从未在同时接受刺激。数周后，几乎视皮层上每个神经元都只对一只眼睛而非两眼反应。幼猫不能探测到视网膜像差，因此深度知觉很差。

相似的，想象一只眼部肌肉很弱或受损的幼猫，其眼睛不能指向同一方向。两眼都是活动的，但没有皮层神经元持续地接收到来自一只眼睛的和另一只眼睛匹配的信息。从而，皮层中每个神经元就变得只对一只眼睛反应（Blake & Hirsch，1975；Hubel & Wiesel，1965）。

在人类身上也有类似的现象发生。有一些儿童是天

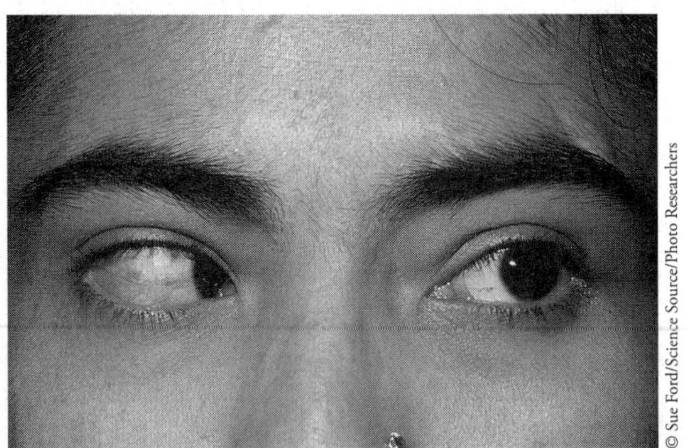

弱视的两个例子

生的**斜视**（strabismus）（或斜视性弱视），也被称为“弱视”，即眼睛不能指向同一方向的情况。一般来说，他们只注意一只眼睛。通常的治疗方法是挡住活动的眼睛，迫使注意力转到另一只眼睛上。这一方法在某种程度上有效，而且早期治疗比晚期治疗效果好（T. L. Lewis & Maurer，2005）。然而，儿童仍然不能同时用两个眼睛看东西，不能发展出立体深度知觉，并且用两只眼睛时不比用一只眼睛能更好地知觉深度。

出现这种情况的原因是，皮层中的每个细胞都会对同步活动的轴突反应增强（Singer，1986）。如果左侧视网膜的一部分经常和右侧视网膜的一部分聚焦在同一方向上，那么来自这两个区域的轴突就会携带同步信息，一个皮层细胞就会加强和它们的突触连接。然而，如果两眼携带不匹配的输入，皮层的细胞就只能增强和其中一只眼的突触连接（通常是对侧眼）。

除了遮住活动眼之外，另一个有前途的方法是让孩子玩那些需要注意双眼三维图像的视频游戏。要取得好成绩就需要精确地对想要增强的信号提高注意。这一技术的初步结果看起来还是很鼓舞人心的（Eastgate et al.，2006）。

假设某个在童年患上弱视的人在许多年后才表现出视觉缺陷。遮住一只眼睛或用双眼视频游戏训练的方式几乎不能产生显著的效应。有什么方法重启敏感期吗？研究者正在探索数个可能性。动物研究表明，阻断视皮层中的 GABA 受体可能有作用（Sale et al.，2007）。回忆一下，来自 GABA 的抑制是敏感期开始的原因。另一项动物研究发现，10 天的完全黑暗会增加视皮层的可塑性，从而使成年大鼠重新获得对敏感期被遮眼睛的反应（He，Ray，Dennis，& Quinlan，2007）。相似的策略可能对人类也有用。

停下来检查一下

25. 什么样的早期经验对于保持视皮层神经元的双眼输入是必要的？

早期视觉刺激受限

如果一只幼猫在早期的整个敏感期都带上只能看见横条的护目镜（图 6.31），那么几乎所有的皮层细胞就会变得只对横线反应（Stryker & Sherk，1975；Stryker，Sherk，Leventhal，& Hirsch，1978）。即使接下来进行数个月的正常体验之后，这只猫仍然不能对垂直的线条反应（D. E. Mitchell，1980）。

如果人类婴儿生活在一个主要是垂线或横线而非两者相等的世界中会怎样呢？他们会变得对所见的线条更敏感。可能你会认为这种荒诞的事怎么会发生呢。因为没有父母愿意让实验者把自己的孩子放到这样的实验过程中，所以现实中绝不可能存在这种事情。事实是这样吗？

不对。其实这种事有可能就发生在你身上！大概有 70% 的婴儿有散光，即对某个方向（如水平、垂直或一条对角线）线条的视觉模糊，这是由两眼的不对称曲率导致的。如果发育正常的话，到幼儿 4 岁时散光的患病率会减少至只有约 10%。

你可以用图 6.32 非正式的测试一下自己的**散光**（astigmatism）。某些方向的线条是否会看起来暗淡一些？如果是的话，请旋转书本。你会注意到线条的外观取决于它们的位置。如果你带着矫正散光的眼镜，请在戴上眼镜和不戴眼镜的情况下都尝试一下。如果你只在不戴眼镜时看见线条之间的差异，那么说明眼镜矫正了你的散光。

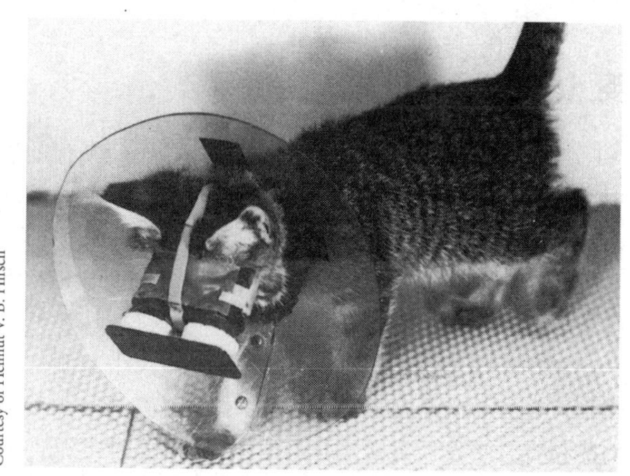

Courtesy of Helmut V. B. Hirsch

图 6.31 在早期发展中限制幼猫视觉经验的方法
在一天中的几个小时内，幼猫要带上一种护目镜，通过护目镜只能看到一种刺激如横的或对角线方向的条纹。其他时间将幼猫和它的母亲一起放在黑暗的房间中，这时不用戴面罩。

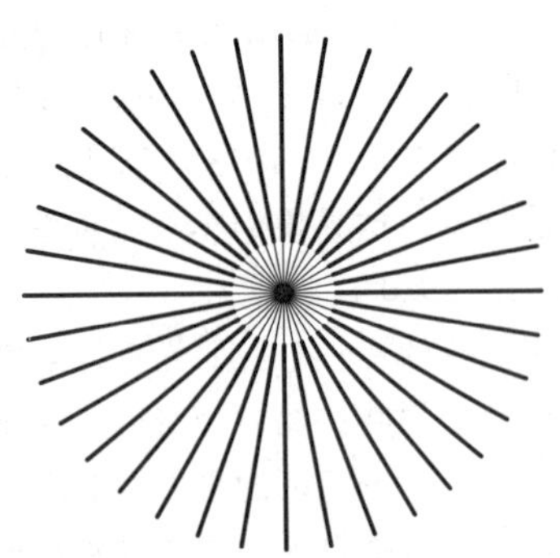

图 6.32 散光的一个非正式测验

是否某个方向的线条看起来比其他线条更黑或更尖？如果是，旋转本书并注意有什么事发生。如果你带着矫正眼镜，可以在戴上或卸下眼镜的时候再看看这幅图。

如果幼猫在看不到任何物体运动的情况下成长，会发生什么事？你可以想象一下创造这样一个世界的困难程度：在幼猫的头可以动的情况下，要保证它所看见的世界中的所有事物都是静止的。Max Cynader 和 Garry Chernenko（1976）使用了一个巧妙的程序：他们将幼猫养在一个由闪光灯产生光照的环境下，闪光灯以每秒 8 次每次 10 毫秒的频率不停闪烁。结果这只幼猫只能看到一系列的静止图像。4 到 6 个月后，视皮层上的每个神经元对形状的反应正常，而对运动刺激反应不正常。于是这只幼猫就变成了运动盲。

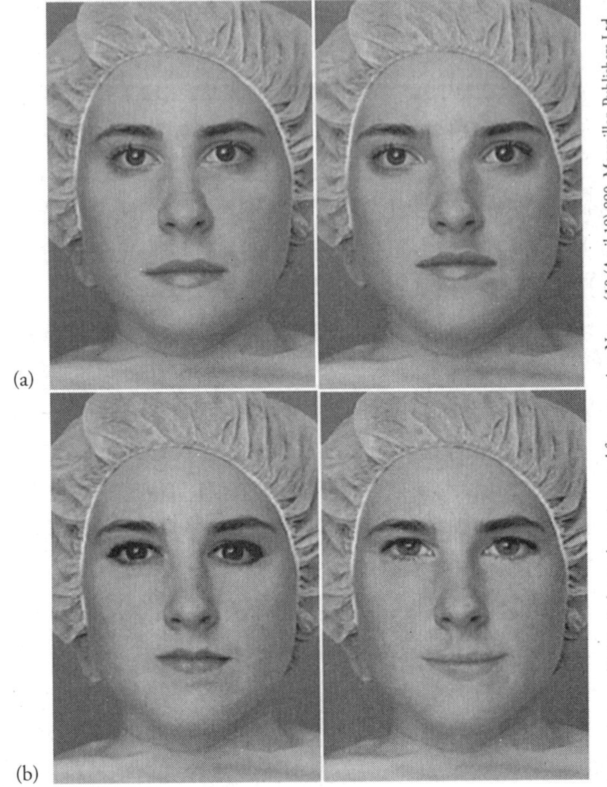

图 6.33 只有眼睛和嘴不同的面孔

上面两张面孔（a）有相同的眼睛和嘴，但是位置稍有不同。下面两张面孔（b）有不同的眼睛和嘴。几个月大时患上白内障的患者可以看出（b）中脸的差异而看不出（a）中的差异。显然早期的视觉剥夺会留下不能由后期经验完全修复的缺陷。

婴儿视觉的损伤及长期后果

视皮层敏感期的存在，意味着过了这个时期你的视皮层就不会有大的改变了。如果一个婴儿在早期出现问题，我们必须尽早处理它。例如，在婴儿期一只或两只眼睛患上白内障（云斑）会导致视觉丧失，而拖延手术修复会限制将来的视觉。

在一项研究中，研究者考察了 14 名天生双眼白内障，但在 2~6 个月大时进行了手术修复的患者。虽然他们的视觉几乎发展正常，但还是有些残留的小毛病。如对图 6.33 中的面孔来说，他们可以察觉下面两张面孔（眼睛和嘴都不同）的差异，而察觉不到上面两张面孔（各部位之间空间距离不同）的差异（Le Grand，Mondloch，Maurer，& Brent，2001）。另一项研究发现，出生数个月即患有白内障的患者会出现将视觉和听觉联系起来的困难。例如，对大多数人来说，看见一个单词同时听到它的读音会使这个单词更容易辨认。但是在早期白内障患者中，这种促进效应很小（Putzar，Goerendt，Lange，Rösler，& Röder，2007）。

我们可能会预期，如果只有一只眼睛患上早期白内障的话问题不大，但是如果是左眼患上的话就有问题了。记得面孔失认症是和右半球梭状回的损伤关系最强。显然，右侧半球需要早期经验来发展对面孔识别的特殊能力。

在成年人身上，单眼白内障会等效地影响两侧半球，因为每侧半球都接受来自两眼的输入：

然而，在婴儿阶段早期，两眼交叉的通路发展得比不交叉的通路要快：

结果导致，每个半球接受的输入几乎完全来自对侧眼睛。而且胼胝体在婴儿身上也未发育完全，因此到达一侧半球的信息不能传到另一侧。总之，左眼白内障的婴儿右侧半球视觉输入受限。接下来，这群人几年后将会表现出面孔识别的轻微障碍（Le Grand，Mondloch，Maurer，& Brent，2003）。

如果白内障一直持续的话，损伤会变得更厉害。有一个印度女孩出生时有严重的白内障，并且直到 12 岁才用手术移除。一开始她几乎是完全失明的，但是她逐渐恢复了视力。二十年后，在大多数视觉任务中她都完成得很好。然而，即使戴上眼镜，她的视敏度也只有 20/200，并且对所有视觉信息的反应都很慢（Ostrovsky，Andalman，& Sinha，2006）。

患者 PD 在将近一岁半的时候患上了白内障。他的医生采用滴眼液扩散瞳孔的方式使他能看见白内障周围的东西，不过收效有限。在 43 岁移除了白内障之后，他知觉细节的能力有所提高，但是却达不到正常水平。显然，没有精细图像视觉的那些年使他的皮层细胞几乎不能对图像进行敏锐的反应（Fine，Smallman，Doyle，& MacLeod，2002）。他谈到在他的视觉中，一个物体和另一个物体的边缘十分夸张。例如，一个白色物体和一个黑色物体的交界处，白色物体的边界看起来十分明亮而黑色物体的边界看起来十分阴暗——这表明其侧抑制远超过大多数人的体验。他以前也见过面孔，但并不精细。现在他却惊奇于人们脸上表现出来的强烈的情绪表情。他还被明亮的颜色吓到。“事实上，人们在这样一个我从未接触过的色彩斑斓的世界中走来走去，这甚至令我感到有些恼火”（Fine et al.，2002，p. 208）。

另一个更极端的例子是患者 MM。在他三岁半的时候，强腐蚀性的药物溅到了他的脸上，损坏了他的一只眼睛和另一只眼睛的角膜。在接下来的 40 年里，他只能在有视力的一只眼睛中看到亮的和暗的团块。他没有视觉记忆和视觉表象。在 43 岁时，他接受了角膜移植手术。然后他立刻就能识别出简单的形状如方块，探测到一根棒是倾斜的还是正立的，指出运动物体的运动方向，以及识别两个物体哪个在前。这些方面的视觉显然在三岁半以前都已经建立起来，并且可以在没有训练的情况下再次表现出来（Fine et al.，2003）。然而，他对细节的知觉十分差，并且没有改善。因为他的视网膜是正常的，细节知觉不能进一步发展意味着视皮层受限。在接下来的两年里，他理解所见事物的能力有所增强，但程度有限。在手术以前，他是一名盲人滑雪选手。（盲人选手需熟记山路。）手术刚结束后，他在滑雪时会被看到的情形吓到，因此他在滑雪时都闭上自己的眼睛！两年以后，他发现视觉对简单的滑道有些帮助。但是在困难的滑道上他仍然闭着眼睛滑，因为这些地方视觉更吓人。他总结自己的进步道："今天和两年前的差别就在于我可以更好地猜到我正在看什么，不变的是我仍然在猜"（Fine et al.，2003，p.916）。

我们应该怎样进行总结呢？人类和其他物种一样，视皮层在早期的可塑性更强。如果视觉在晚期进行恢复的话可以在某种程度上复原，但是对精细细节的知觉仍然是受损的。我们大多数人想当然拥有的视觉细化实际上需要几年的练习时间。

停下来检查一下

26. 为什么单眼白内障在婴儿身上比在成年人身上会产生更大的视觉损伤？

模块 6.2 结 语

视觉的先天和后天

在整个心理学中有各种各样先天－后天的问题。在视觉中，想想看当你看窗外的时候有什么事情发生？你怎么知道你看见的是树、人和建筑物？事实上，你怎么知道它们是物体？你怎么知道哪些物体近，哪些物体远？你是生来就知道怎么解释见到的世界的吗，还是你需要去学着理解世界？这一节的主要信息就是，视觉需要先天和后天因素的复杂结合。我们确实生来就有一定的理解能力，但是我们也需要经验去保持、发展和精细化它们。如同其他领域一样，遗传和环境的影响不能完全分离。

总 结

1. 即使是新生儿，盯着某个面孔的时间也会比盯其他静止物体的时间长。然而，如果眼睛在脸的上部的话，他们对扭曲的脸和真实脸的反应一样强。识别面孔的能力会持续发展数年。
2. 初生幼猫视皮层中的细胞就已经具有常见细胞的性质。然而，经验对于保持和精细调节视觉是必要的。例如，如果幼猫在早期敏感期内只有一只眼睛能看见东西，它的皮层神经元就会变得只对这只眼睛反应。
3. 皮层神经元对来自不活动眼的轴突变得不反应主要是因为来自活动眼的竞争。如果两只眼睛都闭上，皮层细胞会保持对两眼轴突一定的反应性，但是如果视觉剥夺持续数周，反应会变得不活跃和无选择性。
4. 不正常的视觉体验在早期敏感期的效应比在生命晚期要强。
5. 为了发展出良好的立体深度知觉，幼猫或者人类儿童必须在早期具备两眼相应区域看见同一物体的体验。否则，视皮层的每个神经元就会变得只对一只眼睛的输入反应。

6. 如果一只幼猫在敏感期只看得见水平或垂直的线条，其视皮层大多数的神经元就会变得只对这种线条反应。因为相同的理由，散光的儿童可能对某种线条的反应性降低。同时，生命早期看不到运动的人会丧失看到运动的能力。
7. 一些人在婴儿或儿童时期患有白内障或其他视觉缺陷，在成年时进行手术后会重新获得视力。最初数月的视力损伤会留下持续一生的明显的视觉缺陷。在儿童期丧失视觉又在数十年后重新获得视力的人会表现出某些方面视觉的保留（如运动知觉），但是会丧失细节和其他许多方面的视觉。

关键术语

双眼输入 191
视网膜像差 192
散 光 193
敏感期 192
斜 视 193

思考题

1. 兔子的眼睛位于头部两侧而非前部。你觉得兔子有许多双眼感受野的细胞——即对两只眼睛都反应的细胞吗？为什么？
2. 你觉得兔子的皮层细胞和猫与灵长类的细胞对经验作用的敏感性一样吗？

停下来检查一下答案

24. 早期发展阶段闭上一只眼睛的话，皮层就逐渐变得对它不反应。如果两眼都闭上的话，皮层细胞在几周之内还保持对两眼一定的反应性，然后逐渐变得不活跃和反应无选择性。
25. 为了保持双眼反应性，皮层细胞必须接受来自聚焦于相同物体的两眼的同步活动。
26. 首先，婴儿的大脑更具有可塑性；成人的大脑已经发育完全并且可以抵抗扭曲的和有缺陷的输入。另外，在婴儿眼睛到大脑半球的通路中，交叉的通路比不交叉的通路更成熟，而且胼胝体也未发育完全，因此每个半球几乎只接受来自对侧眼睛的视觉输入。

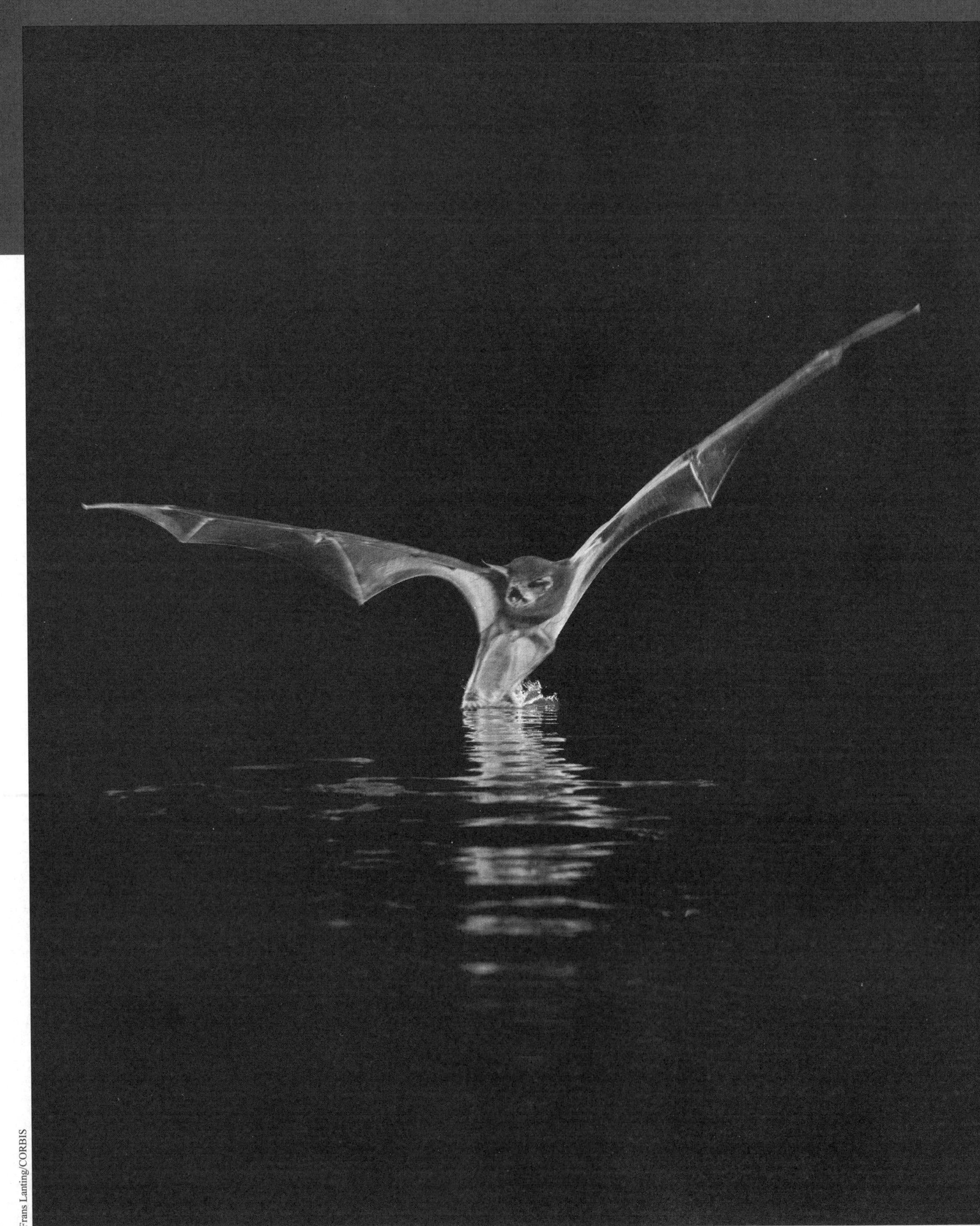

Frans Lanting/CORBIS

其他感觉系统 7

本章大纲

模块 7.1　听觉
声音与耳
音高知觉
听觉皮层
听觉损失
声音定位
结语：听力的功能

模块 7.2　机械感觉
前庭觉
躯体感觉
痛觉
痒觉
结语：机械感觉

模块 7.3　化学感觉
化学感觉编码
味觉
嗅觉
信息素
联觉
结语：不同的感觉，认识世界的不同方式

（左图图释）蝙蝠通过回声定位寻找昆虫，其感觉世界一定与人类的感觉世界非常不同。

主要内容

1. 我们的感觉经过进化，能够向我们提供可以使用的信息，而不是关于世界的全部信息。
2. 一般来说，单个感觉神经元活动的意义是模糊的。神经活动的意义取决于神经元群体的活动模式。

印第安人的谚语说："松叶落下，鹰看见它，鹿听见它，熊闻见它"（Herrero，1985）。不同的物种对不同类型的信息敏感。蝙蝠使用 20 000 到 100 000 赫兹（Hz，周期每秒）的声纳波回声定位猎物，这个频率远高于成年人类的听力范围（Griffin，Webster，& Michael，1960）。美国绿色树蛙的耳朵对 900 和 3000 赫兹两种频率的声音高度敏感，因为这两种频率在成年雄性求偶的叫声中很突出（Moss & Simmons，1986）。蚊子有一种特异化的感受器，这种感受器能够探测到人类汗液的气味——因此可以帮助它们找到并叮咬我们（Hellem，Fox，Zwiebel，& Carlson，2004）。

人类同样也有很重要的感觉特异性。比如：我们的味觉警告我们注意毒药的苦味（Richter，1950；Schiffman & Erickson，1971），但是不对诸如纤维素等对我们既无益处、也无害处的物质做出反应。我们的嗅觉系统对我们不需要觉察的气体（比如，二氧化碳）没有反应，但是对腐肉的气味高度敏感。这一章将关注我们的感觉系统如何处理从生物学角度来说有用的信息。

模块 7.1 听 觉

可以用“节约”这个词来描述进化。在解决了一个特定的问题后，对于其他问题，它只是修改一下解决方案，而不是从零开始。比如，你可以想像早期脊椎动物有一个视觉感受器的基因，复制那个基因，稍事修改，转眼间新的基因使感受器对不同波长的光产生反应，这就会使颜色视觉成为可能。在这一章中，你将看到更多遵循这个原则的例子。不同的感觉系统有它们的特异性，但它们也有很多共同之处。

声音与耳

听觉系统使得人类不仅能够听到倾倒的树木，还有在树枝上歌唱的鸟和吹过树叶的风。很多盲人学会在他们行走时轻踏脚后跟，并且用回声定位障碍物。我们的听觉系统具有非常好的适应性以探测和解释有用的信息。

声音的物理和心理维度

声波是空气、水或其他介质周期性压缩的产物。当树倒下后，树和地面振动，在空气中产生声波并敲击耳膜。声波在振幅和频率上发生变化。声波的**振幅**（amplitude）是它的强度。一道闪电产生很强振幅的声波。**响度**（loudness）是与振幅相关的感觉，但不与其完全相同。比如，快速说话者的声音与同样物理振幅的舒缓音乐声相比，使人觉得更响。如果你抱怨电视广告比节目更大声，原因之一就是因为广告中的人语速更快。

声音的**频率**（frequency）是每秒钟压缩的次数，用赫兹（Hz，周期每秒）衡量。**音高**（pitch）是与之相关的知觉。高频率的声音其音高更高。图 7.1 说明了声音的振幅与频率。每个声波的高度对应于其振幅，每秒钟的声波数对应于频率。

大多数成年人类听到的声音大约在 15 赫兹到略少于 20 000 赫兹的频率范围。儿童可以听到更高频率的声音，因为知觉高频的能力随着年龄的增长以及更多地暴露在响亮噪声中而减弱（B. A. Schneider，Trehub，Morrongiello，& Thorpe，1986）。

耳的结构

Rube Goldberg（1883~1970）画过一些卡通图，有关复杂且牵强的发明。比如，一个人脚踏在门前台阶上拉扯一根线，提起猫尾巴来唤醒猫。然后，猫会去追那只停在天平上的鸟。于是，天平会翻上来敲击门铃。耳

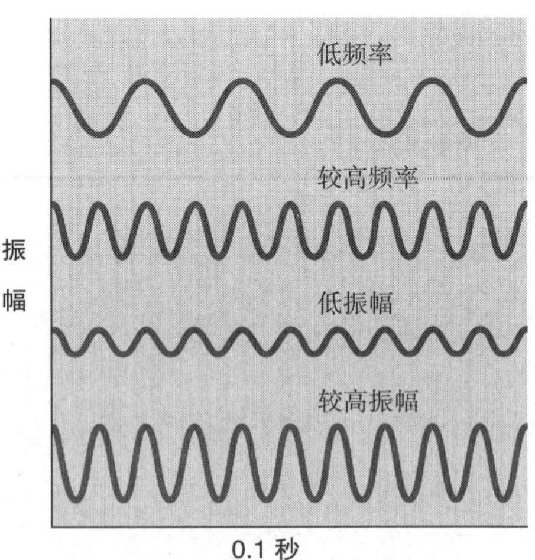

图 7.1 四个声波

波峰之间的时间决定了声音的频率，我们对应的体验就是音高。在这里，最上面的线表示 0.1 秒中有 5 个声波，或者 50 赫兹这是一个很低频率的声音，而我们将体验到很低的音高。其他的三条曲线表示 100 赫兹。每条曲线的纵向范围表示其振幅或强度，我们将之体验为响度。

朵的功能可能会让你想起 Rube Goldberg 的装置，因为声波也是通过一个复杂的过程被转换为动作电位的。与 Goldberg 的发明不同的是，耳朵的功能事实上很奏效。

解剖学家划分了外耳、中耳和内耳（图 7.2）。外耳包括**耳廓**（pinna），即我们所熟悉的附在头部每侧、由肉和软骨组成的结构。通过改变声波的反射，耳廓帮助我们定位声音的来源。我们需要学习使用这些信息，因为每一个人的耳廓都与其他人不同（Van Wanrooij & Van Opstal，2005）。兔子的大且能动的耳廓使得它们的声源定位更加准确。

声波在通过耳道（见图 7.2）之后敲击中耳的**鼓膜**（tympanic membrane），或叫耳鼓。鼓膜与敲击它的声波

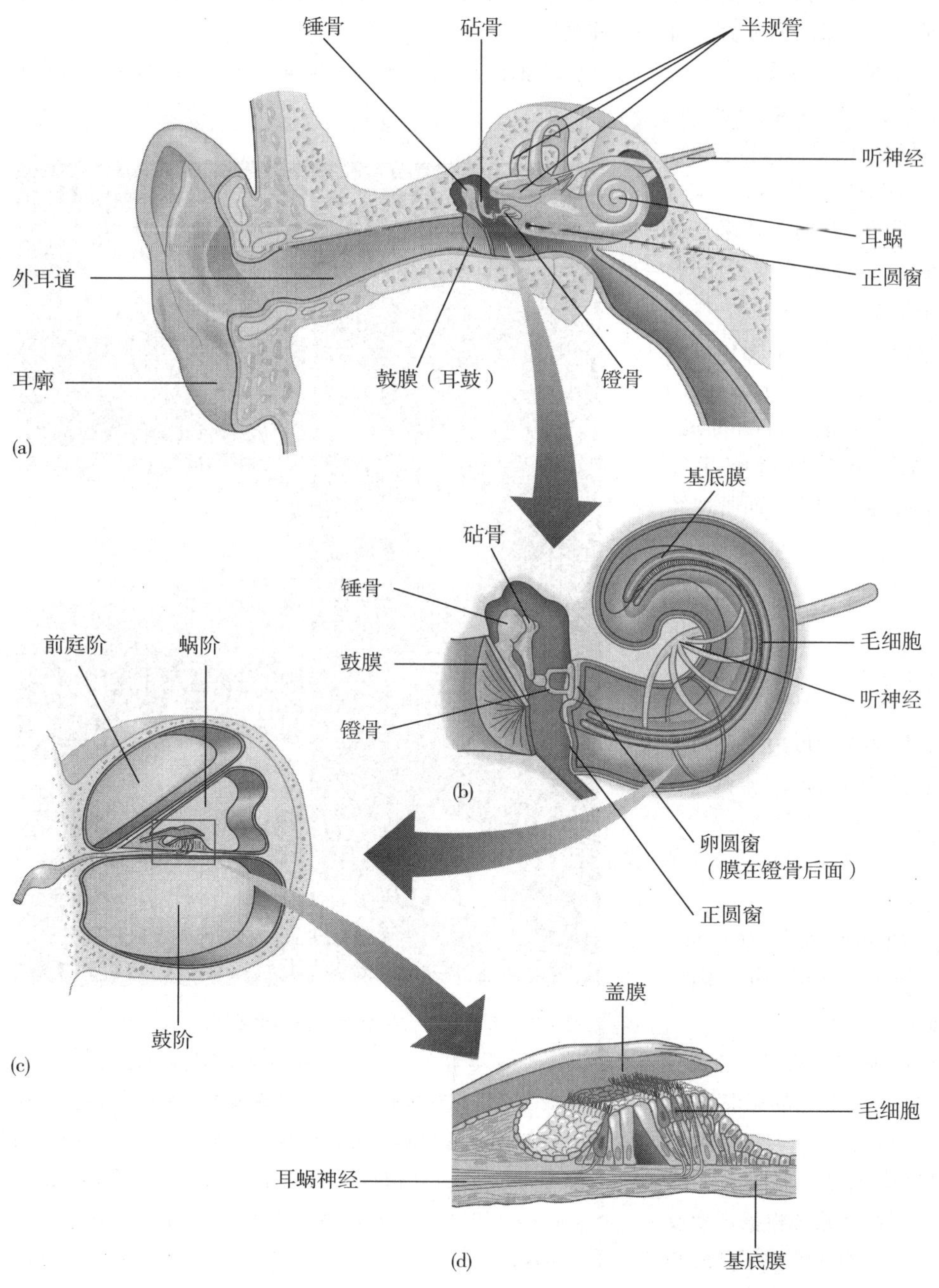

图 7.2 耳的结构
在（a）中，声波敲击鼓膜导致其振动三根小骨——锤骨、砧骨、镫骨，这三根小骨将声波转变为充满液体的耳蜗的更强振动。（b）这些振动使耳蜗基底膜上的毛细胞产生位移。（c）贯穿耳蜗的横切面。（d）毛细胞的特写。（见彩插）

以相同频率振动。鼓膜连接三根小骨，它们把振动传递到**卵圆窗**（oval window），这是内耳的一层膜。这些骨头有时通过它们的英文名字（hammer、anvil 和 stirrup）被知晓，有时则是通过它们的拉丁文名字（malleus、incus 和 stapes），在汉语中被译为锤骨、砧骨和镫骨。鼓膜大约是连接到卵圆窗的镫骨底板的二十倍大。就像液压泵一样，鼓膜的振动变成在细小的镫骨上更有力的振动。这个系统的净效应将声波转换为在细小的卵圆窗上的更大压力的波。这种转换是非常重要的，振动卵圆窗后面粘性的液体比振动两边都是空气的鼓膜需要更多的力。

内耳包含着一个蜗牛形状的结构，叫做**耳蜗**（cochlea，拉丁文中“蜗牛”的意思）。贯穿耳蜗的横切面，如图 7.2c，展示了三条充满液体的长通道：前庭阶、蜗阶、鼓阶。镫骨使卵圆窗在前庭阶的入口处振动，从而使耳蜗中液体产生运动。听觉感受器，即**毛细胞**（hair cells），位于耳蜗一侧的基底膜与另一侧的盖膜之间（图 7.2d）。耳蜗中的液体的振动使毛细胞产生位移。一个毛细胞在几毫秒内对小到 10^{-10} 米（0.1 纳米，大约是一个原子的直径）的位移产生反应，由此打开其膜上的离子通道（Fettiplace，1990；Hudspeth，1985）。图 7.3 展示了三种物种的毛细胞的电子显微图。毛细胞激活听神经的细胞，而听神经是大脑神经中的第八对脑神经。

音高知觉

我们对于理解话语或欣赏音乐的能力取决于我们辨别不同频率的声音的能力。我们是如何做到这一点的？

频率理论和地点理论

回忆第 6 章提到的感觉信息编码的两种主要途径：哪些细胞活动以及它们以什么样的频繁程度放电。同样的原则也可以应用到音高的知觉上。

根据**地点理论**（place theory），基底膜像钢琴的弦一样，因为膜上的每一个区域被调谐到一个特定的频率。（如果你用一个音叉在钢琴旁发出一个音符，你会振动调谐到这个音符的钢琴弦。）根据这个理论，每一个频率只激活基底膜上某一位置的毛细胞，而神经系统根据产生反应的神经元辨别不同频率。这个理论的缺陷在于基底膜不同部分联合在一起太紧密，以至于任何一个部分都无法像钢琴弦一样共振。

根据**频率理论**（frequency theory），基底膜与声音同步振动，导致听神经轴突在同一频率产生动作电位。比如，50 赫兹的声音每秒钟在听神经中产生 50 个动作电位。简单地说，这一理论的缺陷在于，神经元的不应期虽然各有不同，但是一般大约为 1/1 000 秒，因此神经元的最大放电频率大约是 1000 赫兹，远远低于我们听到的最高频率的声音。

当前的理论结合了这两种理论的修正版本。对于低

图 7.3 来自三个物种听觉系统的毛细胞

（a，b）来自青蛙球囊的毛细胞，可探测地面的振动。（c）来自猫的耳蜗的毛细胞。（d）来自鬣蜥蜴耳蜗的毛细胞。Kc = kinocilium，毛细胞束的一种组成成分。（*From "The cellular basis of hearing: The biophysics of hair cells," by A. J. Hudspeth, Science 1985, 230:4727, 745–752. Reprinted with permission from AAAS.*）

频声音（直到 100 赫兹——比音乐中频率为 264 赫兹的中音 C 低了一个八度还多），基底膜与声波同步振动，与频率理论一致，并且听神经轴突对每一个波产生一个动作电位。轻柔的音乐激活少数神经元，越强的声音激活的数量越多。因此，在低频率情况，脉冲频率确定音高，放电细胞的数目确定响度。

由于轴突不应期的原因，超过 100 赫兹的声音使得神经元越来越难与声波持续同步放电。在高频情况，轴突可能会在每次第二个、第三个、第四个，甚至更加靠后的波出现时放电。它的动作电位与声波的峰值是相位锁定的（也就是说，动作电位在声波的相同相位产生），如下所示：

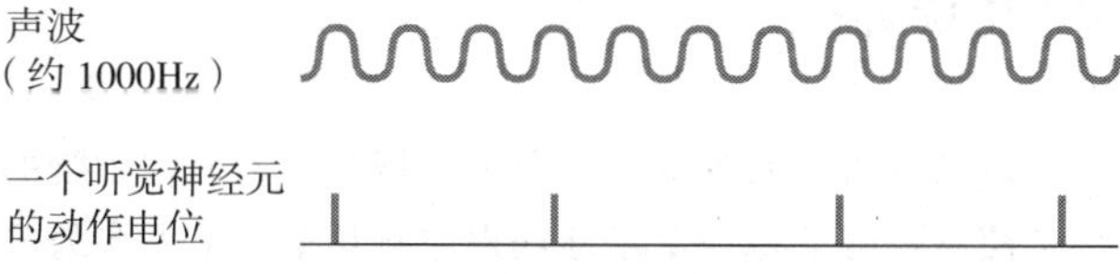

其他听觉神经元同样会对声波波峰产生相位锁定的动作电位，但是它们之间的相位可以不同。

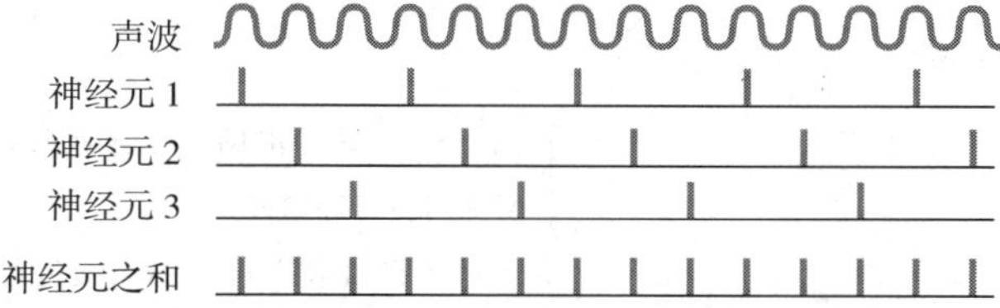

如果我们从整体上考虑听神经，我们会发现：对一个几百赫兹的音符，每一个波都会激活至少几个神经元。根据音高辨别的**并发原则**（volley principle），听神经总体上会对声音产生多达每秒 4000 次的并发脉冲，尽管没有一个单独的轴突可产生如此高频率的发射（Rose, Brugge, Anderson, & Hind, 1967）。为了使这个原则奏效，听觉细胞对反应的计时必须非常精确，而且也有证据表明它们的确如此（Avissar, Furman, Saunders, & Parsons, 2007）。然而，即使交错的并发脉冲也无法跟上超过 4000 赫兹的声波的节奏。

人类的听力大多发生在 4000 赫兹之下，也就是并发原则大概的极限。相比而言，钢琴最高音是 4224 赫兹。当我们听到非常高的频率时，我们使用和地点理论类似的机制。基底膜顺着镫骨，贴近耳蜗一侧的底端到耳蜗另一侧顶端是逐渐由硬变软的（Von Békésy, 1956）（图 7.4）。沿着基底膜排列的毛细胞在不同的位置有不同的性质，它们像调谐的共鸣器一样工作，只针对特定频率的声波产生振动。高频声音振动接近底端的毛细胞，而低频声音振动基底膜更远处的毛细胞（Warren, 1999）。事实上，由于超高频率改变了神经元和膜的多个属性，因此人们以什么样的机制听到频率在 4000 赫兹以上的声音尚未完全明了（Fridberger et la., 2004）。

人们对于音高的敏感程度各有不同。几乎在任何其他行为上，人们的表现都服从连续变化的“正态曲线”。但是对于音高知觉而言，相当一部分人不在正态分布之中。大约 4% 的人患有失音症，他们探测频率改变的能力受到损伤（一般称为“音调失聪”）（Hyde & Peretz, 2004）。与“色盲”的人对颜色完全不敏感不同，他们并不是完全意义上的音调失聪，但是他们在识别音调时有困难，无法辨别唱歌的人是否走调，也无法察觉旋律中的“错误”音符。你可以在相关实验室来测量自己识别音高的能力，网址为：http://www.brams.umontreal.ca/amusia-demo/。

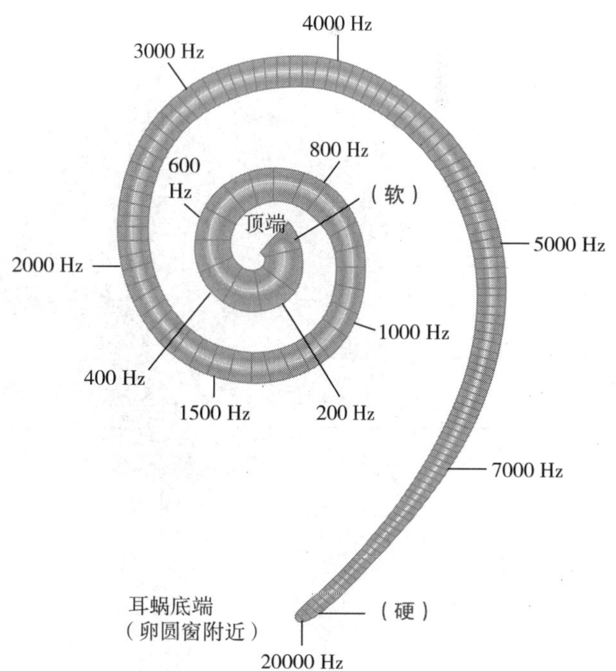

图 7.4 人类耳蜗的基底膜

高频声音兴奋底端附近的毛细胞。
低频声音兴奋顶端附近的毛细胞。

很多失音症患者的亲属同样具有这种症状，因此失音症可能有其基因基础（Peretz，Cummings，& Dube，2007）。因为音高知觉取决于听觉皮层，我们有望发现这些人的听觉皮层比一般人的听觉皮层要更薄。事实上，失音症与较一般人更厚的右半球听觉皮层和更少的白质（即轴突）相关（Hyde et la.，2007）。显然，这种情况与早期发育过程中听觉神经元的不正常转移，以及听皮层与其他皮层的连接较少有关。

绝对音高（或“完美音高”）是听到一个音符就能识别出来的能力——比如，“那是升 C”。人们在这项任务中不是具有很高的准确性，就是几乎没有任何识别能力。中间水平的人很少见。遗传倾向可能导致了这种情况的发生，但其主要的决定因素还是早期的大量音乐训练。不是每一个接受音乐训练的人都形成了绝对音高，但几乎所有具有绝对音高的人经历了大量的音乐训练（Athos et la.，2007）。绝对音高在那些说声调语言的人中更常见，如越南语和汉语普通话（Deutsch，Henthorn，Marvin，& Xu，2006）。在那些语言中，声音的含义决定于它的音高，因此人们从婴儿时期就很注意音高的细微变化。

你可以在下述网址中测量出你的绝对音高，网址为：http://perfectpitch.ucsf.edu/。

停下来检查一下

1. 我们通过哪一种机制知觉低频声音（最多至100赫兹）？
2. 我们如何知觉中等频率的声音（100到4000赫兹）？
3. 我们如何知觉高频声音（高于4000赫兹）？
4. 什么证据表明失音症取决于基因上的不同？什么证据表明绝对音高取决于特殊经历？

听觉皮层

信息从听觉系统穿过皮层下区域时，轴突在中脑的交叉使得端脑的每一个半球获得对侧耳朵的绝大多数输入（Glendenning，Baker，Hutson，& Masterton，1992）。信息最终抵达颞上皮层的**初级听觉皮层**（primary auditory cortex）（A1 区），如图 7.5 所示。

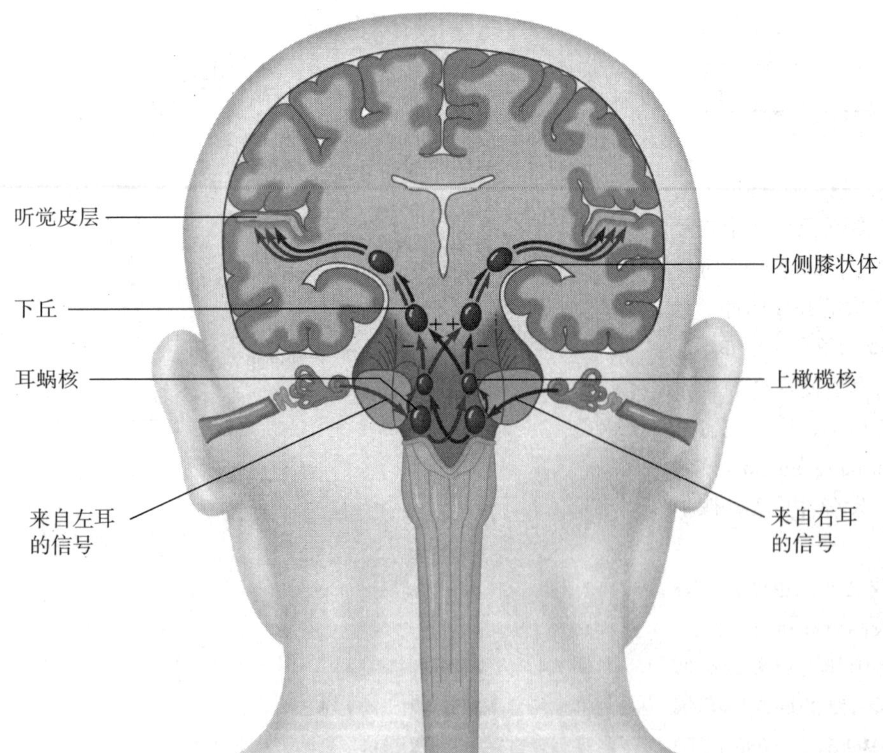

图 7.5 从耳朵的感受器到听觉皮层的听觉脉冲途径

耳蜗核只接收来自头部同侧耳朵的输入。后面的其他阶段则接受来自两耳的输入。

听觉皮层的组织与视觉皮层非常相似（Poremba et la., 2003）。比如，正如视觉系统有“什么（what）”通路和“哪里（where）”通路一样，听觉系统在颞前皮层中有对声音模式敏感的“什么”通路，在颞后皮层和顶叶皮层中有对声音位置敏感的“哪里”通路（Lomber & Malhotra，2008）。颞上皮层包括探测视觉运动和声音运动的重要的区域。诸如在中颞叶（MT）受到损伤的病人会变得运动视盲，颞上皮层部分受到损伤的病人变得运动失聪。他们可以听到声音，但是他们无法探测出声音的源头正在运动（Ducommun et la.，2004）。

就像视觉皮层会被视觉的心理表象激活一样，初级听觉皮层对听觉的心理表象也很重要。在一个研究中，人们听到一些熟悉和不熟悉的歌曲。在不同的时间点，每一首歌的一些部分被 3 到 5 秒的间隔代替。当人们听着熟悉的歌曲时，他们报告说“在他们的头脑中”听到属于这个间隔的音符或歌词。这种经历伴随着初级听觉皮层的激活。在不熟悉的歌曲的间隔中，他们没有在头脑中听到任何音符或歌词，而初级听觉皮层也没有被激活（Kraemer，Macrae，Green，& Kelley，2005）。

同样，类似于视觉系统，听觉系统的完全发育也需要经验的参与。正如在黑暗中抚养动物阻碍了视觉发育，在持续噪音中抚养动物会阻碍听觉的发育（Chang & Merzenich，2003）。对于那些生来耳聋的人，听觉皮层的轴突发育得比正常人差（Emmorey，Allen，Bruss，Schenker，& Damasio，2003）。

但是，视觉系统与听觉系统的不同在于：初级视觉皮层的损伤导致人的失明，而初级听觉皮层的损伤却不导致耳聋。除非损伤到大脑皮层下结构，初级听觉皮层受到损伤的人可以很好地听到简单的声音（Tanaka，Kamo，Yoshida，& Yamadori，1991）。他们主要的缺陷在于识别声音的组合或序列的能力上，比如音乐或者言语。显然，皮层并不是全部听力所必需的，只是对听觉的高级处理过程很重要。

当研究者一边播放纯音一边记录初级听觉皮层细胞的信号时，他们发现每一个细胞有一个偏好的音调，如图 7.6 所示。注意，从对低频音调反应的皮层区域到对更高频的音调反应的皮层区域，呈现一种梯度分布。听觉皮层对声音提供一种图谱——研究者称之为*音调拓扑图*（tonotopic map）。

对于警醒动物，每一个初级听觉皮层的细胞对它偏好的声音给出持续的反应，而对其他声音很少或者不反应（X. Wang，Lu，Snider，& Liang，2005）。大多数细胞对复杂声音的反应强度最大，比如一个主音和一些和声或其他音调（Barbour & Wang，2003；Griffiths，Uppenkamp，Johnsrude，Josephs，& Patterson，2001；Penagos，Melcher，& Oxenham，2004；Wessinger et la.，2001）。比如，对于 400 赫兹的音调，和声可以是 800 赫兹，1200 赫兹等。我们感受到伴有和声的音调比没有的更“丰富”。

在初级听觉皮层周围是附属听觉区域，此处的细胞对声音变化的反应比任何持续的声音都多（Seifritz et la.，2002）。正如视觉系统从对简单线条进行反应的细胞开始，向前发展到探测人脸与复杂刺激的细胞一样，听觉系统也是如此。在初级听觉皮层外围的细胞更多地对我们可以称之为“听觉物体”的刺激进行反应，诸如动物喊叫、机械噪声、音乐等（Zatorre，Bouffard，& Belin，2004）。这些细胞大多反应很缓慢，以至于它们可能不参与声音本身的初始知觉，而是解释声音的意义（Gutschalk，Patterson，Scherg，Uppenkamp，& Rupp，2004）。

停下来检查一下

5. 听觉皮层如何与视觉皮层类似?
6. 听觉皮层与视觉皮层的一个区别在哪?
7. 什么样的声音激活听觉皮层最强?

听觉损失

很大一部分有听力障碍的人至少会对一些响亮的噪声产生反应。我们将听力障碍分为两类：传导性失聪和神经性失聪。

疾病、感染或肿瘤性骨增长会阻止中耳将声波恰当地传输到耳蜗。这导致了**传导性失聪**（conductive deafness），或者**中耳失聪**（middle-ear deafness）。有的时候这个症状是暂时性的。如果症状延续，可以通过手术或者放大声音刺激的助听器来矫正。由于患有传导性失聪的人具有正常的耳蜗和听神经，他们可以听到自己的声音，这是由于此类声音可以通过颅骨绕过中耳直接传到耳蜗。由于他们可以清楚地听到自己说话，所以他们可能会责怪其他人说话太轻。

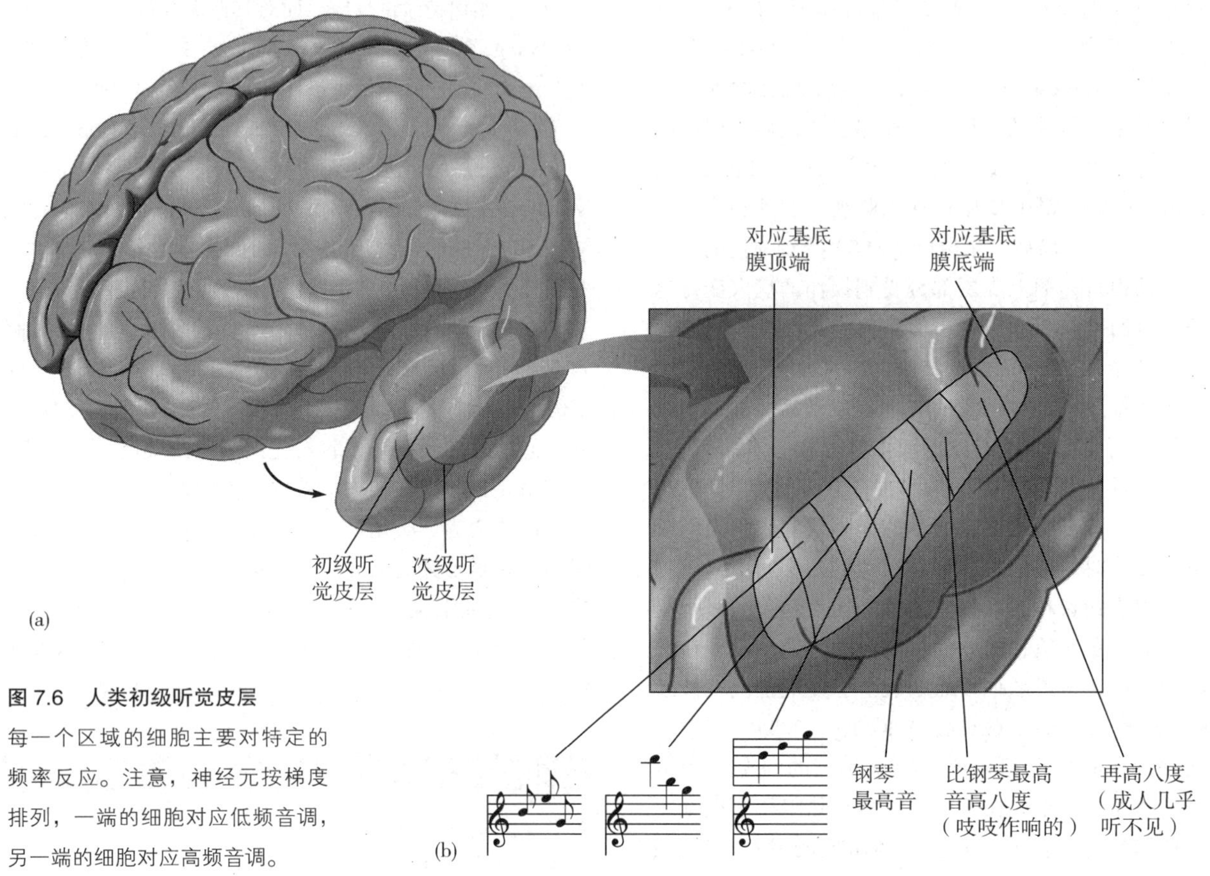

图 7.6 人类初级听觉皮层

每一个区域的细胞主要对特定的频率反应。注意，神经元按梯度排列，一端的细胞对应低频音调，另一端的细胞对应高频音调。

神经失聪（nerve deafness），或**内耳失聪**（inner-ear deafness），源于耳蜗、毛细胞或者听神经的损伤。此类失聪表现为不同的严重程度，而且可能只是局限在耳蜗的局部。在这种情况下，人只能听到一定频率的声音，但是其他频率的则听不到。助听器无法补偿大范围的神经损伤，但是可以帮助那些损失了部分耳蜗感受器的人。神经性失聪可能是遗传的（A. Wang et la.，1998），或者是由胎儿时期的各种问题或儿童早期失调引起的（Cremers & Van Rijn，1991；Robillard & Gersdorff，1986），包括：

- 母亲在怀孕期间遭遇风疹（德国麻疹）、梅毒，或其他疾病或毒素。
- 出生时大脑供氧不足。
- 甲状腺活动缺陷。
- 一些疾病，包括多发性硬化和脑膜炎。
- 儿童期对一些药品的反应，包括阿司匹林。
- 反复暴露在响亮的噪声中。

神经性失聪经常产生**耳鸣**（tinnitus）——耳朵中频繁持续的响声。在有些情况中，耳鸣是由类似于第 5 章中讨论过的幻肢现象引起的。回忆一下那个人的上臂被截肢后的例子，由于报告面部表情的轴突侵入到之前对上臂敏感的脑区中，导致面部刺激产生了幻肢的感觉。类似地，部分耳蜗的损伤就像截肢一样：如果大脑不再收到正常的输入，表征身体其他部分的轴突可能侵入到之前对声音反应、尤其是对高频声反应的脑区中。一些病人报告当他们一旦活动下颚就会听到耳鸣（Lockwood et la.，1998）。推测起来，表征面部较低位置的轴突入侵到了他们的听觉皮层。有些人报告他们带助听器后开始产生耳鸣。

停下来检查一下

8. 哪一种听力损失在摇滚乐队成员中更常见，为什么？助听器会对他们会有帮助么？

声音定位

你独自一人行走，突然，听到了一个很响亮的噪声。你想知道是谁发出这个声音（朋友还是敌人），但是同样，你想知道这个声音来自哪里（于是你可以接近或者逃离）。决定声音的方向和距离需要比较两耳的反应。即使简短地发声或者你正在转头，你都能辨别出声音的方向（Vliegen，Van Grootel，& Van Opstal，2004），而猫头鹰可以在黑夜中足够准确地定位声音来源从而捕捉到老鼠。

声音位置的一个线索是两耳间声音的不同强度。对于波长短于头宽的高频声音，头造成了*声波阴影*（图 7.7），使得声音在较近的耳朵更加响亮。在成年人中，这种机制能对频率在 2000 到 3000 赫兹以上的声音形成准确的定位，而对低频声音定位的准确性逐渐降低。另一种判断声音位置的方法是通过声音到达两耳的时间差。从你正面到来的声音同时到达你的双耳。而直接从一侧到来的声音达到较近的耳朵比另一侧的耳朵早 600 微秒。从两个位置之间传出的声音达到两耳的时差在 0 到 600 微秒之间。利用到达时间对突然发出的声音进行定位是最有用的。很多鸟的报警鸣叫在响度上是逐渐增加的，使得捕食者难以对它们进行准确定位。

第三条线索是两耳间的*相位差*。每一个声波在两个波峰之间有 360 度的相位差。图 7.8 展示了相同相位、45 度相位差、90 度相位差或 180 度相位差的声波。如果一个声音源于头的一侧，两耳接收到声波具有相位差，见图 7.9。相位差的大小取决于声音的频率、头的大小以及

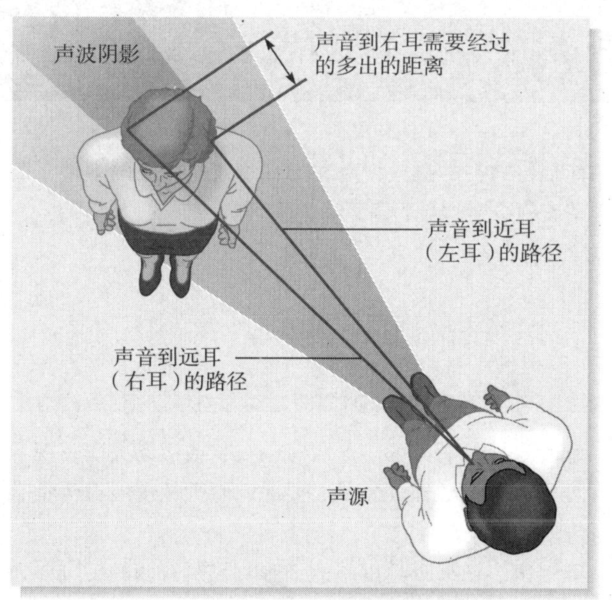

图 7.7　作为声音定位线索的响度和达到时间的差别
由于头产生的“声波阴影”，声音到达较近的耳朵更快更响。（*After Lindsay & Norman, 1972*）

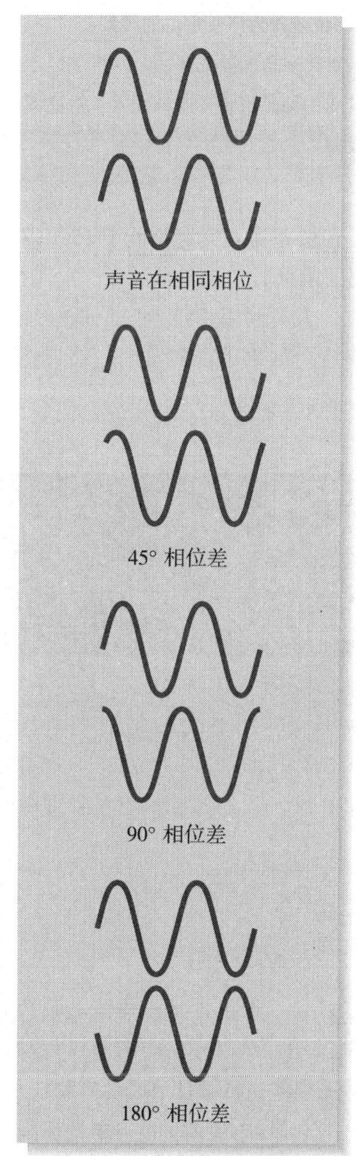

图 7.8　声波可以在相同相位或不同相位
到达两耳声波具有相同相位则被定为直接来自听者的前方（或后方）。声波的相位差越大，声源离身体的中线越远。

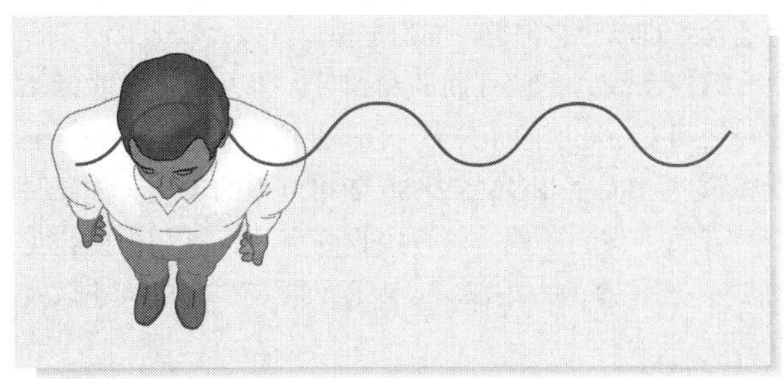

图 7.9 利用相位差作为声音定位的线索

如果声音不是直接来自面前或身后，则声波以不同相位到达两耳。相位差就成为判断声音方向的线索。对高频声音来说，相位差会变得模糊。

声音的方向。相位差为人类定位低于 1500 赫兹频率的声音提供了有用的信息。

总而言之，人类利用相位差定位低频声音，用响度差定位高频声音。如果声音的发生足够突然，我们可以通过起始时间来定位任意频率的声音。同样，我们通常利用起始时间来定位说话的声音。

如果有人一只耳朵失聪会发生什么？首先，你可能会想，所有的声音似乎都直接从那个听力完整的耳朵的一侧传来。（显然，这只耳朵比另外一只听到更响更快的声音，因为另一只根本听不到。）但是，当人们在熟悉的位置听到熟悉的声音时，他们学会了解释响度线索。他们推测响亮的声音来自完整耳朵的一侧，轻柔的声音来自另外一侧。他们的准确性比不上两耳听力都完整的人，但是在一些情况下已经足够精确了（Van Wanrooij & Van Opstal，2004）。

停下来检查一下

9. 对于头部比较小的动物来说，哪种声音定位的方法更有效？对于头部比较大的动物来说哪种更有效？为什么？

模块 7.1 结 语

听力的功能

我们一天中的很多时间都在听语言表达，但忘记了听力的原始与最初功能只是与更简单但很重要的问题有关：我听到了什么？它在哪里？它在靠近吗？它是潜在的伴侣、潜在的敌人、潜在的食物还是无关的事情？听觉系统的结构非常适合回答这些问题。

总 结

1. 声波振动鼓膜。三根小骨将这些振动转换为小卵圆窗的更有力的振动，导致耳蜗中的液体运动。耳蜗中的液体波刺激毛细胞，将信息传递给大脑。
2. 我们通过听觉系统动作电位的频率来探测低频声音的音高。在中等频率，我们探测很多感受器的并发反应。我们通过在基底膜上反应最强的区域探测高频声音。
3. 听觉皮层在很多方面与视觉皮层相似。它们都有“什么”和“哪里”系统。它们都有探测运动的特殊区域，因此大脑损伤的人可能形成运动视盲或运动失聪。视觉皮层对视觉心理表象是必要的，而听觉皮层对听觉心理表象也是必要的。
4. 虽然很多初级听觉皮层的细胞对复杂音调的反应要强于对单一频率反应，但每一个细胞对特定频率音调的反应都要强于其他频率。
5. 初级听觉皮层周围的区域负责分析声音的意义。
6. 听力失聪可能来源于神经细胞或者传递声音到神经细

胞的骨头的损伤。

7. 我们根据两耳间响度的不同定位高频声音。基于相位不同，我们定位低频声音。如果声音突然出现，我们通过在两耳的起始时间来定位它。

关键术语

振 幅 200
响 度 200
频 率 200
音 高 200
耳 廓 201
鼓 膜 201
卵圆窗 202
耳 蜗 202
毛细胞 202
地点理论 202
频率理论 202
并发原则 203
初级听觉皮层（A1 区） 204
传导性失聪（中耳失聪） 205
神经性失聪（内耳失聪） 206
耳 鸣 206

思考题

1. 为什么人类听觉系统进化为对 20 到 20000 赫兹范围内的声音敏感，而不是其他频率范围？
2. 文中解释了我们如何区分低频声音的响度。我们如何区分高频声音的响度呢？

停下来检查一下答案

1. 在低频段，基底膜与声波同步振动，听神经上的每一个反应轴突都对一个声波发送一个动作电位。
2. 在中间频率，每一个声波不是由单一轴突产生动作电位，但是不同的轴突对不同的波放电，所以是一群轴突对一个声波的并发放电。
3. 在高频时，声音引起基底膜某个位置的毛细胞振动最大。
4. 很多失音症患者的亲属也有同样的症状。绝对音高几乎全都出现在那些有早期音乐训练的人之中，而且在那些讲声调语言的人群中更加常见，这些语言要求对音高有更多的注意。
5. 下列任何一种:（a）视觉和听觉都有“什么”和“哪里”通路。（b）颞上皮层区域分析运动的视觉与听觉刺激。那里的损伤会导致运动视盲或者运动失聪。（c）视觉皮层对视觉心理表象很重要，初级听觉皮层对听觉心理表象很重要。（d）视觉皮层和听觉皮层都需要早期生命中的正常经验来发育正常敏感度。
6. 初级视觉皮层的损伤使人失明，但初级听觉皮层的损伤只是妨碍复杂声音的知觉，而不致人耳聋。
7. 初级听觉皮层上的每一个细胞都有偏好的频率。很多或者绝大部分细胞对包含和声的复杂声音反应最多。初级听觉皮层外周，绝大部分对具有某些含义的“听觉物体”反应。
8. 神经性失聪在摇滚乐队成员中更普遍，因为他们频繁地暴露在响亮的噪声中，这导致了耳朵中的细胞损伤。一般来说，助听器对这种神经性失聪没有帮助。
9. 头部比较小的动物定位声音主要通过响度差异，因为它们的两耳距离不足以使声音对两耳产生比较大的时间差。头部比较大的动物主要通过两耳的发生时间差定位声音，因为它们的两耳相距很远，很适合觉察相位和发生时间的不同。

模块 7.2

机械感觉

当你下次打开收音机，将手放在它的表面。你的手可以感觉到你所听到的声音的振动。那么，如果经过足够的练习，你是否能学会用手去“听”这些振动呢？答案是否定的，那依旧还是一些振动。但是如果一个无耳的物种利用足够长时间，它的振动探测器是否可以进化为声音探测器呢？答案是肯定的！事实上，我们的耳朵就是以这种方式进化来的。大多数进化都是为了一个目的发展出某种器官，然后为了另外的目的再对它进行改良。

*机械感觉*对按压、弯曲或感受器承受的其他变形产生响应。机械感觉一般包括触觉、痛觉、其他躯体感觉以及用于探测头部位置和运动的前庭觉。听觉也是一种机械感觉，因为毛细胞实质上就是一种改造过的触觉感受器。不过，出于听觉的复杂性和重要性，我们对其单独讨论。

前庭觉

试着在你前后或上下晃动头部的时候进行阅读。你会发现你可以轻松地完成这项任务。然后，保持头部不动，上下或前后晃动你的阅读材料。你会突然发现阅读几乎不能够进行。为什么呢？

当你移动头部，靠近耳蜗的前庭器官会监测这些运动，并引导眼睛进行补偿性运动。当你的头部向左移动，你的眼睛就会向右移动；而当你的头部向右移动，你的眼睛则会向左移动。这样，几乎毫不费力，你就可以注视在你想看的东西上（Brandt，1991）。但是当阅读材料移动时，前庭器官就无法让你的眼睛注视在目标上了。

前庭觉可以帮助我们监测头部运动的方向及其加速度。除了在乘坐过山车这一类特殊情况下，我们是很少能意识到前庭觉的。然而，前庭觉在引导我们眼睛运动以及保持平衡上都发挥着重要的作用。当然，在太空轨道上的宇航员会强烈地意识到前庭觉的缺失。

如图 7.10 所示，前庭器官由*球囊*、*椭圆囊*和三个*半规管*组成。与听觉感受器一样，前庭觉感受器也是一种改造过的触觉感受器。毛细胞旁边有一些叫做*耳石*的碳酸钙颗粒。当头部向不同方向倾斜时，*耳石*推动并刺激不同的毛细胞集合并激活它们（Hess，2001）。

这三个**半规管**（semicircular canals）朝向三个相互垂直的平面，它们的内部填充着胶状物质并和毛细胞相连。头部任何朝向的加速都会使一个半规管中的胶状物质压迫毛细胞。由前庭细胞产生的动作电位通过第八对脑神经的一部分传入脑干和小脑（第八对脑神经既包含听觉成分，也包含前庭觉成分）。

对于不同物种而言，前庭器官的理想尺寸基本是恒定的，与动物的大小无关。例如，鲸鱼的体重是老鼠的一千万倍，但其前庭器官的大小仅是老鼠的五倍（Squires，2004）。

停下来检查一下

10. 为什么前庭系统受到损伤的人会觉得边走路边看路标很困难呢？

躯体感觉

躯体感觉系统（somatosensory system）主要是对躯体及其运动进行感觉。躯体感觉包括很多种，如辨别性触觉（可以分辨物体的形状）、压力、冷、热、疼痛、发痒以及关节的位置与运动等。

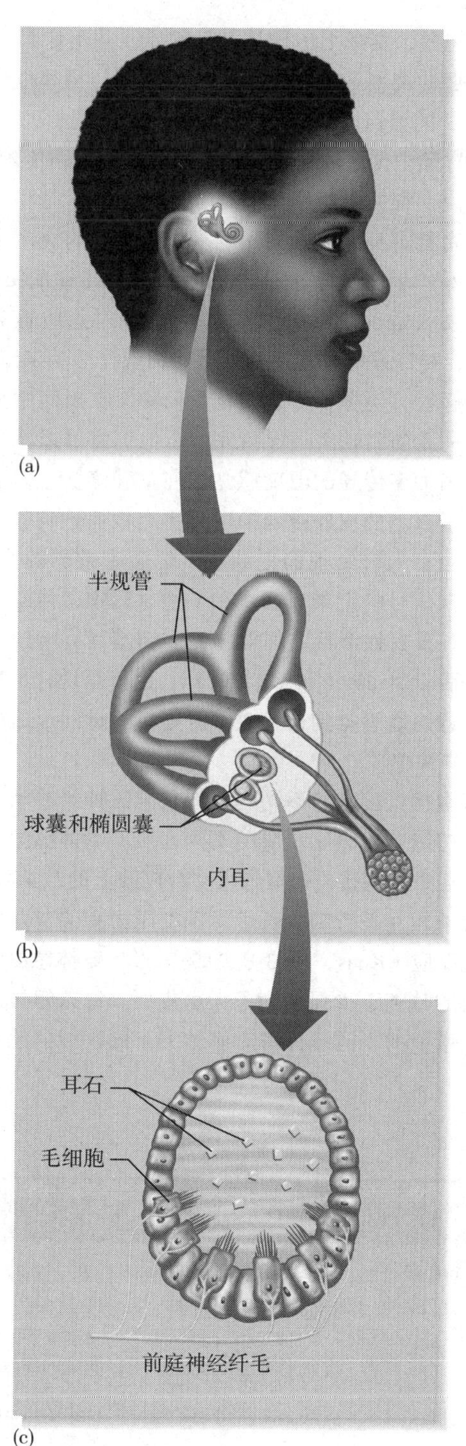

图 7.10 前庭系统的结构

（a）前庭器官的位置。（b）前庭器官的结构。（c）椭圆囊的一个横截面。根据头部运动的方向和加速度，碳酸钙颗粒（耳石）压迫不同的毛细胞。

躯体感觉的感受器

如图 7.11 所示，皮肤上有很多种躯体感觉的感受器。表 7.1 列出了这些感受器以及其他感受器的可能功能（Iggo & Andres，1982；Pare，Smith，& Rice，2002）。其他一些感受器（未列在表中）对深度刺激、关节运动或者肌肉运动产生反应。然而实际上，大多数感受器会对多种刺激产生反应，例如接触和温度。

一个触觉感受器可能是一个简单的裸露神经末梢（例如，很多痛觉感受器）、一个复杂的神经末梢（例如，鲁菲尼小体和迈斯纳小体），或者是一个其他可以改变其功能的细胞包围的裸露神经末梢（例如，帕齐尼小体）。对触觉感受器的刺激可以打开轴突上的钠通道，从而产生了一个动作电位（Price et al.，2000）。

下面具体介绍一下**帕齐尼小体**（Pacinian corpuscle），它可以探测皮肤上的突然位移和高频振动（如图 7.12）。在其表层结构的内部是神经元细胞膜。帕齐尼小体貌似洋葱的表层结构，可以抵抗缓慢变化的或者稳定的压力。所以，帕齐尼小体对大部分触觉刺激起到了阻隔作用。然而，突然发生或者振动的刺激就可以使帕齐尼小体的细胞膜弯曲，引起钠离子流入，并导致细胞膜产生去极化（Loewenstein，1960）。

一些化学物质可以刺激冷热觉的感受器。例如，热觉感受器对辣椒辣素起反应，这种辣椒素是墨西哥胡椒等辣椒品种产生辣味道的主要来源。而冷觉感受器则对薄荷醇起反应，但对薄荷本身的反应则不那么强烈（Mckemy，Neuhausser，&Julius，2002）。因此，广告上说"像薄荷醇一样清凉"的确是对的。冷觉感受器缺损的老鼠即使体温很低也不会去寻找更加温暖的地方（Bautista et al.，2007）。

应用和扩展

挠 痒

挠痒的感觉是一种很有趣的现象，但是我们对它的了解并不多。为什么挠痒的感觉会存在呢？为什么当别人挠你的腋窝、脖子或者脚心时，你会发笑呢？黑猩猩也有类似的感觉，它们会像笑一样剧烈地喘气。然而，挠痒与幽默并不一样。大多数人并不喜欢长时间被别人、尤其是陌生人挠痒。另外，如果一个笑话让你发笑，那么当你听到下一个笑话时也很有可能会发笑。但是被挠痒并不会使你在听到下一个笑话时更可能发笑（C. R. Harris，1999）。

那为什么当你给自己挠痒时却不会发笑呢？这与你无法让自己惊喜出于同样的原因。当你触摸自己的时候，你的大脑会对感受到的真实刺激与预期刺激进行比较，并产生一个比别人触摸你时更微弱的触觉信号（Blakemore，Wolpert，& Frith，1998）。实际上，有些人是可以对自己产生挠痒的感觉的，但需要用右手挠左侧的身体或者用左手挠右侧的身体。你可以试一下。另外，当你刚刚睡醒且大脑还没有还完全清醒时，你也可以对自己挠痒。记着下次睡醒的时候自己试一下。

中枢神经系统的输入

头部触觉感受器发出的信息可以通过脑神经传入中枢神经系统（CNS），而低于头部的感受器发出的信息则需要先进入脊髓，并通过 31 对脊神经传入大脑（如图 7.13 所示），这其中包括 8 对颈神经、12 对胸神经、5 对腰神经、5 对骶神经和 1 对尾神经。每对脊神经都包括感觉成分和运动成分。

每对脊神经和躯体的特定区域相联系，这部分区域被称为**生皮节**（dermatome）（如图 7.14）。例如，第三对胸神经就可以支配乳头上方到腋下这么一块狭长区域的皮肤。但是，实际上生皮节之间的界线并不像图 7.14 中显示的那样清晰。每一个生皮节可能都与相邻生皮节有 1/3 到 1/2 的重合。

在脊髓中传递的感觉信号按照明确的通路传入大脑。举例来说，脊髓中的触觉通路和痛觉通路就是相互分离的；就痛觉本身而言，剧烈的痛觉、缓慢灼烧产生的痛觉、寒冷产生的痛觉也是由不同的轴突传递的（Craig，Krout，& Andrew，2001）。也就是说，对这些感觉之间的区别，神经系统是通过判断哪些细胞在活动来编码的。有一个病人，他鼻子下方的有髓鞘轴突在疾病中受到损伤，但是无髓鞘轴突还保持完好。他仍然可以感觉到基于无髓鞘轴突传导的温度感觉、痛觉和痒觉；但是，当他在鼻子以下的皮肤被触摸时不再有任何感觉。更有趣的是，当有人轻触他的皮肤时，他会有微弱的愉快感。对他大脑信号的记录表明，在上述过程中，他的初级感觉皮层并没有被激活，但对味觉和情绪具有响应的脑岛却被激活（Olausson et al.，2002）。也就是说，虽然他并没有有意识地感觉到被触碰，但是却感觉到了这种触碰带来的愉快感。

躯体感觉丘脑的不同区域将它们的神经冲动传递到顶叶上初级躯体感觉皮层的不同区域。躯体感觉皮层上两条相互平行的狭长带对绝大多数皮肤上的触觉起反应，还有两条相互平行的狭长带对深度压力和关节及肌肉的运动起反应（Kaas，1983）。总的来说，躯体感觉不同方面之间的分离至少保持到了大脑皮层。每条躯体感觉皮层狭长带上的不同亚区都对躯体上不同区域的感觉产生

表 7.1　躯体感觉感受器以及它们可能的功能

感受器	位　置	响应何种感觉
自由神经末梢（无髓鞘或者髓鞘稀疏的轴突）	毛发根基处和皮肤里的其他地方	痛觉、温觉、冷觉
毛囊感受器	毛发覆盖的皮肤	毛发运动。
迈斯纳小体	无毛发皮肤	皮肤上突然出现的触压；低频的振动。
帕齐尼小体	毛发覆盖的皮肤和无毛发皮肤	皮肤上突然出现的触压；高频的振动
梅克尔触盘	毛发覆盖的皮肤和无毛发皮肤	皮肤上的切线应力
鲁菲尼小体	毛发覆盖的皮肤和无毛发皮肤	皮肤的伸张
克劳泽终球	大部分或全部在无毛发皮肤，可能包括生殖器	不确定

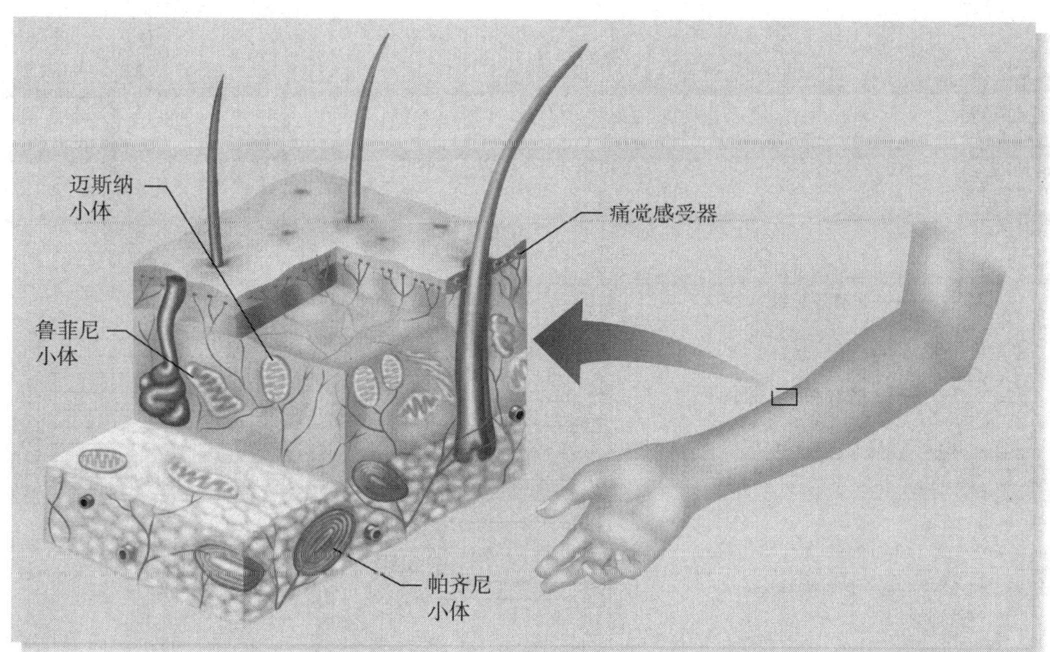

图 7.11 在皮肤这个人体最大的器官中的一些感受器

不同的感受器对不同的刺激作出反应，如表 7.1 所示。（见彩插）

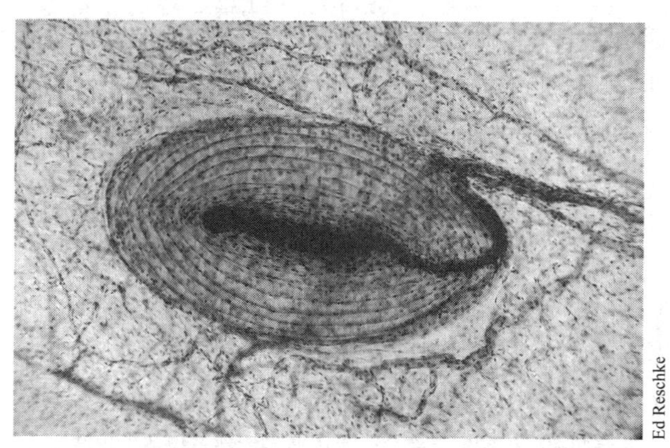

图 7.12 帕齐尼小体

帕齐尼小体对皮肤上突然的位移和高频的振动反应最佳，但它们对稳体的压力仅有短暂的反应。洋葱似的外部结构可以为内部的神经元提供机械支持，所以突然出现的刺激能使这些神经元弯曲，而持续存在的刺激却不能。

反应。也就是说，躯体感觉皮层控制的区域就像躯体的一幅地图一样，如图 4.22。

就像有意识的视听觉取决于初级视觉皮层和初级听觉皮层一样，初级躯体感觉皮层是产生有意识触觉体验所必需的。当在手指上实施一个微弱短暂的刺激时，只有这种刺激能够达到激活初级躯体感觉皮层的最小强度时，你才会够感觉到这个刺激（Palva，Linkerkaer-Hansen，Näätäen，& Palva，2005）。当有人快速触碰你手上两个相近的点时，你可能产生一种错觉，认为只在这两个点中间位置受到了一次刺激。当这种现象发生时，与那个中间点相对应的初级躯体感觉皮层受到了激活（Chen，Friedman，& Roe，2003）。换句话说，躯体感觉皮层的激活与你感受到的体验相关，而不与感受器受到的真实刺激相关。

对上述原则的另一个演示是一种被称作皮肤兔错觉的现象。如果有人在你腕部快速轻拍六下，然后再在你肘部快速轻拍三下，你就会产生一种错觉，就好像有一只兔子从你的腕部跳到了你的肘部，并在两者之间的某个位置停顿了一下。初级躯体感觉皮层也是如同你在中间那个位置受到轻拍一样做出反应（Blankenburg，Ruff，Deichmann，Rees，& Driver，2006）。不幸的是，你很难自己完成上述实验，如果想实现出现上述错觉，你必须在 0.4 秒之内完成所有九次轻拍（六次在腕部，三次在肘部附近）。

躯体感觉皮层的损伤可能会损害躯体知觉。有位患有阿尔茨海默氏病的病人，她的躯体感觉皮层以及一些其他的脑区受到了损伤，因而她不能自己穿衣服，也不

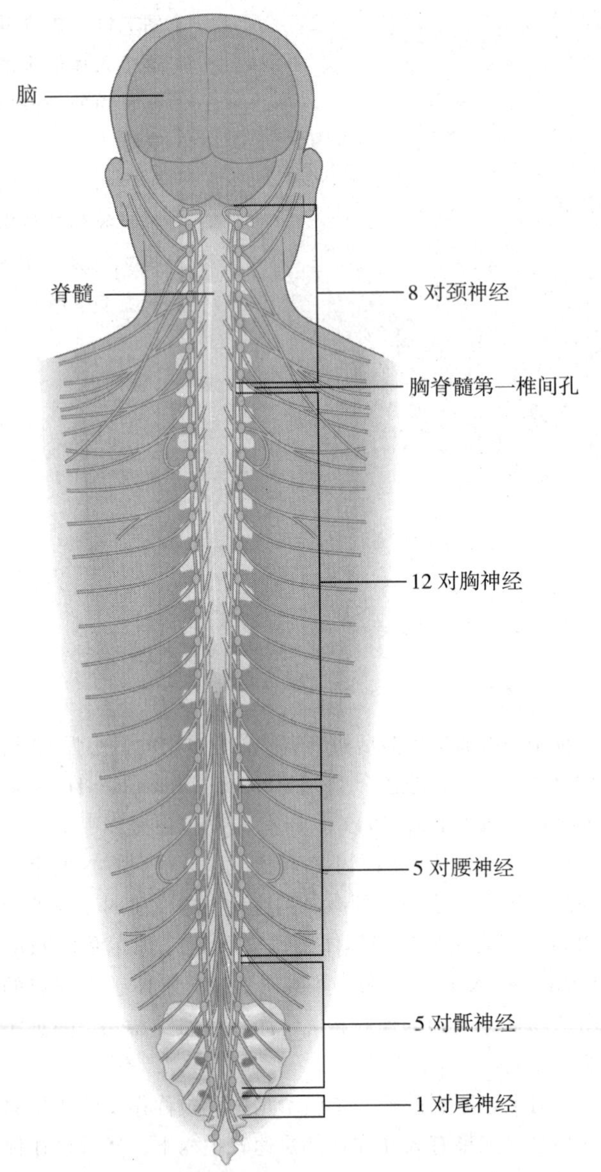

图 7.13 人体的中枢神经系统

全部脊髓内的脊神经都是由对应标号的脊椎间开合处延伸出去的。(*Starr & Taggart, 1989*)

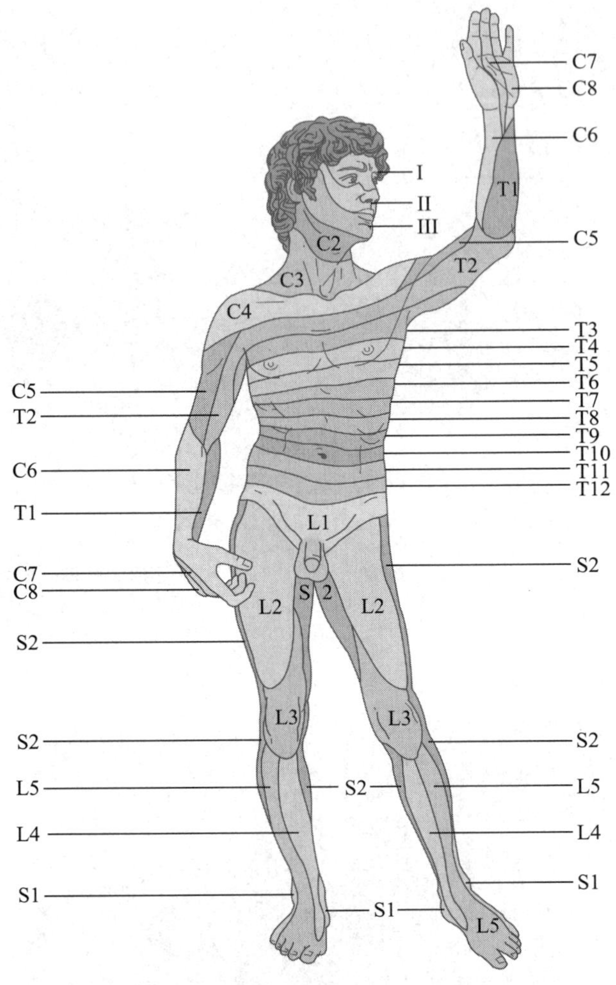

图 7.14 由 31 对脊神经支配的生皮节

图中面部的 Ⅰ、Ⅱ、Ⅲ 三个区域并不被脊神经支配，而是被第五对脑神经的三条分支支配。另外，虽然图中不同生皮节之间界线明显，但实际上每一个生皮节可能都与相邻生皮节有 1/3 到 1/2 的重合。

能对“请指一下你的肘部”这样的要求做出正确的反应，尽管她可以正确地指出房间里摆设的物品的位置。当要求她指出自己的肘部时，她最常出现的反应是感受一下自己的腕部或胳膊，并回答说肘部可能就在附近的某个位置（Sirigu，Grafman，Bressler，& Sunderland，1991）。

停下来检查一下

11. 躯体感觉如何包括多种不同的感觉，而不是一种感觉？
12. 有什么证据表明躯体感觉皮层是产生有意识触觉的必要条件？

痛　觉

痛觉是可造成伤害的刺激引起的体验，将我们的注意指向危险的情况，并维持这种注意。控制注意的前额叶一般只对新异刺激做出简短的反应，但是在痛觉中，只要痛觉存在，前额叶就会持续激活（Downar，Mikulis，& Davis，2003）。

你是否曾迷惑于为什么吗啡可以减少外科手术之后的疼痛，却不可以减少手术之中的疼痛？或者为什么一些人比其他人对更能忍受疼痛？又或者为什么轻微的触碰晒伤的皮肤会引起强烈的疼痛？关于痛觉的研究就试图回答类似的问题。

痛觉刺激和痛觉通路

痛觉开始于特异性程度最低的感受器，也就是一个裸露的神经末梢（见图 7.11）。一些痛觉感受器也对酸和热起反应。墨西哥胡椒等辣椒品种中发现的化学物质——**辣椒辣素**（capsaicin），也能刺激这些感受器。辣椒辣素能在你身体的很多部位产生灼烧或叮咬的感觉，这种感觉就像你接触了辣椒内部的物质后，又揉眼睛时的感觉一样。

传递痛觉信号的轴突一般髓鞘很少，或者没有髓鞘；因此痛觉冲动在轴突上传递得相对较慢，速度大概仅有 2~20 米 / 秒。其中，较粗的轴突用来传递锐痛；而较细的轴突则用来传递钝痛，如外科手术后的疼痛。尽管与其他感觉信号相比，痛觉信号传递到大脑的速度较慢，但是大脑对痛觉信号的加工却是很快的。对痛觉的运动反应就比对触觉的运动反应更快（Ploner，Gross，Timmerman，& Schnitzler，2006）。

痛觉轴突在脊髓中分泌两种神经递质。轻微的疼痛会释放谷氨酸，而更加强烈的痛觉会释放谷氨酸和 **P 物质**（substance P）（Cao et al.，1998）。缺乏 P 物质感受器的老鼠会对轻微疼痛做出正常反应，但是当受到严重创伤时，它们的反应还是像受到轻微疼痛时一样（DeFelipe et al.，1998）。也就是说，缺乏了 P 物质，这些老鼠就不能探测到疼痛强度在增加了。

脊髓中的痛觉敏感细胞会将痛觉信号传送到大脑的不同部位。其中一条通路延伸到丘脑的腹后外侧核并随后将信号传递到躯体感觉皮层，后者对痛觉刺激和痛觉记忆（Albanese，Duerden，Rainville，& Duncan，2007）以及即将发生的疼痛的信号（Babiloni et al.，2005）进行

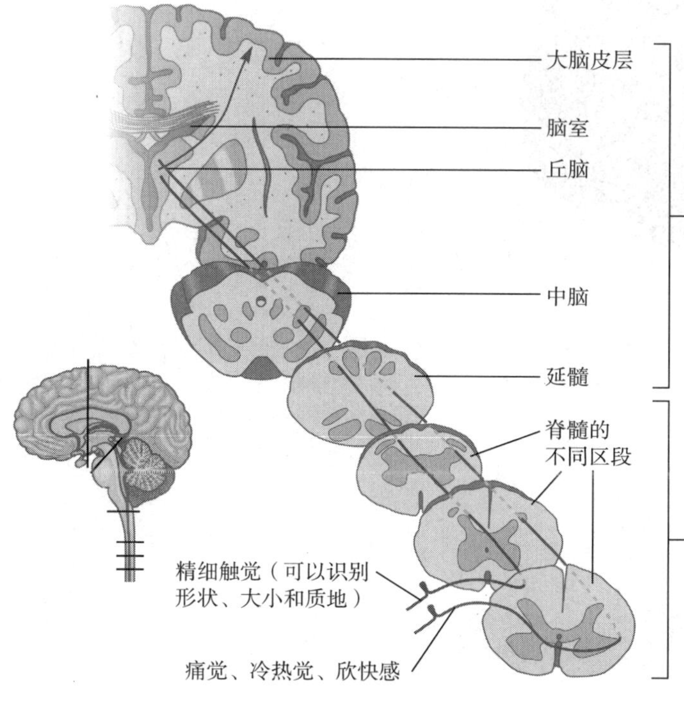

图 7.15　痛觉和触觉的脊髓通路

触觉和痛觉信号都投射到大脑对侧半球的皮层，但是痛觉信号传递到脊髓后立即交叉，而触觉信号一直在同侧传递，直到延髓才进行交叉。右侧躯体的痛觉和触觉信号的传递通路（在图中未显示）与此图成镜像关系。左下角的图片表示了切片所在的位置。

响应。痛觉和触觉的脊髓通路是平行的，但却有一个很重要的区别，就像在图 7.15 所示的那样：痛觉通路从一侧感受器接受刺激，便马上交叉到脊髓对侧上行纤维束上传递信息。而触觉通路则是在同侧脊髓中上传，直到延髓处才交叉到对侧。最终，痛觉信号和触觉信号到达大脑皮层相邻的位置。然而，仔细思考一下，如果某人身体某侧的脊髓被切断，那么他的痛觉和触觉会出现什么现象呢？然后你就可以回答下面的问题了。

停下来检查一下

13. 假设某人身体右侧的脊髓被切断。那么这个人会丧失身体左侧还是右侧的痛觉呢？他又会丧失身体左侧还是右侧的触觉呢？

此外，痛觉刺激还会激活了另外一条通路。在这条通路中，痛觉信号通过延髓的网状结构传入丘脑，包括中央核、杏仁核、海马区、前额叶皮层和扣带回皮层(如图 7.16 所示)。上述区域并不对感觉本身起反应，而是对与感觉相联系的情绪信息起反应（Hunt & Mantyh，2001）。当你看到一个你所关心的人感到疼痛时，你自己可能也会感觉到“同情式的疼痛”，这就是由于你的扣带回皮层被激活造成的（Singer et al.，2004）。催眠暗示可以减少扣带回皮层的激活程度，但是对躯体感觉皮层却影响不大（Rainville，Duncan，Price，Carrier，& Bushnell，1997）。也就是说，接受了催眠暗示的个体仍然可以感觉到疼痛，但是基本不会有相应的情绪反应。

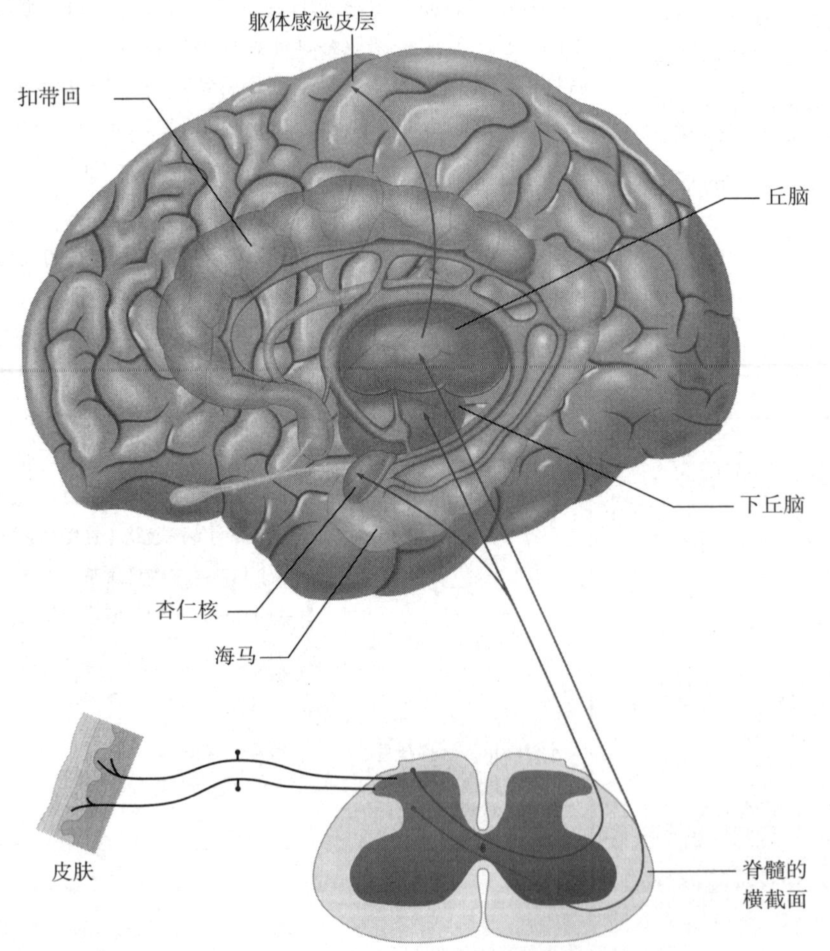

图 7.16 痛觉在大脑内的表征

一条通路通过丘脑将痛觉的感觉方面信号传递到躯体感觉皮层；另外一条通路产生情绪方面的信号，传入下丘脑、杏仁核等结构。（*Hunt & Mantyh, 2001*）

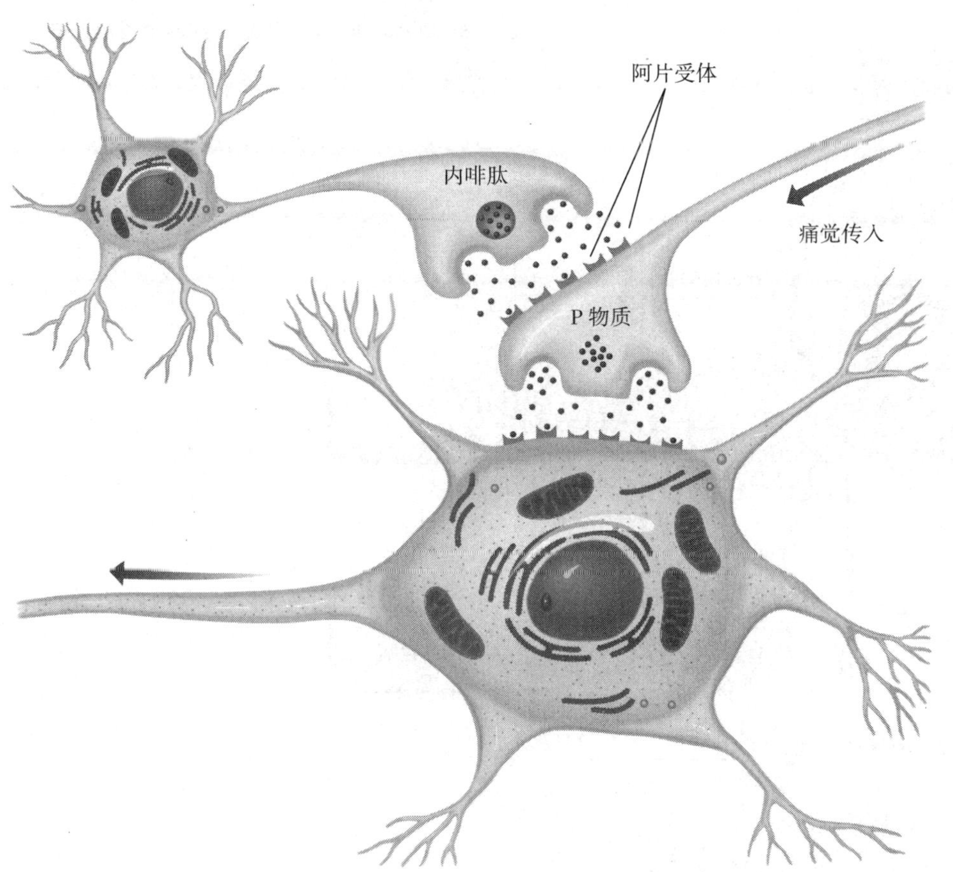

图 7.17 痛觉产生和抑制相关的突触
痛觉传入神经元释放 P 物质作为其神经递质。另外一个神经元在突触前释放内啡肽。内啡肽可以通过抑制 P 物质的释放而缓和疼痛。

停下来检查一下

14. 为什么吃墨西哥胡椒会产生一种“热”的感觉?
15. 如果脊髓内的谷氨酸感受器被阻断，痛觉会出现什么变化? 如果是P物质的感受器被阻断呢?

缓解疼痛的途径

对痛觉不敏感是很危险的。带有一种抑制痛觉轴突的基因的人通常会多次重复受伤，而且他们无法学会规避危险。巴基斯坦就有一个有这样基因的小孩在街头卖艺，他经常会“表演”把一把刀子插进自己的臂膀或者在燃烧的煤炭上走。但后来，他在 14 岁时坠楼身亡了（Cox et al.，2006）。

阿片和内啡肽 当痛觉提醒你注意危险后，持续的疼痛就不再是必需的了。大脑通过对阿片或其他类似药物响应的**阿片机制**（opioid mechanisms）来阻断持续的疼痛。Candace Pert 和 Solomon Snyder（1973）发现阿片结合的受体大多在脊髓和**中脑导水管周围灰质区域**（periaqueductal gray area）的受体相结合。之后的研究者发现阿片受体通过阻断 P 物质的释放发挥作用（Kondo et al., 2005; Reichling, Kwiat, & Basbaum, 1988）（如图 7.17 和 7.18 所示）。

阿片受体的发现是令人兴奋的，因为它是阿片作用于神经系统而非受伤组织的第一个证据。此外，它还说明神经系统本身也一定存在类似阿片的化学物质。这种与吗啡具有相同受体的递质就是**内啡肽**（endorphins），即内生吗啡的简称。大多数内啡肽（例如 β- 内啡肽）均具有镇痛作用，不过也有一个例外，强啡呔 A（dynorphin A）就具有加剧疼痛的作用（Lai et al.，2006）。

不可避免的疼痛可以更有效地刺激内啡肽的分泌并抑制进一步疼痛上（Sutton et al.，1997）。可能的原因是，从进化功能上来看，当疼痛不可避免时，持续的疼痛没

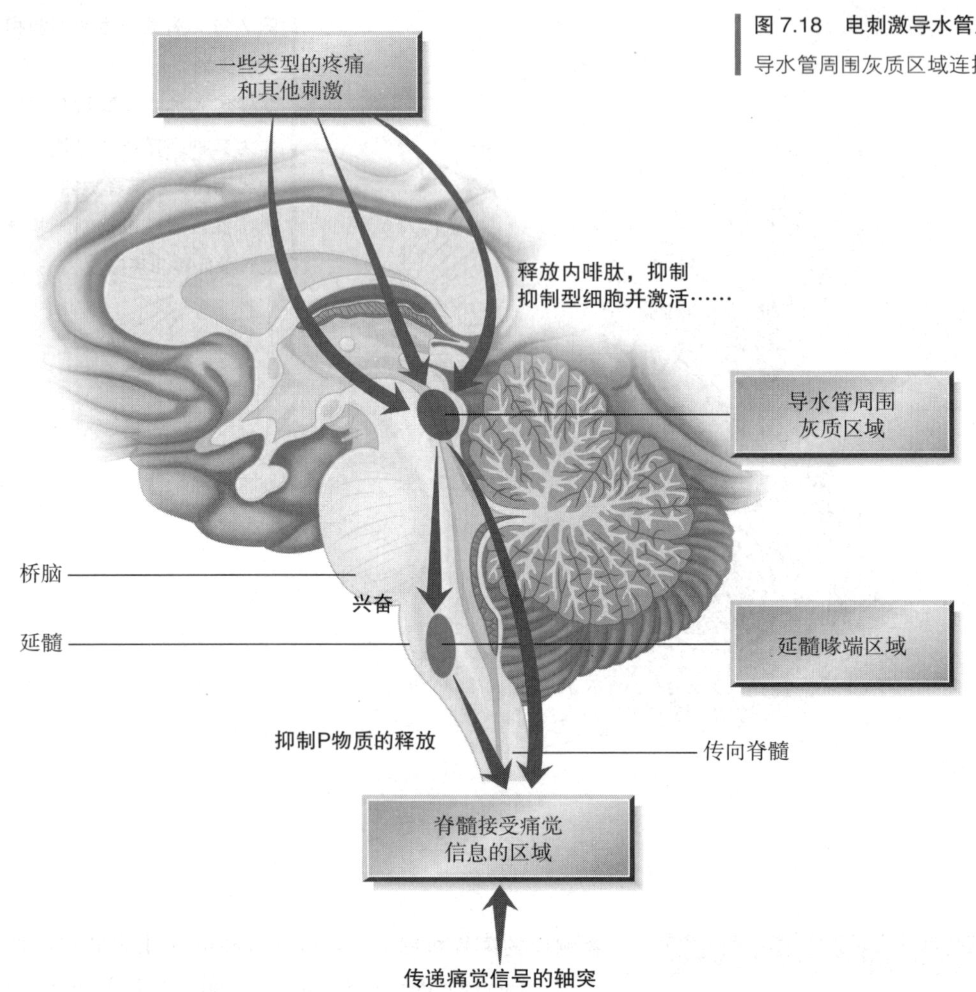

图 7.18 电刺激导水管周围灰质区域可以减轻疼痛
导水管周围灰质区域连接第三和第四脑室。

有任何益处。内啡肽也在性交和听到令人毛骨悚然的音乐时释放(A. Goldstein, 1980)。这些体验可以减轻疼痛感。另外，当你被悲伤的记忆所笼罩时，你体内的内啡肽分泌也会减少（ Zubieta et al.， 2003 ）。

很多痛觉敏感性的变化和内啡肽有关。例如，女性荷尔蒙雌二醇可以促进阿片类物质的活动。与荷尔蒙水平较低或快速变化时相比，女性体内较高的荷尔蒙水平会使她们对痛觉更加不敏感（ Y. R. Smith et al.， 2006 ）。

内啡肽的发现为 Ronald Melzack 和 P. D. Wall（ 1965 ）提出的门控理论提供了生理学证据。门控理论试图解释为什么有些人的痛觉耐受性比其他人好，以及为什么同样程度的受伤会在某些时候产生更强烈的疼痛等问题。根据**门控理论**（ gate theory ），接受痛觉信号的脊髓神经细胞同时也接受来自于触觉感受器和大脑下行轴突中的信号。这些其他的输入可能会阻断痛觉信息的“门控”，而现在我们也发现这一点至少是部分通过内啡肽的释放来实现的。尽管 Melzack 和 Wall 的门控理论的一些细节被证明是错误的，但它的基本原则仍然是有效的：非痛觉刺激可以改变痛觉敏感性。你肯定也注意到了这一原则。当你受伤时，你可以通过揉搓周围区域的皮肤或者专心想其他事情来减缓疼痛。

吗啡并不能减缓手术刀所带来的锐痛。所以，手术时需要全身麻醉。与此相反，吗啡可以减缓手术后出现的慢痛和钝痛。不受吗啡影响的半径更大的轴突负责传递锐痛。较细的轴突传递术后的钝痛，吗啡可以抑制它（ Taddese，Nah，& McCleskey，1995 ）。

安慰剂 安慰剂也可以使人减缓疼痛。**安慰剂**（ placebo ）

是一种没有药理学作用的药物或过程。在很多实验中，通常会给予实验组具有潜在疗效的治疗，而给予控制组安慰剂。在大多数医学实验中，安慰剂的治疗效果很小，但是它却经常可以减缓疼痛（Hróbjartsson & Gøtzsche，2001）。研究还发现，接受安慰剂的人不仅口头表述疼痛的减缓，而且头部扫描也显示了大脑对疼痛刺激的反应也降低了。然而，安慰剂的主要作用还是体现在情绪而非感觉上。也就是说，安慰剂降低了大脑扣带回的活动而并未影响躯体感觉皮层的活动（Petrovic，Kalso，Petersson，& Ingvar，2002；Wager et al.，2004）。

那么安慰剂是否仅仅通过放松来减缓疼痛的呢？答案是否定的。在一项研究中，研究者先向被试的双脚和双手中注射辣椒辣素（可以产生烧灼感），然后仅在其中一只手或一只脚上涂抹安慰剂，并告诉被试涂抹的是有效的镇痛药物。被试报告在涂抹安慰剂的部位疼痛感降低，但其他三个部位的疼痛感没有变化（Benedetti，Arduino，& Amanzio，1999）。如果安慰剂仅仅是通过增加放松的程度来减缓疼痛，那么被试应该感觉双手双脚的疼痛都有所缓解。研究也表明，安慰剂对疼痛的缓解部分是因为其可以促进阿片类物质的释放（Wager，Scott，& Zubieta，2007）。但是，安慰剂促进阿片类物质释放的机制还不得而知。

与此相反，反安慰剂可以通过增加焦虑来加剧疼痛。抗焦虑药物可以减弱反安慰剂效应（Benedetti，Amanzio，Vighetti，& Asteggiano，2006）。

大麻类物质和辣椒辣素　大麻类物质——与大麻相似的化学物质——也可以减缓特定种类的疼痛。与阿片类物质作用于中枢神经系统不同，大麻类物质通常作用于外周神经系统。研究表明，在保持中枢神经系统中大麻类物质受体完整的同时，阻断外周神经系统中大麻类物质的受体，那么大麻类物质就会失去绝大部分减缓疼痛的功能（Agarwal et al.，2007）。

另外一种减缓疼痛的方法是使用辣椒辣素。正像前面提到的那样，辣椒辣素可以通过释放 P 物质来产生灼痛感。不过，由于 P 物质释放的速度比神经元细胞重新合成的速度快，使细胞传递痛觉信号的能力降低。另外，大剂量的辣椒辣素还能损害痛觉感受器。当你把辣椒辣素涂抹在酸痛的肩部或关节处，或者其他疼痛的部位，在短暂的灼痛感之后，它就会起到长时间的镇痛作用。然而，不要试图通过吃辣椒来减缓疼痛。食物中的辣椒辣素并不会通过消化系统进入血液。所以吃辣椒并不会减缓疼痛——除非你的疼痛来自舌部（Karrer & Bartoshuk，1991）。

对神经系统的电刺激　如果某人持续感到疼痛而其他治疗方法都没有效果时，对脊髓或丘脑中的痛觉通路及其周边实施电刺激可能是最后的办法了。据推测，这种方法可以扰乱痛觉突触的持续刺激。不过这种方法的镇痛机制目前还不清楚。这种方法提出于上世纪 70 年代，但最初受到了很大的抵制，部分原因是当时人们担心神经外科医生会利用这种方法去像控制木偶一样地控制病人。这样的恐惧在现在看来是不现实的。然而，尽管对脊髓或丘脑的直接电刺激可以帮助一些受慢性疼痛困扰却又没有其他治疗方法的病人，但大部分病人并不能从中长期受益（Hamani et al.，2006；Olsson，Meyerson，& Linderoth，2008）。总之，对于这种镇痛的方法还需要进一步的研究。

停下来检查一下

16. 为什么阿片类物质可以减缓钝痛却不可以减缓锐痛？
17. 阿片类物质和大麻类物质在减缓疼痛上有什么不同？

痛觉敏化

除了有减缓疼痛的机制外，躯体还有加剧疼痛的机制。比如说，即使轻微触碰一下晒伤的皮肤，我们也会感觉到强烈的疼痛。晒伤的皮肤等受损或发炎的组织会释放组织胺、神经生长因子和其他一些化学物质，这些化学物质不但可以修复组织损伤，还会放大受伤皮肤周围区域的热觉和痛觉感受器的敏感程度（Chuang et al.，2001；Devor，1996；Tominaga et al.，1998）。非类固醇抗炎药物（Nonsteroidal anti-inflammatory drugs），诸如布洛芬等，可以通过减少受伤组织释放的化学物质来减缓疼痛（Hunt & Mantyh，2001）。

一些人在外伤痊愈很久以后依然会承受着慢性疼痛。就像在第 13 章中将要提到的那样，对神经元的集中刺激会“增强”它的突触感受器，使得它在未来受到同样刺激时产生更强烈的反应。这种机制对于学习和记忆很重要。但是不幸的是，痛觉也激活同样的机制。痛觉刺激集中作用，即使频率很低，也会增强痛觉神经元，使得它们以后在受到相同刺激时反应更强烈（Ikeda et al.，2006）。实际上，大脑学会如何感受疼痛，并越来越擅长于此。

因此，为了减缓慢性疼痛，最好的办法还是在最初阶段限制它。假设你将要接受一个手术，那么下面哪种方法是最好的呢？

A. 术前注射吗啡
B. 苏醒后立即注射吗啡
C. 尽量推迟并尽量少的使用吗啡

令人意外的是，对痛觉的研究支持方法 A：在术前注射吗啡（Coderre，Katz，Vaccarino，& Melzack，1993）。在手术期间或者手术后让大脑接受痛觉刺激都会使得痛觉神经及其感受器增加敏感性（Malmberg，Chen，Tonagawa，& Basbaum，1997）。因此，术前就注射吗啡的病人在术后需要较少量的吗啡。

关于疼痛的更多信息，可以参考：http://www.ampainsoc.org/。

停下来检查一下

18. 布洛芬等非类固醇抗炎剂是如何镇痛的？
19. 为什么最好在手术前而非术后注射吗啡？

痒 觉

你是否曾想过，“究竟什么是痒觉？它是一种痛觉？一种触觉？还是它们的综合体？”到目前为止，研究人员并未发现痒觉感受器，但痒觉看起来是一种单独的感觉，而不是轻度的痛觉或是一种触觉。

我们至少拥有两种痒觉。它们从感觉上说是一样的，但是成因却不相同。第一种痒觉，当你的组织受到轻微的损伤——比如说你的皮肤在刀伤之后逐渐恢复时——你的皮肤会释放组织胺，它会使受伤区域的血管膨胀并产生一种痒觉。第二种痒觉和一些特定的植物相关，特别是接触豆科攀援植物（一种带刺的热带植物）也会产生痒觉。抗组织胺制剂可以阻断组织胺造成的痒觉，却不能阻断豆科攀援植物造成的痒觉。与此相反，在皮肤上擦拭辣椒辣素可以阻断豆科攀援植物造成的痒觉，却对组织胺造成的痒觉没有作用（Johanek et al.，2007）。

一条脊髓通路传递痒觉信号（Andrew & Craig，2001）。这条通路中的一些轴突对组织胺造成的痒觉起反应，另外一些轴突对豆科攀援植物造成的痒觉起反应。但是似乎没有轴突对这两种痒觉均起反应。然而，这些轴突也对热觉具有反应（S. Davidson et al.，2007）。痛觉轴突可以激活脊髓中一些释放胃泌素释放肽的神经元。阻断小鼠体内这种肽的释放可以在不影响其对痛觉反应的前提下，减少小鼠的抓挠（Sun & Chen，2007）。

痛觉通路的传导速度很慢，当传到发生时，轴突以异常缓慢的 0.5 米 / 秒的速度传递冲动。在这种速度下，足部的动作电位传递到头部需要 3~4 秒。想象一下长颈鹿和大象的痒觉延迟吧。你还可以尝试使用砂纸或者非常粗糙的树叶擦拭自己的脚踝，来感受一下痒觉相对于触觉的延迟。

痒觉是很有用的。它可以将你引导到需要抓挠痒的部位，并驱除皮肤上任何令你产生不快的东西。用力的抓挠会产生轻微的疼痛，而这种疼痛会抑制痒觉。可以镇痛的阿片类物质会加剧痒觉（Andrew & Craig，2001）。而这种痛觉和痒觉之间相互抑制的关系，是证明痒觉并不是一种痛觉的最有力的证据。

下面这个研究可以很好地解释一个你可能体验过的现象。牙科医生在你的牙齿上钻孔之前给你注射奴佛卡因，你脸部的部分区域会失去感觉。大约一个小时以后，麻醉剂的作用开始消退，你可能在被麻醉的脸上感觉到痒。但是当你试着去挠痒的时候，你什么也感觉不到，因为触觉和痛觉在此时还处于麻醉状态。显然，相比于痛觉和触觉，奴佛卡因对痒觉轴突的作用消退得更快。这时你能感觉到痒觉，却感觉不到触觉和痛觉，也再次说明痒觉并不是痛觉或触觉的一种。很有意思的时，当你挠你的皮肤时，痒觉并不会减弱。显然，抓挠是通过产生痛觉来抑制痒觉的。

停下来检查一下

20. 阿片类物质会减缓还是加剧痒觉？
21. 假设某人持续感觉到痒。那么，什么药物可以帮助他减缓这种感觉呢？

模块 7.2 结 语

机械感觉

从神经系统的角度看，触觉、痛觉、温度觉和痒觉有什么区别呢？神经系统根据哪些神经元被激活对不同感觉进行编码。神经活动的频率决定了感觉的强烈程度。

如果大脑从一类神经元的输入中体验触觉而从另一类体验痛觉，它是如何知道某个神经元是属于哪一类的？在这一点上，我们并没有一个好的答案。显然，在早期胚胎发展的过程就确定了不同输入的意义。感觉的一些方面一定是先天的，而非后天学习的。

总 结

1. 前庭系统可以探测头部的位置和加速度，并相应地调整躯体姿势和眼动。
2. 躯体感觉系统依靠各种对于皮肤和内部组织受到的刺激起反应的感受器来发挥作用。
3. 大脑保持多个平行的躯体感觉表征。
4. 初级躯体感觉皮层的激活与人体验到什么相关，即使是与真实刺激并不相符的错觉。
5. 致伤的刺激激活痛觉感受器，这些感受器仅是一些裸露的神经末梢。一些痛觉感受器也对酸、热和辣椒辣素起反应。轴突将痛觉信号传递进脊髓，而脑干通过释放谷氨酸对较轻微的疼痛进行响应，释放谷氨酸与P物质的结合体对更加强烈的疼痛进行响应。
6. 痛觉信息有两条到大脑的传递通路。一条通路将包括躯体部位在内的感觉信号传递至躯体感觉皮层。另一条通路将不愉快的情绪反应传递至扣带回皮层。
7. 阿片类物质与大脑内啡肽受体结合。内啡肽通过阻断P物质和其他神经递质的释放来减缓疼痛。令人开心和令人烦恼的体验都可以促进内啡肽的释放。
8. 根据当前或者最近发生的其他刺激，伤害性刺激可能导致更剧烈或者更轻微的痛觉。根据痛觉的门控理论，其他刺激可能会关闭特定的门控从而阻断痛觉的传递。安慰剂可以促进阿片类物质的释放，因而也可以减缓疼痛。
9. 就像学习一样，慢性疼痛持续刺激痛觉突触，使其对以后出现的痛觉刺激反应更为强烈。如果运用适当，吗啡是最有效的镇痛药物。神经系统持续受到痛觉刺激，会增加神经系统的痛觉敏感性。
10. 受伤皮肤会释放组织胺，这种化学物质能够激活痒觉的脊髓通路。在这条通路上，轴突的传递速度很缓慢。痛觉信号可以抑制痒觉信号。

关键术语

半规管 210
躯体感觉系统 210
帕齐尼小体 211
生皮节 212
辣椒辣素 215
P 物质 215
阿片机制 217
中脑导水管周围灰质区域 217
内啡肽 217
门控理论 218、
安慰剂 218

思考题

想一想，你如何确定催眠是否会促进内啡肽的释放？

停下来检查一下答案

10. 前庭系统使得大脑可以通过调节眼动去补偿头部位置的变化。前庭系统受到损伤的人，不能正确地调节眼动。此时，一边走路一边看路标就会像阅读一本晃动的书一样困难。
11. 我们拥有不同类型的感受器，分别对触觉、热觉等感觉敏感，而且躯体感觉皮层的不同区域也对不同类型的皮肤刺激起反应。
12. 只有当触觉刺激的强度达到激活初级躯体感觉皮层的最低强度时，人们才会产生触觉。
13. 由于痛觉信号传递到脊髓后立即交叉，而触觉信号一直在同侧传递，直到延髓才进行交叉，因此这个人会丧失身体左侧的痛觉以及身体右侧的触觉。
14. 墨西哥胡椒等辣椒中含有的辣椒辣素可以刺激对疼痛、酸和热敏感的感受器。
15. 阻断谷氨酸受体可以消除微弱到中等强度的疼痛（然而，这并不是一种止痛的好方法。谷氨酸是人体内最充足的神经递质，阻断谷氨酸受体会导致大脑无法进行任何正常的工作。）阻断 P 物质受体可以使人对剧烈疼痛的感觉变得微弱。
16. 内啡肽可以阻断小直径纤维中传递的钝痛，但不可以阻断大直径纤维中传递的锐痛。
17. 与阿片类物质作用于中枢神经系统不同，大麻类物质多作用于外周神经系统。
18. 非类固醇抗炎剂可以减少受伤组织释放的化学物质，而这些化学物质会放大痛觉感受器效应。
19. 吗啡并不能减缓手术带来的锐痛，但是术前注射吗啡可以降低痛觉神经元的敏感性，从而减轻痛觉感受。
20. 阿片类物质通过减缓痛觉来加剧痒觉（痛觉减缓痒觉）。
21. 有两种药物可以使用——抗组织胺制剂或辣椒辣素，而药物的选择取决于痒觉的来源。当然阻断胃泌素释放肽的药物可能也会有效。

模块 7.3

化学感觉

假设你拥有上帝一般的能力去创造一种新的动物，但是你却只能赋予它一种感觉系统，你会给它哪一种呢？

你的第一个念头可能是视觉或者听觉，因为它们对于人类而言是如此重要。但是只有一种感觉系统的动物却与人类不尽相同，不是吗？为了获得任何生存机会，动物们不得不变得很小，行动很慢，甚至仅仅只是单个的细胞。对这些动物而言什么感觉才是最重要的呢？

很多理论家认为早期动物的第一个感觉系统是一个化学敏感器（G. H. Parker，1922）。化学感觉可以帮助小动物寻找食物、规避特定的危险，甚至是定位异性伴侣。

现在想象一下你必须要失去一种感觉，你会选择哪一个？大部分人不会选择失去视觉、听觉或者触觉。失去痛觉会变得很危险。你可能会选择失去嗅觉或味觉。

很好奇，不是吗？如果一种动物仅仅靠一种感觉去生存，那么这种感觉几乎必须是化学感觉。然而对于其他感觉系统发展很好的人类而言，化学感觉看起来却不那么重要。大概我们还是低估了它的重要性。

化学感觉编码

假设你经营一个面包店并且需要向街道另一头的供应商发送一些信息，假设你只能通过面包店屋顶的三个大铃铛与供应商进行交流，那么你就必须对这三个铃铛进行编码。

一种可能性是对三个铃铛进行标记：较高的音高意味着“我需要面粉”；中等音高意味着“我需要糖”；较低的音高则意味着“我需要鸡蛋”。当你需要的东西越多，按铃就越紧凑。我们称这种系统为专线（labeled-line）编码方式，因为每一个铃铛具有一个单一不变的标记。当然，你可以只用它来标记面粉、糖或者鸡蛋。

另一种可能性是通过铃铛间的关系建立一套编码。同时按响较高音高和音高居中的铃铛意味着“我需要面粉”；同时按响音高居中和音高较低的铃铛意味着“我需要糖”；同时按响音高较高的和音高较低的铃铛意味着“我需要鸡蛋”；同时按响三个铃铛意味着“我需要香草提取物”；如果主要按响较高音高的铃铛但是同时轻按其他两个铃铛意味着你需要榛子，等等。我们称这种编码方式为交叉纤维模式（across-fiber pattern）编码，因为它基于铃铛之间的排列模式。

理论上，一种感觉系统可以使用两种编码方案中的任何一种。在基于**专线原则**（labeled-line principle）的系统中，每一个感受器对某一有限范围内的刺激产生反应，其意义的传达完全依赖于哪些神经元被激活。在**交叉纤维模式原则**（across-fiber pattern principle）下，每一个感受器对更宽范围内的刺激产生反应，特定轴突的特定反应只有在与其他轴突的反应进行比较时才有意义（R. P. Erickson，1982）。

在知觉颜色的过程中，我们可以看到一个非常好的交叉纤维模式编码的范例。例如，知觉绿色需要接受中波的视锥细胞反应更加强烈。在听觉的音高知觉系统当中，一个给定的感受器可能对一个特定的高频音调反应最强烈，但同时，也对同相的大量低频音调有反应（其他所有感受器也是如此）。每一个感受器同样还对白噪声（静止的）或是各种音调的混合做出响应。相似的，单个味觉或者嗅觉刺激可以激活很多的神经元，一个特定神经元的某个特定反应的意义依赖于其他神经元反应下的特定情境。简而言之，几乎所有的知觉都是基于轴突阵列的模式。

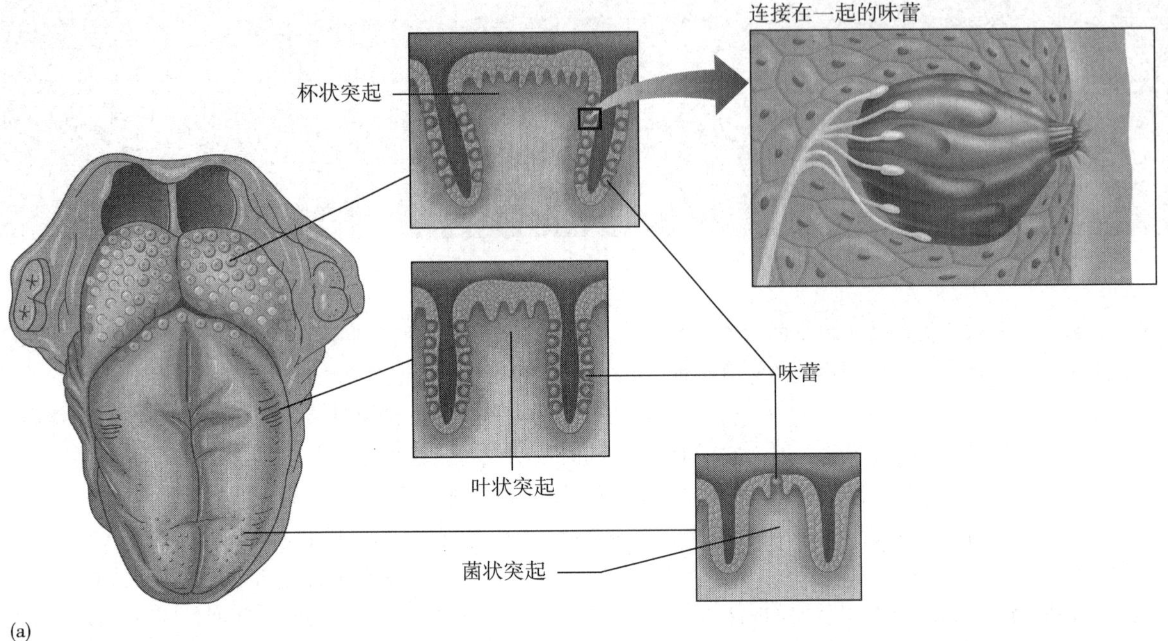

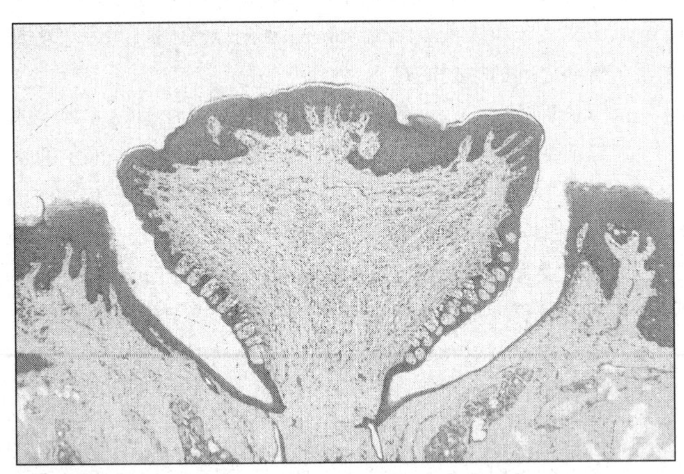

图 7.19 味觉器官

(a) 舌头的末端，底部和侧部被味蕾覆盖，味蕾位于乳状突起上。(b) 图片展示了味蕾的剖面图，每一个味蕾大概包含 50 个感受器细胞。

停下来检查一下

22. 在下面的选项中，哪些是基于专线编码，哪些是基于交叉纤维模式编码的?
    (a) 火警
    (b) 电灯开关
    (c) 输入一个大写字母

味　觉

味觉特指对舌头的**味蕾**（taste buds）感受器的刺激。当我们谈论食物的味道时，我们一般来说是指一种味觉和嗅觉的综合感受。其它感觉在大脑皮层中都是保持相互分离，但味觉和嗅觉的轴突却汇聚到一个称为梨状皮层的区域内许多相同的神经元上（W. Fu，Sugai，Yoshimura，& Onoda，2004）。这种汇聚确保了味觉与嗅觉共同影响了食物的选择。

味觉感受器

味觉的感受器并不是真正的神经元而是改进后的皮肤细胞。像神经元一样，味觉感受器拥有可激活的细胞膜，并且能够释放神经递质以激活相邻的神经元，使之将信息传递到大脑。像皮肤细胞一样，味觉感受器会逐渐脱落并被新的感受器取代，每一个细胞大约存活 10 到 14 天（Kinnamon，1987）。

哺乳动物的味觉感受器位于舌头表面**乳状突起**（papillae）上的味蕾内（图 7.19）。一个乳状突起大概包含至多 10 多个味蕾（Arvidson & Friberg，1980），每一个味蕾大约包含 50 个感受器细胞。

在成人当中，味蕾主要分布于舌头的外缘。你可以按照如下方法演示这一规则：在糖水，盐水或者醋中浸泡一个小棉签，然后用它轻轻地接触舌头中央部位，注意不要太靠后。如果你放对了位置，你应该感觉不到任何味道。然后将棉签沿着舌头边缘移动，感觉一下它的味道有多么强烈。

现在稍微改变一下步骤。用水漱口后和刚才一样准备一个小棉签。然后将浸泡过的一部分接触舌头边缘，然后慢慢地敲击舌头中央部位。这样做感觉上像是把味道移动到了舌头中央。实际上，你的舌头中央只是感觉到了触感，而将位于舌头边缘的味觉归于其他被敲击的部位（Bartoshuk，1991）。

有多少种味觉感受器

传统上，西方社会的人们认为甜、酸、咸和苦是基本的味道。但是有一些味道却不服从这四种味道的分类（Schiffman & Erickson，1980；Schiffman，McElroy，& Erickson ，1980）。那么我们怎样确定到底有多少种味道呢？

应用和扩展

改变味蕾的化学物质

鉴别味觉感受器类型的一种方法是找到一种程序，它可以改变一种感受器而对其他感受器没有作用。例如，咀嚼神秘果（产自西非）本身没有任何味道但它可以暂时改变甜味感受器。神秘果包含一种蛋白质叫做非洲奇果蛋白。它可以改变甜味感受器使其接受酸性的刺激（Bartonshuk，Gentile，Moskowitz，& Meiselman，1974）。如果你有机会品尝神秘果（我推荐），任何酸性物质尝起来都在其本身的酸味之上具有甜味。

我和我一个同事曾经花费一个晚上的时间使用神秘果做实验。我们直接喝下柠檬汁、泡菜汁甚至是醋。所有这些尝起来都是甜的，但是当我们第二天醒来时发现嘴中布满了溃疡。

非洲奇果蛋白曾有一段时间在美国被作为节食药物出售。其想法是节食者含服非洲奇果蛋白的药片使其包裹舌头，这样他们就可以尽情享用柠檬汽水等食物，因为他们尝起来是甜的却不提供热量。

你试过在刷牙之后饮用橙汁么？为什么这么好喝的东西突然会变得味道这么差？大部分牙膏含有月桂基磺酸钠，它是一种可以增强苦味而减弱甜味的化学物质。它似乎覆盖在甜味感受器表面并阻止其他物质接触这些感受器（DeSimone，Heck，& Bartoshuk，1980；Schiffman，1983）。

另外一种可以改变味觉的物质是一种被称为武靴叶的植物提取物（Gymnema sylvestre）（R. A. Frank，Mize，Kennedy，de los Santos，& Green，1992）。一些保健品和草本治疗商店，包括网上商店，会出售烘干之后可以用来沏茶的武靴叶（武靴叶药片并不适用于这一方法）。将你的舌头浸入这种茶水 30 秒钟，然后试着品尝其他物质。咸的、酸的和苦的物质尝起来都和平时一样，但是白糖却变得没有味道。糖果尝起来是酸的、苦的或者咸的（这些味道本来已经存在，但是由于对于甜味的注意忽略了它们）。令人好奇的是，人造甜味剂（NutraSweet®）仅仅失去一部分而不是所有甜味，由此可以推断它除了甜味感受器外还刺激了其他的感受器（Schroeder & Flannery-Schroeder，2005）。注意：糖尿病病人不要尝试上面的方法，因为武靴叶同样改变肠道对于糖分的吸收。

区分味觉感受器类别的进一步行为证据来自于对以下现象的研究：将舌浸在酸性溶液当中 15 秒，例如不加糖的柠檬汁，然后试着品尝其他的酸性溶液，比如被稀释后的醋。你将会发现第二种溶液尝起来并没有如它平时那样酸。根据柠檬汁或醋各自的浓度，第二种溶液可能完全没有酸味。这种现象被称为**适应**（adaptation），这种现象反映了酸味感受器对于持续刺激的疲劳。现在试着品尝一些咸的、甜的或者苦的东西。这些东西尝起来和平时一样。简单来说，你很少经历**交叉适应**（cross-adaptation）的过程，即在接触某一味道后相应减弱了其他味觉感受器的反应（McBurney & Bartoshuk，1973）。很明显，酸味感受器与其他味觉感受器并不相同。同样地，你也可以证明咸味感受器也与其他味觉感受器不同，如此等等。

尽管很早我们就了解人类拥有四种味觉感受器，但是一些事实证明存在着第五种：鲜味感受器（glutamate），感受像谷氨酸盐（MSG）一样的味道。研究者事实上已经定位到鲜味感受器，类似于大脑中神经递质谷氨酸的感受器（Chaudhari，Landin，& Roper，2000）。回想一下进化中的"节俭的"现象：某一事物出于某种目而进化，它同样也可以为其他目的而改变。

谷氨酸的味道类似于没有放盐的鸡汤。英语中并没有一个单词来形容这种味道，所以母语为英文的研究者采用了日语中的一个单词"鲜味"（umami）来形容这种味道。研究者发现在小鼠与大鼠的味蕾上还存在着脂肪感受器，尽管并不确定它在人类身上是否同样存在（Laugerette，Gaillard，Passilly-Degrace，Niot，& Besnard，2007）。

除了不同化学物质刺激不同味觉感受器这一事实之外，感受器还以不同的节奏对于外界刺激做出反应。例如下面是两个等同的时间段内有同样数量的动作电位，但它们的时间模式不相同。

时间

研究者还注意到产生甜味、咸味和苦味的化学物质在味觉敏感的延脑区域产生不同的活动模式。他们在大鼠饮用奎宁（一种苦味剂）的同时记录这种模式，然后用电极在其饮用清水的时候施加同样模式的刺激。结果大鼠会避免喝水，好像水尝起来很难喝（Di Lorenzo，Hallock，& Kennedy，2003）。很明显，表征味觉的编码包括神经活动的节律，而并非仅仅是哪些感受细胞最活跃或是平均反应频率最高。

味觉感受器的机理

咸味感受器很简单。回忆一下一个神经元在钠离子通过其细胞膜的时候产生动作电位。一个咸味感受器可以通过打开离子通道，允许舌头表面钠离子通过其细胞膜来探测钠离子的存在。那些阻止钠离子通过细胞膜的化学物质会削弱咸味的感觉（DeSimone，Heck，Mierson，& DeSimone，1984；Schiffman，Lockhead，& Maes，1983）。酸味感受器则探测酸性物质的存在（Huang ed al.，2006）。

甜味、苦味、鲜味感受器在化学上是相似的（He et al.，2004）。在一种分子绑定到这些感受器中的一个后，它会通过激活 G- 蛋白释放细胞内的第二信使，正如我们第 3 章中讨论的促代谢突触（Lindemann，1996）。尽管每一个感受器只探测一种味道，多种感受器向味觉系统下一级的一系列细胞提供刺激。因此，在这些感受器之上，每一个神经元对两种甚至更多的味道做出反应，而最终的味道取决于多个纤维反应的模式，而并非简单的专线编码系统（R. P. Erickson，DiLorenzo，& Woodbury，1994；Tomchik，Berg，Kim，Chaudhari，& Roper，2007）。

苦味曾经困扰我们很久，因为可以产生苦味的化学物质很多，其组成不尽相同。一个共同点是它们都是一定程度上有毒的。什么样的感受器可以鉴别这么多样的化学物质？答案是我们并非仅有一种苦味感受器，而是一组由 25 个或更多的感受器组成的家族体系（Adler et al.，2000；Behrens，Foerster，Staehler，Raguse，& Meyerhof，2007；Matsunami，Montmayeur，& Buck，2000）。

拥有如此众多的苦味感受器的一个结果是，我们可以鉴别很多有毒的化学物质，另外一个结果是，由于每一种苦味感受器都数量很少，因此我们不能识别浓度很低的苦味。

停下来检查一下

23. 假设你找到一种新的味道不平常的食物。你怎样确定你拥有一种特别的味觉感受器，还是这仅仅是对这种食物能够反应的一系列其他已知感受器的组合？

停下来检查一下

24. 尽管舌表面有苦味感受器，但是研究者还没有发现在大脑皮层中对于苦味反应强烈的区域，那么大脑是怎样感知苦味的？
25. 如果一个人将某种化学物质注射进你的舌头，以阻断第二信使的释放，它将怎样影响你的味觉体验？

大脑中的味觉编码

由舌前端三分之二的感受器接收的信息沿着鼓索——第七对脑神经（面部神经）的分支传递至大脑。舌后端和咽喉的味觉信息经由第九和第十对脑神经传递。如果将你的鼓索麻醉，这将发生什么？在你的舌前端将不会再感觉到任何味觉，但是你可能并不会意识到这点，因为你的舌后端依然可以感觉到味觉信息。然而，你有大概有 40% 的概率会体验到味觉“幻影”，就和第 5 章讨论过的幻影肢体一样（Yanagisawa，Bartoshuk，Catalanotto，Karrer，& Kveton，1998）。也就是说，你可能感觉到味道但是你却什么都没有品尝。很显然，舌前端和后端的输入通过一种复杂的方式相互影响。

味觉神经投射到延髓中一个叫做**孤束核**（nucleus of the tractus solitarius，NTS）的结构中（Travers，Pfaffmann，& Norgren，1986）。通过孤束核，信息发散至脑桥、外侧下丘脑、杏仁核、腹后侧丘脑和大脑皮层的两个区域（Pritchard，Hamilton，Morse，& Norgren，1986；Yamamoto，1984）。这两个区域中的一个是躯体感觉皮层，它对于舌部的触觉刺激做出响应。另一个区域是脑岛，它是初级味觉皮层。奇特的是，每个大脑半球接收来自于同侧舌部传来的输入（Aglioti，Tassinari，Corballis，& Berlucchi，2000；Pritchard，Macaluso，& Eslinger，1999）。相反的，每个大脑半球接收对侧的视觉、听觉与触觉信息。一些重要的连接如图 7.20 中所示。在大脑皮层当中，对一种味觉反应强烈的细胞混杂在对其他味道反应强烈的细胞当中（Accolla，Bathellier，Petersen，& Carleton，2007）。

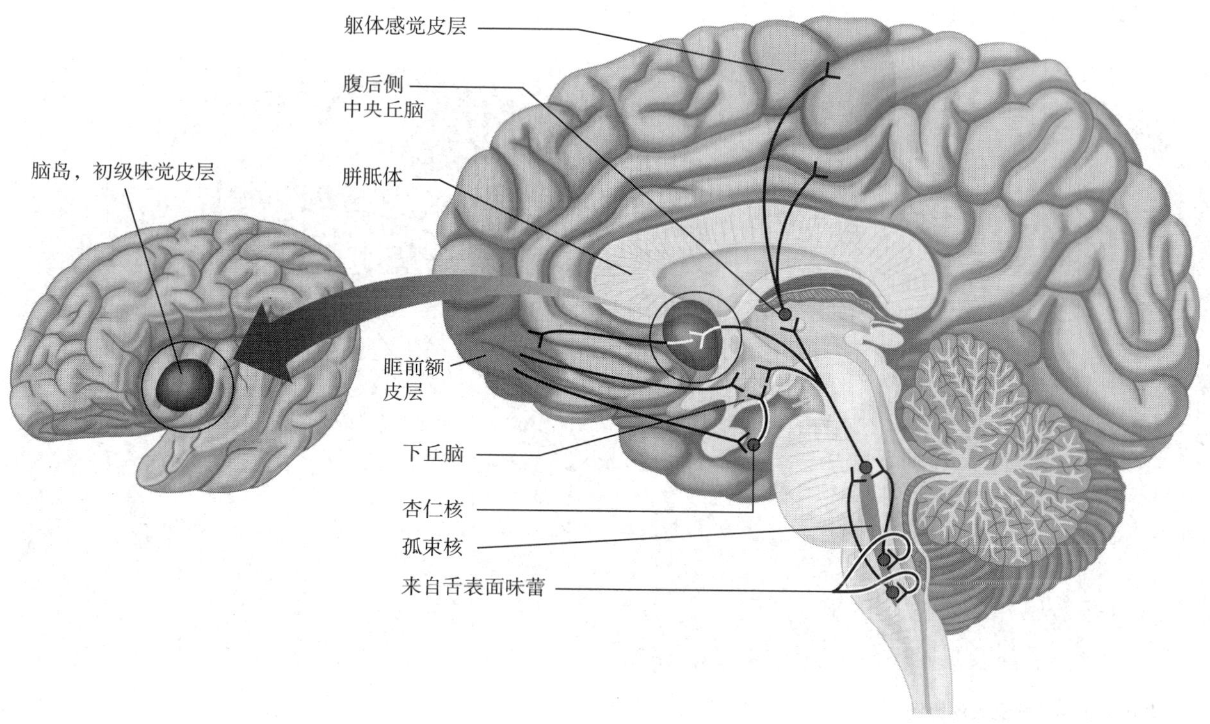

图 7.20　大脑中与味觉相关的主要神经冲动路径

丘脑与大脑皮层从左右两侧的舌部接受神经冲动。（*Based on Rolls, 1995*）

味觉的个体差异

可能有一个生物老师要求你品尝苯硫脲（phenythiocarbamide）并且接下来要求你带一些回家给你的亲朋尝试一下。一些人说它是苦的，另一些人几乎没有品出任何味道。大部分差异被一个显性基因控制，它是为基因学实验室提供的一个有趣的例子（Kim et al.，2003）。（你的老师是否碰巧提到苯硫脲有轻微的毒性？）

研究者采集了大量数据说明不同人群内没有味觉的人的比例，如图 7.21 所示（Guo & Reed，2001）。从图中没有明显看出这一数据与品尝苯硫脲和菜肴相关。例如，失去味觉的患者在印度很普遍，那里的食物很辣，同样在英国失去味觉的人也多，但那里的食物相对而言比较清淡。

在 20 世纪 90 年代，研究者发现对苯硫脲不敏感的人相对而言对其他味道也不敏感。在另外一个极端的人，也就是称为**超级品尝师**（supertasters）的人，对于所有的味道和口腔感觉都有最高的敏感度（Drewnowski，Henderson，Shore，& Barratt-Fornell，1998）。超级品尝师避免味道很重的或者辣的食物。但是文化或是家族习惯对于人们的饮食习惯影响很大。结果是，尽管你认为你很讨厌或喜欢味道很重的食物，你仍然无法确定你是一个超级品尝师、普通人还是一个失去味觉的人。

味觉敏感度不同与舌尖周围的菌状乳突的数量有很强的相关性。超级品尝师拥有最多，而失去味觉的人数量最少。解剖学上的差异更多地取决于基因，但也受荷尔蒙和其他因素影响。女性的味觉敏感程度和她们每月的荷尔蒙周期相关，并在怀孕早期达到最强，此时的雌二醇在一个很高的水平（Prutkin et al.，2000）。这样一个趋势可能有其适应性意义：在怀孕期间，一名女性需要比平时更加小心有害的食物。

如果你想确定你属于超级品尝师、有味觉的人，或是失去味觉的人，你可以按照表 7.2 中的方法进行检测。

停下来检查一下

26. 基因和荷尔蒙是如何影响味觉敏感程度的？

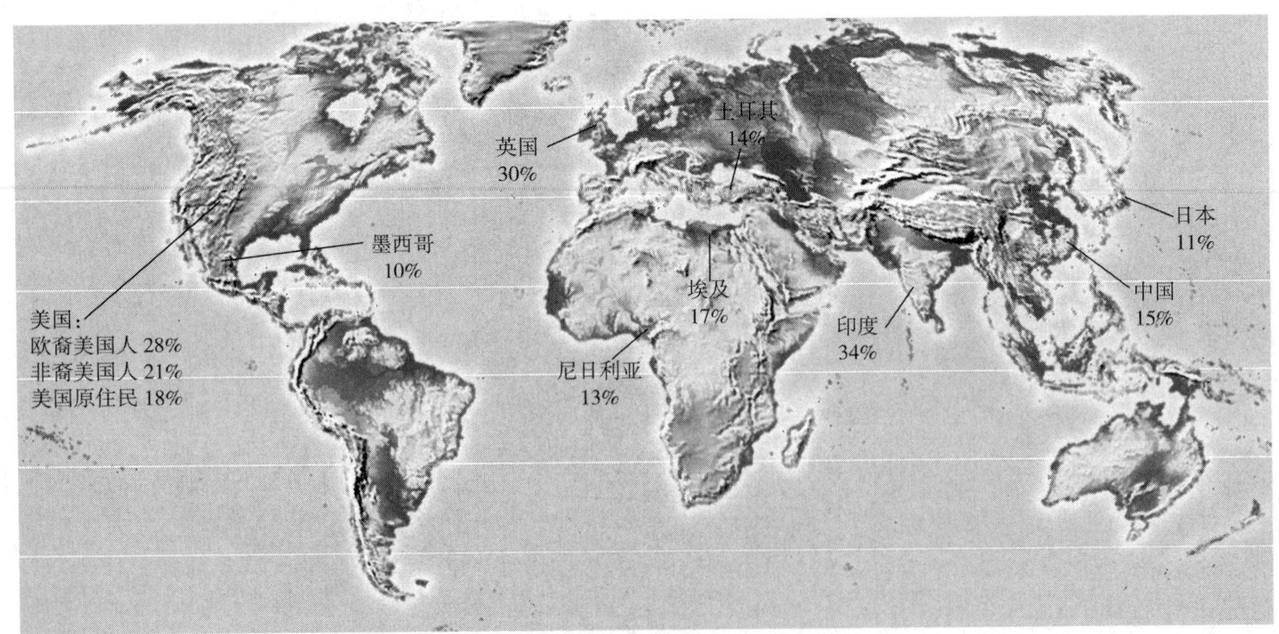

图 7.21 几类人群中无味觉人的比例

图中大部分百分比是基于大样本得到的，包括日本的 31 000 个样本和中国的 35 000 个样本。

（*Based on Guo & Reed, 2001*）

表 7.2 你是超级品尝师，有味觉的人，还是失去味觉的患者？

实验设备：1/4英寸打孔机、一小块蜡纸、棉签、蓝色食品染色剂、手电筒、放大镜。

在一小块蜡纸上用标准打孔机打一个1/4英寸的孔。将棉签浸到蓝色食品染色剂里。将蜡纸放到你的舌尖上稍微偏右的位置。用棉签在蜡纸的小孔周围擦拭，给舌尖上色。然后找人用手电筒和放大镜对蓝色区域的未染色的粉色的圆圈进行计数。这些圆圈就是你的菌状乳突。用你的结果和下面的平均值做比较：

超级品尝师	25个乳突
有味觉的人	17个乳突
没有味觉的人	10个乳突

嗅　觉

嗅觉（olfaction）是对气味的感觉，它是对接触鼻腔内膜的化学物质所做出的一种反应。对于大部分哺乳动物来说，嗅觉对于寻找食物、伴侣以及规避危险都是十分重要的。例如，大鼠与小鼠可以立即学会逃避猫、狐狸或者其他天敌的气味。但是嗅觉缺失的小鼠却不能做到这点，如图 7.22 所示。

同样以星鼻鼹和亚洲水鼠这两种在池塘底觅食虫子、贝类，以及其他可以食用的无脊椎动物的物种为例，我们可能猜想嗅觉在水下是没有作用的。这些动物毕竟要在水下屏住呼吸。然而，它们将很小的气泡呼出到水面然后再将它们吸入。通过这样做，它们可以很好地追踪猎物的轨迹（Catania，2006）。

Photo by Ko & Reiko Kobayakawa/University of Tokyo

图 7.22 失去一种嗅觉感受器的结果

正常的小鼠可以立即学会逃避猫、狐狸或者其他天敌的气味。而这只猫则可以饱餐一顿。（*Kobayakawa et al., 2007*）

Helmut Heintges/Photo Library

水鼠

这种技艺让我们感到惊奇，就如同猎犬可以在森林中通过追踪嗅觉路径找到某人。我们可能认为自己做不到，这有可能是我们低估了自己。当然，当笔直站立时我们不能通过嗅觉轨迹追踪，因为我们的鼻子离地太远。但是你大概可以让四肢着地然后将鼻子贴近地面。研究者用布遮住 32 名成年人的眼睛，给他们戴上手套，然后要求他们试着穿过一片田野追踪香味轨迹。这种香味轨迹来自于巧克力油。（我猜想他们可能用了人们平时很关注的东西。）大部分参与者都获得成功并通过练习提高了成绩。图 7.23 给出了一个示例(Porter et al.,2007)。因而，

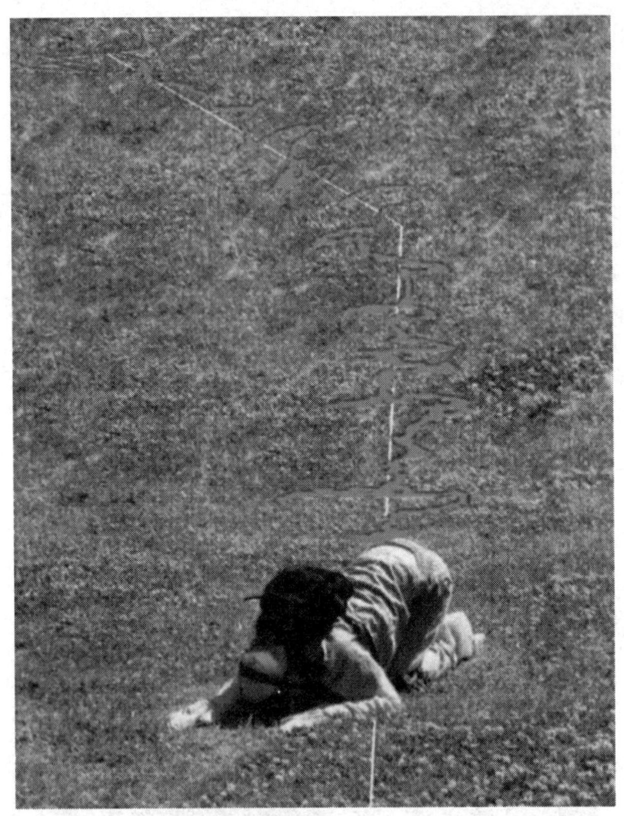

图 7.23 一个追踪香味轨迹的人

大部分人成功地通过鼻子引导他们的行动。(*Reprinted by permission from Macmillan Publishers Ltd. From: Nature Neuroscience, 10, 27-29, "Mechanisms of scent-tracking in humans," J. Porter et al., 2007.*)

如果我们给予它公平的机会，嗅觉可以起到令人惊讶的作用。

嗅觉对于食物选择极其重要。在社会行为中嗅觉也扮演着微妙的角色。当几个人的气味呈现在人们面前并要求他们判断是否愿意将这些人作为潜在的情侣。人们倾向于选择和他们本身气味有一点相近但不完全相同的人（Jacob，McClintock，Zelano，& Ober，2002；Pause et al.，2006）。拒绝那些和自己有着相似气味的这一机制可以避免在近亲中选择伴侣。

嗅觉感受器

对于气味反应的神经元是**嗅觉细胞**（olfactory cells），位于鼻腔气通道侧面的上皮细胞层（如图 7.24 所示）。在哺乳动物中，每一个嗅觉细胞都有从细胞体延伸到鼻腔气通道粘液表面的纤毛（线状树突）。嗅觉感受器位于纤毛上。

我们拥有多少种嗅觉感受器呢？研究人员在 19 世纪回答了视觉领域相似的问题，但是对于嗅觉却花费了更多的时间。Linda Buck 和 Richard Axel（1991）鉴别了一族嗅觉感受器中的蛋白质，如图 7.25 所示。正如代谢型神经递质受体，每一种蛋白质穿越细胞膜七次并通过激发了细胞内 G- 蛋白的改变对细胞外的某种化学物质（这里气味分子代替了神经递质）进行响应。随后 G- 蛋白引发化学反应产生动作电位。最精确的估计是人类拥有数百种嗅觉感受器蛋白，而大鼠与小鼠拥有近千种（X.Zhang & Firestein，2002）。相对而言，大鼠可以区分对人类来说没有区别的气味。

尽管每一种化学物质激发几种感受器，激活最强的感受器会以一种类似于侧抑制的方式抑制其他感受器的反应（Oka，Omura，Kataoka & Touhara，2004）。最终的结果就是一种刺激引起一种或两种感受器的反应，而其它感受器的对它的反应则较弱。

停下来检查一下

27. 嗅觉感受器与代谢型神经递质受体有何相似之处？

编码的含义

我们只有三种视锥细胞和五种味觉感受器，因此研究者们很惊讶人类居然有几百种嗅觉感受器。这样的多元化使得功能特异化的可能变小。举例来说，因为我们只拥有三种视锥细胞，每种视锥细胞几乎对于所有颜色的知觉都做出反应。而在嗅觉当中，我们的感受器只对很少一部分刺激反应。一个嗅觉感受器的响应可能意味着“我闻到了直链有 3 到 5 个碳原子的脂肪酸分子”。另外一个嗅觉感受器也许意味着“我闻到了直链为 5 到 7 个碳原子的脂肪酸或是醛（Araneda，Kini & Firestein，2000；Imamura，Mataga，& Mori，1992；Mori，Mataga，& Imaumura，1992）。这两种不同的反应的结合可以准确地定义一种气味。

也许你会有疑问：“为什么进化过程设计了如此众多

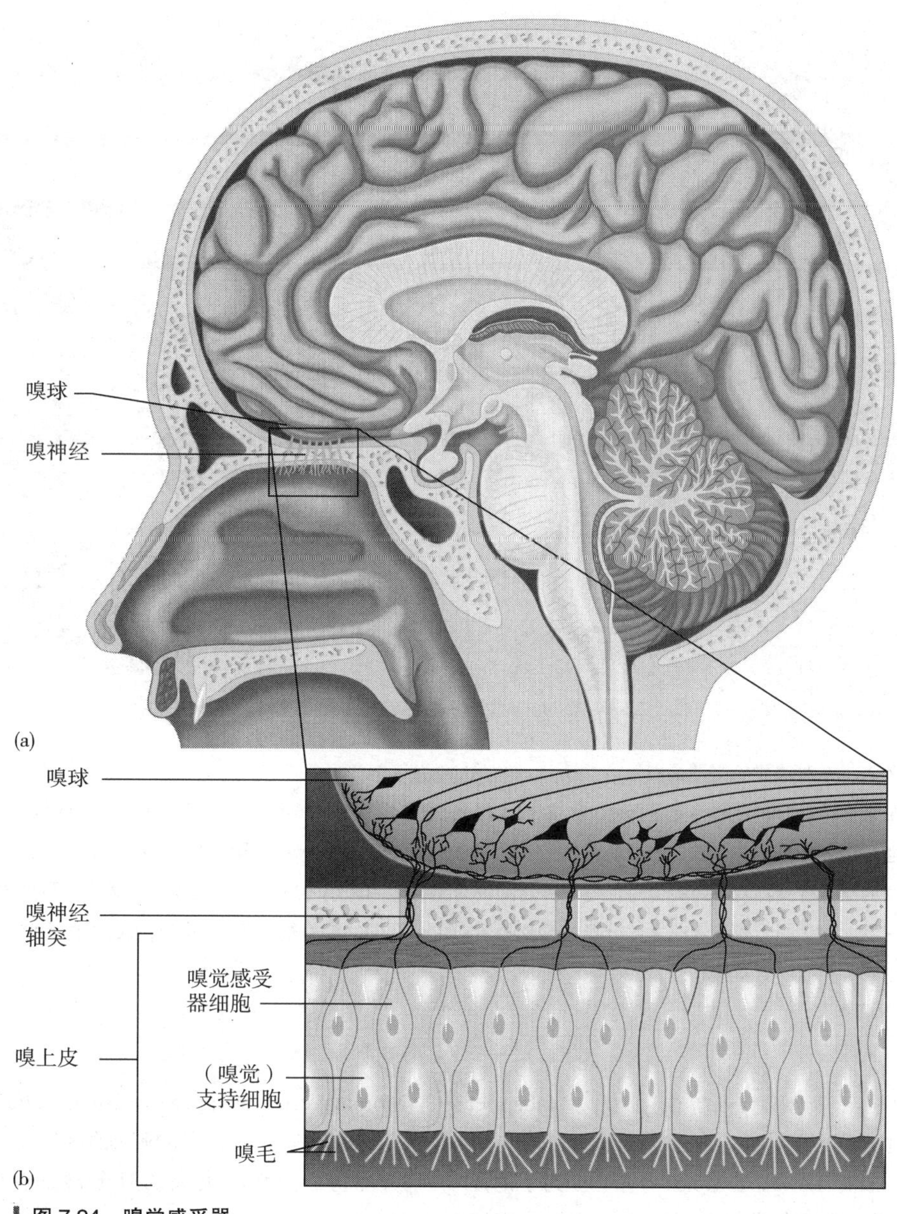

图 7.24　嗅觉感受器

（a）感受器在鼻腔中的位置。（b）嗅觉细胞特写图。

的嗅觉感受器？毕竟，颜色视觉仅仅通过三种视锥细胞就可以实现。”主要原因在于光能可以在单维度按照不同波长来排列，而嗅觉处理种类繁多的由空气传播的化学物质，这些化学物质无法在单一连续维度上排列。第二个原因与定位有关。在嗅觉当中，不存在空间问题；在鼻腔气通道表面分布着大量的嗅觉感受器。而对于视觉，大脑需要准确确定呈现的刺激来源于视网膜的哪个位置。数以百计的不同的波长感受器不可能压缩到视网膜的每一点。

传递给大脑的信息

研究者起初认为嗅觉是一个缓慢工作的系统，但是后来的研究发现，小鼠可以在 200 毫秒内对一个气味做

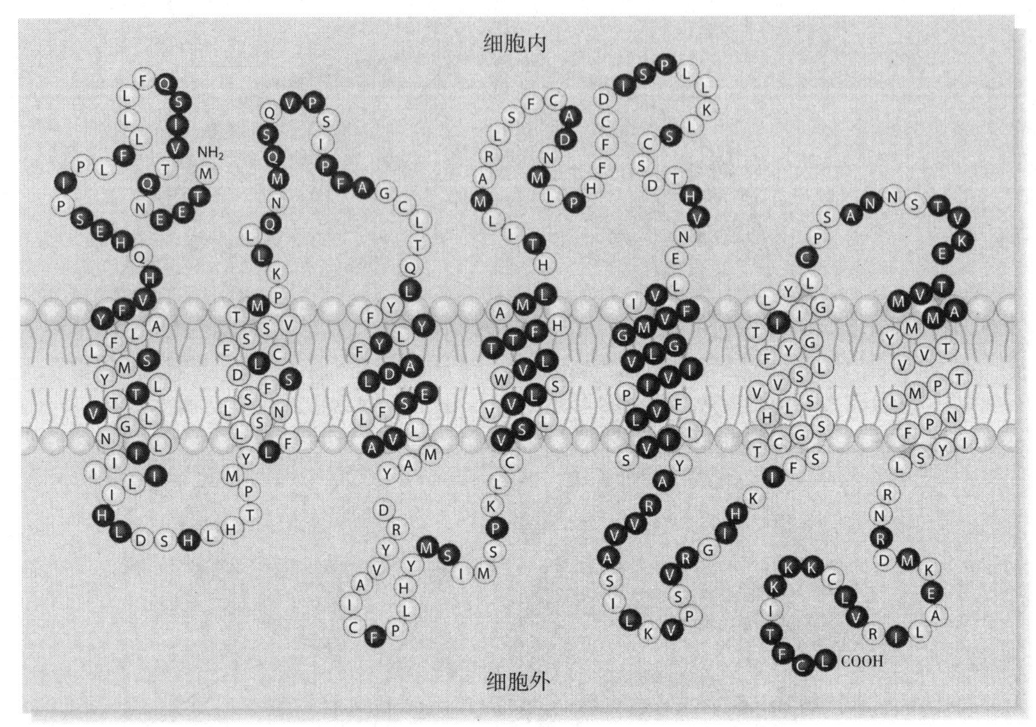

图 7.25 一种嗅觉感受器蛋白

如果把这种蛋白和突触感受器蛋白（图 3.13）相比，你会发现惊人的相似性。每一种蛋白穿越细胞膜 7 次，并通过激发细胞内 G– 蛋白的改变对细胞外的某种化学物质进行响应。图中的蛋白是一个家族中的一种。不同的嗅觉感受器有不同的蛋白，每一种之间都有结构上的微小差别。图中的圆圈代表一个蛋白中的一个氨基酸。白色的圆圈代表在大部分嗅觉感受器蛋白中都相同的氨基酸，紫色圆圈代表在不同嗅觉感受器蛋白中都不相同的氨基酸。

出反应，其反应时与其他感觉系统很接近（Abraham et al.，2004）。然而，嗅觉相对视力或者听觉而言具有更快的适应性（Kurahashi，Lowe，& Gold，1994）。为了论证这种适应性，准备一瓶有气味的化学物质，比如柠檬提取物，然后试着确定在多远的距离内依然能够闻到气味。接下来把它移近鼻下，重复的进行深度吸入。然后再做这样一个测试：在多远的距离内你依然能够闻到气味？

当一个嗅觉感受器被激活，它的轴突传递一个冲动至嗅球（如图 4.13）。在嗅球内，气味相似的化学物质激活相邻的区域，而气味不同的物质激活相互分离的区域（Uchida，Takahashi，Tanifuji，& Mori，2000）。嗅球将轴突延伸至大脑皮层，那里的激活模式更为复杂，但在不同个体之间却相当一致（Zou，Horowitz，Montmayeru，Snapper，& Buck，2001）。尽管单一的化学物质只激活有限的嗅觉细胞，但自然界的物体，比如食物，会激活很大的且分散的嗅觉细胞群体（Lin，Shea，& Katz，2006；Rennaker，Chen，Ruyle，Sloan，& Wilson，2007）。大多数细胞对于特定食物做出最大的响应，比如莓类或者瓜类（Yoshida & Mori，2007）。对于特定气味的重复体验可以增强人们对于相似气味的分辨能力（Li，Luxenberg，Parrish，& Gottfried，2006）。相同的规则适用于其他感觉。例如，我们逐渐学会从很多面孔中准确地找出我们熟悉的面孔，音乐家更加擅长于从相似的声音当中分辨出轻微的不同。

嗅觉感受器因为裸露在空气中而很容易受到损伤。与伴随你一生的视觉或者听觉感受器不同，嗅觉感受器平均只有一个月左右的寿命。就在这段时间内，干细胞在相同的位置成熟为新的嗅觉细胞并表现出相同的蛋白质（Nef，1998）。然后它的轴突将需要寻找正确的路径将信息传递至嗅球。每一个嗅觉神经元的轴突包含一些其嗅觉感受器蛋白的副本，这些副本就像是身份证一样用来帮助其找到正确的伙伴（Barnea et al.，2004；Strotmann，Levai，Fleischer，Schwarzenbacher，& Breer，2004）。然而，如果整个嗅觉器官表面因有毒烟雾的冲击而损坏，从而导致系统中的嗅觉感受器被同时整体替换，那么很多感受器将无法产生正确的连接，因而嗅觉系统也不能完全复原（Iwema，Fang，Kurtz，Youngentob，& Schwob，2004）。

个体差异

与其它领域一样，在嗅觉方面也存在着个体差异。平均来讲，女性比男性更容易识别出气味，气味所引起的大脑反应也更加强烈。在测试过的所有年龄段和所有文化背景下这一差异都得到证实（Doty，Applebaum，Zusho，& Settle，1985；Yousem et al.，1999）。女性看起来更注意气味。调查发现在女性比男性更加关注潜在伴侣的气味（Herz & Inzlicht，2002）。

进一步来说，如果人们持续注意微弱的气味，年轻的成年女性将逐渐变得对它越来越敏感，直到她可以探测出的气味浓度变为最初时所能探测的万分之一（Dalton，Doolittle，& Breslin，2002）。男性、青春期之前的女性和绝经期之后的女性并没有表现出这种效应。所以这一现象看起来取决于女性的荷尔蒙水平。我们仅仅能够推测为什么将女性荷尔蒙水平同嗅觉敏感程度进行关联。

我们对于嗅觉的基因变异知之甚少，但是也有这样的特例：拥有一般形态 OR7D4 嗅觉感受器的人描述雄甾烯酮闻起来像汗水或尿液的气味。而那些具有非一般形态的这类感受器的人却认为这种物质有糖果或是花的气味（Keller，Zhuang，Chi，Vosshall，& Matsunami，2007）。

最后，考虑这样一个令人惊讶的研究：通过生物工程手段，研究人员可以检查移除某一基因所产生的影响。一种基因控制钾离子通过嗅球上特定神经元的细胞膜。从第 2 章你可以知道，钾离子在动作电位之后离开神经元并由此重建静止电位。在没有特定假说的情况下，研究者观察被切除了钾离子通道的小鼠的反应。

通常，移除任何一种基因都将导致一些缺陷，而移除一个重要基因经常是致命的。你可以想象研究者们在发现切除了钾离子通道的小鼠嗅觉显著增强时的惊讶。事实上，你可以说它们拥有了超能力：它们可以探测到微弱至正常阈限千分之一的气味。它们的嗅球有了与众不同的解剖结构，拥有更多的更小的神经元簇（Fadool et al.，2004）。至于为什么移除这一基因后产生了这一现象还不清楚，但是可以推测，小鼠在其他方面可能有所缺陷，否则这一基因在进化过程中早已经被移除。然而，这却是一个基因可以引起巨大变异的实例。

关于嗅觉的更多信息，请参考 http://www.leffingwell.com/olfaction.htm。

停下来检查一下

28. 一个嗅觉感受器的平均存活时间是多少？
29. 为什么嗅觉轴突拥有多份其嗅觉感受器蛋白的副本？

信息素

一种额外的感觉对哺乳动物非常重要，但对于人类并非如此。**犁鼻器**（vomeronasal organ，VNO）是邻近嗅觉感受器但又彼此独立的一系列感受器。与可以探测庞大数目的化学物质的嗅觉系统不同，犁鼻器的感受器只对**信息素**（pheromones）产生响应。所谓信息素就是在同物种中传递的可以影响其他个体行为、尤其是性行为的化学物质。例如，如果你有一只没有被结扎的母狗，每当它处于发情期，尽管你把它置于门内，你的院子依然能够吸引邻居家的每一只公狗。

每一种犁鼻器感受器只对一种信息素反应，就像公老鼠或是母老鼠的气味。对于首选的化学物质，引起其反应的浓度可以低到千亿分之一，但是它对于其他化学物质却基本没有反应（Leinders-Zufall et al.，2000）。进一步来说，感受器对重复刺激没有适应效应。你是否在一个房间里闻到了气味但一段时间后却闻不到气味？你的嗅觉感受器只对新的刺激反应而对持续刺激并不反应。但是犁鼻器感受器即便是长时间刺激之后依然对刺激反应强烈（Holy，Dulac，& Meister，2000）。

在成年人中，犁鼻器非常微小而且没有感受器（Keverne，1999；Monti-Bloch，Jennings-White，Dolberg，& Berliner，1994）。它是退化的，也就是在进化过程中剩余下来的。尽管如此，部分人类的嗅觉粘膜包含一些与其它物种信息素感受器相似的感受器（Liberles & Buck，2006；Rodriguez，Greer，Mock & Mombaerts，2000）。

信息素对行为的影响看起来是无意识的。人们可以对皮肤上的某些化学物质做出反应，尽管它们被描述为无气味的。暴露在这些物质面前，尤其是来自于异性，人们会改变皮肤温度或者做出其他不由自主的反应（Monti-Bloch，Jennings-White，& Berliner，1998）并增强下丘脑活动（Savic，Berglund，Gulyas，& Roland，2001）。男性汗水的味道可以诱发女性皮质醇的释放（Wyatt et al.，2007）。皮质醇是一种应激激素，可以推测，女性并不是被一个男性的汗味所吸引。

信息素影响人类行为的最好证据是女性的月经周期。在一起时间很长的女性，会发现她们的月经周期越来越同步，除非她们在服用避孕药物（McClintock，1971；Weller，Weller，Koresh-Kamin，& Ben-Shoshan，1999）。为了检测信息素是否对月经周期同步有作用，研究者让年轻女性志愿者接触其它女性志愿者捐赠的腋下分泌物。在两项研究中，大部分接触分泌物的女性与捐赠人的月经周期趋于同步（Preti，Cutler，Garcia，Huggins，& Lawley，1986；Russell，Switz，& Thompson，1980）。

另外一项研究发现，两性关系中的女性相对于没有处于两性关系下的女性拥有更规律的月经周期。根据一种假说，男性的信息素促进了这种规律性。在这项研究中，性生活不活跃的年轻女性每天接触男性的腋下分泌物（这项研究中寻找被试并不容易）。逐渐的，经过 14 周，大部分女性的月经周期比之前变得更加规律（Cutler et al.，1986）。简而言之，人类身体的分泌物往往充当了信息素的作用，尽管这种影响相对其他哺乳动物来说更见微妙。

停下来检查一下

30. 嗅觉感受器和犁鼻器感受器的最大区别是什么？

联　觉

最后，让我们简要考虑一个并非一种感官而是多种感官结合体的感觉：**联觉**（synesthesia）。联觉是一种一个感官反应激发另外一个感官反应的体验。某个人可能会认为："对我来说，牛肉的味道是深蓝色的。杏仁的气味是淡淡的橙色。当次中音萨克斯管演奏时，音乐看起来像是一个漂浮着的、点亮的、紫色的霓虹灯管"（Day，2005，p.11）。对于一些人来说，一个词的语义在他们想到这个词的时候可以诱发联感。一个人无法想象出"castanets"这个词，但说它就在嘴边，……说不清这个词是什么但它尝起来像金枪鱼（Simner & Ward，2006）。有一个色盲患者报告说看见了在现实生活中没有看到过的联觉颜色，他称这种颜色为火星色（Martian colors）（Ramachandran，2003）。事实上，他的大脑可以看见所有颜色，尽管视锥细胞不能发送任何信息。

没有两个人可以产生相同的联觉。据估计，在 500 人当中估计有 1 个人产生联觉（Day，2005），但是这个估计看起来忽视了一些轻微的状况，以及一些隐藏自己状况的人。

很多研究证明联觉的存在。例如，在下面每一组数字中寻到数字 2：

555555555555　　555555555555　　555555555555
555555555555　　555555555555　　552555555555
555555525555　　555555555555　　555555555555
555555555555　　555555555525　　555555555555

有联觉的人相对普通人可以快速地找到 2，因为他说他在寻找橙色的色块！然而他比普通人在 8 中寻找 6 却慢了很多，因为无论是 8 还是 6 对他们来说看起来都像蓝色（Blake，Palmeri，Marois，& Kim，2005）。另外一个人不能在 4 中找到 A 因为它们看起来都是红色的，但是却能准确的在 0 中找到 A，因为 0 看起来是黑色的（Laeng，Svartdal，& Oelmann，2004）。然而奇异的是，一个认为字母 P 是黄色的人却能在一张黄色纸上（黑色书写）找到它们。可能通过某种方式，他既看到了字母的真实颜色（黑）也看到了联觉颜色（Blake et al.，2005）。

在另一项研究中，人们被要求尽可能快地识别由不常见字母所组成的图形，如下图：

TTTTTTTT
TTTTTTTT
TTCCCTTT
TTCCCTTT
TTTTTTTT
TTTTTTTT

这里正确的答案是由字母 C 构成的矩形。认为 C 和 T 代表不同颜色的人们比其他人更快地找到矩形，但是他们却不能和其他人一样快速地在如下图形当中找到矩形，因为 C 被染色了。

TTTTTTTT
TTTTTTTT
TTCCCTTT
TTCCCTTT
TTTTTTTT
TTTTTTTT

简而言之，有联觉的人看到字母就像是有颜色的，但与真正的颜色不同（Hubbard，Arman，Ramachandran & Boynton，2005）。进一步的证据，一项 fMRI 的研究发现，看到可以产生联觉色彩的人在大脑的颜色视觉区域只有一个很小的激活。相反，研究发现了顶叶的激活，它通常对刺激绑定很重要（Weiss，Zilles，& Fink，2005）。

一种假说认为这种现象的原因是一个脑区的细胞轴突延伸至另外一个区域。对于具有数字 – 颜色或者字母 – 颜色联觉的人来说，下颞叶皮层相对普通人有更多的连接（Rouw & Scholte，2007）。然而，这并不能解释全部。明显的，没有人生来就可把 P 和黄色或者将 4 和红色联系在一起，我们必须学会识别字母和数字。此外，当研究者发现在颞叶有额外的连接时，我们并不确定是这些连接诱发了联觉还是联觉导致了这些连接。确切说联觉是如何发展的还需要进一步的研究。

停下来检查一下

31. 如果一个人说他看见一个特定字母带有颜色，它与真实颜色的区别是什么？

模块 7.3 结 语

不同的感觉，认识世界的不同方式

要求一个普通人描述一下其所处的环境，他可能报告他看到或是听到了什么。如果其他物种可以说话，大多数物种可能通过它们闻到的气味描述世界。一个人、一只狗和一条蛇可能处于相同的地点，但是他们感觉到的环境却迥然不同。

我们有时候会低估味道或气味的重要性。而失去味觉的人将享受不到美食的快感并且发现进餐时难以下咽（Cowart，2005）。失去嗅觉的人同样会遇到麻烦。味觉和嗅觉在帮助我们判断远处发生的事情时与视觉和听觉不能相比，但是它们可以告诉我们：什么在我们旁边或者正要进入我们的身体。

总 结

1. 感觉信息可以有专线和交叉纤维模式两种编码方式。
2. 味觉感受器位于舌表面乳状突起上的味蕾内。
3. 根据现有证据，我们拥有五种味觉感受器，分别对甜味、酸味、咸味、苦味和鲜味敏感。味觉不仅仅是由不同种类细胞的相对反应进行编码，同样也由一个给定细胞的反应节律编码。
4. 咸味感受器只是对通过离子通道对钠离子反应。酸味感受器通过阻断钾离子通道对刺激产生反应。甜味、苦味和鲜味感受器通过细胞内的第二信使反应，与代谢型神经递质受体相似。
5. 哺乳动物拥有 25 种苦味感受器，确保它们可以探测到很多种化学上不相关的有害物质。但是，这么多苦味感受器的一个后果是，我们对任何一种低浓度的苦味都不敏感。
6. 舌前端三分之二的信息由第七对脑神经传递。舌后部和喉部信息由第九和第十对脑神经传递。两条神经通过复杂方式进行交互。
7. 一些被认为是超级品尝师的人拥有比正常人更多的菌状乳突，也比正常人对多种味道更敏感。他们一般会避免重口味的食物。
8. 嗅觉感受器是一种蛋白质，它的每一种都对于几种相关化学物质反应，但对其他的没有响应。脊椎动物拥有几百种嗅觉感受器，但是每一种只能探测少数几种气味。
9. 在大脑皮层中的嗅觉神经元对模式复杂的外界刺激反应，例如莓类和瓜类。大脑皮层可以通过经验进行学习，并更加熟练地区分比较相关但不相似的气味。
10. 嗅觉神经元只能存活一个月左右。大脑生成新的细胞替换它们，新的细胞同样也会对替换细胞原本敏感的物质进行反应，并将轴突传递至相同的目标。
11. 大部分哺乳动物中，每一个犁鼻器感受器只对一种信息素敏感。信息素是一种社会信号，通常为了寻找异性伴侣。不像其他嗅觉感受器，犁鼻器感受器不对持续很长时间的刺激产生适应效应。人类在某种程度上也对信息素有反应，尽管我们的感受器位于嗅粘膜而不是犁鼻器。
12. 一小部分人有联觉体验，一个感官受到刺激后在另外一个感官产生的感觉。例如一些人听到萨克斯管演奏的时候可能会看到紫色霓虹灯。现在还没有对联觉的解释。

关键术语

专线原则 223
交叉纤维模式原则 223
味 蕾 224
乳状突起 225
适 应 226
交叉适应 226
孤束核 227
超级品尝师 228
嗅 觉 229
嗅觉细胞 230
犁鼻器 233
信息素 233
联 觉 234

思考题

1. 在英语中，没有语境的字母 t 是没有意义的。它的意义取决于它与其它字母的关系。的确，即使是一个单词，例如 to，如果不和其他单词相连，也没有太多意义。因此语言是一个专线系统还是交叉纤维模式系统?
2. 假设一个化学家合成了一种有气味的新化学物质。假定我们没有专门对这个化学物质反应的一个感受器。解释一下我们的感受器如何探测到它?

停下来检查一下答案

22. 输入一个大写字母是基于交叉纤维模式编码的例子。(结果基于字母键和 Shift 键的组合)。火警和电灯开关都是指传达单个信息的专线编码。
23. 可以测试交叉适应。如果一个新的味道和其他味道有交叉适应，那么它们共用一种感受器；如果没有交叉适应，那么它可能有自己的感受器。另一种可行方案是寻找某种方法，其可以阻断这种味道而不影响其他味觉。
24. 两种可能：第一种，苦味激活了味觉细胞中特定的时间反应模式；第二种，尽管没有单一的细胞对于苦味反应强烈，但是可能是某一组细胞对其独特的反应模式。相似的，在视觉中，没有视锥细胞对紫色反应，但是我们可以根据一系列视锥细胞的反应模式识别紫色。
25. 这种化学物质可能阻断你的甜味、苦味和鲜味体验，但是不能阻断你咸味和酸味的味觉。
26. 基因和荷尔蒙影响舌尖周围的味蕾数量。
27. 与代谢型神经递质受体一样，嗅觉感受器通过 G 蛋白激活细胞内的其他事件。
28. 大部分嗅觉感受器存活一个月后被替换。
29. 感受器分子像一种身份识别一样帮助轴突在大脑中正确地找到目标细胞。
30. 嗅觉感受器对连续的气味适应更快，然而犁鼻器感受器则会持续地不停反应。同样，犁鼻器感受器似乎可以影响行为，尽管这种影响是无意识的。
31. 看到字母为黄色的人（黑色墨水书写）在黄色的纸上可以看到这个字母。

Jim Rider/Zeis Images

运　动

8

本章大纲

主要内容

1. 运动不只是刺激与肌肉收缩间的联系，而是依赖于整个的计划。
2. 运动在对反馈的敏感性、技巧和遇到障碍物时的变异性方面各有不同。
3. 不同脑区的损伤导致不同类型的运动障碍。
4. 损害运动的脑损伤也影响认知过程，即运动控制不可分割地与认知相联系。

开始学习之前，请试一试这个：拿出一支铅笔和一张纸，把铅笔放在你的反手（非利手）上，如你是右利手，就放在左手上。然后，用那只手画一个侧面的脸——也就是面向某一个方向，而不是正面朝前。请在进一步阅读前做完这件事。

如果你真的试了，你可能就注意到你的画比通常幼稚的多，就像你脑子的某部分储存了你在孩提时代作画的方式一样。现在，如果你是右利手而用你的左手画脸，你画的脸是不是面向右侧？至少我推测你是这样画的，因为三分之二以上的右利手者用左手画侧面像是向右的。5 岁左右的儿童在用右手画画时，画的人和动物几乎都是向左的，而用左手画则几乎全是向右的。然而，这是为什么？简单的回答是：我们不知道。在有关运动控制及其如何与知觉、动机和其他功能相联系方面，我们还有很多东西要学习。

（左图图释）脑活动最终所要完成的是运动控制——这是一个比看起来要复杂得多的过程。

模块 8.1

运动的控制

我们到底为什么要有脑？植物没有脑也活得好好的，属于动物而不像动物那样活动的海绵动物也如此。但是植物不能移动，海绵动物也一样。海鞘（一种海生无脊椎动物）能游动，而且在其幼年期有脑，但它转变为成年时，就附着在东西的表面而成为一个不动的寄食者，并把自己的脑消化掉，好像说“现在我已停止旅行，我不再需要脑这东西了”。归根结底，脑的目的就是控制行为，而这种行为指的就是运动。

“不过，且慢！”你可能会说道，“我们需要脑也为了别的用处，不是吗？如看东西、听声音、觅食、谈话、理解语言……”

可是，如果你不能做任何事，那看东西和听声音又有什么意义呢？寻找和咀嚼食物需要运动，谈话也一样。除非你能做点什么，否则理解语言并不能给你带来多大益处。若没有肌肉，一个伟大的脑就像一台没有监视器、打印机或其他输出设备的计算机，不管其内部处理器有多大的能力，都没有任何用处。

Gary Bell/Getty Images

成年海鞘附在物体表面不再移动，并消化了自己的脑。

肌肉及其运动

所有动物的运动都依赖于肌肉的收缩。脊椎动物的肌肉分为三类（图 8.1）：控制消化系统和其他器官的**平滑肌**（smooth muscles），控制环境相关性躯体运动的**骨骼肌**（skeletal muscles）或**横纹肌**（striated muscles），以及特性介于平滑肌和骨骼肌之间的**心肌**（cardiac muscles）（即心脏的肌肉）。

如图 8.2 所示，每块肌肉都含有许多肌纤维。尽管每一肌纤维只接受一根轴突的信息，但一根轴突可以支配一根以上的肌纤维，如眼肌大约是每 3 根肌纤维一根轴突的比例，而上臂二头肌的比例则是一根轴突对比于 100 多根肌纤维（Evarts，1979）。这种差异使得眼动比二头肌更精细。

神经肌接头（neuromuscular junction）是运动神经元轴突与肌纤维间的突触。在骨骼肌，轴突都在神经肌接头处释放乙酰胆碱，乙酰胆碱也总是兴奋肌肉引起收缩。所有的肌肉都只做一种运动——收缩。缺乏兴奋时肌肉舒张，但绝不会出现反向的主动收缩；来回移动腿或手臂需要相反的肌肉组，称为**颉颃肌**（antagonistic muscles）。例如，在你的肘部有移动你的手朝向你的肩的**屈肌**（flexor），以及伸直手臂的**伸肌**（extensor）（图 8.3）。乙酰胆碱或其受体的缺乏则损害运动。**重症肌无力**（myasthenia gravis）是一种自身免疫病，免疫系统产生抗体攻击神经肌接头处的乙酰胆碱受体（Shah & Lisak，1993），导致肌肉无力和骨骼肌的快速疲劳。若持续兴奋肌纤维多次，同一运动神经元后面的动作电位只能释放比前面少的乙酰胆碱。对于正常人，乙酰胆碱的轻度衰减并不带来问题。然而，重症肌无力患者已失去许多受体，即使是乙酰胆碱释放的轻度衰减，也会产生明显的缺陷（Drachman，1978）。

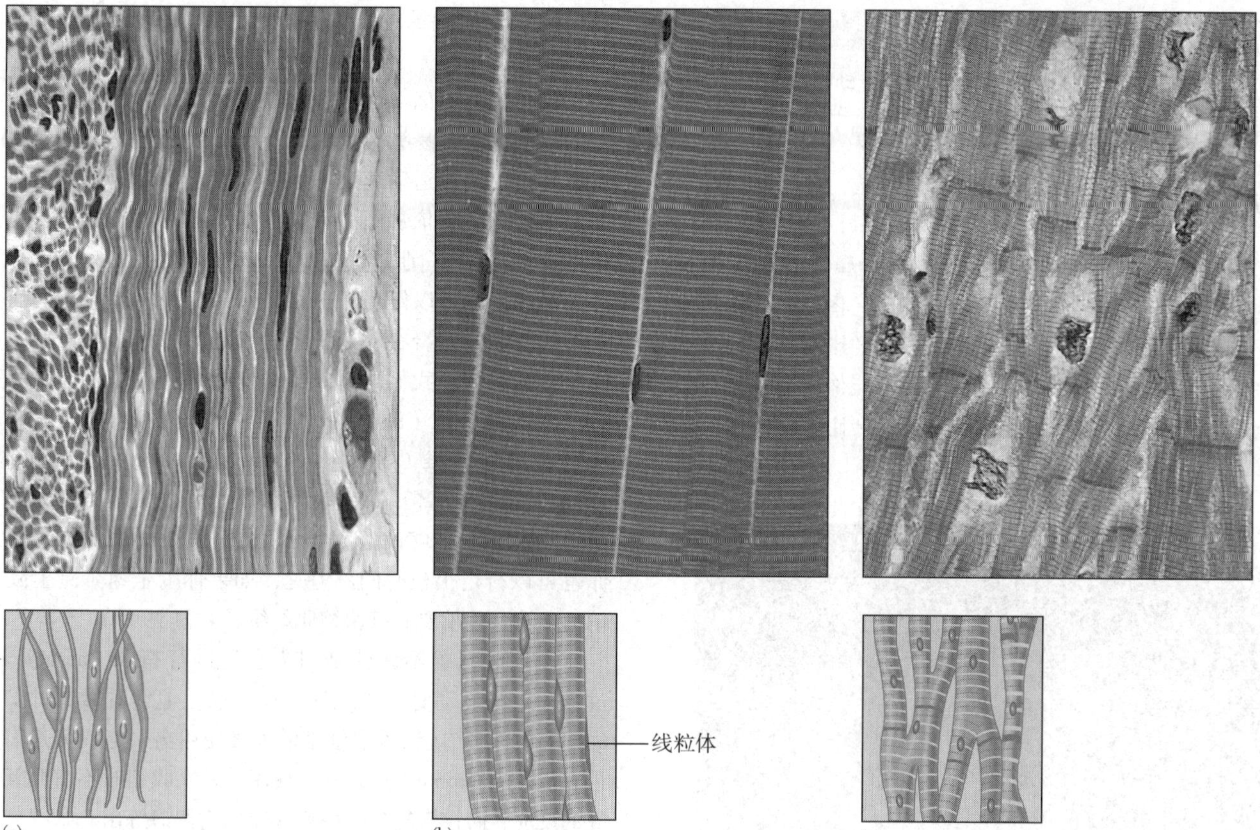

线粒体

(a)　(b)　(c)

图 8.1　脊椎动物的 3 类主要肌肉

（a）平滑肌：见于肠道和其他器官，由细长细胞构成；（b）骨骼肌或横纹肌：由呈现横纹的长柱状纤维组成；（c）心肌：见于心脏，由多处融合的纤维构成，正是这些融合使得心肌形成合胞体，而不是独立的细胞。（*Illustrations after Starr & Taggart, 1989*）

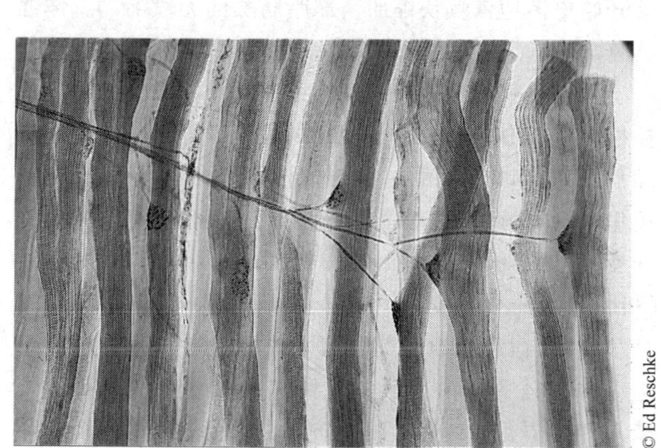

图 8.2　一根轴突的分支支配一块肌肉内的多根肌纤维

一根轴突仅支配几根肌纤维（如眼肌）时，其运动比支配许多肌纤维（如二头肌）要精细得多。

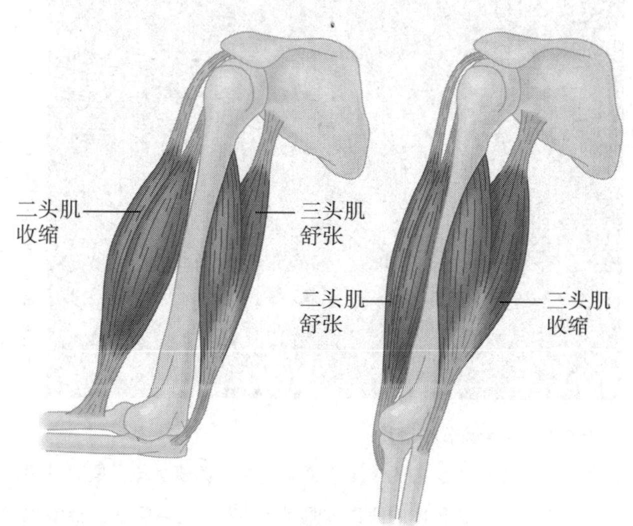

图 8.3　一对相互颉颃的肌肉

手臂的二头肌是屈肌，三头肌是伸肌。（*Starr & Taggart, 1989*）

停下来检查一下

1. 为什么眼肌能比二头肌产生精细得多的运动?

快肌和慢肌

想像一下你是一只小鱼，你对大鱼、潜水鸟和其他天敌的唯一防御就是你的游开能力（图8.4）。你的体温与你周围水温相同，由于化学过程的影响，肌肉收缩在寒冷时减慢。这样在水变冷时，可能你就运动得会缓慢，对吗？奇怪的是你并未减慢。你会比先前使用更多的肌肉，你的游泳速度大致相同（Rome，Loughna，& Goldspink，1984）。

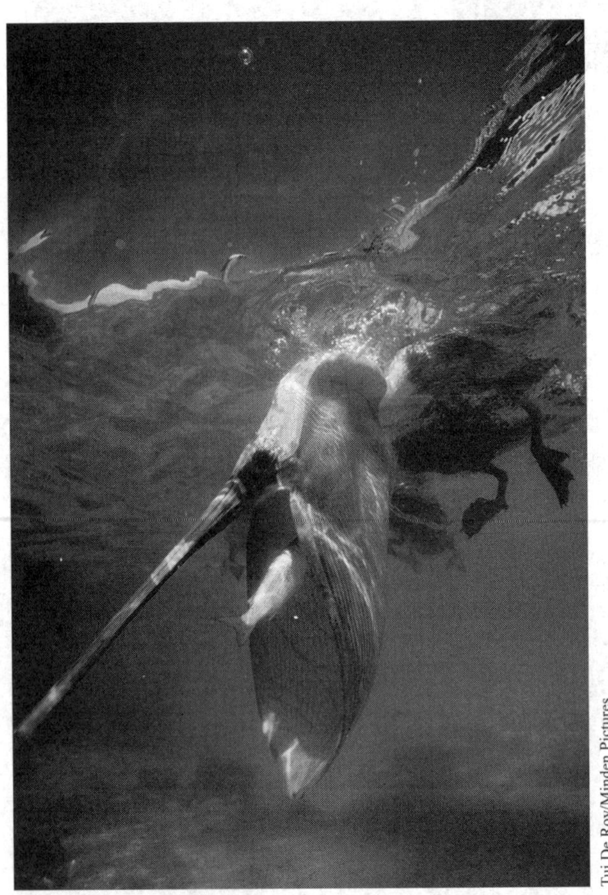

Tui De Roy/Minden Pictures

图8.4 温度调节和运动

鱼是冷血动物，但它的天敌（例如，这只鹈鹕）却不是。在冷的温度下，尽管鱼体内的每一肌肉比通常收缩得慢些，但他也必须保持正常的游泳速度。要做到这样，鱼就要动用白肌，除此之外，白肌就只在迅速加速的时候使用。

鱼有三类肌肉：红肌、粉红肌和白肌。红肌产生最慢的运动，但不易疲劳。白肌产生最快的运动，但很快疲劳。粉红肌在运动速度和疲劳速度上都处于中间。在高温下，鱼主要依靠红肌和粉红肌。在冷的温度下，鱼越来越多地依赖白肌以保持速度，但很快疲劳。

好的，你可以停止想像你是一条鱼了。人和其他哺乳类的肌肉有混合在一起的各种肌纤维，而不是像鱼一样分开的肌束。我们的肌肉类型包括快速收缩且很快疲劳的**快缩肌纤维**（fast-twitch fibers）和收缩较弱但不疲劳的**慢缩肌纤维**（slow-twitch fibers）（Hennig & Lømo，1985）。我们依靠慢缩和中间类型的肌纤维完成不费力的活动。例如，你能够说上几个小时话而不出现唇肌的疲劳，你也可以行走很长时间。但是，如果你以全速奔跑上陡峭的山坡，你就要收缩快缩肌纤维，并很快疲劳。

慢缩肌纤维不疲劳是因为它们进行**有氧**（aerobic）过程——在运动时使用氧气，你可以把他们看做“付出你拥有的东西”。快缩肌纤维的大量使用会引起疲劳是因为**无氧**（anaerobic）过程——使用一种在收缩时不需要氧气的反应，而在恢复时消耗氧。使用它们锻炼出一个“氧债”。长时间运动可从有氧活动开始，随后转变为无氧运动。例如，想像一下你自己骑自行车的情况。你的有氧肌肉活动消耗葡萄糖，但在葡萄糖供应出现不足时，就会激活一个基因，抑制肌肉使用葡萄糖，进而节约葡萄糖以供给大脑的需要（Booth & Neufer，2005）。这时你就开始更多地依赖快缩肌，靠脂肪酸的无氧活动。你继续骑自行车，但你的肌肉会逐渐疲劳。

人有各种比例的快缩和慢缩肌纤维。瑞典的超级马拉松运动员 Bertil Järlaker 在他的腿上锻炼出如此多的慢缩肌纤维，以至于他能在50天中跑3 520公里（2 188英里，平均每天1.7个马拉松路程），而仅有微弱的疼痛或疲劳（Sjöström，Friden，& Ekblom，1987）。原始探险（Primal Quest）比赛必须在夏天的热浪中步行或奔跑125公里，骑自行车250公里，划独木舟131公里，峡谷壁上垂降97公里，在汹涌的水中游泳13公里，在高温下骑马和攀岩，持续6天以上。为了承受这样的考验，参赛者需要有肌肉和代谢的多方面适应（Pearson，2006）。与此不同的是，有竞争力的短跑运动员拥有高比例的快缩肌纤维，这更加适应速度的要求，而不是耐力（Andersen，

Klitgaard，& Saltin，1994；Canepari et al.，2005）。个体差异既依赖于遗传，也依赖于锻炼。

停下来检查一下

2. 在冷水中鱼的运动会有什么问题?
3. 鸭的胸脯肌肉是红肌（暗颜色的肉），而鸡的胸脯肌肉是白肌。哪一种能在疲劳前飞行更长的时间?
4. 为什么像 Bertil Järlaker 这样的超级马拉松运动员不太可能在短距离比赛中获胜?

本体感受器对肌肉的控制

你正走在一条崎岖不平的路上，有时你需要用点力气，有时候需要轻轻地下脚，你甚至不用想就能调整姿势和保持平衡，你是怎样做到的?

一个婴儿正背朝下躺着，你好玩地拉他的脚一下，然后让他自己运动。立刻，腿就反跳回原先的位置，他是怎样做到的？为什么?

这两个例子，其机制都是由于受到本体感受器的控制（图 8.5）。**本体感受器**（proprioceptor）检测躯体部位，在这些例子中是肌肉的位置或运动状况。肌肉本体感受器检测肌肉的牵拉和张力，并传送信息使得脊髓能调节它的控制信号。当肌肉被牵拉时，脊髓送出一个反射信号让其收缩。这种**牵张反射**（stretch reflex）是由牵拉引起的，而不是主动产生的。

一类本体感受器是**肌梭**（muscle spindle），一种与牵拉反应肌肉相平行的感受器（Merton，1972；Miles & Evarts，1979）。当肌梭受牵拉时，它的感觉神经传送信息给脊髓的运动神经元，后者再送出信息回到肌梭周围的肌肉,继而引起收缩。注意这种反射提供了负反馈控制：当肌肉和它的肌梭受牵拉时，肌梭送出信息导致肌肉收缩以对抗牵拉。

当你踩下的脚落在路面凸出物上时，你的膝盖有点弯曲，就牵拉了该腿的伸肌。该肌梭的感觉神经就传送动作电位到脊髓的运动神经元，而运动神经元再送出动作电位到同一伸肌，收缩伸肌使腿伸直，进行了相应的调节以应对碰到的凸出路面。

医生要你交叉双腿，并轻敲你膝盖之下位置，就是

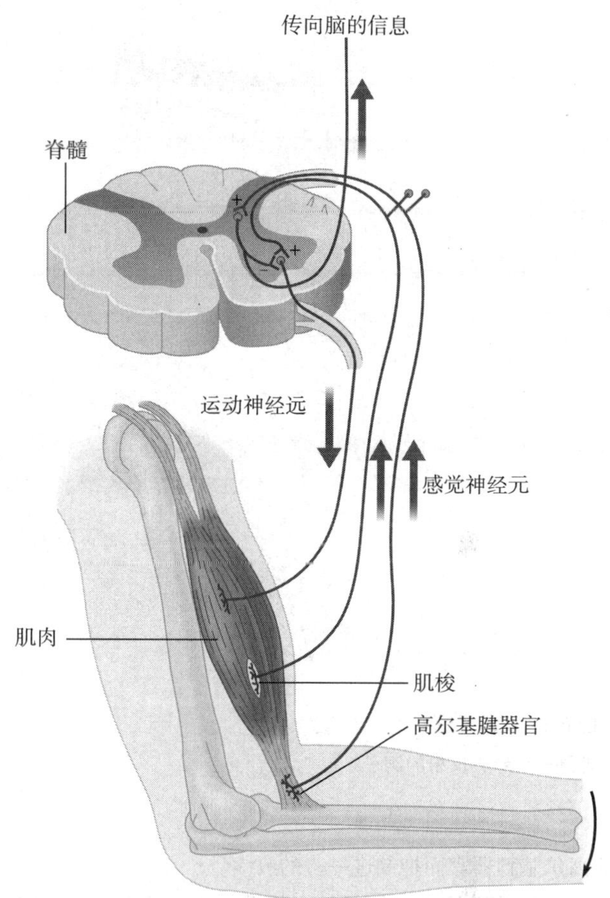

图 8.5　两类本体感受器调节肌肉的收缩

当肌肉被牵拉时，来自肌梭的神经传递高频率的冲动，导致其周围肌肉的收缩。肌肉的收缩又刺激高尔基腱器官，后者发挥制动器或减震器的作用，以防收缩过急或过强。

在检查你的牵张反射（图 8.6）。轻敲牵拉伸肌，它们的肌梭产生信息，使得该小腿上跳。同样的反射也在行走时发挥作用，提起大腿反射性地移动小腿向前，以备下一步行走。

高尔基腱器官（golgi tendon organs）也是一类本体感受器，对肌张力增强做出反应。腱器官位于肌肉两端的肌腱中，发挥制动器作用以防止过度强烈的收缩。有的肌肉收缩是如此强劲有力，以至于同时太多的肌纤维收缩会损伤肌肉本身。高尔基腱器官检测肌肉收缩时所产生的肌张力，它们的脉冲传入脊髓，并激活抑制运动神经元的中间神经元。简言之，有力的肌肉收缩通过激

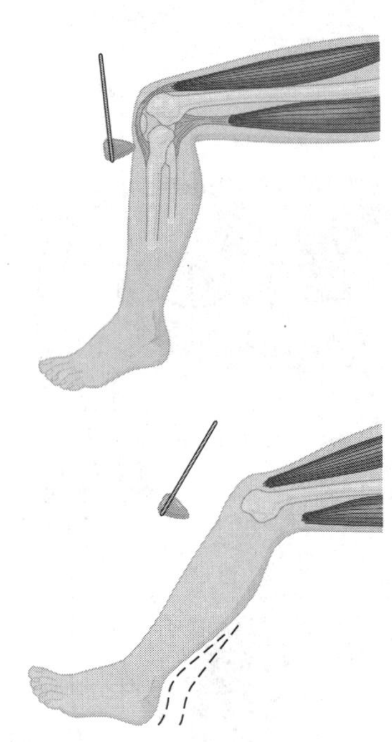

图 8.6　膝跳反射
这是一个牵张反射的例子。

活高尔基腱器官而抑制进一步的收缩。

本体感受器不仅控制重要的反射，而且向大脑传递信息。这是一个你可以自己证明的演示：找一个小而密度大的物体，和一个大而密度小些的物体，两者重量相同。例如，你可以试试一个柠檬和一个挖空一些的橘子，橘子仅仅是把橘皮粘在一起看起来像未动过的一样。在另一人看着时，将一个物体放在他或她的手上，（看着是必须的）然后拿走，并把另一物体放在同一手上。大多数人报告小的物体感到更重些。原因是人们对大的物体设定了一个更重的期望值，作用于本体感受器的实际重量比期望值轻，进而产生了一个更轻的感觉。

停下来检查一下

5. 如果你把手臂前伸，有人轻轻往下拉一下，它会很快弹回来，是什么本体感受器起的作用？
6. 高尔基腱器官的功能是什么？

运动的单元

运动包括说话、行走、穿针线，以及躲开两个防守队员并在失去平衡状态下投出篮球等。不同类型的运动依赖于神经系统的不同控制方式。

随意和不随意运动

反射（reflexes）是对刺激的规律性自主反应。因为反射对强化、惩罚和动机不敏感，我们通常认为反射是不随意运动。牵张反射就是一个例子。另一个例子是瞳孔在有强光时做出的反应是缩小。

应用和扩展

婴儿的反射

婴儿有几种成人所没有的反射。例如，如果你放一个物体紧贴婴儿的手上，婴儿就会抓住它（**抓握反射**［grasp reflex］）。如果你划他的脚底，婴儿就会伸直（背屈）大趾头而其他趾头成扇形（**巴宾斯基反射**［Babinski reflex］）。如果你碰一下婴儿的面颊，婴儿就会把他或她的头转向受刺激的面颊一侧，并开始吮吸（**觅食反射**［rooting reflex］）。觅食反射不是一个单纯的反射，其强度依赖于婴儿的清醒和饥饿状态。

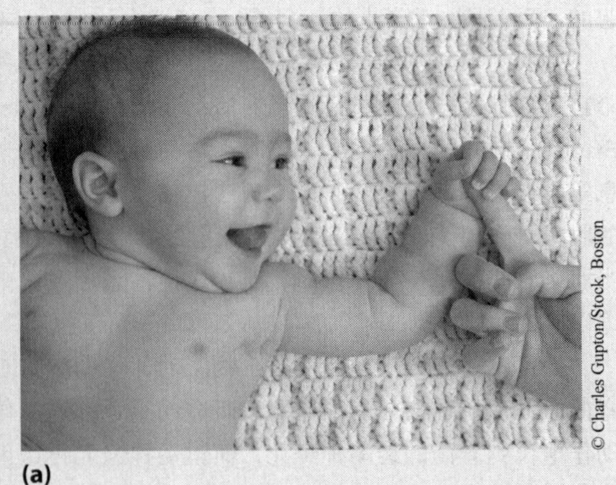

(a)

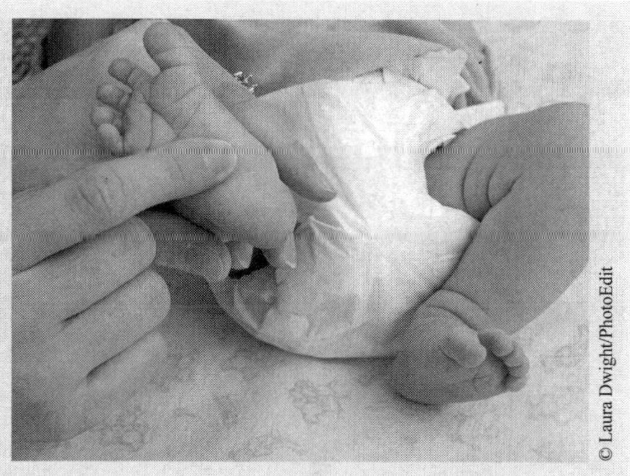

(b)

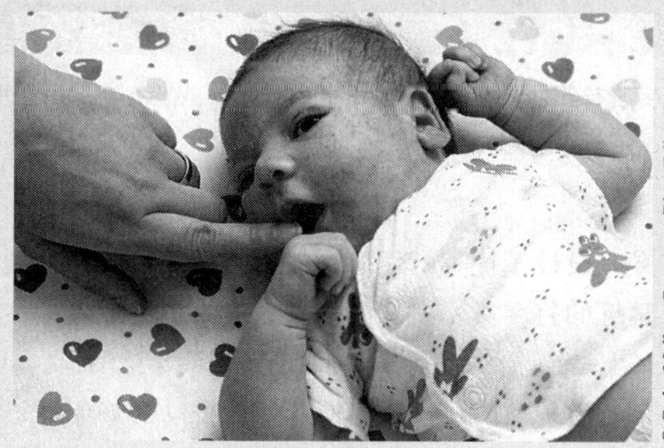

(c)

通常成人不存在的三种婴儿反射。(a)抓握反射;(b)巴宾斯基反射;以及(c)觅食反射。

尽管这些反射随着年龄增长而消退,但其联系并未受损,不是丧失而是被发育成熟的脑中的轴突所抑制。如果大脑皮质受损,婴儿反射就会从抑制中释放出来。在体检中医生划你的脚底,就是在寻找脑损伤的证据。这可能不算最可靠的测试,但是最容易做的。如果划你的脚底使你的脚趾像婴儿那样成扇形,医生就要进一步进行检查。

婴儿反射有时也可暂时地出现,如乙醇、二氧化碳或其他化学物质降低了大脑皮质的活动时。当你的朋友喝了太多的酒时,你可以试试你朋友的婴儿反射。

婴儿和儿童也呈现一些比成人更强的**协合反射**(allied reflexes)。如果灰尘吹过你的脸,你就会反射性闭眼和闭嘴,甚至打喷嚏。这些反射在一定意义上是协合的,他们每一个都可以激活其他反射。如果你突然看到亮光——如在阳光灿烂的下午你从黑暗的戏院中走出来——你反射性闭上眼睛,而且你也可能闭上嘴甚至打喷嚏。许多小孩和一些成人都是这样的反应(Whitman & Packer 1993)。

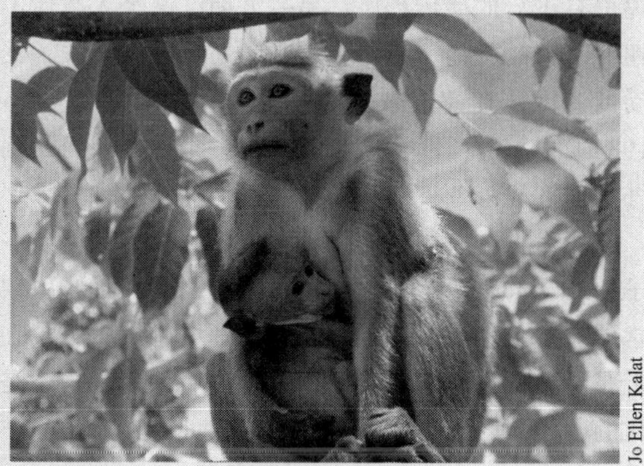

抓握反射使婴儿能抱紧行走中的母亲。

很少有行为能被区分为纯的随意或不随意性,反射或非反射性。甚至行走亦包含不随意成分。当你行走时,你自主地调整以适应凸出或不规则的路面,作为行走的一个不随意成分,你也自主地摆动手臂。

试一试这个:坐着,抬起你的右脚并顺时针方向划圈,在继续脚部动作的同时,用你的右手在空中划数字 6,或仅仅移动你的右手反时针方向划圈。你也可能会逆转你的脚的运动方向。要在身体的同一侧同时完成"随意的"顺时针和逆时针方向运动是困难的。奇怪的是,要在一个方向移动你的左手,而在相反的方向移动右脚,却一点也不困难。

在一些情况中,随意的行为必须抑制不随意的冲动。这是一个令人迷惑的实验:把一只手放在小孩头的左侧,另一只手在右侧。当你摆动一根手指时,要求小孩看另外一只手。在 5~7 岁以前,大多数小孩发现要忽视摆动的手指而看另一方向几乎是不可能的。完成这一任务的能力要直到 18 岁才逐渐完善,需要前额叶皮质区域的缓慢发育成熟。即使一些成人，特别是那些患有神经或精神性疾病的，要完成这项任务也有困难（Munoz & Everling，2004）。

根据负反馈灵活地调节

军事上会区分投射导弹和制导导弹，投射导弹就像扔球一样被发射，而制导导弹则检测靶标并调整其弹道以修正任何误差。

同样，有的运动是冲击性的，而另一些却通过反馈进行修正。**冲击运动**（ballistic movement）作为整体来执行：一旦触发，就不能再改变。如反射就是冲击运动。然而，大多数行为都是受反馈校正的，例如，当你穿针线时，你做一个很轻的运动，测试你的手臂，然后再调整。同样，一位按同一音调唱歌的歌手在听到任何音调变化时就要纠正它。

行为的序列

我们的许多行为由快速的序列构成，如说话、写字、跳舞，或演奏乐器。这些序列有的依赖于**中枢模式发生器**（central pattern generators）——脊髓内产生运动，输出一定节律模式的神经机制。这方面的例子有鸟产生翅膀拍动、鱼产生鳍运动，以及“落水狗的扑腾”的机制。虽然刺激可以激活中枢模式发生器，但不控制交替运动的频率。例如，猫以每秒钟3~4下的速率搔抓自己。腰段脊髓的细胞产生这一节律，而且它们在与脑分离时或肌肉瘫痪时仍继续工作（Deliagina，Orlovsky，& Pavlova，1983）。

我们通常将固定的运动序列称作**运动程序**（motor program），如一个固有程序的例子是，小鼠周期性地坐起来修饰自己，先舐自己的脚爪，再用爪擦拭自己的脸，当爪子揩过眼睛时闭眼，又舐自己的爪，等等（Fentress，1973）。一旦启动，从开始到结束的序列是固定的。许多人设计了需要学习但可预测的运动序列，如体操教练员等专家设计了优美的、协调的运动序列，同样的情形还有熟练的打字员、钢琴演奏者，等等。这种模式在一定意义上是自主的，考虑它或谈论它则会干扰动作。

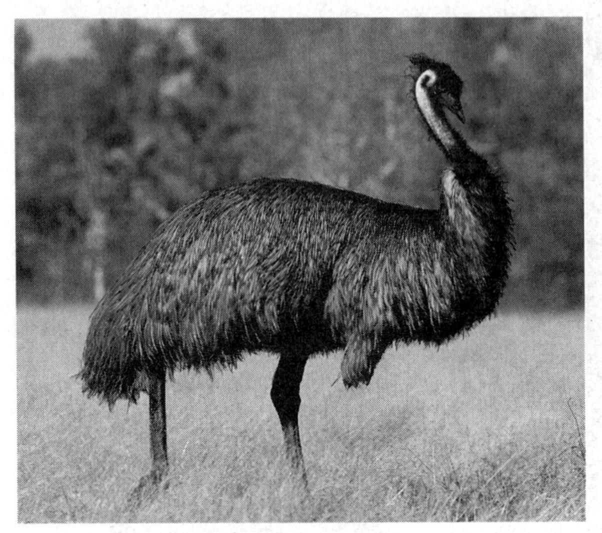

几乎所有的鸟在下坠时都反射性展开翅膀，但鸸鹋——在进化过程中失去飞行能力——却不会展开翅膀。

通过种属的比较，我们开始理解动物如何通过进化使得一个运动程序可以获得或丧失。例如，你把一只鸡举在空中，然后放下它，它的翅膀就展开并拍动。即使是翅膀没有羽毛的小鸡也做同样的运动，不过它们不能中止自己被摔的命运（Provine，1979，1981）。当然，小鸡仍有飞行的遗传程序。另一方面，已经无数代不使用翅膀飞行的鸵鸟、鸸鹋、三趾鸵鸟，则已丧失了飞行运动的基因，在摔下来时不会拍动它们的翅膀（Provine，1984）。（你也可以暂停一下，想想研究者如何找到一个办法来坠落这些笨重的鸟，以检验这个假设。）

那么人类有固有的运动程序吗？打哈欠就是一个例子（Provine，1986）。一个哈欠包括长时间的开口吸气，常伴有脸的拉长，然后是一个缩短的呼气。哈欠在时程上是一致的，平均不足6秒钟。一些面部表情也是程序化的，如微笑、皱眉，以及扬眉致意等。

模块 8.1　结　语

运动的类型

Charles Sherrington 把脊髓的运动神经元称为“最后的公路”。他的意思是，不管脑内的感觉还是动机过程如何，最后的结果要么是肌肉收缩，要么是肌肉收缩的延迟。运动神经元及其相关的肌肉参与了大量不同的运动，而且我们需要许多脑区来控制它们。

总　结

1. 脊椎动物有平滑肌、骨骼肌和心肌。
2. 所有神经－肌接头以乙酰胆碱为神经递质。
3. 骨骼肌有不疲劳的慢缩肌和迅速疲劳的快缩肌。我们大多数时间依靠慢缩肌，但在短暂的剧烈活动时动用快缩肌。
4. 本体感受器是对身体部位的位置和运动状态的感受器，肌梭和高尔基腱器官两种本体感受器帮助调节肌肉的运动。
5. 小孩和某些成人难以将注意力从移动目标转移到不动目标。
6. 有的运动特别是反射作为一个整体进行，几乎不受感觉反馈的引导。另一些运动如穿针线则受感觉反馈的引导和调节。

关键术语

平滑肌　240
骨骼（横纹）肌　240
心　肌　240
神经肌接头　240
颉颃肌　240
伸　肌　240
屈　肌　240
重症肌无力　240
快缩肌纤维　242
慢缩肌纤维　242
有　氧　242
无　氧　242
本体感受器　243
牵张反射　243
肌　梭　243
高尔基腱器官　243
反　射　244
抓握反射　244
巴宾斯基反射　244
觅食反射　244
冲击运动　246
中枢模式发生器　246
运动程序　246

思考题

你认为美洲豹、猎豹和其他猫科动物在它们的腿上拥有的主要是慢缩而不疲劳的肌肉，还是快缩而迅速疲劳的肌肉？哪种动物可能拥有相反种类的肌肉？

停下来检查一下答案

1. 到二头肌的每一轴突约支配一百根纤维，于是，它不可能产生仅由几根纤维完成的运动。相反，到眼肌的一根轴突仅支配三根纤维。
2. 虽然鱼能在冷水中快速游动，但它容易疲劳。
3. 鸭能飞较远的距离而没有明显的疲劳，正如它们经常在迁徙过程中所做的那样。鸡胸脯的白肌有强劲力量，这对于让笨重的身体跳离地面是必需的，但它快速疲劳。鸡几乎不能远飞。
4. 超级马拉松运动员拥有大量的慢缩肌纤维，进而损失了快缩肌纤维。因此，耐力很强，而没有快的速度。
5. 肌梭。
6. 高尔基腱器官对肌张力敏感，可以防止过强的肌肉收缩。

模块 8.2

运动的脑机制

为什么我们要关心脑是怎样控制运动的？目的之一就是要帮助脊髓损伤或做过截肢手术的人们。假设我们能听到他们脑内的信息，并解码他们想要做的运动，那么生物医学工程师就能设法将信息传送到肌肉刺激器或机械肢。听起来像科幻小说？也不全是。研究者将微电极阵列植入一位男性患者的运动皮质，他的颈以下全部瘫痪（图 8.7）。他们鉴定了他想做各种运动时最活跃的神经元，然后监测它们，这样在同一模式再产生时，运动就发生了。以后，他仅仅通过想一想就能打开电视，调节频道和音量，移动机械臂，开、合机械手，等等（Hochberg et al.，2006）。我们还有望通过技术的进一步精湛来增加和完善可能的运动。另一个方法是通过记录头颅表面的诱发电位（Millán，Renkens，Mouriño，& Gerstner，2004；Wolpaw & McFarland，2004）。这一方法避免了插进脑内东西，但可能提供的控制精度稍差。不管哪一方法，其发展都依赖于技术和对运动脑机制的认识。

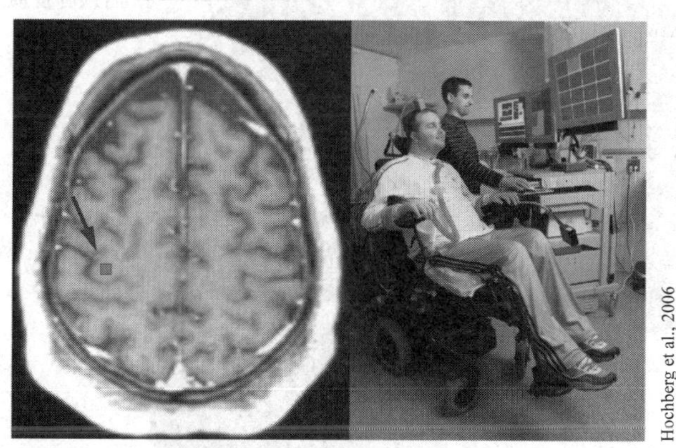

图 8.7　带有植入脑内电子器件的瘫痪男性

左侧：箭头指的是电子器件植入的部位。右侧：坐在轮椅上的男性，通过脑活动来移动显示屏上的光标到橘黄色方块上。（*From Macmillan Publishing Ltd. / Hochberg, Serruya, Friehs, Mukand, et al. (2006). Nature, 442, 164-171*）

运动控制依赖于图 8.8 所示的许多脑区。在这儿，先不要太陷入该图所示的细节。我们将在后续的内容中讲述每一脑区。

大脑皮质

自从 Gustav Fritsch 和 Eduard Hitzig（1870）的先驱性工作以来，神经科学家已经知道，对**初级运动皮质**（primary motor cortex）——中央沟之前额叶皮质的中央前回（图 8.9）——的直接电刺激诱发运动。运动皮质并不直接输送信息到肌肉，它的轴突分布到脑干和脊髓，它们再产生冲动去控制肌肉。大脑皮质对于复杂的动作如说话和写字特别的重要，但对咳嗽、打喷嚏、作呕、哭笑等就稍差些（Rinn，1984）。或许大脑控制的丧失可以解释为什么难以随意地产生这些动作。

图 8.10 标明了运动皮质的哪一区域控制身体的哪一部位。例如，居于手之下的脑区在手运动时活跃。通常，脑区控制的结构是在身体的对侧。然而，不要看着这个图而推测运动皮质的每一点控制着单块肌肉。例如，正如图 8.11 所示，对应于任一手指的区域，与对应于其他手指的区域重叠（Sanes，Donoghue，Thangaraj，Edelman，& Warach，1995）。

许多年来，研究者在实验动物通过时程短于 50 毫秒的瞬时电脉冲来刺激神经元用以研究运动皮质，结果得到瞬间的、孤立的肌肉单收缩。随后研究者将刺激脉冲延长到半秒时，他们发现了不同的结果，与单收缩不同的是，他们诱发了复杂的运动模式。例如，刺激一个位点引起猴用手完成抓握运动，移动它的手到嘴边，并张开嘴（Graziano，Taylor，& Moore，2002）。每次重复刺激同一位点就触发同样的结果，且与猴子正在做什么，

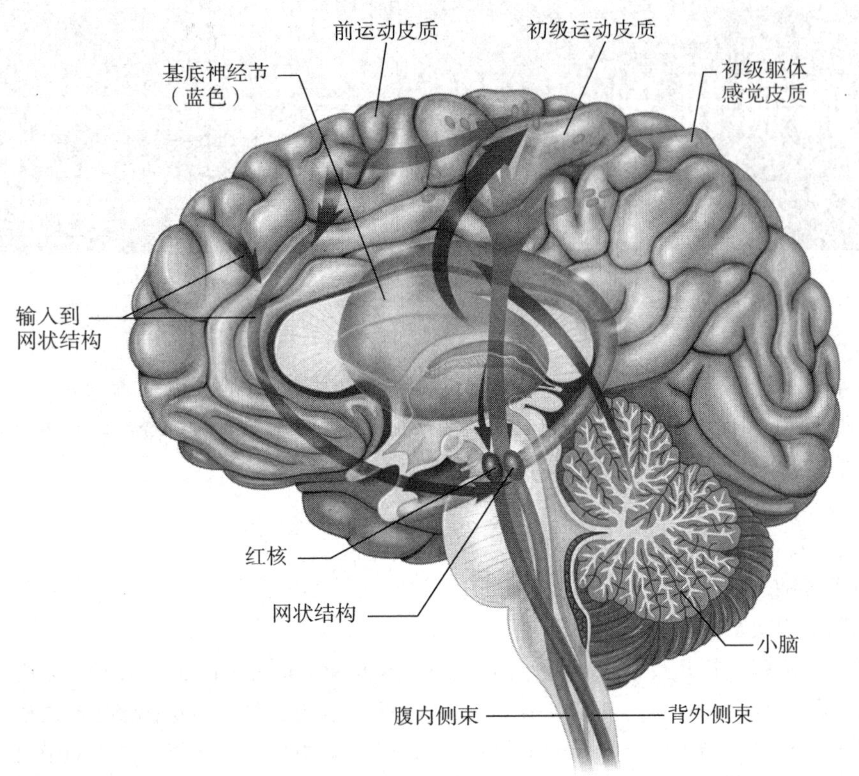

图 8.8 哺乳类中枢神经系统的主要运动区

大脑皮质特别是初级运动皮质直接发出轴突到延髓和脊髓，红核、网状结构和其他脑干区域也如此。延髓和脊髓控制肌肉的运动。基底神经节和小脑通过它们与大脑皮质和脑干的来回联络进而间接影响运动。

它的手所在的位置无关。也就是说，刺激产生了一个确定的输出。依手臂的位置不同，刺激可能激活二头肌、三头肌或其他肌肉。在多数情况下，运动皮质下达一个输出指令，交由脊髓或其他区域去寻找一种正确的肌肉组合（S. H. Scott, 2004）。

当人想做一个运动时初级运动皮质就活跃起来。研究者有机会去检查两名颈以下瘫痪病人的脑活动。当病人想以特定速度朝向特定位置作运动时，初级运动皮质约 90% 的神经元成为激活状态，不同的细胞对不同的速度和位置具有特异性。即使在脊髓损伤导致不能运动时，运动皮质同样显示这些性质（Truccolo, Friehs, Donoghue, & Hochberg, 2008）。

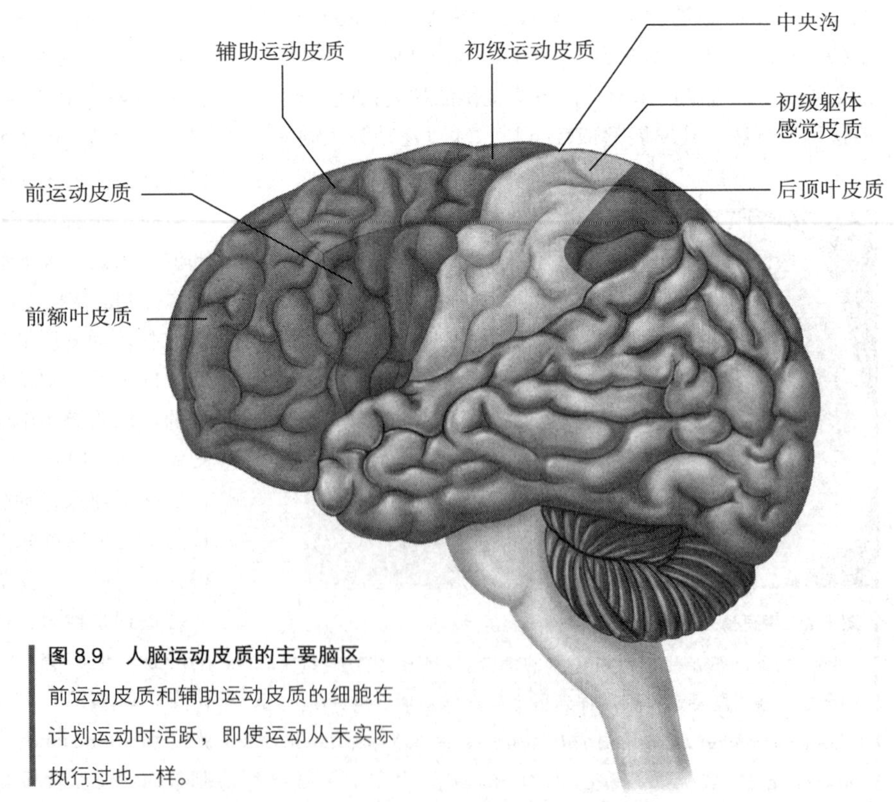

图 8.9 人脑运动皮质的主要脑区

前运动皮质和辅助运动皮质的细胞在计划运动时活跃，即使运动从未实际执行过也一样。

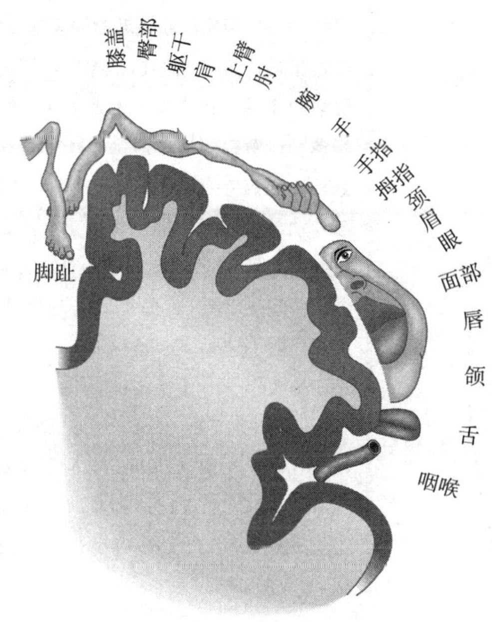

图 8.10 初级运动皮质的冠状切片

在初级运动皮质任一点的刺激，最可能诱发所示躯体部位的运动。然而，实际的结果常常比此图所提示的要复杂：例如，控制一根手指的各个细胞，可与控制其他手指的细胞相混合。（*Adapted from Penfield & Rasmussen, 1950*）

停下来检查一下

7. 什么证据表明皮质活动代表了运动的“想法”而不仅仅是肌肉的收缩?

初级运动皮质的相邻脑区

初级运动皮质的相邻脑区也在运动中发挥作用（见图 8.9）。**后顶叶皮质**（posterior parietal cortex）持续追踪身体相对于外界的位置（Snyder，Grieve，Brotchie，& Andersen，1998）。后顶叶皮质损伤的人能精确描述他们所看到的东西，但是他们难以将知觉转换到行动。他们不能走向他们所看到的东西、绕着障碍物走或伸手抓住东西——即使是在描述其大小、形状和角度之后（Goodale，1996；Goodale，Milner，Jakobson，& Carey，1991）。后顶叶皮质似乎在计划运动中也是重要的。在一个研究中，要求人们一看到四方形就用左手按键，一看到菱形就用右手按键。在一些情况下，他们看到预览的符号表示左手或右手，但在看到四方形或菱形之前不要做任何事情。在计划时相，也就是人准备好移动一只手但还未动时，后顶叶的部分脑区被激活（Hesse，Thiel，Stephan，& Fink，2006）。

正如第 7 章所谈及的那样，初级躯体感觉皮质是触觉和其他躯体信息的主要接受脑区。它为初级运动皮质提供感觉信息，也发出一定数量的轴突直接到脊髓。当手抓住东西时，这一脑区的神经元特别活跃，对应于物体的形状和运动的类型，如抓握、提升或降低（E. P. Gardner，Ro，Debowy，& Ghosh，1999）。

前额叶皮质、前运动皮质和辅助运动皮质（见图 8.9）的细胞负责运动的准备及送出信息到初级运动皮质。**前额叶皮质**（prefrontal cortex）对运动的光、噪声和其他信号作出反应，并根据其可能输出来计划运动（Tucker，Luu，& Pribram，1995）。如果你的这一脑区有损伤，你的许多运动就是不合逻辑或无组织的，如穿着衣服冲澡，或不是往牙刷上而是往牙膏管里冲水（M. F. Schwartz，1995）。有趣的是，做梦时这一脑区不活动，而我们梦见的一些动作又常常像前额叶皮质损伤者的行为一样不合逻辑（Braun et al.，1998；Maquet et al.，1996）。

前运动皮质（premotor cortex）在准备运动时活跃，而在运动过程中不太活跃。它接受身体要引导运动所趋向的有关靶标信息，以及身体当前位置和姿势的有关信息（Hoshi & Tanji，2000）。当然，两种信息对于将运动导向目标来说都是必需的。

前额叶皮质和**辅助运动皮质**（supplementary motor cortex）在计划和按特定顺序组织一个运动的快速序列中都是重要的（Shima，Isoda，Mushiake，& Tanji，2007；Tanji & Shima，1994）。如果你有一个习惯动作，譬如你碰到某一拐角时左转，在你需要抑制你的习惯而做其他事时，辅助运动皮质就是必需的（Isoda & Hikosaka，2007）。

辅助运动皮质在运动前 1 或 2 秒成为活动状态（Cunnington，Windischberger，& Moser，2005）。一个研究中，在病人准备手术中脑被暴露时，研究者对其辅助运动皮质进行电刺激。（因为脑内没有痛觉感受器，外科医生有时仅用头颅的局部麻醉进行手术。）对辅助运动皮质的弱刺激触发一个“驱动”，使其预期将移动某一身体部位，或一个运动将要开始。更长或更强的刺激则诱发一个实际的运动（I. Fried et al.，1991）。很明显，驱动运

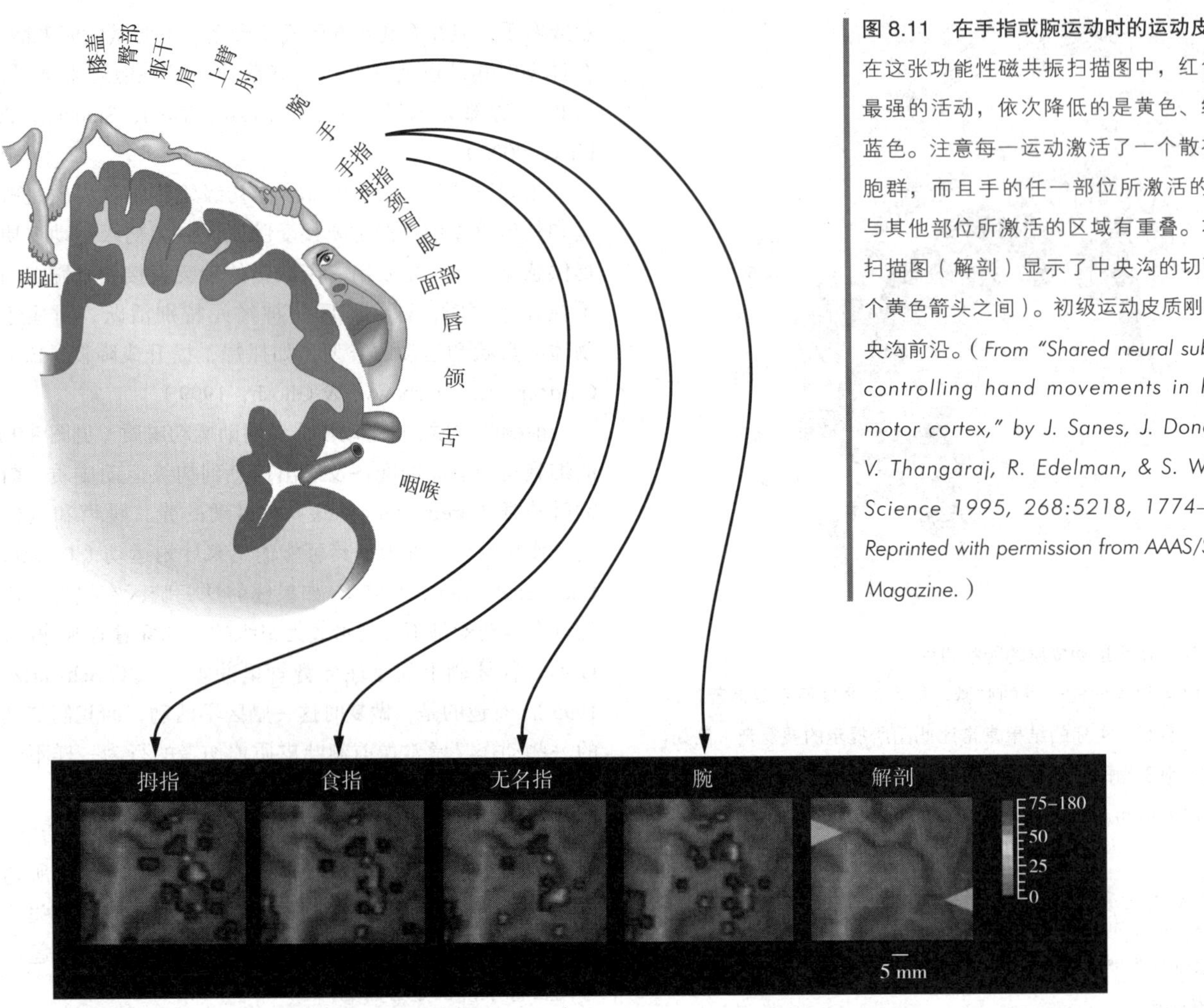

图 8.11　在手指或腕运动时的运动皮质

在这张功能性磁共振扫描图中，红色表示最强的活动，依次降低的是黄色、绿色和蓝色。注意每一运动激活了一个散在的细胞群，而且手的任一部位所激活的区域，与其他部位所激活的区域有重叠。右侧的扫描图（解剖）显示了中央沟的切面（两个黄色箭头之间）。初级运动皮质刚好在中央沟前沿。（*From "Shared neural substrates controlling hand movements in human motor cortex," by J. Sanes, J. Donoghue, V. Thangaraj, R. Edelman, & S. Warach, Science 1995, 268:5218, 1774–1778. Reprinted with permission from AAAS/Science Magazine.*）

动和运动开始的差异也与激活的程度有关。

停下来检查一下

8. 后顶叶皮质怎样为运动发挥作用？前额叶皮质呢？前运动皮质？辅助运动皮质？

镜像神经元

在神经科学的许多发现之中，最令心理学家兴奋的一个是**镜像神经元**（mirror neurons），它们在准备运动时，以及看别人做同样或类似的运动时被激活（Iacoboni & Dapretto，2006）。一些细胞对听到以及看到或做一个动作（如撕开一张纸）起反应（Kohler et al.，2002）。当你看到一些令人作呕的东西，如污秽的厕所时，以及看到别人表现出作呕的表情时，脑岛（皮质的一部分）的细胞被激活（Wicker et al.，2003）。

镜像神经元首先报道存在于猴的前运动皮质（Gallese，Fadiga，Fogassi，& Rizzolatti，1996），随后在其他脑区和包括人类在内的种属中也被发现（Dinstein，Hasson，Rubin，& Heeger，2007）。这些神经元在理论上是令人兴奋的，因为它们可能在理解、鉴别和模仿他人方面是重要的。例如，患孤独症的儿童几乎不能模仿他人，他们不能形成强的社会联系。他们社会化的缺失可能表示镜像细胞的缺失吗？镜像细胞的出现可能是形成人类社会的基础吗？

可能性是令人兴奋的，但是在我们推测得太远之前，重要的问题仍然存在。首先，镜像神经元确实引起了模

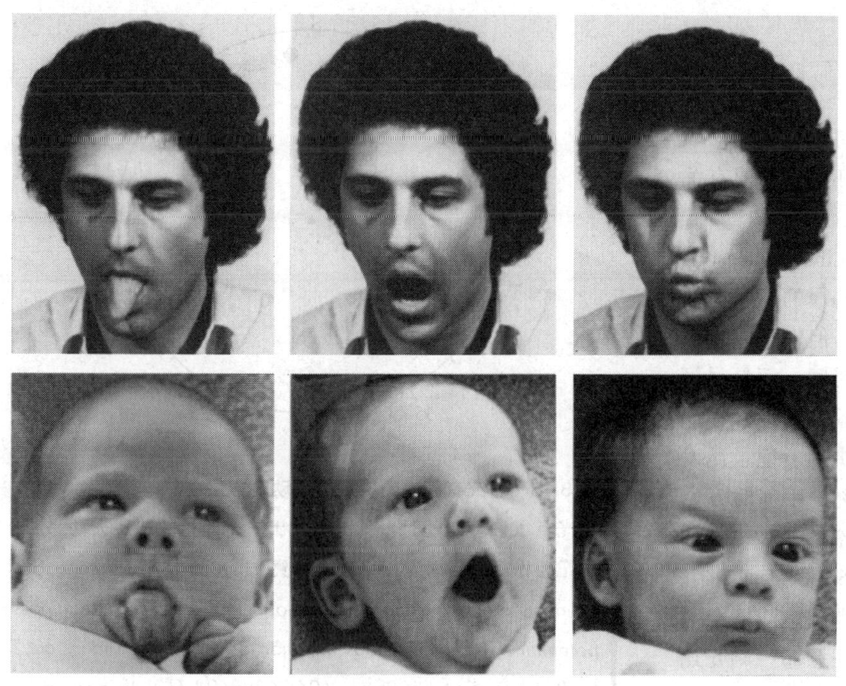

图 8.12　仅几天大的婴儿就能模仿一些面部表情

这些动作说明镜像神经元可能是先天的。(*From: A. N. Meltzoff & M. K. Moore, "Imitation of facial and manual gestures by human neonates." Science, 1977, 198, 75-78. Used by permission of Andrew N. Meltzoff, Ph.D.*)

仿和社会行为吗？或者他们是由这些所致？换句话说，我们出生时就带有对应于看到的某一运动的神经元，该神经元又促进这一运动吗？如果这样，它们对于社会学习是重要的。然而，另一个可能性是我们学习与他人一致，做出与所见运动相对应的运动。这种情况下，镜像神经元并不引起模仿和社会化。

答案可能依不同细胞和不同运动而异，仅几天龄的婴儿（在某些情况下）就能模仿少数的脸部运动，如图 8.12 所示。这一结果提示固有的镜像神经元，它联系了看到的运动和自己的运动（Meltzoff & Moore，1977）。另外，当别人发笑时，我们也肯定地要发笑，以至于我们都试图（尚无证据）去推测其固有的神经基础。不过，我们再来考虑一下别的情况。研究者鉴定出对后面两种情况都起反应的镜像神经元，即人们移动某一手指，比如食指时，以及他们只是看别人移动同一手指时。然后，他们要求人们看着屏幕的显示，一看到屏幕上的手移动小指时，就移动食指。而在屏幕上的手移动食指时，就移动小指。几次练习之后，这些"镜像"神经元就转变成"反镜像"神经元，它们对该人一根手指的移动和看到屏幕上不同手指的图像起反应（Catmur，Walsh，& Heyes，2007）。换言之，至少一些——可能许多——镜像神经元通过学习而形成镜像性质，它们不是与生俱来的。

进一步看，模仿要比镜像神经元所能显示的机制要复杂。研究者检查了脑损伤而难以模仿运动的患者。对应于这种模仿困难的脑损伤依身体的部位不同而异。例如，损害手指模仿的脑损伤就与损害手模仿的脑区不一样。损伤定位于顶叶和颞叶皮质的脑区，它们对于知觉比对运动控制更重要（Goldenberg & Karnath，2006）。另外，对孤独症患儿的研究发现，在他们模仿或试图模仿他人动作时，他们确实显示了被认为含有镜像神经元的脑区的活动（尽管反应没有其他人那样强烈）。然而，许多其他脑区的反应不同于一般水平，所以问题并不是缺失镜像神经元这么简单（J. H. G. Williams et al.，2006）。

停下来检查一下

9. 当专业钢琴家听一首熟悉、久练的曲子时，他们就会想像手指的运动，而且即便他们并未动他们的手指，他们运动皮质的手指区就被激活（Haueisen & Knösche, 2001）。如果我们考虑那些神经元为另一类镜像神经元，那么这些结果能告诉我们关于这些镜像神经元起源的什么信息呢？

有意识的决定与运动

有意识的决定来源于哪儿？我们每一人都会觉得，“我有意识地决定要做某件事，然后我就去做。”这一顺序似乎是如此清楚，以至于我们都不去怀疑它，但有关研究所发现的结果却让大多数人惊讶。

在下面的学习中你自己想像一下（Libet，Gleason，Wright，& Pearl，1983）。你被要求在你选择的时间弯曲手腕。也就是说你不能选择要做的运动，但你可以自由地选择时间。你也不应提前决定运动的时间，而是尽可能随机地作出决定。研究者进行三方面检测。第一，他们将电极贴到与你的运动皮质相对应的头颅上记录诱发电活动。第二，他们接一个传感器记录你的手何时开始移动。第三个检测是你的自我报告：你看着一个如图 8.13 所示的钟一样的器件，上面的光点每 2.56 秒移动一圈。你看着这个钟，不要先决定好在钟上光点到达某一点时弯曲你的手腕。而是在你决定移动时，注意那一刻光点所在的位置，并记着它以便随后能报告出来。

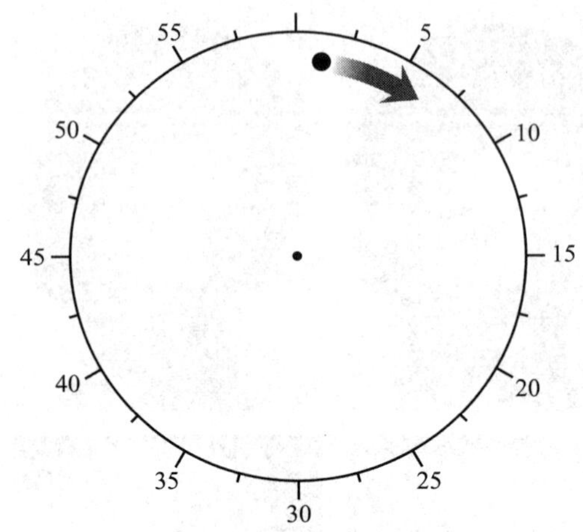

图 8.13　研究有意识的决定与运动的方法

当光点很快地绕圈时，受试者做出一个随机的决定去动手腕，并记着作出决定时光点所在的位置。（*From "Time of conscious intention to act in relation to onset of cerebral activities (readiness potential): The unconscious initiation of a freely voluntary act," by B. Libet et al., in Brain, 106, 623–624 (12). Reprinted by permission of Oxford University Press.*）

开始测试。你想着，“没到……没到……没到……现在！”你注意好那一关键瞬间光点所在的位置，然后报告：“当光点在 25 位置时，我做出了决定。”研究者将你的报告与你的脑活动记录以及你的手腕运动进行比较。平均看来，人们报告他们作出运动决定的时间大约在实际运动前 300 毫秒。（注意：决定发生在前，人们随后再作出报告。）例如，如果你报告决定移动的时间发生在 25 位置，你的决定在运动前约 200 毫秒，所以运动本身开始在 30 位置。（记着，光点移动一圈为 2.56 秒。）而且，你的运动皮质在任何随意运动之前产生一种称为**预备电**

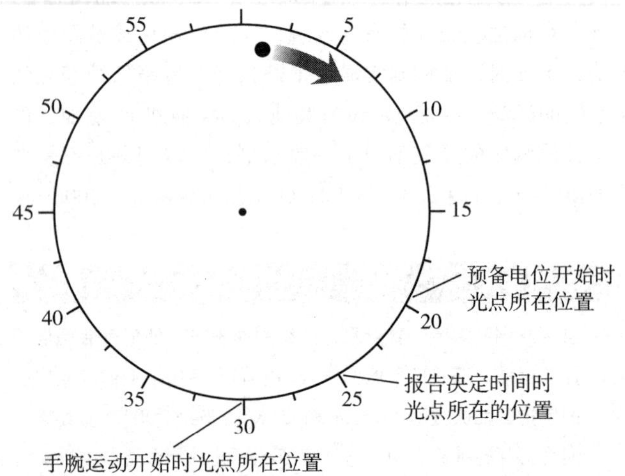

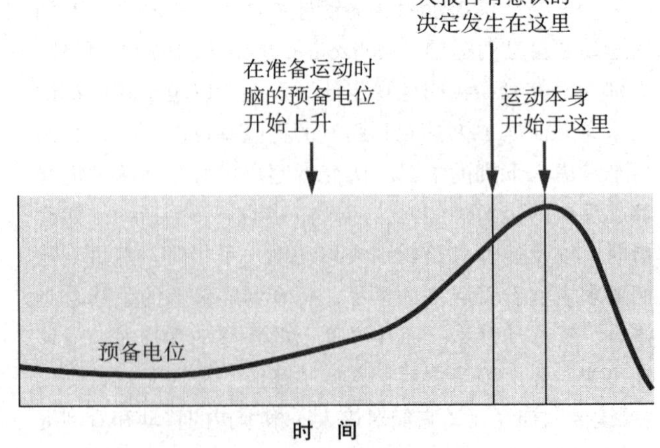

图 8.14　有意识的决定和运动的研究结果

平均来看，脑的预备电位在报告的决定前约 300 毫秒起始，而报告的决定时间又在运动前 200 毫秒。

位（readiness potential）的活动，平均来说，预备电位至少在运动前 500 毫秒开始产生。在这一例子中，如图 8.14 所示开始于光点在 18 位置。

结果在不同个体间有所不同，但多数是类似的。关键点是对应于运动的脑活动明显开始于人们有意识决定之前！结果似乎提示你有意识的决定并未引起你的动作。相反地，你意识到决定，是在导致运动的过程已经进行了约 300 毫秒以后。

正如你能想像到的，这一实验一直存在争议。结果本身已在几个实验室被重复出来，所以事实是肯定的（如 Lau，Rogers，Haggard，& Passingham，2004；Trevena & Miller，2002）。对解释的一个质疑是人们或许不能准确地报告他们意识到某事件的时间。然而，当人们被要求报告感觉性刺激的时间，或是他们做出运动的时间（而不是运动的决定）时，他们的估计通常在正确时间的 30~50 毫秒之内（Lau et al.，2004；Libet et al.，1983）。也就是说，他们不能报告事件发生的实际时间，而是与之接近的时间。事实上，他们的错误可能在于估计一个意向的时间有早于实际时间的趋向（Lau，Rogers，& Passingham，2006）。

后来的研究对方法作了如下修改：你看着屏幕显示的字母表中的字母，一次一个，每半秒钟更换一个。在这一情况下，你不仅选择动作的时间，而且在两个动作中选择要做的一个。指令是在某一点决定是按左键还是按右键，立刻按键，并记住你决定要按某键时刻屏幕上显示的字母。同时，研究者记录你几个皮质脑区的活动。结果是人们通常报告在他们做出反应的 1 秒之内所看到的字母。记着，字母的变换仅仅每秒钟 2 次，所以不可能以高的精确度去确定决定的时间。然而，这也未必是确定的结论，因为额叶或顶叶皮质的部分脑区在反应前 7~10 秒呈现出对左或右手特异的活动（Soon，Brass，Heinze，& Haynes，2008）。也就是说，在这种情况下，检测你皮质的人能够在你知道所做决定之前数秒预测到你准备做出的选择。

这些研究提示我们所定义的“有意识的”决定，更多的是持续的知觉过程，而不仅仅是原因。如果这样，我们回到第 1 章所提出的问题：意识的作用是什么？它提供了一种有用的功能吗？如果有，又是什么？

这些结果并不否定你所做出的随意决定。不过，其含义是你的随意决定首先是无意识的。正如感觉刺激必须达到一定强度才能被意识到一样，你要做某事的决定也必须要达到一定强度才能成为有意识的。显然，“随意的”不是“有意识的”同义词。

对脑损伤病人的研究为本问题提供了进一步的解释。研究者使用光点绕着圆圈转方法研究顶叶皮质受损的患者。这些患者与其他人一样准确地报告声音出现的时间。然而，若要他们试着报告他们产生要做手运动的意图时，他们的报告实际上是与运动本身的时间一样的。也就是说，他们好像在开始运动之前不知道任何意图。很显然，顶叶皮质监测运动的准备，包括人们通常体会为“意图”的感觉究竟是什么含义（Sirigu et al.，2004）。没有顶叶皮质，他们就体会不到这种感觉。

停下来检查一下

10. 解释某人的有意识运动决定并不引起运动的现象。

脑到脊髓的联系

来自脑的信息必须最后到达控制肌肉的延髓和脊髓。如表 8.1 所列，脊髓的疾病从不同方面损害运动的控制。从大脑皮质到脊髓的通路称作**皮质脊髓束**（corticospinal tracts），我们有两条这样的通路，外侧和内侧皮质脊髓束。几乎所有的运动依赖于这两条通路的结合，但许多运动会更主要地依赖于一条通路。

外侧皮质脊髓束（lateral corticospinal tract）是来自初级运动皮质、周围脑区以及红核的一束轴突。**红核**（red nucleus）位于主要对应于上臂肌肉控制的中脑区域（图 8.15）。外侧束中来自运动皮质的轴突直接分布到脊髓的靶神经元。在延髓称作锥体的凸起中，外侧束交叉到脊髓的对侧（另一侧）。由于这一原因，外侧束也称为锥体束，控制外周部位的运动，如手和脚。

为什么每侧半球都是控制对侧而不是同侧？我们不知道，但是所有的脊椎动物和许多无脊椎动物都有这一模式。在新生儿，未发育成熟的初级运动皮质对同侧和对侧肌肉都有部分的控制。当对侧控制在头一年半内逐渐完善时，就替代了同侧控制，后者就逐渐退化。在一些脑瘫的患儿，对侧通路不能发育成熟，同侧通路就保持相对较强。由此产生的竞争导致手脚笨拙。

内侧皮质脊髓束（medial corticospinal tract）包含来

表 8.1 脊髓的一些疾病

病 名	描 述	原 因
瘫 痪	身体部位随意运动的丧失。	脊髓、运动神经元或其轴突的损伤。
截 瘫	双腿的感觉和随意运动控制的丧失。反射保留。虽然没有信息在脑与生殖器之间传送，但生殖器仍然对触摸有反射性反应。截瘫者没有生殖器的感觉，但仍可以体验性高潮（Money，1967）	在于双腿相应节段以上完全横断脊髓。
四肢麻痹	所有四肢的感觉和肌肉控制都丧失。	控制上臂的节段以上脊髓的横断。
偏 瘫	一侧的上臂和腿的感觉和肌肉控制的丧失。	切断一半脊髓或（更常见的）大脑皮质的单侧半球损伤。
脊髓痨	双腿和骨盆区的感觉受损，下肢的反射和行走功能受损，膀胱和肠道控制功能的丧失。	梅毒晚期，脊髓背根受损。
脊髓灰质炎	瘫痪。	病毒损害运动神经元胞体。
肌萎缩性侧索硬化症	从上肢开始，随后蔓延到下肢的逐渐减弱和瘫痪。运动神经元和脑到运动神经元的轴突都遭破坏。	不明。

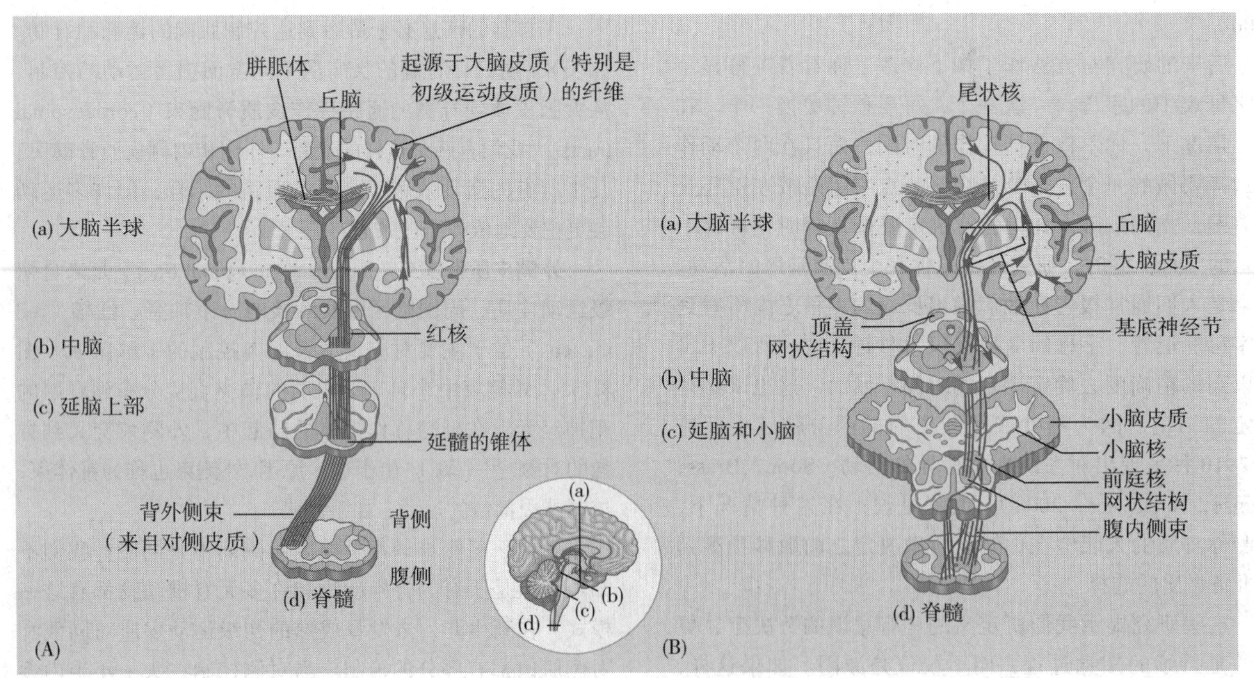

图 8.15 外侧和内侧皮质脊髓束

部分外侧束（A）从一侧脑交叉到对侧脊髓，控制肢端如手、手指和脚的精细而分离的运动。部分内侧束（B）对躯干肌肉产生双侧控制，以完成姿势调节和双侧运动，如站立、弯腰、转身和行走。插图显示了切面 a、b、c 和 d 的位置。

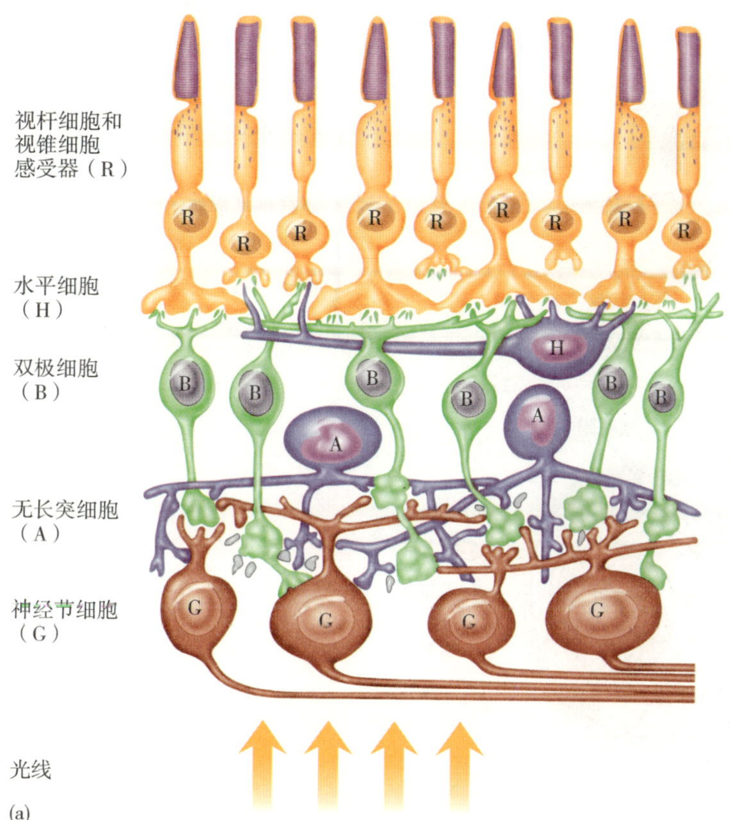

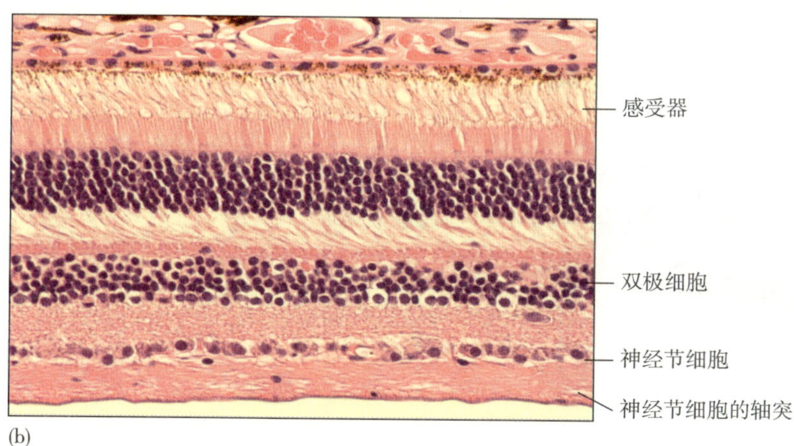

图 6.15　脊椎动物视网膜

（a）视网膜上神经元的示意图。图的顶部是视网膜的后部。所有视神经纤维组成一束然后转身从视网膜后部“盲点”部位传出。（*Based on "Organization of the Primate Retina," by J. E. Dowling and B. B. Boycott, Proceedings of the Royal Society of London, B, 1966, 166, pp. 80-111. Used by permission of the Royal Society of London and John Dowling.*）（b）视网膜横截面图。这个横截面截取的是视网膜外周部分，神经节细胞相对较少。更靠近中央凹的部分神经节细胞密度会更大。

（正文 p.175）

半影区

受损最严重
的区域

图 5.13　中风的半影区

中风杀死了直接受损脑区的神经元，但是周边区域（即半影区）的神经元至少暂时存活了下来。治疗可以侧重于促进半影区细胞的恢复。（正文 p.149）

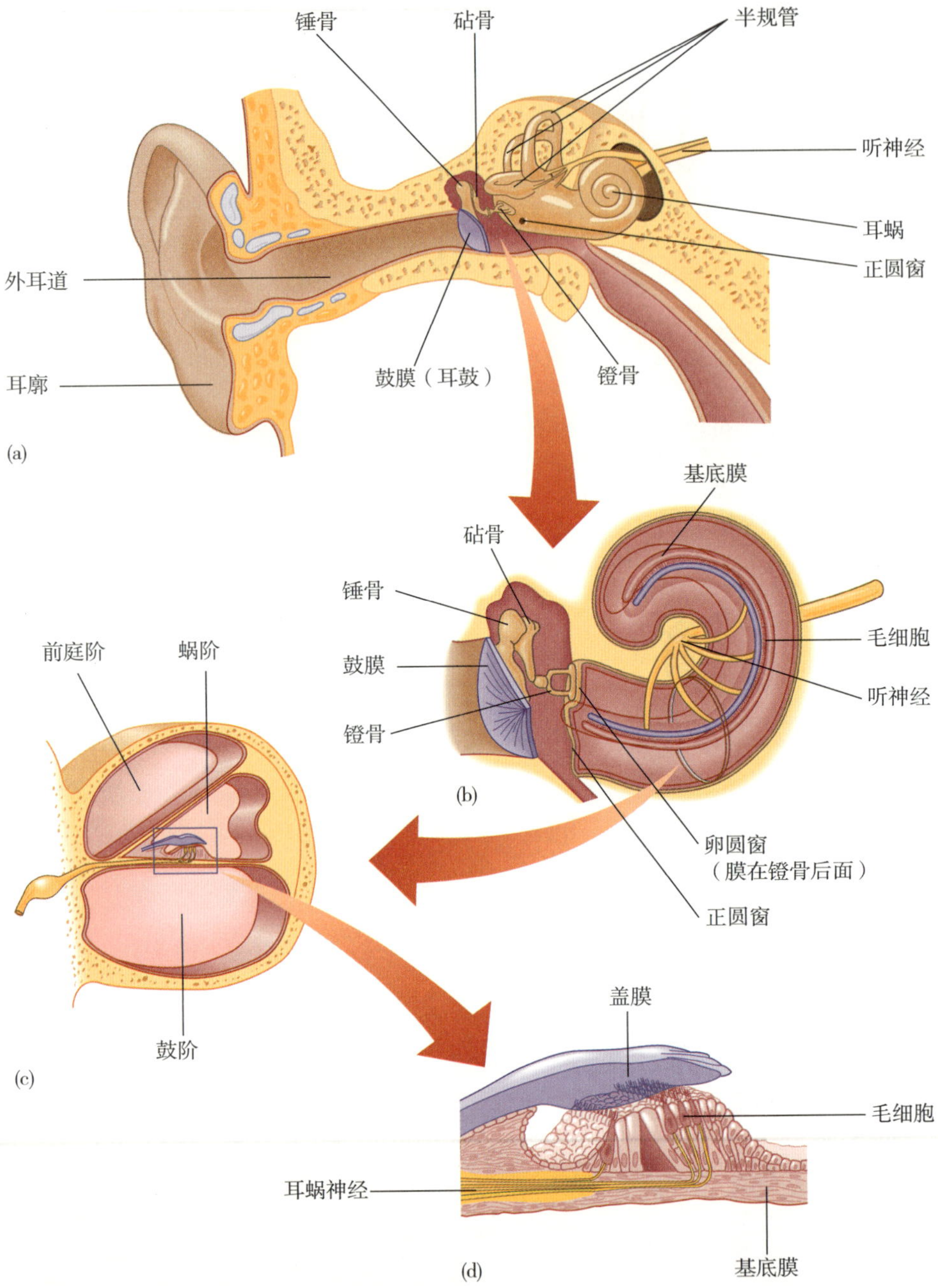

锤骨
砧骨
半规管
听神经
耳蜗
正圆窗
外耳道
耳廓
鼓膜（耳鼓）
镫骨
(a)

基底膜
砧骨
锤骨
鼓膜
镫骨
毛细胞
听神经
(b)
卵圆窗
（膜在镫骨后面）
正圆窗

前庭阶
蜗阶
鼓阶
(c)

盖膜
毛细胞
耳蜗神经
基底膜
(d)

图 7.2　耳的结构

在（a）中，声波敲击鼓膜导致其振动三根小骨——锤骨、砧骨、镫骨，这三根小骨将声波转变为充满液体的耳蜗的更强振动。（b）这些振动使耳蜗基底膜上的毛细胞产生位移。（c）贯穿耳蜗的横切面。（d）毛细胞的特写。（正文 p.201）

Bryan & Cherry Alexander Photography/Alamy Limited

图 10.4　体温的行为调节

一只一个月大的皇帝企鹅幼仔很难抵抗南极零下30℃(−22 ℉)的酷寒。然而，当很多幼企鹅紧紧挤在一起，就如同一个巨大的性能良好的保温体。外周较冷的个体向里面挤，里面温暖的个体被迫向外面移动。这一方法特别有效，保证了幼企鹅群不得不频繁移动位置以免冰面融化成洞。（正文 p.310）

迈斯纳
小体
痛觉感受器
鲁菲尼
小体
帕齐尼
小体

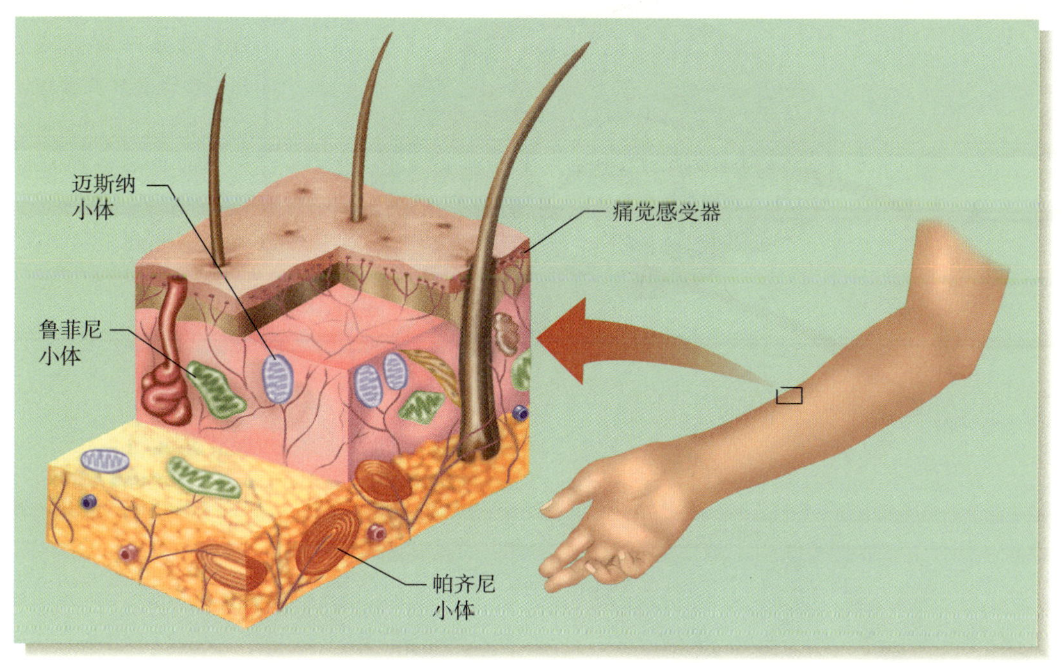

图 7.11　在皮肤这个人体最大的器官中的一些感受器

不同的感受器对不同的刺激作出反应，如表 7.1 所示。（正文 p.213）

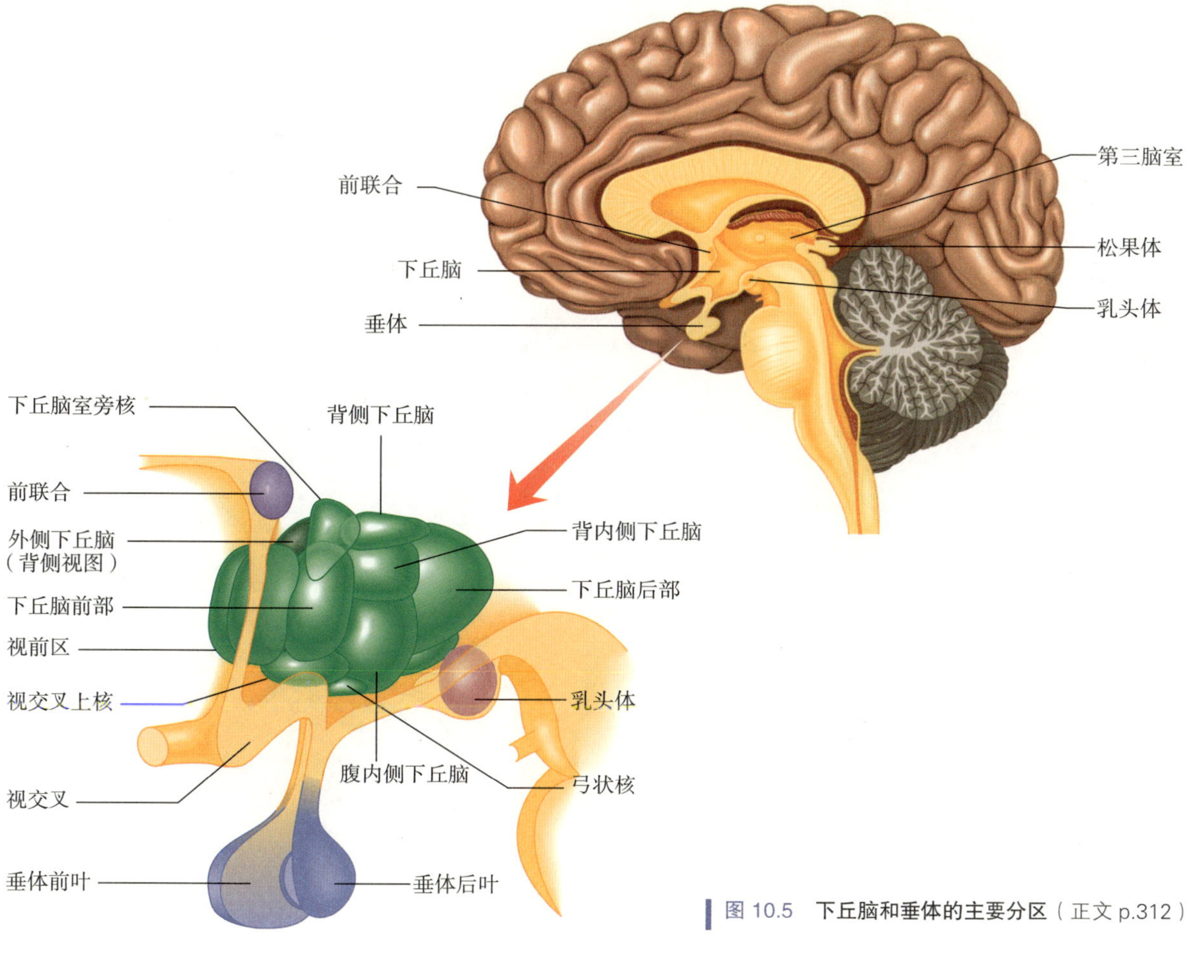
前联合
第三脑室
松果体
下丘脑
乳头体
垂体
下丘脑室旁核
背侧下丘脑
前联合
外侧下丘脑
（背侧视图）
背内侧下丘脑
下丘脑前部
下丘脑后部
视前区
视交叉上核
乳头体
腹内侧下丘脑
弓状核
视交叉
垂体前叶
垂体后叶

图 10.5　下丘脑和垂体的主要分区（正文 p.312）

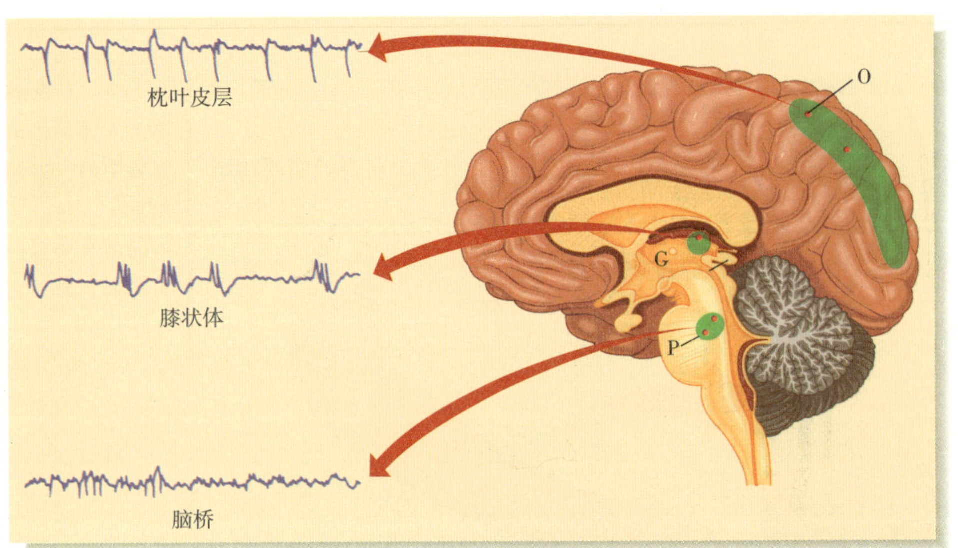

图 9.13　PGO 波（桥膝枕波）

PGO 波始于脑桥（P），然后出现在外侧膝状体（G）和枕叶（O）。每一个 PGO 波都与 REM 睡眠中的眼球运动同步。（正文 p.292）

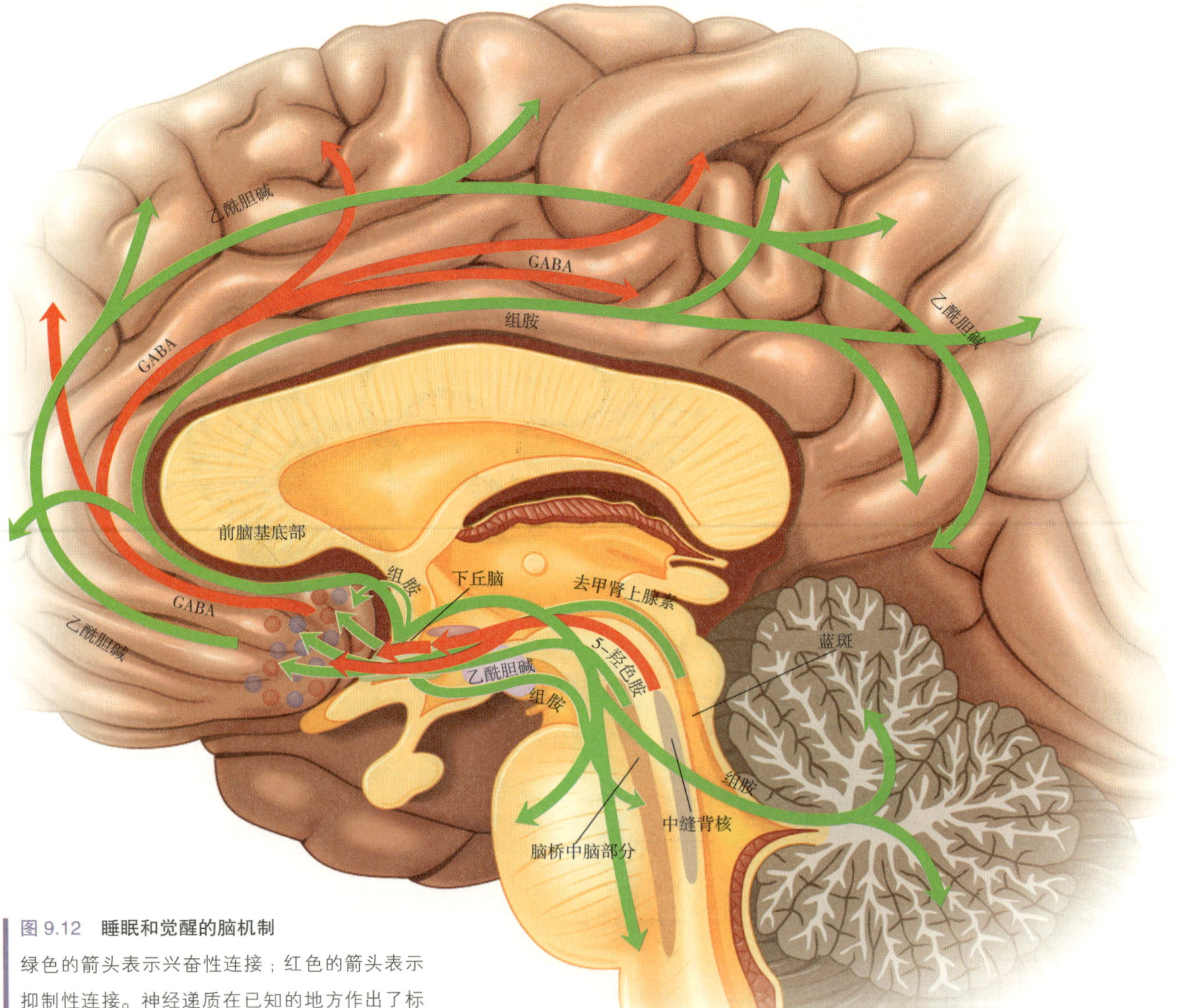

图 9.12　睡眠和觉醒的脑机制

绿色的箭头表示兴奋性连接；红色的箭头表示抑制性连接。神经递质在已知的地方作出了标记。（正文 p.290）

自许多大脑皮质脑区的轴突，不只是初级运动皮质及其周围脑区。也包括来自中脑顶盖、网状结构，以及**前庭核**（vestibular nucleus）的轴突。前庭核是接受来自前庭系统输入的脑区（图 8.15）。内侧束的轴突不只是支配到对侧，而是到脊髓的两侧。内侧束主要控制颈、肩和躯干的肌肉，也就是像行走、转身、弯腰、起立和坐下等运动（Kuypers，1989）。注意这些运动必须是双侧的。你可以仅单侧移动你的手指，但你的颈和躯干的任何运动都必定包括双侧。

外侧束和内侧束的功能比较容易记忆：外侧束控制身体外侧部位如手和脚的肌肉，内侧束控制身体内侧部位如躯干和颈部的肌肉。

图 8.15 比较了外侧和内侧皮质脊髓束。图 8.16 比较了外侧束与转送触觉信息到皮质的脊髓通路。注意两条通路都在延髓交叉，而且触觉信息到达的脑区也与运动控制相关的脑区紧邻。触觉显然是运动的基础。你一定知道你的手所在的位置，以及它们感觉了什么以控制其下一次动作。

假设某人遭遇了中风而损伤了左半球的初级运动皮质。结果是丧失了来自该半球的外侧束，以及身体右侧的运动控制能力。于是，依损伤的部位和范围不同，人体可能从外侧束的多余轴突再获得一些肌肉控制能力。如不行，还可使用内侧束以大致做些想做的运动。例如，无法直接控制手部肌肉的人，可以移动肩、躯干和臀部，以此而改变手的位置。另外，因为脊髓左右两侧间存在联系，一侧上肢或下肢的正常运动可引起对侧的关联运动（Edgley，Jankowska，& Hammar，2004）。

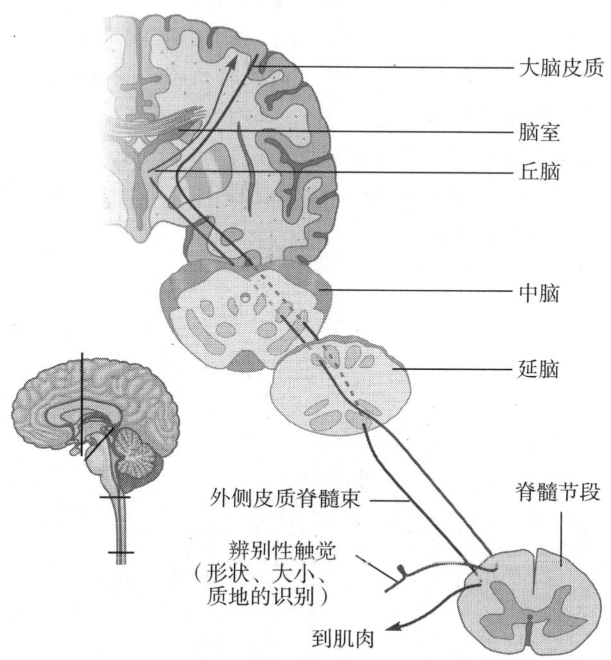

图 8.16　触觉通路与外侧皮质脊髓束的比较

两条通路都在延髓交叉，所以每侧半球都与对侧身体相联系。触觉通路从触觉感受器到脑，而皮质脊髓通路从脑到肌肉。

停下来检查一下

11. 外侧束控制哪些种类的运动？内侧束呢？

小　脑

名词小脑是拉丁语“小的脑子”之意。几十年前，小脑的功能被描述为“平衡和协调”。确实如此，小脑损伤患者确实不能平衡和协调，但是这一描述低估了这一结构的重要性。小脑拥有比脑其余部分合起来还要多的神经元（R. W. Williams & Herrup，1988）以及大量的突触。小脑拥有的处理信息能力，比它的大小所暗示的要强得多。小脑损伤的一个障碍就是很难做出需要准确定位和计时的快速运动。例如，小脑损伤患者难以敲出节律、拍手、指着运动的物体、说话、写字、打字，或演奏乐器。除掉那些如举重等不需要定位和计时的项目以外，他们几乎不能进行所有的体育活动。即使在损伤长时间后，他们看起来已康复的时候，仍然运动节奏缓慢，甚至对运动的想像节奏也是如此（González，Rodriguez，Ramirez，& Sabate，2005）。但是，他们的连续性运动活动是正常的（Spencer，Zelaznik，Diedrichsen，& Ivry，2003）。例如，正如下面所示的，他们能画连续的圆圈。尽管画画也有节律，但动作没有一个开始或停止。

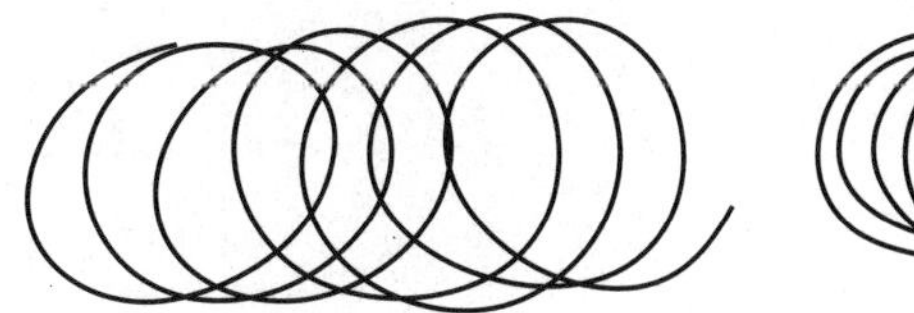
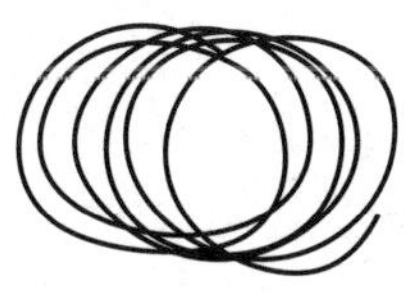

有一个快速的方法来测试一个人的小脑：叫他盯住一个点，然后迅速地将眼睛移向另一点。扫视，也就是从一

个固定点移向另一点的快速眼动，依赖于来自小脑和额叶皮质到脑神经的冲动。小脑损伤的患者难以编程眼动的角度和距离（Dichgans，1984）。眼睛在最后找到欲看的点之前，要通过尝试和失误而完成许多次小的运动。

在手指点鼻实验中，被试要水平伸直一只手，然后按照指令尽可能快地用手指点着他或她的鼻子。正常人通过三步完成任务。首先，手指快速移动到刚好在鼻前的位置。这一运动功能依赖于小脑皮质（小脑的表面），它再送出信息到小脑内部的深部核团（细胞体的聚集处，图 8.17）。然后，手指保持在该位置几分之一秒，这一举着的功能单独依赖于核团（Kornhuber，1974）。最后，手指通过不依赖于小脑的缓慢运动点到鼻子上。小脑皮质损伤后，患者难以完成初始的快速运动。手指不是停得太快，就是动得太快，甚至打到脸。要是小脑核团受损，患者就难以完成举着的阶段：手指到了鼻子前方的位置，然后就放弃了。小脑损伤的症状类似于酗酒的表现：手脚迟钝，口齿不清，眼动不准。警察要测试某人是否喝酒了，可以使用手指点鼻实验或类似的实验，因为小脑是最先受酒精影响的脑区之一。

运动以外的功能作用

小脑不仅仅是一个运动控制结构。在一个研究中，当人们在完成几种任务时用功能性核磁共振检测小脑的活动（Gao et al.，1996）。当被试只是简单地举起物体时，小脑几乎没有被激活。当被试用双手感觉东西以决定他们是相同还是不同时，小脑被强烈激活。甚至在实验者把物体擦过不移动的手时，小脑已作出反应。也就是说，即使在没有运动的情况下，小脑也对感觉刺激作出反应。

那么，小脑的作用是什么？Masao Ito（1984）提出其关键作用是建立新的程序，使得人能作为一个整体来执行一系列的动作。受到这一思路的启发，许多研究者报告了小脑损伤累及运动学习功能的证据。Richard Ivry 及其同事强调了小脑对于精确计时和短间隔的行为的重要性（从大约 1 毫秒到 1.5 秒）。任何快速运动的序列明显需要计时。许多知觉和认知任务也需要计时——例如，判断两个视觉刺激中哪一个运动得更快，或听两对音调并判断是否第一对或第二对有更长的延迟。

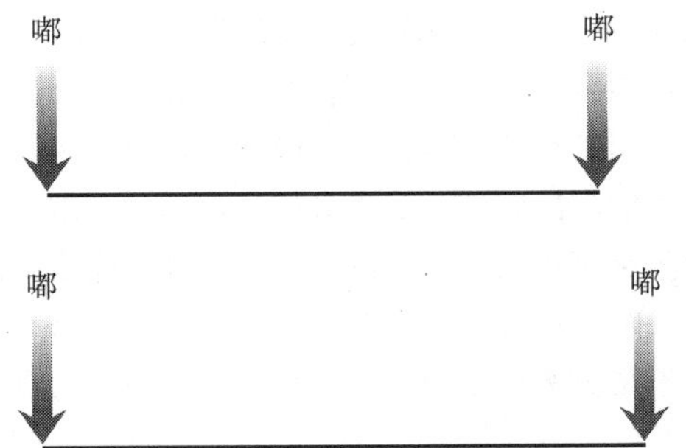

在一种计时的运动如用手指敲出节奏上准确的人，一般也擅长于其他计时的运动，如用脚敲出节奏，判断哪个视觉刺激移动得更快，以及哪个音调间延迟更长。小脑损伤的患者在这些任务上均受损，但在控制运动的力量或判断哪个音调更响方面不受影响（Ivry & Diener，1991；Keele & Ivry，1990）。简单地说，小脑主要对需要计时的任务是重要。

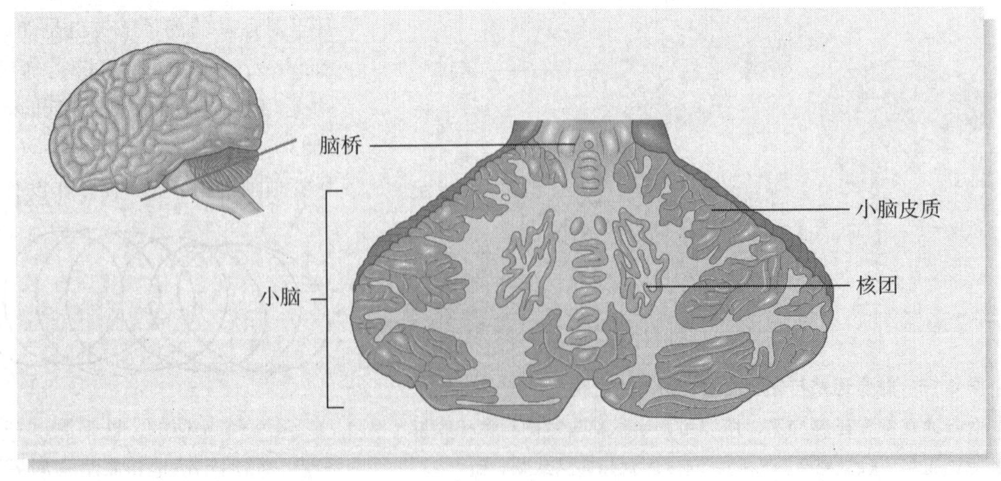

图 8.17 小脑核团相对于小脑皮质的定位
左上方的插图中，直线表示列于右下细节图的平面。

Masao Ito

脑似乎是建立在几个原则之上的，如大量的神经元通过兴奋和抑制相互作用，突触可塑性提供了记忆的基础，多层神经元网络具有强大的运算能力，神经元网络、感受器和效应器构建的神经系统代表了脑的功能。于是，Hebb 定律为现代神经科学提供了一个非常成功的范式，但我们可能必须突破它以了解整个脑功能。

小脑对于注意的一些方面可能也是关键的。如在一个实验中，要求人们将眼睛固定于一个中心点，在不同时间他们会看到字母 E 呈现在屏幕的左侧或右侧，然后他们要标出字母朝向的方向（E，Ǝ，ш，ᴟ），而不能移动他们的眼睛。有时，他们看到一个信号告知字母将出现在屏幕的位置。对大多数人而言，信号能改善他们的表现，尽管信号仅在字母前呈现 100 毫秒。对于小脑损伤的患者，信号要在字母前呈现约 1 秒才有帮助。显然，小脑损伤者需要更长的时间来转换他们的注意（Townsend et al.，1999）。

停下来检查一下

12. 哪种知觉任务最易受小脑损伤的影响？

细胞的构筑

小脑接受来自脊髓、来自各脑神经核通路的感觉系统以及来自大脑皮质的输入。信息最终到达**小脑皮质**（cerebellar cortex），即小脑的表面（图 8.17）。

图 8.18 显示了小脑皮质的神经元类型和排列。该图比较复杂，但是只要集中于这几点：

- 神经元以精确的几何模式排列，形成了同样单元的多次重复序列。
- **浦肯野细胞**（Purkinje cells）是在连续平面中的扁平的（两维的）细胞，互相平行。
- **平行纤维**（parallel fibers）是与浦肯野细胞平面垂直的互相平行的轴突。
- 平行纤维中的动作电位一个接着一个地兴奋浦肯野细胞，每一浦肯野细胞又传送抑制信息到**小脑核**（nuclei of the cerebellum）（小脑内部的细胞体聚集区）和脑干的前庭核，继而输送信息到中脑和丘脑。
- 激活了哪些以及多少平行纤维，就决定它们仅仅刺激头几个浦肯野细胞还是一长串浦肯野细胞。因为平行纤维的信息一个接一个地到达不同的浦肯野细胞，被兴奋的浦肯野细胞数越多，它们的累积反应时程就越长。也就是说，如果平行纤维仅刺激头几个浦肯野细胞，结果会传到靶细胞一个短暂的信息；如果刺激更多的浦肯野细胞，信息就持续更长。浦肯野细胞的输出控制了运动的计时，包括开始和结束两方面（Thier，Dicke，Haas，& Barash，2000）。

停下来检查一下

13. 平行纤维自己相互间和相对于浦肯野细胞是怎样排列的？

14. 如果大量的平行纤维被激活，浦肯野细胞的累积输出作用是什么？

基底神经节

基底神经节（basal ganglia）是前脑中一组大的皮质下结构的总称。（*Ganglia* 是 *ganglion* 的复数，所以 *ganglia* 是一个复数名词。）不同专家对哪些结构应被包括在基底神经节中意见不一，但都认为至少包括**尾状核**（caudate nucleus）、**壳核**（putamen），以及**苍白球**（globus pallidus）。主要来自大脑皮质的输入到达尾状核和壳核，尾状核和壳核输出到苍白球，继而主要投向丘脑，并中继到大脑皮质，特别是运动区和前额叶皮质（Hoover & Strick，1993）。

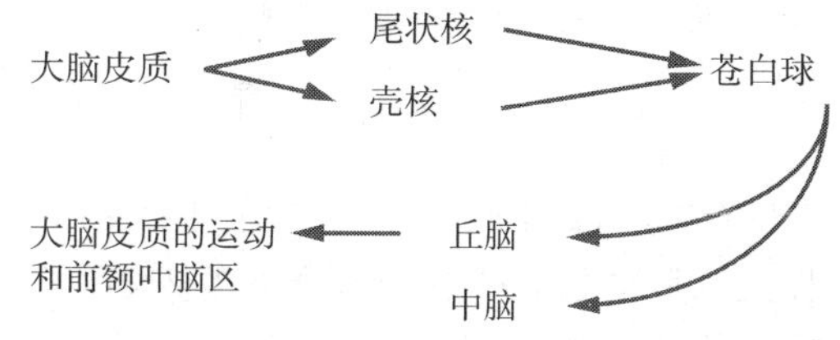

从苍白球到丘脑的大部分输出释放 GABA，一种抑制性递质，而且苍白球的神经元显示大量自发活动。因此，苍白球持续地抑制丘脑。来自尾状核和壳核的输入则告

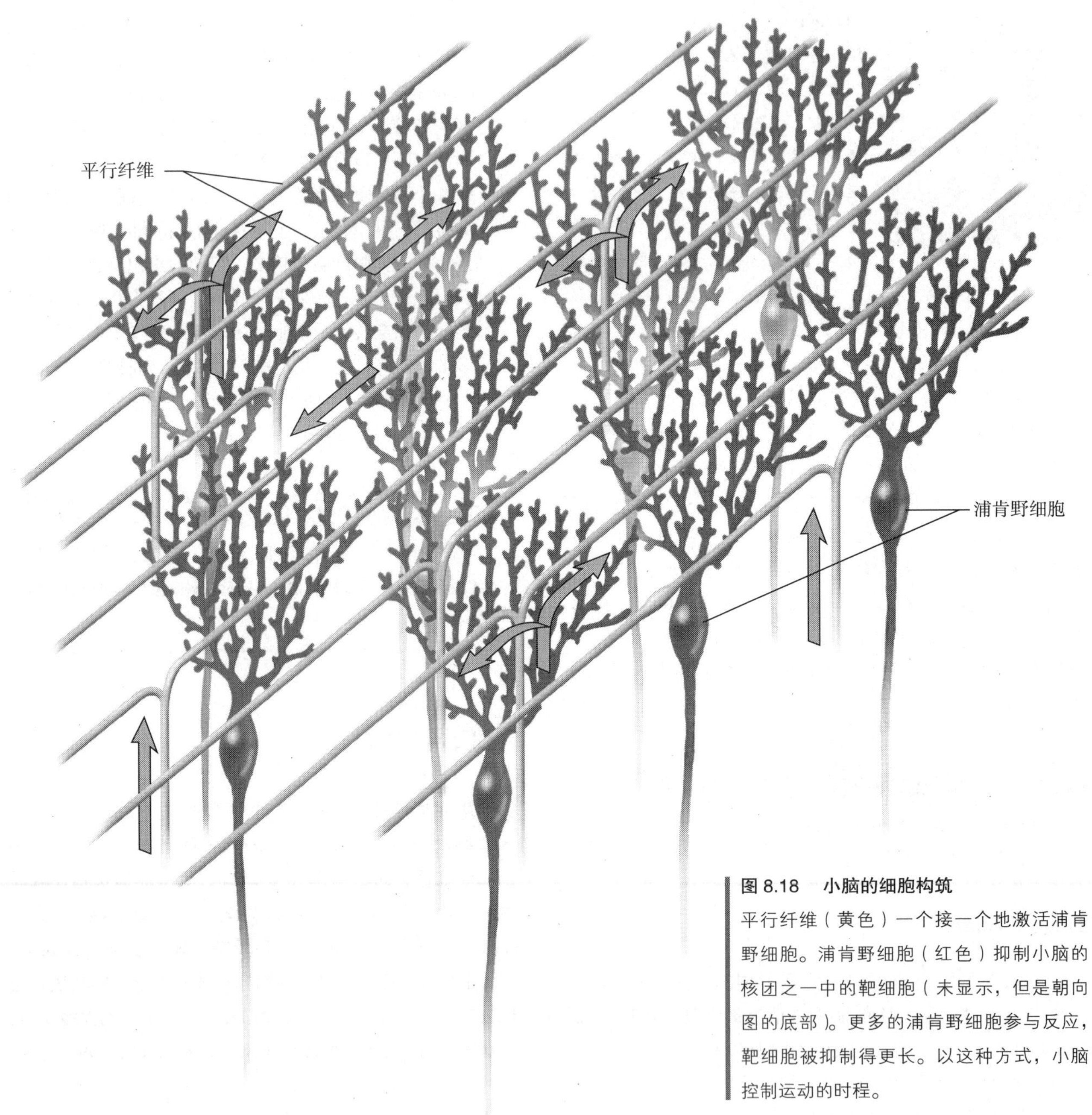

图 8.18 小脑的细胞构筑

平行纤维（黄色）一个接一个地激活浦肯野细胞。浦肯野细胞（红色）抑制小脑的核团之一中的靶细胞（未显示，但是朝向图的底部）。更多的浦肯野细胞参与反应，靶细胞被抑制得更长。以这种方式，小脑控制运动的时程。

诉苍白球哪些运动要停止抑制。像亨廷顿氏病（随后我们将讨论它）那样苍白球严重损伤时，结果是减弱了抑制，进而导致许多不自主的抽搐运动。

基底神经节通过终止抑制而有效地选择了运动。这一环路对于自发性行为特别重要，例如，一个研究中的猴子被训练通过移动一只手到左侧或右侧去接食物。在测试它听到一个提示移动时间的信号时，基底神经节几乎不呈现活动。然而，在另外的测试中，猴子看到一个光信号，提示它要在不短于 1.5 秒后开始它的运动，而且在 3 秒内完成。于是，猴子要选择自己的开始时间。在这种情况下，基底神经节被强烈激活（Turner & Anderson，2005）。

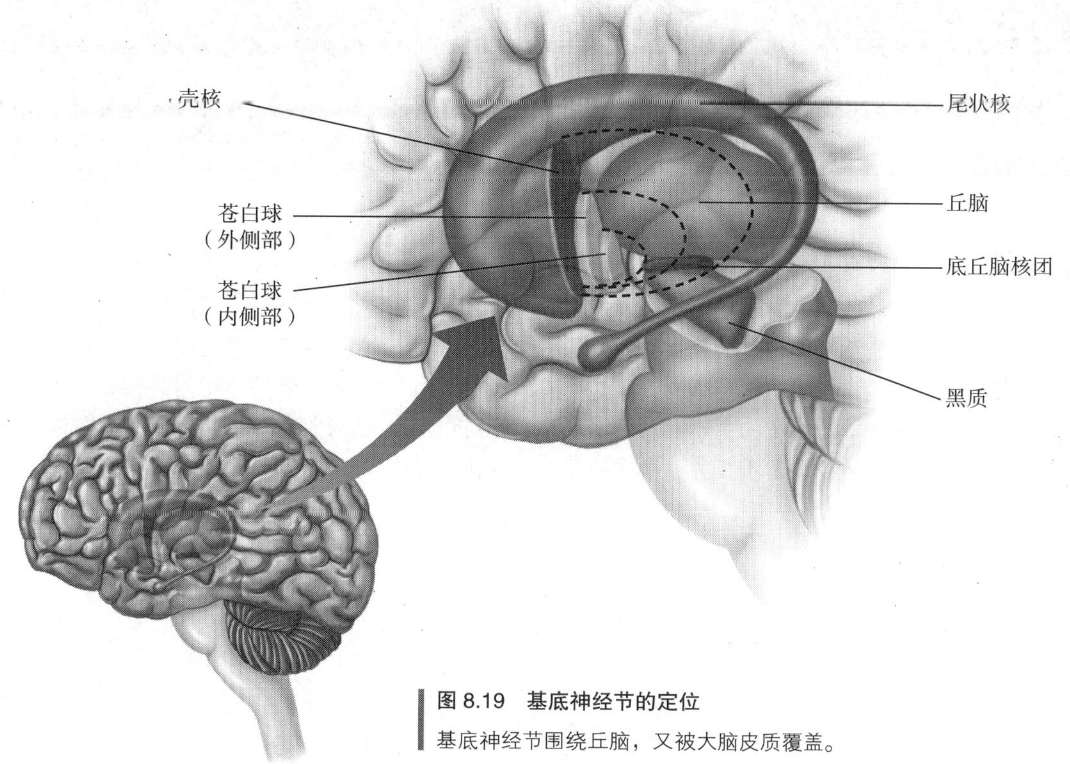

图 8.19 基底神经节的定位

基底神经节围绕丘脑，又被大脑皮质覆盖。

在另一研究中，人用鼠标在屏幕上画线，研究者用PET（正电子断层扫描）扫描检查脑活动。当被试画一条新的线而不是描一条屏幕上已有的线时，基底神经节的活动增强（Jueptner & Weiller，1998）。而且，基底神经节似乎对触发一个动作来说很关键，但对一个由刺激导致的动作就不重要。

> **停下来检查一下**
>
> 15. 为什么基底神经节的损伤会导致不自主的运动？

脑区与运动学习

所有的脑区都与运动控制有关，哪一脑区对于新技能的学习最重要？很显然，答案是全部脑区。

当人或动物在学习一种运动技能时，运动皮质的神经元要调节它们的反应。首先，运动是缓慢、不一致的。当运动变快时，运动皮质的相应神经元增加了他们的放电速率（D. Cohen & Nicolelis，2004）。长时间训练以后，运动模式一次一次地变得更加一致，运动皮质的活动模式也一样。用工程学名词来说，就是运动皮质提高了它的信噪比（Kargo & Nita，2004）。

基底神经节在学习一个新的习惯中起关键作用（Yin & Knowlton，2006）。例如，在你首次学习开车时，你需要想着你所要做的所有步骤。最后，你学会打左转灯、换挡、转方向，以及变速等所有事情。如果你试图解释实际你所做的内容，你可能发现这是困难的事。同样，如果你知道怎样打领带，想去教一个不会打的人——不带任何手势，或向别人解释如何画螺旋线而不用螺旋这个词也不打手势，你会发现很难办到。基底神经节损伤者在学习类似这样的运动技能，以及转换运动，形成连贯的、“自动的”反应方面受到影响（Poldrack et al.，2005；Willingham，Koroshetz，& Peterson，1996）。

> **停下来检查一下**
>
> 16. 哪种学习强烈地依赖于基底神经节？

模块 8.2 结 语

运动控制与认知

人们试图以三步来描述行为——首先了解，然后思考，最后行动。脑子并不以这种分离的步骤来处理这一过程。例如，后顶叶皮质监测身体相对于视觉空间的位置，并帮助引导运动。于是，它的功能是感觉、认知和运动。小脑传统上被认为是运动系统的主要部位，但现在已知道它在计时的感觉过程中也是重要的。基底神经节损伤者缓慢地开始或选择一个运动。他们也常被描述为认知的缓慢；也就是说，他们做出任何选择时都会很犹豫。简言之，组织一个运动并不是我们在思考结束时才开始，它本质上就是与我们的感觉和认知过程结合在一起的。运动的研究并不是仅仅研究肌肉，而是要研究我们是怎样决定所要做的事。

总 结

1. 初级运动皮质是脑输入到脊髓的主要来源。脊髓含有中枢模式发生器来控制肌肉。
2. 初级运动皮质产生代表所要输出的模式，而不仅仅是肌肉收缩。
3. 邻近初级运动皮质的脑区——包括前额叶、前运动及辅助运动皮质——在检测诱发运动的刺激或准备运动时被激活。
4. 各脑区的镜像神经元对自身产生的运动和观察到他人同样的运动都作出反应。虽然有些神经元具有固有的镜像特性，但至少有些神经元是通过学习而获得这些特性的。它们在模仿和社会行为方面是非常重要的，但仍然是推测性的。
5. 当人们能认定形成有意识运动意图时，他们的时间早于实际运动的开始约 200 毫秒，但是又在运动皮质活动之后约 300 毫秒。这些结果提示我们：称为有意识的决定是我们已经在进行的知觉过程，并不是它的原因。
6. 顶叶皮质脑区受损者不能感知其运动开始前的任何意图。
7. 控制身体外周部位运动的外侧束含有从一侧脑交叉到对侧脊髓的轴突。内侧束控制身体中线附近部位的双侧运动。
8. 小脑对于需要准确定向和计时的快速运动是关键的。
9. 小脑在行为中具有多种作用，包括与时间的知觉或刺激节律有关的感觉功能。
10. 小脑的细胞以规则的模式排列，使得它们能产生具有精确控制时程的输出。
11. 基底神经节是一组对于选择和抑制特定运动有重要作用的大的皮质下结构，对基底神经节输出的损害导致抽搐性、不自主的运动。
12. 运动技能的学习依赖于发生在大脑皮质和基底神经节的变化。

关键术语

初级运动皮质 249
后顶叶皮质 251
前额叶皮质 251
前运动皮质 251
辅助运动皮质 251
镜像神经元 252
预备电位 254
皮质脊髓束 255
外侧皮质脊髓束 255
红 核 255
内侧皮质脊髓束 255
前庭核 257
小脑皮质 259
浦肯野细胞 259
平行纤维 259
小脑核 259
基底神经节 259
尾状核 259
壳 核 259
苍白球 259

思考问题

人类婴儿先有局限于躯干、手臂和腿的粗大运动，然后才有运动一根手指的能力，这个过程中，脑需要发育至少一年以上。关于控制运动的脑区哪些先发育成熟，那些后发育成熟，你能提出什么样的假设？

停下来检查一下答案

7. 运动皮质的活动导致特定的输出，比如手运动到嘴，而与手当前所在位置及其需要哪些肌肉的收缩无关。
8. 后顶叶皮质对于感知目标物的位置和身体相对于环境（包括那些目标物）的位置是重要的，前额叶皮质对那些引发某些运动的感觉刺激作出反应，前运动皮质和辅助运动皮质在运动发生前即刻准备运动时被激活。
9. 这些神经元一定是通过经验获得了这些性质。也就是，它们并不能使钢琴家复制他们所听到的；而是钢琴家学会了复制他们所听到的以后，它们才发展起来。
10. 研究者记录可以预测后续反应的人脑皮质反应，这些脑反应在人们报告为“做出决定的时间”的时间之前出现。
11. 外侧束控制身体对侧肢体的细节运动。（如来自左侧半球的外侧束控制身体的右侧。）内侧束控制双侧的躯干运动。
12. 小脑损伤影响那些依赖于准确计时的知觉任务。
13. 平行纤维互相平行，但与浦肯野细胞平面垂直。
14. 当大量的平行纤维被激活时，浦肯野细胞延长它们的反应时程。
15. 从基底神经节到丘脑的输出释放抑制性递质 GABA，通常基底神经节产生稳定的输出，抑制所有的运动或除在该时间被选择的以外的所有运动。基底神经节受损后，丘脑以及皮质受到较少的抑制，于是他们产生了不需要的运动。
16. 基底神经节对于难以用语言描述的运动习惯的学习是必需的。

模块 8.3

运动障碍

如果你的脊髓、外周神经或肌肉有损伤，你不能动但在认知上与先前一样正常。相反，脑部疾患损害运动的同时，也损害情感、记忆和认知。我们下面讨论两个例子：帕金森氏病及亨廷顿氏病。

帕金森氏病

帕金森氏病（Parkinson's disease）（也称帕金森病）的症状是僵直、肌肉震颤、运动缓慢，以及身体和精神的自主活动困难（M. T. V. Johnson et al.，1996；Manfredi，Stocchi，& Vacca，1995；Pillon et al.，1996）。它累及约 1%~2% 的 65 岁以上人群。除了运动问题以外，患者在认知任务中表现缓慢，如想像一件事情或一个动作，即使他们并不真做任何事情也如此（Sawamoto，Honda，Hanakawa，Fukuyama，& Shibasaki，2002）。多数患者在早期阶段就有抑郁症状，而且许多人的记忆和推理能力有缺陷。这些精神症状可能是疾病本身的一部分，而不只是对肌肉功能缺失的心理反应（Ouchi et al.，1999）。

帕金森氏病患者并不是瘫痪或无力。他们的异常在于没有引导它们动作的刺激时产生了自发的运动。帕金森氏病患者有时在跟随队伍时、在走上阶梯时、或在跨过相隔一步距离的线时，可以行走得出奇地好（Teitelbaum，Pellis，& Pellis，1991）。

帕金森氏病患者的运动迟缓使得研究者解决了一个涉及每一个人的问题：什么控制着我们运动的速度？你可能注意到几乎每一个人把手伸到咖啡杯子的速度大致完全相同。同样，我们以一种典型的速度去划火柴、握手、嚼食等，为什么？一个假设是我们选择了速度和准确性之间的平衡。例如，可能我们更快地拿咖啡杯会使咖啡溅出。对帕金森氏病患者的观察结果却与此抵触。虽然他们典型地迟缓，但他们在被要求加速时可以加速（暂时地），而且没有丧失准确性。因此，他们的缓慢速度并非因为速度与准确性之间的关系所致。他们运动缓慢是因为需要更多地出力，就像他们的手臂和腿负重一样（Mazzoni，Hristrova，& Krakauer，2007）。同样，对我们所有人来说，我们能选择的运动速度却只需要很少的力量和能量。

可能的病因

帕金森氏病的直接病因是神经元的逐渐进行性死亡，特别是黑质发出轴突到尾状核和壳核的神经元，该轴突要求释放多巴胺。帕金森氏病患者丧失这些轴突和多巴胺递质。多巴胺能兴奋尾状核和壳核，后者兴奋的降低会引起对苍白球的抑制作用减弱，结果就是对丘脑的抑制增强，进而对大脑皮质的兴奋减弱，这如图 8.20 所示（Wichmann，Vitek，& DeLong，1995；Yin & Knowlton，2006）。总之，多巴胺活性的降低导致对运动皮质的刺激减弱，进而减慢运动的发生（Parr-Brownlie & Hyland，2005）。

研究者估计 45 岁以上的人平均每年按约 1% 的速率丧失黑质神经元。大多数人有足够的储备，但有的人储备较少或丧失较快。如果黑质神经元的成活数量减少到正常的 20%~30% 以下，就出现帕金森氏病症状（Knoll，1993）。当细胞的丧失继续的话，症状就越来越严重。在 1990 年代后期，新闻媒体兴奋地报道了研究者已定位了引起帕金森氏病的基因。那一报道有些误导。那一研究是发现了一些家族中，共享某一特定基因的人都在 50 岁前发作了帕金森氏病（Shimura et al.，2001）。此后，其他几个基因也被发现会导致帕金森氏病的早期发病（Bonifati et al.，2003；Singleton et al.，2003；Valente et al.，2004）。然而，这些基因与更常见的迟发性帕金森氏病并不关联。另有几个基因与迟发性帕金森氏病相关，

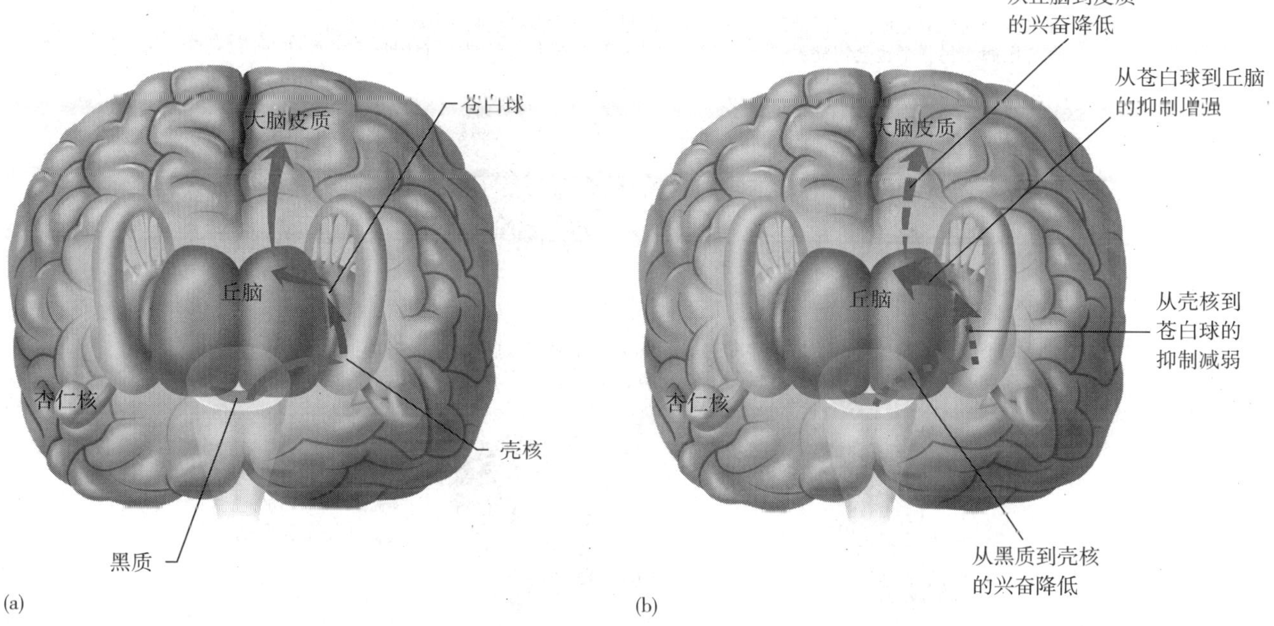

图 8.20 来自黑质的联系：(a) 正常和 (b) 帕金森氏病

兴奋通路以绿色表示；抑制通路用红色表示。来自黑质的兴奋降低减弱了来自壳核的抑制作用，导致来自苍白球的抑制增强。总的结果是从丘脑到皮质的兴奋降低。(*Based on Yin & Knowlton, 2006*)

包括一个控制凋亡的基因（Maraganore et al.，2005；E. R. Martin et al.，2001；W. K. Scott et al.，2001）。然而，这些基因中的每一个只有小的影响。例如，一个基因存在于 82% 的帕金森氏病患者中，也存在于 79% 的非帕金森氏病患者中。

如图 8.21 所示，有一个研究检查了有双胞胎的帕金森氏病患者。如果你有一个同卵双胞胎发生早发性帕金森氏病，你几乎确定也要得病。然而，如果你的双胞胎在 50 岁以后患帕金森氏病，你的风险与同卵还是异卵双胞胎无关，都是一样的（Tanner et al.，1999）。两类双胞胎的一致性提示了较低的遗传性。不过，这一研究只有小样本。另外的问题是许多双胞胎在研究时并未表现出症状，却可能以后会发生。用脑扫描的研究发现，许多没有帕金森氏病症状的同卵双胞胎有多巴胺通路微小损害的征象（Piccini，Burn，Ceravolo，Maraganore，& Brooks，1999）。一个共识是，基因确实也影响迟发性帕金森氏病的风险，只不过没有早发性类型那么强烈。

停下来检查一下

17. 对于早发性帕金森氏病，同卵双胞胎比异卵双胞胎更相互类似吗？对迟发性又如何？这些结果提示什么结论？

哪些环境影响是相关的呢？一个偶然的发现是受毒物的影响（Ballard，Tetrud，& Langston，1985）。1982 年在美国加州北部，几个年轻人在使用了类似海洛因的毒品后出现了帕金森氏病的症状。在研究者给社区提出危险性警示之前，许多其他使用者已出现了从中等到致命的症状（Tetrud，Langston，Garbe，& Ruttenber，1989）。这种致病的物质是 **MPTP**，一种可转化为 **MPP$^+$** 的化学物质，MPP$^+$ 先积聚，然后破坏释放多巴胺的神经元 1[1]（Nicklas，Saporito，Basma，Geller，& Heikkila，1992）。突触后神经元对输入缺失的反应如图 8.22 所示，增加其多巴胺受体的数量（Chiueh，1988）。

没有人会认为，帕金森氏病常常是使用非法药物的

1 这些化学物质的全称是1-甲基-4-苯基-1，2，3，6-四氢吡啶和1-甲基-4-苯基吡啶离子。（让我们认它的缩写！）

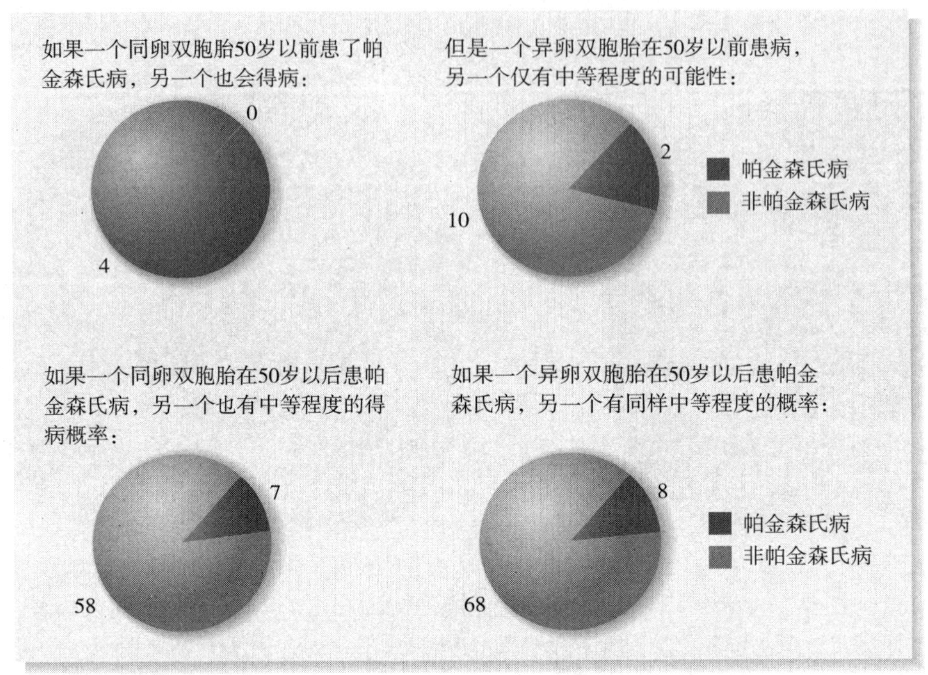

图 8.21 如果你有一个在 50 岁之前或之后患帕金森氏病的双胞胎时你得病的概率

有一个在 50 岁以前患了帕金森氏病的同卵（MZ）双胞胎意味着你很可能也要得病。一个在 50 岁以前患病的异卵（DZ）双胞胎并不提示同样的风险。所以，早发性帕金森氏病显示了强烈的遗传因素。然而，如果你的双胞胎患帕金森氏病较迟（更为常见），你的风险与你是同卵还是异卵双胞胎无关，都是一样的。因此，迟发性帕金森氏病的遗传性较低。（*Based on data of Tanner et al., 1999*）

结果。更可能的假设是，人们有时会暴露于 MPTP 或除草剂或农药中的类似化学物质（图 8.23），其中有许多可以损害黑质的细胞。例如，用过农药鱼藤酮的大鼠就出现了非常类似于人类帕金森氏病的症状（Betarbet et al., 2000）。与平均相比，帕金森氏病在农民和其他多年接触除草剂或农药的人群中更常见（T. P. Brown，Rumsby，Capleton，Rushton，& Levy，2006）。出生前暴露于高水平铁元素的环境，会增高以后暴露于除草剂或农药人群的风险（Peng，Peng，Stevenson，Doctrow，& Andersen，2007）。

还有什么会增加帕金森氏病的风险？研究人员还比较了发病和不发病人群的生活习惯。明显凸现的一个因素是吸烟和喝咖啡：吸烟或喝咖啡的人较少患帕金森氏病（Ritz et al.，2007）。（把这句再读一遍。）一项研究获得 1 000 多对年轻双胞胎的问卷结果，并将其与几十年后的医疗记录相比较。在从不吸烟的双胞胎中，18.4% 患帕金森氏病。相比较而言，13.8% 的吸烟者患病，而只有 11.6% 的严重吸烟者患病（Wirdefeldt，Gatz，Pawitan，& Pedersen，2005）。美国一项成人的研究比较了中年成人的喝咖啡情况与以后的医疗史，发现喝咖啡降低帕金森氏病的风险，特别是男性（Ascherio et al.，2004）。无须直言，吸烟增加肺癌和其他疾病的风险比它降低帕金森氏病风险更明显。咖啡降低患帕金森氏病风险的作用较弱，但是它比吸烟安全。与烟草的作用不同，大麻增加患帕金森氏病的风险（Glass，2001）。研究者仍不知道这些药物是怎样影响患帕金森氏病的发作的。

简而言之，帕金森氏病可能是多因素的综合作用所致。其中常见的就是对线粒体的损害。当一个神经元的线粒体开始衰变——因为基因、毒物、感染或其他原因——一种称作 α-synuclein 的化学物质就聚集成簇，进而损害含有多巴胺的神经元（Dawson & Dawson，2003）。而含多巴胺的神经元对几乎所有代谢问题所致的损伤都非常

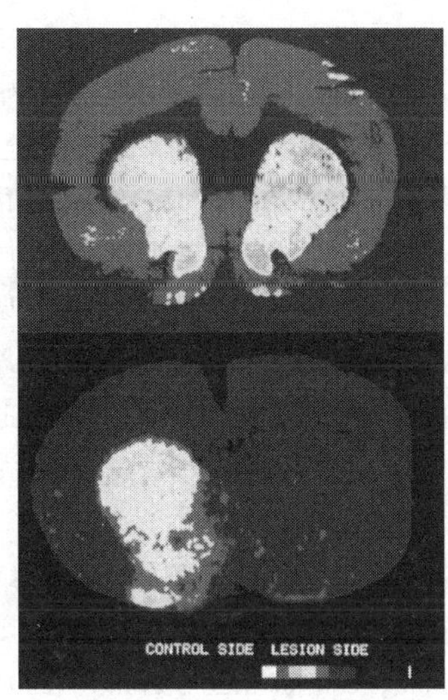

图 8.22　注射 MPP 到大鼠脑一侧半球的结果

上方的放射自显影显示 D_2 多巴胺受体；下方的显示含有多巴胺的轴突末梢。红色表示最高水平的活动，其次依次为黄色、绿色和蓝色。注意 MPP^+ 明显地耗竭多巴胺轴突的数量，而对这种输入缺失的反应是 D_2 受体数目的增加。然而，总的结果是多巴胺活性的明显降低。(*From "Dopamine in the extrapyramidal motor function: A study based upon the MPTP-induced primate model of Parkinsonism," by C. C. Chiueh, 1988, Annals of the New York Academy of Sciences, 515, p. 223. Reprinted by permission.*)

易感（Zeevalk，Manzino，Hoppe，& Sonsalla，1997）。

停下来检查一下

18. MPTP暴露是怎样影响患帕金森氏病的可能性的？吸烟的作用又是什么？

L- 多巴治疗

如果帕金森氏病就是由多巴胺的缺乏导致的，自然想到的就是要恢复丢失的多巴胺。多巴胺药是无效的，因为多巴胺不能通过血 - 脑屏障。**L- 多巴**（L-dopa），一种多巴胺的前体物质，却能通过血 - 脑屏障。每天口服药片 L- 多巴到达脑，神经元将其转化为多巴胺。L- 多巴是帕金森氏病的主要治疗药物。

MPPP　MPTP　MPP^+　Paraquat

图 8.23　MPPP，MPTP，MPP^+ 和百草枯的化学结构

暴露于百草枯和其他相似的除草剂或农药可增加患帕金森氏病的风险

然而，L- 多巴在几个方面亦令人失望。第一，对一些患者特别是晚期患者无效。仅在一个脑区丢失了多巴胺神经元，然而治疗是持续对全脑提供额外的多巴胺，结果并不能把人恢复到正常。基底神经节神经活动的速率、模式和同步化的异常依然持续存在（Heimer et al.，2006）。第二，L- 多巴并不能防止神经元的继续丢失。第三，L- 多巴产生一些可厌的副作用，如恶心、坐卧不宁、睡眠问题、低血压、重复运动、幻觉和妄想等。

停下来检查一下

19. L-多巴是怎样缓解帕金森氏病的症状的？
20. 在哪些方面L-多巴治疗又是令人失望的？

其他治疗方法

鉴于 L- 多巴的局限性，研究者已寻找到替代剂或补充剂。下述可能性显示了希望（Chan et al.，2007；Kreitzer & Malenka，2007；Siderowf & Stern，2003；Wu & Frucht，2005）：

- 抗氧化剂药物降低进一步的损伤
- 直接刺激多巴胺受体的药物
- 抑制谷氨酸或腺苷受体的药物
- 阻断一种在老年过多的钙通道（药物由此迫使神经元依赖年轻时更为典型的钙通道）
- 刺激大麻受体的药物

- 神经营养因子促进幸存神经元的成活和生长
- 降低幸存神经元凋亡（程序性细胞死亡）的药物
- 苍白球或黑质的高频电刺激

高频电刺激对于阻止震颤和增加运动特别有效。然而，由于抑制5-羟色胺的释放，也会导致抑郁的情绪（Temel et al.，2007）。通过增强底丘脑核团的活动，也会导致作出冲动性决定（M. J. Frank，Samanta，Moustafa，& Sherman，2007）。

自1980年代以来，一个特别令人兴奋的方法一直“处于实验阶段”。在先驱性研究中，M. J. Perlow及其同事（1979）给大鼠注射化学物质6-OHDA（一种多巴胺的改造物质），以损伤一个半球的黑质，在躯体的对侧产生帕金森氏病样症状。在运动异常的状态稳定以后，实验者从鼠胎提取黑质，并移植到损伤的脑内。四周以后，多数受移植鼠恢复了它们的大部分正常运动。患有同样损伤但未接受移植的对照动物却很少或完全没有行为恢复。这仅仅是一种部分脑移植，但是，科学奇想的意义却是引人注目的。

是否这种用于大鼠的外科手术也可以适用于人？方法本身是可行的。或许因为血－脑屏障保护脑以避免外来物质的侵袭，脑内的免疫系统比其他部位的活性要低（Nicholas & Arnason，1992），而且医生还可以给予药物进一步抑制对移植物的排斥。然而，从胚胎移植来的细胞中，仅仅未发育成熟的细胞能形成连接，显然所形成的连接是不够的。在实验室研究中，接受移植的动物仍然需要再学习依赖于这些细胞的行为（Brasted，Watts，Robbins，& Dunnett，1999）。事实上，动物还必须要练习使用这些移植的细胞。

一般情况下，科学家在将方法用于人之前，要用实验动物对实验方法进行严格的测试，但对于帕金森氏病，诱惑实在是太大了。处于晚期的患者没什么可失去的了，也就愿意试几乎各种方法。明显的问题是到哪儿去获得供体组织。几个早期的研究使用病人自身肾上腺的组织。虽然那些组织不含神经元，但它产生和释放多巴胺。不幸的是，肾上腺移植几乎未产生多大的益处（Backlund et al.，1985）。

另一种可能是从流产的胎儿移植脑组织。移植到帕金森氏病患者脑内的胎儿神经元有时可生存多年，并与患者自身的细胞形成突触。因为需要使用4-8个流产胎儿的脑组织，手术是困难和昂贵的。降低流产胎儿需要量的一个办法是，先用细胞培养的方法增殖细胞，并通过遗传干预诱导它们能产生大量的L-多巴，然后再移植到脑内（Ljungberg，Stern，& Wilkin，1999；Studer，Tabar，& McKay，1998）。如果细胞培养中生长的是**干细胞**（stem cells）的话，这一思路就特别吸引人，因为干细胞是未发育成熟的细胞，具有分化为各种细胞类型的能力。研究者正在建立方法去调控成人细胞为干细胞，这样就能取出患者自己的细胞，使之适合移植到脑内（Park et al.，2008）。

不幸的是，无论是用胎儿组织还是干细胞，迄今为止最好的结果也只是有限的受益（Freed et al.，2001；Lindvall，Kokaia，& Martinez-Serrano，2004；Olanow et al.，2003）。一个局限性是外科医生常常限制在该病的进展期对老年患者施行手术。动物实验发现，在损伤区域较小，其邻近细胞仍健康时移植的效果最好（Breysse，Carlsson，Winkler，Björklund，& Krik，2007）。到了病人进入外科医师认为值得一试的阶段，可能已经太迟，而不能得到多少好处了。

关于脑移植的研究也已提示了另一种治疗的可能性。在几个实验中，移植的组织未能成活，或者只是分化成非多巴胺神经元的细胞，但不管怎样，接受移植者显示了行为的改善（Redmond et al.，2007）。在许多例子中，移植的组织释放神经生长因子，刺激受移植者自己脑内神经元轴突和树突的生长。如果研究者能找到一个办法，向适当的脑区释放神经营养因子，提供神经营养因子将是一种有用的治疗方法（Lindholm et al.，2007）。（神经营养因子不能通过血-脑屏障）

关于帕金森氏病的最新信息，请访问世界帕金森病联合会网站：http：//www.wpda.org/。

停下来检查一下

21. 除了L-多巴以外，帕金森氏病还有什么可能的治疗方法？

亨廷顿氏病

亨廷顿氏病（Huntington's disease）（也称作亨廷顿病或亨廷顿氏舞蹈病）是一种严重的神经性疾病，在美国大约 10 000 人中要累及 1 人（A. B. Young，1995）。运动症状通常起始于上肢的颤抖和面部的抽动，然后颤栗扩展到身体的其他部位，发展为扭动（M. A. Smith，Brandt，& Shadmehr，2000）。（*Chorea*—— 舞蹈病与 *choreography*——编舞来自同一词根。舞蹈病的节律性扭动类似于舞蹈。）逐渐地，颤动越来越多地干扰了行走、说话，以及其他随意的运动。特别是学习和完善新运动的能力受限（Willingham et al.，1996）。该病常伴有渐进的严重脑损伤，特别是在尾状核、壳核和苍白球，也可以在大脑皮质（Tabrizi et al.，1999）（图 8.24）。

亨廷顿氏病患者也伴有心理障碍，包括抑郁、睡眠障碍、记忆损害、焦虑、幻觉和妄想，以及判断力差、酗酒、吸毒、从完全性反应缺失到滥交等不同程度的性功能障碍（Shoulson，1990）。心理障碍通常在运动障碍之前发生，而且有的人在亨廷顿氏病早期被误诊为精神分裂症。

尽管亨廷顿氏病可在儿童到老年的任何时期发病，但最常发生的年龄是 30~50 岁之间。一旦症状出现，心理和运动症状就进行性恶化，直至死亡。越早发病的患者恶化得越快。在这一点上，尚无有效的治疗方法可用。

遗传和症状前检查

亨廷顿氏病系由一个常染色体显性基因（也就是不在 X 或 Y 染色体上）控制。按常规，引起功能缺失的突变基因应是隐性的。亨廷顿氏病基因是显性基因的事实表示它导致了某些不需要的功能。

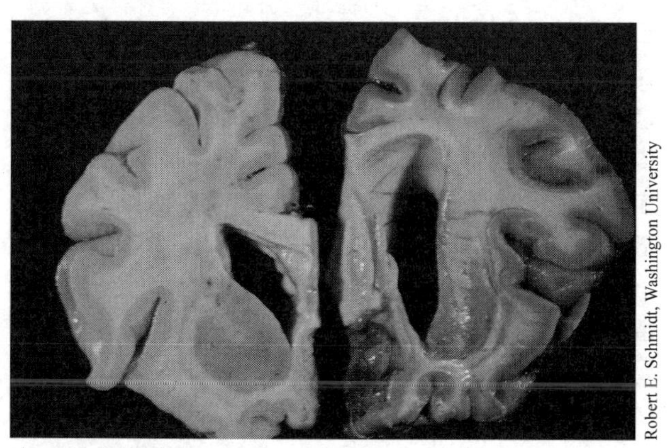

图 8.24　正常人（左侧）和亨廷顿氏病患者的脑
切开正常脑的角度使得此照片中的侧脑室看起来比实际的要大些。即使如此，注意在亨廷顿氏病患者的脑上它又是怎样大得多。因为神经元的丢失导致脑室扩大。

想像一下你作为一个年轻人，并知道你的母亲或父亲患有亨廷顿氏病。除了对父母的悲哀以外，你自己也有 50% 的几率会得病。你想提前知道你是否真会得病吗？知道答案有助于你决定是否要孩子，是否从事需要多年教育的职业，等等。然而，知道了坏消息并不是件容易处理好的事情。

1993 年，研究者把亨廷顿氏病基因定位于 4 号染色体上，这就当时可用的技术而言是一个了不起的成就（Huntington's Disease Collaborative Research Group，1993）。现在，你的染色体检查能以近乎完美的准确性揭示你是否将得亨廷顿氏病。

基因的关键区域包含　个 C-A-G（胞嘧啶、腺嘌呤、鸟嘌呤）碱基序列，在大多数人重复 11~24 次。这一重复在表达的蛋白质中产生了一个含 11~24 个谷氨酰胺的串。直至含有 35 个 C-A-G 重复序列都被认为对于亨廷顿氏病来说是安全的。那些带有 36~38 个重复的有可能得病，但要到老年以后才会发病。带有 39 个以上重复的人则很可能得病，除非他们早期死于其他原因。正如

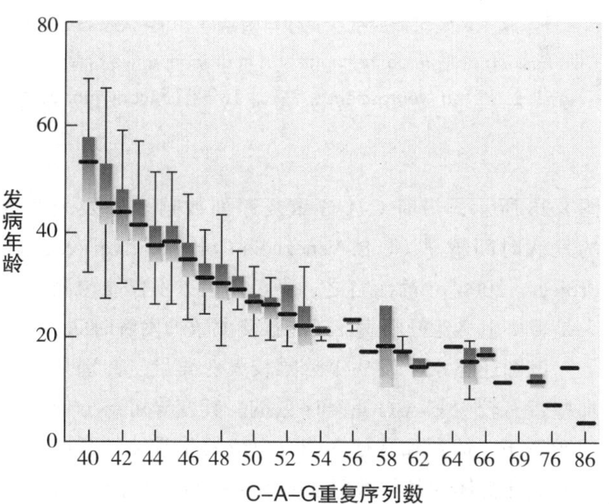

图 8.25　C–A–G 重复序列与亨廷顿氏病发病年龄的关系
对每一 C–A–G 重复序列数，图中给出发病的年龄。黑杠表示包含中间 50% 观察数的范围，即从 75%~25%。垂直线表示观察数的整个范围。（*From the U.S.–Venezuela Collaborative Research Project [2004]. Proceedings of the National Academy of Sciences, USA, 101, 3498–3503.*）

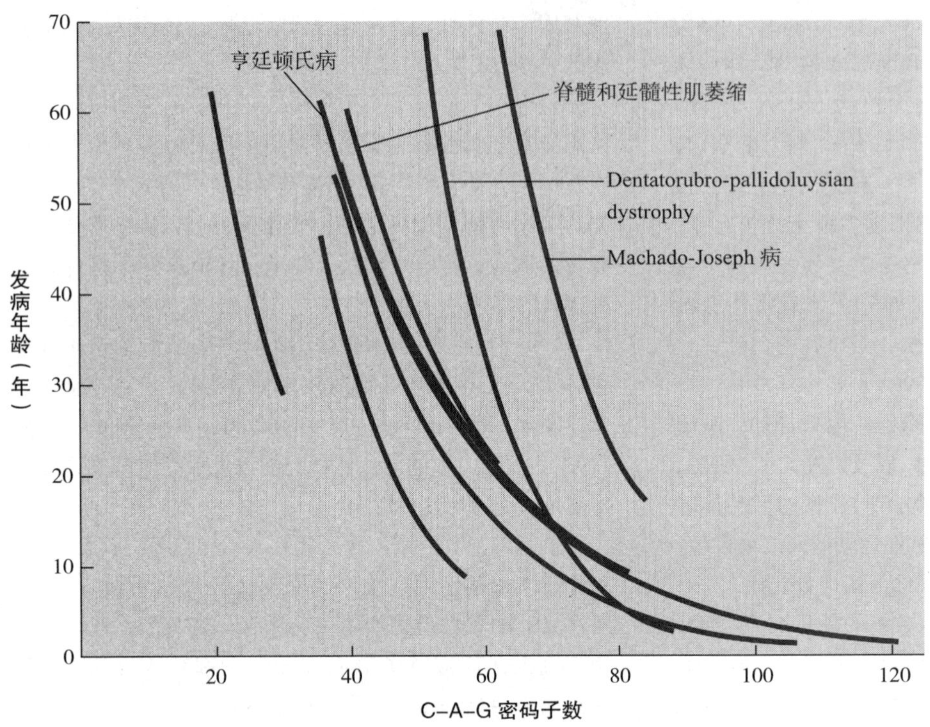

图 8.26 C–A–G 重复序列和 8 种疾病发病年龄的关系

X 轴表示 C–A–G 重复序列数；Y 轴表示平均发病年龄。各条线分别代表亨廷顿氏病和 7 种其它疾病。4 条未标记的线代表 4 种不同类型的脊髓小脑共济失调。关键点是对每一疾病来说，都是重复数越多，则可能的症状发作年龄越早。(*Reproduced with permission from "Molecular genetics: Unmasking polyglutamine triggers in neurogenerative disease," by J. F. Gusella and M. E. MacDonald, Fig. 1, p. 111 in Neuroscience, 1, pp. 109–115, copyright 2000 Macmillan Magazines, Ltd.*)

图 8.25 所示，带有 C-A-G 重复序列数越多的人，可能的发病时间越早（U.S.-Venezuela Collaborative Research Project，2004）。简而言之，染色体检查不仅能预测一个人是否将患亨廷顿氏病，还能预测大致的发病时间。

该图还显示了发病年龄的较大变异量，特别是对于那些带有较少 C-A-G 重复序列的。其变异可部分依赖于应激经历、饮食和其他影响，也依赖于其他的基因。控制谷氨酸受体的各种类型基因本身并不产生亨廷顿氏病，但是它们影响症状发作的年龄（Andresen et al.，2007）。

图 8.26 给出了亨廷顿氏病和 7 种其他神经性疾患的可比资料。他们每一种都与基因上 C-A-G 重复序列的过度扩展有关。在所有的疾病中，带有越多的重复则发病越早（Gusella & McDonald，2000）。如果最终得病的话，那些带有较小数目的人发病年龄就要迟一些。回想起一个有关帕金森氏病的相似事实：几个基因与早发性帕金森氏病相关联，而迟发性的则不可预测，可能对环境因素的依赖多于基因。如本书其他地方所讨论的那样，遗传因素对早发性阿尔茨海默病、酗酒、抑郁和精神分裂症的重要性是明确的，而对迟发者，遗传的作用较弱或不确定。

对亨廷顿氏病基因的鉴定使人们发现了它所编码的蛋白质，即**亨廷顿蛋白**（huntingtin）。亨廷顿蛋白的突变体目前看来在脑外并不产生损害，而且它在全身都有产生。在脑内，它在神经元内产生而不是在膜上。其突变体通过几个方面损害神经元。在疾病的早期阶段，它增加神经递质的释放，有时引起对靶细胞的过度刺激（Romero et al.，2007）。随后，蛋白聚集成簇进而损伤神经元的线粒体（Panov et al.，2002）。再者，含有异常亨廷顿蛋白的细胞不能释放神经营养因子 BDNF，而后者通常是与神经递质一起释放的（Zuccato et al.，2001）。结果是其他细胞的功能受损。

鉴定异常亨廷顿蛋白及其细胞功能，使得研究者能寻找药物来减轻它的危害。研究者已经建立了带有在人类中引起亨廷顿氏病的相同基因的小鼠种系。对这些小鼠的研究已经发现了一些有希望的药物。有几种药物能阻断谷氨酰胺链接成簇（Sánchez，Mahlke，& Yuan，2003；X. Zhang，Smith，et al.，2005）。另一种药能干扰与亨廷顿蛋白基因表达有关的 RNA（Harper et al.，2005）。如果研究者能找到把神经营养因子导入脑内的办法，神经营养因子将可能成为有效的药物（Bredesen，Rao，& Mehlen，2006）。药物丁苯那嗪通过降低多巴胺释放而减轻扭动运动。另一种方法则是针对睡眠的。带有亨廷顿氏病突变的小鼠，就像带有同样突变的人一样，表现出紊乱的昼夜节律、少睡以及学习和记忆的损害。给予常用的安眠药可改善其睡眠、学习和记忆（Pallier et al.，2007）。人使用这些方法可以改善生命质量。

有关最新的信息，请浏览美国亨廷顿氏病学会的网站：http：//www.hdsa.org。

停下来检查一下

22. 什么方法能让医生预测谁会或不会得亨廷顿氏病，并估计其发病年龄？

模块 8.3 结 语

运动障碍的遗传与环境

帕金森氏病和亨廷顿氏病表明基因以不同方式影响行为。检查染色体能几乎确定地预测谁会或谁不会得亨廷顿氏病，并中等准确地预测发病时间。与早发性亨廷顿氏病有关的一个基因已被鉴定出来，但对于迟发性的病症，环境的影响可能更重要。在以后的章节中，特别是第 15 章，我们还要讨论其他基因增加患某些疾病风险的例子，但是我们将不会再遇到像亨廷顿氏病这样显著遗传的情况了。

总 结

1. 帕金森氏病的特征是活动启动受损、缓慢而不精确的运动、肌肉震颤、僵直、抑郁以及认知缺陷。
2. 帕金森氏病与从黑质到尾状核和壳核的、含多巴胺的轴突退化有关。
3. 引起早发性亨廷顿氏病的一个基因已被鉴定出来，遗传在更多 50 岁以后发病的帕金森氏病中仅有较小的作用。
4. 化学物质 MPTP 选择性损害黑质的神经元，并导致帕金森氏病。有的帕金森氏病病例可能部分由接触毒物所致。
5. 帕金森氏病最常见的治疗是 L– 多巴，它可以通过血 – 脑屏障，进入神经元而被转化为多巴胺。然而，L– 多巴的效果不确定，而且产生不利的副作用。
6. 许多其他的治疗方法也在使用或至少在实验阶段。移植未发育成熟的神经元进入受损脑区似乎提供了很有效的方法，但至今尚未能提供实质性疗效。
7. 亨廷顿氏病是一种遗传性疾病，以运动控制受损、抑郁、记忆损害和其他认知障碍为特征。
8. 通过检查 4 号染色体，医生能确定某人在以后是否会得亨廷顿氏病。基因的 C-A-G 重复序列数越多，可能的症状发作也越早。
9. 引起亨廷顿氏病的基因干扰了称作亨廷顿蛋白的结构。受损的蛋白质再影响线粒体的功能。

关键术语

帕金森氏病　264
MPTP　265
MPP⁺　265
L- 多巴　267
干细胞　268
亨廷顿氏病　268
亨廷顿蛋白　270

思考题

1. 氟哌啶醇是一种阻断多巴胺突触的药，对在帕金森氏病患者可能会有什么作用？
2. 神经病学家声称若人能活得足够长，迟早每个人都会得帕金森氏病，为什么？

停下来检查一下答案

17. 对于早发性帕金森氏病，同卵双胞胎比异卵双胞胎更相互类似，但对迟发性并不如此。结论是：早发性帕金森氏病有高的遗传性，而迟发性则没有。
18. 暴露于 MPTP 能导致帕金森氏病的症状。吸烟与降低该病的风险相关联。
19. L- 多巴进入脑，经神经元转化为多巴胺，进而增加了被耗竭神经递质的供给。
20. L- 多巴对有的患者无效，对其余的也只有有限的益处。它并不能终止神经元的丢失，还产生可厌的副作用。
21. 可能的治疗方法包括抗氧化剂、刺激多巴胺受体的药物、阻断谷氨酸或腺苷受体的药、神经营养因子、抑制细胞凋亡的药、对苍白球的高频电刺激，以及神经元或干细胞的移植等。
22. 医生能数 4 号染色体上一个基因的 C-A-G 组合的连续重复数。如果数目低于 36，此人则不会得亨廷顿氏病。对数目等于或大于 36 的，数目越大则此人越可能得病，而且可能的发病年龄越早。

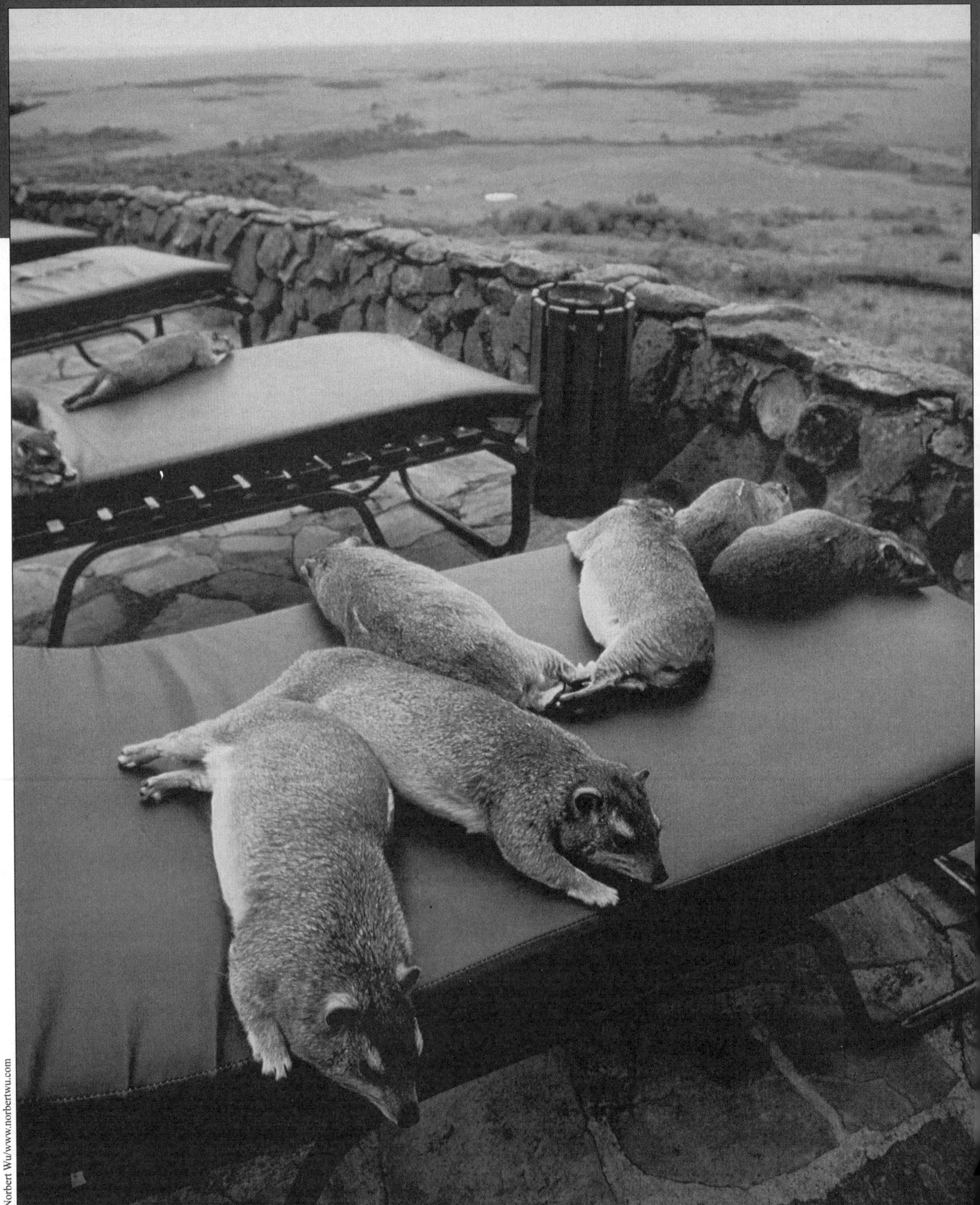

睡眠与觉醒 9

本章大纲

（左图图释）肯尼亚国家公园中的岩兔。

主要内容

1. 睡眠和觉醒以大约 24 小时为周期交替出现，大脑自主产生这个周期。
2. 睡眠包含数个阶段，不同的阶段在脑电、心率等方面存在着区别。异相睡眠，或称快速眼动（REM）睡眠，是一种特殊睡眠状态。从某些方面看来，REM 睡眠深于其他睡眠阶段；但从另一些方面看来，REM 睡眠则浅于其他睡眠阶段。
3. 脑干和前脑的某些区域控制着唤醒和睡眠，局部脑损伤能使睡眠或觉醒时间延长。
4. 多种原因可导致人们睡眠不佳，第二天昏昏欲睡。
5. 尽管人们不完全了解睡眠的功能，但睡眠和 REM 睡眠无疑是我们所需要的。

我们知道，每一种多细胞动物都有睡眠和觉醒的昼夜节律。如果被剥夺了睡眠，我们会感到难受。但假如生命体在另一个星球以不同的方式演化，是否可能演化出不需要睡眠的生物呢？试想有一个不自转的星球，星球上的一些动物需要演化以适应光亮中的生活，另一些动物需要适应黑暗中的生活，而剩下的则要适应在明亮与黑暗交汇处的生活。再也没有动物需要按照某种固定的时间表在活跃期和非活跃期之间切换，也许根本不再需要长时间的非活跃期。如果你是发现这些不睡觉动物的宇航员，你一定会感到惊奇。

试想该星球的宇航员第一次来到地球。当他们发现地球上的动物，比如人类，有那么长的非活跃期（就像死亡一样）时，他们会是多么惊奇啊。对于那些从没见过睡觉的生物来说，这的确显得奇怪而神秘。在这一章，就让我们从他们的视角，探寻一下为什么像人类这样活跃的动物需要花上其生命中 1/3 的时间睡觉。

模块 9.1

觉醒和睡眠的节律

我猜想，当你知道你的身体自发产生睡眠与觉醒的节律时应该不会感到特别奇怪。然而，早期的心理学家却强烈抵触这个观点。在20世纪中叶行为主义主导实验心理学的时期里，许多心理学家认为，一切行为的来源都可追溯到外部刺激。例如，睡眠和觉醒之间的切换必定要依赖于外部世界的线索，比如光线或温度的变化。Curt Richter（1922）以及其他人的研究表明，人体自发产生活跃和静息的周期变换。此后，更有力的证据逐渐被发现：即使环境不发生改变，动物也会产生以24小时为周期的睡眠和觉醒的变换。自主节律的观点使人们的认识向前迈了一步，他们开始将动物看做行为的主动创造者。

内源性节律

动物如果只是为了应付当前的刺激而产生行为，则会使自己处于不利地位。它们需要在阳光和温度发生变化之前就做好准备。例如，候鸟在它们的避暑胜地变冷之前就要迁徙到冬天的栖息地。如果到了霜降时节才行动，它们就要遭殃了。同样，早在冬季来临、食物紧缺之前，松鼠们就要储存食物，增加脂肪层了。

动物们为季节变换做准备的行为部分程度上受内部机制的驱动。比如，许多线索告诉候鸟该飞到南方越冬了。但当它已处在热带地区时，是怎么知道该何时飞回北方的呢？我们知道，在热带地区，光线的多少和温度高低全年都不发生太大变化。可事实上，候鸟总能在正确的时间飞回北方（Gwinner，1986）。即使被困在笼中、感受不到季节的变换，当春天来临时，候鸟还是会烦躁不安。一旦被放出，就会向北方飞去。显然，候鸟能产生一种节律来应对季节变换。我们称这种节律为**内源性近年节律**（endogenous circannual rhythm）。（endogenous 意为“产生于内部的”。*circannual* 来源于拉丁文，由 *circum* 和 *annum* 组成，*circum* 意指“大约”，*annum* 表示“年”。）

同样，动物会产生持续约一天的**内源性昼夜节律**（endogenous circadian rhythms）。（*circadian* 来源于 *circum* 和 *dies*，前者意为“大约”，后者意为“日”。）如果你整夜不睡（正如大多数大学生迟早会经历的），随着夜越来越深，你会感到越来越困。但是当黎明到来时，你反而会感到不那么困了。原因之一是，阳光在一定程度上消除了你的困倦。此外，你瞌睡的程度部分地取决于一天当中的时刻，而不仅仅是你已经醒着多久了（Babkoff，Caspy，Mikulincer，& Sing，1991）。

图9.1表示的是一只飞鼠的活动。它在完全黑暗的状态中待了25天。每一条水平线代表一天，即24小时。水平线中加粗的部分表示动物处于活跃状态的时间。即使是在这种完全恒定的环境中，动物也会产生规律的活动和睡眠节律。根据实验设计细节的不同以及动物的个体差异，这种自发产生的周期会略短于（如图9.1所示）或略长于24小时（Carpenter & Grossberg，1984）。

人类也能产生睡眠－觉醒节律。美国核潜艇上的海军常常几个月不见阳光，他们仅生活在昏暗的人造光下。在许多情况下，他们的日程安排是6小时的工作加12小时的休息。即便是按照这种18小时日程表的要求睡觉（或试着睡觉），他们身体产生的警觉状态和化学变化的周期仍为24.3~24.4小时（Kelly et al.，1999）。科学家们发现，使用某种恰当定时的灯，可以训练人产生25小时的节律，但是没有人能够产生出远超过24小时的节律（Gronfier，Wright，Kronauer，& Czeisler，2007）。

哺乳动物，包括人类在内，在睡眠觉醒、饮食、排尿、荷尔蒙的分泌、药物敏感性等许多方面都存在着昼夜节律。比如，尽管我们通常认为人的体温是37℃，但是正常的体温在一天中是波动的，低至夜间的36.7℃，高至午后的37.2℃（图9.2）。

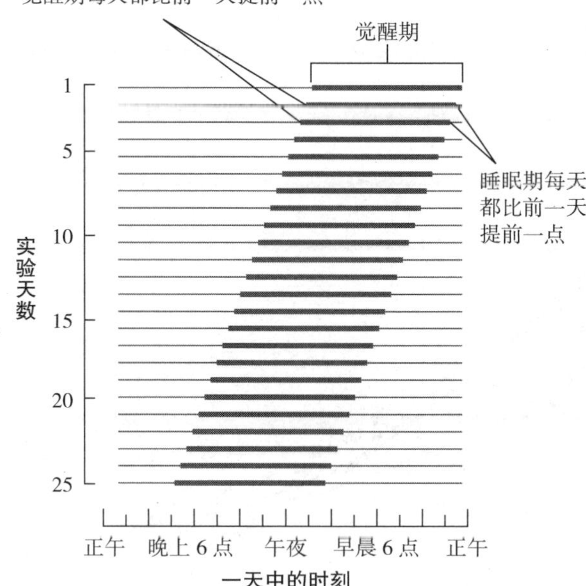

图 9.1 一只待在黑暗状态下的飞鼠的活动记录

粗线部分表示的是用滚轮测量到的活动期。注意，这个自发产生的活动周期略短于 24 小时。(*From "Phase Control of Activity in a Rodent," by P. J. DeCoursey, Cold Spring Harbor Symposia on Quantitative Biology, 1960, 25:49–55. Reprinted by permission of Cold Spring Harbor and P. J. DeCoursey.*)

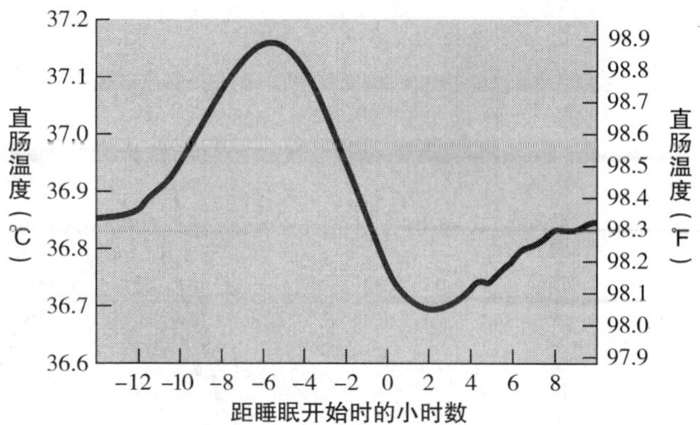

图 9.2 9 个成人的平均直肠温度

人的体温在睡眠开始后 2 个小时达到一天中的最低值；在入睡前 6 个小时达到一天中的最高值。(*From "Sleep-Onset Insomniacs Have Delayed Temperature Rhythms," by M. Morris, L. Lack, and D. Dawson, Sleep, 1990, 13, 1–14. Reprinted by permission.*)

昼夜节律有个体差异。有些人（“云雀型”）起得很早，并很快就进入到工作状态，但随着时间的过去，清醒程度会逐渐降低。另外一些人（“猫头鹰型”，俗称“夜猫子”）需要更长的时间才能进入工作状态。就像他们的称谓所显示的那样，他们直到下午或者晚上才达到精力的顶峰。而且他们熬夜的能力比云雀型的人要好（Taillard，Philip，Coste，Sagaspe，& Bioulac，2003）。

当然，并不是所有人都可归入这两种极端状态。比较人们之间作息规律的一个简便方法是问他：“在假期当你不受任何约束时，你睡眠的时间中点是几点？”比如说，那些天你都是夜里 1 点睡到早上 9 点，那么中点就是凌晨 5 点。如图 9.3 所示，不同年纪的人睡眠的中点会有差别。当你还是个小孩时，通常都是早睡早起。进入青春期后，一旦有机会你就开始晚睡晚起。在 20 岁之前，人们的平均入睡时间随年龄不断变晚，20 岁之后又逐渐变早（Roenneberg et al.，2004）。

人们过了 20 岁便倾向于早睡是出于上班的需要吗？有可能，但两个现象却指向了生物学的解释。首先，图 9.3 显示，这种变化趋势稳定地保持了几十年。如果人们仅仅是为适应上班而做出调整，我们不仅应该看到在 20 多岁时发生的一个显著变化，还应看到退休后发生一个反向的变化。第二，在老鼠中也有类似的趋势：年长的老鼠醒后不久就达到最佳状态，而年轻老鼠的表现是随着时间推移慢慢提高（Winocur & Hasher，1999，2004）。

停下来检查一下

1. 什么证据表明人有内在的生物钟?

生物钟的设定和重置

人类的昼夜节律大约是 24 小时，但它并不是绝对精准的。我们每天都要校对内部的运作以便和外部世界达到一致。但有时，我们却误调了。在周末，大多数人可以自由支配自己的时间，我们在前一天晚上沉迷于灯红酒绿，第二天早上则很晚才起床。到了周一早晨，当闹钟指向 7 点的时候，生物钟却告诉我们只有 5 点。这时

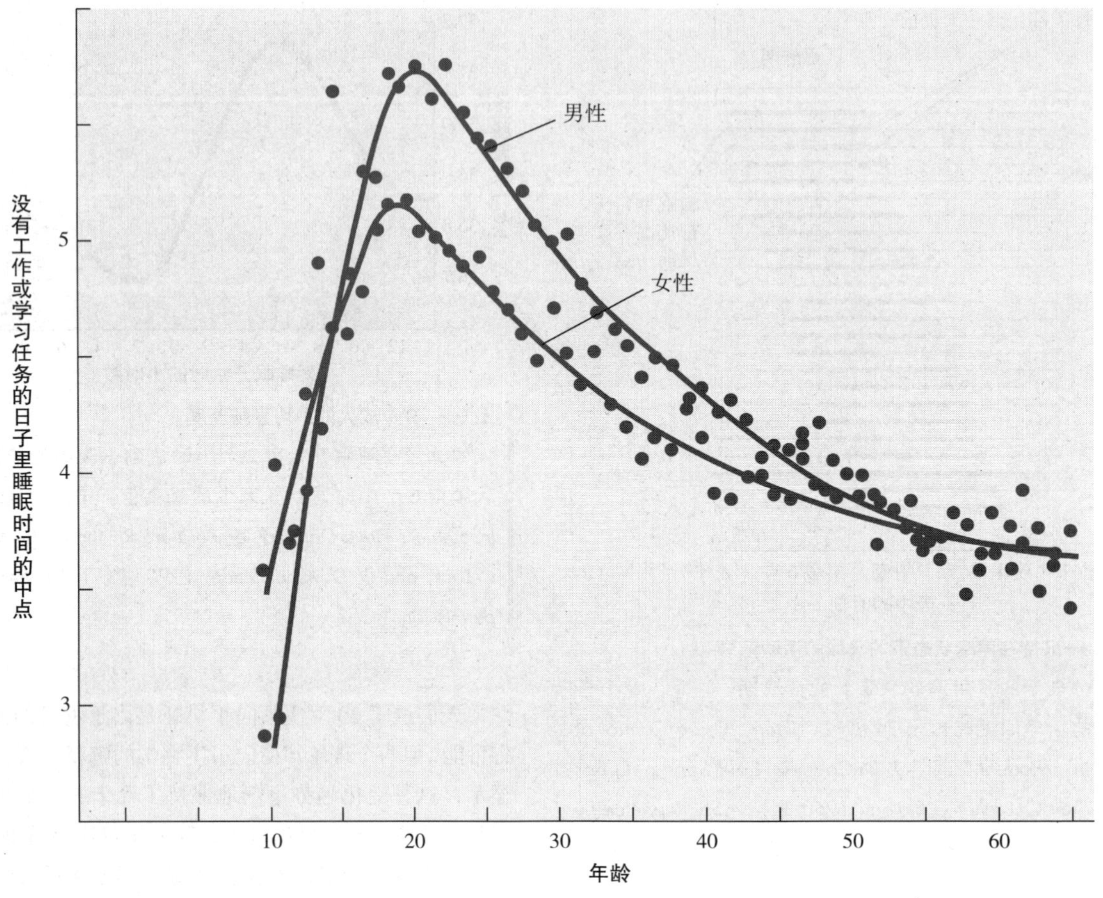

图 9.3 昼夜节律的年龄差异

不同年龄的人报告自己在没有工作和学习任务的日子睡眠时间的中点，比如凌晨 3 点或凌晨 5 点。20 岁左右的人最有可能晚睡晚起。(*Reprinted from T. Roenneberg et al., "A marker for the end of adolescence," Current Biology, 14, R1038–R1039, Figure 1, Copyright 2004, with permission from Elsevier.*)

我们还得无精打采地挣扎着去上班、上学。(Moore-Ede，Czeisler，& Richardson，1983)

尽管昼夜节律不依靠光线就可以维持，但对于生物钟重置来说，光线至关重要。我曾经有一个上发条的手表，每天要慢 2 分钟。如果我不重置它的话，一个月就会积累成一个小时。这块表有一个 24 小时零 2 分的**自由运转节律**(free-running rhythm)——即在没有刺激来重置或改变它时产生的节律。身体的昼夜节律是类似的。如果不经由某些刺激重置，它就会偏离得越来越远。重置昼夜节律的刺激被称为**给时者**(zeitgeber)(来自德语，意为“时间赋予者”)。光线是陆地动物最主要的给时者(Rusak & Zucker，1979)。(对于许多海洋动物，潮汐是重要的给时者。) 除了光线之外，还存在许多其他给时者，包括运动 (Eastman，Hoese，Youngstedt，& Liu，1995)、声响、饮食、环境温度 (Refinetti，2000) 等。然而，它们的作用仅限于对光线作用的补充和调整。就它们自身而言，影响是非常弱的。比如，南极的冬天没有阳光，在那里工作的人会试着维持一种 24 小时的节律，但不同的人会产生出不同的自由运转节律，直到后来他们越来越难同时工作了 (Kennaway & VanDorp，1991)。

即使我们用闹钟来设置睡眠 - 觉醒周期，阳光也会产生一些影响。想想每年春天我们启用夏令时的情景。你将闹钟拨快了一个小时。当它显示到了就寝时间时，尽管你觉得似乎早了一个小时，你还是照惯例上床睡觉。

第二天早晨闹钟在 7 点响了，告诉你该起床上班了，但你大脑认为才 6 点。在改为夏令时的最初几天，大多数人会感到休息不好、效率低下。这种调整对于习惯晚睡晚起和平时睡眠不足的人来说尤其困难。这之中就包括多数大学生（Lahti et al.，2006；Monk & Aplin，1980）。

德国的一项研究为阳光的重要性提供了有力的证据。尽管德国东部边境的人和西部边境的人采用相同的“钟表”时间，但实际上，东部边境与西部边境的“太阳”时间相差半个小时。研究者调查了一些成年人，询问他们偏好的就寝和起床时间，并依此确定每个人睡眠时间的中点。（比如，在周末或节假日，你晚上 12:30 睡觉，第二天早上 8:30 起床，那么你的睡眠中点是凌晨 4:30，或者 4.5 小时。）图 9.4 显示了实验结果。住在东边的人，其睡眠中点比住在西边的人早半个小时，这与太阳在东部边境上升起较早的事实相吻合（Roenneberg，Kumar，& Merrow，2007）。此处给出的数据适用于人口数在 30 万以下的城镇。居住在大城市的人表现出不太一致的倾向，这大概是由于他们花更多时间待在室内，接触阳光下的机会较少。

不能依靠光线来调节昼夜节律的盲人用什么作为给时者呢？答案不尽相同。有些盲人利用声响、温度、饮食以及活动来调节。然而，有些盲人对于这些次级时间线索不够敏感，他们会产生出略长于 24 小时的自由运转节律。如果他们的周期恰好与钟表一致，则一切正常。但一旦他们的周期与钟表时间不同步，便会经历晚上失眠、白天困倦的状态（Sack & Lewy，2001）。

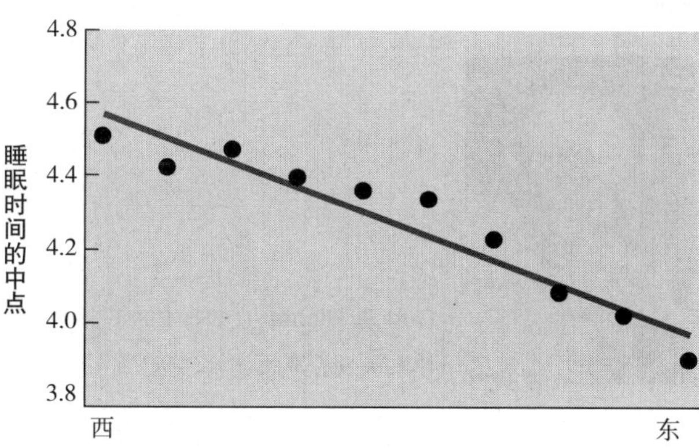

图 9.4 自然时间与社会时间的竞争

当人们无需在某个特定时间起床时，住在德国东部边境的人比住在西部边境的人早起 30 分钟，住在中部的人介于二者之间。纵坐标表示人们偏好的就寝时间与起床时间的中点。数据来源于人口数在 30 万以下城镇的居民。（*From Roenneberg, T., et al. [2007], "The human circadian clock entrains to sun time." Current Biology, 17, R44-R45. Reprinted by permission of the Copyright Clearance Center.*）

停下来检查一下

2. 为什么在周末或节假日的时候，住在德国东边的人比住在德国西边的人醒得早？

时差反应

跨越时区对昼夜节律的干扰被称为**时差反应**（jet lag）。旅行者们抱怨在白天很困，但晚上却没有睡意，并且感到情绪低落、注意力不集中。所有这些问题都来源于内部节律与外部的时间不一致（Haimov & Arendt，1999）。大多数人发现，相对于向东飞行，调节向西飞行的时差反应更容易。飞往西边时，我们晚上睡得晚，早晨起得也晚，已部分适应了新的时间表。也可以说，我们使自己的昼夜节律相位延迟（phase-delay）了。飞往东边时，我们使自己的昼夜节律相位前移（phase-advance），睡得早，起得也早（图 9.5）。但大多数人都觉得在正常时间之前睡觉是一件困难的事情。

对于某些人来说，时差反应带来的问题显得尤为令人不安。我们知道，应激导致血液中肾上腺激素皮质醇水平升高。多项研究表明，皮质醇水平持续升高会损害海马神经元，而海马是主管记忆的一个重要脑区。一项研究以空中乘务员为被试，这些乘务员在过去的 5 年中都飞过跨 7 个以上时区的航线（例如从芝加哥到意大利），并且每次飞行之间只有短期的休息（少于 6 天）。结果发现，他们的海马及周围组织的平均体积比普通人要小，而且他们表现出某些记忆损害（Cho，2001）。这些结果表明：频繁改变昼夜节律具有一定危险性。当然，这些问题也可能是由飞机旅行本身引起的。（服务于长距离南北航线的空乘人员会是很好的对照组。）

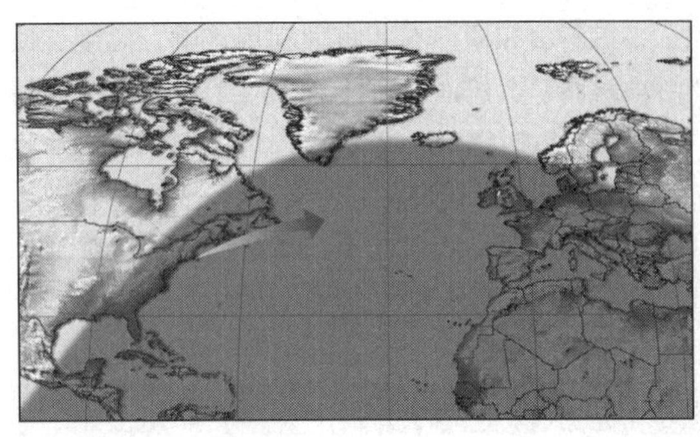
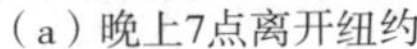
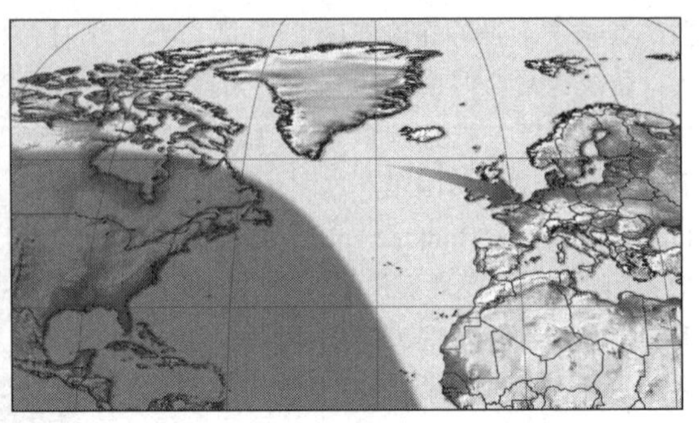

（a）晚上7点离开纽约　　（b）早晨7点到达伦敦，此时纽约是凌晨2点

图 9.5 时差反应

东边的时间比西边的时间晚 。假如有位向东飞行 6 个时区的人在飞机上睡着了。到达目的地后是当地的早晨。尽管他的出发地是晚上，他也不得不醒着。

倒　班

许多睡眠不规律的人（例如飞行员、实习医生和工厂里的倒班工人）发现，睡眠持续的时间取决于他们何时入睡。当不得不在早晨或者午后睡觉时，他们只能睡着一小会，尽管他们已经好久没合眼了（Frese & Harwich，1984；Winfree，1983）。

上夜班的人（比如从午夜到早晨 8 点）只能在白天睡觉，至少他们试着在白天睡。但即便是按照这种时间表工作几个月甚至几年后，许多工人依然不能完全适应。他们在工作的时候觉得眩晕无力，白天也睡得不香。他们体温的峰值出现在白天睡觉时，而不是出现在晚上工作时。总的来说，上夜班的工人比上白班的工人更容易出事故。

晚上工作并不能有效地改变昼夜节律。大多数建筑物使用的照明灯在 150-180 勒克斯之间，它们只能中等程度地重置节律（Boivin，Duffy，Kronauer，& Czeisler，1996）。调整得最好的夜班工作者是白天睡在极暗的房间里，晚上在亮如白昼的灯光下工作的人（Czeisler et al.，1990）。

生物钟的机制

身体是怎样产生昼夜节律的呢？Curt Richter（1967）认为，大脑能自行产生节律，即生物钟。他还指出，生物钟对于大多数形式的干扰都是不敏感的。眼盲或耳聋的动物也能产生昼夜节律，尽管它们的昼夜节律会逐渐失去与外部世界的同步性。昼夜节律异常稳定，剥夺食物或水、x 射线、镇静剂、酒精、麻醉剂、缺氧、大多数脑损伤或是内分泌器官的移除都不能使之受到干扰。即便是一个小时以上的人工冬眠也不能重置生物钟（Gibbs，1983；Richter，1975）。显然，生物钟是一种强有力的机制。

Curt P. Richter (1894–1988)

比起美食，我更喜欢做研究

视交叉上核

生物钟的产生依赖于下丘脑中一个名为**视交叉上核**（suprachiasmatic nucleus，SCN）的结构。它紧贴视交叉的上方，并因此得名。虽然其他脑区也能产生局部节律（Granados-Fuentes，Tseng，& Herzog，2006），但视交叉上核对睡眠和体温的昼夜节律起着主要的控制作用（Refinetti & Menaker，1992）。视交叉上核损伤之后，机体的节律变得不那么一致，机体与环境中明 - 暗交替的模

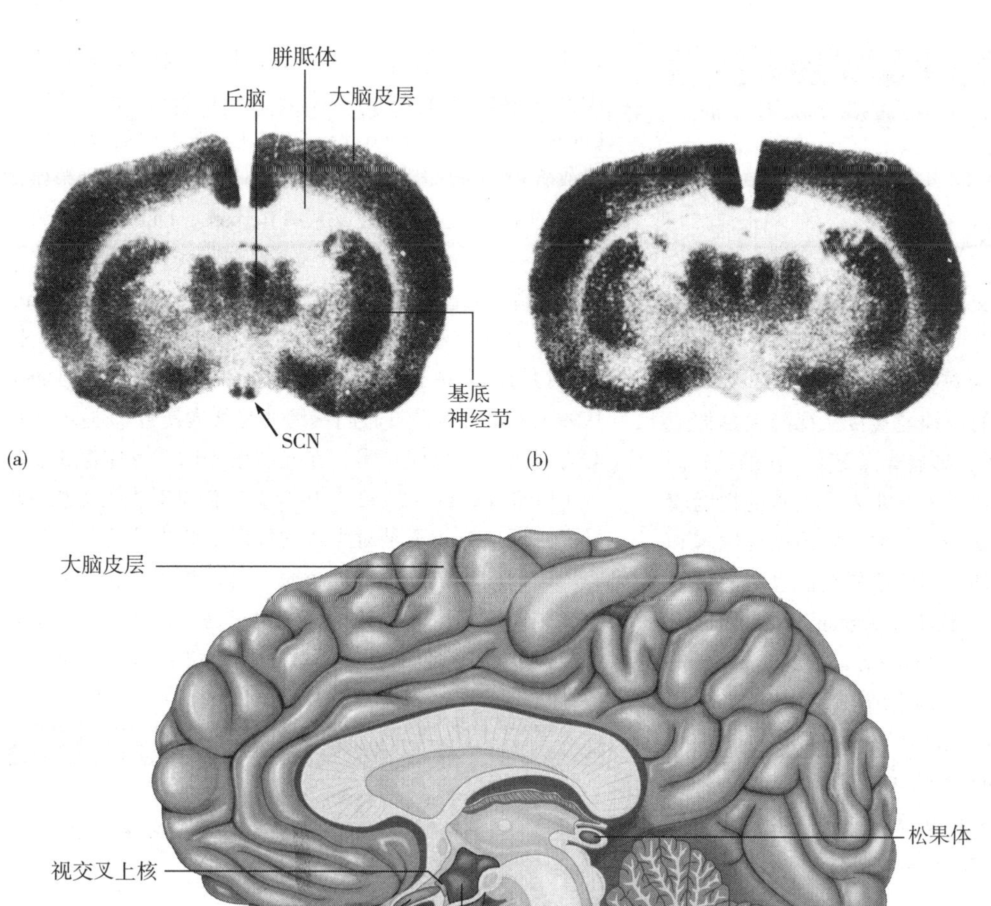

图 9.6 老鼠和人类的视交叉上核

视交叉上核位于大脑的底部，视交叉的上方。在经过下丘脑前部平面的冠状位切片上有所显示，每只老鼠都注射了放射性物质 2- 脱氧葡萄糖，它能被最活跃的神经元吸收。对这种化学物质吸收水平高的区域在切片上呈现为黑色。请注意，图（a）中视交叉上核神经元的活动水平比图（b）高很多。图（a）中老鼠是在白天接受注射的，图（b）中老鼠是在晚上接受注射的。（*From "Suprachiasmatic nucleus: Use of 14C-labeled deoxyglucose uptake as a functional marker," by W. J. Schwartz and H. Gainer, Science 1977, 197:1089–1091. Reprinted with permission from AAAS/American Association for the Advancement of Science.*）（c）人脑的矢状面切片显示了视交叉上核和松果体的位置。

式也不再同步。

视交叉上核产生昼夜节律的机制是受基因控制的，目前尚不清楚其完整机制。如果将视交叉上核神经元与大脑的其他部分分离，或者取出体外置放在培养基中，它们会继续产生有昼夜节律的动作电位（Earnest，Liang，Ratcliff，& Cassone，1999；Inouye & Kawamura，1979）。其实孤立的单个视交叉上核细胞就能维持昼夜节律，虽然细胞间的相互作用能够使昼夜节律更加精准（Long，Jutras，Connors，& Burwell，2005；Yamaguchi et al.，2003）。

某个基因的突变导致仓鼠的视交叉上核产生一个 20 小时，而不是 24 小时的节律（Ralph & Menaker，1988）。研究者通过手术摘除成年仓鼠的视交叉上核，并将仓鼠胎儿的视交叉上核组织移植到成年仓鼠的大脑中。当供体（即仓鼠胎儿）的节律为 20 小时时，成年仓鼠获得 20 小时的节律；当供体的节律为 24 小时时，成年仓鼠的节律为 24 小时（Ralph，Foster，Davis，& Menaker，1990）。也就是说，决定节律的是提供视交叉上核的一方，而不是接受方。这个结果再一次表明节律来源于视交叉上核本身。

停下来检查一下

3. 什么证据有力地表明视交叉上核产生昼夜节律?

光线如何重置视交叉上核

视交叉上核位于视交叉上方。(图9.6显示了二者在人脑中的位置，它们的相对位置在其他哺乳动物中也是类似的。)一小束被称为**视网膜下丘脑通路**(retinohypothalamic path)的视神经直接从视网膜延伸至视交叉上核。这条通路的轴突影响着视交叉上核的设置。

然而这条通路的大多数输入并非来自正常的视网膜感光细胞。由于存在基因缺陷，一种小鼠的视杆细胞和视锥细胞几乎全部受到破坏，即便这样它们也能够重置自身的生物钟与光线保持一致(Freedman et al., 1999；Lucas, Freedman, Muñoz, Garcia-Fernández, & Foster, 1999)。还有失明的鼹鼠，它们的眼睛被皮肤褶皱和毛所覆盖，也不具备眼部肌肉或晶状体来聚焦成像。它们的视神经元数目不足900，而仓鼠有100 000个。即使是很强的闪光也不能引发鼹鼠的惊跳反应或者脑电变化。然而，光线却能重置它们的生物钟。(de Jong, Hendriks, Sanyal, & Nevo, 1990)

对此，有一种惊人的解释是，所有哺乳动物的视网膜下丘脑通路都开始于一群特殊的神经节细胞，它们有着自己的感光色素，称为视黑素(melanopsin)，这与在视杆细胞和视锥细胞中发现的色素是不一样的(Hannibal, Hindersson, Knudsen, Georg, & Fahrenkrug, 2001；Lucas, Douglas, & Foster, 2001)。即使没有从视杆细胞或者视锥细胞得到任何输入，这些特殊的神经节细胞也能直接对光线作出反应(Berson, Dunn, & Takao, 2002)。当然，它们也可以从视杆细胞和视锥细胞获得一些信号输入来补充其对光线做出的直接反应(Guler et al., 2008)。这种特殊的神经节细胞主要分布于视网膜的鼻侧，而非均匀地分布于视网膜上(Visser, Beersma, & Daan, 1999)。(也就是说，它们看到的是外周视野。)这些细胞对光线刺激的反应较慢，在光线消失时，反应停止也较慢(Berson et al., 2002)。因此，它们是对光线的总平均量发生反应，而不是对光线的即时变化做反应。光线在一段时间内(数分钟或数小时)的平均强度正是视交叉上核估计时间所需要的信息。由于这些神经节细胞对视觉没有贡献，它们并不需要对光线的实时变化做出反应。

图9.7 一只失明的鼹鼠

从各方面来说，失明鼹鼠的确是失明的。但是，他们照样能对光线做出反应来重置昼夜节律。

停下来检查一下

4. 光线是怎样重置生物钟的?

昼夜节律的生物化学机制

对昼夜节律机制的研究最早在昆虫中进行，因为昆虫的遗传机制相对简单，而且繁殖周期较短。对果蝇的研究发现了产生昼夜节律的基因(X. Liu et al., 1992；Sehgal, Ousley, Yang, Chen, & Schotland, 1999)。两种被称为*Period*(缩写为*Per*)和*Timeless*(缩写为*Tim*)的基因分别可以产生Per蛋白和Tim蛋白。这些蛋白在早晨还很少，其浓度随时间的推移不断增加，到晚上达到很高的水平，并使得果蝇产生睡意。蛋白的高水平会反馈给基因，使其关闭。在夜间基因不再产生Per蛋白和Tim蛋白，它们的浓度会逐渐回落，直到第二天早晨这种循环再次开始。当Per蛋白和Tim蛋白的浓度处于高水平时，它们与Clock蛋白相互作用引发睡意。当它们的浓度处于低水平时，则会使人清醒。此外，夜晚的灯光会使Tim蛋白失活，从而减少睡意、重置生物钟。图9.8总结了这种反馈机制。

为什么我们会关心果蝇?因为当研究者了解了果蝇产生昼夜节律的机制后，他们在哺乳动物中找到了类似

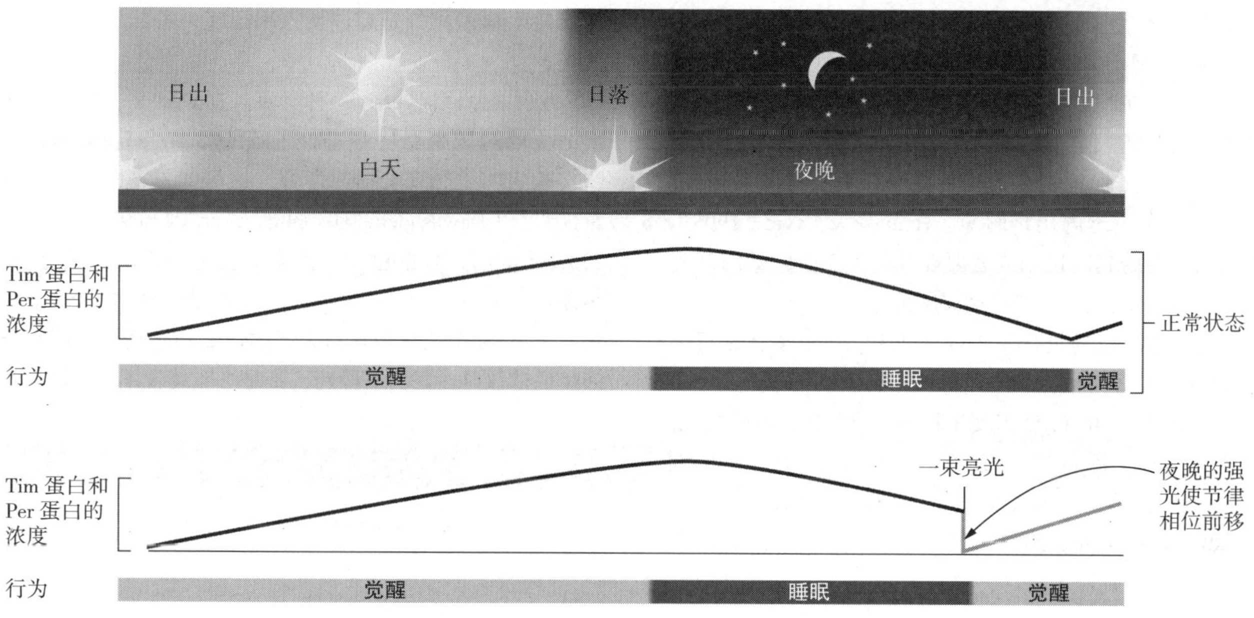

图 9.8 蛋白质和基因之间的反馈机制可调节睡眠

在果蝇(*Drosophila*)中，Tim 蛋白和 Per 蛋白在白天不断积累。但积累到一定水平时就会引发睡眠，并关闭制造它们的基因。当 Tim 蛋白和 Per 蛋白的浓度大幅降低时，觉醒再度出现，基因也重新激活。夜间的一束灯光能阻断 Tim 蛋白，从而提高觉醒水平、重置昼夜节律。

的基因和蛋白质（Reick，Garcia，Dudley，& Mcknight，2001；Zheng et al.，1999）。在哺乳动物中，光线能够影响 Per 蛋白和 Tim 蛋白的产生，从而增强视交叉上核中某些神经元的活动（Kuhlman，Silver，LeSauter，Bult-Ito，& McMahon，2003）。

弄清这些机制有助于理解许多不寻常的睡眠障碍。per 基因和 tim 基因与 clock 基因相互作用诱发睡意。*clock* 基因受损的小鼠，睡眠比正常小鼠要少（Naylor et al.，2000）。由此可以推测，某些人睡眠减少可能是同样原因造成的。clock 基因和 period 基因的活动受到许多其他基因的调控。当其中一种调控基因，如 *overtime* 基因，发生突变时，小鼠就会产生 26 小时的昼夜节律，而不是 24 小时（Siepka et al.，2007）。出现类似基因突变的人总是觉得很难在正常时间起床，他们感觉自己似乎每天都向东跨越了两个时区。

period 基因的一种突变已经在人类中发现。发生了这种突变的人，他们的昼夜节律快于 24 小时，就好像是他们每天都向西跨越了一两个时区（C. R. Jones et al.，1999）。他们总是晚上睡得很早，早晨醒得很早（Toh et al.，2001；Xu et al.，2005）。大多数人都期望他们能晚睡晚起，而 Period 基因发生突变的人却希望晚上能比平时睡得更早，而第二天早晨能醒得特别早。大多数患有这种睡眠障碍的人受到抑郁症的困扰（Xu et al.，2005）。在第 15 章会再次提到，睡眠障碍与抑郁是紧密相连的。

褪黑素

视交叉上核通过控制包括**松果体**（pineal gland）（见图 9.6）在内的其他脑区来调节睡眠和觉醒。松果体是位于丘脑后方的一个内分泌腺（Aston-Jones，Chen，Zhu，& Oshinsky，2001；von Gall et al.，2002）。它分泌的**褪黑素**（melatonin）既影响昼夜节律，又影响近年节律（Lincoln，Clarke，Hut，& Hazlerigg，2006）。人类的松果体主要在夜间分泌褪黑素，使得我们产生睡意。当人们到了一个新的时区，要开始遵循新的时间安排时，他们依然会在原来的时间感到睡意，直到褪黑素的分泌节律发生变化为止（Dijk & Cajochen，1997）。松果体瘤患者常常会一连好几天不睡觉（Haimov & Lavie，1996）。

褪黑素在睡前2~3个小时开始分泌。晚上服一片褪黑素药丸对睡眠毫无帮助，因为不论怎样松果体都会在那时分泌褪黑素。然而若在其他时间服用褪黑素药丸，人会在两个小时内出现睡意（Haimov & Lavie，1996）。当人们需要跨越时区，或者要在其他异于平常的时间睡觉时，服用褪黑素药丸还是很有用的。

褪黑素可以通过作用于视交叉上核上的受体来反馈调节生物钟（Cillette & McArthur，1996）。下午服用中等剂量的褪黑素（0.5mg）能使生物钟相位前移。也就是说，它使人在晚上困得早，第二天醒得早。早上服用单剂量的褪黑素不会影响睡眠（Wirz-Justice，Werth，Renz，Muller，& Kräuchi，2002），但是在早晨多次服用褪黑素却能使生物钟相位延迟，使人困得晚，第二天早晨也醒得晚。

服用褪黑素已成为一种潮流。褪黑素是一种抗氧化剂，所以对健康有一些益处（Reiter，2000）。但是，动物实验表明褪黑素会损害学习，这可能是不断增加的倦意造成（Rawashdeh，Hernandez，de Borsetti. & Cahill，2007）。同时，长期服用褪黑素会损害动物的生殖能力，孕期服用还会影响胎儿发育（J. Arendt，1997；Weaver，1997）。长期服用褪黑素对人类的影响还不清楚，但一个谨慎的建议是：任何一种药，不是必须的就不要服用。

停下来检查一下

5. Tim蛋白和Per蛋白与果蝇的睡眠有什么关系？

模块 9.1 结 语

睡眠－觉醒周期

电器只有在有人关掉它时才会停止运转，但大脑不同，它会周期性地启动或关闭自己。睡眠并不是一个率性而为的活动。生物机制决定了我们何时起床、何时睡觉，即便我们可能更喜欢其他的作息时间安排。

总 结

1. 动物，包括人类，能够自发产生24小时的昼夜节律。
2. 大多数老人倾向于早睡早起。年轻人的作息呈现多样化。但一般来说，他们喜欢晚睡晚起。
3. 尽管生物钟在恒亮或者恒暗的环境下依然运转，但是光线可以重置生物钟。
4. 适应一个长于24小时的周期（如向西飞行时）比适应一个短于24小时的周期（如向东飞行时）要容易。
5. 如果人们希望在晚上工作、白天睡觉，改变昼夜节律最好的方法是晚上工作时使用强照明灯，而白天在非常昏暗的屋子里睡觉。
6. 视上核（SCN）是下丘脑的一部分，它调节睡眠和体温的昼夜节律。
7. 光线在某种程度上通过一束延伸至视上核的视神经重置生物钟。这些轴突起自一群特殊的节细胞。这些节细胞除接收来自于视锥细胞和视杆细胞的输入外，还直接对光线做出反应。
8. 控制昼夜节律的基因在哺乳动物和昆虫中大致是一样的。在不同的物种中，特定蛋白质的数量都是在白天增加，在晚上降低。
9. 视上核在某种程度上通过操纵松果体释放褪黑素来控制身体的昼夜节律。褪黑素增加人的睡意。在一天中的某些特定时间点服用，可以起到重置昼夜节律的作用。

关键术语

内源性近年节律 276
内源性昼夜节律 276
自由运转节律 278
给时者 278
时差反应 279
视上核（SCN） 280
松果体 283
褪黑素 283

思考题

1. 光线能否重置盲人的昼夜节律？并解释原因。
2. 失明的鼹鼠不能利用光线来看东西，可是为什么演化使它们视上核的活动能够与光线变化保持一致？
3. 如果你向东飞行跨越几个时区，希望使用褪黑素来重置你的昼夜节律，那么你应该在什么时候服用？如果是向西飞行呢？

停下来检查一下答案

1. 有些人生活在明暗交替周期不是 24 小时的环境中，但他们的睡眠和觉醒周期依然是 24 小时，而不是当前环境的周期。
2. 东部边境日出时间比西部边境早半个小时。显然，即使人们根据相同的钟表时间上下班，太阳光依然控制着睡眠觉醒周期。
3. 即使从身体中取出，保存在培养基中，视上核细胞也能产生昼夜节律。
4. 一束名为视网膜下丘脑通路的视神经将光线的信息传递给视上核。这个通路的轴突发源于一种特殊的神经节细胞。即便没有从视杆细胞或者视锥细胞得到任何输入，这些特殊的神经节细胞也能直接对光线作出反应。
5. Tim 蛋白和 Per 蛋白在动物醒着的时候不断增加，当浓度达到一定水平后，就会触发睡眠，并关闭产生这两种蛋白的基因。于是，它们的浓度会持续降低直到觉醒，并开始下一轮的循环。

模块 9.2

睡眠的阶段和脑机制

假设我买了一台新收音机。使用 4 个小时后，它突然停了。我猜想是不是电池耗尽了，或者是坏了，需要修理一下。后来我发现，每次使用 4 个小时后它总会停掉，即使不换电池、不修理，再过几个小时后它又能正常工作了。于是，我开始怀疑这个机器就是这样设置的，大概是为了防止我整天听收音机吧。现在我希望找出那个使收音机在开启 4 小时候后自动关闭的装置。注意，我提出了一个新问题。当我认为收音机停止是因为电池耗尽或者需要修理时，我并没有问是什么机制使它停止的。

同样，如果我们把睡眠看成是一部坏了的机器，我们不会关心它是由大脑的哪个部分产生的。但如果我们把睡眠看成是在演化过程中形成的、服务于特定功能的特异状态时，我们就会关心调节它的脑机制。

睡眠以及干扰意识的其他状态

让我们先区分一些概念。睡眠是大脑主动产生的一种状态，以脑活动的中度降低和对刺激反应的降低为特征。相反，**昏迷**（coma）是由脑外伤、中风或疾病引起的一种持续的无意识状态。一个昏迷的人，他的脑活动在一天内会稳定地维持在较低的水平。他对刺激的反应微弱，甚至没有反应，其中包括那些在正常情况下会引发疼痛的刺激。即便做出动作，也是无目的的，不指向任何环境刺激。典型的昏迷会持续几个星期，此后患者或者死亡、或者出现恢复的迹象。

若是处于**植物人状态**（vegetative state），患者会在睡眠和中度唤醒状态之间来回转换，然而即便处于较高的唤醒状态，患者仍对于周围环境没有意识。呼吸比较规整，对疼痛刺激有一定反应性，至少能产生心跳加快、呼吸加速、出汗这样的自主神经反射。患者不说话、对他人言语无反应、也不表现出任何有目的的行为。但是也会出现例外，处于植物人状态的患者也可能具有一些认知活动（Guerit，2005）。**微意识状态**（minimally conscious state）比植物人状态的意识水平高一些，患者偶尔表现出简短的有目的性的活动，并且具备有限的言语理解能力。植物人状态和微意识状态可以持续几个月甚至几年。

脑死亡（brain death）指没有任何脑活动征象、不能对任何刺激做出反应的状态。患者连续 24 小时不出现任何脑活动征象后，医生才会宣布其脑死亡。大多数人认为这时撤掉生命维持设备是合乎伦理道德的。

睡眠的阶段

几乎每一次科学的进步都源于测量方法的创新。研究人员发现睡眠分为不同的阶段也是偶然间通过脑电图记录得到的。第 4 章已经介绍过脑电图（EEG），这种技术可记录头皮上每个电极附近脑区的细胞和神经纤维的平均电位（图 9.9）。也就是说，如果某个区域内一半细胞的电位升高，另一半细胞的电位降低，结果是它们相互抵消掉了。如果所有细胞的电活动是同步的，即它们同时做着同样的事，那么电位的升高或降低就会被 EEG 记录到。或许可以把 EEG 比作在一个喧闹的运动场做的录音记录。一般来说，观众的声音是不同步的，因此只能记录到背景声音的轻微波动。但如果有事件发生并引起大家同时尖叫时，情况就不同了。EEG 使得研究者能够比较睡眠过程中不同时间的脑活动。

图 9.10 显示的是用**多导睡眠记录仪**（polysomnograph）记录到的某大学生在不同睡眠阶段时的脑电图和眼动变化。图 9.10a 显示的是安静觉醒状态时的结果，可以依此作为对照与其他阶段的结果相比较。请注意那一连串稳定的 **α 波**（alpha waves），其频率为 8~12Hz/s。α 波意味

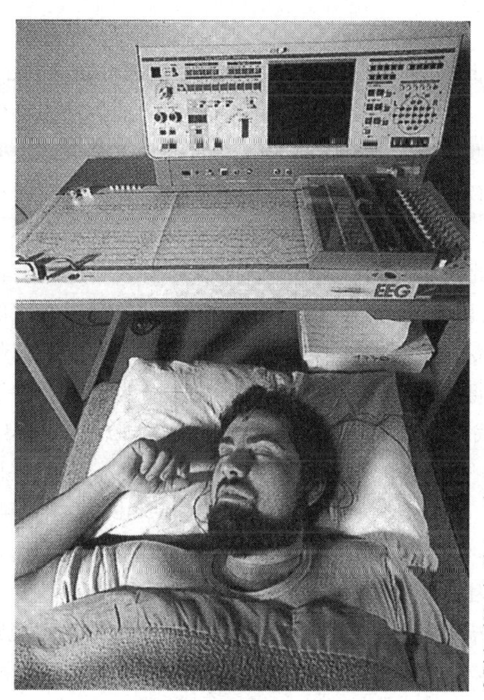

图 9.9 睡眠者头皮上贴着电极，来记录脑电活动
被试头部上方打印输出的即是每个电极记录的数据。

着放松，并不代表所有的觉醒状态。

在图 9.10b 中，睡眠刚刚开始。这个阶段叫做第 1 阶段睡眠。脑电图主要由不规律的、锯齿状的低压电波构成。总体看来，脑电活动比安静觉醒状态低，但是要高于其他睡眠阶段。如图 9.10c 所示，第 2 阶段睡眠的主要特征是出现睡眠纺锤波和 K- 复合波。**睡眠纺锤波**（sleep spindle）由一组突然爆发的 12~14Hz 的波构成，持续时间至少达半秒。睡眠纺锤波是丘脑和皮层细胞振荡交互的结果。**K– 复合波**（K-complex）是一种尖锐的高振幅波。在睡眠的其他阶段，突然发生的刺激也能引发 K- 复合波（Bastien & Campbell，1992），但它们在第 2 阶段睡眠最常见。

在接下来的睡眠阶段中，心率、呼吸以及脑活动都会下降，低频高幅脑电波变得越来越多（见图 9.10d 和 e）。到了第 4 阶段，持续半秒以上的慢波占据了的记录的一半以上。第 3 阶段和第 4 阶段睡眠合称为**慢波睡眠**（slow-wave sleep，SWS）。

慢波意味着神经元活动高度同步。在觉醒和第 1 阶段睡眠中，大脑皮层接收了大量输入信息，其中很多是高频信息。几乎所有神经元都兴奋了，但是不同群组的

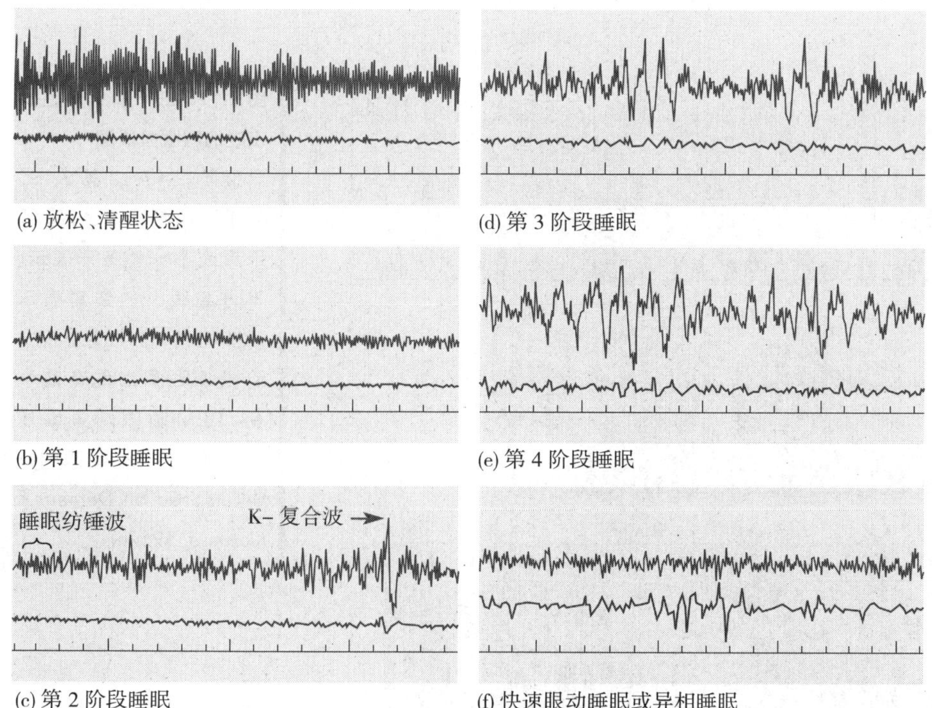

图 9.10 多导睡眠记录仪对一名男性大学生的记录结果
多导睡眠记录仪的结果包括 EEG 数据和眼动数据，有时也包括肌张力或头动等数据。对于每一张记录图，最上面一条线表示头皮上某个电极的 EEG 结果，中间一条线记录的是眼动，下面一条是时间轴，单位是一秒。注意，在第 3 和第 4 阶段睡眠中出现了大量的慢波。（*Records provided by T. E. LeVere*）

神经元在不同时间兴奋。因此，EEG 充满了短、快、杂的波形。然而，到了第 4 阶段睡眠，大脑皮层接收到的感知觉刺激大幅减少，剩下的少量刺激便足以使许多神经元同步。

停下来检查一下

6. EEG中的高幅慢波意味着什么？

异相睡眠或快速眼动睡眠

许多科学发现最初都是研究者偶然碰到的某种现象，随后才注意到其重要性。20 世纪 50 年代，法国科学家 Michel Jouvet 试图研究大脑皮层切除对猫的学习能力的影响。因为去皮层的哺乳动物不怎么爱动，所以 Jouvet 以肌肉的轻微运动和后脑的 EEG 作为观察指标。他注意到，在睡眠的某个阶段，猫的脑电活动相对较高，但颈部肌肉却完全放松。随后，Jouvet（1960）在正常的猫中也记录到了同样的现象。由于这种睡眠在某些方面类似深睡，某些方面又类似浅睡，Jouvet 将它命名为**异相睡眠**（paradoxical sleep）。（paradoxical 意为“明显的自我矛盾”。）

与此同时，美国的 Nathaniel Kleitman 和 Eugene Aserinsky 在观察人睡觉时的眼球运动。他们把眼动作为衡量睡眠深度的指标，认为睡着后眼动就会停止。开始时，他们每小时只记录几分钟的眼动，因为那时的记录纸很贵，况且他们也不指望在深夜观察到什么有趣的结果。因此，当他们偶然发现，人在睡着几个小时后仍有眼动时，他们以为是仪器出了故障。经过反复多次的细心监测后，他们才可以肯定，睡眠中的确存在快速的眼球运动期（Dement，1990）。他们把这个阶段称为**快速眼动睡眠**（rapid eye movment sleep，REM）（Aserinsky & Kleitman，1955；Dement & Kleitman，1957a）。很快他们意识到，REM 睡眠与 Jouvet 所说的异相睡眠是一回事。REM 睡眠通常被用于人类，对于其他动物则习惯用异相睡眠，因为有些物种在这个阶段没有眼动。

在异相睡眠或 REM 睡眠阶段，EEG 表现为不规则的低幅快波，这意味着神经元活动增加。从这个方面来说，REM 睡眠属于浅睡。然而控制身体姿势的肌肉，例如支撑头部的肌肉，在 REM 睡眠阶段非常放松，甚至比其他任何一个睡眠阶段都放松。从这个方面来说，REM 睡眠属于深睡。REM 睡眠与男性的勃起和女性的阴道润滑也有关。与第 2 到第 4 阶段睡眠相比，REM 睡眠在心率、

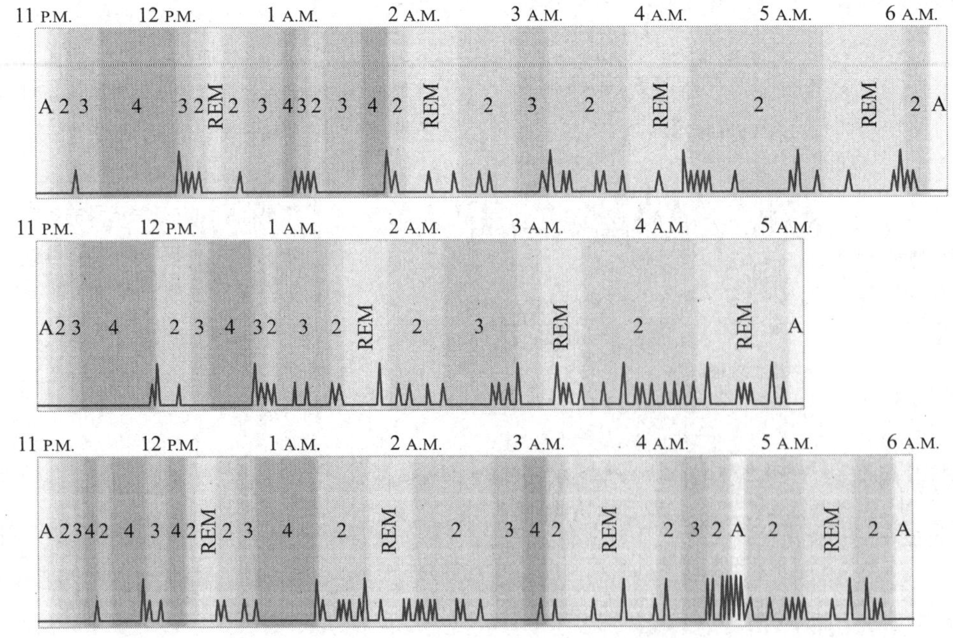

图 9.11　三个有代表性的夜晚的睡眠阶段图

觉醒阶段（A）、第 2、3、4 阶段睡眠和 REM 睡眠用深浅不一的条形表示。下方直线上的波动表示睡姿的变化。注意，第 4 阶段睡眠多出现在前半夜，REM 睡眠则多出现在后半夜睡眠快结束的时候。(*Based on Dement & Kleitman, 1957a*)

血压和呼吸上变化更大。简而言之，REM 睡眠结合了深睡和浅睡的特征，以及一些不能简单归为深睡或浅睡的特征。因此，最好避免使用深睡和浅睡这样的术语。

如图 9.10f 所示，除上述的稳定特征外，REM 睡眠还有一些间歇发生的特征，如面部抽动、眼睛运动等。EEG 的记录结果与第 1 阶段睡眠相似，但是要注意眼部运动的区别。REM 睡眠以外的阶段可统称为**非快速眼动睡眠**（non REM sleep，NREM）阶段。

人的睡眠从第 1 阶段开始，依次过渡到第 2、3、4 阶段，尽管这个顺序会被巨响或其他干扰打乱。入睡一个小时后，周期开始反向，从第 4 阶段睡眠回到第 3 和第 2 阶段睡眠，然后进入 REM 睡眠。这种循环反复发生，每个周期持续大约 90 分钟。在上半夜，第 3 和第 4 阶段睡眠占主导。到下半夜，第 4 阶段睡眠逐渐缩短，REM 睡眠阶段变长。图 9.11 显示了一个典型的睡眠阶段序列。REM 睡眠的多少更多地取决于一天中的时刻，而不是你已经睡了多长时间。也就是说，如果某天你比平时睡得晚，你的 REM 睡眠依然会在和往常差不多的时间变长（Czeisler，Weitzman，Moore-Ede，Zimmerman，& Knauer，1980）。多数抑郁症患者在入睡后很快进入快速眼动阶段，这意味着他们的昼夜节律可能与时钟不一致。

发现 REM 睡眠后不久，研究者相信它与做梦是同一回事。William Dement 和 Nathaniel Kleitman（1957b）发现，在 REM 阶段被叫醒的人，有 80%~90% 的几率报告正在做梦。然而，后续研究发现，有时在 NREM 阶段被叫醒的人也会报告正在做梦。REM 阶段的梦比 NREM 阶段的梦更加栩栩如生，情节更加复杂。当然也有例外。有些人在缺乏 REM 睡眠征象的情况下，持续报告自己做梦（Solms，1997）。简而言之，REM 睡眠和做梦常常重叠，但两者并不能等同。

William C. Dement

一般人都不会轻易地把观察别人睡觉作为紧张刺激的科学探险之旅的主题。然而，总有一种微妙的敬畏及神秘之感环绕在“短暂死亡”周围，我们也叫它“睡眠”。

停下来检查一下

7. 研究者怎样判断一个人是否处于REM睡眠阶段？
8. 在一整夜睡眠中，何时REM睡眠最多？

觉醒和唤起的脑机制

回顾第 1 章讲到的意识的“简单”问题和“困难”问题。简单问题包括这样的问题：“哪一个脑区使总体唤醒水平提高？它是通过何种神经递质来实现的？”你会发现，这样的问题在哲学上是简单的，但在科学上却是复杂的。

唤醒和注意的脑结构

切断中脑，导致前脑和部分中脑与断面以下所有的神经结构相分离。接受这种手术的动物将在接下来的几天进入一种持续的睡眠状态。即使动物花几个星期进行恢复后，觉醒的时间依然很短暂。我们可能想到一个简单的解释：这种切断使大脑不能接收来自延髓和脊髓的上行感觉输入。但是，如果研究者切断每一根进入延髓和脊髓的神经束，从而阻断所有进入大脑的感觉输入，动物依然能保持正常的觉醒和睡眠时间。显然，中脑的作用不仅是传递感觉信息，它有一套独特的机制来促进觉醒。

切断中脑之所以使动物的觉醒程度降低，是因为维持觉醒的**网状结构**（reticular formation）遭到了破坏。该结构从延髓一直延伸至前脑。网状结构中，部分神经元轴突上行投射至大脑，部分神经元的轴突则下行至脊髓。正如第 8 章所述，下行至脊髓的神经元轴突构成了控制运动的内侧束的一部分。1949 年，Giuseppe Moruzzi 和 H. W. Magoun 提出，网状结构中轴突上行的神经元非常适合于调节觉醒。“网状”（reticular 来自于拉丁文 *rete*，意为“网”）这个词形象地描述了这个系统中神经元之间的广泛连接。**脑桥中脑**（pontomesencephalon）是网状结构中与皮层唤醒有关的结构之一（Woolf，1996）。（这个术语来源于 *pons* 和 *mesencephalon*，或“midbrain”）。这些神经元接收来自多个感觉系统的输入，并产生自发活动。如图 9.12 所示，它们的神经元的轴突延伸至前脑，释放乙酰胆碱和谷氨酸，进而兴奋下丘脑、丘脑和前脑基底部的神经细胞。因此，脑桥中脑能够在觉醒状态下维持皮层的唤醒水平，当出现新异刺激或挑战性任务时，可增加机体的反应性（kinomura，Larsson，Gulyás，& Roland，1996）。刺激脑桥中脑部分能够唤醒一个熟睡中的人，或者提高醒着的人的警觉水平，并能使脑电波从低频慢波转变为高频快波（Munk，Roelfsema，König，Engel，& Singer，1996）。然而，由于脑桥中脑部分的不同亚系统掌管着不同的感觉形式，所以某种刺激有时只能有效地唤起某个脑区，对其余脑区的唤起作用则不那么明显（Guillery，Feig，& Lozsadi，1998）。

蓝斑（locus coeruleus，字面意思是“深蓝色的地方”）是脑桥内的一个小结构。它在大部分时间里都处于不活跃的状态。但一旦遇到有意义的刺激，特别是能引起情绪唤起的刺激时，便会发出神经冲动（Sterpenich et al.，2006）。蓝斑的神经轴突释放的去甲肾上腺素遍布于皮层中，所以这个小小的脑区有着巨大的影响力。施加于

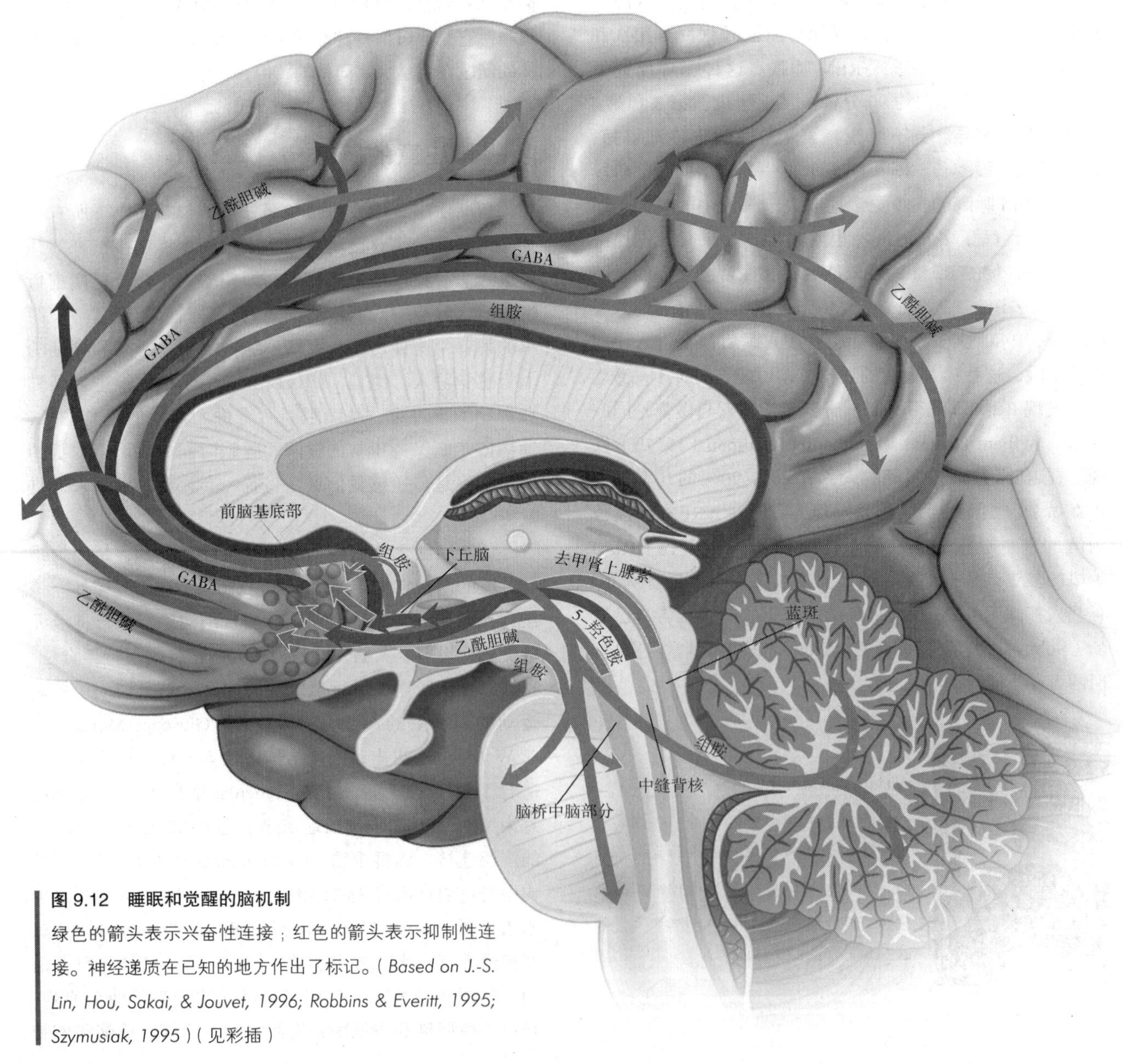

图 9.12 睡眠和觉醒的脑机制

绿色的箭头表示兴奋性连接；红色的箭头表示抑制性连接。神经递质在已知的地方作出了标记。（*Based on J.-S. Lin, Hou, Sakai, & Jouvet, 1996; Robbins & Everitt, 1995; Szymusiak, 1995*）（见彩插）

蓝斑的任何刺激都能够增强近期记忆的存储（Clayton & Williams，2000）、提高觉醒水平（Berridge，Stellick，& Schmeichel，2005）。蓝斑在睡眠时处于静息状态。

下丘脑的多个神经轴突通路都与唤醒有关。其中一条通路释放神经递质组胺（Lin，Hou，Sakai，& Jouvet，1996），它对整个大脑产生兴奋作用（Hass & Panula，2003）。释放组胺的细胞在觉醒时是活跃的。你可能已经猜到了，它们在你准备睡觉时和你刚起床的时候是相对不活跃的（K. Takahashi，Lin，& Sakai，2006）。用来治疗过敏症的抗组胺剂能够阻断这些神经递质，于是会让人感到昏昏欲睡。不能通过血脑屏障的抗组胺剂则不会产生这些副作用。

另一条来自下丘脑的通路也影响唤醒。这条通路主要起自下丘脑的外侧核和背侧核，释放一种被称为**食欲素**（orexin 或 hypocretin）的多肽类神经递质。你在英文文章中会见到 orexin 和 hypocertin 两种称谓，其实他们指的是同一物质。这些轴突延伸至前脑基底部和其他脑区，并释放食欲素，刺激这些脑区内负责觉醒的神经元（Sakurai,2007）。食欲素对于从睡梦中醒来并不是必需的，但是对于维持觉醒状态则意义重大。就算没什么特别的事情发生,一个成年人一天也要维持 16~17 个小时的觉醒，这就需要食欲素发挥作用，尤其是在一天快要结束的时候（Lee，Hassani，& Jones，2005）。一项在松鼠猴中进行的研究发现，在一天当中，松鼠猴食欲素的水平是逐渐升高的。当猴子需要在正常睡眠时间保持觉醒时，食欲素会维持在一个很高的水平。一旦猴子去睡觉了，食欲素的水平就会下降（Zeitzer et al.，2003）。阻断食欲素受体的药物能够增加睡眠（Brisbare-Roch et al.，2007），而增加食欲素浓度的手段（如向鼻腔内喷射食欲素）可以促进觉醒和警觉（Deadwyler，Porrino，Siegel，& Hampsin，2007；Prober，Rihel，Onah，Sung，& Schier，2006）。也许以食欲素为基础开发的药物能够帮助有睡眠障碍的人。

还有一些起自外侧下丘脑的神经通路能够调节**前脑基底部**（basal forbrain）（刚好位于下丘脑前侧和背侧的一个区域）的神经元。前脑基底部发出的轴突延伸至整个丘脑和大脑皮层（见图 9.12）。这些轴突中，有的释放兴奋性神经递质乙酰胆碱，可提高唤醒程度（Mesulam，1995；Szymusiak，1995）。阿尔茨海默症患者的脑中丢失了许多像这样的释放乙酰胆碱的神经元。

图 9.12 还标注了一些其他轴突，如用红色标注的 GABA 通路。但事实上，这些轴突本身不释放 GABA，它们刺激其他神经元释放 GABA。GABA（脑内的主要抑制性神经递质）几乎总是由一些小的局部神经元释放的。没有 GABA 的抑制作用，睡眠就不会发生（Gottesmann，2004）。GABA 的功能可以帮助我们理解在睡眠中的经历：睡觉时，体温和代谢率轻微降低，神经元的活动也有所降低（但并不像我们想象的那么多）。自发激活的神经元仍以平时的速率激活，脑内感觉区域的神经元仍对声音等刺激做出反应。但无论如何，我们是无意识的。这可能是因为 GABA 抑制了突触的活动。睡眠时，单个神经元可以是激活的，无论它是自发激活或对刺激产生反应。但由于 GABA 水平升高，这个神经元轴突不能通过突触将刺激信号传递到其他区域。研究者认为，在睡眠状态下，某刺激对某个脑区的激活程度可能与清醒时一样强烈，但此时的兴奋更加短暂，并且不会传递到其他脑区（Massimini et al.，2005）。

停下来检查一下

9. 服用了阻断GABA的药物，会使睡眠–觉醒节律发生怎样的变化?
10. 为什么有些抗组胺剂会使人感到昏昏欲睡?
11. 缺乏食欲素的人，其睡眠–觉醒节律会发生怎样的变化?

表 9.1 总结了一些与唤醒和睡眠有关的关键脑区及其作用。

快速眼动睡眠涉及的脑功能

对 REM 睡眠的脑机制感兴趣的研究者想知道在 REM 睡眠中哪些脑区的活动增强，哪些脑区的活动减弱。于是他们决定使用 PET 扫描来进行研究。这种研究听起来似乎很简单，但 PET 需要注射一种放射性的化学物质。给被试实施注射又不把他弄醒是件困难的事。此外，PET 扫描想要得到清晰的成像，在收集数据时被试的头部必须保持不动。如果被试翻身，哪怕只是动了一小下，成像结果就得作废了。

为了克服这些困难，两项研究的工作人员说服被试

表 9.1 唤醒和睡眠的脑结构

结 构	释放的神经递质	对行为的影响
脑桥中脑部分	乙酰胆碱、谷氨酸	提高皮层的唤醒水平
蓝 斑	去甲肾上腺素	促进觉醒时的信息存储；抑制REM睡眠
前脑基底部		
兴奋性神经元	乙酰胆碱	兴奋丘脑和皮层；促进学习和注意；从NREM睡眠转向REM睡眠
抑制性神经元	GABA	抑制丘脑和皮层
下丘脑（部分）	组胺	提高唤醒水平
（部分）	食欲素	维持觉醒
中缝背核和脑桥	5-羟色胺	干扰REM睡眠

带上一个面罩睡觉，这种面罩能够使被试的头部保持静止不动。他们同时在被试的手臂中埋入套管针（塑料管），方便他们在夜间向被试体内注射放射性化学物质。想象你自己处于这种情境中，手臂里有套管针，头部被固定。好，试着睡觉吧！

研究者预见到要在这种情境中睡着是非常困难的！所以他们要求被试参加实验的前一晚整夜不睡。这样，被试会非常困倦，即使在这种条件下也能睡着了。（也许吧。）

好了，你已经了解了这种英雄主义式的实验程序，让我们看看结果吧。在 REM 中，脑桥和边缘系统（对情绪反应有重要意义）的活动增强。初级视皮层、运动皮层以及背外侧前额叶的活动减弱，而顶叶和颞叶的部分区域活动增强（Braun et al.，1998；Maquet et al.，1996）。在下一个单元中，我们会探讨这些结果对做梦的意义，但现在希望大家注意的是，脑桥的活动触发了 REM 睡眠。

REM 睡眠与一种独特的高幅电位 PGO 波（pons-geniculate-occipital，即桥膝枕波）（图 9.13）有关。神经

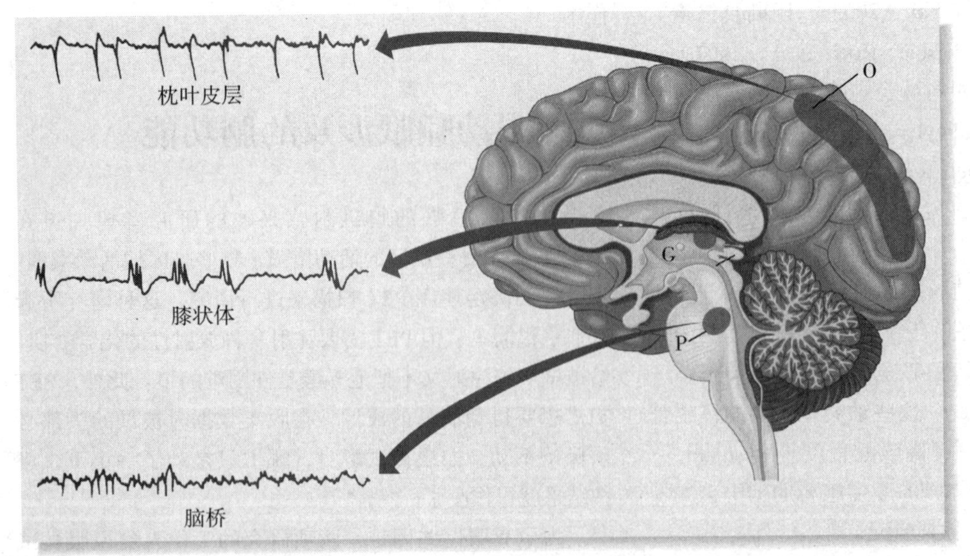

图 9.13 PGO 波（桥膝枕波）
PGO 波始于脑桥（P），然后出现在外侧膝状体（G）和枕叶（O）。每一个 PGO 波都与 REM 睡眠中的眼球运动同步。（见彩插）

元活动的波形首先在脑桥被探测到，随后出现在丘脑的外侧膝状核，然后是枕叶（D. C. Brooks & Bizzi，1963；Laurent，Cespuglio，& Jouvet，1974）。每种动物每天都保持着一定数量的 PGO 波。若在较长时间内剥夺动物的 REM 睡眠，PGO 波会出现在第 2~4 阶段睡眠中（正常情况下 PGO 波不会出现在这些睡眠阶段）。甚至在动物醒着的时候也会出现 PGO 波，并伴随一些异常行为，仿佛动物发生了幻觉。睡眠剥夺结束时，动物被允许在不受干扰的情况下睡觉，这时它们的 REM 睡眠中会出现极高密度的 PGO 波。

除了产生 PGO 波，脑桥中的神经元还将信息传递给脊髓，来抑制那些控制躯体大肌肉的运动神经元，从而对 REM 睡眠做出贡献。损毁脑桥底后，猫依然有 REM 睡眠，但它的肌肉不能放松。在 REM 阶段，它笨拙地走来走去，好像在捕捉一只虚幻的猎物，有时又像受了惊吓一样跳起来（Morrison，Sanford，Ball，Mann，& Ross，1995）（图 9.14）。猫是在表演它的梦境吗？我们不知道，它也不能告诉我们。但显然，从脑桥传递至脊髓的信息的功能之一就是要在 REM 阶段抑制肌肉运动。

REM 睡眠还依赖于 5- 羟色胺与乙酰胆碱之间的关系。注射一种刺激乙酰胆碱神经突触的药物**氨甲酰胆碱**（carbachol），能够使睡眠中的动物快速进入 REM 睡眠（Baghdoyan，Spotts，& Synder，1993）。请注意，乙酰胆碱对于觉醒和 REM 睡眠都很重要。5- 羟色胺和去甲肾上腺素则干扰 REM 睡眠（Boutrel，Franc，Hen，Hamon，& Adrien，1999；Singh & Mallick，1996）。

图 9.14　脑桥受损的猫在 REM 睡眠中摇摇晃晃地走动
完好无损的脑桥神经元向控制大肌肉运动的脊髓发出抑制性信息。*(From Morrison, A. R., Sanford, L. D., Ball, W. A., Mann, G. L., & Ross, R. J., "Stimuluselicited behavior in rapid eye movement sleep without atonia," Behavioral Neuroscience, 109, 972–979, 1995. Published by APA and reprinted with permission.)*

睡眠障碍

睡多长时间才足够呢？不同的人有不同的答案。大多数人每晚睡 7.5~8 个小时，但也有人可以每晚只睡 3 个小时而没有什么不良的后果（H. S. Jones & Oswald，1968；Meddis，Pearson，& Langford，1973）。

判断**失眠**（insomnia）（睡眠不足）最好的标准是看你第二天的精神状况如何。如果感到非常疲惫，则说明你晚上睡眠不足。失眠的原因包括噪音、温度不适、压力、疼痛、饮食和药物等。癫痫、帕金森氏症、脑肿瘤、抑郁、焦虑或者其他神经、精神类疾病也能引起失眠。一些儿童失眠是因为他们对乳糖不耐受，但他们的家长却不知道，依然在睡觉前给他们喝牛奶（Hornets，1992）。有位失眠患者，很久后才发现自己失眠的原因是讨厌起床后的慢跑而对睡觉心生恐惧。当他将慢跑的时间改到下午后，就不再受失眠困扰了。简而言之，在试图解决你的睡眠问题之前，你得先弄清原因何在。

某些失眠病例与昼夜节律的变化有关（MacFarlane，Cleghorn，& Brown，1985a，1985b）。如图 9.15a 所示，通常人们都是在体温下降的时候睡觉，体温上升时醒来。如图 9.15b 所示，如果有人的节律发生**相位延迟**，那么他会感到难以在通常睡觉的时间入睡，仿佛下丘脑认为时间还不够晚（Morris et al.，1990）。如果有人的节律发

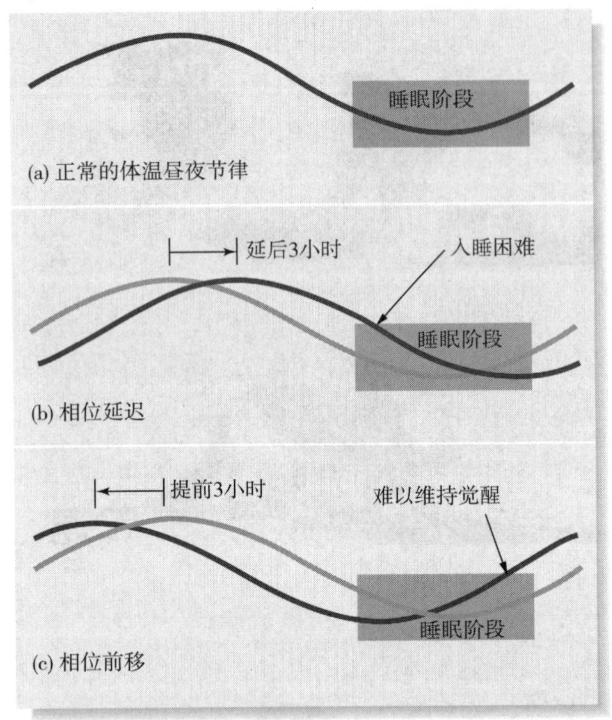

图 9.15　失眠和昼夜节律

体温昼夜节律的延后与失眠有关，提前则能终结失眠。

生相位前移，如图 9.15c，他很容易就能睡着，但会醒得很早。

失眠的另一个原因是使用镇静剂作安眠药。不要感到奇怪，尽管镇静剂能使人睡着，但多次使用会对药物产生依赖，停止服药后就睡不着（Kales，Scharf，& Kales，1978）。使用酒精来帮助入睡也会引起同样的问题。

睡眠呼吸暂停

失眠还有一种形式是**睡眠呼吸暂停**（sleep apnea），即在睡觉时呼吸不畅。睡眠呼吸暂停患者睡觉时会突然喘不上气，这迫使他们醒来喘口气再睡。这种情况一夜之中会发生很多次，每次持续一分钟左右。早上醒来后，他们可能不会记得这些，但他们一定会注意到由此带来的后果——白天昏昏欲睡、注意受损、情绪低落，有时还会出现心脏问题。睡眠呼吸暂停患者大脑的多个脑区都存在神经元丢失的情况，因此他们在学习、推理、注意以及冲动控制等方面都存在缺陷（Beebe & Gozal，2002；Macey et al.，2002）。这些相关研究并不能告诉我们到底是大脑的异常引起了睡眠呼吸暂停，还是睡眠呼吸暂停导致了大脑异常。动物研究的结果支持后者：频繁缺氧（就好像不能呼吸）的老鼠，会出现神经元的丢失或损伤，在负责警觉的脑区内尤为严重（Zhu et al.，2007）。睡眠障碍导致认知功能缺失的情况不仅存在于呼吸暂停患者中，也同样存在于阿尔茨海默症患者中。

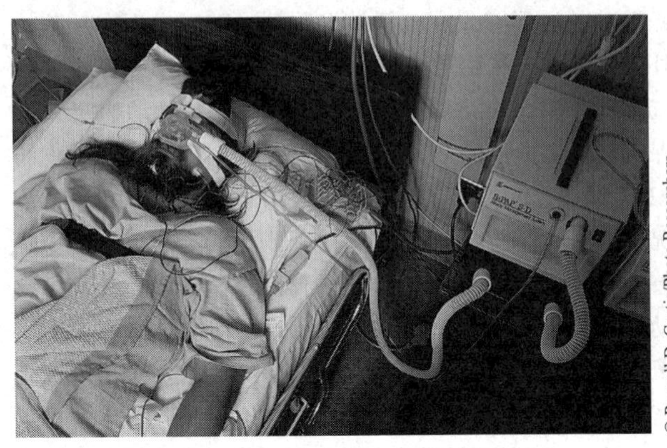

图 9.16　连续气道正压通气面罩

面罩紧贴鼻子周围，以固定的压力输送氧气，保证呼吸道通畅。

许多因素会导致睡眠呼吸暂停，比如遗传因素、激素以及年老所致的呼吸调节神经机制的衰退。肥胖也能导致睡眠呼吸暂停，特别以中年男性较为常见。许多肥胖男性的呼吸道比常人要窄，因此呼吸的频率和强度会代偿性地增加。在睡眠中，他们不再能以那种频率和强度进行呼吸。另外，睡觉时的姿势使他们的呼吸道变得比平时更窄（Mezzanotte，Tangel，& White，1992）。

医生常常建议睡眠呼吸暂停患者减肥，并避免饮酒和使用镇静剂（因为会损伤呼吸肌）。治疗措施包括手术切除阻塞气管（呼吸道）的组织，或者通过呼吸面罩在一定的压力下输送氧气以保持呼吸道的通畅。

停下来检查一下

12. 什么样的人最有可能患睡眠呼吸暂停？

嗜睡症

嗜睡症（narcolepsy）是一种以白天频繁进入睡眠状

态为特征的障碍（Aldrich，1998）。大约每 1000 个人中就会出现 1 例。它有时表现出家族聚集性，但目前还没有发现与之有关的基因，而且许多嗜睡症患者也没有患病的近亲。嗜睡症有四种主要症状，不过不是每个患者都具备全部四种症状。这四种症状都可以被理解为在觉醒状态时强行插入了类似 REM 睡眠的状态：

1. 在白天逐渐或突然出现的睡眠状态。
2. 偶发性**猝倒**（cataplexy）——患者清醒时突发的肌肉无力。猝倒常常由强烈的情绪触发，如愤怒或过度兴奋。（如一个男人在他的结婚典礼上突然晕倒。）
3. 睡眠瘫痪——在入睡或起床时，身体不能动弹。一些人可能偶尔经历睡眠瘫痪，但嗜睡症患者经历睡眠瘫痪的频率更高些。
4. **入睡前幻觉**（hypnagogic hallucinations）——类似做梦的经历，人常常不能将它与现实区分开来。通常发生在睡眠刚开始的阶段。

嗜睡症的产生与神经递质食欲素有关。嗜睡症患者的下丘脑缺乏产生和释放食欲素的神经元（Thanickal et al.，2000）。他们缺失这些神经元的原因目前还不清楚，但遗传似乎并不是主要因素。上文提到，食欲素对于维持觉醒非常重要。因此，缺乏食欲素的人会在短暂的睡眠状态和短暂的觉醒状态之间不停切换，而不能一整天都保持觉醒状态。缺乏食欲素受体基因的狗会表现出类似于人类嗜睡症的症状，即在睡眠和觉醒状态间频繁地转换（L. Lin et al.，1999）。缺乏食欲素的老鼠也是同样的情况（Hara，2001；Mochizuki et al.，2004）。

在第 8 章我们谈到，亨廷顿舞蹈症患者的基底神经节存在大面积损伤。此外，他们下丘脑的神经元也减少，其中包括产生食欲素的神经元。因此，他们在白天很难维持觉醒，而在晚上又很难维持睡眠。（Morton et al.，2005）

理论上，我们可以用恢复食欲素水平的药物来治疗嗜睡症。也许这个愿望最终会实现。当前，最常见的治疗方式是使用兴奋性药物，比如哌醋甲酯（Retalin，利他林），它能够增强多巴胺和去甲肾上腺素的活力。

停下来检查一下

13. 嗜睡症与食欲素之间是什么样的关系？

周期性肢体运动障碍

还有一种睡眠障碍叫做**周期性肢体运动障碍**（periodic limb movement disorder），它以反复发作的腿部（有时是手臂）非自主运动为特征（Edinger et al.，1992）。许多人，可能是大多数人，都经历过夜间偶发的非自主性踢腿，特别是刚刚入睡的时候。夜间腿动并不会成为一个问题，除非这种状况持续发作。然而，对于某些人，特别是中老年人，踢腿动作特别频繁，甚至可以在几分钟或几小时内每隔 20~30 秒就踢一次。频繁或强烈的腿动会弄醒患者本人或者其配偶。镇静剂能够帮助某些患者抑制腿动（Schenck & Mahowald，1996）。

REM 行为障碍

在 REM 睡眠中，控制姿势的主要肌肉一般呈松弛状态。然而，**REM 行为障碍**（REM behavior disorder）患者在 REM 睡眠中产生剧烈运动，仿佛在表演他们的梦境。他们频繁地梦到自己在抵御攻击，于是会用拳击、用脚踢或者跳来跳去。多数患者会因此伤到自己或他人，并可能损坏财产（Olson，Boeve，& Silber，2000）。

REM 行为障碍常见于老年人，特别是患有像帕金森氏症这类脑疾病的老人（Olson et al.，2000）。可以推测，脑损伤的部位应包括脑桥，于是脑桥就无法发出信息去抑制掌管大肌肉运动的脊髓神经元了。

夜惊、梦呓和梦游

夜惊（night terrors）是一种强烈的恐惧紧张经历，它使人从睡眠中惊叫着醒来。夜惊和恶梦不同，后者只是一个不愉快的梦境。夜惊常常发生在 NREM 阶段，在儿童中更为常见。梦境的内容，如果有的话，通常也比较简单，可能只是单个的图像。

梦呓较为常见，也没有什么危害。有些人，可能大部分人，会偶尔在睡觉时说话。除非有人听见了你说的话，并在你醒来之后告诉你，否则你可能说上好几年都无所察觉。梦呓在 REM 睡眠和 NREM 睡眠阶段都会发生（Arkin，Toth，Baker，& Hastey，1970）。

梦游表现出家族聚集性，且大多发生在儿童中，尽管 1%~2% 的成人也会出现至少一次梦游。梦游的原因尚不明确，但在人们经历了睡眠剥夺、使用了酒精（或者其他）药物时，梦游出现的次数更频繁。梦游最常出现在前半夜的第 3 和第 4 阶段睡眠中，通常不伴有梦境。（它并不发生在 REM 睡眠阶段，因为那时大肌肉完全放松。）一般情况下梦游没有危害，但也有例外。有一个少女走出了自己的家，爬上了一个起重机，又在支撑梁上躺下睡了。幸运的是，一个行人看见了她，并且通知了警察。梦游的人会去吃东西、移动家具、从阳台上摔下或者开车（完全忽视车道和交通信号灯）。与清醒时的行为不同，梦游中的行为是无计划的，也不能记住。很显然，大脑的某些区域醒着，而另一些区域则睡着了（Gunn & Gunn，2007）。顺便提一下，叫醒一个梦游的人并不是件危险的事，盛行的传言是不对的。

一个相似的情况是睡眠中的性（sleep sex）或称睡眠性交症（sexsomnia）。它指人在类似睡眠的状态下与伴侣进行性行为，或者手淫，醒来后却不记得。有时患者会伤及自己或他人。就算是没有身体上的伤害，也可能对恋爱关系和婚姻产生影响。正如一位女士所说："结婚几年后，我的丈夫告诉我，我会在睡觉时手淫。我感到很难堪。回想起年轻时常在派对上睡着，长大后我的妹妹还和我一起睡过！还有多少人知道这件事却没有跟我说？我的婚姻已经触礁，因为我在睡觉时有如此美好的性体验，所以醒着的时候反倒没有欲望。我和丈夫的关系快要完了"（Mangan，2004，p. 290）。

更多的关于各种睡眠障碍的信息请查看 http：//www.thesleepsite.com/。

模块 9.2 结 语

睡眠的阶段

在许多情况下，科学的进步依赖于对事物做出有益的分类。化学家将世界分成不同的元素，生物学家将生命分为不同的物种，医生在疾病之间作出区分。同样，心理学家也尝试着对不同的行为和经验做出最自然、最有用的区分。对睡眠阶段的区分是心理学史上一个重要的里程碑。这个前所未有的发现具有生物学和心理学的双重重要性。这个发现还说明，从体外进行的测量（此处指 EEG 记录）能够帮助我们认识内部经验。尽管现在人们对用电、磁技术记录脑活动，进而推知内部经验的手段习以为常，但请大家不要忘记，这在那个时代是一个多么令人惊异的发现。

总 结

1. 在睡眠中，大脑的活动减弱，但人仍能被刺激唤醒。处于昏迷状态的人则不能被唤醒。植物人状态或者微意识状态能够持续数月或数年，患者只能做出十分有限的反应。脑死亡指没有任何脑活动、完全缺乏反应性的状态。
2. 在大约 90 分钟的时间里，睡眠依次经历第 1、2、3、4 阶段，然后再返回第 3、2 阶段，此后出现快速眼动（REM）睡眠。REM 睡眠的主要特征有眼球快速运动、比其他阶段更多的脑活动、完全松弛的躯干肌、不规则的呼吸和心率、阴茎勃起或阴道润滑，并更有可能出现鲜活的梦境。
3. 大脑的多个系统与唤醒有关。脑桥中脑部分及下丘脑的部分区域控制着前脑基底部的一些细胞群。这些细胞的轴突延伸向前脑的大部分区域，并释放乙酰胆碱。
4. 蓝斑对有意义事件做出反应。它促进注意和新的学习；它也能阻断 REM 睡眠。

5. 食欲素是一种维持觉醒状态的多肽。下丘脑外侧核和背侧核中的神经元释放这种多肽。
6. 前脑基底部的另外一些神经元释放 GABA，它对于睡眠也是必须的。
7. REM 睡眠与某些脑区活动的增加有关，其中包括脑桥、边缘系统、部分顶叶和颞叶皮层。而前额皮层、运动皮层以及初级视皮层的活动减少。
8. REM 睡眠伴随 PGO 波出现。这种波发自脑桥，随后传递至外侧膝状体，最后至枕叶。
9. 睡眠呼吸暂停患者睡觉时会出现长时间的窒息状态。很多人有神经元的丢失的迹象，这可能是睡眠当中缺氧造成的。
10. 嗜睡症患者在白天会频繁进入睡眠状态。嗜睡症与多肽类神经递质食欲素的缺失有关。

关键术语

思考题

如果猫首先被剥夺了 REM 睡眠，然后被允许在无干扰的状态下睡觉。那么睡眠剥夺的时间越长（最长达 25 天左右），REM 睡眠的反弹就越大。然而如果 REM 睡眠剥夺的时间超过 25 天，将不再引起额外的反弹。试着给出一个可能的解释。（提示：考虑 REM 睡眠剥夺时 PGO 波的变化。）

停下来检查一下答案

6. 高幅慢波表示神经活动水平低，神经元反应的同步化程度高。
7. 监测 EEG 和眼球运动。
8. 睡眠快结束的时候 REM 睡眠最多。
9. 服用了阻断 GABA 的药物，会保持觉醒状态。（镇静剂就是通过促进 GABA 的作用来使人睡觉的。）
10. 两条由下丘脑发出的神经通路——一条到达前脑基底部、一条到达脑桥中脑部分——使用组胺作为神经递质来促进觉醒。抗组胺剂跨过血脑屏障来阻断这些突触。
11. 缺乏食欲素的人会在睡眠和短暂清醒之间转换。
12. 有遗传倾向性、老人或者超重的中年男性最易患睡眠呼吸暂停。
13. 食欲素对于维持觉醒非常重要。因此缺乏食欲素或者食欲素受体的人和动物会产生嗜睡症，以白天多次突发的睡眠状态为特征。

模块 9.3

为什么睡觉？为什么存在快速眼动睡眠？为什么做梦？

为什么你要睡觉？“很简单，”你回答说，“我睡觉是因为我累了。”是的，你累了，但你的肌肉不一定很疲惫。不管你度过了游手好闲的一天，还是紧张忙碌的一天，你每天所需的睡眠时间几乎是一样的。此外，你醒着的时候也能放松肌肉。（事实上，在剧烈运动后，肌肉的疼痛反而使你难以入睡。）

在一天将要结束的时候，你感到疲劳，是因为大脑中的抑制性神经活动迫使你变得不那么警醒。也就是说，生命演化产生了迫使我们睡觉的机制。这是为什么呢？

睡眠的功能

睡眠有许多功能。在睡眠中，我们的肌肉得到放松，代谢速度减慢，大脑中的蛋白质得以重新组装（Kong et al.，2002），突触获得重组，记忆得到增强（Sejnowski & Destexhe，2002）。被剥夺睡眠的人难以集中注意力，也更容易受到疾病的侵扰。显然，很多原因让我们睡眠。那么是否存在一个最主要的原因呢？

睡眠和能量的保存

即使我们能就“什么是睡眠最重要的功能”这个问题达成一致，这个答案很可能并不是睡眠最初产生的原因。借用电脑类比一下：今天人们使用电脑来写文章、发送邮件、搜寻互联网、玩游戏、购物、储存和展示照片、放音乐，甚至是寻找约会对象。不了解电脑发展历史的人可能不会想到，电脑最初是用来进行数学运算的。

同样，睡眠最开始可能只有一个简单的功能，演化过程又不断赋予它新的使命。睡眠不是具有硕大头颅和复杂记忆的脊椎动物所独有的，所有的生物都需要睡觉。简单如细菌也有着昼夜节律（Mihalcescu，Hsing，& Leibler，2004）。那么在睡眠的诸般好处中，哪种是适用于所有物种的呢？

一个可能的假说是：睡眠最初的功能是保存能量（Kleitman，1963；Webb，1974）。几乎所有生物都会在一天当中的特定时段表现出更高的效率。视力好的动物在白天更加高效。而依靠嗅觉生存的动物在夜晚更高效，因为那时不容易被它们的天敌发现。睡眠在我们效率不高的时候帮助我们保存能量，因为如果这个时候出去活动往往是弊大于利。美国航空航天的火星探测器设有一种装置，可以使得探测器在晚上“睡觉”以保存电池的能量。睡眠时，哺乳动物的体温下降 1~2 摄氏度，这相当于节省了大量能量。肌肉活动减少，进一步节省能量。在食物匮乏的季节，动物通过延长睡眠时间来保存能量，这对他们的生存是至关重要的（Berger & Phillips，1995）。

因此，睡眠在某些方面很像冬眠。对于某些动物，冬眠是必不可少的。地松鼠如果被剥夺了冬眠，就像被剥夺了睡眠的人一样躁动不安。不同的是，冬眠的功能只是在食物匮乏的时候保存能量。

应用和扩展

冬　眠

冬眠时，动物将自己的体温降至略高于环境温度的水平（它们不会让体温降得太低而使血液凝结）。大脑的活动几乎完全停止，神经元胞体缩小，树突丢失近 1/4 的分支，当体温回升后，它们会重新长出来（von der Ohe，Darian-Smith，Garner，& Heller，2006）。下面是有关冬眠的有趣的事实：

1. 冬眠多发生于体型较小的哺乳动物，如地松鼠和蝙蝠。熊是否冬眠完全是个定义问题。几乎整个冬天，熊都在睡觉，但是它们不会像小动物那样使体温大幅下降。

2. 仓鼠也会冬眠。如果冬天你将宠物小仓鼠放在一个较冷、较暗的地方，它们会看上去像死了一样。所以在你埋葬它之前，要确定它是不是在冬眠！
3. 冬眠的动物每隔几天会醒过来几个小时，将体温升至正常水平。然而，在大多数这样的非冬眠时间里，它们做的事情是睡觉。（B. W. Barnes，1996）
4. 冬眠可延缓衰老。比起冬眠时间较少的同伴，那些花更长时间冬眠的仓鼠寿命更长。冬眠也是一个对感染和外伤不那么敏感的阶段（Lyman，O'Brien，Greene，& Papafrangos，1981）。在一般情况下会损伤大脑的操作，如将针刺入大脑中，对冬眠动物不会造成损伤，或者损伤很小（F. Zhou et al.，2001）。

不同动物的睡眠习惯不同，这取决于它们每天花多长时间寻找食物，它们睡觉时是否安全，以及生活的其他方面（Allison & Cicchetti，1976；Campbell & Tobler，1984）。比如，食草动物比食肉动物睡得少，因为前者每天要花好几个小时来填饱肚子，而后者能快速地满足自己的营养需求。需要防御捕食者的动物睡眠时间短，而捕食者则可以睡得很好（图 9.17）。

许多动物在睡眠上表现出有趣的特异性。比如海豚等水生哺乳动物在夜间需要保持足够的警觉以浮出水面进行呼吸，所以海豚进化出一种能力：睡觉时，只有一半大脑在休息。也就是说，左右大脑轮流休息，不休息的大脑半球保持觉醒以控制游泳和呼吸（Rattenborg，Amlaner，& Lima，2000）。（显然，对于海豚来说，睡眠最主要的功能不是保存能量，因为海豚睡觉时仍需要消耗大量的能量。）

候鸟面临着另外一个问题。在春季和秋季分别有一两个星期，候鸟必须在白天搜寻粮食，在夜间飞行迁徙。这样的安排使得它们几乎没有时间睡觉。候鸟显然在迁徙期减少了对睡眠的需求。如果将候鸟饲养在笼中，每逢迁徙季节，它们仍会在夜间不知疲倦地扑腾，睡眠时间大概只有平常的 1/3。作为代偿，它们白天会打一些小盹（每次少于 30 秒），或者闭上一只眼睛休息（Fuchs，

Alan Williams/Alamy Limited

欧洲雨燕

Haney，Jechura，Moore，& Bingman，2006）。即便这样，也不能得到正常数量的睡眠。然而鸟儿依然能保持警觉，也能在学习任务上正常发挥。同样一只鸟，如果在非迁徙季节里被剥夺了睡眠，其表现就会受到影响（Rattenborg et al.，2004）。鸟儿减少自己睡眠需求的机制尚不明确。

雨燕是一种黑色的小鸟，以捕食昆虫为生。昆虫能满足它们对营养和水的全部需求。这里有一个小问题，请你猜一猜：一只欧洲雨燕雏鸟第一次离巢飞行持续多长时间？

答案是两年以上。除非遇上大风浪，否则在它长到交配、筑巢的年龄之前是不会降落的。在这期间，它白天和晚上都在天上飞。夜间飞行的时候，冲入风中，伸出翅膀滑行。它选择一个空气不太冷的飞行高度，承受着被风刮得很远的风险，等到第二天早晨继续捕捉飞虫（Backman & Alerstam，2001）。可能它和海豚一样，只是一个脑半球在休息。但是除非有人发明出测量飞鸟脑电波的方法，否则我们不会知道这个问题的答案。

停下来检查一下

14. 有些鱼生活在深海或洞穴这样没有光线的环境中，它们的睡眠会是什么样的呢？

睡眠的需求以及睡眠剥夺的后果

不管睡眠最初的作用是什么，现在我们有许多理由需要睡眠，其中就包括大脑的恢复。如果被剥夺睡眠，我

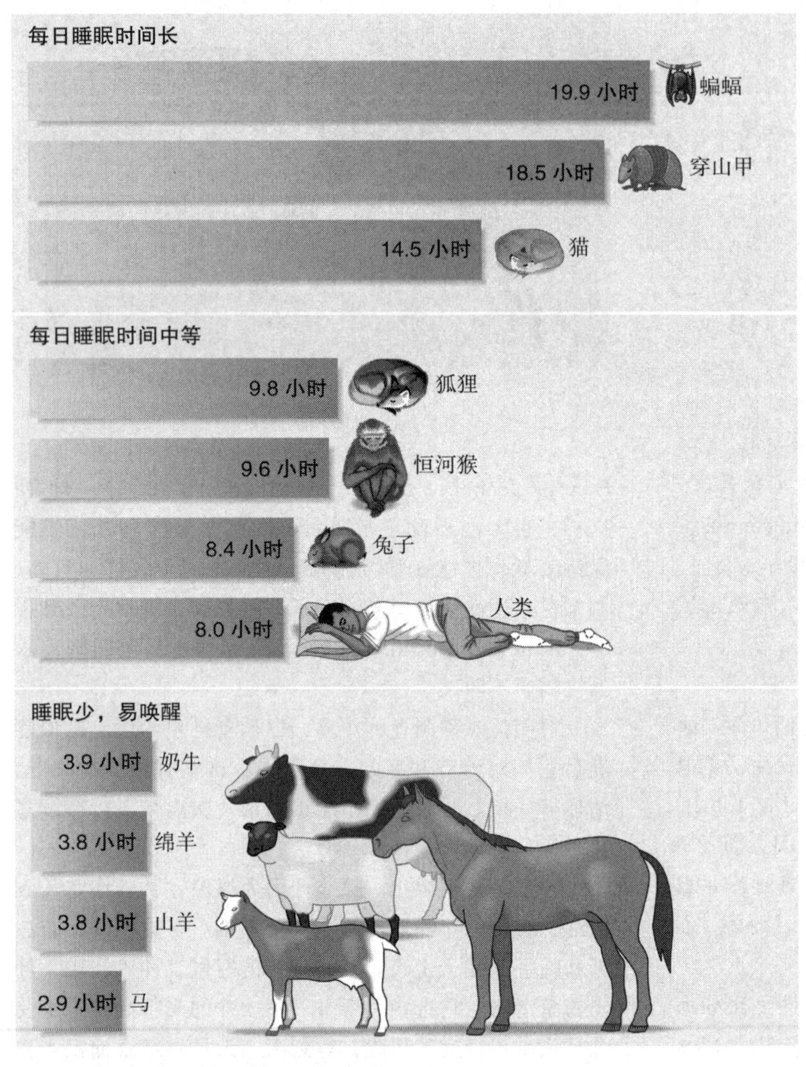

图 9.17 不同动物每天的睡眠时间

一般来说，捕食者和其他睡觉时相对安全的动物睡眠时间较长；在睡眠中可能遭到攻击的动物睡眠时间较短。

们会感到非常难受。在睡眠中，抑制性神经递质 GABA 的释放通常是增加的，所以如果睡眠被剥夺，GABA 会积聚在神经元中（Gvilia，Xu，McGinty，& Szymusiak，2006）。最后，GABA 在觉醒状态下被释放出来。觉醒时 GABA 释放量增多的结果是注意功能损害（Akerstedt，2007）。平时我们都会遇到注意涣散的情况，甚至因此错过了重要刺激。但如果整晚都没睡，第二天白天会更频繁地经历注意涣散，注意力不集中的时间会更长。此外，睡眠充足的人能够发觉这种注意力不集中，并迫使自己提高唤醒程度、但睡眠剥夺的人则不能（Chee et al.，2008）。睡眠不足是工人发生事故、大学生学习成绩不佳的主要原因。在睡眠剥夺的状态下开车就像酒后驾车一样危险（Falleti，Maruff，Collie，Darby，& McStephen，2003）。

宇航员在太空时，通常都有睡眠问题。在长时间太空旅行中，他们会感到抑郁、易激惹、警觉度下降、工作表现不佳（Mallis & DeRoshia，2005）。在南极工作的人，冬天时睡眠会很糟糕，并会感到抑郁（Palinkas，2003）。一夜不睡就会激活人体免疫系统（Matsumoto et al.，2001）。这意味着，人体对睡眠剥夺的反应与对疾病的反应是一样的。随着睡眠剥夺时间的延长，人们会报告头晕、震颤，并出现幻觉（Dement，1972；L. C.Johnson，1969）。

然而，个体对睡眠的需求存在差异。对睡眠剥夺耐受的人在许多方面异于其他人。他们通常是"夜猫子"，晚睡晚起。根据 fMRI 的结果，他们大脑的唤醒水平高于平均水平（Retey et al，2006）。最不能忍受睡眠剥夺的人比其他人更容易受益于咖啡因的提神效果。**咖啡因**（caffeine）是一种存在于咖啡、茶等软饮料中的化学物质，它通过阻断腺苷受体来提高觉醒度。腺苷是在觉醒时不断积聚，并引发睡意的化学物质（Rainnie，Grunze，McCarley，& Greene，1994）。

停下来检查一下

15. 如果要选择一些人来从事一种有时不能睡觉的工作，我们怎样才能快速发现哪些人是最适合的人选？

睡眠与记忆

睡眠有助于记忆。剥夺一夜睡眠的年轻人在记忆任务中表现不佳（Yoo，Hu，Gujar，Jolesz，& Walker，2007）。剥夺老鼠的睡眠，哪怕只有 4 个小时，都会使老鼠改变突触活性的能力受到损害（Kopp，Longordo，Nicholson，& Lüthi，2006）。相反，如果让人先学习一些东西，然后马上去睡觉，或者只是打个盹儿，他们的记忆通常要比睡觉前得到提高（Hu，Stylos-Allan，& Walker，2006；Korman et al.，2007；Stickgold，James，& Hobson，2000；Stickgold，Whidbee，Schirmer，Patel，& Hobson，2000）。这不仅是因为没忘旧知识，更是因为记住了新知识。（给学生的提示：要在充分休息好的状态下学习，睡觉前做一些复习。）睡眠还帮助人们重新分析他们的记忆：在一项研究中，被试完成一个复杂的任务后，一部分人被安排去睡觉，另一部分则要保持相同长度的觉醒状态，结果表明前者比后者更可能发现潜在的规则（即经历了一次顿悟）（Wagner，Gais，Haider，Verleger，& Born，2004）。

睡眠是怎样促进记忆的呢？研究者试图通过记录、比较人（或动物）在学习和睡眠时同一脑区的脑电活动来回答这个问题。对动物可使用直接插入到细胞里的微电极测量，对人则使用贴在头皮上的电极。结果表明：学习时大脑的活动模式在睡眠时重现了，只是更快些。此外，睡眠时这些脑区的活动水平与次日技能的提升高度相关（Derégnaucourt，Mitra，Fehér，Pytte，& Tchernichovski，2005；Euston，Tatuno，& McNaughton，2007；Huber，Ghilardi，Massimini，& Tononi，2004；Ji & Wilson，2007；Maquet et al.，2000；Peigneux et al.，2004）。显然，大脑在睡眠时反复重演了白天的经历。

在另一项实验中，被试的任务是记住几个物体的位置。一部分人在充满了玫瑰香味的环境中做任务，另一组在没有香味的环境中做任务。晚上睡觉的时候，实验者向一半被试呈现了玫瑰香味。结果，那些在记忆任务和睡眠中都闻到玫瑰香味的人，记忆得到最大限度的提升。在被试清醒状态下呈现玫瑰香味则不能带来类似的效果（Rasch，Buchel，Gais，& Born，2007）。这个结果表明，在睡眠中重现某些经历有助于增强记忆。

睡眠增强记忆的另一个机制是清除不成功的神经连接。在第 13 章中，我们会谈到长时增强现象，它是指某些经历能够强化突触连接，进而促进记忆。但是，假设每次你学到新东西，大脑中都增强了新的突触连接，而不对其他连接进行调整，随着年纪的增加，你学到的东西越来越多，活跃的突触连接也越来越多，大脑的活动总是在不断增加。到了中年，你的大脑可能因为不堪忍受持续不断的神经活动而烧掉。为了避免这种失控的过度活跃，大脑会在增强某些突触连接的同时代偿性地削弱其他连接。这种削弱的过程通常发生在睡眠中（Vyazovshiy，Cirelli，Pfister-Genskow，Faraguna，& Tononi，2008）。在睡眠中削弱突触连接，在清醒状态下增强突触连接，两种效果相得益彰。削弱不必要的突出连接可能是睡觉促进记忆最主要的原因。

睡眠促进记忆还可能与睡眠纺锤波有关。前面提到，睡眠纺锤波是一种频率为 12~14Hz 的脑电波，主要出现在第 2 阶段睡眠中。它代表了丘脑与大脑皮层间的信息交换。在新的学习任务后，老鼠和人类的睡眠纺锤波的数量都会增加（Eschenko，Molle，Born，& Sara，2006）。对大多数人而言，每晚出现的睡眠纺锤波的数量相当稳定。睡眠纺锤波的数量与非言语智力测验得分相关性达 0.7 以上（Fogel，Nader，Core，& Smith，2007）。谁能想到脑电波还能预测智商呢？

停下来检查一下

16. 睡眠能够通过增强或者削弱突触连接来增强记忆吗？

快速眼动睡眠的功能

平均起来，人会花生命 1/3 以上的时间睡觉，其中又有大约 1/5 的时间处于 REM 睡眠中。加起来，每年会花总计 600 小时的时间进行 REM 睡眠。如果说 REM 睡眠具有某种生物学的功能，那会是什么呢？

研究这个问题的途径之一是比较 REM 睡眠较多和 REM 睡眠较少的人（或动物）。REM 睡眠在哺乳动物和鸟类中普遍存在，说明它是祖先留给我们的一种进化遗产。然而，某些动物的 REM 睡眠比其他动物更多。一般来说，睡眠总时间最长的动物，其 REM 睡眠所占比例也最大（J. M. Siegel，1995）。猫每天花 16 个小时以上睡觉，其中绝大部分时间处于 REM 睡眠中。兔子、豚鼠和羊的睡眠时间短，REM 睡眠更是少得可怜。

图 9.18 显示了人类的年龄与 REM 睡眠的关系。这种趋势在其他哺乳动物中是一样的。婴儿的睡眠总时长和 REM 睡眠时间都比成人长，这也验证了睡眠总时长能

预测 REM 睡眠所占比例的规律。在成人中，每天睡 9 小时以上的人有最高比例的 REM 睡眠，而每晚睡 5 小时以下的人有最低比例的 REM 睡眠。这个规律提示我们，尽管 REM 睡眠的重要性毋庸置疑，但受到更严格调控的其实是 NREM 睡眠。也就是说，NREM 睡眠的总量在个体和物种间变化较小。

一种假说认为，REM 睡眠对于记忆的存储很重要，特别是削弱不恰当的神经连接（Cricke & Mitchison，1983）。REM 睡眠和 NREM 睡眠可能分别有利于固化不同类型的记忆。剥夺上半夜的睡眠（NREM 睡眠占主导）损害语言学习，比如记忆单词表。剥夺下半夜的睡眠（REM 睡眠较多）妨碍已习得的运动技巧的固化（Gais，Plihal，Wagner，& Born，2000；Plihal & Born，1997）。

然而，许多服用 MAO 抑制剂的抑郁症患者虽然严重减了 REM 睡眠，却没有遭受明显的记忆问题。不仅如此，动物研究显示，MAO 抑制剂有时还能增强记忆（Parent，Habib & Baker，1999）。

下面这个假说听起来有点奇怪，因为我们都倾向于赋予 REM 睡眠一个富有魅力的角色，但在这个假说中它却显得十分平凡。David Maurice（1998）认为，REM 睡眠只是让眼球来回运动，从而帮助角膜获得足够的氧气。与身体其他部分不同，角膜直接从周围环境中获得氧气。在睡眠中，因为隔绝了空气，角膜会发生轻微的蜕变（Hoffman & Curio，2003）。角膜可以从房水中获得一些氧气（见图 6.1），但是如果眼球静止不动，房水就相当于一潭死水了。因此，转动眼球能够增加对角膜的氧气供应。根据这种观点，REM 睡眠的作用是：在某种程度上提高睡眠者的唤醒度，让他们转动眼球。而 REM 睡眠的其他表现（如做梦）不过是副产品罢了。这种观点能够解释为什么 REM 睡眠多出现在后半夜，因为这时房水的流动是最慢的。也能解释为什么睡眠时间越长，REM 睡眠所占的比例越大。（如果睡眠时间不长，就不那么需要晃动房水。）然而，如上所述，虽然 MAO 抑制剂能够严重减少 REM 睡眠，但却从没听说服用这种药物的人容易出现角膜损伤。简而言之，现有的任何一种有关 REM 睡眠功能的假说都没有获得有力的证据支持。

停下来检查一下

17. 哪些个体的REM睡眠会比其他个体多?（从年龄、物种、睡眠时间的长短考虑。）

从生物学角度认识做梦

研究梦的科学家面临着一个特殊问题：我们对梦的了解都来自于被试的自我报告，研究者没有办法来检验这些报告的精确性。事实上，大多数梦境都被我们忘掉了，即使没忘，细节也会迅速消失。因此，任何关于梦的内容的讨论都是困难的。

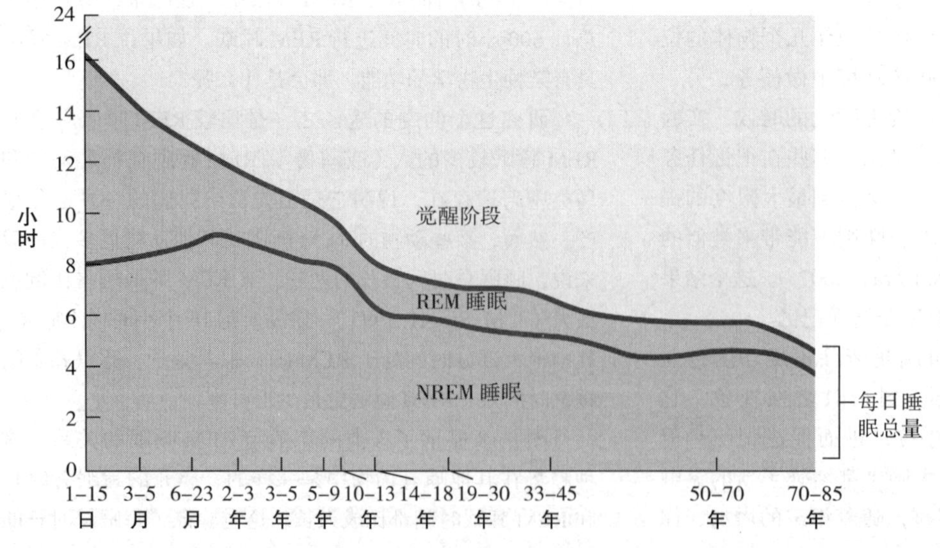

图 9.18　不同年龄段的人在觉醒、REM 睡眠和 NREM 睡眠上所花时间

新生儿每天有大约 8 个小时的 REM 睡眠，成人只有不到 2 个小时。婴儿的睡眠与成人不太一样，判断 REM 睡眠的标准也不太一样。*(From "Ontogenetic Development of Human Sleep-Dream Cycle," by H. P. Roff warg, J. N. Muzio, and W. C. Dement, Science, 152, 1966, 604–609. Copyright 1966 AAAS. Reprinted by permission.)*

激活 – 合成假说

根据**激活 – 合成**（activation-synthesis hypothesis）假说，梦是大脑试图对支离破碎、歪曲的信息进行合理化的过程。梦开始于脑桥周期性的自发激活——即前文提及的PGO波，大脑皮层的某些区域被脑桥的这种神经活动激活。皮层将这些杂乱无章的信息与当时正在发生的神经活动整合起来，并努力将这些信息合成一个有意义的故事（Hobson & McCarley，1977；Hobson，PaceSchott，& Stickgold，2000；McClarey & Hoffman，1981）。来自脑桥的输入信息常常激活杏仁核（颞叶内的一个结构，在情绪加工中扮演非常重要的角色），因此，大多数梦境伴有强烈的情绪体验。

让我们试着用这一理论来解释一些常见的梦。大多数人都曾梦到过下坠或飞翔。睡觉的时候，你平躺着，这与白天时的姿势是不一样的。在部分唤醒的情况下，你的大脑感受到了这种姿势引起的前庭觉，并将它解释为下坠或飞翔。你是否梦到过想要动却动弹不得？很多人都梦到过。根据激活 – 合成假说，在REM睡眠中（大部分梦境发生在这个阶段），你的运动皮层处于抑制状态，身体掌管姿势的主要肌肉几近瘫痪。也就是说，你在做梦的时候，是真的不能动，你感受到了这种运动的抑制，于是就梦见自己动弹不得。

对这个理论的批评认为，该理论的预测过于含糊。如果我们梦见下坠是由平躺时的前庭觉引起的，那为什么我们不总是梦见下坠呢？如果我们梦见自己不能动是REM睡眠时肌肉瘫痪引起的，那为什么不总是梦见瘫痪呢？

临床 – 解剖假说

对做梦的另一种解释被称为**临床 – 解剖假说**（clinico-anatomical hypothesis），因为它来源于临床上对多种脑损伤患者的研究（Solms，1997，2000）。像激活 – 合成假说一样，该理论强调梦始自于脑内产生的唤醒刺激，同时结合了近期的记忆和大脑接收到感觉信息。然而，临床 – 解剖假说不那么强调脑桥、PGO波或REM睡眠。该理论把梦看成是发生在特殊条件下的思维。

条件之一是，大脑从感觉器官接收到的信息变得很少，初级视觉皮层和听觉皮层的活动也变得比平时低，于是其他脑区可以不受限制地、不被干预地产生想象。同时，由于初级运动皮层和脊髓的运动神经元受到了抑制，那些唤醒的脑区并不能导致肢体运动。掌管工作记忆（对当前事件的记忆）的前额皮层也受到抑制。因此，我们醒来后不仅忘掉了大部分的梦，而且也会失去追溯梦境的线索，故而在梦中经常突然变化场景。

同时，下顶叶皮层相对活跃，这个区域对于视空间知觉是非常重要的。该区域受损的患者不能将躯体感觉与视觉结合在一起。同时他们报告不做梦。V1区以外的视皮层也有较高的活性。这些区域被认为与伴随大部分梦境的视觉景象有关。最后，下丘脑、杏仁核等对情绪和动机有重要作用的脑区也表现出较高的活动性（Gvilia，Turner，McGinty，& Szymusiak，2006）。

因此，该理论的观点是内部或外部刺激激活了顶叶、枕叶和颞叶的部分区域。没有来自于V1区的传入信息来压制这些刺激，所以最终发展成为虚幻的知觉。和激活 - 合成假说一样，临床 - 解剖假说很难被验证，因为该假说不做具体的预测，比如什么人在什么时间会做什么样的梦。

更多关于梦的内容的信息，请登录Adam Schneider和G. William Domhoff关于梦的量化研究的网站：http://www.dreamresearch .net。

停下来检查一下

18. 激活–合成假说和临床–解剖假说最主要的分歧是什么？

模块 9.3 结语

人类有限的自我认识

即使我们不妄自菲薄对睡眠已有的了解，也要注意还有许多关于睡眠的基本问题没有得到解决。REM睡眠的功能是什么？做梦有什么功能吗，或者只是一种偶发事件？我们对司空见惯的日常活动缺乏了解，这一事实恰恰反映了行为的生物学意义：生物演化的趋势是让行为更加符合生存和繁衍的需要，即使我们不能完全理解这些行为的功能，它们依然能正常地发挥作用。

总 结

1. 动物每天睡多少觉取决于它们的饮食习性，以及睡觉时面临多少危险。有些动物能够调整自己的睡眠需求以保持运动状态。
2. 除了保存能量，睡眠具有增强记忆等其他功能。
3. 睡眠总时间越长，REM睡眠所占比例越大。
4. 根据激活-合成假说，梦是大脑试图对其接收到的信息进行合理化解释而产生的，这些信息大多都来自于脑桥的自发活动。
5. 根据临床-解剖假说，梦部分来源于外部刺激，但主要来源于脑内的动机、记忆和唤醒。因为不需要与视觉信息相抗衡，也不需要通过前额叶皮层的审查，这些刺激常常制造出奇异的梦境。

关键术语

咖啡因 300　　激活-合成假说 303　　临床-解剖假说 303

思考题

为什么剥夺NREM睡眠比剥夺REM睡眠更难？

停下来检查一下答案

14. 这些鱼可能不睡觉，因为它们在一天当中任何时间的效率都差不多，没有必要为某个时间保存能量。然而这些鱼也可能睡觉，但它们的睡眠更像是从其祖先那里继承的遗物——就像人类遇到寒冷的时候汗毛会竖起来，这种反应对于我们多毛的祖先来说是非常有用的，但对于我们却用处不大。
15. 使用 fMRI 来测量大脑的唤醒程度，反应最强的人常常比其他人更能忍受睡眠剥夺。
16. 目前的证据显示，大脑会削弱在白天没有得到增强的突触连接。削弱这些联系不强的突触连接使得重要的突触连接脱颖而出。
17. 年轻者比年老者 REM 睡眠多，睡眠时间长的比睡眠时间短的 REM 睡眠多，在一天当中睡觉时间长且不容易受到攻击的动物 REM 睡眠多。
18. 激活 – 合成假说强调脑桥的重要性。

Gail R. Hill/Bimbimbie Ornithological Services

内调节

10

本章大纲

模块 10.1　体温调节

内稳态与非稳态

体温控制

结语：生理和行为机制的结合

模块 10.2　渴

水调节的机制

渗透性渴

容量性渴和钠特异性需求

结语：渴的心理学和生物学

模块 10.3　饥饿

消化系统如何影响食物的选择

进食的短期和长期调节

脑机制

进食障碍

结语：饥饿的多重控制

主要内容

1. 许多生理和行为过程维持某些机体变量相对稳定，并对各种需求进行预期并作出反应。
2. 哺乳动物和鸟类维持恒定的体温以便在任何环境温度下都能保持肌肉的快速运动能力。它们通过行为学和生理学过程维持体温。
3. 渴的调节机制对渗透压和总体血容量作出反应。
4. 饥饿和饱足由多种因素调节，包括味觉、胃的扩张、细胞对葡萄糖的利用率以及脂肪细胞释放的化学物质。脑内的多种肽类协助调节摄食和饱足。

生命是什么？我们可以从医学、法律、哲学或诗歌等不同角度给予生命不同的定义。从生物学角度，生命所必需的是一系列协调的化学反应。并不是说机体所有的化学反应都要发生，而是要使其协调。

生命体内每一个化学反应均发生于水溶液中，其速率取决于水溶液中分子的种类和浓度、溶液的温度以及杂质的存在。我们的各种行为都是为了保持合适的化学物质处于适当的比例和适宜的温度。

（左图图释）地球上所有生命都离不开水，动物无论在哪里找到水都会马上去喝。

模块 10.1

体温调节

有一个现象多年来困扰着生物学家们：体型较小的雄性乌蛇在早春时分从冬眠中醒来的第一天或第二天会释放雌性信息素。雌性信息素吸引体型较大的雄性群集于其周围，并试图与其交媾。据推测，释放雌性信息素的倾向从进化的意义上可能为体型较小的雄性带来某些好处。但是好处是什么呢？生物学家推测假交配的经历可能会帮助体型较小的雄性吸引真正的雌性。更简单的事实是：刚从冬眠中苏醒过来的雄性个体由于体温低，难以爬出洞穴。体型较大的雄性个体从冬眠中苏醒较早，有机会在阳光地晒暖自己。当较大的雄性个体群集于较小的雄性个体周围时，可使其暖活过来并提高其活动水平（Shine，Phillips，Waye，LeMaster，& Mason，2001）。

还有许多令人困扰的动物行为可从体温调节的角度给与解释。

- 你是否曾注意到鸥、鸭，或其他大型鸟类单腿站立（如图 10.1）？既然双腿站立似乎更容易保持平衡，它们为什么要单腿站立？答案是：当感到腿的温度变低时它们以单腿站立让一条腿收于体下以保持其温度（Ehrlich，Dobkin，& Wheye，1988）。
- 秃鹫有时在自己的腿上排便。它们仅仅是不小心吗？答案是否定的。它们只在天热的时候在自己的腿上排便，通过排泄物的蒸发降低腿部温度（Ehrlich et al.，1988）。
- 大多数蜥蜴独居，但澳大利亚的厚尾壁虎却经常聚成团。为什么？这些壁虎生活的环境气温波动很大。它们仅在气温迅速下降时聚集成团，通过这种方式来抵抗环境变化和防止体温快速降低（Shah，Shine，Hudson，& Kearney，2003）。
- 几十年前，心理学家发现幼鼠在学习、摄食和饮水的某些方面存在缺陷。随后的研究结果表明，真正的问题在于体温控制。研究者一般在20~23℃（68~73℉）的正常室温下检测动物。在此温度下，成年个体感到特别舒适，而孤立的幼鼠却会感到十分寒冷（图 10.2）。在更温暖的房间里，幼鼠表现出我们曾经认为脑更加成熟后才能具有的能力（Satinoff，1991）。
- 某些研究发现雌性大鼠在发情期学习能力最强。其他研究显示雌性大鼠在发情期前一两天学习能力最强。差异取决于温度。据推测，发情期大鼠在温度较低的环境表现更好可能是因为它们自身产生大量的热，发情前期的大鼠在更温暖的环境中表现得更好（Rubinow，Arseneau，Beverly，& Juraska，2004）。

图 10.1 鸟类为何有时单腿站立？

如同其他令人困惑的行为一样，这一行为可以通过体温调节合理地解释。将一条腿收近身体，可保持腿部温度。

图 10.2 新生啮齿类动物体温调节尤其困难
新生大鼠没有毛发，皮肤很薄，体脂较少。在寒冷的环境中，它们将无法活动。

重要的一点是体温以许多我们未曾注意的方式影响行为。体温调节比许多心理学家所认为的更加重要、更加有趣。

内稳态与非稳态

内稳态（homeostasis）的概念由生理学家 Walter B. Cannon（1929）提出，是指体温调节和其他生物学过程保持机体变量在一个固定的范围内。这一过程类似于房子里可以加热和制冷的自动恒温器的工作过程。一旦设定恒温器的最低和最高温度，当室温低于设定的最低点，恒温器启动加热装置；当室温高于设定的最高点，恒温器则开启制冷装置。

与之类似，动物体内的内稳态通过激发各种生理学过程及行为活动以保持机体某些变量在设定的范围里。很多情况下，这一范围如此狭窄以至于我们可以称之为**设定点**（set point）——机体维持的单一数值。比如，如果饮食中钙摄入量不足，当血钙的浓度开始下降至设定点 0.16g/L 以下，骨内沉积钙便会被释放入血。如果血内钙浓度升至 0.16g/L 以上，多余的钙一部分被储存在骨中，其余部分被排出体外。类似的机制维持血液中恒定的水、氧、葡萄糖、氯化钠、蛋白质、脂肪和酸的水平（Cannon，1929）。偏离设定点之后的纠正过程称为**负反馈**（negative feedback）。很多被激发的行为可以描述为负反馈过程：某些事件导致紊乱，行为改变直至消除紊乱，恢复平衡。

机体的设定点随时间而变化（Mrosovsky，1990）。比如，许多动物（包括大多数人类）的体脂在秋天增加而在春天减少。即使室温相同，机体白天维持的体温要高于夜间。为了描述设定点的动态变化，研究者们提出**非稳态**（allostasis）一词（来源于希腊词根，意思是“可变的”和“稳定的”），其含义是指机体根据不同情况改变其设定点的适应方式。

停下来检查一下

1. 非稳态与内稳态的概念有何不同？

体温控制

如果你列出生命中最强烈的动因，你可能不会想到把体温调节列入其中，但在生物学上它具有高的优先权。一个普通的年轻成人每天消耗约 2 600 千卡能量。这些能量都去哪里了？并非消耗于肌肉运动或精神活动，约 2/3 的能量用于**基础代谢**（basal metabolism），即在静息状态的代谢，能量主要用于维持恒定的体温（Burton，1994）。

两栖类、爬行类及大多数鱼类是**变温动物**（poikilothermic）——也就是说，它们的体温与环境温度保持一致。变温动物缺乏体温调节的生理学机制，例如寒颤和出汗。人们常常称之为“冷血的”，这一说法容易引起误解，因为变温动物通过选择合适的地点在一天中大部分的时间里都能维持体温。沙漠蜥蜴通过在阳光地和背荫地之间移动以及必要时钻入洞中，在大多数时间里都能维持比较稳定的、相当高的体温。

除极少数情况，哺乳动物和鸟类是**恒温动物**（homeothermic）。一个例外是，冬眠的时候动物是变温的。尽管环境温度发生变化，恒温动物通过生理学机制维持体温基本恒定。恒温的代价是高昂的，特别是对小型动物。动物产生热量与其体积成比例，散发热量与其表面积成比例。小型哺乳类动物或鸟类，如小鼠或蜂鸟的表面积与体积比高，导致其热量散发迅速。因而，这些动物每天需要大量的能量来维持体温。

恒温动物通过行为学及生理学机制控制体温。当气温高于我们的体温时，我们只有一种生理学机制降温——

出汗。不出汗的物种则代之以快速喘气或舔自己。出汗、快速喘气或舔舐均依靠水分的蒸发降低体温。然而，该机制的调控能力是有限的：如果空气湿热，水分将难以蒸发。而且，如果不能喝足量的水以补充出汗丢失的水分，将会引发健康问题。

在寒冷环境中，有几种增加机体热量的生理学机制。其一是寒颤。任何肌肉的收缩，如寒颤引起的收缩，均可产生热量。第二，减少体表血流量，以阻止血液的温度在到达脑、心脏、其他器官及肌肉前降低。第三个机制对除人类外的大多数哺乳动物是有效的：它们抖松皮肤上的绒毛增加保温性。（我们人类亦通过立起皮肤上的汗毛抖松我们的“皮毛”，俗称“鸡皮疙瘩”。追溯至远古的祖先，他们有一身茂密的毛皮“外套”，这一机制可以发挥一些作用。）

如同变温动物，我们也使用行为学方法调节体温。事实上，在可能的情况下我们更倾向于依靠行为学方法。我们通过行为学方法调节体温越多，对消耗大量能量的生理学过程的依赖就越少（Refinetti & Carlisle，1986）。天热的时候找一个凉快的地方要比出汗好得多（图 10.3）；天冷的时候找一个暖和的地方要比打寒颤聪明得多。以下是其他一些体温调节的行为学机制：

- 加衣或减衣。人类的这一策略相当于其他哺乳动物立毛或拢毛。
- 通过更多的活动增加热量或更少的活动避免过热。
- 通过与其他个体挤作一团或拥抱获得温暖。人类可能羞于通过紧抱陌生人来保持体温，但很多其他的物种不会（图 10.4）。例如，眼圈绒鸭（鸭科）在基本被冰雪覆盖的北冰洋度过冬天。超过 150 000 只绒鸭挤在一起，不仅可以保持彼此温暖，还可以保持冰面上有一个 20 英里的洞，从而在整个冬天都可以捕鱼（Weidensaul，1999）。

Sun-Journal, Ken Love/AP Photos

图 10.3 一种应对高温的方式

与人过热时一样，动物过热时寻找最凉爽的地方。（见彩插）

Bryan & Cherry Alexander Photography/Alamy Limited

图 10.4 体温的行为调节

一只一个月大的皇帝企鹅幼仔很难抵抗南极零下 30℃（-22 ℉）的酷寒。然而，当很多幼企鹅紧紧挤在一起，就如同一个巨大的性能良好的保温体。外周较冷的个体向里面挤，里面温暖的个体被迫向外面移动。这一方法特别有效，保证了幼企鹅群不得不频繁移动位置以免冰面融化成洞。（见彩插）

应用和扩展

在极度寒冷中生存

如果大气温度降低到 0℃（32 ℉）以下，你我可以通过打寒颤、改变体表血流量等方式维持我们的正常体温。然而，变温动物——那些体温与环境温度一致变化的动物容易受伤。如果体温降至冰点以下，将会形成冰晶。由于水在结冰时体积扩大，冰晶会将血管和细胞膜撕裂，导致动物死亡。

通常情况下，两栖类和爬行类通过在地下挖洞或寻找其他庇护所来躲避这种风险。然而，有些蛙、鱼和昆虫在地下温度接近 -40℃（-40 ℉）的加拿大北部也能安然度过冬天。它们是如何做到的？一些昆虫和鱼类在冬天开始时就在血液中存储丙三醇和其他防冻化学物质（Liou，Tocilj，Davies，& Jia，

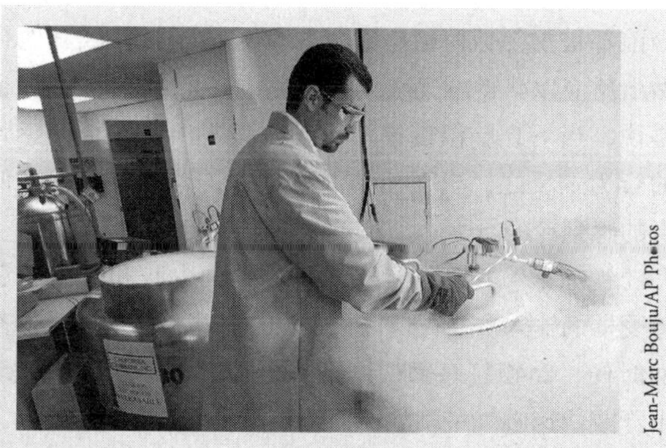

有的公司将尸体冰冻，以期将来的技术能够使其复活。

2000）。而林蛙确实会被冻结，但它们有几种方法可以降低损害。开始时，它们将器官及血管中的大部分液体排出，储存于细胞外间隙。因而，冰晶在形成时有足够的空间扩张，不会撕裂血管和细胞。此外，它们也有一些使冰晶逐渐形成而不会成块的化学物质。最后，它们具有非凡的凝血能力，能快速修复发生破裂的血管（Storey & Storey，1999）。

正如你可能曾听说的那样，有些人在死后将其身体冰冻，希望将来科学家发现治愈其疾病和使冰冻机体复活的方法。如果你有足够的钱，你会选择这种方式死而复生吗？

我建议你不要。林蛙能够冰冻后存活是因为它们在此之前使器官和血管脱水。除非你经历相似的脱水过程——死前！——否则冰晶必定会将全身的血管和细胞膜撕裂。修复所有的膜听起来几乎是不可能的。

恒定高体温的优势

如前所述，我们约将全部能量的 2/3 用于维持体温（即基础代谢）。一只变温动物，如蛙，基础代谢水平较低，因而需要的能量也少很多。如果我们不需要维持一个稳定的高体温，我们可以摄入更少，从而花费更少的精力觅食。此外，研究提示，其他事情也一样，体温较低的实验室动物较之体温较高者寿命更长（Conti et al.，2006）。考虑到维持我们的体温的实际代价，高体温一定有某种重要的优势，否则，我们不会进化出这样的机制。优势是什么？

回答这个问题要回到第 8 章：当水变得越来越冷时，鱼不得不增加更多的快速收缩肌纤维以保持活动性，尽管这会带来快速疲劳的风险。不管气温如何，鸟类和哺乳类一直保持其肌肉温暖，从而保持其充沛的活力。换句话说，我们大量进食以支持高代谢水平，目的是即便在寒冷的天气，我们依然可以跑得尽可能快，尽可能远。

为什么哺乳动物进化成 37℃（98 ℉）而不是其他的体温？从肌肉活动性的观点，通过尽可能保持温暖我们获得了某种优势。相比于体温较低的动物，体温较高的动物肌肉更温暖，从而跑得更快，更不容易疲劳。当一个爬行动物可以选择不同温度的环境时，它通常选择可以使自己的体温升高到 37~38℃的地方（Wagner & Gleeson，1997）。

如果越暖越好，为何不将我们的体温加热到一个更高的温度？大约超过 40℃或 41℃，蛋白质链开始断裂并丧失其活性。实际上，鸟类的体温大约是 41℃（105 ℉）。

进化出耐高温的蛋白是有可能的；事实上，一类被称为嗜热菌的奇特的微生物在接近沸腾的水中生存（Hoffman，2001）。但是，为此它们需要许多额外的链接稳定其蛋白。蛋白酶的特性依赖于蛋白结构的可变性，因此如果使蛋白结构足以耐受高温就会降低其灵活性和实用性（Somero，1996）。简言之，37℃的体温是有利于快速运动和不利于蛋白稳定性二者之间权衡的结果。

与其他机体细胞相比，生殖细胞需要温度稍低一些的环境（Rommel，Pabst，& McLellan，1998）。鸟类下蛋然后坐在上面，而不是在体内孵化，是因为鸟类的体内温度对于胚胎太高。与此类似，大多数雄性哺乳动物的阴囊悬于体外是因为与机体其他细胞相比，精子的产生需要一个更低的温度。（男性穿过紧的内裤，会使其睾丸太贴近身体而过热，因此产生的健康精子细胞更少。）人们还建议孕妇应避免热水浴和其他可能使发育中的胎儿过热的事情。

停下来检查一下

2. 维持稳定高体温的主要优势是什么？
3. 我们为何进化出37℃（98℉）而不是其他的体温？

脑机制

保持体温的生理学方面的变化——如寒颤、出汗及体表血流量的改变——依赖于下丘脑内部及附近区域（图 10.5），尤其是下丘脑前部和在其前部的视前区。（该区域被称为视前区，因其靠近视交叉，即视神经交叉的地方。）视前区和下丘脑前部的联系如此密切，它们通常被看作一个区域，**视前区 / 下丘脑前部**（preoptic area/ anterior hypothalamus），或 POA/AH。

视前区 / 下丘脑前部对体温的监控一定程度上是通过监测其自身的温度来实现的（D. O. Nelson & Prosser，1981）。如果实验者加热视前区 / 下丘脑前部，即使在冷的环境中动物也会快速喘气或出汗；如果给该区域降温，即使在温暖的房间里，动物也会打寒颤。当视前区 / 下丘脑前部被加热或降温时，动物通过按压杠杆或其他行为做出反应以获得冷气或热气奖赏（Satinoff，1964）。也就是说，当下丘脑温度高时，动物表现出似乎真的感到热的行为；反之，当下丘脑温度低时，动物则表现出似乎真的感到冷的行为。

视前区 / 下丘脑前部细胞还接收皮肤和脊髓的温度感受器的输入。当视前区 / 下丘脑前部和其他感受器都冷的时候，动物打寒颤最剧烈；当二者都热的时候，动物出汗或快速喘气最剧烈。损毁视前区 / 下丘脑前部后，哺乳动物退化到只能以行为机制调节体温，例如寻找更温暖或更冷的地方（Satinoff & Rutstein，1970；Van Zoeren &Stricker，1977）。

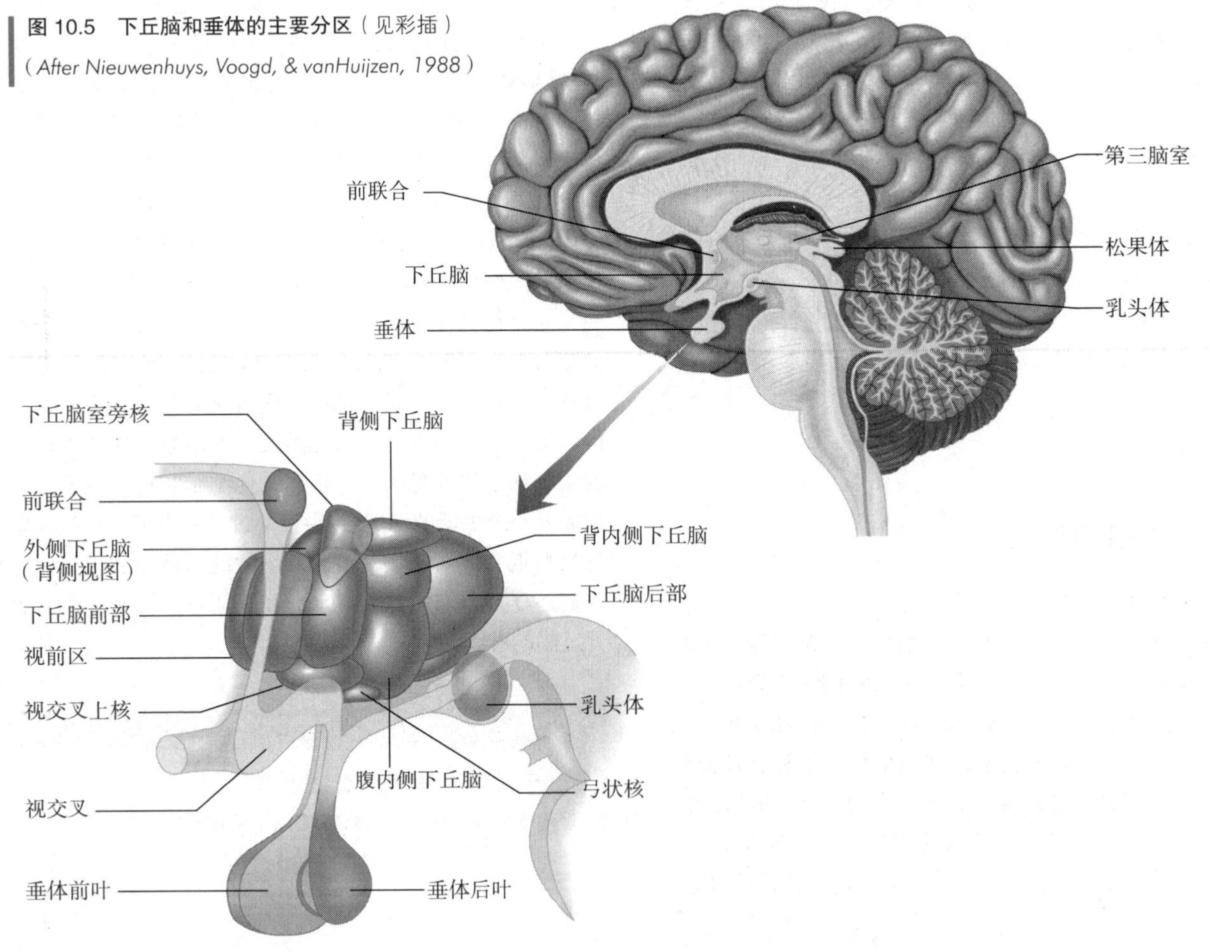

图 10.5 下丘脑和垂体的主要分区（见彩插）
（*After Nieuwenhuys, Voogd, & vanHuijzen, 1988*）

停下来检查一下

4. 哪些证据表明视前区/下丘脑前部控制体温?

5. 视前区/下丘脑前部损毁后，动物如何调节体温?

发 热

细菌和病毒感染通常引起发热，即体温升高。发热并非疾病的一个机制，而是机体抵御疾病的一部分。当细菌、病毒、真菌或其他入侵者侵入机体，机体动员白细胞（白血球）攻击它们。白细胞释放称为**细胞因子**（cytokines）的小分子蛋白攻击这些入侵者。细胞因子还激活迷走神经，迷走神经发送信号到下丘脑（Ek et al.，2001；Leon，2002），增加称为前列腺素的化学物质的释放。下丘脑细胞核内某一特定类型的前列腺素受体是发热所必需的。如果这些受体缺失，疾病将不能引起发热（Lazarus et al.，2007）。

发热表明体温设定点升高。正如体温低于或高于常规的 37℃时你将打寒颤或出汗，当你发热至，比如 39℃，即体温偏离该值，你都会打寒颤或出汗。换到一个更凉爽的房间并不能缓解发热，只是使你的机体更加努力地工作以维持发热时的体温。

由于新生兔子的下丘脑发育不完善，感染后并不打寒颤。如果可以选择环境，它们会选择一个温暖到足以升高其体温的地方（Satinoff，McEwen，& Williams，1976）。也就是说，它们通过行为的方法让自己发热。如果可能，发生感染的鱼类和爬行类动物也会选择一个足够温暖的环境以形成发热时的体温（Kluger，1991）。重复一遍，我们这里讨论的要点在于，发热是动物对抗感染的一种方式。

发热有什么好处吗？某些类型的细菌在高于哺乳动物正常体温的温度下生长放缓。而且，发热增强免疫系统的活动（Skitzki，Chen，Wang，& Evans，2007）。其他事情是一样的，适度发热可能增加个体在细菌感染中存活的几率（Kluger，1991）。然而，超过 39℃（103 ℉）的发热带来的坏处要大于好处，而超过 41℃（109 ℉）的发热将对人类生命构成威胁（Rommel et al.，1998）。

停下来检查一下

6. 有何证据表明发热是对抗疾病的一种适应性方式。

模块 10.1 结 语

生理和行为机制的结合

本节主题之一是多种机制的重复及补充。机体通过不同的生理机制维持稳定的体温，包括寒颤、出汗及血流量的变化。机体还依赖行为机制，例如寻找更凉爽或更温暖的地方，添衣或减衣，等等。重复及补充可以降低风险：若一个机制失效，其他机制可以补偿。然而，这并不是真正意义上的重复，即两种机制做完全相同的事情。每种体温调节的机制以不同的方式解决问题的不同方面。我们将在讨论渴与饥饿的过程中再次关注这一主题。

总 结

1. 体温调节的重要性很容易被忽视。许多看起来奇怪的动物行为可以理解为是为了升高或降低体温的方式。
2. 稳态是一种维持机体变量接近设定点的倾向。体温、饥饿及渴几乎都是自稳态的，但设定点随着不断变化的环境而改变。
3. 高体温使哺乳动物或鸟类即使在寒冷的环境中也可快速移动并且不会疲劳。
4. 从肌肉活动性的角度，体温越高越好。然而，一旦体温超过 41℃，蛋白质的稳定性降低，且需要更多的能量维持体温。哺乳动物 37℃的体温是这两个相互竞争过程的调和。
5. 视前区 / 下丘脑前部是体温控制的关键区域。该区域的细胞监测自身及皮肤和脊髓的温度。
6. 甚至恒温动物也部分地依靠行为学机制调节体温，特别是在婴儿期及视前区 / 下丘脑前部受损后。
7. 适度的发热可帮助动物对抗感染。

关键术语

内稳态 309
设定点 309
负反馈 309
非稳态 309
基础代谢 309
变温动物 309
恒温动物 309
视前区 / 下丘脑前部 312
细胞因子 313

思考题

思考为什么鸟类的体温高于哺乳动物。

停下来检查一下答案

1. 内稳态是指维持特定机体变量在一个固定范围内的一系列过程。非稳态是该固定范围随环境的变化而调整。
2. 稳定高体温的主要优势是：即使在寒冷环境中，动物亦可随时进行迅速、持久的肌肉活动。
3. 动物可以获得一种优势，即尽可能保持温暖，从而跑得尽可能快。然而，当温度高于 37℃（98 ℉）时，蛋白的稳定性会降低。
4. 对视前区 / 下丘脑前部直接降温或加热，引起动物寒战或出汗。此外，损毁该区域破坏了体温的生理学控制机制。
5. 可以通过行为调节体温，如寻找一个更温暖或更冷的地方。
6. 机体通过打寒颤或出汗维持升高的体温。而且，感染的鱼类、爬行类及未成熟的哺乳类通过行为方式升高其体温至发热水平。此外，适度发热可抑制细菌生长，增加战胜细菌感染的可能性。

模块 10.2

渴

哺乳动物身体的 70% 由水构成。由于水中化学物质的浓度决定了体内所有化学反应的速率，所以体内的水只能在较窄的范围内调节。机体还需要循环系统中有足够的液体以维持正常的血压。没有食物，人们有时可存活数周，但没有水却不可以。

水调节的机制

不同的物种利用不同的策略来维持所需的水分。河狸及其他生活在江河或湖泊中的物种摄入大量的水，摄取潮湿的食物，并排泄低浓度的尿液。相反，沙土鼠及其他生活在沙漠中的动物可能终生都不饮水。它们从食物中获得足够的水分。它们有很多避免水分丢失的适应之道，包括排泄非常干燥的粪便及高度浓缩的尿液。为了避免出汗，它们穴居在地下以躲避白天的热浪，且高度卷曲的鼻道将其呼气时水分的丧失降到最少。

我们人类根据环境改变我们的策略。如果无法找到足够的饮用水或水的味道很差，你可以通过排泄更浓缩的尿液，减少出汗及其他自主反应来保存水分。垂体后叶（见图 10.5）释放一种被称为**血管加压素**（vasopressin）的激素。这种激素通过收缩血管使血压升高。（血管加压素 vasopressin 一词来源于血管的压力 vascular pressure。）血压升高有助于弥补血容量的降低。血管加压素亦被称作**抗利尿激素**（antidiuretic hormone，ADH），因其使肾脏从尿液中重吸收水分，进而浓缩尿液。（利尿 diuresis 意思是排尿 “urination”。）然而，你却无法做得像沙土鼠那样出色。沙土鼠可以喝海水，而我们不能。

在大多数情况下，我们的策略更接近于河狸：我们摄入超过所需量的水，然后排出多余部分。（然而，如果你喝得过多却不吃东西，就像许多酗酒者做的那样，你可能会排出足以损害自身的盐量。）我们摄入的水分大多源自食物或社交场合，而且大多数人很少有非常渴的经历。

停下来检查一下

7. 如果你缺乏血管加压素，你会像河狸还是像沙土鼠那样饮水？为什么？

渗透性渴

我们将渴分为两类：进食咸的食物引起的渗透性渴；体液丢失（如出血或出汗）引起的容量性渴。

哺乳动物体液中所有溶质（溶液中的分子）的总浓度保持在约 0.15M（摩尔）的恒定水平。（摩尔浓度是衡量单位体积溶液中颗粒数的指标，与颗粒大小无关。1M 的糖溶液和 1M 的氯化钠溶液，每升中所含的分子数相同。）类似于体温设定点，溶质固定的浓度也可看作一个设定点。任何偏离都会激活一些机制，从而将溶质的浓度恢复到设定点。

细胞内外的溶质产生**渗透压**（osmotic pressure）——水通过半透膜从溶质低浓度区域到高浓度区域。半透膜是一种只允许水透过而不允许溶质透过的膜。包裹细胞的膜几乎就是一种半透膜，水可以自由透过，而不同溶质在细胞内液和细胞外液间能够缓慢通过或根本不能通过。当膜一侧的溶质浓度高于另一侧时，就产生了渗透压。

如果你摄入过咸的东西，钠离子将在血液及细胞外液中扩散，但不会透过细胞膜进入细胞。结果导致细胞外溶质浓度高于细胞内，渗透压使水从胞内流向胞外。某些神经元探测自身水分的丢失从而引发**渗透性渴**（osmotic thirst），这有助于恢复正常状态（图 10.6）。肾脏也排出更浓缩的尿液以消除体内多余的钠并保持尽可能多的水

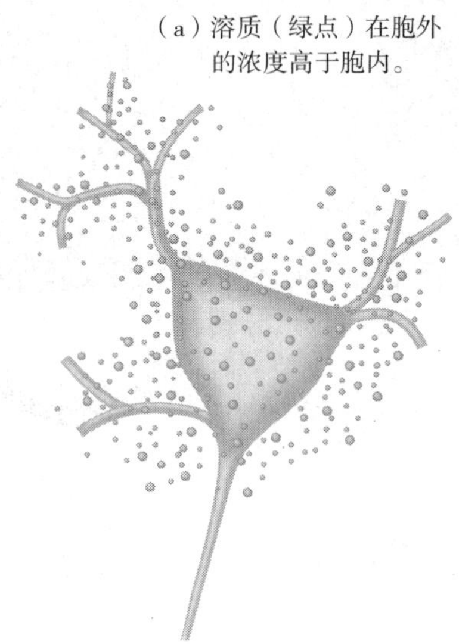

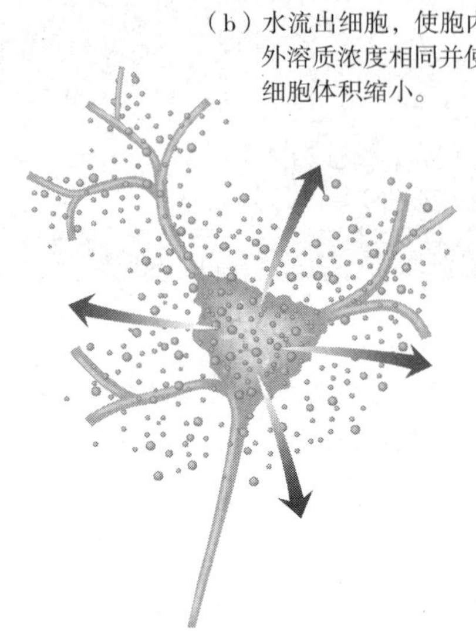

图 10.6 渗透压差的后果

（a）一种溶质（如氯化钠）在胞外的浓度高于胞内。（b）水通过渗透作用从细胞内流出，直到胞膜两侧浓度相同。某些脑区的神经元监测自身脱水并引发渴感。

分。

大脑如何监测渗透压？它从第三脑室周围的感受器获取部分信息（图 10.7）。所有脑区中，第三脑室周围脑区的血脑屏障最薄弱（Simon，2000）。对大多数神经元来说，薄弱的血脑屏障可能是有害的，但这却有助于细胞监测血液成分。参与监测渗透压及血液中的盐分的重要区域包括**终板血管器**（organum vasculosum laminae terminalis，OVLT）和**穹窿下器**（subfornical organ，SFO）（Hiyama，Watanabe，Okado，& Noda，2004）。大脑亦从胃部感受器获取信息：这些感受器可监测到高浓度的钠（Kraly，Kim，Dunham，& Tribuzio，1995），使大脑能够在机体其他部位切实感受到之前预期到渗透性需求。

终板血管器、穹窿下器、胃及其他部位的感受器将信息传送至下丘脑的某些部位，包括**视上核**（supraoptic nucleus）和**室旁核**（paraventricular nucleus，PVN），它们控制垂体前叶释放血管加压素的速率。这些感受器同样传送信息至**外侧视前区**（lateral preoptic area）和下丘脑周围区域，这些区域控制饮水行为（Saad，Luiz，Camargo，Renzi，& Manani，1996）。

渗透压激发渴感后，如何知道何时停止饮水？并非等到脑内感受器感受到水已经恢复了正常渗透压。摄入的水必须经消化系统吸收，然后通过血液运送至大脑。这一过程约需 15 分钟。如果持续饮水这么长时间摄入的水将会严重超过所需要的水量。机体能够监测吞咽活动及胃部和小肠上部的扩张。这些信息使人在既定时间内摄入的水不会超过所需量太多（Stricker & Hoffmann，2007）。

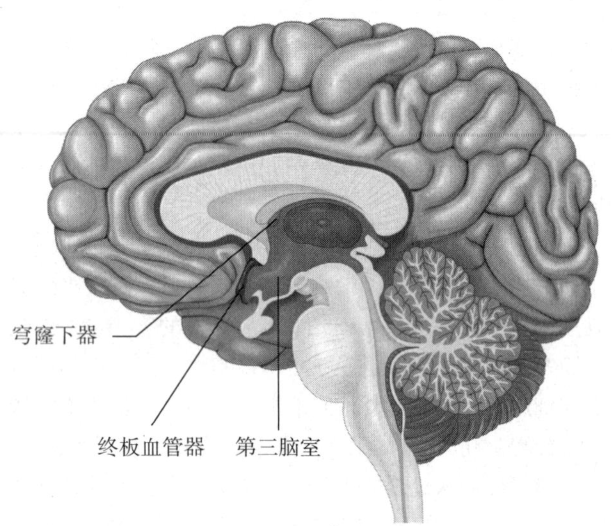

图 10.7 脑内渗透压和血容量的感受器

这些神经元分布在第三脑室的周围区域，该区域没有血脑屏障阻止血液中的化学物质进入脑。（*Based in part on DeArmond, Fusco, & Dewey, 1974; Weindl, 1973*）

停下来检查一下

8. 在机体的细胞外液中添加盐分，将加强还是缓解渗透性渴？

低血容量 → 肾脏释放肾素入血 → 血液内蛋白形成血管紧张素Ⅰ → 血管紧张素Ⅰ转变为血管紧张素Ⅱ → 血管紧张素Ⅱ收缩血管，激活穹窿下器细胞以增加饮水

图 10.8 低血容量的激素反应

容量性渴和钠特异性需求

假定因出血、腹泻或出汗丢失了大量体液，尽管体内任何部位的渗透压均未改变，你同样需要补液。否则，心脏将难以将血液泵至大脑，营养成分也不再那么容易进入细胞。机体通过收缩血管的激素——血管加压素和血管紧张素Ⅱ——对此做出反应。当血容量下降，肾脏释放一种叫肾素的酶，它可以将血液中的一种大分子蛋白血管紧张素原的一部分裂解下来，形成血管紧张素Ⅰ，其他酶又可将其转化为**血管紧张素Ⅱ**（angiotensin Ⅱ）。与血管加压素类似，血管紧张素Ⅱ也使血管收缩，以补偿血压下降（图 10.8）。

血管紧张素Ⅱ还可以与大静脉内检测血压的感受器共同引发渴感。然而，这种渴感与渗透性渴不同，因为你需要恢复丢失的盐分，而不只是水分。这种渴被称为**容量性渴**（hypovolemic），意为低血容量引起的渴感。血管紧张素Ⅱ到达脑后，它激活第三脑室相邻区域的神经元（Fitts，Starbuck，& Ruhf，2000；Mangiapane & Simpson，1980；Tanaka et al.，2001），这些神经元的轴突投射到下丘脑，并在那儿释放血管紧张素Ⅱ作为其神经递质。也就是说，第三脑室周围的神经元既对血管紧张素Ⅱ发生反应又释放该种物质。如同许多其他的情况，神经递质与其功能之间的关系并不是随意的：大脑使用的化学物质在机体其他部位已发挥相关功能。

与渗透性渴的动物不同，容量性渴的个体在饮用大量水时无法避免体液的稀释和渗透压的改变。因而，动物更喜欢稍带咸味的水（Stricker，1969）。如果同时提供给动物水和盐，它将在两者之间交替摄取，形成适当浓度的混合物。动物表现出对咸味溶液的强烈渴望，这种被称为**钠特异性需求**（sodium-specific hunger）的偏好，一旦需求存在时就自动形成（Richter，1936）。与之相比，对其他维生素和矿物质的特异性需求必须通过尝试和错误才能习得（Rozin & Kalat，1971）。你自己可能已经注意到这个现象：月经期前后的女性，或大量出汗的的人，发现咸的点心特别美味。

钠特异性需求部分取决于激素（Schulkin，1991）。当机体的钠储量低时，肾上腺产生称为**醛固酮**（aldosterone）的激素，这种激素可以使肾脏、唾液腺和汗腺保留盐分（Verrey & Beron，1996）。醛固酮和血管紧张素Ⅱ共同改变舌头味觉感受器、孤束核（味觉系统的一部分）和脑内其他部位神经元的特性以增加盐分的摄入（Krause & Sakal，2007）。图 7.20 显示了部分通路。表格 10.1 总结了渗透性渴和容量性渴的不同之处。

停下来检查一下

9. 谁将饮用更多的纯水——渗透性渴的人还是容量性渴的人？

表 10.1 渗透性渴与容量性渴的比较

渴的类型	发生原因	最好缓解的饮水种类	感受器所在部位	激素的影响
渗透性	溶质在细胞外的浓度高于胞内，引起细胞脱水	水	终板血管器，一个毗邻第三脑室的脑区	伴随血管加压素的分泌，以保存水分
容量性	血容量降低	含溶质的水	1. 感受器，检测静脉血压 2. 穹窿下器，一个毗邻第三脑室的脑区	由血管紧张素Ⅱ增加血容量

模块 10.2 结 语

渴的心理学与生物学

你可能认为体温调节是自动进行的，而水的调节依赖于你的行为。但现在你会发现，这种认识并非完全正确。部分的体温控制可以通过自动的方式实现，如出汗或打寒颤，但还有一部分可以通过行为方式实现，如选择一个温暖或凉爽的地方。体内水量的控制不仅通过饮水行为，还可以通过激素改变肾脏活动来实现。如果肾脏不足以调节水分和盐分，大脑会接收信号以调整饮水和盐的摄入。简言之，要保持机体化学反应的顺利进行，就需要同时依赖于行为调控和自主调控。

总 结

1. 不同种属的哺乳动物进化出不同的维持体内水分的方法，从频繁饮水（河狸）到尽可能保存体液（沙土鼠）。人类则根据液体的可获得性改变其策略。
2. 血液渗透压的升高使水分流向胞外，引起渗透性渴。毗邻第三脑室的终板血管器内的神经元监测渗透压的变化，并将信息传送至下丘脑区域，该区域负责血管加压素的分泌和饮水行为。
3. 血容量的减少引起容量性渴。容量性渴的动物摄入更多含溶质的水而非纯水。
4. 低容量性渴由血管紧张素 II 激发，这种激素在血压下降时增多。
5. 机体钠盐的丢失引发钠特异性需求。

关键术语

血管加压素 315
抗利尿激素（ADH） 315
渗透压 315
渗透性渴 315
终板血管器（OVLT） 316
穹窿下器（SFO） 316
视上核 316
室旁核（PVN） 316
外侧视前区 316
血管紧张素 II 317
醛固酮 317
容量性渴 317
钠特异性需求 317

思考题

1. 注射浓缩的氯化钠引发渗透性渴，但注射相同浓度的葡萄糖却不会，为什么？
2. 如果你所饮用的所有的水均通过一根与胃相连的管子流出，你的饮水行为将如何变化？
3. 许多女性在经期或孕期时嗜盐，为什么？

停下来检查一下答案

7. 如果缺乏血管加压素，你将不得不更像河狸那样饮水。你将排出大量液体，所以需要饮用同等量的水来补充。
8. 在机体的细胞外液中添加盐分将加强渗透性渴，因为这将使水分由胞内流向胞外。
9. 渗透性渴的人更愿意饮用纯水；如果溶液中含有盐分，容量性渴的人将饮用得更多。

模块 10.3 饥 饿

不同的物种有不同的进食策略。蛇和鳄鱼可能大吃一顿，然后数月不再进食（图 10.9）。熊则在任何可能的时候都尽量多吃。这是一个明智的策略，因为熊的主要食物——水果和坚果——仅在短期内可大量获取。熊类偶然的盛宴帮它们度过饥饿期。你可能会因此认为体态丰满的动物容易存活下来。

小型鸟类是另一个极端，仅摄入它们当时所需的食物量。它们存储少量的食物，不会太多。限食的好处是较轻体重可以帮助它们逃离捕食者（图 10.10）。然而，在某些气候下，鸟类需要储存一定量的食物以度过夜晚。小山雀要设法度过阿拉斯加的冬天。每个夜晚，山雀找到一个尽可能保温的树洞或其他筑巢的地方，降低体温进入类似于冬眠的状态。即便如此，它们还要整夜不停地打寒颤以防止身体冻僵，然而太多的寒颤需要大量的能量。在阿拉斯加的冬季，山雀会在白天摄入足以使其体重增加 10% 的食物量，然后在一夜之间全部消耗掉（Harrison，2008；Sharbaugh，2001）。对比一下，想象一个 50kg 的人白天摄入 5kg 食物，然后在夜间通过打寒颤全部消耗光。

图 10.10 大山雀，一种小型欧洲鸟类

一般来说，在食物充足的时候，山雀仅摄入其每天所需的量并维持很低的脂肪储备。而当食物难以觅得的时候，它们则尽其所能地进食，在两次进食间靠存储的脂肪存活。在捕食者威胁小的时候，山雀无视食物的供应情况，开始增加体脂。

图 10.9 一条正在吞食瞪羚的蟒蛇

这头瞪羚大约比这条蟒蛇重 50%。许多爬行类动物每餐的进食量巨大，但进食频率很低，且全年总摄入量远比哺乳动物少。哺乳类动物消耗了更多的能量以维持基础代谢，因此需要更多的能量。

与小型鸟类不同，人类通常摄入多于当日所需的食物量，但我们也不会像熊那样将自己塞满——至少不会以此作为摄入原则。选择摄入哪种食物及摄入多少是一项重要的决定。大量习得和非习得的机制在这一过程中发挥作用。

消化系统如何影响食物的选择

首先了解一下消化系统，如图 10.11 所示。消化系统的功能是将食物分解为细胞能够利用的小分子。消化从

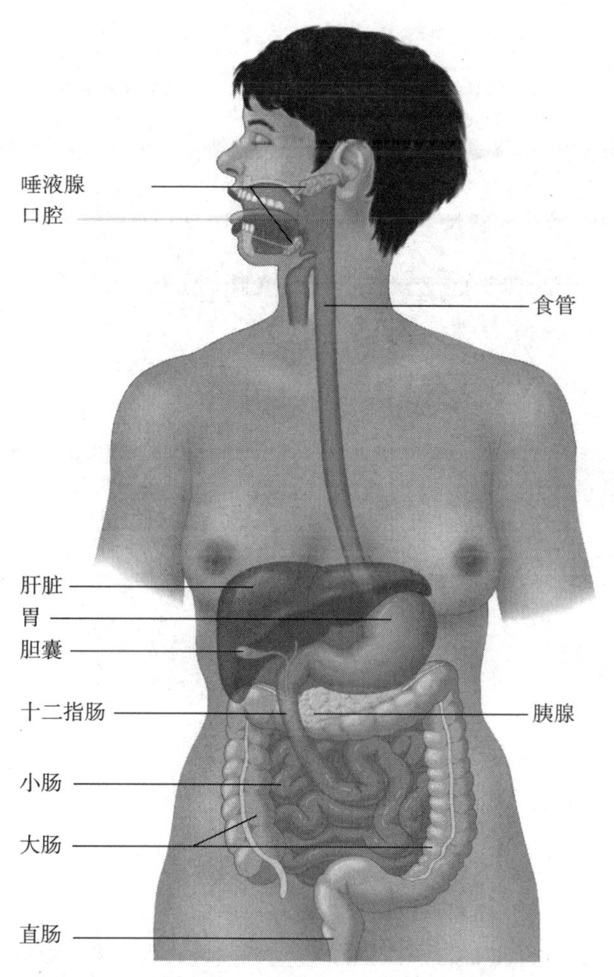

图 10.11 人体消化系统

口腔开始，唾液中的酶可以分解碳水化合物。吞咽的食物通过食管进入胃，与胃里的盐酸及蛋白质消化酶混合。食物在胃中停留一段时间，然后胃末端的圆形括约肌打开，食物进入小肠。

小肠中含有可以消化蛋白质、脂肪和碳水化合物的酶类，在这里，消化后的营养物质被吸收入血液中。血液将那些化学物质运送到体细胞，体细胞或利用、或将其存储以备用。大肠吸收水分和矿物质，并润滑残留物将其以粪便形式排出。

酶类及乳制品的消化

新生哺乳动物最初依靠母乳存活。随着它们长大，有几个原因终止哺乳：奶水枯竭，母亲将其推开，以及他们开始尝试其他食物。而且，大多数哺乳动物大约在其断奶的年龄失去肠道内的**乳糖酶**（lactase），一种代谢**乳糖**（lactose）（牛奶里含有的一种糖）必需的酶。此后，牛奶引起胃痉挛和胃胀气（Rozin & Pelchat，1988）。如果你有一只宠物狗，你可能已经注意到这一点，成年哺乳动物可以摄入少量奶，但一般并不多。乳糖酶的减少可能是为了在恰当的时间断奶而进化出的一种机制。

这一规则并不适用于所有人类。很多成年人终生具有足够的乳糖酶来消化奶及其他奶制品。然而，全世界范围内,大多数的成年人无福消受大量的奶制品。大多数人，说到底，是亚洲人，中国及周边国家几乎所有的的人都缺乏在成年期能够代谢乳糖的基因（Flatz，1987）。他们摄入比牛奶更容易消化的奶酪和酸奶及适量的其他奶制品。但摄入过多时，也会痉挛或胀气。因而，他们通常限制奶制品的摄入量。图 10.12 显示了世界范围里乳糖耐受的分布情况。

在非洲，乳糖消化能力的分布情况以不规则的方式随着地域而改变。能够消化乳糖的成年欧洲人都拥有同一个基因的变异型,而非洲不同地方的人的相应基因存在差异，且与欧洲人不同。这表明乳糖消化基因在不同的地方独立地进化，而且可能在过去数千年里随着对牛的驯养而发生的（Yishkoff et al.，2006）。牛奶越来越易于获取，于是有利于人类消化牛奶的基因选择性地有所增强。

停下来检查一下

10. 什么基因差异对于成年期能否饮用牛奶最为关键?

影响食物选择的其他因素

对于**食肉动物**（carnivore）（肉食者），选择一个满意的食谱是相对简单的。狮子不会患维生素缺乏症，除非是吃了维生素缺乏的斑马。然而，**食草动物**（herbivore）（草食者）和**杂食动物**（omnivore）（进食肉类和草类的动物）必须分辨哪些是可食用的，哪些是不可食用的，并且需要找到足够的维生素和矿物质。达到此目的的一种方式是从其他个体的经验中学习。比如，幼龄期大鼠倾向于模仿年长者的食物选择方式（Galef，1992）。与此类似，孩子形成具有其文化习俗特点的食物偏好，特别是香

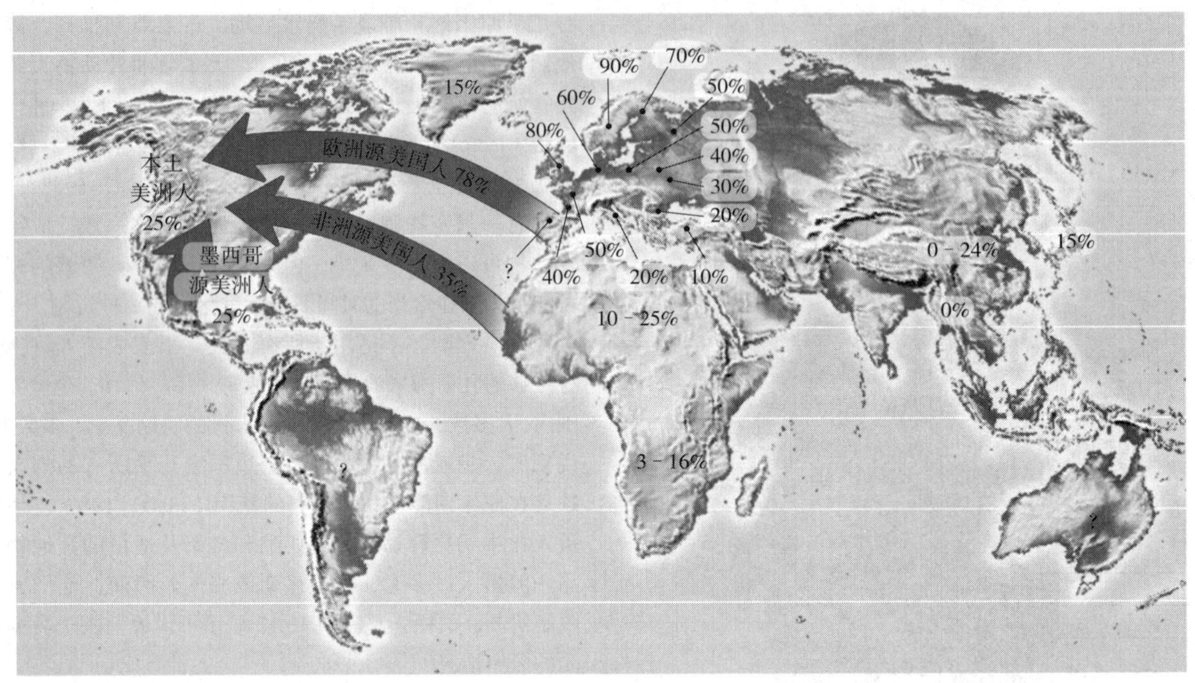

图 10.12 成年人中乳糖耐受者的百分比

在高乳糖耐受区域（如斯堪的纳维亚）的人很可能终生喜欢牛奶和其他奶制品。而在低乳糖耐受区域（包括东南亚大部分地区）的成人，即使喝牛奶，其饮用量也很少。（*Based on Flatz, 1987, Rozin & Pelchat, 1988*）

料，即便他们并非喜欢父母所喜欢的每一种食物（Rozin，1990）。

但是，他们的父母、祖父母或其他人是如何习得吃这些食物的？如果你空降至一个无人居住的岛屿，那里长着你不熟悉的植物，你会采用多种策略去选择可食用的食物（Rozin & Vollmeche，1986）。首先，你会选择甜的食物，避开苦的，并适量摄取咸的或酸的食物。大多数甜的东西是有营养的，苦的是有害的（T.R. Scott & Verhagen，2000）。第二，你会偏向于味道熟悉的东西。毕竟，熟悉的食物是安全的，新的食物可能不安全。当你首次尝试咖啡的时候，你是怎么想的？辣椒呢？大多数人在熟悉了一种味道之后就会越发喜欢它。

第三，你会习得你尝试摄入的每种食物的后果。如果你尝试了新的东西，然后病了，即使是几小时之后，你的大脑也会将疾病归咎于这种食物，你下次品尝它的时候感觉就不那么好（Rozin & Kalat，1971；Rozin & Zellner，1985）。这一现象被称为**条件性味觉厌恶**（conditioned taste aversion）。这是一种稳定的现象，食物与疾病仅单次配对即可确保其发生，即使疾病在食物摄入数小时之后发生。事实上，你不会喜欢那种摄入后伴有肠道不适感的食物，即便你知道恶心症状其实是由游乐场的惊险游戏引起的。

进食的短期和长期调节

进食是如此重要，因此不能仅仅依赖一种调节机制。大脑从口腔、胃、肠、脂肪细胞及其他地方获取信息，进而调节进食行为。

口腔因素

你很忙碌，对吗？如果你吃一个药片就能获得所需的所有营养成分，你会这样做吗？你可能偶尔会，但不

图 10.13 来自约公元前 4 500 年的口香糖
这块由桦树皮焦油制成的口香糖上面有小牙齿印，表明被儿童或少年咀嚼过。（*Reprinted by permission from Macmillan Publishers Ltd, Nature, Plus cést le même chews, Stephen Battersby, 1997.*）

会经常这样做。人们喜欢进食行为本身。事实上，许多人即使不饿，也喜欢品尝和咀嚼食物。图 10.13 显示的是 4 500 年前由桦树树皮焦油制成的一片橡皮糖。它上面的牙印表明是被一个儿童或少年咀嚼过的。人类学家不知道古人是如何移除汁液做成口香糖的。他们也不确定为什么有人愿意咀嚼像这块口香糖那样味道糟糕的东西（Battersby，1997）。显然，咀嚼的欲望很强烈。

如果必要的话，你能够不品尝食物就有饱足感吗？在一个实验中，大学生被试一周中有五天进食午餐的方式是这样的：吞咽下橡皮管的一端，然后按下按钮将流质食物泵入胃中（Jordan，1969；Spoegel，1793）。（他们可以获得被试费。）经过几天的练习之后，每个人都建立了每天泵入固定数量的液体的稳定模式，并保持了稳定的体重。然而，大多数人发现无品尝的进食方式不能令人满意，并报告有一种品尝或咀嚼东西的渴望（Jordon，1969）。

如果你只是品尝某种东西但不咽下它，你会感到满足吗？在**假饲**（sham-feeding）实验中，动物吞咽的每一样东西均通过一根与食管或胃相连的管漏出去。假饲的动物几乎不断地进食和吞咽却总是吃不饱（G. P. Smith，1998）。简言之，味觉和其他的口腔感觉造成了饱足感，但仅仅这些还不够。

停下来检查一下

11. 什么证据表明，品尝不足以形成饱足感？

胃和肠道

一般来说，我们在食物中的营养成分到达血液之前就会停止进食，更不用说到达肌肉和其他细胞。通常终止进食的主要信号是胃的扩张。在一个实验中，研究者将一个膨胀袋放在胃和小肠的连接处（Deutsch，Young，& Kalogeris，1978）。当膨胀袋膨胀时，食物不能通过胃到达十二指肠。他们小心确保膨胀袋不会对动物造成伤害，亦不会干扰进食。主要结果是：膨胀袋膨胀时，动物仍摄入正常量食物，然后停止进食。显然，胃部的扩张足以产生饱足感。

胃通过迷走神经和内脏神经将饱足信息传至大脑。**迷走神经**（vagus nerve）（第十对脑神经）传输胃壁伸展的信息，提供产生饱足感的主要基础。**内脏神经**（splanchnic nerves）传输胃内营养物质含量的相关信息（Deutsh & Ahn，1986）。

然而，因胃癌或其他疾病切除胃的患者仍会报告饱足感，所以胃的扩张可能并非饱足感所必需的。之后的研究者发现胃或十二指肠扩张后进食终止（Seeley，Kaplan，& Grill，1995）。**十二指肠**（duodenum）是小肠与胃连接的部分，是第一个吸收大量营养物质的消化部位。

停下来检查一下

12. 有何证据表明胃的扩张足以引起饱足感？

十二指肠内的食物使之释放**胆囊收缩素**（cholecystokinin，CCK），这种激素以两种方式限制进食量（Gibbs，Young，& Smith，1973）。首先，CCK 关闭胃与十二指肠间的括约肌，将食物保留在胃里，因而胃比平常更快地装满（McHugh & Moran，1985；G.P. Smith & Gibbs，1998）。其次，CCK 兴奋迷走神经，后者传送信号至下丘脑，引起下丘脑细胞释放神经递质，一种短链形式的 CCK 分子（Kobett et al.，2006；G.J. Schwartz，2000）。这一过程类似于发送传真：肠内的 CCK 不能通过血脑屏障，但它激活其他细胞释放几乎与之相同的东西。就如在血管紧张素和渴感的例子中，机体在外周和脑中使用同种化学物质执行密切相关的功能。

既然 CCK 有助于终止进食，我们能否利用它来帮助想要减轻体重的人？不幸的是，答案是否定的。CCK 仅产生短期效果。它可以限制进食量，但动物若在一餐中进食量较平时小，就会在下一餐中补偿回来（Cummings

& Overduin，2007）。

停下来检查一下

13. CCK增加饱腹感的两个机制是什么？

葡萄糖、胰岛素和胰高血糖素

大量被消化的食物以葡萄糖的形式入血。葡萄糖是机体重要的能量来源，并几乎是大脑唯一可利用的能源。当血中的葡萄糖水平高时，多余的葡萄糖一部分由肝细胞转化为糖原，还有一部分由脂肪细胞转化为脂肪。当血液中葡萄糖的水平降低时，肝脏把一部分糖原转变回

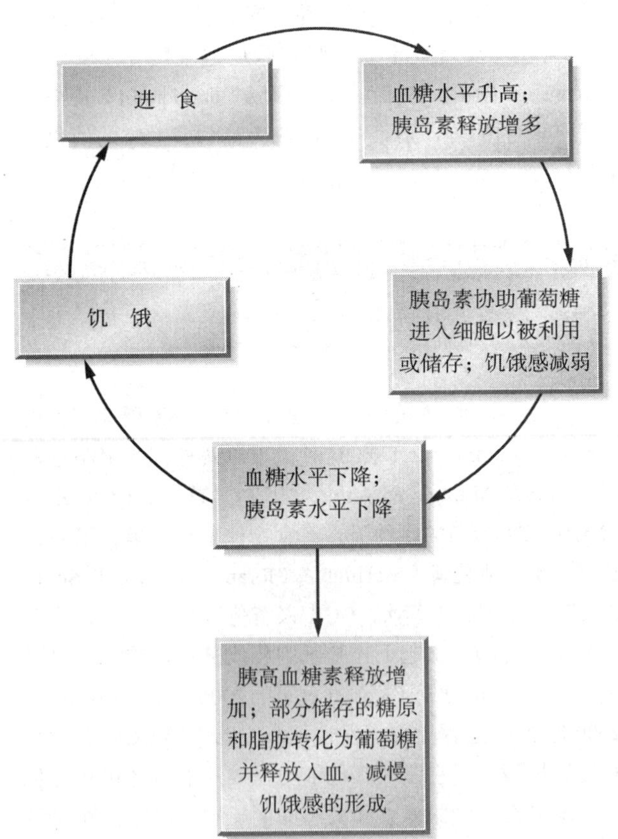

图 10.14 胰岛素与胰高血糖素的反馈系统

当葡萄糖水平升高时，胰腺释放一种激素——胰岛素，促使细胞将多余的葡萄糖转化为脂肪和糖原存储。葡萄糖进入细胞，抑制饥饿感和减少进食，从而降低血糖水平。

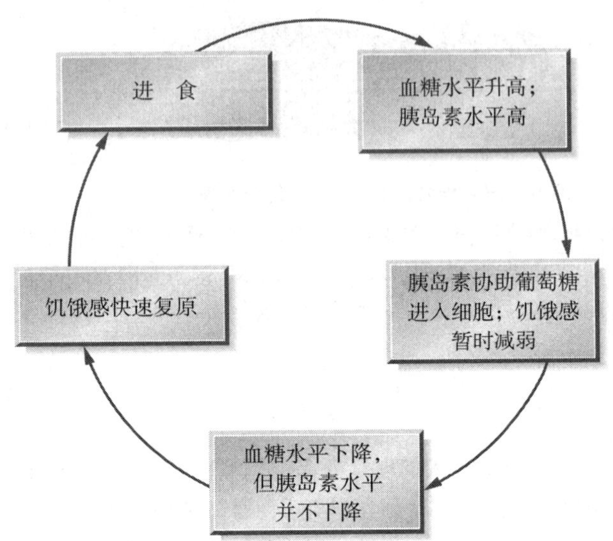

图 10.15 胰岛素水平持续高对进食的影响

胰岛素水平持续高导致血糖以脂肪和糖原的形式存储。由于难以代谢已存储的营养物质，饥饿感在每次进餐后很快复原。

葡萄糖。因此大多数人的血糖水平在大部分时间里是相当稳定的。

然而，细胞并非在任何时候都可以同等地利用血液中的葡萄糖。两种胰腺激素——胰岛素和胰高血糖素，调节葡萄糖的流向。**胰岛素**（insulin）协助葡萄糖进入除脑细胞外的其他细胞，因为葡萄糖进入脑细胞无需胰岛素的协助。胰岛素水平高的时候，细胞很容易吸收葡萄糖。个体准备进食时，胰岛素水平升高，让部分血液中的葡萄糖进入细胞，从而为即将涌入血中的其他葡萄糖做准备。进食过程中及饭后，胰岛素增加得更多。你可能会猜到，高水平的胰岛素倾向于抑制食欲。当大量葡萄糖已经进入细胞中，就不再需要摄食了。

随着进食后时间的延长，血糖水平降低，进而胰岛素水平下降，葡萄糖进入细胞的速度减慢，饥饿感增加（Pardal & López-Barneo，2002）（图 10.14）。**胰高血糖素**（glucagon）激活肝脏将其储存的部分糖原转化为葡萄糖，以补充血糖。

如果胰岛素水平持续高，机体在进食后很久仍继续快速地将血液中的葡萄糖移入细胞中，包括肝细胞和脂肪细胞。此时尽管胰岛素水平高，但血糖水平降低和饥饿感的形成却在加快，体重也持续增加（图 10.15）。晚

秋时节，准备冬眠的动物持续保持高胰岛素水平，它们快速将每次摄入的大量食物转化成脂肪和糖原储藏起来，不断地形成饥饿感和持续增加体重。当动物不得不靠其储备的脂肪度过一个季节时，增加体重是一种有价值的准备。

如果胰岛素水平持续低，如糖尿病患者，血糖水平可能是正常的三倍或更高，但进入细胞的很少（图 10.16）。患有糖尿病的人和动物比正常个体进食更多，因为他们的细胞很饿（Lindbery，Coburn，& Stricker，1984），但他们将大量的葡萄糖排出，并且体重降低。需要注意的是胰岛素水平持续高或持续低都会增加进食，尽管因不同的作用，它们对体重有不同的影响。

停下来检查一下

14. 为什么胰岛素水平很低的人进食量大？为什么胰岛素水平持续高的人进食量大？
15. 如果一个人的胰岛素和胰高血糖素的水平都很高，这个人的食欲将怎样？

瘦 素

到目前为止，我们所讨论的机制产生的都是短期调节作用：若进入细胞的葡萄糖较平常少，进食行为将被激发。若胃或肠满了，进食行为将终止。可是，我们不能期望那些机制完全精准。如果你坚持每天吃的比需要的多一点或少一点，最终，你将会过胖或者过瘦。机体需通过某种类型的长期调节来修正日常的错误。

机体是通过监测脂肪量完成这一过程。很久以来研究者一直怀疑有某种脂肪监测的机制，但真实的机制却是偶然间发现的。他们发现一个遗传品系的小鼠一贯肥胖，如图 10.17 所示（Y.Zhang et al.，1994）。在鉴别出导致这种状况的基因后，他们找到了该基因产生的一种以前未知的肽，现被命名为**瘦素**（leptin）。该词源于希腊词 leptos，意思是“细长的”（Halaas et al.，1995）。与胰岛素这种进化古老、可在整个动物王国找到的物质不同，瘦素仅存在于脊椎动物中（Morton，Cummings，Baskin，Barsh，& Schwartz，2006）。基因正常的小鼠，以及人类和其他物种机体的脂肪细胞产生瘦素：脂肪细胞越多，产生的瘦素越多。拥有肥胖基因的小鼠不能产生瘦素。

进 食

血糖增加，但胰岛素水平低

葡萄糖不能进入细胞，而是通过尿液和粪便流失。饥饿感依然强烈

血糖保持高水平，但细胞却处于饥饿状态

饥 饿

图 10.16 未经治疗的糖尿病患者进食增加，体重却减轻

由于胰岛素水平低，血液中的葡萄糖无法进入细胞，因而既不能被存储，亦不能被利用。结果是虽然细胞处于饥饿状态，葡萄糖经尿液被排出。

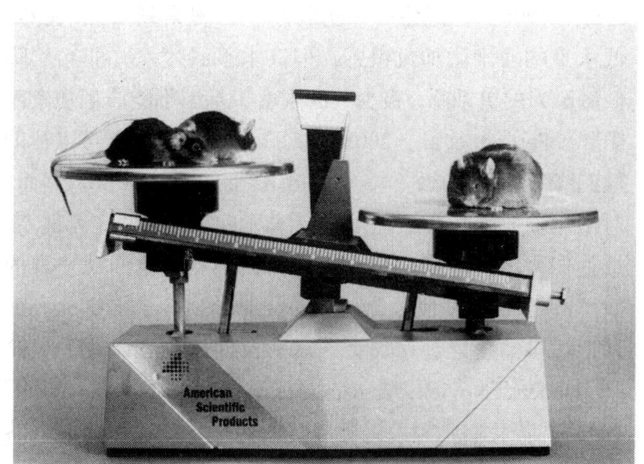

图 10.17 肥胖基因对小鼠体重的影响

小鼠染色体上的一个基因导致它们进食量增加，代谢率降低和体重增加。（*Reprinted by permission from Macmillan Publishers Ltd, Nature, “Positional cloning of the mouse obese gene and its human homologue”, Zhang et al., 1994.*）

瘦素将机体脂肪的存储信息传递至大脑，为其判断是否进食量太大或太小提供长期指标。每次进食亦增加瘦素的释放，所以循环瘦素的量也表明短期营养情况。瘦素水平高时，动物表现出似乎其体内有足够的营养。这些动物进食量减少（Campfield，Smith，Guisez，Devos，& Burn，1995），变得更加活跃（Elias et al.，1998），并且免疫系统的反应性增强（Lord et al.，1998）。（如果有足够的脂肪供应，你才有能力将能量用于免疫系统。如果脂肪量不足而且正饿着，你就不得不尽可能地保存能量。）在青少年阶段，一定水平的瘦素启动青春期的开始。而且，如果脂肪含量太低而不足以满足自身需要，你将没有足够的能量怀孕。一般来说，更瘦的人进入青春期较晚。

由于拥有肥胖基因的小鼠不产生瘦素，它们的大脑做出似乎机体没有脂肪存贮和饥饿时的反应。这种小鼠尽可能多地摄入，以减少活动量的方式保存能量，而且不能进入青春期。注射瘦素可逆转这些症状：小鼠的进食量减少，活动性增加，并开始青春期（Pellymounter et al.，1995）。

如你所想，该研究的报道给了制药公司灵感，他们希望可以通过出售瘦素获利。毕竟瘦素是机体常规产生的一种物质，不应有不良的副作用。然而，研究者很快发现几乎所有超重的人自身的瘦素水平已很高（Considine et al.，1996）。（记住——脂肪越多，瘦素越多。）显然，低水平的瘦素增加饥饿感，但高水平的瘦素并非必然降低每个人的饥饿感。极少数的人由于基因不能产生瘦素而肥胖（Farooqi et al.，2001）。对于这些人，瘦素可以帮助他们降低食欲和减轻体重（Williamson et al.，2005）。然而，对绝大多数肥胖者来说，他们体内的瘦素水平已经很高，给他们更多的瘦素也极少有效。据推测，他们对瘦素的敏感性可能较其他人低（Münzberg & Myers，2005）。而且，过多的瘦素会增加患糖尿病及其他医疗问题的风险（B. Cohen，Novick，& Rubinstein，1996；Naggert et al.，1995）。若我们希望改善肥胖症的药物治疗，瘦素并非答案所在。

停下来检查一下

16. 为什么对于大多数超重的人来说，注射瘦素不如对遗传性肥胖的小鼠那样有效？

脑机制

大脑如何决定何时该进食及进食多少？饥饿感取决于胃和肠道里的内容物、细胞对葡萄糖的利用率及体内的脂肪量，还有你的健康状况和体温。此外，你的食欲不仅仅取决于饥饿感。如果有人为你提供一顿美餐，即使并不饿，你也可能会愉快地享用它。通过某种方式，大脑必须将所有这些信息整合到一起。做出这个决定的关键脑区包括下丘脑的几个核团（见图 10.5）。这些脑区在哺乳动物进化过程中变化非常小，而且在物种间这一机制显然是相同的。

如图 10.18 所示，多种信息影响下丘脑弓状核中的两类细胞，下丘脑被称为食欲控制的“主要区域”（Mendieta-Zéron，López，& Diéguez，2008）。轴突从弓状核延伸至下丘脑的其他区域。该图是初步的并且是不完善的，因为摄食行为取决于多种递质和机制。即使是以这种简化的形式，这个图也是相当复杂的。尽管如此，它突出了一些关键机制。让我们一步步来看。

弓状核与下丘脑室旁核

下丘脑**弓状核**（arcuate nucleus）中有一群对饥饿信号敏感的神经元和一群对饱足信号敏感的神经元。图 10.18 中，兴奋性通路以绿色标示，抑制性通路以红色标示。饥饿敏感性细胞接收味觉通路的传入；你肯定已注意到美味的食物刺激饥饿感。饥饿敏感性细胞的另一条传入通路来源于释放神经递质脑肠肽的轴突。这个看起来古怪的单词是由于它所结合的受体与生长激素释放激素（GHRH）相同而得名。胃在食物剥夺期释放**脑肠肽**（ghrelin），它可以激发胃的收缩。脑肠肽还可以作用于下丘脑以降低食欲，作用于海马以加强学习（Diano et al.，2006）。尽管消化系统分泌多种传递饱足感的激素，脑肠肽却是唯一一种已知的饥饿激素。

长期和短期饱足信号均传入弓状核的饱足敏感性细胞。肠道的扩张激发神经元释放神经递质 CCK，一种短期信号（Fan et al.，2004）。血糖（一种短期信号）直接使弓状核中的饱足细胞兴奋（Parton et al.，2007）并导致另一种激活饱足细胞的物质——胰岛素的释放增加。机体脂肪细胞（一种长期信号）释放的瘦素提供了另外一

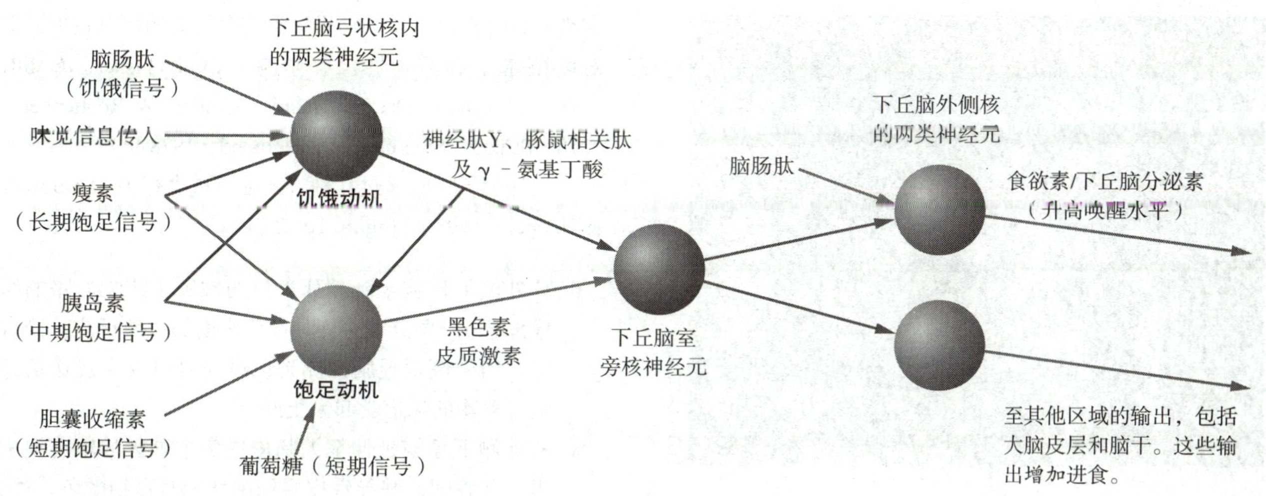

图 10.18 与进食相关的部分区域及递质

饥饿信号通过抑制室旁核增加进食，而室旁核抑制外侧下丘脑。（*Based on reviews by Horvath, 2005, Minokoshi et al., 2004*）

种信号输入（Munzberg & Myers，2005）。

许多弓状核的输出到达下丘脑室旁核。室旁核抑制外侧下丘脑——对饱足感非常重要的一个区域。因而室旁核对饱足感是十分重要的。室旁核受损的大鼠摄入比正常进食量更多的食物，它们似乎对通常的终止进食的信号不敏感（Leibowitz，Hammer，& Chang，1981）。

弓状核饱足敏感性细胞的轴突发送兴奋性信号至室旁核，释放神经肽α-促黑激素（αMSH）——一种称为**黑色素皮质激素**（melanocortin）的化学物质（ Ellacott & Cone，2004）。室旁核中黑色素皮质激素的受体对于限制进食非常重要，该受体的缺乏导致过度进食（Balthasar et al.，2005）。

弓状核饥饿敏感性神经元到室旁核及弓状核饱足敏感性细胞的输入是抑制性的。抑制性递质是由 GABA（脑内主要的抑制性递质）和主要作用于进食神经通路的两种肽：**神经肽 Y**（neuropeptide Y，NPY）（Stephens et al.，1995）和**豚鼠相关肽**（agouti-related peptide，AgRP）（Kas et al.，2004）组成。这些递质阻断室旁核的饱足作用，在某些情况下可激发极端的过度进食，如图 10.19 中令人反胃的图示（Billngton & Levine，1992；Leibowitz & Alexander，1991；Morley，Levine，Grace，& Kneip，1985）。

另一条通路导致外侧下丘脑的细胞释放食欲素，食欲素亦被称为下丘脑分泌素（L.-Y.Fu，Acuna-Goycolea，& van den Pol，2004）。我们在第 9 章提到过这些神经元，因为食欲素的缺乏导致嗜睡症。除了在觉醒中的作用，食欲素在进食行为中有两个作用。首先，它增加长期食物剥夺后动物觅食的持久性（G.Williams，Cai，Elliott，&Harrold，2004）；第二，食欲素对食物的刺激性或奖赏性作出反应。在你并不感到饥饿，但你仍然渴望吃一个巧克力圣代的时候，外侧下丘脑和其他部位的食欲素受体正在阻抑从其他感受器传来的饱足信息（Zheng，Patterson，& Berthoud，2007）。

除了图 10.18 中的化学物质，几种其他的化学物质亦参与食欲的调控。被这么多种化学物质所调控的后果之一就是进食控制可能以多种方式出错。然而，当某种错误以某种方式出现时，大脑有许多其他的机制进行补偿。与之密切相关的一点是，研究者可以开发出通过多种途径起作用的控制食欲的药物——瘦素、胰岛素、神经肽 Y 等等——但是仅改变其中一条通路，可能会因为其他通路的补偿作用而起不到效果。对药物研究者来说，最有前景的是黑色素皮质激素受体。正如图 10.18 中所示，有多种输入汇集于弓状核的细胞，但到室旁核的输入却少得多。胰岛素、减肥药及其他影响进食的方法主要通过改变对黑色素皮质激素受体的输入而发挥作用（Benoit et al.，2002；Heisler et al.，2002）。

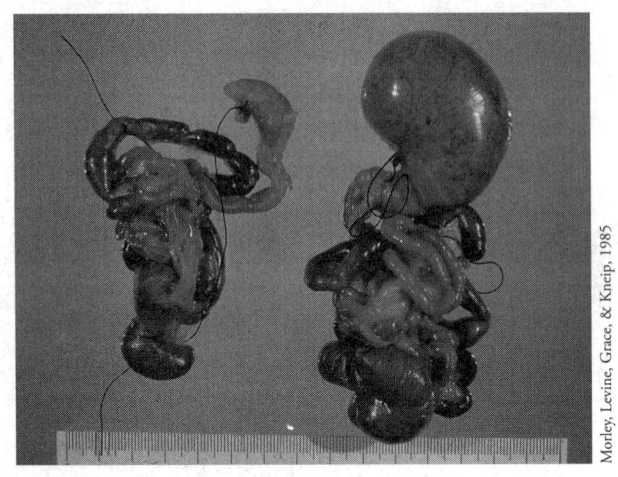

图 10.19 抑制下丘脑室旁核的效应

左侧为正常大鼠的消化系统，右侧是通过注射肽 YY，这种与神经肽 Y 相关的神经肽使得下丘脑室旁核抑制。即使胃和肠扩张至快要胀破的地步，这种大鼠仍然继续进食。（好吧，我承认这有点让人反胃。）（*Reprinted from Brain Research, 341/1, J. E. Morley, A. S. Levine, M. Grace, and J. Kneip, "Peptide YY PYY, a potently orexigenic agent", 200-203, 1985, with permission of Elsevier.*）

停下来检查一下

17. 说出三种增加饱足感的激素和一种增加饥饿感的激素。
18. 哪种从弓状核到室旁核的神经肽对于饱足感是最重要的?

外侧下丘脑

室旁核的输出作用于**外侧下丘脑**（lateral hypothalamus）。外侧下丘脑包含如此多的神经细胞群和由此通过的轴突，以至于人们将其比作一个拥挤的火车站（Leibowitz & Hoebel，1998）（图 10.20）。外侧下丘脑控制胰岛素的分泌，改变味觉反应性，并以其他方式促进摄食。该区域损伤的动物拒绝食物和水，并扭转它们的头，似乎食物令其厌恶。除非强饲，否则动物将饿死。但若保持其存活，它能逐渐恢复大部分的摄食能力（图 10.21）。

许多含有多巴胺的轴突通过外侧下丘脑，所以，损伤外侧下丘脑会中断这些纤维联系。为了分离下丘脑细胞和那些通过的纤维的作用，实验人员使用仅损毁细胞体的化学物质，或诱导损伤幼鼠的外侧下丘脑，此时多巴胺轴突尚未延升至该部位。结果导致进食行为的严重丧失，但对唤醒水平和活动性没有影响（Almli，Fisher，& Hill，1979；Grossman，Dacey，Halaris，Collier，& Routtenberg，1978；Striker，Swerdloff，& Zigmond，1978）。

外侧下丘脑通过几种方式促进进食行为（Leibowitz & Hoebel，1998）（Figure 10.22）：

- 从外侧下丘脑至延髓孤束核的轴突（味觉通路的组成部分），改变味觉及对各种味道的唾液反应。简言之，当外侧下丘脑探测到饥饿信号时就会发送信息使得食物的味道尝起来更好。
- 从外侧下丘脑延伸至大脑皮层多个脑区的轴突促进摄入和吞咽，并导致皮层细胞增加对食物的色、香、味的反应性（Critchley & Rolls，1996）。
- 外侧下丘脑增加垂体腺中促进胰岛素分泌的激素的分泌。
- 外侧下丘脑发送轴突至脊髓，调控自主反应，如消化液的分泌（van den Pol，1999）。外侧下丘脑损伤的动物难以消化摄入的食物。

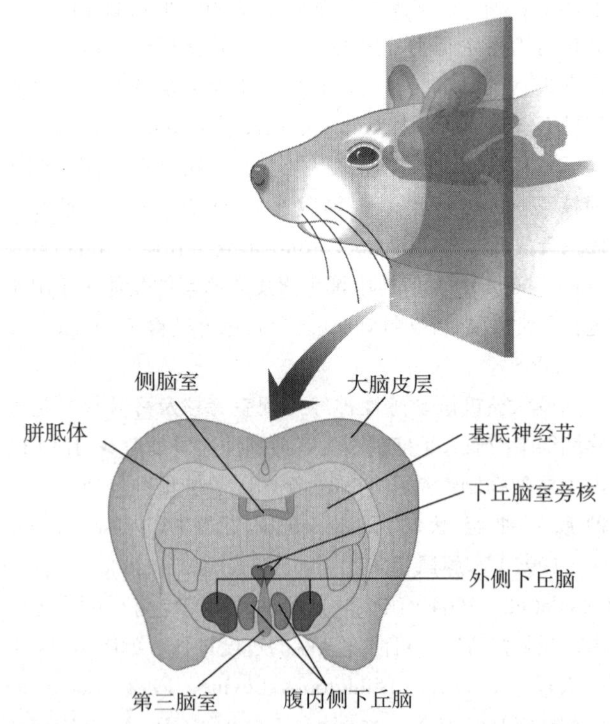

图 10.20 外侧下丘脑、腹内侧下丘脑和下丘脑室旁核

上方侧视图标示出了下方大脑冠状切的平面。（After Hart，1976）（见彩插）

阶段一：吞咽不能和渴感缺乏。大鼠拒绝所有的食物和液体，必须通过强饲以使其存活。

阶段二：食欲缺乏。大鼠摄入少量可口的食物和甜味液体，摄食量仍不足以维持生存。

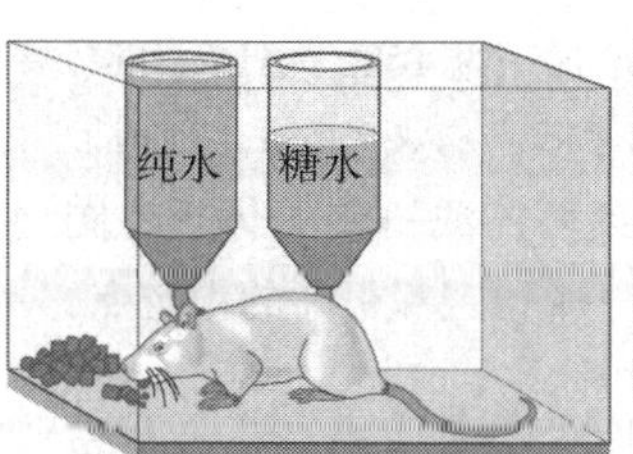

阶段三：渴感缺乏。尽管体重仍低于正常水平，大鼠的摄食量足以维持其生存，但仍拒绝纯水。

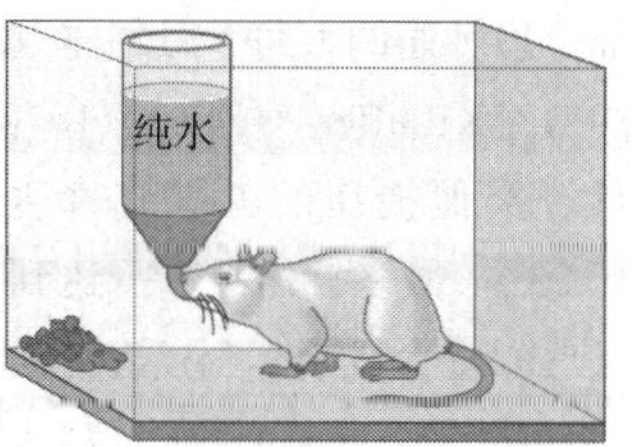

阶段四：接近恢复。尽管体重低于正常水平，大鼠的摄食量足以维持其生存。大鼠开始饮用纯水，但却仅在进食期间用以冲下食物。在轻度应激的条件下，如冷环境，大鼠将回复到早期拒绝食物和水的阶段。

图 10.21 外侧下丘脑损伤后进食行为的恢复

起初，大鼠拒绝所有食物和液体。若通过强饲使其存活数周或数月，大鼠逐渐恢复足以维持其生命的进食和饮水能力。然而，即使在恢复的最终阶段，小达不到正常大鼠的行为水平。(*Based on leitelbaum & Epstein, 1962*)

停下来检查一下

19. 外侧下丘脑以哪些方式促进摄食?

下丘脑内侧区

从 19 世纪 40 年代，神经科学家们就已经知道**腹内侧下丘脑**（ventromedial hypothalamus，VMH）为中心的大面积损伤会导致过度进食和体重增加（见图 10.20）。该

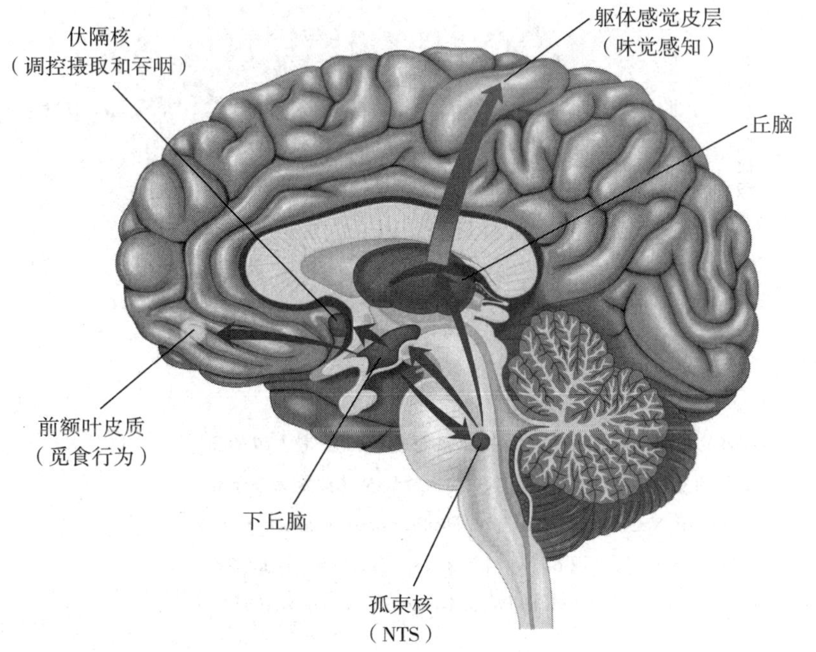

图 10.22 外侧下丘脑的通路

外侧下丘脑的轴突改变其他几个脑区的活动，改变味觉的反应，促进摄取和吞咽，增加觅食行为。而且（未显示），外侧下丘脑调控胃部分泌物的分泌。

部位患肿瘤的人每个月的体重增加超过 10kg（Al-Rashid，1971；Killeffer & Stern，1970；Reeves & Plum，1969）。具有类似损伤的大鼠有时达到两倍或三倍的体重（图 10.23）。最终，体重水平达到一个稳定却很高的设定点，且总的进食量减少至接近正常的水平。

虽然这些症状被认为是下丘脑腹内侧症状，但局限于腹内侧下丘脑的损伤并不总是增加进食或体重。要产生较大的影响，损伤必须从腹内侧核扩展至外围的轴突，特别是去甲肾上腺素能腹侧束（图 10.24）（Ahlskog & Hoebel，1973；Ahlskog，Randall，& Hoebel，1975；Gold，1973）。

与未损伤的相同体重的大鼠相比，腹内侧下丘脑及其周围损伤的大鼠食欲增加（B.M.King，2006；Peters，Sensening，& Reich，1973）。回忆一下，室旁核损伤的大鼠摄入更多食物。与之不同，腹内侧区损伤的大鼠进食量正常，但进食频率增加（Hoebel & Hernandez，1993）。原因之一是它们的胃的活动性和分泌增加，胃排空加快。胃排空越快，动物准备好下一次进食的时间就越短。另一个频繁进食的原因是该损伤增加了胰岛素的产生（B.M.King，Smith，& Frohman，1984），因而，大量摄入的食物被存储为脂肪。如果阻止具有这种损伤的动物过度摄食，它们的体重依然会增加！Mark Friedman 和 Edward Stricker（1976）认为，问题在于大鼠并不是通过过度进食获得脂肪，而是因为大鼠存储了太多的脂肪而过度进食。即使血糖水平低的时候，高胰岛素水平持续将血糖转化为存储形式。

表 10.2 总结了下丘脑的几个区域损伤的效应。

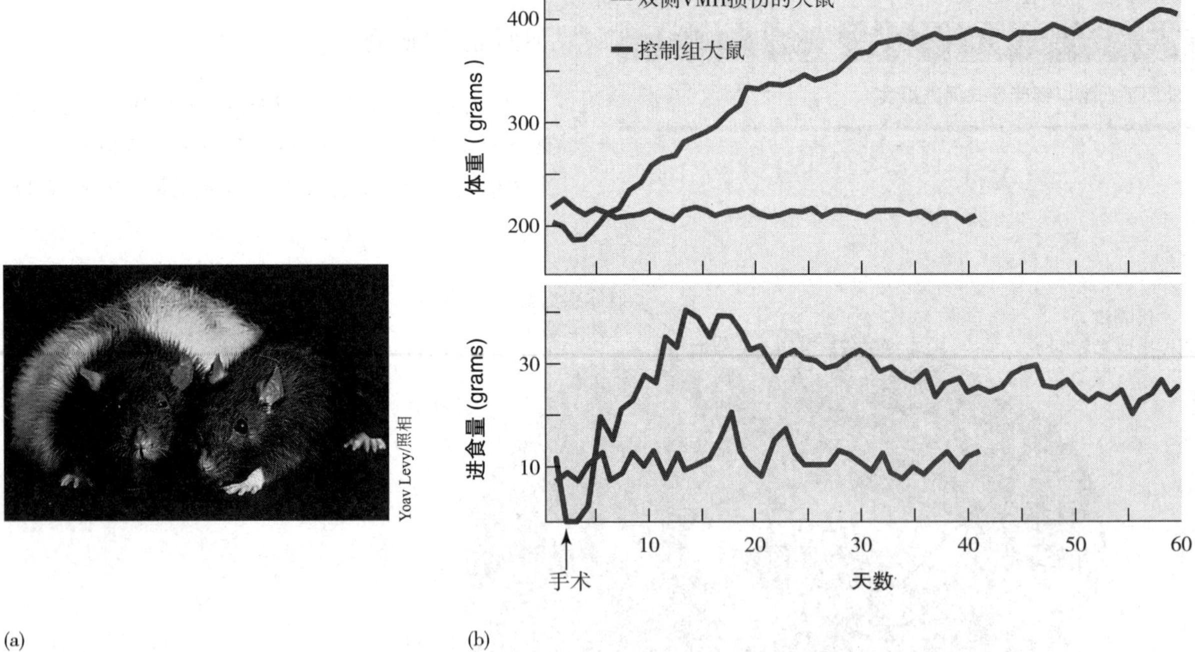

图 10.23 腹内侧下丘脑损伤的效应

（a）右侧是正常大鼠，左侧是腹内侧下丘脑损伤的大鼠。脑损伤的大鼠的体重可能达到正常大鼠的三倍。（b）腹内侧下丘脑损伤后的大鼠体重和进食量的变化。手术后数天内，手术大鼠的进食量远多于正常大鼠。（*(b)Reprinted by permission of the University of Nebraska Press from "Disturbances in feeding and drinking behavior after hypothalamic lesions," by T.Teitelbaum, pp. 39-69, in M.R.Jones, ED., 1961, Nebraska Symposium on Motivation. Copyright © 1961 by the University of Nebraska Press. Copyright © renewed 1988 by the University of Nebraska Press.*）

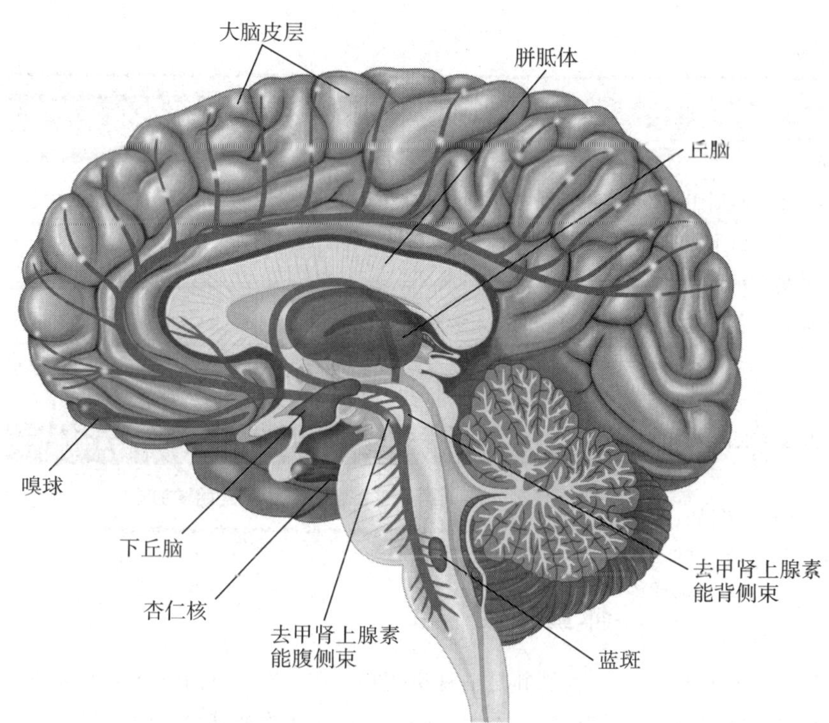

图 10.24 人类大脑中主要的去甲肾上腺素通路（见彩插）
去甲肾上腺素能腹侧束的损伤导致暴食和体重增加。（*Based on Valzelli, 1980*）

> **停下来检查一下**
>
> 20. 腹内侧下丘脑及其周围损伤后进食增加的方式是什么？室旁核损伤后呢？

进食障碍

在越来越多的国家，肥胖已成为一个严峻的问题。与此同时，还有少数人受厌食症和贪食症的折磨。前者拒绝摄入生存所需的足够的食物；后者交替发生暴食和少食。显然，我们的内稳态和非稳态机制没有很好的工作。

肥胖率的增加显然与更多美味、高热量食物的获得及过于安逸的生活方式有关。尽管如此，一些人变得肥胖，而另一些人却没有。所以，有必要探讨一下是什么使有些人比另一些人更易肥胖。人们曾一度普遍认为，肥胖是对心理困扰的反应。可实际上，这一因素的作用充其量也是微乎其微的。一项大规模调查显示：肥胖率在有抑郁病史的人群中为 19%，在无抑郁病史人群中为 15%（McIntyre，Konarski，Wilkins，Soczynska，& Kennedy，2006）。那么，遗传呢？

遗传与体重

你可能早已注意到：大多数瘦父母有瘦孩子，大多数胖父母有胖孩子。这一相似性与家庭饮食习惯和遗传因素均有关。丹麦的一项研究发现：540 个养子女的体重与其血缘亲属体重的相关性明显高于与其收养亲属体重的相关性（Stunkard et al.，1986）。

有时候，肥胖可以追溯到单个基因的作用。其中最普遍的是一个黑色素皮质激素受体的突变基因。黑色素皮质激素是导致饥饿感的神经肽中的一种。该基因变异的个体从小就过度进食并变得肥胖（Mergen，Mergen，Ozata，Oner，& Oner，2001）。有一种称为 FTO 基因变异型的个体比其他人平均重约 3kg，且有高于其他人 2/3 的几率变得肥胖（Frayling et al.，2007）。然而，单基

表 10.2 特定下丘脑脑区损伤的效应

下丘脑区域	损伤效应
视前区	体温调节的生理学机制受损
外侧视前区	渗透性渴调节障碍。部分是由于细胞损伤，部分是由于经由该区域的轴突的中断
外侧下丘脑	少食、体重减轻、胰岛素水平低（由于胞体的损伤）；低唤醒、低反应性（由于通过的轴突的损伤）
腹内侧下丘脑	进食频率增加、体重增加、胰岛素水平高
室旁核	食量增加，尤其是一天中活跃期的首次进餐时碳水化合物的摄入增加

因变异只能解释一小部分肥胖情况（Mutch & Clément，2006）。

症状性肥胖是由一种疾病或综合征造成的。例如，颞叶和前额叶部分损伤除带来其他问题外，常导致过度进食（Whitwell et al.，2007）。Prader-Willi 综合征是一种以智力低下、身材矮小及肥胖为特征的遗传性疾病。具有这些症状的人血液中脑肠肽的水平比平均水平高四到五倍（Cummings et al.，2002）。你可能还记得，脑肠肽是一种与食物剥夺有关的肽。Prader-Willi 综合征患者过度进食却仍产生高水平脑肠肽，这一事实提示他们的问题与无法停止释放脑肠肽有关。

大多数肥胖与多个基因和环境的联合作用有关。考虑一下亚利桑那州和墨西哥的 Pima 人。他们中的大多数人严重超重，明显是因为基因的作用（Norman et al.，1998）。然而，在 19 世纪早期，肥胖在他们当中并不常见，那时他们的饮食由索诺兰沙漠植物构成，而这种植物仅在短暂的季节里成熟。显然，Pima 人进化出一种策略：当有食物的时候尽可能多吃，因为他们要依靠这些度过食物匮乏期。他们还进化出通过限制活动量保存能量的习惯。现在，对于随时可以获得的更加典型的美式饮食，他们这种过度进食而不活动的策略已不再适应。简言之，他们的体重由基因和环境共同决定。单独任何一个都不能达到这样的效果。

基因可能是怎样影响体重的？饥饿感或消化的差异可能是一个原因，运动量是另一个。一项研究发现，轻度肥胖的人在肥胖阶段及减肥后均花费更多的时间坐着、更少的时间四处走动（J.A.Levine et al.，2005）。显然，他们久坐的习惯是一个长期持续的特征，也许是遗传性的，而不是一种体重超重的反应。

停下来检查一下

21. 为什么Pima人的体重在19世纪中期开始增加？

体重减轻

肥胖是一种疾病吗？在美国，目前官方认为这是一种疾病。不要担心，我们对于疾病这个词尚没有一个明确的定义。将肥胖视为疾病的一个积极的影响是人们从超重带来的精神负罪感中解脱出来。而一个可能的消极影响是有些人可能会放弃减肥。最现实的影响是，如果有证据证明减肥治疗是安全和有效的，保险公司现在要付钱给为肥胖患者提供治疗的人。

节食本身并不一定有效。你会听到各种饮食的倡导者们声称很多人依靠一种或另一种饮食明显减轻了体重。这些声明可能是真实的，但对我们几乎没有什么意义，除非我们知道节食的人中体重减轻的占百分之几，以及保持了多久。根据一篇文献综述，节食导致体重增加和减轻的人数相当，而且很少有人能够把明显减轻后的体重保持数年（Mann et al.，2007）。

最成功的治疗需要改变生活方式，包括增加运动量以及减少进食量。二者结合确实能够帮助人们减轻体重，尽管最多只有 20%~40% 的人保持体重减轻至少 2 年（Powell，Calvin，& Calvin，2007）。

特别重要的一个建议是减少或杜绝软饮料的摄入。研究者发现，每天至少饮用一杯软饮料的人比其他人更易超重（Dhingra et al.，2007；Liebman et al.，2006）。原因之一是几乎所有的软饮料都用果糖添加甜味，而果糖不能像其他糖那样多地增加胰岛素或瘦素（Teff et al.，2004）。因此，如果你饮用含有果糖的东西，你获得了卡路里却没有饱足感。

低糖软饮料不含有果糖，但也带来了问题。在一项研究中，大鼠主要进食平常的实验室食物，但是有时候，一组大鼠进食天然甜味剂的酸奶，另一组进食用糖精（不含卡路里）增加甜味的酸奶。总体上，进食无卡路里（“减肥”）酸奶的大鼠体重增加更多。对此的解释有点复杂：一般来说，像人一样，大鼠学着去调整食物中的卡路里。它们习得当摄入甜食时它们可以获得大量能量，所以，他们学会或者限制甜食的摄入，或者通过减少别的东西的摄入进行补偿。食用无卡路里甜食的大鼠丧失了这一能力。它们习得味道是一个能量预测的不可靠的指标，因此它们在摄入甜味食物后仍然过量食用其他的食物，停止了其后的代偿性调节。而且，他们的活动性也降低了（Swithers & Davidson，2008）。

如果节食和运动未能减轻体重，另一个选择是减肥药。多年来，最有效的组合是“芬－芬”（“fen-phen”）：*Fenfluramine* 增加五羟色胺的释放并阻断其再摄取，*Phentermine* 阻断去甲肾上腺素和多巴胺的再摄取并因此延长其作用。芬－芬组合对脑产生的作用类似于做好的饭菜的作用（Rada & Hoebel，2000）。不幸的是，*Fenfluramine* 经常引起药物并发症，因此已经被停用。一种替代的药物，*sibutramine*（Meridia），阻断五羟色胺和去甲肾上腺素的再摄取，降低进食量及暴食（Appolinario et al.，2003）。其长期有效性尚无报告。另一种药物，*orlistat*（Xenical），能阻止肠道吸收饮食中的脂肪达30%。约有一半使用 orlistat 的人 2 年后体重至少减少了5%（Powell et al.，2007）。它的一个副作用是大团未消化的脂肪造成的肠部不适。而且，因为脂肪过多肠道的运动变得迟缓。制药公司仍在开发新的减肥药。

最后，如果其他方法对极度肥胖的人都不起作用，一种选择是进行胃分流术（部分胃被切除或缝合，使得食物不能进入）。想想胃的扩张是饱足感产生的主要原因之一。因而，通过手术减小胃的容积，使少量进食即可产生饱足感。最常见的结果是这个人从“病态肥胖”变为仅仅是“肥胖”，这是一种积极的效应。然而，有10%~20% 的人遭受严重的副作用，包括感染、肠梗阻、食物泄露及营养不良（Powell et al.，2007）。手术只是在重度肥胖的情况下值得考虑。

停下来检查一下

22. 在一项研究中，摄入低卡路里酸奶的大鼠的体重增长多于那些摄入更高卡路里酸奶的大鼠。如何进行解释？

神经性厌食症

神经性厌食症（anorexia nervosa）患者不愿意摄入与其所需等量的食物。他们变得极度消瘦，有时甚至死亡。在美国，约有 0.9% 的女性和 0.3% 的男性在生命的某个阶段罹患神经性厌食症，通常在青少年时期发病（Hudson，Hiripi，Pope，& Kessler，2007）。在较严重的病例中，女性的比例较高。

问题并不在于缺乏食欲。厌食症患者享受食物的味道和气味，而且，很多患者还喜欢烹调食物。他们的问题在于对变胖或丧失自我控制的恐惧。与濒于饿死的人不同，大多数厌食症患者是勤奋工作的完美主义者，而且惊人的活跃。

神经性厌食的病因现在还知之甚少。患这种疾病的人血液和脑内存在多种生物化学反应的异常。但这些异常也可能是体重降低的结果，而非病因，因为当体重恢复之后，它们也回复到正常水平（Ferguson & Pigott，2000）。一个非常有趣的推测将厌食症与麋鹿及其他大型哺乳动物为寻找一个更好的觅食地而进行的长距离迁徙时的行为进行比较。迁徙过程中，它们高度活跃，甚至在找到一小片草地的时候它们仍然拒绝所有食物。可以想象，当运动与节食的结合引发人类大脑中相似的机制时，厌食症就发生了（Guisinger，2003）。这一假说可能对进一步的研究有指导意义。目前，厌食症的生理易感性尚不清楚。

更多信息，请访问网络心理健康网站上的神经性厌食症部分：http://www.mentalhealth.com/dis/p20-et01.html。

神经性贪食症

神经性贪食症（bulimia nervosa）是一种极度节食和暴饮暴食交替发生的疾病。约 95% 的贪食症患者至少有一种其他的精神疾病，如抑郁症或焦虑症（Hudson et al.，2007）。在美国，约 1.5% 的女性和 0.5% 的男性在生命的某个阶段患有贪食症。这些年来，这一疾病越来越常见。也就是说，现在的年轻人与其父母那一代人相比，贪食症的发生更加普遍，而他们的父母那一代贪食症的发生又比其祖父母那一代更加普遍。贪食症需要有现成可得的大量可口的食物，尤其是高油脂食物和碳水化合物。

有些（不是全部）贪食症患者大量进食后，强迫自己呕吐。反复的暴食和呕吐将危及个体健康。一般来说，贪食症患者伴有胆囊收缩素（CCK）释放减少、脑肠肽释放增多，及其他几种进食相关激素和递质水平的改变（Jimerson & Wolfe，2004）。然而，与厌食症相似，这些变化也可能是进食障碍导致的，而非病因。

有一项分析是将贪食症与药物成瘾作比较（Hoebel，Rada，Mark，& Pothos，1999）。进食可口的食物和成瘾性药物激活相同的脑区。药物成瘾者在不能得到药物时，有时会以暴食替代；食物剥夺的人或动物比其他个体使用药物的可能性更高。食物剥夺后紧接着暴食的循环强烈激活大脑的强化区域，这与药物剥夺后紧接着给予药物激活的脑区基本相同。研究者检测了食物剥夺 12 小时的大鼠，包括其觉醒期的前 4 个小时，然后给予 25% 的葡萄糖溶液——一种非常甜、糖浆样的液体。这样进行数周之后，大鼠每天的饮用量越来越多，特别是第一个小时的饮用量增加。甜味液体摄入使脑内释放多巴胺和阿片样物质，类似于高度成瘾药物的作用（Colantuoni et al.,2001,2002）。它还增加脑内多巴胺 3 型受体的水平——也是一种与接受吗啡处置的大鼠类似的变化（Spangler et al.，2004）。如果接下来被剥夺这种液体，它们表现出戒断症状，包括摇头、牙齿打颤，注射吗啡可以缓解上述症状。换句话说，它们形成了一种糖依赖或成瘾。与此类似，贪食症症状中，节食与暴食的循环可能构成了某种成瘾行为（Hoebel et al.，1999）。需要强调这种成瘾难以戒断。对海洛因或酒精成瘾的人可能尝试同时戒断，贪食症成瘾的人不能放弃进食，他们的目标是学会适度进食。通过推论想象一下，让酒精或海洛因成瘾的人尝试适量使用这些物质是极端困难的。

停下来检查一下

23. 研究者已发现神经性厌食症或神经性贪食症患者的脑内多种化学物质异常。他们为什么不相信是这些异常引起了厌食症或贪食症?
24. 来自大鼠的什么证据表明贪食症类似于成瘾?

模块 10.3 结 语

饥饿的多重控制

进食行为由多个脑区调控，它们监测血糖、胃的扩张、十二指肠内容物、体重、脂肪细胞、激素等。由于这一系统如此复杂，它可能以多种方式产生错误。然而，系统的复杂性同时也提供了一种安全性保障。如果系统的一部分出现错误，另一部分可弥补。我们关注那些选择不良饮食或摄食量异常的人。或许我们对多少人适度地摄食印象更深刻。饮食调节成功不是避开它的复杂性，而是由于其复杂性。

总 结

1. 消化某种食物的能力是造成对该食物偏好性的一个主要的决定因素。
2. 食物选择性的其他主要决定因素包括对某些味道天生的偏好、对熟悉的食物的偏好及习得的摄入某种食物的后果。
3. 一定程度上，人和动物因为美味而进食。然而，假饲（可品尝食物的味道但不能吸收）动物的摄食量远远超过正常动物。
4. 控制饥饿感的因素包括胃和肠的扩张、十二指肠胆囊收缩素的分泌，及细胞对葡萄糖和其他营养物质的利用率。
5. 食欲部分取决于细胞对葡萄糖和其他营养物质的利用率。胰岛素促进葡萄糖入胞，包括那些储存营养物质以备用的细胞。胰高血糖素动员存储的能源，并使其转化为葡萄糖入血。因此，胰岛素和胰高血糖素的联合作用决定了某一时刻有多少葡萄糖是可利用的。
6. 脂肪细胞产生一种称为瘦素的肽类物质。这种肽为大脑提供体重减少或增加的信号，并进而修正每日进食量的偏差。瘦素产生不足会导致肥胖和不活跃。然而，人群中瘦素缺乏是很少见的。
7. 下丘脑弓状核接收饥饿和饱足的信号。美味的食物和脑肠肽激活促进饥饿感的神经元，而葡萄糖、胰岛素、瘦素和胆囊收缩素激活促进饱足感的神经元。
8. 弓状核中两类神经元的轴突将相对抗的信息传入室旁核，释放特异性作用于摄食系统的神经肽。室旁核抑制下丘脑外侧核。
9. 下丘脑外侧核通过来自其他脑区的增强味觉反应和增加胰岛素和消化液释放的轴突促进摄食。
10. 下丘脑腹内侧核和经过其间的轴突通过调节胃的排空时间和胰岛素的分泌影响摄食。该区域损伤的动物进食频率较正常动物高，因为他们将大量摄入的食物存储为脂肪，并且已存储的脂肪难以再被分解和使用。
11. 肥胖一部分受遗传控制，尽管没有单个基因能够解释多种情况的肥胖。基因的效应取决于可以获得何种食物。当可获得极其美味的食物，特别是那些含有脂肪和碳水化合物的食物时，人们倾向于过度进食。基因亦影响活动水平。
12. 节食很少成为长期减少体重的有效途径。节食结合运动更加有效，尽管最多只对不到一半的人有帮助。强烈建议减少软饮料的消耗。对于更为严重的肥胖病例，可以考虑减肥药物或手术。
13. 神经性厌食症患者拒绝进食或害怕进食，其病因尚不明确。
14. 神经性贪食症以少食和暴食交替发生为特征，它已被比作一种成瘾行为。

关键术语

乳糖酶　321
乳　糖　321
食肉动物　321
食草动物　321
杂食动物　321
条件性味觉厌恶　322
假　饲　323
迷走神经　323
内脏神经　323
十二指肠　323
胆囊收缩素（CCK）323
胰岛素　324
胰高血糖素　324
瘦　素　325
弓状核　326
脑肠肽　326
黑色素皮质激素　327
神经肽 Y　327
豚鼠相关肽　327
外侧下丘脑　328
腹内侧下丘脑（VMH）329
神经性厌食症　333
神经性贪食症　333

思考题

对大多数人来说，胰岛素在白天的水平要高于夜间的水平。利用这一事实解释，为何人们在白天进食后几小时会感到饥饿，而夜间却没有这么快。

图 10.3 **一种应对高温的方式**

与人过热时一样，动物过热时寻找最凉爽的地方。（正文 p.310）

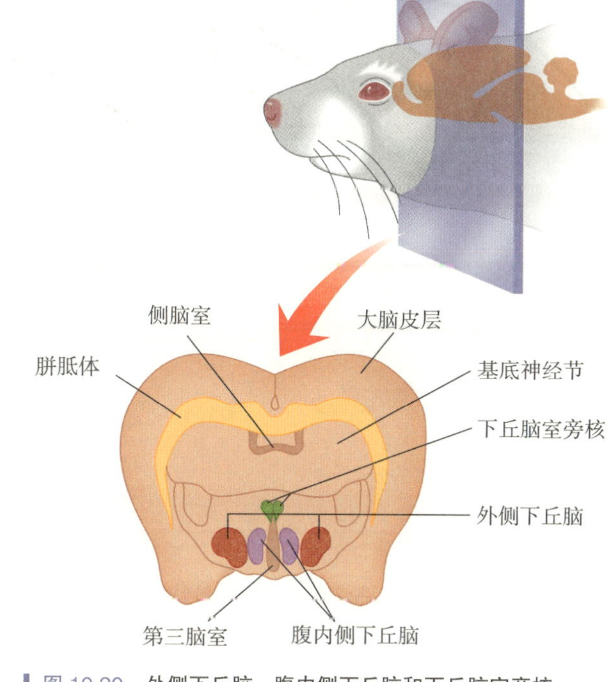

图 10.20 **外侧下丘脑、腹内侧下丘脑和下丘脑室旁核**

上方侧视图标示出了下方大脑冠状切的平面。（正文 p.328）

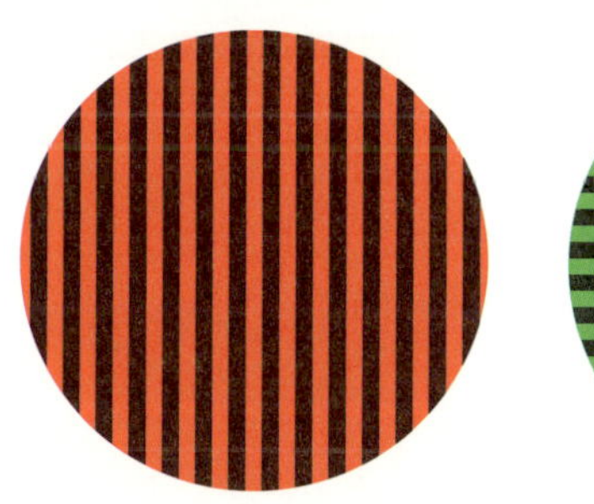

图 14.17 **双眼竞争**

如果可能，通过圆筒来看图中的两个部分，比如卷筒卫生纸中间的圆筒。或者将你的鼻子碰到纸上，位于两个部分之间，使你的左眼只看到一个刺激模式，而右眼只看到另一个刺激模式。这两个模式会相互竞争以进入你的意识中，你会知觉到它们是轮流交替出现的。（正文 p.464）

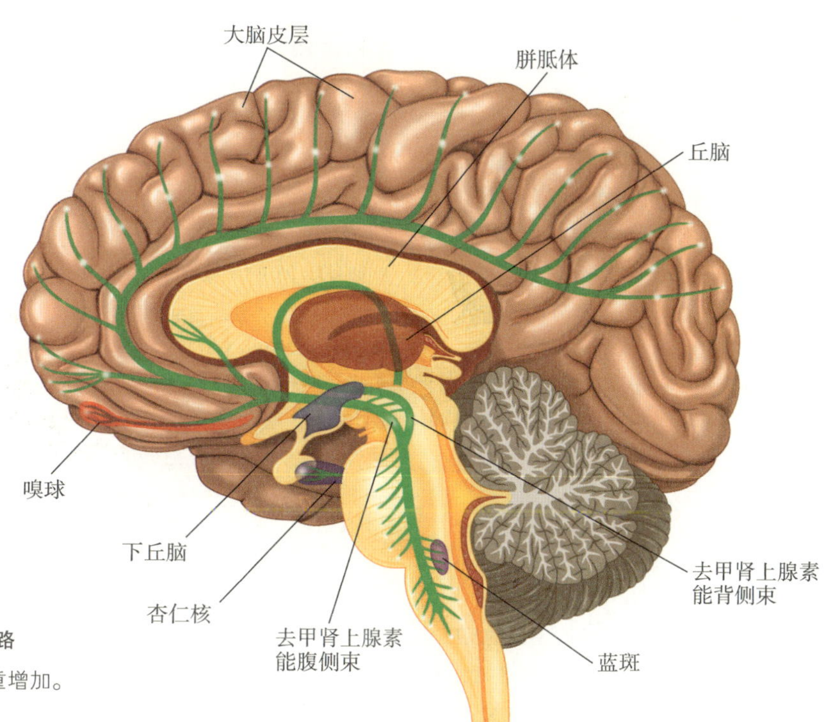

图 10.24 **人类大脑中主要的去甲肾上腺素通路**

去甲肾上腺素能腹侧束的损伤导致暴食和体重增加。（正文 p.331）

女性
输卵管
卵巢
子宫
阴道
尿道
性腺
中肾管
副中肾管
胚胎时期未分化
男性
精囊腺
前列腺
输精管
尿道
睾丸
附睾

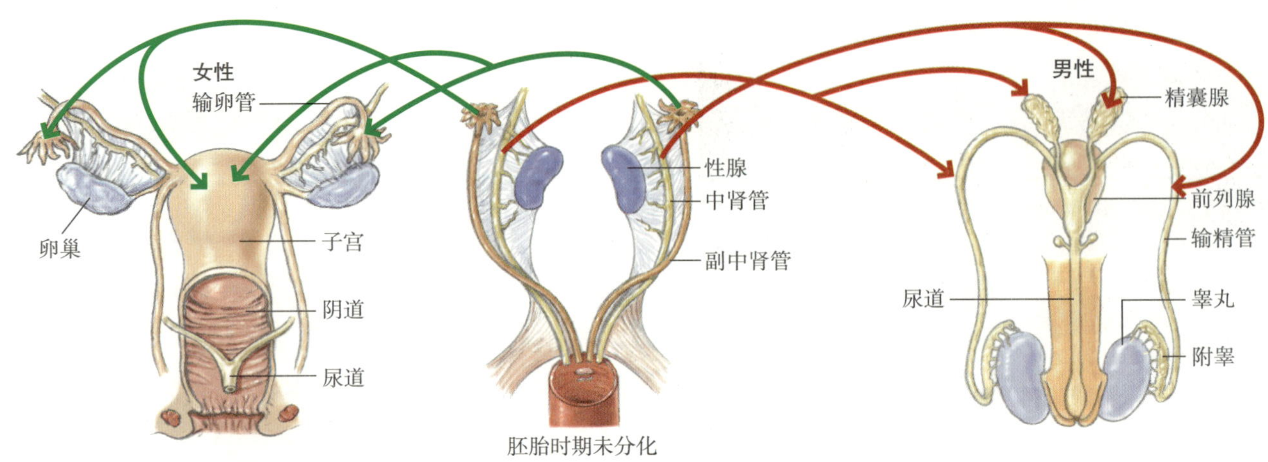

图 11.3 人类生殖器的分化

我们生命最初都具有未分化的结构，如上图中间。上图中间以蓝色标出的胚胎结构，将会发育成女性的卵巢（左）或者男性睾丸（右）。胚胎缪勒氏管将会发育成女性的子宫、宫颈和阴道上段。胚胎午菲氏管（中肾管）将会发育成男性精囊腺（储存精液）和输精管（通过睾丸进入阴茎）。副中肾管在男性发育中退化，中肾管在女性发育中退化.（正文 p.342）

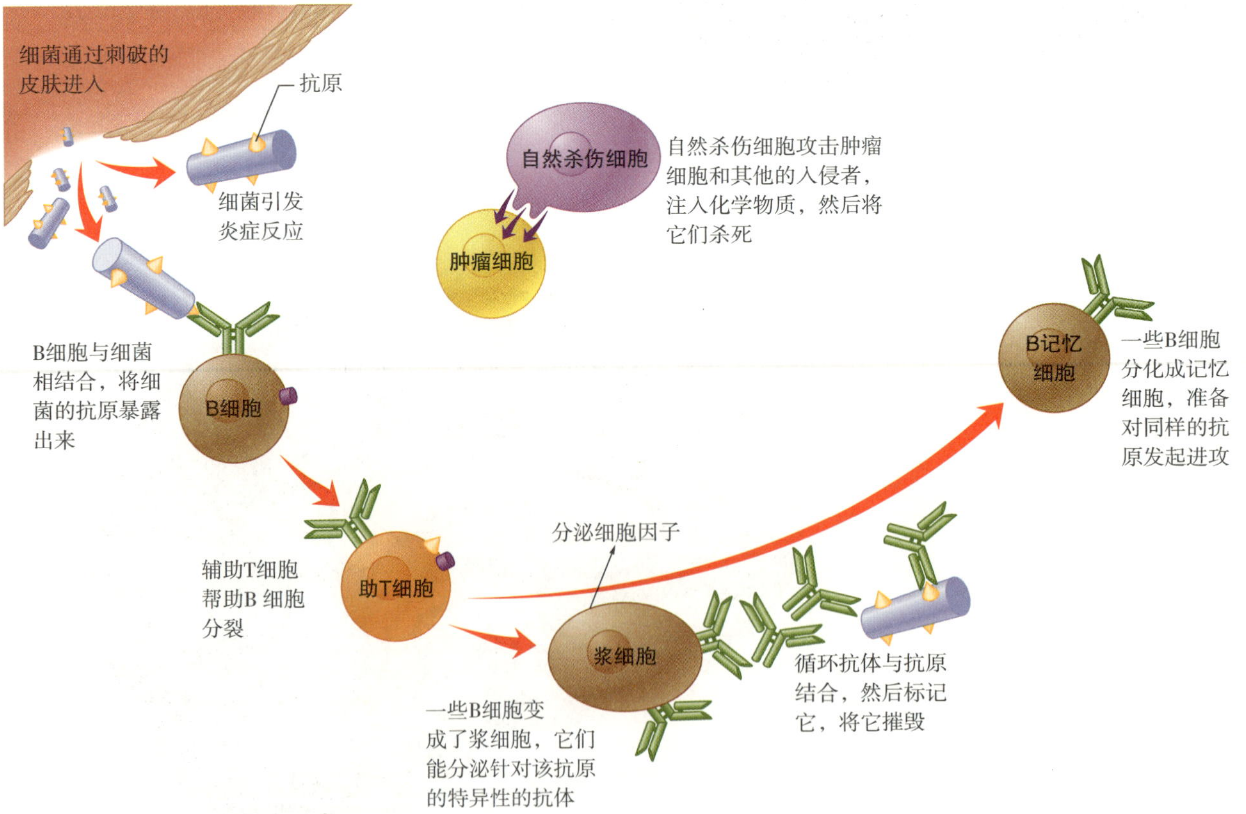
细菌通过刺破的
皮肤进入
抗原
细菌引发
炎症反应
自然杀伤细胞
自然杀伤细胞攻击肿瘤
细胞和其他的入侵者，
注入化学物质，然后将
它们杀死
肿瘤细胞
B细胞与细菌
相结合，将细
菌的抗原暴露
出来
B细胞
B记忆
细胞
一些B细胞
分化成记忆
细胞，准备
对同样的抗
原发起进攻
辅助T细胞
帮助B 细胞
分裂
助T细胞
分泌细胞因子
浆细胞
循环抗体与抗原
结合，然后标记
它，将它摧毁
一些B细胞变
成了浆细胞，它们
能分泌针对该抗原
的特异性的抗体

图 12.21 免疫系统对细菌感染的反应

B 细胞与细菌结合产生出抗体来对抗细菌。辅助 T 细胞粘附在 B 细胞上，刺激 B 细胞自身复制，产生 B 记忆细胞，B 记忆细胞可以对未来同样的细菌进行有效的抵抗。（正文 p.396）

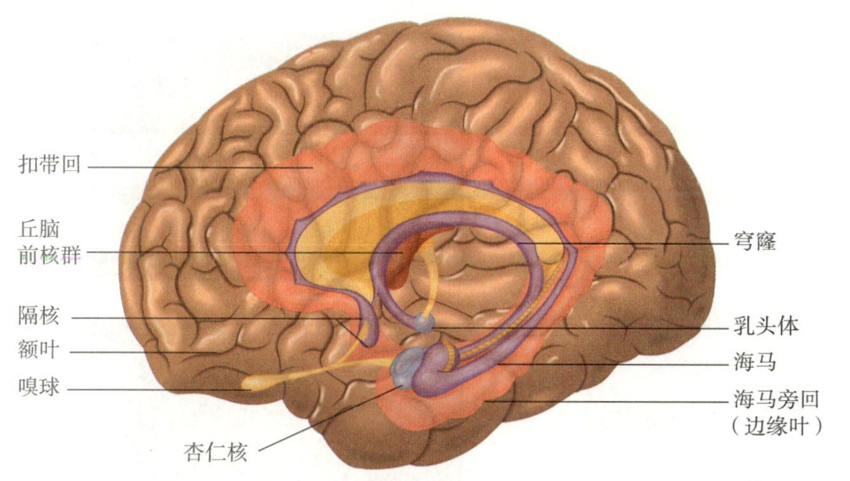

图 12.4　边缘系统

边缘系统是位于脑下部的一组结构。假如脑是透明的，可以看到这组结构。（正文 p.372）

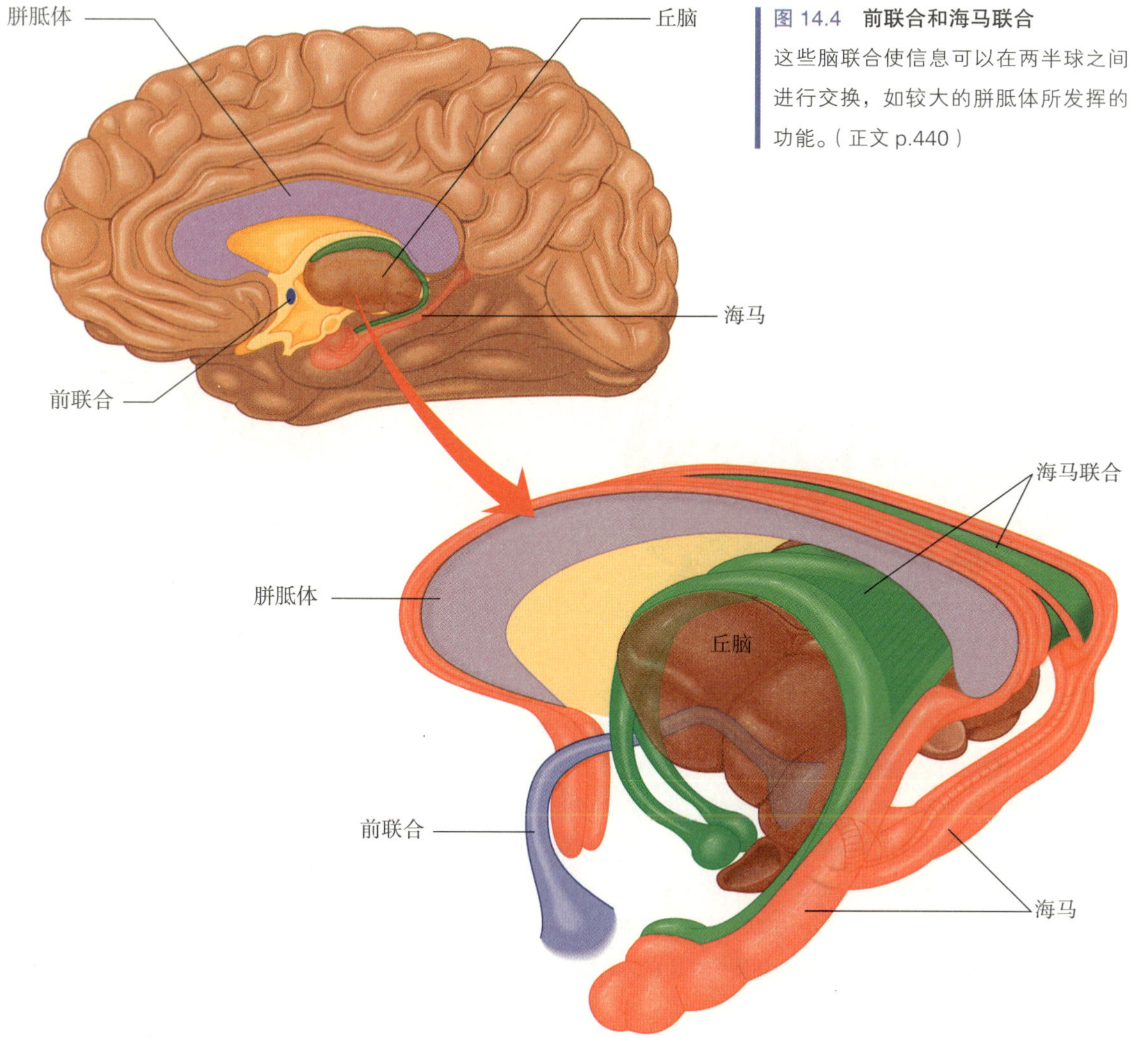

图 14.4　前联合和海马联合

这些脑联合使信息可以在两半球之间进行交换，如较大的胼胝体所发挥的功能。（正文 p.440）

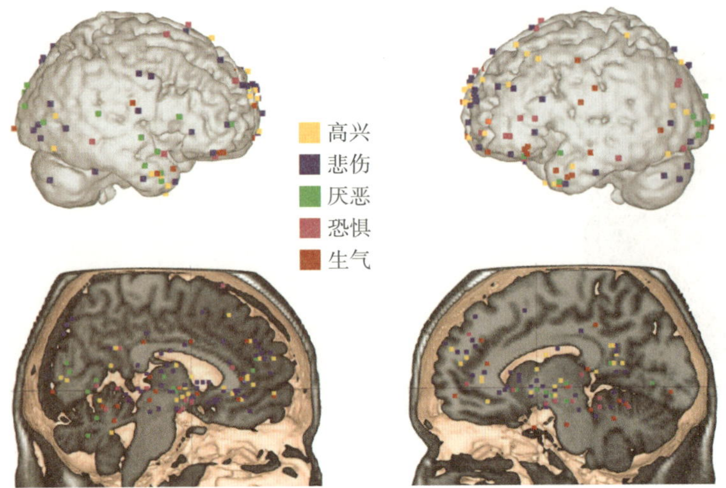

图 12.5　**与特殊情绪相关的脑区**

每个点代表某项与情绪有关的研究所发现的激活，情绪的产生激活了相应的脑区，并用不同颜色的点表示。（正文 p.372）

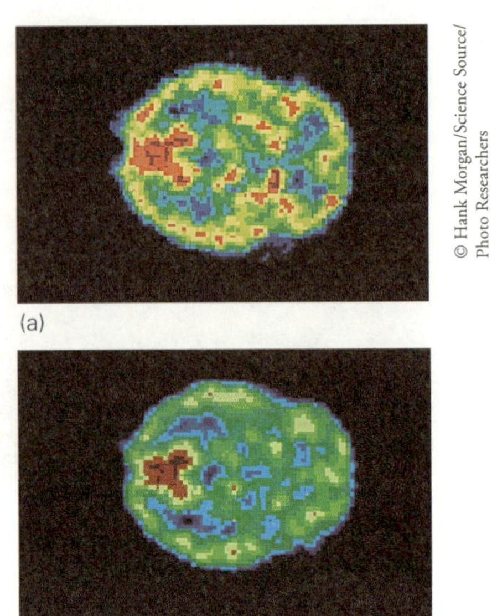

图 15.19　**精神分裂症病人的 PET 扫描**

这些精神分裂症病人的 PET 扫描（a）服用了氯氮平（b）未服药，说明氯氮平增加了许多脑区的脑活动。（红色表示最高的活动性，接下来依次是黄色、绿色和蓝色。）（正文 p.497）

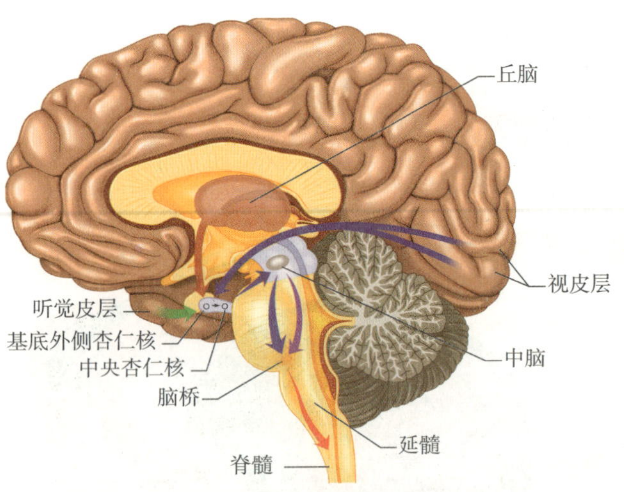

图 12.13　**杏仁核及与恐惧学习相关的脑区连接**

杏仁核的外侧和基底外侧的细胞能够接受视觉和听觉方面的信息，然后信息被传至杏仁中央核，后者的传出纤维投射到中脑的中央灰质区域，在这里信息被传至位于脑桥的负责惊跳反射的核团。从杏仁核到脑桥通路中的任何一环出现问题都会影响对恐惧的学习，尽管单纯损毁脑桥会阻断惊跳反射的建立。（正文 p.384）

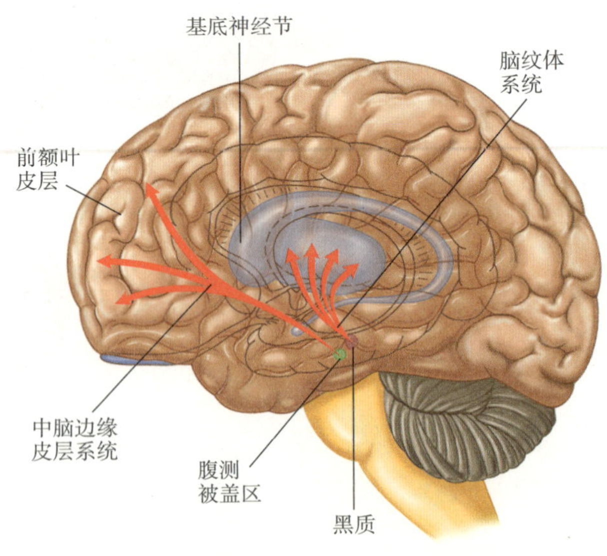

图 15.18　**两种主要的多巴胺通路**

中脑边缘系统的过度反应与精神分裂症的症状相关，而另一条投射到基底神经节的通路与迟发性运动障碍有关。（正文 p.497）

停下来检查一下答案

10. 成年期能否饮用奶类，很大程度上取决于控制乳糖（牛奶中最主要的糖）消化能力的基因。
11. 当动物被假饲（食物漏出消化系统）时，它们咀嚼和品尝食物却不能达到饱足。
12. 如果将膨胀袋放在胃和十二指肠连接处使得食物无法离开胃。当胃被填满的时候动物会产生饱足感。
13. 当十二指肠扩张时，它会释放 CCK。CCK 关闭胃与十二指肠间的括约肌，从而加快胃扩张的速率。而且，源于肠部的神经信号引起下丘脑某些细胞释放 CCK，作为一种神经递质通过其受体限制进食。
14. 胰岛素水平很低的人，如糖尿病患者，无法使葡萄糖进入细胞，因而他们一直感觉饥饿，很多的营养物质却通过尿液和粪便排出体外。胰岛素水平持续高的人，将大量葡萄糖以脂肪和糖原的形式储存，所以进食后的短时间内，血糖水平下降。
15. 胰高血糖素水平升高时，储存的糖原转化为葡萄糖并释放入血。若胰岛素水平也升高，入血的葡萄糖亦可自由的进入细胞，因此结果可能是降低食欲。
16. 几乎所有超重的人与体内脂肪量成比例地产生瘦素。可是，他们显然对瘦素不敏感。
17. 胰岛素、CCK 和瘦素增加饱足感。脑肠肽增加饥饿感。
18. 黑色素皮质激素（或 α- 促黑激素）
19. 外侧下丘脑的活动改善味觉，加强皮层对食物的反应性，并增加胰岛素和消化液的分泌。
20. 腹内侧下丘脑损伤的动物进食频率增加。下丘脑室旁核损伤的动物进食量增加。
21. 他们的饮食从季节性获取的当地植物变成了随时可以获得的高卡路里饮食。
22. 这些大鼠没能习得它们通常的一个调整策略：越多的甜食意味着越多的能量，因而停止了进食甜食后的补偿性调节。
23. 当人们从厌食症或贪食症中恢复过来时，大脑中的化学物质水平亦恢复正常水平。
24. 轮流接受食物剥夺和高甜度液体的大鼠渐渐增加其饮用量，而且在甜味液体剥夺后大鼠出现摇头和牙齿打颤的反应，类似于吗啡戒断的症状。

Anup and Manoj Shah/www.shahimages.com

繁殖行为

11

本章大纲

主要内容

1. 性激素对大脑和生殖器有组织和激活作用。组织作用出现在早期敏感时期并且一直存在。激活作用则是暂时性的。
2. 在哺乳动物中，激素的组织作用影响外生殖器和下丘脑。男性化和女性化外观的差异由早期敏感期的睾酮水平决定。
3. 父母抚育行为依赖于激素和经验。
4. 男性和女性性行为的很大部分，包括配偶的选择，都是进化选择的结果。然而，已获得的研究数据无法让我们确定性行为在多大程度是内在决定而多大程度是由经验所影响的。
5. 激素影响性认同和性取向的发展。

（左图图释）人类在为人父母前就会做好准备和计划，这一点在动物中可能是独一无二的。但所有动物都有着强烈的生物驱力，驱使它们成为父母。

性有什么好处呢？我知道，人们会从中得到享受。但是为什么我们进化出依靠性来繁殖而不是通过个体繁殖呢？在某些物种中，包括一种蜥蜴，雌性个体产出的蛋可以复制每一条体细胞遗传信息，而不是单倍体。这样雌性就不需要雄性，蛋就能通过细胞分裂产生一个雌性自身的克隆。在很多时候，不需要依靠性的繁殖更加容易。那么，通过性繁殖优势何在呢？

你可能会说拥有一个伴侣会在抚养孩子方面拥有很多优势。在人类中，这种伴侣间的合作确实能提供一定帮助（但并不总是这样）。但是，还是有很多种属的生物，尽管他们通过性繁殖，但是雄性个体并不参与抚养后代的过程。另外，鱼是有性繁殖的，但是雌雄性的鱼都不参与抚养后代。雌性和雄性仅仅将精子和卵子排在同一个地方，然后就会各自离开。

生物学家的解释是：有性繁殖可以增加基因的变异度，从而可以更快速地适应环境的改变（Colgreave，2002；Goddard，Godfray，& Burt，2005）。它同样会改正错误：如果你在某基因上有不利变异，而你的配偶在另外的基因上有不利变异，你们的孩子可以在两个基因上都表现正常。

本章中，我们将讨论之前忽略或者想当然的一些有关有性繁殖的问题。我们同样讨论生物上的性别用何种方式影响我们的行为。

模块 11.1

性与激素

如果你想告诉某人一些私人的事情，你可以发邮件、打电话或者直接面谈。如果你有要告诉大家的信息，你可以在报纸上登广告或者在广播中播放通告。神经系统通过突触将神经细胞一一联系。对于更广泛一些的信息，则需要调动激素。

其中一类激素称为**固醇类激素**（steroid hormones），由图 11.1 我们可以看出，它拥有四个碳原子环。固醇类激素由胆固醇演变而来。但是要产生这种非常重要的激素，必须要有相应量的胆固醇。固醇类激素通过以下三种途径产生作用（Nadal，Diaz，& Valverde，2001）：首先，它们像神经递质一样与膜受体结合，快速产生作用。其次，它们进入细胞并激活细胞质中的某种蛋白。第三，它们和与染色体相连的受体相连，激活或者失活特定基因（图 11.2）。

性激素——包括雌激素、孕激素和雄激素，是一种特殊类型的固醇类激素，它们大部分是由性腺（睾丸和卵巢）产生，少部分是由肾上腺产生。我们认为**雄激素**（androgens）——一组包含睾酮的激素，是男性激素，因为男性体内这种激素的含量更高。而**雌激素**（estrogens），包含**雌二醇**（estradiol），是女性激素，因为女性体内此类激素含量较高。（雄激素和雌激素都是化学物质的分类，二者均并不特指某种特定的化学物质。）然而，两性体内均含有两种激素。**孕激素**（progesterone），另一种主要的女性激素，使子宫做好迎接受精卵着床的准备并维持妊娠。性激素影响脑、生殖器官及其他器官。

总的来说，女性和男性在身体的很多方面都存在差异，包括脑。传统的生物学家认为这些差异都和限性基因（sex-limited）有关，限性基因即雄激素和雌激素激活的基因。限性基因控制了大部分雄性和雌性动物表性特点上的不同，比如雄鹿有鹿茸。对人类而言，雌激素激活了决定女性胸部发育的基因，而雄激素则激活决定男性长胡须的基因。在脑中的多个区域，性激素提高或者

所有固醇类分子的主链

CH_2OH / C═O / HO / OH / O

皮质醇

OH / O

睾酮（一种雄性激素）

OH / HO

雌二醇（一种雌性激素）

CH_3 / C═O / O

黄体酮

图 11.1 固醇类激素

注意性激素睾酮和雌二醇之间的相似性

减慢凋亡（细胞程序性死亡）的速率，导致男性的某些脑区较大而女性的另一些脑区较大（Forger et al.，2004；Morris，Jordan，& Breedlove，2004）。然而，其他机制也可以解释这种性别差异。至少有三种 Y 染色体基因被

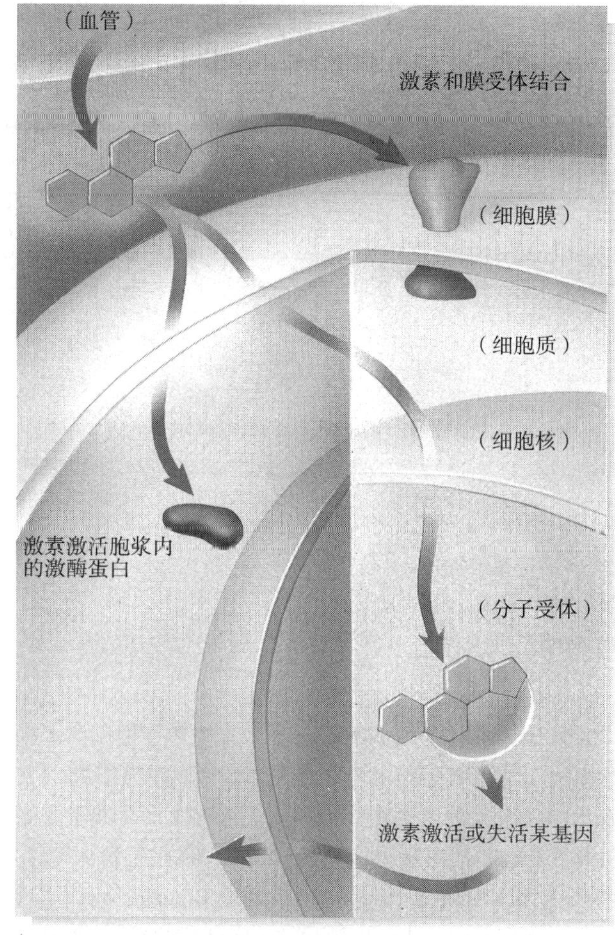

图 11.2　类固醇激素的三种作用途径

固醇类激素（例如雌激素和雄激素）和膜受体结合，激活胞浆蛋白，激活或失活特定基因（*Revised from Starr, & Taggart, 1989*）。

发现仅在男性特定脑区激活，并且至少有一种 X 染色体基因被发现仅在女性脑中活跃（Arnold，2004；Carruth，Reisert，& Arnold，2002；Vawter et al.，2004）。在人类和非人类中，都发现 Y 染色体上有很多位点不编码蛋白，但是能够改变其他基因在其他染色体上的表达（Lemos，Arraripe，& Hartl，2008）。

停下来检查一下

1. 性激素如何影响神经元？

性激素的组织作用

如果我们给成年男性注射雌激素或者给成年女性注射雄激素，我们能够制造出像女性的男性或者像男性的女性么？20 世纪 50 年代和 60 年代，很多哺乳类和鸟类的研究者发现，几乎所有的研究都显示上述问题的答案为不能。但是如果在生命的早年就注射相同激素的话，作用就会大得多。

我们区分一下性激素的组织和激活作用。性激素的**组织作用**（organizing effects）通常出现在发展中的一个敏感时期，小鼠的这个敏感期在出生前和出生后的短暂时间里，而人类则在出生前。它们决定脑和身体最终将发育出男性还是女性特征。而**激活作用**（activating effects）可以在生命的任意时候表现，荷尔蒙短暂激活某种特定反应。对于器官的激活作用会比激素存在于器官的时间长，但是它们并非永久持续。两种作用不存在绝对的差异。在生命早期，激素能够通过短期作用组织身体的发育，在青春期，激素既能够引起长期的结构变化，又能够起到激活作用。

性腺的性别差异

性别差异的原因是性激素。除常染色体外（非性别的），雌性哺乳动物拥有两条 X 染色体，雄性则拥有一条 X 染色体一条 Y 染色体。在哺乳动物产前的早期发展中，雄性和雌性都拥有一套缪勒氏管（副中肾管）和一套午菲氏管（中肾管）以及原性腺（睾丸和卵巢）。雄性的 Y 染色体上有 **SRY 基因**（SRY gene）（Y 染色体上决定性别的区域），使得原初性腺发育为**睾丸**（testes），产生精子。发育的睾丸产生**睾酮**（testosterone）（一种雄性激素），促进睾丸的生长并产生更多的睾酮。这样的正反馈机制不能一直持续，但在早期发育中是一直持续的。睾酮同时使作为男性其余繁殖结构前身的**中肾管**（Wolffian ducts）发育成精囊（储存精液的囊状结构）和输精管（由睾丸至阴茎的管状结构）。一种多肽类激素，缪勒抑制激素（MIH），引起**副中肾管**（mülleriam ducts）的退化，而副中肾管是女性卵巢、子宫及阴道上部的前身（Graves，1994）。所有睾酮诱导的改变都是促使阴茎和阴囊的发育。因为典型的女性没有 SRY 基因，她们的性腺则发育为卵巢，产生卵子。中肾管退化，最初的副中肾管发育并成熟。

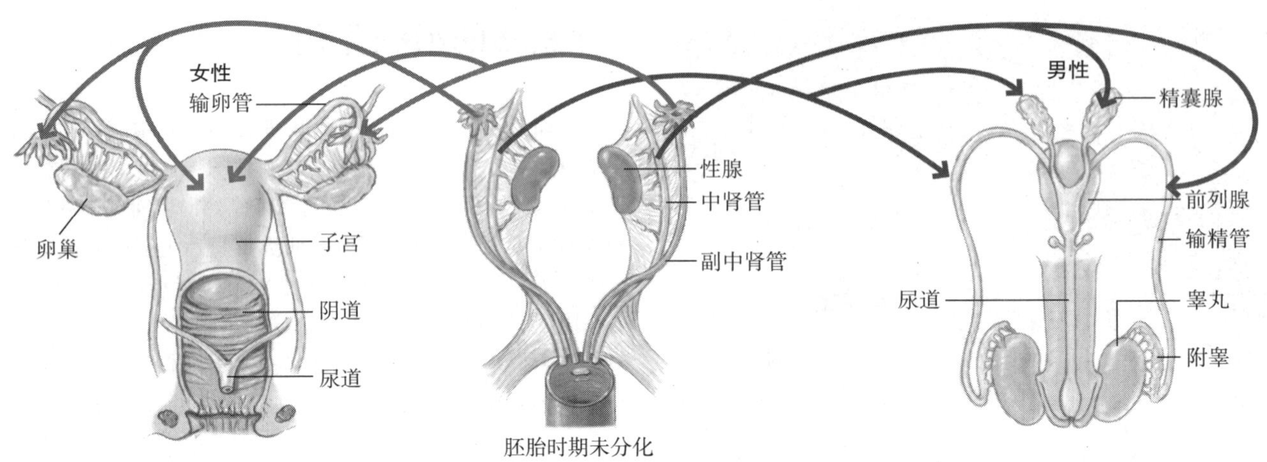

图 11.3 人类生殖器的分化

我们生命最初都具有未分化的结构，如上图中间。上图中间以蓝色标出的胚胎结构，将会发育成女性的卵巢（左）或者男性睾丸（右）。胚胎缪勒氏管将会发育成女性的子宫、宫颈和阴道上段。胚胎午菲氏管（中肾管）将会发育成男性精囊腺（储存精液）和输精管（通过睾丸进入阴茎）。副中肾管在男性发育中退化，中肾管在女性发育中退化（*Based on Netter, 1983*）。（见彩插）

图 11.3 展示最初的两性均可的结构如何发育成男性和女性的外生殖器。

你可能认为是睾酮产生了男性性腺，雌二醇产生了女性器官。其实不是。外生殖器的分化和脑发育的某些方面是由**敏感期**（sensitive period）的睾酮的水平决定的，这个敏感期存在于生命早期，并且激素在此时有长期效应。高水平的睾酮使外生殖器发育成男性型，低水平睾酮发育成女性。雌激素对内在器官有重要作用，但是对外生殖器影响很小。

人类性腺形成的敏感期是妊娠 3 到 4 个月（Money, & Ehrhardt, 1972）。对老鼠而言，睾酮对外生殖器的雄性化作用始于孕末期几天和出生后几天，在接下来的一个月以下降的速度持续作用（Bloch, & Mills, 1995；Bloch, Mills, & Gale, 1995；E. C. Davis, Shryne, & Gorski, 1995；Rhees, Shryne, & Gorski, 1990）。雌性老鼠如果在临近出生前或出生后被注射睾酮，它将被部分雄性化，就像它的身体自身产生睾酮一样（I. L. Ward, & Ward, 1985）。它的阴蒂长得比正常的大，行为也更雄性化。它接近雌性，对它们爬背，做出渴望交配的动作，而不是像雌性一样表现出性接受并接受雄性爬背。总之，早期的睾酮促进了雄性型的发展而抑制了雌性型的发展（Gorski, 1985；J. D. Wilson, George, & Griffin, 1981）。

基因为男性的人如果缺乏雄激素受体、被阉割（去除睾丸）或者接触能够阻止雄激素作用的物质，将会发育出典型女性的解剖和行为模式。能够女性化或者去雄性化的药物包括酒精、大麻、氟哌啶醇（一种抗精神病药）和可卡因（Ahmed, Shryne, Gorski, Branch, & Taylor, 1991；Dalterio, & Bartke, 1979；Hull, Nishita, Bitran, & Dalterio, 1984；Raum, McGivern, Peterson, Shryne, & Gorski, 1990）。某种程度上讲，甚至是阿司匹林也能轻度影响男性型（Amateau, & McCarthy, 2004）。即使雌二醇并不能像睾酮那样，可以在去男性化方面起到那么强的作用，但雌二醇和其他几种相关的化合物确实能产生前列腺（储存精子并在性交时释放）的异常和发育不良。这种相关的化合物存在于各种玻璃瓶子和塑料罐子中，几乎每个人都能接触到（Timms, Hodeshell, Barton, Ritchter, & vom Saal, 2005）。总之，男性发育过程是一个脆弱、易受干扰的过程。

早期性别分化机制总的来说被认为是自然的，其“默认设置”将每个哺乳动物都设定为雌性。早期的睾酮使个体变为雄性，如果没有睾酮，个体将发育成雌性，不论雌性个体体内雌二醇和其他雌激素水平。基因型为女性的人如果在敏感期缺乏雌激素的话，将会发育出接近正常的女性外生殖器，但是不会有正常性行为。即使成年后注入雌二醇,她对男性和女性的性反应都很少(Bakker，Honda，Harada，& Balthazart，2002)。所以，即使雌二醇对外生殖器的决定作用不重要，但是它还是能影响女性发育和部分脑区的分化。

停下来检查一下

2. 早期暴露于高水平雄性激素和雌性激素的哺乳动物将会表现出什么样的生殖器外观呢？如果暴露于低水平的两种激素下呢？
3. 为了保证男性胎儿的性发育不受影响，母亲在孕期应该避免什么药物？

下丘脑的性别差异

除了决定外生殖器的差异，生命早期的性激素与下丘脑的某些特定区域(Shah et al.，2004)、杏仁核以及其他脑区的受体存在联系。激素会引起解剖和生理上的性别差异。例如，位于下丘脑前部区域中的**性二型核**(sexually dimorphic nucleus)，在雄性体内就相对雌性体内要大，并且控制着男性的性行为。部分雌性的下丘脑会产生周期性的激素释放，如同人类的月经一样。而雄性的下丘脑就不能这样，同样，早期暴露于过量睾酮下的女性也不能。典型的雌性小鼠拥有一套独特的方法来保存食物并躲避其他想要夺走食物的小鼠。婴儿时期被剥夺雌激素或者暴露于过量雄激素的雌性将食物放在躯干的中间，而不是像其他雌性一样，将食物放在骨盆周围(Field，Whishaw，Forgie，& Pellis，2004)。

在人类中，睾酮自身对下丘脑起到组织作用。在啮齿类中，睾酮发挥其组织作用的途径令人惊讶。早期发展中它进入神经元中，转化成雌二醇！睾酮和雌二醇化学性质非常相似,你可以通过图 11.1 看到。在有机化学中，含有六个碳原子并且有三个双键相连称为芳香族化合物。大脑中的某种酶可以使睾酮芳香化为雌二醇。其他不能被转化成雌二醇的雄激素对于下丘脑的雄性化则没那么有效。能够阻止睾酮芳香化为雌二醇的药物可以在一定程度上阻止睾酮对性发展的组织作用，从而损害男性的性行为和孕育能力(Gerardin & Pereira，2002；rochira et al.，2001)。

那么为什么雌性啮齿类不会被自己的雌二醇雄性化呢？在早期的敏感期，不成熟的雌性拥有一种成年个体没有的蛋白，称为 **α－胚胎蛋白**(alpha-fetoprotein)(Gorski，1980；Maclusky & Naftolin，1981)。α- 胚胎蛋白和雌二醇相连，阻止其对胚胎起作用。因为睾酮不与 α- 胚胎蛋白结合，细胞中的酶就能在关键点将其转化成雌二醇。也就是说，雌二醇在血液中的循环失活时，睾酮是使雌二醇及其受体结合的一个途径。

有关睾酮的这种效应为另一个令人疑惑的事实做出了解释：给雌性啮齿类动物注射大剂量的雌二醇会导致其雄性化。原因在于正常剂量的雌二醇可与 α- 胚胎蛋白结合，但是过量的雌二醇将会超出体内蛋白的结合水平，从而不能结合的激素将进入细胞并且将其雄性化。

停下来检查一下

4. 缺乏 α－蛋白的基因型为雌性的老鼠将会有什么样的外生殖器？

性激素的激活作用

在生命的任何时间，不仅仅是早期的敏感期内，睾酮和雌二醇都能产生激活效应，这种效应可以暂时调节行为。激素分泌的改变可以在 15 分钟内改变性行为(Taziaux，Keller，Bakker，& Balthazart，2007)。行为亦可影响激素分泌。例如，在鸽子的交配中，它们每一个阶段的行为将会引起激素的改变，使鸽子对下个阶段的一系列行为做好准备(C. Erickson，& Lehrman，1964；Lehrman，1964；Martinez-Vargas，& Erickson，1973)。

激素并不能引起性行为。它们改变多个脑区的活动，从而改变大脑对于多种刺激的反应方式。它们同时改变阴茎、阴道和宫颈的敏感性(Etgen，Chu，Fiber，Karkanias，& Morales，1999)。

啮齿类

与其他哺乳动物一样，啮齿类的性激素促进性行为。性唤起也受以往经历的影响。由于以往经历可以使其对未来刺激更加敏感，因此有过性经验的老鼠更容易被性唤起(Dominguez，Brann，Gil，& Hull，2006)。

雄性啮齿类摘除睾丸或雌性摘除卵巢后，它们的性行为会随着性激素水平的下降而减少。但性行为并不会消失，部分原因是肾上腺也会产生固醇类激素。给被阉割的雄性注射睾酮会使其性行为恢复，注射睾酮的两种主要代谢产物二氢睾酮和雌二醇也会产生相同的作用（M. J. Baum，& Vreeburg，1973）。雌二醇和孕酮的联合对雌性来说是最有效的结合（Matuszewich，Lorrain，& Hull，2000）。

性激素对性行为的激活作用部分原因是它们增强了感觉。雌激素增强会阴神经的敏感性，其将触觉刺激由阴部耻骨区传递到大脑（Komisaruk，Adler，& Hutchison，1972）。性激素与受体结合，提高下丘脑部分区域的反应，包括内侧视前区（MPOA）和下丘脑前部。下丘脑前部的部分区域，性二型核（SDN），在雄性体内明显比雌性大。SDN 的确切作用目前尚不清楚。对此区域的刺激将会增加许多物种中雄性的性行为（G. J. Bloch，Butler，& Kohlert，1996），但是切除这个区域仅会引起性行为的轻微缺陷（De Jonge et al.，1989）。

睾酮和雌二醇会促进内侧视前区和其他脑区释放多巴胺。在性行为中，MPOA 神经元释放多巴胺。并且多巴胺释放越多，男性则越有可能交配（Putnam，Du，Sato，& Hull，2001）。被阉割的雄性老鼠的 MPOA 区可产生正常量的多巴胺，但是它们并非在可交配雌性出现时释放，并且这些老鼠也不会尝试去交配（Hull，Du，Iorrain，& Matuszewich，1997）。

在中等浓度时，多巴胺可以激活大部分 D1 和 D5 受体并使雄性阴茎勃起（Hull et al.，1992），使雌性表现出接受性交的姿势（Apostolakis et al.，1996 ）。当浓度更高时，多巴胺会激活 D2 受体，导致性高潮（Giuliani，& Ferrari，1996；Hull et al.，1992）。某些脑区在性高潮时突然释放大量多巴胺，类似于毒品产生的作用（Holstege et al.，2003）。尽管多巴胺刺激性行为，但是一种神经递质——血清素（五羟色胺）可以通过阻止多巴胺的释放来抑制这种作用（Hull et al.，1999）。很多的抗抑郁药物有增强血清素的作用，而抗抑郁药物的一种副作用就是降低性唤起和性高潮。

研究者发现雄性和雌性老鼠性动机的主要差异在于：如果一对老鼠在某个笼子里发生了性关系，那么雄性老鼠再回到这个笼子的几率相较雌性老鼠来说要高。之后研究者改变了实验程序。雄性老鼠被限制在笼子里，但是雌性老鼠被允许随时出入该笼子，即她能够决定他们的性关系何时发生、停止以及再发生。在这种情形下，雌性老鼠表现出对那个笼子明显的喜好（Paredes，& Vazquez，1999）。显然，雌性老鼠只有在她们能够控制性关系时，才能被性强化（据说这种趋向对于其他物种同样适用）。

停下来检查一下

5. 雌二醇和睾酮通过何种机制来影响下丘脑对性行为的作用？

人 类

尽管人类并不像其他物种一样依赖当前的激素水平，但是激素可以改变人们的性唤起。它们同时影响脑区系统中与性没有直接联系的某些功能。例如，睾酮可以减轻疼痛和焦虑，雌激素可能也具有此项作用（Edinger，& Frye，2004）。性激素水平的下降——例如某些接受治疗的前列腺癌患者容易出现此情况——可以带来记忆的损害（Bussiere，Beer，Neiss，& Janowsky，2005）。雌激素会刺激海马中树突棘的生长（Behl，2002；McEwen，2001），并且可以增加伏隔核、前额叶皮层、嗅觉皮层和其他一些皮层区域上多巴胺 D2 型受体及血清素 5- 羟色胺 2A 型受体的产生（Fink，Sumner，Tosie，Grace，& Quinn，1996）。

男性 对男性而言，睾酮水平和性唤起及寻找性伴侣的行为呈正相关。研究者发现，已婚男性以及与女性同居并拥有稳定关系的男性体内的平均睾酮含量较单身无配偶男性低（M. Mcintyre et al.，2006）。看起来很明显的解释是一旦一名男性建立起一段持久的关系后，他就不需要再努力寻找性伴侣了，因此他的睾酮水平也就下降了。然而，另一项研究证明，已婚男性的睾酮水平不变。反而，睾酮水平较低的男性相对睾酮水平高的男性更容易结婚。（Van Anders，& Watson，2006）。这个观点认为睾酮水平是与寻找性伴侣行为相关的。即使高睾酮水平的男性结婚，他们也会继续寻找婚外性伴侣（M. Mcintyre et al.，2006 ）。

睾酮水平的下降总体上会带来男性性行为的减少。例如，阉割（摘除睾丸）会导致男性的性兴趣及性行为降低（Carter，1992）。然而，睾酮水平低并不是引起**阳痿**（impotence）（不能勃起）的原因。阳痿的主要原因是血液循环障碍，尤其是在老年人当中。其他的原因包括神经性问题、药物反应和心理压力（Andersson，2001）。勃起部分依赖于睾酮增加了一氧化氮的释放量。一氧化氮可以使下丘脑中对性行为具重要作用的神经元的活动增强（Lagoda，Muschamp，Vigdorchik，& Hull，2004），并可增加阴茎的血流量。一种叫西地那非（伟哥）的药物可以通过延长一氧化氮的作用，提高男性性能力。

减少睾酮量有时被试图作为一种方法，用于控制性侵犯者，包括露阴癖者、强奸犯、儿童性骚扰者和那些乱伦者。性侵犯者这个群体的个体差异极大，他们中绝大多数个体的睾酮水平处于平均水平（Lang，Flor-henry，& Frenzel，1990）。但是有研究发现，儿童性骚扰者的睾酮水平较高（Rosler & Witztum，1998）（他们可以报告一天手淫平均四到五次）。即使对于那些具有高睾酮水平的性侵犯者而言，激素也不能解释他们的行为（很多具有高睾酮水平的男性不会表现出性侵犯行为）。然而，降低性侵犯者的睾酮水平确实减少了他们的性行为。一些性侵犯者正在接受能够降低睾酮水平的药物治疗。持续服用药物的男性其治疗结果更好，但是放弃服药是一个很常见的问题（Hughes，2007）。

停下来检查一下

6. 为什么已婚男性比独身同年龄男性的睾酮水平要低?

女性　女性的下丘脑和垂体与卵巢相互作用而产生**月经周期**（menstrual cycle），一种激素和生育能力周期性的改变，时间大概是 28 天（图 11.4）。月经期结束后，垂体前部释放**卵泡刺激素**（follicle-stimulating hormone，FSH），促进卵巢中卵泡的生长，而卵泡营养卵子（卵细胞）产生几种雌激素，包括雌二醇。到了月经周期中期，卵泡产生越来越多的 FSH 受体，所以即使血中的 FSH 水平下降，其对卵泡的作用实际上是增加的。因此，卵泡产生更多的雌二醇。雌二醇释放的增多(通过正反馈机制)导致 FSH 释放的增多，同时垂体前部产生**促黄体生成素**（luteinizing hormone，LH）（图 11.4）。FSH 和 LH 共同导致卵泡排卵。

卵泡的剩余物（现在称为黄体）释放孕激素，使子宫做好受精卵着床的准备。孕激素同时抑制 LH 的继续分泌。在月经周期末期时，LH、FSH、雌二醇和孕酮的水平均下降。如果卵子未受孕，子宫内膜增生等变化停止(出现月经)，循环周期再次开始。如果卵子受精，雌二醇和孕酮水平在整个孕期逐渐增加。雌二醇和孕酮水平的波动激活了五羟色胺 3（5HT-3）受体，从而导致早孕反应的晨吐（Rupprecht et al.，2001）。孕妇通常会经历呕吐，原因是此受体的高度活跃。图 11.5 总结了垂体和卵巢的相互作用。

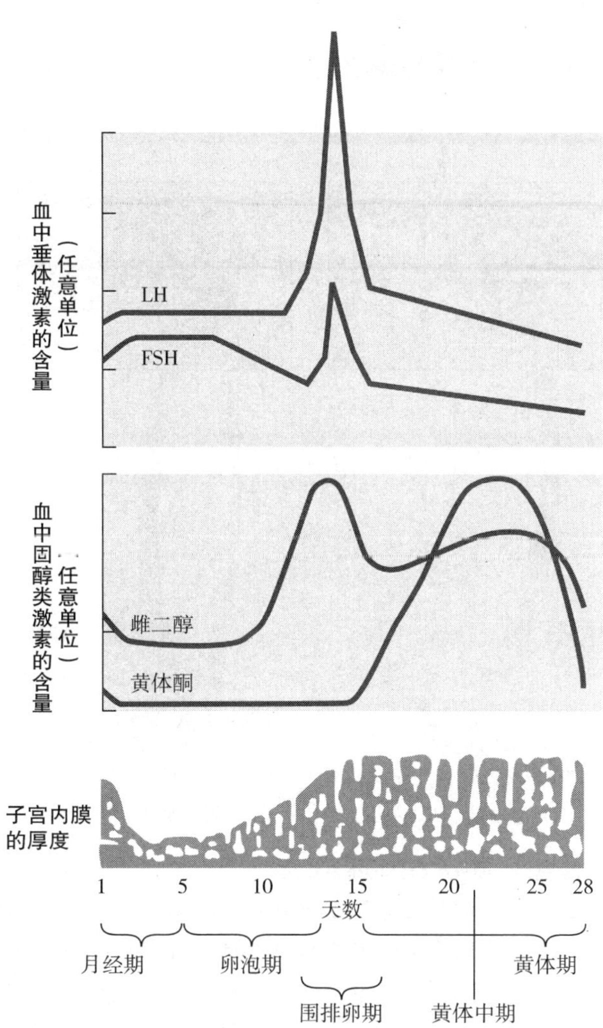

图 11.4　人类月经周期中血液里四种激素的含量

注意在黄体期中期雌激素及孕激素都处于高峰而在月经期时都突然下降。

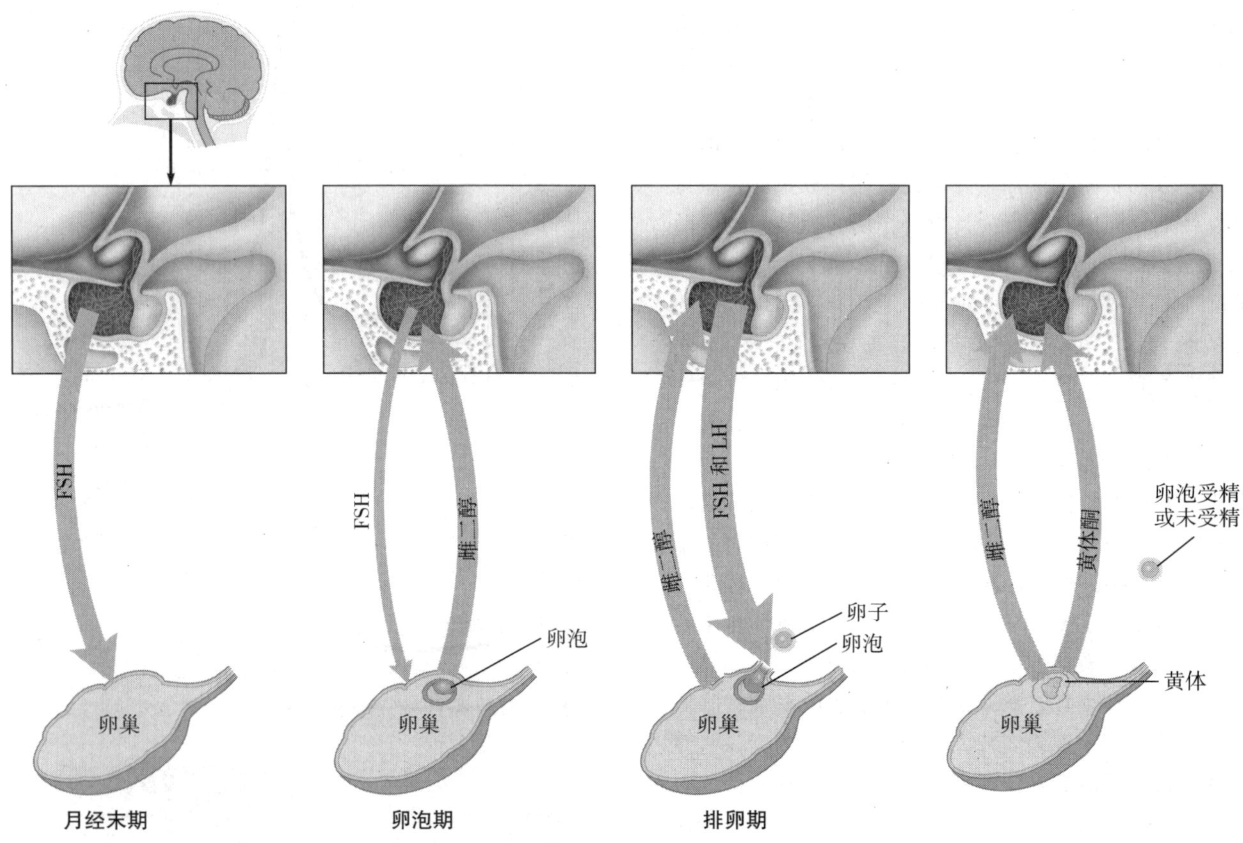

图 11.5 卵巢与垂体的相互作用

垂体分泌的 FSH 可以促进卵巢中的卵泡分泌雌二醇，诱发垂体分泌的 FSH 和 LH 达到峰值。这两种激素使卵泡排卵并形成黄体。黄体产生黄体酮而卵巢产生雌激素。

避孕药物通过干扰垂体卵巢的反馈机制来达到避孕效果。最广泛使用的避孕药，*combination pill*，含雌激素和孕激素，抑制 FSH 和 LH 峰的形成，阻止排卵。雌激素和孕激素结合同时能增加宫颈黏液的厚度，使精子不易通过与卵子结合，并阻止已排卵子在子宫内的植入。所以，这种药物通过多种方式避孕。但是，值得注意的是，这种药物并不能阻止性传播疾病（如艾滋病，梅毒）的传播，必须重视安全的性交，这比避孕更重要。

月经周期中激素水平的改变同样可以改变女性的性兴趣。在**围排卵期**（periovulatory period），也就是月经周期中间的那几天，是繁殖力和雌激素水平最高的时期。有两项研究表明，对于不使用药物避孕的女性而言，她们在围排卵期发起更多的性行为（与性伴侣或自慰）（D. B. Adams，Gold，& Burt，1978；Udry & Morris，1968）（图 11.6）。另一项研究表明，当女性在围排卵期观看一段性唤起的视频时，她们认为这段视频更令人愉悦，并且相比其他时间更容易产生性唤起（Slob，Bax，Hop，Rowland，& Van der Werff ten Bosch，1996）。

另一项研究采用了并非标准的研究方法，研究者研究脱衣舞者，后者大多数情况下仅仅穿着比基尼内衣，在男人大腿间跳舞以赚取小费。研究人员让这些脱衣舞者记录她们月经周期中每晚获得的小费数。那些服用避孕药物（保持一个月中激素水平恒定）的舞者每天获得的钱数一致。而那些没有服用避孕药物的舞者在月经期后 9~15 天获得最高数量的小费，而这也是雌激素水平升高的时期（G. Miller，Tybur，& Jordan，2007）。最有可能的解释是，女性在这段时间内表现得最为性感。

性激素同样影响着女性对于性刺激的注意力。一项

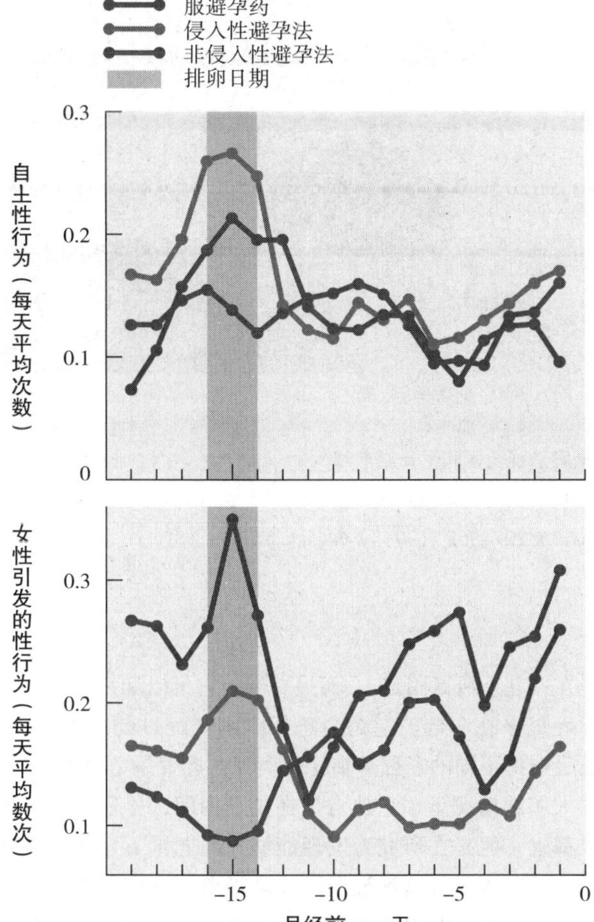

图 11.6 在月经周期中女性引发的性行为

上图显示的是自主性行为（手淫和性幻想），下图显示的是女性引发的性行为。“侵入性避孕”指的是阴道隔膜、泡沫或避孕套；“非侵入避孕”指的是宫内节育器和输卵管切除术。注意在雌激素水平上升时，是女性自己做出的性行为，而非药物的作用。

研究中，女性看人脸的照片，并且尽可能快地按男性和女性对照片分类。相比月经周期中其他任何时期，她们在围排卵期中做出分类要快（Macrae，Alnwick，Milne，& Schloerscheidt，2002）。在另一项研究中，研究者给女性被试提供电脑，使她们能够将男性的照片修改得看起来更加女性化或者男性化。当被要求展示一张她们想要与之发生“短期性关系”的男性的脸时，处于围排卵期的女性都偏向于选择一张更加男性化的脸（Penton-voak et al.，1999）。当女性被试观看两名男性的视频并且被要求选择一位发生短期恋爱关系时，在围排卵期的女性更加愿意选择看起来更加有活力、具有竞争力和自信并且不把自己形容为“人品好”的男性（Gangestad，Simpson，Cousins，Garver-Apgar，& Christensen，2004）。总的来说，和激素有关的繁殖能力能改变女性对于男性的喜好，使女性更加偏好看起来和表现得更加男性化的男性。

停下来检查一下

7. 在女性月经周期的什么时候激素水平会升高？什么时候是最低的？

催产素 除了性激素外，垂体激素**催产素**（oxytocin）对繁殖行为也很重要。在生产时，催产素刺激子宫产生宫缩，并且刺激乳腺产生乳汁。

性快感也会释放催产素，特别是在高潮的时候（M. R. Murphy，Checkley，Seckl，& Lightman，1990）。人们在高潮后不久通常会经历完全放松的状态。在动物研究中，大鼠在高潮后对可能有危险的地方表现出更多的探索行为，由此可见高潮后焦虑降低。阻断催产素释放会妨碍这种效应，因此，显然是催产素导致了高潮后的平静和无焦虑状态（Waldherr & Neumann，2007）。催产素的大量释放促进性伴侣间配偶联结的形成（Kosfeld，Heinrichs，Zak，Fischbacher，& Fehr，2005）。催产素也明显与母婴间的情感联结形成有关。一项研究发现，孕期催产素水平最高的女性在生产后与她们的婴儿互动时间最长，如注视、说话（发声）、爱抚和其他愉快的互动（Feldman，Welle，Zagoory-Sharon，& Levine，2007）。

停下来检查一下

8. 性高潮后会带来什么行为的改变？哪种激素带来这种改变？

抚育行为

在鸟类和哺乳动物中，激素水平的改变使雌性对做母亲做好准备。在孕晚期（或者鸟类蛋的孵化期），雌性分泌大量的雌二醇、孕酮和催产素（Pedersen，Caldwell，

图 11.7 鼠的脑发育和抚育行为

左侧的老鼠表现出正常的抚育行为。而右侧的老鼠有一个基因突变，损害了视前区和下丘脑前部的功能（*Reprinted from Cell, 86/2, Brown, J. R., Ye, H., Bronson, R. T., Dikkes, P., and Greenberg, M. E., "A defect in nurturing in mice lacking the immediate early gene fosB," 297–309, 1996, with permission of Elsevier.*）。

Walker，Ayers，& Mason，1994）。孕激素为泌乳必需的激素，并且可以产生一些母亲抚育行为，比如将离开巢的幼鸟找回来（Lucas，Ormandy，Binart，Bridges，& Kelly，1998）。在父亲负责抚养的种群中，激素会改变动物的部分脑功能（Kozorovitskiy，Hughes，Lee，& Gould，2006）。

除了分泌激素，雌性还会改变激素受体的类型。例如，在孕晚期时，大脑中负责抚育行为的区域对于雌激素的敏感性会增加（Rosenblatt，Olufowobi，& Siegel，1998）。激素的改变提高了母亲产后对于幼仔的关注。激素增加内侧视前区（POA）和下丘脑前部（AH）的活动（Featherstone，Fleming，& Ivy，2000），而这些区域都是抚育行为的必须区域（J. R. Brown，Ye，Bronson，Dikkes，& Greenberg，1996）（图 11.7）。（我们已经介绍过视前区和下丘脑前部，或者 POA 和 AH，它们同时对温度调节、口渴和性行为的调节非常重要，是一个很忙碌的小区域。）

另一种很重要的激素是加压素，由下丘脑产生并由垂体后叶分泌。雄性草原田鼠能够产生很多的加压素，能够与雌性的配偶建立起一种长期的联系，并且帮助抚养后代。而草甸田鼠分泌较少的加压素，它们在与雌性交配后就忽略她们（图 11.8）。将雄性草甸田鼠放在一个长而窄的笼子里，在一端，它可以和刚刚交配过的雌鼠坐在一起（雌鼠固定），而另一端，它可以和一个不同的异性鼠坐在一起。它是会选择刚刚交配过的鼠（忠诚）还是选择不同的老鼠（多样化）呢？答案是：两个都不。在大多数情况下，它独自坐在笼子中间，尽量离两只老鼠都远。但是在研究者发现能够提高老鼠下丘脑加压素分泌的基因后，这种轻微的社会隔离就改变了老鼠的行为。突然间，它们就表现出了对刚刚交配过的雌鼠的偏好，如果再次放入同一个笼子中，它们甚至会帮助雌鼠抚养幼仔（M.M. Lim et al.，2004）。雌性是否感到惊讶我们并不知道。这个结果是通过改变单基因的活动而改变社会行为的很好例子。

尽管啮齿类的抚养行为依赖于出生后几天的激素水平，但在之后的时间里，这种相关降低。如果给未孕的雌性老鼠几只刚出生的幼鼠，她一开始忽略它们，但是会逐渐接受它们（因为幼鼠没有抚养无法生存，实验者必须周期性地更换新的、健康的幼鼠）。大约 6 天后，代养母亲将会建起一个窝，在窝里养育幼鼠，舔她们并且做正常母亲会做的所有事，除了喂奶。这种经历引起的行为变化不依赖激素变化，甚至会出现在卵巢被摘除的雌性鼠身上（Mayer & Rosenblatt，1979）。也就是说，并不是只有人类母亲才可以不经历怀孕就能领养后代。

和孩子一起能使母亲熟悉后代的气味。幼鼠可以释放刺激母鼠犁鼻器官的化学物，该器官对外激素做出反

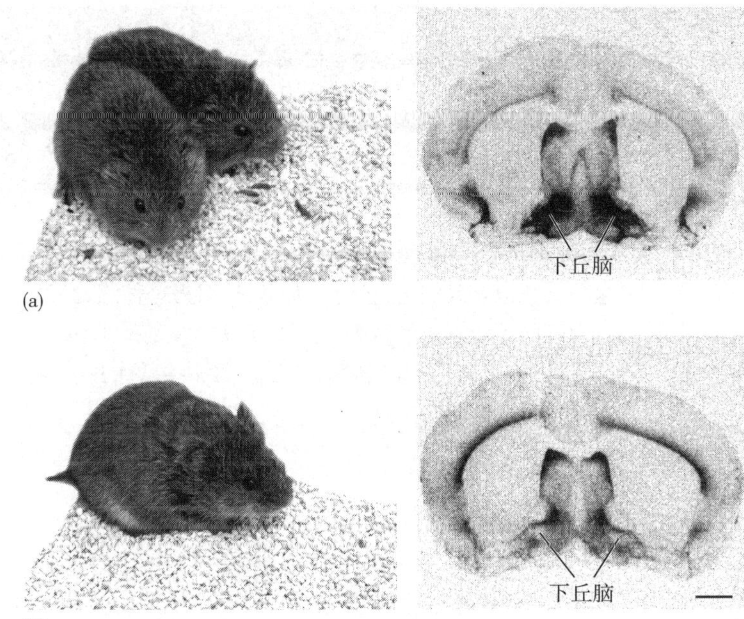

图 11.8　加压素对于社会性和交配行为的影响
（a）草原田鼠形成长期的配对联系，对它们的脑染色显示其下丘脑加压素表达得更多。（b）一种十分相似的物种，草甸田鼠，交配后即分开，不表现任何社会性依恋。它们的脑中加压素水平较低，下丘脑的染斑也更少（*Reprinted with permission from "Enhanced partner preference in a promiscuous species by manipulating the expression of a single gene," by Lim, M. M., Wang, Z., Olazabal, D. E., Ren, X., Terwillinger, E. F., & Young, L. J., Nature, 429, 754–757. Copyright 2004 Nature Publishing Group/Macmillan Magazines Ltd.*）

应（第 7 章）。我们可以认为进化使幼鼠能够分泌外激素并引起母亲的抚育行为。但是事实上，它们的外激素会引起一些攻击行为并中断母亲的抚育行为（Sheehan，Cirrito，Numan，& Numan，2000）。如果一位母亲刚刚怀过孕，这对她没有影响，因为她的激素很强地激活了内侧视前区的活动，而这种激活作用超过了攻击的冲动。而对于没有经过激活的雌性，她们将会拒绝幼鼠，直到她们对幼鼠的气味熟悉（Del Cerro et al.，1995）。

为什么哺乳动物需要两套机制来调节抚育行为——一种依赖于激素而另一种不依赖呢？在早期，激素可以补偿母亲对于幼仔的熟悉感的缺乏。在晚期，经历可以保持抚育行为，即使激素水平已经开始下降（Rosenblatt，1970）。

那么激素对人类的抚育行为重要么？激素的改变对于雌性照顾孩子的行为是必须的，正如前面提到过的，催产素和母亲对于婴儿的注意是相关的。然而，激素的改变对于人类抚育行为的产生并不是必须的。毕竟，很多人领养孩子并且成为了很好的父母。

停下来检查一下

9. 在老鼠生产后短期内，什么因素影响了老鼠的抚育行为？在晚期又是什么因素变得重要了呢？

模块 11.1 结 语

繁殖行为与动机

母鼠在生产后会舔舐幼鼠周身，这种刺激对于幼鼠存活是必须的。为什么她会这样做呢？想必，她并不知道舔幼鼠对它们有利。她之所以舔幼鼠，是因为它们周身覆盖着的咸味液体对她来说非常美味。如果她能够获得其他的咸味液体，她就会停止舔幼鼠（Gubernick & Alberts 1983）。相似的，性行为的功能是将我们的基因传递下去，但是我们进行性行为，只是因为这种感觉很好。我们倾向于很享受性行为。对于饥饿、口渴和其他动机，这个原理也适用：我们倾向于很享受那些增加我们祖先生存和繁衍机会的行为。

总 结

1. 男性和女性的行为之所以不同，是因为不同的性激素激活不同基因。同样，X 和 Y 染色体上的一些基因直接对脑的发育产生作用。
2. 激素的组织作用在较早的敏感期起作用，并且能够相对永久地带来生理和解剖的改变。
3. 缺乏性激素，幼年哺乳动物将会发育出雌性外观的外生殖器。添加睾酮可以将发育转变为男性类型。多余且在正常限度内的雌二醇不能够决定个体看起来是男性还是女性。然而，雌二醇和其他雌激素却能改变脑及内生殖器官的发育。
4. 在啮齿类动物发育的早期，睾酮在脑中的某些细胞内被转化成雌二醇，并且将它们男性化。血中的雌二醇并不能产生男性化作用，因为它们和蛋白结合。
5. 在成人中，性激素可以激起性行为，部分原因是性激素促进内侧视前区和下丘脑前部的活动。激素可以促进细胞针对性唤起释放多巴胺。
6. 女性的月经周期由正负反馈引起的某些激素水平的增加和降低引起。在很多物种中，雌性只有在具有生育力时才能有性接纳。而人类女性尽管通常可以在周期的任何时间都对性唤起做出反应，但她们在雌激素水平升高的时候产生更高的性兴趣。
7. 垂体激素催产素对产生性愉悦、分娩和哺乳非常重要。性高潮后，催产素的分泌可以减轻焦虑。
8. 在很多哺乳动物物种中，产后的激素分泌可以促进母亲抚育行为的产生。长时间的接触后代也会引起抚育行为。激素的作用对于人类的抚育行为并非必需。

关键术语

固醇类激素 340
雄激素 340
雌激素 340
雌二醇 340
孕激素 340
组织作用 341
激活作用 341
SRY 基因 341
睾 丸 341
睾 酮 341
午菲氏管（中肾管） 341
缪勒氏管（副中肾管） 341
敏感期 342
性二型核 343
α- 胚胎蛋白 343
月经周期 345
阳 痿 345
卵泡刺激素（FSH） 345
促黄体生成素（LH） 345
围排卵期 346
催产素 347

思考题

1. RU-486 可以通过阻止孕激素的作用导致流产。为什么阻止孕激素的作用会干扰妊娠呢?
2. 睾酮是否存在可以决定哺乳动物能发育成男性还是女性。在鸟类中，正好相反：雌激素的存在与否才是关键因素（Adkins & Adler，1972）。如果这种机制是哺乳动物的，那么这种雌激素决定性别的机制将会产生什么问题？为什么鸟类不会出现这样的问题？（提示：比较活胎和孵蛋的不同）
3. 抗精神病类药物，如氟哌啶醇和氯丙嗪可以阻断多巴胺突触的活动，这些药物将会对性行为产生什么副作用?

停下来检查一下答案

1. 通过性激素。性激素是类固醇，它和膜受体结合，激活胞浆中某些蛋白，激活或者失活特定基因。
2. 同时暴露于高水平的雄激素和雌激素的哺乳动物将会表现为像雄性。而暴露于低水平的两种激素下的动物将表现为像雌性。外生殖器的发育主要依赖雄性激素。
3. 孕期母亲应该避免酒精、大麻、氟哌啶醇以及可卡因。因为这些药物会影响男性胎儿的发育，甚至是阿司匹林这样的药物及其同类化学物也会产生轻度的畸形。显然，这些化学物质的作用是受药物的量和使用时间影响的。
4. 她将被自身的雌激素雄性化，正如研究者已经证实过的（Bakker et al.，2006）。
5. 睾酮和雌二醇使下丘脑细胞做好准备释放多巴胺。
6. 低睾酮水平的男性相较睾酮水平高的男性更加容易结婚。
7. 雌激素在月经周期中期的时候会达到最高，而在月经刚刚结束的时候最低。
8. 垂体催产素的释放导致焦虑下降。
9. 早期抚育行为依赖于孕激素和催产素的突然分泌高峰。几天后，她与幼鼠在一起的经历降低了犁鼻器官拒绝幼仔的反应。与幼鼠在一起的经历在激素水平下降后仍然保持母亲的抚育行为。

模块 11.2

性行为的多样性

人们在性行为的频率、性偏好和性取向上呈现出很多不同和变化。由于性行为的发生往往是私密的，所以大多数人不能确定究竟存在多大程度的多样性。在这个模块，我们探讨一些多样性，但是首先要考虑男人和女人的不同点。男人和女人的不同行为具有生物学的意义吗？如果有，是否应该认为这些行为是进化的结果？对这些问题的回答是非常困难并具有争议的。

交配行为的演化解释

动物在性方面的许多差异均具有进化意义。许多鸟类，如鸽子，雌性和雄性看起来相似。一些物种，如孔雀，雄性的羽毛颜色更鲜艳一些。为什么？一些动物的雌性和雄性看起来相似，它们轮流在巢里孵卵。鲜艳的颜色会引起食肉动物的注意而带来麻烦。那些雄性颜色更鲜艳的物种，只有雌性在巢中孵卵。在这些物种中，雌性更喜欢与颜色明亮的雄性交配，可能因为它们看起来比那些颜色暗淡的更健康（要想颜色明亮，需要更多的能量）。很少的一些物种，如矶鹞之类，雌性的颜色更鲜亮些，其特点是：雌性产蛋后，让颜色暗淡的雄性来孵化和养育年幼的孩子。

大型芦苇鸟是欧洲的一种鸟。雄性与雌性一起分担筑巢的责任，它们也分担看护家园的任务。如果一个雄性具有一块非常特殊的领土，几个雌性的鸟就会在它附近筑巢。雄鸟孵化这些雌鸟的蛋。然而，如果哪只雌鸟的蛋一直没有被注意到，其他的雌鸟就会攻击和破坏这些蛋。如果巢中的蛋破损，雄鸟就会遗弃，转而与拥有完好蛋的其他雌鸟形成配偶（Hansson，Bensh，& Hasselquist，1997）。

人类的交配行为也具有进化的意义吗？进化心理学家列举了一些例子，但是有些是相互矛盾的（Buss，2000）。让我们检验一下这些证据和理由。

A. Morris/Vireo: The Academy of Natural Sciences

矶鹞是海滨鸟类，这些鸟中的雌性颜色灿烂，雄性颜色单调。雌性产下蛋，遗弃鸟巢，让雄性来照顾它。

多样化的交配兴趣

男人比女人发生偶然性关系的几率更大。为什么？从繁殖后代的进化角度来看，男人可以采用两种方式（Gangestad & Simpson，2000）：忠诚于一个女人，倾全力帮助她和她的孩子；或者与许多人交配，希望她们中的一些人可以自己抚养孩子。在过去，男人用这样的方式来繁殖他们的后代，今天的男人，也可能采用同样的行为。相反，如果不考虑性伙伴的数量，一个女人每 9 个月孕育一次。所以进化使男人，或者至少使部分男人更感兴趣于多次交配。

反对的观点是，女人有时也会具有多个性伙伴（Hrdy，2000）。如果她的丈夫是不育的，与其他男人交配便是她繁殖的唯一途径。这样，其他的性伙伴为她以及她的孩子提供帮助。另外，她也具有更好的“交易”机会，遗弃其第一任丈夫，选择一个更好的。所以多次交配行为对男人有吸引力，对女人也是。

另一个反对的观点是，并没有直接的证据证明基因可以影响人们去寻求一个还是多个交配对象。我们将在下面介绍这个观点。

在交配过程中男人和女人寻求什么

男人和女人的许多择偶标准是相同的，但是也有一些是不同的。男人和女人都希望找一个健康的、智慧的、忠诚的、身材迷人的配偶。女人还有一些额外的兴趣，如许多女人希望其配偶是富有的。在女人没有收入的社会中这种倾向性尤其显著。然而，在所有已知的社会中，女人对男人的财富和成功的关心多于男人对女人在这方面的关心（Buss，2000）。依据进化理论，当女人怀孕或者照顾小孩时，她需要得到食物和其他帮助。进化为女人寻求更多的财富提供了解释。与这种倾向相关的是，大部分女人在求爱时要谨慎得多。尽管一个男人对她感兴趣，女人还是要确认他对她非常认同之后才接受这个男士（Buss，2001）。她不想找一个暂时对自己感兴趣，而在自己需要他的时候却离开的男人。

女人也很有可能因为气味拒绝男人，而男人的这种可能性则很小（Herz & Inzlcht，2002）。其中原因可能是因为更多男人比女人拥有难闻的气味。但另一个原因非常有趣，如主要组织相容性复合（major histocompatibity complex）理论所述，身体的气味与控制免疫系统的某些基因相关。研究发现，女人更少对与自己的免疫基因和身体气味相似的男人产生性兴趣（Garver-Apgar，Gangestad，Thornhill，Miller，& Olp，2006）。避免找一个气味相似的男人可能是避免近亲的机制。

男人倾向于找一个更年轻的异性伙伴。进化的解释是，年轻女人比年老女人具有更长的生殖期，男人找一个年轻女人的话就会有更多的孩子。奇怪的是，雄性黑猩猩对年轻雌性黑猩猩没有兴趣，可能是因为黑猩猩不需要长期承担对一个配偶的责任。事实上，更多的雄性黑猩猩找一个年长的（但是仍能够生育）雌性黑猩猩，这些年长的雌性黑猩猩拥有比年轻的雌性黑猩猩更高的社会地位（Muller，Thompson，& Wrangham，2006）。

男人到年老时还具有生殖能力，所以女人没有必要坚持找一个年轻的男人。如果可能，女人也希望找一个年轻的伴儿。但是在许多社会中，只有年老的男人才拥有更多结婚的财富资源。

嫉妒的差异

传统来说，男人更嫉妒女人的不忠。在《旧约全书》和《可兰经》中，对不忠的妻子的惩罚是非常残酷的，但是对男人就没有惩罚。从进化的观点来看，为什么男人比女人嫉妒更多？如果男人可以传递他的基因——进化的关键因素——他必须确保抚养的孩子是自己的。不忠诚的妻子威胁到这个信念。女人知道她所抚养的孩子是她自己的，所以她没有同样的担忧。然而，丈夫的性不忠对女人的威胁程度与丈夫对其他女人投入注意和资源的程度有关（当男人有性遗传疾病时，对女人也是威胁）。

检验这种有关嫉妒的理论的方法是比较文化。一些文化认为丈夫和妻子的性不忠都可以接受，一些认为两者都是完全不可以接受的，而一些则接受丈夫的性不忠。然而，没有一个已知的社会认为可以接受妻子的不忠。我们应该认为男人和女人的嫉妒一样强烈，还是应该更强调嫉妒是有文化差异的？答案是不确定的。

哪一种情况更让你受不了：你的配偶性风流韵事更多，或者她（或他）对其他人感情上更亲近？一些研究表明，男人说他们更注重性的不忠，而女人则更注重精神的不忠（Shakelford，Buss，& Bennett，2002）。然而，这些研究针对的是假设情景，而事实上男人和女人面对一个不忠的伴侣时，他们更多是不能接受情感上与他人更亲近，而不是性风流韵事（C. H. Harris，2002）。

进化的，还是学习的

如果一种行为对于生存和繁殖有促进作用，并且在不同文化间具有相似性，可以认为是进化发展的结果吗？不一定。当然，大脑的进化和其他器官一样，行为倾向是进化的结果。但关键的问题是，进化能否精确操作我们的行为，甚至精确到一些细节，如是否寻找一个具有挣钱能力的配偶或者对配偶不忠表现出多大程度的嫉妒。

跨文化的相似性不是进化决定论的证据。例如，全世界的人都赞成2+2=4，但是我们不确定这种观念是否有其基因。为了证明我们进化出某些行为，最关键的是找到控制相关行为的基因。例如，如果大部分男人拥有一种基因使他们选择年轻女人，从理论上看，我们就可以找一些由于基因突变而导致丧失这种偏好的例子。尽管这个例子可能不是最好的。我们要慎重考虑的是，行为究竟是进化的结果？还是学习的结果？

结 论

探讨这个话题非常困难。我们应该依赖于科学价值来考虑证据和逻辑。然而，把男人拥有更多性伙伴，或者认为男性比女性嫉妒更强解释为进化的结果，这听起来更像是支持男人去这样做的证据。没有基因会强迫男人或者女人采用某种特定的方式去行事。

尽管我们可以不考虑某些结论对社会的影响，但是在科学上仍旧没有形成共识。我们在做结论之前需要更多的数据，尤其是特定基因的作用。

停下来检查一下

10. 进化的观点对“相比之下，女人对男性的财富和成功更感兴趣”是如何解释的？

性别认同和性别分化行为

珊瑚虾虎鱼是鱼类的一种，这种鱼的雌性和雄性一起照顾它们的卵和孩子。如果它们中的一个死去了，存活者将找一个新的伙伴。但是它并不寻找远处的鱼。这是一种不爱出门的鱼。如果它不能很快找到一个异性的伴儿，就会找一个没有配偶的同性的鱼——嗯，怎样才能相配呢——它改变自己的性别。雌性到雄性和雄性到雌性的改变是同样常见的（Nakashima，Kuwamura，& Yogo，1995）。

人不能改变性别后还保持生育能力，但是我们在性发展中会有变异。性发展是一个敏感的话题，所以我们强调一下“不同”并不意味着“错误”。正如人们的身高、情感和金钱一样，人们的性发展也是不同的。

性别同一性（gender identity）是指我们如何认识性，我们怎样称呼自己。男人和女人生物学上的区别是性的不同，而人们考虑自己是男人还是女人则是性别不同。为了有效区别，我们应该尽量防止说狗或果蝇的“性别”。性别同一性是人的特点。

许多人通过抚养方式得到与自己外表相匹配的性别同一性的概念，然而，一些人对自己的性别不满意，他们用一些方式来表达自己更男子气或者更女人气。长期以来，心理学家一直假设性别主要或者完全依赖于人们照顾子女的方式。但是，一些证据显示出，生物因素，尤其是出生前的荷尔蒙也是非常重要的。

双性人

一些人拥有男人和女人之间的中性解剖学结构（Haqq & Donahoe，1998）。如一些有 SRY 基因突变的 XY 男性会发展出异常的生殖器。一些人出生时带有 XX 染色体和 SRY 基因，这是从父亲身上的 Y 染色体变异的。除了 XX 染色体，他们还有一个卵巢和一个睾丸、或者两个睾丸、或者睾丸和卵巢一边一个。

一些人由于拥有非典型的荷尔蒙，发育出了中性的外表。在早期发育过程中，睾酮激素使生殖器和下丘脑雄性化。睾酮激素水平低或者睾酮激素受体基因变异的男性可能会发育成女性或者中性的外表（Misrahi et al.，1997）。更多接触睾酮激素的女性也可能表现出男性化。

这种情况公认的解释是**先天性肾上腺增生**（congenital adrenal hyperplasia，CAH），即从一出生肾上腺就过度发育。一般来说，肾上腺与垂体存在一个负反馈的关

Accord Alliance

一组成年双性人聚到一起，互相提供帮助和保护，以避免再受到不良待遇。他们要求把自己的名字公开，目的是强调双性不是羞耻的，照片中从左到右依次是：Martha Coventry，Max Beck，David Vandertie，Kristi Bruce，and Angela Moreno。

系。垂体分泌促肾上腺皮质激素（ACTH），而 ACTH 刺激肾上腺。皮质醇是肾上腺分泌的一种激素，对 ACTH 的减少进行反馈。一些人在皮质醇的产出能力方面存在遗传缺陷。因为垂体不能得到足够的皮质醇作为反馈信号，它将持续分泌 ACTH，导致肾上腺分泌其他更多的激素，包括睾酮激素。多余的睾酮激素对男性没有什么影响。但是，多余的睾酮激素将使得女性向男性化发育。图 11.9 显示了一个介于阴蒂和阴茎之间的中性结构，位置处在阴唇和阴囊之间。这些孩子在出生后便接受医学的治疗，使其肾上腺激素达到正常水平。治疗改变了一些人的外表，下文将进行讨论。

男性和女性混合的个体被称为**雌雄同体**（hermaphrodites）（来自《希腊神话》中 Hermes 和 Aphrodite）。这些雌雄同体者在身体的一侧拥有睾丸，另一侧拥有卵巢，或者每侧都有睾丸组织和卵巢组织。这些性别发展呈中性或者不明确的人被称为**双性人**（intersexes），如图 11.9 所示。

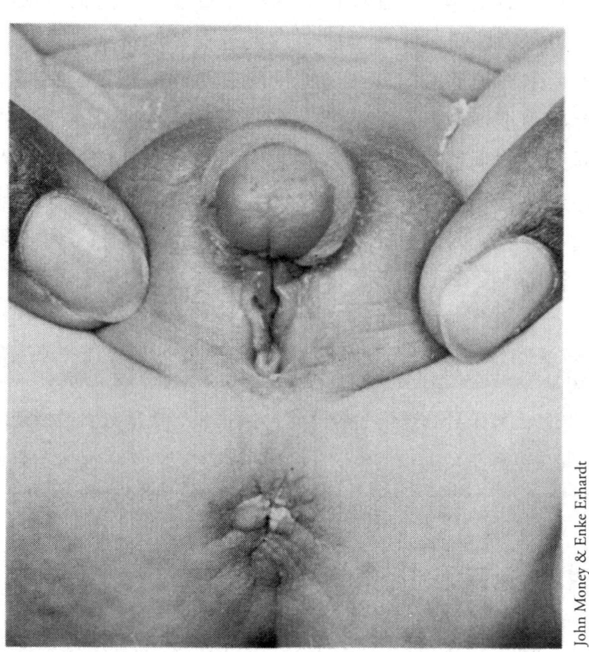

John Money & Enke Erhardt

图 11.9 3 个月女孩的生殖器外表

由于出生前肾上腺产生了多余的雄激素，这个婴儿表现出肾上腺生殖器综合征（a-drenogenital syndrome，AS）。（*From Money, John and Ehrhardt, Anke A., Man and Woman, Boy and Girl: Diff erentiation and Dimorphism of Gender Identity from Conception to Maturity, p. 115, fi gure 6.2. © 1973 The Johns Hopkins University Press. Reprinted with permission of The Johns Hopkins University Press.*）

双性人出现的频率如何？美国大概 1/100 的孩子出生时其性别有一定程度的不明确性，1/2000 的孩子分不清男性和女性特征（Blackless et al.，2000）。然而，由于医院和家庭将信息保密，这个估计的准确性是令人怀疑的。保密当然是重要的，但是保密的一个不幸后果便是双性人很难找到与自己相似的人。想得到更多的信息，可浏览北美双性人协会网页：http：//www.isna.org/

停下来检查一下

11. 为什么一个遗传上的女性（XX）会发展出部分男性结构？

CAH 女孩的兴趣和偏好

大部分具有 CAH 而遗传上是女性的孩子是按照女孩来抚养的。然而，她们与其他女孩比起来，雄性激素高于一般水平。她们的行为男性化了吗？几个研究中，在充满玩具的房间里观察具有 CAH 的女孩，玩具包括女孩类型的（洋娃娃、盘子和碗、装饰品盒）、男孩类型的（玩具车、工具包、枪）和中性的（谜语、蜡笔、舞台戏）。图 11.10 显示了这样一个研究的数据（Pasterski et al.，2005）。注意，有 CAH 的女孩是介于没有 CAH 的男孩和女孩之间的。当这些孩子的父母在场时，实验结果也显示出这些女孩也是处在另两组之间。

其他的研究也报告了相似的结果，研究发现早期发育中接触大量睾酮激素的女孩更喜欢男孩的玩具（Berenbaum，Duck & Bryk，2000；Nordenstrom，Servin，Bohlin，Larsson & Wedell，2002）。你可能怀疑，是否他们的父母由于女孩有部分男孩化的外表而鼓励她们玩男孩的玩具呢？相反，父母总是鼓励有 CAH 的孩子玩女孩的玩具（Pasterski et al.，2005）。一个对青春期 CAH 女孩的研究发现，一般来说，她们的兴趣类型在典型的男孩和女孩之间。如，她们都喜欢运动类杂志，与一般同龄女孩相比，更少看显得幼稚或有诱惑力的杂志。另一项研究表明，怀孕期间的荷尔蒙也影响非 CAH 女孩的玩具偏好。研究采了怀孕女人的血样，测量了她们的睾酮激素水平（一些研究也探测了胎儿的），当女儿们到 3.5 岁

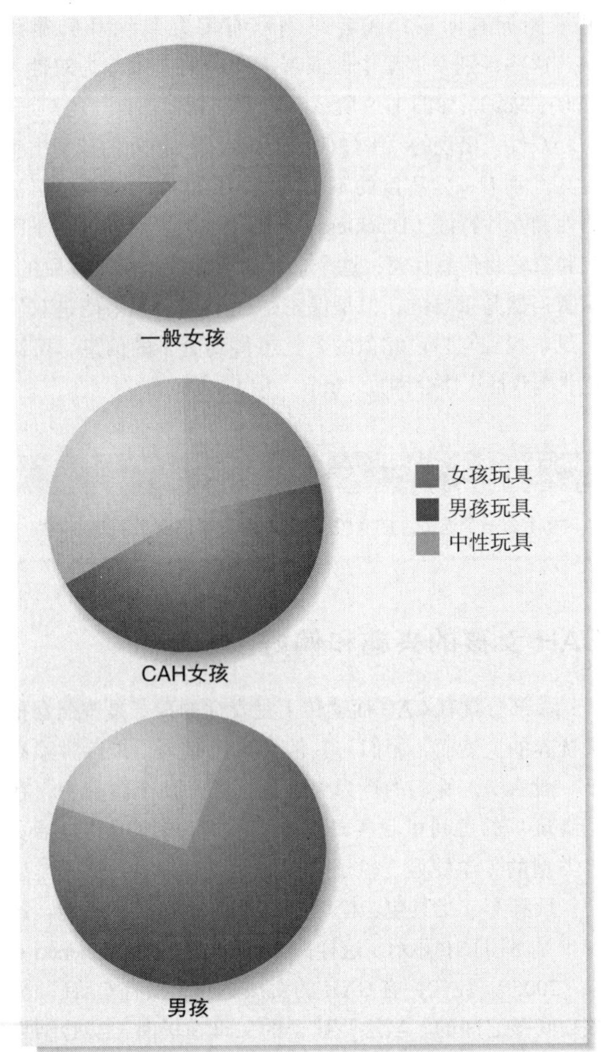

图 11.10 CAH 女孩、一般女孩、一般男孩的玩具偏好

CAH 女孩的数据在一般女孩和男孩之间。这些数据是孩子们单独玩时的结果。如果母亲在场，结果发生稍微变化，但是在每一个个案中，CAH 女孩都介于其他两组之间。(*Based on data of Byne et al., 2001*)

时，研究者观察了她们的玩具爱好。这些母亲怀孕期间在较高睾酮激素环境下长大的孩子们更喜欢男孩化的玩具（Hine et al.，2002）

在有 CAH 历史的女孩中，那些在出生以前就暴露在高睾酮激素环境下的女孩在童年期间对男孩玩具更感兴趣，在青春期和成年以后对男人兴趣较低（Meyer-Bahlburg，Dolezal，Baker，& New，2008）。她们具有中等数量的同性恋和双性恋行为，有报告指出她们在任何类型的性行为中兴趣都很低。

停下来检查一下

12. 如果一个女性出生前在睾酮激素过多的环境下发展的话，可能会有怎样的结果？

睾丸女性化

一些个体具有 XY 染色体，但是外表很女性。这种情况被称为**雄性激素不敏感**（androgen insensitivity）或者**睾丸女性化**（testicular feminization）。尽管这样的个体产生正常数量的男性荷尔蒙（包括睾酮激素），但缺少男性荷尔蒙的受体，不能激活细胞核中的基因。进而，这些细胞对男性荷尔蒙不敏感，发展进程好像睾酮激素和相关荷尔蒙很低的情况。这种情况有不同的程度，有的发育出小于一般男性的阴茎，有的则看上去像是有一个普通女性的生殖器。在一些案例中，在青春期前，没有人怀疑他是个女人。然后，除了胸部发育和臀部长大，他没有月经，因为身体有一个睾丸而不是卵巢和子宫（阴道很短，没有或者萎缩），并且，阴毛也很稀少或者没有。

停下来检查一下

13. 什么原因导致遗传上的男性（XY）发育出部分女性特征的生殖器？

性别标定和抚养的观点

具有 CAH 的女孩出生时具有正常的或者接近正常的外表，一些人看起来更像男性而不是女性，这可能与出生前的高水平的睾酮激素有关。遗传上是男性的一些人出生时阴茎很小，这种情况叫做阴道外翻或骨盆发育缺失（Rernier & Gearhart，2004），尽管他们的生殖器官解剖有问题，但他们在出生前的发育中具有典型的男性睾酮水平。

这些孩子应该怎样抚养？从 1950 年开始，医生们开始强调把这些双性人当作女孩来抚养，通过治疗使得他们看起来更像女孩（Dreger，1998）。因为使增大的阴蒂减小到正常的水平要比增大阴茎容易得多。如果可能，外科医生会给她们建立一个人工阴道，或者使短的阴道变长。经过治疗后，这些孩子看起来更像女孩。内科医生和心理学家认为被当作女孩抚养的孩子会完全接受她们的身份。

此后，她们生活就幸福了吗？不全是这样的。这些阴道外翻并被当作女孩抚养的孩子都发展了男性的兴趣，大部分都需要被当作男性，几乎所有人的性吸引都指向女性而不是男性（Reiner & Gearhart，2004）。

有 CAH 历史的女孩也有被接受的困难，尤其是当她们接受了阴蒂减小的治疗后。延长阴道或者人工阴道的治疗可能会使男性伴侣满意，但作为女性没有感觉，她们几乎每天都需要注意它是否被伤害。有一个关于 18 名女性的研究，她们儿童时期接受减小阴蒂的治疗，发现其中 10 人没有性行为，另外 7 人从来没有性高潮的体验，所有人都有显著的性困难（Minto，Liao，Woodhouse，Ransley & Creighon，2003）。许多双性人希望拥有最初的非正常增大的而不是损伤的阴蒂，治疗带给她们不敏感的结果。甚至，有的双性人怨恨自己被欺骗了。Historian Alice Dreger（1998）描述了一个双性人的案例：

> 很小的时候，她被告知自己拥有“卷缩的卵巢”，然后不得不拿掉。实际上，她的睾丸被拿掉了。当 20 岁时，在医学图书的材料中，她发现了事实真相。“资料中的片断吻合在一起……我与我的家人和医生的关系破裂了。他们并没有告诉我损伤了我的睾丸，而是对我撒了谎，后来的 18 年里，我拒绝所有医学治疗……，这个巨大焦虑的来源不是我们的性腺和染色体。而是我们不能被接受，这是多么令人羞愧和害怕啊”。

那么，我们应该怎样来抚养这样的孩子？在这个问题上，专家意见不统一。然而，研究表明，可以采用以下策略（Diamond & Sigmundson，1997）：

- 要非常诚实地对待这些双性人和家庭，在他们没有同意之前什么也不要做。
- 区分这些孩子是男孩还是女孩要根据他们的外表。就是说，不能把每一个双性人都看成女性。
- 尽可能一致地照顾这些孩子，但是准备好他们之后可能会把自己的性别定位成男性、女性或者都不是。
- 不要进行手术来减小不明确的阴茎或者阴蒂，使它达到正常水平的阴蒂。这样的治疗破坏了个体的性欲及感觉，治疗产生的结果充其量是早熟的，因为没有人知道这个孩子的性倾向是怎样发展的。如果双性人成年以后有这方面的治疗需要，这样做就是适宜了，否则应该避免。

性别的外表差异

没有证据说明抚养和荷尔蒙在双性人的性别同一性形成中扮演的明确角色。从科学的角度来说，最有说服力的观点是，像抚养女孩一样抚养一个正常的男孩或者像抚养男孩一样抚养女孩子。如果这个过程使一个人对指定的角色满意，那么结论将是抚养决定了性别同一性。尽管没有人进行这样的实验，我们也可以从以往事件中得到一些信息。在一些案例中，一些人在出生前或出生后不久有正常水平的男性荷尔蒙，然后被当作女孩抚养。

多米尼加共和国第一次报告了这样的案例，之后在世界的其他地方，报告了很多这样的案例。在每个案例中，这样的男性不能产生 5α- 还原酶 2，这是一种使睾酮激素变成双氢睾酮的酶。双氢睾酮是一种激素，这种激素在使外部生殖器官男性化时比睾酮激素更有效。一些个体在出生时看起来像女性，拥有肿大的阴蒂和一定程度的“块状”阴唇。几乎所有人认为这是个女孩，然后按照女孩来抚养。但是，在早期发展中，她们的大脑处在男性的睾酮激素水平。在青春期，这些睾酮激素水平急剧增长，身体产生了一种非常不同的酶，使得睾酮激素变成双氢睾酮，结果使得阴茎和阴囊增长。

作为女性：想象一下，在大概 12 岁时，你体内的基因突然改变，从女孩变成了男孩。你是否会说“耶，好的，我想我现在是一个男孩了”？女孩变成男孩，发展了一个男人的性别同一性，其性兴趣是女性（Cohen-Kettenis，2005；Imperato-McGiney，Guerrero，Gautier，& Peterson，1974）。要明白，这些不是典型的女孩，她们的大脑从出生前就一直受到男性水平的睾酮激素的影响。

一个非常有名和特别的案例是，一个男婴，他不能很好地卷缩阴茎包皮来顺利排尿。父母把他带到一个外科医生那里实施了包皮切割手术，这个外科医生采用了电技术，但是电流太大，以至于损伤了整个阴茎。在专家的建议下，他们把孩子像女孩一样来抚养，并进行了恰当的外科手术。为什么有这样奇怪的案例？这个孩子有一个双胞胎弟弟（他的父母没有让这个外科大夫对其进行割包皮手术）。如果两个双胞胎都发展了满意的性别同一性，一个作为男孩，一个作为女孩，结论就成为抚养是性别同一性的决定因素。

之后的报道说这个被当作女孩抚养的孩子具有女性性别同一性，尽管很喜欢男孩子的玩具（Money & Schwartz，1978）。但是，大概 10 岁左右，有人指出她其实是一个男孩。她喜欢男孩的活动，仅玩男孩的玩具。她甚至试着用标准的姿势撒尿，尽管总是一团糟糕。到 14 岁，她坚持认为她想像男孩一样生活。在这段时间，她（现在是他）的父亲含泪解释了早期的事件。这个孩子改了名字，作为一个男孩被重新认识。25 岁时，他与一个年纪稍大的女人结婚，并抚养她的孩子。很明显，生物学上的预先安排胜过了这个家庭试图把他当女孩抚养的企图（Colapinto，1997；Diamond & Sigmundson，1997）。几年后，这个故事因为这个男人的自杀而悲剧性地结束。

我们不能从一个案例得出一般性的结论。然而，试图使这个孩子成为一个女孩的治疗和处理是错误的。当产前的荷尔蒙类型与孩子的外表发生矛盾时，没有人知道这个孩子心理上会怎样发展。荷尔蒙不能完全控制，但是抚养方式也不能。

停下来检查一下

14. 5α－还原酶2的作用是什么？

性取向

同性恋和双性恋在人类和非人类中都会发生。与生物学家之前的推断相反，同性恋行为不仅限于动物，也出现在那些不能找到异性或者那些荷尔蒙异常的人中（Bagemihl，1999）。性取向与行为的其他方面一样，也表现出了变异。

什么可以解释性取向的不同？我们不去寻找单一的答案。研究者已经区分了遗传因素和男同性恋的产前环境，也鉴别了几个与男性性取向相关的解剖结构和行为。对女人来说，情况不同，遗传的倾向更为弱一些。男性发现他们的性取向较早，女性则晚一些。对于男性来说，儿童期和青春期的女性化行为与成年时同性恋倾向密切相关。但是女性早期的男性化行为却对女性性取向的预测力不强（Udry & Chantala，2006）。与男性相比，更多的女性对男人和女人在身体上都有吸引力（Chivers，Rieger，Latty，& Bailey，2004，Lippa，2006）。有些女性会在同性恋和异性恋之间转换一次或者多次（Diamond，2007）。而对于男性来说，这种转换是很少的。尽管我们将说明女性同性恋与某些生物学因素相关，但是男性的生物学倾向更强一些。

行为和解剖学的不同

同性恋和异性恋在许多方面表现不同。一般来说，男异性恋的胳膊、腿和手的骨骼比男同性恋要长，而女同性恋者在这些方面比女异性恋要长（J. T. Martin & Nguyen，2004）。骨骼的长度在青春期开始不同，这些不同代表一般水平，不是指所有个体。

一般来说，女异性恋大脑皮层的左右半球大小是几乎相同的。但是男异性恋的右半球占的比例较小。男同性恋与女异性恋相似。女同性恋介于异性恋的女人和男人之间。女异性恋的左侧杏仁核比右侧杏仁核具有更广泛的联系，但是男异性恋的右侧杏仁核具有更广泛的联系。男同性恋和女异性恋在这点上相似，女同性恋介于中间（Savic & Lindstrom，2008）。

不同性取向的人在与性无关的行为上也是不同的。正如第 4 章所讨论的，男人对距离和方向更明确。女人更喜欢描述地标。男同性恋也倾向于用地标，他们在记忆地标上好于男异性恋（Hassan & Rahman，2007）。考虑一下下面的任务：实验者重复呈现一个噪音，测量阈下反应。在一些实验任务中，他们在大声噪音前呈现一个微弱的噪音；第一个噪音减小了大噪声的惊跳反应。这种减少被称为“前脉冲抑制”，男人的前脉冲抑制比女人强，男同性恋与男异性恋没有区别，但是女同性恋与女异性恋相比，前者稍微偏男性的方向（Rahman，Kumari & Wilson，2003）。

总体来说，这些结果说明了什么？解剖学和行为上的不同不是性取向的决定性因素。人是一个整体。这些结果也揭示了情况是复杂的。男同性恋在一些方面向女性方向转换，其他方面并没有。女同性恋在一些方面向男性发展，在其他方面却没有。这些不同仅仅是在一般水平上。与同性恋的人相比，异性恋个体的相似点更多。

停下来检查一下

15. 找到男同性恋和男异性恋之间身体上的或者行为上的不同，而不是性行为上的。

遗传学因素

性取向遗传学的一些研究主要采用男同性恋和女同性恋双生子为对象。在同性恋杂志上招募男女同性恋双生子来填写问卷，其中包括了各种题目，将真正感兴趣的是性取向这一点做了隐藏。如图 11.11 所示，两个研究都发现，在同性恋方面同卵双生子比异卵双生子相关更高，在被收养的兄弟姐妹中相关较低（Bailey & Pillard，1991；Bailey，Pillard，Neale，& Agyei，1993）。在收养的兄弟姐妹中比一般人比例高，男性在 2% 和 6% 之间，对女性来说，数据为一半。这些数据揭示了遗传和环境的双重影响。

有人担心同性恋出版物招募来的被试是没有代表性的。为了处理这个问题，另一个针对美国 794 对双胞胎的数据说明该实验结果与性别无关。在这 794 对中，仅仅有 43 对双生子中至少有一个同性恋，所以样本数量很小。当双胞胎中的一个（男性或者女性）有同性恋的倾向，另一个在同卵双胞胎中的比例是 31%，而在异卵双胞胎中的比例是 8%（Kendler，Thornton，Gilman & Kessler，2000）。研究者并没有找到一个与性取向相关的特殊基因。但是，一个有关人类基因组的研究找到了几个基因，这几个基因在同性恋身上比异性恋身上更多（Mustanski et al.，2005）。可能是这几个基因与其他基因以及环境因素共同作用影响了性取向。

几个研究报告了男同性恋在母亲亲属中的一致性高于父性中的（Camperio-Ciani，Corna，& Capiluppi，2004；Hamer，Hu，Magnuson，Hu，& Pattatucci，1993）。例如，对于男同性恋者，母亲那边的舅舅和外甥要比父亲那边的叔叔和侄子更可能同为同性恋。这些结果暗示基因可能在 X 染色体上，男性基因中的 X 一定是来自于母亲。但是其他的研究并没有重复验证这些结果，目前的结果是不一致的（Bailey et al.，1999；Rice，Anderson，Risch，& Ebers，1999）。

一个进化问题

如果特定的基因会产生同性恋，为什么不选择避免这些基因的遗传？这样可以减少同性恋产生的可能性。几种可能性是值得考虑的（Gavrilets & Rice，2006）。首

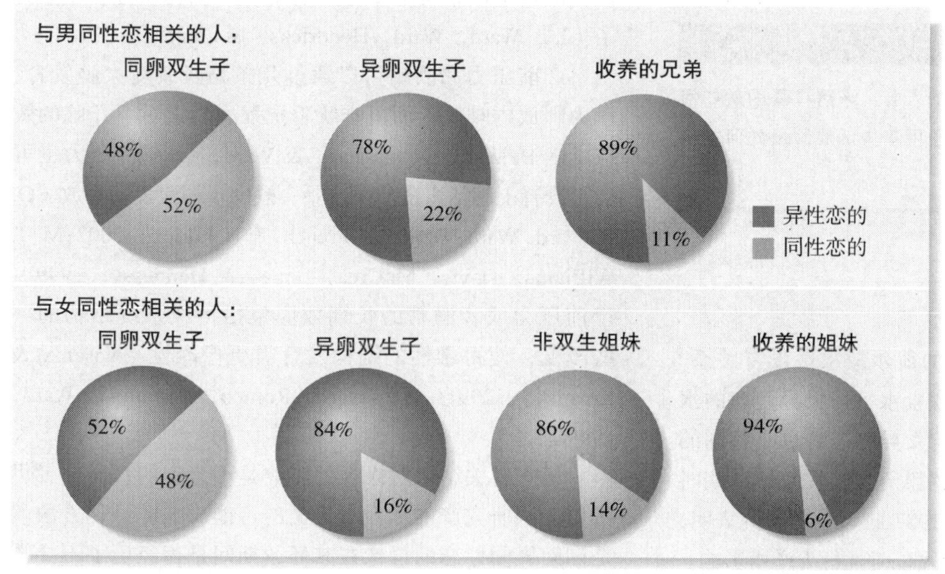

图 11.11　男性同性恋和女性同性恋成年亲属的性取向
与同性恋者同卵双生的人也是同性恋的可能性最大，异卵双生子较低一些，收养的兄弟或者姐妹更低。这些结果揭示了与性取向相关的遗传因素（*Based on the data of Bailey & Pillard, 1991; Bailey, Pillard, Neale, & Agyei, 1993*）

先是与同性恋有关的基因得以保留是由于亲缘选择（如第 1 章所述）。也就是说，尽管同性恋的人没有自己的孩子，他们可能会很好地照顾他们兄弟姐妹的孩子。然而，研究数据显示，男同性恋与异性恋个体相比，对他们的外甥或侄女的帮助是没有差异的（Bobrow & Bailey，2001）。

依据第二个假设，在男性中导致同性恋的基因在他们的姐妹和其他女性亲属中具有更好的优势，增加了他们重新产生和扩散基因的可能性。一项研究支持了这个假设。男同性恋的妈妈和阿姨们有更多孩子（Camperio-Ciani et al .，2004），但是，问题是男同性恋的孩子是男异性恋的五分之一。他的女性亲戚可以有足够多的孩子来补偿这个缺失吗？看起来是不可能的。

第三个假设是特定基因在纯合子的男性身上导致同性恋，而在杂合子的男性中产生繁殖优势（Rahman & Wilson，2003）。与此非常相近的一个假设是某些特定基因促进存活或者繁殖，但是它们的组合则导致同性恋。检验这些观点很困难，直到找到与性取向相关的特定基因才有可能。

第四个观点是同性恋与基因的激活或者失活相关（Bocklandt，Horvath，Vilain，Hamer，2006），如第 1 章中所描述的，可能是环境因素使基因附加了甲基（CH_3）并使基因失活。父母可以把这种失活的基因传到下一代。可以想象的是，这种机制可以产生相当数量可遗传的同性恋，而不依赖于同性恋基因的传播。

停下来检查一下

16. 对那些拥有基因但是没有繁殖的人群，来解释基因是如何保持在中等频率是很难的。关于甲基失活的假设如何支持这个解释？

产前影响

性取向与成年期时身体中的荷尔蒙水平没有关系。成年男同性恋的睾酮激素和雌激素水平与男异性恋的水平是相同的，多数女同性恋者与女异性恋者也有相同的激素水平。然而，性取向可能依赖于大脑发育敏感期时的睾酮激素水平（Ellis & Ames，1987）。动物的研究表明，产前或者产后早期的荷尔蒙水平可以对性行为产生影响。

母亲的免疫系统可能存在产前效应。有哥哥的男人出现同性恋的可能性大，而有弟弟或姐妹则没有影响（Bogsert，2003b；Purcell，Blanchard，& Zucker，2000），那么，兄长有影响的原因是什么？同父异母的哥哥或者收养的哥哥没有显著影响。但是有个血缘上的兄长就有影响，即使兄弟俩是分开抚养的（Bogaert，2006）。简言之，这种影响不是源于社会经验。关键是母亲生男孩之前的时间，母亲的免疫系统可能与儿子的蛋白质拮抗，然后攻击他后面出生的男孩，而改变他们的发展。这种假设与晚出生的男同性恋一般比平均水平更矮这一观察结果一致（Bogaert，2003a）。但令人疑惑的是：哥哥有可能增加右利手弟弟同性恋的可能性，但是对左利手的弟弟没有影响（Bogaert，Blanchard，& Crosthwait，2007）。研究者对此结论提出一些假设，但是没有足够的信息来验证这些假设。

另一个有关产前环境的研究强调母亲在怀孕期间的压力。研究表明，产前的压力影响实验室动物的性发展。在实验中，大鼠在怀孕的最后一周，每天超过两个小时被约束在亮光下的严密树脂玻璃管中。在一些条件中，它们还被给予了酒精。这些大鼠的雌性后代看起来接近正常。然而，雄性后代虽然解剖结构正常，但是到成年后，经常会通过采用像雌性个体一样的弓背性姿势对雄性个体作出反应（I. L. Ward，Ward，Winn，& Bielawski，1994）。许多遭受产前压力或者接触酒精的雄性个体除了发展出这些雌性性行为，也会发展出雄性性行为。但是那些既接触酒精又遭受压力的个体的雄性性行为却减少了（I. L. Ward，Ward，Hendricks，& French，1999）。

产前压力和酒精可以通过几条路径改变大脑发育。压力释放内啡肽，而内啡肽阻抗睾酮激素对下丘脑的效应（O. B. Ward，Monaghan，& Ward，1986）。压力也可能提升肾上腺激素皮质酮水平，减少睾酮激素的释放（O. B. Ward，Ward，Denning，French，& Hendricks，2002；M. T. Williams，Davis，McCrea，Long，& Hennessy，1999）。产前压力或者酒精的长期效应包括神经系统结构的一些改变，使得雄性的结构发育得更像雌性（Nosenko & Reznikov，2001；I. L. Ward，Romeo，Denning & Ward，1999）。

尽管有关结果对人类的影响是不确定的，研究者仍然想办法研究产前压力对人类的可能影响。一种方法就是询问男同性恋的母亲在其怀孕期间是否经历了不寻常的压力。有三个研究比较了同性恋和异性恋的母亲。其中的两个研究中，同性恋的母亲回忆到她们在怀孕期间经历了超过一般水平的压力（Bailey，Willerman，& Parks，1991；Ellis，Ames，Peckham，& Burke，1988；Ellis & Cole-Harding，2001）。但是，这些研究依赖于女性对20年前产前情况的回忆。一个更好的但却难以操作的方法是先测量女性产前的压力，许多年后再检验其儿子的性取向。

停下来检查一下

17. 哥哥会增加弟弟男同性恋的倾向，这是为什么？
18. 压力怎样影响产前的大鼠，改变其雄性后代的性取向？

大脑解剖

大脑也与性取向有关吗？答案是复杂的，男同性恋在一些大脑结构上向女性转换，但是在其他部分却没有。类似的，女同性恋的大脑也在一些方式上稍微向男性方向转换（Rahman & Wilson，2003）。比如，一般来说，女异性恋的大脑前连合（见图4.13和图14.4）是大于男异性恋的；对于男同性恋而言，他们的大脑前连合是与女性一样大小，或者稍微大一些（Gorski & Allen，1992），但研究者还不清楚这种区别的行为含义。男同性恋的视交叉上核（SCN）也大于男异性恋（Swaab & Hofman，1990）。正如第9章所讨论的那样，SCN控制生理节律。SCN的不同怎么与性取向有关？答案并不清楚，但是在早期发展中缺乏睾酮激素的雄性老鼠也表现出了SCN的不正常，它们对雄性和雌性性伙伴的偏好随着天数发生变化。它们在早期比较活跃的时间里对雄性和雌性伙伴都有性取向，但是随着时间的推移，它们越来越偏向雌性（Swaab，Slob，Houtsmuller. Brand，& Zhou，1995）。人类的性取向也依赖于时间吗？没有相关的研究报告。

最广泛引用的研究涉及下丘脑前部的间位核（INAH-3），男异性恋的间位核是女性的两倍。男性的这个区域具有比女性更多的肾上腺受体细胞（Shahet al.，2004），可能在性行为中发挥作用，尽管准确的作用是不明确的。Simon LeVay（1991）检验了在26～45岁死亡的41个人的INAH-3。在这些人中，有16个异性恋男性，6个异性恋女性，19个男同性恋。其中所有的男同性恋、16个男异性恋中的6个以及6个女性中的1个死于艾滋病。LeVay发现男异性恋的INAH-3体积大于女异性恋和男同性恋，图11.12显示了男异性恋和男同性恋这一结构的典型切面，图11.13显示了三组人这一结构的体积分布。注意男异性恋和其他两组的区别是非常大的，但是与死因（艾滋病或者其他）没有明确的关系。LeVay（1993）后来检查了一个死于肺癌的男同性恋的下丘脑，他与死于艾滋病的男同性恋一样具有很小的INAH-3。图11.13表明不同个体之间的差异。如果你可以检查一些人的INAH-3，你可能得出一个合理的有关性取向的猜测，但是你不可能下定论。

之后的一个研究复制了这个结果。研究者发现男同性恋的INAH-3比女异性恋大些，男异性恋的INAH-3比男同性恋稍大一些（Byne et al.，2001）。在异性恋男性和女性中，艾滋病毒阴性者比阳性者的INAH-3大，但如果我们只看艾滋病毒阳性的男人，仍发现了异性恋和同性恋的下丘脑的不同。图11.14展示了5组被试的平均值。在对INAH-3显微的一个检查中，研究者发现男异性恋比

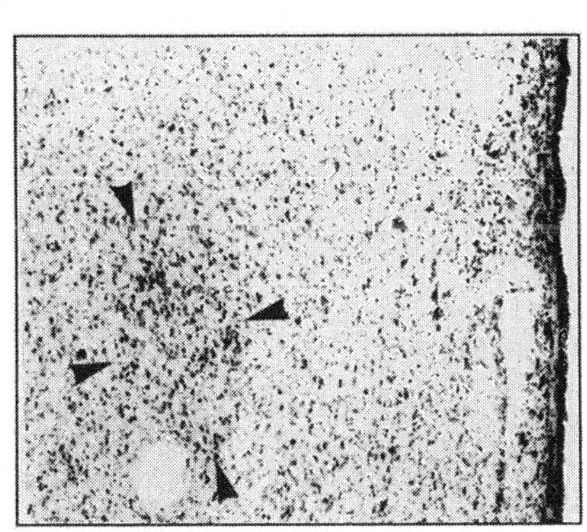

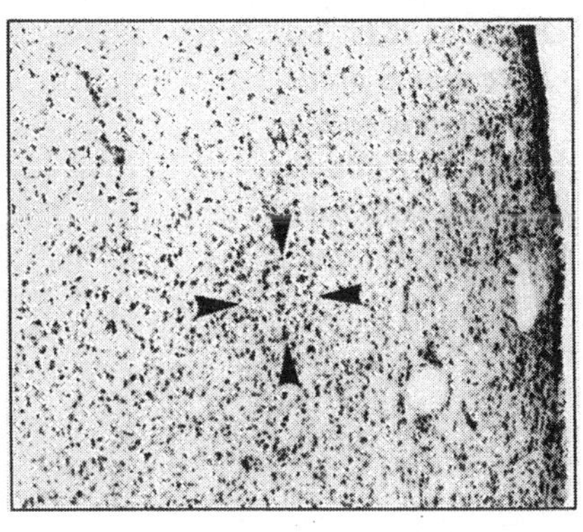

图11.12　INAH-3的典型大小
一般水平上，这个结构的体积在男异性恋（左）样本中是男同性恋（右）的两倍，后者与女性有相同的大小。动物研究已经揭示了这种结构在雄性性行为中的重要性（*From "A diff erence in hypothalamic structure between heterosexual and homosexual men," S. LeVay, Science, 253, pp. 1034–1037. Copyright 1991. Reprinted with permission from AAAS.*）。

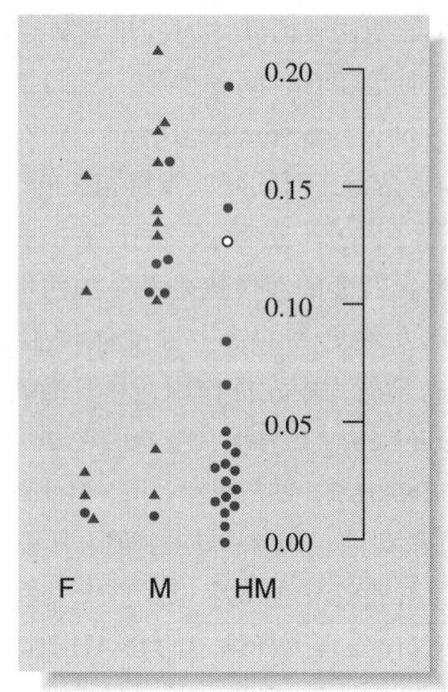

图 11.13 INAH-3 的典型大小

样本取自女性（F），男异性恋（M）和男同性恋（HM）。每一个实心的圆代表死于艾滋病的个体，三角形代表死于其他疾病的个体，空心圆环代表死于艾滋病的双性恋男性。(*Reprinted with permission from "A diff erence in hypothalamic structure between heterosexual and homosexual men," by S. LeVay, Science, 253, pp. 1034–1037. Copyright © 1991 American Association for the Advancement of Science.*)

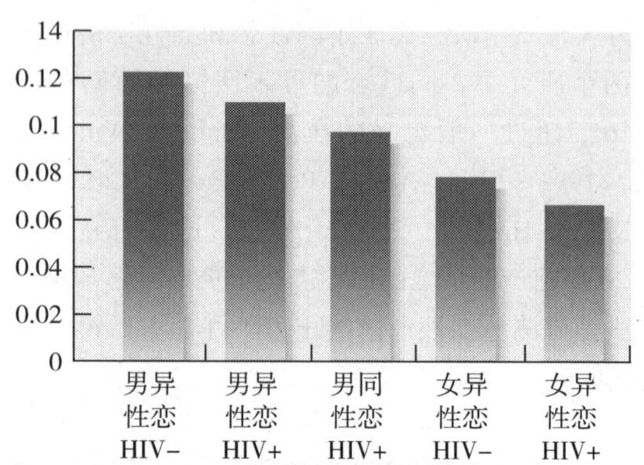

图 11.14 INAH-3 的另一个比较

在这个研究中比较了 INAH-3 的体积，男同性恋的平均值高于女性但是低于男性（*Based on data of Byne et al., 2001*）

男同性恋具有较大的神经细胞，但是数量相同（这个研究和 Le Vay 的研究都没有包括女同性恋）。

这些结果的含义是不清晰的。下丘脑的不同影响性取向吗？或者性行为影响下丘脑神经细胞的大小吗？激素或者行为确实会刺激或者使成年个体大脑的一些区域萎缩（Cooke，Tabibnia，& Breedlove，1999）。非人类的一些研究给出了建议性的结果。大约 8% 的公羊的性行为指向其他的雄性。雌性倾向的公羊下丘脑前部的某个区域大于雄性倾向的公羊，也大于母羊（Roselli，Larkin，Resko，Stellflug，& Stormshak，2004）（该区域是否对应于人类的 INAH-3 还不清楚）。产前睾酮激素水平导致公羊的该区域大于母羊（Roselli，Stadelman，Reeve，Bishop，& Stormshak，2007）。对羊来说，解剖学上的不同先于性行为，所以，这可能是原因而不是结果。但对人类来说，也可能是这样，也可能不是。

停下来检查一下

19. 在LeVay的研究中，什么样的证据反对INAH-3的体积依赖于ADIS而不是性取向？

模块 11.2 结　语

我们并非都相同

Alfred Kinsey 第一次进行人类性行为的大量调查，他发现许多人认为自己的行为是“正常的”。他们认为比自己性行为频率高是过分和不正常的，甚至会导致精神混乱（Kinsey，Pomeroy，& Martin，1948；Kinsey，Pomeroy，Martin，& Gebhard，1953）。

那么，我们将如何认识性？今天的人比 Kinsey 的年代更加意识到性的多样性，也更容易接受，但有的人还是无法容忍。生物学的研究不会告诉我们应该怎样对待他人，但是它可以帮助我们理解我们是如何的不同。

总　结

1. 人们的许多交配习惯增加了基因传递的概率。如果我们看到非人类中有相同的行为，我们就会认为这是遗传的和进化的基础。但是，对人类，我们不能假定是遗传还是因为人们可以学习这些行为和偏好。
2. 由于几个原因，人们可能会发展出模糊的或者与染色体性别不匹配的生殖器官。一个是先天性肾上腺增生，这种皮质醇产生方面的遗传缺陷，导致过度刺激肾上腺，然后产生过量的睾酮激素。当这种情况发生在女性胎儿身上时，她将变得部分男性化。
3. 一般来说，具有先天性肾上腺增生（CAH）的女孩比其他女孩更喜欢男孩玩具，在她们的青春期和成年期，持续表现出男性化的兴趣。这些趋势明显地与产前荷尔蒙的影响有关。
4. 睾丸女性化或者雄性激素不敏感，是因为具有 XY 染色体的个体对雄性激素部分或者完全不敏感，从而导致发展成为女性的外表。
5. 出生时具有中性或者模糊的生殖器的人被称为双性人。传统上，外科医生进行手术使这些人看起来更像女人。但是，许多双性人并没有发展出典型的女性特征，许多人也反对已得到的治疗。
6. 一些孩子具有一种基因，它可以减少早期双氢睾酮的产生。这样的孩子在出生时看起来更像女孩，被当作女孩养大。但青春期时阴茎发育，之后她们中的许多人接受了男性性别认同。
7. 男同性恋与女同性恋相比，在生物学方面的证据更强。
8. 一般来说，同性恋个体与异性恋个体相比，有一些解剖学和身体上的不同。但是，数据与男性化或者女性化通常由什么因素决定这样的假设不符。从解剖学和行为方面来看，同性恋在不同方面受到的影响不同。
9. 对同性恋似是而非的生物学解释包括遗传的、产前荷尔蒙和（男性）对母亲的免疫系统的反应。成年同性恋个体的荷尔蒙水平在正常范围。
10. 尽管大部分同性恋个体没有孩子，但仍有一些假设解释了为什么在人群中仍存在一定程度的由基因决定的同性恋。

关键术语

性别同一性 354
先天性肾上腺增生（CAH） 354
雌雄同体 355
双性人 355
雄性激素不敏感 356
睾丸女性化 356

思考题

1. 一般来说，双性人的 IQ 在 110 到 125 之间，比人群的平均数略高（Dalton，1968；Ehhrhardt & Money，1967；Lewis，Money，Epstein，1968），一种可能的解释是介于男性和女性之间的荷尔蒙促进智力发展。另一种可能是双性人在智力比较高的家庭中常见，或者智力高的家庭的双性孩子更容易进入研究者的视野。哪种研究可以解释这些假设（可以参考 Money 和 Lewis（1966）的研究，去寻找一个答案）？
2. 回忆 LeVay 的关于异性恋和男同性恋大脑解剖学的研究。有些批评提出研究中分类为“异性恋”的个体可能事实上是同性恋或者双性恋，如果是这样的话，事实将加强还是减弱整个结论？

停下来检查一下答案

10. 在怀孕和照顾小孩子的过程中，女性没有能力得到食物，所以她更希望找到一个能给自己提供生活保障的伴侣。一个健康的男性则不需要依赖女性。
11. 如果一个女性由于遗传缺陷不能产生皮质醇，那么垂体得不到负反馈信号，这样会持续刺激肾上腺。肾上腺会产生大量的其他激素，包括睾酮激素，这就导致男性化的发展。
12. 一个出生前在睾酮激素过多的环境下发展的女性将会比其他女孩更喜欢男孩类型的玩具。
13. 男性具有阻断睾酮激素与受体结合的基因，将发育出部分或者完全的女性外表。
14. 5α- 还原酶 2 使睾酮激素转化为双氢睾酮，这种激素在使外部生殖器官男性化时更有效。
15. 男同性恋胳膊和腿的骨骼可能较小，相同的左右侧大脑半球，左侧杏仁核比右侧杏仁核具有更广泛的联系，对路标更好的记忆能力。
16. 依据该假设，环境中的未知事件可能使得甲基与未被识别的基因相联系，使基因失活。尽管没有“同性恋的基因”，但那些基因可能被传到下一代，产生遗传效应。尽管那些拥有失活基因的男人并没有生育，如果与甲基相关联的遗传频率足够大，结果仍将是同性恋高度流行。
17. 哥哥增加弟弟男同性恋可能性，是通过改变母亲产前环境的免疫水平来实现的。效应的发生并不一定必须在同一家庭环境中长大。
18. 压力增加了下丘脑内啡肽的释放，高水平的内啡肽可能阻碍睾酮激素的作用。
19. 死于艾滋病的男异性恋和死于其他疾病的人的 INAH-3 的大小是一样的。死于其他疾病的男同性恋与死于艾滋病的男异性恋的 INAH-3 大小相同。

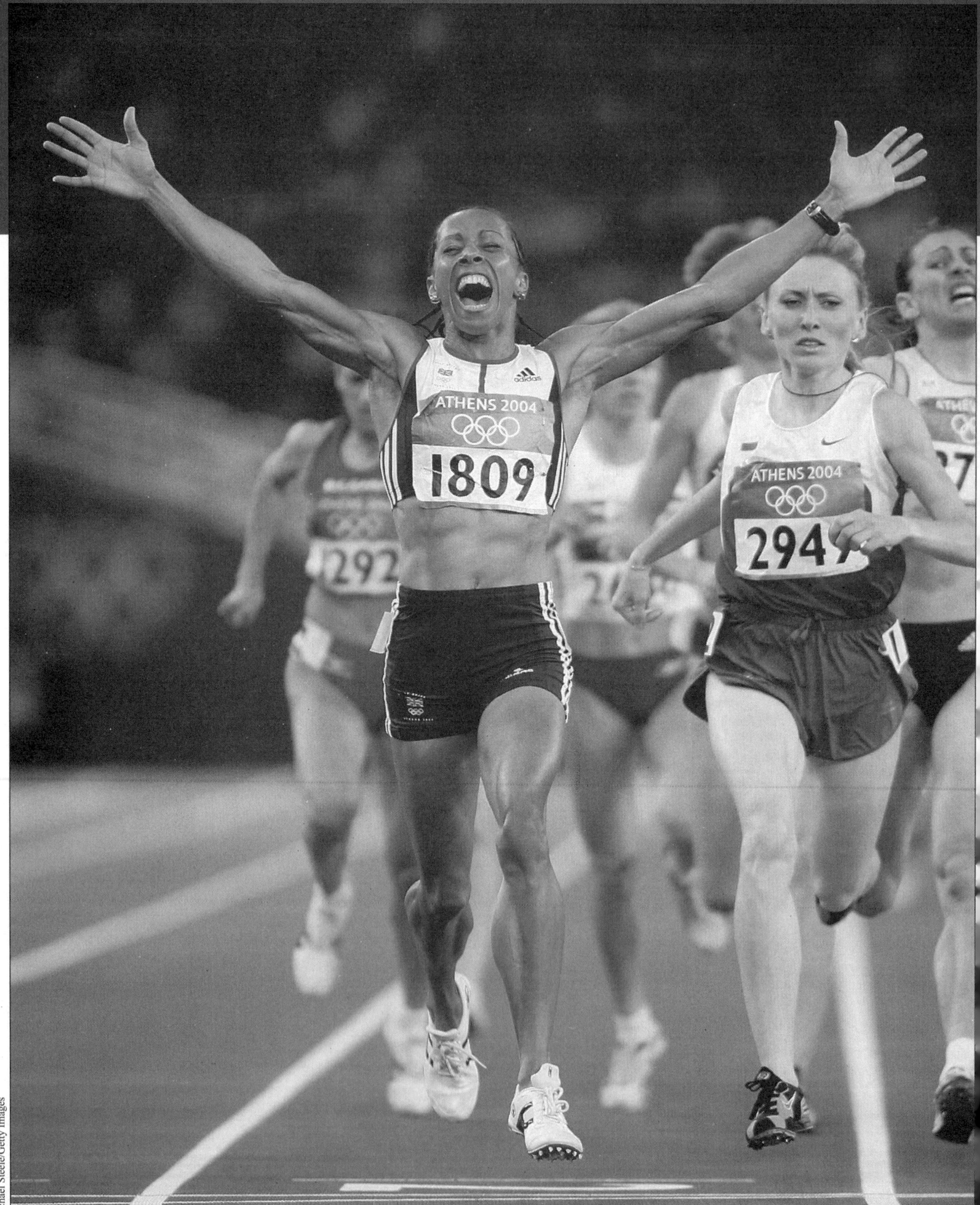

Michael Steele/Getty Images

情绪行为

12

本章大纲

模块 12.1　什么是情绪

情绪、自主唤醒和詹姆士－兰格理论

与情绪有关的脑区

情绪的功能

结语：情绪和神经系统

模块 12.2　攻击和逃避行为

攻击行为

逃避、恐惧和焦虑

结语：做一些与情绪有关的事

模块 12.3　应激与健康

应激的概念

应激和下丘脑－垂体－肾上腺皮质轴

应激控制

创伤后应激障碍

结语：情绪和人体反应

主要内容

1. 情绪包括认知、行动和情感。一些事实证明情绪情感源自肌肉或器官的运动。
2. 很多脑区与情绪有关。但目前尚不能确定不同的情绪是否位于不同的脑区。
3. 攻击和恐惧行为是许多生物和环境因素共同作用的结果。
4. 杏仁核对于情绪刺激的反应迅速。损毁杏仁核会干扰对与情绪相关信息的注意。
5. 压力事件能够引起交感神经系统和肾上腺皮质的变化。长期的或严重的压力能够产生与生理疾病相同的身体反应。

（左图图释）人们可以通过面部表情、手势和身体姿势来表达情绪。

只要没有人问起它的定义，我们都知道它是什么。

——William James（1892/1961，p.19）

非常不幸的是，关于情绪最重要的事情之一就是，在要求定义它们之前，可能大家都知道它是什么。

——Joseph LeDoux（1996，p.23）

假设研究者发现了一种新的物种——让我们暂且叫它物种 X，心理学家开始测验它的能力。他们在绿色的卡片后面放一些食物，在红色的卡片后面不放食物，然后进行多次的实验，X 总是会选择绿色的卡片。因此，我们得出结论 X 表现出了学习和记忆的能力，并同时表现出了饥饿。然后研究者给 X 呈现绿色卡片和一系列的灰色卡片，X 仍然选择绿色卡片，说明它具有识别颜色的能力且不仅仅可以分辨亮度。紧接着，心理学家让 X 去触摸一个非常热的蓝色三角形，X 尖叫了一声然后把手缩了回来。有人拿起蓝色的三角形快速走向 X，这时候 X 看到了，发出了同样的尖叫，并转身快速地跑开。这时候我们是否可以说 X 体验到了恐惧的情绪呢？

假如你的回答是肯定的，那么让我再补充一些：我说过这是一个新的物种，而且确实如此，但是如果它是一种机器人，而不是动物。你是否还认为 X 具有情绪体验呢？大多数人愿意去讨论人工学习、记忆、智力和动机，但是却不愿讨论情绪。我们认为：“机器人只不过是设计好的可以发出尖叫和逃离热的物体罢了，它并不具有真正的体验情绪的能力。”

如果在机器人中发生的这类行为不能为情绪提供充分有力的证据的话，是否在动物界中存在这类行为就能证明情绪产生了呢？情绪是一个复杂的话题，因为它常常需要意识的觉知，而这种意识的体验我们常常观察不到。生物研究者因此把关注点主要集中在可以观察到的情绪行为上，即使有时候这并不能代表是情绪体验。然而，我们大多数的人希望最终能够了解关于情绪体验本身的知识。

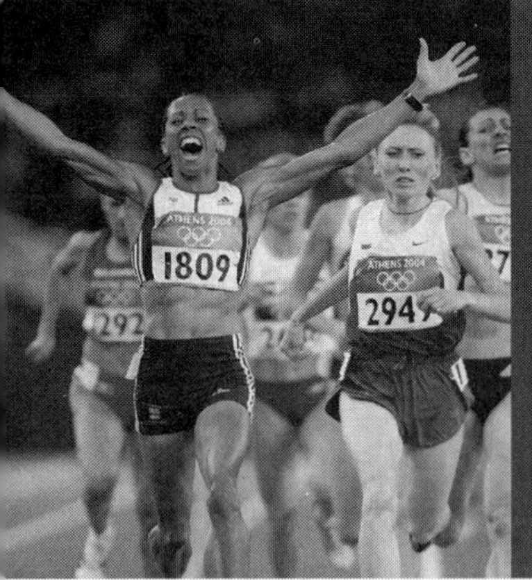

模块 12.1 什么是情绪

心理学家对情绪的定义通常包括三部分内容：认知（比如“这是一个非常危险的情况”）、感觉（“我感到很恐惧”）和行动（“赶快跑到最近的出口”）。在以上的这几个方面中，感觉是在情绪中最重要的环节。假如有的人报告说感觉到恐惧，我们马上会认为这个人有情绪体验。然而，假如有人评估“这是一个非常危险的情况”，并且采取行动去逃避，但是感觉不到任何紧张和唤起，我们不认为这个人产生了情绪。情绪的感觉体验如何，什么导致情绪的产生，情绪在生活中具有什么功能？

Walter B. Cannon (1871~1945)

长期以来我一直认为无意识的行为对我是有用的……我可以举的例子是，身体方面的重大变化伴随着情绪的兴奋，比如恐惧和愤怒。这些变化——脉搏跳动的加快、呼吸的加深、血糖含量的增加、肾上腺分泌物的增加——涉及范围很广而且看起来没有什么联系。然而，在一个失眠的夜晚，经过大量分析并深入思考这些变化后，在我的脑海中突然闪现出一个念头，假如把这些理解成为了逃跑或战斗作最好的身体准备的话，就可以很好地将这些变化整合在一起了。

情绪、自主唤醒和詹姆士 – 兰格理论

情绪可唤醒自主神经系统的活动，自主神经系统包括两个分支——交感神经系统和副交感神经系统（图12.1）。交感神经系统使得个体做好“战斗或逃跑”的准备。副交感神经系统增加了消化和其他过程，以储备能量，从而为将要发生的事件做好准备。然而，每种情绪状态都能够唤醒具有独特组合的交感神经系统和副交感神经系统（Wolf，1995）。例如，恶心与胃部的交感神经系统兴奋（降低胃部的收缩和分泌活动）以及肠道和唾液腺的副交感神经系统兴奋相关。

这些自主神经系统是如何和情绪产生关系的？一般的观点认为，我们先体验到一种情绪，这些情绪引起我们的心率和身体其他方面的变化。相反，根据**詹姆士 – 兰格理论**（James-Lange theory）（James，1884），自主神经系统唤醒和骨骼肌运动先发生，然后才体验到情绪。我们之所以体验到情绪是因为我们对身体变化的知觉：我恐惧是因为我逃跑，我生气是因为我攻击。

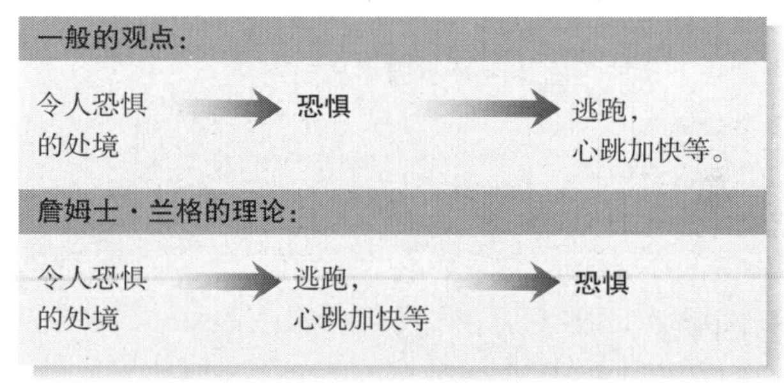

也许你会反驳，“在感觉到恐惧之前我怎么知道要跑？”在后期的文章中，William James（1894）在其文章中澄清了他的立场。情绪包括三个成分：认知、行动和体验。认知的成分先发生。你评估一个事物是好是坏，是恐惧还是其他，一般情况下，你做出评估通常只需要很短的时间（Kawasaki et al.，2001）。你通过评估一个情境，然后做出正确的行动，比如逃跑、攻击或坐在原地不动。当 William James 提到唤醒和行动导致情绪的产生时，他的意思是指情绪中的体验部分，也就是：

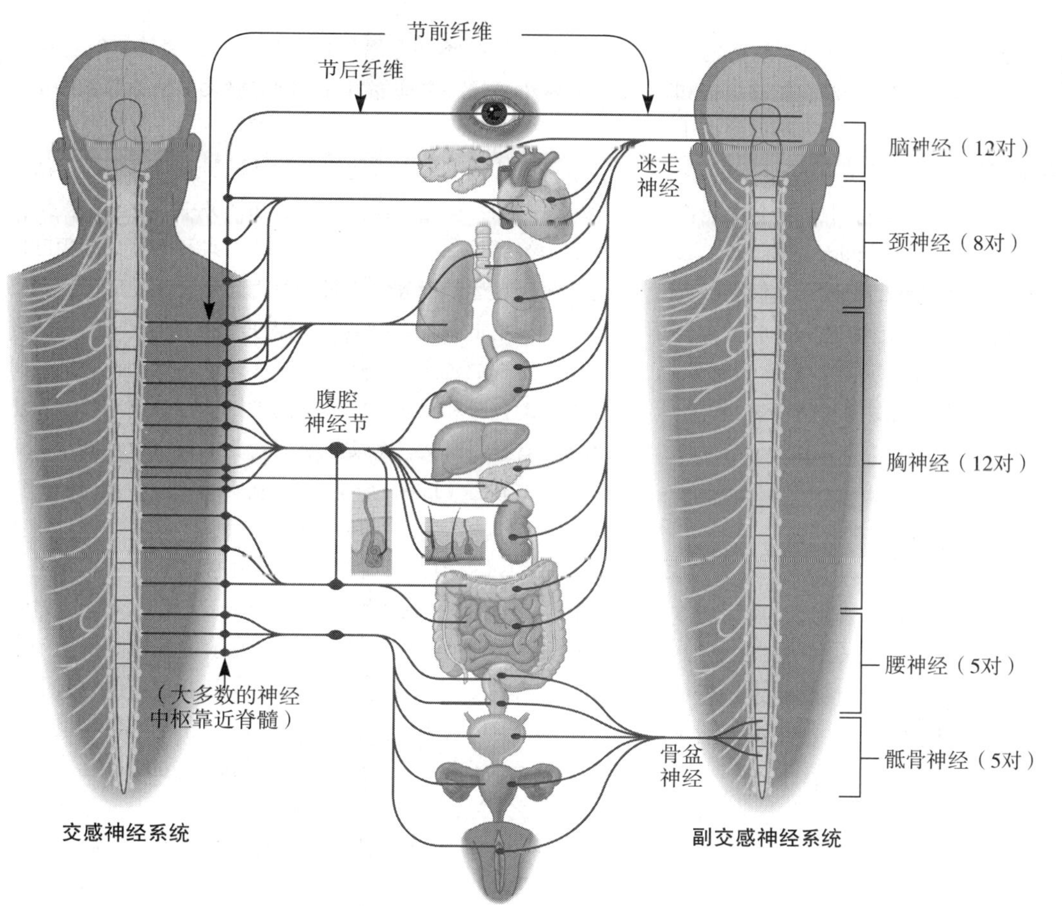

图 12.1 交感神经系统和副交感神经系统
（可以复习第 4 章的内容获得更多的信息）

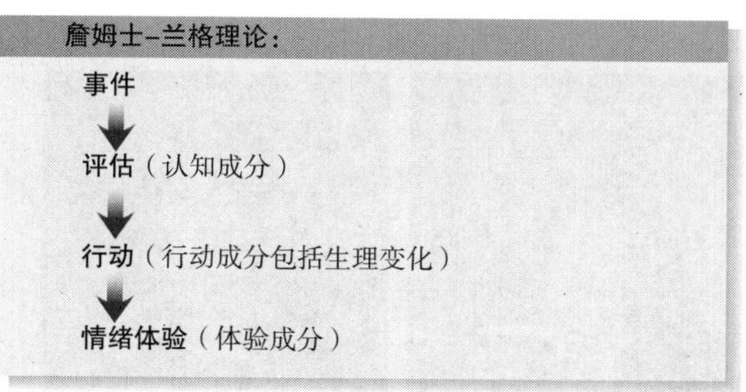

詹姆士－兰格理论导致两个预言：自主神经系统或骨骼肌反应能力低下，其人的情绪体验较少。此外，诱发或提高某人的反应将增强其情绪体验。下面让我们考虑一下实际情况。

生理唤醒对于情绪的产生是不是必须的

脊髓横断损伤的病人通常出现损伤面以下的身体部位瘫痪。胳膊和腿部无法运动的人肯定不能做到攻击和逃跑。而这些人中的大部分通常报告说他们可以感受到和受伤前一样的情绪体验（Cobos，Sánchez，Pérez，& Vila，2004）。这一发现指出，情绪不需要来自肌肉运动方面的反馈。然而，瘫痪并不影响自主神经系统的活动，因此情绪体验依赖于自主神经系统的反应还是有可能的。

对于患有**纯自主神经衰竭**（pure autonomic failure）的病人而言，他们的自主神经系统传出的信息完全不能或几乎不能传达到身体相应的部位。心脏跳动和其他器官的活动可以维持，但是不再受神经系统的控制。当人们起立时，通常会发生一种效应。当你突然起立，地球引力和惯性会推动血管中的血液从头部往下流，除非你的自主神经系统增加你的心率和头部血管的收缩（当你突然起立时，自主神经系统将提高心率和收缩头部血管，否则地球引力和惯性将推动血液从头部下流）。患有纯自主神经系统衰竭的人由于缺乏这一反射活动，因此必须慢慢地站起来以避免昏厥。而且，这些人在面对应激情境时，其心跳、血压和出汗等也不会产生相应的变化。根据詹姆士－兰格的理论，这些人应该没有情绪体验。事实上，他们能够报告和其他人一样的情绪体验，并且在识别小说中人物可能会出现的情绪体验时没有任何困难（Heims，Critchley，Dolan，Mathias，& Cipolotti，2004）。然而，他们也报告说他们的情绪体验强度要远低于患病前（Critchley，Mathias，& Dolan，2001）。假设当他们提到情绪的时候，他们往往报告的是认知方面："是，我很愤怒，因为这个情形下应该愤怒。"但是他们并没有体验到愤怒，或者他们体验到了，却非常的微弱。他们情绪体验程度的减弱与詹姆士－兰格理论的预期是一致的。

生理的唤醒足以产生情绪吗

根据詹姆士－兰格的理论，情绪体验是由身体的变化引起的。假如你的心脏开始强烈的跳动，你呼吸急促、出汗，你是否会有情绪体验？这需要视情况而定。假如你有这些生理的变化是因为你刚刚跑了一公里，那么你应该把这种情绪体验归因于运动，而不是情绪。

然而，假如这些生理变化是自发产生的，这时一般可以理解为由交感神经系统唤醒产生的恐惧。在特殊情况下，急促的呼吸会使人们担心他们患了哮喘，于是他们便体验到了**惊恐发作**（panic attack），这种惊恐发作的症状是由交感神经系统异常的唤醒引起的（Klein，1993）。如果有人存在反复性的惊恐发作而且总是担心这种惊恐发作，那么这种情况叫做惊恐障碍。

那么其他的情绪是什么？举例来说，如果你发现你自己在笑，你会变得更高兴吗？如果我们想要验证这一假设的话，我们应该如何让被试笑呢？当然，我们可以告诉他们去笑，但是，如果这样的话，被试会猜到我们实验的目的，而倾向于给出我们想要的答案。聪明的研究者们发明了一种巧妙地方式既可以让人们笑，而且不至于暴露实验的目的。这个方法非常简单，每个人都可以自己尝试：在嘴里放一支笔，或者用牙齿咬住，或者用嘴唇夹住，正如图 12.2 所示。现在你给一个连环画进行评分。根据有趣程度进行评分，"+"代表非常有意思，"√"表示有点意思，"–"代表一点都没意思。结果是用牙齿咬着笔（这样使得被试可以表现出笑容）的人比用嘴唇固定笔（这样会阻止笑容）的人对卡通图片的评定结果更偏向有趣（Strack，Martin，& Stepper，1988）。也就是说，对微笑的感知会增加快乐的体验，尽管有时这种作用非常小（让一个抑郁患者欢呼和微笑似乎不起作用）。

研究者同样也发现了一种聪明的方法，不需要任何语言就可以让被试皱眉。他们告诉被试要同时完成一个认知测验任务和一项运动任务。在认知任务中，他们让被试去评定一组照片，根据图片中面孔的高兴和不高兴的程度进行打分。在运动任务中，研究者将高尔夫球的底座粘到每个人的眉毛上而且告诉他们要保证底座的稳定。唯一的方法就是所有的被试只有通过皱眉实现这一运动任务。同时完成运动任务和认知评定任务的被试，在评定照片时要比那些没有通过运动任务实现皱眉行为的被试评定的结果更倾向于不开心（Larsen，Kasimatis，& Frey，1992）。

然而，尽管微笑和皱眉能轻度地影响幸福感。在体验幸福的过程中，微笑却不是必须的。那些患有罕见的默比厄斯氏综合征（Möbius syndrome）的人不能通过脸部的肌肉产生笑容，就像图 12.3 所示的那样。然而他们却可以体验到幸福和愉快，但是他们很难与他人交朋友（因为当他人微笑时他们无法以微笑回应），图片里的女孩通过手术获得了人工微笑（G.Miller，2007b）。

总之，一系列的结果表明，正如詹姆士－兰格理论中提到的，我们对于身体运动的感知对情绪体验有一定的作用。但是，更重要的作用来自于自主神经系统而非肌肉的运动。

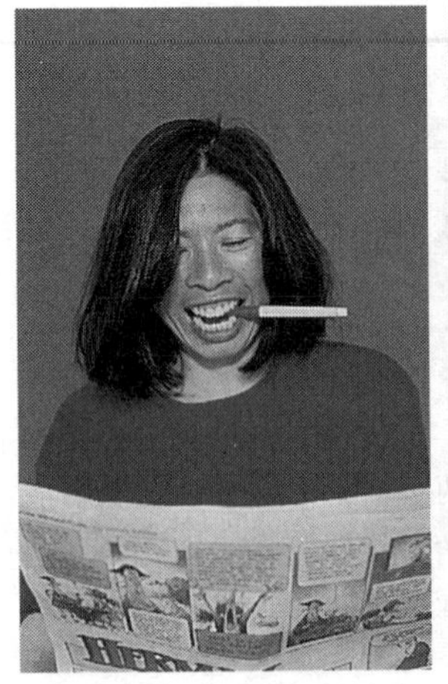

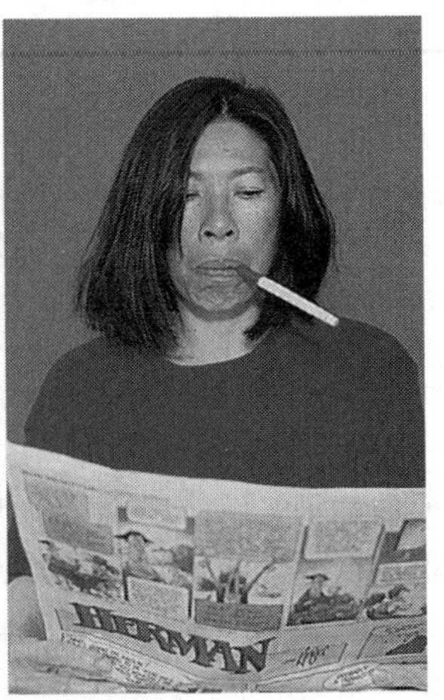

Kathleen Olson/kofoto

图 12.2 面部表情在情绪过程中的作用

用牙齿咬笔的人，可以表现出笑容，比那些用嘴唇固定笔的人（导致无法微笑）在进行图片评定时，更倾向于报告愉快或幽默。

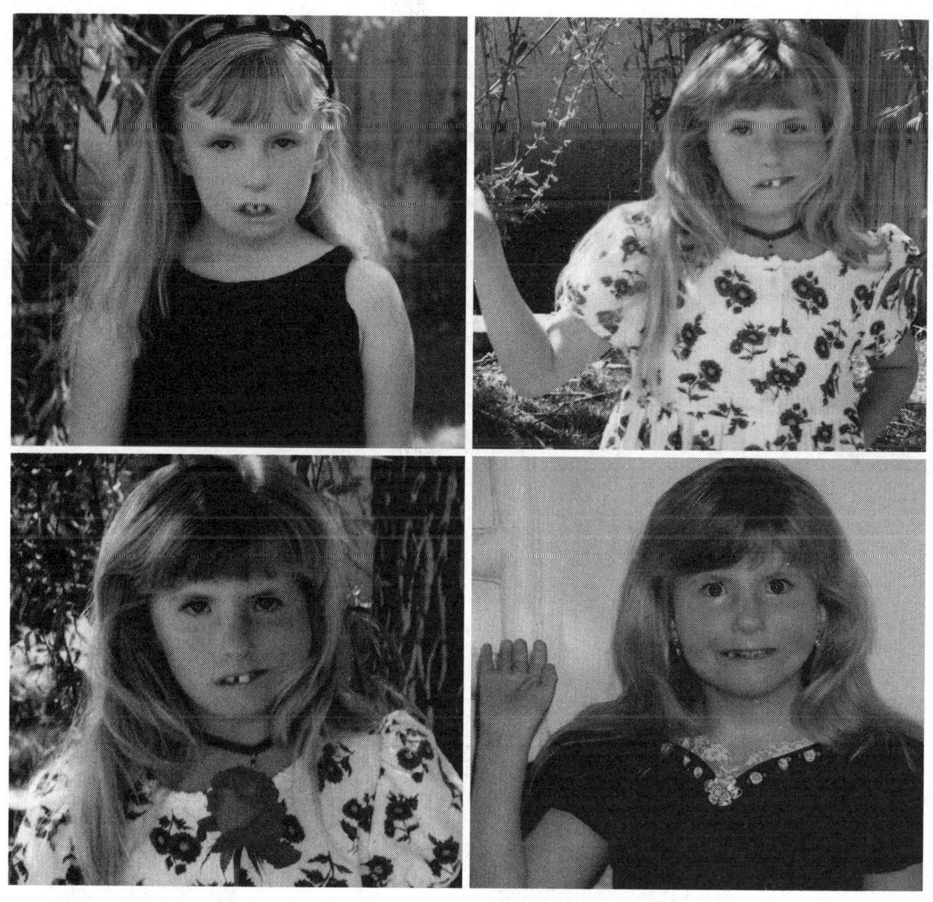

图 12.3 默比厄斯氏综合征（Möbius syndrome）
患有这种病的人，不能通过脸部肌肉的运动产生微笑。正如图片下部分所示，这个女孩通过手术获得了人工微笑。在手术之前，虽然不能微笑，但是并不影响她体验幸福和幽默。然而缺失微笑，使得她在交朋友方面很困难。

停下来检查一下

1. 根据詹姆士–兰格的理论，什么人无法体验到情绪？
2. 研究者是通过什么方法，不用语言而让被试微笑或皱眉的？

与情绪有关的脑区

不同的情绪体验会激活不同的脑区吗？此外，哪个脑区对于情绪反应最强烈？

试图给特殊情绪定位

传统上认为，**边缘系统**（limbic system）——围绕丘脑周围的前脑区域——是情绪的关键脑区（见图 12.4）。我们把其中的一个区域叫做杏仁核，在随后的章节中会提到。除此之外，很多的脑区同样对情绪有反应。

研究者通过让被试看图片，听故事，或者回忆之前个人的情绪经历，从而诱发被试产生情绪并研究相应脑区的变化。其中一种方法是测量诱发反应，这是一种对大脑电活动的快速改变非常敏感的方法（第 4 章）。研究者发现，被试在看一张带有情绪的面孔图片时，大脑的反应非常快（通常在 120~180 毫秒），表明人类大脑对面孔的反应尤其强烈。然而，不同的情绪可诱发相同脑区的激活（Eimer & Holmes，2007）。

另一种方法是通过采用正电子断层扫描（PET）和功能性核磁共振成像技术（fMRI）技术定位情绪体验时脑区的激活情况。

图 12.5 总结了很多研究的结果。每一个点代表某一个研究中所发现的与情绪相关的某个特殊脑区的激活。点的颜色代表了不同的情绪（Phan，Wager，Taylor，& Liberzon，2002）。额叶和颞叶的皮质区域有很多点，而

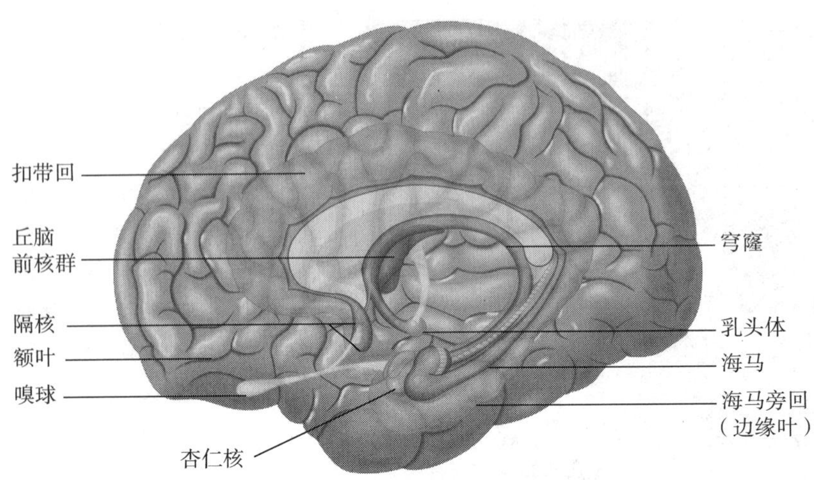

图 12.4 边缘系统

边缘系统是位于脑下部的一组结构。假如脑是透明的，可以看到这组结构。（见彩插）

且其他的一些研究也证明了这些脑区对于情绪加工非常重要（Kringelbach,2005）。然而,这个图最显著的一点是,每种情绪对应的点的位置的变异性。显然实验结果更依赖于实验程序的细节而不是情绪的靶区。

有时候，内科医生通过直接在癫痫病人的脑区插电极来监控他们随着时间的变化而产生的反应。在一项研究中，研究者通过植入电极来研究大脑对不同情绪图片的反应。他们确实发现了一些主要对快乐的图片发生反应的细胞，也发现一些主要对不快乐的图片发生反应的特殊细胞（Kawasaki et al.，2005）。但是，并没有人能证实存在仅仅对某种特殊的不愉快情绪体验，如伤心或恐惧产生反应的细胞。

在所有的情绪中，唯一的具有大脑特异性定位的是厌恶情绪。如果我们看一幅能够引起厌恶情绪的画面，我们的脑叶，或者称为脑岛就会有明显的激活（F.C.Murphy，Nimmo-Smith，& Lawrence，2003；M.L.Phillips et.al，1997）。我们也可以通过观看具有厌恶表情的面孔产生厌恶情绪（Wicker et al.，2003）。也就是说，如果你看到有人表现出了厌恶，你同样也会产生厌恶的情绪。

将厌恶情绪的脑区定位于脑岛是非常有趣的，因为它同时也是初级的味觉脑区（见图 7.20）。厌恶在字面上的意思是不好的味道。如果某个东西尝起来味道很不好的话，我们常常会有厌恶的反应，而且想把它吐出来。一个脑岛皮质受损的病人，他不仅在日常生活中不能产生厌恶的情绪反应，而且也不能识别带有厌恶的表情。当他听到作呕的声音时，他不能识别出这种声音代表着恶心和呕吐。假如你在汤里发现了一只蟑螂，你会觉得有多么恶心和厌恶？假如你看到有人的肠子从腹部的洞里流了出来，你会怎样？假如你看到有人的脸上和手上都沾满了粪便，你会有什么反应？在回答以上这些问题时，脑岛皮质受损伤的病人在厌恶程度上的评分要明显低于正常人（Caldera，Kaene，Manes，Antoun，& Young，2000）。

然而，在观看令人恐惧的图片时，脑岛也出现了激活（Schienle et al.，2002）。除了脑岛外，厌恶体验也

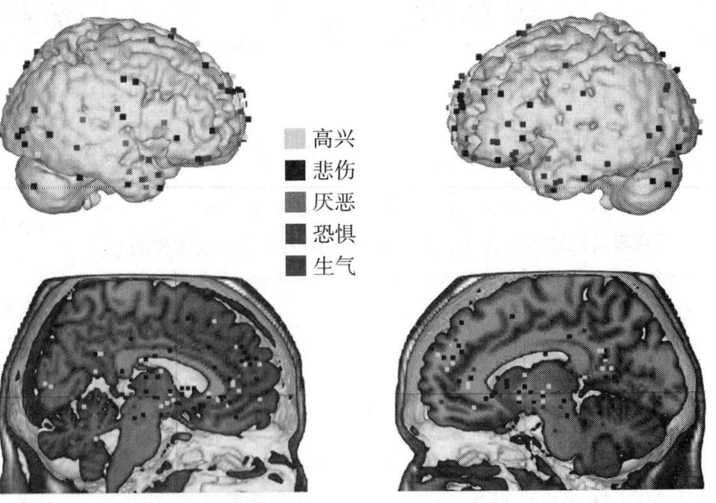

图 12.5 与特殊情绪相关的脑区

每个点代表某项与情绪有关的研究所发现的激活，情绪的产生激活了相应的脑区，并用不同颜色的点表示。（*Reprinted from NeuroImage, 16, Phan, K.L., Wagner, T., Taylor, S.F., & Liberzon, I., "Functional neuroanatomy of emotion: A meta-analysis of emotion activation studies in PET and fMRI," pages 331-348, Copyright2002, with permission from Elsevier.*）（见彩插）

激活了其他的脑区（Benuzzi，Lui，Duzzi，Nichelli，& Porro，2008）。因此，我们不能将厌恶情绪的脑区仅仅局限于脑岛这一区域。

停下来检查一下

3. 什么样的情绪和感官体验主要依赖于脑岛？

左半球和右半球的贡献

另外一个假设是：大脑的两个半球分别和不同类型的情绪有关。左半球的激活，尤其是额叶和颞叶的激活，通常与 Jeffrey Gray（1970）所说的**行为激活系统**（Behavioral Activation System，BAS）有关。同时伴随着一定程度的自主唤醒和朝向趋势，这些常常被认为与高兴或是愤怒有关。右半球的额叶和颞叶的激活通常被认为和**行为抑制系统**（Behavioral Inhibition System，BIS）有关，这种行为抑制系统可以增加注意和唤醒、抑制行动、产生厌恶或恐惧等情绪。（Davidson & Fox，1982；Davidson & Henriques，2000；F.C.Murphy et al.，2003；Reuter-Lorenz & Davidson，1981）。

大脑两个半球的激活程度和个性有关：一般来说，人们左半球额叶激活程度更高的话，会产生更快乐的情绪体验，表现得更友善，有更多的兴趣爱好。那些大脑右半球激活程度更高的人表现出一些社交回避，对自己生活不满，而且更容易产生不高兴的情绪（Knyazev，Slobodaskaya，& Wilson，2002；Schmidt，1999；Urry et al.，2004）。我们会在模块 15.2 中再次讨论这一问题。

大脑的右半球对情绪刺激要比左半球更为敏感。比如，当我们听到笑声或哭声的时候，右侧杏仁核的激活程度比左侧更强（Sander & Scheich，2001）。当人们看面孔图片时，如果提示他们关注面孔的情绪表达，右侧颞叶的激活程度会增强（Narumoto，Okada，Sadato，Fukui，& Yonekura，2001）。右侧颞叶受损的病人，在辨别他人情绪表达或者区分两个人的情绪是一致还是不一致方面存在困难（H.J.Rosen et al.，2002）。

在一项非常有趣的实验中，被试观看 10 个人的录像。在一段录像里，10 个人非常诚实地描述自己，在另一段录像里，10 个人虚假地描述自己。被试的任务是要选出哪段录像是真实描述自己的。这样的任务听起来容易，但是实际操作起来很难。选对的概率几乎等于随机概率（10 个里面有 5 个人选对）。有一组被试选对的几率是 60%，高于随机选择的成绩。然而这组被试有一个共同的特点是大脑左半球受损（Etcoff，Ekman，Magee，& Frank，2000）。事实证明，大脑右半球不仅在表达情绪方面，而且在识别他人的情绪方面做得更好。尤其是在大脑左半球失去功能时，右半球功能会发挥得更为出色。

在另一项研究中，通过对 11 个病人的一侧颈动脉注射药物，阻断血液流向大脑来瞬时麻醉一侧大脑（也叫做颈动脉的异戊巴比妥钠程序，常常用于某些特定的脑外科手术之前）。

所有 11 个病人的语言优势半球都在左半球，因此当他们的左半球被麻醉时，他们不能接受访谈。而当他们的右半球被麻醉时，有趣的事情发生了：他们仍然可以描述所经历的任何有关悲伤、争斗或者激怒的生活事件，但是他们只能回忆起事件本身，无法回忆起伴随这些事件的情绪体验。例如，有个病人回忆起一起车祸，另一个病人想起对生命垂危的母亲的探视，还有一个病人想起他妻子曾经威胁要杀掉他。然而，这三个人都否认他们感到恐惧、伤心或者生气。当他们的左右半球都处于活动状态时，也就是在没有对任何一个半球进行麻醉的情况下，当他们回忆起同样的事情时有着强烈的情绪体验。因此事实证明，当大脑右半球被麻醉，处于失活状态时，人们不能体验到强烈的情绪体验，甚至不能回忆起他们曾经体验过的情绪（Ross，Homan，& Buck，1994）。

停下来检查一下

4. 大脑右半球在情绪行为和理解他人情绪方面的作用是什么？

情绪的功能

如果我们体验和表达情绪的能力是通过进化得来的话，那么情绪一定是曾经适应祖先的生活的，而且情绪对我们来说也确实如此。那么情绪对我们来说具有哪些功能呢？

对于某些特定的情绪来说，答案是肯定的。恐惧的情绪警示我们远离危险。愤怒让我们去攻击入侵者。厌恶让我们回避那些可能会导致疾病的事物。虽然一些研究者已经提出了一些合理的可能性，但是幸福、悲伤、尴尬和其他情绪的适应性价值依然不甚清楚。

同样，当我们需要快速做出判断时，情绪提供了非常有效的指导。有时候，直觉是非常有用的。在一项研究中，让大学生观看一系列蛇和蜘蛛的幻灯片，每个幻灯片呈现时间是 10 ms，随后紧跟着一个掩蔽刺激，以一种无法识别的随机陈列模式呈现。在这种情况下，被试无法判断出自己看到的是蛇还是蜘蛛。对于每个被试，在每一种刺激之后给予 5-6 秒的温和电击。那些在前期呈现蜘蛛图片时给予刺激的被试，当看到蜘蛛图片时，心跳会加快。那些在前期呈现蛇图片时给予刺激的被试，当看到蛇图片时，心跳会加快，尽管前期任何一组被试都无法有意识地看清图片的内容。在某些实验试次中，被试需要报告他们的心率，用来和他们实际测量的心率相比较。而在其他的试次中，在刺激之后，让被试去猜测是否电击就要来临了。一般来说，那些能够准确报告心率加快的被试，对电击是否要来临的预测更准（Katkin，Wiens，& Öhman，2001）。对于这一现象的解释是，那些能够准确地知觉到自己自主神经反应的被试，在无意识的状态下对危险的直觉性更准确。

情绪和道德选择

我们在做重要抉择时一定程度上依赖于情绪考虑——当这种或另一种结果发生时，我们会有怎样的情绪体验。让我们来分析一下图 12.6 中所示的几个道德两难问题。

> **“电车困境”**　一列有轨电车飞驰而来，前面轨道上站着五个人，唯一能够保护这五个人不受伤害的方法是扳道岔，但是这样会压死另一条轨道上的一个人。扳道岔究竟是对还是不对呢？
>
> **“天桥困境”**　你站在天桥上俯视一列正在疾驰的电车。在电车行驶的前方轨道上站着五个人，如果电车继续前行的话，就会把这五个人压死。唯一能够避免这五个人被压死的方法是把天桥上一个身体强壮的陌生人推下桥，这样可以阻止电车继续前进。这样做对吗？
>
> **“救生艇困境”**　你和五个人坐在一个救生艇上，但是由于船上人太多了，船开始下沉。这时，你如果把一个人推下船去，船就会停止下沉，船上其他的

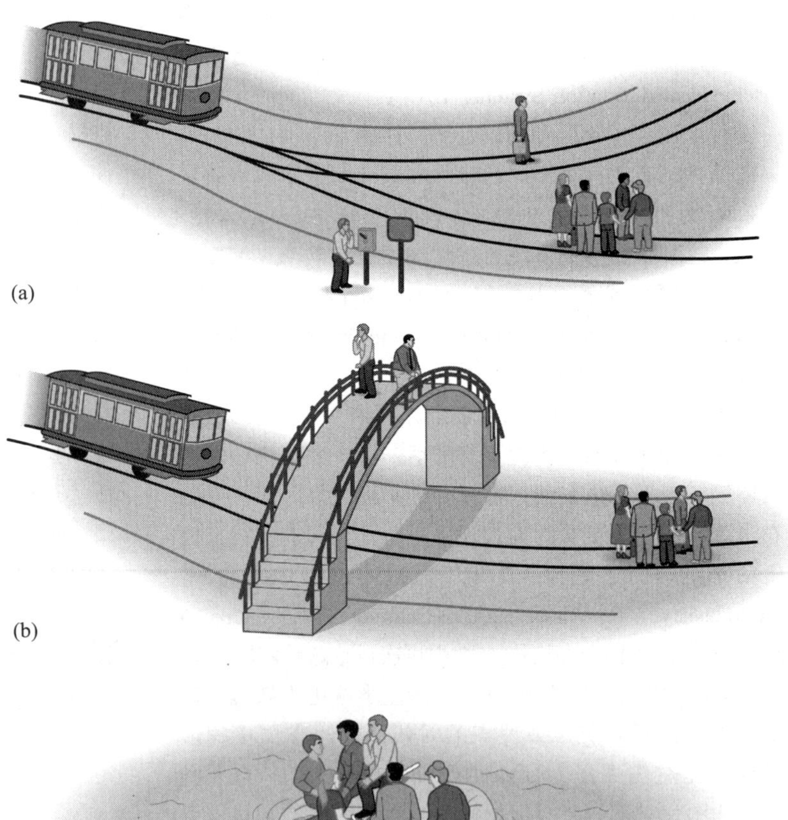

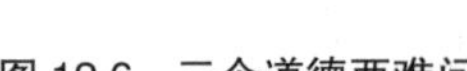

图 12.6　三个道德两难问题

（a）为了挽救五个人的性命你会扳道岔牺牲另一个人的生命吗？（b）你会把一个人从天桥上推下去从而阻止电车继续前进伤害五个人吗？（c）你会为了救你自己和其他四个人而把另外一个人从船上推下去吗？

人就会得救。在这种情况下，你认为把一个人推下水的做法对吗？

"医院困境" 假如你是一个外科医生，你的五个病人如果不进行器官移植的话，就会很快死去。每个病人需要移植不同的器官。你找不到可以给病人捐献器官的人。这时，一个护士跑进办公室说："好消息，来了一个来访者，他刚好和五个病人的组织类型相匹配。我们可以杀了这个来访者，用他的器官来拯救其余五个人。"这样对吗？

在上面的道德两难问题中，你都是可以通过杀死一个人来挽救五个人（在救生艇事件中还包括自己）。然而，尽管逻辑上讲这样做似乎是正确的，但是实际的选择却并非如此。在"电车困境"中大多数的人（并不是全部）会选择扳道岔。在"天桥困境"和"救生艇困境"中，很少有人会选择通过牺牲一个人的生命来挽救他人。几乎没有人同意在"医院困境"中通过杀死一个人来给其他的五个人进行器官移植。大脑扫描显示，在"天桥困境"和"救生艇困境"中激活的是与情绪有着密切关系的脑区，包括前额叶皮质部分和扣带回（Greene，Sommerville，Nystrom，Darley，& Cohen，2001）。在杏仁核区域的激活也非常重要。我们不想去杀害他人是因为我们意识到他人会因为我们的行为或选择而产生疼痛（Pfaff, 2007）。总之，当我们在对和错之间做选择的时候，我们很少会做出理性的选择。一种或另一种选择后，我们会认为这是对的，是因为在我们做出选择之后，我们试图去找到一个合乎逻辑的理由（Haidt，2001）。

与情绪相关的脑区损伤后的决策

除了偶尔生气外，大脑前额叶皮质受损，在其他很多方面影响情绪体验的产生。这种脑区受损同样会损害决策过程。这种人常常会做出冲动的决定，他们很少考虑后果，包括如果决策错误后会有什么样的感觉。当有机会选择时，他们常常会很快地做出决定，然后马上就会叹息和退避，知道他们刚刚做了一个错误的决定（Berlin，Rolls，& Kischka，2004）。你可能认为这种冲动的决定是情绪化的，但是这些人的决定常常看起来是非情绪化的。例如，如果面对"电车困境"或是其他上面提到的几种困境的选择时，前额叶皮质受损害的人更容易选择牺牲一个人而去挽救五个人，甚至是在那些大多数人会认为情感上不能接受的情况下，他们依然如此选择（Koenigs et al.，2007）。

历史上，最著名的前额叶损害的人是盖奇。1984 年，一场意外爆炸使得一根铁棍穿过了盖奇的前额叶。非常神奇的是，他却活了下来。在接下来的几个月里，他的行为变得很冲动，而且常常做出错误的决定。这些都是前额叶受损的一般特征。然而，关于他的报道只提供了很少的细节。多年来，随着反复的叙述，人们对于这件事情的原始情况进行了扩展。如果你看到有关此事的一些信息，你很有可能读到的是夸张化的版本（Kotowicz，2007）。

对于现代的一个案例我们知道的更多一些。Antonio Damasio（1994）发现了一个前额叶皮质受损的病人，这个病人几乎失去了表达任何情绪的能力。没有事情能够让他生气。他从来不会感到悲伤，即使对于自己大脑受损这件事情。没有什么事情能够让他感到高兴，音乐也不可以。由于丧失了理性判断能力，他经常做出错误的决定，失去了工作，婚姻失败，甚至失去了自己的积蓄。而在实验室的测验中，他总是能够成功预测到未来可能发生的各种决定的后果。比如，当问他假如他去银行兑现支票，出纳员多给了他一些钱，这时将会发生什么？他非常清楚事情的两种结果：要么把多给的钱还回去，要么拿上钱走人。但是他承认，"我依然不知道该怎么做"（A. R. Damasio，1994，p.49）。他非常清楚一种行为会让他受到赞同，而另一种则会使他陷入麻烦之中。但是很显然，他没法预测受到他人赞同会让他产生愉快的体验，陷入麻烦会让他感到非常不好。在某种意义上，任何选择都需要思考价值和情绪这两个方面——我们如何考虑这种结果或另一种结果将给我们带来什么样的情绪体验。用 Damasio 的话来说，"不可避免的，情绪与善恶观念是不可分割的"（A. Damasio，1999，p.55）。

研究者还研究了两个在婴儿阶段前额叶皮质受损的年轻人（S. W. Anderson，Bechara，Damasio，Tranel，& Damasio，1999）。很显然，他们没有学习过道德行为。从童年起，他们就开始不断地偷窃、说谎、对他人进行身体攻击和辱骂，但是他们从来没有感到过内疚。他们两个人都没有朋友或者长期持续地从事过某项工作。

这里有个实验可以用来进一步探索情绪在决策中的作用。在爱荷华赌博任务中，人们可以每次从四堆牌中抽出一张。如果他们从 A 或者 B 中选择的话有可能会得到 100 美元。如果从 C 或者 D 中选择的话可能会得到 50 美元。然而，某些卡片的选择也会受到惩罚：

得到：100美元
一半的卡片
会罚250美元

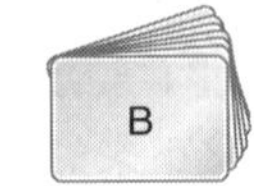

得到：100美元
1/10的卡片
会罚1250美元

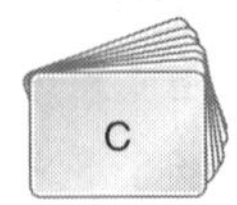

得到：50美元
一半的卡片
会罚50美元

得到：50美元
1/10的卡片
会罚250美元

当你看到所有的情况后，你可以很容易地看出从 C 和 D 中选牌是最佳的选择。在试验中，人们只能通过试次的增加和错误来发现这种回报的概率。起初，人们是从四堆牌中随机选择的，慢慢地就会发现当他们从 A 和 B 中拿牌时，会伴随着神经紧张的表现，因此他们开始倾向于从 C 和 D 中拿牌。而对于那些前额叶皮质或者杏仁核受损的人而言，他们在作出选择时很少表现出情绪信息。在实验中，这些被试在 A 和 B 中拿牌时并没有表现出任何神经紧张。而且随着实验试次的增加他们依然持续不断地从 A 和 B 中拿牌（Bechara，Damasio，Damasio，& Lee，1999）。总之，不能够预测不开心的结果会导致错误的选择。

公平地说，有时情绪会干扰我们作出正确的决策。假如你开车时突然行驶到了打滑的冰面上，你会怎么做呢？前额叶受损的病人在面临这样的情况时通常会按照正确的建议去做：把脚远离油门，然后沿着打滑的方向前进（Shiv，Loewenstein，Bechara，Damasio，& Damasio，2005）。而多数人在这种情况下会惊恐，然后赶紧刹车，扭转方向盘企图远离打滑的冰面，但是这种做法常常使结果变得更坏。

停下来检查一下

5. 假如大脑受损影响了人的情绪，那么会对他的决策选择有什么影响呢？

模块 12.1 结 语

情绪和神经系统

尽管我们认为情绪是模糊不清的内部状态，但是他们基本上是生物性的。正如 William James 在一个世纪前所观察到的，情绪是一种“体现”——情绪体验需要一些身体动作和对这些动作的感知。

生物研究揭示很多情绪心理学的问题。举例来说，一个问题是人们是否具有一些“基本”的情绪，或者基于基本情绪，发生一定连续变化的情绪。如果研究者发现不同的情绪依赖于不同的脑区，或者不同的神经递质，这些证据足以证明那些关于基本情绪的观点。然而，到目前为止，研究者还没有找到足够的证据来证明每一种情绪都有着其特殊的生理机制，厌恶情绪除外。

对脑损伤病人的研究也可以帮助人们理解情绪的功能，尤其是与道德行为及决策相关的问题。除了对智力行为有一定影响之外，情绪反应也可以快速引导出适当的行为。总之，对情绪的理解及对其生理基础的理解是密不可分的。

总 结

1. 根据詹姆士 – 兰格的理论，情绪的产生是对来自肌肉和器官运动的反馈。
2. 与詹姆士 – 兰格的理论相一致，自主反应受损的病人在情绪体验方面较差，但是他们可以识别情绪的认知方面。
3. 对面部活动或其他行动的反馈调节可以增强情绪体验，但是他们却不是产生情绪体验的必须条件。
4. 情绪经历能够唤醒大脑的许多脑区，来自 fMRI 和 EEG 的结果表明了这一点。到目前为止，除了厌恶情绪外，研究者还没有找到足够的证据来证明不同的情绪依赖于不同的脑区这一观点。
5. 大脑左半球前额叶和颞叶的激活与行为激活系统有关。大脑右半球相应的区域与行为抑制系统有关。大脑右半球在情绪表情识别中比左半球更有效。
6. 负责情绪体验和反应的脑区受损同样会影响决策的选择。一种解释是人们很难快速预测出可能出现的后果所带来的情绪体验。

关键术语

詹姆士 – 兰格理论 368
纯自主神经衰竭 369
惊恐发作 370
边缘系统 371
行为激活系统（BAS） 373
行为抑制系统（BIS） 373

思考题

根据詹姆士 – 兰格理论，我们预期患有纯自主神经衰竭的病人会体验到更弱的情绪，那么与一般人相比，什么样的人可能会体验到更强的情绪？

停下来检查一下答案

1. 那些肌肉不能运动，对任何器官的变化都没有感知能力的人无法体验到情绪。然而，这样的人往往可以辨认出情绪的认知成分（比如这是一个危险的情境）。
2. 研究者通过让被试用牙齿咬住一支笔从而让他们产生笑容。研究者通过在被试的眉毛上贴上两个高尔夫球球座，然后要求他们让这两个球座接触，被试只有通过皱眉才能做到这样。
3. 脑岛对于厌恶情绪和味觉来说非常重要。
4. 右半球的激活与事件和社会联系的逃避相关。与左半球相比，右半球对于理解他人的情绪表情方面的特异性更强。
5. 负责情绪的脑区受损后，人们常常会做出冲动的决策，这是因为他们不能很好地预测出如果一旦决策错误的话，会带来什么样的情绪体验。

模块 12.2 攻击和逃避行为

你是否曾经看到过一只猫在吃老鼠之前与老鼠玩耍？猫可能会踢、拍、抛、接、晃甚至玩弄老鼠。猫是在残暴地折磨猎物吗？不是。大多数我们称之为“玩”的行为是一种介于攻击和逃避之间的行为。当老鼠逃开时，猫会很快追上去。老鼠转过身来面向猫，尤其是露出牙齿时，猫会采取防守行为，即拍或者踢老鼠（Pellis et al.，1988）。如果老鼠很小或者活动性很差，猫一般会很快吃掉老鼠。或者当给猫注射了降低焦虑的药物时，猫也会很快地吃掉老鼠。同样是这只猫，如果遇到一只非常大的，而且有威胁性的老鼠，它会完全退缩。因此，所谓的“玩”只会发生在中间状态（Adamec，Stark-Adamec，& Livingston，1980；Biben，1979；Pellis et al.，1988）。

我们所观察到的动物的大多数情绪行为都可归为攻击行为和逃避行为，而且，我们把交感神经系统称之为战斗或逃跑系统并不是偶然的。这些行为和由此而引发的情绪——愤怒和恐惧，无论在行为上还是在生理上都是紧密相关的。

攻击行为

攻击行为可能是激情、平静的，也可能是超脱的。举例来说，士兵在战场上在面对敌人时不会感到恐惧，人们有时候为了获得经济利益，也会变得冷血。我们很难为攻击行为找到一种单一的解释。

攻击行为依赖于个体，同样依赖于情境。以仓鼠为例，假如一只仓鼠闯入另一只仓鼠的地盘，那么后者首先会闻一下这只入侵者，然后采取攻击行为，而不是马上就攻击。假设这只入侵者离开了，又来了另一只入侵者，这时候仓鼠会表现出比刚才更快和更猛烈地攻击行为。在随后的 30 分钟甚至更长的时间内，第一次攻击行为增加了第二次攻击的可能性（Potegal，1994）。看起来像是第一次攻击使得仓鼠产生了再次攻击的心境。在这种情况下，位于颞叶的杏仁核内侧皮质活动明显地增强了（Potegal，Ferris，Hebert，Meyerhoff，& Skaredoff，1996）（图 12.7）如果我们直接刺激仓鼠的杏仁核的内侧皮质区域，仓鼠会出现攻击行为，即使没有之前的斗争经历也会出现这样的结果（Potegal，Hebert，DeCoster，& Meyerhoff，1996）。

人类也具有与此相类似的行为：当你被人辱骂了之后，你会变得具有攻击性，而且这种状态可以持续很久。有时候，甚至一个人激怒了你，你会对着其他的人大喊大叫（Potegal，1994）。你可能听过，“假如你想生气，先在心里数到十再行动。”虽然这种观点是正确的，但是我们应该数到几千才能取得想要的效果。

暴力行为中遗传和环境的影响

为什么有的人比其他的人更容易产生暴力行为呢？一种解释是环境因素的影响，有害的环境干扰了大脑的正常发育。自从含铅油漆被禁止使用以及无铅汽油推广以来，暴力犯罪发生率有所下降，这可能是环境中铅含量下降的结果（Nevin，2007）。另外一个可能的原因是母亲在怀孕阶段吸烟的习惯。母亲在怀孕阶段吸烟的量与其孩子在青春期和成年期的犯罪率是成正相关的（Brennan，Grekin，& Mednick，1999；Fergusson，Woodward，& Horwood，1998）。如果母亲在分娩期间吸烟而且有其他的并发症的话，这种相关就会尤其明显（图 12.8）。然而，这种相关关系并不能证实因果关系的存在。有时候那些吸烟的女人同时在使用毒品，除此之外，她们在基因、饮食和抚养孩子方面与常人都不一样。尽管如此，动物实验表明，出生前暴露在尼古丁的环境中可以损害大脑的正常发育。假如我们确保其他所有的条件都一样，只把吸烟与否作为实验条件来进行实验的话，吸烟确实可

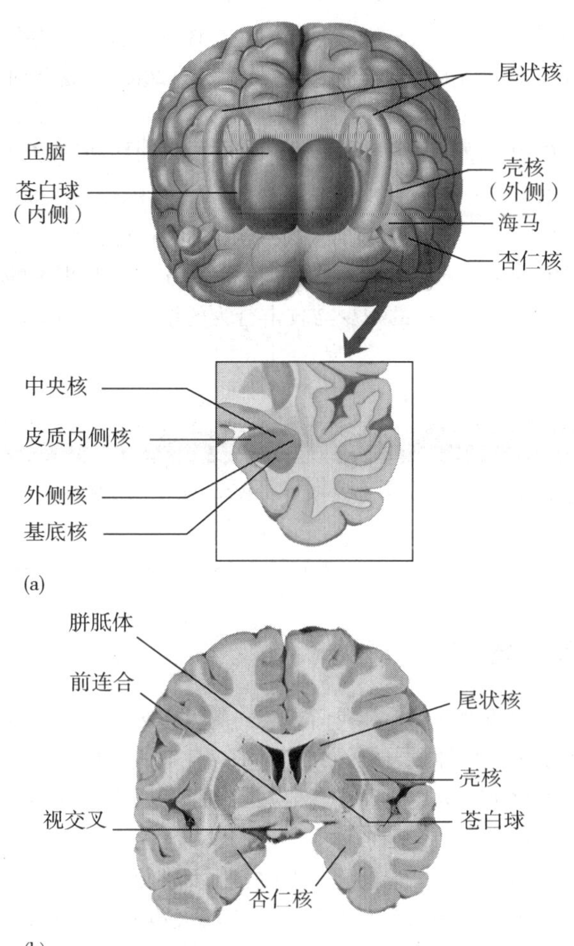

图 12.7 人类大脑中杏仁核的位置

杏仁核，位于大脑颞叶的内部，它接受来自很多皮质和皮质下结构的信息输入。（a）显示了杏仁核内亚核的分布。（*[a] After Hanawy, Woolsey, Gado, & Roberts, 1998, Nieuwenhuys, Voogd, & vanHuijzen, 1988*）

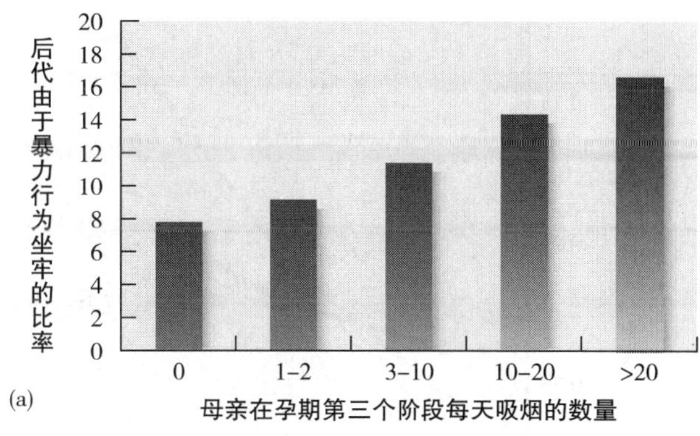

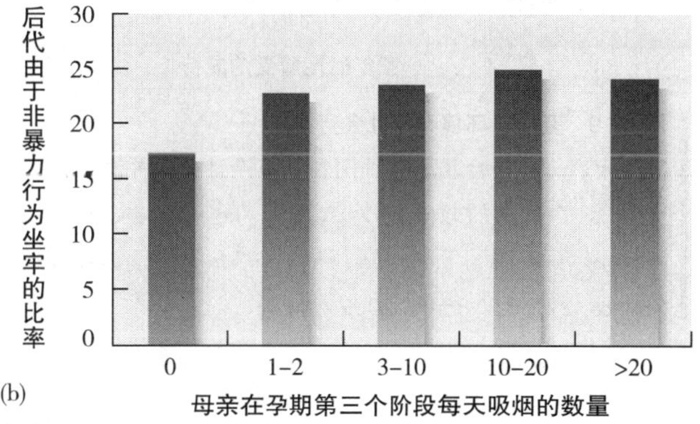

图 12.8 母亲孕期吸烟对后代犯罪行为的影响

（a）母亲在孕期第三个阶段吸烟数量越多，孩子以后暴力犯罪的可能性越大；（b）吸烟与非暴力犯罪没有相关关系（*From "Maternal smoking during pregnancy and adult male criminal outcomes," by P. A. Brennan, E. R. Grekin, and S. A. Mednick, Archives of General Psychiatry, 56, pp. 215-219. Copyright ©1999 American Medical Association. Reprinted by permission.*）

以作为后期攻击行为的预测因素，但是仅仅是非常弱的预测（Button，Maughan，& McGuffin，2007）。

遗传因素同样非常重要。有研究表明同卵双生子比异卵双生子在攻击和犯罪行为上具有更明显的彼此相似性，收养的儿童在行为上更接近于他们的生父母而非养父母。这些研究结果都暗示了基因的重要作用（Rhee & Waldman，2002）。

然而，尽管很多研究试图去发现决定攻击性行为的特定基因，但都收效甚微。因此，研究者们开始探索基因和环境的共同作用。一些研究：发现具有一定的基因倾向而且早期生活环境不好的人更容易有攻击行为（Cadoret，Yates，Troughton，Woodworth，& Stewart，1995；Caspi et al.，2002；Widom & Brzustowicz，2006）。图 12.9 列出了其中一项研究的结果，研究者比较了由遗传因素即基因所决定的单胺氧化酶 A（MAO_A）含量不同的人的行为表现。这种酶可以分解单胺类递质，如多巴胺、去甲肾上腺素和 5- 羟色胺，从而导致这些递质含量下降。研究者没有发现高 MAO_A 个体与低 MAO_A 个体在攻击行为和其他反社会行为方面存在明显的差异。但是，这种基因水平上的影响显然与童年经历相关。正如图所示，如果童年生活过得比较快乐，无论是低 MAO_A 还是

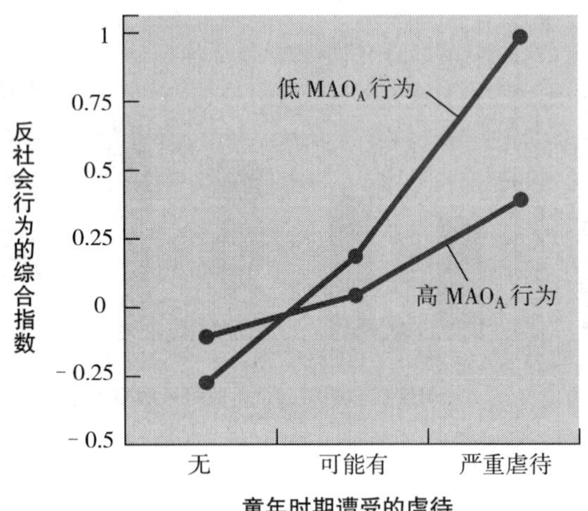

图 12.9 基因、环境和反社会行为

Y 轴代表一种整合了好几种测量的复杂计分。关键点在于高分代表了更多的攻击行为。(*From "Role of genotype in the cycle of violence in maltreated children," from Caspi, A., et al., Science, 297, 851-854.© 2002 AAAS.*)

高 MAO_A 的个体，他们的反社会行为都比较少。而那些在童年时代遭受过少量虐待的人则表现出更多的反社会行为。但是同样，无论是低 MAO_A 还是高 MAO_A 个体，两者的反社会行为表现没有差异。对于那些童年时代遭到严重虐待的人来说，低 MAO_A 个体的反社会行为要显著地多于高 MAO_A 个体（Caspi et al., 2002）。这一研究结果之所以非常有趣，是因为它揭示了基因和环境的交互作用，尽管并不是所有其他的研究都可以重复得出这一结果（Prichard，Mackinnon，Jorm，& Easteal，2008）。MAO_A 水平与童年经历的交互作用究竟依赖于什么因素，研究者至今还未找到。在任何一种情况下，从理论的角度来讲，MAO_A 的减少与攻击行为的增加为何相关尚未明确。

停下来检查一下

6. Caspi等人（2002）的研究中发现酶MAO_A和反社会行为之间存在怎样的关系？

激　素

在动物世界中，我们观察到的大多数斗争都是雄性为了争夺雌性或者雌性为了保护后代而进行的斗争。雄性的攻击行为主要取决于睾丸酮，这种激素在成年雄性的繁殖季节含量最高。

同样，在人类世界，男性要比女性更容易争斗，更容易因为暴力行为而被捕，更容易大声辱骂他人等等。

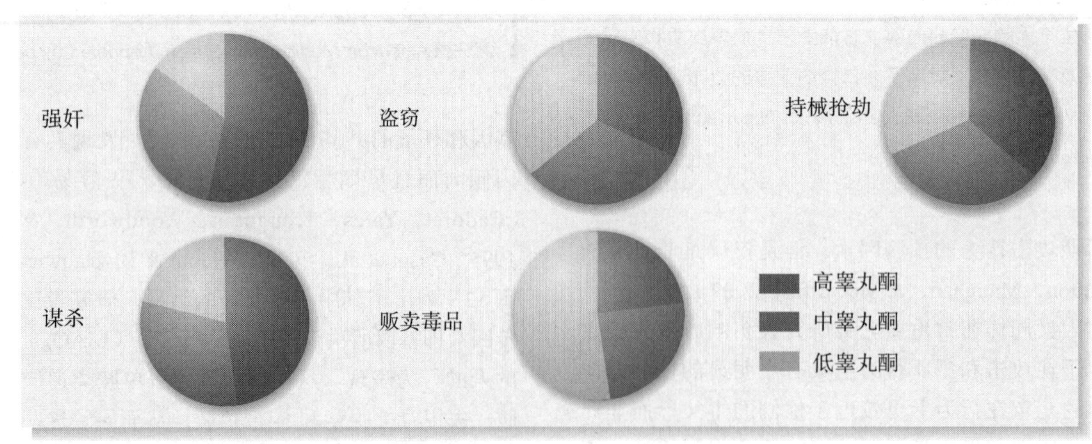

图 12.10 以各种罪名定罪的男性的睾丸酮水平

平均而言，犯有强奸和谋杀罪的男性的睾丸酮水平高于盗窃和贩卖毒品类犯罪的男性犯人（*Based on Dabbs, Carr, Frady, & Riad, 1995*）。

此外，有着最高睾丸酮含量的年轻成年男性，同样具有最高比例的攻击行为和暴力犯罪。女性同样会发生暴力行为，但是她们的攻击性通常很弱（Archer，2000）。

是不是拥有较高睾丸酮含量的男性会比低睾丸酮含量的男性更容易实施暴力行为？答案是肯定的，如果我们对足够多的男性进行分析的话。尽管这种效应比我们预期的要小，但是依然存在（Archer，Birring，& Wu，1998；Archer，Graham-Kevan，& Davies，2005）。图 12.10 揭示了相关的结果。与非暴力犯罪入狱的男性相比，高水平睾丸酮更多地存在于因强奸或谋杀犯罪而入狱的男性。但是这种差异并不大。很难解释这些发现，因为环境压力可能会影响激素的水平和暴力行为的发生。

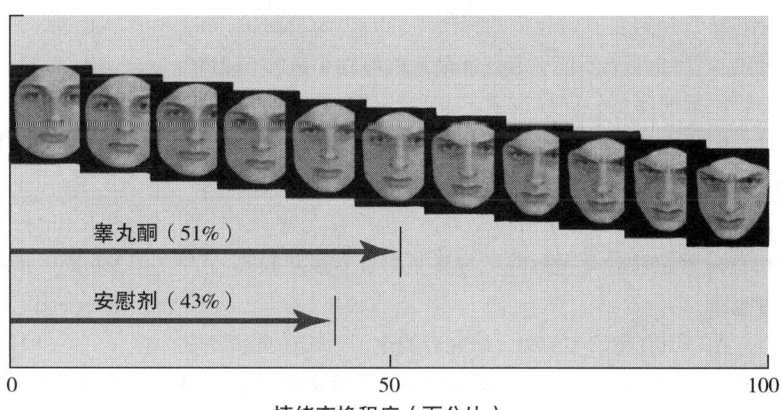

图 12.11 测量人们识别情绪的面孔刺激
对于六种情绪中的每一种，研究者都准备了一系列的面孔图片，程度从 0% 到 100%。在这个图里展示的是生气的情绪。实验结果表明，注射了安慰剂的女性被试要比注射了睾丸酮的被试能够更快地识别面孔表情。（*From van Honk, J., & Schutter, D.J.L.G. © (2007), "Testosterone reduces conscious detection of signals serving social correction, "Psychological Science, 18, 663-667. Used by permission of Blackwell Publishing.*）

睾丸酮的作用来源于它可以在一定程度上改变人们对各种刺激的反应。在一项研究中，研究者并没有比较不同睾丸酮水平的男人的攻击行为的差异（这些人也可能在其他方面还存在差异），而是通过给女人注射一定剂量的睾丸酮，使她们的睾丸酮含量暂时达到正常男性的水平。这些女性被试的任务是判断照片上人的面孔所表达的情绪：愤怒、厌恶、恐惧、开心、伤心，还是惊讶。所有照片都在电脑上经过图形处理，让面孔表情从 0%（中性表情）过渡到 100%。图 12.11 显示了一个关于愤怒表情的例子。

结果表明，女性被试接受睾丸酮注射后，大多数的人在识别愤怒面孔表情时发生了困难（van Honk & Schutter，2007）。同时，其他的研究表明，睾丸酮可导致杏仁核对愤怒面孔图片更为强烈的反应（Hermans，Ramsey，& van Honk，2008）。事实上，睾丸酮对于不同的脑区有着不同的影响，可增强那些与情绪相关的脑区的活动，而减弱那些负责识别情绪的脑区的活动。据此可以推测注射睾丸酮导致情绪唤起以及情绪管理能力的下降。

停下来检查一下

7. 睾丸酮是如何影响情绪和人们对恐惧面孔的认知反应的？

5-羟色胺突触和攻击行为

一些事实说明攻击行为和 5-羟色胺释放的减少有关。我们首先检查一下这些事实，然后再进一步考虑 5-羟色胺在攻击行为中的复杂作用。

非人类的动物 大多数早期的证据来自于对小鼠的研究。Luigi Valzeli（1973）发现将雄性小鼠隔离四周后，它们的攻击行为会增加，相应的 5-羟色胺的转化量会减少。当神经元释放 5-羟色胺递质时，大部分的递质会被神经元重吸收，然后合成足够的量来替代减少的 5-羟色胺。因此，神经元中递质的总量保持着一定的稳定性。如果我们要查总量的话，我们不知道有多少神经元已经释放过递质。但是如果我们去测 5-羟色胺的代谢产物，即其**转化量**（turnover）的话，却是可行的。研究者们测定的是脑脊液（CSF）中 5-羟色胺的主要代谢产物 **5-羟吲哚乙酸**（5-hydroxyindoleacetic acid，5-HIAA）。血液或尿液中含量的测定则缺乏准确性。

通过对比不同遗传品系的小鼠，Valzeli 和他的同事们发现，在社会隔离后表现出最强烈攻击行为的小鼠品系出现了 5- 羟色胺转化量的降低（Valzelli & Bernasconi，1979）。社会隔离不能引起任何品系的雌性小鼠的 5- 羟色胺转化量的降低，同样也就不能导致雌性攻击行为的增加。而且，少年阶段的大鼠的 5- 羟色胺活性低于成年阶段，同样，少年大鼠的攻击行为要高于成年大鼠（Taravosh-Lahn，Bastida，& Delville，2006）。也许在人类中，也是由于 5- 羟色胺转化量的降低导致了男性青少年攻击行为的增加。

在一项有趣的实验中，研究者测定了生长在自然环境中的两岁大的猴子的 5-HIAA 的含量，然后密切观察它们的行为。5-HIAA 含量最低的猴子表现出的攻击行为最多。它们中的大部分成员 6 岁就死掉了。相反，5- 羟色胺转化量高的猴子就能够得以生存（Higley et al.，1996）。5-HIAA 含量低的雌性猴子也容易受伤并很早死去（Westergaard，Cleveland，Trenkle，Lussier，& Higley，2003）。

假如大多数拥有低 5- 羟色胺转化量的猴子会在很年轻的时候死去，那么为什么这些导致低转化量的基因不会被自然选择淘汰呢？一种可能性是进化选择的是中间状态的攻击和焦虑（Trefilov，Berard，Krawczak，& Schmidtke，2000）。最没有恐惧感的动物容易卷入斗争而且早早死去，但是那些过度恐惧的动物却有着其他的问题。我们同样也可以这样说人类：那些什么都不怕的人可能更容易进行冒险的活动——与短吻鳄扭打在一起，玩蹦极等等。那些特别容易产生恐惧感的人更容易退缩，而且很难成功（Nettle，2006）。

我们同样可以把攻击行为看做是一种冒险，一种高风险高回报的策略：拥有着低含量 5-HIAA 的猴子要进行很多斗争，而且很可能在年轻的时候就死去。但是，如果这个猴子赢得了这些斗争的话，他就会在一个群体里赢得统治者的地位（Howell et al.，2007）。在某些情况下，冒着死亡的危险去赢得一个统治者的地位看起来是有一定合理性的。

停下来检查一下

8. 如果我们想知道在大脑中5–羟色胺的释放量，我们应该如何测量呢？
9. 既然拥有5–羟色胺转化量低的猴子会参与多次斗争然后在很年轻的时候就死去，那么究竟是什么因素防止自然选择去淘汰这些基因呢？

人　类　很多研究发现，5- 羟色胺转化量低的人都有暴力行为的历史，其中包括纵火犯罪和其他形式的暴力犯罪（Virkkunen，Nuutila，Goodwin，& Linnoila，1987）。而且他们更倾向于通过暴力手段自杀，见图 12.12（G. L. Brown et al.，1982；Edman，Asberg，Levander，& Schalling，1986；Mann，Arango，& Underwood，1990；Pandey et al.，1995；Roy，DeJong，& Linnoila，1989；Sher et al.，2006；Spreux-Varoquaux et al.，2001）。

一项追踪研究表明，那些从监狱中释放出来的 5- 羟色胺转化量低的人，以后再次采取暴力犯罪的可能性比较大（Virkkunen，DeJong，Bartko，Goodwin，& Linnoila，1989；Virkkunen，Eggert，Rawings，& Linnoila，1996）。然而尽管一系列的数据说明这些关系是可靠的，但是我们依然不能够仅通过测定血液测试来决定是否将犯人从监狱中释放出来。

通过饮食的变化去改变 5- 羟色胺的合成是可能的。神经元通过色氨酸合成 5- 羟色胺，而色氨酸是一种在蛋白质中含量非常少的氨基酸。色氨酸通过主动运输通道穿越脑血管的重重障碍，这种主动的运输通道也是其他苯丙氨酸和氨基酸的共用通道。因此，如果摄入大量的含其他氨基酸的食物会损害大脑合成 5- 羟色胺的能力。一项研究表明，青年男性在摄入了大量含其他氨基酸的食物后，在随后的几个小时攻击行为有所增加（Moeller et al.，1996）。在这种情况下，让有攻击或自杀倾向的人尽

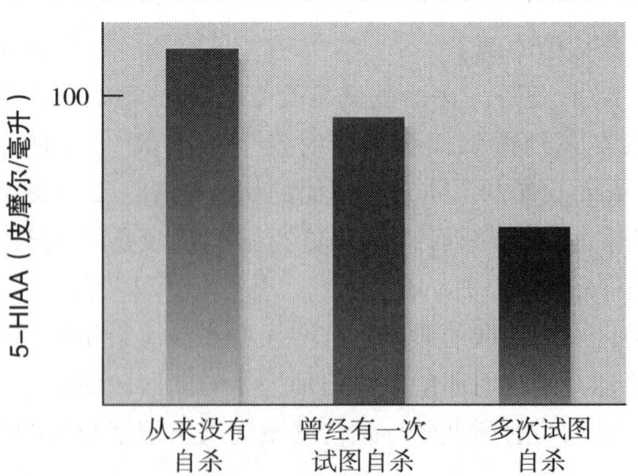

图 12.12　抑郁人群中脑脊液中 5–HIAA 的含量

对于不同自杀群体的测量，低含量的 5–HIAA 代表 5– 羟色胺的转化量低。（*Based on results of Roy, DeJong, & Linnoila, 1989*）

可能少摄取阿斯巴甜是正确的选择（NurtraSweet），因为阿斯巴甜的 50% 是苯丙氨酸和玉米（含有大量的苯丙氨酸和少量的色氨酸）（Lytle，Messing，Fisher，& Phebus，1975）。

5- 羟色胺活性的变异性很大，因此暴力行为与基因相关。将色氨酸转化为 5- 羟色胺的酶是色氨酸羟化酶，而每个人控制此酶的基因是不同的。人群中这种色氨酸羟化酶活性成分较少的个体与正常个体相比，要表现出更多的愤怒和攻击行为（Henning，Reuter，Netter，Burk，& Landt，2005；Rujescu et al.，2002），而且会更容易采取暴力自杀（Abbar et al.，2001）。

这些研究结果一致表明：低含量 5- 羟色胺与暴力行为增加有关，这似乎提示了一个简单的理论，即 5- 羟色胺可以减少暴力行为。然而，事实上产生暴力行为的原因是非常复杂的。有研究者发现，在实施暴力行为时，大脑中仍然有 5- 羟色胺的释放（van der Vegt et al.，2003）。很显然，攻击行为发生前的低 5- 羟色胺含量能使攻击反应更加强烈，而当攻击行为一旦开始，则 5- 羟色胺迅速释放（Nelson & Trainor，2007）。

进一步来说，临床上抑郁与 5- 羟色胺活性降低相关，但是大多数的抑郁症患者却没有表现出相应的暴力行为。假如某些治疗方法使你的 5- 羟色胺含量迅速下降，那么你会马上产生什么样的行为呢？暴力还是抑郁或是其他？当研究者通过药物或是饮食来降低 5- 羟色胺含量时，有些被试感到抑郁，有些出现攻击行为而且变得冲动，对于那些先前有毒品问题的被试，他们报告说对毒品有着强烈的需求（Kaplan，Muldoon，Manuck，&Mann，1997；Van der Does，2001；S.N. Young & Leyton，2002）。简而言之，5- 羟色胺的作用并不是特异性针对攻击行为的。一个更好的假设是高含量的 5- 羟色胺能够抑制一系列的冲动产生。

停下来检查一下

10. 怎样通过饮食来改变5–羟色胺的含量？

逃避、恐惧和焦虑

第 3 章讨论了大脑的伏隔核，一个对强化起着非常重要作用的区域。在这个核团内部，一端的细胞对于趋向反应更为重要，而另一端则对于逃避反应更为重要。当大鼠处于一个安静、黑暗和熟悉的环境时，伏隔核内“趋向”和“逃避”的界限就发生了转换，大多数的细胞对于刺激的反应是趋向的。为了让大鼠尽可能感觉到威胁，而不真正地伤害它们，研究者们将大鼠置于强光和不能预测的强声音刺激环境中。在这样的环境里，伏隔核内的界限发生了相反的变化，大多数的细胞在刺激发生时，表现出了逃避的反应（Reynolds & Berridge，2008）。也就是说，趋向、逃避还是焦虑的倾向性是随着情境而发生改变的。

由于遗传背景的不同，焦虑也是因人而异的（Chen et al.，2006；Weisstaub et al.，2006）。杏仁核是整合环境和基因影响并调节当前焦虑水平的一个主要脑区。

恐惧、焦虑和杏仁核

我们是否具有一些与生俱来的，不用经过后天学习就有的恐惧呢？答案是肯定的。其中一个理由是：刚出生的孩子对于强噪音会感到恐惧。对于一个未知的强噪音的反应［也就是我们通常所说的**惊跳反射**（startle reflex）］是非常迅速的。

声音信息会首先传到位于延髓部位的耳蜗核，然后从耳蜗核直接传到脑桥，脑桥发出命令，让肌肉开始收缩，尤其是脖子的肌肉。收缩脖子的肌肉是非常重要的，因为脖子非常容易受到伤害。（第 5 章已经讨论过啄木鸟在啄树的时候是如何保护它的脖子的。）在强噪音发生之后的 3-8ms 内信息传到脑桥，然后惊跳反应发生在不到 0.2s 的时间内（Yeoman & Frankland，1996）。

尽管你并没有学习过对强噪音产生恐惧，但是当前的情绪或状态修正了你的反应。如果你已经处于紧张状态，你的惊跳反射程度会更深。那些患有创伤后应激障碍的人，他们对自己的焦虑情绪非常了解，会表现出更强的惊跳反射（Grillon，Morgan，Davis，& Southwick，1998）。

啮齿类动物的研究

心理学家通过测量惊跳反射的变化来评估恐惧和焦虑。在非人类的研究中，心理学家首先测量了对强噪音

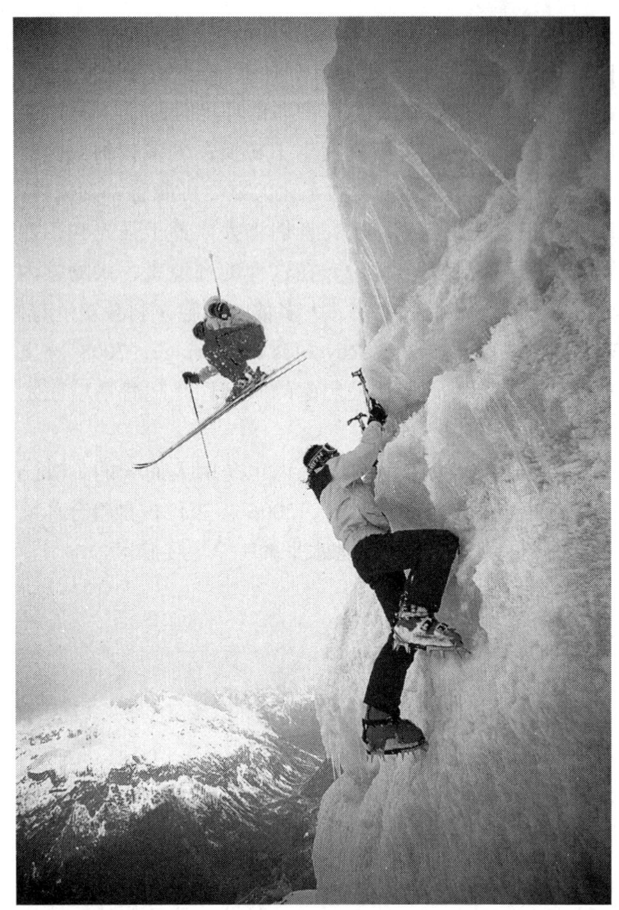

人们对于某项运动的选择一定程度上取决于它们所诱发的焦虑程度。

的正常反应。然后，他们反复地给动物呈现成对刺激，比如灯光和电击。最后，研究者将灯光刺激呈现在强噪音刺激之前，以确定多强的灯光刺激能增强惊跳反射。而对照组动物仅被给予灯光刺激，没有灯光与电击的结合过程。研究结果一致表明：当动物建立起刺激和电击的联系后，这个刺激就变成了一个恐惧信号，如果将这个刺激呈现在强噪音之前，则加剧了动物惊跳反射的程度。相反，如果一个刺激和愉悦的刺激相结合，那么它就是一个安全信号，当它呈现在强噪音之前，则减弱了惊跳反应的程度（Schmid，Koch，& Schnitzler，1995）。

研究者们认为杏仁核（见图 12.7 和图 12.13）是增强惊跳反射的最重要的脑区。杏仁核中的很多细胞，尤其是基底外侧核和中央核，接受来自痛觉纤维以及视觉和听觉信息的传入，因此形成了一个很容易建立条件性恐惧的环路（Uwano，Nishijo，Ono，& Tamura，1995）。杏仁核中的一些细胞主要对奖赏发生反应，另一些对惩罚发生反应，除此之外，还有一些细胞对任何一种惊异发生反应（Belova，Paton，Morrison，& Salzman，2007）。

从杏仁核到下丘脑的输出控制着自主恐惧反应，比如说血压的升高。同样杏仁核中的一些轴突联系着前额叶皮质，从而控制趋向和逃避反应（Garcia，Vouimba，Baudry，& Thompson，1999；Lacroix，Spinelli，Heidbreder，& Feldon，2000）。其余的轴突到达中脑，将信息传递到脑桥，从而控制惊跳反射（LeDoux，Iwata，Cicchetti，& Reis，1988；Zhao & Davis，2004）。图 12.13 显示了它们之间的连接。

尽管杏仁核受损的大鼠能够表现出正常的惊跳反射，但强噪音之前的信号却不能对反射进行调节。在一项研究中，大鼠们被反复地暴露在灯光和电击相结合的刺激中，然后测验阶段测量它们对强噪音的惊跳反射。正常的大鼠在强噪音呈现后表现出了中等程度的惊跳反射，当把声音刺激在强噪音之前呈现时，惊跳反射的程度显著增强。相反，杏仁核受损的大鼠，也就是从杏仁核到后脑通路受损的大鼠，在这两种条件下则表现出了相同的惊

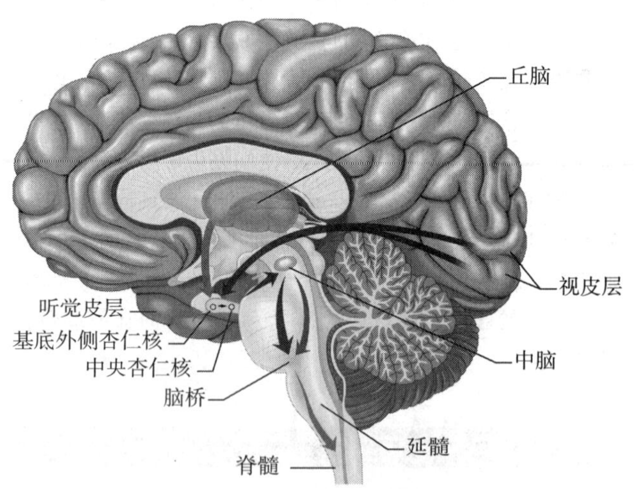

图 12.13 杏仁核及与恐惧学习相关的脑区连接（见彩插）
杏仁核的外侧和基底外侧的细胞能够接受视觉和听觉方面的信息，然后信息被传至杏仁中央核，后者的传出纤维投射到中脑的中央灰质区域，在这里信息被传至位于脑桥的负责惊跳反射的核团。从杏仁核到脑桥通路中的任何一环出现问题都会影响对恐惧的学习，尽管单纯损毁脑桥会阻断惊跳反射的建立。

跳反射（Hitchcock & Davis，1991）。杏仁核损伤影响的是恐惧反应的学习，而不是对先前学习过的恐惧反应的保持（Antoniadis，Winslow，Davis，& Amaral，2007；Wilensky，Schafe，Kristensen，& LeDoux，2006）。

那么这是否就可以说明杏仁核的损伤会破坏恐惧？并不是这样的。一种可能的解释是，大鼠很难解释或理解含有情绪后果的刺激。这样的问题在人类身上也同样存在，随后我们将进行介绍。

一种奇怪的寄生虫能够损害杏仁核（Berdoy，Webster，& Macdonald，2000）。兔弓形虫是一种原生动物，它在很多哺乳动物之间传染，但是仅仅在猫身上进行繁殖。猫的粪便中排泄出寄生虫的卵，因此这些卵就分散到了地面上。大鼠在地上打洞的时候就会被这种兔弓形虫传染。当寄生虫进入大鼠体内，并移至脑，并主要损害杏仁核。结果是这只大鼠就会毫不畏惧地朝向猫走去，如果这只猫把老鼠吃掉的话，寄生虫就会重新回到猫身上继续进一步繁衍。

停下来检查一下

11. 什么样的脑机制使得惊跳反射发生得如此迅速？
12. 研究者是如何运用惊跳反射来发现一些刺激是否会引起恐惧反应的？

对猴子的研究

早在20世纪初的时候，有研究者就对猴子杏仁核损伤做了经典性的研究，早期研究者把这种杏仁核损伤称为 Klüver-Bucy 综合征（Klüver-Bucy syndrome）。患有这种综合征的猴子表现出驯服和平静。他们试图拿起之前很回避的东西，比如点燃的火柴或是其他东西。他们对蛇或猴群中的领导者表现出了更少的恐惧（Kalin，Shelton，Davidson，& Kelley，2001）。

然而，并不是所有杏仁核受损的猴子都表现出完全的 Klüver-Bucy 综合征症状。尽管这种变化依赖于猴子的年龄、社会情境和损毁的精确位置，但主要的效应还是来自于猴子社会行为的变化。一些杏仁核受损的猴子表现出社会行为的退缩以及充满恐惧感，但是另一些猴子却表现出友好和无所畏惧（Bauman，Toscano，Mason，Lavenex，& Amaral，2006；Emery et al.，2001；Kalin，Shelton，& Davidson，2004；Machado et al.，2008；Rosvold，Mirsky，& Pribram，1954）。友好和无所畏惧密切相关。大部分的猴子，正如人类一样，在靠近不熟悉的个体时都会感到害羞，但是无所畏惧的猴子却没有这种情绪体验。

人类杏仁核的激活

与其它种系一样，在恐惧条件反射过程中，人类大脑杏仁核也被激活，这样人们可以学会某一个信号预示着攻击的来临（Cheng，Knight，Smith，& Helmstetter，2006）。当人们看到恐怖刺激的图片或者表达恐惧表情的人时，就会导致杏仁核的激活。除此之外，杏仁核的激活并不仅限于恐惧情绪。例如，在一项研究中，被试在不同的指导语任务下读名人的名字。有时候，要求他们去评估这个人有多好，在其他的情况下，要求被试去评估这个人有多坏。无论指导语是什么，当人们读到不受欢迎的人名时，比如希特勒，就会引起杏仁核持续的活动。当读到那些令人仰慕的人名时，比如特蕾莎修女，同样会引起杏仁核的活动（Cunningham，Van Bavel & Johnsen，2008）。也就是说，对于任何类型情绪的关注都会增强杏仁核对相关刺激的反应。

一般来说，当人们看到其他人在表达情绪时会产生强烈的情绪体验，尤其是愤怒和恐惧情绪，这时候杏仁核的活动也最强。你体验到的情绪依赖于其他人是否在注视着你。如果一张愤怒的脸直视你的话，你常常会感到威胁，然而如果一张充满恐惧的脸直视你的话，常常会让你感到迷惑。（“为什么他看我的眼神流露出恐惧呢？我并没有让人恐惧啊。”）相反，一张愤怒的面孔如果注视着其他方向的话，很少会让人感到心烦意乱。（“这个人在生别人的气。”）当表现出恐惧的面孔注视着其他方向，会容易让人觉得心烦意乱（“那边有一些危险的东西！我应该找出来是什么，查明为什么。”）。结果是，通常情况下，你去识别一个直视你的愤怒面孔要快于没有直视你的愤怒面孔。对于恐惧面孔来说，当面孔直视其它方向的时候你再认得更快（Adams & Kleck，2005）。

杏仁核对愤怒和恐惧表情的反应也依赖于注视的方向，但并不像我们想像的那样简单。对于愤怒表情而言，一项研究发现当面孔直视被试时，杏仁核的激活程度更强（Sato，Yoshikawa，Kochiyama，& Matsumura，2004）。

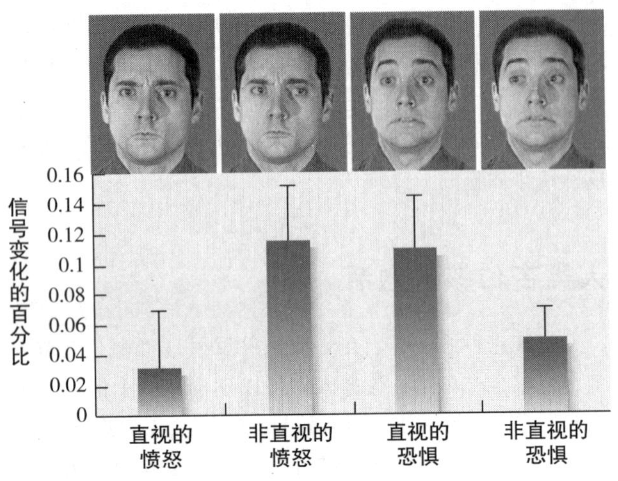

图 12.14 杏仁核的反应与直视方向的关系

人们通常对直视自己的生气面孔和非直视的恐惧面孔的反应更为强烈，但是杏仁核却表现出了相反的结果，因为理解这种模棱两可的刺激难度更大。（*From "Effect of gaze on amygdale sensitivity to anger and fear faces," by R. B. Adams et al.,* Science *2003, 300, 1536. Reprinted with permission from AAAS/Science Magazine.*）

另一项研究表明，当面孔直视其他方向的时候，杏仁核的激活强度最大（Adams，Gordon，Baird，Ambady，& Kleck，2003）。有一项研究比较了恐惧表情者凝视不同方向时，杏仁核的活动情况，结果发现，当恐惧面孔直视被试时杏仁核的激活程度更强（Adams et al.，2003）（图 12.14）。

也就是说，直视的恐惧面孔的情绪唤醒水平较低，但是它对杏仁核的激活程度最强。很多研究者认为情绪越不容易理解时，即情绪加工过程比较困难时，杏仁核的活动程度越强。

人们并不能意识到杏仁核对情绪体验的反应。例如，如果在电脑屏幕上快速呈现一些愤怒或恐惧的面孔时，而被试却在从事其它的事情，在这种情况下被试并不能有意识地觉察到这些面孔。然而杏仁核却被激活了，还出现了排汗和其他的自主反应（Kubota et al.，2000；Vuilleumier，Armony，Driver，& Dolan，2001）。（回忆一下之前讨论过的“直觉”，也就是在我们没有察觉到或者在不知道为什么的情况下发生情绪性的身体反应。）但给杏仁核受损的被试呈现类似的图片，并不能够引起自主反应（Gläscher & Adolphs，2003）。

关于杏仁核能在没有意识的情况下产生反应的证据来源于对皮层性失明病人的研究。某个病人在一次中风后导致双侧视觉皮层受损，从而失去了所有的意识性视觉。尽管他不能检测出亮度、颜色和其他的视觉信息。但是当电脑屏幕上呈现一个面孔时，他可以猜测出这个面孔是高兴还是悲伤的、快乐还是恐惧的，正确率可以达到 60%。这些带有情绪的表情可以激活它的右侧杏仁核而不是皮质区域（Pegna，Khateb，Lazeyrus，& Seghier，2004）。

人类杏仁核受损

患有罕见遗传病 Urbach-Wiethe 的病人表现为皮层损伤，他们中的大多数人同样也存在着杏仁核内钙元素积累的情况。其他杏仁核损伤的情况包括中风或者脑部手术。杏仁核受损的人并没有丧失情绪；他们报告说他们依然可以感觉到惊恐、愤怒、高兴和其他生活事件所产生的情绪（A. K. Anderson & Phelps，2002）。然而，当那些信息非常微弱或者比较模糊时，他们加工情绪的能力受到了一定程度的损害（Baxter & Murray，2002；Whalen，1998）。

例如，杏仁核受损影响了我们通常情况下对其他人的社会评价功能。当我们在看他人面孔时，如果这个人之前打击过我们，无论是对的还是错的，我们通常认为这个人是“不值得信任的”。因此，当我们看到他的面孔时，这种不值得信任的情绪强烈地激活杏仁核的活动（Winston，Strange，O'Doherty，& Dolan，2002）。杏仁核受损的人在看待所有的面孔时都是怀着同样信任的态度，他们去接近所有的人并提供帮助，而不会试图去寻找那些看起来非常友好的人（Adolphs，Tranel，& Damasio，1998）。

杏仁核受损的人同样也不能像其他正常人一样将他们的注意力放在情绪刺激上。比如，大多数正常的人在看一个情绪色彩非常浓的图片时，例如，一个人在袭击另一个人，他们会记得情绪部分本身而会忘记掉大多数的细节信息（Adolphs，Denburg，& Tranel，2001）。当他们在听一个情绪色彩非常浓的故事时，比如关于一个小孩在一次飞机事故中丧生的故事，他们会记住情绪相关的主旨而忘掉那些细节信息。在分心任务条件下，在屏幕上快速呈现一系列词，他们会更关注那些带有情绪色彩的词，（如："杀死"），而不关注那些没有情绪色彩的词（如："梨"）。在所有的这些条件下，杏仁核受损的被试却表现不同。他们对这个故事中所有无关信息的记忆与情绪相关的记忆相同（Adolphs，Tranel，& Buchanan，2005），而且在分心任务条件下，他们对"梨"这样的不带有任何情绪色彩的词和"杀死"这种带有强烈情绪色彩的词给予的关注一样多。（A. K. Anderson & Phelps，2001）。

通常情况下这样的病人对于照片里人们表情的识别比较困难，尤其是对恐惧和厌恶的表情（Boucsein，Weniger，Mursch，Steinhoff，& Irle，2001）。他们在识别愤怒、惊讶、傲慢、内疚、爱慕和调情等表情时同样存在着困难（Adolphs，Baron Cohen，& Tranel，2002；Adolphs，Tranel，Damasio，& Damasio，1994）。当一个杏仁核受损的女人被要求对情绪表情进行评分时，与正常人的评分结果相比较，这个女人对于恐惧、愤怒或惊讶面孔的评分要显著低于正常人的评分结果。最终，研究者要她画出表达不同情绪的面孔（见图 12.15），她能够很好地画出大多数的表情，但是在画恐惧表情时却存在非常大的困难。她报告说她不知道恐惧的表情是什么样子的。当研究者鼓励她去尝试一下时，她画出了一个人在地上爬的图片，并且头发直立着，通常这样的图片被漫画家认为是恐惧的表现（Adolphs，Tranel，Damasio，& Damasio，1995）。

为什么杏仁核受损的人不能够识别图片面孔中的恐惧表情呢？他们并不是不能识别恐惧。Ralph Adolphs 和他的同事们研究了这位杏仁核受损的女被试，发现她在看图片的时候将注意力完全放在观看每张图片的鼻子和嘴巴上面。同样在生活中，这位女性也从来不和他人进行目光接触，取而代之的是观察他人的嘴巴（Spezio，Huang，Castelli，& Adolphs，2007）。当要求她去看眼睛时，她很容易地就识别出了恐惧的情绪（Adolphs et al.，2005）。只把注意力放在鼻子和嘴巴上极大地影响了识别恐惧表情的能力，这种影响要远远大于识别其他情绪表情。人们在表达快乐情绪时，主要是通过嘴巴，但是在表达恐惧表情时则几乎完全依赖于眼睛（Morris，deBonis，& Dolan，2002；Vuilleumier，2005）。比较一下图 12.16。这张图展示了两种情绪下人的眼睛的变化。大多数的人认为左侧图表达的是恐惧的情绪（Whalen et al.，2004）。高兴的表情依赖于嘴巴，单纯的通过眼睛，人们常常不能识别出高兴的表情。

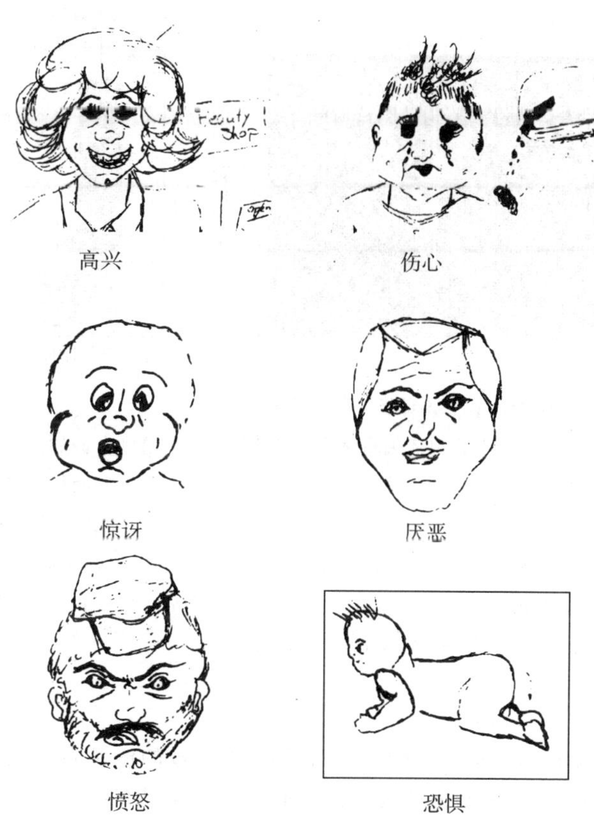

图 12.15 一个杏仁核受损的女性被试的素描

她画的情绪表情除了恐惧外，其他的和现实都是一致的，非常具有说服力。她开始的时候对画恐惧表情表现出了退缩，因为她说她无法想象出恐惧的表情，在研究者的鼓励下，她开始尝试，她借用了产生恐惧的人一般会采取逃跑这一特征，而且她还记起恐惧的人头发会直立起来，利用这些信息她画出了恐惧的漫画（*From " Fear and the human amygdala, " by R. Adolphs, D. Tranel, H. Damasio, and A. Damasio, Journal of Neuroscience, 15, pp. 5879-5891. Copyright © 1995 Oxford University Press. Reprinted by permission.*）

杏仁核的不同是否和个性的不同以及焦虑障碍有关呢？很多有焦虑倾向的人，在多年后仍然保持着相对的一致性。很多有着"抑制"气质的婴儿，长大后变成容易害羞和产生恐惧的孩子，然后在成年后，当看到不熟悉的面孔时，杏仁核的激活会增强（Schwartz，Wright，

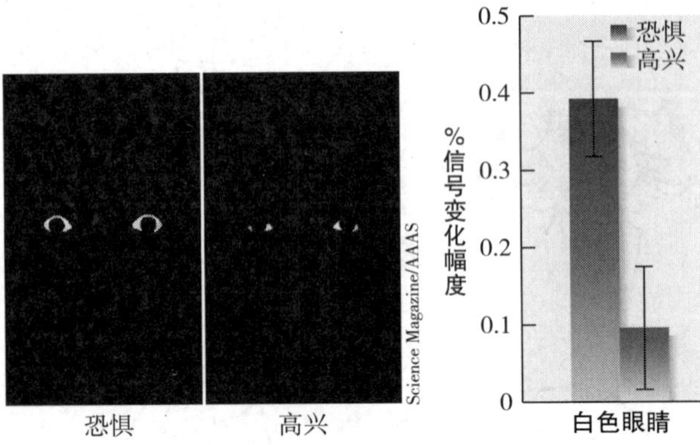

图 12.16 两种面部表情中的眼睛

黑色背景上的白色眼睛使得大多数的人可以猜到左侧的图片表达的是恐惧的表情。而右侧的图片让我们无法判断出它是高兴的表情。对于恐惧表情杏仁核的激活强度更大。(*From "Human amygdale responsivity to mask fearful eye whites," by P.J. Whalen et al., Science, 2004, 306, 2061. Reprinted with permission from AAAS/Science Magazine.*)

Shin，Kagan，& Rauch，2003)。杏仁核的激活和与此同时产生的负面情绪体验，与调控杏仁核内的 5- 羟色胺再摄取的基因有着非常紧密的关系(Hariri et al.，2002；Rhodes et al.，2007)。总之，在杏仁核唤醒过程中，基因变量很可能是导致焦虑变化或其他障碍的基础。

Ralph Adolphs

对社会性大脑的了解是否能够帮我们理解社会行为呢？这种认识是否最终会帮助我们更好地沟通并在大自然创造的众多物种中幸存下来呢？为了解决这样的问题，社会神经学家需要建立与社会科学中其他学科和行为科学之间的对话，并且对他们所提出的观点有更高的敏感性。

停下来检查一下

13. 为什么杏仁核受损的人在识别恐惧情绪时比较困难？

减少焦虑的药物

过度焦虑的人常常会寻求缓解，有时候会通过药物来治疗。那些可以改善焦虑的药物实际上是通过改变杏仁核突触的活性来实现的。杏仁核的一种兴奋性神经调节因子是 CCK（胆囊收缩素），这种物质可以提高焦虑水平；抑制递质是 GABA（r- 氨基丁酸），它可以抑制焦虑。

这里有一个实验来说明 CCK 的作用：将雄性的大鼠“入侵者”放在一个雄性“居住者”的笼子里，用金属网将“入侵者”保护起来，以免被“居住者”攻击。30 分钟之后，保护装置被移除（图 12.17）。对于一些“入侵者”而言，金属网被移走的同时“居住者”也被移走，而对于另一些“入侵者”，仅仅移走保护装置。这时，“居住者”就会袭击“入侵者”(这种“领地的优越感”对于大鼠来说非常普遍)。在进行了四次以上的重复实验后，研究者在“入侵者”头部植入一个插管并利用微透析的技术（见方法 12.1）去测量脑内的化学成分。结果是雄性“入侵者”在经历了四次被“居住者”袭击之后，当再次把它放进“居住者”的笼子时，表现出了明显的焦虑情绪（原地不动，防御性的姿势，发出长而尖的叫声）。它的前额叶显示了 CCK 释放量在增加。然而，当我们给它注射某种 CCK B 型受体的拮抗剂之后，大鼠即使被

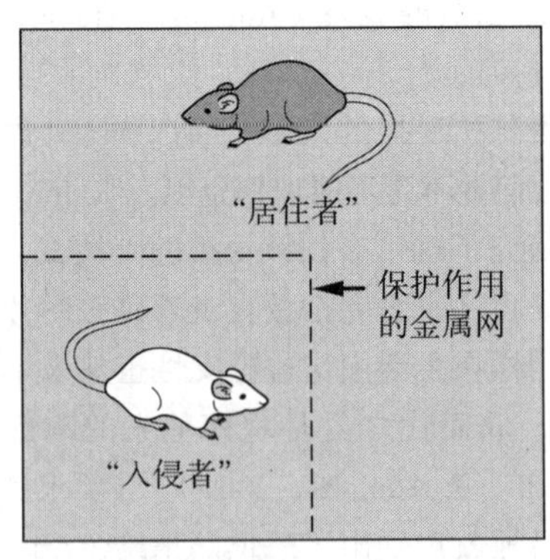

图 12.17 让大鼠产生焦虑的程序

两只雄性大鼠被放在同一个笼子里，通过金属网保护“入侵者”不被“居住者”大鼠袭击。随后，保护装备被移走。在一些情况下，金属网和“居住者”一同被移走，因此，“入侵者”是安全的。在另一些情况下，金属网被移走，“居住者”被留下后开始袭击“入侵者”。那些遭受袭击（不可避免地被攻击）的“入侵者”当再次被放入同一环境时，便产生了焦虑情绪。

放入危险的笼子中，也不再表现出焦虑（C.Becker et al., 2001）。

向杏仁核内注射 CCK 的兴奋剂能够增强惊跳反射（Frankland，Josselyn，Bradwejn，Vaccarino，& Yeomans，1997），注射那些能够阻断 GABA B 型受体的药物可以即刻产生恐慌（Strzelczuk & Romaniuk，1996）。总而言之，缓解焦虑的药物是通过阻断 CCK 或者是提高 GABA 活性来发挥作用的。然而，到目前为止，市场上没有药是基于阻断 CCK 的机理制成的，所有可能减缓焦虑的药都是通过增加 GABA 的活性实现的。

苯二氮　最常见的抗焦虑药物是**苯二氮**（benzodiazepines），类似于地西泮（俗名叫安定）、甲氨二氮（利眠宁）和阿普唑仑（赞安诺）。

苯二氮与 **$GABA_A$ 受体**（$GABA_A$ receptor）结合，这个过程包括一个位点与 GABA 受体结合，而其余位点则修正 GABA 位点的敏感性（见图 12.18）。（大脑中同样存在其他形式的 GABA 受体，比如 $GABA_B$，这种受体有着不同的行为作用。）

在 $GABA_A$ 受体的中央是一个氯离子通道，当它开放时，允许氯离子通过细胞膜进入神经元，使得细胞超极化。（也就是说，突触受到了抑制）氯离子通道周围有四个单元，每个单元包含一个或多个对 GABA 非常敏感的位点。苯二氮结合在其中三个单元（在图中用 α 标记）的多余位点上。当苯二氮分子接触到位点时，它并不是将氯离子通道打开或闭合，而是扭转受体使得 GABA 的结合变得更加容易（Macdonald，Weddle，& Gross，1986）。因此，苯二氮能易化 GABA 的作用。

苯二氮在杏仁核、下丘脑、中脑和几个其它脑区发挥它的抗焦虑作用。将微量的苯二氮直接注射到大鼠的杏仁核区域，会引起习得性电击－回避行为，（Pesold & Treit，1995）减少肌肉松弛，并使靠近其他大鼠的社会趋向行为增加（S.K. Sanders & Shekhar，1995）。苯二氮同样也可以降低大鼠对于猫的气味的反应。而一般情况下，这种气味将激发明显的内心恐惧（McGregor，Hargreaves，Apfelbach，& Hunt，2004）。

由于苯二氮可以降低焦虑的水平，我们期待它能够在惊跳反射上有很强的作用。关于苯二氮是否能够减弱

方　法　12.1

微透析

在微透析技术中，研究者在大脑相应的位置植入两个充满液体的管，在管的顶端有一个薄膜，化学成分可以在薄膜处进行扩散。实验者让液体从一个管慢慢地流入，然后携带了一些大脑中化学物质的液体从另一个管中等量地流出。通过这种方式，研究者就可以发现在某些特定的行为模式下，什么样的神经递质会释放出来。（e.g.，Stanley，Schwartz，Hernandez，& Hoebel，1989）。这个程序是用在动物实验中的，而不是人。（Reprinted with permission from Dr. Juan Dominguez.）

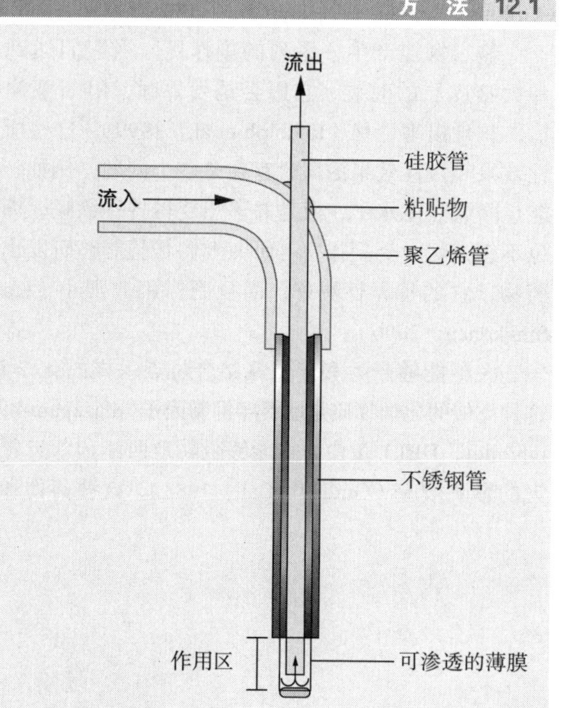

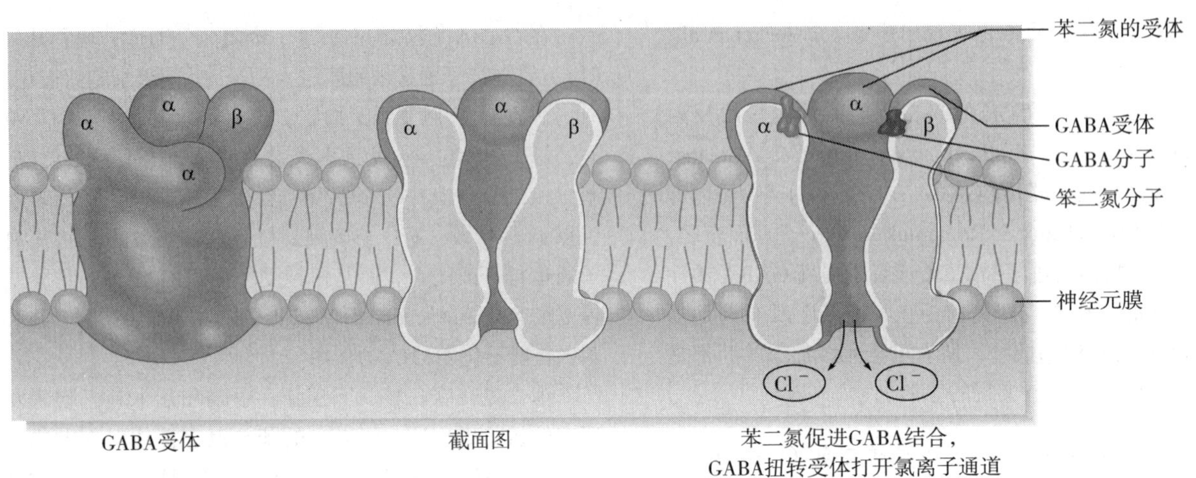

图 12.18 GABA$_A$ 受体复合体

它的四个受体结合位点对 GABA 非常敏感，有三个 α 位点对于苯二氮同样敏感。（*Based on Guidotti, Ferrero, Fujimoto, Santi, & Costa, 1986*）

惊跳反射的研究结果并不一致。但是研究结果一致表明苯二氮能够抑制某些会增强惊跳反射的因素。例如，通常情况下，呈现某一个之前与电击结合的信号刺激将增强惊跳反射的程度，但是苯二氮就可以缓解这种效果（Gifkins，Greba，& Kokkinidis，2002）。

苯二氮能产生一系列的副作用。当它们达到丘脑和大脑皮层的时候，它们会诱发昏睡，阻断癫痫性抽搐，并且损害记忆（Rudolph et al.，1999）。这些所有正性效果和负性效果的同时存在是一个问题。例如，你可能想降低焦虑水平，但是并不想变得昏昏欲睡，而且你也不想记忆力受到损害。研究者们希望能够研发出一种药物，它的特异性更好，而且副作用非常小（Korpi & Sinkkonen，2006）。

大脑能够产生和苯二氮结合位点一样的化学物质。这种类似的化学物质是**地西泮抑制因子**（diazepam-binding inhibitor，DBI）蛋白，它能够阻断地西泮和苯二氮对行为的影响效应（Guidotti et al.，1983）。这种药物和其他几种相关的蛋白质被称为**内源性焦虑物质**（endozepines），即“内源性苯二氮”缩写，但他们的实际作用和苯二氮类物质相反。因此，实际上所谓的内源性焦虑物质就是一种内源性抗苯二氮物质。先前的研究提示控制内源性焦虑物质的基因的变异性可能与人们患惊恐障碍或其他焦虑障碍的可能性有关（Thoeringer et al.，2007）。

内源性焦虑物质是一种非常奇怪的神经调节因子。它们由神经胶质细胞而不是神经元释放（Patte et al.，1999）。为什么我们的大脑会释放内源性焦虑物质从而提高我们的恐惧和焦虑水平呢？据推测，“恰当”的恐惧水平在不同的时间会发生变化，我们需要依靠这些化学物质来调控恐惧的水平。

停下来检查一下

14. 对于那些没有GABA的人，苯二氮会起到什么作用？

应用和扩展

酒精缓解焦虑

酒精可以通过与 $GABA_A$ 受体上的特异性位点紧密结合，从而促进氯离子穿过 $GABA_A$ 受体（Glykys et al., 2007）。酒精还以其他方式影响大脑，但是对 GABA 的作用是酒精抗焦虑和喝醉的主要原因。因此那些阻断酒精和 $GABA_A$ 受体结合的药物也就能阻断酒精所产生的行为效果。一种实验性的药物——Ro15-4513，就能够发挥此这方面的特殊效果（Suzdak et al., 1986）。除了影响 $GABA_A$ 受体以外，Ro15-4513 还能阻断酒精对于运动协调性的影响、酒精对大脑的抑制作用和它减缓焦虑的作用（H. C. Becker, 1988；Hoffman, Tabakoff, Szabó, Suzdak, & Paul, 1987；Ticku & Kulkarni, 1988）（见图 12.19）。

图 12.19 两只被给予同样剂量酒精的大鼠

右边的大鼠在被给予酒精之后又被注射了 Ro15-4513。在随后的两分钟里，它的活动能力显著地提高了。（*Courtesy of Jules Asher. From "New Drug Counters Alcohol Intoxication" by G. Kolata, 1986, Science, 231, p. 1199. Copyright 1986 by the AAAS. Used by permission AAAS/Science Magazine.*）

是不是可以将 Ro15-4513 作为“醒酒”丸或者某种治疗药物来帮助那些想要戒酒的人呢？Hoffman-LaRoche 是发现这种药物的公司，经过研究，最终他们得出结论认为，研制这样的一种药物太具有冒险性。服用了这种药丸的人认为自己已经清醒了，于是他们会试图自己开车回家，而事实上，酒精对于人体的麻醉作用并没有完全消失。进一步来说，服用这样的药丸常常会导致事与愿违。喝了酒的人通常会醉，服用药丸会减轻他们喝醉的感觉，从而导致他们更多地酗酒。Ro15-4513 能够逆转中度酒精摄取所导致的行为反应，但是对于大量摄入酒精而言是没有太大效果的（Poling, Schlinger, & Blakely, 1988）。由于上述的一些原因，Ro15-4513 仅仅运用在实验室中。

模块 12.2 结 语

做一些与情绪有关的事

我们很难预测未来的发展，但是我们可以假设研究者们在情绪行为和生理测定的联系方面取得了很大的进步。想像我们可以通过采集血样、测定 5- 羟吲哚乙酸，或者通过 fMRI 扫描和其他的技术预测未来哪些人会有暴力犯罪行为。如果这些都可能的话，我们应该怎么处理这些信息呢？

还有关于焦虑的问题。假设研究者能够让我们在没有副作用发生的情况下很好地调控焦虑水平。那么是否应该采取这样的方式，让我们的焦虑水平处在不高也不低的刚刚好的水平上呢？未来的研究会给我们提供新的选择和机会。如何作出选择是另一个需要解决的问题。

总 结

1. 任何一个唤起的情绪经历，如打架，或者是直接刺激杏仁核的皮质内侧区域可以都暂时地增强人们的攻击倾向。
2. 攻击行为与基因和环境的影响相关。有一些研究，并不是所有的研究，认为当人们在童年时代有过被虐待的经历时，某种基因会导致攻击行为的增加。
3. 睾丸酮水平的高低与攻击行为之间存在微弱的联系。然而，睾丸酮有着比较复杂的作用，它可以提高人们对一个愤怒面孔的情绪反应，但是却会降低人们有意识地识别愤怒表情的能力。
4. 低 5- 羟色胺转化与类强迫行为的增加相关。有时还包括暴力行为。那些具有低 5- 羟色胺转化量的猴子常常会进行斗争，而且在很早的时候死去。但是，那些幸存者获得统治地位的可能性比较大。
5. 5- 羟色胺的作用是非常复杂的，因为在攻击行为发生时，它仍然在释放。很显然，当通常情况下的 5- 羟色胺释放量很低时，在面临充满敌意的环境时，5- 羟色胺的释放将产生更明显的效果。
6. 研究者们把惊跳反射的增强这一范式作为焦虑和习得性恐惧的指征。
7. 在建立条件化学习的过程中，杏仁核对于惊跳反射强度的提高或降低起着非常关键性的作用。杏仁核受损的动物常常表现出无所畏惧，显然是因为它们对情绪信息的加工较慢造成的。
8. 根据 fMRI 研究的结果，人类的杏仁核对恐惧刺激和其他的能够强烈唤起情绪加工的刺激反应非常强烈。甚至在呈现阈下刺激时，杏仁核仍然会有反应。
9. 杏仁核受损的人很难把注意力关注在面孔图片中非常重要的情绪内容上。
10. 杏仁核受损的病人很难识别恐惧表情，因为他们常常只关注面孔的嘴巴和鼻子而不是眼睛。
11. 抗焦虑药物易化了神经递质 GABA 和 $GABA_A$ 受体的结合，尤其是在杏仁核部位，因此减轻了恐惧情绪。

关键术语

思考题

1. 猫的大多数玩耍行为可以被理解成攻击和逃跑，那么这种解释对儿童的玩耍是否同样适用呢？
2. 杏仁核受损的被试常常没有任何偏见地靠近他人，而不是选择那些友善和值得信任的人来靠近，可能的解释是什么呢?

停下来检查一下答案

6. 总体上来说，具有高含量 MAO_A 基因的个体与低含量 MAO_A 基因的个体的反社会行为没有显著的差异。但是，对于那些在童年时代受到严重虐待的个体来说，低 MAO_A 的个体要表现出更高的反社会行为。
7. 睾丸酮能够降低人们有意识别情绪的能力，增强那些与情绪有关的脑区的反应。
8. 我们可以去测量脑脊液或其他体液中 5-HIAA 的浓度，它是 5- 羟色胺的一种代谢产物。5-HIAA 的含量越多，5- 羟色胺的释放和重新合成的量就越多。
9. 尽管很多 5- 羟色胺转化量低的猴子在很早的时候就死去，但是那些幸存者很可能会成为统治者，然后使得他们拥有更多的食物和更多繁衍的机会。
10. 要想提高 5- 羟色胺的含量，一方面要大量摄取富含色氨酸的食物，另一方面要减少摄取富含苯丙氨酸或其他大分子氨基酸的食物，以减少色氨酸进入大脑时的竞争。
11. 强噪音会激活从耳蜗到脑桥细胞的通路，然后直接诱发脖子部位肌肉的收缩。
12. 在强噪音之前呈现一个刺激，如果该刺激的呈现增加了惊跳反射的强度，就可以认为刺激产生了恐惧。
13. 他们总是将注意力集中在鼻子和嘴巴上。但是恐惧情绪的表达主要依赖于眼睛。
14. 苯二氮发挥的是易化 GABA 的作用，如果没有 GABA 的话，人们对苯二氮是没有反应的。

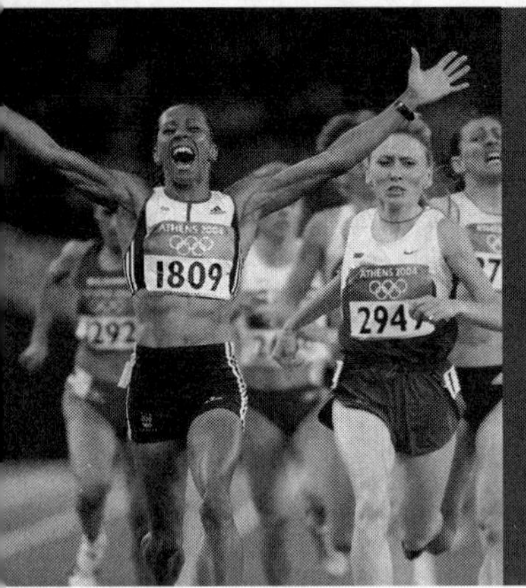

模块 12.3

应激与健康

在早期的医学科学中，医生很少考虑个性、情绪与健康和疾病的关系。如果一个人生病，原因一定是生理上的，如病毒或者细菌。今天，**行为医学**（behavioral medicine）强调饮食、吸烟、运动、压力或其他行为对健康的影响。我们认为情绪和其他经历能影响人们的疾病和康复模式。这个观点并不意味着身心二元论。毕竟，应激和情绪都是大脑的活动。

应激的概念

与情绪一样，应激这个术语也很难被定义或量化。Hans Selye（1979）把**应激**（stress）定义为个体对作用于其上的任何要求所做出的非特异性反应。当 Selye 在医学院的时候，他注意到患有多种不同疾病的人在很大程度上有共同点：他们发烧、没有食欲、不活跃；他们一天中大部分时间在睡觉，并且他们的免疫系统变得更活跃。随后，在实验研究中，他发现当大鼠暴露在热、冷、疼痛、禁闭环境或给以猫的图片等刺激时，大鼠会对这些不同的刺激物产生相似的反应。这些反应包括心率升高、呼吸加快和肾上腺分泌。Selye 推测，对个体的任何威胁，除了引起特异性反应以外，还激活了一种一般性的应激反应，他将这种反应叫作**一般适应症候群**（general adaptation syndrome）。在最初的阶段他称之为警报，以交感神经系统活动的增强为特征，为机体的紧急活动做准备。在第二个阶段——抵抗，交感神经系统反应衰退，但是肾上腺皮质分泌**皮质醇**（cortisol）和其他激素，这些激素能够使个体保持长时间的警惕、抗感染和治愈伤口。在紧张、长时间应激后，个体进入第三阶段——衰竭。在这个阶段，个体疲劳了，不活跃了，而且脆弱，这是因为神经系统和免疫系统不再有能量来维持强烈的反应（Sapolsky，1998）。

与应激有关的生理疾病和精神疾病在工业社会中普遍存在，可能的原因是我们所面临的应激类型发生了改变。正如 Robert Sapolsky（1998）所言，我们的许多危机被延长了，比如事业上的发展、偿还抵押借款或是照顾患有慢性病的亲人。如果有一个长期的，几乎不可逃避的问题，就会引发一般适应症候群，其结局就可能是人被搞得精疲力竭。

Selye 提出的应激概念包括了一个人生活中的任何变动，比如既包括了被炒鱿鱼也包括升职。Bruce McEwen，（2000，p.173）提出了一个在大多数情况下更好的替代性定义："对于个体具有威胁性，而且会引发生理和行为上的反应的事件。"虽然此定义不同于 Selye 的定义，但是这个定义暗示了许多事件是可以充满应激的，并且个体对各种应激以相似的方式做出反应。

为了了解更多关于应激处理的问题，请访问网站：http：//www.stressless.com/AboutSL/StressLinks.cfm

应激与下丘脑–垂体–肾上腺皮质轴

应激激活了两个身体系统。一个是交感神经系统，为紧急反应"战斗或逃跑"做准备。另一个是**下丘脑–垂体–肾上腺皮质轴**（hypothalamus-pituitary-adrenal，HPA axis）。下丘脑的激活诱导垂体前叶分泌**促肾上腺皮质激素**（adrenocorticotropic，ACTH），此激素将刺激肾上腺皮质分泌皮质醇，皮质醇会加强新陈代谢活动，提高糖分和其他营养物质在血液中的含量（图 12.20）。许多研究人员认为皮质醇如同"应激激素"，并将皮质醇含量作为某个人近期应激水平的指标。与自主神经系统相比，HPA 轴反应速度相对较慢，但它是长期应激源所带来的主要反应，比如和施虐的父母或配偶生活在一起。

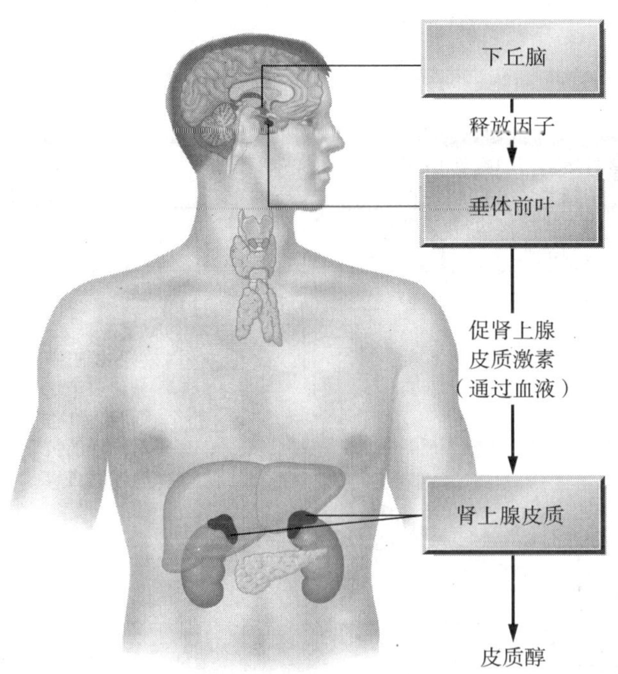

图 12.20 下丘脑—垂体—肾上腺皮质轴

长期的应激导致肾上腺激素皮质醇的分泌，它能提高血糖含量和增强新陈代谢。通过减弱免疫系统的活力，从而维持身体长期的活动。

皮质醇能够帮助个体动员能量来对抗困境，但是效果取决于它的含量。

简短或适度释放的皮质醇会改善注意和记忆（Abercrombie，Kalin，Thurow，Rosenkranz，& Davidson，2003；Becker，Tucker，Delville，& Mohr，2006）。它同时也可以增强免疫系统的激活，帮助抵抗疾病（Benschop et al.，1995）。但是，长期的皮质醇增加会损害记忆力和免疫系统。要想知道原因，我们需要先回顾一下免疫系统的概况。

免疫系统

免疫系统（immune system）由抵抗病毒、细菌和其他入侵者的细胞组成。免疫系统就像是警察部队：如果它太弱，“罪犯”（病毒、细菌）就会失去控制而且造成损害。如果它变得太强和不分青红皂白的话，它就会开始袭击“守法公民”（身体自身的细胞）。如果免疫系统攻击正常的细胞，我们称这种情况为自身免疫病。在第 8 章中提到的重症肌无力就是自身免疫病的一个例子。风湿性关节炎是另一个例子。

白血球 免疫系统成分中最重要的是**白血球**（leukocytes），通常叫做白血细胞（Kiecolt-Glaser & Glaser，1993；O'Leary，1990）。

下面我们来识别几种类型的白血球，包括 B 细胞、T 细胞和天然杀伤细胞（图 12.21）：

- *B 细胞*主要在骨髓中成熟，分泌**抗体**（antibodies），这些抗体是 Y 形的蛋白，它与特殊种类的抗原相结合，就像是一把钥匙配一把锁。

  每个细胞表面都有被称之为**抗原**（antigens）的表面蛋白，你身体内的抗原就像你的指纹一样是唯一的。B 细胞能识别“自身”的抗原，但是当它们发现不熟悉的抗原时，它们就攻击这个细胞。这种攻击保护了身体免受病毒和细菌的威胁，也同样导致对移植器官的排斥，除非医生采取特殊方法来减小这种攻击。当机体制造出对抗特殊入侵者的抗体之后，它们会“记住”这个入侵者，如果再次遭遇这种入侵者，它们会迅速制造出更多的同种的抗体。
- *T 细胞*在胸腺中成熟。有几种 T 细胞直接攻击入侵者（没有分泌抗体），另外一些 T 细胞会帮助其他 T 细胞和 B 细胞增殖。
- *自然杀伤细胞*，另一种白血球，攻击肿瘤细胞和感染了病毒的细胞。每个 B 或 T 细胞攻击特殊种类的外来抗原，与之不同，天然杀伤细胞攻击所有的入侵者。

在对感染的反应中，白血球和其他细胞产生小的蛋白质，被称为**细胞因子**（cytokines）（例如，白细胞介素 -1，或 IL-1），细胞因子对抗感染，并且可作用于大脑诱发适当的行为（Maiter & Watkins，1998）。细胞因子以免疫系统的方式来通知大脑机体患病的消息。脑内的细胞因子可激发下丘脑引起发热、睡意、缺乏精力、缺乏食欲并且丧失性冲动。免疫系统也会通过提高前列腺素的分泌量来对感染做出反应，这是一种额外的提高睡意的化学物质。换言之，细胞因子和前列腺素是引起 Selye 所说的一般适应症候群的原因。

同时也应该注意到，我们一般认为综合征实际上是

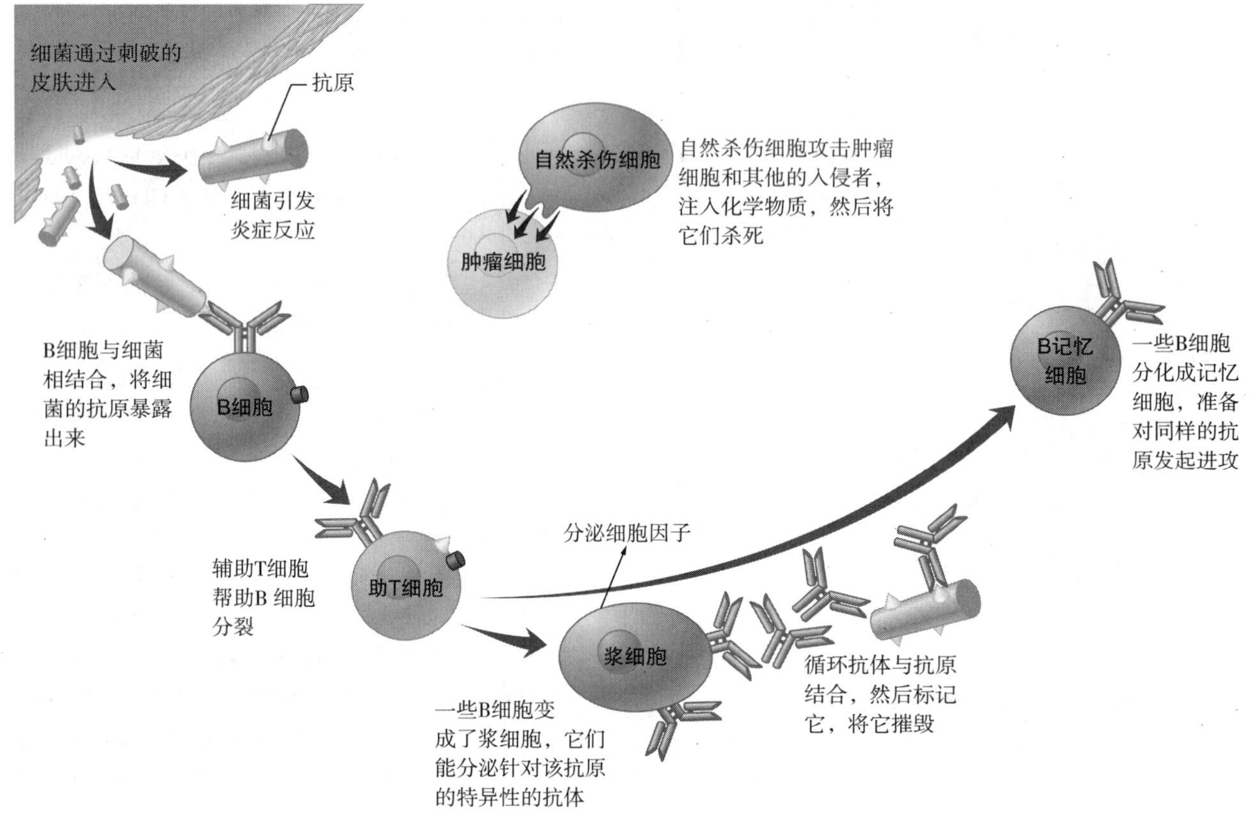

图 12.21 免疫系统对细菌感染的反应

B 细胞与细菌结合产生出抗体来对抗细菌。辅助 T 细胞粘附在 B 细胞上，刺激 B 细胞自身复制，产生 B 记忆细胞，B 记忆细胞可以对未来同样的细菌进行有效的抵抗。（见彩插）

身体对抗疾病的一部分。大多数人认为发热和嗜睡是疾病所导致的，但是，实际上，发热和嗜睡是我们进化而来的抵抗疾病的策略。正如在第 10 章讨论的，适当的发烧有助于抵抗许多感染。睡眠和怠惰能够保存能量，这样机体就能够投入更多的能量来完成对抗入侵者的免疫攻击作用。

停下来检查一下

15. 哪种细胞释放细胞因子？
16. 细胞因子会引起什么样的行为改变？

应激对免疫系统的影响

神经系统对免疫系统的控制比我们想象中的要强大。研究神经系统和免疫系统关系的学科被称为**心理神经免疫学**（psychoneuroimmunology）。它主要研究社会经历影响神经系统的方式以及免疫系统反过来如何影响神经系统。（Ader，2001）

应激通过几种方式影响免疫系统。在应激性经历的反应中，神经系统激发免疫系统增加自然杀伤细胞的产生和细胞因子的分泌（Segerstrom & Miller，2004）。甚至恐惧和愤怒能暂时地增强免疫系统的反应（Mayne，1999）。在应激性的期末考试期间，许多大学生表现出免疫系统活动增强（L. Y. Liu et al.，2002）。细胞因子水平的提高有助于抵抗感染，但是它们也能激发大脑产生与生病相同的症状。老鼠遭受到不可避免的电击时会表现出与生病类似的症状，包括发烧、嗜睡、食欲减弱。人遇到很大压力时的表现与此相同，比如有人对不得不做的公共演讲产生恐惧感（Maier & Watkins，1998）。许多抑郁症状，如丧失兴趣和食欲，与生病时的反应相同，可能与抑郁患者体内的细胞因子增多有关（Dantzer，O'Connor，Freund，Johnson，& Kelley，2008）。简言之，假如你已承受了巨大的压力并开始感觉生病，一个可能性是你的症状仅仅是对应激本身的反应。

长期的应激反应对身体的消耗就如同长期疾病一样（Segerstrom & Miller，2004；Zorrilla et al.，2001）。一个可能的假设就是皮质醇长时间的增加会导致新陈代谢的能量增加，从而减少了用于蛋白质合成的能量，这其中包括免疫系统中的蛋白质。例如，1997 年三英里岛核电站出现的事故被勉强控制住了。一年后在附近继续生活的居民的 B 细胞、T 细胞和自然杀伤细胞的含量要比正常人低。他们除了抱怨精神上承受的痛苦以外，还表现出校对任务成绩的降低（A. Baum，Gatchel，& Baum，1989）。一项关于南极洲科学家的研究发现，长达 9 个月的又冷又黑而且与世隔绝的生活能导致 T 细胞的功能降低到正常水平的一半（Tingate，Lugg，Muller，Stowe，& Pierson，1997）。

在一项研究中，276 名志愿者在注射适度剂量的普通感冒病毒之前填写了关于应激性生活事件的问卷，（这个实验假设具有最强的免疫反应的人能击退感冒，但另外的人将会感染。）那些报告生活中经历过短暂应激事件的人并不比那些没有应激事件的人具有更高的感染感冒的风险。但是，对于报告自己处于持续一个月以上的应激状态的人，应激持续的时间越长，患病的风险就越大（S. Cohen et al.，1998）。

长期的应激也能损伤海马。应激引起皮质醇释放，而皮质醇能提高整个机体的新陈代谢活动。当海马内的新陈代谢活动提高时，它的细胞变得更加脆弱。毒素或过度刺激将比平时更可能伤害或杀死海马内的神经元（Sapolsky，1992）。

暴露在高应激环境下的大鼠，如 3 周中每天 6 个小时被关在一个金属网容器中，表现出海马中的树突减少，而且依赖于海马的几种记忆受到了损害（Kleen，Sitomer，Killeen，& Conrad，2006）。高水平的皮质醇可能也是许多老年人海马受损和记忆力下降的原因（Cameron & McKay，1999）。皮质醇高的老年人常常拥有最小的海马和最严重的记忆问题（Lupien et al.，1998）。

应激同样也会损害海马神经元的适应性。在多项研究中，研究人员让孕鼠或新生仔鼠处于应激情境下。方法包括对孕鼠的束缚、分娩后提供不充分的垫料材料，或将仔鼠与母亲每天分离 3 小时。每种实验情况下，断乳后仔鼠被正常饲养，然后在成年期进行测定。在以上的实验条件下，实验大鼠都表现出海马可塑性的下降和空间学习能力的受损（Brunson et al.，2005；Mirescu，Peters，& Gould，2004；Son et al.，2005）。即早期的应激经历能导致毕生的缺陷。

停下来检查一下

17. 判断：恐惧和愤怒一定会对健康有害。
18. 长期的应激是怎样损害海马的？

应激控制

人们已经发现很多方法能减轻应激或控制应激反应。包括特别的呼吸动作、锻炼、冥想、娱乐，当然也还有试着去解决引起应激的难题。社会支持是最有力的应对应激的方式之一，研究者们通过对大脑进行测定和被试的自我报告证明了社会支持的有效性。在一项研究中，对幸福的已婚妇女脚踝部位给予适当的痛苦电击。在不同的实验中，她们分别握住丈夫的手、陌生人的手和不握手。对几个大脑区域的 fMRI 扫描结果表明，握住丈夫的手减轻了反应，包括前额叶皮质。平均而言，握住陌生人的手会少量地减轻反应，但是减轻程度没有握住丈夫的手那么大（Coan，Schaefer，& Davidson，2006）。简言之，如预期那样，来自大脑扫描的结果和人们自我报告的结果均显示：从爱人那得来的社会支持可以有效地帮助减轻应激。

创伤后应激障碍

人们很早就认识到从战场归来的士兵容易陷入持续的焦虑和苦恼状态。过去，人们称这种情况为战争神经症或弹震症（由炮弹之爆炸和震声所引起的精神病）。现在人们称之为**创伤后应激障碍**（posttraumatic stress disorder，PTSD）。PTSD 发生在一些有过极痛苦的经历的人身上，比如生命受到威胁攻击或看到某人被杀死。症状为频繁地痛苦回忆（重现过去的场面）和做创伤事件的噩梦、回避创伤事件、对噪音和其它刺激会做出过激的反应（Yehuda，2002），而且这些症状要持续一个月以上的时间（事件发生后）。

但是，不是所有的经受创伤的人都会发展成为 PTSD。例如，在一项研究中，调查者检测了 218 个人，这 218 个人在几起严重的交通事故后被允许进入医院的急救室。所有被试在当时和一周后都出现了相同的应激反应，但是，这个事件 4 个月后有些人的反应下降了，另一些人的反应升高了，只有 1/6 的人达到了 PTSD 的标准（Shalev et al.，2001）。这些发展成 PTSD 的人所看到的惨烈场面与其他人是一样的。显然，他们对 PTSD 更为敏感。其他的研究证实，在灾难性事件发生后短时间内表现得最痛苦的人并不一定是后来发展成 PTSD 的人（Harvey & Bryant，2002）。

那么患病的易感性的差异是由什么原因造成的呢？大多数 PTSD 患者有一个比平均值更小的海马（Stein，Hanna，Koverola，Torchia，& McClarty，1997）。这也许是看上去合理的假设，那就是严重的应激提高了皮质醇的分泌量，高含量的皮质醇损害了海马。但是，在创伤事件发生后甚至是创伤事件发生几周后，PTSD 患者皮质醇含量都低于正常水平（Delahanty，Raimonde，& Spoonster，2000；Yehuda，1997）。这种低含量让人想到了另一个假设，也许有着低皮质醇含量的人并没有做好充分的准备去抵抗应激，因此对应激的伤害更敏感，因此更容易患上 PTSD。

为了测定是否有特定的人偏向于患上 PTSD，研究者调查了在战争中患上 PTSD 的人。首先，他们确认了早期报道中提到的，大多数患有 PTSD 的人有一个比正常人小的海马。

然后，他们发现个别 PTSD 患者有一个没有上战场并且没有患 PTSD 的同卵双生的兄弟或姐妹。结果发现，没有患 PTSD 的双胞胎之一也有一个比正常水平小的海马（Glibertson et al.，2002）。研究者推测，双胞胎中的两人从一开始都有一个比正常海马小的海马，这较小的海马增加了其患上 PTSD 的可能性。

关于 PTSD 的另外一点是：一项研究对比了在越南战争中受伤并导致多处大脑损伤的老兵。对于那些杏仁核损伤的人，没有人患上 PTSD。而大脑其他区域受损伤的人中，有 40% 的人患上了 PTSD（Koenigs et al.，2008）。显然，杏仁核作为情绪加工的关键脑区，对处理极端情绪影响导致的 PTSD 有着至关重要的作用。

停下来检查一下

19. PTSD患者的皮质醇含量与其他人相比会怎样？
20. 什么证据表明海马小于平均水平的人会更易患上PTSD？

模块 12.3　结　语
情绪和人体反应

对应激与健康的研究提出了一个有趣的结论。数十年前，Hans Selye 提出应激事件能导致以发烧和其他生病症状为特征的一般适应症候群。现在我们知道了原因：对于外部长期的应激，身体通过激活肾上腺皮质和免疫系统，导致细胞因子增加，从而产生与感染相同的反应。研究也改进了我们对创伤后应激障碍背后的易患病体质的理解，而且使得治疗身心失调疾病的药物进入新纪元变成了可能。情绪状态，这个曾被看作对科学研究而言太短暂的状态，现在已经成为了生物学研究的主流方向。

总 结

1. Hans Selye 引入了一般适应症候群这一理论，它是对所有压力和疾病的身体反应。
2. 短暂的应激激活交感神经系统。更长期的应激激活了下丘脑–垂体–肾上腺皮质轴。肾上腺皮质释放能够增强新陈代谢的皮质醇。
3. 虽然短暂的应激能够提高免疫系统反应，促进记忆形成。但是，长期的应激会耗尽体内本应该用在其他方面的能量。
4. 应激激活免疫系统，帮助抵抗病毒和细菌。免疫系统释放细胞因子，它能刺激下丘脑采取行动抵抗疾病。
5. 因为应激引起细胞因子释放，它能导致发烧、嗜睡、和其他与生病相同的症状。
6. 与长期应激有关的高皮质醇水平会损害海马中的细胞，从而损害记忆。应激也会损害新神经元的形成。
7. 成功应对应激的方式，如社会支持，正如人们自我报告的那样，能够在大脑中产生可测量的有效作用。
8. 经过一个严重的痛苦事件后，一些人，并不是所有的人，会患上创伤后应激障碍（PTSD）。有证据表明，海马比正常海马小和皮质醇含量比正常水平低的人容易患上创伤后应激障碍。

关键术语

思考题

如果一个人不能产生细胞因子，会发生什么样的后果？

停下来检查一下答案

15. 白血球，它是免疫系统的一部分，释放细胞因子。
16. 细胞因子刺激神经元引起发烧，使饥饿感下降，性冲动减弱，并且增加睡意。
17. 错。恐惧、愤怒或其他的应激源如果长时间作用于人体就会损害健康，但是短暂的情绪体验会唤起交感神经系统，并提高免疫系统的活动。
18. 应激能引起皮质醇释放，而皮质醇能提高整个机体的新陈代谢活动。当海马中神经元的新陈代谢活动提高时，它们会变得更加脆弱，更容易受到毒素或过度刺激的伤害。
19. PTSD 患者与大多数人相比有着低于正常值的皮质醇含量，大多数人在对应激的反应中表现出皮质醇含量的升高。
20. 一般来说，PTSD 患者的海马小于平均水平。但是有研究发现，同卵双胞胎中的一个人，虽然没有患 PTSD，但是他的海马也同另一个患有 PTSD 的同卵双胞胎一样，要小于正常水平。

Michael Steele/Getty Images

学习与记忆生物学 13

本章大纲

主要内容

1. 在理解学习的生理学机制之前，必须回答两个问题：学习过程中单个细胞内发生了哪些变化？这些发生变化的细胞如何联合作用产生适应性行为？
2. 心理学家将记忆分为几种类型，不同部位脑损伤可能会选择性削弱不同类型的记忆功能。
3. 在学习发生过程中，特定突触活动水平呈现一定的增强或减弱。

当你在计算机上输入一些信息并将其保存，之后的任何时间只要你再回来，输入正确的文件名就可找回你当时写下的内容。试想计算机是如何记住这些内容的呢？

这个疑问其实可以分解为两个问题。第一，当你敲击键盘的时候，硅片的物理属性发生了哪些改变？第二，配置线路如何获取硅片的变化并将其转化为有用的视频显示或行为活动？

同样，当我们试图去解释你是如何记住一些经历时，我们需要解决两个问题。第一，感官信息如何引起了某些特定神经元的改变？第二，当某些神经元发生改变后，神经系统又是如何引起了被我们称之为学习或记忆的行为学改变？显然，单细胞内的改变无法解释习得行为的发生机制。

本章我们首先讨论不同脑区如何相互作用产生学习和记忆过程。在第二部分，我们详细论述神经元和突触在学习和记忆过程中所发生的生理学改变。

（左图图释）学习可以使动物掌握异常复杂的技巧。

模块 13.1

学习、记忆、健忘症和脑功能

试想一下，当你丧失长时记忆能力后的情形会是什么样呢？你虽能记住刚发生的事情，但是对更早之前发生的一些事情全然不记得，就像你片刻前刚从沉睡中醒过来似的。所以，你可能会在一张纸上写下你的感受："刚才，平生第一次，我突然变得非常清醒！"。可是，过了一会，你又会忘记这一切。直到你又讲，你好似刚刚睡了一大觉，觉得非常清醒。你能看见你在纸上写下的有关清醒的文字，但是你却不记得写字一事。多么令人奇怪啊！你肯定认为那是在你意识不清的时候写的！你生气地擦除掉原来所写的内容并重新写道："现在，我平生第一次感到非常清醒！"过了一会，你又擦除原来的书写内容并再次写下相同的内容。最终，你被人发现在一张纸上不断地重复同一个行为：写上然后再擦除有关"你突然平生第一次感到清醒"的内容。

你觉得这种事听起来不可思议吗？其实，生活中真的存在这类病人，例如有位脑炎患者其颞叶皮层损伤后，导致记忆能力严重减退（B.A.Wilson，Baddeley，& Kapur，1995），就曾出现类似上述的表现。生活中丧失了记忆也就意味着丧失了对时间经历的感受，而你的记忆几乎等同于你的自我同一感。

记忆的局部表征

在学习和记忆过程中脑内会发生哪些改变呢？早期的观点认为，某两个脑区的联系程度会明显增加。俄国生理学家巴甫洛夫最早开始对此问题进行实验研究，也就是我们今天所说的**经典条件反射**（classical conditioning）（图 13.1a），实验中巴甫洛夫将两个刺激进行多次匹配，从而导致个体对其中一个刺激的反应发生改变（Pavlov，1927）。具体而言，实验者最初呈现一个**条件刺激**（conditioned stimulus，CS），该条件刺激起初不会引起个体发生反应，紧接着在条件刺激之后呈现一个**非条件刺激**（unconditioned stimulus，UCS），非条件刺激会引发个体产生相应的**非条件性反应**（unconditioned response，UCR）。将条件刺激和非条件刺激进行若干次匹配后（也许只需 1-2 次，也许需要很多次），个体开始对条件刺激也发生新的习得反应，即所谓的**条件性反应**（conditioned response，CR）。巴甫洛夫在最初的实验里，每次给狗呈现食物（UCS）之前先给狗呈现一种声音（CS），食物（UCS）本身可引起狗本能地分泌唾液（UCR）。食物与声音经过许多次匹配后，单独给予声音刺激（CS）也能引起狗出现唾液分泌（CR）。在多数情况下形成的条件反应（CR）与非条件反应（UCR）相类似，但是在有些情况下，并不尽然。例如，电击（US）可以引发大鼠产生尖叫和惊跳反应（UCR），将电击与某个条件刺激多次匹配后，条件刺激却引发大鼠产生呆滞反应。

在**操作性条件反射**（operant conditioning）形成中，个体的反应结果是获得一个奖赏或惩罚（图 13.1b）。任何能促进机体未来反应发生的刺激物均可作为**奖赏刺激**（reinforcer），任何抑制机体未来反应发生的刺激物均可作为**惩罚刺激**（punishment）。例如，当大鼠进入迷宫的一个臂端并发现有谷类食物（一种有效的强化物）时，它以后再次进入同一臂端的概率就会增加。如果它获得的不是食物而是电击，再次进入同一臂端的概率则会下降。经典条件反射和操作性条件反射的主要区别在于，在操作性条件反射中个体的行为反应决定结果是获得奖赏还是惩罚，而经典条件反射中条件刺激与非条件刺激发生的时间比较固定，与个体的行为反应没有关系（但是，个体行为反应直接反映了个体对非条件刺激的结果预期）。

生活中有一些学习现象很难被简单归类为经典条件反射或操作性条件反射。例如，有一种雄性鸣禽在其刚出生的几个月内如果听到同类的鸣叫声，则会在其后的

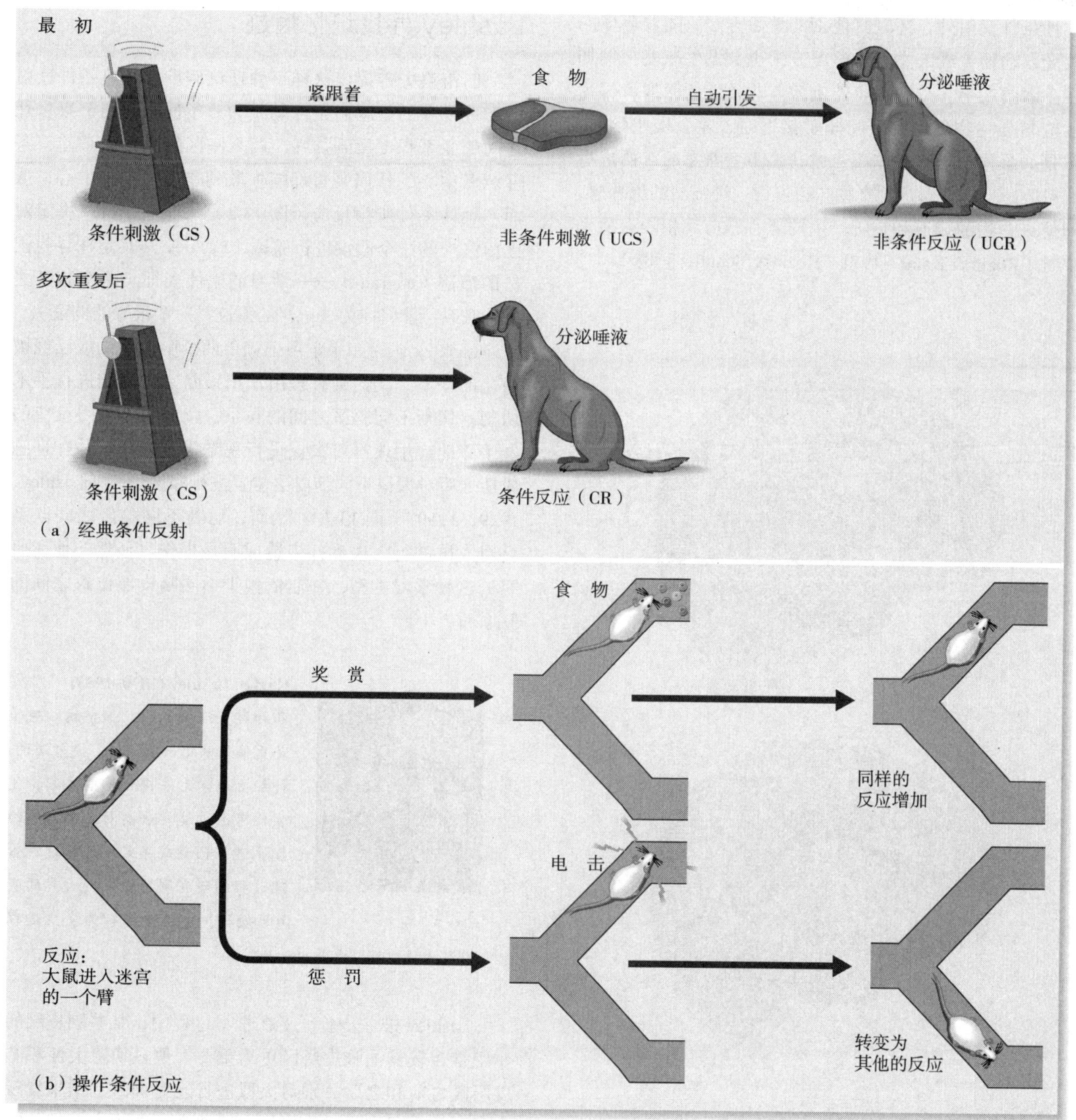

图 13.1 经典条件反射和操作性条件反射程序

（a）在经典条件反射中，无论学习者做什么，两个刺激即条件刺激和非条件刺激（CS 与 UCS）在固定时间呈现。（b）在操作性条件反射中，学习者的行为控制奖赏或惩罚结果。

一年内模仿鸣叫。它听到的这种鸣叫声并没有与任何其他刺激相匹配，所以不能称之为经典条件反射；它学会鸣叫后也没有获得任何奖赏或惩罚，所以也不能归为操作性条件反射。换句话说，动物除了经典条件反射和操作性条件反射外，还有其他别的学习方法。随着环境的改变，动物（或人类）的学习方法也会发生改变。例如在多数情况下，只有当条件刺激与非条件刺激或者行为反应与强化物出现的时间非常接近时，才会发生学习。但是如果你吃了某些东西，尤其是不太熟悉的东西之后有恶心感，你会对这种食物味道习得一种强烈的厌恶感，即使该食物的味道和它所产生的恶心感前后相隔有几个小时（Rozin & Kalat，1971；Rozin & Schull，1988）。

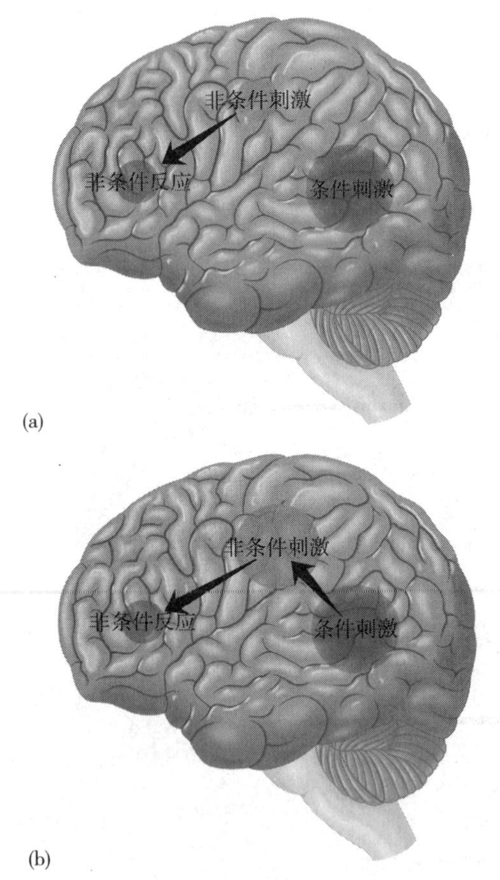

图 13.2　巴甫洛夫的生理学学习观点

（a）训练前，非条件刺激信息传递到大脑皮层非条件刺激兴奋灶，然后进一步传递到非条件反应兴奋灶。条件刺激信息传递到大脑皮层条件刺激兴奋灶，条件刺激兴奋灶不会引起机体任何反应。（b）训练后，条件刺激兴奋灶可将信息传递到非条件刺激兴奋灶，而非条件刺激兴奋灶可进一步将信息传递到非条件反应兴奋灶，于是产生与非条件刺激相同的反应。

Lashley 寻找记忆痕迹

巴甫洛夫曾提出这样一种理论假设：经典条件反射的形成反映的是脑内条件刺激和非条件刺激两个兴奋灶之间的联系程度得到加强。两个脑区的高度联系使得条件刺激中心的任何兴奋都能扩散到非条件刺激中心，从而产生非条件刺激反应（图 13.2）。Karl　Lashley 决定对巴甫洛夫的这个假设进行验证，Lashley 其实是在寻找记忆的**痕迹**（engram）——学习的躯体表征（两个脑区之间的联系可能将成为“记忆的痕迹”一个很好的例证）。

Lashley 认为如果学习依赖于两个脑区新的或已经被强化的联系，我们则有理由作出推断：对大脑进行手术切割，切断不同脑区之间的联系，就可消除学习反应的发生。他应用迷宫对大鼠进行视觉辨别训练，并在训练成功之后对大鼠不同脑皮层位置进行深度切割（Lashley，1929，1950）（图 13.3）。然而，切断不同脑区之间联系后对大鼠的行为表现并未造成明显损伤。显然，他所研究的这种学习类型，并非依赖于不同脑皮层位置之间的联系而产生。

Karl S. Lashley (1890~1958)

和神经生理学相比，如今的心理学是更偏基础的一门学科。换句话说，神经生理学无法提供一些法则，使我们可通过这些法则对正常行为的发生进行预测或界定。而通过对心理过程的研究则可以发现大量的实用性规律，也就是在行为发生过程中神经元活动所必须遵循的一些规律。

Lashley 进一步验证了在学习过程中，某些脑皮层的作用是否较其他脑皮层区更为重要。他在切除大面积脑皮层区之前和之后分别对大鼠进行迷宫训练。结果发现大面积脑皮层切除明显损伤大鼠的学习能力，且训练时间也明显延长。但是训练延长的时间与切除脑皮层的位置无关，而与切除脑皮层的面积大小成正比。显然，学习与记忆并非只与某个单一脑皮层区有关，而是弥散于整个大脑皮层。Lashley 因此提出了两个有关神经系统的活动规律：

图 13.3　从上往下看的大鼠脑水平剖面图，显示 Lashley 对大鼠不同脑区进行的切割

Lashley 发现未切割或联合切割脑区对大鼠的迷宫记忆能力没有影响。（*Adapted from Lashley, 1950*）

- **等势说**（equipotentiality）　大脑皮层所有区域对学习这种复杂的行为过程同等重要，任何部位脑皮层可相互替代执行学习与记忆功能。
- **整体活动说**（mass action）　脑内各个皮层作为一个整体而发挥作用，参与的脑皮层区越多、面积越大，学习与记忆效果越好。

然而，值得注意的是，对 Lashley 的研究结果还可以进行另外一种解释：即迷宫学习和视觉辨别学习是一些非常复杂的任务，大鼠在寻找食物的路径中会关注更多视觉和触觉刺激线索、关注其身体和头部所在位置以及其他任何可利用的线索。总之，学习过程需要许多大脑皮层区域的参与，但是不同皮层区域的作用可能并不完全一样。

最后，研究者们发现 Lashley 在其结论中提出的另外两个假说完全没有任何意义：（a）对寻找记忆痕迹而言，脑皮层是最好的或惟一的研究位置；（b）所有类型的记忆都有相同的生理学机制。正如我们在下面即将看到的，研究者们摒弃这种假说后得到了完全不同的结论。

对记忆痕迹的进一步探寻

Richard F. Thompson 及其同事采用一个比 Lashley 更加简单的方法来寻找记忆的痕迹，寻找的位置不是在大脑皮层而是在小脑。Thompson 及其同事利用兔子的眼睑眨眼反射研究经典条件反射。他们先呈现一种声音刺激（CS），声音出现之后立即朝向兔子的眼角膜进行吹气（UCS）。最初，兔子只对吹气做出眨眼反应而对声音没有反应。将吹气与声音两种刺激多次结合后，经典条件反射形成，兔子听到声音也会发生眨眼反应。研究者对兔子所有脑细胞的活动都进行了记录，以便确定哪些脑细胞的活动水平在学习过程中发生了改变。

Thompson 决定对学习进行脑定位研究。他设想一系列脑区会参与学习过程，包括从感受器到支配肌肉活动的运动神经元。

—< A —< B —< C —< D —< E —< F —<

假如我们损害其中一个脑区引起学习能力受损，我们并不能认为学习过程就一定与受损脑区有关。例如，如果学习过程与 D 区有关，C 区受损可能引起传入 D 区的信息受阻从而阻断学习过程发生，而 E 区受损可能通过阻滞 D 区信息的传出从而阻断学习过程发生。因此，在假定 D 区与学习过程有关的前提下，Thompson 和其同事做出相应的合理推断：如果 D 区参与学习过程，D 区在学习时的活动水平应该升高，通往 D 区的所有脑区（包括 A、B 和 C 区）的活动水平也应该升高。然而，学习过程的发生并不需要 E 区及以后脑区参与。如果 E 区受损，则往肌肉传播的信息受阻，所以我们虽没看到行为反应出现，但学习过程还是发生了。

Thompson 的研究确定小脑内的一个神经核团——**外侧间位核**（lateral interpositus nucleus，LIP）对学习发生起着非常关键的作用。因为对兔子进行声音 - 眨眼条件反应训练之初，LIP 细胞对声音并没有反应，但是随着学习过程的进展，LIP 细胞对声音的反应明显增加（R. F. Thompson，1986）。如果研究者在兔子训练之前通过药物注射或冷却处理 LIP 细胞，暂时抑制 LIP 细胞的活动反应，之后将条件刺激声音与非条件刺激吹气反复结合呈现，则兔子在训练期间始终不能学会眨眼条件反应。直至 LIP 细胞功能恢复后继续进行眨眼反应训练，兔子才开始学会眨眼条件反应，且习得速度等同于 LIP 恢复前未进行学习训练动物的速度。显然，当 LIP 活动受到抑制时，对兔子进行的眨眼条件反应训练是无效的。

LIP 到底是学习发生的脑区位置呢，还是只是负责向随后的学习发生位置传播信息？在后续的实验研究中，研究者们对红核（接受来自小脑传入信息的一个中脑运动区）的活动反应进行抑制处理。结果发现，当抑制红核活动后，兔子经过训练不能学会眨眼条件反应。但是一旦恢复红核的活动功能，兔子对声音产生强烈的眨眼条件反应（R. E. Clark & Lavond，1993；Krupa，Thompson，& Thompson，1993）。也就是说，抑制红核的活动只是暂时抑制了眨眼条件反应的外在行为表现，并没有阻断学习过程的发生。即表明红核及其以后的一些传出区域对学习过程的发生并不是很重要。因此，研究者们认为 LIP 才是学习过程发生的关键位置。图 13.4 对相关实验结果进行了简单介绍。

那么，研究者们又是如何确定 LIP 之前的一些脑区对学习过程的发生并不重要的呢？设想一下，如果 LIP 之前的这些脑区对学习的发生也起着非常关键的作用，则抑制 LIP 将不会阻止学习过程的发生。

后来的一些研究证实 LIP 的功能完整无损不仅对学

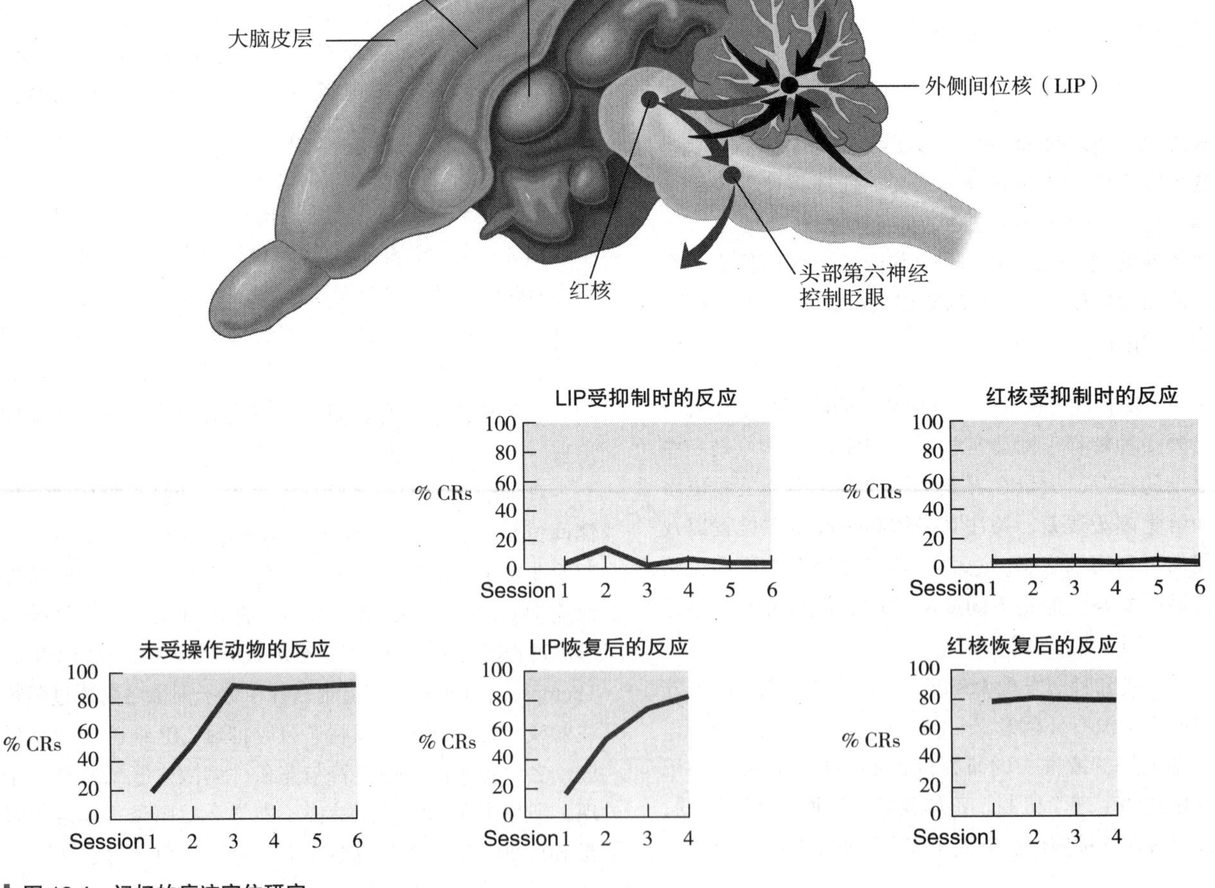

图 13.4　记忆的痕迹定位研究

兔子外侧间位核的暂时失活能阻断所有的学习反应，当外侧间位核活性恢复以后，先前曾经训练过的大鼠与没有训练过的大鼠学习速度一样缓慢。而红核的暂时失活只阻断失活期间的行为表现，一旦红核的活性恢复，先前习得的行为反应很快又出现。(Source: Based on the experiments of Clark & Lavond, 1993; Krupa, Thompson, & Thompson,1993)

习过程的发生非常重要，对以后的学习效果测试也非常重要。换句话说，LIP 脑区对学习过程的发生和学习效果的保持都非常关键（Christian & Thompson，2005），且对已经习得条件反应的消退也非常重要（Robleto & Thompson，2008）。

兔子条件反射的发生机制也许同人类一样。对人类青年被试的正电子发射断层扫描结果显示，当条件刺激与非条件刺激吹气反复结合产生眨眼条件反应时，小脑、红核和其他几个脑区的活动水平都明显增加（Logan & Grafton，1995）。小脑受损的被试不仅眨眼条件反应程度减弱，而且条件反应发生的时间也不太准确（Gerwig et al. 2005）。

停下来检查一下

1. Thoupson成功找到了记忆痕迹的位置，而Lashley却没能找到。这种截然相反的结果与他们的理论假说和实验程序设计有密切关系，谈谈二者实验程序或理论假说的主要不同点。
2. 请提供一些研究证据，证明红核在条件反应的行为表现中起着非常重要的作用，而对学习过程的发生并不是很重要。

记忆的类型

心理学家将学习和记忆分开进行研究，其实这两方面的研究者除了所采用的研究方法不同，其他并没有什么不一样。大部分学习问题的研究者主要采用动物实验进行经典条件反射和操作性条件反射研究，而从事记忆问题研究的研究者则要求被试用文字去描述一些相关事件。实际上，将二者完全分开是一种武断的做法，因为当你进行记忆时不可能没有学习过程参与，而当你进行学习时也不可能没有记忆过程发生。

然而，无论我们使用学习还是记忆专业术语，我们都需要对其进行分类。十年前，心理学家期望找到一些适用各种情景的学习或记忆法则。渐渐地他们意识到，不同类型的学习和记忆之间有很大区别。现在，研究者们仍然在继续致力于探索不同类型间的实质区别，脑损伤研究对这方面的探索做了很大贡献。

短时记忆与长时记忆

Donald Hebb（1949）认为没有一种机制可以诠释所有的学习。我们可以很快形成记忆，且一些记忆可持续终生。Hebb 无法想象某个负责瞬时记忆的超快速化学过程，如何同时又能使稳定的永久性记忆的发生。因此，他认为**短时记忆**（short-term memory）主要存储刚刚发生的事件，而**长时记忆**（long-term memory）主要存储能进一步回顾的事件。好几个研究证据支持这种区分：

- 短时记忆和长时记忆存储容量不同。如果你听到一串数字或字符，例如 DZLAUV，你能记住的数量可能不超过 7 个。其中如果伴有其他类型材料，你能记住的最大数量可能还不到 7 个。而长时记忆的存储容量却大得无法估计。
- 短时记忆消退得非常快，除非你及时进行复述。例如，如果你看完一串字符 DZLAUV 之后就被某件事打扰，20 秒之后你重复这些字符的能力迅速减退（Peterson & Peterson，1959）。但长时记忆中早已尘封多年的往事，可能仍会浮现在你的脑海里。
- 短时记忆中的内容一旦忘记，便永远消失。而长时记忆中的内容，有些事情你可能觉得已经忘记，但是一旦有合适的线索提示，你又会重新想起。例如，试图说出你所有中学老师的名字，当你说完所有能想起的名字后，可能还有很多名字想不起来。对于想不起来的名字，如果给予照片提醒或名字的第一个字母，你可能又能说出更多老师的名字。

根据短时记忆和长时记忆的这些区别，研究者们认为所有的信息最初都进入短时记忆暂时存储，直至大脑通过**复述**（consolidate）并将其存储到长时记忆中进行巩固。如果在巩固发生之前打断复述过程，信息很快就会丢失。

工作记忆

最近的一些研究削弱了长时记忆和短时记忆之间的区别。例如，大部分研究证实，短时记忆中没有意义的材料诸如一串字符或数字，如果没有进行复述便会很快丢失。然而有些内容你可能并未进行复述，但却可以在记忆中保持几个小时甚至几天——诸如你计划与某人共进午餐的地方、你计划将车停靠的位置或者你计划下次约见牙科医生的时间等。另外，不同内容需要进行巩固的时间也悬殊很大，这与你的生活经历有关。例如，当某人给你讲一些你非常感兴趣且是你所熟悉的话题时，你很快就能记住且不易忘记；假如你所听到的是你不熟悉的话题，则对话题内容的记忆就比较困难。实验室中的动物研究结果也一样，如果它们事先经过特殊类型训练，则对同类新环境的记忆就比较容易，且几乎不需要再进行学习和练习（Tse et al.，2007）。

工作记忆（working memory）是 A. D. Baddeley 和 G.. J. Hitch（1974，1994）提出来的一个专业术语，实为短时记忆的另一个名称，强调信息暂时储存的目的不是为了转换为长时记忆，而是为今后工作所需。比较常见的一个工作记忆测试方法为**延迟反应任务**（delayed response task），该任务要求被试对刚才所看到或听到的事情做出反应。例如，设想有好几扇门，其中一扇门上的灯光处于照明状态。当灯光熄灭后，你需要等待几秒钟，然后向你刚才看见亮灯的那扇门走过去。通过延长或缩短需要等待或延迟的时间，测试你对时间限定的控制能力。通过适当修订，该任务对人类和非人类的动物实验均适用。延迟等待阶段，初学者必须对刺激信息的表征进行储存，并且许多研究均已证实前额皮层是信息存储的主要位置（Kikuchi-Yorioka & Sawaguchi，2000；Klingberg，Forssberg，& Westerberg，2002；Leung，Gore，& Goldman-Rakic，2002；Sakai，Rowe，& Passingham，2002）。最初，研究者假定细胞通过重复动作电位来储存信息。但是，动作电位需要消耗许多能量。大脑也许会使用一些更加经济的方式来表征临时信息，诸如升高钙离子浓度，来增强某个限定时段之后的行为反应（Mongillo，Barak，& Tsodyks，2008）。

许多老年人的工作记忆都受到不同程度的损害，这也许与前额皮层的变化有关。实验研究已发现老年猴子前额皮层的某些区域内神经元的数量和输入信息明显减少（D. E. Smith，Rapp，McKay，Roberts，& Tuszynski，2004）。记忆功能下降的老年人的前额皮层的活动反应也减少，而保持完整记忆功能的老年人，其前额皮层的活动水平明显高于青年人（A. C. Rosen et al.，2002；Rossi et al.，2004）。老年人前额皮层活动水平的增加可能意味着其前额皮层神经元的工作更加努力，从而可以抵消其他脑区损伤所带来的影响。另外，一些精神兴奋性药物可通过增加前额皮层活动水平来改善老年猴子的长时记忆能力（Castner & Goldman-Rakic，2004）。猴子记忆的成功改善也许对人类记忆障碍的治疗有潜在的临床参考价值。

停下来检查一下

3. 表征工作记忆的主要脑区在哪里？信息暂时存储的最新理论假说包括哪些内容？

海马与健忘症

健忘症（amnesia）的主要表现是记忆能力丧失。例如，有一个健忘症病人吃完午饭 20 分钟之后，又第二次吃午饭，显然他忘记自己已吃过午饭。又过了 20 分钟之后，他又第三次开始吃午饭并且吃了很多。过了一会，他说他想出去散步并吃一顿大餐（Rozin，Dow，Moscovitch，& Rajaram，1998）。然而，即使在病情非常严重的时候，病人的各种记忆能力并非同等程度丧失。例如，病人仍然记得如何使用刀叉吃饭，虽然他已忘记自己什么时间吃的什么饭。对健忘症的研究有助于澄清不同类型记忆的区别，并有助于我们进一步探索记忆的发生机制。

海马受损的病人

1953 年，一个叫 H. M. 的癫痫病人服用了各种各样的抗癫痫药，仍然无法控制病情，大约每天 10 次癫痫小发作，每周 1 次癫痫大发作。最终，他和他的外科医生不得不考虑采用一种特殊的外科手术疗法。因为当时的研究证据表明，癫痫的病因可能与海马病变有关。于是外科医生将其两侧脑半球的海马切除，同时还切除了部分杏仁核及颞叶皮层内的其他临近组织。当时的研究者只对海马有所了解，对海马以外的其他脑区一无所知，因此没有人知道术后将会发生什么情况。我们现在已经知道，海马的不同区域对信息的存储和以后的记忆提取都有非常重要的作用（Eldridge，Engel，Zeineh，Bookheimer，& Knowlton，2005）。虽然手术减轻了 H. M. 的癫痫病情，一年大发作总计不会超过两次。但是我们几乎可以肯定，病人宁愿回到以前的癫痫生活状态（Milner，1959；Penfield & Milner，1958；Scoville & Milner，1957）。图13.5 呈现正常海马解剖结构及 H. M. 的海马受损情况。如果想了解更多有关海马的知识，可登录华盛顿大学脑信息研究中心网站：http://braininfo.rprc.washington.edu/menumain.html。

顺行性遗忘和逆行性遗忘 海马切除术后，H. M. 的智商和言语能力完整无损，人格特点也同于手术前。只是情绪变得比手术前更加平静，可能与杏仁核部分切除有关（Eichenbaum，2002）。例如，他很少提出要求（包括食物）或抱怨生活（包括疼痛）。但是，他却患上严重的**顺行性遗忘症**（anterograde amnesia）（对脑损伤之后所发生的事件丧失记忆），同时也患上了**逆行性遗忘症**（retrograde

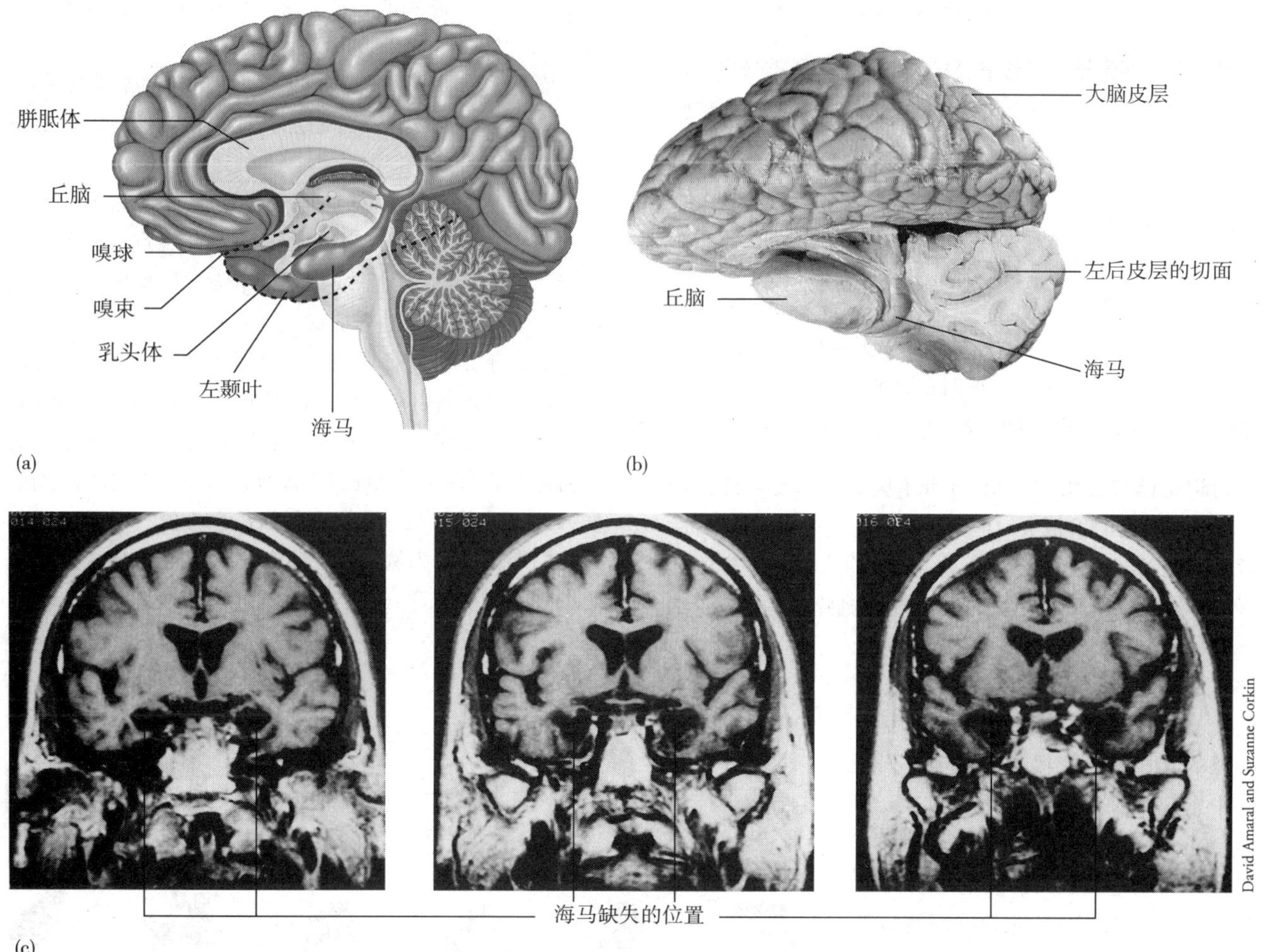

图 13.5 海马

（a）人脑内的海马位置。海马位于颞叶内侧，所以图中左侧海马比矢状面的其他部分距离观察者更近；而右侧海马位于矢状面之后。图中虚线代表颞叶位置，在矢状面上看不见。（b）从上往下看的人类脑结构图。右半球完好无损，左半球的顶部被切割掉，从而暴露海马回路，从丘脑上方（或背侧）绕到丘脑后方，接着再绕到丘脑的下方（腹侧）。（c）H.M. 病人大脑的磁共振（MRI）扫描结果显示海马缺失。注意这个损毁面积较大。三张图均为冠状面图，位置相继从前往后。

amnesia）（对脑损伤之前所发生的事件丧失记忆）。最初，研究者认为他的逆行性遗忘只是对术前 1~3 年的事件不能回忆，可是后来发现他遗忘的时间越来越泛化。其实，H. M. 只是同类病人的一个代表，许多癫痫病人在切除内侧颞叶中的海马和周围组织结构后，也像他一样得了健忘症。并且所有接受手术的病人同时有顺行性遗忘和逆行性遗忘两种症状表现，尤其是对术前近几年发生事件的逆行性遗忘最为严重。例如，癫痫病人通常能记得他儿童时期和青少年时期的居住地，却不记得三年前的居住地在哪里（Bayley，Hopkins，& Squire，2006）。

短时记忆完好无损　尽管 H. M. 的长时记忆严重受损，但是他的短时记忆或工作记忆却保持完好无损。在一次测试中，Brenda Milner（1959）问他是否还记得 584 这个数字，他在全神贯注思考了 15 分钟之后，给出了正确回答，并解释道："很简单，你刚刚记住了 8，你知道 5+8+4=17。你记住 8，17-8=9。9÷2 之后你可得到 5 和 4，那就是 584。简单。"过了一会，当他的注意力转向别的事件之后，他又忘记了刚才的数字及其关联的复杂思维。其他大部分健忘症病人的短时记忆或工作记忆也未受损（Shrager，Levy，Hopkins，& Squire，2008）。

长时记忆储存受损　H. M. 可以不厌其烦地反复阅读同一本杂志，有时候他会对他人讲一些有关他儿时的事件，紧接着在 1~2 分钟之后会再次对同一个人讲述同样的故事（Eichenbaum，2002）。1980 年他来到疗养院生活，四年后他却不记得当时的居住地和他的护理人员。虽然他每天看电视新闻，但是从 1953 年之后他只能回忆起所发生事件的一些零碎片段。这些年来，英语中出现了许多新词汇，诸如 jacuzzi 与 granola，H. M. 却不认识这些词并认为它们是毫无意义的废话（Corkin，2002）。术后几年内无论何时问他的年龄和年代，他总是回答 27 岁和 1953 年。几年后再提相同问题时，他开始胡乱猜测答案，回答的年龄通常与实际年龄相差 10 岁以上，回答的年代也与实际年代相差 43 年（Corkin，1984）。

你也许会好奇，当他看到镜子或照片中的自己时是否会感到吃惊？当问他的年龄多大或他的头发是否已变白时，他回答不知道。当给他看术后他与母亲的合影时，他能认出母亲但不认识自己。然而，当看到镜子里的自己时，他一点也不感到惊奇（Corkin，2002）。当然，这可能因为这些年来他每天都在照镜子。所以，他知道镜子里的人一定是他自己，而照片中的他可能是别人。

H. M. 对多次重复的信息可以形成一些微弱的语义记忆（Corkin，2002）。例如，虽然他不认识 1953 年之后的一些名人，但是如果给他提供一定线索，他可以记住新闻里经常提到的一些人名（O'Kane，Kensinger，& Corkin，2004）。如果给出名字里的第一个字符，他可以将后面的名字补充完整。他的答案中包括 1953 年后的一些名人的名字。如果另外附加其他线索，他可以提供更多名人的名字。

人们通常认为健忘症病人无法学习新知识，但有一项研究却发现一个有趣的现象，对此观点似乎不完全支持。研究者给病人呈现一系列毫无关联的图片（见图 13.6），正如所料，健忘症病人在图片命名学习进程中毫无进展，于是研究者让病人自己对图片进行命名。要求每个病人必须看着一张图片同时向另一个人描述其形状，另一个人根据病人的描述从一系列（此处为 12 张）没有任何标志的图片中，挑选出病人所看的那一张图片。起初，病人的描述非常缓慢且没有任何信息价值。以图 13.6 右上角的那个图片为例，有个病人做出这样的描述："下一个图片看上去几乎……与一些人相反……跌到了，坐在

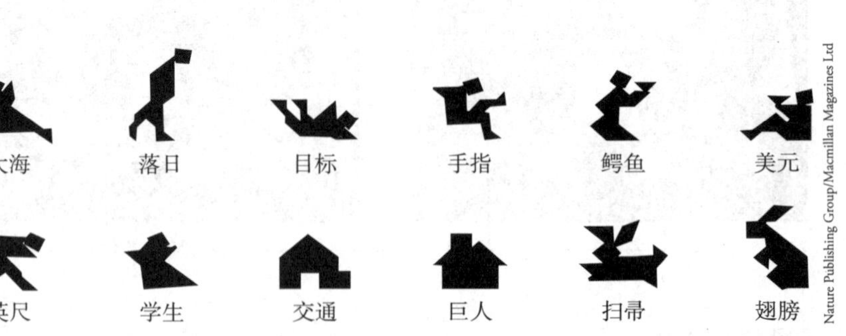

Nature Publishing Group/Macmillan Magazines Ltd

图 13.6　健忘症病人记忆测试图

虽然健忘症病人记不住实验者给每个图形物体所限定的标志（如图所示），但是他们能够记住自己所赋予意义的标志。（*From Duff, M. C., Hengst, J., Tranel, D., & Cohen, N. J. (2006). Development of shared information in communication despite hippocampal amnesia.* Nature Neuroscience, *9, 140–146. Used by permission, Macmillan Publishing Ltd.*）

地面上，有同一类型的……”。最后，他终于说出图片像某个人在屈膝睡觉。在第四次实验中，他就能很快地将图片命名为“一个人在午睡”，而且从那以后他可以连续讲出同一件事物，甚至在若干天后也不变。

情景记忆严重损伤　H. M. 的**情景记忆**（episodic memories）严重受损，特别是某些个别事件。他不能描述 1953 年以后的任何生活经历。他的逆行性健忘症状中也是情景记忆损伤最严重，他能够描述术前的实际生活情况，但很少涉及个人经历。另有一个病人 K.C.，在一次摩托车事故中遭受大面积脑损伤，海马与其他脑区发生弥漫性损害。与 H.M. 一样，他对新事物的学习能力也非常缺乏，另外他的情景记忆显然完全丧失。他对生活中发生过的任何一件事都无法进行描述，虽然在脑部受伤之前他对许多事件都有记忆。当他看到相册里过去的家庭照片时，他能认出照片中的人以及一些地方，但是他却不记得照片里所发生的任何一件事（Rosenbaum et al.，2005）。虽然他是一种非常典型的弥漫性脑损伤，以至于我们无法确定是哪个脑区的损伤引起他的记忆丧失，但是通过对他的观察我们发现，情景记忆发生的脑机制显然不同于其他类型记忆。

丧失记忆的人未来的想象力又如何呢？假如你去想象未来可能发生的某个事件，你需要找到先前存储的类似生活经历并对其进行修改。功能磁共振成像研究表明，个体描述过去发生事件和想象未来发生事件所激活的脑区大部分都一样，都包括海马（Addis，Wong，& Schacter，2007）。因此，健忘症病人想象未来和回忆过去的情况相同。例如，这里有一个心理学家提供的一些相关材料，是一个健忘症病人想象未来参观一个博物馆的片段：

病人：[停顿] 像这种博物馆不是太多。

心理学家：你想象中的博物馆看上去是个什么样子呢？

病人：嗯，有许多扇高大的门。门框很高，所以门也很高且有巨大的铜把手，天花板是用玻璃做成的，所以光线很充足。房间很大，房间的每个方向都有出口，有一条路贯穿中央，中间有一幅地图且四周都陈列有展览品。[停顿] 我不知道陈列的是什么东西，里面可能会有人。[停顿] 说实话，来的人不是很多……我的想象不是……嗯，我没有继续想象这件事，就这样吧……我目前想象不出任何画面。

内隐记忆优于外显记忆　H.M. 和所有其他健忘症病人一样，内隐记忆都明显优于外显记忆。**外显记忆**（explicit memory）是对记忆信息的有意识提取，例如测试外显记忆的常见问题有：“你最近看的一本书是什么书？”、“昨晚宴会你吃的什么？”**内隐记忆**（implicit memory）是指最近的经历对行为所产生的影响，即使你并没有意识到这种影响。例如，当你和某人正在谈论体育运动时，附近的其他人可能正在谈论最近播放的电影。如果直接问你周围的人正在谈论什么，你肯定回答不知道。但是，你可能会毫无缘由地说出：“我想知道电影里演的什么内容？”。

另外一个体验内隐记忆的练习就是你小时候玩过的“俄罗斯方块”游戏。在游戏中，各种几何图形（例如□□□与⊞）从顶端往下降落，玩家必须通过移动和旋转图形从而使其填充视频底部可利用的空间位置。一般人玩上几个小时之后就能提高技巧，并能清楚描述游戏玩法及其规则。而健忘症病人玩上几个小时之后，却仍无法描述游戏玩法，并且不记得玩游戏的经历。尽管这样，他们玩游戏的技巧还是有了一点点进步。而且，他们报告说在入睡之前，他们会看到一堆往下降落并会旋转的成堆小格子图像（Stickgold，Malia，Maguire，Roddenberry，& O’Connor，2002）。他们很困惑，也很好奇，想知道这些图像到底是什么？

再举一个有关内隐记忆的例子。有三个医务工作者进行了一项实验，他们对同一个健忘症病人分别表现出三种态度。第一个人尽可能保持愉快的态度，而第二个人保持中立，第三个人表现得非常严厉，他会拒绝病人的所有要求而且要求病人做一些令人厌烦的事情。5 天之后，让病人看这三个医务工作者的照片，并对照片中的人进行辨认或讲一些有关他们的事情。之后询问病人，如果可能的话他更愿意选择照片中的哪个人做他的朋友，或者他将会寻求哪个人的帮助？因为病人从不记得刚才发生的事情，所以可以重复询问病人这个问题。病人通常会选择照片中“表现友好”的人（即态度较好的第一个医务工作者）做他的朋友，病人从未选择照片中“表现不友好”的人（即态度严厉的第三个医务工作者）做他的朋友，尽管照片中“表现不友好”的人是一位长相美丽且面带微笑的女性（Tranel & Damasio，1993）。病人无法解释不喜欢这位女性的理由。

总之，H.M. 及其与他类似的健忘症病人存在如下共同特点：

- 短时记忆或工作记忆正常；
- 陈述性记忆发生严重的顺行性遗忘，换句话说，形成新的陈述性记忆存在困难；
- 在许多情况下，情景性记忆严重丧失；
- 内隐记忆优于外显记忆。

停下来检查一下

4. 顺行性遗忘和逆行性遗忘的区别是什么？
5. H.M.的哪种记忆类型没有受到损伤？

海马的记忆功能

对 H.M. 和其他海马损伤病人的研究结果只能说明海马对记忆有影响，为了深入了解海马对记忆的确切作用机制，需要对解剖部位和环境变量进行更好的控制。为此，研究者还进行了动物实验研究，

海马与陈述性记忆 虽然海马受损的病人对新近发生事件的记忆存在严重障碍，但是对新获得技能的记忆却没什么困难。显然，他们通过语言陈述事实的能力——即**陈述性记忆**（declarative memory）受到损伤，而他们获得运动技能和习惯的能力——即**程序性记忆**（procedural memory）仍保持完好无损。例如，H.M. 已经学会阅读反着写的句子，因为他总是愿意通过镜子来看这些句子。由于他不记得自己以前练习过反着看字的经历，所以他也为自己有这样的技能感到奇怪（Corkin，2002）。病人 K. C. 在图书馆干一份兼职，他已学会用杜威图书分类法来整理书籍，虽然他已忘记学习杜威图书分类法的时间和地点（Rosenbaum et al.，2005）。

因此，Larry Squire（1992）提出理论假说：海马是陈述性记忆、特别是情景记忆的关键位置。然而动物没有语言，我们怎么用动物实验来验证他的理论假说呢？我们怎么来给动物的陈述性记忆或情景记忆规定一个操作性定义呢？

Larry R. Squire

记忆是伴随情绪发生的躯体唤醒活动，记忆使得我们产生“我是谁”的自我体验。在过去的 20 年里，我们对记忆的理解及对记忆的脑机制的认识取得了巨大进展。在 21 世纪之初的精神学领域里，同时可以从分子水平、细胞水平、脑机能系统和行为学水平进行全面解读的第一个学科，我们都认为非记忆莫属。然而，即使记忆学科在各个方面的研究都取得了很大进展，脑研究毫无疑问仍是一门年轻的学科，特别对研究生和年轻的科学家而言是一个大有作为的领域。很高兴神经科学已取得了许多令人激动的突出成果，相信最精彩的还在未来的研究中。

有人做了这样一个实验，放置五堆沙子，每堆各有不同的气味，然后让一只大鼠从五堆沙子里找寻食物。之后选择其中的两种气味对大鼠进行辨别反应训练，先闻一种气味，再去闻另一种气味，之后走向各种不同气味的沙堆找寻食物。如果大鼠选择了与它第一次所闻气味相同的沙堆，将会得到食物奖赏。正常大鼠都能学会做出正确反应，说明大鼠不仅记住了气味的独特类型，而且还记住了气味的先后时间顺序。从广义而言，这种对特殊事件性质的记忆称为情景记忆。海马受损的大鼠在该任务中表现较差，通常不能学会正确反应（Fortin，Agster，& Eichenbaum，2002；Kesner，Gilbert，& Barua，2002）。

在**延迟样本匹配任务**（delayed matching-to-sample task）中，当动物看到一个物体（样品）之后需延迟一段时间，然后再去完成一项辨别选择任务：动物必须从所给定的两个物体中选出与刚才所看到的物体（样品）相匹配的一个物体。在**延迟样本不匹配任务**（delayed nonmatching-to-sample task）中，除了要求所选定的物体必须不同于事先看到的物体外，其他操作程序与延迟样本匹配任务完全相同（图 13.7）。在两种任务中，动物都必须记住刚才出现的是哪个物体，类似我们所说的陈述性记忆，或者也可以称作情景性记忆。海马受损的动物大部分情况下无法完成该任务（Zola et al.，2000）。

研究者们曾经认为陈述性记忆与海马有关，而程序性记忆也许与基底神经节有关，研究结果发现实际情况远比想象的要复杂得多。就拿延迟样本匹配任务与延迟

猴子移开物体获得食物

食物放在新的物体下

图 13.7　延迟样本不匹配任务程序

样本不匹配任务来说，二者程序上的区别似乎很小，但也许一个任务需要海马完好无损才能完成，而另一任务也许就不需要（Aggleton，Bliindt，& Rawlins，1989）。通常许多任务都需要海马和基底神经节共同参与才能完成（Albouy et al.，2008）。另外，有些系统也许可以相互替代。例如，想象想你必须学会用✂来替代✤，用✈来替代✸，等等一系列成对匹配物体。通常情况下，一个成人可以很快学会这些匹配物的替代关系，并且可以对匹配结果的正误进行判断。颞叶受损包括海马受损的病人，最初似乎不能学会这些替代关系，但实际上他们也能慢慢学会。虽然能学会，但是学会的结果与正常人不同。他们其实并不明白任务的要求，也不能对所学会的事情进行描述。所有这些情况说明，他们只学会了习惯性运动或程序性行为，而正常人学会的则是陈述性记忆（Bayley，Frascino，& Squire，2005）。

脑功能完好的人也可以模拟出类似结果。假定有这样一个任务，给你呈现一系列显示屏，每个显示屏包含一套图形组合，图形提供了关于某个城市明天的天气状况的线索。要求你根据这些图形线索来猜测该城市明天是否会下雨。起初，你完全是简单猜测，但是实验者会给你反馈结果的正误，渐渐地你将学会哪些图形与下雨有关，而哪些图形与下雨无关。你会猜得越来越准确，甚至还可以对你的决策过程给予解释：某一种图形表明下雨的概率大约 3/4 多一点，另一种图形表明下雨的概率大约 1/2 多一点，诸如此类。如果一次同时呈现三个图形，你需要联合考虑所有线索，更注意可能性最大的图形线索。功能性磁共振成像研究结果也显示该任务可以激活你的海马区。

假定再做一次相同任务练习，与刚才不同的是，本次任务过程中出现很多干扰。当你正在试图猜测天气时，你听到一系列不同音调的声音，要求你必须同时对高调声音进行计数。你可能仍然可以对天气状况做出合理的推测，但是你却无法描述你是怎样做出的决策（即陈述性记忆丧失）。功能性磁共振成像研究结果显示，该任务的完成主要与基底神经节功能有关，而非海马结构（Foerde，Knowlton，& Poldrack，2006）。

汇总这些研究结果发现，海马在陈述性记忆中的作用更为重要，而基底神经节在程序性记忆中的作用更为关键。然而，这种结论的局限在于，必须将记忆进行陈述性和程序性分类。而实际上大多数任务均涉及两种记忆，即使相同的任务也可能存在两种记忆类型的转换。

停下来检查一下

6. 假如你通过陈述性记忆习得一种技能（例如预测天气），而不是通过习惯化程序学会同样技能，请问结果会有什么不同？

海马与空间记忆　有关海马的第二个理论假说认为，海马对空间记忆的作用尤为重要。细胞电生理活动记录表明，大鼠海马内的神经元活动与一些特殊的空间位置有关，当动物处于某个特殊位置（O'Keefe & Burgess，1996）或朝向某个特殊方位时（Dudchenko & Taube，1997；Rolls，1996a），这些神经元的电活动反应最明显。在一项研究中，大鼠可以沿着一个跑道去获取食物，大鼠沿途走在不同位置会激活海马内不同部位的细胞。当大鼠停留下来，相同的细胞会再次以相反的顺序被激活，就像重新缠绕录音带似的。研究者推测，这个过程也许有助于将大鼠所停留的位置储存到记忆中（Foster & Wilson，2006）。

通常，每当大鼠处于某个特殊环境时，海马中的某些特殊细胞就会以相同方式做出反应。如果我们将大鼠转移到一个新环境或者改变大鼠目前所处环境，例如把笼子变大，这些不同的细胞会重新对新环境进行定位（Leutgeb et al.，2005；Moita，Rosis，Zhou，LeDoux，& Blair，2004）。幼龄鼠重新调整海马定位系统的速度较老龄鼠快，而且比老龄鼠更快地学会找到通往重要位置的路径（Rosenzweig，Redish，McNaughton，& Barnes，2003）。假定当人们执行空间任务，要求他们想象两个朋友家的住所之间的最佳路线时，功能性磁共振成像研究结果发现，执行任务过程中海马的活动反应水平明显升高（Kumaran & Maguire，2005）。所有这些研究结果均表明，海马在空间记忆中的作用特别重要。

还有一项研究是以伦敦出租车司机为被试，研究者对被试提出一系列问题，诸如“从卡顿城堡宾馆到福尔摩斯博物馆的最佳路线怎么走？”（伦敦出租车司机均受过良好培训，所以都回答得非常准确）等等。当他们回答问题时对其脑部进行了 PET 扫描，结果发现出租车司机在回答空间问题时海马的激活水平，远远高于回答非空间问题时。MRI 扫描结果也证实了出租车司机的海马后部比普通人的体积更大，且海马后部体积与出租车司机的驾龄呈正相关（Maguire et al.，2000）。这个令人奇怪的结果说明成人海马的发育增长与空间学习经历有关。

再举一个有关空间记忆的非人类的例子，在一个辐射状的**放射状（八臂）迷宫**（radial maze）或更多臂的迷宫里，选择其中某些臂端放置一点食物或其他强化物（图 13.8）。然后将一只大鼠放置迷宫中央，大鼠可以通过探索臂端而找到食物，且每个臂端只需探索一次。通过变换不同任务，大鼠还可以学会判断：地板粗糙的臂端一般没有食物，或朝向窗口的臂端一般没有食物。大鼠记忆错误的表现有两种情况：一种是进入没有食物的臂端，另一种是两次进入同一个有食物的臂端。

图 13.8　放射状迷宫（八臂迷宫）
迷宫中的某些臂端放有食物，大鼠寻找食物过程中如果两次进入同一个臂内，其行为被认为是空间工作记忆错误。

虽然海马受损的大鼠从未进入过没有食物的臂端，但是他们常常两次进入同一个有食物的臂端。也就是说，他们忘记了哪些臂端是自己已经探索过的（Jarrard，Okaichi，Steward，& Goldschmidt，1984；Olton & Papas，1979；Olton，Walker，& Gage，1978）。向海马传输信息的丘脑和皮层受损的大鼠，也表现出同样的记忆缺陷（Mair，Burk，& Porter，2003）。

除了八臂迷宫，海马受损也影响其他空间记忆行为测试。例如 **Morris 水迷宫任务**（Morris water maze task），大鼠必须在黑暗的水中穿梭游泳，直至找到浮在水面上下的一个平台而停下来休息（图 13.9）。（大鼠一般不喜欢游泳，人类是少数几个喜欢游泳的陆地哺乳动物之一。南极熊和一些家养狗也喜欢游泳。）如果休息用的平台总是固定在同一个地方，且大鼠每次都是从同一个位置进入水里，则海马受损的大鼠也可以学会找到平台，只是速度较慢。但是，如果休息平台的位置临时发生改变，或者改变大鼠每次进入水里的位置，则大鼠将会迷失方向，找不到平台位置（Eichenbaum，2000；P. Liu & Bilkey，2001）。

如果大鼠在海马受损之前已经学会找到平台，则海马损伤后的大鼠会再次出现随意的探索行为，似乎已经不记得先前曾经来过水迷宫。它忽略了各种路标，包括指向平台的一个灯塔。研究者们通过观察发现，大鼠不仅忘记了平台的位置，甚至也忘记了有平台的事实（R. E. Clark，Broadbent，& Squire，2007）。

还有一个有趣的实验，通过比较密切相关的不同物种间空间记忆的差异，证实海马在空间记忆中具有非常重要的作用。北美星鸦，作为鸟类家族的一个成员，主要生活在海拔较高的北美西部，每年的夏秋两季，北美星鸦都会在数以千计的地方隐藏大量的种子，而到冬天食物缺乏的时候，再把他们挖掘出来食用。蓝头鸦与北美星鸦相比，生活在海拔较低的地方，每年夏秋两季隐藏的食物较少，因此冬天对隐藏食物的依赖较小。西丛鸦与灰胸丛鸦生活的地方海拔更低，几乎不需要依赖储藏的食物生存。研究者们通过比较四种物种间的记忆能力和海马体积后发现，北美星鸦的海马体积最大，且空间记忆能力最强，蓝头鸦这两项指标均位居第二，西丛鸦与灰胸丛鸦空间记忆能力最差，海马体积也最小。而对于非空间记忆任务，例如颜色记忆，似乎与海马的体

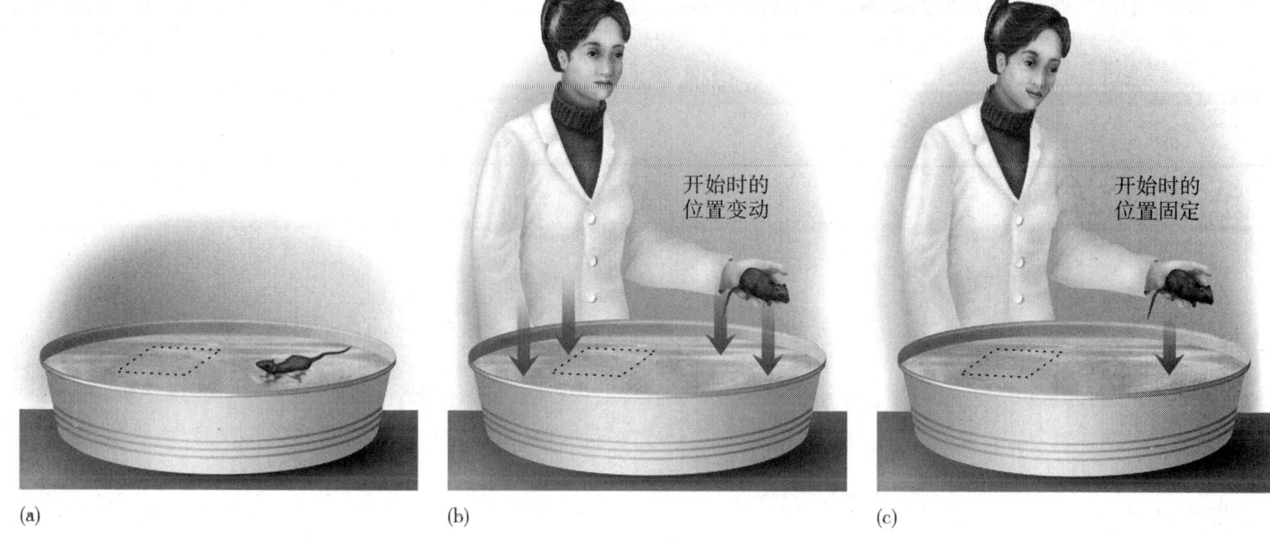

图 13.9 Morris 水迷宫任务

将大鼠放置在黑暗的水里，水中有个平台可以供休息，但大鼠看不见平台，因为平台淹没在水面以下。海马受损的大鼠不能记住平台位置。

积大小没有关系（Basil，Kamil，Balda，& Fite，1996；Olson，Kamil，Balda，& Nims，1995）（图 13.10）。总之，不同物种间的比较结果提示，海马与空间记忆密切相关。

海马与环境背景记忆 有关海马功能的第三个观点认为，海马与学习的环境或背景有关。你可以尝试着进行这样一个任务：回想你最近一两天内课堂上所学的内容，并描述学习期间周围都发生了什么情况。之后再去回想几个月或几年前的某次课堂所学内容，并描述当时周围所发生情况。你的这两次叙述有什么不同呢？可以肯定，最近一次叙述里几乎包括了所有的细节内容，你可能还记得你当时的座位以及其他在场的同学，你甚至还记得其他同学的座位以及他们所穿的衣服，包括教授所说的话你也记得清清楚楚。也许教室外面的天气状况，以及其他一些重要的及无关紧要的细节情况你都一一记得。而当你对很久以前的一次课堂学习进行描述时，你可能会忘记了所有的细节内容。你只记得所学重点内容或概要，但是有关当时学习的环境背景情况你都已忘记。

海马在事件发生的环境背情景以及细节内容的记忆中，也许具有非常重要的作用。对新近发生的事件，包括许多细节的记忆，一般需要海马来完成。随着时间的流逝，记忆中保存的细节越来越少，海马的作用也越来越小。大鼠研究中也发现类似情况：让大鼠进行某种行为反应的学习，并过一会对其进行测试，如果测试环境与原来训练环境相同，大鼠的记忆效果最好。也就是说，大鼠的记忆效果与周围环境背景有关。而随着时间流逝，环境背景的影响作用越来越小，直至最后大鼠即使在另外一个完全不同的环境背景里也还记得行为反应。如果换作一个海马受损的大鼠，无论在原来的训练环境还是在其他不同环境，其对原来反应学习的记忆效果始终没有差别。即海马受损大鼠的记忆与周围环境没有任何关系，这可能是因为海马受损大鼠已经不记得当时的环境背景（Winocur，Moscovitch，& Sekeres，2007）。

人类对新近记忆（通常包括许多细节和环境背景）的回忆可激活海马，而对陈旧记忆的回忆也许不能激活海马，当然包括环境细节在内的情景记忆除外。支持这个理论观点的观察结果是，海马受损病人的情景记忆存在障碍。

有关海马在记忆中的作用我们已经提出来三个理论观点，这些观点互不冲突，并都有相应的证据支持。很有可能海马可通过许多条途径对记忆产生影响，研究者

	习 性	海马相对其他脑区的大小	空间记忆	颜色记忆
北美星鸦 	生活在山上，夏天储存大量食物供冬天用	最大	最好	有点差
蓝头鸦 	生活在海拔较低处，需依靠储存食物过冬。	次大	次好	有点好
西丛鸦 	储存一些食物但几乎不需要	小	不好	有点差
灰胸丛鸦 	储存一些食物但几乎不需要	小	不好	有点好

图 13.10 海马与鸟类空间记忆

北美西部鸟类家族里有四种鸟，在过冬时对储藏食物的依赖程度越高者，其海马体积越大，空间记忆测试的成绩越高。而在非空间记忆中的优势条件缺乏一致性。(*Based on result of Basil, Kamil, Balda, & Fite, 1996; Olson, Kamil, Balda, & Nims,1995*)。

也完全可能在未来的研究中，将这三个理论观点整合成一个。

停下来检查一下

7. 假如有一个八臂迷宫，每天将迷宫的六个臂端放入食物，而另外两个臂端从不放置食物。试想将一个海马受损的大鼠置入迷宫中央，将会发生什么样的错误反应?
8. 根据有关记忆环境背景理论假说来解释，为什么海马受损个体的情景记忆受到破坏?

海马与记忆巩固

如前所述，心理学家 Donald Hebb 最初的观点强调，短时记忆可以通过逐渐巩固或强化而存储到长时记忆中。海马受损病人之所以出现健忘症，就是因为短时记忆无法及时转换为长时记忆。换句话说，病人的短时记忆不能得到及时巩固。损伤海马或阻断其他结构通往海马的传入信息后，大鼠虽还能学会反应但是很快又发生遗忘，这说明他们不能将短时记忆中的内容及时巩固到长时记忆中去 (Remondes & Schuman，2004)。同样，如果我们将大鼠海马内注射一种阻止蛋白合成的药物，大鼠的学习能力没有受损，但是所习得的内容两天后全部发生遗忘。即使在大鼠学习训练结束后立刻注射蛋白合成抑制剂，也获得了同样结果。显然，蛋白合成抑制剂不能阻止学习过程的发生，但可以阻断记忆的巩固（Canal & Gold，2007）。

长时记忆的巩固不只是一个时间问题，还有更多其他成分的参与。试想一下你的高中生活经历，你花费了好几个小时才记住的历史名称和年代，可能很快就会忘掉。然而你却很清楚地记得某个特殊人物对你的第一次微笑，记得你有一次在班里说了一些蠢话引起大家嘲笑你，记得你曾有一次获得了一项特殊荣誉，或者是听到好友出车祸时令人震惊的那一刻。显然，情绪激发的记忆巩固得更快。

情绪反应又是如何提高记忆的巩固效果呢？别忘了12章曾讲过应激或情感经历可引起肾上腺素和皮质醇的分泌增加。皮质醇含量的适度增加可引起杏仁核与海马的激活，而杏仁核与海马可提高新近记忆的存储和巩固（Cahill & McGaugh，1998）。杏仁核反过来又会引起海马和大脑皮层的兴奋性增加，而海马和大脑皮层在记忆存储中有重要的作用。但是持续性应激引起过多皮质醇的释放，却对记忆产生损害作用（de Quervain，Roozendaal，& McGaugh，1998；Newcomer et al.，1999）。

James L. McGaugh

人类最重要的一种能力也许是记忆。记忆不是简单的经验记录，而是我们认识世界和掌握技能的基础，是我们的梦想、希望和人际交往能力的基础，因而对我们的命运产生很大的影响。要想理解人类的特点就必须搞清楚大脑如何在我们的过去、今天和未来之间架起一座桥梁并形成连续体。显然，科学上最令人兴奋的挑战莫过于去探索我们的脑细胞和脑组织系统是如何形成记忆的。

时间虽不是影响记忆巩固的惟一因素，也不是主要因素，但是记忆有些时候还是会随着时间的流逝而变得更加牢固。在一项研究中，让八个年龄在60-70岁的老年人辨认一组照片，照片中的人物是过去不同年代的社会名人。功能性磁共振成像研究结果表明，虽然被试很容易就辨认出所有的面孔，但有几个特殊脑区在辨认最近出名的名人时反应最为强烈，而在辨认过去出名的名人时几乎没有反应（Haist，Gore，& Mao，2001）。另有其他两项研究发现，人们在回忆新近发生事件时，脑区的激活程度明显高于对很久以前自身事件的回忆，尽管两种事件回忆的准确度相同（Maguire & Frith，2003；Niki & Luo，2002）。有人对此做出的解释为，由于陈旧记忆存储的更为牢固，因而大脑在回忆新近事件时更为辛苦。然而这种解释似乎也不太可靠，几十年前的记忆就一定很牢固吗？或者只是乍看起来更加牢固？人们通常对他们青少年和青年时代的音乐、电影、政治家及其他任何事件的记忆更为深刻，而对其后半生的同样事件的记忆却印象不深。因此，10~30岁期间发生的事件有时被称为"自传记忆高峰"（Berntsen & Rubin，2002）。

停下来检查一下

9. 肾上腺素和皮质醇如何提高记忆存储水平？

其他类型的健忘症

不同脑区受损产生不同类型的健忘症。我们在这里只简单列举两种健忘症例子：科萨科夫综合征与阿尔茨海默氏病。

科萨科夫综合征与其他前额区损伤

科萨科夫综合征（Korsakoff 's syndrome），又称Wernicke-Korsakoff综合症，是由于长期缺乏硫胺（维生素B1）而引起的脑损伤。硫胺（维生素B1）严重缺乏多见于慢性酒精中毒，病人连续数周大量饮酒而不摄取其他食物，引起各种维生素缺乏。硫胺（维生素B1）的主要功能是对脑内的主要燃料——葡萄糖的代谢过程进行调控。长期缺乏硫胺（维生素B1）引起脑内神经元广泛性损伤或发生萎缩，特别是负责向前额皮层传输信息资源的背内侧丘脑损伤最为明显（Squire，Amaral，& Press，1990；Victor，Adams，& Collins，1971）。科萨科夫综合征与前额皮层损伤病人的症状类似，包括情感冷漠、精神错乱和记忆丧失。有个病人在击剑决赛中被对手的剑戳伤，花剑穿过他的鼻孔进入背内侧丘脑。剑伤使他严重丧失记忆功能（Squire，Amaral，Zola-Morgan，Kritchevsky，& Press，1989）。

科萨科夫综合征与其他前额叶损伤病人在记忆推理方面都存在障碍（Moscovitch，1992）。假如我问你："高中毕业、取得你的第一个驾照或阅读了两章生物心理学，哪个事件离现在最近？" 你可能会推想："我在我高中毕业那年开始学习驾驶，所以这件事发生在我毕业之前。生物心理学是我的一门大学课程，所以我高中毕业后才开始学习它。" 而前额叶损伤的病人甚至对这种简单的推理也有困难。

科萨科夫综合征的一个特征性表现是**虚构**（confabulation），病人凭借猜测对其记忆的空缺部分进行填充。病人并非对所有问题进行虚构，仅对他们期望得到答案的一些问题进行虚构。例如，对一个毫无意义的问题："Lolita 公主是谁？"，他们可能回答："我不知道。" 还有人认为他们主要对与他们自己及家庭有关的问题，或者其他熟悉话题的相关问题进行虚构（Schnider，2003）。通常，虚构的答案放在过去显得比较真实，而放在现在则不大可能，例如"我昨天晚上去跳舞了，"或者"我要回家照顾孩子。" 大部分虚构的答案比目前现实情况更加令人愉快（Fotopoulou，Solms，& Turnbull，2004）。这种虚构倾向也许反映了病人企图保持快乐情绪的愿望，或者只是反映了这样一个事实：对一个住院病人而言，目前生活总的来说不如过去生活更快乐。

这种虚构倾向对研究方法产生了极大的影响。假定你必须学会一长串三字句，诸如："Medicine cured hiccups" 与 "Tourist desired snapshot" 等。你是简单重复这些句子许多次呢？还是阅读字串和测试自己交互替换进行？

Medicine cured ____________________。

Tourist desired ____________________。

几乎所有的人都是用第二种方法来学习，那样学习效果更好。完成句子练习迫使你积极主动去注意那些你尚未学会的内容。而科萨科夫综合征病人却是采用第一种方法，他们的反复阅读学习效果更好。原因是，当他们测试自己时，他们会进行内容虚构（"Medicine cured headache" 与 "Tourist desired passport"）。因而，他们记住了虚构的内容，而替代了正确的内容（Hamann & Squire，1995）。

停下来检查一下

10. 科萨科夫综合征病人回答哪类问题时更容易进行虚构？

阿尔茨海默氏病

另一种导致记忆丧失的疾病是**阿尔茨海默氏病**（Alzheimer's disease）。Daniel Schacter（1983）报道自己打高尔夫球时曾遇到一个阿尔茨海默氏病人，该病人能正确记住比赛规则和专业术语，但是却记不住他朝某个洞口击球的次数。曾有五次，他先发球，然后等待对方球员发球，可等对方发完球后，他又开始发球，他已经完全忘记自己先发的球。与 H. M. 及科萨科夫综合征病人相似，阿尔茨海默氏病人的程序性记忆优于陈述性记忆。他们可以学会新技能，但是之后又会为自己的良好技能感到惊奇，因为他们完全不记得先前的学习经历（Gabrieli，Corkin，Mickel，& Growdon，1993）。他们的记忆和警觉基本上每天，甚至每刻都在改变，说明他们的症状表现与神经元功能障碍有关，而不是简单的神经元坏死问题（Palop，Chin，& Mucke，2006）。

阿尔茨海默氏病的病情呈渐进性进展，直至最后病人严重丧失记忆、精神错乱、情绪抑郁、心绪不宁、出现幻觉和错觉、失眠及食欲缺乏。虽然 40 岁之前也可以偶尔见到这种病人，但是该病主要发病年龄在 65 岁以后。65~74 岁的老年人中该病的患病率大约为 5%，85 岁以上老年人中该病的患病率几乎高达 50%（Evans et al，1989）。

阿尔茨海默氏病发生的第一个主要线索是唐氏综合征（一种智力缺陷疾病），凡是存活到中年的唐氏综合征病人，几乎没有例外，都会患上阿尔茨海默氏病（Lott，1982）。一般人有两条 21 号染色单体，而唐氏综合征病人却有三条，而研究发现 21 染色体基因与许多早发性阿尔茨海默氏病发生有关（Goate et al.，1991；Murrell，Farlow，Ghetti，& Benson，1991）。研究者后来又发现其他染色体基因也与早发性阿尔茨海默氏病发生有关（Levy –Lahad et al.，1995；Schellenberg et al.，1992；Sherrington et al.，1995）。然而，99% 以上阿尔茨海默氏病人的发病年龄均在 60~65 岁之后。遗传学说并不能解释晚发性阿尔茨海默氏病的发生机制，因为大约 50% 病人的亲戚并没有罹患该病（St George-Hyslop，2000）。

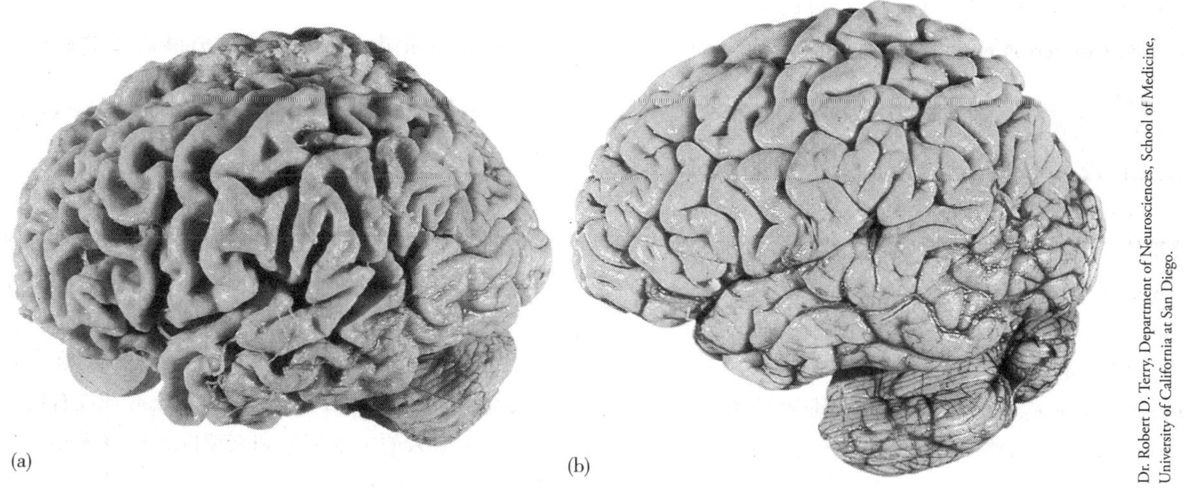

图 13.11 阿尔茨海默氏病人的脑萎缩

阿尔茨海默氏病人的大脑皮层（a）与正常人大脑皮层（b）相比，脑回明显发生萎缩。

虽然遗传学说并不能完全解释阿尔茨海默氏病的发病机制，但是理解其作用模式有助于对阿尔茨海默氏病潜在病因的了解。控制早发性阿尔茨海默氏病的遗传基因可引起神经元内外的 **β－淀粉样蛋白**（amyloid-β）积聚（Laferla，Green，& Oddo，2007）。淀粉含量过高会损害神经元的轴突和树突，这些被损害的结构相互融合形成许多斑块（plaques），这些斑块可能在阿尔茨海默氏病人异常行为症状出现之前就已经形成（Selkoe，2000）。随着斑块的积聚增加，大脑皮层、海马和其他脑区逐渐发生萎缩退化（见图 13.11 与图 13.12）。

除了 β- 淀粉样蛋白，阿尔茨海默氏病人神经元内还出现一种异常的 **τ－蛋白积聚**（tau protein），通常情况下正常的 τ- 蛋白是神经元细胞内的一种支架结构（Davies，2000）。τ- 蛋白可以在退行病变的神经元胞体内，形成一种纤维性缠结（见图 13.13）。

大部分研究者认为神经元内淀粉样沉积是阿尔茨海默氏病的真正病因，但是 τ- 蛋白结合淀粉样病变也可产生行为缺陷。采用摹拟人类阿尔茨海默氏病的小鼠动

(a) (b)

图 13.12 阿尔茨海默氏病人的神经退化

（a）正常人前额皮层内的一个神经元细胞；（b）阿尔茨海默氏病人前额皮层内处于不同退化阶段的神经元细胞。注意其树突明显发生萎缩。（*After "Dendritic changes," by A.B.Scheibel, p.70. in B.Reisberg, Ed.,* Alzheimer's Disease, *1983. Free Press*）。

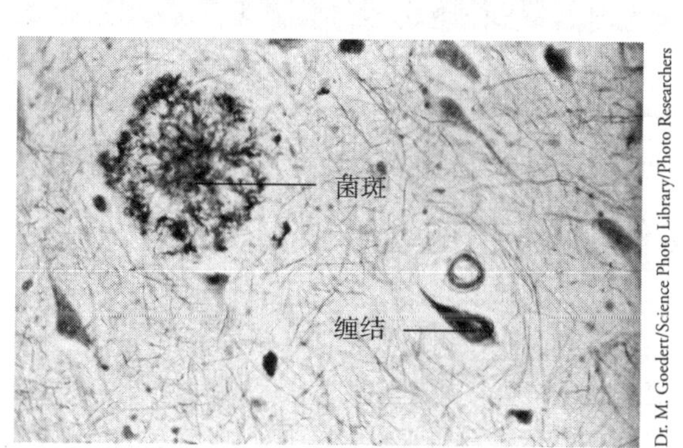

图 13.13 阿尔茨海默氏病人的大脑皮层

淀粉样菌斑主要成份为 Aβ_{42} 蛋白。（*From Taylor, Hardy, & Fischbeck, 2002*）。

物模型，通过降低 τ- 蛋白含量处理，可以改善小鼠受损的记忆功能（Roberson et al.，2007；Santa Cruz et al.，2005）。

虽然人们正在积极研制治疗阿尔茨海默氏病的各种新药，迄今仍未发现对该病治疗非常有效的药物（Roberson & Mucke，2006）。最常见的治疗方法是给予一些兴奋乙酰胆碱受体或促进乙酰胆碱递质持续释放的药物，从而提高个体的兴奋性。一个很有前景的治疗方法是，通过增加抗氧化剂的消耗，从而减少 β- 淀粉样蛋白的产生，一些黑色的水果和蔬菜中一般富含抗氧化剂（Joseph et al.，1998）。另外一个有前景的治疗药物是*姜黄素*（curcumin），姜黄素是植物姜黄内的一种成分，常作为印第安咖喱粉内的一种调料用。研究者对老年鼠的研究发现，姜黄素可以减少神经元内淀粉含量和淀粉斑（Yang et al.，2005）。要想了解更多有关阿尔茨海默氏病的知识，可链接阿尔茨海默氏病研究论坛网址：http://www.alzforum.org/default.asp。

健忘症病人学习小结

对健忘症病人的研究使我们明白，人们不可能同等程度地丧失各种记忆能力。一个丧失新近记忆的病人可能仍记得很久以前所发生的事情，而一个事实记忆严重受损的病人可能学习新技能方面表现得很好。显然，人们表现出相互独立的不同类型记忆缺陷，与不同脑区受损有关。

停下来检查一下

11. 什么是 β－淀粉样蛋白？它与阿尔茨海默氏病有什么关系？

其他脑区在记忆中的作用

到目前为止，我们已经重点探讨了海马（在各种类型记忆的存储中有重要作用）、基底神经节（在程序性记忆中有重要作用）和前额皮层（对工作记忆和记忆推理有重要作用）这些重要脑区与记忆的关系。实际上，其他脑区在学习与记忆中也有非常重要的作用。几乎整个前额皮层及皮层下许多区域都在以各种各样的方式对记忆产生影响。

大量研究结果显示，杏仁核在恐惧记忆中起着非常重要的作用，例如将某种刺激与电击进行多次匹配（Reijmers，Perkins，Matsuo，& Mayford，2007）。其实，根据 12 章里所讲杏仁核对恐惧的重要作用，我们也能预料到杏仁核对恐惧记忆的重要性。

在一项测试中，研究者让两个顶叶受损的病人对他们过去生活中发生的各种事件进行描述，结果他们所描述的情景记忆很少，几乎没有任何细节内容。但是，当研究者随后又问道：“你当时在哪里？”和“当时还有其他什么人在场？”，病人回答诸如此类问题时却没有任何困难。这说明病人的情景记忆和交谈能力完好无损，病人也愿意合作，然而病人缺乏对生活回忆的自主描述能力（Berryhill，Phuong，Picasso，Cabeza，& Olson，2007）。我们大多数人在回忆某件事的时候，通常一件事情可引起我们回想起另外一件事，就这样我们开始补充一个又一个细节内容，直到将我们所想到的内容全部添加完整为止。而顶叶损伤的病人，各种事件之间的这种关联能力受到损害。

颞叶前方和下方损伤的病人会出现**语义性痴呆**（semantic dementia），即丧失语义记忆能力。例如，这种病人骑车沿路看到一些绵羊，会问那些是什么东西，就好像他以前从未见过绵羊似的。其实他并不是不记得绵羊这个词汇，而是忘记了绵羊的定义。另一个病人看见一个斑马图，可能会称它是马，但随后又指着斑纹问道：“这是什么古怪的东西？”说明她不仅丧失了对斑马这个词汇的记忆，而且还丧失了斑马定义的记忆。诸如此类病人一般记不住常见水果和蔬菜的典型颜色，也记不住各种动物的长相。别认为颞叶的前方和下方就是语义记忆存储的惟一地方，这些区域只存储部分信息，并作为一个网络中心与其他脑区信息进行沟通整合，最终形成一个完整定义（Patterson，Nestor，& Rogers，2007）。

如图 13.4 所示，前额皮层的许多区域在奖赏和惩罚学习中有着非常重要的作用。基底神经节也参与各种各样的行为奖赏学习，但它们是根据长时间的平均奖赏结果进行反应，所以反应速度较慢。前额皮层主要与新近事件奖赏结果有关，所以反应速度要快得多。假如现在你面临一个选择的机会，你的腹内侧前额皮层细胞会根据过去经验对预期奖赏做出反应；而你的眶额皮层细胞根据某个奖赏与其他选项的比较结果做出反应；例

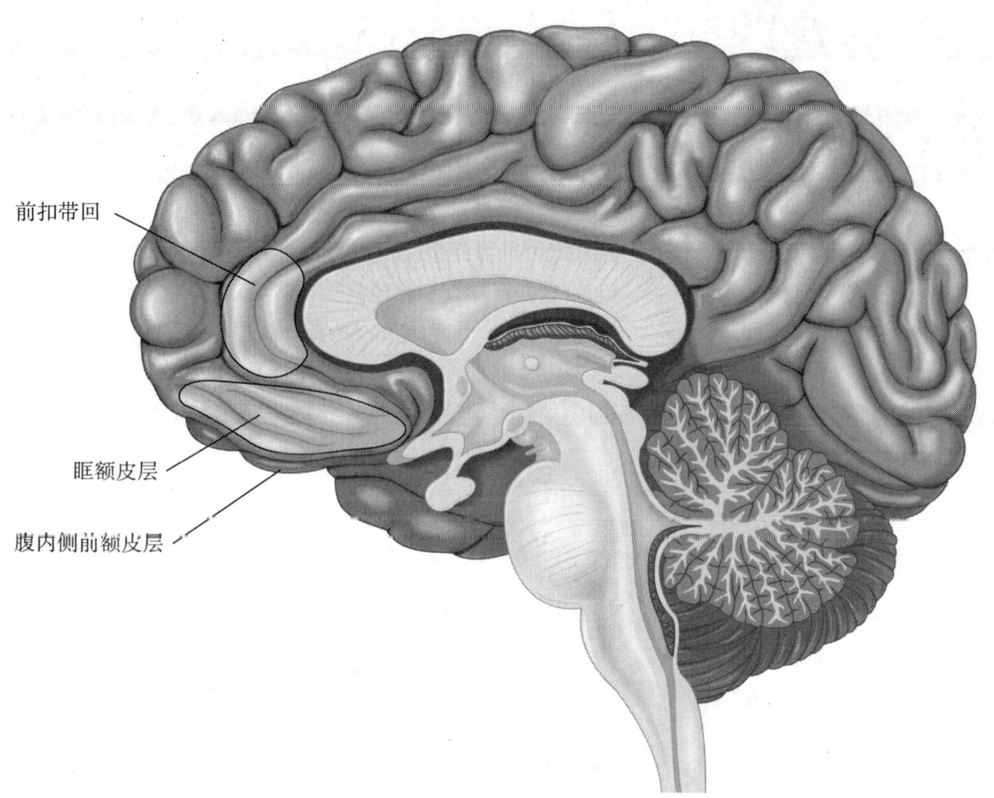

图 13.14　决策的三个重要脑区

相对于其他决策结果，这些脑区主要对预料之外的决策结果发生反应，也对实际结果与期望结果之间的差异发生反应。眶额皮层因为距离眼眶更近而得名。

如，2 美元奖赏可以说多也可以说少，要看其他选项提供的奖赏数量是 1 美元还是 5 美元。在前扣带回，有一些细胞对高于期望值的奖赏做出反应，而另有一些细胞则对低于期望值的奖赏发生反应（Plassman，O'Doherty，& Rangel，2007；Roesch & Olson，2004；Rushworth & Behrens，2008）。功能性磁共振成像研究结果表明，当遭遇失望或失败时，一些人比另一些人的前额皮层反应更为强烈。而令人奇怪的是，反应强烈的人更容易出现冒险行为，换句话说他们赌博的可能性更大（Tom，Fox，Trepel，& Poldrack，2007）。总之，研究结果表明决策行为与前额皮层脑功能关系密切。

停下来检查一下

12. 哪个脑区负责记录与行为反应密切关联的期望损益值？

模块 13.1 结 语

记忆的不同类型

IQ 测量的是总的智商，是一个有效的虚构数值。说它有效，是因为在大多数情况下，在某种智力测试任务中表现优秀的人，在其他各种智力测试任务中通常也很优秀，所以总的智商得分具有预测价值。然而，它却是一个虚构值，因为不同方面能力与不同的脑加工过程有关，很有可能某个人的一个脑区受到损伤而其他脑区仍完好无损。即使记忆也可分为各种不同类型的记忆能力，很可能某个人的一种记忆功能受损而其他各种记忆功能仍保持正常。健忘症病人的研究结果表明，大脑通过调控一系列相互独立且具有各种特殊功能的脑机制而发挥作用。

总 结

1. 伊凡·巴甫洛夫认为学习与两个脑区之间的关联性增加有关。Lashley 的研究结果却表明，学习与两个脑区之间新形成的关联无关。
2. Richard Thompson 发现经典条件反射与小脑的部分区域有关。
3. 心理学家将记忆分为短时记忆和长时记忆，短时记忆容量较小且保持时间较短，除非它被及时复述。
4. 工作记忆，作为对短时记忆的一种现代说法，主要负责当前信息的存储。
5. 海马受损的病人虽然内隐记忆、短时记忆和程序记忆未受影响，但是在形成新的陈述性长时记忆方面存在困难。
6. 海马并非对所有的学习和记忆都很重要，只是对部分学习和记忆很关键，例如陈述性记忆、空间记忆及有关环境背景和细节内容的记忆。
7. 海马在某些记忆的巩固中起着非常关键的作用。情绪唤醒可提高记忆巩固程度。情绪唤醒事件可引起肾上腺素和皮质醇的分泌增加，增加的肾上腺素和皮质醇刺激杏仁核，杏仁核引起海马和大脑皮层活动水平升高。
8. 科萨科夫综合征或其他前额叶损伤病人都存在记忆障碍，包括有关记忆的推理缺陷。他们经常通过虚构事件来填补记忆空白，虚构的事件就好像曾经发生过似的。
9. 阿尔茨海默氏病是一种进行性的脑功能障碍，主要见于老年人，特征表现是记忆和注意功能受损。病因与脑内 β- 淀粉样蛋白沉积有关。
10. 其他脑区在情景记忆的描述、语义记忆和各种行为反应的奖惩记忆中，也起着非常重要的作用。

关键术语

短时记忆　407
长时记忆　407
复　述　407
工作记忆　408
延迟反应任务　408
健忘症　408
顺行性健忘症　409
逆行性健忘症　409
情景记忆　411
外显记忆　411
内隐记忆　411
陈述性记忆　412
程序性记忆　412
延迟样本匹配任务　412
延迟样本不匹配任务　412
放射状（八臂）迷宫　414
Morris 水迷宫任务　414
科萨科夫综合征　417
虚　构　418
阿尔茨海默氏病　418
淀粉样 -β 蛋白（或 β- 淀粉样蛋白）419
τ- 蛋白　419
语义性痴呆　420

思考题

Lashley 试图找到记忆的痕迹，即学习的生理表征。笼统地说，就是怎样去识别记忆的痕迹？或者换句话说，提供什么样的证据才能证明：记忆的痕迹其实就是神经系统的特殊改变？

停下来检查一下答案

1. Thoupson 所采用的学习任务更加简单，另外他打破传统思维主要从小脑而非大脑皮层去寻找记忆痕迹的位置。
2. 条件反应训练期间，如果红核活动受抑，则动物不能发生条件反应，说明红核对条件反应行为的表现非常重要。然而，一旦恢复红核活动能力，动物无需进一步训练，就能立即表现出强烈的条件反应活动。说明抑制红核神经元活动并不能阻止学习过程的发生。
3. 表征工作记忆的主要脑区在前额皮层；信息暂时存储可通过增加钙离子的水平来实现，钙离子有助于使行为再次发生。
4. 逆行性遗忘是指不能回忆脑损伤之前发生的事情，而顺行性遗忘是指不能将脑损伤之后发生的事情存储到记忆中。
5. H.M. 的短时记忆和内隐记忆没有受到损伤。
6. 如果你通过陈述性记忆习得一种技能，你对你所学会的技能能够进行描述，甚至可以推广应用到更多情景中去。还有，海马而非基底神经节在陈述性记忆中的作用更为重要。
7. 虽然大鼠可以学会不去没有食物的臂端，但是它似乎记不住哪个臂端是它已经探索过的，所以它会多次重复进入同一个臂端。
8. 海马对环境背景记忆非常重要，而情景记忆必然包括一些环境和细节内容，所以海马受损个体的情景记忆能力也受到破坏。
9. 肾上腺素和皮质醇都可以使杏仁核与海马兴奋，从而提高情绪记忆能力。
10. 科萨科夫综合征病人对他们期望得到答案的问题更容易进行虚构，诸如与他们自己有关的问题。他们虚构的内容放在过去某个时间通常显得比较真实。
11. β- 淀粉样蛋白是一种蛋白质，主要聚集于阿尔茨海默氏病人脑内，可能是阿尔茨海默氏病的病因。
12. 前额皮层。

模块 13.2

神经系统的信息存储

假如你穿越一片田野，你留下的脚印能否称为“记忆”？粘在你鞋上的泥浆是否就是“记忆”？假如警察想知道是谁曾穿越过那块田地，庭审人员可能会通过检查你的鞋来获得答案。然而，我们不会将这些身体上的痕迹称作通常意义上的记忆。

同样，当某个行为反应经过你的大脑，它会留下身体变化的痕迹，但并不是每一个变化都可以称作记忆。探索大脑怎样存储记忆的任务，看上去就像大海捞针一样，研究者们已经探究过许多种方法，这些方法曾经被认为很有前景，但目前来看似乎都是徒劳。

应用和扩展

科学研究的迷茫与误区

大部分教科书，包括本书在内，都是将某个领域内成功的研究成果汇集在一起，从而使得我们对该领域的研究进展有一个最新的了解。你也许会产生这样一种印象：科学的发展道路非常平坦，每个科学家都为这个知识体系做出了贡献。然而，如果你翻看一些旧的杂志和教材，你会发现有许多曾经被认为非常有前景或令人异常激动的研究成果，如今已被我们抛弃。科学研究从无知到启蒙，并不是一帆风顺的事情。科学家曾对无数个研究方向进行过探查，就像迷宫中的一只老鼠，通过对一个个死胡同试探后再放弃，重新探寻另外一个通往未来的臂端。

用迷宫作比喻是说科学家如果意识到这条道走不下去，他不会继续一头撞到南墙上。科学研究还有一个更合适的比喻，就像一个采矿者挖掘金矿。他从来不能确定是放弃这个不赚钱的矿井呢，还是继续再多挖一会？生理心理学历史上曾经有许多令人激动的研究方法，如今已经没有任何价值，这里举三个例子。

1. Wilder Penfield 有时会对一些严重的癫痫病人进行脑外科手术，这些病人除了头皮发麻外，其他知觉功能均正常。当他对部分脑区给予短暂的、轻微的电流刺激时，病人会描述一些被该刺激所唤醒的经历。例如，刺激颞叶皮层有时会引起如下一些非常生动的描述：

   我感觉好像在当年的学校澡堂里。

   我看见我自己在印地安纳州南湾的华盛顿和 Jacob 的一个遥远地区。

   我记得自己在肯塔基州 Vanceburg 的一个火车站；那是个冬天，刮着大风，我正在等一辆列车。

   Penfield（1955；Penfield & Perot，1963）认为每个神经元都存储着一个特殊的记忆，就像一个录像带记载着人的生活经历。然而，脑部刺激很少引起对某个特殊事件的记忆。刺激通常引发出一些含糊不清的景象和声音，或者是多次重复经历的回忆，例如“看见一张床”或“听到唱诗班在唱‘白色圣诞节’”。电刺激只是引发一些视觉或听觉事件，从未引发过对行为或事件的回忆。还有一些病人所报告的事件，他们在实际生活中并未经历过，例如“自己被一个强盗追击”或“看见耶稣从天而降”。总之，电流刺激所产生的现象描述更像是在做梦而非记忆。

2. G. A. Horridge（1962）显然证明了断头蟑螂还会学习的事实。他首先切断蟑螂的头部和躯体之间的连接，然后将蟑螂悬吊起来，使蟑螂的腿正好可以在水面上摇摆。如图 13.15 所示，

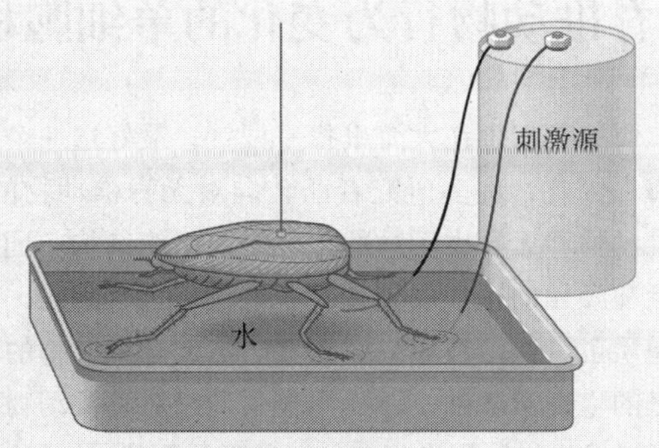

图 13.15 断头蟑螂还能学习吗?

这个断头蟑螂被正好悬吊在水平面上，无论何时，只要它的腿碰触到水面，它就会受到电击。每当实验组蟑螂受到电击，对照组蟑螂也获得一次电击，与它自身行为反应无关。根据一些结果报告，实验组蟑螂可以学会将其腿保持在水面以上。(*From G. A. Horridge, "Learning of Leg Position by the Ventral Nerve Cord in Headless Insects."* Proceedings of the Royal Society of London, B, *157, 1962, 33–52. Copyright © 1962 The Royal Society of London. Reprinted by permission of the Royal Society of London and G. A. Horridge.*)

放置一个电线圈，从而使蟑螂的腿只要一接触水面就会受到电击。每个实验组蟑螂都匹配一个对照组蟑螂，任何时候只要实验组蟑螂腿部受到电击，对照组蟑螂也被给予电击。然而，只有实验组蟑螂可以对电击进行控制。这就是有名的“束缚对照”实验设计。

在经过 5-10 分钟后，实验组蟑螂将腿收缩到躯体下面躲避电击的反应有所增加。总体而言，对照组蟑螂受到电击后的腿部位置却没有怎么改变。因此，这种反应变化被认为具有学习性质，而非电击引起的偶然事件。

这些实验最初被认为是利用简易神经系统研究学习的一个非常有前景的方法（Eisenstein & Cohen，1965）。不幸的是，断头蟑螂学习速度非常缓慢，而且个体差异太大。经过了一阵研究热潮后，人们对该领域的研究兴趣逐渐减弱。

3. 20 世纪的 60 年代末和 70 年代初，好几个研究者都提出一种假说：每个记忆都可以被特殊分子进行编码，这个特殊分子可能是 RNA，也可能是蛋白质。对该假说最有权威的验证方法是，利用化学途径尝试将不同个体之间的记忆进行转移。James McConnell（1962）曾经报道过，当甲蜗虫（扁形虫）吃食乙蜗虫时，乙蜗虫之前已经学会对灯光的经典条件反射，之后甲蜗虫明显记住了乙蜗虫先前的所学内容。至少，甲蜗虫的学习反应速度比普通蜗虫的反应更快。

受到该篇研究文献的鼓舞，许多其他研究者也对大鼠进行条件反应训练，听到滴答声就朝声音方向靠近从而获得食物（Babich，Jacobson，Bubash，& Jacobson，1965）。大鼠对声音的条件反应训练成功后，实验者将其脑组织研磨，提取出 RNA，然后注射到未曾训练过的大鼠体内。接受 RNA 注射的大鼠也学会了向滴答声音靠近的条件反应，且比对照组的反应速度明显要快。

这篇报道引起了许多人进行记忆转移方面的研究，也就是将训练后大鼠脑组织内容物提取出来并转移到其他未曾训练的大鼠体内。其中部分实验发现，接受训练鼠脑组织提取物的大鼠，在实验任务中表现出明显的记忆功能，而接受未训练鼠脑组织提取物的大鼠，则没有表现出记忆功能（Dyal，1971；Fjerdingstad，1973）。但是，由于许多研究结果相互矛盾，而且实验结果缺乏重现性，即使是同一个实验室的数据也出现不一致结果（L.T.Smith，1975）。更有许多实验室所进行的脑组织提取物转移实验，没有发现任何有价值的线索。所以，到 20 世纪 70 年代中期，大部分生理心理学家摒弃了对该领域的研究。

学习与 Hebb 突触

学习的生理学研究起源于巴甫洛夫的经典条件反射。虽然 Lashley 以巴甫洛夫的经典条件反射理论为依据所进行的有关大脑皮层间关联的研究未取得成功。而同样根据巴甫洛夫的经典条件反射理论来做研究的 Donald

Hebb，却成功发现了学习的突触变化机制。

Donald O. Hebb (1904~1985)

现代心理学理所当然地认为行为与神经功能完全相关……由于精神功能无法分离出来进行研究，因而可以设想将一个探针插入大脑，从而可以刺激神经细胞发生一些特殊反应……我们相信这种设想肯定会被拒绝。我们也明白，我们还不清楚行为与神经如何产生关联，但是总有一天会实现的……因为从逻辑而言，人类不可能在物理学、化学和生物学领域都已取得了巨大的研究进展，而对心理学却还一无所知。

Hebb 认为当神经元 A 的轴突重复性或持久性地参与放电，引起一个或两个神经细胞生长过程或新陈代谢变化，从而增加 A 轴突刺激其它细胞并使其兴奋的能力（Hebb，1949，p.62）。换句话说，如果一个轴突过去曾经成功地刺激另一个细胞并使其细胞兴奋，那么它以后刺激该细胞并使其产生兴奋将会变得更加容易。

这个过程与经典条件反射有什么关联呢？假定轴突 A 最初只是轻微地刺激 B 细胞，而轴突 C 对 B 细胞的刺激要强烈得多。假如轴突 A 与轴突 C 的放电活动可以叠加，他们对 B 细胞的联合效应也许可以产生一个动作电位。你可以将轴突 A 看作条件刺激，而将轴突 C 看作非条件刺激。二者多次匹配可以增加轴突 A 对 B 细胞的刺激效应。

突触前和突触后神经元的同步电活动可以增加突触效应，此即为一个**赫布突触**（Hebbian synapse）。在第 6 章内我们已经见过这类突触的例子。在视觉系统的形成发展过程中，如果来自左眼的轴突与同时来自右眼的轴突同步放电，视觉皮层的神经元将会增加对两个轴突的反应。这类突触也许对许多关联学习也非常重要。神经科学家已经发现了许多赫布突触或类似赫布突触的发生机制。

停下来检查一下

13. 如何用赫布突触来解释经典条件反射？

无脊椎动物行为变化的单细胞机制

假如我们想在大海里找一根针，最好选一个比较小的海。因此，许多研究者已转向对无脊椎动物的研究。脊椎动物和无脊椎动物的神经系统组织结构不同，但是二者神经元的化学成分和动作电位原理都相同，甚至神经递质也一样。假如我们能够确定无脊椎动物的学习和记忆的生理学基础，那我们至少可以对脊椎动物的学习和记忆发生机制提出相应的一些理论假说。（生物学家长期以来一直采用这种策略在研究遗传学、胚胎学和其他生物加工过程。）

实验动物——海兔

海兔（aplysia），类似于普通鼻涕虫的一种海洋无脊椎动物，已经成为学习的生理学研究中最常用的一种实验动物（图 13.16）。与脊椎动物相比，海兔的神经元数目较少，体积较大，便于研究。而且与脊椎动物不同的是，海兔的神经元几乎不存在个体差异，因此不同研究者所研究的神经元都一样。

海兔研究中最常用的行为反应是缩鳃反射：假如你轻触一只海兔的虹吸管、肉膜或鳃（图 13.17），它会敏感地收缩这些受刺激的结构。研究者们已经对神经系统活动路径进行了追踪研究，包括从贯穿其他神经元的触觉感受器到指导行为反应的运动神经元。利用这种神经路径，研究者们对各种刺激的动作电位变化进行了大量的研究，其中

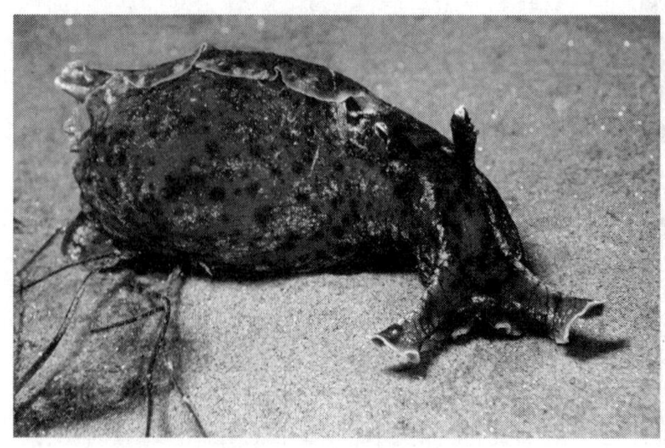

Marty Snyderman/Visuals Unlimited

图 13.16 海兔，一种海中软体动物

一个完全发育成熟的海兔比普通人的手稍大点。

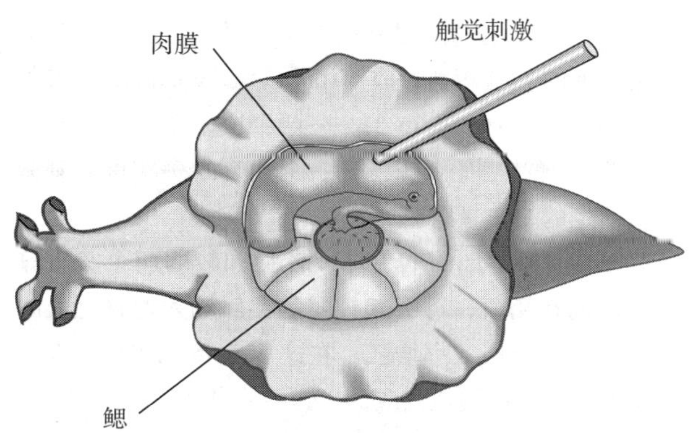

图 13.17　触碰海兔可以引起收缩反应
海兔的感觉和运动神经元对收缩反应的控制已被识别和研究。

Eric Kandel 为此还获得了 2000 年的诺贝尔奖。

Eric R. Kandel

高级认知加工过程，诸如学习和记忆，所引发的一些问题是非常深奥的，我们只有去努力探索。虽然通过无脊椎动物可以从分子学水平对一些简单的基本学习形式进行研究。但是对于哺乳动物以海马为基础的复杂的学习过程而言，我们有关记忆基因和蛋白分子的研究还只是刚刚处于起步阶段。

海兔的习惯化学习

习惯化（habituation）是指同一个刺激多次重复呈现后，机体对刺激的反应会减弱。例如，如果你的时钟每个小时报一次，你对它的反应会渐渐减弱。如果我们用海洋水重复多次喷射海兔的鳃，起初，海兔会进行缩鳃反应，但是重复若干次后，它会停止缩鳃反应。缩鳃反应减退不是因为肌肉疲劳所致，因为即使在习惯化形成之后，直接刺激运动神经元也可以引起完整的肌肉收缩（Kupfermann，Castellucci，Pinsker，& Kandel，1970）。我们还可以排除感觉神经元的变化，感觉神经元仍然可以对刺激进行正常完整的反应。它只是不能像先前一样，引起运动神经元的兴奋（Kupfermann et al.，1970）。因此，我们可以得出这样一个结论：海兔的习惯化与感觉神经元和运动神经元之间的突触改变有关（图 13.18）。

海兔的敏感化学习

假如你出乎意外地受到某种疼痛刺激，你的临时反应往往比通常面临同样刺激所产生的反应更为强烈。这种现象称为**敏感化**（sensitization），即对一个温和刺激的反应程度增加，就像碰到一个非常强烈的刺激。同样，海兔周身任何部位的一个较强刺激，都可以强化随后碰触所引起的缩鳃反应。

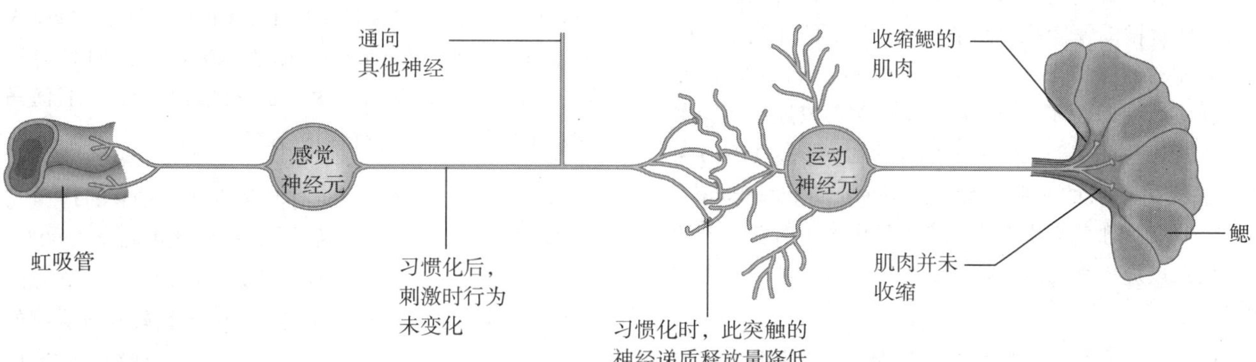

图 13.18　海兔缩鳃反射的习惯化
碰触海兔的虹吸管可以引起缩鳃反射。多次碰触之后，缩鳃反应减少（变得习惯化），因为感觉神经元和运动神经元之间的突触递质减少。（*Redrawn from "Neuronal Mechanisms of Habituation and Dishabituation of the Gill-Withdrawal Reflex in Aplysia," by V. Castellucci, H. Pinsker, I. Kupfermann, and E. Kandel, Science, 1970, 167, pp. 1745–1748. Copyright © 1970 by AAAS. Used by permission of AAAS and V. Castellucci.*）

研究者追踪研究敏感化所对应的突触变化（Cleary，Hammer，& Byrne，1989；Dale，Schacher，& Kandel，1988；Kandel & Schwartz，1982）。给海兔皮肤一个较强刺激，可引起中间神经元兴奋性增加，中间神经元可以释放 5-HT 递质并转运到许多感觉神经元终端的突触前膜上。5-HT 可以阻塞细胞膜上的钾离子通道，结果是动作电位延迟，动作电位完成后细胞膜复极化的时间延长（因为钾离子流入细胞内的速度减慢）。因此，突触前神经元持续释放神经递质的时间比平时延长。重复这个过程可以引起感觉神经元合成一种新的蛋白质，这种蛋白质可引起持久敏感化（C.H.Bailey，Giustetto，Huang，Hawkins，& Kandel，2000）。这个研究表明，完全有可能从分子生物学水平来解释行为可塑性。对海兔的后续研究进一步探讨了经典条件反射和操作性条件反射的发生机制。

停下来检查一下

14. 当5-HT阻塞突触前终端上的钾离子通道时，对信息传输产生哪些影响？

脊椎动物的长时程增强

自从 Sherrington 与 Cajal 的研究工作之后，大多数神经科学家都认为学习与突触变化有关，与海兔相关的研究工作证实突触变化可以产生行为改变。在研究同样加工过程的脊椎动物实验中，第一个有价值的证据来自于对大鼠海马的神经元研究（Bliss & Lomo，1973）。研究中发现，当一个或多个轴突和一个树突形成连接，会爆发短暂而迅速的高频刺激——例如每秒 100 次，持续 1~4 秒。这就是有名的**长时程增强**（long-term potentiation，LTP），高频刺激的爆发会引起突触后电位（对新传入的同类信息反应更加强烈）持续数分钟、数天甚至数周的增强。

LTP 的三个特性引起人们的兴趣，并视 LIP 为学习和记忆的细胞内工作基础：

- **特殊性**（specificity）——如果某个细胞上的一些突触高度激活，而其他突触没有活性，则只有激活的突触可以被强化。但是对同一个树突上的许多突触而言，某个突触上建立的 LTP，可以促进附近其他突触上的 LTP 短暂形成（Harvey & Svoboda，2007）。
- **协同性**（cooperativity）——两个或多个轴突几乎同时刺激所产生的 LTP，比一个轴突的多次重复刺激所产生的 LTP 要强烈得多。
- **联合性**（associativity）——较强和较弱两个突触输入协同作用后，可引起较弱的突触输入通路上长时程突触的传递效率增强。在这一点上，LTP 与 Hebb 所谓的突触有类似效应。

与长时程增强相反的是**长时程抑制**（long-term depression，LTD），存在于双侧海马（Kerr & Abraham，1995）和小脑（Ito，1989，2002）内。当某些轴突活性下降时，引起所在突触上的反应延迟性降低，此即为 LTD。你可以将其看作一个补偿过程，当一个突出反应增强时，另一个突触反应减弱（Royer & Pare，2003）。假如学习过程只有突触反应增强，那么每当你学习的时候，你的大脑将会变得越来越活跃，所消耗的能量也会无限增加。

LTP 与 LTD 的生化机制

测定 LTP 或 LTD 的发生一直是研究者所面临的一个巨大挑战，因为每个神经元都有许多突触存在，有时甚至高达数千个。要想将一个突触上的许多化学变化相互分离，需要做大量的创造性研究。由于不同脑区的 LTP 或 LTD 的发生机制不同（Li，Chen，Xing，Wei，& Rogawski，2001；Mellor & Nicoll，2001）。我们只讨论海马内的 LTP，因为海马内的 LTP 最容易论证，且海马内的 LTP 发生机制研究得最为充分。

AMPA 与 NMDA 突触 在有些情况下，LTP 的产生与 GABA 突触有关（Nugent，Penick，& Kauer，2007），但是多数情况下，与谷氨酸突触关系更为密切。谷氨酸是脑内含量最多的一种神经递质，脑内有好几种类型的谷氨酸受体。在学过的章节中，我们知道神经科学家已经识别了好几种多巴胺受体，并用数字来标记，例如 D_1 和 D_2。GABA 的不同受体类型用字母来表示，例如 $GABA_A$。对谷氨酸受体一般采用药物命名，该药物能引起相应的谷氨酸受体产生兴奋性。有两种谷氨酸受体我们比较感兴趣，分别是 AMPA 与 NMDA 受体。**AMPA 受体**（AMPA receptor）不仅可以被谷氨酸递质激活，也可以对药物 AMPA（α- 氨基 -3- 羟基 -5- 甲基 -4- 异恶唑丙酸）发生反应。**NMDA 受体**（NMDA receptor）通常只对谷氨酸递质产生兴奋性，但是也可以对药物 NMDA（N-甲基 -D- 天门冬氨酸）发生反应。

这两种受体均为离子型受体，换句话说，当两种受体受到刺激后，他们会打开离子通道，让相应离子进入突触后细胞。AMPA 受体是一种典型的离子型受体，主要开放钠离子通道。然而，NMDA 受体却不同，它对谷氨酸递质的反应与细胞膜上的电位有关。当细胞膜处于静息电位时，谷氨酸递质可以到达 NMDA 受体上，这个离子通道通常被镁离子所关闭。（镁离子带有正电荷，与细胞内的负电荷有相互吸引作用，但是却不能穿过 NMDA 受体通道。）只有当镁离子离开后，NMDA 受体通道才能打开，移开镁离子最可靠的方法是，让细胞膜发生去极化，减少细胞内吸引它的负电荷（图 13.19）。

假定一个轴突重复释放谷氨酸，最好假定有两个轴突被激活，重复释放谷氨酸，且这两个轴突并行排列，与同一个树突形成突触联系。重复释放的谷氨酸会引起许多钠离子穿过 AMPA 受体通道进入膜内，从而使得树突发生明显去极化，虽然不会产生动作电位。（记住，树突不会产生动作电位。）这种去极化移除镁离子位置，使得谷氨酸可以打开 NMDA 受体通道。在通道开放的那一刻，钠离子和钙离子同时穿过 NMDA 受体进入膜内。（图 13.20）

钙离子进入膜内是后续反应进行的关键。当钙离子进入 NMDA 受体通道后，可以激活迁移到突触上的 CaMKII（钙调素依赖蛋白激酶Ⅱ -α）（Otmakhov et al.，2004）。CaMKII 是 LTP 产生的充分必要条件（Lisman，Schulman，& Cline，2002）。控制 CaMKII 的基因变化与人类的记忆变化存在相关性（de Quervain & Papassotiropoulos，2006）。

CaMKII 调整许多运动加工过程，不同神经元含量不同，事实上，不同神经元之间的 CaMKII 悬殊非常大。当大量神经元被高度激活后，其中只有不到一半的神经元产生 LTP，而其他被激活的神经元都未产生 LTP（Han et al.，2007）。研究者还不清楚是什么原因导致同样被激活的神经元中只有部分产生 LTP，也许存在某种类型的竞争吧。不管怎样，LTP 的发生可能通过以下一些机制实现。

- 树突可能产生了更多的 AMPA 受体或将一些老的 ANPA 受体转移到一个更佳位置（Poncer & Malinow，2001；Takahashi，Svoboda，& Malinow，2003）。
- 在有些情况下，神经元会制造更多的 NMDA 受体（Grosshans，Clayton，Coultrap，& Browning，2002）。

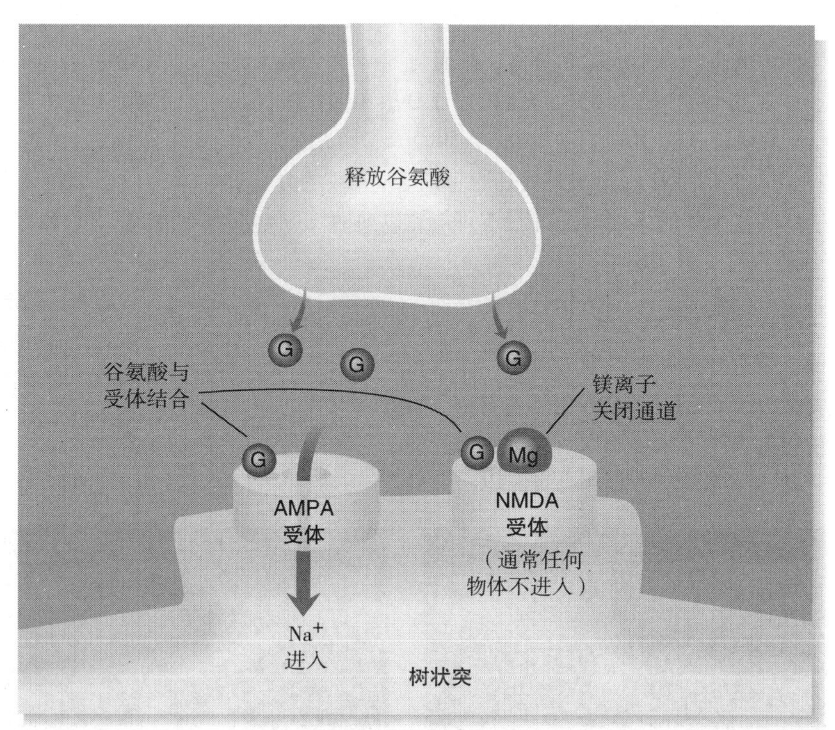

图 13.19　LTP 产生之前的 AMPA 与 NMDA 受体

谷氨酸与两个受体的结合（AMPA 与 NMDA 受体）。在 AMPA 受体上，谷氨酸引起受体通道开放使得钠离子进入细胞内。在 NMDA 受体上，虽然谷氨酸紧密结合在受体上，但通常不能引起受体通道开放，因为受体通道被镁离子所阻滞。

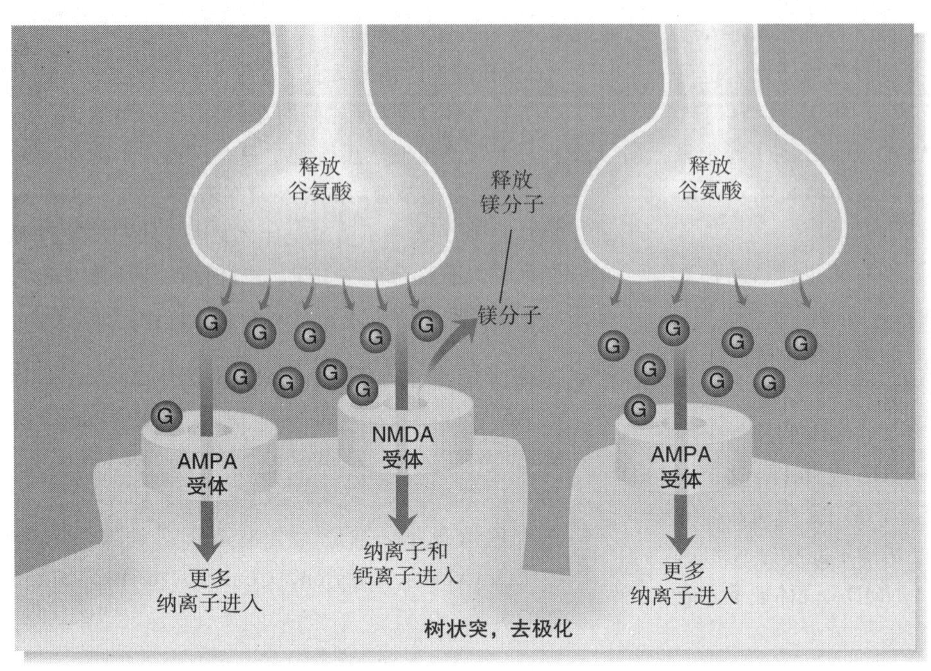

图 13.20 LTP 产生期间的 AMPA 与 NMDA 受体
假如一个或多个 AMPA 受体重复受到刺激，引起大量的钠离子进入，从而引发突触后膜显著去极化。去极化引起镁离子移除位置，从而使得谷氨酸打开 NMDA 受体通道，接着钠离子和钙离子同时进入。

- 树突也许会形成更多分支，从而与同一轴突形成更多突触（Engert & Bonhoeffer，1999；Toni，Buchs，Nikonenko，Bron，& Muller，1999）（图 13.21）。回想第 5 章所讲，丰富的经历也可以增加树突的分支。
- 某些个体的 AMPA 受体很有可能比以前的反应增强了。

让我们来总结以一下：当大量谷氨酸刺激 AMPA 受体兴奋，导致突触后膜去极化，去极化反过来又会使谷氨酸引起附近的 NMDA 受体也兴奋。NMDA 受体的兴奋使得钙离子进入细胞内，细胞内引发的一系列变化，会加强树突对 AMPA 受体中的谷氨酸反应。LTP 产生以后，NMDA 受体又回复到最初的位置。

LTD 的产生机制实际上与 LTP 完全相反。例如，LTP 可以引起树突数目增加并形成更多突触，而 LTD 与树突数量减少和突触受体数量的下降有关（Zhou，Homma，&Poo，2004）。

LTP 一旦产生，不再依赖 NMDA 受体。阻断 NMDA 受体的药物可以阻断 LTP 的产生，但是不能妨碍已经产生的 LTP 的维持（Gustafsson & Wigstrom，1990；Uekita &Okaichi，2005）。换句话说，LTP 一旦产生，会使

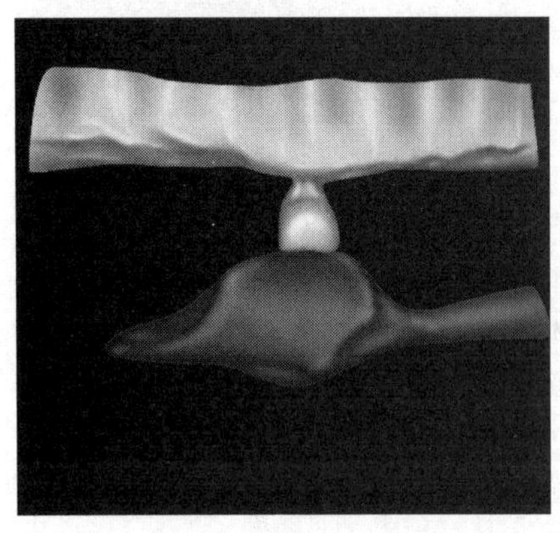
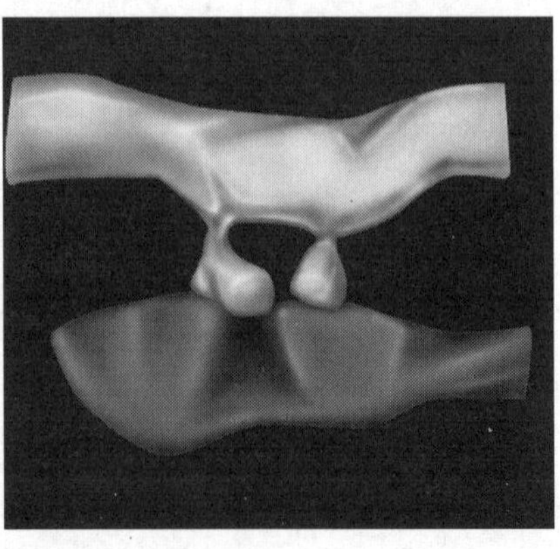

图 13.21 LTP 产生的一种方式
在有些情况下，树突可以再生一些新的分支，与同一个轴突进行结合，从而增加总体刺激强度。（Based on Toni, Buchs, Nikonenko, Bron, & Muller,1999）。

AMPA 受体功能加强，而与 NMDA 受体没有任何关系。

突触前变化 刚才只是叙述了突触后神经元的改变，实际上许多情况下，LTP 的产生只与突触前神经元的变化有关，或同时与突触前和突触后神经元变化有关。对突触后神经元细胞的兴奋性刺激可以引起它释放一种**逆行性递质**（retrograde transmitter），逆行到突触前细胞内并对其进行修饰。在许多情况下，逆行性递质是一氧化氮（NO）。结果，突触前神经元产生动作电位的阈限值下降（Ganguly，Kiss，& Poo，2000），神经递质释放增加（Zakharenko，Zablow，& Siegelbaum，2001），轴突膨大（Routtenberg，Cantallops，Zaffuto，Serrano，& Namgung，2000），并沿着自身轴突的另外地方释放递质（Reid，Dixon，Takahashi，Bliss，& Fine，2004）。总之，LTP 不仅反映突触前神经元的活动水平增加，也与突触后神经元的反应增加有关。

停下来检查一下

15. 在LTP产生之前，通常情况下，谷氨酸对AMPA受体有什么影响？对NMDA受体又有什么影响？
16. 在LTP形成过程中，当突然爆发的强烈刺激引起两个或更多个传入轴突，比平时释放更多的谷氨酸，此时的谷氨酸对AMPA受体有什么影响？对NMDA受体又有什么影响？哪种离子进入了NMDA受体通道？
17. 当神经元已经产生LTP之后，此时的谷氨酸对AMPA受体有什么影响？对NMDA受体又有什么影响？

LTP 和行为

LTP 不仅出现于学习情况，当动物探索新环境、形成药物成瘾或者获得重复性感觉刺激时，也可以形成 LTP（Clem，Celikel，& Barth，2008；Fedulov et al.，2007；Kauer & Malenko，2007）。研究证据表明，LTP 是长时间学习和记忆的必要条件。阻断 NMDA 受体的药物不能阻断即刻学习，但是对学习后 24 小时的保持效果损害很大（Holahan et al.，2005）。

理解 LTP 的产生机制也许有助于我们了解损害或改善记忆的因素有哪些。LTP 可以增加好几种蛋白质的形成，提高这些蛋白质含量可以增加啮齿类动物的记忆能力（Routtenberg et al.，2000），而抑制这些蛋白质生成的药物对记忆有损害作用，即使在训练结束后数天再给予药物处理（Shema，Sacktor，& Dudai，2007）。好几个制药公司一直致力于通过提高 LTP 来改善记忆功能的药物研究（Farah et al.，2004）。

药物和记忆

当我们在谈论药物时，让我们也考虑一下其他方面的问题。有好几种药物可以增强学习和记忆功能，举一个最简单的例子，咖啡因就可以通过增加唤醒水平而提高学习和记忆能力。许多阿尔茨海默氏病人通过服用阻断乙酰胆碱水解酶活性的药物而增加乙酰胆碱含量（Farah et al.，2004）。其他作用于谷氨酸或多巴胺突触的药物，以及改变突触受体的蛋白质的药物正处于研究中。

你也许已经听说过，服用银杏叶或其他化学药物可以改善记忆功能。在新药上市之前，制药公司常常面临的困难是，如何在食疗和药物之间进行很好的平衡。但是销售天然保健品的公司却根本不用为此费神，当然前提假定是该保健品没有任何医学治疗作用。不幸的是，并非所有的保健品都是安全有效的。虽然有关银杏叶的研究还不是非常充分，但是目前的研究表明，银杏叶只是对少数人的记忆有轻度改善作用。银杏叶可以扩张血管，因而增加脑内的血液流速。就阿尔茨海默氏病人和其他存在记忆问题的人而言，银杏叶的轻度作用有时也可以检测出来（Gold，Cahill，& Wenk，2002）。同样，其他许多促进记忆功能的保健品也具有增加脑内血液流速或提高新陈代谢的作用。实验动物研究或对老年人的研究已经证实，这些药物的确具有轻微的改善记忆的作用（McDaniel，Maier，& Einstein，2002）。值得注意的是，研究只是证实了这些药物对心血管病人和其他病人具有改善记忆的作用，而非正常年轻人。有关这些药物的副作用和风险因素，我们几乎不了解。

研究者还研制了一些阻断记忆的药物。你也许会问，有人愿意阻断记忆吗？这个想法的目的是为了阻断一些痛苦的记忆，例如可能会带来创伤后应激综合征的灾难性经历。我们尚不能确定这个想法的利弊，但是研究者的确找到了好几种这样的药物，包括心得安（propanolol）在内，可以削弱个体对新近事件的记忆（Altemus & Debiec，2007）。

模块 13.2 结 语

记忆的生理学机制

在这一部分内容里，我们考查了突触的生化机制。当我们充分了解了突触生化机制之后，它能给我们带来什么帮助呢？假定，我们会利用它帮助部分病人克服或阻止其记忆功能的恶化。我们还可以为阿尔茨海默氏病人和其他类似病人带来更好的治疗方案。我们还期待改进正常人的记忆，是吧？你愿意有超强的记忆能力吗？

也许，你愿意，但是还是让我们谨慎点吧。虽然我可以通过给电脑添加内存芯片来增加信息容量，但是我并不想保留所有的信息，例如我每次收发的电子邮件。同样，我能肯定，我也不想让我的大脑保存所有的经历，即使它的储存容量不受限制。最佳的记忆功能并不只是记录的信息越多越好。它会如实地记录一些非常重要的信息，并抛弃一些多余的内容。假如我们能以某种方式改进记忆能力的话，我们依然想保留对记忆的选择功能。

总 结

1. 赫布突触是指，当突触后神经元产生动作电位时，突触前的多次重复刺激可以得到强化。
2. 海兔缩鳃反射的习惯化与突触前神经元神经递质释放的减少有关。
3. 海兔缩鳃反射的敏感化与 5-HT 阻断突触前神经元的钾离子通道有关，阻塞的钾离子通道引起该神经元递质释放时间延长。
4. 长时程增强（LTP）是指对神经元的短暂高频刺激所引起的某些突触反应增强现象，该神经元通常同时接受两个或多个轴突的信息输入。
5. 如果轴突兴奋的速度较慢，他们的突触反应强度会下降——这就是有名的长时程抑制过程（LTD）。
6. 海马内神经元 LTP 的形成过程：谷氨酸对 AMPA 受体的重复刺激，引起突触后膜的去极化，去极化导致阻滞 NMDA 受体通道的镁离子移除，从而使得谷氨酸对 NMDA 受体产生兴奋性作用，并打开 NMDA 受体通道引起钙离子进入神经元内。
7. 当钙离子穿过 NMDA 受体通道进入神经元内，会激活一种蛋白，该蛋白会引发一系列过程引起更多的 AMPA 受体形成，并引起树突分支的数目增加。这些变化增加了树突对 AMPA 受体上的谷氨酸反应时间。
8. 对于许多突触而言，LTP 的产生与突触前神经元的递质释放增加有关，而与突触后神经元的变化无关，或者与突触后神经元变化并存。
9. 增强或损毁 LTP 的程序对某些类型学习也有类似影响，因此，研究 LTP 也许有助于研制一些改进记忆的药物。

关键术语

赫布突触 426	特殊性 428	AMPA 受体 429
习惯化 427	协同性 428	NMDA 受体 429
敏感化 427	联合性 428	逆行性递质 431
长时程增强 428	长时程抑制 428	

思考题

假如有个突触已经产生过一次 LTP，那么它再次形成 LTP 是更加容易还是更加困难？为什么？

停下来检查一下答案

13. 在赫布突触中，将一个较弱的轴突刺激（CS）与一个较强的轴突刺激（UCS）相结合，可产生一个动作电位，这个结合过程可强化突触后细胞对 CS 轴突的反应。在随后的实验里，CS 会引发突触后细胞产生更大的去极化，我们将其称之为一个条件反应。
14. 钾离子通道阻塞后，动作电位产生延迟，神经递质释放延长，因而反应增强。
15. 在 LTP 产生之前，谷氨酸可以引起 AMPA 受体兴奋，但是因为镁离子对该 NMDA 受体通道的阻断，通常对 NMDA 受体没有影响。
16. 在 LTP 形成过程中，大量的谷氨酸传入会引起 AMPA 受体的强烈兴奋，从而导致树突去极化。这种去极化效应使得谷氨酸对 NMDA 受体也产生兴奋性作用。钙离子和钠离子都进入了 NMDA 受体通道。
17. 当 LTP 形成之后，谷氨酸对 AMPA 受体的兴奋作用比以前更加强烈，主要与 AMPA 受体数量的增加有关。但是对 NMDA 受体又变得没有影响。

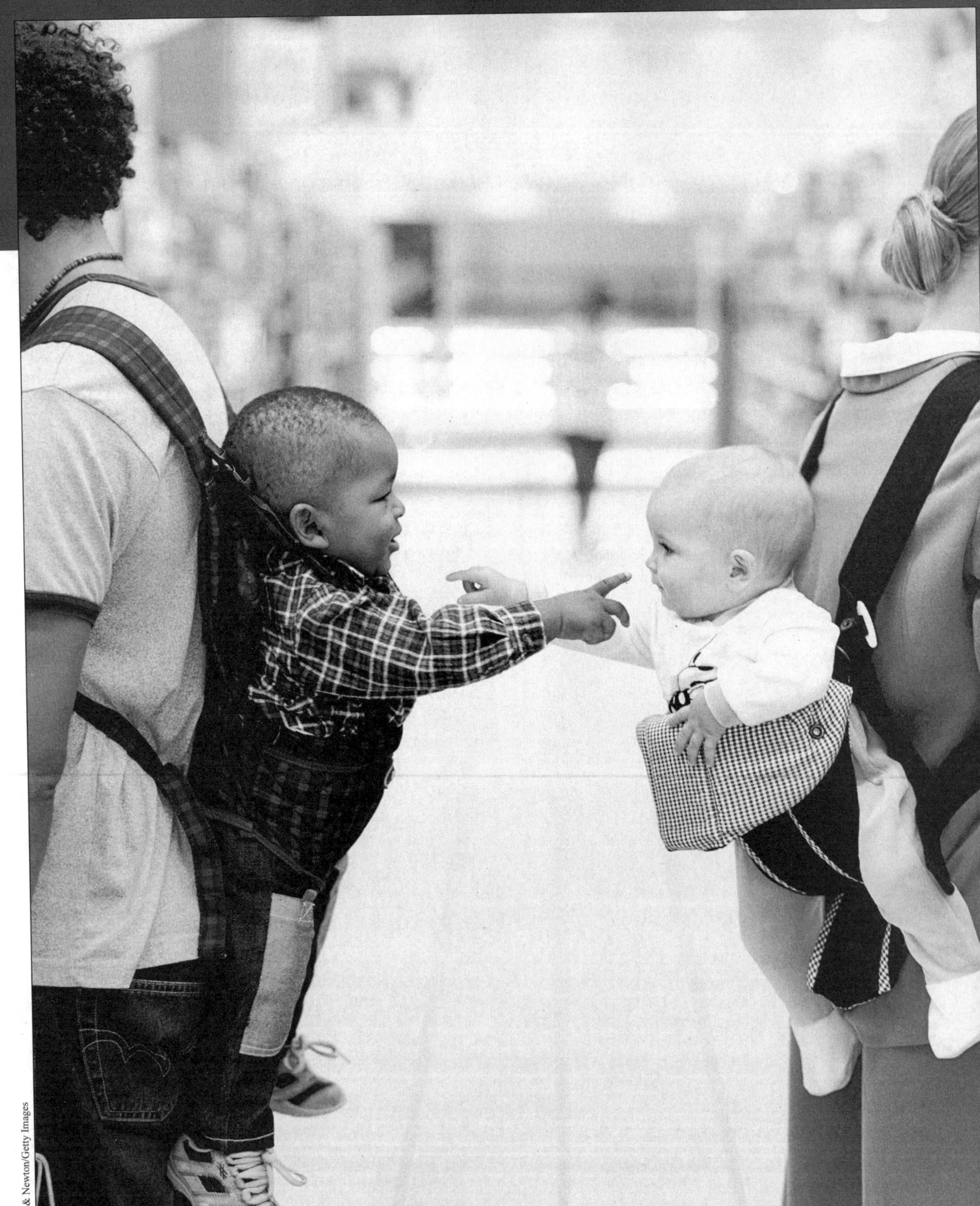

Daly & Newton/Getty Images

认知功能 14

本章大纲

模块 14.1　功能单侧化

左半球和右半球

大脑半球的视觉和听觉联结

切断胼胝体

单侧化的发展与利于

避免夸大的倾向

结语：一个大脑，两个半球

模块 14.2　语言的演化与生理学

语言在非人动物中的早期表现

人类如何演化出语言

脑损伤与语言

音乐与语言

阅读障碍

结语：语言与脑

模块 14.3　意识与注意

与意识有关的脑活动

意识的时程

忽　视

结语：注意到注意状态与意识到意识过程

（左图图释）语言产生的原因，或许在于人类喜欢通过手势来进行交流。

主要内容

1. 大脑的左右半球主要通过胼胝体进行联结，而其他小的脑联合也会在两半球之间交换一些信息。胼胝体损伤后，每个半球只能从对侧身体和对侧视野获得信息。
2. 对于大多数人，左半球在语言和分析性任务过程中有一定优势。右侧半球在某些复杂的视空任务和综合性任务过程中存在一定优势。
3. 人类大脑的语言功能单侧化所具有的大量细节特征也存在于其它灵长类身上。
4. 左半球异常可能会引发多种多样的语言功能损伤。
5. 当相应的脑活动达到一个足够高的水平，并经由大量皮层进行传播时，人们就会意识到刺激。

视觉、听觉和动觉的生物学解释已经非常详细了，但对动机、情绪和记忆的解释还是不太准确，主要原因在于研究者无法更加精准地测量这些行为。语言、思维和注意很难被测量，因此人们很少从生理学的角度对之进行解释。但是，它们在神经科学发展的早期，就成为其中的一个研究课题，具体时间始于布洛卡在 19 世纪 60 年代的报告，他认为言语依赖于左侧额叶的一部分。

尽管有关认知的生物学研究较难进行，还是有很多研究结果十分振奋人心。联结两半球的胼胝体损伤以后，患者的行为表现好像是具有两个意识领域，你也可以说成是两种分离的“心理过程”。左半球特定区域受损的病人会丧失语言能力，而其它能力正常。右半球某部分损伤的病人会忽视自己身体的左侧和视野的左侧。对这些病人的研究为揭示脑如何运作提供了线索，也提出了具有启发性的问题。

模块 14.1 功能单侧化

对称在自然界中很常见。太阳、恒星和行星几乎都是对称的，大部分的动植物也是这样。当一粒原子经历着放射性衰变时，它会向完全相反的方向发射相同的射线。但自然界中还是会存在一些值得注意的非对称现象：

- 在大爆炸期间，宇宙中的物质比反物质稍多。如果当时形成了相同数量的物质与反物质，它们就会相互抵消，就不会形成恒星或者行星。
- 蛋白质是由氨基酸组成的，几乎所有的氨基酸都以镜像对称的方式出现，被称作 D 或 L。尽管在化学实验室里这两种氨基酸都很容易形成，但是动植物基本上只用 L 型的氨基酸。
- 在人类大脑中，左半球与右半球在某种程度上存在功能上的差异。

这个模块只阐述最后一个例子。（很抱歉，我无法解释大爆炸中的不对称现象。）把不同的功能分配给两个半球可能会提供一些便利和优势。

没人知道为什么所有的脊椎动物（和许多无脊椎动物）都会演化出每个半球控制对侧身体的功能。但至少我们知道，大脑左半球和右半球皮层通过叫做**胼胝体**（corpus callosum）的一组轴突交换信息（图 14.1；也见图 4.10 和图 4.13），同时前联合、海马联合和一些其他的小的脑联合也在信息传递中发挥作用。最初进入一个半球的信息会迅速传递到另一侧，使得两个半球都获得了信息。

两个半球并不是彼此镜像对称的。对于大多数个体来说，左半球在语言功能上存在优势。正如我们后面会提到的，右半球的功能较难总结。两半球之间存在的这种分工差异被称作**单侧化**（lateralization）。如果你没有胼胝体，你的左半球只能对来自你身体右侧的信息作反应，而你的右半球则只能对来自你身体左侧的信息作反应。正是由于有了胼胝体，每个半球都可以接收到来自双侧的信息。只有当胼胝体（或某个半球）损伤后，我们才有机会看到单侧化的清晰证据。

左半球和右半球

大脑左半球皮层主要与身体右侧的皮肤感受器和肌肉相联系。右半球则主要与左侧皮肤感受器和肌肉相联系。一个例外是，双侧半球都会控制躯干肌肉和面部肌肉。左半球只能看到视野的右半侧，而右半球只能看到视野的左半侧。每个半球都可以从两边的耳朵获得听觉信息，但从对侧耳获得的信息稍强。味觉和嗅觉是不交叉的。每个半球从同侧的舌部获得味觉信息（Aglioti，Tassinari，Corballis，& Berlucchi，2000；Pritchard，Macaluso，& Eslinger，1999），从同侧的鼻孔获得嗅觉信息（Herz，McCall，& Cahill，1999；Homewood & Stevenson，2001）。

大脑半球的视觉和听觉联结

在详细讨论单侧化之前，我们必须弄清楚眼是如何与脑相联系的。大脑半球与眼相连，使得每个半球获得对侧视野的信息输入。也就是说，左半球看到的是视野的右半边，而右半球看到的是视野的左半边。对于兔子或者其它眼睛远离头部某侧的物种来说，其左眼与右半球相连，右眼与左半球相连。而人类的眼与脑的联结并不是这种方式。你的双眼都是向前的。你的左眼看到的左侧世界和右眼看到的几乎是一样的。

图 14.2 说明了人类的眼脑联结通路。光从**视野**（visual field）（某刻可见的范围）的右半边进入双眼视网膜的左侧，从视野的左半边进入视网膜的右侧。每个视

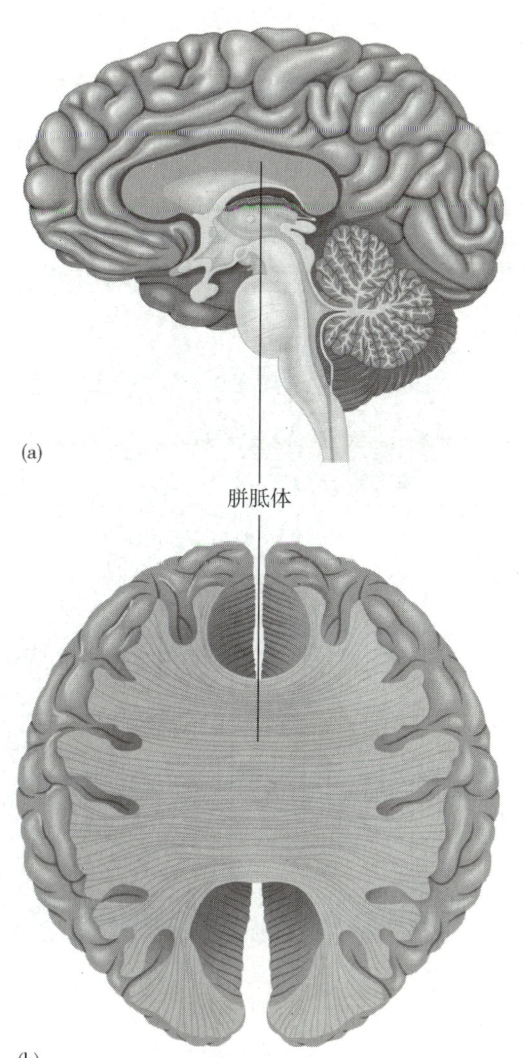

图 14.1　胼胝体的两个视角
胼胝体是在两个半球之间传递信息的一组很粗的轴突。(a)穿过人类大脑的冠状切面。(b)(上面观的)一个切面，灰质已被去除，露出胼胝体。

网膜的左侧与左脑相连，因此左脑能看到右视野。相似地，每个视网膜的右侧与右脑相连，因此右脑能看到左视野。在每个视网膜中心下边有一条很小的垂直带，覆盖了大概 5 度的视角，它与双侧半球都有联结（Innocenti，1980；Lavidor & Walsh，2004）。图 14.2 说明了一半的神经纤维是如何在**视交叉**（optic chiasm）处从眼交叉到对侧的脑。

右视野 → 每侧视网膜的左半边 → 左半球
左视野 → 每侧视网膜的右半边 → 右半球

听觉系统与视觉系统的组织方式不同。由于与声音定位有关的脑区必须从双耳接受刺激的输入，因此每个耳朵都会将信息传送到两侧的脑。但是，如果双侧耳接受的是不同的信息，每个半球会对对侧耳传来的信息给予更多的注意（Hugdahl，1996）。

停下来检查一下

1. 几内亚猪的左脑与右眼相连，而人类的左脑与每侧视网膜的左半边相连。解释一下存在这种物种差异的原因。
2. 对人类而言，光从右视野进入每侧视网膜的______半边，然后通过神经纤维投射到______半球。

切断胼胝体

胼胝体受损阻止了两半球的信息交换。有个别时候，外科医生会切断胼胝体来治疗严重的**癫痫**（epilepsy），这种病症的特征为过度同步化的神经活动重复出现，主要原因是抑制性神经递质 GABA 的释放减少（During，Ryder，& Spencer，1995）。这种减少可能是由于控制 GABA 受体的基因发生了突变（Baulac et al.，2001），或者脑内受损或感染，脑部有肿瘤，或者是暴露在有毒物质下。一般来说，原因不太确定。人群中大概有 1% 到 2% 的个体患有癫痫。发作的症状不尽相同，主要与大脑发生异常的位置和类型有关。

抗癫痫的药物阻止钠离子透过细胞膜，或者提高 GABA 的释放效果。超过 90% 的癫痫病患者反应良好，可以过上正常的生活。如果有的人进行了药物治疗但还是会持续性频繁发作癫痫，医生就会考虑手术切除**病灶**（focus）（脑内癫痫发作的起点位置）。病灶的位置因人而异。

如果病人有若干病灶，切除病灶就不是个好的选择。因此，另一种想法就出现了：切断胼胝体以阻止癫痫发作从一侧半球传到另一侧。可以预期的一个好处是病人的癫痫发作只能影响一侧身体。（异常活动无法通过胼胝体进行传递，因此只能停留在一侧半球。）这种做法获得

(a)

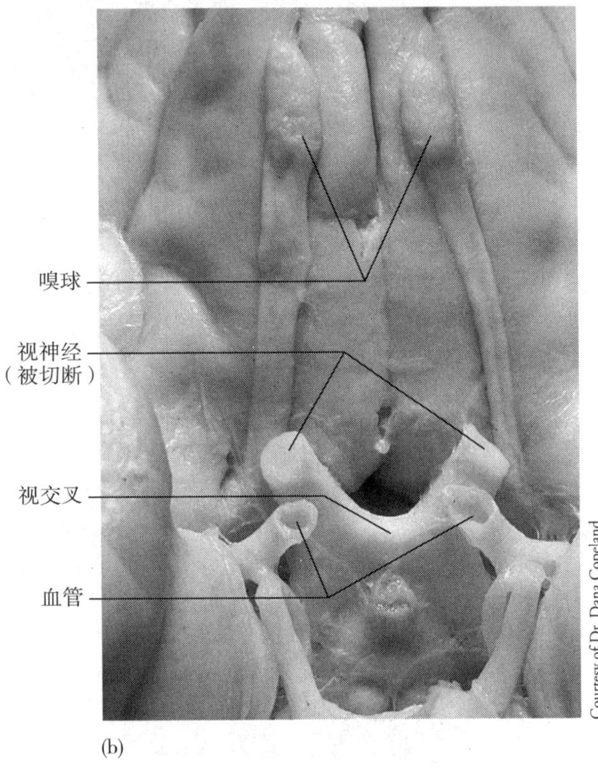

(b)

图 14.2　双眼到人类大脑的神经联系

（a）大脑两半球的视觉输入通路。请注意左半球与每个视网膜的左半侧相连，因此获取来自右半侧视野的视觉输入；而右半球正好相反。（b）嗅球和视交叉的特写。在视交叉处，来自左侧视网膜右半边的轴突交叉到右半球，而来自右侧视网膜左半边的轴突则交叉到左半球。

另一个意外收获，癫痫的发作频率降低了。显然，癫痫活动在两侧半球来回震荡，延长了发作的时间。如果癫痫不能通过胼胝体来回震荡，发作就可能不会进一步发展。

切断胼胝体如何影响行为的其他方面呢？接受了胼胝体手术的患者［被称作**裂脑人**（split-brain people）］的智力和动机未受损，行走也没有困难。他们也可以在熟悉的任务中用双手协同操作，比如穿鞋。但是如果要求他们假装在打高尔夫球、穿针引线、或者把鱼钩装到鱼线上，他们做起来就会比困难，因为这些不太熟悉的任务还未形成自动化（Franz，Waldie，& Smith，2000）。

裂脑人能够以一种常人无法做到的方式，独立使用他们的两只手。举个例子，试试用你的左手画∪，同时用你的右手画⊃。大部分人会发现这项任务很难完成，但是裂脑人很容易就能做到。或者试试同时用两只手画圈，但一只手要比另一只稍快（速度的差距不要大于两倍）。

大部分人会发现这个任务很难，而裂脑人的两只手能同时以不同速度画圈（Kennerley，Diedrichsen，Hazeltine，Semjen，& Ivry，2002）。

同时以不同的方式运动两只手存在困难反映了一种认知上的困难，而非运动上的局限。一只手画∪，另一只手同时画⊃的确很难，但如果你先认真地画下这两个图形，然后尝试着用一只手描出∪，用另一只手描出⊃，你会发现这就很容易了。

显然，除非你已经有了清晰的目标去引导行动，否则同时执行两个动作就会很难。而裂脑人同时执行两个动作不存在任何困难。

罗杰·斯佩里和他的学生（Nebes，1974）进行的研究揭示了刺激仅呈现于身体的一侧对行为的微妙影响。在一个典型的实验中，裂脑人被试直视前方的屏幕，实验者会在屏幕的两侧分别闪现词汇或者图片（图 14.3）。由于胼胝体的损伤，进入一侧半球的信息不会传递到另一侧半球。信息会在屏幕上呈现一定时间让被试看清楚，但是又不会长到让被试有时间进行眼动。然后被试可以用左手指出右脑看到了什么，或者用右手指出左脑看到了什么。这样一来，似乎每侧半球只能获得一半的信息。大脑的两半球获得了不同的信息，而且它们之间无法相互交流。

Courtesy of the Archives, CA Inst. of Technology

Roger Sperry (1913~1994)

当客观的评价获得了客观的结果……它们就成为了科学的一部分……科学会成为判断真相的最终决定因素，成为人类脑研究的最好来源和依据。通过科学，人类可以发现自己赖以生存的最终公理和信念，达到一种深刻理解，并与控制宇宙和人类的力量和谐相处。

根据 fMRI 数据和其他研究方法，对于超过 95% 的右利手和近 80% 的左利手者而言，左半球在言语产生中发挥着主导作用（McKeever，Seitz，Krutsch，& Van Eys，1995）。没有多少左利手者在言语方面具有完全的右半球优势。更常见的模式是混合的左右脑主导。

与言语产生不同，言语理解的半球优势表现得比较均衡。左半球对言语的理解好于右半球，但对大多数人而言，除了复杂的语法，右半球对言语的理解也相当不错（Beeman & Chiarello，1998）。

左右半球对非言语声音具有同等的反应。加那利群岛上的牧羊人发明了一种简化版的西班牙语，他们仅用 4 个辅音和 2 个元音吹哨，以便远距离传递信息。当他们听到这些声音时，左颞叶皮层的语言区反应强烈。而那些不懂这些语言的人则将其当做音乐作反应，没有激活语言区（Carreiras，Lopez，Rivero，& Corina，2005）。

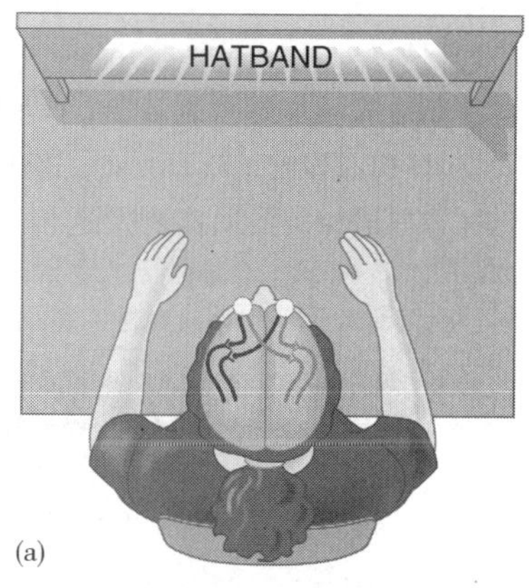

(a)

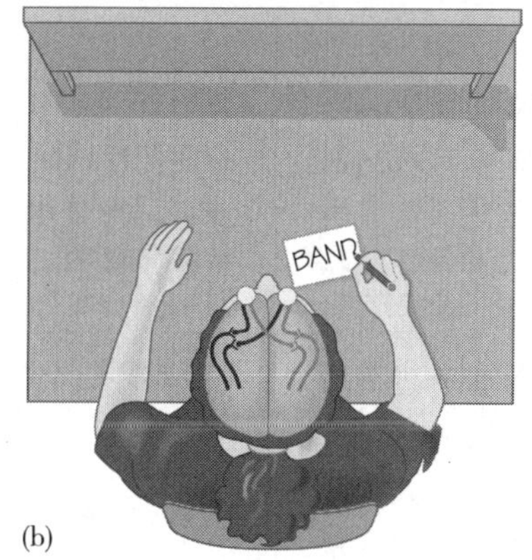

(b)

(c)

图 14.3 胼胝体损伤的影响

（a）*hatband* 这个词在屏幕上闪现。（b）一个裂脑的女患者只能报告出她左半球看到的内容，“band”。（c）但是，她可以用左手指向右半球看到的帽子（hat）。

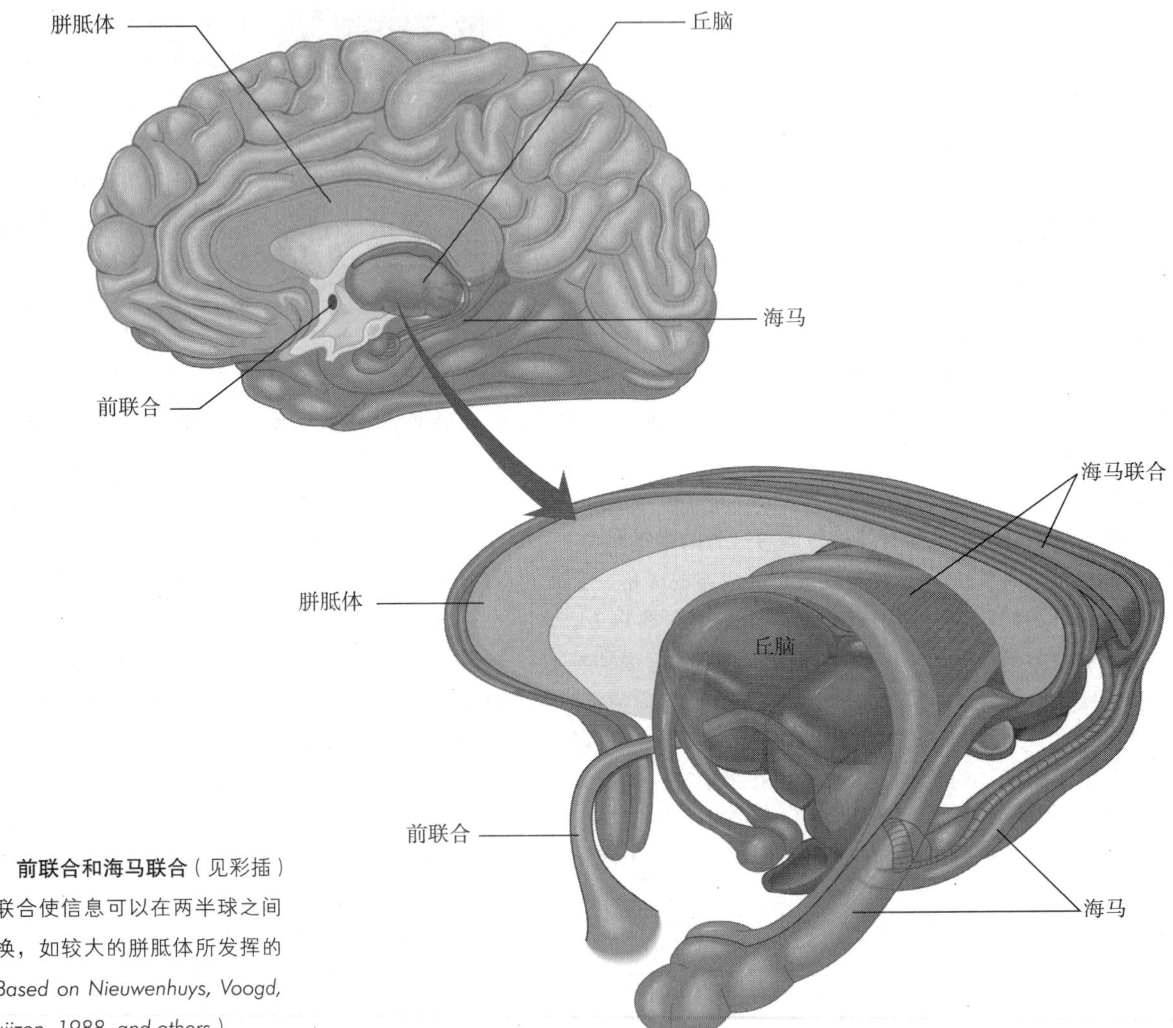

图 14.4 前联合和海马联合（见彩插）
这些脑联合使信息可以在两半球之间进行交换，如较大的胼胝体所发挥的功能（*Based on Nieuwenhuys, Voogd, & vanHuijzen, 1988, and others*）。

裂脑人可以通过左半球看到右视野短暂呈现的物体，并对其进行命名。但是同一个被试如果看到左视野（右半球）呈现的客体常常无法命名或描述。这里用了“常常”是因为会有一小部分信息通过一些小的脑联合（如图 14.4 所示）在两半球之间传递，而某些裂脑人被试由此可以获得足够的信息对客体的某部分进行描述（Berlucchi，Mangun，& Gazzaniga，1997；Forster & Corballis，2000）。一个无法命名所看到内容的病人可以用左手指向正确的物体，甚至同时会说，“我不知道它是什么。”（当然，当裂脑人被试看到左手指向某个客体后就能够对其进行命名。）

单侧半球控制言语能力有什么好处吗？可能有吧。尽管并非所有口吃患者都是双侧半球控制言语，但许多由双侧半球控制言语的个体患有口吃（Fox et al.，2000）。或许两个言语中心会对与言语相关的肌肉群发送相互竞争的信息。

停下来检查一下

3. 裂脑人被试在用左手感受物体以后能够对其进行命名吗？右手呢？解释原因。
4. 当裂脑人被试在左视野看到物体以后，他/她会如何对其进行描述或定义？

被割裂的两半球：竞争与合作

裂脑人的每个半球都会独立加工信息。在手术后的头几周里，两半球的运作就像两个分离的人共享一个身体。有个裂脑人一次次用一只手从杂货店的货架上取下货品，然后用另一只手把它们放回原处（Reyter-Lorenz & Miller，1998）。

另一个病人这样描述他的经历（当然是用他的左半球）（Dimond，1979）：

> 如果我正在阅读，我可以用右手拿书，而让我的左手空着，这比双手拿书要容易得多……我告诉自己用手翻 3 页，比如我看书的时候要翻这么多页，莫名其妙的左手就会多翻 2 页，就跑到了第 5 页，诸如此类。最好不管它，用右手翻书就能够翻到正确的页码。右手能纠正左手刚才犯的错误。（p.211）

这种冲突在术后会比较常见，但一段时间以后就会减少。并不是胼胝体被修复了，而是大脑学会了使用左右半球之间小的连结（Myers & Sperry）。在某些情境中，左半球会以某种方式压制住右半球的干扰，取得控制权。但即便如此，如果我们足够细心地考察，还是会发现两半球会表现出"观点的差异"。在某研究中，研究者使用计算机"修饰"照片，使之看起来一部分像裂脑人自己，一部分像另一个熟人。然后他们要求这个裂脑人被试在某侧视野短暂呈现照片之后，对其进行确认。当他在右侧视野（左脑）看到照片时，更可能说这是他自己。而当他在左侧视野（右脑）看到照片时，常常会认为这是另一个人（Turk et al.，2002）。

在另一个情境中，两半球开始学习合作。用图 14.3 所示的仪器来测试裂脑人，发现他会使用一种有趣的策略来回答有关左视野看到的内容的是非问题。假设实验者在左视野快速呈现一张图片，然后问裂脑人，"这是绿色的吗？"左半球（会说话的半球）会猜测："是。"这个猜测可能是对的。如果不对，右半球（知道正确答案的半球）会让被试皱眉。（左右半球都可以控制两侧的面部肌肉。）左半球感觉到了皱眉的动作，就会说，"噢，抱歉，我的意思是'不'。"

在另一个实验中，在屏幕的两边同时快速呈现两个词。要求裂脑人被试根据刚才看到的内容画一幅图。每侧半球都会看到一个完整的词，同时两个词可以合并成另一个不同的词。如：

左视野（右脑）	**右视野**（左脑）
热（hot）	狗（dog）
蜜（honey）	月（moon）
天（sky）	刮刀（scraper）
雨（rain）	弓（bow）

被试几乎总是用右手画出他在右视野（左脑）看到的内容，比如狗或者月。但他有时也会用左手画出两个词组合后的表面意思。比如，看到热（hot）和狗（dog）之后，他会画出一个非常热的狗，而不是面包上夹着一根香肠；看到天（sky）和刮刀（scraper）之后，他会画出天空和刮刀（如图 14.5 所示）。主要控制左手的右半球画出左视野看到的内容（hot 或 sky）。一般来说，左半球并不控制左手，但是通过内侧皮质脊髓通路的双侧机制（见第 8 章），左半球可以笨拙地移动左手，显然这就足够在画中加上他在右视野中看到的内容（dog 或 scraper）。但是，两个半球都无法将两个词整合成一个概念（Kingstone & Gazzangia，1995）。

右半球

假设你看了一系列人们谈论自己的录像。每个人都

图 14.5 裂脑人用左手画的图
他在左视野看到"天（sky）"这个词，在右视野看到"刮刀（scraper）"这个词。他的左半球足以控制左手画出一个刮刀，而他的右半球也足以控制左手画出一片天空。但两半球都无法将这两个词合并起来，组成一个新概念"摩天楼（sky scraper）"。（*From "Subcortical Transfer of Higher Order Information: More Illusory Than Real?" by A. Kingstone and M. S. Gazzaniga, 1995. Neuropsychology, 9, pp. 321–328. Copyright © 1995 American Psychological Association. Reprinted with permission.*）

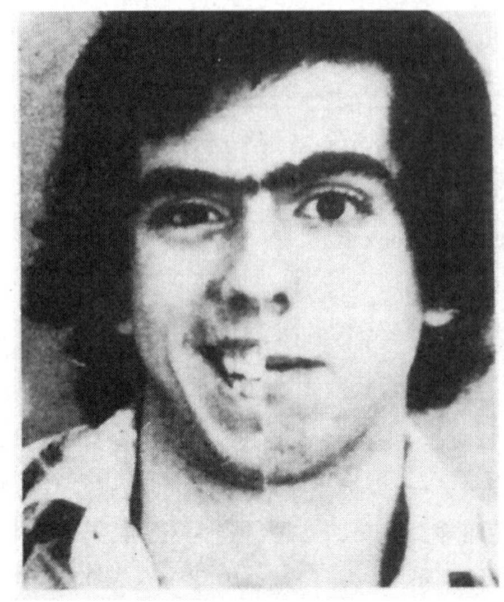
(a)

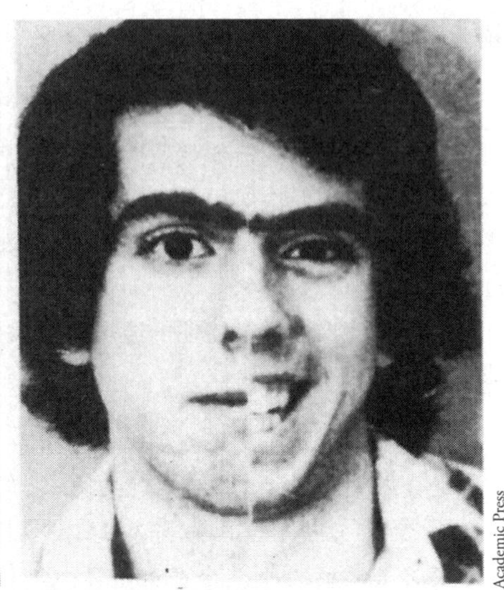

(b)

图 14.6 一半笑脸与一半中性面孔相组合
你觉得哪一幅图看起来更高兴？（a）你右边是笑脸还是（b）你左边是笑脸？你的答案可能暗示着你大脑的某侧半球在解释情绪表达中起支配作用。（*Reprinted from Brain and Cognition, 2/4, Levy, J., Heller, W., Banich, M. T., Burton, L. A., "Asymmetry of perception in free viewing of chimeric faces," 404-419, 1983, with permission from Elsevier.*）

讲两次，一次说的全是实话，而另一次都在撒谎。你能猜出来哪个版本说的是实话吗？麻省理工大学的本科生的平均正确率是 47%，比随机猜测的 50% 还要低一点。除了一组被试之外，其他大部分被试做得同样糟糕。而这组被试的平均正确率虽然仍不理想，但还是达到了 60%，至少好于随机猜测（Etcoff，Ekman，Magee，& Frank，2000）。你猜他们是什么人？他们竟然是左脑受损的病人！他们无法很好地理解言语，但却很擅长理解手势和面部表情。正如第 12 章中提到的，右脑在感知人们手势和语调所表达的情绪（比如快乐或难过）时要好于左脑（Adolphs，Damasio，& Tranel，2002）。如果左脑受损（从而阻止了它对右脑的干扰），右脑就可以自由地作出可靠的判断（Buck & Duffy，1980）。相反，右半球部分受损的病人说话的时候语调单一，无法理解他人的情绪表达，常常理解不了幽默和讽刺（Beeman & Chiarello，1998）。

右半球在识别他人情绪时起主导作用，包括高兴和不高兴的情绪（Narumoto，Okada，Sadato，Fukui，& Yonekura，2001）。一个裂脑人被试在辨别两张照片是否表现了同样的情绪时，右半球做得比左半球要好（Stone，Nisenson，Eliassen，& Gazzaniga，1996）。另外，根据 Jerre Levy 和她的同事对脑部未受损被试的研究，当左右半球同时感知他人脸上不同的情绪时，右半球的反应占优势。举个例子，你们可以试着说出图 14.6 所表达的情绪。其中每张图片都是半张笑脸和半张中性情绪的混合。你觉得哪个显得更高兴呢？面孔 a 还是面孔 b？大部分人都会选 a，也就是笑脸呈现在观察者的左边（Heller & Levy，1981；Hoptman & levy，1988；Levy，Heller，Banich，& Burton，1983）。相似地，皱眉的表情出现在观察者的左边，比出现在右边时显得更难过（Sackeim，Putz，Vingiano，Coleman，& McElhiney，1988）。记住，左视野看到的内容会首先激活右半球。

Jerre Levy
尽管上个世纪后半叶对神经科学的理解取得了令人瞩目的进步，但是在我看来，对于大脑如何以及为什么产生心理现象这个问题，我们现在仍然毫无进展。就像某些哲学家一样，我们很容易回避这个难题，把我们的心理经验仅仅说成是外部测量内容的内在表观。为什么这种内在表观同我们的外部测量完全不同？即使我们详细说明了某一给定心理经验所有必须和充分的关键神经动态进程，也根本解释不了为什么那些动态过程导致了心理经验的产生……如果我们问对了问题，只有等待自然来给出答案。

右半球在理解空间关系方面似乎也比左半球更加擅长。举个例子，一个右脑后部受损的年轻女患者在寻路方面存在困难，即使在熟悉的环境中也是如此。为了到达目的地，她需要有关方向的详细视觉信息，比如，"走到拐角处，你会看到一栋建筑物，它的前面有雕塑。然后左转走到拐角，那里有个旗杆，然后再右拐……"这里提到的每个方向都必须包括准确无误的视觉特征；如果指导语是"去市政府大楼，就是有塔楼的那栋"，她可能就会去另一座碰巧也有塔楼的建筑（Clarke，Assal，& de Tribolet，1993）。后来的研究发现右侧颞叶的部分损伤会破坏个体记忆客体视觉特征的能力。举个例子，当要求女患者描述不同客体时，她对客体的形状、颜色和局部特征的描述远少于正常被试（Vandenbulcke，Peeters，Fannes，& Vandenberghe，2006）。

我们怎样才能更好地描述两半球之间的功能差异呢？根据 Robert Ornstein（1997）所述，左半球更多关注细节，而右半球更多把握整体模式。举个例子，在一个研究中，要求脑部未受损的被试检索如图 14.7 所示的视觉刺激，该刺激是由很多相同的小字母组成的一个不同的大字母。当要求他们识别小字母时（在这里是 B），左半球的活动增强；当要求他们报告大字母时（H），右半球的活动更强（Fink et al.，1996）。

完整大脑的半球功能特异性

即使在大脑未受损的正常被试身上，我们也可以证明两半球存在差异，尽管这种表现不太明显。这里有个小实验你可以自己试一下：用右手在短时间里尽可能多地做敲击的动作。休息一下，再用左手重复刚才的动作。

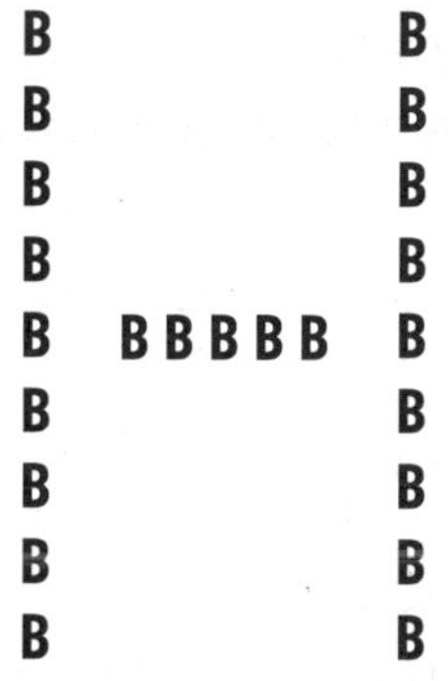

B B
B B
B B
B B
B BBBBB B
B B
B B
B B
B B

图 14.7 测试分析性和整体性知觉的刺激
当要求被试对大的合成字母进行命名时，他们的右脑产生更强的激活。当要求被试对小的组成字母进行命名时，在其左脑表现出更强的激活。（*Based on Fink, Halligan, et al., 1996*）

然后一边谈话一边用每只手重复刚才的动作。对于大部分右利手和很多左利手的被试，谈话对右手敲击速度的负面影响比对左手敲击更强（Kinsbourne & McMurray，1975）。显然，当两个活动依赖相同的半球时，同时完成这两个任务就会更难。

停下来检查一下

5. 对于大多数人而言，下列能力都是由哪个半球支配？
言语、言语中反映情绪的语调变化、对他人情绪表达的解释、空间关系、感知整体模式。

单侧化的发展与利手

由于大部分人的言语功能主要依赖左半球，我们自然会问，两半球在解剖上是否存在差异？如果有差异的话，是在言语能力发展之前这种差异就存在，还是在后来才发展出来的？利手和言语的半球优势之间有什么关系？

两半球在解剖上的差异

人类大脑的功能之一就是专门用来注意与语言有关的声音。如果你听到一个重复的音节（"pack pack pack pack……"），突然元音改变了（"……pack pack pack peck"），这种变化会吸引你的注意力，同时引发较强的电反应，可以在你的头皮上记录下来这个变化。从 pack 到 peck 的改变还会提高婴儿甚至早产儿的诱发电位（Cheour-Luhtanen et al.，1996）。显然，人类从生命的最初就会注意与语言有关的声音。

两半球的差异从生命的最初就存在吗？Norman Geschwind 和 Walter Levitsky（1968）发现，65% 的个体左半球**颞平面**（planum temporale）（颞叶的一个部分）要更大一些（如图 14.8 所示）。一般来说，对于右利手倾向很强的个体，左右半球中颞平面大小的差异还要稍大一些（Foundas，Leonard，& Hanna-Pladdy，2002）。在黑猩猩、倭黑猩猩和大猩猩身上也发现了左右半球之间的差异，尽管差异要小一些，但还是显著的（Hopkins，2006）。左半球颞平面大于右半球颞平面的黑猩猩一般会

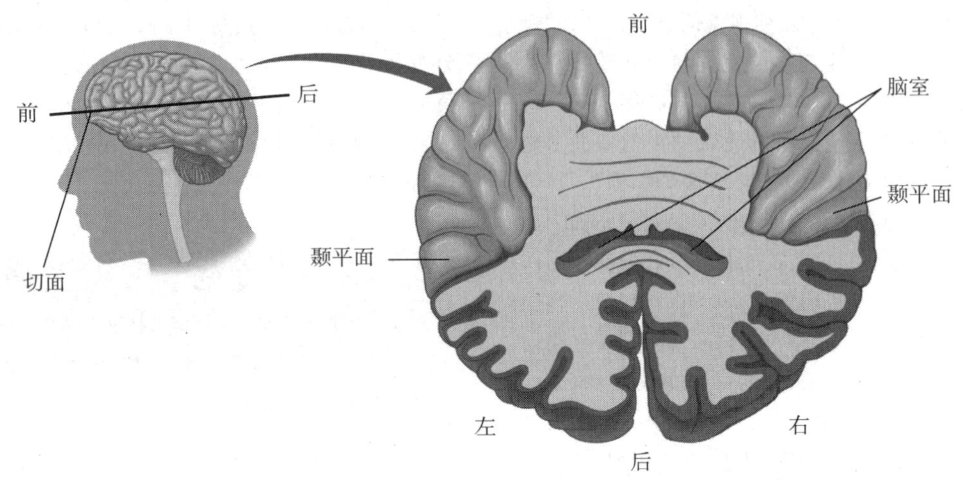

图 14.8 贯穿人类大脑的水平切面

这个切面，从颞叶表面的正上方截取，显示了颞平面，这是一个对言语理解十分重要的脑区。请注意左半球的这个脑区要比右半球的实际上大一些。(*From "Human Brain: Left-Right Asymmetries in Temporal Speech Region," by N. Geschwind and W. Levitsky, 1968, Science, 161, pp. 186-187. Copyright © 1968 by AAAS and N. Geschwind. Reprinted with permission.*)

表现出使用右手的偏好，就像大部分人类一样（Hopkins，Russell，& Cantalupo，2007）。显然，我们看到的人类大脑半球的功能特异性是建立在很久以前类猿祖先的基础上，那时它们的大脑仅存在较弱的功能特异性。

研究者（Sandra Witelson & Wazir Pallie，1973）检查了不到 3 个月就夭折的婴儿的大脑，发现 14 个案例中有 12 个的左侧颞平面要更大一些。后来的研究采用 MRI 扫描，发现 5 到 12 岁的健康儿童中，左半球颞平面与右半球颞平面的比值最大的那些孩子在语言测验中的表现最好，而左右半球几乎同样大的孩子在非言语任务中表现得更好（Leonard et al.，1996）。婴儿期左半球受损的个体与那些右半球同等程度受损的个体相比，最终语言能力的发展要更差一些。简而言之，对大多数人而言，在生命的最初，左半球就具有言语优势。

胼胝体的成熟

胼胝体在人类生命最初的 5 到 10 年间会逐步成熟（Trevarthen，1974）。发展的过程并不是生长出新的轴突，而是选择特定的轴突，丢弃其余的。在较早的阶段，大脑会在胼胝体生成大量的轴突，远多于它在成熟时所需的数量（Ivy & Killackey，1981；Killackey & Chalupa，1986）。原因在于任何两个由胼胝体相连的神经元都必须具有相应的功能。举个例子，左半球对视网膜中央凹中心的光照作出反应的某个神经元应该与右半球对相同位置的光照作出反应的神经元相互联结。但是在胚胎发育的早期，基因无法确定这两个神经元将处的准确位置，因此通过胼胝体生成很多联结，但只有那些碰巧联结了非常相似的神经元的轴突才会被保留下来（Innocenti & Caminiti，1980）。

由于联结需要若干年才能发展出成熟的成人模式，因此年幼儿童的某些行为就像割裂脑的成人被试一样。在一个研究中，实验者要求 3 到 5 岁的幼儿触摸两块布料，或者每次用一只手摸，或者同时用两只手摸，然后报告这两块布料感觉是否相同。5 岁儿童用一只手摸和两只手摸得到的答案一样准确。而 3 岁儿童用两只手摸时得到的答案比用一只手摸的错误率高出 90%（Galin，Jonstone，Nakell，& Herron，1979）。可能的解释是，胼胝体在 3~5 岁之间得到充分的成熟，促进了双手对刺激的比较。

其他类型的任务表明胼胝体在 5 到 6 岁之间持续成熟。你玩过蚀刻素描玩具（Etch-A-Sketch）吗？它有两个旋钮，你可以一手控制一个。一个旋钮可以控制线条上下移动，而另一个可以控制线条左右移动。5、6 岁的儿童玩这个玩具有很大困难，可能是因为他们的胼胝体还没有成熟到能够整合双手动作的程度。相反的，想一下这样的任务，只要刺激出现在屏幕上，就用一只手或两只手敲击键盘。成人和年长儿童用两只手作反应要慢于用一只手，可能是因为到达一只手的信息会与到达另一只手的信息相互干扰。而不到 6 岁的幼儿用两只手作反应和用一只手一样快，该结果再次说明他们的胼胝体还没有成熟（Franz & Fahey，2007）。

Etch A Sketch®

缺少胼胝体的发展

有一种非常罕见的情况，可能是由于基因的问题，胼胝体没能形成，或者形成得不完整。出生时胼胝体就缺失的病人和后来切断胼胝体的病人是不一样的。首先，无论是什么阻碍了胼胝体的形成，它无疑都会以另一种方式来影响脑的发展。其次，胼胝体的完全缺失或者近似缺失会使其他脑区的发展也与正常发展不同。

出生时胼胝体就缺失的病人能够完成很多裂脑人无法完成的任务。他们可以口头描述任何一只手感觉到的物体，以及在任何一侧视野呈现的内容。他们也可以用两只手感受物体，并说出两者的异同（Paul et al.，2007）。他们是怎么做到这些的呢？他们并不是用右半球说话（Lassonde，Bryden，& Demers，1990）。而是每侧半球都发展出了联结身体两侧的通路，使得左半球（言语表达）能够接收到左手和右手传递来的信息。同时，脑的其他连合变得比正常人更大，包括**前连合**（anterior commissure）（见图 4.13 和图 14.4），它连结了大脑皮层的前部，还有海马连合，它连结了左侧和右侧的海马（见图 14.4）。这些脑联合的额外发展部分补偿了胼胝体的缺失。但是，它们传递的信息量是因人而异的。有些胼胝体缺失的病人能够说出左视野呈现的内容是否与右视野匹配，但有些病人就不能。这些差异可能依赖于前联合的发展能在多大程度上补偿胼胝体的缺失（Barr & Corballis，2002）。

停下来检查一下

6. 一出生胼胝体就缺失的儿童能够对左手感知到的客体命名，但是胼胝体受损的成人就做不到这一点。请给出两种可能的解释。

两半球、利手和言语优势

对于超过 95% 的右利手者而言，左半球有很强的言语优势（McKeever，et al.，1995）。而左利手者的情况就要复杂一些。大部分左利手者言语功能的优势半球也在左脑，但是也有一些人的优势半球在右脑或者是左右脑的混合（Basso & Rusconi，1998）。对于那些在儿童早期曾是左利手，但后来被迫换成用右手书写的人，优势半球的情况与前面是一样的（Siebner et al.，2002）。很多由右半球控制部分言语功能的左利手者，其空间知觉能力的优势半球也出现了部分的颠倒，即左半球的贡献比常人更多一些。还有一些左利手者的右半球既具有言语优势，也具有空间知觉优势（Flöel et al.，2001）。

用手优势还与其他的一些脑和行为的不对称性有关。假设你正在树林里穿行，此时你来到了一个岔路口。如果其他的情况都一样，你会选择从哪条路走？你可能想象自己会做一个随机的选择，但是大部分人会更倾向于选择其中的某个方向。在一个研究中，给被试在腰带上装一个装置，用以计算他们在 3 天里左转或右转的次数。一般说来，右利手者大多往左转，而左利手者则大多往右转（Mohr，Landis，Bracha，& Brugger，2003）。

避免夸大的倾向

对左右半球差异的研究是令人兴奋的，但有时会引发未经科学证实的武断想法或言论。有时你会听到有人说类似下面的话，“我科学课程学得不好是因为这是一门使用左脑的学科，而我是右脑型的人。”这种论断是基于两个合理的和一个有问题的前提假设。有科学依据的假设是（a）两半球特异性及各负责不同的功能，（b）特定任务在一侧或另一侧半球会引发更强的活动。有问题的假设是：任何个体都是习惯性地更依赖某个半球。

你觉得什么证据会让一个人相信，“我是个右脑型的人”？他或她是不是做了磁共振成像（MRI）或者正电子断层扫描（PET），确定哪个半球更大或者更活跃？这不太可能。一般说来，当人们说，“我是右脑型的人”，唯一的证据就是他们的创造性任务完成得比较好或者逻辑任务完成得比较差。（说“我是一个右脑型的人”有时候意味着因为我在逻辑任务中表现得不好，因此，我属于创造性的个体。但不幸的是，缺乏逻辑并不等同于具有创造性。）

实际上，除了最简单的任务之外，你会使用两个半球来完成任何其他任务。大部分的任务需要两个半球的合作。

模块 14.1 结 语

一个大脑，两个半球

想象一下如果你是一个裂脑人。有人问你（也就是你的左脑，控制言语功能的半球）一个问题，你诚实地回答不知道。同时，你的左手却指向正确答案。这一定是一种混乱的体验。

现在从右半球的角度想象一下你的生活。你坐在那里保持沉默，而另一个半球却一直在叽叽喳喳，喋喋不休。有时候，你可能不同意那个半球所说的。有时候，你可能希望他或她闭嘴歇一会儿。这一定也是一种混乱的体验。

裂脑人真的有两种心理、两种意识吗？有的时候，他们看起来似乎真的有。至少有时候一个半球能够回答问题而另一个却不能。我们无法钻到别人的脑袋里去看看里面是什么样子。实际上，每个半球都不知道对侧半球正在经历的事情。

总 结

1. 胼胝体是一组神经纤维，用来连接大脑左右两半球。
2. 对大多数人而言，左半球控制言语功能，每侧半球主要控制对侧的手，感受对侧视野，感知对侧身体。
3. 对人类而言，左视野的信息投射到每侧视网膜的右半边，然后由其发出的神经纤维传送到右脑。右视野的信息投射到每侧视网膜的左半边，然后由其发出的神经纤维传送到左脑。
4. 胼胝体损伤以后，每个半球能够对直接到达该半球信息的有关问题作出快速准确的反应。如果信息穿过前联合，或者其它小的脑联合，一侧半球就能够对有关对侧半球信息的一些问题缓慢地给出答案。
5. 尽管裂脑人的两半球有时发生矛盾，但它们会找到合适的方式进行合作，并为对方提供信息。
6. 对于语调中的情绪表达，以及解释他人言语或者面部的情绪表达、右脑具有半球优势。在视觉信息的处理中，左半球对细节的加工更有优势，与之相对，右半球更关注整体模式。

7. 婴儿期，左右半球在解剖上就出现了差异。由于胼胝体还没有完全发育成熟，幼儿在比较来自左右手的信息时存在一定的困难。
8. 先天胼胝体缺失的儿童并没有表现出和后天胼胝体损伤的成人完全一样的缺陷。
9. 左利手者的大脑并不仅仅是右利手者大脑的镜像。对于言语功能，大部分的左利手者具有左脑优势，或者两半球共同支配语言；只有很少一部分具有较强的右脑优势。

关键术语

胼胝体 436	视交叉 437	裂脑人 438
单侧化 436	癫 痫 437	颞平面 443
视 野 436	病 灶 437	前连合 445

思考题

当胼胝体先天缺失的病人移动一只手的手指，他或她也可能不自觉地运动另一只手的手指。你觉得可能是什么原因？

停下来检查一下答案

1. 几内亚猪的右眼离头的另一侧较远，只能看到右视野。而人类的眼可以直视前方，每只眼睛的一侧都能看到右视野。
2. 左、左
3. 裂脑人被试在用左手感受物体以后无法对其进行描述，但如果用的是右手就可以。右手将信息传递给左脑，左脑是大多数人的言语优势半球。左手将信息传递给右脑，右脑无法完成言语表达的任务。
4. 在左视野看到物体以后，裂脑人可以用左手指向正确的答案。
5. 左脑具有言语优势，而所列举的其他能力由右脑支配。
6. 对于天生胼胝体缺失的儿童，左半球发展出了多于通常的联结来感知左手的信息，同时前连合和其他的脑连合也发育得比通常要大。

模块 14.2

语言的演化与生理学

几乎所有的动物都通过视觉、听觉、触觉或者化学物质（信息素）的表达进行交流。人类的语言从其他交流形式中脱颖而出，因为它具有**生成性**（productivity），即语言能够产生新的符号去表征新的想法。比如，山雀（小鸟）有一种叫声是警告自己的邻居有鹰在头顶盘旋，而另一种更大一些的叫声意味着捕食者就在附近（Templeton，Greene，& Davis，2005）。某类猴子有一种叫声表示“空中有鹰，快藏起来”，而另一种叫声的意思是“注意，地上有蛇。”但是它们没法表示“你头顶的树上有蛇”或者“地上站着一只鹰。”而人类就大不相同，他们常常根据新情况中无限的变化设计出新的表达方式。

我们演化出这种能力是从无到有？还是从其他物种已经具有的某种潜质中发展而来的？为什么我们具有语言能力，而其他物种顶多表现出这种能力的雏形？大脑中哪种类型的专门化使得语言成为可能？

语言在非人动物中的早期表现

演化很少创造出完全崭新的事物。蝙蝠的翅膀是演变后的手臂，豪猪的刚毛是演变后的毛发。我们可以预期人类的语言也是一种演化的产物，其雏形可以从和我们具有最近亲缘关系的黑猩猩的身上探测到。

普通黑猩猩

在试图教黑猩猩说话的多次尝试失败之后，研究者在教它们学习美国手语或其他的视觉系统方面取得了较好的成果（B. T. Gardner & Gardner，1975；Premack & Premack，1972）（图 14.9）。在一个实验中，黑猩猩学会通过按键（代表一些符号）在计算机上打出信息（Rumbaugh，1977），比如“请机器给苹果（Please machine give apple）”或者对另一只黑猩猩说，“请分享一下你的巧克力（Please share your chcolate）”。

使用符号真的就是学会语言了吗？并不是我们能够翻译成一系列字词就是所谓的真正的语言。举个例子，当你插入 ATM 卡并输入四位密码，你并没有真正理解这四个数字的含义，“请机器给钱。”相似的，当一只黑猩猩在机器上按出四个符号，它也可能并不理解它们所代表的含义，“请机器给苹果。”黑猩猩对符号的使用具有的一些特点使很多人对称其为语言持怀疑态度（Rumbaugh，1990；Terrace，Petitto，Sanders，& Bever，1979）：

- 黑猩猩很少以新的、原创的结合方式来使用符号。也就是说，它们的符号使用缺乏生成性。
- 黑猩猩主要用符号来表达请求，很少用来描述。

Photo courtesy of Ann Premack

图 14.9　教黑猩猩语言的一次尝试

Premack 的一只黑猩猩名叫 Elizabeth，对彩色塑料片作反应，上面写着“Not Elizabeth banana insert—Elizabeth apple wash”。

但是黑猩猩的一些表现说明它们至少对事物能够达到中等程度的理解。举个例子，在训练黑猩猩 Washoe 使用手语时，她常常使用名字来回答有关“谁”的问题，使用物体来回答有关“什么”的问题，使用地点来回答有关“哪里”的问题，即使她有时候会用错名字、物体或者地点（Van Canfort，Garnder，& Gardner，1989）。尽管人类和黑猩猩之间存在较大的差异，我们至少能够看到黑猩猩身上存在言语的最初表现形式。

倭黑猩猩

在有关黑猩猩言语能力的普遍质疑中，一些令人惊讶的研究结果出现在一个濒临灭绝的物种身上，这就是倭黑猩猩（这是一个使人容易产生误解的名字，因为它们实际上和一般的黑猩猩身材相仿）。

倭黑猩猩的社会规则在很多方面与人类相似。雄性和雌性形成强有力的、有时候是持久的个人依恋。它们常常面对面性交。雌性几乎在任何时候都有性欲，而非仅仅在繁殖期。雄性在婴儿的看护中有显著的贡献。成年个体之间常常相互分享食物。它们能够用后腿轻松站立。简而言之，和其它灵长类相比，它们与人类更为相似。

在 20 世纪 80 年代中期，一些研究者（Sue Savage-Rumbaugh，Duane Rumbaugh）和他们的同事试图教一只雌性倭黑猩猩 Matata 按一些符号，这些符号一碰就会亮。每个符号代表一个词（图 14.10）。尽管 Matata 的学习进展缓慢，但它的小儿子 Kanzi 仅仅通过观察就学会了。当她有机会使用符号板时，很快就表现得非常出色。后来，研究者注意到 Kanzi 能够理解不少口语。比如，无论何时，只要有人说“灯”这个词，Kanzi 都会敲击控制灯的开关。到了 5 岁半，它已经能够理解大约 150 个英文词汇，并能够对不熟悉的口头命令作出反应，如“把你的球扔到河里”，以及“到冰箱里取个西红柿出来”（Savage-Rumbaugh，1990；Savage-Rumbaugh，Sevcik，Brakke，& Rumbaugh，1992）。其后，Kanzi 和它的妹妹 Mulika 表现出了相当于 2 岁到 2 岁半幼儿的语言理解能力（Savage-Rumbaugh et al.，1993）：

- 它们理解的内容多于它们能够产生的。
- 它们使用符号来命名和描述物体，即使它们没有在要这些东西。
- 它们能够要那些没有看到的物品，比如“泡泡”（我想玩吹泡泡）。
- 它们偶尔使用符号去描述过去事件。Kanzi 曾经按出“Matata 咬”的符号来解释 1 个小时之前在他手上留下的伤口。
- 它们常常作出原创性的请求，比如要一个人去追逐另一个人。

Photo courtesy of Duane Rumbaugh

图 14.10　给倭黑猩猩 Kanzi 做语言实验

Kanzi 通过耳机听问题，然后在木板上指出答案。测试它的实验者并不知道问题是什么或者答案应该是什么。（*From Georgia State University's Language Research Center, operated with the Yerkes Primate Center of Emory*）

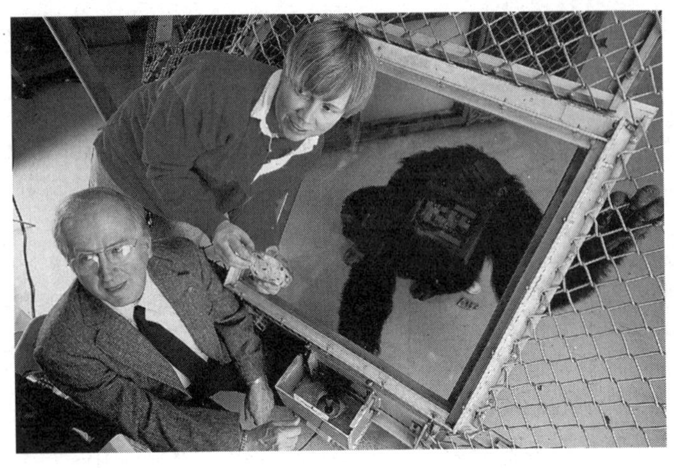

Duane Rumbaugh 与 Sue Savage-Rumbaugh 与黑猩猩 Austin 在一起

黑猩猩和倭黑猩猩是出色的心理学教师。它们从不假定我们——它的学生——了解任何关于它们的事情。它们当然也对我们的学位丝毫不感兴趣。因此，它们能够教给我们各种重要的事情，以及这些事情对于人类和猿都意味着什么。作为学生，如果我们能够安静地认真聆听，就可以让它们用自己的方式来教我们。

为什么和其它黑猩猩相比，Kanzi 和 Mulika 发展出了更加令人印象深刻的技能？或许倭黑猩猩比一般的黑猩猩具有更多的语言潜能。另一种解释是 Kanzi 和 Mulika 从小就开始接受语言训练，而大部分其他研究中的黑猩猩则并非如此。还有一种解释归因于训练方法：或许通过观察和模仿进行学习比先前研究中正式的训练更能够促进理解（Savage-Rumbaugh et al.，1992）。

要想获得更多有关倭黑猩猩的信息，请访问 Block Bonobo Foundation 网站，网址为：http://www.blockbonobofoundation.org/。

停下来检查一下

7. 与一般的黑猩猩相比，倭黑猩猩在语言能力上有更好的表现。用来解释这一现象的三种可能原因都是什么？

非灵长类动物

非灵长类物种又有怎样的表现呢？有研究者报告了令人兴奋的研究结果，这次的主角是 Alex，一只非洲灰鹦鹉（图 14.11）。众所周知，鹦鹉以模仿声音而闻名。Irene Pepperberg 首次提出了鹦鹉能够给声音赋予各种意义。她让 Alex 处于有丰富刺激的环境中，并教它结合特定的物品来表达语词。首先，她和其他训练者会反复说一个词，如果 Alex 发出接近的声音就给予奖励。下面的这段对话摘录自 Alex 早期的训练中（Pepperberg，1981，p.142）：

Pepperberg: 意大利面（Pasta）!（拿出意大利面）意大利面！（Alex 从自己栖息的枝条处探出身体，似乎要去啄食意大利面。）

Alex: Pa!

Pepperberg: 好些了……它是什么？

Alex: Pah-ah.

Pepperberg: 好多了！

Alex: Pah-ta.

Pepperberg: 好，给你意大利面。做得很好。

尽管这个例子里用的是意大利面，但 Pepperberg 一般会使用玩具。举个例子，如果 Alex 说“纸”、“木头”，或者“钥匙”，她会给它那些想要的东西。她不会在它说“纸”或者“木头”的时候奖励它食物。

Alex 慢慢地学会说出问题的答案。给它呈现装着 12 个小物品的盘子，然后问它这样的问题，如“钥匙是什么颜色的？”（答案：“绿色”）和“什么东西是灰色的？”（答案：“环”）。在一次测试中，它正确回答了 48 个问题中的 39 个。即使它的很多错误答案也基本上是正确的。有一次，它被问到石块（bolck）的颜色，其回答是岩石（rock）的颜色（Pepperberg，1993）。它还能回答“有多少个蓝色的钥匙？”这样的问题。想要回答这个问题，它需要看一下各种物品，在两种形状和两种颜色的物品中数数蓝色钥匙的个数，然后报告答案，范围是从 1 到 6（Pepperberg，1994）。

依赖语言并不总是有帮助的。Pepperberg 将 Alex 和其它三只灰鹦鹉放到栖木上；每只鹦鹉都面对一串塑料

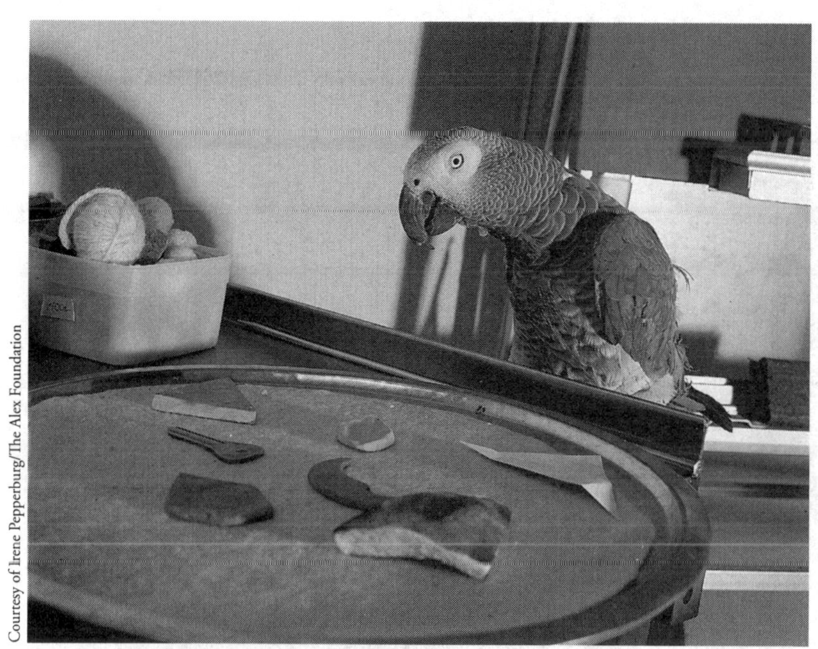

图 14.11 给非洲灰鹦鹉 Alex 做语言测试
Alex 显然已经学会用简单的英语来表述有关客体的信息。举个例子，对于“这个圆圈是什么颜色？”的问题给出正确的答案。它不会获得食物奖励。

链条，该链条连接在栖木和底部的杏仁之间。（杏仁是鹦鹉最喜欢的食物之一。）没有接受过语言训练的鹦鹉用爪子去拖链条直到得到杏仁为止。Alex 和另一只受过语言训练的鹦鹉反复告诉实验者，“要坚果。”当她拒绝给它们时，它们放弃了（Pepperberg，2004）（图 14.12）。

从非人类动物语言能力的研究中我们学到了什么呢？在实践层次上，我们深入了解了怎样才能更好地教授那些在语言学习上有困难的个体，比如脑损伤患者或者孤独症儿童。在更高的理论层次上，这些研究表明人类的语言是从其他物种已有的雏形中演化而来的。这些研究也指出了我们关于语言定义的模糊性：除非更加准确地定义语言，否则我们无法判断黑猩猩或者鹦鹉是否具有语言能力。

人类如何演化出语言

我们是怎样演化出这种能力，使得我们学习语言要比其它物种容易得多？有关此问题的大部分理论可以分成两类：（a）我们演化出的语言能力是全脑发展的副产品；（b）我们演化出的语言能力是脑功能专门化的产物。

作为整体智力产物之一的语言能力

最简单的观点是人类演化出体积较大的脑，从而产生出较高的智力水平，而语言则是智力发展过程中偶然出现的副产品。在这种最简单的解释中，该假设存在严重的问题。

问题 1：有的病人拥有标准大小的脑但语言能力受损 如果语言是全脑的产物，那么任何一个人，只要拥有标准大小的脑和正常的整体智力都应该具有正常的言语功能。但实际上并不都是这样。有一个家族，三代共有 30 人，其中 16 人表现出了严重的语言缺陷，但是他们在智力的其它方面却是正常的。这是由于一个已被定位的显性基因出了问题，受影响的个体在发音和语言的几乎所有方面都存在严重困难（Fisher，Vargha-khadem，Watinks，Monaco，& Pembery，1998；Gopnik & Crago，1991；Lai，Fisher，Hurst，Vargha-khadem，& Monaco，2001）。他们说话的时候，大脑的后部区域出现激活，而非其他人所表现出来的额叶被激活（Vargha-khadem，Gadian，Copp，& Mishkin，2005）。

他们甚至在处理简单的语法规则时也存在困难，如下面有关复数的对话中所展示的：

实验者	回答者
There is a wug；these are …	How should I know？ （*later*）These are wug.
This is a zat；these are …	These are zacko.
This is a sas；these are …	These are sasss. （*Not sasses*）

在另一个实验中，实验者呈现句子，并要求被试回答每个句子是否正确，如果不正确，如何改进。这个家族的病人接受了很多语法错误的句子，同时把很多正确的句子标示为错误。显然，他们只是在猜测。当他们试

(a)

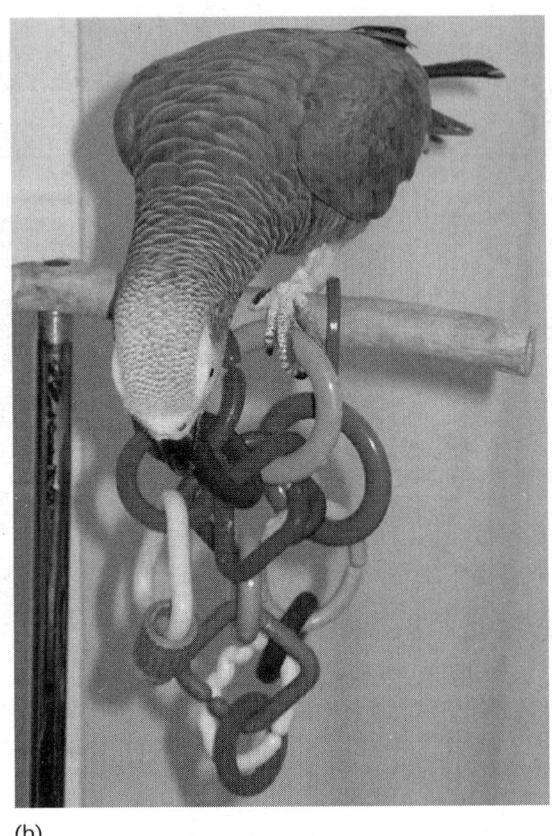
(b)

图 14.12 一只灰鹦鹉在完成推理任务

两只没有经过语言训练的鹦鹉将链条向上拖拽以拿到食物。两只受过语言训练的鹦鹉坚持说，“要坚果”，而自己不做任何努力。

图去改正一个句子的时候，常常改得十分古怪。比如：

最初的表达	试图修正的表达
The boy eats three cookie.	The boys eat four cookie.

简而言之，某种基因的变异能够使言语能力受损，但同时却不损害智力的其他方面。语言能力需要大脑功能专门化，而不仅仅是脑体积的增加。

问题 2：威廉姆斯综合征（Williams Syndrome） 那反过来会怎样？会不会有人心理发育迟缓但具有较好的语言能力？心理学家一直认为这种模式是不存在的，直到发现了**威廉姆斯综合征**，此病的患病几率是 1:20，000。尽管威廉姆斯综合征患者在心理功能的很多方面发育迟滞，但很多人的口头表达符合语法规则并且十分流畅。该病的致病原因是 7 号染色体有一些基因缺失（Korenberg et al.，2000），从而导致灰质减少，尤其表现在与视觉加工相关的脑区（Kippenhan et al.，2005；Meyer-Lindenberg et al.，2004；Reiss et al.，2004）。患者在完成与数字、视空间技能（如临摹一幅图画），以及空间知觉（如找回家的路）相关的任务时表现较差。当要求其估计公交车的长度时，三个威廉姆斯综合征患者的回答分别是“30 英寸”，“或许 3 英寸或者 100 英寸”，以及“2 英寸，10 英尺”（Bellugi，Lichtenberger，Jones，Lai，& St George，2000）。在患者的一生中，需要对他们进行持续的监护，他们甚至不能从事简单的工作。

但是，他们在其它一些方面却表现不错。其中之一是音乐，比如随着复杂的节奏打节拍和记忆歌曲的能力（Levitin & Bellugi，1998）。另一个是友善和解释面部表情的能力，比如放松的或者焦虑的，严肃的或者开玩笑的，轻浮的或者没兴趣的（Tager-Flusberg，Boshart，& Baron-Cohen，1998）。大部分威廉姆斯综合征患者表现出较低的社会焦虑，但是对无生命物体则表现出较强的恐慌（Meyer-Lindenberg et al.，2005），这或许跟他们的杏仁核大于常人的杏仁核有关（Reiss et al.，2004）。

他们最令人惊讶的能力是语言。尽管他们的语言能力一般来说比同龄人要差一些，但是考虑到他们在其它方面的损伤，有些个体的语言能力已经非常好了。在一个研究中，实验者要求一个年轻的女性威廉姆斯综合征患者画出一头大象并进行描述，结果如图 14.13 所示。你们可以对比一下她接近诗一般的语言和无法识别的绘画。

但是，我们不要过分夸大这样的案例。威廉姆斯综合征患者对语言的掌控并非完美（Meyer-Lindenberg，Mervis，& Berman，2006）。他们语言能力的发展最初比较缓慢，尽管其中很多人在后来的儿童期获得了惊人的进步，但他们的语法还是比较古怪，就像很晚才学习第二语言的人一样（Clahsen & Almazen，1998；Karmiloff-Smith et al.，1998）。如果给他们呈现一个不熟悉物体的图片并告知该物体的名字，他们很可能会认为这个名字除了指代这个物体本身，同样也可以指代这个物体的某个部分（Stevens & Karmiloff-Smith，1997）。当使用一个普通的词效果更好时，他们会用一个华丽的词汇来表达，比如“我不得不把杯子倒空”，他们会用 evacuate 来表示倒空，而非 empty 或者 pour out（Bellugi，et al.，2000）。无论如何，对威廉姆斯综合征的研究表明，语言不仅仅是整体智力的一个副产品。

停下来检查一下

8. 有什么证据反对“语言的演化仅仅依赖于脑和智力的整体演化”这个假设？
9. 请描述威廉姆斯综合征患者操作得较差和较好的任务。

语言作为一个特殊的模块

如果语言不是整体智力的副产品，或许它的演化是脑功能专门化机制的产物。Noam Chomsky（1980）和 Steven Pinker（1994）提出人类有一个**语言获得装置**（language acquisition device），是获得语言的内在机制。主要的证据支持是大部分儿童发展语言能力都比较轻松。举个例子，聋童学习手语很快，如果没人教他们手语，他们会创造出一种属于自己的手语，然后互相传授（Goldin-Meadow，McNeill，& Singleton，1996；Goldin-Meadow & Mylander，1998）。

语言获得装置概念的支持者有时候会超出原有的假设，即儿童学习语言比较轻松，他们声称儿童的语言能力是天生的；他们要做的就是填充语词和细节。Chomsky 采用**刺激缺乏说**（poverty of the stimulus argument）来支持这一观点：儿童能够使用他们几乎从未听说过的复杂语法结构。比如，即使幼儿也会用“Is the boy who is unhappy watching Mickey Mouse?” 而非“Is the boy who unhappy is watching Mickey Mouse”来提问。

Chomsky 和他的同事们坚持认为儿童并没有足够的机会去学习语法规则，因此他们一定是生而知之的。但是，我们很难相信儿童一出生就知道人类语言的所有语法规

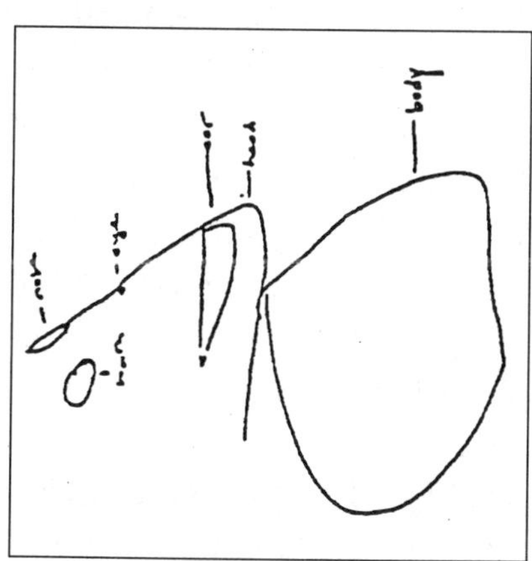

And what an elephant is, it is one of the animals. And what the elephant does, it lives in the jungle. It can also live in the zoo. And what it has, it has long gray ears, fan ears, ears that can blow in the wind. It has a long trunk that can pick up grass, or pick up hay . . . If they're in a bad mood it can be terrible . . . If the elephant gets mad it could stomp; it could charge, like a bull can charge. They have long big tusks. They can damage a car . . . it could be dangerous. When they're in a pinch, when they're in a bad mood it can be terrible. You don't want an elephant as a pet. You want a cat or a dog or a bird . . .

图 14.13 一个年轻的威廉姆斯综合征女患者所画的大象以及对大象的描述

图画中所作的标注由研究者基于女患者对其绘画的描述提供。（*From "Williams Syndrome: An Unusual Neuropsychological Profile," by U. Bellugi, P. O. Wang, and T. L. Jernigan, S. H. Broman and J. Grafman, Eds.,* Atypical Cognitive Deficits in Developmental Disorders. *Copyright © 1987 Lawrence Erlbaum. Reprinted by permission.*）

则（Nowak，Komarova，& Niyogi，2002）。

大部分的研究者都赞同人类特异性的演化具备某种能力，使得他们能够较容易地学习语言。关键的问题是：这种能力是什么？正如我们将在本模块中看到的那样，左侧颞叶和额叶的特定区域对于人类的言语功能十分重要。尽管人类和其它灵长类动物在这些脑区的解剖结构有明显的差异（Rilling et al.，2008），但猴脑几乎相同的位置也会对猴叫有反应（Gil-da-Costa et al.，2006；Petkov et al.，2008）。显然，我们演化的起点是其它物种已经存在的潜质，并在此基础上经过了高度的精细化。

现在回到最初的问题：人类是如何演化出语言能力的？人类为什么要演化出语言能力？这些我们并不知晓，但是语言很可能并不是整体智力的副产品。实际上，相反的命题更容易想象：包括亲子互动在内的人际交往带来了选择压力，促进了言语的演化，而整体智力的发展则是语言的副产品（Deacon，1992，1997）。当然，重建人类行为的早期演化过程是非常困难的。

停下来检查一下

10. 刺激缺乏说的内容是什么？有什么证据是反对它的。

语言学习的敏感期

如果人类特别适合学习语言，或许我们也应该在较早的敏感期学得最好，就像麻雀在年幼的时候学唱歌会学得最好。验证该假设的一种方法是看看如果从小开始学习第二语言，被试会不会学得最好。与该假设一致的结果是：尽管成人对于第二语言词汇的记忆要好于儿童，但是儿童发音的学习和语法的掌握则表现出更大的优势。举个例子，对于成年的中国学习者，区分 a 和 the 的差异是比较困难的，因为他们的母语中没有冠词。和童年期没有处于某种语言环境中的儿童相比，耳濡目染于这种语言环境的儿童，不需要投入太多的精力，在以后学习该语言时也会更有优势（Au，Knightly，Jun，& Oh，2002）。但是学习第二语言并没有特定的优势期；2 岁开始学要优于 4 岁，4 岁开始学要优于 6 岁，而 13 岁开始学要优于 16 岁（Hakuta，Bialystok，& Wiley，2003；Harley & Wang，1997；Weber-Fox & Neville，1996）。

另一种检验敏感期假设的方法是研究那些早期没有接触过任何语言的个体。最清晰的数据来自于对年幼时既不能学习口语，也没有机会学习手语的失聪儿童进行的研究。越早给儿童学习手语的机会，他或她以后的技能就越娴熟（Harley & Wang，1997）。一个早期学习英语的儿童后来也能学习手语，一个早期学习手语的失聪儿童后来也能学习英语（除了发音较差），但是早期没有学习任何语言的个体在学习语言技能方面就会形成永久性的损伤（Mayberry，Lock，& Kazmi，2002）。这一证据强有力地支持了语言学习具有一个较早的敏感期的假设，尽管可能并不存在一个语言学习能力突然增长的年龄段。

停下来检查一下

11. 什么是支持语言学习存在敏感期的最有力证据？

脑损伤与语言

几乎每个健康的儿童都会发展出语言能力，因此我们推断人脑在促进语言学习方面是具备特异性的。我们有关语言脑机制的很多知识都来自于对脑损伤病人的研究。

布洛卡失语症（不流畅性失语症）

1861 年，法国外科医生保罗·布洛卡（Paul Broca）为一个失声 30 年的病人治疗坏疽。该患者 5 天后死亡，随后布洛卡对尸体进行了解剖，并在左侧额叶发现了一处损伤。在之后的几年里，布洛卡诊察了另外几名**失语症**（aphasia）（语言功能受损）患者的脑。他发现在几乎所有案例中都存在包括这个脑区的损伤，现在称其为**布洛卡区**（Broca's area）（图 14.14）。通常的致病原因是中风（流向脑某部分的血流出现中断）。布洛卡在 1865 年发表了这一结果，比另外两个法国医生 Marc 和 Gustave Dax 发表的论文稍晚，后面这两个人也指出了左半球与语言有关（Finger & Roe，1996）。但是由于布洛卡的描述更加详细，也更令人信服，这项荣誉就归于布洛卡。这个发现第一次证实了一个特定脑区具有的特定功能，为现代神经学铺平了道路。

我们现在知道语言表达激活了很多脑区，这些脑区大多在左半球，但不仅仅是布洛卡区（Wallesch，

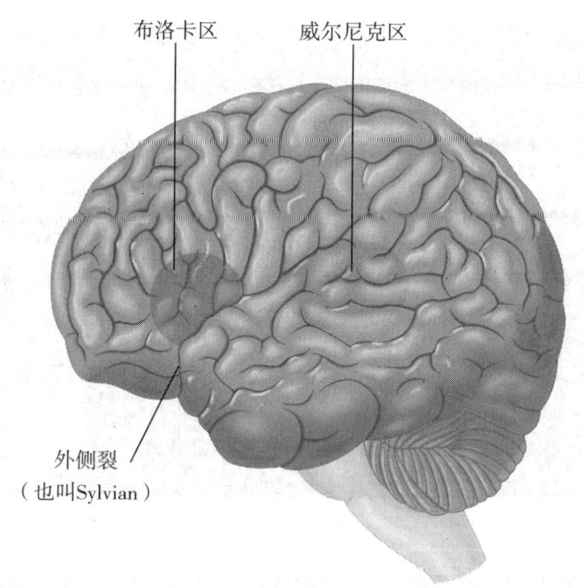

图 14.14　大脑皮层的几个主要言语区
对于大多数人而言，语言的优势半球都在左侧。

Henriksen，Kornhuber，& Paulson，1985）（图 14.15）。局限于布洛卡区的损伤只能造成轻度或短期的语言功能损害。严重的缺陷是由延伸到其它脑区的大面积损伤导致的。而且症状多种多样，无法从损伤的位置进行准确的预测（Dick et al.，2001）。

当脑损伤患者表现出语言产生方面的障碍，无论其损伤的精确位置在哪，我们都称其为**布洛卡失语症**（Broca's aphasia），或者**非流畅性失语症**（nonfluent aphasia）。当句意依赖于介词、词尾或者不常出现的词序，即句子结构比较复杂时，布洛卡失语症患者在理解上也存在缺陷。

语言产生中的困难　布洛卡失语症患者在各种形式的表达中都显得缓慢和笨拙，包括说、写和手势（Cicone，Wapner，Foldi，Zurif，& Gardner，1979）。虽然右半球对手语的贡献比口语大（Corina，1998），但额叶对于聋人的手语表达也是十分重要的（Neville et al.，1998；Petitto et al.，2000）。因此布洛卡失语症与语言有关，但又不局限于与发声有关的肌肉。

当布洛卡失语症患者说话时，他们会省略大部分的代词、介词、连词、助动词、量词以及时态和单复数的字尾表达。至少对于说英语的个体得出了这样的结果。如果失语症患者说德语、意大利语或者其它字尾比英语更重要的语言，他们就会更多地使用字尾（Blackwell & Bates，1995）。介词、连词、助动词等词类属于语法形式中的封闭词类，因为一种语言很少会增加新的介词、连词等词类。相反的，新的名词和动词（开放词类）会经常性地进入一种语言中。布洛卡失语症患者很少使用封闭词类。尽管他们可以成功复述“The general commands the army.”这样的句子，但却很难重复如“No ifs，ands，or buts”这样的短句。而且，那些不能朗读“To be or not to be”的病人却可以说出“Two bee oar knot two bee”（H. Gardner & Zurrif，1975）。显然，他们的困难在于词意，而不仅仅是发音。

为什么布洛卡失语症患者会省略语法词汇和字尾？或许他们脑中的“语法区”受损，但这里存在另一种可能性：当语言表达存在竞争时，人们会省去最弱的元素。很多处于巨大痛苦体验中的个体，其语言表达就像是得了布洛卡失语症一样（Dick et al.，2001）。

理解语法词汇及其作用时存在的问题　布洛卡失语症患者对其口头表达中省略的词类，在理解上也存在困难，比如介词和连词。他们常常会误解具有复杂语法结构的句子，比如“The girl that the boy is chasing is tall”（Zurif，1980）。但是，大部分的英语句子是按照“主语—动词—宾语”的顺序构成的，即使没有介词和连词，句子的含义也是清晰的。你可以自己去证实这一点：找一个段落，删除其中的介词、连词、冠词、助动词、代词和字尾来看看这个段落在布洛卡失语症患者眼中是什么样的。这里有一个例子，节选自前面的段落。请大家注意，尽管删除了这些词，这个段落还是很好理解。

> ~~In~~ 1861, ~~the~~ French surgeon Paul Broca treat~~ed~~ ~~the~~ gangrene ~~of a~~ patient ~~who had~~ been mute ~~for~~ 30 years. ~~When the~~ man die~~d~~ 5 day~~s~~ later, Broca did ~~an~~ autopsy ~~and~~ found ~~a~~ lesion ~~in the~~ left frontal cortex. ~~Over the~~ next few years, Broca examin~~ed~~ ~~the~~ brains ~~of~~ addition~~al~~ patients ~~with~~ aphasia (language impairment). ~~In~~ nearly all cases, ~~he~~ found damage ~~that~~ includ~~ed~~ ~~this~~ same area, ~~which~~ is now know~~n~~ ~~as~~ Broca's area. ~~The~~ usual cause was ~~a~~ stroke (~~an~~ interruption ~~of~~ blood flow ~~to~~ part ~~of the~~ brain).

尽管如此，布洛卡失语症的患者并没有完全丧失有关语法的知识。举个例子，他们一般能够识别出“He

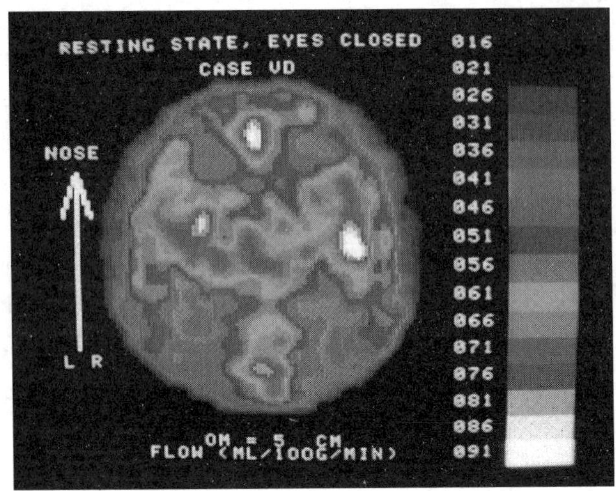

(a)

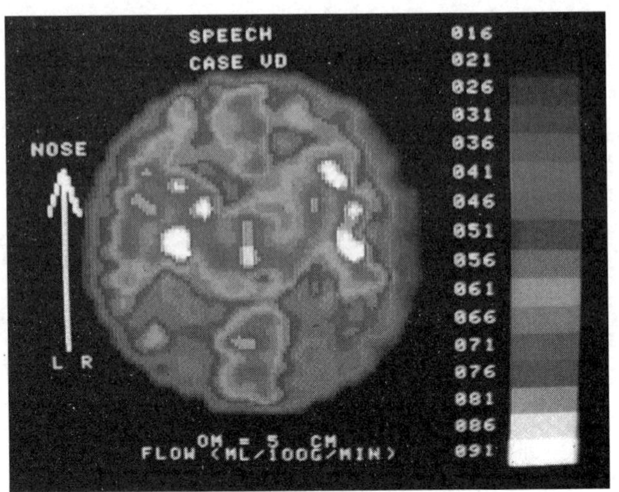

(b)

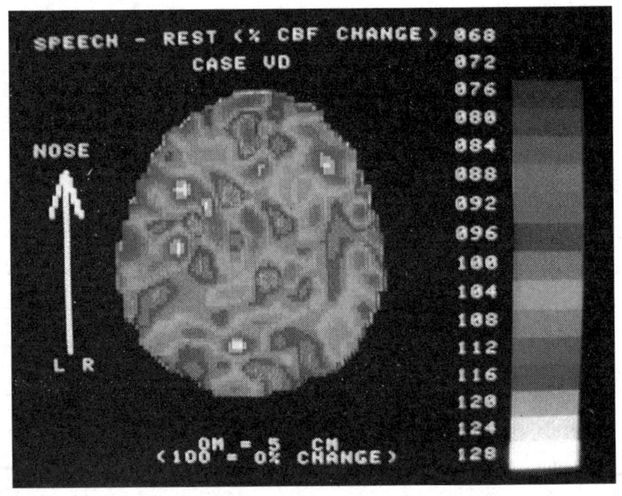

(c)

图 14.15　一个正常成人的脑血流记录

红色代表最高的激活水平，接下来是黄色、绿色和蓝色。（a）静息状态下的脑血流。（b）当被试描述杂志上的故事时的脑血流。（c）表明（a）和（b）之间的差异。（c）中的结果表明了哪个脑区在言语产生时活动会增强。请注意很多脑区的活动都有增强，尤其是在左侧。（*Reprinted from Brain and Language, 25/2, Wallesch, Henriksen, Kornhuber, & Paulson, "Observations on regional cerebral blood flow in cortical and subcortical structures during language production in normal man," pp. 224–233, 1985, with permission from Elsevier.*）

written has songs"这句话有问题，即使他们不知道如何去改进（Wulfeck & Bates，1991）。在很多方面，他们的理解能力与处于干扰中的正常人相似。如果有人在嘈杂的房间里说话，语速快，又有很重的口音，而同时你还试图做其他的事情，为了听懂他的意思，你就会通过抓住他说的只言片语去猜测其余的部分（Blackwell & Bates，1995；Dick et al.，2001）。实际上，即使清楚地听到一个句子，我们有时候也会忽略语法。当听到"The dog was bitten by the man"，许多人会想当然地认为是狗在咬人（Ferrerira，Bailey，& Ferraro，2002）。布洛卡失语症患者只是比其他人更多地依赖推断而已。

停下来检查一下

12. "布洛卡失语症病人已经丢失了他们的语法知识"这样的论断合不合理？

威尔尼克失语症（流畅性失语症）

1874 年，卡尔·威尔尼克（Carl Wernicke），一家德国医院中一名 26 岁的初级助理，发现左侧颞叶的部分损伤会导致不同种类的言语功能损伤。尽管病人能够说和写，但是他们的语言理解能力较差。**威尔尼克区**（Wernick's area）（见图 14.14，位于听觉皮层附近）内及其周围的损伤引发了**威尔尼克失语症**（Wernick's aphasia），其特点是语言理解能力较差，记忆物品名称的能力受损。同时也可以称其为**流畅性失语症**（fluent aphasia），因为患者依然能够流畅的进行口头表达。类似于布洛卡失语症，威尔尼克失语症的症状和受损的脑区也是多种多样的。我们用威尔尼克失语症，或者流畅性失语症来描述行为的一种特定模式，它是独立于损伤位置的。

威尔尼克失语症的典型特征如下：

1. *发音清晰*。与布洛卡失语症患者相比，威尔尼克失语症患者口语表达流畅，只有在想物品名称时会有停顿。
2. *很难找到正确的词*。威尔尼克失语症患者会表现出**命名障碍**（anomia），即很难回忆出物品的名称。他们编造名称（如 thingamajig），用一个名称代替另一个，还会使用一些拐弯抹角的表达方式，如“the thing that we used to do with the thing that like the other one.”当他们成功找到一些正确的词汇时，却把这些词汇胡乱安排，比如，“The Astros listened to the radio toninght”（而不是“I listened to the Astros on the radio tonight”）（R.C. Martin & Blossom-Stach，1986）。
3. *语言理解能力较差*。威尔尼克失语症患者在理解口头和书面语言时有困难，对于聋人而言则是理解手语有问题（Petitto et al.，2000）。尽管很多句子没有介词、字尾和语法（它们困扰着布洛卡失语症患者）时意思也足够清晰，但很少有句子没有名词和动词（它们困扰着威尔尼克失语症患者）。

下面的对话是在一个威尔尼克失语症女病人和一个试图教她一些物品名称的语言治疗师之间展开的。（杜克大学语言病理学和听力学系提供了这段对话。）

治疗师：（拿着围裙的照片）你能说出这个物品的名称吗？

女病人：嗯……你知道我做不到，我很少能做到；他会给我某种……嗯……

治疗师：一个线索？

女病人：是这样的……就像，就像……

治疗师：你的意思是，就像“当你洗盘子或做饭的时候穿的……”？

女病人：是的，差不多是那样。

治疗师：好，这是什么？你把它系在腰上，然后做饭……

女病人：做饭。嗯，嗯，你看我记不住。

治疗师：这是一个围裙。

女病人：围裙，围裙，就是它，围裙。

治疗师：（拿着另一张图片）你洗完澡后准备上床睡觉时穿的。

女病人：噢，我知道这是穿在里边的，一些不同的东西。我们都会穿这些，你知道的。

治疗师：其它做这件事的方法？

女病人：不，嗯……嗯……（停顿）

治疗师：这实际上是一件浴袍。

女病人：浴袍。嗯，我们不这么叫它，我们叫它其它的名字。

治疗师：便服？

女病人：不，我想我们叫它，嗯……

治疗师：休闲……？

女病人：不，不，这个东西，实际上，我们叫它……（停顿）

治疗师：长袍？

女病人：长袍。或者类似的一个词。

病人仍然知道客体的名称，听到以后还能再认出来；她只是很难自己把这些词找出来。在某些方面，她的语言表达就像在外语课上粗略地学习了词汇表以后被叫起来回答问题的学生。当患者从此类失语症中康复后，颞叶皮层的血流量和脑活动都出现了增强（Hills et al.，2006）。

各种脑扫描研究都证实了威尔尼克区和布洛卡区对语言的重要性。当你听别人说话，尤其是很难理解或者令人迷惑的发言时，你的大脑最开始在包括威尔尼克区的颞叶皮层有反应，然后是包括布洛卡区的额叶皮层（C. Y. Tse at al.，2007）。

尽管威尔尼克区及其周围区域是很重要的，但语言理解同样也依赖于与其它脑区的联系。举个例子，读“舔（lick）”不仅会激活威尔尼克区，也会激活负责舌头运动的部分运动皮层。而读“踢（kick）”会激活控制脚运动的部分运动皮层（Hauk，Johnsrude，& Pulvermuller，2004）. 似乎只要你想到一个和运动有关的词，就会想象着去做这个动作。

表 14.1 比较了布洛卡失语症和威尔尼克失语症。要想获得有关失语症及其多种表现形式的更多信息，请查询全国失语症联合会网站（The National Aphasia Association，NAA）：http：//www.aphasia.org/。

停下来检查一下

13. 请描述布洛卡失语症患者和威尔尼克失语症患者的语言产生状况。
14. 请描述布洛卡失语症和威尔尼克失语症患者语言理解状况。

表 14.1 布洛卡失语症与威尔尼克失语症比较

类　型	发　音	说话内容	理　解
布洛卡失语症	差	只有名词、动词；省略了介词与其他语法连词。	如果意义依赖于复杂语法结构，则会受影响
威尔尼克失语症	不受影响	语法合乎规范，但无意义，很难使用正确的词，尤其是物体的命名。	严重地受损

双语学习者的脑机制

一个双语学习者能够说两种语言。有些人能够流畅的说三种语言，甚至更多。人们如何使这些语言保持分离？不同语言的表征是位于不同的脑区吗？

部分答案是他们并不总是将不同语言进行分离（Thierry & Wu，2007）。即使他们这样做了，也不是将不同语言归类到不同脑区。每种语言都由相同的脑区进行加工（Perani & Abutalebi，2005）。但是对于在儿童期之前就能够流利表达两种或三种语言的个体，颞叶和额叶的语言区比一般人要厚一些（Mechelli et al.，2004）。对于熟练掌握一种语言，而另一种语言稍差的个体，第二语言的表达会付出更多努力，从而导致语言区和周围某些区域的激活要强于第一语言（Perani & Abutalebi，2005）。从一种语言转换成另一种语言会强烈激活额叶、颞叶和基底神经节（Abutalebi et al.，2007；Crinion et al.，2006）。显然，大脑努力启动一套词汇表征，同时抑制另一套表征。

音乐与语言

在每种人类文化中都有语言产生，据我们所知，没有其他物种发展出了语言能力。同样的，音乐也是如此。语言和音乐有很多相似之处，包括两者都会激发出强烈的情感。当管弦乐演奏家即兴表演或者完成较难的视空间任务时，布洛卡区都出现了较强的激活（Sluming，Brooks，Howard，Downes，& Roberts，2007）。语言和音乐之间的相似之处足以表明它们是同时出现的。也就是说，无论是怎样的演化进程帮助我们发展出了语言，它也同样能使我们发展出音乐。

参考下面的这些相似之处（Patel，2008）：

- 受过训练的音乐家和学音乐的学生在学习第二语言时一般比普通人学得更好。
- 无论是语言还是音乐，我们都可以通过改变音长和音量来突出或者强调情绪。
- 英语的口语表达中一个重音和另一个重音之间的平均间隔大约为 0.5 到 0.7 秒，同时说英语的人更喜欢节拍间隔在 0.5 到 0.7 秒左右的音乐。
- 和英语相比，希腊和巴尔干半岛的语言中包含较少有规律的节奏，同时，由说这些语言的音乐家创作的很多音乐作品都有不规律的节拍间隔。
- 英语通常强调一个词或短语的第一个音节，而法语更强调最后一个音节。相似的，和英国作曲家相比，法国作曲家会更频繁地让一个乐句的尾音比其它的更长。
- 与法语的元音相比，英语中元音的持续时间更多样。举个例子，比较一下 *tourist* 和 *pirate*。一般来说，英语作曲家在音符之间转换的时候，音符长度的变化更多。

这些相似之处和其它的一些方面都表明，当我们谱曲的时候会使用大脑的语言区，而且我们更喜欢在节奏和音调上类似自己语言的音乐（Ross，Choi，& Purves，2007）。你可以把音乐当成是交流方式的另一种选择。

停下来检查一下

15. 音乐作品的变化以何种方式依赖作曲家所说的语言？

阅读障碍

阅读障碍（dyslexia）是一种阅读能力的损伤，患者的视觉和与其它相关的技能正常。这种疾病在男孩中更常见，被认为至少与四个引发听觉或认知缺陷的基因有　关（Galaburda，LoTurco，Ramus，Fitch，& Rosen，2006）。阅读障碍对于英语阅读者是个特别严重的问题，因为英语有很多词的拼写很奇怪。（参考下面的这些例子：phlegm，bivouac，khaki，yacht，choir，physique 和 gnat）。但是，阅读障碍在所有语言中都会发生，常常与将符号转化成语音的过程出现困难有关（Ziegler & Goswami，2005）。

患有阅读障碍的人在很多脑区，包括脑中的微观结构，都存在轻度的异常（Klingberg et al.，2000）。患有阅读障碍的英语表达者与同样的汉语表达者脑结构的异常是有差异的。汉语是通过符号来代表语词或音节。显然，语言的本质决定了哪个脑区在阅读中会更重要（Siok，Niu，Jin，Perfetti，& Tan，2008）。

通常来说，患有阅读障碍的人更可能拥有两侧对称的大脑皮层，而对其他人而言，左半球的颞平面和其它特定的脑区要更大一些（Galaburda，Sherman，Rosen，Aboitiz，& Geschwind，1985；Hynd & Semrud-Clikeman，1989；Jenner，Rosen，& Galaburda，1999）。而且，与阅读能力相匹配的年幼儿童相比，患有阅读障碍的儿童阅读时顶叶和颞叶皮层出现的激活较少（Hoeft et al.，2006）。提高声音觉知的特殊训练手段有助于提高这些区域在阅读时的活动强度（Eden et al.，2004）。

阅读是一种复杂的技能，需要辨别出细微的视觉差异（如 abode 与 adobe）、细微的听觉差异（如 symphony 和 sympathy），还要将语音模式与视觉符号相联系。实际上，即使理解口语也需要视觉和听觉的结合。非聋个体对唇语的依赖远远超出他们能够意识到的程度。试想一下当你看一部配音很糟的外国电影或者一部音轨与画面略有差异的电影时会怎样？

在那些使人感到费解的有关阅读障碍的文献中，一个突出的要点是不同个体有不同种类的阅读问题，没有一种解释对所有阅读障碍都适用。大部分的（并非全部）阅读障碍患者都有听觉方面的问题，一小部分患者的眼动控制功能受损，还有一些两方面都有问题（Judge，Caravolas，& Knox，2006）。一些研究者对阅读障碍进行了区分，一种是*语音功能缺陷*，另一种是*视觉功能缺陷*（Flynn & Boder，1991），尽管很多阅读障碍患者很难被纯粹的归于某一类别（Farmer & Klein，1995）。语音功能缺陷的阅读障碍患者在读词方面有困难，他们试图把每个词当做一个整体来记忆，当无法再认一个词的时候，他们会根据上下文进行猜测。举个例子，他们可能会把 laugh 这个词读成 funny。视觉功能缺陷的阅读障碍患者读词可以读得很好，但是无法把一个词当成一个整体进行再认。他们阅读速度缓慢，尤其是遇到不规则拼写的词汇时会更加困难。

视觉功能缺陷的阅读障碍中最严重的案例是由于负责视野的脑区受损而导致的。患者一次只能看一个字母，因此会有很多短暂的眼动，他们阅读非常缓慢，读长词尤其困难。在一个研究中，正常被试阅读计算机屏幕上呈现的词语，同时有装置会监测他们的眼动，并将屏幕上被试关注点以外的所有字母做模糊化处理。结果发现他们的阅读速度非常缓慢（Rayner & Johnson，2005）。

大部分阅读障碍患者有听觉方面的问题（Caccappolo-van Vliet，Miozzo，& Stern，2004）。大脑扫描已经表明，一般来说，阅读障碍患者的脑，对于语音，尤其是辅音的反应要低于常人（Helenius，Salmelin，Richardson，Leinonen，& Lyytinen，2002；McCrory，Frith，Brunswick，& Price，2000）。许多阅读障碍患者在探测声音的时间顺序时有特别的困难，比如很难注意到 beep-click-buzz 和 beep-buzz-click 之间的差别（Famer & Klein，1995；Kujala et al.，2000；Nagrajan，et al.，1999）。他们在进行首音互换时也有很大困难，即交换两个词词首的辅音，如听到“dear old queen”就说“queer old dean”，或者听到“way of life”就说“lay of wife”（Paulesu et al.，1996）。当然，这么做需要高度关注声音及其顺序。许多阅读障碍患者在其他的空间顺序任务中也会遇到困难，如手指随着有规律的节奏打拍子（Wolff，1993）。

但是，问题不仅仅在于听力受损。许多人全聋或者听力部分受损但能够阅读，而阅读障碍患者在进行交流时并没有问题（如果他们的听力严重受损，交流可能会遇到困难）。一定存在一些更具特异性的问题，比如注意声音的某些方面或者将声音与视觉相联系的过程。在一个研究中，要求阅读障碍患者观看屏幕上闪现的无意语词，并报告这些词是否相同，结果表明他们的操作成绩正常。（举个例子，brap-brap 是相同的，而 sond-snod 就是不一样的。）当他们听两个无意语词并报告其异同时，也表现正常。只有当他们报告屏幕上看到的无意语词和听到的无意语词是否相同时，任务表现才会出现问题

（Snowling，1980）。

许多阅读障碍患者在注意方面也有问题。假设屏幕上将要短暂闪现一个刺激，你的任务是辨别这个刺激的位置，或者在另一个实验中是辨别一条线的倾斜方向（/ 与 \）。有时在这个刺激出现前不到 1 秒的时间内，另一个线索会出现在屏幕上，提示你刺激会出现在屏幕的哪个位置。对于大部分人，这个刺激将注意引向正确的方向，进而提高了任务成绩。对于阅读障碍患者，有没有线索对成绩没有影响，这就表明线索没有帮助他们转移注意力，或者他们不能迅速地转移注意力（Facortti et al.，2003；Roach & Hogben，2004）。阅读需要沿着句子将注意从一个词转移到另一个词。

右图是另一个注意和阅读关系的证明。双眼保持注视下面每组中间的圆点，不要左右移动眼球，然后试着读出每三个字母组的中间字母。

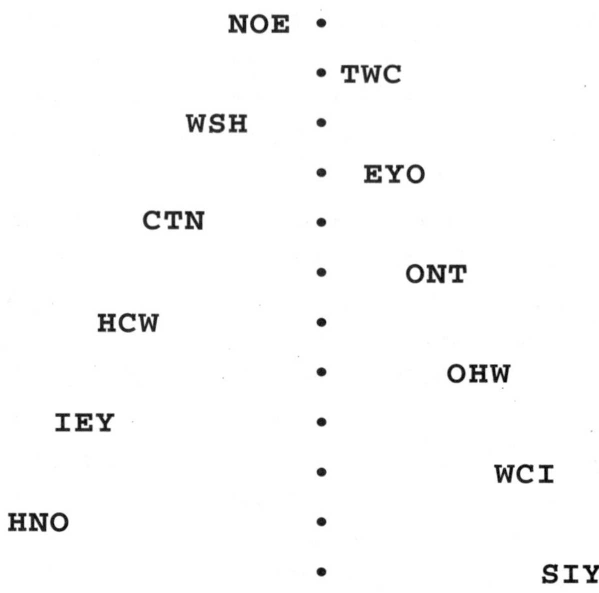

大多数人会比较容易读出更接近注视点的字母，但有些阅读障碍患者能够出人意料地熟练识别其注视点右侧的字母。当他们注视一个词时，其阅读成绩要差于普通人，但是当他们知觉其右侧 5 至 10 度视角内的字母时却要好于普通人（Geiger，Lettvin，& Zegarra-Moran，1992；Lorusso et al.，2004）。这类注意聚焦的方式必然会使阅读出现混乱（De Luca，Di Page，Judica，Spinelli，& Zoccolotti，1999）。图 14.16 显示了正常阅读者和阅读障碍者的平均成绩。

对于有此类异常的患者，教他们每次只注意一个单词或许是一种有效的治疗方式。有研究针对一些有阅读障碍的儿童和成人，在他们的阅读内容上放一张纸，纸上裁剪出一个窗口，大小要刚好露出一个单词。3 个月后，15 名阅读障碍儿童的阅读技能提高了 1.22 个等级（Geiger，Lettvin，& Fahle，1994）。4 名成年阅读障碍者也取得了惊人的进步；其中一人的阅读水平在 4 个月内从三级提高至十级（Geiger et al.，1992）。在最初大约 3 周的练习结束以后，他们不再需要这种特殊的纸片。

最后的疑惑：在完成了这个训练过程的 4 个成年阅读障碍者中，有 3 人更愿意回到原来的阅读障碍状态！患有

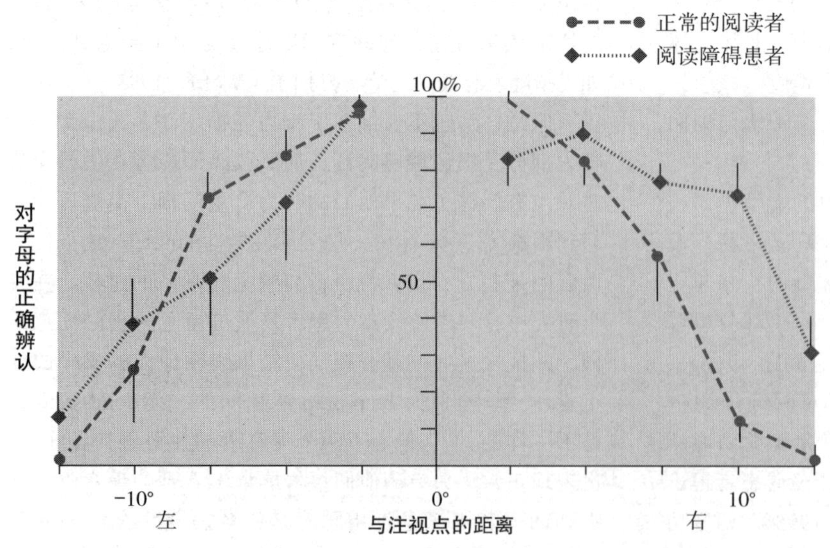

图 14.16 对一个离注视点不同距离的字母的辨认

正常的阅读者在字母离注视点最近的时候辨认最准确，其准确性随着字母离注视点越来越远而稳步下降。很多阅读障碍患者在辨认刚好处于注视点右侧的字母时表现出轻微的困难，但是他们在识别离注视点右侧 5 到 10 度范围内的字母时，实际上比正常阅读者更加准确。（*Reprinted from "Task-Determined Strategies of Visual Process," by G. Geiger, J. Y. Lettvin, & U. Zagarra-Moran, 1992, Cognitive Brain Research, 1, pp. 39–52, 1992, with kind permission of Elsevier Science-NL, Sara Burgerhartstraat 25, 1055 KV Amsterdam, The Netherlands.*）

阅读障碍时，他们能够同时注意多项任务，比如跟他人谈话、收听广播中的新闻、进行艺术创作工作等等。当学会一次只读一个单词时，他们发现自己一次仅能完成一项任务，这就导致他们失去了自己原来的生活方式。简而言之，他们的阅读技能与其整体的注意策略紧密相连。

要想获得有关阅读障碍的更多信息，请访问英国阅读障碍联合会网站：http://www.bdadyslexia.org.uk。

停下来检查一下

16. 下面哪一项常常会给阅读障碍患者带来最大的问题，视觉、听觉、还是将视觉与听觉相联系？

模块 14.2　结　语

语言与脑

或许对阅读障碍最好的总结也是对一般的言语功能损伤最好的总结：语言和阅读的关系是非常复杂的，人们会因为多种原因造成各种各样的损伤。不能将语言简单看成整体智力的副产品，但也很难将其从其它心理功能中完全独立出来。

总　结

1. 黑猩猩能够学会通过手势或者非声音的符号进行交流，尽管他们的学习成果与人类的语言并非十分相像。倭黑猩猩比一般的黑猩猩在语言学习中表现出更大的进步，这是由物种差异、早期的训练以及不同的训练方法导致的。
2. 一只非洲的灰鹦鹉表现出了令人惊讶的语言能力，而其脑的组织方式与灵长类动物是不一样的。
3. “语言的出现是整体智力或者脑大小的副产品”这个假设存在严重的问题：有些人有正常大小的脑，但是语言功能受损；而威廉姆斯综合征患者尽管心理发育迟滞，却拥有接近正常的言语功能。
4. 人类学习语言较容易，但这种特异化能力的本质仍不清楚。
5. 语言发展存在敏感期最好的证据是对失聪儿童的研究：他们在年幼时学习手语与他们在后期才开始学习相比，效果要好很多。但是没有证据表明在任何特定的年龄会出现语言能力的突然减损。
6. 布洛卡失语症（不流畅性失语症）患者说和写有困难。对他们而言，介词、连词和其它语法连接词的表达尤其困难。当语言依赖于复杂的语法结构时，他们也无法理解其中的含义。
7. 威尔尼克失语症患者在理解语言和回忆物体名称时有困难。
8. 说多种语言的个体使用相同的脑区来处理所有的语言。但是对于那些一种语言的表达好于另一种语言的个体来说，他们在使用不太熟练的那种语言时，激活了更多的脑区（表明面临更大的困难）。
9. 音乐与语言有很多相似之处。作曲家的音乐作品中采用的节奏模式常常与自己所用语言的节奏相似。
10. 阅读障碍（阅读功能的损伤）有很多形式。主要问题常常在于将视觉信号转化成听觉信息的过程，或者是其在阅读时主要注意视觉呈现中的右侧信息。

关键术语

生成性 448
威廉姆斯综合征 452
语言获得装置 453
刺激缺乏说 453
失语症 454
布洛卡区 454
布洛卡失语症（非流畅性失语症） 455
威尔尼克区 456
威尔尼克失语症（流畅性失语症） 456
命名障碍 457
阅读障碍 458

思考题

1. 大部分布洛卡失语症患者表现出部分右侧躯体瘫痪。而大部分威尔尼克失语症患者却没有这样的表现。这是为什么？
2. 有一种叫做词盲的综合征，尽管患者仍然可以看和说，但却丧失了读的能力（即使只是读单一的字母）。你认为神经学上的可能解释是什么？也就是说，你能想象出可能导致这一结果的脑损伤模式吗？

停下来检查一下答案

7. 倭黑猩猩可能比一般的黑猩猩具有更多的语言天赋。倭黑猩猩从小就开始接受训练。它们通过模仿进行学习，而非正式的训练方法。
8. 有些人具有正常大小的脑，但语言能力较差。还有些人心理发育迟滞，但语言的发展接近常人。
9. 较差的任务：自理能力、注意、计划、问题解决、数字、视觉－运动技能和空间感知。相对好的任务：语言、面部表情的解释、社会行为、音乐的某些方面。
10. 刺激缺乏所说的内容是儿童没有足够的机会去学习复杂的句子就能进行表达，因此他们的语法一定是生来就有的。反对的证据是不同语言的语法规则是不一样的，儿童不可能生来就准备好了他们可能要接触的所有语法。
11. 直到很晚才接触手语（并且在年幼时也没有学习口语）的失聪儿童不会精通此项技能。
12. 不合理。他们一般能够识别出错误的语法，即使他们不知道怎么去修改。他们的语言表达就像那些说话时会很痛苦的个体一样（于是他们会省去表意最少的词语）。
13. 布洛卡失语症患者言说话很慢，发音较差，但他们的语言表达包含名词和动词，而且一般都是有意义的。他们会省略介词、连词以及其它的语法词，这些词在脱离了语言情境后就会失去意义。威尔尼克失语症患者口头表达流畅，存在语法结构，但是会省略大部分的名词和动词，因此无法表达意义。
14. 布洛卡失语症患者能够理解大部分的语言，除了那些依赖语法手段或者复杂句子结构进行表意的句子。威尔尼克失语症患者几乎无法理解语言。
15. 音乐作品倾向于效仿作曲家所说语言中常见的节奏。
16. 一般来说，最大的问题出现在将视觉刺激与声音相联系的过程。

模块 14.3

意识与注意

在第 1 章中，我们讨论了心身关系问题：在由物质和能量组成的宇宙中，为什么会有像意识这样的东西存在？它是如何与脑产生联系的？这些问题可能有答案，也可能没有答案，意识可能成为，也可能无法成为一个在科学上有价值的概念。但从这个角度出发，我们可以看看研究意识的一些科学尝试。即使我们无法回答最深奥的问题，我们至少能处理一些次级问题。

很难定义意识，但为了实践的目的，研究者使用这样的操作定义：如果一个合作的被试报告了一个刺激的存在，而无法报告出另一个刺激的存在，那么他或她**意识**（conscious）到了第一个刺激，而没有意识到第二个。这个定义不适用于不能说话的个体，如婴儿、布洛卡失语症患者或者非人动物。我们可能基于其他的标准来推断他们的意识状态，但我们不能把这些用于意识的研究中。

根据该定义，意识与注意几乎同义。在任何时候都有大量的刺激到达你的大脑，但是你只能意识到（也就是能够报告出）引导了你注意的那些信息。各种刺激相互竞争要进入到你有意识的注意中（Dehaene & Changeux，2004）。一个刺激可以通过其大小、亮度或者运动来吸引你的注意，但是你也可以主动地将注意指向一个或另一个刺激，这个过程我们称其为“自上而下”的加工，也就是说，由其它的皮层，主要是前额叶和顶叶皮层，来控制的加工过程（Bushman & Miller，2007；Rossi，Bichot，Desimone，& Ungerleider，2007）。为了说明这一点，将你的眼睛保持在下面这幅图中心的字母 x。然后注意右侧的字母 G，接下来沿着圆圈顺时针一步步移动你的注意。看看你怎样能不移动眼球就可以看到这个圆圈不同的部分。

A V R G K P J F N B W Z x

心理学家已经注意到**不注意视盲**（inattentional blindness）或变化盲这种现象：在任何时刻，你眼睛看到的所有信息中，你只能意识到注意所指向的很少一部分内容（Huang，Treisman，& Pashler，2007）。如果你在观察一个复杂的场景，其中的某些部分在缓慢地变化，或者在你眨眼的时候才变化，那么很有可能你会注意不到它（Henderson & Hollingworth，2003；Rensink，O'Regan，& Clark，1997）。但是如果你发现某个特殊的正在变化的细节，那你就会注意到这一点。你可以自己体会一下变化盲现象。

与意识有关的脑活动

尽管对于“为什么脑活动（有时）是有意识的”这个问题，我们甚至没有一个很好的假设，但我们或许能够发现哪种类型的脑活动是有意识的（Crick & Koch，2004）。理想的设计是呈现一个单一的刺激，比如光或声音，它们在某些条件下可以成为意识的一部分，在其他条件下则不能。然后确定在有意识和无意识的情境下，脑活动以何种方式出现差异。

使用这种方法的一个精巧的研究如下：研究者在屏幕上闪现一个词语，呈现时间是 29 毫秒。在一些情形下，该词的前后会有空白屏出现：

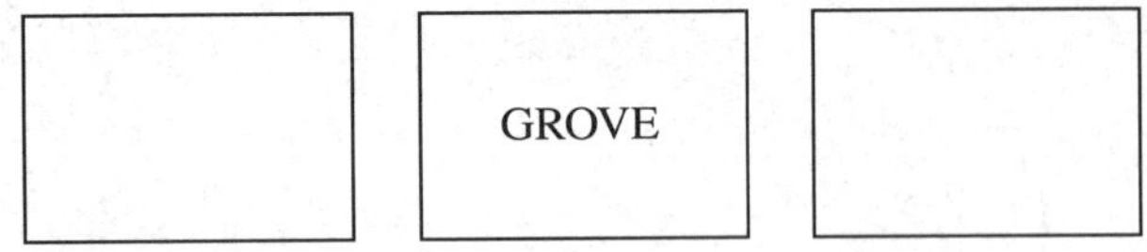

在这些情形下，被试在 90% 的时间里能够识别出这个词语。但在其他情形中，研究者同样以 29 毫秒 / 词的速度快速呈现词语，但是前后屏都采用了掩蔽模式：

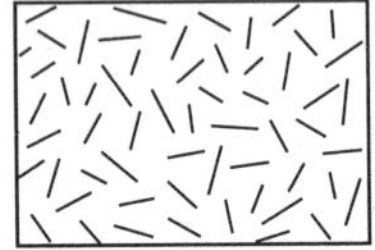
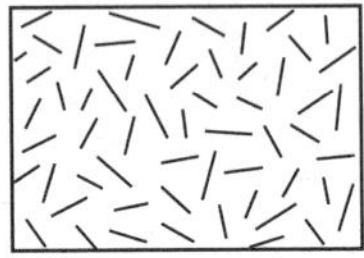

在这些情境下，被试几乎从未辨别出这个词语，并常常报告说他们根本什么词都没有看到。尽管物理刺激在两种条件下是相同的，即一个闪现 29 毫秒的词语，但是被试在第一种条件下能够意识到它，而在第二种条件下却意识不到。研究者采用 fMRI 和诱发电位技术发现，在有意识和无意识情境下，刺激最初都激活了初级视觉皮层，但是在有意识情境下的激活更强（由于较少的干扰）。在有意识情境下，脑活动也扩散到一些其它的区域（Dehaene et al.，2001）。

这些数据提示我们，对一个刺激的意识依赖于脑活动的数量。某个刺激出现在意识中意味着其信息已经引发了更多的脑活动。你的左脚现在有什么感觉？在你看到这个问题之前，很可能你并没有意识到你的左脚有任何的感觉。当你将注意引向自己的脚，躯体感觉皮层相应脑区的活动就会增强（Lambie & Marcel，2002）。相似的，当你将注意引向某些视觉刺激时，大脑对这些刺激的反应就会增强，同时对其它刺激的反应就会减弱（Kamitani & Tong，2005；Wegener，Freiwald，Kreiter，2004）。如果要求你注意颜色或者运动，视觉皮层负责颜色或者运动知觉的脑区的活动就会增加（Chawla，Rees，& Friston，1999）；实际上，甚至是在刺激呈现之前，相应脑区的活动就已经增强了（Driver & Frith，2000）。由于某种原因，指导语会启动这些脑区，从而增强它们的反应。

进一步的研究发现，一个有意识的刺激同样也会引发不同脑区神经元精确的同步反应（Eckhorn et al.，1998；Gray，König，Engel，& Singer，1989；Melloni et al.，2006；Womelsdorf et al.，2007）。当被试再认一个模式的时候也会出现同步性。当被试看一个模糊的模式图，并在其中看出了一张脸，同步化模式会在大范围的脑区出现。当被试看同样的模式，但是没有看出这张脸，那么同步化就不会出现（Roelfsema，Engel，König，& Singer，1997；Roelfsema，Lamme，& Spekreijse，2004）。

停下来检查一下

17. 本节介绍的Dehaene等人的实验中，有意识和无意识的刺激在哪方面相似？在哪方面不同？
18. 在这个实验中，大脑对有意识刺激和无意识刺激的反应在哪些方面有差异？

这里是另一种类型的研究。看图 14.17，将其凑近你的眼睛，近到你的鼻子也碰到纸上，正好在两个圆圈之间。更好的办法是，通过一对圆筒（比如卷筒卫生纸中间的圆筒）看两个部分。你会发现，左眼看到的是红色和黑色竖线，右眼看到的是绿色和黑色的水平线。（闭上一只眼睛，用另一只确认一下两只眼睛看到的是完全不同的模式。）看一个东西与其处在什么位置关系密切，红色竖线不可能和绿色水平线处于同一位置。由于你的脑不能在同一位置知觉两种模式，你的知觉系统就让它们轮流出现。一会儿你看到的是红色和黑色的线，慢慢地，绿色和黑色的线占据了你的意识。然后你的知觉又回到了红色和黑色的线。普通被试对一种模式的知觉会持续 2 秒左右，然后转向另一种模式，但有些被试转移

图 14.17 双眼竞争

如果可能，通过圆筒来看图中的两个部分，比如卷筒卫生纸中间的圆筒。或者将你的鼻子碰到纸上，位于两个部分之间，使你的左眼只看到一个刺激模式，而右眼只看到另一个刺激模式。这两个模式会相互竞争以进入你的意识中，你会知觉到它们是轮流交替出现的。（见彩插）

得或快或慢。有时，你会发现红线处于视野的一部分，绿线处于视野的另一部分。此种转换，被称为**双眼竞争**（binocular rivalry），它们是缓慢而渐进的，从一侧转向另一侧。每只眼睛看到的刺激激发了一个特殊的大脑反应模式，研究者采用 fMRI 或者相似的方法就能够测量到。随着第一种知觉模式消退，逐渐被另一只眼睛看到的刺激所替代，第一种模式的脑活动也在消退，由另一种不同的脑活动模式替代。知觉的每次转换都伴随着脑的大部分区域活动模式的改变（Lee，Blake，& Heeger，2005）。

你刚才体验到的红 – 黑和绿 – 黑模式都是静止的。为了使大脑的反应更容易监测，研究者给一只眼睛呈现一个静止的刺激，给另一只眼睛呈现大小和亮度有规律变化的刺激模式，如图 14.18 所示。然后记录几个脑区的活动。当被试报告意识到变化的刺激时，很多区域出现了明显的以相同节奏震荡的脑活动，如图 14.19 所示。当被试报告意识到静止的刺激时，这种震荡减弱了（Cosmeli et al.，2004）。我们又一次得出结论，一个有意识地刺激强烈地激活了很多脑区，在实质上获得了脑活动的支配权。而没有进入意识层面的相同刺激只能引发较弱的、小范围的脑活动。

停下来检查一下

19. 如何使用fMRI来确定双眼竞争的两个模式中哪一个在给定时刻是有意识的？

意识：一种存在阈限的现象

在双眼竞争中，你可能会在视野的一部分意识到一种刺激模式，在视野的另一部分意识到另一个刺激模式，但是在视野中的每个点都只能见到一种或者另一种刺激模式。这是个一般性的规律吗？还是当你“部分地”意识到一个刺激和部分地意识到另一个刺激时偶尔会出现？意识的出现是分等级的吗？

这不是个容易回答的问题，但有研究表明意识是一个全或无的现象。研究者在屏幕上快速（不到 1 秒）闪现模糊的词语，然后要求被试逐词辨认，如果可能，为自己意识到这个词的程度做 0 到 100 等级的评价。被试对每个词的评价几乎都是 0 或者 100。他们几乎从不说自己部分意识到了什么东西（Sergent & Dehaene，2004）。这些结果表明，意识是一种存在阈限的现象。当一个刺激充分激活了足够的神经元，这种活动就会发生反响震荡，然后扩大化，延伸到很多脑区。如果一个刺激没能

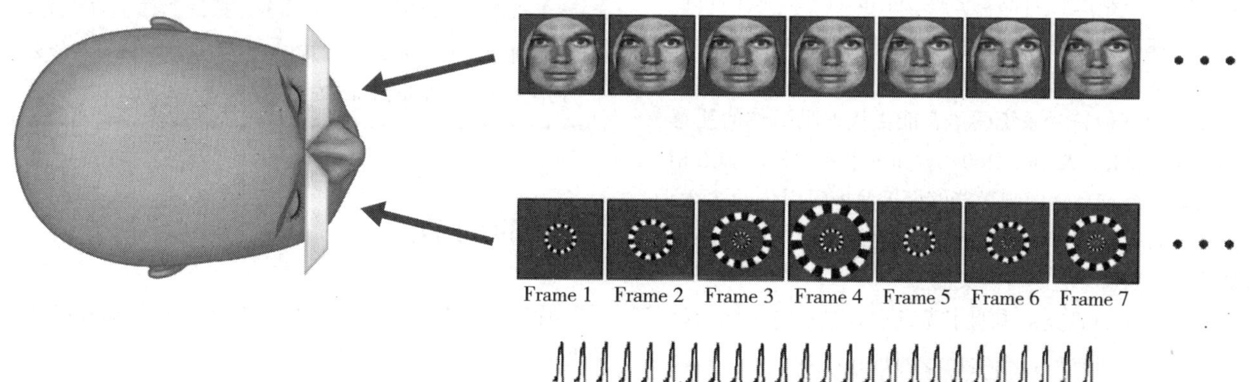

图 14.18 一个双眼竞争研究中的刺激

一只眼看到的刺激模式是静止的。另一只眼看到的则是每秒钟有规则变化数次的刺激模式。然后研究者就可以检测脑活动，以发现神经细胞随着刺激节奏在震荡。（*Reprinted from NeuroImage, 23/1, Cosmelli et al., "Waves of consciousness: Ongoing cortical patterns during binocular rivalry," 128–140, 2004, with permission from Elsevier.*）

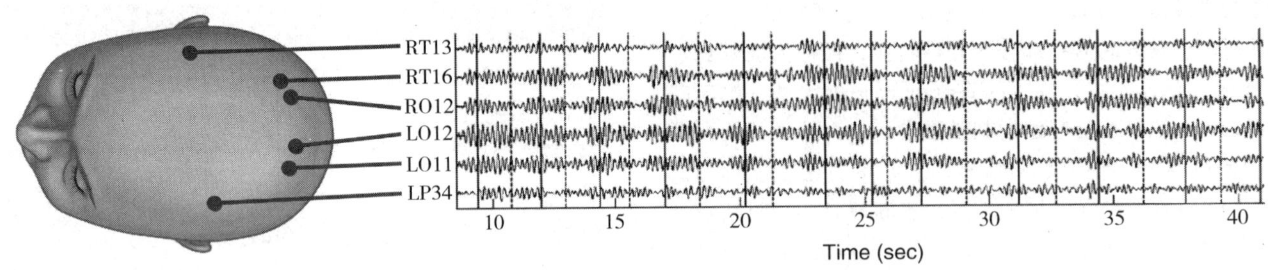

图 14.19 双眼竞争中的脑活动

当被试报告说看到了有规律变化的刺激时，许多脑区的神经元以与刺激相同的节奏激烈震荡。当被试报告说看到了静止的刺激时，大脑这种有节奏的震荡被抑制了。（*Reprinted from NeuroImage, 23/1, Cosmelli et al., "Waves of consciousness: Ongoing cortical patterns during binocular rivalry," 128–140, 2004, with permission from Elsevier.*）

达到这个水平，那么刺激模式就会消退。

不被注意的刺激的命运

再考虑一下双眼竞争现象。当你注意绿黑刺激时，你的大脑并没有完全忽视另一只眼里的红黑刺激信息。如果有一个明亮的刺激突然在那只眼前闪现，它就会吸引你的注意力。更有意思的是，假设有一个词在屏幕上慢慢呈现，你报告何时注意开始转移到之前非注意的那只眼时。新近出现的词会吸引你的注意，使你转移注意力的速度比原来更快。而且，如果这个词来源于你自己的语言，或者就是你自己的名字，它就会比来源于你不理解的其他符号系统的语言能更快地吸引你的注意（Jiang，Costello，& He，2007）。和一个无意义的刺激相比，如果一个有意义的刺激能够更迅速地吸引你的注意，这就意味着在刺激上升到意识层面之前，你的脑就已经以某种方式知道了它是有意义的。

大量其它的研究也表明了无意识刺激对行为的微妙影响。在一个研究中，一个信号闪现在屏幕上，大约持续 50 毫秒或更短的时间，信号周围围绕着干扰刺激，这些干扰信息说明了第二个更容易知觉的刺激出现后，被试通过按手柄作反应就可以赢得的奖金数目。在这些情境下，被试意识不到这个刺激。但是，一般来说，当表示较大数目奖金的信号出现后，被试按手柄的力度更大（Pessiglione et al.，2007）。在另一个研究中，被试用一只眼看一个刺激，用另一只眼看另一个不兼容的刺激（双眼竞争），持续仅半秒钟。在如此的短暂呈现之后，被试几乎都只能对其中的一个刺激作出有意识的报告。但是，如果其中的一个刺激是带有面部表情的人脸，那么即使在他们没有意识到自己看到脸的情形下，被试也做出了情绪性的反应（M. A. Williams，Morris，McGlone，Abbott，& Mattingley，2004）。刺激如图 14.20 所示。结论是很多脑活动是无意识的，但即使是无意识的活动，至少也能以一种微妙的方式影响行为。

停下来检查一下

20. 在双眼竞争中，如果被试意识到了右边的刺激，有什么证据能够表明大脑也在加工左边的刺激？

意识的时程

你能意识到事件发生的每一步吗？看起来好像是没问题的，但如果事件和你对它的意识之间存在时间上的延迟，你怎么会知道？

下面考虑一下 **phi 现象**（phi phenomenon）。知觉研究者很久以前就对这个现象做过表述：如果某位置上有个圆点，在它附近还有个相似的圆点，两者交替轮流出现，对你而言，这个圆点似乎在前后移动。下面我们讨论一个最简单的例子，如果你看到一个圆点从一个位置移到另一个位置：●→●，想象一下都发生了什么。你在

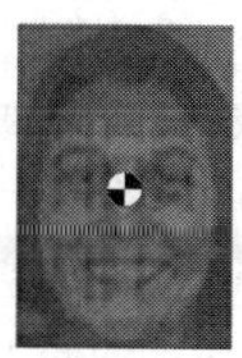
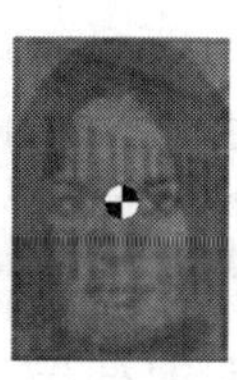
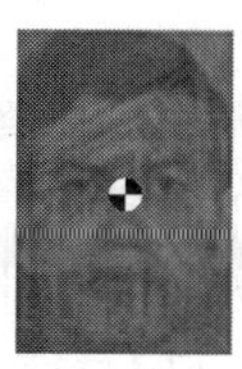
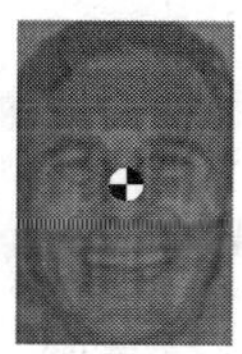

图 14.20 测试杏仁核无意识激活的刺激

被试带上滤光镜，一只眼睛看绿色图片，另一只看红色图片。这里的绿色图片是房屋，红色图片是带有表情的人脸；在其他的试次中，红色和绿色对换。（*Reprinted with permission from "Amygdala responses to fearful and happy facial expressions under conditions of binocular suppression," by M. A. Williams et al., Journal of Neuroscience, 24, 2898–2904. Copyright 2004 by the Society for Neuroscience.*）

一个位置看到一个圆点，你看到它移动，你看到它处于另一个位置。好，但你是什么时候看到它移动的？当你看到它在第一个位置，你不知道它会出现在第二个位置。直到它出现在第二个位置以后，你才能知觉到它在移动。显然，在这个圆点出现在第二个位置后，你才知觉到它是从一个位置移动到另一个位置的！换句话说，第二个位置导致了你对之前事件的知觉发生了改变。

另一个例子：假设你听到一个录制的词语，这个词经过精心处理听起来介于 *dent* 和 *tent* 之间。我们叫它 **ent*。如果你在短语"*ent in the fender"里听到它，你会觉得听起来像 *dent*。如果你在短语"*ent in the forest"里听到它，你会觉得听起来像 tent。也就是说，后面的词语改变了你之前听到的内容（Connine，Blasko，& Hall，1991）。

停下来检查一下

21. Phi现象通过什么方式提示我们：一个新刺激有时候会改变我们对前面刺激的意识。

忽 视

有时，个体对自己的身体或者外界环境的知觉是不准确的。这些现象本身就十分有趣，而这些现象与意识和注意之间存在的潜在联系也很有意思。

很多右半球部分损伤的患者普遍表现出一种**空间忽视**（spatial neglect），即忽视左侧躯体或物体的倾向。（左半球损伤很少会导致对右侧的明显忽视。）他们一般也会忽视很多左耳听到的和左手感知到的内容，尤其是在右手同时触摸物体的时候。他们可能穿衣服只穿右半边。但所有这些结果变异很大。有的患者可能在一种情境中表现出忽视，而在另一种情境中就没有；或者在某个时候会表现出忽视，而在另一个时间段就没有（Buxbaum，2006）。忽视的类型是由脑损伤的位置决定的。右顶叶下部受损的患者倾向于忽视自己身体左侧的一切。颞叶上部受损的患者会忽视左侧的客体，无论这些客体位于何处（Hillis，et al.，2005）。

如果要他们指出"正前方"，大部分忽视症患者会指向中心偏右的方向。如果给忽视症患者呈现一条较长的水平线，让他们从中间分割，他们一般会在中心偏右的地方选一个点，似乎左边的部分根本不存在一样（Richard，Honoré，Bernati，& Rousseaux，2004）。

正常被试一般找不准水平线的中心点，他们会向中心的左侧偏移 2% 到 3%。同样的，如果要求他们对某件事情从左往右做等级评定，他们也会倾向于表现出轻度的左侧偏好（Nicholls，Orr，Okubo，& Loftus，2006）。举个例子，在回答下面有关政治观点的问题时，大部分被试对第一个问题的评价要比第二个稍加保守。

1. 在下面的量表上评价你的政治观点：

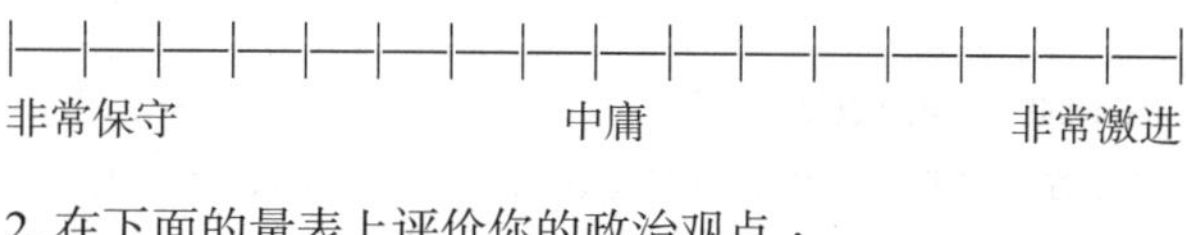

2. 在下面的量表上评价你的政治观点：

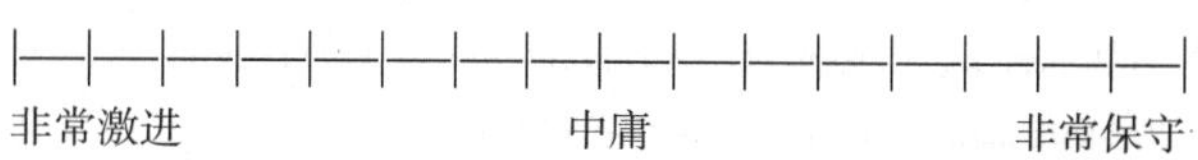

你可以试试下面的小实验。试着标出下面这条直线的中心。然后量一量看看你标注的点离中心有多远。大部分人会稍微偏左一些。有趣的是，受过大量音乐训练的人标注的中心点一般离真正的中心很近，误差不超过1%（Pastston，Corballis，Hogg，& Trippet，2006）。

一些忽视症患者在估计数字区间的中点时，也会表现出偏差。举个例子，11 到 19 的一半是多少？当然，正确的答案是 15，但是有些忽视症患者会说 17。显然，他们减去了小一些的数字，就好像这些数字在左侧一样（Doricchi，Guariglia，Gasparini，& Tomaiuolo，2005；Zorzi，Priftis，& Umiltà，2002）。至少在西方社会，很多人将数字看成是一条伸向右侧的线，就像图表中的 x 轴。

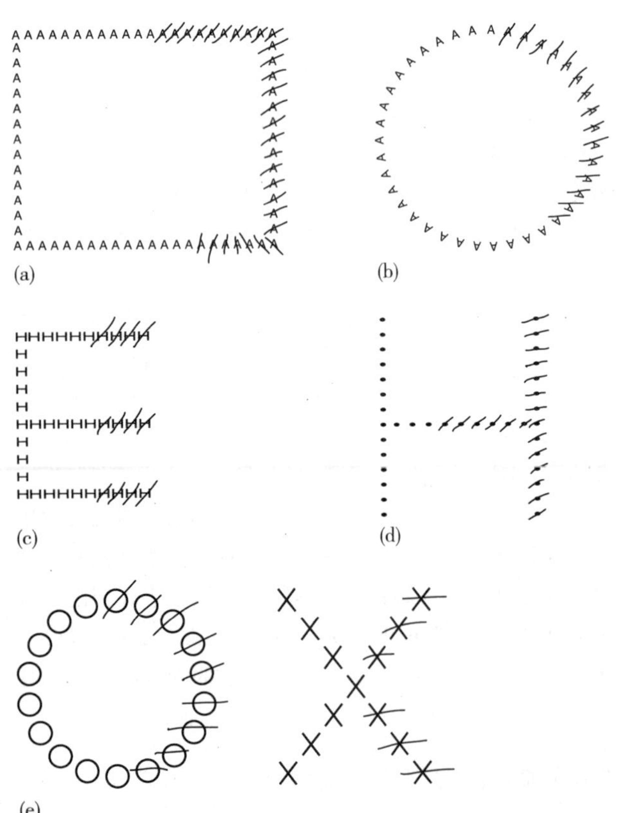

图 14.21　空间忽视

忽视左侧的病人能够识别整体轮廓如 E、O 和 X，说明她能看到整个图形。但是，当要求她划掉组成元素时，她只能划掉右侧的部分。（*From J. C. Marshall and P. W. Halligan, "Seeing the forest but only half the trees?" Nature, 373, pp. 521–523, Fig. 1 [parts (c) and (e)]. © 1995 Nature.*）

空间忽视源于很多缺陷，这些缺陷因人而异，但在很多案例中，主要问题在于注意而非知觉受损。给病人呈现一个由若干小 H 组成的字母 E，如图 14.21（c）所示。她将其辨认为由若干小 H 组成的大 E，这说明她看到了全貌。但让她划掉所有的 H，她却只划掉了右边的字母。当给她呈现如图 14.21（e）所示的图形时，她将其辨认为由若干小 O 组成的大 O，和由若干小 X 组成的大 X。同样的，她能看到两个图的两边，但是当让其划掉所有元素时，她却只划掉右侧的部分。研究者总结道，她可以看到整个森林，却只能看到一半的树木（Marshall & Halligan，1995）。

有些方法能够提高被试对被忽视半边的注意。首先，简单告诉被试要注意左侧会有暂时性的帮助。而让被试往左看的同时让其用左手触摸一个物体（Vaishnavi，Calhoun，& Chatterjee，2001），或者听来自左侧的声音（Frassinetii，Pavani，& Làdavas，2002）也会有同样的效果。相似的方法对于没有损伤的个体也适用。想象一下，你的眼睛直视前方，一个实验者在右侧和右侧闪现刺激。你的任务是识别与刺激相关的特征，比如它是在屏幕的上半部还是下半部。如果有人刚好在一个视觉刺激呈现之前碰了你一下，而被触碰的那一侧与视觉刺激的出现位于同侧，那么你的反应速度就会更快一点（Kennett，

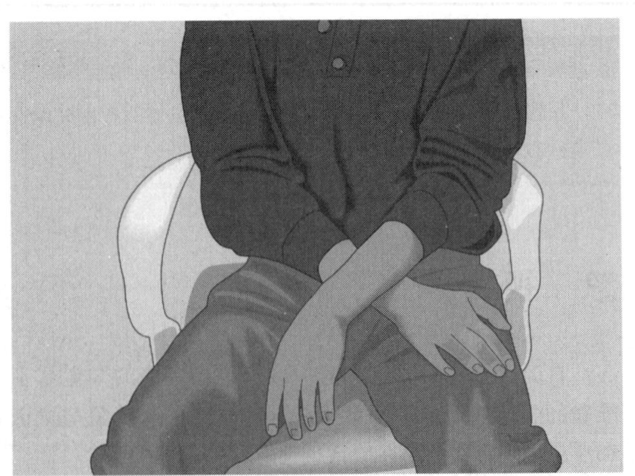

图 14.22　减轻感觉忽视的简单方法

一般来说，右顶叶损伤的个体会忽视左臂。但是如果左臂交叉或者压到右臂下面，被试对左臂的注意就会增加。

Eimer，Spence，& Driver，2001）。也就是说，一个触碰刺激短暂提高了对身体一侧或另一侧的注意。

另一种操纵也可以将忽视症患者的注意力引向左侧。举个例子，一些忽视症患者报告说用左手什么也感觉不到，尤其是当右手同时也在感知其他物品时。但是如果你将两手交叉，如图 14.22 所示，被试更有可能报告感受到了现在位于身体右侧的左手（Aglioti，Smania，& Peru）。相似的，被试通常指认左视野的东西有困难，但是如果让手离左侧足够远，被试可以将其移到右侧来指认物体，成功率就会高一些（Mattingley，Husain，Rorden，Kennard，& Driver，1998）。我们再一次得出结论，忽视不是由于知觉丧失，而是将注意引向左侧有困难。

许多忽视症患者也存在空间工作记忆的缺陷（Malhotra et al.，2005），以及转移注意的缺陷，即使与位置无关。举个例子，给某患者先后听两个声音，除非声音呈现的时间间隔足够长，否则他无法辨认先听到的是哪个声音（Cusack，Carlyon，& Robertson，2000）。简而言之，与忽视有关的问题涉及多种注意类型，而不仅仅是左侧这个维度。

停下来检查一下

22. 有什么证据表明空间忽视是注意出现了问题，而非仅仅是知觉因素。
23. 提高空间忽视患者对左侧的注意都有哪些方法或程序？

模块 14.3 结 语

注意到注意状态与意识到意识过程

在 20 世纪 70 年代之前，许多心理学研究者，尤其是那些研究大鼠学习的研究者，认为注意这个概念根本没有用。今天，注意这个概念在认知心理学中已经被很好地建立起来，但意识的概念却仍然处于试验性的状态。这个领域的研究很难进行，因为我们无法观察到意识本身，没有被试的报告我们就无法了解意识。科学家对自我报告持有合理的质疑。但我仍然希望这个模块能使你相信，有关意识的研究既不是不可能的，也不是没意义的。技术的进步使我们可以完成从前无法完成的研究。未来的研究方法还会带来更多的可能性。

总 结

1. 注意一个刺激与意识到它几乎是同义的。各种刺激相互竞争吸引注意或进入意识层面。
2. 我们可以有意识地将注意引向一个刺激。
3. 当个体意识到一个刺激的时候，对该刺激的表征会在大脑的大部分区域蔓延开来。
4. 被试几乎从不说自己部分地意识到了什么。这可能是因为意识是一种存在阈限的现象：我们能够意识到那些超越脑活动特定水平的刺激，而其它的事件我们则意识不到。
5. 许多刺激在无意识层次影响我们的行为。甚至在一个刺激进入意识层面之前，大脑加工的信息就足以辨明这个刺激有无意义。
6. 我们并不总是能够在事件发生的那一刻就马上意识到。有时候，后面发生的事件会修正我们对之前刺激的有意识知觉。
7. 右半球部分受损会导致对左侧躯体或左侧客体的空间忽视。
8. 忽视源于注意缺陷，而非知觉受损。举个例子，忽视症患者能够看到整个字母，甚至能够说出它是什么，但是要求其划掉组成这个字母的所有元素时，同一个患者会忽视左半边的信息。
9. 知觉忽视的患者也存在工作记忆方面的问题；另外，他们将注意从一个刺激转移到另一刺激也有困难，甚至当刺激并没有从左向右变化时，这种困难也存在。

关键术语

意 识 463
不注意视盲 463
双眼竞争 465
phi 现象 466
空间忽视 467

思考题

意识的操作定义只适用于这些个体：他们愿意并且能够报告自己意识到了一些事件，而没有意识到其它的事件。采用这个定义的研究已经确定了与意识相关的特定脑区。现在，我们能否利用这些相关的脑区来推论新生儿、脑损伤患者或者非人动物是否存有意识状态？

停下来检查一下答案

17. 有意识和无意识刺激在物理特征上是相同的（都是一个词语在屏幕上闪现 29 毫秒）。不同之处在于，如果在一个刺激的前后呈现的都是干扰模式，这个刺激就不会出现在意识中。
18. 如果一个刺激出现在意识之中，它会和无意识刺激一样激活相同的脑区，但是激活要更强烈，然后脑活动扩散到其它脑区。同样的，当刺激出现在意识中时，大脑的反应就会同步化。
19. 让一个刺激按照给定的节奏进行变化，然后寻找以该节奏震荡的脑区。当该刺激模式处于意识层次时，这种节奏会支配大范围的脑区。
20. 如果一个刺激逐渐出现在左侧，当刺激是一个有意义的词语时，注意转换到左侧的速度比刺激是一个不熟悉语言中的词语时更快。
21. 当被试先看到左边的圆点，再看到右边的圆点时，他会知觉到这个圆点在从左边移到右边。这种被知觉到的移动本应该是在被试看到右边的圆点之前发生的，但是直到圆点出现在右边之后，被试才有理由作出这种移动的推断。
22. 当忽视症患者看到由小字母组成的大字母时，他或她能够辨认出大字母，但是当要求他们将所有小字母都划掉时，他们会忽视其中的一部分。当左手与右手交叉时，忽视左手的患者也能注意到左手。
23. 简单告诉被试注意左侧的客体有时候会有暂时的帮助。让被试在感受左侧物品的时候看左侧会提高他们对感受到物品的注意。将左手交叉到右侧会提高他们对左手的注意。将一只手远离左侧会使被试更容易指认左视野中的客体，这是因为这只手会移到右侧去指认客体。

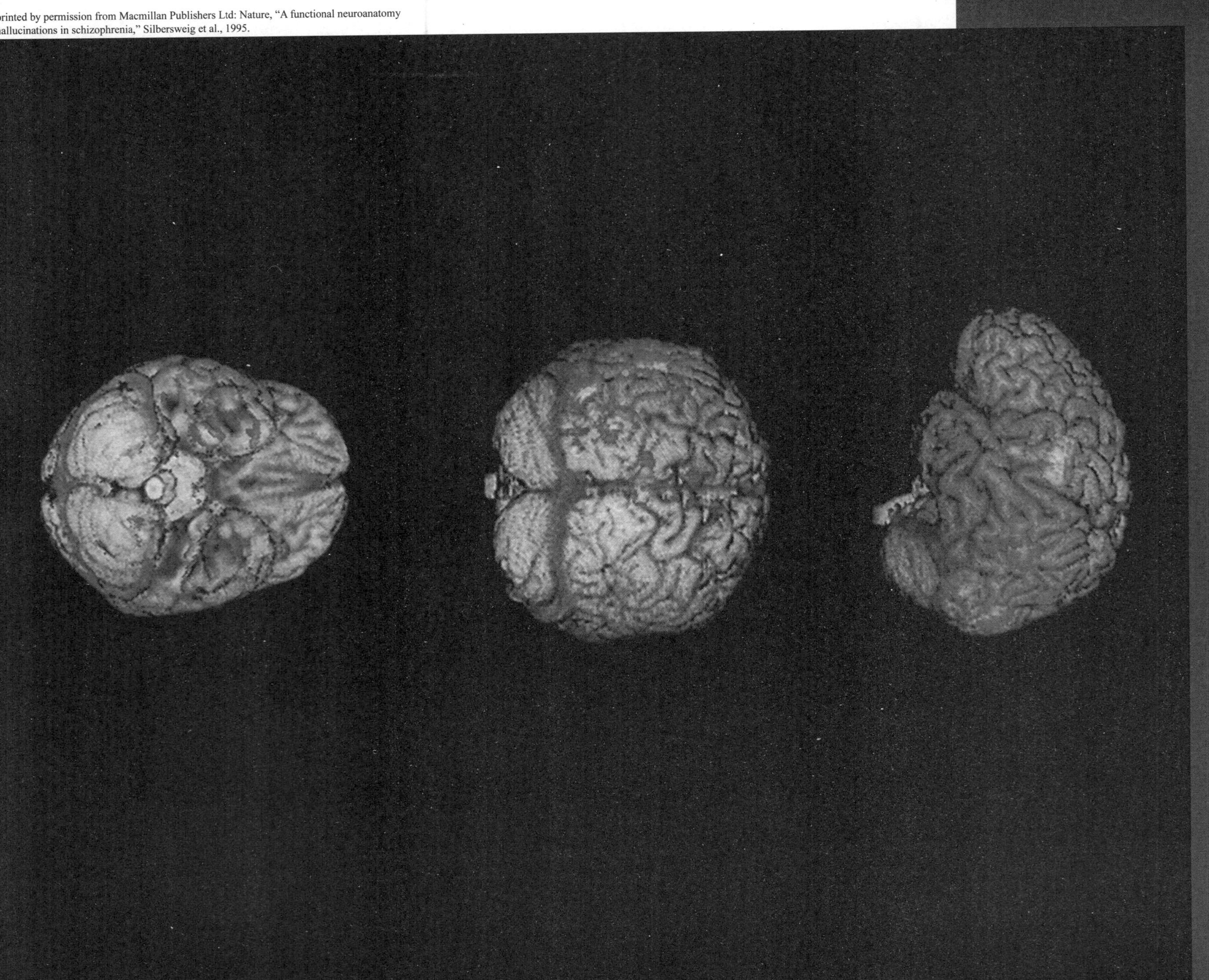

情感障碍和精神分裂症

15

本章大纲

（左图图释）精神分裂症患者在出现视听幻觉时，其大脑PET扫描图显示出异常的激活状态。

主要内容

1. 心理障碍是环境和包括遗传基因在内的生物因素共同作用的结果。
2. 特定药物的作用揭示了神经递质异常与抑郁症和精神分裂症之间存在一定的关系。然而，人们对此认识尚存在很大的理论争议。
3. 精神分裂症可能是由遗传或大脑早期发育过程中的一些损伤和问题所导致的。

心理疾病是类似于肺结核或流行感冒之类真正意义上的疾病吗？还是对异常体验的正常反应？确切地说都不是。它们是生物学倾向和经验相结合的结果，为了控制疾病，我们需要对两方面都有很好的理解。

在本章，我们强调的是心理疾病的生物学成分，毕竟这本书的题目是《生物心理学》。但是这并不意味着其他影响因素不重要。

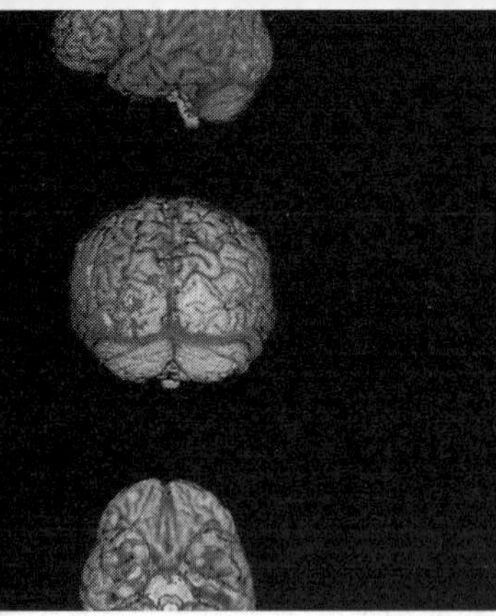

模块 15.1

情感障碍

不同的人可以通过不同的路线到达相同的地方。比如，人们在不同时间从不同城市，或者同一城市的不同地方，用不同的方式出行，但他们的目的地是相同的。同样，人们会因为不同的原因变得抑郁，包括基因、创伤体验、内分泌问题、物质滥用、大脑损伤、脑部肿瘤和其他疾病。尽管源于不同原因或多种原因的综合作用，但这些人的外表和行为都表现出抑郁（图 15.1）。在本模块中，我们会介绍很多可能导致抑郁的原因。

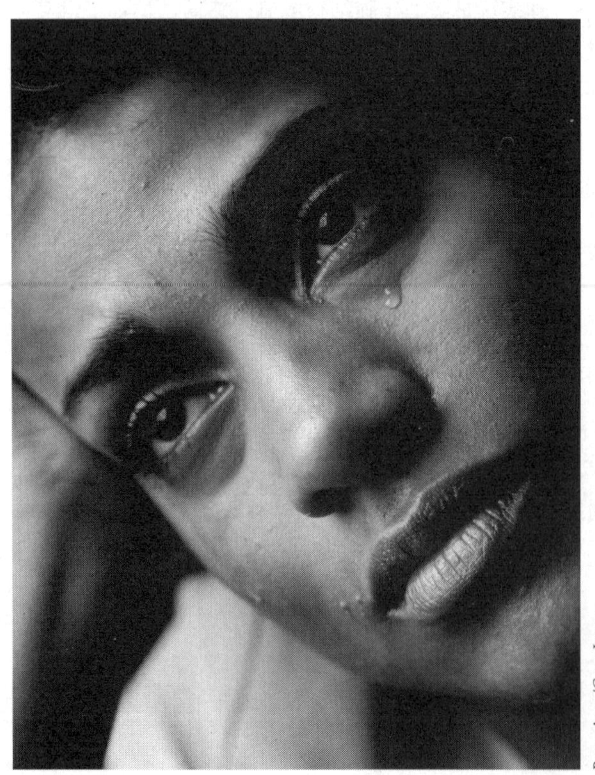

Bruce Ayers/Getty Images

图 15.1　抑郁的脸

抑郁会表现在人的面部表情、走路、声音和言谈举止上。

重度抑郁症

几乎每个人都会在某些时候感觉失落、气馁和倦怠。**重度抑郁症**（major depression）是一种更加强烈和持续的体验。根据 DSM-IV（美国精神疾病协会，1994），患抑郁症的人都会感觉失落和无助。他们没有一点精力，不能集中注意力，感觉不到一点快感，几乎不能再快乐起来，甚至于不能够再想象快乐的感觉。

实际上，相比于失落，快乐感的缺失是抑郁症更加典型的症状。在一项研究中，被试携带一个不定时响起的传呼机，提示他们描述自己当时的情绪体验。抑郁的被试报告不愉快体验的次数接近常模水平，但报告愉快体验的次数远低于常模水平（Peters，Nicolson，Berkhof，Delespaul，& de Vries，2003）。在另外两项研究中，给被试呈现图片或播放电影，同时研究者用大脑扫描仪来记录他们的反应。行为和脑活动都表明，抑郁症个体像其他人那样表现出失落或害怕，但是在观看喜剧片或开心的图片时不能像其他人一样真正地开怀大笑（Rottenberg，Kasch，Gross，& Gotlib，2002；Sloan，Strauss，& Wisner，2001）。另一项研究发现，抑郁症患者表现出更多的恐惧表情，同时表现出的愉快表情却越来越少（Monk et al.，2008）。

罹患重度抑郁症的女性是男性的两倍，可发生在任何年龄，但是儿童相对少见。一项调查报告显示，在特定的年龄阶段，大约 5% 的美国成人有“临床显著性”（也就是相当严重的）抑郁（Narrow，Rae，Robins，& Regier，2002）。在人的一生中，大于 10% 的人曾遭受重度抑郁的困扰。

抑郁症的发生呈片段性，持续时间不同。换句话说，没有人会永远抑郁，甚至不用治疗，大多数人最终也会感觉好转。但是也许会再次发作。大多数患者能确切指出引发他们第一次抑郁的高度压力事件。然而，再次发作却很少伴随特别的诱发事件（Post，1992）。就好像大脑学会了如何变得抑郁和如何好转一样。

遗传和生活事件

双胞胎和收养研究表明，抑郁症有中等程度的遗传（Q. Fu et al.，2002；Wender et al.，1986）。然而，抑郁症的基因不是特异性的。某个人的近亲中如果有抑郁症患者，他就更有可能患抑郁症，同时还可能有焦虑障碍、注意缺陷障碍、酒精或大麻滥用、强迫症、神经性贪食症、偏头痛、肠道易激综合症和其他情况（Q. Fu et al.，2002；Hudson et al.，2003）。

患抑郁症的风险在早期发病（30 岁前发病）的女性病人家属中特别高（Bierut et al.，1999；Kendler，Gardner，& Prescott，1999；Lyons et al.，1998）。相比之下，酗酒在早发的男性病人家属中患病风险最高（见第 3 章）。

目前已经发现有一些基因与抑郁症有关（Pezawas et al.，2005；X. Zhang，Gainetdinov，et al.，2005），然而这些基因的作用在不同研究中有不同的结论。研究者开始考察基因依赖人们经验起作用的可能性。一个基因控制 5- 羟色胺转运体蛋白质，这种蛋白质的作用是调节轴突在释放 5- 羟色胺之后进行重吸收，使之再循环利用。研究者分析了 847 个被试的 5- 羟色胺转运体基因，区分出了两种类型："短"型的和"长"型的。他们还要求每位抑郁症患者记录从 21 岁到 26 岁的高度压力事件，这些事件包括经济危机、工作的变动或搬迁、离婚等等。图 15.2 显示了结果。那些有两个短型基因的人，压力事件数目的增加会导致患抑郁症的可能性大大增加。对那些有两个长型基因的患者，压力事件几乎不增加患抑郁症的风险。而那些拥有一个长型基因和一个短型基因的人介于中间。换句话说，短型基因自身不会导致抑郁，一系列压力事件也不会导致抑郁，而两者结合就危险了（Caspi et al.，2003）。

另一项研究认为，短型和长型基因与童年经历有关。研究者让一些年轻的健康成年人（未诊断有抑郁）填写关于抑郁症状的问卷。平均来看，那些有短型 5- 羟色胺转运体基因并有压力经历（童年早期或最近）的被试报告了高于常模的抑郁症状。然而那些携带相同基因、但是有持续社会支持的被试报告了低于常模的抑郁症状（S. E. Taylor et al.，2006）。由此可知，短型基因并不是"抑郁症的基因"，它更像是一个"对环境影响敏感"的基因。一个携带该基因的人在面对压力事件时会出问题，但是在一个更积极的环境中会成功应对。

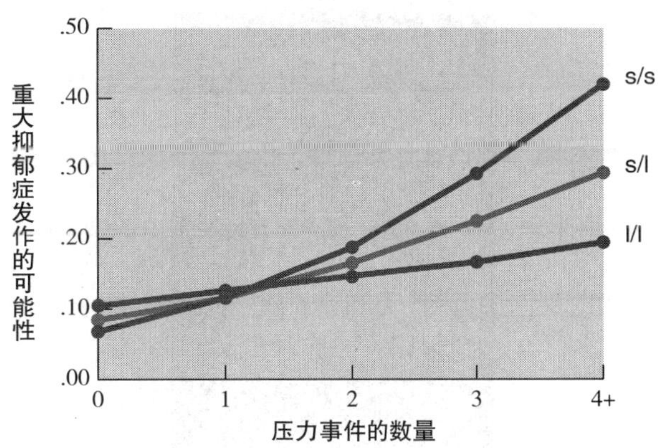

图 15.2 遗传、压力和抑郁

抑郁症患病的增加率和近 5 年经历的压力事件之间的相关性。增加率取决于患者的基因类型。（*Reprinted with permission from A. Caspi, et al., "Infl uence of life stress on depression: Moderation by a polymorphism in the 5-HTT gene," Science, 301, pp. 386–389. © 2003 AAAS.*）

人们还发现其他的基因也会增加患抑郁症的风险，但是主要发生在那些幼年被虐待和被忽视的人身上（Bradley et al.，2008；Haeffel et al.，2008）。在精神健康领域，这可能是一种典型的模式，即基因的影响依赖于环境（Moffitt，Caspi，& Rutter，2006）。

停下来检查一下

1. 抑郁症和控制5–羟色胺转运的蛋白质基因之间有何关联？

非遗传作用的生物学影响

遗传因素从一个方面解释了为什么一些人更容易患抑郁症，但是其他因素也会导致抑郁症的发生。

少数抑郁症的例子牵涉到病毒性感染。Borna 病，一种源于农场动物的病毒性感染，会导致间歇性狂乱行为（图 15.3）。1985 年，研究者测试了 370 名有可能接触过该病毒的被试，其中只有 12 名被试的测试结果是 Borna 病毒阳性，但是所有这 12 名被试都是重症抑郁症或双向

图 15.3 Borna 病的症状

动物在患 Borna 病之后会出现间歇性狂乱行为，类似人罹患双相情感障碍。（上图）患有 Borna 病的马；（下图）该马处于康复期。（*Figure 2, p. 174, from Bode L., and Ludwig H., (1997). "Clinical similarities and close genetic relationship of human and animal Borna disease virus." Archives of Virology (Supplement 13), 167–182. Springer-Verlag. Photo scan by Kevin J. Nolte.*）

情感障碍。这 12 名被试虽然只占 265 名参加测试的抑郁症患者中很小的比例；但是另外 105 名不抑郁的被试中没有一个携带 Borna 病毒。

自此之后，在欧洲、亚洲和北美有成千上万的人接受了该项测试。大概有 2% 的正常人、30% 的重度抑郁症患者和 13%~14% 的慢性大脑疾病被试被发现携带 Borna 病毒（Bode，Ferszt，& Czech，1993；Bode，Riegel，Lange，& Ludwig，1992；Terayama et al.，2003）。Borna 病毒除了见于抑郁症患者中，也见于其他精神疾病的患者中（Herzog et al.，1997）。这种病毒不是常见的抑郁症发病原因，但是它证明了这样一个事实，即许多不同原因会导致相似的行为结果。

生小孩偶尔也会引发抑郁。大约有 20% 的女性报告说有不同程度的**产后抑郁**（postpartum depression），即在分娩后发生的抑郁。大多数的女性不需要治疗很快就会恢复，但是大约有 0.1% 的人发展为严重且持续时间较长的抑郁症（Hopkins，Marcus，& Campbell，1984）。产后抑郁更常见于那些曾经罹患过重症抑郁的女性（M. Bloch，Rotenberg，Koren，& Klein，2005）。

一项研究发现，当药物所致的雌二醇和黄体酮水平降低之后，部分有产后抑郁症病史的女性突然表现出一些新的抑郁症状，而其他女性则不会（M.Bloch et al.，2000）。这就意味着某些女性比其他人更容易抑郁，而激素的变化可能诱发易感女性出现抑郁症状。在老年男性当中，睾丸激素水平的下降与抑郁症发作有关（Almeida，Yeap，Hankey，Jamrozik，& Flicker，2008）。

大脑半球优势的异常

对正常人的研究发现，愉快情绪和左侧前额叶活动增加之间有着相当紧密的联系（Jacobs & Snyder，1996）。大多数患抑郁症的人左侧前额叶的活动减少，右侧前额叶活动增加（Dabidson，1984；Pizzagalli et al.，2002）。你可以试试下面的测试：让某个人解决一个认知问题，比如，“看看你能想出多少个以 bu 开头的词。”然后不经意地观察这个人的眼睛运动，看看他们是注视左侧还是右侧。大多数人在词汇任务期间是注视着右侧的，但是抑郁症患者中的大多数是注视左侧的，这表明他们的右侧大脑半球占优势（Lenhart & Katkin，1986）。

停下来检查一下

2. 有些人可以提供相关训练帮助你开发右脑功能来增强你的创造能力。如果成功的话，你认为将会带来什么弊端？

抗抑郁药物

你可能会认为，研究者首先确定某种心理疾病的病因，然后在此基础上研究治疗方案。但是相反的顺序更为常见：首先研究者发现一种药物或其他似乎有帮助的治疗方法，然后他们试着找出这些方法是如何起作用的。就像很多其他精神药物一样，早期抗抑郁药物是被意外发现的。

应用和扩展

精神药物的意外发现

几乎所有早期的精神药物都是意外发现的，例如双硫仑最早是应用于橡胶制造的，有人注意到在某些橡胶厂里的工人会有意避开酒精，究其原因就是双硫仑。这种物质影响了工人的代谢水平，因此他们喝了酒之后会生病。双硫仑现在被开发为药物戒酒硫，作为想要戒酒者的处方药。

利用溴化物来控制癫痫源于一个错误的理论（Friedlander，1986；Levitt，1975）。19 世纪初期，很多人认为手淫会引起癫痫，而溴化物会降低性冲动，因此他们得出结论认为溴化物可能减少癫痫发作，后来证实溴化物缓解癫痫是由于其他原因。

异丙烟肼，历史上的第一种抗抑郁药，起初是用来治疗结核的，直到精神科医生发现它能缓解抑郁。如氯丙嗪，历史上的第一种抗精神病药物，起初是用于其他目的，直到精神科医生发现它有缓解精神分裂症的作用。几十年来，研究者完全靠尝试错误来寻找新药。如今，研究者通过试管或组织样本实验来评价药物的作用，直到找到某种更强或更具有特异性的神经递质药物，其结果是可以减少在实验中使用动物。

抗抑郁药物的种类 已知的抗抑郁药物可分为四种主要类别：三环类、选择性 5- 羟色胺再摄取抑制剂、单胺氧化酶抑制剂和非典型抗抑郁药（图 15.4）。**三环类药物**（tricyclics）（例如：丙咪嗪）可以抑制神经元对释放到突触间隙的 5- 羟色胺、多巴胺、去甲肾上腺素的重吸收，通过此作用延长神经递质在突触间隙中的时间。然而，

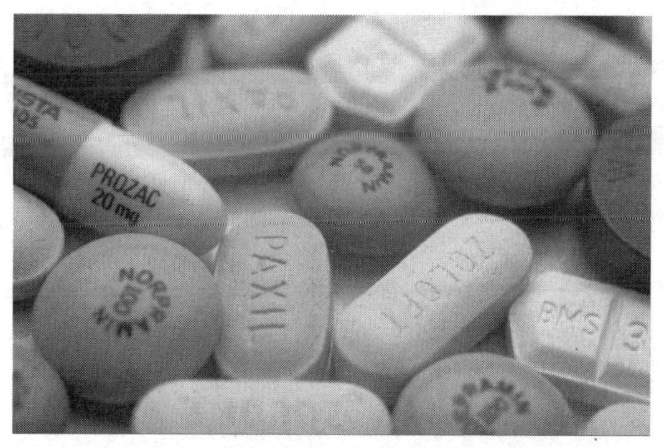

© Jonathan Nourok/PhotoEdit

图 15.4 抗抑郁药
三环类抗抑郁药阻断突触前膜对儿茶酚胺类和 5– 羟色胺的再摄取。选择性 5– 羟色胺再摄取抑制剂，如百忧解作用相对较弱，但只针对 5– 羟色胺再摄取抑制。MAOIs 通过抑制儿茶酚胺降解和抑制 5– 羟色胺的酶来发挥作用。

三环类药物同时也抑制了组胺受体、乙酰胆碱受体和特定的钠通道（Horst & Preskorn，1998）。如第 9 章提到的，抑制组胺会产生困倦，抑制乙酰胆碱会导致口渴和排尿困难，抑制钠通道会引起心动过速。人们为了尽可能减少这些副作用只能限制三环类药物的使用。

选择性 5– 羟色胺再摄取抑制剂（selective serotonin reuptake inhibitors，SSRIs）与三环类很相似，但只是特定的针对 5- 羟色胺的神经递质。举个例子，氟西汀（商品名百忧解）抑制 5- 羟色胺的再摄取。SSRIs 产生的副作用比三环类药物要轻微，但是它们的效果差不多。其他常见的 SSRIs 包括舍曲林、氟伏沙明、西酞普兰和帕罗西汀。

单胺氧化酶抑制剂（monoamine oxidase inhibitors，MAOIs）抑制单胺氧化酶（MAO），当单胺氧化酶抑制剂抑制这个酶时，突触前膜末端会产生更多的可用于释放的递质。一般情况，医师会首先开三环类或 SSRIs 类药物，然后再给对此类药物不起反应的病人尝试用 MAOIs。患者服用 MAOIs 时必须避免含有酪胺的食物（包括奶酪、葡萄干和很多其他食物）。因为酪胺和 MAOIs 的结合会使血压增高。图 15.5 总结了三环类、SSRIs 和 MAOIs 的作用机制。

非典型的抗抑郁药（atypical antidepressants）是除了上面讨论过的三种药物以外所有其他的抗抑郁药（Horst

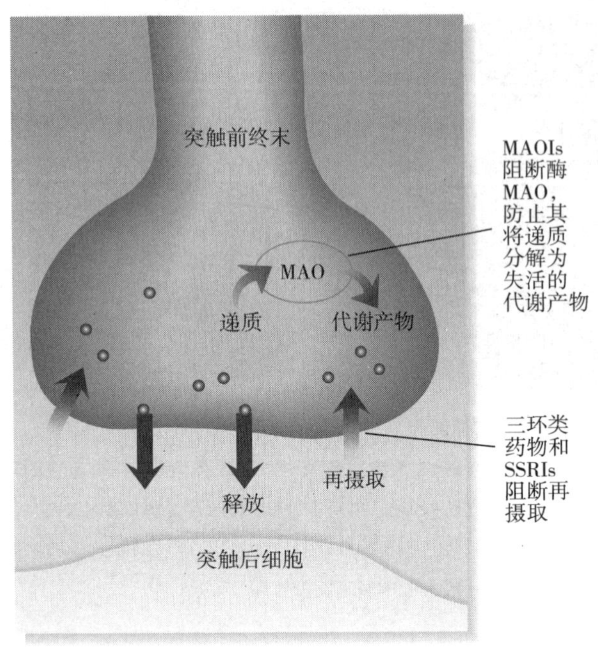

图 15.5 抗抑郁药的作用通道

三环类阻断多巴胺、去甲肾上腺素和 5- 羟色胺的再摄取。SSRIs 特异性阻断 5- 羟色胺的再摄取。MAOIs 通过抑制多巴胺、去甲肾上腺素和 5- 羟色胺的 MAO 降解来发挥作用。非典型的抗抑郁药还有其他的作用机制。

& Preskorn，1998）。典型代表是安非拉酮，它抑制多巴胺和部分去甲肾上腺素的再摄取而不是 5- 羟色胺。

另外，很多人在服用小连翘属植物，这是一种药草。由于它被标识为一种营养补品而不是一种药物，因此美国食品和药物管理局没有对其监管，结果导致每瓶的纯度都不一样。与抗抑郁药相比，它的优势是更加便宜，无需开处方就可得到。这是优点还是缺点取决于个人的观点。人们可以容易地得到它，但是却经常用错剂量。很明显，它的作用机理与 SSRIs 是一样的，但它比 SSRIs 更有效、或者疗效一样，或是不如 SSRIs 有效，这就取决于你所相信的理论了（Linde，Berner，Egger，& Mulrow，2005）。尽管如此，它还是有潜在的危险副作用。所有哺乳动物的肝脏都有一种可以分解植物毒素的化学酶，而小连翘属植物可以增强这种酶的分解作用。这听起来似乎是一件好事，但是这种酶同样会分解大部分的药物。因此，服用小连翘属植物会降低你服用的其他药物的疗效，包括其他的抗抑郁药、癌症药、AIDS 药，甚至是避孕药（Moore et al.，2000）。

停下来检查一下

3. 三环类药物的作用机制是什么？
4. SSRIs的作用机制是什么？
5. MAOIs的作用机制是什么？

抗抑郁药的疗效

抗抑郁药的所有疗效可以被描述为“不明显”。大部分人服用抗抑郁药后病情确有好转。尽管如此，抑郁症仍会不定期发作。更确切地说，大部分人甚至不需要治疗也会康复。因此，研究者们需要对服用抗抑郁药而病情好转的患者人数与在同时期服用安慰剂而病情好转的患者人数进行比较。大部分研究发现，约超过一半的患者在服用抗抑郁药的数周内都表现出良好的反应。大约同样比例的患者，在经过认知行为或人际心理治疗后也表现出相似的病情好转。尽管如此，大约 30% 的患者在服用安慰剂或进行心理动力（弗洛伊德学派）治疗后病情好转，后者并不比安慰剂疗效好（Hollon，Thase & Markowitz，2002.）。图 15.6 对这些结果进行了总结。抗抑郁药和心理疗法的联合治疗效果比单独采用一种疗法要略好（Thase et al.，1997）。抗抑郁药和心理疗法在疗

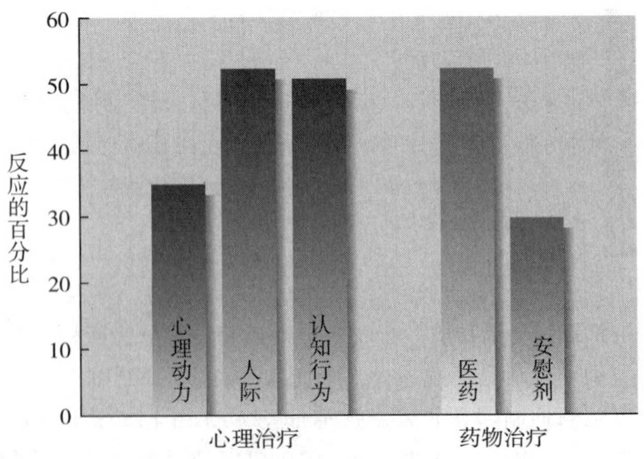

图 15.6 对不同抗抑郁疗法有效的人数比例

仅仅超过一半的人在数周内对抗抑郁药或心理疗法反应良好，而许多患者无需治疗就会病情好转。

效上的重叠可能比我们预想的要大。大脑扫描显示抗抑郁药和心理疗法会促进同一大脑区域的新陈代谢（Brody et al.，2001；S. D. Martin et al.，2001）。如果我们接受心身合一的观点，我们就不应该对这种相似性感到十分惊讶。如果心理活动和大脑活动是一回事的话，改变某人的想法就应该会使大脑的化学特性发生变化。

简而言之，大约 30% 的患者在没有治疗或只服用安慰剂的数周内病情发生好转。大约 20% 的患者对抗抑郁药或心理效法反应良好，略高于此比例的患者对抗抑郁药和心理效法的联合治疗反应良好，剩余的患者对任何一种疗法都反应不良。反应良好的患者人数比例不会因为服用不同的抗抑郁药而发生显著变化（Thase et al.，2005）。在某些情况下，对一种药物反应不良的患者在服用另一种药物数周后病情确有好转（Rush et al.，2006；Trivedi et al。2006）。尽管如此，我们不知道在对新药物真正反应良好的人当中，会有多少人认为先前的药物治疗纯粹是一种浪费。

其他的分析结果发现，对于患有轻微抑郁症的人来说，抗抑郁药的疗效比安慰剂略好。对于患有严重抑郁症的人来说，抗抑郁药的疗效比安慰剂更为显著，如图 15.7（Kirsch et al.，2008）所示。甚至在抑郁症的最严重阶段，只有抗抑郁药对一些患者有效，这可能是药物穿越脑血屏障的变异能力所造成的。对于在童年早期受过虐待、忽视、或者其他精神创伤的患者来说，抗抑郁药基本上是无效的。这些患者通常对心理疗法的反应更加良好（Nemeroff et al.，2003）。

对于儿童和青少年来说，抗抑郁药的使用是有争议的。大部分研究发现，抗抑郁药对儿童和青少年基本上是无效的，甚至有时会增强自杀的念头（Jureidini et al.，2004；Weisz，McCarty & Valeri，2006）。为了回应这些报道，美国和欧洲的许多精神病医师停止了给年轻人开抗抑郁药。尽管如此，抗抑郁药减少之后，青少年的自杀率仍在上升，有人将此归结为没有充分重视青少年的抑郁症（Gibbons et al.，2007）。

停下来检查一下

6. 患者服用抗抑郁药或安慰剂显示的改善随抑郁的严重程度有何变化？

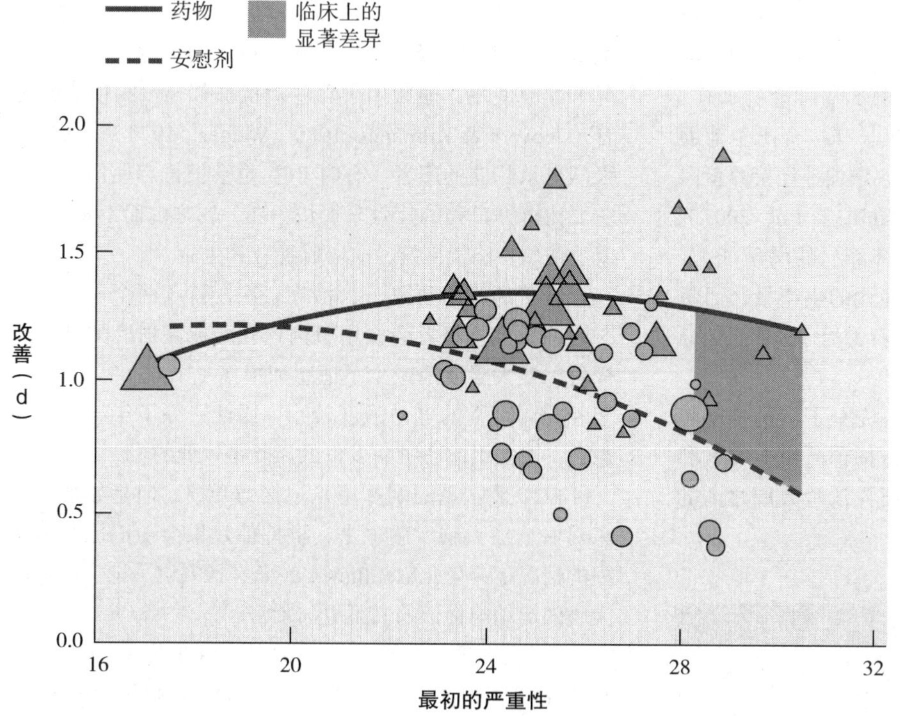

图 15.7 通过服用抗抑郁药或安慰剂而抑郁有所减轻的人数比例

对于严重的抑郁症患者来说，抗抑郁药和安慰剂的疗效相差最大，主要是因为单独服用安慰剂是最不可能改善病情的。三角形代表服用抗抑郁药的人群。圆形代表服用安慰剂的人群（*Kirsch, 2008*）。

抗抑郁药到底如何产生作用？ 我们承认抗抑郁药并不是十分有效，它们只是部分有效，而我们更愿意弄清楚它们的治疗机理。弄清楚它们的作用机理有助于我们了解抑郁症的成因。考虑到 SSRIs 通过阻塞血清素的再吸收而减轻抑郁症，我们可以假设抑郁症是由于血清素和其他神经递质的可能的缺失所引起的。尽管如此，情况不可能如此简单。如第 12 章讨论的那样，研究者们可以测量脑脊液中的代谢产物 5-HIAA，而它可以作为大脑中血清素含量的标识物。研究结果并不一致，但是一部分研究表明，抑郁症患者的血清素含量会升高（Barton et al.，2008）。如何解释这一结果，目前还没有定论。

此外，在饮食中色氨酸（血清素的先驱物）缺乏而其他氨基酸富含的情况下，血清素水平可能会有一个突降。大部分有重症抑郁病史的患者都曾经有过短暂的抑郁发作，但另外一部分人由于能够耐受血清素的降低，因此不会有抑郁的感觉（Neumeister et al.，2004，2006）。

主要的理论问题是时间历程：抗抑郁药会在数小时内对儿茶酚胺和血清素突触产生作用，但是人们需要服药两周多才会感到情绪在改善（Stewart et al.，1998）。在此期间发生了什么？一种可能性是与下述这种情况有关，即一些抑郁症患者的海马和大脑皮层中的一部分神经元收缩（Cotter，Mackay，Landau，Kerwin，& Everall，2001）。当药物促进神经递质释放的时候，神经轴突也释放出一种被称为大脑衍生神经营养因子（BDNF）的神经营养蛋白（Guillin et al.，2001）。如第 5 章讨论的那样，神经营养蛋白会对神经元的存活、生长和接合产生辅助作用。BDNF 对突触可塑性尤为重要，增加神经营养蛋白可以提高学习能力（Martinowich，Manji，& Lu，2007）。另一个作用是可以增强海马中的新神经元的增殖能力。每种已知的抗抑郁药都可以增加神经元的生产量，而阻碍神经元的生成也会阻碍抗抑郁药的行为治疗效果（Airan et al.，2007）。

尽管如此，现实情况是我们并不完全了解抗抑郁药的治疗原理。虽然我们已经清楚了抗抑郁药对血清素和其他神经递质的即时效应，但是，要弄清楚数周之内的效应发展还需要做进一步的研究。

停下来检查一下

7. 抗抑郁药的时间进程对理解其机制提出了什么理论问题？

电休克疗法（ECT） 当药物治疗和心理治疗对患者都无效时，还有治疗方法吗？通过电流诱导癫痫发作是一种可能的且历史悠久的治疗方法，即**电休克疗法**（electroconvulsive therapy，ECT）（Fink，1985）。ECT 最初用于治疗同时有癫痫和精神分裂症的患者，后来发现癫痫症状加重时精神分裂症状就会减轻（Trimble & Thompson，1986）。在 20 世纪 30 年代，一位匈牙利医生 Ladislas Meduna 尝试着用诱导惊厥的方法减轻精神分裂症。很快，其他的医生也采用这种方法进行治疗，通过大剂量的胰岛素诱导癫痫发作。胰岛素休克是一种可怕的经历，而且很难控制。一位印度医生 Ugo Cerletti 在为期数年的动物实验之后，使用了一种通过电击头部而诱导癫痫发作的方法（Cerletti & Bini，1938）。电休克疗法是迅速的，大部分患者在唤醒之后都不知道是否接受过治疗。

当 ECT 被证明对精神分裂症不是很有效的时候，你可能会认为精神病医师会放弃使用它。相反，他们尝试着用它去治疗其他的精神病患者，尽管这并没有理论基础。在很多情况下，ECT 确实可以减轻抑郁。尽管如此，20 世纪 50 年代的一度滥用也给它带来了不利影响，比如在没有征得同意的情况下对患者实施数百次的 ECT 治疗。

当抗抑郁药在 20 世纪 50 年代末变得可用的时候，人们很快放弃了 ECT 的使用。尽管如此，ECT 在 20 世纪 70 年代也曾一度兴起。今天，ECT 只在征得同意的情况下才会使用，通常用于那些对抗抑郁药没有反应的患者（Scovern & Kilmann，1980；Weiner，1979）。对于有强烈自杀趋向的患者，有时 ECT 也会被推荐使用，因为它要比抗抑郁药的疗效来得快。在一周之内而不是两周，就能使患者感觉良好，这可以挽救其生命。

ECT 通常是每隔一天治疗一次，持续两个星期，有时时间更长。患者会服用肌肉松弛药或注射麻醉剂，这样可以最大限度地减少不适感和损伤（图 15.8）。与早些年相比，现在的电击强度较小，因此，除了年纪较大的患者，电击引起心脏病发作的风险是较低的。

ECT 最常见的副作用是记忆力受损，但是如果医生只对右半球大脑实施电击，抗抑郁效果会在记忆力不受损的情况下产生（McElhiney et al.，1995）。（记住右半球大脑的活动与抑郁的联系更加紧密。）

除了记忆力受损的威胁之外，ECT 另一个严重的缺陷是抑郁症在数月内会有较高的复发风险（Riddle &

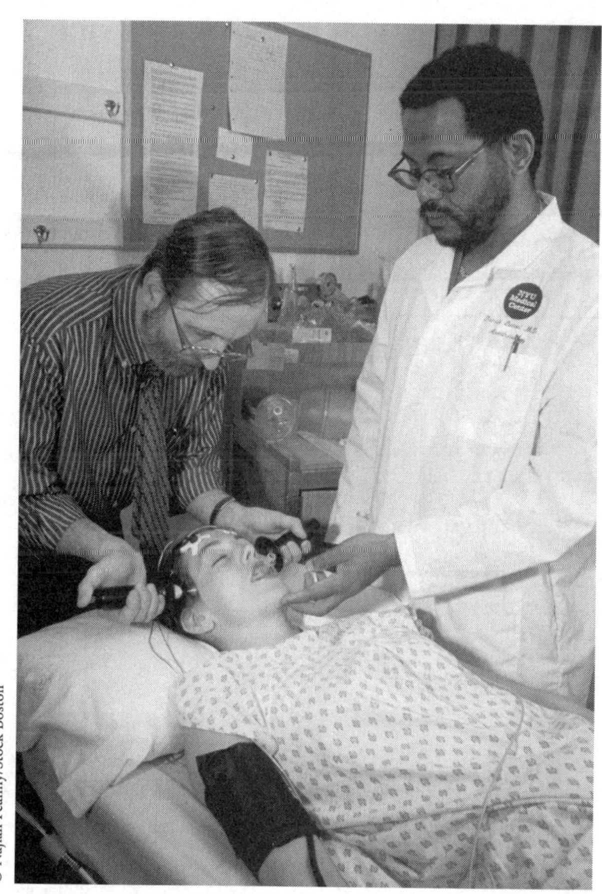

图 15.8 电休克疗法（ECT）

与早期相比，如今只有在征得患者同意的情况下，ECT 才会和肌肉松弛药或麻醉剂一起使用，这样可以最大限度地减轻不适感。

Scott，1995）。在 ECT 减轻抑郁之后，通常的做法是通过药物治疗、心理疗法或者定期的 ECT 防止抑郁症复发（Swoboda，Conca，König，Waanders，& Hansen，2001）。

在 ECT 得以应用的半个多世纪以来，没有人清楚它是如何减轻抑郁的，但是像抗抑郁药一样，ECT 同样会增强海马中新神经元的增殖能力（Perera et al.，2007）。它也会改变海马和额叶皮层中的至少 120 个基因的表达。对基因最显著的作用都与神经营养蛋白、花生四烯酸、新神经元的产生和对运动的响应性有关。而其中的任何一个又都与抑郁症有着密切的联系。

一种相似的治疗方法是重复性的经颅磁刺激。在头皮上施加一个强的磁场，刺激大脑表面附近的轴突。该方法对抑郁症的疗效为中等程度，尽管它的行为效应机理还不清楚（Ridding & Rothwell，2007）。

改变睡眠模式 大部分抑郁症患者的睡眠模式和平时睡得晚的健康人相似。他们睡着后醒得较早，然后就无法再入睡，并且在睡着后的 45 分钟内进入 REM 睡眠，如图 15.9 所示的那样。此外，在 REM 睡眠期间，抑郁症患者每分钟的眼球运动次数要高于平均数。他们的许多亲属也有同样的睡眠模式，而且有这种睡眠模式的亲属比睡眠正常的亲属更有可能患上抑郁症（Modell，Ising，Holsboer，& Lauer，2005）。简而言之，对于有抑郁症倾向的人，睡眠模式的改变是其终身具有的一个特征。

令人惊讶的是，虽然失眠让人部分人感到烦恼，但是彻夜不眠却是最早知道的可以减轻抑郁症的方法（Ringel & Szuba，2001）。就像其他的抗抑郁药治疗那样，睡眠剥夺可以增强海马中新神经元的增殖能力（Zucconi，Cipriani，Balgkouranidou，& Scattoni，2006）。

不幸的是，通过这种方法减轻症状的人中大约有一半在下一次睡眠之后又会再次变得抑郁起来。在接下来的几天内通过改变睡眠进程有可能延长治疗效果。比如说，先一整天不睡觉，然后从下午 5 点睡到午夜，而不是按平常的时间睡觉。对大部分患者来说，改变睡眠进程的方法可以减轻症状至少一个星期，甚至更长时间（Riemann et al.，1999）。将改变睡眠和服用药物联合起来治疗，可以使疗效更加持久（Wirz-Justice & Van den Hoofdakker，1999）。

研究者们还不能解释睡眠剥夺或改变睡眠进程是如何改善情绪的。对此问题的进一步理解有可能使人们找到治疗抑郁症的其他方法。

停下来检查一下

8. 对什么病人可以建议其使用ECT?
9. 睡眠习惯的什么变化会减轻抑郁?

其他疗法

目前常用的每种抑郁症治疗方法都有利有弊，而有些患者对这些疗法都反应不良。人们在继续寻找新的更

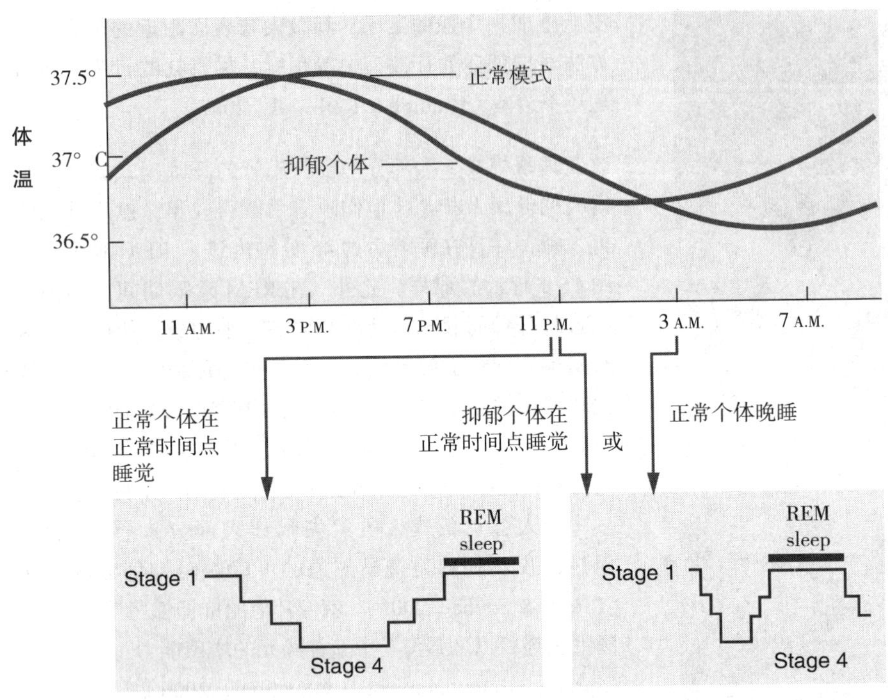

图 15.9 抑郁症的生理节律

大部分抑郁症患者的生理节律会提前几个小时。他们会像某些其他人一样睡得比较晚。（*Bottom graphs from Sleep by J. Allan Hobson, © 1989, 1995 by J. Allan Hobson. Reprinted by permission of Henry Holt and Company, LLC.*）

好的疗法。许多药物正处在不同的测试阶段（Berton & Nestler，2006），而荷尔蒙瘦素已经让人们看到了一些希望（Lu，Kim，Frazer，& Zhang，2006）。

最便宜最简单的抗抑郁疗法是常规的非剧烈运动，比如每天半小时或更长时间的快速行走（Leppämäki，Partonen，& Lönnqvist，2002）。适度的运动可以促进血液向大脑流动，这对老年人和抑郁症患者是非常有好处的（Hillman，Erickson，& Kramer，2008；Hunsberger et al.，2007）。运动可以缓解实验室动物以及人的压力（Greenwood，Strong，Dorey，& Fleshner，2007）。运动可以和其他的疗法结合起来，比如睡眠剥夺，这样可以增强疗效（Putilov，Pinchasov，& Poljakova，2005）。

双相情感障碍

抑郁症可以是单相的，也可以是双相的。患有**单相抑郁症**（unipolar depression）的人会在正常状态和抑郁之间变换，而**双相情感障碍**（bipolar disorder）（即以前所知的躁郁症）患者会在两种状态之间变换——抑郁和其反面，即躁狂。**躁狂**（mania）是以躁动不安、兴奋、大笑、自信、漫步言语和无拘无束为特征的。躁狂患者对于他们自己和其他人来说都是危险的。图 15.10 示出了大脑消耗的葡萄糖在躁狂期间增加和在抑郁期间减少的情况（Baxter et al.，1985）。

深度躁狂阶段的患者称为**双相 I 型情感障碍**（bipolar I disorder）。患有**双相 II 型情感障碍**（bipolar II disorder）的个体只有轻度躁狂症，它主要以激动或焦虑为特征。除了情绪波动之外，大部分的双相情感障碍患者还有注意力不集中、情绪控制力差和语言障碍这些问题（Quraishi & Frangou，2002）。诊断为双相情感障碍的个体自 20 世纪 90 年代开始逐渐增多，尤其是青少年和年轻人（Moreno et al.，2007）。现在大约有 1% 的人在一生的某个阶段会有双相 I 型情感障碍，另有 1% 的人会有双相 II 型情感障碍，并有 2% 到 3% 的人处于双相情感障碍的“阈下”阶段，这是一种还不足以诊断为双相障碍的轻微状况（Merikangas et al.，2007）。

遗传学

一些证据表明双相情感障碍是有遗传基础的（Craddock & Jones，1999）。如果同卵双生子中的一个

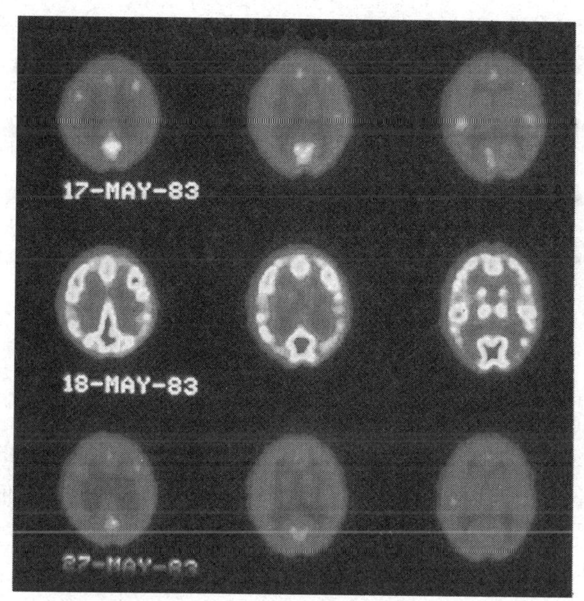

图 15.10 双相情感障碍患者的 PET 扫描图

每天观察大脑的三个水平面。在抑郁症发作的 5 月 17 日和 5 月 27 日，大脑新陈代谢的速率较低。在心情愉快且轻度躁狂的 5 月 18 日，大脑新陈代谢的速率较高。红色代表最高的新陈代谢速率，依次递减是黄色、绿色和蓝色。（*Reprinted by permission from Macmillan Publishers Ltd: Nature, "A functional neuroanatomy of hallucinations in schizophrenia," Silbersweig et al., 1995.*）

患有双相情感障碍，另一个患有此病的几率将至少达到 50%，而异卵双生、兄弟、姐妹，或者孩子患病的概率大约是 5% 到 10%。被收养的患有双相情感障碍的儿童可能有情感障碍的亲属。研究者们已经确认了两个有可能增加双相 II 型情感障碍患病概率的基因（Nwulia et al.，2007）。尽管如此，基因仅能增大这种风险，而绝不是说一定会患病。

治 疗

对于双相情感障碍患者来说，抗抑郁药是不合适的。如果患者在抑郁阶段服用抗抑郁药，通常的结果是变得狂躁起来（Dunner，D'Souza，Kajdasz，Detke，& Russell，2005）。双相情感障碍的第一个成功治疗方法是一种普通的疗法，即服用**锂**（lithium）盐。锂的疗效是一名澳大利亚研究者在偶然间发现的，他相信尿酸有可能减轻躁狂和抑郁。混有尿酸（尿的一种成分）和锂盐的刺桧有助于锂盐的溶解和患者的服用。它的确有帮助，尽管研究者们最终承认起作用的是锂，而不是尿酸。

锂可以稳定情绪，防止狂躁或抑郁的复发。使用剂量必须小心控制，因为小剂量会无效，而大剂量会有毒（Schou，1997）。另外两种有效药是 2- 丙基戊酸钠（商品名是敌百痉、帝拔癫和其他的名字）和酰胺咪嗪。锂、2- 丙基戊酸钠和酰胺咪嗪对大脑有很多作用。一个好的研究策略是假设它们有一些共同的作用可以减轻双相情感障碍。它们共有的作用之一是减少海马中 AMPA 型谷氨酸盐受体的数量（Du et al.，2008）。过度的谷氨酸盐活动是引起躁狂的部分原因。此外，对治疗双相情感障碍有效的药物会阻碍花生四烯酸在大脑内的化学合成，而这种物质是在大脑炎症期间产生的（S.I.Rapoport & Bosetti，2002）。双相情感障碍患者与大脑炎症有关（Padmos et al.，2008）。花生四烯酸的作用也会被多元不饱和脂肪酸（比如海产品中含有的）所抵消，流行病研究表明，每周至少吃一磅海产品可以减少人患双相情感障碍的风险（Noaghiul & Hibbeln，2003）。

另一种可能的治疗方法与睡眠有关。双相情感障碍患者在抑郁阶段容易卧床不起。而在躁狂阶段则醒得很快，他们的睡眠时间只有 4 个小时或更短。卧床时间的突然增加预示着双相情感障碍患者将要进入抑郁阶段，而卧床时间的突然减少预示着即将进入躁狂阶段（Bauer，Grof，Rasgon，Bschor，Glenn，& Whybrow，2006）。初步研究表明，让人在黑暗和安静的房间里保持睡眠进程不变可以降低情绪波动的程度（Wehr et al.，1998）。研究者们推测，人造光、电视机和其他技术让我们在晚上熬夜，因此增加了双相情感障碍的流行。

停下来检查一下

10. 治疗双相情感障碍的两种通常的方法是什么？

季节性情感障碍

另一种形式的抑郁症是**季节性情感障碍**（seasonal effective disorder，SAD），它在特殊的季节会复发，比如

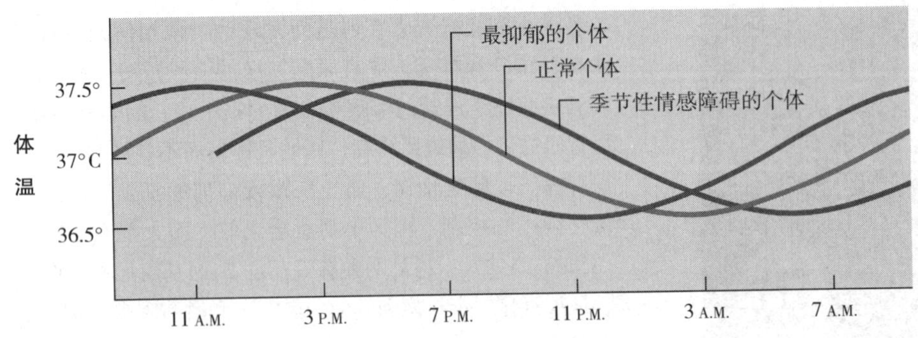

图 15.11 严重抑郁症和季节性情感障碍（SAD）的生理节律
季节性情感障碍患者会相位延迟，而大部分其他患者会相位提前。

冬季。在极地 SAD 最为流行，那里的冬季夜晚是漫长的（Haggarty et al.,2002）。SAD 在气候温和地区是不常见的，在热带地区则不会出现。

在许多方面 SAD 不同于其他形式的抑郁症。比如，SAD 患者会有睡眠和体温节律的相位延迟，欲睡和觉醒都比正常情况要略晚，这不像其他的抑郁症患者，后者的节律会相位提前（Teicher et al., 1997）（图 15.11）。此外，SAD 的抑郁也不是那么严重。

每天用非常明亮的光（比如 2500 勒克斯）照射一个小时或者更长时间可能是治疗 SAD 的一种方法。光疗法在早上、下午或者傍晚都是有效的（Eastman, Young, Fogg, Liu, & Meaden, 1998；Lewy et al., 1998；Terman, Terman, & Ross, 1998）。尽管还无法解释它的疗效，但这些疗效都是真实的。光疗法比其他的抗抑郁疗法更加便宜，而且疗效非常快，通常患者的症状在一个星期以内得到改善（Kripke, 1998）。

光治疗和生物节律协会网站提供了更多关于光疗法和生物节律的信息：http://www.sltbr.org/。

停下来检查一下

11. 光治疗与抗抑郁药物相比有什么优势？

模块 15.1 结 语

情绪波动的生物学

如果一些很糟糕或很好的事情发生在你身上，你感到非常沮丧或者非常高兴都是正常的。对于严重抑郁症患者或双相情感障碍患者来说，情绪的变化与事情的发生是无关的。受伤的经历可能会引起抑郁症的发作，但是一旦抑郁症发作，这种情绪会持续数月，甚至最好的消息都不会给他们带来一点喜悦。处于躁狂状态的双相情感障碍患者精力充沛并且自信没有人可以说服他们。研究这些情况会大大有助于我们了解不同情绪所对应的大脑状态。

总 结

1. 几乎没有什么事情可以让严重抑郁症患者感到高兴。抑郁症会不断发作。
2. 某些基因会增加受压或受伤之后的抑郁症发病概率。基因和经历都会导致抑郁症的发生。
3. 由病毒或荷尔蒙变化引起的抑郁症是不常见的。
4. 抑郁症与大脑左半球皮层的活动减弱有关。
5. 有四种抗抑郁药被广泛使用。三环抗忧郁药会阻碍血清素和儿茶酚胺的再吸收，但是会产生强烈的副作用。SSRIs 会阻碍血清素的再吸收。MAOIs 会阻断分解儿茶酚胺和血清素的酶起作用。典型的抗抑郁药都是不同疗效药物的组合物。
6. 抗抑郁药并不是普遍有效的。约超过一半的患者在服用抗抑郁药后会有明显的改善，大部分患者在服用安慰剂后病情会改善。抗抑郁药对严重抑郁症患者最有效。许多患者对心理疗法和抗抑郁药都反应不良。
7. 抗抑郁药可以很快地改变突触活动，但是它们至少需要两周的时间才能对行为产生作用。
8. 抗抑郁药的行为疗效明显依赖于 BDNF 的释放，它可以促进神经元的生长和可塑性。抗抑郁药还可以增强海马中新神经元的增殖能力。
9. 其他的疗法包括电休克疗法、睡眠模式改变和非剧烈运动。
10. 双相精神障碍患者在抑郁和躁狂之间变换。双相情感障碍有遗传基础。有效的疗法包括锂盐和某些抗惊厥药物。保持睡眠模式一致也是推荐的治疗方法。
11. 季节性情感障碍是以抑郁症在一年当中的某个季节反复发作为特征的。通过亮光照射来进行治疗通常是有效的。

关键术语

重度抑郁症 474
产后抑郁 476
三环类药物 477
选择性 5- 羟色胺再摄取抑制剂（SSRIs） 477
单胺氧化酶抑制剂（MAOIs） 477
非典型的抗抑郁药 477
电休克疗法 480
单相抑郁症 482
双相情感障碍 482
躁 狂 482
双相 I 型情感障碍 482
双相 II 型情感障碍 482
锂 483
季节性情感障碍 483

思考题

有些人提出 ECT 通过使人们忘记引起抑郁的事件而减缓抑郁症状，有什么证据可以反对这种假设？

停下来检查一下答案

1. 携带短型基因的人在遭遇压力事件时比其他人更容易抑郁，但是如果没有压力事件，发作抑郁的比率不会增加。
2. 右侧半球优势在抑郁症人群中更常见，因此我们不能确定是否一个人的右半球利用率增加会导致抑郁，但这至少是可能的风险之一。
3. 三环类药物阻断 5- 羟色胺、儿茶酚胺的再摄取。它们也阻断组胺受体、乙酰胆碱受体和某些钠通道，因而产生不快乐的副作用。
4. SSRIs 选择性抑制 5- 羟色胺的再摄取。
5. MAOIs 阻止能够分解儿茶酚胺和 5- 羟色胺的 MAO 酶，增加了这些递质的可利用性。
6. 对较为严重的患者，服用药物的改善比例没什么变化，但服用安慰剂有所改善的人数会减少。
7. 我们知道，抗抑郁药很快就会对突触产生效应，但行为效果要 2~3 星期才逐渐显现出来。
8. 对其他疗法没有反应的以及有自杀风险的抑郁患者建议使用 ECT，因为 ECT 比其他治疗起效更快。
9. 抑郁患者早睡有时会减缓抑郁症状。
10. 锂盐治疗和某些抗惊厥药物：2- 丙基戊酸钠（抗惊厥和癫痫药）和酰胺咪嗪。
11. 便宜，没有副作用而且起效更快。

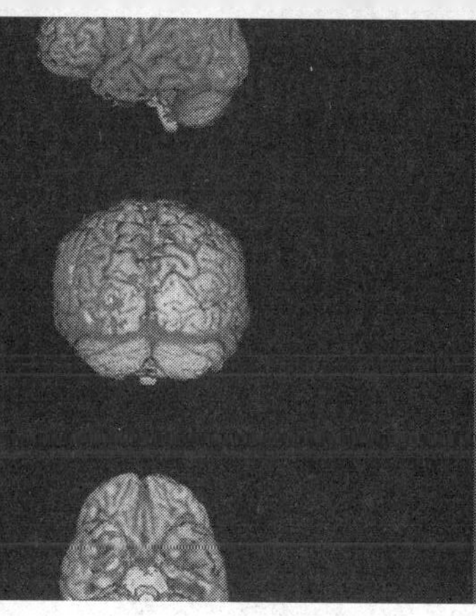

模块 15.2

精神分裂症

以下是两个被诊断为精神分裂症患者之间的对话：（Haley，1959，p. 321）

A：你在航空基地工作吗？

B：你知道我是如何对待工作的，我33岁，是6月份生的，你介意吗？

A：6月？

B：33岁，6月份生，从我住在这里之后很多东西都到窗外去了，嗯——都离开这家医院，因此我不能收回我的话，因此我戒掉香烟，自己待在外面的一个地方。

A：在外界看来我就是一个宇宙。

B：很多人那样说话，很疯狂的，除了Ripley说的“不管相信与否”、“带走它或者离开它”——独自地——它就在一个容器里，它是一个漫画的版本，Ripley，Robert Ripley说的“不管相信与否”，但我们只能相信这些事，除非我感觉我真的很喜欢它。

A：好的，有可能的。

B：我是一个平民，一名海员。

A：有可能，我要在海洋里游泳。

B：游泳会发臭的。你知道为什么吗？因为当你感觉很享受它的时候你就不能放弃，你正在享受它。

精神分裂症患者所说的和所做的一些事常常不能被其他人所理解（包括其他精神分裂症患者）。这种疾病产生的原因还不明了，但是生物学因素占很大比重。

主要特征

根据DSM-Ⅳ的诊断标准，**精神分裂症**（schizophrenia）是一种以生活功能受损为特征，并伴有幻觉、妄想、思维障碍、行为障碍和不当情绪反应的疾病（American Psychiatric Association 1994）。症状差异非常大，你会发现许多病人虽然同样被诊断为精神分裂症，他们之间却几乎没有任何共同之处（Andreasen，1999）。精神分裂症可以是急性的或者慢性的。**急性**（acute）症状通常表现为突然发病和愈后良好，**慢性**（chronic）表现为逐渐发病和长病程。

最初精神分裂症被称为“早老性痴呆”（*dementia praecox*），也就是拉丁文的“早期心理恶化”。在1911年，Eugen Bleuler引进了精神分裂症这一术语，虽然这和古希腊时候提到过的“精神分裂”这一术语相似，但它和分离型身份障碍（之前被称作多重人格障碍）无关，分离型障碍的主要症状是几种不同的人格之间相互转换。Bleuler认为，精神分裂症患者在情绪和智力之间存在着分离：他们的情绪表达或缺失或与当前的经历无关。举个例子，有些人无明显原由地傻笑或哭泣，或对于一些不好的消息没任何反应。并不是所有患者的情绪和智力都存在着分离，但是这种情况还是广泛存在的。

http://www.schizophrenia.com 这个网站提供了许多关于精神分裂症方面的信息。

行为症状

精神分裂症伴有**阳性症状**（positive symptoms）（出现不该存在的行为）和**阴性症状**（negative symptoms）（本该出现的行为缺失）。阴性症状包括社交活动、情绪反应、表达和工作记忆等方面的减弱。阴性症状通常较稳定，并且难以处理。阳性症状包括两种：精神病型的和紊乱型的（Andreasen，Arndt，Alliger，Miller，& Flaum，1995）。精神病型症状包括**妄想**（delusions）（无事实依据的想法，如坚信自己被迫害或周围的陌生人想要控制他的行为）和**幻觉**（hallucinations）（异常的感觉体验，如独自一人时会听到说话的声音）。PET测试表明了幻觉时杏仁核、海马以及一部分可被真实声音激活的皮质都被激活（Shergill，Brammer，Williams Murray，& McGuire，2000；Silbersweig et al.，1995）。

紊乱型阳性症状包括不恰当的情绪表现、紊乱的行为、不连贯的言语表达和思维障碍。有很大一部分人的智力发生了变化。平均来看他们的 IQ 分数较其他人稍低。精神分裂症患者的典型思维障碍是理解困难和运用抽象概念困难，相关的症状包括注意力和工作记忆减退（Hanlon et al.，2005）。

最开始出现问题时显著的症状是什么？根据 Nancy Andreasen（1999）的观点，精神分裂症的显著特征，也就是其最主要的问题是思维紊乱，这是皮质、杏仁核和丘脑的异常反应导致的。紊乱的思维可能导致幻觉、妄想和其他症状。

Nancy Andreasen

“既是科学家又是临床医生在我看来是双项殊荣，我们确实应该花更多的时间去回答一些科学和临床方面的问题，包括人们常问的或者有待解决的，以及别人因为信任而和我们分享的非常隐私的想法和经历。”

验证这一观点的一种方法是在他们工作记忆过载时，看他们是否能像一般健康人那样以一种连贯的方式谈话及行动。想象你自己在进行下面的测试：研究者会呈现一系列图片，每 30 秒一个，你要据此讲一个故事，如果你第二次看到了同样的图片，这时你要讲一个全新的故事。不仅如此，在你讲这个故事时还要执行另外的一个任务来增加你的记忆负荷，即：一系列的字母会出现在屏幕上，一次呈现一个，你要注意双数位置出现的字母，如果和你上次注意到的字母相同的字母再次出现，你需要按下按键。举个例子，见图

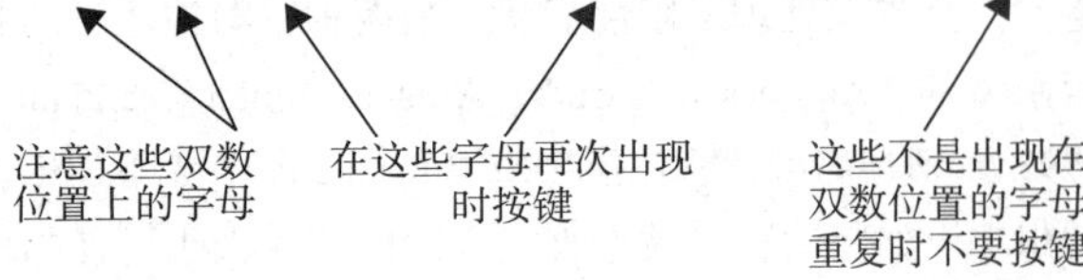

在执行记忆任务，并且同时又要讲故事时，大部分人的表达会变得越来越不清晰了。如果图片是第二次呈现，他们就要避免第一次所讲的故事，讲一个全新的故事，这时记忆任务之间就出现了冲突，他们的表达就变得不连贯，有点像精神分裂症患者的表达（Kerns，2007）。该实验揭示了记忆损害可能是精神分裂症的核心症状。

停下来检查一下

12. 为什么幻觉被视为是阳性症状？

应用和扩展

精神分裂症的辨别诊断

假设你是一个精神病学家，你见到了一个近来有生活功能紊乱，并且伴有幻觉、妄想、思维障碍和表达紊乱的病人，这时你会做出精神分裂症的诊断，并采取相关治疗，对吗？

先别着急。首先你应该做出**辨别诊断**（differential diagnosis），排除其他可能出现相似症状的情况。下面有一些情况与精神分裂症类似：

- **精神病性的心境障碍**：伴有抑郁的人通常会有妄想，尤其是有自罪妄想或失败感，有的还有幻觉的表现。
- **物质滥用**：许多伴有阳性症状的精神分裂症患者是由于长期服用苯丙胺、甲基苯丙胺、可卡因、迷幻剂或苯环己哌啶（“天使粉”）所致。尽管不很确定，但一些人停止服药后会从这些症状中恢复。物质滥用比精神分裂症更容易产生幻觉。
- **脑部损伤**：前额叶损伤或肿瘤、颞叶损伤或肿瘤都可能会出现类似精神分裂症的症状。
- **未检出的听力减退**：某些患者出现了听力困难就认为别人在窃窃私语，于是便开始担心：“他们在偷偷地议论我！”结果慢慢发展为被害妄想。
- **亨廷顿病**：亨廷顿病的症状包括幻觉、妄想、思维紊乱和一些运动症状。有一种罕见的精神分裂症的类型，即紧张型精神分裂症，主要症状也包括运动的异常。因此精神分裂症或亨廷顿病都可能混合出现心理症状和运动症状。

- 营养不良：烟酸不足可能会产生幻觉和妄想（Hoffer，1973）；此外还有维生素 C 缺乏或对牛奶蛋白质过敏（与乳糖不耐受不同），有一些对小麦蛋白或其他蛋白质没有耐受力的人也会表现出幻觉和妄想（Reichelt，Seim，& Reichelt，1996）。

人口统计学数据

人群中大约有 1% 的人患精神分裂症（Narrow et al.，2002；Perälä et al.，2007）。与实际相比，这个评估数据的高低取决于我们纳入了多少轻度病例。自从 20 世纪中期以来，许多国家的精神分裂症发生率的流行病调查都出现了下降的趋势（Suvisaari，Haukka，Tanskanen，& Lönnqvist，1999；Torrey & Miller，2001）。是精神分裂症的患病率真的下降了，还是仅仅由于精神病学家的诊断不同了？这不是一个简单的问题。然而，即便现在，也有可能作出比实际情况要轻的诊断结果，也许是因为在不能确诊的情况下，现代社会中的人尽量避免作出精神分裂症的诊断。

精神分裂症可以出现在任何种族和世界上的任何地方。虽然相比于大多数的第三世界国家，美国和欧洲的发病率要高出 10~100 倍左右（Torrey，1986）。导致这些差异的部分原因可能是记载档案保存方面的不同，但也有包括饮食在内的其他可能性存在。在许多发达国家，高糖饮食和肥胖也增加了精神分裂症的发病率，而多吃鱼类食物可以降低该疾病的发生（Peet，2004）。

男性与女性精神分裂症患病率的比例大约是 7:5，一般来说，男性患者和早年发病的患者的情况可能更严重，男性通常在 20 岁出头发病，女性在 20 多岁发病（Aleman，Kahn，& Selten，2003）。男性精神分裂症患病率较高可能与男性的大脑有关，尤其是男性基底节释放的多巴胺多于女性（Munro et al.，2006）。在本章后面的内容中会介绍到，多巴胺的释放过量与精神分裂症有关。

研究者记录了精神分裂症中许多无法解释的奇怪现象。关键在于这些奇怪现象和现在许多经典理论都不吻合。他们指出了关于精神分裂症的许多谜团：

- I 型糖尿病（青少年起病）患者精神分裂症的发生率显著低于均值，而 II 型糖尿病（成年期发病）患者精神分裂症的发病率高于均值（Juvonen et al.，2007）。
- 精神分裂症患者患结肠癌的风险增高，而患呼吸系统癌症或脑瘤的概率低于均值（Hippisley-Cox，Vinogradova，Coupland，& Parker，2007；Roppel，1978）。
- 精神分裂症患者很少患有风湿病关节炎或过敏（Goldman，1999；Rubinstein，1997）。
- 在怀孕期间的出现精神分裂症状的妇女通常生女儿，而那些分娩后很快出现症状的精神分裂症患者通常生男孩（M. A. Taylor，1969）。
- 许多患有精神分裂症的人都有一种特征性的体味，可归结于化学物质反式 -3- 甲基 -2- 己烯酸，而且他们自身闻到该物质气味的能力在减弱（Brewer et al.，2007；K.Smith，Thompson，& Koster，1969）。

停下来检查一下

13. 目前报告的精神分裂症患病率是增高了、降低了还是保持不变呢？

遗传学

亨廷顿病（第 8 章）是一种遗传疾病：几乎每一个亨廷顿病患者都存在着相同的基因异常，而任何一个携带该异常基因的人都会得亨廷顿病。很多研究者曾一度认为精神分裂症也是一种遗传疾病。然而，越来越多的证据表明，虽然精神分裂症存在着遗传基础，但它并不是由某单一基因决定的。

双生子研究

一个人与精神分裂症患者的血缘关系越近，其患精神分裂症的可能性就越大。如图 15.12 所示（Gottesman.，1999）。图 15.12 的关键点在于，已经有研究（Cardno et al.，1999）证实了同卵双生子患精神分裂症的**同病率**（concordance）比异卵双生子的更高。而且，那些原来弄错、后来被证实是真正的同卵双生子，比原以为是同卵双生子、后来被证实不是的人同患精神分裂症的几率也更高（Kendler，1983）。也就是说，真正意义上的同卵双

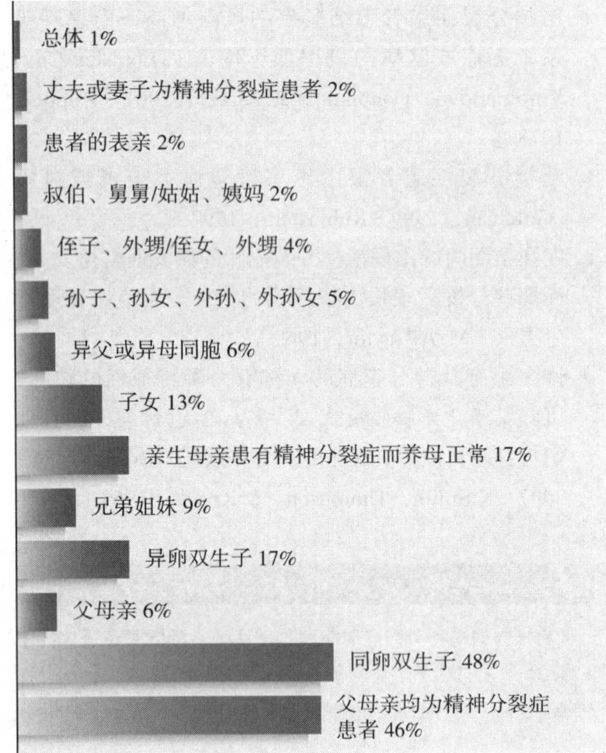

图 15.12 发展为精神分裂症的可能性

和精神分裂症患者有较近的血缘关系的人更有可能自然发展为精神分裂症（*Based on data from Gottesman, 1991*）

生比被当做是同卵双生相对来说更关键。

同卵双生子的高度一致性被视为是精神分裂症受遗传因素影响的强有力的证据。然而，也有两点不足：

- 同卵双生子的同病率只有 50%，而不是 100%。造成同卵双生子这种差异的原因可能是某一相关基因在一个个体身上被激活，而在另一个个体身上则被抑制（Tsujita et al.，1998），或者受到环境因素的影响。
- 图 15.12 显示异卵双生子的同病率要高于普通的兄弟姐妹。异卵双生子与普通的兄弟姐妹相比具有同样的遗传相似性，但是异卵双生子具有更高的环境相似性，包括产前和出生早期的生活经历。

发展为精神分裂症的领养儿童

当领养的孩子发展为精神分裂症时，相比收养的亲属，其真正生物学意义上的亲属更可能患有精神分裂。丹麦的一项研究发现，精神分裂症出现在生物学亲属当中的概率为 12.5%，而不存在于收养的亲属中（Kety et al.，1994）。图 15.12 显示患有精神分裂症的母亲，其孩子有中等程度的可能性患有精神分裂症，即使是被健康的父母收养也一样。

这些研究提示了精神分裂症的遗传基础，但是同时还要考虑产前的影响因素。假设一个孕妇患有精神分裂症，一方面她的基因会遗传给她的孩子，但同时她也提供了一个产前环境。许多精神分裂症患者在怀孕期间营养不良、抽烟、酗酒，怀孕和分娩期间一系列失调因素导致环境复杂化（Jablensky，Morgan，Zubrick，Bower，& Yellachich，2005）。如果她们的孩子中有人发展为精神分裂症，我们就不能确定这种影响是否来自遗传因素。

致病基因

证明遗传因素强有力的证据是直接找出某个和精神分裂症紧密联系的基因。研究者证实了某个与童年期发病的精神分裂症有关的遗传基础（Burgess et al.，1998）。然而，童年期发病的精神分裂症相对少见，而且和成年期发病的精神分裂症存在多方面的差异，而后者相对多样化且更常见（Nopoulos，Giedd，Andreasen，& Rapopot，1998；J. L. Rapoport et al.，1999；P. M. Thompson et al.，2001）。

研究者通过对各类人群的研究，证实有十几种以上的基因在精神分裂症患者中常见。其中一个引起人们注意的被称之为 **DISC1**（disrupted in schizophrenia 1），它们控制了海马中新神经元的产生速率（Duan et al.，2007）。许多研究表明，另外一种与精神分裂症有关的基因对于大脑的发育和可塑性也非常重要（Hall et al.，2006）。然而研究者还不能很好地将这一结果运用到其他人群中。一项大型研究收集了 2000 名左右的精神分裂症患者的数据，同时设置了相同人数的对照组。此研究找出了 14 种已被证实可能与精神分裂症有关的基因，并比较了精神分裂症组和正常对照组在这 14 种基因上的差异，发现两组之间并不存在显著的统计学差异（Sanders et al.，2008）。

从某种程度上说，这些结果并不出乎意料。如果精神分裂症只取决于单一的基因，那么根据自然选择的压力，1% 的患病人口的基因就很难保留下来。患精神分裂症的人比其他人的平均寿命短（Saha，Chant，& McGrath，2007），和正常人相比，他们也较少有子女。而且，他们的兄弟姐妹也并不会补偿性地生更多的子女（Haukka，Suvisaari，& Lonnqvist，2003）。由此看来，任何跟精神分裂症相关的基因从流行程度上应该是迅速减少的。

如果精神分裂症有遗传基础但我们不能找到某种基因和它直接相关，那么还有没有其他的基因与精神分裂症有关，但又不会传递给后代？这个过程又是怎样进行的呢？研究表明，许多精神分裂症的发生是由于突变的结果。如果那 1% 的患者都是取决于突变的话，那未免有点荒谬，因为突变并不是那么常见的。但是假设大脑的发育依赖于几百种基因，一个基因发生突变是比较罕见的，但是如果 200~300 个基因之中任何一个出现突变的话就没那么罕见了。研究者通过检测精神分裂症患者和非精神分裂症患者的染色体之后发现，15% 的精神分裂症患者和 5% 的正常组当中会出现遗传学上的微缺失和微复制（例如，某个基因结构当中出现部分缺失或复制）（Walsh et al.，2008）。这些微缺失和微复制散布在大量的基因当中。因此，该假说认为，这些大量的基因当中任何一个出现突变就会影响大脑发育，从而增加罹患精神分裂症的可能性。而这些患者可能会把突变的基因传给下一代，但是一旦这些突变基因被自然选择给淘汰了，马上就会有新的突变基因取代它们。

另一项支持该观点的研究显示，年纪大的父亲生育的孩子成为精神分裂症患者的可能性更大（Byrne，Agerbo，Ewald，Eaton，& Mortensen，2003；Malaspina et al.，2002）。女性一出生就已经拥有了所有的卵子，而男性则在一生当中在不断地生产新的精子，因此有可能是长时间积累而形成突变。

我们不必认为所有的精神分裂症都有其遗传基础，部分患者是由于遗传的原因，而另外一部分人则是因为出生前的环境或其他原因影响了大脑发育。

停下来检查一下

14. 收养的孩子发展为精神分裂症通常有生物学上的遗传基础，表明了遗传的可能性，还有其他可能的解释吗？
15. 新变异假说是否和已知的DISC1基因畸变和精神分裂症密切相关这一结果相冲突？

神经发育假说

根据目前被许多研究者公认的**神经发育假说**（neurodevelopmental hypothesis），精神分裂症的产生是因为胎儿期或新生儿期的神经系统发育异常，导致了大脑解剖结构细微变化和严重的行为异常（Weinberger，1996）。这些异常可能源于遗传因素或来自胎儿发育期、出生时或产后早期发育时受到的干扰。这一假说支持了生命后期环境的影响只是使症状加剧的原因，但不是最根本的原因。

还有一些证据支持了这一结果：(a) 胎儿或新生儿的多种发育困难与后期的精神分裂症有关；(b) 精神分裂症患者存在着轻微的大脑发育异常，显然是源于生命早期；(c) 早期的发育异常可能会导致成年期的行为损害，这一说法似乎很有道理。

胎儿期和新生儿期的环境

因各种原因影响了大脑发育的人，罹患精神分裂症的风险相对更高，包括在怀孕期间母亲营养不良、早产、出生体重不足以及在分娩过程中的并发症（Ballon，Dean，& Cadenhead，2007）。如果母亲面临巨大的压力，例如在她怀孕早期身边的亲人突然死亡，也会使胎儿长大后患病的可能性增加（Khashay et al.，2008）。但这些影响因素当中没有任何一个可以单独解释大部分精神分裂症的成因（Cannon，Jones，& Murray，2002）。精神分裂症也和童年早期颅脑的损伤有关（AbedlMalik，Husted，Chow，& Bassett，2003），虽然我们不知道是颅脑损伤导致了精神分裂症，还是精神分裂症的早期症状增加了颅脑损伤的可能性。

如果一个母亲是 RH 阴性血型，而她的孩子是 RH 阳性血型，那么孩子的 RH 阳性血可能会引发母体的免疫排异反应。如果女性怀的第一个孩子是 RH 阳性，这种反应相对较弱，但是在之后的怀孕过程中就会表现很明显，而且相对于女婴，男婴的反应更明显。第二个和之后出生的 RH 阳性血的男婴听觉受损、智力低下、还可能会有其他严重的问题，同时患精神分裂症的可能性高达正常人的 2 倍（Hollister，Laing，& Mednick，1996）。

另一个出生前的影响是**出生季节效应**（season-of-birth

effect)：冬天出生的人发展为精神分裂症的可能性比其他季节出生的人高 5%~8%。这一趋势在纬度远离赤道的地区中尤为显著（Davies，Welham，Chant，Torrey，& McGrath，2003；Torrey，Miller，et al.，1997）。

如何解释这一影响呢？一种可能性就是分娩过程中的并发症或是早期的营养问题（Jablensky et al.，2005）。另一种可能性就是病毒感染，流行性感冒病毒和其他病毒感染在秋季最常见。因此，孕妇在秋季受到病毒感染，影响了将在冬天出生的婴儿在这一关键时期的大脑发育。受感染的孕妇体内的病毒并不是通过胎盘直接到达胎儿的大脑，而是通过母体释放的细胞因子，大量的细胞因子会损害大脑的发育（Zuckerman，Rehavi，Nachman，& Weiner，2003）。感染引起孕妇发烧，这同样也会损害胎儿的大脑。如果发烧至 38.5℃（101℉），会使胎儿的神经元分裂速度减慢（Laburn，1996）。（怀孕期间锻炼不会引起腹部温度过高，因此对胎儿不会造成影响。但是洗澡时水温过热，或者洗桑拿会有一定风险）。孕期小鼠感染了流行性感冒病毒的话，它们的后代会出现一系列行为异常，包括探索能力下降和对其他老鼠的社交反应减弱（Shi，Fatemi，Siewell，& Patterson，2003）。

研究者也调查了过去几十年中苏格兰、英国和丹麦的上千名被试的记录，他们发现，在大的流行性感冒之后 2~3 个月后出生的人，患精神分裂症的几率增加。比如在 1957 年秋天发现的一些患者（Adams，Kendell，Hare & Munk-Jorgensen，1993）。也有其他的一些研究，得到了一些来自医院保存数十年的怀孕妇女的血液样本。研究者发现，感染了流行性感冒病毒的妇女，其子女最后发展为精神分裂症的概率增加（A. S. Brown et al.，2004；Buka et al.，2001）。研究者发现，母亲在怀孕期间患风疹（German measles）、疱疹和其他感染，也增加了其子女发展为精神分裂症的可能性（A. S. Brown et al.，2001；Buka et al.，2008）。

儿童时期的某些感染也可能增加精神分裂症的可能性。刚地弓形虫（见第 12 章讨论焦虑及扁桃体的相关内容）是一种寄居在猫身上的寄生虫，但它能感染人类和其他物种。如果它感染了一个婴儿或孩子的大脑，会损害其大脑发育，并导致记忆损害、幻觉和妄想等（Torrey & Yolken，2005）。成年之后发展为精神分裂症的患者很可能在其童年有过养宠物猫的经历。血液测试也发现，精神分裂症患者体内抗弓形虫抗体水平高于正常人（Leweke et al.，2004；Niebuhr et al.，2008；Yolken et al.，2001）。一些缓解精神分裂症的药物可以抑制弓形虫的繁殖（Jones-Brando，Torrey，& Yolken，2003）。

简而言之，许多精神分裂症的病例都是感染所致。这一机制提供了除遗传和其他影响外的解释，同时也补充了遗传及其他影响。事实证明，多种影响因素都可能导致精神分裂症。

停下来检查一下

16. 引起精神分裂症的一种可能原因是出生季节的影响，如何解释这一原因呢？

轻度大脑异常

根据神经发育假说，一些精神分裂症患者（不是全部）存在着大脑结构的轻度异常。这种异常是很轻微并且可变的。虽然很多研究报道了精神分裂症患者的大脑存在着异常，但对于异常所在的位置还没得到共识。图 15.13 总结了 15 项研究的结果，包括了 390 个精神分裂症患者，很多患者的在标注为黄色的大脑区域体积减小，少部分患者在标注为红色的区域体积减小，灰色的区域则在所有研究中都显示正常（Honea，Crow，Passingham，& Mackay，2005）。这些研究也发现了最严重的异常在左

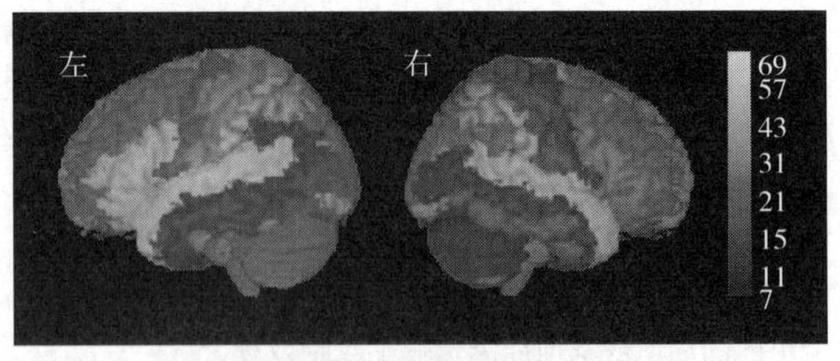

图 15.13 精神分裂症患者的皮层区域体积减小

大部分研究中都发现患者在黄色标记区域的体积减小，少量研究发现患者在红色标记区域的体积减小（*From "Regional defi cits in brain volume in schizophrenia: A meta-analysis of voxel based morphometry studies," by R. Honea, T. J. Crow, D. Passingham, and C. E. Mackay, American Journal of Psychiatry, 162, 2005. Reprinted with permission from the American Journal of Psychiatry, Copyright (2005) American Psychiatric Association.*）

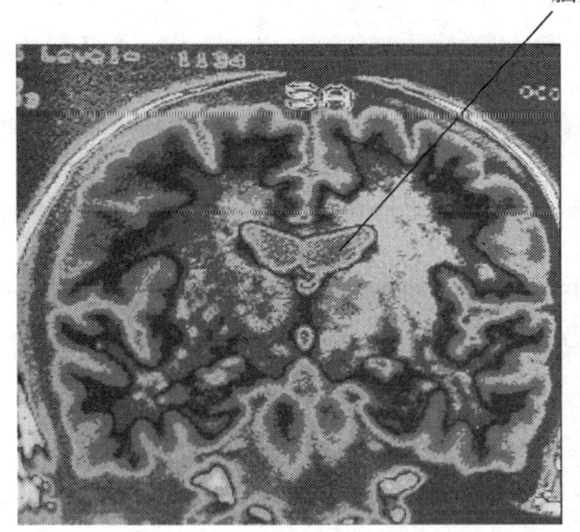
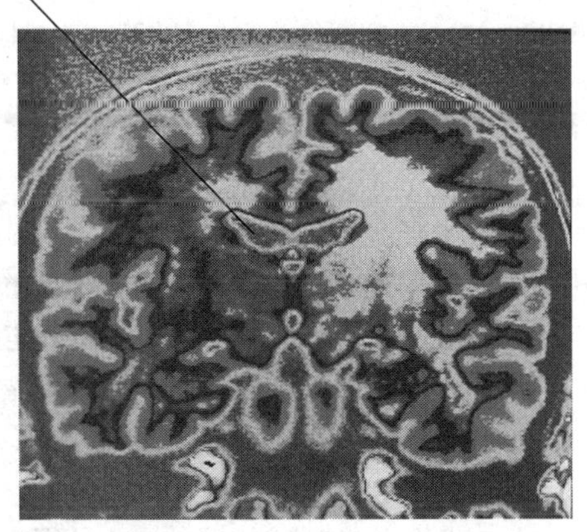

图 15.14 同卵双生子的冠状切面
这对双胞胎中左边这个有精神分裂症，右边的没有，从图上可见精神分裂症患者的脑室相对更大一些。

侧颞叶和皮层前部区域，至少有 1~2 项研究表明皮层大部分区域出现了轻度的异常。皮层下的丘脑因位置较深，没有显示在图 15.13 中，但精神分裂症患者的此区域小于正常人群的均值（Harms et al.，2007）。

另外，精神分裂症患者的脑室也比正常人的脑室要大（Wolkin et al.，1998；Wright et al.，2000）（图 15.14）。脑室的增加意味着大脑细胞所占据的空间就少了。这种特征的大脑损伤在怀孕期间或出生时有并发症的人当中尤其普遍（Stefanis et al.，1999）。

很多研究一致认为，出现异常的区域包括一些相对较晚成熟的区域，如背外侧的前额叶皮层（Berman，Torrey，Daniel，& Weinberger，1992；Fletcher et al.，1998；Gur，Cowell，et al.，2000）。正如我们所预料的，精神分裂症患者在工作记忆任务方面表现得不好，这些功能取决于前额叶皮层（Goldberg，Weinberger，Berman，Pliskin，& Podd，1987；Spindler，Sullivan，Menon，Lim，& Pfefferbaum，1997）。与颞叶或前额叶皮层损伤类似，许多精神分裂症患者也出现了记忆力和注意力损害（Park，Holzman，& Goldman-Rakic，1995）（参见“方法 15.1”）。从微观上看，许多可靠的研究发现患者的细胞体小于正常水平，尤其是海马和前额叶皮质的细胞。

精神分裂症患者的半球偏侧优势也不同于正常模式。大部分人的左半球比右半球要稍微大一些，尤其是颞叶的颞平面。但是精神分裂症的右侧颞平面与左侧一样大，甚至更大（Kasai et al.，2003；Kwon et al.，1999）。精神分裂症患者左半球的整体活力要低于正常人（Gur & Chin，1999），比正常人更有可能成为左利手（Satz & Green，1999）。所有这些结果提示了大脑发育的微妙变化。

大脑异常的诱因尚不确定。大部分精神分裂症研究者都仔细地将入选患者限定为尚未服用过抗精神病药物，或者最近没有服用过药物的。因此这些损伤不可能是由精神分裂症的治疗造成的。然而，许多精神分裂症患者大量使

方 法 15.1

Wisconsin卡片分类任务

神经心理学家运用了许多行为测试手段来测量前额叶皮层的功能。其中一种就是 Wisconsin 卡片分类任务。给每一个被试一些打乱次序的卡片，它们在数量、颜色和形状上都不同（例如 3 个红色的圈、5 个蓝色的三角形、4 个绿色的方块）。首先要求被试把这些卡片按一定规则分类，例如按颜色分类；然后改变规则，接下来要求他们以不同的规则分类，例如按数量分类。改变规则时就需要忘记之前的规则，这个过程会激活前额叶皮层（Konishi et al.，1998）。前额叶皮层受损的人无论首先是按什么规则分类，在转换新的规则时就会有困难。精神分裂症患者也同样有这样的困难（儿童也如此）。

用酒精、大麻和其他药物，很有可能是这些物质使用过量造成大脑异常（Rais et al.，2008；Sullivant et al.，2000）。

精神分裂症患者的大脑损伤是否是*发展性*的，即这种脑损伤是否会随时间而越来越严重，关于此问题的研究结果并不一致。帕金森病、亨廷顿病以及阿尔默茨海默病引起的脑损伤会随着年龄增加而更加严重。而被诊断为精神分裂症后的年轻人很快就能发现其大脑异常（Lieberman et al.，2001），但在老年患者中这些异常却并没有更严重（Andreasen et al.，1990；Censits，Ragland，Gur，& Gur，1997；Russell，Munro，Jones，Jones，Hemsley，& Murray，1997；Selemon et al.，1995）。然而，其他研究表明，随着患者年龄增长，其脑损伤也有中等程度的增加（Cahn et al.，2002；Hulshoff et al.，2001；Mathalon，Sullivan，Lim，& Pfefferbaum，2001；Rais et al.，2008）。不过，精神分裂症患者的大脑并没有表现出神经元死亡的现象（神经胶质细胞的增殖以及负责损伤后修护的基因的激活（Arnold，2000；Benes，1995；K. O. Lim et al.，1998）。也有可能这些神经元虽然没有死亡但缩小了，这有待于我们去进一步研究。

早期发育和后期的精神病理学

有一个问题可能会使你很困惑。对于那些 20 岁之后才被诊断为精神分裂症的人，我们如何证明他们早期发育异常？这一过程可能并不像最初看起来的那么让人不解（Weinberger，1996）。许多在成年期患精神分裂症的人可能从童年时期开始就已经出现了其他的问题，包括注意力、记忆和冲动控制能力的障碍（Keshavan，Diwadkar，Montrose，Rajarethinam，& Sweeney，2005）。而且，在精神分裂症中通常出现损害的前额叶皮层区域发育缓慢，直到将近 20 岁时其功能才发育完全（D. A. Lewis，1997；Sowell，Thompson，Holmes，Jernigan，& Toga，1999）。在一项研究中，研究者损害了新生猴的这一区域，并随后进行了追踪测试。在它 1 岁的时候，这只猴子的行为接近正常。但是在它 2 岁的时候出现了明显的异常（P. S. Goldman，1971，1976）。也就是说，大脑损伤的后果随着年龄增长而恶化。大脑损伤的影响在它 1 岁的时候最小，可能是因为外侧前额叶皮层在这个年龄还没有参与太多功能。后来，随着年龄增长，此区域开始承担重要的功能时，影响就开始出现变化了（图 15.15）。

Patricia S. Goldman-Rakic

大脑是如何组织它的各个子系统去完成整体行为的，这也许是最难回答的问题。

神经发育假说似乎很有道理，但还不完善，今后的研究有必要更深入地去验证这一假说。

停下来检查一下

17. 如果说精神分裂症是由于大脑发育异常所致，为什么行为症状一直到成年之后才表现出来呢？

治疗方法

20 世纪 50 年代中期抗精神病药物出现之前，大部分

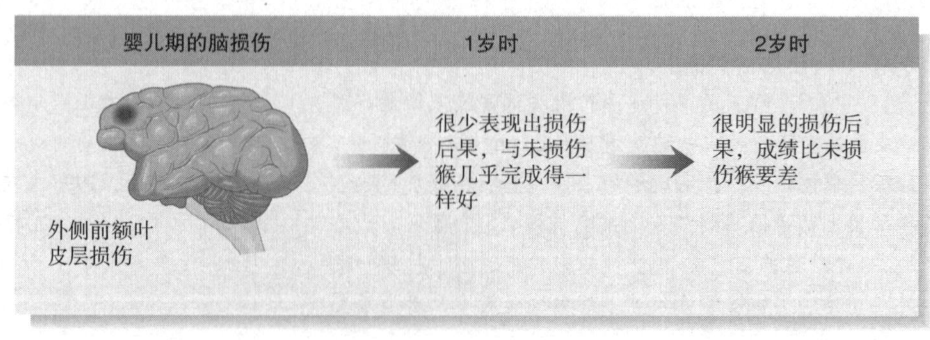

图 15.15　新生猴的大脑损伤后的延迟反应结果

损伤新生猴的外侧前额叶皮层，它 1 岁的时候未出现损害，但之后随着该区域的逐渐成熟，损害会慢慢出现。研究者推测，当人出现类似损伤的时候也可能直到成年后才表现出行为缺陷（*Based on P. S. Goldman, 1976*）

的精神分裂症患者都是被禁闭在精神病院，那种环境可能使他们的病情更加恶化。而如今，因为药物和门诊治疗，精神病院的住院病人远没有之前那么多了。不同类型的药可以提供给我们一些有关精神分裂症产生原因的相关线索。

抗精神病药物和多巴胺

在 1950 年，精神病学家发现了**氯丙嗪**（chlorpromazine）（商品名 Thorazine），它缓解了大部分精神分裂症患者的阳性症状。典型的例子就是一些病人在服用了药物 2 周或者 3 周之后症状缓解，但必须要无限期继续服药以防复发。后来发现的其他**抗精神病药物**（antipsychotic）或镇静药（neuroleptic drugs）（缓解精神分裂症和类似症状的），根据化学结构可以分为两大类：**吩噻嗪类**（phenothiazines），包括氯丙嗪在内；**丁酰苯类**（butyrophenones），包括了氟哌啶醇（商品名 Haldol）。正如图 15.16 所指出的那样，这些药物会阻断突触间多巴胺的功能。对于每种药物，研究者会根据给精神分裂症患者处方的平均剂量（横坐标显示）计算出其阻断的多巴胺受体总量（纵坐标显示）。正如图中所示，抗精神分裂症最有效的药物（使用剂量最小）同时也能最有效地阻断多巴胺受体（Seeman，Lee，Chau-Wong，& Wong，1976）

这些研究结果支持了**精神分裂症的多巴胺假说**（dopamine hypothesis of schizophrenia），该假说认为精神分裂症源于某些大脑区域突触间多巴胺的过度活动。虽然大脑中多巴胺的浓度并不比正常情况高，但是转化率提高了，尤其在基底神经节（Kumakura et al.，2007）。也就是说，神经元以高于平均的速率释放多巴胺，而且合成更多的分子以替代那些没有被吸收的分子。

大量反复使用安非他命、甲基苯丙胺、可卡因会引起**因物质滥用导致的精神症状**（substance-induced psychotic disorder），以幻觉和妄想为主。这一现象进一步支持了多巴胺假说。这些药物都增加或延长了多巴胺在突触间的活动。LSD 也会产生精神病症状，LSD 以它对突触间 5-HT 的影响而被人们所熟知。但是它也会增加多巴胺在突触间的活性。

研究者们在一个限定的时间段里测试了多巴胺受体结合的数量。他们用了一种放射性物质标记的药物 IBZM，它可以与多巴胺 D_2 受体结合，因为 IBZM 只

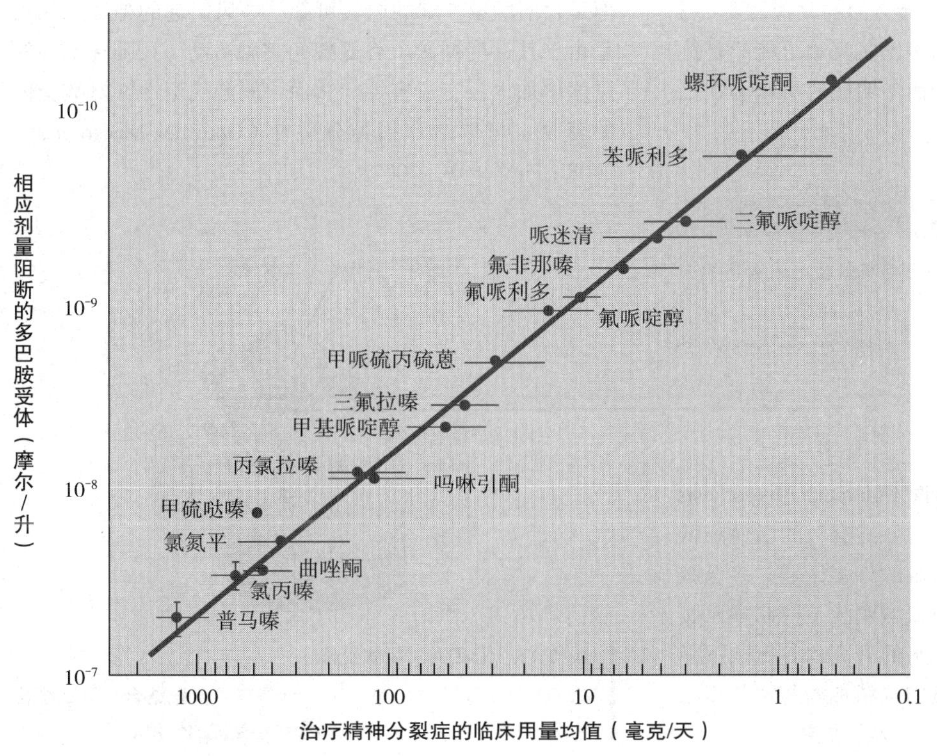

图 15.16 抗精神病药物对多巴胺的阻断作用

横坐标代表的是各种药物每天给患者的平均剂量，越往左剂量越大，越往右剂量越小，因此右边的药物药效更好。纵坐标代表的是相对应的每种药物在该剂量时阻断的突触后膜上多巴胺受体的量，大剂量在下方，小剂量在上方，因此上方的药物药效更好。（*From "Antipsychotic drug doses and neuroleptic/dopamine receptors," by P. Seeman, T. Lee, M. Chau-Wong, and K. Wong, Nature, 261, 1976, pp. 717–719. Copyright © 1976 Macmillan Magazines Limited. Reprinted by permission of Nature and Phillip Seeman.*）

与尚未和多巴胺结合的受体相结合。因此检测放射性物质的量可以计算出未结合的多巴胺受体。接下来研究者们用第二种药物 AMPT 来抑制所有多巴胺与受体的结合，并再次用 IBZM 检测未结合的 D_2 受体的数量。因为 AMPT 已经阻止了多巴胺的产生，此时所有的 D_2 受体应该都是未结合状态的，因此可以计算出多巴胺受体的总量。接下来用第二次统计的数量减去第一次统计出的数量，算出第一次与多巴胺结合的 D_2 受体的数量。

- 第一次数量：IBZM 和所有还没有和多巴胺结合的 D_2 受体结合。
- 第二次数量：IBZM 和所有的 D_2 受体结合
- 第二次的数量减去第一次的数量差不多等于第一次数出来的多巴胺 D_2 受体。

研究者们发现精神分裂症患者和正常人相比，多结合了两倍的 D_2 受体（AbiDargham et al.，2000）。另一项研究发现，在精神分裂症患者前额叶皮层中被激活的 D_2 受体越多，认知功能损害越严重（Meyer-Lindenberg et al.，2002）

然而，多巴胺假说也有局限性和问题。回顾前面关于抑郁症的那一节内容，抗抑郁药会很快改变突触间多巴胺和 5-HT 的活动，但是对于情绪方面的改善需要 2~3 周的治疗才逐渐起效。因此阻断多巴胺突触可能只是抗精神病药物的第一步，其他一些尚不明确的机制会在之后继续发挥作用。

停下来检查一下

18. 抗精神病药物对于多巴胺突触的影响有多快？改善行为方面又有多快？

谷氨酸的作用

根据**精神分裂症的谷氨酸假说**（glutamate hypothesis of schizophrenia），问题的产生与谷氨酸突触的活性降低有关，尤其是前额叶皮层。在大脑的许多区域，多巴胺抑制了谷氨酸的释放，或者是谷氨酸刺激了抑制多巴胺释放的神经元。因此，多巴胺水平的升高和谷氨酸下降所产生的结果相似。抑制多巴胺的抗精神病药物是多巴胺活动过度假说和谷氨酸缺乏假说相容的结果。

精神分裂症患者谷氨酸释放水平低于正常，前额叶皮层和海马当中的谷氨酸受体比正常要少（Akarin et al.，1995；Ibrahim et al.，2000；Tsai et al.，1995）。另一项支持该假说的证据来自**苯环己哌啶**（phencyclidine，PCP）（天使粉），这是一种会抑制 NMDA 谷氨酸受体的药物。小剂量会产生中毒和出现发音含糊；大剂量会产生精神分裂症的阳性症状和阴性症状，包括幻觉、思维障碍、情绪缺失和记忆丧失。PCP 也是可以解释精神分裂症的一种有趣的模型（Farber，Newcome，& Olney，1999；Olney & Farber，1995）：

- PCP 及与其类似的氯胺酮会产生轻度的青春期前的精神病性反应。精神分裂症的症状通常是在青春期之后才全面出现，PCP 和氯胺酮这些药物的精神病性结果也是如此。
- LSD、安非他明和可卡因会在几乎任何人中产生暂时的精神分裂症似的症状，那些有精神分裂症史的人并没有比其他人更严重。然而，对于许多精神分裂症恢复期的患者来说，PCP 会导致其长期持续地复发。

似乎验证谷氨酸假说的最好方法就是服用谷氨酸了。但是，回顾第 5 章的内容可知，中风引起的神经元死亡是由于其过度刺激了谷氨酸的突触活动。大脑谷氨酸的过度增加也会有危害性。然而，刺激代谢性谷氨酸受体的药物也可以治疗精神分裂症（Gonzalez-Maeso et al.，2008；Patil et al.，2007）。

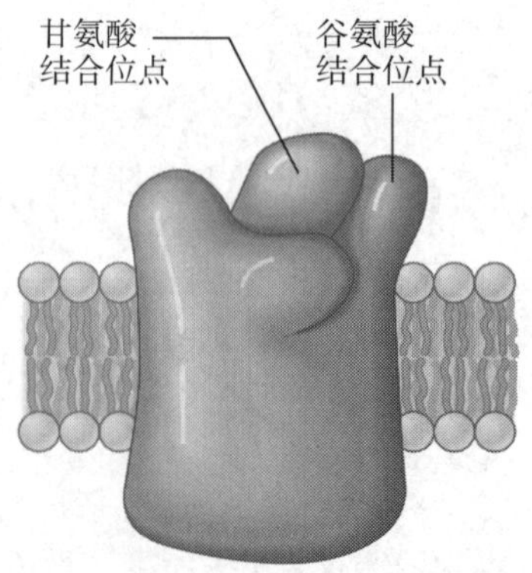

图 15.17 NMDA 甘氨酸受体

NMDA 甘氨酸受体的第一个位点是与谷氨酸结合，第二个位点是与甘氨酸结合，甘氨酸能增强谷氨酸的作用。

此外，NMDA 谷氨酸受体最初的位点被谷氨酸所激活，第二位点被甘氨酸所激活（图 15.17）。甘氨酸本身并不会激活受体，但它却能增加谷氨酸的作用效果。因此，即使不过度刺激大脑的谷氨酸，甘氨酸的增加也会增强 NMDA 突触活动。但是甘氨酸本身并不是一种很有效的抗精神病药物，尤其是对阴性症状（Heresco-Levy et al.，1999；Heresco-Levy & Javitt，2004）。对实验小鼠的研究也发现，额外的甘氨酸会使使用苯环己哌啶之后引起的行为反应有所降低（Yee et al.，2006）。

精神分裂症是一种复杂的疾病。多巴胺和甘氨酸很可能起着重要的作用，也许只是不同个体表现程度不同。

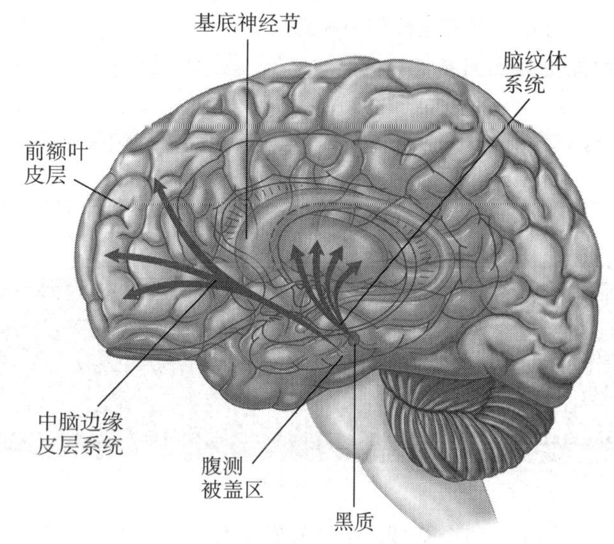

图 15.18 两种主要的多巴胺通路

中脑边缘系统的过度反应与精神分裂症的症状相关，而另一条投射到基底神经节的通路与迟发性运动障碍有关（*Adapted from Valzelli, 1980*）（见彩插）

停下来检查一下

19. 什么药物会主要导致精神分裂症的阳性症状？什么药物会同时导致精神分裂症的阳性和阴性症状？
20. 为什么抗精神病药物的效应与多巴胺假说和谷氨酸假说相一致？

新　药

阻断多巴胺突触活性的药物通过激活**中脑边缘系统**（mesolimbocortical system）中神经元发挥其作用，这些神经元也就是从中脑被盖投射到边缘系统的一组神经元。然而，药物也会抑制从中脑边缘系统投射到基底神经节的多巴胺神经元（图 15.18），结果导致了**迟发性运动障碍**（tardive dyskinesia），不同的病人渐渐表现出不同程度的震颤和不受控制的活动（Kiriakakis，Bhatia，Quinn，& Marsden，1998）。

迟发型运动障碍一旦出现，在病人停药后此症状仍然会持续很长一段时间（Kiriakakis et al.，1998）。因此最好的方法就是避免出现迟发性运动障碍。**第二代抗精神病药物**（second-generation antipsychotics），或者称非典型性抗精神病药物，在减轻精神分裂症症状的同时不产生运动障碍（图 15.19）。常见药物有氯氮平、氨磺舒必利、利培酮、奥氮平和阿立哌唑等。在治疗精神分裂症的阴性症状方面它们比第一代药物疗效要好，因此第二代抗精神病药物现在被更广泛地运用于临床（J. M. Davis，Chen，& Glick，2003；Edlinger et al.，2005）。氯氮平被公认为是最有效的抗精神病药物（McEvoy et al.，2006）。不幸的是，它的副作用也很大，包括损伤免疫系统。一项研究发现，虽然第二代抗精神病药物比原来的药物能更好地缓解精神分裂症的症状，但是与第一代药物相比，它们并不能提高病人的总体生命质量（P. B. Jones，2006）。

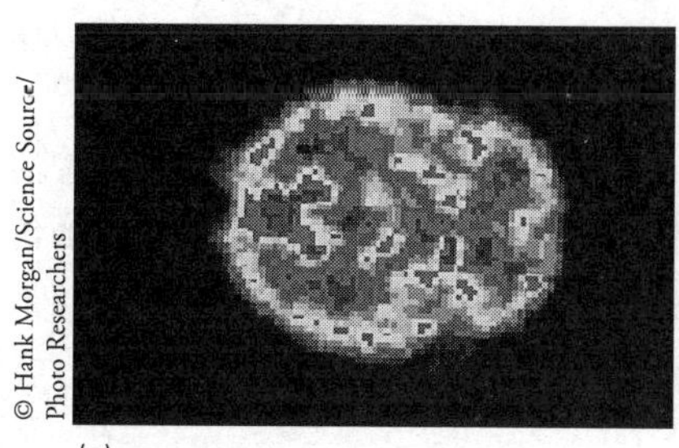
(a)

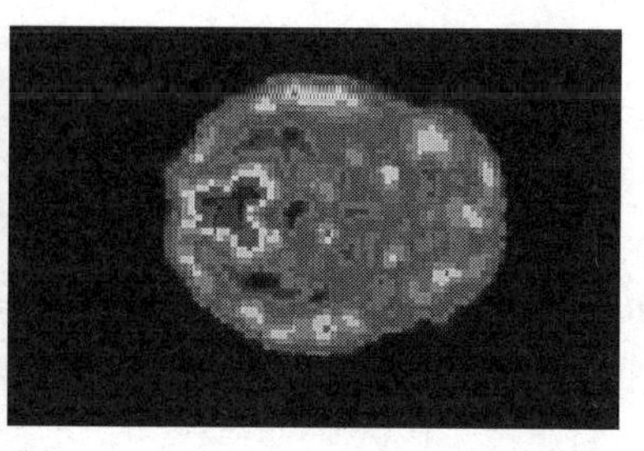
(b)

图 15.19 精神分裂症病人的 PET 扫描

这些精神分裂症病人的 PET 扫描（a）服用了氯氮平（b）未服药，说明氯氮平增加了许多脑区的脑活动。（红色表示最高的活动性，接下来依次是黄色、绿色和蓝色。）（见彩插）

与氟哌啶醇这样的药物相比较，第二代抗精神病药物能更强烈对抗 5-HT_2 受体，但是对 D_2 受体的影响不明 显（Kapur et al.，2000；Meltzer，Matsubara，& Lee，1989；Mrzljak et al.，1996；Roth，Willins，Kristiansen，& Kroeze，1999）。它们也会增加谷氨酸的释放（Melone et al.，2001）。简而言之，精神分裂症既不是单一基因的障碍，也不是单一神经递质的障碍。

模块 15.2 结 语

精神分裂症研究的魅力所在

一个好的全新理论会给我们提供一系列线索，这其中当然也包含很多无关信息，对于读者而言，挑战就在于如何解开这些谜团。对于精神分裂症的研究是相似的，只是我们想知道该为什么负责，而不是谁该为此负责。在解开这些谜团的过程中，我们会遇到许多错误的导向，最终会找到一个模式。不同之处在于，不像想解开谜团的读者那样，我们可以自己去选择一些证据。

我想现在你应该很清楚，研究者们还没有解开这些谜团。但是你也应该了解已经取得了进步。现在的一些假说尽管不是很理想，但是数十年来也出现了很多证据支持这些结果。相信今后对这些领域的研究会越来越多。

总 结

1. 精神分裂症的阳性症状（在其他人身上不会出现的行为）包括幻觉、妄想、不恰当的情绪表现、古怪的行为和思维障碍等。
2. 精神分裂症的阴性症状（应该出现的行为缺失）包括社交行为、情绪表达和说话的减少。
3. 双生子和领养的研究表明了精神分裂症的遗传易感性。然而，收养研究却并不能将遗传的影响和出生前环境的影响区别开来。
4. 到目前为止，研究者们还未能找到与精神分裂症直接相关的基因。一种较有发展前景的假说认为，精神分裂症的产生是源于大脑发育过程中起重要作用的几百个基因中任何一个的突变。
5. 根据神经发育假说，基因或是生命早期的问题损害了大脑的发展，导致了在成年期开始出现行为的异常。
6. 那些在婴儿早期或刚出生时遇到困难的人比一般人更容易发展为精神分裂症。还有一种可能性是儿童时期的感染，寄生虫入侵大脑造成损伤。
7. 一些患有精神分裂症的患者在早期脑发育过程中会出现轻度异常，尤其是在颞叶和额叶。初次诊断后大脑损伤是否会继续进一步加重，在这一点上研究结果尚未达成共识。
8. 部分前额叶皮层的成熟速度缓慢。早期的损伤很有可能会产生一些行为症状，并有可能在成年早期发展为精神分裂症。
9. 根据多巴胺假说，精神分裂症是源于多巴胺的过度活动。阻断多巴胺突触活动的药物能减轻精神分裂症的阳性症状，增强多巴胺活性的药物会导致精神分裂症的阳性症状。
10. 根据谷氨酸假说，精神分裂症产生的原因是谷氨酸活性的下降。苯环己哌啶会抑制 NMDA 谷氨酸突触传递，同时产生精神分裂症的阳性和阴性症状，尤其是在精神分裂症易感人群中。

11. 长期服用抗精神病药物可能会产生迟发性运动障碍。第二代抗精神病药物可以在不产生迟发性运动障碍的情况下同时减轻精神分裂症的阳性和阴性症状。大部分精神病学家都采用了第二代抗精神病药物来进行治疗。

关键术语

精神分裂症　487
急　性　487
慢　性　487
阳性症状　487
阴性症状　487
妄　想　487
幻　觉　487
辨别诊断　488
同病率　489
DISC1　490
神经发育假说　491
出生季节效应　491
氯丙嗪　495
抗精神病药物　495
吩噻嗪类　495
丁酰苯类　495
精神分裂症的多巴胺假说　495
因物质滥用导致的精神症状　495
精神分裂症的谷氨酸假说　496
苯环己哌啶（PCP）　496
中脑边缘系统　497
迟发性运动障碍　497
第二代抗精神病药物　497

思考题

1. 如何用去神经性超敏现象的理论来解释迟发性运动障碍的产生？（见第 5 章）
2. 为什么为既有抑郁症又有精神分裂症的患者选用有效药物要相对困难一些？

停下来检查一下答案

12. 幻觉被视为阳性症状是因为出现了不该出现的东西。“阳”性的症状并不是“好”的症状。
13. 目前报告的精神分裂症患病率降低了。
14. 亲生母亲会通过产前环境和遗传因素影响孩子的发展。
15. 没有。虽然按照该假说，很多基因的突变导致了精神分裂症，但 DISC1 基因已被确定是导致精神分裂症的变异体之一。
16. 出生季节的影响是指出生在冬天的婴儿更有可能患有精神分裂症。一种解释是，怀孕的妇女在秋天感染了流行性感冒病毒或其他病毒，因此导致在冬天出生的婴儿的大脑受到了损害。
17. 部分前额叶皮质发育的速度较慢，因此这块区域的早期损伤不可能在生命早期就表现出来，此时前额皮质参与的功能还很少。
18. 它们在几分钟之内可以阻断多巴胺突触活性，但改善行为则要 2 周甚至更久。
19. 大剂量的安非他命、可卡因和迷幻剂会引起阳性症状，例如幻觉和妄想；苯环己哌啶会同时引起精神分裂症的阳性和阴性症状。
20. 多巴胺会抑制很多脑区的谷氨酸细胞，而谷氨酸刺激神经元会抑制多巴胺，因此，增加多巴胺的作用相当于降低了谷氨酸的水平。

简明基础化学

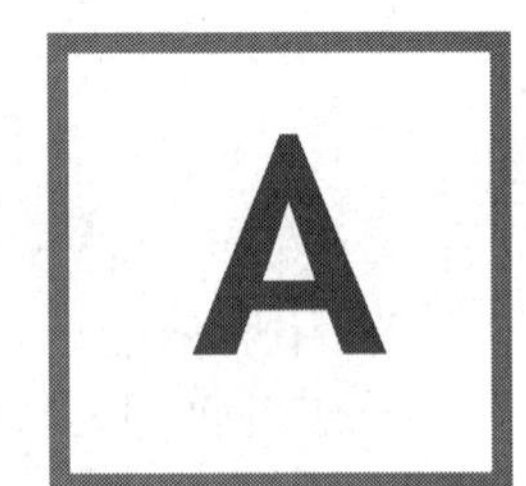

主要内容

1 一切物质都是由有限的元素以各种各样的组合方式构成的。

2. 原子，元素的存在形式[1]，由质子、中子和电子构成。大多数原子可以得失电子或者和其它原子共用电子。

3. 生命化学主要是有关含碳化合物的化学。

引　言

如果想了解生理心理学的某些领域，特别是有关动作电位和突触传递的分子机理方面的内容，你需要稍微懂一点化学知识。如果你在高中或者大学中曾经选修过相关课程且仍能清楚地记得相关内容的话，那么这本书中所涉及的化学原理对你而言应当相当轻松。如果你的化学基础比较薄弱，那么这篇附录会对你有很大的帮助。（如果你计划选修其他生理心理学方面的课程，你最好尽可能多了解一些生物和化学方面的相关知识。）

元素和化合物

环顾四周，你会发现种类繁多的物质——灰尘、水、木头、塑料、金属、布、玻璃以及你自己的身体。所有物质都是由少数基本单元建构而成的。点燃一小块木头，它便分解成灰烬、气体及水蒸气。你的身体同样如此。研究者可以采集这些灰烬、气体和水，并通过化学或电学手段将它们分解为碳、氧、氢、氮以及一些其它元素。最终，研究者将得到一些无法继续分解的物质：比如说，碳单质或者氧气就不能，至少不能通过常规的化学手段，继续转化成更为简单的物质。（用高能亚原子粒子轰击则是另外一回事。）我们看到的物质是由**单质**（elements）[2]（不能被进一步分解的物质）和**化合物**（compounds）（通过不同原子相互键合形成的物质）构成的。

化学家已经在自然界中发现了 92 种元素，同时他们也在实验室中得到了更多的人造元素。（实际上，这 92 种元素之一——锝，其含量甚微以至于自然界中几乎找不到。[3]）图 A.1 元素周期表列出了所有的已知元素。这些元素之中，只有少数元素对于地球上的生命具有重要意义。表 A.1 列出了人体中的常见元素。

需要注意的是，每种元素都有由一个或两个字母构成的缩写符号，例如，O 代表氧、H 代表氢、Ca 代表钙。这些是为了方便使用不同语言的化学家们相互之间交流沟通而制定的国际通用的元素符号。举例来说，19 号元素在英文中叫做“potassium”、在意大利叫“potassio”、在拉脱维亚语中叫“kālijs”、捷克语叫“draslík”。但是全世界的化学家都用元素符号 K（来自 *kalium*，钾的拉丁

1 译者注：具有相同电荷数（即质子数）的同一类原子总称为元素。元素是宏观概念，而原子则是微观粒子，故此处将“Atoms, the component parts of an element”译为“原子，元素的存在形式”。

2 译者注：原文中使用“element”（元素）一词，但根据原作者括号中的注解，此处应该指的是“单质”这一概念。物质（此处特指纯净物）是由单质和化合物组成的。单质指由一种元素组成的纯净物，而化合物则指由多种元素组成的纯净物。可见，“元素”与“化合物”这两个概念不能形成并列关系。

3 译者注：锝元素是第一个人工制得的元素，其英文单词来自于希腊语“人造的”一词，其在自然界中含量甚微，直至20世纪80年代才在自然界中发现微量的锝。

表 A.1 人体中的主要元素

元素	元素符号	占人体体重的百分比
氧	O	65
碳	C	18
氢	H	10
氮	N	3
钙	Ca	2
磷	P	1.1
钾	K	0.35
硫	S	0.25
钠	Na	0.15
氯	Cl	0.15
镁	Mg	0.05
铁	Fe	微量
铜	Cu	微量
碘	I	微量
氟	F	微量
锰	Mn	微量
锌	Zn	微量
硒	Se	微量
钼	Mo	微量

文词源)。类似的，钠的元素符号是 Na（来自 "*natrium*"，钠的拉丁文词源），铁的元素符号是 Fe（来自拉丁文 "*ferrum*"）。

化合物用构成它的元素的元素符号来表示。例如，NaCl 代表氯化钠（普通食盐）。水的化学式 H_2O，表明水分子由两个氢原子和一个氧原子构成。

原子和分子

一块铁可以被不断地切割直至它被分成不能继续分割的微小结构。这种结构就叫做**原子**（atoms）。原子是元素的存在形式。[4] 化合物，如水，也可以被分成极小的结构。化合物的最小结构叫做**分子**（molecule）。一个水分子可以被继续分解为两个氢原子和一个氧原子，但是当这个过程发生时，化合物就遭到破坏而不再是水了。分子是保持化合物化学性质[5]的最小结构单元。

原子由亚原子粒子构成，包括质子、中子和电子。质子带一个正电荷，中子不带电，电子带一个负电荷。原子核——原子的中心——包含至少一个质子和一定数量的中子。电子存在于原子核周围的空间。因为原子的质子数和电子数相同，所以正负电荷数得到了平衡（不带电）。[6]（我们即将提到的离子，其所带正负电荷不等。）

两种元素之所以不同，在于它们原子核中的质子数目不同。例如，氢原子只有 1 个质子，而氧原子则有 8 个。原子中质子的数目就是元素的**原子序数**（atomic number），元素周期表中代表每个元素的格子上方均有标注。底部的数据是元素的**相对原子质量**（atomic weight），它表明一个原子相对一个质子的相对质量值。将一个质子的质量定义为单位 1，则一个中子的质量仅仅比 1 大一点，而一个电子的质量几乎为 0。元素的原子质量是原子中质子数与平均中子数[7]的和。例如，大多数氢原子的原子核中仅含有一个质子；一千个氢原子中只有少数几个原子具有一个或两个中子，最终得到氢原子的平均相对原子量为 1.008。钠离子含有 11 个质子，绝大多数的钠原子含有 12 个中子，最终得到钠原子的相对原子质量略小于 23。（根据图 A.1，你能指出钾原子的平均中子数么？）

离子和化学键

原子得到或失去一个或多个电子就称为**离子**（ion）。例如，如果钠原子和氯原子相遇，则钠原子容易失去一个电子，氯原子将得到一个电子。结果得到了带正电的钠离子（表示为 Na^+）和带负电的氯离子（Cl^-）。与钠离子相似，钾离子倾向于失去一个电子成为带正电的离

4 译者注：此处原文为 "Every element is composed of atoms." 此处意译为 "原子是元素的存在形式"。理由同注1。

5 译者注：分子是独立存在而保持物质化学性质的最小粒子。一些宏观意义上的物理性质，如密度、熔点、沸点等，并不能体现在单个分子之上。此处原文为 "properties"，原作者应指的是化学性质。

6 译者注：括号内的内容乃译者为便于读者理解所加。

7 译者注：周期表中的相对原子质量是考虑了同位素在自然界中的百分含量（丰度）而得出的平均原子量。

化学元素周期表

Period	Alkali Metals 1 IA	Alkaline Earth Metals 2 IIA	Transition Elements 3 IIIB	4 IVB	5 VB	6 VIB	7 VIIB	8 VIIIB	9 VIIIB	10 VIIIB	11 IB	12 IIB	13 IIIA	14 IVA	15 VA	16 VIA	Halogens 17 VIIA	Noble Gases 18 VIIA
1	1 **H** hydrogen 1.008																	2 **He** helium 4.003
2	3 **Li** lithium 6.941	4 **Be** beryllium 9.012											5 **B** boron 10.81	6 **C** carbon 12.011	7 **N** nitrogen 14.007	8 **O** oxygen 16.0	9 **F** fluorine 18.999	10 **Ne** neon 20.179
3	11 **Na** sodium 22.99	12 **Mg** magnesium 24.305											13 **Al** aluminum 26.982	14 **Si** silicon 28.085	15 **P** phosphorous 30.974	16 **S** sulfur 32.060	17 **Cl** chlorine 35.453	18 **Ar** argon 39.948
4	19 **K** potassium 39.098	20 **Ca** calcium 40.08	21 **Sc** scandium 44.955	22 **Ti** titanium 47.90	23 **V** vanadium 50.941	24 **Cr** chromium 51.996	25 **Mn** manganese 54.938	26 **Fe** iron 55.847	27 **Co** cobalt 58.933	28 **Ni** nickel 58.70	29 **Cu** copper 63.546	30 **Zn** zinc 65.38	31 **Ga** gallium 69.72	32 **Ge** germanium 72.59	33 **As** arsenic 74.922	34 **Se** selenium 78.96	35 **Br** bromine 79.904	36 **Kr** krypton 83.80
5	37 **Rb** rubidium 85.468	38 **Sr** strontium 87.62	39 **Y** yttrium 88.906	40 **Zr** zirconium 91.22	41 **Nb** niobium 92.906	42 **Mo** molybdenum 95.940	43 **Tc** technetium (97)	44 **Ru** ruthenium 101.07	45 **Rh** rhodium 102.905	46 **Pd** palladium 106.40	47 **Ag** silver 107.868	48 **Cd** cadmium 112.41	49 **In** indium 114.82	50 **Sn** tin 118.69	51 **Sb** antimony 121.75	52 **Te** tellurium 127.60	53 **I** iodine 126.904	54 **Xe** xenon 131.30
6	55 **Cs** cesium 132.905	56 **Ba** barium 137.33	57 **La** lanthanum 138.906 †	72 **Hf** hafnium 178.49	73 **Ta** tantalum 180.948	74 **W** tungsten 183.85	75 **Re** rhenium 186.207	76 **Os** osmium 190.20	77 **Ir** iridium 192.22	78 **Pt** platinum 195.09	79 **Au** gold 196.967	80 **Hg** mercury 200.59	81 **Tl** thallium 204.37	82 **Pb** lead 207.20	83 **Bi** bismuth 208.980	84 **Po** polonium (209)	85 **At** astatine (210)	86 **Rn** radon (222)
7	87 **Fr** francium (223)	88 **Ra** radium 226.025	89 **Ac** actinium (227) ‡	104 **Rf** rutherfordium (261)	105 **Db** dubnium (262)	106 **Sg** seaborgium (266)	107 **Bh** bohrium (264)	108 **Hs** hassium (269)	109 **Mt** meitnerium (268)	110 **Ds** darmstadtium (271)	111 **Rg** roentgenium (272)	112 **Uub** ununbium (285)	113 **Uut** ununtrium (284)	114 **Uuq** ununquadium (289)	115 **Uup** ununpentium (288)	116 **Uuh** ununhexium (292)	117 **Uus** ununseptium (?)	118 **Uuo** ununoctium (?)

Inner Transition Elements

† Lanthanides 6	58 **Ce** cerium 140.12	59 **Pr** praseodymium 140.908	60 **Nd** neodymium 144.24	61 **Pm** prometheum (145)	62 **Sm** samarium 150.40	63 **Eu** europium 151.96	64 **Gd** gadolinium 157.25	65 **Tb** terbium 158.925	66 **Dy** dysprosium 162.50	67 **Ho** holmium 164.93	68 **Er** erbium 167.26	69 **Tm** thulium 168.934	70 **Yb** ytterbium 173.04	71 **Lu** lutetium 174.97
‡ Actinides 7	90 **Th** thorium 232.038	91 **Pa** protactinium 231.036	92 **U** uranium 238.029	93 **Np** neptunium (237)	94 **Pu** plutonium (244)	95 **Am** americium (243)	96 **Cm** curium (247)	97 **Bk** berkelium (247)	98 **Cf** californium (251)	99 **Es** einsteinium (254)	100 **Fm** fermium (257)	101 **Md** mendelevium (258)	102 **No** nobelium (255)	103 **Lr** lawrencium (260)

说明

原子序数 — 1
元素符号 — **H**
元素名称 — hydrogen
原子量 — 1.008

图 A.1 化学元素周期表

之所以叫做“周期表”，是因为元素的一些性质表现出周期性的变化规律。例如，从锂元素开始的一族元素是易于成盐的金属元素；最右端的一族元素都是几乎不形成任何化合物的气体。112–118 号元素只有尚未确定的名字及元素符号。

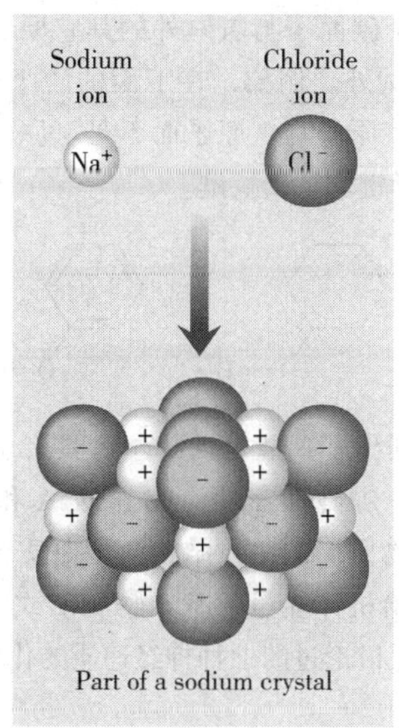

图 A.2　氯化钠的晶体结构

每个钠离子都被氯离子包围，每个氯离子也被钠离子包围，没有离子是单独与另外一个离子成键的。

子（K^+）；钙原子[8]倾向于失去两个电子带两个正电荷（Ca^{2+}）。[9]

由于正负电荷相吸，钠离子可以吸引氯离子。干燥时，氯化钠[10]形成如图 A.2 的晶体结构。（水溶液中，两种离子随机运动，偶然相互吸引后随即被冲开。）阴阳离子的相互吸引形成了**离子键**（ionic bond）。其它情况下，不同于电子从一个原子转移到另一个原子，一些原子对彼此共用电子对，形成了**共价键**（covalent bond）。例如，两个氢原子键合，如图 A.3 所示，以及两个氢原子和一个氧原子键合，如图 A.4 所示。原子间因共价键相连而不能相对独立地运动。

图 A.3　氢分子的结构

每个氢原子含有一个电子；在化合物中，两个原子平等的共用一对电子。

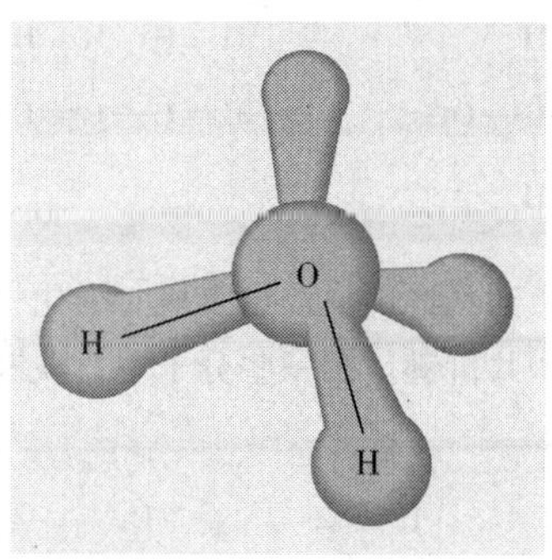

图 A.4　水分子的结构

氧原子分别和每个氢原子共用一对电子。氧原子对电子的吸引更强，使得分子中氧原子部分相比氢原子部分负电的成分更多。

碳原子的反应

生物有机体依赖于种类繁多功能各异的各种含碳化合物。由于这些化合物对于生命极为重要，与碳相关的化学又被称为有机化学。

碳原子与氢、氧及一些其它元素的原子形成共价键。它们也与其它碳原子形成共价键。两个碳原子之间可以共用 1 到 3 对电子。这类化学键可以被表示为如下形式：

C－C 两原子间共用一对电子。

C＝C 两原子间共用两对电子。

C≡C 两原子间共用三对电子。

通常每个碳原子会形成 4 个共价键，可以是其它的碳原子、氢原子，或者是其它（元素的）[11]原子。许多具有重要生物学意义的化合物含有碳原子相互连接形成的长链结构，例如：

8　译者注：原文为“Calcium ions tend to lose two electrons”，但此处应该是“钙原子易于失去两个电子形成钙离子”，故译文更改为“钙原子”。

9　译者注：原文为“Ca^{++}”，但化学领域中钙离子的通用表示符号为“Ca^{2+}”，故此处改为“Ca^{2+}”。

10　译者注：原文是“sodium and chloride”，但是图A.2描述的是氯化钠的晶体结构。故此处应为氯化钠 (sodium chloride)。

11　译者注：括号里的内容乃译者为便于读者理解所加。

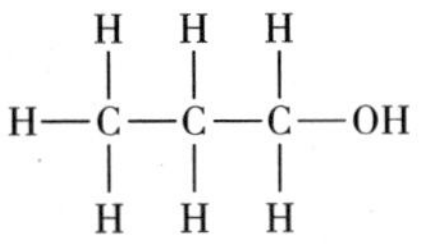

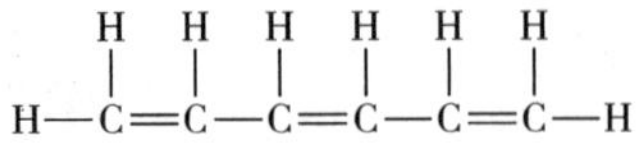

需要注意到，将每个双键算成 2 个化学键，每个碳原子都有四个共价键。在一些分子中，碳链首尾相连形成一个环：

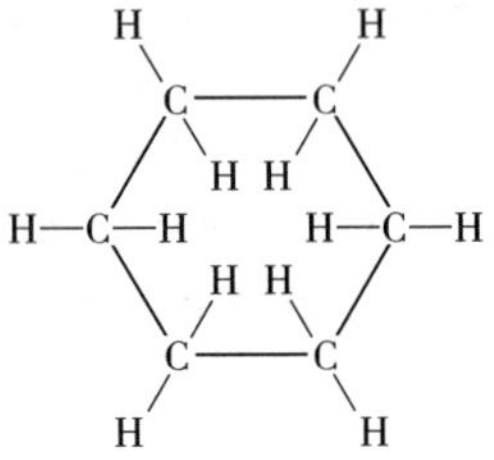

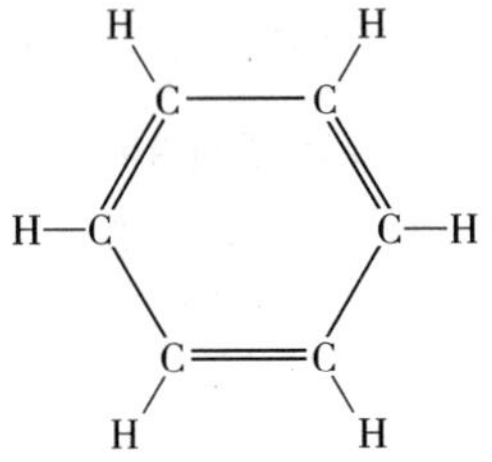

环状结构在有机化学中十分普遍。为了简化结构式，化学家经常省略氢原子。你可以简单地假设结构式中的每个碳原子都有四个共价键，并且所有没有显示的化学键都与氢原子相连。为了进一步简化结构式，化学家经常省略碳原子本身，仅仅显示碳碳键。例如，之前的两个结构式可以写成如下形式：

如果某个碳原子与氢以外的其它原子成键，结构式中须标明此例外。例如，在下面的两个分子结构式中，分别有一个碳原子与氧原子而不是氢原子成键。所有没有画出的化学键均是碳氢键。

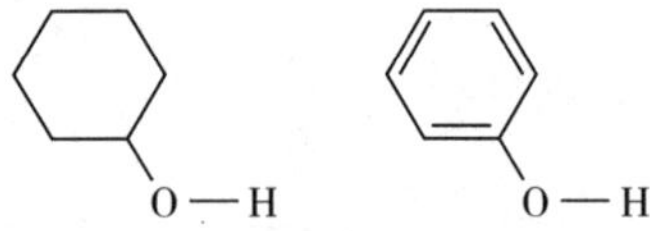

图 A.5 列出了一些对动物生命具有重要意义的部分含碳化合物。嘌呤和嘧啶构成了 DNA 和 RNA（与遗传有关的化学物质）的主体结构。蛋白质、脂肪以及碳水化合物是供给机体能量的基本物质形式。图 A.6 列出了这本书中广泛讨论过的七种神经递质的化学结构。

机体中的化学反应

生命有机体是一系列复杂且相互关联的化学反应的集合。生命体要求每个反应的速度都得到严格的调控。许多情况中一个反应的产物会作为反应物进入另一个反应，生成的产物作为反应物又进入下一个反应，以此类推。如果这些反应中的某个反应与其它反应相比速度

图 A.5　一些重要生物分子的结构
蛋白质中的 R 代表与该位点相连的、因氨基酸种类不同而异的侧链基团。实际的蛋白质要比图中所示的结构长得多。

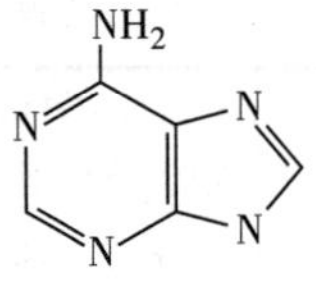

腺嘌呤
（α 嘌呤）

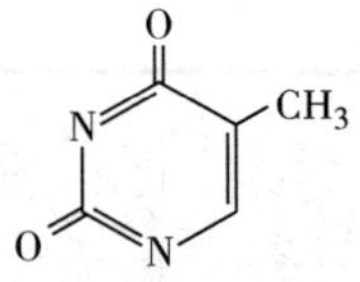

胸腺嘧啶
（α 嘧啶）

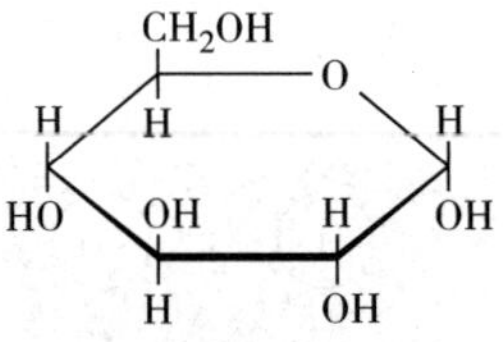

葡萄糖
（α 构型）

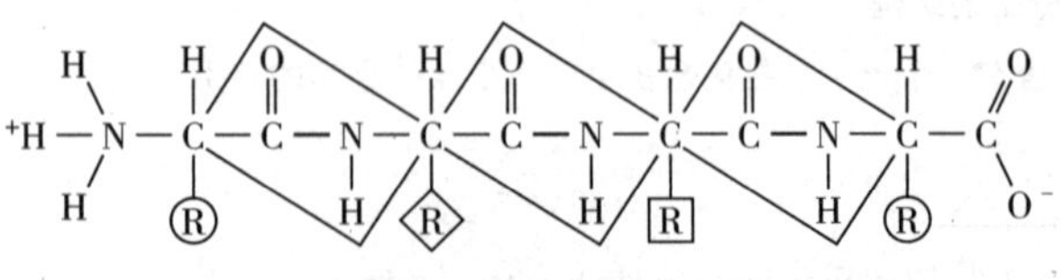

（α 蛋白质）

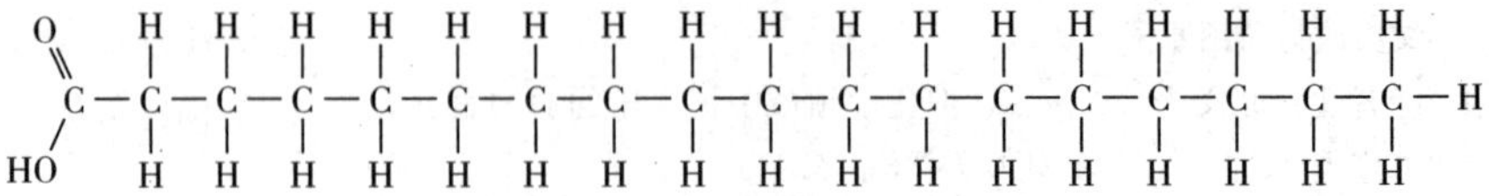

硬脂酸
（一种脂肪）

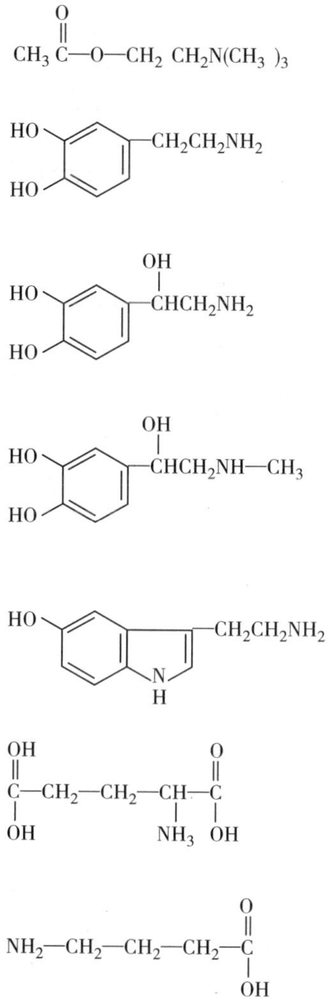

$CH_3C(=O)—O—CH_2CH_2N(CH_3)_3$ 乙酰胆碱

HO, HO, $—CH_2CH_2NH_2$ 多巴胺

OH, HO, HO, $—CHCH_2NH_2$ 去甲肾上腺素

OH, HO, HO, $—CHCH_2NH—CH_3$ 肾上腺素

HO, $—CH_2CH_2NH_2$, N, H 血清素（5-羟色胺）

OH, O, $C—CH_2—CH_2—CH—C$, OH, NH_3, OH 谷氨酸

O, $NH_2—CH_2—CH_2—CH_2—C$, OH γ 氨基丁酸

图 A.6 七种主要神经递质的化学结构

过快，产生的化学物质可能会（在体内）[12] 积累到有害水平。如果一个反应太慢，那么将不能产生足够的产物，并导致后续反应的停滞。

酶（enzymes）是控制化学反应速度的蛋白质。每个反应都由特定的酶来控制。酶是一种催化剂。催化剂是能够促进其它物质反应而自身在反应前后并不改变的化学物质。

12 译者注：括号里的内容乃译者为便于读者理解所加。

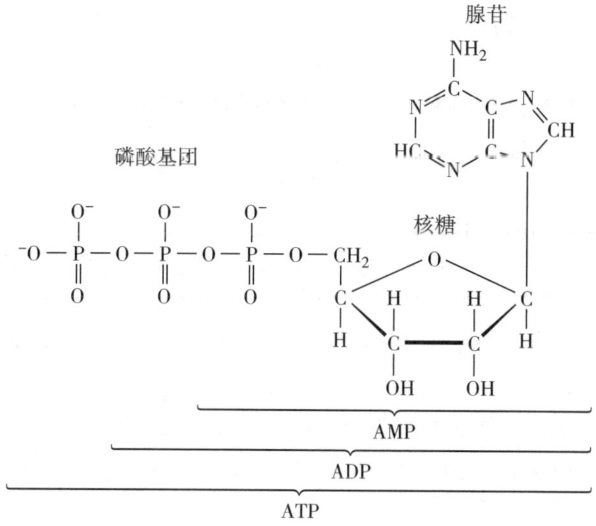

腺苷

磷酸基团

核糖

AMP

ADP

ATP

图 A.7 ATP 由腺苷、核糖及三个磷酸基团构成

ATP 可以失去一分子磷酸形成 ADP（二磷酸腺苷）以及进一步脱去另一分子磷酸形成 AMP（磷酸腺苷）。每次磷酸键的断裂都会释放能量。

ATP（三磷酸腺苷）[13] 的作用

机体将**三磷酸腺苷**（adenosine triphosphate）作为即时供能的主要形式（图 A.7）。从食物中获得的大部分能量用于形成为肌肉和身体其它部分直接供能的 ATP 分子。

ATP 包括与核糖相连的腺苷及三个磷酸基团（PO_3）[14]。磷酸基团间形成了高能共价键。也就是说，该键形成时需要吸收大量能量，断裂时也放出大量的能量。ATP 可以使三个磷酸基团中的一个或两个脱落从而提供能量。

13 译者注：大部分情况下，人们习惯于使用简称，即ATP。

14 译者注：此处的磷酸基团因其在ATP中所处位置不同而带有不同的电荷，端基的磷酸基团带有两个负电荷，其余两个磷酸基团分别带一个负电荷（见图A.7）。

结 语

1. 物质是由 92 种元素以各种各样的组合方式构成的化合物组成的。
2. 原子是一种元素的最小单元。分子是保持化合物化学性质的最小单位。
3. 一些元素的原子可以得失电子，因而成为离子。带正电的离子吸引带负电的离子，形成离子键。一些情况下，两个或者更多的原子可以共用电子，从而形成共价键。
4. 机体中能量的主要传递者是一种叫做 ATP 的化学物质。

术 语

原 子
原子序数
原子质量
ATP（三磷酸腺苷）
化合物
共价键
元 素
酶
离 子
离子键
分 子

神经科学学会关于神经科学研究中使用动物和人类被试的政策

在神经科学研究中使用动物的政策

神经科学研究中的动物使用政策影响着学界许多有关动物的研究。这包括在年会上的学术报告、在神经科学期刊上的综述和研究文献，也包括针对动物权利活动家关于动物使用伦理的辩护。在各个领域落实这些责任条款需要有相关管理体系（如项目委员会、出版委员会、编辑委员会、动物研究委员会等），也需要接受理事会提供的建议。

前　言

神经科学学会是基础和临床神经科学研究的专业学会，它赞同和支持正确并负责地使用动物作为实验对象。在动物研究中获得的知识已经极大地推动了人们对神经系统相关疾病和障碍的认识，同时也在减轻动物和人类痛苦、寻求更好的治疗方法等方面产生了许多积极的影响。这些知识也为我们了解自己、了解我们复杂的大脑、了解人之所以为人等方面做出了巨大的贡献。大脑如何工作、神经系统相关疾病如何治疗？要更好地回答这些问题，就需要人们进一步探索生命体神经系统在各个层面上的复杂功能。由于没有其他更好的方法，许多此类研究都必须使用动物作为实验对象。学会认为，神经科学家必须更加负责、更加人道主义地对待动物研究，以推动学科的发展。

学会的许多职能都与研究中对动物的使用有关。神经科学研究动物使用政策影响着学界许多有关动物的研究。这包括在年会上的学术报告、在神经科学期刊上的综述和研究文献，也包括针对动物权利活动家关于动物使用伦理的辩护。学会有职责在这些方面对个体成员的研究进行直接的支持和规范管理。这份文件的目的是描述有关这些问题的政策大纲。在年会报告或期刊发表的文章中所进行的研究都需要遵循这些政策，而且当对动物的使用遭到质疑时，这些条款也是用于评定研究是否合适的重要标准。

一般政策

神经科学研究通常会使用复杂的、有侵犯性的方法，这就会涉及不同方面的问题、风险和特定的技术。不适合某种研究的实验方法可能会适于其他类的研究，这就使得学会难以制订特定的政策和程序规范动物的饲养照料和使用，难以规范每项科学研究中与动物相关的实验设计及具体做法。

《关于人道关怀和实验动物使用的公共健康服务政策》（The US Public Health Service Policy on Humane Care and Use of Laboratory Animals, PHS Policy）和《实验动物饲养管理及使用指南》（Guide for the Care and Use of Laboratory Animals）描述了一系列政策和程序，它们可以保证在所有的生物医学研究中人性化以及合理地使用活的脊椎动物。学会认为上面涉及的这些政策和程序既是必要的，也是充分的，它们可以确保高质量的动物照料，所以学会采用它们作为正式的“关于神经科学研究中动物使用的政策”。所有的学会成员在进行动物研究时都需要遵从这些政策，同时确认他们提交给年会的摘要以及杂志的稿件也符合这些条款。学会还有《神经科学研究中的动物使用手册》（Handbook for the Use of animals in Neuroscience Research），其中详细描述了学会的政策和管理程序，可以保护成员不会因其研究而遭受攻击。

地方委员会

学会政策的一个重要内容是，要求各地方委员会审查所有动物照料和使用程序。地方委员会的成员不仅要包括在动物研究方面经验丰富的科学家和一名兽医，而且也应该包括和其他成员所属机构无关的一名成员。在审查动物使用的过程中，委员会需要评估是否遵循政策规定以及在动物管理、兽医照料和公共设施方面是否充分。以下这些程序需要特别关注:动物采购、检疫和稳定、物种分离、疾病诊断和治疗、麻醉和镇痛、手术和术后照料以及安乐死。审查委员会还需要确保涉及活脊椎动物的研究都是为了人类和动物的健康、为了知识的获得或者社会的进步。地方委员会对于成员在研究中使用活脊椎动物的审查是学会政策的一个重要组成部分。在学会的文件中列出了如何建立适当的动物照料和使用程序以及如何建立地方审查委员会的详细方法。

其他法律、法规和政策

除了以上内容，学会的正式会员必须遵从所有相关的国家、州以及地方对于神经科学研究中使用动物的法律、法规和政策。因此，美国成员必须查看《美国动物福利法》（US animal welfare act）1985 修正案以及美国农业部的附加条款。加拿大成员必须遵从《实验动物照料及使用指南》（Guide to the care and use of experimental animals），墨西哥的成员必须遵循相应法律和法规（Reglamento de la Ley General de SAlud en Materia de Investigacion para la Salud）。同样的，在遵从本国法律、法规之外，国外成员也需要遵守学会的官方政策。

推荐书目

"Anesthesia and paralysis in experimental animals." *Visual Neuroscience*, 1:421–426. 1984.

The Biomedical Investigator's Handbook for Researchers Using Animal Models. 1987. Foundation for Biomedical Research, 818 Connecticut Ave., N.W., Suite 303, Washington, D. C. 20006.

Guide for the Care and Use of Laboratory Animals, 7th edition. 1996. NRC (National Research Council), Institute of Laboratory Animal Resources, National Academy of Sciences, 2101 Constitution Ave., N.W., Washington, D.C. 20418.

Guide to the Care and Use of Experimental Animals, 2nd edition, vol. 1. 1993. Canadian Council on Animal Care, 350 Albert St., Suite 315, Ottawa, Ontario, Canada K1R 1B1.

Handbook for the Use of Animals in Neuroscience Research. 1991. Society for Neuroscience, 11 Dupont Circle, N.W., Suite 500, Washington, D.C. 20036.

OPRR Public Health Service Policy on Humane Care and Use of Laboratory Animals (revised Sept. 1986). Offi ce for Protection from Research Risks, NIH, 6100 Executive Blvd., Suite 3B01-MSC 7507, Rockville, MD 20892-7507.

Preparation and Maintenance of Higher Mammals During Neuroscience Experiments. Report of a National Institutes of Health Workshop. NIH Publication No. 91-3207, March 1991. National Eye Institute, Bldg. 31, Rm. 6A47, Bethesda, MD 20892.

Seventh Title of the Regulations of the General Law of Health, Regarding Health Research. In: *Laws and Codes of Mexico. Published in the Porrua Collection*, 12th updated edition, pp. 430–431. Porrua Publishers, Mexico, 1995.

以下规则大部分基于《关于人道主义和实验的动物使用的公共健康服务政策》，它们在涉及动物的实验设计以及实验过程也具有指导意义：

为获取有效数据，应选择最少数量的合适物种。

在涉及声音的实验过程中，应注意正确使用动物，包括避免痛苦或者使痛苦最小化。涉及到使动物产生短暂痛苦的实验需要进行安抚，如使用镇静剂、麻醉剂等。手术和其他痛苦的程序需要在动物被化学麻醉后进行。

动物的术后照料需要最大化地减小痛苦并应使用兽医学院的操作。

受到伤害或慢性痛苦折磨并得不到缓解的动物应获得安乐死。如果实验要求动物死亡，动物应得到人性化地处置。

动物的生活条件应当合适，并对动物的健康和舒适有益。通常，在生物医学实验中，圈养、喂养、动物照料等方面的条件都应在兽医或其他有经验的科学家的指导下进行。任何条件下，都应该提供合适的兽医照顾。

这些条目要求仔细地考虑并应由合适的审查组执行，如动物照料和使用委员会。

在神经科学研究中使用人类被试的政策

涉及人类被试的实验程序必须符合保护人类被试的相关政策（Federal policy for the protection of human subjects）和赫尔辛基声明（Declaration of Helsinki）中的各项条款。在年会提交摘要和在神经科学杂志发表文章的时候，作者必须签订遵从此项政策的声明。

推荐书目及资源

Declaration of Helsinki. (Adopted in 1964 by the 18th World Medical Assembly in Helsinki, Finland, and revised by the 29th World Medical Assembly in Tokyo in 1975.) In: *The Main Issue in Bioethics Revised Edition*. Andrew C. Varga, Ed. New York: Paulist Press, 1984.

Federal Policy for the Protection of Human Subjects; Notices and Rules. *Federal Register*. Vol. 56, No. 117 (June 18, 1991), pp. 28002–28007.

http://www.apa.org/science/anguide.html

This Website presents the ethical guidelines adopted by the Anerican Psychological Association. Th ey are largely similar to those of the Neuroscience Society.

专业术语表

2-AG
2-AG，78
5-hydroxyindoleacetic acid
5- 羟吲哚乙酸（5-HIAA），381
ablation
切除，118
absolute refractory period
绝对不应期，45
acetylcholine
乙酰胆碱，63
acetylcholinesterase
乙酰胆碱酯酶，69
across-fiber pattern principle
交叉纤维模式原则，223
action potential
动作电位，43
activating effects
激活作用，341
activation-synthesis hypothesis
激活 - 合成假说，303
active transport
主动运输，37
acute
急性，487
adaption
适应，226
adrenocorticotropic
促肾上腺皮质激素（ACTH），394
aerobic
有氧，242
afferent axon
传入轴突，34
affinity
亲和性，73
agonist
兴奋剂，73
agouti-related peptide
豚鼠相关肽，327

alcoholism (alcohol dependence)
酗酒（酒精依赖），79
aldosterone
醛固酮，317
all-or-none law
全或无法则，45
allostasis
非稳态，309
alpha waves
α 波，286
alpha-fetoprotein
α- 胚胎蛋白，343
altruistic behavior
利他行为，20
Alzheimer's syndrome
阿尔茨海默氏病，418
AMA receptor
AMPA 受体，429
amino acids
氨基酸类，63
amnesia
健忘症，408
amphetamine
苯丙胺，75
amplitude
振幅，200
amyloid-β
淀粉样 -β 蛋白（或 β- 淀粉样蛋白），419
anaerobic
无氧，242
anandamide
内源性大麻素，78
androgen insensitivity
雄性激素不敏感，356
androgens
雄激素，340

angiotension II
血管紧张素 II，317
anomia
命名障碍，457
anorexia nervosa
神经性厌食症，333
Antabuse
安塔布司，82
antagonist
拮抗剂，73
antagonistic
颉颃肌，240
anterior commissure
前连合，103，445
anterior pituitary
垂体前叶，68
anterograde amnesia
顺行性健忘症，409
antibodies
抗体，395
antidiuretic hormone
抗利尿激素（ADH），315
antigens
抗原，395
antipsychotic
抗精神病药物，495
aomotic pressure
渗透压，315
aphasia
失语症，454
apoptosis
细胞凋亡，136
arrcuate nucleus
弓状核，326
artificial selection
人工选育，17
associativity
联合性，428

cochlea
耳蜗，202
collateral sprouts
旁出芽，151
color constancy
颜色恒常性，169
color vision deficiency
颜色视觉缺陷，170
columns
柱，104
coma
昏迷，286
complex cell
复杂细胞，181
computerized axial tomography
计算机辅助断层扫描（CT，CAT），113
concentration gradient
浓度梯度，42
concordance
同病率，489
conditioned response
条件性反应，402
conditioned simulus
条件刺激，402
conditioned taste aversion
条件性味觉厌恶，322
conductive (middle-ear) deafness
传导性失聪（中耳失聪），205
cones
视锥细胞，164
confabulation
虚构，418
congenital adrenal hyperplasia
先天性肾上腺增生（CAH），354
conscious
意识，463
consolidate
复述，407
cooperativity
协同性，428
corpus callosum
胼胝体，103，436
corticospinal tracts
皮质脊髓束，255
cortisol
皮质醇，394
cranial nerves
脑神经，93
cross-adaption
交叉适应，226
cytokines
细胞因子，313，395

deafferented
去传入，154
declarative memory
陈述性记忆，412
delayed matching-to-sample task
延迟样本匹配任务，412
delayed nonmatching-to-sample task
延迟样本不匹配任务，412
delayed response task
延迟反应任务，108，408
delusions
妄想，487
dendrites
树突，33
dendritic spines
树突棘，33
denervation supersensitivity
去神经超敏化，151
deoxyribonucleic acid
脱氧核糖核酸（DNA）13
depolarize
去极化，43
dermatome
生皮节，212
diaschisis
神经联系失能，149
diazepam-binding inhibitor
地西泮抑制因子（DBI），390
differential diagnosis
辨别诊断，488
differentiates
分化，131
disrupted in schizophrenia
DISC1，490
disuse supersensitivity
废用性超敏化，152
dizygotic
异卵双生子，15
dominant
显性，14
dopamine hypothesis of schizophrenia
精神分裂症的多巴胺假说，495
dopamine transporter
多巴胺转运蛋白，75
dorsal
背侧，90
dorsal root ganglia
后根神经节，91
dorsal stream
背侧通路，179
dualism
二元论，8
duodenum
十二指肠，323
dyslexia
阅读障碍，458

easy problem
简单问题，9
edema
水肿，148
efferent axon
传出轴突，34
efficacy
药效，73
electrical gradient
电位差，40
electroconvulsive therapy
电休克疗法，480
electroencephalograph
脑电图仪（EEG），115
endocrine glands
内分泌腺，68
endogenous circadian rhythm
内源性昼夜节律，276

endogenous circannual rhythm
内源性近年节律，276
endoplasmic reticulum
内质网，32
endorphins
内啡肽，217
endozepines
内源性焦虑物质，390
end-stopped (hypercomplex) cell
端点（超复杂）细胞，181
engram
痕迹，404
enzymes
酶，14
epilepsy
癫痫，437
episodic memories
情景记忆，411
equipotentiality
等势说，405
estradiol
雌二醇，340
estrogens
雌激素，340
evoked potentials (responses)
诱发电位或诱发反应，115
evolution
演化，17
evolutionary explanation
演化的解释，6
evolutionary psychology
演化心理学，20
excitatory postsynaptic potential
兴奋性突触后电位（EPSP），55
exocytosis
胞吐，65
explicit memory
外显记忆，411
extensor muscles
伸肌，240

fast-twitch fibers
快缩肌纤维，242
feature detectors
特征觉察器，183
fetal alcohol syndrome
胎儿酒精综合症，137
fitness
适应度，19
flexor muscles
屈肌，240
focal hand dystonia
局灶性手部肌张力异常，144
focus
病灶，437
follicle-stimulating hormone
卵泡刺激素（FSH），345
forebrain
前脑，95
fovea
中央凹，163
free-running rhythm
自由运转节律，278
frequency
频率，200
frequency theory
频率理论，202
frontal lobe
额叶，107
functional explanation
功能的解释，6
functional magnetic imaging
功能性磁共振成像（fMRI），117

GABAA receptor
GABAA 受体，389
ganglion cells
神经节细胞，162
gases
气体递质，63
gate theory
门控理论，218
gender identity
性别同一性，354
gene-knockout approach
基因敲除方法，119
general adaption syndrome
一般适应症候群，394
genes
基因，13
ghrelin
脑肠肽，326
glia
神经胶质细胞，35
globus pallidus
苍白球，259
glucagon
胰高血糖素，324
glucose
葡萄糖，37
glutamate hypothesis of schizophrenia
精神分裂症的谷氨酸假说，496
golgi tendon organs
高尔基腱器官，243
G-protein
G- 蛋白，67
graded potentials
级量电位，48
grasp reflex
抓握反射，244
gray matter
灰质，91

habituation
习惯化，427
hair cells
毛细胞，202
hallucinations
幻觉，487
hallucinogenic drugs
致幻药，78
hard problem
困难问题，9
Hebbian synapse
赫布突触，426
hemorrhage
出血，147
herbivore
食草动物，321

heritability
遗传性，15
hermaphrodites
雌雄同体，355
heterozygous
杂合子，14
hindbrain
后脑，93
hippocampus
海马，99
homeostasis
内稳态，309
homeothermic
恒温动物，309
homozygous
纯合子，14
horizontal cells
水平细胞，174
hormone
激素，68
huntingtin
亨廷顿蛋白，270
Huntington's disease
亨廷顿氏病，268
hyperpolarization
超极化，43
hypothalamus
下丘脑，99
hypothalamus-pituitary-adrenal axis
HPA 轴，394
hypovolemic
容量性渴，317

identity position
同一性观点，8
immune system
免疫系统，395
implicit memory
内隐记忆，411
impotence
阳痿，345
inattentional blindness
不注意视盲，463
inferior colliculus
下丘，95
inferior temporal cortex
下颞叶皮层，184
inhibitory postsynaptic potential
抑制性突触后电位（IPSP），58
insomnia
失眠，293
insulin
胰岛素，324
interneuron
中间神经元，34
intersexes
双性人，355
intrinsic neuron
内在神经元，34
ionotropic effects
促离子型效应，66
ischemia
缺血，147

James-Lange theory
詹姆士 - 兰格理论，368
jet lag
时差反应，279

K-complex
K- 复合波，287
kin selection
亲缘选择，21
Klüver-Bucy syndrome
Klüver-Bucy 综合征 ，106
koniocellular neurons
尘细胞神经元，178
Korsakoff's syndrome
科萨科夫综合征，417

labeled-line principle
专线原则，223
lactase
乳糖酶，321
lactose
乳糖，321
Lamarckian evolution
拉马克进化，17
laminae
层，103
language acquisition device
语言获得装置，453
lateral corticospinal tract
外侧皮质脊髓束，255
lateral geniculate nucleus
外侧膝状体，174
lateral hypothalamus
外侧下丘脑，328
lateral inhibition
侧抑制，176
lateral interpositus nucleus
外侧间位核，405
lateral preoptic area
外侧视前区，316
lateralization
单侧化，436
law of specific nerve energies
特殊神经能量定理，160
L-dopa
L- 多巴，267
leptin
瘦素，325
lesion
损毁，118
leukocytes
白血球，395
ligand-gated
配体门控，66
limbic system
边缘系统，96，371
lithium
锂，483
local anesthetic
局部麻醉，44
local neurons
局部神经元，48
locus coeruleus
蓝，斑，290

pitch
音高，200
pituitary gland
垂体，99
pituitary gland
脑垂体，68
place theory
地点理论，202
placebo
安慰剂，218
planum temporale
颞平面，443
poikilothermic
变温动物，309
polarization
极化，40
polysomnograph
多导睡眠记录仪，286
pons
脑桥，94
pons-geniculate-occipital
PGO 波，292
pontomesencephalon
脑桥中脑，289
positive symptoms
阳性症状，487
positron emission tomography
正电子断层扫描（PET），116
postcentral gyrus
中央后回，105
posterior parietal cortex
后顶叶皮质，251
posterior pituitary
垂体后叶，68
postpartum depression
产后抑郁，476
postsynaptic neuron
突触后神经元，55
posttraumatic strss disorder
创伤后应激障碍（PTSD），398
poverty of the stimulus argument
刺激缺乏说，453
precentral gyrus
中央前回，107
prefrontal cortex
前额叶皮层（质），107，251
prefrontal lobotomy
前额叶切除术，108
premotor cortex
前运动皮质，251
preoptic area/anterior hypothalamus
视前区 / 下丘脑前部，312
presynaptic neuron
突触前神经元，55
presynaptic terminal
突触前末梢，33
primary auditory
初级听觉皮层（A1 区），204
primary motor cortex
初级运动皮质，249
primary visual cortex
初级视皮层（V1 区），179
primates
灵长类动物，103
problem of other minds
他心问题，9
procedural memory
程序性记忆，412
productivity
生成性，448
progesterone
孕激素，340
proliferation
增殖，130
propagation of the action potential
动作电位的传导，46
proprioceptor
本体感受器，243
prosopagnosia
面孔失认症，184
protein hormones
蛋白激素，68
psychoneuroimmunology
心理神经免疫学，396
punishment
惩罚刺激，402
pupil
瞳孔，161
pure autonomic failure
纯自主神经衰竭，369
purines
嘌呤类，63
Purkinje cells
浦肯野细胞，259
putamen
壳核，259

radial glia
辐射状胶质细胞，36
radial maze
放射状（八臂）迷宫，414
raphy system
中缝系统，94
rapid eye movement sleep
快速眼动（REM）睡眠，288
readiness potential
预备电位，254
receptive field
感受野，177
recessive
隐性，14
reciprocal altruism
互惠利他，20
red nucleus
红核，255
reflex arc
反射弧，54
reflexes
反射，54，244
refractory period
不应期，45
reinforcer
奖赏刺激，402
relative refractory period
相对不应期，45

releasing hormones
释放激素，68
REM behavior disorder
REM 行为障碍，295
resting potential
静息电位，40
reticular formation
网状结构，94，289
retina
视网膜，161
retinal disparity
视网膜像差，192
retinex theory
视网膜皮层理论，169
retrograde amnesia
逆行性健忘症，409
retrograde transmitter
逆行性递质，431
reuptake
再摄取，70
ribonucleic acid
核糖核酸（RNA），14
ribosomes
核糖体，32
rods
视杆细胞，164
rooting reflex
觅食反射，244

saccades
扫视，187
saltatory conduction
跳跃式传导，47
schizophrenia
精神分裂症，487
Schwann cells
施旺细胞，36
seasonal effective disorder
季节性情感障碍，483
season-of-birth effect
出生季节效应，491
second messenger
第二信使，67
secondary visual cortex
次级视皮层（V2 区），179
second-generation antipsychotics
第二代抗精神病药物，497
selective serotonin reuptake inhibitors
选择性 5- 羟色胺再摄取抑制剂（SSRIs），477
selectively permeable
选择通透性，41
self-simulation of the brain
大脑自我刺激，73
semantic dementia
语义性痴呆，420
semicircular canals
半规管，210
sensitive period
敏感期，192
sensitive period
敏感时期，342
sensitization
敏感化，427
sensory neuron
感觉神经元，32
set point
设定点，309
sex-limited genes
限性基因，15
sex-linked genes
伴性基因，14
sexually dimorphic nucleus
性二型核，343
sham lesion
假损毁，119
sham-feeding
假饲，323
shape constancy
形状恒常性，184
short-term memory
短时记忆，407
simple cell
简单细胞，180
skeletal (striated) muscles
骨骼（横纹）肌，240
sleep apnea
睡眠呼吸暂停，294
sleep spindle
睡眠纺锤波，287
slow wave sleep
慢波睡眠（SWS），287
slow-twitch fibers
慢缩肌纤维，242
smooth muscles
平滑肌，240
sodium-potassium pump
钠钾泵，41
sodium-specific hunger
钠特异性需求，317
solipsism
唯我主义，9
somatic nervous system
躯体神经系统，88
somatosensory system
躯体感觉系统，210
spatial neglect
空间忽视，467
spatial summation
间隙积聚，55
specificity
特殊性，428
spinal cord
脊髓，90
splanchnic nerves
内脏神经，323
split-brain people
裂脑人，438
spontaneous firing rate
自发放电频率，58
SRP gene
SRY 基因，341
startle reflex
惊跳反射，383
stem cells
干细胞，132
stem cells
干细胞，268

stereotaxic instrument
立体定位仪，118
steroid hormones
固醇类激素，340
stimulant drugs
兴奋性药物，75
strabismus
斜视，193
stretch reflex
牵张反射，243
stroke
中风，147
strss
应激，394
subfornical organ
穹窿下器（SFO），316
substance P
P 物质，215
substance-induced psychotic disorder
因物质滥用导致的精神症状，495
substantia nigra
黑质，95
superior colliculus
上丘，95
supertasters
超级品尝师，228
supplementary motor cortex
辅助运动皮质，251
suprachiasmatic
视上核（SCN），280
supraoptic nucleus
视上核，316
sympathetic nervous system
交感神经系统，91
synapse
突触，54
synaptogenesis
突触形成，131
synesthesia
联觉，234

tardive dyskinesia
迟发性运动障碍，497
taste buds
味蕾，224
tau protein
τ- 蛋白，419
tectum
顶盖，95
tegmentum
被盖，95
temporal lobe
颞叶，106
temporal summation
短暂积聚，55
testes
睾丸，341
testicular feminization
睾丸女性化，356
testosterone
睾酮，341
thalamus
丘脑，96
thiamine
维生素 B1，38
threshold of excitation
兴奋阈限，43
tinnitus
耳鸣，206
tissue plasminogen activator
组织纤溶酶原激活剂（tPA）148
transcranial magnetic
经颅磁刺激，119
transmitter-gated
递质门控，66
transporters
转运蛋白，70
trichromatic theory
三原色理论（或 Young-Helmholtz 理论），165
tricyclics
三环类药物，477
turnover
转化量，381
tympanic membrane
鼓膜，201
type I alcoholism
I 型（A 型）酒精依赖，79
type II alcoholism
II 型（B 型）酒精依赖，79

unconditioned response
非条件性反应，402
unconditioned simulus
非条件刺激，402
unipolar depression
单相抑郁症，482

vagus nerve
迷走神经，323
vasopressin
抗利尿激素（后叶加压素），68
vasopressin
血管加压素，315
vegetative state
植物人状态，286
ventral
腹侧，90
ventral stream
腹侧通路，179
ventricles
脑室，100
ventromedial hypothalamus
腹内侧下丘脑（VMH），329
vesicles
突触小泡，64
vestibular nucleus
前庭核，257
visual agnosia
视觉失认症，184
visual field
视野，167，436
volley principle
并发原则，203
voltage-gates channels
电压门控通道，43
vomeronasal organ
犁鼻器，233

Wernick's aphasia
威尔尼克失语症（流畅性失语症），456
Wernick's area
威尔尼克区，456
white matter
白质，91
Williams syndrome
威廉姆斯综合征，452
Wolffian ducts
午非氏管（中肾管），341
working memory
工作记忆，408
zeitgeber
给时者，278
Δ9—tetrahydrocannabinol
Δ9- 四氢大麻酚（Δ9-THC），77

心理学教材中译本系列

心理学与生活（第 16 版），菲利普·津巴多、理查德·格里格 著，王垒 等译

教育心理学（第 7 版），罗伯特·斯莱文 著，姚梅林 等译

社会心理学（第 8 版），戴维·迈尔斯 著，侯玉波、乐国安、张智勇 等译

组织行为学（第 9 版），弗雷德·鲁森斯 著，王垒 等译

人力资源管理（第 7 版），劳埃德·拜厄斯、莱斯利·鲁 著，李业昆 等译

人力资源管理（第 10 版），韦恩·蒙迪 著，谢晓非 等译

异常与临床心理学，保罗·贝内特 著，陈传锋、严建雯、金一波 等译

理解孩子的成长（第 4 版），彼得·史密斯 等著，寇彧 等译

心理学（第 7 版），戴维·迈尔斯 著，黄希庭 等译

健康心理学（第 3 版），简·奥格登 著，严建雯、陈传锋、金一波 等译

自我，乔纳森·布朗 著，陈浩莺、薛贵、曾盼盼 译

决策与判断，斯科特·普劳斯 著，施俊琦、王星 译

亲密关系（第 3 版），莎伦·布雷姆 等著，郭辉、肖斌、刘煜 译

态度改变与社会影响，菲利普·津巴多、迈克尔·利佩 著，邓羽、肖莉、唐小艳 译

影响力心理学，菲利普·津巴多、迈克尔·利佩 著，邓羽、肖莉、唐小艳 译

管理决策中的判断（第 6 版），马克斯·巴泽曼 著，杜伟宇 、李同吉 译

阅读障碍与阅读困难——给教师的解释，达斯 著，张厚粲、徐建平、孟祥芝 译

APA 出版手册（简明版），美国心理学会 编著，周晓林、叶铮、张旋、曹琳 译

心理学与我们（第 7 版），罗伯特·费尔德曼、黄希庭 著，黄希庭 等译

心理学实验的设计与报告（第 2 版），彼得·哈里斯 著，吴艳红 译

心理学研究方法（第 7 版），约翰·肖内西 著，张明 等译

危机中的青少年（第 3 版），麦克沃特 等著，寇彧 等译

心理学精要（第 5 版），戴维·迈尔斯 著，黄希庭 等译

跨文化社会心理学，史密斯 等著，严文华 等译

心理统计导论（第 9 版），理查德·鲁尼恩 等著，林丰勋 译

改变心理学的 40 项研究（第 5 版），罗杰·霍克 著，白学军 译

像心理学家一样思考（第 2 版），唐纳德·麦克伯尼 著，王伟平 译

心理学史（第 4 版），戴维·霍瑟萨尔 著，郭本禹、魏宏波、朱兴国、王申连 等译

人格心理学（第 2 版），兰迪·拉森、戴维·巴斯 著，郭永玉 等译

生物心理学（第 10 版），詹姆斯·卡拉特 著，苏彦捷 等译

孩子的世界：0~3 岁（第 11 版），黛安娜·帕帕拉 等著，陈福美 等译

心理学英文影印版系列（教育部高等学校心理学教学指导委员会推荐用书）

心理学与生活（第 18 版），理查德 · 格里格、菲利普 · 津巴多 著

普通心理学（第 6 版），罗伯特 · 费尔德曼 著，黄希庭教授推荐

心理学实验的设计与报告（第 2 版），彼得 · 哈里斯 著，沈模卫教授推荐

心理统计（第 9 版），理查德 · 鲁尼恩 等著，张厚粲教授推荐

心理学研究方法（第 6 版），约翰 · 肖内西 等著，周晓林教授推荐

社会心理学（第 8 版），戴维 · 迈尔斯 著，彭凯平教授推荐

发展心理学（第 9 版），黛安娜 · 帕帕拉 等著，林崇德教授推荐

变态心理学（第 9 版），劳伦 · 阿洛伊 等著，王登峰教授推荐

心理测验与评估（第 6 版），罗纳德 · 科恩 等著，彭凯平教授推荐

认知心理学基础（第 7 版，双语版），里德 · 亨特 等著，傅小兰教授推荐

心理测验与评估学习指南，罗纳德 · 科恩 著

心理统计学习指南（双语版），戴维 · 皮滕杰 著，林丰勋教授译注

异常与临床心理学，保罗 · 贝内特 著，陈传锋教授推荐

人格心理学（第 2 版，双语版），兰迪 · 拉森 等著，郭永玉教授推荐

生物心理学（第 9 版），詹姆斯 · 卡拉特 著，苏彦捷教授推荐

心理测验：历史、原理及应用（第 5 版），罗伯特 · 格雷戈里 著，闫巩固教授推荐

英汉对照心理学大词典（第 3 版），阿瑟 · 雷伯 等著，王垒 等译注

变态心理学（第 13 版），詹姆斯 · 布彻 等著，贾晓明教授推荐

社会研究方法（第 6 版），威廉 · 纽曼 著，辛涛教授推荐

如何成为质性研究专家（第 3 版），科琳 · 格莱斯 著，刘力教授推荐

改变心理学的 40 项研究（第 5 版），罗杰 · 霍克 著，白学军教授推荐

这才是心理学（第 8 版），基思 · 斯坦诺维奇 著，杨中芳教授推荐

当代组织行为学，莉 · 汤普森 著，谢晓非教授推荐

教育心理学（第 7 版，双语版），罗伯特 · 斯莱文 著，姚梅林 等译注